2021

中国国有资产监督管理年鉴

《中国国有资产监督管理年鉴》编委会　编

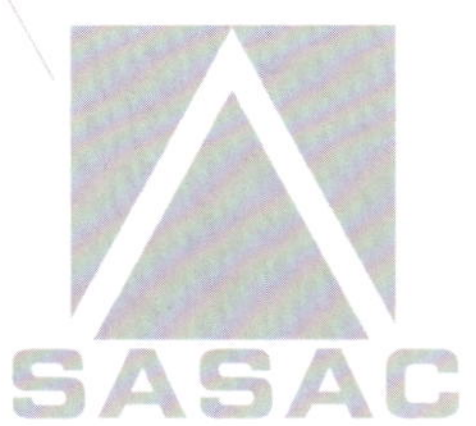

图书在版编目（CIP）数据

中国国有资产监督管理年鉴. 2021/《中国国有资产监督管理年鉴》编委会编. --北京：中国经济出版社，2021.11

ISBN 978－7－5136－6733－3

Ⅰ. ①中… Ⅱ. ①中… Ⅲ. ①国有资产管理－中国－2021－年鉴 Ⅳ. ①F123. 7－54

中国版本图书馆CIP数据核字（2021）第232118号

责任编辑　郑　潇　李玄璇
责任印制　马小宾
封面设计　原创在线

出版发行　中国经济出版社
印 刷 者　北京富泰印刷有限责任公司
经 销 者　各地新华书店
开　　本　889mm×1194 mm　1/16
印　　张　51
插页印张　3.25
字　　数　2000千字
版　　次　2021年12月第1版
印　　次　2021年12月第1次
定　　价　480.00元
广告经营许可证　京西工商广字第8179号

中国经济出版社　**网址** www.econmyph.com　**社址** 北京市东城区安定门外大街58号　**邮编** 100011

本版图书如存在印装质量问题，请与本社发行中心联系调换（联系电话：010－57512564）

编写说明

一、《中国国有资产监督管理年鉴》（以下简称《国资年鉴》）由国务院国有资产监督管理委员会（以下简称国务院国资委）主管、主办，《国资年鉴》编委会编纂，中国经济出版社编辑出版。

二、《国资年鉴》是一部全面记载我国国有经济运行、国有资产监管体制改革和国有企业改革发展，尤其是中央企业和地方国资监管机构所监管企业总体情况的大型工具书和资料性年刊，是国务院国资委统一对外宣传的重要窗口和交流平台，对于宣传、指导我国国有资产监督管理工作及国有企业工作具有重要参考价值。

三、《国资年鉴》突出政策性、权威性、实用性和连续性。主要用户包括全国各级国有资产监管机构及相关行业管理部门，各类国有企业，有关中介机构，各国驻华机构，有关科研院所、图书馆、资料室等。

四、《国资年鉴（2021）》共设九篇内容。

第一篇　重要经济文献。刊载郝鹏同志收录于《〈中共中央关于制定国民经济和社会发展第十四个五年规划和二〇三五年远景目标的建议〉辅导读本》和接受《人民日报》专访的文章。

第二篇　国有资产监督管理概况。国务院国资委各厅局就2020年我国国有资产监督管理情况、国有企业改革与发展情况予以分析、评述。

第三篇　各省（区、市）国有资产监督管理概况。由31个省、自治区、直辖市国资委，新疆生产建设兵团国资委和5个计划单列市国资委就2020年本地区国有经济运行情况及国有企业改革与发展状况进行评述。

第四篇　中央企业改革与发展。99户中央企业就2020年经济运行、主要经济指标、国有资产保值增值、重大创新、履行社会责任等方面进行分析、评述。

第五篇　国有资产统计资料。刊载由国务院国资委财务监督与考核评价局提供的2020年国资系统监管企业户数、从业人数、国有资产总量之综合、行业、地区分析表；国资系统监管企业资产负债之综合、行业、地区分析表；国资系统监管工业企业户数、从业人数、国有资产总量地区分析表；国资系统监管工业企业资产负债地区分析表；国资系统监管商业企业户数、从业人数、国有资产总量地区分析表；国资系统监管商业企业资产负债地区分析表；31个省（自治区、直辖市）、5个计划单列市和新疆生产建设兵团监管企业主要指标表。

第六篇　国有资产监督管理政策法规选编。精选2020年有关国有资产监督管理的重要行政法规、部门规章和规范性文件。

第七篇　国有企业党的建设成果概览。采用图文并茂的形式重点展示国有企业在党的建设方面取得的成就。

第八篇　大事记。刊载2020年国务院国资委大事记。

第九篇　附录。刊载2020年中央企业负责人经营业绩考核A级企业、《财富》“世界500强”中国企业上榜情况等相关资料。

五、《国资年鉴（2021）》涉及全国性统计数据，暂未包括港、澳、台地区。统计数据截至2020年底。

六、《国资年鉴（2021）》编委会编委名单，各地方国资委工作站和中央企业工作站站长、撰稿人名单截至2021年12月底。

《中国国有资产监督管理年鉴》编辑部

二〇二一年十二月

国务院国资委党委书记、主任郝鹏赴中国航天科技集团有限公司中国空间技术研究院（五院）载人航天工程装配测试中心宣讲党的十九届五中全会精神

中央纪委国家监委驻国资委纪检监察组组长、国务院国资委党委委员陈超英出席国务院国资委党委理论学习中心组集体学习（扩大）会并作交流发言

国务院国资委党委委员、副主任翁杰明赴中国辽宁港口集团有限公司大窑湾港区调研

国务院国资委党委委员、副主任谭作钧出席在浙江乌镇举行的 2021 年世界互联网大会“5G 赋能：创新驱动经济高质量发展”主题论坛并致辞

国务院国资委党委委员、副主任赵爱明主持国务院国资委机关全体党员干部专题党课

国务院国资委党委委员、副主任任洪斌赴中国航发商用航空发动机有限责任公司临港基地调研

国务院国资委党委委员、副主任袁野赴中国核工业集团有限公司调研

国务院国资委党委委员、副部长级干部周国平开展学习贯彻党的十九届五中全会精神专题党课辅导

国务院国资委党委委员、秘书长彭华岗赴中国宝武钢铁集团有限公司调研

时任国务院国资委党委委员、副主任孟建民出席2020年度中央企业考核分配工作会议并讲话

《中国国有资产监督管理年鉴》编委会

编委会主任

编委会副主任

（在任）

（时任）

主　编

殷长波　国务院国有资产监督管理委员会办公厅（党委办公厅）　主任

副主编

张璟平　国务院国有资产监督管理委员会办公厅（党委办公厅）　党委机要秘书兼副主任

毛增余　中国经济出版社有限公司　总经理、总编辑

编委会委员（一）

（委机关厅局）

赵世堂　国务院国有资产监督管理委员会　总会计师
国务院国有资产监督管理委员会财务监管与运行评价局　局长

殷长波　国务院国有资产监督管理委员会办公厅（党委办公厅）　主任

董朝辉　国务院国有资产监督管理委员会综合研究局　局长

林庆苗　国务院国有资产监督管理委员会政策法规局　局长

谢　军　国务院国有资产监督管理委员会规划发展局　局长

贾立克　国务院国有资产监督管理委员会产权管理局　局长

郭祥玉　国务院国有资产监督管理委员会企业改革局　局长

赵红严　国务院国有资产监督管理委员会考核分配局　局长

李　冰　国务院国有资产监督管理委员会资本运营与收益管理局　局长

荀　坪　国务院国有资产监督管理委员会科技创新和社会责任局　局长

编委会委员(二)

(地方国资委)

李　中　安徽省国有资产监督管理委员会　党委书记、主任
黄　莼　福建省国有资产监督管理委员会　党委书记、主任
王跃平　厦门市国有资产监督管理委员会　党委书记、主任
陈德勤　江西省国有资产监督管理委员会　党委书记、主任
尹　刚　山东省国有资产监督管理委员会　党委委员、副主任
马卫刚　青岛市国有资产监督管理委员会　党委书记、主任
陈陆浩　河南省国有资产监督管理委员会　党委委员、副主任
傅立民　湖北省国有资产监督管理委员会　党委书记、主任
丛培模　湖南省国有资产监督管理委员会　党委副书记、主任
贺　宇　广东省国有资产监督管理委员会　党委副书记、副主任（正厅级）
任　萍　深圳市国有资产监督管理委员会　党委委员、副主任
李杰云　广西壮族自治区国有资产监督管理委员会　党委书记、主任
刘凤花　海南省国有资产监督管理委员会　副主任
向　曦　重庆市国有资产监督管理委员会　党委副书记
游代丽　四川省国有资产监督管理委员会　副主任
申　勇　贵州省国有资产监督管理委员会　党委副书记、副主任
洪国正　云南省国有资产监督管理委员会　副主任
刘凤城　西藏自治区国有资产监督管理委员会　党委委员、副主任
杨爱民　陕西省国有资产监督管理委员会　党委委员、副主任
张福林　甘肃省国有资产监督管理委员会　副主任
洪　涛　青海省国有资产监督管理委员会　党委副书记、副主任
曹学云　宁夏回族自治区国有资产监督管理委员会　副主任
王　刚　新疆维吾尔自治区国有资产监督管理委员会　党委书记、副主任
梁东亚　新疆生产建设兵团国有资产监督管理委员会　党委委员、副主任

编委会委员（三）

（中央企业）

吴燕生　中国航天科技集团有限公司　党组书记、董事长
袁　洁　中国航天科工集团有限公司　党组书记、董事长
谭瑞松　中国航空工业集团有限公司　党组书记、董事长
钱建平　中国船舶集团有限公司　副总经理
张　华　中国兵器工业集团有限公司　党组成员、总会计师
刘卫东　中国兵器装备集团有限公司　党组成员、副总经理
黄兴东　中国电子科技集团有限公司　副总经理

陈少洋　中国航空发动机集团有限公司　党组成员、副总经理
李世宏　中国融通资产管理集团有限公司　党组成员、副总经理
吕大鹏　中国石油化工集团有限公司　党组宣传部部长
田文学　中国海洋石油集团有限公司　党组秘书、办公室主任
张　伟　国家石油天然气管网集团有限公司　党组书记、董事长
孟振平　中国南方电网有限责任公司　党组书记、董事长
邹　磊　中国大唐集团有限公司　党组书记、董事长
祖　斌　国家电力投资集团有限公司　党组副书记、董事
王祥喜　国家能源投资集团有限责任公司　党组书记、董事长
董　昕　中国移动通信集团有限公司　党委副书记、副总经理
陈锡明　中国电子信息产业集团有限公司　副总经理
徐留平　中国第一汽车集团有限公司　党委书记、董事长
何　伟　东风汽车集团有限公司　工会主席
东风汽车集团股份有限公司　党委副书记
张振戎　中国一重集团有限公司　党委副书记、董事
斯泽夫　哈尔滨电气集团有限公司　党委书记、董事长
张继烈　中国东方电气集团有限公司　党组成员、副总经理
魏　尧　中国宝武钢铁集团有限公司　党委常委
姚　林　中国铝业集团有限公司　党组书记、董事长
马崇贤　中国航空集团有限公司　总经理
吴颖湘　中国南方航空集团有限公司　副总经理
栾日成　中粮集团有限公司　党组副书记、总裁
董明俊　中国五矿集团有限公司　党组副书记、董事
郑学选　中国建筑集团有限公司　党组副书记、总经理
许高峰　中国储备粮管理集团有限公司　党组成员、副总经理
白　涛　国家开发投资集团有限公司　党组书记、董事长
王祥明　华润(集团)有限公司　董事长
万　敏　中国旅游集团有限公司[香港中旅(集团)有限公司]　董事长
朱碧新　中国诚通控股集团有限公司　党委书记、董事长
王树东　中国中煤能源集团有限公司　党委书记、董事长
李建友　机械科学研究总院集团有限公司　副总经理
戴和根　中国化学工程集团有限公司　党委书记、董事长
周育先　中国建材集团有限公司　党委书记、董事长
奚正平　中国有色矿业集团有限公司　党委书记、董事长
韩　龙　矿冶科技集团有限公司　党委书记、董事长
卜玉龙　中国国际技术智力合作集团有限公司　党委书记、董事长
范圣权　中国建筑科学研究院有限公司　副总经理
孙永才　中国中车集团有限公司　党委书记、董事长
陈文健　中国铁路工程集团有限公司　党委副书记、董事、总经理
汪建平　中国铁建股份有限公司　党委书记、董事长
鲁国庆　中国信息通信科技集团有限公司　党委书记、董事长
彭敖瑞　中国农业发展集团有限公司　党委副书记
黄其正　中国林业集团有限公司　党委委员、副总经理
刘敬桢　中国医药集团有限公司　党委书记、董事长
刘化龙　中国保利集团有限公司　党委书记、董事长
文　兵　中国建设科技有限公司　党委书记、董事长
牛建华　中国冶金地质总局　党委书记、副局长
王海宁　中国煤炭地质总局　党委委员、副局长
袁雷峰　中国民航信息集团有限公司　党委常委、副总经理
周　强　中国航空油料集团有限公司　党委书记、董事长
王忠夫　中国航空器材集团有限公司　总经理
晏志勇　中国电力建设集团有限公司　党委书记、董事长
宋海良　中国能源建设集团有限公司　党委书记、董事长
李跃平　中国安能建设集团有限公司　党委副书记、总经理
卢　进　中国黄金集团有限公司　党委书记、董事长

杨长利　中国广核集团有限公司　党委书记、董事长、总经理
李茂华　中国华录集团有限公司　副总经理
姚　军　华侨城集团有限公司　党委副书记、总经理
白忠泉　中国西电集团有限公司　党委书记、董事长
莫德旺　中国国新控股有限责任公司　党委副书记、总经理
李忠榜　中国检验认证(集团)有限公司　党委副书记、副董事长、总经理
高和生　中国汽车技术研究中心有限公司　党委副书记、董事
顾晓敏　中国铁塔股份有限公司　总经理
蓝　海　中国绿发投资集团有限公司　党委副书记

《中国国有资产监督管理年鉴》工作站站长(一)

(地方国资委)

杨　军　北京市国有资产监督管理委员会　研究室主任
吴爱明　天津市国有资产监督管理委员会　研究室主任
张一凡　河北省国有资产监督管理委员会　综合处三级调研员
王小涛　山西省国有资产监督管理委员会　办公室主任
吴大鹏　内蒙古自治区国有资产监督管理委员会　办公室主任
宋旭涤　辽宁省国有资产监督管理委员会　办公室主任
李超群　大连市国有资产监督管理委员会　办公室主任
王显东　吉林省国有资产监督管理委员会　研究室主任
刘光东　黑龙江省国有资产监督管理委员会　政策法规处副处长
富思渊　上海市国有资产监督管理委员会　办公室主任
何元胜　江苏省国有资产监督管理委员会　办公室主任
潘礼军　浙江省国有资产监督管理委员会　办公室副主任
张　奎　宁波市国有资产监督管理委员会　办公室主任
张政政　安徽省国有资产监督管理委员会　办公室主任
李宇昆　福建省国有资产监督管理委员会　办公室副主任
刘聪斌　厦门市国有资产监督管理委员会　办公室主任
陈海华　江西省国有资产监督管理委员会　办公室(党委办公室)主任
程　烨　山东省国有资产监督管理委员会　办公室副主任
张学生　青岛市国有资产监督管理委员会　办公室主任
郝　翔　河南省国有资产监督管理委员会　研究室主任
杨立学　湖北省国有资产监督管理委员会　办公室主任
陈　宁　湖南省国有资产监督管理委员会　研究室副主任(主持工作)
吕　宁　广东省国有资产监督管理委员会　办公室(党委办公室)主任、一级调研员

李传伟　深圳市国有资产监督管理委员会　办公室主任
邓明甫　广西壮族自治区国有资产监督管理委员会　办公室副主任
陈小博　海南省国有资产监督管理委员会　办公室主任
隆　洋　重庆市国有资产监督管理委员会　办公室副主任
王　毅　四川省国有资产监督管理委员会　办公室主任
戴卫华　贵州省国有资产监督管理委员会　办公室（党委办公室）主任
杨宝明　云南省国有资产监督管理委员会　办公室主任
杨　钧　西藏自治区国有资产监督管理委员会　政策法规处处长、一级调研员
张　飞　陕西省国有资产监督管理委员会　办公室（党委办公室）主任
温建军　甘肃省国有资产监督管理委员会　二级巡视员
李国雄　青海省国有资产监督管理委员会　综合处处长
马　存　宁夏回族自治区国有资产监督管理委员会　办公室主任
孙文辉　新疆维吾尔自治区国有资产监督管理委员会　综合处处长
胡杨军　新疆生产建设兵团国有资产监督管理委员会　办公室副主任

工作站站长（二）

（中央企业）

乔书荣　中国核工业集团有限公司　档案馆馆长
张少勇　中国航天科技集团有限公司　办公室副主任
苏庆元　中国航天科工集团有限公司　办公室主任
殷云浩　中国航空工业集团有限公司　综合管理部政策研究室主任
洪方智　中国船舶集团有限公司　政策法规部政策研究处处长
袁树宝　中国兵器工业集团有限公司　改革与资产管理部部长
胡荣建　中国兵器装备集团有限公司　综合管理部高级专务兼副主任
柯建波　中国电子科技集团有限公司　综合管理部主任
赵晓永　中国航空发动机集团有限公司　党组办公室主任
董之光　中国融通资产管理集团有限公司　办公室主任
程庆昭　中国石油化工集团有限公司　年鉴编辑部副主任
熊建国　中国海洋石油集团有限公司　办公室信息督办处处长
李　荡　国家石油天然气管网集团有限公司　办公室（党组办公室）主任
陈向阳　中国南方电网有限责任公司　董事会工作部副主任

李卫华　中国华能集团有限公司　办公室（党组办公室、董事会办公室）副主任

侯国力　中国大唐集团有限公司　保密总监、办公室（党组办公室）主任

李厚新　国家电力投资集团有限公司　宣传与群团部主任

王　冬　国家能源投资集团有限责任公司　综合管理部主任

刘　军　中国电信集团有限公司　办公室副主任

白福柱　中国联合网络通信集团有限公司　办公室副主任

邓小琳　中国移动通信集团有限公司　办公室副主任、新闻中心主任

孙迎新　中国电子信息产业集团有限公司　规划科技部主任

冷永昆　中国第一汽车集团有限公司　机要保密部总监

毛　静　东风汽车集团有限公司　董事会（党委）办公室副主任

江　仲　中国一重集团有限公司　党委宣传部部长

米迎新　中国一重集团有限公司　党委宣传部一级政工师

杜文朋　哈尔滨电气集团有限公司　办公室（党委办公室、董事会办公室）主任

史向甫　中国东方电气集团有限公司　保密管理室（档案管理室）副主任

张文良　中国宝武钢铁集团有限公司　史志办公室主任

刘东军　中国铝业集团有限公司　办公室副总经理

王　宁　中国航空集团有限公司　总经理办公室副主任

马晓晴　中国南方航空集团有限公司　档案馆馆长

刘　云　中粮集团有限公司　办公室主任

王文海　中国五矿集团有限公司　党群工作部部长

栗　冀　中国通用技术（集团）控股有限责任公司　办公室主任

高笑霜　中国建筑集团有限公司　办公室（党组办公室）副主任

顾洪明　中国储备粮管理集团有限公司　综合部副部长

贾　吟　国家开发投资集团有限公司　党群工作部新闻中心社会责任处执行副总监

朱虹波　华润（集团）有限公司　办公室副主任

辛健松　中国旅游集团有限公司[香港中旅（集团）有限公司]　总经理办公室副主任

郝成涛　中国节能环保集团有限公司　办公室副主任

赵　婕　中国国际工程咨询有限公司　办公室综合处处长

裴晓东　中国诚通控股集团有限公司　办公室主任

曹　君　中国中煤能源集团有限公司　办公室副主任

李爱国　机械科学研究总院集团有限公司　院务工作部常务副部长

李　超　中国化学工程集团有限公司　党委办公室（总经理办公室）主任

屈晓明　中国盐业集团有限公司　办公室主任

金　星　中国建材集团有限公司　办公室副主任

王来景　中国有色矿业集团有限公司　办公室（党委办公室、外事办公室）副主任

吉兆宁　矿冶科技集团有限公司　办公室主任

韩军旗　中国国际技术智力合作集团有限公司　办公室（党委办公室）主任

陈乐端　中国建筑科学研究院有限公司　办公室副主任

梁　军　中国中车集团有限公司　办公室（党委办公室）主任

李　辉　中国铁路工程集团有限公司　办公室副主任、信访办公室主任

沈玉泉　中国铁建股份有限公司　办公室（党委办公室）主任

屈耀斌　中国交通建设集团有限公司　办公室（党委办公室）文书处（档案处、保密处）副处长

丁　峰　中国信息通信科技集团有限公司　总经理办公室主任

贾建国　中国农业发展集团有限公司　研究室主任、党委宣传部部长

管清奎　中国林业集团有限公司　改革办公室（政策研究室）副主任
晋　斌　中国医药集团有限公司　办公室（信访办公室）主任
於骁冬　中国保利集团有限公司　战略投资中心副主任
蒋　捷　中国建设科技有限公司　办公室副主任
高东旭　中国冶金地质总局　办公室总经理、党委办公室主任
宋思哲　中国煤炭地质总局　办公室秘书处副处长
展延奇　中国民航信息集团有限公司　办公室主任
刘文权　中国航空油料集团有限公司　规划发展部总经理
张飞军　中国航空器材集团有限公司　办公室副主任
魏立军　中国电力建设集团有限公司　党委工作部副主任
关云航　中国能源建设集团有限公司　办公室总经理、党委办公室主任
张学武　中国安能建设集团有限公司　办公室主任
刘科军　中国黄金集团有限公司　办公室（党委办公室、董事会办公室）主任
胡光耀　中国广核集团有限公司　办公室主任
刘　秀　中国华录集团有限公司　综合办公室副主任
高　亮　华侨城集团有限公司　集团办公室副总经理、党委办公室副主任
史洪杰　中国西电集团有限公司　办公室主任
杜晓辉　中国铁路物资集团有限公司　综合办公室副主任
陈勇峰　中国国新控股有限责任公司　办公室（党委办公室、公司办公室、董事会办公室）主任
孙汉福　中国检验认证（集团）有限公司　办公室副主任
张立雄　中国汽车技术研究中心有限公司　办公室副主任（主持工作）
陈晓杰　中国铁塔股份有限公司　宣传中心主任
董　伟　中国绿发投资集团有限公司　办公室副主任兼党委秘书、政策研究室主任

《中国国有资产监督管理年鉴》撰稿人

（按姓氏笔画排序）

丁若沙	于丽媛	于海琴	万　颖	万友元	卫　旻	马　禹
马天顺	马立军	马国亮	王　爽	王　琳	王　喆	王　灏
王大鹏	王小鹏	王卫东	王天佐	王友叶	王亚坤	王英伟
王继舜	王新平	王毅明	支纪强	尹诗岚	孔　爱	孔小可
邓　巧	邓明甫	邓慧都	石义刚	叶　明	史彩言	付　睿
白　滢	冯　睿	冯星城	吉　军	朱　军	朱亦珺	朱奕璇

乔明邦　伍展文　任　哲　任洁江　邬家鹏　刘　宁　刘　骏
刘　维　刘　超　刘　祺　刘　鑫　刘之阳　刘列兴　刘铁伟
刘洪学　刘银海　刘续浩　刘碧文　汝昌晋　严丽华　李　尧
李　盈　李　涛　李　楠　李　蔓　李　巍　李亚光　李忻然
李青林　李国强　李选杰　李晓玢　李雪源　李舒群　杨　东
杨　威　杨云胜　杨玄佳　杨有福　杨冰莹　杨启燕　杨涵雪
杨耀红　束　斌　邴颂东　吴桂勇　吴竞东　吴浚卯　何　立
余利平　宋　莹　宋光兰　张　丽　张　旻　张　玲　张　奎
张　润　张　智　张　巍　张文良　张华生　张宇锡　张夏羿
张海峰　张渊翔　张楚良　张静媛　陈　芮　陈　思　陈　娇
陈　晨　陈大龙　陈志友　陈净涤　金婧悦　周云飞　周英超
周秋慧　周新月　郑丁山　郑礼建　单新东　孟媛媛　赵　发
赵　坤　赵　艳　赵　越　赵　樾　赵彦雄　郝　峰　郝利鹏
郝梦朔　胡冰洁　胡沁薇　胡岳鹏　钟舒凌　侯昭平　侯雁初
施　帅　施　浪　姜力祺　姚雪亮　姚新宇　贺　健　贾万龙
夏　雨　夏丹丹　徐晓春　徐新宇　高原江　高培峻　高鈢昊
郭　彧　郭晓瑛　唐卫华　唐照寓　黄　韵　黄洪强　黄晓天
常振超　崔云霞　康　莉　梁　黎　梁国平　董昆仑　董银玉
蒋都辉　蒋晓琳　韩　冰　韩　露　韩志涛　程　刚　程　欣
程剑慧　曾　俊　曾红梅　路　茜　慈　冰　漆　琪　谭　锐
翟　宇　翟　郸　翟林炜　潘承彬　潘彦年　薛　晔　薛　颖
薛向荣　薛俊武　戴　佳　戴黎黎　魏代虎　魏江南

目　录

第一篇　重要经济文献

第二篇　国有资产监督管理概况

第三篇　各省(区、市)国有资产监督管理概况

第四篇　中央企业改革与发展

第五篇　国有资产统计资料

第六篇　国有资产监督管理政策法规选编

第七篇　国有企业党的建设成果概览

第八篇　大事记

第九篇　附　录

索　引

Contents

Chapter Ⅲ. General Situation of the Supervision and Administration of State-owned Assets in Provinces, Autonomous Regions, Municipalities and Cities

Chapter Ⅳ. Reform and Development of China's Central SOEs

Chapter Ⅴ. Statistic Data of State-owned Assets

Chapter Ⅵ. Selected Policies and Regulations on Supervision and Administration of State-owned Assets

Chapter Ⅶ. Fulfilling Party Building of SOEs China Electronics Technology Group

Chapter Ⅷ. Chronicle of SASAC

Chapter IX. Appendix

Index

2021

CHINA' S STATE-OWNED
ASSETS SUPERVISION AND
ADMINISTRATION YEARBOOK

中 国 国 有 资 产 监 督 管 理 年 鉴

重要经济文献

第一篇

激发各类市场主体活力

国务院国资委党委书记、主任　郝　鹏

党的十九届五中全会审议通过的《中共中央关于制定国民经济和社会发展第十四个五年规划和二〇三五年远景目标的建议》(以下简称《建议》),将"市场主体更加充满活力"作为我国"十四五"时期经济社会发展的重要目标,将"激发各类市场主体活力"作为全面深化改革、构建高水平社会主义经济体制的重要任务。

在《〈中共中央关于制定国民经济和社会发展第十四个五年规划和二〇三五年远景目标的建议〉辅导读本》中,国务院国资委党委书记、主任郝鹏撰写的《激发各类市场主体活力》,对《建议》中坚持"两个毫不动摇"、激发国有企业和民营企业活力的相关部署,对弘扬企业家精神、加快建设世界一流企业的任务举措,作了深入解读和系统阐述。

党的十九届五中全会通过的《中共中央关于制定国民经济和社会发展第十四个五年规划和二〇三五年远景目标的建议》,将"市场主体更加充满活力"作为我国"十四五"时期经济社会发展的重要目标,将"激发各类市场主体活力"作为全面深化改革、构建高水平社会主义市场经济体制的重要任务。这是以习近平同志为核心的党中央立足坚持和完善社会主义基本经济制度,着眼全面建设社会主义现代化国家作出的重大战略部署。市场主体是社会主义市场经济的微观基础,是经济社会发展的力量载体。截至2020年7月底,我国登记注册市场主体1.32亿户,其中,企业4110.9万户,个体工商户8834.8万户。充分激发亿万市场主体活力,增强经济社会发展动能,对于"十四五"时期我国进入新发展阶段,积极应对国内外严峻复杂形势,推动形成以国内大循环为主体、国内国际双循环相互促进的新发展格局,具有重大而深远的意义。

一、激发国有企业活力,毫不动摇巩固和发展公有制经济

国有企业是中国特色社会主义的重要物质基础和政治基础,是党执政兴国的重要支柱和依靠力量。党的十八大以来,国有企业改革发展取得重大进展,规模实力明显提升,发展活力持续增强,为推动经济社会发展、保障和改善民生、增强综合国力作出了重要贡献,特别是在抗击新冠肺炎疫情斗争中勇挑重担,在应急保供、医疗支援、复工复产、稳定产业链供应链等方面发挥了重要作用。《建议》提出,深化国资国企改革,做强做优做大国有资本和国有企业,发挥国有经济战略支撑作用。这为激发国有企业活力进一步指明了方向。要按照《建议》部署,坚持和加强党对国有企业的全面领导,贯彻新发展理念,统筹发展和安全,紧紧围绕构建新发展格局,大力实施国企改革三年行动,以提升自主创新能力增强新发展动能、以深化国资国企改革激发新发展活力、以高水平对外开放打造国际合作和竞争新优势,切实增强国有经济竞争力、创新力、控制力、影响力、抗风险能力。

加快国有经济布局优化和结构调整。这是激发国有企业活力的重要前提。要围绕优化结构、畅通循环、促进创新、稳定增长,聚焦主责主业发展实体经济,强化企业创新主体作用,使企业成为创新要素集成、科技成果转化的生力军,发挥大企业引领支撑作用,推动大中小企业融通创新,提高科技产出效率,提升产业链供应链现代化水平,更好实现依靠创新驱动的内涵型增长。深化供给侧结构性改革,按市场化原则推进战略性重组和专业化整合,提高国有资本配置效率,推进能源、铁路、电信、公用事业等行业竞争性环节市场化改革,清理退出不具备优势非主营业务和低效无效资产,完成剥离国有企业办社会职能解决历史遗留问题。优化国有资本重点投向和领域,加大新型基础设施建设投入,推动互联网、大数据、人工智能等同各产业深度融合,推动国有资本向关系国家安全、国民经济命脉的重要行业和关键领域集中,向提供公共服务、应急能力建设和公益性等关系国计民生的重要行业和关键领域集中,向前瞻性战略性新兴产业集中,巩固和增强在关系国家经济、科技、国防、安全等领域的控制力、影响力。

加快完善中国特色现代企业制度。这是激发国有企业活力的重要基础。要全面落实"两个一以贯之",把加强党的领导与完善公司治理统一起来,把企业党组织内嵌到公司治理结构之中,充分发挥党组织把方向、管大局、保落实的领导作用,支持董事会、经理层依法履职。健全市场化经营机制,围绕激发活力、提高效率,着力深化劳动、人事、分配三项制度改革,优先支持商业类子企业加快推行职业经理人制度,全面推进用工市场化,建立健全按业绩贡献决定薪酬的分配机制,灵活开展多种方式的中长期激励。强化国有企业独立市场主体地位,深入推进公司制股份制改革,切实维护企业法人财产权和经营自主权,使国有企业在市场竞争中实现优胜劣汰。坚持公开透明,建立健全国有企业信息公开制度,打造阳光国企。

深化国有企业混合所有制改革。这是激发国有企业活力的重要途径。要坚持因地施策、因业施策、因企施策，宜独则独、宜控则控、宜参则参，不搞拉郎配，不搞全覆盖，不设时间表，分层分类深化混合所有制改革，把工作重点放在国有资本投资、运营公司出资企业和商业类子企业上，既支持民营企业等社会资本参与国有企业混合所有制改革，又鼓励国有资本投资入股民营企业。合理设计和调整优化混合所有制企业股权结构，拓宽社会资本参与渠道，进一步发挥各类基金的支持和促进作用，积极引入高匹配度、高认同感、高协同性的战略投资者参与公司治理，稳慎开展混合所有制企业骨干员工持股。推动混合所有制企业深度转换经营机制，在股东充分协商基础上依法制定章程，切实维护各方股东的合法权益，严格落实董事会各项法定权利，支持对公司治理健全的国有相对控股混合所有制企业依法实施更加市场化的差异化管控。

健全管资本为主的国有资产监管体制。这是激发国有企业活力的重要保障。要深化政企分开、政资分开，推进经营性国有资产集中统一监管，推动社会公共管理部门不行使国有资产出资人职责，国资监管机构不行使公共管理职能。推动国资监管机构职能转变，坚持授权与监管相结合、放活与管好相统一，优化监管方式手段，注重通过公司章程、法人治理结构履职尽责，对不同企业实行差异化分类考核、分类监管，强化监督协同、严格责任追究，切实维护国有资产安全。深化国有资本投资、运营公司改革，调整优化管控模式，国有资本投资公司更加注重服务国家战略、提升产业竞争力，国有资本运营公司更加注重提升资本运营效率、提高资本回报水平。

二、激发民营企业活力，毫不动摇鼓励、支持、引导非公有制经济发展

改革开放以来，我国民营经济从小到大、从弱到强，不断发展壮大，在稳定增长、促进创新、增加就业、活跃市场、改善民生、扩大开放等方面发挥了重要作用。推动民营经济实现更大发展，既要通过深化改革、优化治理、改善管理提高民营企业核心竞争力，又要为民营企业创造更好的发展环境和条件。《建议》对促进非公有制经济健康发展和非公有制经济人士健康成长作出了重要部署。

优化民营经济发展环境。良好的发展环境，能够让民营企业专心创业、放心经营、安心发展。要创造公平参与市场竞争环境，全面落实放宽民营企业准入的政策措施，系统清理各类显性和隐性壁垒，在市场准入、审批许可、经营运行、招投标等方面一视同仁。创造平等使用生产要素环境，着力解决民营企业融资难融资贵问题，拓宽民营企业融资途径，建立清理和防止拖欠账款长效机制，提高政府部门和国有企业拖欠失信成本。创造依法接受监管环境，健全公平竞争审查机制，加强反垄断和反不正当竞争执法司法，清理违反公平、开放、透明市场规则的政策文件，建设高标准市场体系，营造长期稳定可预期的制度环境。

依法平等保护民营企业产权和企业家权益。公有制经济财产权不可侵犯，非公有制经济财产权同样不可侵犯。让有恒产者有恒心。要实施好民法典和相关法律法规，依法平等保护国有、民营、外资等各种所有制企业产权和自主经营权，依法保护企业家合法权益。加大对民营企业的刑事保护力度，提高司法审判和执行效率，保障民营企业家的人身和财产合法权益，及时甄别纠正侵犯民营企业和企业家人身财产权的冤错案件，建立涉政府产权纠纷治理长效机制。

促进中小微企业和个体工商户发展。中小微企业和个体工商户是数量最多的市场主体，必须保护好、发展好，为经济发展留得青山、厚植基础。要加大税费、融资等政策支持力度，实施好降低增值税率、扩大享受税收优惠小微企业范围、加大研发费用加计扣除力度、降低社保费率等政策，确保各项支持措施直达基层、直接惠及市场主体。完善促进中小微企业和个体工商户发展的法律环境和政策体系，支持企业更好参与市场合作和竞争，进一步激发中小微企业和个体工商户活力和创造力。

三、弘扬企业家精神，加快建设世界一流企业

企业强则国家强，企业兴则国家兴。全面建设社会主义现代化国家，必须有一批能够体现国家实力和国际竞争力、引领全球科技和行业产业发展的世界一流企业做支撑。《建议》提出弘扬企业家精神，加快建设世界一流企业，为激发各类市场主体活力、实现更好发展明确了目标指引。

弘扬企业家精神。弘扬企业家精神、发挥企业家作用，是建设世界一流企业的重要条件。要引导企业家增强爱国情怀，把企业发展同国家繁荣、民族兴盛、人民幸福紧密结合在一起，主动为国担当、为国分忧，带领企业奋力拼搏、争创一流。引导企业家勇于创新，做创新发展的探索者、组织者、引领者，努力把企业打造成为强大的创新主体。引导企业家诚信守法，牢固树立法治意识、契约精神、守约观念，自觉做诚信守法的表率。引导企业家承担社会责任，稳定就业岗位，关心关爱员工，重视生态环境，推动绿色发展，积极参与社会公益、慈善事业，真诚回报社会。引导企

业家拓展国际视野，立足中国、放眼世界，带领企业在更高水平的对外开放中实现更好发展。国有企业领导人员是党在经济领域的执政骨干，要坚决扛起搞好国有企业、壮大国有经济的使命，做到对党忠诚、勇于创新、治企有方、兴企有为、清正廉洁。

加快建设世界一流企业。打造一批世界一流企业，是实现高质量发展、构建新发展格局的重要支撑。要以创新发展引领世界一流，深化科技创新、制度创新、业态和模式创新，集中力量加快关键核心技术攻关，形成一批引领全球行业技术发展的领军企业。以产业集成支撑世界一流，加快产业转型升级，积极参与国际标准制定，在产业链价值链上不断向高端迈进，形成一批在全球产业发展中具有重要话语权和影响力的领军企业。以开放合作锻造世界一流，以共建“一带一路”为重点扩大对外开放，增强国内国际经济联动效应，形成一批在国际资源配置中占优势地位的领军企业。以卓越管理夯实世界一流，进一步加强管理体系和管理能力建设，强化信息化、智能化管理，不断增强企业盈利能力和市场竞争力，形成一批以内涵型发展引领质量效益提升的领军企业。

在全社会大力营造重视企业、关心企业、支持企业的良好氛围。迈入新发展阶段，构建新发展格局，开启全面建设社会主义现代化国家新征程，需要充分激发市场主体创新创造活力，充分释放经济社会发展潜能动能。要积极倡导尊重企业家、爱护企业家、争做企业家的良好风尚，鼓励支持更多优秀人才向各类市场主体集聚。构建亲清政商关系，各级领导干部要主动作为、靠前服务，“亲”而有度、“清”而有为，了解企业家所思所想、所困所惑，制定政策、推动工作多听各类市场主体的意见建议，帮助各类市场主体解决实际困难，持续优化市场化法治化国际化营商环境，激发市场主体发展活力，使一切有利于社会生产力发展的力量源泉充分涌流。

（文章2020年11月11日刊登于国务院国资委网站）

更好发挥央企压舱石主力军作用

——访国务院国资委党委书记、主任郝鹏

2020年以来，面对新冠肺炎疫情带来的冲击和挑战，国务院国资委和中央企业勇于担当、奋力拼搏，带头推进复工复产，积极促进经济社会秩序恢复正常。上半年央企经济运行有哪些特点，下半年将如何克服种种困难，国企改革将如何深化？就这些问题，《人民日报》记者专访了国务院国资委党委书记、主任郝鹏。

中央企业经受住了考验，充分彰显了责任担当

记者：您如何评价中央企业上半年表现？半年来央企经济运行有哪些特点、亮点？

郝鹏：今年上半年极不平凡、极具挑战。在以习近平同志为核心的党中央坚强领导下，国资委和中央企业大战大考顶得住、大风大浪稳得住，为统筹推进疫情防控和经济社会发展作出了重要贡献。

在疫情防控中，中央企业不计代价、不讲条件，竭尽所能服务抗疫一线，充分发挥了顶梁柱、国家队作用。火神山、雷神山医院的建设反映出央企速度，医用防护服、压条机、口罩机的生产折射出央企效率，核酸检测试剂盒研制、疫苗研发体现了央企能力，保障湖北、武汉不断电、不断网、不断供彰显了央企精神。

在经济发展中，中央企业充分发挥了压舱石、主力军作用，上半年经济运行特点主要体现在：

运行好于预期。看重点行业生产经营实物量指标，上半年中央企业钢材产量、原油产量、发电量和售电量等已恢复至去年同期水平的98%以上，反映出国民经济逐步好转，也为下半年经济运行提振了信心。

指标逐月修复。二季度收入降幅逐月收窄，6月份，中央企业实现营业收入2.9万亿元，同比增长0.6%，实现净利润1664.8亿元，同比增长5%，收入和利润同步实现正增长，大多数企业月度收入和效益恢复或超过去年同期水平。

有效投资加速。上半年，中央企业完成固定资产投资1万亿元，同比增长7.2%，二季度累计完成固定资产投资6730.7亿元，同比增长14.8%。主要有四个特点：实体经济投资持续扩大，新产业新动能投资明显加速，服务国家战略力度进一步加大，围绕“一带一路”建设的投资力度增加。中央企业扩大有效投资，必将起到短期稳增长、长期促发展的重要作用。

社会责任彰显。上半年，中央企业坚决执行国家降电价、降气价、降资费、降路费、降房租政策，累计降低全社会运行成本超过1200亿元，全力帮助中小企业共渡难关。

回顾上半年，中央企业经受住了考验，充分彰显了大国重器的责任担当，是党和人民最可信赖的依靠力量。

下半年，力争绝大多数央企效益持续较快增长、力争央企总体效益正增长

记者：下半年，中央企业运行还会遇到什么样的困难挑战，将采取哪些有力举措？

郝鹏：当前，疫情仍在全球蔓延，世界经济陷入深度衰退，经济全球化遭遇逆流，风险挑战不容低估。经过深入分析和综合研判，我们决心在下半年做到“两个力争”：力争绝大多数中央企业效益持续较快增长、力争中央企业总体效益实现正增长，努力把损失补回来，为决胜全面建成小康社会、决战脱贫攻坚作出更大贡献。为此要突出抓好五方面重点工作：

一是突出抓好提质增效稳增长。组织中央企业开展提质增效专项行动，一方面“广开源”，抢抓扩大内需的机遇，主动对接国家重大区域发展战略和地方投资建设需求，向市场开拓要效益；另一方面“深挖潜”，加大非生产性成本费用压降力度，加快清理低效无效资产和非主业、非优势业务，向管理提升要效益。

二是突出抓好企业改革落实落地。以实施国企改革三年行动方案为重要抓手，在完善中国特色现代企业制度、健全市场化经营机制、深化混合所有制改革等方面发力攻坚，切实提升改革综合成效。

三是突出抓好关键核心技术攻关。加强与各方面协同创新，努力在“卡脖子”问题上尽快取得更多突破性进展，增强产业链供应链的稳定性和竞争力。

四是突出抓好国有资本布局优化和结构调整。编制好“十四五”规划，在聚焦主业实业上持续发力，加快5G等新产业布局和“两新一重”建设，稳步推进战略性重组和专业化整合，提高资源资本配置效率，拓展企业未来增长空间。

五是突出抓好重大风险防范化解。健全防控机制，深入摸排和整治各类风险隐患，力求标本兼治，把风险化解在源头、消灭在萌芽，坚决守住不发生重大风险的底线。

记者：受疫情影响，一些民营企业经营出现困难，与国企合作的意愿有所增强。国资委将如何推动中央企业与民营企业实现共同发展？

郝鹏：习近平总书记在企业家座谈会上强调，国有企业特别是中央企业要发挥龙头带动作用，带动上下游各类企业共渡难关。国资委和中央企业将积极落实总书记重要讲话精神，主动和各类所有制企业共建产业链供应链，打造良好的产业生态和经济生态。

我们要坚决落实国家纾困惠企政策，继续不折不扣执行减费让利政策，为保市场主体贡献央企力量，全年减费让利将超过1800亿元；要加强与中小企业合作，加强产业链供应链上下游协同，打造优势产业集群，为各类企业创造更大发展空间；要发挥国有资本纽带作用，在更大范围、更深层次、更高水平上与各类企业合作，加强与各类企业进行股权融合、战略合作、资源整合。

加快深化国企改革，让企业机制活起来，让布局结构优起来，让发展动力强起来

记者：改革是做强做优做大国有企业的关键一招。下一步，国资委和中央企业将如何深化改革促进企业发展？

郝鹏：6月30日，中央深改委第十四次会议审议通过了《国企改革三年行动方案（2020—2022年）》，不久将印发实施。我们将以此为契机加快深化改革，让企业机制活起来，让布局结构优起来，让发展动力强起来。

要完善中国特色现代企业制度。坚持“两个一以贯之”，把党的领导融入公司治理制度化规范化程序化，厘清各治理主体权责边界，加强董事会建设，依法落实董事会各项权利，保障经理层依法行权履职，增强各治理主体履职能力。

要积极稳妥深化混合所有制改革。准确把握混改的方向，因地施策、因业施策、因企施策，指导具备条件的企业“一企一策”制定混改方案，成熟一个推进一个，既要混资本、更要转机制，使各类市场主体取长补短、相互促进、共同发展。

要加快健全市场化经营机制。切实推进经理层成员任期制契约化管理，推进职业经理人制度，完善市场化薪酬分配机制，统筹运用各类中长期激励政策，加快推进三项制度改革，以更加灵活高效的市场化经营机制激发活力、增强动力。

要着力完善国有资产监管体制。聚焦管资本，进一步完善权力和责任清单，厘清监管职能，优化监管方式，更加注重市场化、法治化、信息化监管，更加注重事中事后、分层分类，更好发挥国有资本投资、运营公司作用，不断提升监管效能和水平，推进国有资本布局优化结构调整和战略性重组。

要充分释放和激发基层改革活力。深入推进“双百行动”“科改示范行动”等改革专项工程，总结推广基层企业改革的好经验好做法，大力营造担当作为、大胆创新、勇于探索的改革氛围。

总之，我们要坚持系统集成、协同高效，扭住关键、突出重点，推动改革不断取得突破性进展，以国企改革的综合成效更好服务发展大局。

（文章刊登于《人民日报》2020年8月11日02版）

2021

CHINA'S STATE-OWNED ASSETS SUPERVISION AND ADMINISTRATION YEARBOOK

中 国 国 有 资 产 监 督 管 理 年 鉴

国有资产监督管理概况

第二篇

国有资产监督管理体制改革和国有企业改革发展综述

2020年,百年不遇的新冠肺炎疫情突然暴发蔓延,世界经济陷入严重衰退,经济发展面临严峻挑战,在以习近平同志为核心的党中央坚强领导下,各级国资委和广大国有企业坚持以习近平新时代中国特色社会主义思想为指导,增强"四个意识"、坚定"四个自信"、做到"两个维护",坚决贯彻党中央、国务院决策部署,迎难而上、奋力拼搏,发展改革监管和党的建设各项工作都取得新的进展和成效。

一、坚持新发展理念,国有企业发展质量持续提升

各级国资委和广大国有企业以供给侧结构性改革为主线,紧紧围绕做好"六稳"工作、落实"六保"任务,攻坚克难、顽强拼搏,保持高质量发展良好态势,有力支撑经济社会发展。

(一)抗疫大战挺身而出,发挥大国重器"顶梁柱"的关键作用

各级国资委把疫情防控作为头等大事,第一时间响应、全力以赴抗疫,组织国有企业在抗疫物资保障、煤电油气运保供等方面作出积极贡献。在湖北、武汉抗疫主战场,中央企业以极限速度建成火神山医院和雷神山医院,中央企业所属在鄂医院全部投入紧急救治,有关企业组织600多名医护人员逆行出征,煤电油气、通信航空、粮油贸易等企业克服一切困难保障基础产品和民生服务,成为稳供应、稳人心、稳大局的骨干中坚;面对防疫物资紧缺急需,中央企业迅速转产扩产医用防护服和口罩,紧急研制口罩机、压条机等生产设备,有力保障生产供应、遏制价格炒作;针对疫情排查救治等关键难题,有关中央企业率先研制核酸检测试剂盒、提出恢复期血浆疗法、加快推进疫苗研发应用,电子、通信等企业及时推出"一网畅行""一码防控"等大数据服务,为常态化疫情防控提供科技支撑。

(二)经济发展有力有效,彰显国民经济"稳定器""压舱石"的责任担当

各级国资委和广大国有企业紧盯全年目标任务,加强运行监测、大力开源节流、强化协同合作,有效提升经济效益,为国民经济持续健康发展作出积极贡献。2020年,国资系统监管企业实现营业收入60.4万亿元①,比上年增长2.3%;净利润2.6万亿元,比上年下降1.4%;全员劳动生产率44.4万元/(人·年),是全社会企业劳动生产率的3.8倍;累计上缴税费3.7万亿元,占全国财政收入的21.7%。中央企业实现利润总额1.9万亿元,比上年增长2.1%;全员劳动生产率59.4万元/(人·年),是全社会企业劳动生产率的5.1倍;上缴税费2万亿元,占全国的54.4%;中央企业坚决执行国家降电价、降气价、降资费、降路费、降房租政策,累计降低全社会运行成本1965亿元。国资系统监管企业完成固定资产投资(不含房地产)7万亿元,比上年增长5.7%,占全社会固定资产投资总额的13.5%。

(三)科技创新捷报频传,在创新驱动发展中发挥"排头兵"作用

各级国资委和广大国有企业坚决顶住疫情冲击和经营压力,推动资金、人才、政策向重点企业、重点项目倾斜,科技创新工作得到有力加强。2020年,国资系统监管企业研发经费投入1.2万亿元,占全国的50%。截至2020年底,国资系统监管企业累计拥有有效专利90.2万件,比上年增长17.2%。中央企业国内外研发机构数量4360个,其中国家重点实验室91个,拥有两院院士229人,是国家科技创新重要战略力量。中央企业研发经费投入7724亿元,比上年增长11.3%,研发投入强度2.6%,涌现一批重大成果,天问一号逐梦而行、嫦娥五号奔月取壤、奋斗者号万米探海、北斗三号建成开通、F级50兆瓦重型燃机满载运行、页岩油气勘探取得重大突破,为"十三五"收官增添成色。

(四)坚决落实国家战略,在打好三大攻坚战中发挥"生力军"作用

各级国资委和广大国有企业紧咬目标不放松、强化责任抓落实,坚决助力打赢打好三大攻坚战。2020年,中央企业投入和引进无偿帮扶资金48亿元,积极开展产业扶贫、就业扶贫、消费扶贫,切实帮助解决在义务教育、基本医疗、住房安全、饮水安全等方面的困难,定点扶贫的246个国家扶贫开发工作重点县全部"摘帽",有力促进贫困地区加快发展、贫困群众增收致富。中央企业不断树牢绿色发展理念,加大节能减排力度,单位产值能耗和主要污染物降幅提前达到国家"十三五"目标要求。截至2020年底,中央企业平均资产负债率降至64.4%,圆满完成降杠杆减负债三年收官任务。

① 本年鉴中相同指标不同金额为口径不同所致。

(五)积极推进共同富裕,在促进区域协调发展中发挥"主力军"作用

各级国资委和广大国有企业围绕贯彻落实京津冀协同发展、长三角一体化发展、粤港澳大湾区建设、雄安新区建设、长江经济带发展、黄河流域生态保护和高质量发展、海南自贸区(港)建设等重大区域发展战略,推动一大批重点项目落实落地。国务院国资委组织中央企业深入开展央地协同合作,2020 年中央企业与地方签署合作项目 700 多个,34 家中央企业为助力湖北疫后重振,与湖北签订项目 72 个,投资总额超过 3200 亿元。

二、坚持正确改革方向,国有企业活力动力有效激发

各级国资委和广大国有企业紧紧围绕增强活力、提高效率,把落实国企改革三年行动作为重大政治任务,层层压实责任,狠抓落实落地,取得显著成效。

(一)中国特色现代企业制度持续完善

国务院国资委推动中央企业全面完成公司制改制,从法律上厘清政府与企业的职责边界,使企业独立市场主体地位从根本上得以确立。持续完善中国特色现代企业制度,落实《关于中央企业在完善公司治理中加强党的领导的意见》,党的领导融入公司治理制度化、规范化、程序化。印发《国有企业公司章程制定管理办法》,规范国有企业章程的制订、审核、监督等管理行为。加强和改进董事会建设,符合条件的中央企业全部建立董事会,其中 82 家外部董事占多数;93.8%的子企业实现董事会应建尽建,深化落实董事会职权试点,外部董事队伍整体素质和结构明显优化。

(二)混合所有制改革积极稳妥推进

国务院国资委坚持完善治理、强化激励、突出主业、提高效率,分层分类推进混合所有制改革。2020 年,中央企业实施混合所有制改革 900 余项,引入社会资本超过 2000 亿元,中央企业混合所有制企业户数占比超过 70%,上市公司成为中央企业混合所有制改革的主要载体。广泛吸收各类社会资本参与国企改革,成立总规模 2000 亿元的中国国有企业混合所有制改革基金,首期募资 707 亿元。不断加强对混合所有制改革全过程监督,重点强化对混合所有制改革后企业的管控,切实防范经营风险,促进混合所有制经济健康发展。

(三)市场化经营机制加快健全

国务院国资委不断深化三项制度改革,推动中央企业子企业 45.6%的经理层成员完成任期制和契约化签约,全员绩效考核覆盖率 98.2%。市场化激励水平进一步提高,制定《中央企业控股上市公司实施股权激励工作指引》,中央企业新增 22 户控股上市公司实施股权激励,覆盖近 1.8 万名核心人才,深入推进员工持股试点。全国国有企业"三供一业"、市政设施、社区管理机构分离移交和教育医疗机构深化改革完成任务数的 99%以上,170 多万名厂办大集体企业在职职工安置完成 99%,2000 多万名退休人员社会化管理完成 94%。

(四)供给侧结构性改革不断深化

国务院国资委建立中央企业"压减"工作长效机制,持续推进"压减"工作,累计减少法人 17063 户,减少比例 32.7%,中央企业管理层级压缩至五级以内。圆满完成中央企业钢铁煤炭去产能工作,2020 年完成煤炭去产能 510 万吨、整合盘活煤炭产能 3000 万吨。深入开展亏损子企业治理,坚决止住"出血点",连续两年超额完成减亏 20%的目标任务。纳入中央企业"处僵治困"工作范围的 2041 户"僵尸企业"处置任务基本完成。集中抓好非主业、非优势企业(业务)"两非"剥离和无效资产、低效资产"两资"处置工作,全年利用产权市场处置各类低效无效资产 682.39 亿元,进一步促进企业更加聚焦主责主业,不断提高核心竞争力。

(五)改革专项工程扎实推进

国务院国资委持续深化"双百行动",进一步丰富跟投、超额利润分享操作指引等多层次改革政策供给,推广改革典型经验和做法,开展"双百企业"三项制度改革专项评估,有效向企业传递改革压力。全面启动"科改示范行动",通过体制机制创新推动技术创新,打造一批国有科技型企业改革样板和自主创新"尖兵"。深入推进"区域性国资国企综合改革试验",在总结第一批上海、深圳、沈阳三地综合改革试验的基础上,结合国企改革三年行动深化综合改革措施,打造综合改革试验"升级版",青岛、杭州、武汉、西安开展第二批综合改革试验。扎实推进东北地区国资国企改革,制定进一步深化东北地区国资国企改革的指导文件,推动鞍钢等 5 家企业开展综合改革试点。开展对标世界一流管理提升行动,研究构建世界一流企业评价指标体系,指导推动 11 户示范企业探索对标世界一流企业有效途径。上海、深圳、沈阳等地国资委深入推进区域性综合改革试验,"双百行动"涌现万华化学、上海医药、云天化股份、深投控等一批改革"尖兵",66 户地方"科改示范企业"积极推进改革方案落地,有效激发企业高质量发展的活力动力。

三、坚持以管资本为主加强国有资产监管，国资监管体制持续完善

各级国资委认真贯彻落实以管资本为主加强国有资产监管的要求，认真履行监管职责，积极完善监管体制机制，有力推进专业化、体系化、法治化监管，国资监管的系统性、针对性、有效性明显提升。

(一)国资监管职能持续转变

国务院国资委坚持政企分开、政资分开，坚持放活与管好相统一，聚焦管资本重点职能，着力构建完善的国资监管体系，切实增强国资监管效能。监管方式不断优化，扎实开展权力和责任清单运行评估，持续深化法治央企建设，推进规章规范性文件集中清理，对规章规范性文件、中央企业章程、改制重组方案等进行法律审核近300件次。监管导向更加科学，更加突出服务国家战略、质量效益、创新驱动和深化改革。各地国资委普遍制定监管权责清单并持续动态完善，全部出台违规经营投资责任追究制度。

(二)国有资本投资、运营公司试点深入推进

国务院国资委组织21家中央企业开展国有资本投资、运营公司试点，在试体制、试机制、试模式等方面积极探索实践。投资运营相关制度体系、运营模式、授权机制基本建立，投资、运营公司与产业集团公司形成功能互补、协同发展的“多兵种作战”模式，有效发挥“锻长板、补短板”作用。持续探索改革途径，开展国有资本投资公司改革评估工作，在分类授权放权、优化集团管控、推进综合改革等方面取得新经验、新成效。不断完善授权放权机制，对投资公司试点企业“一企一策”授权放权，推动优化运营模式和经营机制。21家中央企业开展国有资本投资、运营公司试点，33个省级国资委改组组建国有资本投资、运营公司118家，在优化国有资本布局结构、激发市场主体活力等方面发挥重要作用。

(三)国资监督效能明显提升

国务院国资委持续完善业务监督、综合监督和责任追究“三位一体”监督格局，实现具有出资人特色的全链条全过程全方位监督。指导推动中央企业不断完善内控体系、内部审计和境外国资监管等制度，总体建成违规责任追究工作体系，进一步深化企业内控体系建设。强化重点领域监督，进一步加强财务、规划、投资、产权等重点业务监督，不断加强境外国有资产监督。深入开展国有资产重大损失调查及违规责任追究，直接组织和督促企业开展核查追责事项39件，涉及中央企业30家，追究责任244人次，挽回损失或降低风险35亿元，牢牢守住防止国有资产流失的底线。

(四)考核评价体系逐渐完善

国务院国资委修订印发中央企业负责人经营业绩考核办法及配套实施方案，构建形成“1+6”考核制度体系，涵盖1个办法主体，年度考核、任期考核、经济增加值考核、考核特殊事项清单、科技创新奖励和任期通报表扬等6个配套文件。在保留净利润、利润总额、资产负债率等3个指标的基础上，2020年调整新增营业收入利润率、研发经费投入强度等2个指标，更加突出质量第一、效益优先，以满足质量变革、效率变革、动力变革要求。鼓励企业加大研发投入，在计算经济效益指标时，将研发投入视同利润加回，对关键核心技术攻关的研发投入，进一步提高加回的比例；对科技创新取得重大成果、关键核心技术攻关实现重大突破的企业，给予考核加分奖励。

(五)上下联动的国资监管格局加快形成

国务院国资委根据“三定方案”和《中华人民共和国企业国有资产法》，指导各地国资委全面履行国有企业出资人和国有资产监管职责，上下联动促进国有经济更好发挥作用。组织召开地方国资委负责人会议和年中视频座谈会，专门举办全国国资委系统构建国资监管大格局研讨培训班，进一步加强国资监管工作体系建设。对地方国资委拟出台的国资监管政策文件加强指导把关，将杭州、武汉等10个副省级城市国资委增列为指导监督工作联系点。指导各地国资委加快推动经营性国有资产集中统一监管，全国省级经营性国有资产集中统一监管比例超过91%，24个地方超过95%，其中上海、甘肃、青岛等地基本实现全覆盖。扎实推进东北地区国资国企改革，指导东北地区部分中央企业开展综合改革。

四、坚持党的领导、党的建设，为国有企业改革发展提供坚强保证

各级国资委党委和广大国有企业党委(党组)认真落实新时代党的建设总要求，始终坚持党对国有企业的全面领导，深化落实全国国企党建会精神，以高质量党建引领高质量发展。

(一)持续深化党的政治建设

国务院国资委始终把政治建设摆在首位，积极推动习近平新时代中国特色社会主义思想在国资央企大学习、大普及、大落实，指导中央企业建立学习贯彻习近平总书记重要讲话和指示批示首要责任“第一议题”制度，学好《习近平谈治国理政》第一卷，编印《习近平关于发展国有经济论述摘编》，筑牢“两个维护”思想

根基。进一步加强和规范请示报告工作，制定《关于推动中央企业深入贯彻落实习近平总书记重要指示批示的督查办法》，推动中央企业按照"有没有学习研讨、有没有贯彻措施、有没有督导推动、有没有跟踪问效"四项标准抓好落实，以实际行动作"两个维护"的表率。

（二）加快夯实党建基层基础

国务院国资委抓紧抓实国有企业基层党组织工作条例贯彻落实，编制《中央企业党建工作实用手册》，开展第二批中央企业基层示范党支部建设，推进直属机关、行业协会党支部标准化规范化建设。研究制定混合所有制企业党建工作规范性文件，指导中央企业稳妥做好混合所有制企业党建工作。举办中央企业基层党组织书记示范培训班、党群（组织）处长和行业协会党建部门负责人培训班，督导推进 24 家中央企业党委（直属党委）换届工作。

（三）不断加强企业领导班子建设

国务院国资委研究制定激发企业家精神 12 条举措，选送委管企业领导人员 54 人次参加"一校五院"培训，举办中青年高级管理人员培训班，着力打造管企业的政治家和讲政治的企业家队伍。大力培养选拔优秀年轻干部，中央企业"70 后"班子成员 122 人。修订中央企业董事会规范运行准则、董事会和董事评价办法、外部董事履职指南，明确 57 家企业外部董事召集人，对 80 家企业董事会进行年度评价，调整补充外部董事 149 人次，遴选入库 110 人，调整出库 186 人。

（四）全面贯彻巡视工作方针

国务院国资委党委将深化巡视整改与整治"灯下黑"问题结合起来，召开持续深化巡视整改工作会议，推动巡视整改不断深化拓展。坚持深化政治巡视，系统优化形成以"四个落实"为引领的巡视监督内容体系，完成 2 轮 11 家中央企业巡视任务，党的十九大以来巡视委管企业 36 家，覆盖率 77%，发现问题 476 个，反映领导干部问题线索涉及 119 人，督促企业党委对 64 个问题立行立改。加强对中央企业巡视巡察工作的指导，96 家中央企业集团全年巡视单位 953 家，发现问题 20827 个；2446 家所属单位开展巡察，巡察下属单位 20281 家，发现问题 166915 个，实现国务院国资委巡视和企业巡视巡察上下联动、一体推进。

（五）深入推进党风廉政建设和反腐败斗争

国务院国资委始终保持反腐败高压态势，充分发挥不敢腐、不能腐、不想腐一体推进的综合效应，切实增强反腐败治理效能。紧盯靠企吃企突出问题，加大境外腐败、利益输送、设租寻租、化公为私等 4 项专项整治力度，专门召开国务院国资委党风廉政建设和反腐败工作会议暨警示教育大会，教育引导党员干部筑牢拒腐防变思想防线。坚持以案促改深入开展，推动办案、整改、治理贯通融合，充分发挥查办案件治本功能，拍摄《双面人生》警示教育片，编印国资央企查处的 22 名严重违纪违法人员忏悔录，开展警示教育 200 次、近 16 万人参加，教育党员干部引以为戒、修身律己。国有企业党的领导、党的建设不断加强，风清气正的良好政治生态加快形成。

（审稿人：董朝辉　撰稿人：陈大龙）

企业国有资产监管法治建设

2020 年，国务院国资委以习近平新时代中国特色社会主义思想为指导，坚决贯彻党的十九大和十九届二中、三中、四中、五中全会精神，深入学习贯彻习近平法治思想，围绕国资国企发展改革监管和党的建设中心工作，聚焦依法监管和依法治企，扎实开展法治建设各项工作，取得积极进展。

一、国资监管体制持续完善

一是坚持国资监管机构职责定位，全面履行中央企业出资人职责、国有资产监管职责和中央企业党的建设工作职责。开展权力和责任清单运行评估，从优化履职流程、是否存在厅局职责交叉等 7 个方面征求中央企业意见建议。启动修订权力和责任清单。按照中央编办统一要求，全面梳理权责事项，调整事项范围，有序推进新版权力和责任清单编制上报工作。

二是牵头落实国资监管职能转变重点任务。建立职能转变工作季报机制，汇总形成国务院国资委 2019 年及 2020 年每季度工作报告。向国办报送深化"放管服"改革有关落实举措、"十四五"时期优化营商环境相关工作情况等工作报告。

三是配合做好向全国人大报告企业国有资产管理工作。起草形成完善国资监管体制进展情况专项报告，就全国人大加强对国有资产监督的有关文件研提意见。落实国企改革三年行动部署要求，指导地方深入落实政企分开、政资分开原则，加快推动经营性国有资产集中统一监管。

二、国资监管法治机构基本建成

一是传达学习习近平法治思想。深入学习习近平总书记在中央全面依法治国委员会第三次会议和中央全面依法治国工作会议上的重要讲话精神，提出贯彻落实措施建议。

二是完善国资监管规章制度。修订《国资委规范性文件制定管理办法》，编制年度立法工作计划，制定出台《关于推进中央企业知识产权工作高质量发展的指导意见》《国有企业公司章程制定管理办法》等17件规范性文件，开展规章规范性文件集中清理，截至2020年底，国务院国资委现行有效规章27件，规范性文件221件。

三是健全党内法规制度。印发年度党委规范性文件制定计划，制定出台《关于加强中央企业经营管理人才队伍建设的指导意见》等党委规范性文件6件，截至2020年底，国务院国资委现行有效党委规范性文件76件。深化中央企业党委规范性文件备案审查试点工作，对8家试点企业的56件党委规范性文件进行审查。

四是严格进行合法性审查。完善公平竞争审查工作机制，对规章规范性文件、中央企业章程、信息公开答复等进行法律审核367件次。聘请11名法律专家为国务院国资委法律顾问，充分发挥法律顾问制度作用。

五是开展法治宣传教育。向全国普法办报送国资委系统"七五"普法规划实施报告，组织开展《民法典》等法律法规学习活动，组织国资委系统部分机关干部进行法治专题培训，有效提升国资监管业务骨干法治意识。通过连续五年推动落实，国资监管法治机构建设实施方案的6个方面24项主要任务基本完成。

三、法治央企建设成效明显

一是开展法治央企建设总结验收。对照治理完善、经营合规、管理规范、守法诚信的目标，全面总结5年来法治央企建设成效，深入查找短板和不足。组织开展中央企业优秀总法律顾问、优秀企业法律顾问和企业法律事务先进工作者评比表彰，评选出法治工作先进个人299人，进一步增强法务人员的荣誉感和使命感。

二是强化重点领域合规管理。针对PPP、海外制裁、个人信息保护、商业伙伴、劳动用工等重点领域，组织相关企业编制印发第三批中央企业合规管理指南，指导企业切实防范合规风险。形成《中央企业混合所有制改革法律合规风险防范》课题报告，保障重大改革依法合规稳妥推进。

三是加强法律纠纷管理。总结2019年度中央企业法律纠纷案件总体情况，深入全面分析案发特点及原因，形成综合分析报告。开展建筑行业企业案件管理"压存控增、提质创效"专项行动，指导企业加大存量案件处置力度，最大程度挽回或避免经济损失。通过案件发现管理问题、堵塞管理漏洞，实现"以案促管、以管创效"。向17家企业印发重大案件督办函，督促企业切实维护合法权益。

四是做好境外法律风险防范。适应当前日益复杂的国际化经营环境，组织中央企业深入排查境外法律风险，形成综合分析报告。指导中央企业妥善处理重大境外法律纠纷案件，有效维护境外国有资产安全。

四、国资监管大格局持续推进

一是加强组织推动。召开全国国资委系统构建国资监管大格局研讨培训班，全国各省（自治区、直辖市）国资委1000余人参加培训。印发年度指导监督地方国资工作计划，明确4个方面37项年度重点工作，形成工作进展情况报告。

二是强化专项指导。地方经营性国有资产集中统一监管比例不断提高，为91.2%，其中24个超过95%，国资监管机构建设调整优化（省、市两级人员编制11464人）。组织召开覆盖全国37个省级国资委的视频座谈会，赴上海、甘肃等8个地方开展经营性国有资产集中统一监管和地方国资系统金融资本监管模式专题调研。加强对地方国资监管政策文件的指导把关，对山西、云南、青岛等10余个地方拟出台的文件报告研提意见。

三是扩大联系范围。将杭州、武汉等10个副省级城市国资委增列为指导监督工作联系点，进一步增强系统合力。

五、疫情防控工作积极开展

一是摸排地方国企生产医疗物资能力。第一时间印发指导地方国资国企坚决打赢疫情防控阻击战有关工作的通知，全面摸排地方国有企业转产扩产医疗物资能力。建立省属企业复工复产报告机制。按照党中央统筹做好疫情防控和经济社会发展的决策部署，建立省属企业复工复产情况报告机制，定期上报国务院。

二是指导中央企业防范疫情相关法律风险。印发《关于依法防控疫情切实防范法律合规风险的通知》等多份制度文件。对部分境外项目较多的能源、建筑类中央企业依法防控境外疫情工作进行深入调研，形成专题报告。就疫情期间不可抗力原则适用和实务应对等问题组织开展专题培训，指导企业更好应对处置疫情引致的相关法律风险。

（审稿人：林庆苗　撰稿人：刘　鑫）

中央企业规划发展工作

2020年，国务院国资委深入学习党的十九大和十九届历次全会精神，认真贯彻习近平新时代中国特色社会主义思想，紧密围绕国务院国资委中心任务开展工作。坚持牵住、牵好"牛鼻子"，围绕中心抓重点，不断加强规划引领、优化布局结构、完善投资监管、推动国际化经营高质量发展，圆满完成各项工作任务。

一、按照"新阶段、新理念、新格局"要求，谋划国资央企"十四五"时期新起点

一是全面创新谋划国资央企"十四五"改革发展任务。按照国资监管大格局、"一盘棋"要求，全面把握新发展阶段、落实新发展理念、构建新发展格局，力图引导全国国资系统企业实现全方位创新，明确具体可行的重点任务，探索联动机制。

二是优化完善中央企业规划管理体系。贯彻落实巡视整改有关要求，研究修订《中央企业发展战略与规划管理办法(试行)》(国务院国资委令第10号)，着力探索构建国资监管机构和中央企业层面战略规划双闭环管理机制，解决战略规划编制与执行"两张皮"问题。

二、坚持锻长板和补短板并举，全面推进产业基础高级化、产业链现代化

一是推动重点领域协同发展平台取得实质进展。新能源汽车T3平台(中汽创智科技有限公司)在南京正式设立，集中开展智能电动底盘、氢燃料动力平台等共性技术研发。依托天津力神打造的新能源电池平台完成股权重组。初步建立中央企业工业互联网平台协同机制。中央企业远程医疗平台累计组织跨境防疫服务835次，覆盖中方员工10万人次，在境外疫情防控中发挥积极作用。

二是指导中央企业科学布局战略性新兴产业。开展央企集成电路产业情况摸底调查，指导企业聚集合力补短板，防止低水平重复建设。切实推动企业加快新型基础设施建设，完成相关投资超过3500亿元，三大电信运营商提前完成5G基站建设目标。2020年，中央企业完成战略性新兴产业投资1.16万亿元，比上年增长21.6%，占全部投资比重的22.1%，比上年增加2.1个百分点。

三、深入落实"六稳""六保"，不断提升中央企业投资监管能力

一是做好疫情防控背景下的稳投资工作。疫情暴发初期，第一时间组织两场稳投资视频座谈会，深入分析研判疫情对企业投资活动的影响，提出稳投资工作措施建议。通过强化督导，中央企业完成固定资产投资3.95万亿元，比上年增长4.2%，高于全社会固定资产投资增幅1.3个百分点，高于民间投资增幅3.2个百分点。

二是力保境内外重点项目顺利实施。按照党中央、国务院统筹做好疫情防控和"六稳"工作的决策部署，建立境内外重大投资项目动态月报制度，编发动态简报10期，督促企业重点抓好国家"十三五"规划重大工程、"一带一路"重点项目等建设，在建拟建重点项目总体进展顺利，境内重点项目建设进度达到疫前正常水平，完成投资计划近90%；境外重点项目无一停工，均处于有序实施状态，境外顺利完工项目600多个，切实发挥中央企业复工复产带头拉动作用。

三是持续提升投资监管效能。严格开展企业投资计划备案和非主业比例核定，累计劝退非主业、高风险投资项目47个，涉及投资额424亿元，努力把住投资风险底线。基本完成《中央企业投资监督管理办法实施细则》制定工作，中央企业投资和项目管理信息系统的实时采集、有效分析功能在监管实践中不断完善。

四、深化央地合作内涵，有效落实区域协调发展战略、疫后重振、脱贫攻坚任务

一是按照国家区域协调发展战略组织央地合作重大活动。与相关省(自治区、直辖市)举办9场重大专题活动，累计签署合作项目680余个，在长江经济带、海南自贸港、京津冀区域完成投资1.35万亿元，当年项目开工率近50%，有效发挥中央企业表率带头作用。

二是组织中央企业助力湖北疫后重振。深入贯彻习近平总书记重要指示精神，与湖北省政府相关部门、中央企业根据湖北疫后经济重振的紧迫需求，共同研究制定具体工作举措21条，与湖北省委、省政府召开专题视频会，34家中央企业与湖北签订项目72个，投资总额3277亿元。

三是支持海南自贸港建设。落实习近平总书记关于《海南自由贸易港建设总体方案》的重要批示精神，会同海南省和有关方面深入学习研究，提出国务院国资委和中央企业的配套工作部署，获得党中央、国务院领导的高度肯定。组织召开海南自贸港建设政策解读会，52家中央企业参会。

五、积极应对复杂多变国际环境，全面提升中央企业国际化经营水平

一是全力保障国际供应链稳定。作为成员单位参与国务院国际物流工作专班工作，在国际航运几近中断的特殊时期，建立中央企业国际物流周报制度，协调中央物流企业打通供应链堵点难点。三大航在上半年国际航空货运几乎中断的特殊情况下，月均承运货邮17万吨，有力支撑“一带一路”重大项目建设。

二是不断提升境外项目质量效益。对特别监管类境外投资项目履行审核把关程序，通过强化出资人监管，不断提升对外投资效益。配合有关部门指导企业化解中老铁路、雅万高铁等重大项目推进难点，促进项目顺利实施。

三是大力支持中国国际服务贸易交易会。负责组建中央企业交易团，80家中央企业的415家经营单位参展参会。

六、心系海外、同心抗疫，境外项目疫情防控取得阶段性成果

国务院国资委党委高度重视中央企业境外员工安危，2020年3月20日由国务院国资委规划局牵头，抽调驻国务院国资委纪检监察组、国务院国资委办公厅、国务院国资委法规局、国务院国资委科创局、国务院国资委综合监督局、国务院国资委监督追责局、国务院国资委企干二局、国务院国资委党建局、国务院国资委国际局、国务院国资委信息中心、商业离退休干部局及相关中央企业30人设立境外疫情防控办公室（以下简称境外办），境外疫情防控获得党中央、国务院高度肯定。

一是依靠国务院国资委党委的坚强领导。按照国务院国资委党委部署，建立境外疫情防控工作组织、制度体系。境外办成立当天即按战时机制执行24小时值班和节假日轮班制度，指导全部中央企业成立工作专班，实现境外疫情防控工作统一部署、高效协同。根据全球疫情变化，先后制定印发17个规范指导文件。

二是多措并举筑牢境外疫情防控防线。建立中央企业远程医疗平台，实现疫情防控快捷指导、救治。依托中央企业境外项目信息监测系统，建立境外28万多名中方员工跨境流动和疫情信息日报制度、近10000个项目进展情况月报制度，数据颗粒度、及时性、全面性得到国务院领导和联防联控机制多次肯定。因时因势调整防控举措，利用现代通信技术组织300余场视频巡检。邀请钟南山院士等6位专家向中央企业境内外员工开展6次防疫知识视频讲座，累计120万人次参加。

三是迅速有效应对重大疫情风险。用8天时间完成对央企、地方国企11619个境外机构（项目）的疫情风险排查，做到“四查四清”。有效处置重大疫情7起，探索形成“远程门诊＋现场问诊”“工作组＋医疗队”“中药为主＋未病先防”相结合的应急模式，极大增强中央企业抗击境外疫情的信心决心。积极应对境外疫情衍生风险，妥善处置涉疫群体性事件6起，成功应对应急事件。

四是不断夯实“双稳”基础。为保障“一带一路”建设稳健推进，在严格落实远端防控措施的前提下，指导企业做好境外医疗物资、生活物资、党组织建设“三保障”，累计安排员工出（入）境19万人次、组织包机210架次，基本形成良性流动。积极支持国药集团疫苗紧急使用，26.6万名中央企业涉外员工接种疫苗，为员工增添健康保障，为大国外交提供有力支撑。中央企业境外疫情形势总体可控在控，130多万名境外员工和近30万名外派员工得以在严峻疫情中相对安全地坚守岗位，继续为“一带一路”建设、维护全球经济发展作贡献。

（审稿人：谢　军　撰稿人：周新月）

中央企业财务监督工作

2020年，国务院国资委和中央企业以习近平新时代中国特色社会主义思想为指导，深入学习贯彻党的十九大和十九届二中、三中、四中、五中全会精神以及中央经济工作会议精神，坚持“稳中求进”总基调，坚持新发展理念，坚持深化供给侧结构性改革，着力推动中央企业统筹疫情防控和复工复产，实现高质量发展，紧紧围绕各项工作部署和要求，持续夯实财务基础管理，强化风险管控，稳妥推进各项改革，财务监督工作体系日益创新和完善。

一、全力以赴抗击疫情，扎扎实实推进复工复产

面对突如其来的新冠肺炎疫情，国务院国资委将全力保障抗击疫情、推动中央企业复工复产作为工作重中之重。

（一）全力保障基础供应

2020年2月初，印发《关于中央企业积极复工复产、稳定生产运行工作的通知》，要求涉及重要国计民生领域的八类中央企业（医疗物资生产、煤、电、油、运、粮、通信、重大项目）全力保障基础供应；2月2日开始，建立日报机制，加强与其他部门协同配合，梳理指导150余家中央子企业作为保供骨干，全力保障全国米面油、肉

蛋奶等生活必需品供应；截至2020年4月8日，中央企业累计向湖北地区供应汽油50.7万吨、供电304.7亿千瓦·时、供煤260万吨、供粮油4.6万吨，投入电信应急车辆6万多次、执飞245架次，为抗疫工作提供重要物质和服务保障。积极组织中央企业依法合规有序捐赠，97家中央企业累计捐款27.83亿元，捐物11.12亿元。

（二）迅速推进中央企业复工复产

一是制定工作通知。2020年2月初，印发《关于支持中央企业全力做好新冠肺炎疫情防控和复工复产有关工作的意见》，要求企业加大复工复产工作推进力度，并对企业抗疫和复工复产工作给予政策支持。二是加强跟踪监测和工作督导。2月8日开始，建立复工复产动态监测机制，逐日通报进展；逐日跟踪石油石化、电力、交通运输、钢铁、电信等重点行业生产经营情况；2月11日开始，对十大重点行业开展疫情影响预评估分析，进行疫情对策研究；对石油石化、建筑、航空等重点企业进行督导调研或召开座谈会，分类精准推进复工复产。三是积极协调政策支持。协调有关金融机构为医疗物资保障和基础保障企业提供各类资金5957亿元，其中优惠贷款3116亿元。协调外交部、发展改革委、民航局等部门解决防疫物资紧缺、农民工不足、地方复工复产审批慢、外方人员来华难等困难，为企业加快复工复产创造有利条件。用了短短20天时间，2月下旬中央企业所属4.8万户子企业复工率超过90%，4月中旬实现“能复尽复”。

二、发挥预算引领作用，强化企业经济运行工作

（一）强化预算引领作用，做好2020年财务预算审核

面对新冠肺炎疫情暴发的困难局面，对标全面预算管理要求，在研判中央企业预算执行情况的基础上，充分发挥董事会及预算管理委员会作用，分批召开座谈会了解企业初步安排，逐户审核全部中央企业2020年度财务预算，要求中央企业充分发挥预算引领作用，坚持目标不降、任务不变，合理做好2020年度预算安排，千方百计把疫情造成的损失夺回来，为中央企业全年实现“两个力争”的目标打下良好基础。优化企业月度主要指标预报和财务快报机制，加强重点行业和重点企业跟踪分析，动态掌握企业预算执行进度，实现预算执行监控和经济运行监测有机统一。

（二）加强经济形势预研预判，着力稳定中央企业经济运行

紧扣统筹疫情防控和推动高质量发展主题，结合预算执行情况，加强效益情况跟踪监测和滚动预测；逐日跟踪市场主要价格指数、利率、汇率等重要经济指标变化情况，每季度末组织召开宏观经济形势和重点行业态势分析座谈会，邀请专家学者研判形势、专题授课，多侧面、多角度了解宏观经济发展趋势和宏观经济分析方法；启动国资监管大数据分析平台建设工作，深入开展企业经济运行跟踪分析工作，组织撰写月度和季度动态监测分析，以及重点企业、重点行业效益专项分析报告；做好两会等关键节点中央企业运行情况宣传工作、各季度中央企业运行情况新闻发布会和不定期媒体沟通会，为“正面宣传、主动发声”奠定基础。

（三）提前谋划，持续优化全面预算管理

落实国资国企改革新要求，首次专门为预算工作召开宏观经济专家座谈会和重点行业专家座谈会，研究提出2021年中央企业预算总体思路和总体目标，并对重点专项任务安排提出有关要求，结合新准则执行情况和国务院国资委最新监管要求修改预算报表，召开预算布置培训，起草下发2021年度预算管理工作通知，指导中央企业做好2021年度预算工作，促进企业切实提升全面预算管理水平。

（四）服务大局，完善数据分析共享机制

为更好发挥数据基础支撑作用，配合开展各类业务监管报表系统梳理和整合，组织对“网络版报表管理系统”持续升级改进，组织开展中央企业历史数据整理工作，配合财政部做好2019版XBRL扩展分类标准制定发布并做好平台维护。完善国有企业财务统计数据网络查询系统，构建国资监管大数据，深化国务院国资委财务数据共享机制，实现中央企业、地方监管企业、国资委系统监管企业和全国国有企业主要财务指标等公共数据查询功能，以及中央企业成本费用、固定资产投资、人工成本、国有资本收益等专项业务数据查询功能，实现财务、监管数据的互联互通。

三、持续深化决算管理，增强财务决算功能作用

（一）完成2019年度财务决算审核工作

在综合考虑常态化疫情防控要求和决算审核需要的基础上，创新优化调整审核方案和规范，加强决算审核工作组织，将会计信息质量问题、重大专项工作任务落实情况和以往年度各类审计、检查发现问题的整改落实效果作为财务决算审核中重点关注的问题，坚持决算主审会计师事务所审前沟通、重大事项报告机制，提高审核效率效果；逐户撰写决算审核分析报告和批复，分析企业2019年度经济运行情况，确

认主要经营指标，提出需要整改的问题及要求，强化问题整改落实结果反馈机制。2019 年度 97 家中央企业实现营业总收入 31 万亿元，实现利润总额 1.9 万亿元，平均国有资本保值增值率 107.8%，87 家企业实现国有资本保值增值；上缴税费总额 2.1 万亿元，占全国财政收入的 11.5%，积极履行社会责任；截至 2019 年底，中央企业资产总额 63.4 万亿元。

（二）完成 2020 年度财务决算布置工作

为做好 2020 年度中央企业财务决算工作，制定印发工作通知，召开决算布置与报表培训视频会，要求企业规范会计核算和数据统计，确保会计信息和统计资料的真实性、准确性和完整性；做好全面执行新修订会计准则的准备工作，及时修订相关会计核算办法和财务管理制度；深化拓展财务决算功能作用，充分发挥财务决算促进管理提升、检验工作成效、管控经营风险、落实问题整改等方面的功能作用。

（三）强化财务决算管理功能

一是要求中央企业将决算管理与提质增效工作相结合，促进提升发展质量和效益，通过决算管理对各项工作进行总结，分析评估成效，查找提升空间。二是要求中央企业将决算管理与专项工作相结合，夯实供给侧结构性改革成果，全面总结“处僵治困”、降杠杆减负债、“两金”管控等工作措施成效，查遗补漏，夯实工作质量。三是要求中央企业将决算管理与风险防范相结合，深入识别揭示风险隐患，认真排查金融衍生业务、贸易业务、新兴业务、资产损失等风险，为防范化解重大风险提供有力支撑。

（四）完善监督问题督促整改机制

一是完善决算审计管理相关制度，与财政部联合印发两份指导意见，协同推进加强注册会计师行业执业管理。二是结合资本市场风险事件和年度决算管理，加强会计师事务所质询约谈工作，推动提升审计质量。三是对审计、巡视等方面发现和移交问题，会同相关部门一起研究，组织中央企业共同落实问题整改，推动审计整改走深走实。四是结合推进重大任务，组织完成“处僵治困”、研发支出、会计信息质量等专项财务抽查项目，督促企业认真完成重大专项任务，加强研发支出管理，确保会计信息真实可靠。

四、持续推进供给侧结构性改革，统筹推动中央企业提质增效稳增长

（一）开展提质增效专项行动

一是研究制定工作方案。贯彻落实中央经济工作会议精神，聚焦降低疫情损失、努力增收节支的中心任务，研究制定 2020 年提质增效专项行动工作方案。二是建立督导推进机制。形成国务院国资委各相关厅局齐抓共管、与中央企业上下协同的工作合力，督促中央企业持续加大提质增效工作力度，确保完成“两个力争”目标任务。三是对疫情期间国家和各地方出台的支持企业抗击疫情、复工复产有关政策进行梳理，对重点行业运行情况深入剖析，逐月梳理中央企业成本费用管控情况，督促重点行业企业充分发挥一体化协同优势，强力压缩非生产性开支。

（二）圆满完成降杠杆三年收官任务

2020 年，国务院国资委坚决贯彻落实党中央、国务院关于打好防范化解重大风险攻坚战的决策部署，圆满完成降杠杆三年收官任务。一是通过强化考核约束、坚持动态监测、适时约谈等方式，持续加强中央企业降杠杆减负债防风险工作。截至 2020 年底，中央企业整体资产负债率降至 64.5%，完成国务院常务会议部署的“较 2016 年下降 2 个百分点”的任务目标，整体债务结构处于合理区间，重大债务风险基本可控。二是进一步加强对地方债务风险管控工作指导，组织地方国资委全面开展债务风险排查，研究提出指导性意见。

（三）巩固“处僵治困”收官工作成效

围绕全面完成“处僵治困”工作目标，国务院国资委集中力量查缺补漏，组织专项财务检查，特别是针对审计署审计、决算审核等各类检查发现的问题加大整改落实力度，建立台账逐季跟踪整改落实工作进展，积极协调相关政策，督促有关中央企业进一步巩固工作成效、夯实工作质量。2020 年，2041 户“僵尸企业”和特困企业整体扭亏，实现利润总额 317 亿元，较 2015 年减亏增利超过 2300 亿元；负债总额 1.8 万亿元，较 2015 年末减少 7000 余亿元；截至 2020 年底资产负债率 63.7%，较 2015 年末减少 19.2 个百分点。

（四）深入开展亏损子企业治理

为推动中央企业持续健康发展，继续巩固“处僵治困”工作成效，在“处僵治困”成果的基础上，工作转入第二阶段，开展重点亏损子企业专项治理工作。将近三年连续亏损或 2018 年大额亏损的 1403 户子企业纳入治理范围，实施清单管理、目标管理以及经营结果管控，加强跟踪监测，定期通报专项治理和减亏控亏情况；深入分析研究中央建筑企业铁路业务情况，积极争取解决铁路施工行业长期整体性亏损问题。

(五)持续推动“两金”管控落实落细

一是从提升我国产业链供应链稳定性和竞争力出发,明确风险导向新思路、长短结合新目标、有保有压新要求、多措并举新路径。二是将部分重点企业纳入“两金”管控重点企业范围,逐户审核工作方案,逐月通报管控进展。三是探索供应链金融助力“两金”管控的新路径,推动中央企业积极运用供应链金融管控“两金”。四是多渠道向有关方面反映中央企业被其他方面拖欠的情况,积极呼吁有关方面出台解决企业“两金”问题的新政策。

(六)巩固扩大重点企业改革脱困成果

对一些重点困难企业和亏损大户,建立专项督导工作机制,2020年继续加强对部分企业或重点子企业的改革脱困工作指导,推动企业以问题为导向,通过内部业务整合、分流冗余人员、优化体制机制等“内科治疗”强化经营管理,通过债务重组、破产重整、引入战略投资者等“外科手术”改善资本结构,综合施策,标本兼治,督促企业进一步加大改革脱困和风险管控力度,促进企业逐步走出困境、恢复正常生产经营。

(七)强化高风险业务管控

一是印发《关于切实加强金融衍生业务管理有关事项的通知》,督促指导企业建立“严格管控、规范操作、风险可控”的金融衍生业务监管体系;联合有关部门举办中央企业金融衍生业务培训,推动企业提高业务管控水平和风险防范能力。二是持续跟踪融资性贸易风险敞口处置进展,督促有关企业加速融资性贸易风险敞口处置,全力完成压降10%的目标任务。三是督促企业加强PPP业务风险管控。将PPP业务风险作为有关企业决算审核重点,逐家批复明确风险处置防范要求。

五、积极主动保落实,指导企业履行好经济社会责任

(一)扎实推进清理拖欠民企账款专项工作

认真贯彻习近平总书记重要讲话精神和有关工作部署,在中央企业2019年率先实现无分歧欠款“清零”的基础上,2020年印发《关于进一步巩固清欠工作成果　加快健全防止拖欠长效机制的通知》等通知,推动中央企业带头落实《保障中小企业款项支付条例》等法律法规,采取有力措施,进一步巩固清欠成效,建立健全防止拖欠的长效机制。督促中央企业加大监督问责力度,强化内部绩效考核,对拖欠账款行为保持高压态势。对个别企业虚假清欠等问题严肃问责。

(二)督促企业落实好经济社会责任

一是督促中央企业坚决执行国家降电价、降气价、降资费、降路费、降房租政策,2020年累计降低全社会运行成本1965亿元,其中,通信企业超额完成2020年度中小企业宽带和专线降费目标,新增让利475亿元;电网企业对高耗能行业外的工商业电力用户电费按95%计收,放宽两部制电价用户办理减容、暂停限制,合计降低用户用电成本1080亿元;石油石化企业全面下调非居民用气价格,降低下游企业用能成本超过300亿元。中央企业主动为中小微企业降本减负,累计减免租金超过75亿元、减免路费超过50亿元。二是督促指导中央煤电企业做好迎峰度夏期间稳定电力供应工作,组织中央煤炭、电力企业做好冬季能源保供相关工作,确保社会用能安全稳定,切实保障民生。三是积极落实“保春耕”工作任务,对中央化肥企业生产经营情况进行调研和定期跟踪。四是积极落实研究中央企业支持湖北省经济社会发展有关情况。

六、推进国企国资改革任务,做好政策协调服务

(一)持续深化总会计师委派试点工作

一是稳步扩大总会计师委派试点范围,2020年向7家委管中央企业委派总会计师,试点中央企业40家。二是开启多层次财务人才培训体系建设,开展第一期中央企业总会计师履职能力强化班,制定财务部部长综合素质提升班、中央企业财务“菁英”班计划方案,会同财政部开展全国大中型企事业单位总会计师培养高端班,探索建立多层次、多维度财务人才培养体系。三是继续完善派前、日常、派后管理,探索总会专业岗位履职评价,推动总会交流,进一步完善闭环管理方式。

(二)圆满完成向全国人大报告国有资产管理情况

2020年10月15日,国务院国资委党委书记、主任郝鹏在第十三届全国人民代表大会常务委员会第二十二次会议上向全国人大常委会报告《国务院关于2019年度国资系统监管企业国有资产管理情况的专项报告》。各方面对专项报告给予高度评价。

为提升中央企业财务监督工作水平,国务院国资委坚持不断增强服务意识,做好税收、财金等政策的沟通协调工作,督促指导企业提升重大财务事项管理水平,促进中央企业实现高质量发展。

(审稿人:赵世堂　撰稿人:郭　彧)

全国国资委系统监管企业资产与财务状况分析

2020年，全国国资委系统监管企业①（以下简称国资系统监管企业）在以习近平同志为核心的党中央坚强领导下，坚决贯彻落实党中央、国务院决策部署，统筹推进疫情防控和经营发展各项重点工作，为我国率先控制疫情、率先复工复产、率先实现经济增长由负转正，为决战脱贫攻坚、决胜全面小康、实现第一个百年奋斗目标作出积极贡献。

一、规模实力稳步增长

面对前所未有的严峻形势，国资系统监管企业一手抓疫情防控，一手抓生产经营，多措并举稳生产、稳经营、稳市场，经营规模和竞争实力延续增长态势。2020年末，资产总额234.7万亿元，比上年增加33.4万亿元，增长16.6%；净资产78.4万亿元，比上年增加11.6万亿元，增长17.4%。2020年，实现营业总收入60.4万亿元，比上年增加1.4万亿元，增长2.3%。从隶属关系看，中央企业实现营业总收入30.4万亿元，占国资系统监管企业的50.3%，60家企业营业总收入超过1000亿元，其中3家企业超过2万亿元；地方监管企业实现营业总收入30.1万亿元，占比49.7%，其中实现营业总收入超过1万亿元的地区11个。2021年美国《财富》杂志公布的"世界500强"企业中，82家国资系统监管企业上榜，其中，中央企业49家上榜，3家企业入围前五名；地方监管企业33家上榜。

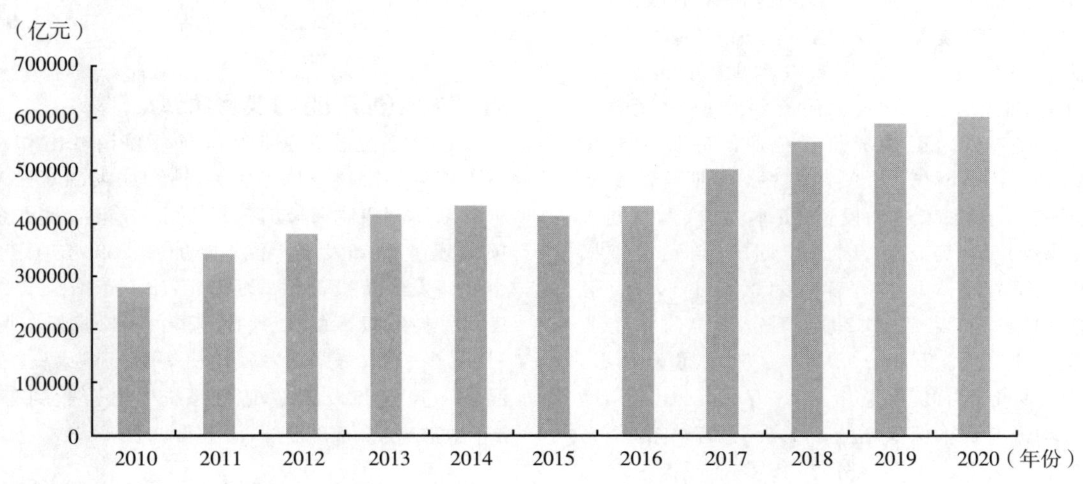

图1　2010—2020年国资系统监管企业营业收入变化

二、经济效益企稳回升

2020年，在新冠肺炎疫情肆虐全球、世界经济陷入严重衰退、外部环境更加复杂严峻的情况下，国资系统监管企业积极应对不利影响，攻坚克难、坚强拼搏，强化管理、提质增效，努力推动经济效益一步步企稳回升。2020年，实现利润总额3.6万亿元，比上年减少643.3亿元，下降1.8%；实现净利润2.6万亿元，比上年下降1.4%，其中，归属于母公司所有者的净利润1.5万亿元，增长1%。从隶属关系看，中央企业实现净利润1.4万亿元，比上年增长2.4%，占国资系统监管企业的53.1%，净利润超过100亿元的企业41家；地方监管企业实现净利润1.2万亿元，占比46.9%，其中实现净利润超过100亿元的地区17个。

① 全国国资委系统监管企业包括国务院国资委监管企业和地方各级国资委监管企业。

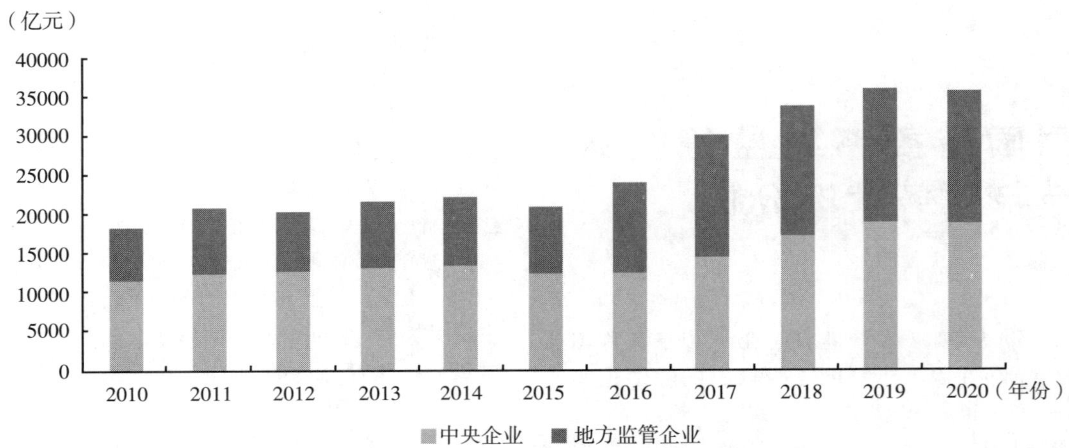

图 2　2010—2020 年国资系统监管企业利润总额构成及变化

三、保值增值任务圆满完成

国资系统监管企业克服疫情影响，积极聚焦实业、突出主业，坚决保质量保任务、抢进度抢工期，扎实推进国家重大项目和重大工程，国有资本规模持续壮大，保值增值任务圆满完成，彰显国民经济中坚力量的责任担当。2020 年末，国资系统监管企业国有资本总量 57.2 万亿元，比上年增长 18.9%，其中，企业经营积累增加 1.4 万亿元；因国家追加投资、资本溢价、无偿划入等客观因素增加 5.3 万亿元；因无偿划出、自然灾害损失、上缴国有资本经营收益等客观因素减少 1.8 万亿元。扣除客观增减因素后，2020 年国资系统监管企业平均国有资本保值增值率 102.9%。从隶属关系看，2020 年末中央企业国有资本总量 14.3 万亿元，比上年增长 9.2%，平均国有资本保值增值率 105.3%，高于国资系统监管企业平均水平 2.4 个百分点，18 家企业保值增值率超过 110%；地方监管企业国有资本总量 42.9 万亿元，比上年增长 22.4%，平均国有资本保值增值率 102%。

四、职工队伍保持稳定

国资系统监管企业在保障社会就业、提高职工工资水平的同时，进一步提升职工队伍整体素质，提高职工福利保障水平。2020 年末，国资系统监管企业从业人员 3152.4 万人，比上年增长 0.7%；职工 2862.6 万人，比上年增长 0.4%。从隶属关系看，中央企业年末职工 1248 万人，占国资系统监管企业职工的 43.6%；地方监管企业年末职工 1614.6 万人，占国资系统监管企业职工的 56.4%。2020 年，国资系统监管企业实际发放职工工资总额 3.5 万亿元，比上年增长 6.7%；职工人均工资 12.3 万元，比上年增长 7.3%。国资系统监管企业基本养老保险覆盖面（参加保险职工人数占年末职工人数的比例，下同）92.5%，基本医疗保险覆盖面 92.3%，失业保险覆盖面 90.9%。

五、科技创新能力持续增强

国资系统监管企业坚决顶住疫情冲击和经营压力，着力抓好关键核心技术攻关，持续加大创新投入力度，完善创新体制机制，推动资金、人才、政策向重点企业、重点项目倾斜，创新发展步伐不断加快，2020 年国资系统监管企业研发经费投入 1.2 万亿元，比上年增长 5.8%。在研发经费持续投入的推动下，天问一号、嫦娥五号、奋斗者号、北斗三号、玉柴国六发动机等一批重大科技创新成果涌现。截至 2020 年底，国资系统监管企业拥有自主知识产权的专利 126.3 万件，比上年增长 14.3%。

六、社会贡献持续增加

国资系统监管企业坚持算大账、算长远账、算政治账，在实现自身发展的同时，积极履行社会责任，在落实国家宏观调控政策、参与全面脱贫和防疫救灾等方面，发挥“主力军”“先锋队”作用；在助力上下游企业复工复产、促进产业链供应链安全稳定等方面，突出“稳定器”“压舱石”的责任担当，不断为国家经济社会发展作贡献。2020 年，国资系统监管企业实际上缴税费总额 3.6 万亿元，上缴国有资本收益 3670.3 亿元，两者合计占全国财政收入的 21.5%。从隶属关系看，中央企业上缴税费总额 1.9 万亿元，占国资系统监管企业上缴税费总额的 53.9%，其中上缴税费超过 100 亿元的企业 40 家；地方监管企业上缴税费总额 1.6 万亿元，占比

46.1%。国资系统监管企业在保持生产经营稳步发展的同时，加强安全生产管理，加大环境保护投入力度，推动技术改造，大力推进节能减排，更好地实现安全、绿色、可持续发展。2020年，国资系统监管企业支出的安全生产费用2663.1亿元，支出的环境保护及生态恢复费用1429.9亿元。中央企业坚决落实有关国家政策助企纾困，降电价、降气价、降资费、降路费、降房租，2020年降低全社会运行成本2000余亿元。

（审稿人：赵世堂　撰稿人：王友叶）

企业国有产权管理工作

2020年，全国国有产权管理系统以习近平新时代中国特色社会主义思想为指导，全面贯彻党的十九大和十九届二中、三中、四中、五中全会精神，把握新发展阶段、贯彻新发展理念、构建新发展格局，以高质量发展为主题，以推进供给侧结构性改革为主线，围绕中心、服务大局，在优化国有资本运营、深化混合所有制改革、夯实国有资产基础管理、推进职能转变等工作中，真抓实干，攻坚克难，各项工作取得显著成效。

一、优化国有资本运营配置，推动国有企业高质量发展

各级国资委和中央企业充分利用资本市场平台和产权管理手段，在扩大直接融资、盘活存量资产、优化国有资本布局结构等方面主动作为，为服务国有企业高质量发展作出积极贡献。

一是用好用活资本市场，服务筹资金、降杠杆。2020年，中央和地方国有企业通过股票市场、产权市场实现股权融资4837亿元，比上年增长38%，充实资本金，降低负债率。全年25家国有企业在股票市场实现IPO，成功募集资金442亿元。上海指导市属企业提高直接融资比重，全年实现股权融资663亿元。中央企业积极用好疫情防控期间国家出台的信贷支持政策，加大债券发行力度，全年债券融资超过3.9万亿元，比上年增长25%，平均发行利率创2013年以来新低，全年可节省财务费用超过400亿元。国药集团、中国建筑等企业发行疫情防控债110只，募集专项资金976亿元，为保障疫情防控重点物资供应及专门医院建设提供资金支持。中国三峡集团、中国石化等中央企业克服外部环境不利影响，发行境外债券超过300亿美元，有力支撑境外投资和业务发展。

二是多措并举盘活存量资产，提升国有资产价值。2020年，中央和地方国有企业通过产权市场转让股权、资产4141亿元，其中处置低效无效资产2479亿元，有效盘活存量资产；运用上市公司平台实施资产重组40项，注入优质资产2177亿元，显著提升国有资产价值。中国石油、航空工业集团等企业利用产权市场推进厂办大集体改革，以公开透明方式解决历史遗留问题。中国一汽和中国铁物联合对*ST夏利实施重组，在解决上市公司可持续发展问题的同时，也助力中国铁物实现涅槃重生。中国铁建、中国能建等中央企业和北京、深圳等地积极运用创新金融工具盘活存量资产，探索开展公募基础设施投资基金试点，多个项目入选首批试点名单。

三是加大重组整合力度，优化国有资本布局结构。各级国资委和中央企业积极开展横向联合、纵向整合和专业化重组，持续推动国有资本布局结构调整。国家管网公司顺利组建，国家电网、南方电网接收地方农电企业工作顺利实施，大力推进油气体制和农电体制改革的落实落地。招商局集团推动大连港换股吸收合并营口港工作，有效解决同业竞争和业务分工问题，推进辽宁港口资源深度整合。中铝集团与重庆合资设立铝材加工产业高端制造公司，充分发挥双方互补优势和协同效应，助力铝材加工产业实现高质量发展。广东运用无偿划转、协议转让等方式，实现80%以上的省属国有资本集中在战略安全、产业引领、国计民生、公共服务等行业和领域。

二、混合所有制改革量质并举，不断提升企业活力和市场竞争力

各级国资委和中央企业坚决贯彻落实党中央、国务院决策部署，大力实施国企改革三年行动，混合所有制改革积极稳妥推进。

一是牢牢把握正确改革方向。国务院国资委贯彻落实习近平总书记重要批示精神和国企改革三年行动要求，专题调研、系统总结分析混合所有制改革实践中的经验和问题，按照“既要推进混合所有制改革，又要防止国有资产流失”的要求强化顶层设计，提出15项工作举措；印发《中央企业控股上市公司实施股权激励工作指引》、“双百企业”推行经理层任期制和契约化管理操作指引、推行职业经理人制度操作指引等配套文件，会同相关部门研究解决土地处置、财税政策、资产定价等共性问题，取得实质性进展，为深化混合所有制改革提供制度支撑。各地国资委和中央企业按照国企改革三年行动要求制定深化混合所有制改革的举措，对所出资企业混合所有制改革进行研

究评估，促进混合所有制改革规范有序推进。

二是积极稳妥推进市场化引资。2020年，中央和地方国有企业通过市场化方式实施混合所有制改革项目1500余项，引入社会资本超过3500亿元。国务院国资委设立中国国有企业混合所有制改革基金有限公司，拓宽市场化混合所有制改革渠道，举办中央企业混合所有制改革项目推介会，发布混合所有制改革项目316宗，拟引入社会资本超过1800亿元。中央企业三大航空货运物流企业混合所有制改革工作全部完成，合计引入社会资本超过100亿元，取得良好的社会效应和经济效应。中国电科、兵器装备集团、航空工业集团所属企业引入民营资本，加大电子测试、人工智能、机器人等高端制造领域布局，补齐产业链短板弱项。安徽推动省属企业江汽集团深化与大众汽车战略合作，顺利完成混合所有制改革引资工作，总投资超过200亿元的中外合资新能源汽车项目正式落地，助推当地产业链优化升级。北京举办央企、京企混合所有制改革合作推介会，四川联合重庆通过线上平台首批集中发布100宗川渝重点混合所有制改革项目，加强改革工作协同联动。

三是深入推进混合所有制改革企业机制改革。各级国资委和中央企业把改机制作为深化混合所有制改革的核心内容，推动混合所有制改革企业以“混”促“改”，着力健全市场化经营机制。国务院国资委指导中央企业落实好《中央企业混合所有制改革操作指引》，将推进运营机制改革作为混合所有制改革的重点任务，在混合所有制企业公司治理和管控方式、三项制度改革、激励约束机制方面取得积极进展。2013—2020年，中央企业完成混合所有制改革的企业中，实施三项制度改革的占72%，外部投资者派出董事的占70%，实施员工持股、上市公司股权激励、科技型企业股权分红权激励、超额利润分享、跟投等中长期激励的占30%。2013—2020年，上海完成混合所有制改革的企业全面实施三项制度改革和外部投资者派出董事，全部实现混合所有制改革后利润总额增长和国有权益增长。国投、中粮集团等中央企业和北京、深圳等地将国有相对控股混合所有制企业差异化管控作为专项改革任务，积极开展探索实践，在试点示范、授权放权、建立制度等方面取得积极进展。山东率先出台混合所有制改革后评价工作实施办法，聚焦改机制举措和成效，推动以“评”促“改”。

三、夯实基础管理工作，织密防流失的安全网

各级国资委和中央企业持续加强产权管理基础工作，为防范化解各类风险、防止国有资产流失提供坚实保障。

一是产权管理制度体系进一步健全。国务院国资委出台《有限合伙企业国有权益登记暂行规定》，系统规范有限合伙企业国有权益登记行为，填补制度空白；印发《关于进一步加强中央企业境外国有产权管理有关事项的通知》，强化对个人代持和特殊目的公司的管理，并进一步优化境外国有产权的流转程序。中央企业和各地国资委制定一系列产权管理配套政策。兵器工业集团对企业内部国有资产监督管理办法进行修订，将资产处置事项纳入全面预算管理。重庆、辽宁等地完善细化国有资产交易监管有关制度。广东出台提高省属控股上市公司质量的意见。

二是产权登记工作质量持续提升。各级国资委和中央企业采取有效措施，不断提高产权登记工作质量。国投、华润集团对子企业产权登记等国有资产基础管理工作进行评价，评价结果与年度绩效考核挂钩。上海依托政务服务平台，推动市属企业产权登记表电子证照功能上线，实现与市场监管等政府部门的信息联网。湖南将产权登记信息纳入企业财务审计范围，要求审计机构在年报审计中加强对产权登记信息的核查，提高登记数据的准确性与完整性。

三是资产评估管理更加规范。各级国资委和中央企业进一步强化资产评估管理，有效发挥资产评估价值门槛作用。上海出台估值报告审核指引，提升估值报告审核和使用的规范性。国家电网对所有评估备案项目实行初审加复审的两级审核制度，重大项目组织内外部专家进行集中会审，确保资产评估报告质量。2020年，中央企业完成资产评估项目7628项，评估净资产值3.07万亿元，增值1.05万亿元，平均增值率52%，资产评估发现价值、防止流失功能持续增强。

四、以管资本为主转变管理职能，持续提升监管效能

各级国资委聚焦管资本职能，强化日常监管和全流程监管，产权管理规范化、信息化、市场化水平不断提高。

一是加强日常监管。国务院国资委针对部分中央企业控股上市公司违规问题和风险事件，通过印发监管提示函、约谈等方式，督促企业严格整改；对无偿划转、并购民营上市公司等重点审批事项，建立国务院国资委内部联合审核机制，并借助外部专业咨询机构和行业专家对方案进行研究，将梳理的风险点反馈给企业进行再论证，帮助企业完善方案、防范风险。江苏、浙江、贵州等地加大对并购民营上市公司的审核

把关力度，引导企业聚焦主责主业，严控盲目投资行为，对个别风险较高的项目坚决予以否决。

二是提升信息化监管能力。国务院国资委对产权管理综合信息系统进行完善升级，优化管理流程，丰富系统功能，进一步提升服务国资监管的能力。国家电网将产权登记模块嵌入内部财务管控信息系统，对接预算、资金、账务等核心环节，确保产权登记信息的完整准确。招商局集团启动内部产权管理系统升级工作，着力打造智能化的产权业务处理中心，为集团综合数字化建设提供有价值、可利用的产权数据。天津在"智慧国资"系统中增加境外产权管理、评估机构管理等功能，拓宽信息系统的监管维度。山东实现产权登记管理信息系统与国资云平台的共享。

三是推动产权市场规范建设。各级国资委指导产权交易机构加强自身建设，拓展服务领域，推进业务合作，不断提高产权市场服务国资国企改革发展的能力。为更好发挥市场配置资源作用，国务院国资委对中央企业产权交易机构实施动态调整，确定服务中央企业权益类业务和实物资产类业务的机构名单，并指导产权交易机构协会组织交易机构共同拟定并签署自律公约，促进交易机构有序竞争。上海、深圳等地发挥产权市场平台优势，承担所在地区的公共资源交易业务。四川、重庆联合搭建"川渝共同产权市场互联网平台"，集中推介国企改制重组项目信息，提高市场辐射力和影响力。

四是完善监督检查机制。2020 年，国务院国资委采用"随机抽取企业、随机抽取项目"方式对 20 家中央企业进行资产评估专项检查，中国化工、中国中车集团等 9 户企业评估管理制度健全、工作扎实，综合评价为"优"；对 32 家中央企业开展产权登记核对，完成对中央企业产权登记第二轮全覆盖，国家电网、中国移动的登记准确率、户数完整率和经济行为完整率均为 100%。航空工业集团加强对授放权事项的监督管理，对二级单位行权能力提出具体要求，每季度发布情况通报和整改要求，开展不定期现场督导检查，并依据检查结果动态调整授权对象。海南将监督检查深入市、县一级国有企业，在海南开展产权登记和产权交易大检查。

（审稿人：贾立克　撰稿人：张　奎）

国有企业改革与重组情况

2020 年，国务院国资委始终坚持以习近平新时代中国特色社会主义思想为指导，全面贯彻党的十九大和十九届二中、三中、四中、五中全会精神，认真落实党中央、国务院决策部署，围绕全国国资国企"一盘棋"，指导带动全国国资系统增强"四个意识"、坚定"四个自信"、做到"两个维护"，围绕"六稳"工作要求，在疫情防控、生产经营、改革创新、党的建设等各项工作上取得明显成效。

一、统筹疫情防控与改革发展，生产经营持续向好

2020 年，面对新冠肺炎疫情突然暴发、世界经济陷入严重衰退，全国国资系统坚决贯彻落实党中央、国务院决策部署，统筹推进疫情防控和经营发展各项重点工作，为我国率先控制疫情、率先复工复产、率先实现经济增长由负转正，为决战脱贫攻坚、决胜全面小康、实现第一个百年奋斗目标作出重要贡献。2020 年，全国国资系统监管企业营业收入 60.4 万亿元、净利润 2.6 万亿元，其中，中央企业实现营业收入 30.4 万亿元、净利润 1.4 万亿元，地方监管企业实现营业收入 30.1 万亿元、净利润 1.2 万亿元。

在抗疫大战大考中，全国国资系统第一时间响应号召，坚决服务大局，不讲条件、不计代价、不畏艰难，全力投入抗疫斗争，在疫情防控的人民战争、总体战、阻击战中冲锋在前，为抗疫取得重大战略成果作出突出贡献。在湖北、武汉抗疫主战场，湖北省国资委带领全省国有企业奋战在抗疫一线，中国建筑等企业以极限速度建成火神山医院和雷神山医院，中央企业所属在鄂医院全部投入紧急救治，有关中央企业和河北、吉林、贵州、厦门等地组织企业医务人员千里驰援。面对人民群众基本生活需要，煤电油气、通信航空、粮油贸易等企业克服一切困难保障基础产品和民生服务。中央企业落实国家助企纾困政策，主动降电价、降气价、降资费、降路费、降房租，全年整体降低社会运行成本 1965 亿元。面对防疫物资紧缺情况，国有企业以"没有条件创造条件也要上"的战时状态紧急转产扩能，新兴际华集团等迅速转产、扩产医用防护服和口罩，国机集团、兵器工业集团等紧急研制口罩机、压条机等生产设备，中国石化等快速扩产熔喷布等原材料，有力保障生产供应、遏制价格炒作。北京、上海、浙江、福建、广东等地指导企业紧急转产、扩产防疫物资和关键生产设备。针对疫情排查救治等关键难题，国药集团等企业率先研制核酸检测试剂盒、提出恢复期血浆疗法、加快推进疫苗研发应用，新冠灭活疫苗获批附条件上市，电子、通信等企业及时推出"一网畅行""一码防控"等大数据服务，为常态化疫情防控提供科技支撑。

在坚决顶住疫情冲击和内外部条件变化带来压力

的同时，全国国资系统迎来“十三五”圆满收官，发展质量明显提高。“十三五”末，全国国资系统监管企业资产总额和所有者权益分别为218.3万亿元和71.9万亿元，较“十二五”末分别增长82.1%和80.3%；“十三五”时期，国资系统监管企业营业收入、利润总额年均增长分别为7.4%、10.7%。全国国资系统在科技创新、落实重大战略、履行社会责任等方面积极行动。天问一号、嫦娥五号、奋斗者号、北斗三号等一大批具有世界先进水平的重大科技成果先后涌现。深度参与京津冀协同发展、长江经济带发展、粤港澳大湾区以及海南自贸区（港）建设等重大区域战略实施，主动对接地方规划，全力推动一批重大项目落地实施。奋力推进产业扶贫、就业扶贫、消费扶贫，中央企业定点帮扶的246个国家扶贫开发县全部脱贫“摘帽”，定点帮扶的12000多个扶贫村、扶贫点全面实现脱贫。

二、绘制国企改革三年蓝图，推动重点任务取得新成效

坚决贯彻落实习近平总书记关于深化国企改革的重要指示，坚持改革不停步、不放松，主动加强改革谋划，指导全国国资系统以改革增活力、强动力，以更大力度推动国企改革再出发。

一是扎实做好国企改革三年行动方案的起草工作并推动落实。系统总结党的十八届三中全会以来国企改革成效经验，充分听取有关方面意见建议，全力推动国企改革三年行动方案研究起草工作。2020年6月30日，习近平总书记主持召开中央深改委第十四次会议，审议通过《国企改革三年行动方案》，为新时期深化国企改革提供根本遵循。方案印发后，迅速传达学习并组织推动落实，对实施国企改革三年行动进行全面动员部署，掀起国有企业改革再出发的热潮。

二是扎实推进重点领域改革。持续完善中国特色现代企业制度，中央企业公司制改革基本完成，地方国资委监管一级企业公司制改革完成率98.8%。配合中央组织部研究起草《关于中央企业在完善公司治理中加强党的领导的若干意见（试行）》，2020年12月30日，习近平总书记主持召开中央深改委第十七次会议审议通过。制定中央企业董事会工作规则、董事会和董事评价办法等规范性文件，进一步规范董事会建设。北京、云南等地制定出台省属企业党委前置研究讨论重大经营管理事项指导意见。河北、四川等地出台外部董事管理办法和履职指引，制定省属企业深化落实董事会职权改革方案。海南、甘肃等地在省属企业全面建立外部董事占多数的董事会。广西全面规范董事会运行机制，建立健全董事会专门委员会并制定运行制度。不断完善市场化经营机制，制定中央企业三项制度改革试评估方案，对93家中央企业进行量化评估和“扫描画像”，推动企业对标诊断、改进提升。江苏在建立董事会的省属商业一类子企业全面推行经理层任期制和契约化管理。陕西在省属企业全面推行员工公开招聘。福建、重庆等地指导省属企业对所出资企业开展中长期激励梳理评估。

三是稳步推进混合所有制改革和股权多元化。系统梳理和积极解决混合所有制改革工作中存在的认识不清、“为混而混”、“一混了之”等问题，完善混合所有制改革操作规范。完成东航集团股权多元化改革，引入中国人寿、上海久事、中国旅游集团、中国国新等4家战略投资者310亿元资金。内蒙古、广东等地制定省属企业混合所有制改革指引，细化混合所有制改革操作规范。江苏、湖南等地指导推进具备条件的商业一类子企业进行混合所有制改革。福建以改制上市为主要形式积极稳妥推进混合所有制改革，省属控股上市公司16家。

四是进一步深化国有资本投资、运营公司改革。指导成立中国国有企业混合所有制改革基金，总规模2000亿元。33个地方改组组建国有资本投资、运营公司107家，在优化国有资本布局结构、激发市场主体活力等方面发挥重要作用。黑龙江、青岛等地指导推进国有资本投资、运营公司对出资企业董事会的授权放权工作，内蒙古将5个方面14项出资人权力授予包钢集团、蒙能集团、内蒙古交通投资集团等国有资本投资公司试点企业董事会，向国有资本运营公司董事会授予10项出资人权力。

五是深入开展改革专项工程。全面开展对标世界一流管理提升行动，在实践中总结推广中国电科所属中电海康、中国石化所属镇海炼化、国机集团所属中国电研等一批改革典型。上海、深圳、沈阳深入推进区域性综合改革试验，“双百行动”涌现万华化学、上海医药、云天化股份、深控投等一批改革“尖兵”，66户地方“科改示范企业”积极推进改革方案落地，东北地区国资国企改革逐步深入，持续激发企业高质量发展的活力动力。

三、深化供给侧结构性改革，加快国有资本布局优化调整

贯彻习近平总书记关于深化供给侧结构性改革、打造高质量供给体系的重要指示，持续深化供给侧结构性改革，指导全国国资系统做好增量、优化存量，加快实现高质量发展。

一是聚焦主责主业发展实体经济。以研究制定

国资国企"十四五"规划为契机，构建覆盖中央企业、地方国有企业的全国国资系统三级规划体系，强化全国国资监管"一盘棋"，系统梳理中央企业主责主业，推动国有资本更多投向实体经济特别是制造业，有效发挥国有经济在优化结构、畅通循环、稳定增长中的重要作用。会同国家发展改革委、财政部起草《关于新时代推进国有经济布局优化和结构调整的意见》，经中央深改委第十六次会议审议通过，为国有经济布局优化和结构调整明确战略导向、重点领域、机制手段，成为当前和今后一个时期推进国有经济布局优化、结构调整的纲领性文件。

二是扎实推动重组整合。积极稳妥推进装备制造、化工等领域中央企业重组，完成中国宝武对中钢集团实施托管，理顺上海诺基亚贝尔管理关系，组建中国南水北调集团、中国绿发集团，中检集团完成转隶，顺利完成国家管网集团资产重组和股权多元化改革。大力推动煤电资源区域整合试点工作，5 家发电企业对西北五省(区)煤电资源分别实施集中管理。中国宝武重组太钢、重钢，年产钢突破 1 亿吨，浙江整合省属企业旅游类资产成立浙旅投集团，山东重组组建山东能源集团、山东高速集团，进一步发挥"1＋1＞2"的重组效应。

三是深入推进"瘦身健体"。建立中央企业"压减"工作长效机制，累计减少法人 17063 户，减少比例 32.7％，管理层级控制在五级以内。圆满完成中央企业钢铁煤炭去产能工作，2020 年完成煤炭去产能 510 万吨、整合盘活煤炭产能 3000 万吨。加快处置"僵尸企业"，纳入中央企业"处僵治困"工作范围的 2041 户"僵尸企业"实现经营扭亏，基本完成主体工作任务。持续推动"两非""两资"退出，促进企业更加聚焦主责主业，提高核心竞争力。陕西全年处置"僵尸企业"123 户，清理"两非""两资"106 户。辽宁、河南等地建立政府法院联动机制，推动纳入名单的"僵尸企业"全面出清。

四是基本完成剥离办社会职能和解决历史遗留问题主体任务。国有企业分离移交"三供一业"、市政设施、社区管理职能、教育医疗机构改革超过 99％，厂办大集体企业安置职工完成总体任务 99.2％，国有企业退休人员社会化管理完成 94.1％。吉林、广东、重庆等地退休人员社会化管理工作完成率 100％。

四、加强国有资产监管，切实增强系统性、针对性、有效性

深入贯彻党的十九届四中全会关于形成以管资本为主的国有资产监管体制的决策部署，落实改革国有资本授权经营体制方案要求，不断完善监管体制机制，持续提升监管效能。

一是进一步加强国资监管法治机构建设。深入学习贯彻习近平法治思想，落实法治建设第一责任人职责，全面落实《国务院国资委推进国资监管法治机构建设实施方案》，基本完成 6 个方面 24 项主要任务。全面开展权责清单运行评估，梳理调整权责事项，推进新版清单编制工作。制定规范性文件 16 件，出台党委规范性文件 5 件。

二是加快转变国资监管职能。以管资本为主科学界定国有资产出资人监管边界，推动国有企业真正成为独立市场主体。江苏修订印发《省国资委出资人审批事项清单(2020 年版)》，累计取消、下放审批事项 19 项，精简幅度 56％。

三是进一步加大监督力度。完善业务监督、综合监督、责任追究"三位一体"的监督工作格局，指导推动中央企业不断完善内控体系、内部审计和境外国资监管等制度。各地持续健全监管制度，普遍制定监管权责清单并持续动态完善，全部出台违规经营投资责任追究制度。宁夏、大连等地全面梳理规章制度文件，推进立改废释工作。深圳积极推进企业国有资产监督管理条例的立法工作。监管方式上，贵州、青海、新疆、新疆生产建设兵团等制定实施国资监管工作提示函、国资监管通报工作规则等机制。北京、山西、内蒙古、上海、山东、宁波、深圳等积极推进国资监管数字化、智能化，28 个地方实现与国务院国资委的"网络通""数据通"。

四是加强对地方国资监管工作的指导监督。组织召开地方国资委负责人会议和年中视频座谈会，专门举办全国国资委系统构建国资监管大格局研讨培训班，进一步加强国资监管工作体系建设。指导推动经营性国有资产集中统一监管，全国省级经营性国有资产集中统一监管比例超过 91％，24 个地方超过 95％，其中上海、甘肃、青岛等基本实现全覆盖。

五、加强党的领导、党的建设，为国有企业改革发展提供坚强保证

坚决贯彻落实新时代党的建设总要求，深入开展"中央企业党建巩固深化年"专项行动，深化落实全国国有企业党的建设工作会议精神，持续推动中央企业党的建设往实里走、往深处抓，为统筹疫情防控和经营发展提供有力保证。

一是完善践行"两个维护"的体制机制。国务院国资委党委和中央企业党委(党组)坚持以政治建设为统领，加强党对国资央企的全面领导，扎实开展"中央企业党建巩固深化年"专项行动，持续深化巡视整改，

通过抓党建、强党建推动践行“两个维护”的制度和机制进一步完善，企业党委（党组）把方向、管大局、保落实的领导作用进一步落实，党的建设与生产经营进一步融合，基层组织政治功能和组织力进一步增强，正风肃纪反腐进一步深化。吉林、海南、西藏等地推动省属企业全面建立“第一议题”制度及跟进督办制度。宁夏建立党员领导干部带头讲党课、宣讲理论、作形势报告的常态化机制，实施习近平新时代中国特色社会主义思想入脑入心工程。

二是夯实基层组织建设。抓紧抓实国有企业基层党组织工作条例贯彻落实，紧紧围绕服务企业生产经营，以提升组织力为重点，突出政治功能，切实加强基层组织建设，充分发挥基层党组织和广大党员在应对重大突发事件、承担急难险重任务中的战斗堡垒和先锋模范作用。湖南组织地方国有企业深入开展“千名书记联项目”“党员先锋行”活动，累计创效25亿元以上。河南打造22个基层服务型党组织示范点，推广标杆党支部100个。陕西集中整治系统180个基层软弱涣散党组织，切实推进省属企业党建工作质量全面进步、全面过硬。

三是纵深推进党风廉政建设和反腐败斗争。贯彻习近平总书记在十九届中央纪委四次全会上的重要讲话精神，落实全面从严治党主体责任，把党风廉政建设和反腐败斗争不断向纵深推进。一体推进不敢腐、不能腐、不想腐，坚持不懈纠治“四风”。强化对境外腐败、利益输送、涉租寻租、化公为私等问题专项整治，下大力气解决靠企吃企突出问题。各地深入落实全面从严治党要求，配合查处一批国企腐败大案要案，持续推进巡视及巡视整改工作，国有企业风清气正的良好政治生态加快形成。国有企业党的领导、党的建设不断加强，充分展现国有企业的政治优势。

（审稿人：张学勇　撰稿人：师　帅）

剥离国有企业办社会职能和解决历史遗留问题进展情况

党中央、国务院高度重视剥离国有企业办社会职能和解决历史遗留问题，国务院国资委、财政部等有关部门，地方各级政府和全国国资系统监管企业将该项工作作为国有企业改革取得决定性成果的重要标志之一，加强组织领导，密切沟通配合，全力攻坚克难，解决长期以来想解决而没有解决的难题，有力促进国有企业高质量发展。

一、剥离国有企业办社会职能和解决历史遗留问题取得突破性进展

（一）年度目标任务圆满完成

截至2020年底，全国国资系统监管企业分离移交“三供一业”99.8%、市政设施99.9%、社区管理职能99.8%，教育、医疗机构深化改革分别完成99.9%、99.5%，厂办大集体改革完成99.2%，国有企业退休人员社会化管理完成94.1%。其中，国务院国资委监管中央企业分离移交“三供一业”99.9%、市政设施99.9%、社区管理职能99.4%，教育、医疗机构深化改革分别完成99.8%、99.5%，厂办大集体改革完成98.9%，国有企业退休人员社会化管理完成94.7%；地方国资委监管企业分离移交“三供一业”99.8%、市政设施100%、社区管理职能100%，教育、医疗机构深化改革分别完成100%、99.5%，厂办大集体改革完成99.4%，国有企业退休人员社会化管理完成93.8%。

（二）改革成效不断显现

一是切实减轻企业负担。通过改革，全国国资系统监管企业卸下包袱、轻装上阵，每年减轻负担1500余亿元，促进国有企业公平参与市场竞争，为做强做优做大打下坚实基础。航空工业集团通过剥离办社会职能每年减轻负担16.7亿元，2020年净利润比上年增长16%，实现改革发展双促进、双丰收。鞍钢集团集中力量推进剥离办社会职能工作，彻底解决长期困扰企业发展的历史遗留问题，改革红利不断释放，在近年来计提改革成本情况下，2020年实现净利润40亿元，同比大幅增长。

二是有效促进资源优化配置。全国国资系统监管企业办社会职能涉及的2430亿元非主业资产转化为专业企业的主业资产，推动国有企业进一步优化整合资源、聚焦主责主业。电网、燃气、供暖、水务等企业扩展服务区域，实行专业化市场化管理，提升国有资产的运营质量和效益。以医疗健康为主业的国药集团、华润集团、通用技术集团经过整合国有企业办医疗机构，实现医疗机构457个、床位数7万张，经营能力和服务水平进一步增强。中铝集团整合山东职业学院等7个职教机构成立中铝大学，增强职业教育能力。

三是改善弥补民生短板。通过“三供一业”维修改造，职工群众用上安全电、喝上干净水、住上暖房子，获

得感幸福感普遍增强。取消企业自备水井和分散小锅炉，建设大供水大供热管网，保护地下水源，减少污染物排放，城市环境明显改善。企业承担的市政、社区、退休人员管理等职能归位政府，提升公共服务能力和水平。辽宁省大连市建立退休人员社会化管理服务机构1762个，形成覆盖全市管理服务体系。经过整合，以医疗健康为主业的国有企业办医疗机构提升对企业职工、周边群众的医疗保障能力，在抗击新冠肺炎疫情工作中发挥重要作用，得到党中央、国务院领导的充分肯定。

二、狠抓各项改革举措落实落地

（一）加强组织领导，及时动员部署

3月上旬，剥离国有企业办社会职能和解决历史遗留问题专项小组召开会议，研究明确全年目标任务，并向各地各中央企业印发《剥离国有企业办社会职能和解决历史遗留问题2020年工作计划安排》。5月12日，国务院国资委会同财政部、人力资源和社会保障部联合召开剥离国有企业办社会职能和解决历史遗留问题工作视频会。国务院国资委党委书记、主任郝鹏出席会议并作讲话，部署安排全年工作任务。北京市国资委、河南省财政厅、重庆市人力资源和社会保障局、航空工业集团等4家单位通过视频会议系统作交流发言。专项小组成员单位，中央企业和各地财政厅、人力资源和社会保障厅、国务院国资委等有关单位负责人11000余人参加会议。

（二）完善政策体系，解决难点问题

1月，财政部、国务院国资委印发《关于支持地方做好中央企业及原中央下放企业退休人员社会化管理工作的通知》，明确中央财政按照每人每年260元的标准予以补助的支持政策。各地抓紧制定退休人员社会化管理省级工作方案和地市级实施办法，经反复督促，31个省（自治区、直辖市）和新疆生产建设兵团全部出台或完善工作方案、明确省市两级工作责任人，369个地级市全部印发或完善具体实施办法，实现全覆盖。针对推进退休人员社会化管理工作中的共性问题，国务院国资委会同财政部印发《国有企业退休人员社会化管理有关问题解答》，明确具体操作办法，指导各地各中央企业加快推进工作。会同国家发展改革委等五部门出台《关于厂办大集体企业关闭注销有关事项的通知》。加大协调力度，梳理汇总分析各地和各中央企业反映的问题400多个，形成125个问题的清单，逐一印发28个省（自治区、直辖市）国资委，由地方研究妥善解决。配合中组部对国有企业退休人员中由中央管理的领导人员社会化管理有关问题进行研究。针对北京市接收退休人员社会化管理工作有关问题进行反复协调。针对独立工矿区移交地方的办社会职能后续运营管理问题加大协调力度。

（三）开展专项督查，狠抓落实落地

按照2020年中央和国家机关督查检查考核计划，9月下旬至11月上旬，国务院国资委会同财政部、人力资源和社会保障部等部门组成3个督查组，以国务院国有企业改革领导小组办公室名义，分别赴北京市，广东省广州市，山东省济南市、东营市，辽宁省大连市有关社区等地方和国家电网、中国船舶、中国石化及广东分公司、山东能源等企业开展现场督导，督查检查落实情况。国务院国资委党委委员、副主任翁杰明带队对中国船舶和辽宁省退休人员社会化管理工作进行专项督查、提出下一步工作要求。财政部副部长许宏才带队赴国家电网开展现场督导。人力资源和社会保障部副部长游钧带队赴广东省开展现场督导。通过开展专项督查，有力促进各地各中央企业进一步加快工作进度。

（四）强化重点指导，加大推进力度

加强业务指导，通过座谈会、现场调研等方式，重点跟踪督导。建立重点大户督促机制，对退休人员数量占中央企业任务总量60%的14家中央企业和对退休人员数量超过30万人、进度缓慢的8个地方进行重点跟踪，明确专人对接，督促加快进度。9月初，组织召开国有企业退休人员社会化管理视频培训，通报有关情况，对政策进行宣讲，推广有关地方、中央企业经验做法，明确下一步工作要求。9月中下旬，分别组织召开3个退休人员社会化管理工作座谈会，对任务量大或进度较慢的7个地方和12家中央企业进行集中督导；赴北京、上海、黑龙江等地和中国宝武、中国一重、中国石油大庆油田等企业调研，了解退休人员社会化管理等重点工作进展情况，协调解决地方和企业反映的困难和问题，进一步推进各项改革工作落实落地。

（五）加大督促力度，推广经验做法

坚持定期通报制度，按月公开通报各地各中央企业工作进展情况。通过发督促函、座谈等多种方式，加强督促推动，确保工作进度。6月，向20个地方和45家中央企业印发督促函，进一步督促做好“三供一业”、市政社区、教育医疗、厂办大集体改革等收尾工作；9月和10月，先后向28个地方和58家中央企业印发督促函。对任务重、进度慢的重点地区和重点企业进行约谈督促。发挥典型示范引领作用，及时总结推广地方和中央企业好的经验和做法，带动其他地方和企业迎头赶上。

（六）强化个案指导，做好收尾工作

认真落实国务院国资委党委书记、主任郝鹏关于进一步深化中央企业办医疗机构改革及培育医疗健康集团的批示要求，强化个案指导，推进中央企业医疗机构深化改革工作。加强调查研究，以一对一座谈的方式对11家尚未确定所办医疗机构改革路径的中央企业进行调研，重点了解医疗机构改革工作进展情况、存在的问题以及下一步打算。指导航天科工、航天科技和中国电建等企业尽快明确改革方案，鼓励其通过股份合作等方式与优势企业开展合资合作，进行专业化整合。持续跟踪进展，与国药集团、通用技术集团、华润集团就培育医疗健康集团多次沟通交流，指导推进专业化整合，发挥重点企业全产业链优势。

（审稿人：唐祖君　撰稿人：王亚坤）

中央企业收入分配调控和薪酬管理工作

2020年，面对严峻复杂的国际国内形势，特别是新冠肺炎疫情的严重冲击，在以习近平同志为核心的党中央坚强领导下，国务院国资委党委坚决贯彻落实党中央、国务院决策部署，统筹推进疫情防控和经营发展各项重点工作，主动加强政策供给，督促引导中央企业深化工资决定机制改革，强化工资效益联动，严格压降不合理费用性支出，全年人工成本增长与效益合理匹配，关键人才激励力度显著增强，内外部分配关系逐步改善，劳动报酬占初次分配比重稳中有升，较好地发挥收入分配对企业高质量发展的杠杆撬动作用。

一、人工成本支出总体合理有序

2020年，国务院国资委组织开展提质增效专项行动，要求中央企业牢固树立"过紧日子"思想，统筹采取强化工资总额预算管理，按月开展人工成本监测预警，用足国家减免社保缴费政策等措施，严格费用性支出，人工成本刚性增长趋势得到较好控制。中央企业全年实现净利润1.40万亿元，比上年增长2.4%；同期人工成本支出2.74万亿元，比上年增长2.6%，与净利润增幅基本一致，较上年减少7个百分点，增幅降至党的十九大以来最低水平，据此测算累计节约人工成本1869亿元，为中央企业提质增效稳增长作出重要贡献。

二、工资总额分类管理有序推进

按照国企改革三年行动要求，国务院国资委加大备案制、周期预算管理等工资总额分类改革力度，支持企业实施跨周期工资总额管理，赋予企业更大收入分配自主权和更多政策保障，着力构建灵活高效的市场化经营机制。2020年，中国五矿、中国建材等24家备案制管理企业同口径工资总额增幅9.7%，低于利润总额增幅12.4个百分点；实行周期预算管理的中国宝武同口径工资总额增幅8.3%，低于利润总额增幅23.6个百分点。两类企业同口径工资总额增幅均低于效益增幅，较好履行收入分配重大事项决策和监督职责，国务院国资委稳步推进工资总额分类改革的成效显现。

三、科技创新激励力度显著加大

落实国家创新驱动发展战略部署，国务院国资委建立工资总额特殊事项清单管理制度，将影响企业改革创新发展的重大事项规范纳入清单范围，所需工资总额实行单列管理，不与经济效益指标挂钩，能给尽给、应给尽给，有效激发科技人才创新活力。2020年，支持企业承担国家重大专项任务、建设国家级创新平台、开展关键核心技术攻关、引进高端人才等科技创新重要事项的单列工资比上年增长14.3%，高出中央企业职工工资总额增幅7.6个百分点，有效发挥收入分配支持企业落实国家创新驱动发展战略、加快突破"卡脖子"关键核心技术等的正向激励作用。

四、保障抗疫稳增长作用充分显现

2020年，面对新冠肺炎疫情冲击，国务院国资委制定工资分配专项支持政策，为中央企业投入疫情防控构建"保障网"，为复工复产和稳增长按下"快进键"。全年单列医务人员抗疫津贴、抗疫加班等疫情防控相关工资22.7亿元；对通用技术集团、新兴际华集团、中国航油、南光集团等企业在疫情期间开展防控物资供应保障、转产扩产国家战略物资、减免租金等予以工资总额政策支持。制定提质增效稳增长特别奖励政策，对受疫情、大宗商品价格波动以及政策性减利等因素影响效益大幅下降企业以及为稳增长作出突出贡献企业实施工资总额特别奖励143亿元，撬动新增净利润1512亿元，杠杆撬动比例10.6倍，有力调动企业创收创效、减亏增盈积极性。

五、收入分配关系持续优化改善

国务院国资委指导中央企业深化劳动、人事、分配三项制度改革，科学调整收入分配关系，工资分配差距更趋合理。从集团总部与职工分配关系看，2020年中央企业集团总部职工平均工资是全部职工平均工资的2.71倍，总部职工与全体职工收入差距继续缩小，收入分配向一线核心骨干和苦脏险累岗位倾斜的政策导向得到进一步落实。从与其他群体对比看，中央企业2020年职工平均工资分别是全国城镇非私营单位就业人员平均工资、地方国有企业平均工资的1.53倍、1.45倍，倍数关系总体保持稳定。

六、职工劳动报酬占初次分配比重稳中有升

贯彻按劳分配基本原则，坚持在中央企业经济效益和劳动生产率提高的同时，稳步提升广大干部职工收入水平，共享企业改革发展成果。中央企业职工工资总额支出占企业新创造价值（劳动生产总值）的总比重从2003年国务院国资委成立之初的18.3%稳步提高至2020年的23.7%，提升5.4个百分点，国家、企业、职工三者之间的收入分配关系更加趋于合理，较好地贯彻落实党的十九届四中全会提出的“提高劳动报酬在初次分配中的比重”精神。

（审稿人：万　良　撰稿人：高鉥昊）

中央企业经营业绩考核工作

2020年，面对突如其来的新冠肺炎疫情和前所未有的严峻形势，国务院国资委和中央企业坚决贯彻落实党中央、国务院决策部署，对标对表高质量发展内涵，充分发挥业绩考核“指挥棒”作用，引导推动中央企业奋力实现“两个力争”目标任务，着力服务国家发展大局，自主创新取得发展，不断深化改革，为我国统筹推进疫情防控和经营发展各项工作，实现“十三五”圆满收官发挥重要作用。

一、贯彻高质量发展要求，修订业绩考核办法

进一步对标对表高质量发展内涵，聚焦重点问题，统筹考虑中央企业肩负的经济责任、政治责任、社会责任，深入研究并广泛征求中央企业和地方国资委意见，第6次对中央企业负责人经营业绩考核办法进行修订完善，印发新的业绩考核办法及配套实施方案。新的考核办法鲜明树立四个考核导向，进一步健全考核目标确定和激励约束机制，业绩考核的针对性和有效性不断提高。

（一）突出考核导向

一是突出质量效益考核，落实国有资本保值增值责任。中央企业作为国民经济“稳定器”“压舱石”，必须把质量效益摆在业绩考核体系更加突出的位置。对于商业类企业，坚持将净利润、经济增加值作为年度考核的最主要指标。对于公益类企业，坚持经济效益与社会效益相结合，把社会效益放在首位，对净利润和经济增加值指标赋予较低的权重。在任期考核中，商业类和公益类企业均保留国有资本保值增值率指标。

二是突出服务国家战略考核，发挥国有经济战略支撑作用。结合企业功能定位，对承担国家战略任务较重的企业，进一步明确分类考核重点。将企业承担的提供公共服务、发展重要前瞻性战略产业、服务区域发展战略等事项纳入业绩考核特殊事项清单，可以作为企业考核指标确定和结果核定的重要参考依据。

三是突出创新驱动考核，引导中央企业提升自主创新能力。对科技进步要求高的工业、科研企业，加强研发投入强度和科技创新能力考核，加大科技创新考核奖励，鼓励企业加大研发投入。

四是突出深化供给侧结构性改革，推动中央企业聚焦主业做强实业。对深化改革任务重的企业，加强“三去一降一补”等供给侧结构性改革任务指标和重大改革任务完成情况考核，鼓励企业积极发展战略性新兴产业。对于特殊发展阶段和重大结构调整期的企业，考核指标和考核方式采取“一企一策”方式确定。

（二）健全考核机制

一是健全考核目标管理机制。完善考核目标分档，将考核目标档位与考核计分、企业工资总额预算挂钩。增强考核目标弹性，对经济效益受大宗商品价格波动影响较大的能源资源等企业，有关指标目标值的确定可实行与价格挂钩。企业因转型升级、培育重大战略性新兴产业等，预期对考核指标产生重大影响的，可视影响程度合理确定考核目标。

二是健全考核协同机制。在确定企业考核指标和指标完成情况时，加强与其他部门的沟通协商。对业绩考核与党建考核、纪检考核的衔接作出原则性规定，明确把中央企业党的建设考核同中央企业负责人经营业绩考核衔接起来，考核结果与薪酬激励挂钩。

三是健全考核激励机制。完善考核加分激励，对承担重要任务、实施科技创新等取得突出成绩的企业，加大考核加分奖励力度。完善任期精神激励，突出

对业绩优秀企业、科技创新和节能环保突出贡献企业的精神激励。

四是完善考核容错机制。企业因实施重大科技创新和创新风险投资、发展前瞻性战略性产业等对经营业绩产生重大影响的，按照“三个区分开来”原则和有关规定，在考核上不作负向评价。

二、坚持稳中求进，强化目标引领

2020年是全面建成小康社会和“十三五”规划收官之年，实现中央企业平稳发展意义重大。面对突如其来的新冠肺炎疫情冲击和明显增多的风险挑战，按照党中央统筹推进疫情防控和经济社会发展工作要求，国务院国资委坚持稳中求进工作总基调，强化目标引领，对中央企业净利润、经济增加值指标的目标值继续实行分档管理，鼓励企业自我加压，有效激发企业内生动力。对受疫情和政策性减利影响较大的行业，明确在目标确定中暂不考虑相关影响，待疫情得到有效控制后，及时研究细化具体处理政策，在核定2020年度考核结果时，予以统筹、实事求是考虑，引导企业努力克服消化不利影响，千方百计减少疫情损失，努力实现全年目标任务。充分发挥业绩考核的目标引领和工资总额的杠杆撬动作用，考核目标和工资预算“同谋划、同部署、同审核”，工资总额预算与净利润目标档位密切挂钩。对于净利润目标为一档的企业，工资总额增长可以与效益增长保持同步；对效益下降的企业严格执行“效益降、工资降”。

在疫情影响因素不确定的特殊情况下，绝大多数中央企业上报具有挑战性的考核目标，2020年度中央企业净利润考核目标值比上年快报数同口径增长6%以上。

三、制定专项支持政策，助力企业抗击疫情稳增长

全力支持抗疫复产，全力以赴稳增长。新冠肺炎疫情发生后，国务院国资委第一时间研究制定支持中央企业全力做好新冠肺炎疫情防控和复工复产，积极应对疫情影响、深化提质增效工作的相关规定，明确对受疫情和政策性因素影响较大的企业，给予考核政策支持，因组织开展医疗等防控物资的供应保障、实施医疗工程建设等情况，对经营业绩造成影响的，在考核中予以考虑。制定中央企业提质增效稳增长的奖励规定，对勇于担当、业绩突出的企业，给予业绩考核额外奖励加分和工资总额特别奖励；对在疫情防控等方面作出突出贡献的企业，给予业绩考核加分奖励。一系列专项支持政策有力推动中央企业实现有质量、有效益的经济增长，努力确保中央企业经济效益稳中有进。

四、加强评估监测，督促企业努力完成目标任务

充分调动企业负责人积极性，引导督促中央企业全力以赴稳增长，奋力实现“两个力争”目标任务。根据《中央企业负责人经营业绩考核办法》《中央企业负责人薪酬管理暂行办法实施细则》有关规定，对于2020年度预评估结果为A级的28户企业，调增企业负责人预发绩效年薪，及时体现激励效果。对于半年预评估情况较差、完成全年目标存在较多不确定因素的企业，通过电话通知、发提醒函、实地调研督导等形式，了解分析企业经营中的深层次问题和突出矛盾，督促企业努力完成年度考核目标。进一步加强重点行业企业月度监测，在重点监测石油石化行业基础上，增加电网、航空运输等重点行业月度监测情况。

五、严格考核标准，科学合理、客观公正核定企业考核结果

国务院国资委坚持依法依规、实事求是、激励约束相结合的原则，严格考核标准，科学合理、客观公正地核定2019年度中央企业负责人经营业绩考核结果，并据此实施考核奖惩和负责人薪酬兑现，考核激励约束作用进一步增强。2019年度，中央企业经济效益再创历史新高，资本回报水平和人均创效能力进一步增强。累计实现净利润比上年增长12%，营业收入利润率同步增加0.1个百分点，国有资本回报率比上年增加0.4个百分点，全员劳动生产率增长4.5%，为我国经济稳增长发挥重要作用。

2019年度考核结果为A级的企业48家，数量与上一年度持平，分别是：招商局集团、中国海油、保利集团、中国石化、中国建筑、中国一汽、航天科技、国家电网、中国移动、国家能源集团、中国电科、中国三峡集团、华润集团、中国宝武、兵器工业集团、中国石油、中广核、中交集团、航空工业集团、中国中车集团、中国电信、东风公司、国药集团、华侨城集团、国投、中国船舶集团、中化集团、中煤集团、中核集团、南方电网、中国航油、中国中铁、中航集团、南航集团、东航集团、中国铁建、中国华电、国家电投、中国国新、中国远洋海运、中国能建、中国华能、中国大唐、通用技术集团、中国旅游集团、国机集团、中国联通、中国航发。B级企业41家，C级企业4家，D级企业1家。

（审稿人：万　良　撰稿人：杨云胜）

中央企业资本运营与收益管理工作

2020年是国资国企工作极不平凡的一年，国务院国资委坚持以习近平新时代中国特色社会主义思想为指导，统筹推进疫情防控和经济社会发展，扎实做好国有资本运营、资本预算管理、金融业务监管和股权多元化中央企业股东履职等各项工作，积极推动海工装备产业转型升级、部分国有资本划转社保基金等专项工作，取得新的进展和成效。

一、持续深化中央企业国有资本运营公司改革试点

(一)着力强化运营公司试点政策引导

印发《关于中国国新控股有限责任公司2020年改革试点重点任务的通知》《关于中国诚通控股集团有限公司2020年改革试点重点任务的通知》，提出深化试点的明确方向和任务，要求企业完善基金运营体系、全面开展股权运作、提升金融服务能力、增强资产管理水平、深化内部综合改革，督促企业抓好落实。

(二)积极推动运营公司改革成熟定型

助推国有资本布局结构调整，参与国家管网集团、东航集团、中国绿发等中央企业组建和股权多元化改革。建立层次多元、投向各异、协同互补的基金系，推动中央企业科技创新和国际化经营。加快上市公司股权运作，推动符合条件股权全面流转，同时积极研究央企上市公司市值管理服务机制。

(三)研究更好发挥运营公司功能作用

围绕服务国资央企改革，加强运营公司金融服务功能，研究提出运营公司参与REITs业务等工作建议，加快推动国有资本流动，实现价值增值。结合中央企业"两非""两资"等资产剥离处置工作，提出依托运营公司打造中央企业资产管理专业化平台等工作思路，促进国有资本布局优化和结构调整。

二、不断完善中央企业国有资本经营预算管理

(一)加强资本预算管理制度建设

一是修订《国资委国有资本经营预算编制工作规则》，优化编制程序、工作职责和要求。二是印发《关于开展国有资本经营预算项目支出绩效自评工作的通知》，落实全面绩效管理要求，组织中央企业完成2018—2019年度绩效自评工作。

(二)扎实做好资本预算2020年度资金落实和2021年度预算编制

一是做好2020年度资本金落实工作，进一步强化国有资本权益落实，明确绩效评价指标。二是编制2021年建议草案，聚焦国有经济布局优化结构调整和科技创新，强化资本金注入，抓重点、补短板、强弱项，推动做强做优做大国有资本和国有企业。

(三)组织完成中央企业2019年度利润分配和收益上缴

审核国有独资公司年度国有资本收益，完成71家企业收益上缴。研究提出股权多元化企业年度利润分配建议，会同公司各方股东，依法履行股东会决策程序。充分考虑疫情影响，协调财政部降低国有独资公司预交收益水平，有效缓解相关企业资金压力。

(四)强化资本预算执行监督和全面绩效管理

认真梳理资本预算编制和执行中存在的问题，一丝不苟开展审计整改，全面加强绩效管理，完善有关制度措施。组织开展部分中央企业资本预算重点支持项目绩效预评估和实施效果后评价，探索建立符合资本预算特点的全面绩效管理体系。组织开展资本预算执行情况专项核查、委托贷款清理规范等监督工作，进一步强调预算管理要求并督促严格落实。

三、切实加强中央企业金融业务监管

(一)完善金融业务监管制度体系

一是印发《中央企业金融业务监管工作规则(试行)》，明确中央企业金融机构新设建立、投资收购、日常管理、风险防范等方面管理要求，建立审核备案和国务院国资委协同工作机制。二是完善中央企业基金业务风险监管，按照兴利除弊、防范风险原则，提出规范发展、分类管理措施。三是印发《关于加强中央企业所属信托公司风险防范和完善管理的通知》，明确信托公司应当立足主业，发挥产业优势，提出"两不得、三严禁"等要求。

(二)进一步加强金融业务风险防范

一是严控金融业务新增投资，压实集团公司责任，对出资规模较大、认缴比例较高的产业基金和财务性基金等实行备案管理。二是开展融资租赁业务专项检查，发现部分企业变相发放贷款、财务状况恶

化、重大管理漏洞等问题，及时予以通报约谈，督促企业认真整改，研究制定融资租赁管理专项制度文件。三是做好金融风险监测和报告，密切跟踪有关重点风险事件，并通过通报、约谈等方式提示企业风险，督促企业及时整改。

四、认真做好股权多元化中央企业履职

（一）依法依规做好股东履职工作

一是坚持市场化、法治化履职原则，组织完成中国航发、中国商飞、中广核、国药集团、华录集团等企业股东会22次，审议议案56项。二是筹备召开国家管网集团、东航集团第一次股东会会议，国务院国资委作为大股东召集和主持会议，审议通过公司章程、选举董事和监事等议案，完善公司法人治理结构。三是组织完成股权多元化中央企业年度利润分配工作，依法履行股东会决策程序。

（二）协调理顺南方电网股权取得重要阶段性成果

组织对南方电网股权历史情况进行认真梳理测算，厘清待落实权益情况，提出理顺股权的目标、原则与措施，明确通过落实国有资本权益，实现国家对南方电网绝对控股，并积极与各股东沟通。经反复协调，在广东省、海南省大力支持下，达成一致意见，实现重要突破，按照国务院国资委代表国务院控股51%的股权调整方案，国务院国资委与两省分别签订理顺股权框架协议书，并形成专题报告呈报国务院领导。

（三）多渠道筹措资金支持国产大飞机事业

按照习近平总书记关于支持国产商用飞机健康稳步发展的重要批示精神，组织落实中国商飞2018—2020年三年增资扩股方案，国家资本金提前到位，带动各方投资人增资260亿元。为进一步拓展融资渠道，引入更多社会资本，研究中国商飞发行优先股工作。

（四）研究完善股东履职工作制度

一是研究起草股东会工作指引，落实国企改革三年行动，探索实施有别于国有独资公司的治理和监管机制，进一步规范股东履职程序，发挥好股东会作用。二是研究制定股权多元化中央企业利润分配办法，坚持依法依规履行决策程序，“一企一策”确定分红比例。三是研究建立向国务院领导报告年度工作制度。

五、积极推动海工装备产业转型升级实现高质量发展

按照习近平总书记重要批示精神，加快提升我国海工装备产业竞争力，在及时组织有关中央企业认真研讨、深入海工装备基地调研、协调有关部门的基础上，与国家发展改革委、交通运输部等部门共同研究提出有关政策措施，明确由国务院国资委组织成立海工装备创新平台，推动产业创新和协同发展。启动创新平台组建工作。继续发挥好国海公司处置海工装备存量的平台作用，落实多项支持政策，实现所有中央海工装备制造企业全覆盖，取得实质性重要进展。

六、全面完成中央企业划转部分国有资本充实社保基金

贯彻落实党中央、国务院关于划转部分国有资本充实社保基金的重大决策部署，精心组织，稳妥推进，全面完成符合条件的中央企业部分股权划转社保工作，划转部分国有资本1.21万亿元，累计向社保分红94.6亿元。为建立健全中央企业向社保基金会的长效分红机制，牵头印发《关于部分中央企业向社保基金会分红有关工作的通知》，规范中央企业向社保基金会的分红程序，保障社保基金会长期稳定的现金流和增量收益。

（审稿人：李　冰　撰稿人：张静媛）

中央企业科技创新工作

2020年，国务院国资委深入学习贯彻习近平总书记关于科技创新和关键核心技术攻关系列重要指示批示精神，认真落实党中央、国务院决策部署，指导中央企业全力加强科技创新能力建设、持续完善科技创新体系、大力提升协同创新水平，取得一大批具有国际先进水平的重大成果，有力支撑国家战略和现代化经济体系建设。

一、研发投入

2020年，中央企业科学研究与试验发展（R&D）经费支出（以下简称研发投入）8462亿元，研发投入占营业总收入的2.79%，研发投入强度持续提高。73家企业同比实现研发投入增长，其中国家电网、中国电科、中国石油、中国电信、航天科技、中国建筑、中国一汽、中交集团、中国五矿等9家企业研发投入增加50亿元以上，中国大唐、中国华能、中国一重、国家能源集团、鞍钢、中国钢研、中广核、冶金地质总局、华润集团、中国海油等22家企业研发投入增长超过50%。

二、重大科技成果

(一)涌现一批重大科技成果

积极承担国家重大战略任务，在深空探测、卫星导航、载人深潜、可控聚变等方面取得一系列突破性成果。航天科技牵头研制的天问一号发射升空，迈出我国自主开展行星探测第一步；嫦娥五号首次实现我国地外天体采样返回，对组织开展月球科学研究具有重要意义；北斗三号全面建成并开通服务，标志着我国成为第三个建成全球卫星导航系统的国家。中国船舶集团研制的奋斗者号潜水器在太平洋马里亚纳海沟顺利完成万米深潜试验，创造我国载人深潜新纪录。中核集团环流器装置建成并首次放电，为我国自主设计与建造可控核聚变堆打下坚实基础。

(二)推进一批重大创新工程

高质量推进水电、核电、输配电、交通等基础设施建设，带动区域经济发展。水电领域，中国三峡集团乌东德水电站首批机组投产发电，对推动长江经济带发展具有重要意义。核电领域，中国华能石岛湾高温气冷堆示范工程开展双堆冷试及热试，标志着我国核电技术达到世界先进水平。输配电领域，国家电网张北可再生能源柔性直流电网试验示范工程竣工投产，创电压等级最高等12项世界第一。交通领域，中国中铁等企业建造的世界最长跨海峡公铁两用平潭大桥通车，成功应用一批桥梁新结构、新工艺、新装备。

(三)有力支撑疫情防控和复工复产

瞄准抗疫急需，在推进技术攻关、产品研制和转产扩能方面发挥关键作用。国机集团、中国建筑创新设计、施工及管理办法，快速建成以火神山医院、雷神山医院为代表的专门定点医院。新兴际华集团等企业面对防疫物资紧缺急需，迅速转扩产防护服和口罩，国机集团、兵器工业集团等企业紧急研制口罩机、压条机，有力保障生产供应。电子、通信等企业利用大数据、人工智能、5G技术，推出“一网畅行”“一码防控”等服务，助力疫情形势分析评估，加快复工复产。

三、科技人才队伍

截至2020年底，中央企业拥有科技活动人员超过160万人；研发人员超过100万人，比上年增长4.5%，连续六年实现增长；高级技工与技师229万人。科技活动人员、研发人员和高级技工与技师占中央企业年末职工人数的比重分别为14.4%、9.1%和20.3%。

截至2020年底，中央企业拥有两院院士229人，其中中科院院士38人、工程院院士187人、双院士4人。中央企业拥有各类国家计划人员超过1300人。

四、研发平台

截至2020年底，中央企业拥有国内研发机构4700多个(包括软科学研究机构27个)；2020年新增369个，12家中央企业新增数量超过10个。15家中央企业拥有研发平台数量超过100个，其中国机集团257个、中国船舶集团217个。中央企业拥有国家级研发平台735个，其中国家重点实验室91个。

五、专利和标准

专利拥有量方面，截至2020年底，中央企业累计拥有有效专利90.2万件，比上年增长17.2%，其中有效发明专利37.6万件，增长16.2%，占拥有总量的41.7%。国家电网拥有有效专利超过9万件，中国石化、中国石油、中国五矿、航空工业集团、中国建筑、中国船舶集团、南方电网、航天科技、航天科工等9家企业拥有有效专利超过3万件。从专利申请情况看，2020年中央企业申请专利23.5万件，比上年增长14.7%；申请发明专利14.4万件，比上年增长18.9%，占申请总量的61.3%。从专利授权情况看，2020年中央企业获得授权14.9万件，比上年增长20.1%；授权发明专利5万件，比上年增长5.1%，占授权总量的33.6%。从PCT(专利合作协定)专利情况看，截至2020年底，中央企业累计申请PCT专利17000余件；2020年PCT专利申请2956件，比上年增长14.9%；PCT专利申请进入国家阶段的2333件，比上年增长13%，中央企业全球专利布局进一步优化。

标准方面，截至2020年底，中央企业累计主持制定国际标准1422项，国家标准15759项，行业标准40667项；累计参与制定国际标准1446项，国家标准13488项，行业标准26798项。其他科技成果方面，2020年，中央企业发表科技论文超过12.5万篇，其中SCI论文(第一作者)3640篇、EI论文(第一作者)7737篇，高水平论文数量稳步增长。开发新产品33905项，新产品销售收入占总销售收入的23.2%。

六、协同创新

截至2020年底，64家中央企业牵头国家及地方产业技术创新战略联盟231个，其中国家级113个，涉及智能制造、航空航天、无人驾驶、核电快堆、粉末冶金、物联网、信息安全等科技前沿领域，年度经费支出0.6亿元；参加产业技术创新战略联盟643个，年度经费支出1.1亿元。中国船舶集团、兵器装备集团、中国建筑、矿冶集团、中国电子、通用技术集团、招商局集团、中国电科、中国五矿等12家企业牵头或参与的联盟数量分别超过20个。2020年,41家中央企业牵头、参与新建产业技术创新战略联盟88个。兵器工业集团等12家企业发起设立中央企业北斗产业协同发展平台,推进北斗应用规模化、特色化、产业化、国际化。华润集团牵头组建大湾区中央企业数字化协同创新联盟,立足大湾区、辐射东南亚,面向全球推动建设产学研用融通融合的数字化协同创新和数字经济生态。

2020年,中央企业开展产学研合作项目2万余项,涉及量子通信、人工智能、集成电路、装备制造、氢能利用、核电、输配电、石墨烯等领域,年度经费支出超过200亿元,合作单位涉及高校、科研院所等各类创新力量,合作方式包括共同承担国家科研任务、共建研发机构、联合技术开发、转让成熟技术、合作培养人才等。中核集团牵头研发的自主三代核电技术“华龙一号”,集结清华大学、中科院沈阳自动化所、哈电集团等国内单位75家,协作攻克关键技术179项,共同推动首堆工程安全高效建设。

七、国际科技合作

截至2020年底,38家中央企业拥有境外研发机构270余个,新增60个,拥有海外科研人员8500余人。从建设方式看,自建48个,合作共建41个,通过海外并购获得174个,通过援建等其他方式建立4个。从地域分布看,欧洲118个,亚洲57个,北美洲52个,南美洲17个,非洲15个,大洋洲8个。2020年,中国船舶集团在英国成立国际联合研究院,开展人工智能、大数据、5G、新材料等方向技术研发合作。中国五矿与澳大利亚联邦科学与工业研究组织建立战略合作关系,联合开展镁铝合金板带双辊铸轧等项目研究。2020年,中央企业境外研发投入26亿元,其中保利集团、兵器装备集团、国家能源集团、招商局集团、中国电子、中国石化等企业境外研发投入超过1亿元。

(审稿人:荀　坪　撰稿人:于丽媛)

中央企业履行社会责任工作

2020年,国务院国资委以习近平新时代中国特色社会主义思想为指导,坚决贯彻党的十九大和十九届二中、三中、四中、五中全会精神,在全面建成小康社会的收官之年,坚持以新发展理念为统领,指导中央企业积极履行社会责任,定点扶贫县全部脱贫“摘帽”,安全生产形势稳中向好,能源节约与生态环境保护力度只增不减,中央企业社会责任和品牌形象持续优化,得到社会各界的充分认可。

一、脱贫攻坚胜利收官

(一)强化组织推动

国务院国资委靠前指挥,加强组织,多次召开专题会议研究部署脱贫攻坚工作。3月13日,国务院国资委党委在北京召开中央企业决战决胜脱贫攻坚视频会议,深入学习贯彻习近平总书记在决战决胜脱贫攻坚座谈会上的重要讲话精神,研究部署2020年脱贫攻坚工作任务,动员中央企业为坚决夺取脱贫攻坚战全面胜利、确保全面建成小康社会贡献国资央企力量。组织中央企业签订2020年度定点扶贫责任书,督促各中央企业全面落实中央单位定点扶贫工作各项要求,持续加大组织推动力度。所有中央企业均制定年度工作计划,并召开扶贫工作专题会议,做到企业主要负责人扶贫调研全覆盖、班子成员对246个定点扶贫县扶贫调研全覆盖,在2019年的基础上进一步加大帮扶力度。

(二)帮扶重点区域

会同甘肃省委、省政府在北京召开中央企业助力临夏州产业发展巩固脱贫攻坚成果推进会,组织18家中央企业对接临夏州发展战略,助力“三区三州”之一的临夏州经济社会持续发展,共同形成稳定脱贫长效机制。召开支持新疆生产建设兵团向南发展视频座谈会,支持新疆生产建设兵团深化改革和向南发展,国务院国资委党委委员、副主任任洪斌与新疆生产建设兵团司令员彭家瑞出席活动并讲话。启动新时代中央企业援疆援藏指导性文件研究制定工作,赴西藏、新疆开展实地调研,指导中央企业支持新疆、西藏社会稳定和长治久安。

(三)开展专项活动

开展中央企业扶贫抗疫专项行动,帮助贫困群众克服疫情不利影响,组织开展中央企业定点扶贫县贫困农民工专项招聘活动,动员中央企业主动对接贫困县农民工就业需求,加大吸纳劳动力就业力度,努力帮助解决贫困地区群众外出务工难问题,累计提供就业岗位14.7万个,招录5.4万人。开展中央企业消费扶贫专项行动,动员中央企业加大采购帮销力度,组织搭建中央企业消费扶贫电商平台,整合中央企业电商资源,为贫困县农产品提供稳定持续、辐射面广的电商销售渠道,努力帮助解决贫困县农产品滞销卖难突出困难，从2020年5月中央企业消费扶贫电商平台上线至2020年底，开设中央企业扶贫馆95家，上架贫困县农特产品4000余款，累计交易额1.75亿元。

（四）抓好总结宣传

按照国务院扶贫开发领导小组部署，牵头负责中央企业扶贫总结工作，全面系统梳理党的十八大以来国资央企脱贫攻坚工作情况并报送国务院扶贫办。举办以"牢记总书记嘱托，巩固脱贫成果，接续乡村振兴"为主题的央企扶贫论坛，总结交流中央企业扶贫经验，巩固拓展脱贫成果，接续促进乡村振兴。工作中注重加强宣传，及时上报扶贫工作各类信息、策划扶贫宣传活动，中央电视台、新华社等主流媒体多次报道国资央企扶贫成效。组织参与全国脱贫攻坚奖评选活动，中央企业取得优异成绩，1人获得贡献奖、6个单位获得组织创新奖。

（五）高质量完成脱贫攻坚任务

按照国务院扶贫开发领导小组统一部署，牵头开展2020年度中央企业定点扶贫成效评价工作，通过成效评价进一步压实中央企业扶贫责任，激励先进鞭策后进。经评价，93家中央企业中，64家中央企业评价等次为"好"，29家中央企业评价等次为"较好"。2020年，中央企业27个挂牌督战县如期"摘帽"，全面完成246个定点扶贫县脱贫任务。投入和引进无偿帮扶资金48.17亿元、培训基层干部和技术人员39.83万人、购买和帮助销售贫困地区农产品67.07亿元，分别完成2020年责任书计划的143%、422%、404%，中央企业定点扶贫绩效实现大幅度增长。

二、安全生产总体可控

（一）全面推进安全生产专项整治三年行动

督促中央企业把安全生产专项整治三年行动作为解决问题、改进工作、提升水平的难得契机。抓实制定方案、安排部署、督促指导，成立国务院国资委安全生产专项整治三年行动领导小组，明确工作职责，持续推动专项整治走深、走实。

（二）压紧压实企业主体责任

坚持生产安全事故分析会工作机制，督促指导企业深刻剖析事故原因，研究提出整改措施，防范同类事故重复发生。坚持从严监管，对事故多发企业负责人、部门负责人进行约谈，向中央企业通报较大及以上生产安全事故情况，提醒企业引以为戒，筑牢事故防线。坚持从严考核，对2019年涉及中央企业的较大及以上生产安全责任事故进行考核，10家中央企业被扣分，1家企业因为瞒报事故被降级。

（三）深入开展安全风险隐患整治

突出重点领域、重点行业、重要时间节点的安全风险管控，全年部署多次开展安全生产大整治活动，加大风险隐患排查整治力度。针对建筑施工、化工企业等重点行业，部署开展为期1个月的建筑施工企业安全生产大排查大整治活动，对企业存在的现场管理薄弱、分包管控不力等老大难问题进行重点整治。针对重点企业，组织专家对中国化工开展为期3个月的安全风险评估，识别化解系统性风险，帮助企业提升管理水平。针对汛期等特殊时段，督促企业加强汛期各类灾害风险的识别、管控，落实防汛救灾工作责任，严防灾害引发生产安全事故。

（四）统筹抓好疫情防控和安全生产工作

在2020年初疫情防控严峻形势下，召开统筹疫情防控和复工复产专门会议，要求企业科学安排生产、合理调配人员、认真整治隐患、强化现场监管，化解复工复产中安全风险和隐患。指导企业克服疫情带来的不利影响，强化重点行业领域安全精准管理，生产安全事故提级上报。针对常态化疫情防控新形势，借鉴"5G+安全生产"应用实践，通过信息化手段，对企业开展安全生产远程巡检。

（五）进一步提升企业质量管理水平

组织中央企业进行专题培训，进一步贯彻落实《中共中央　国务院关于开展质量提升行动的指导意见》，引导企业进一步提高先进质量方法应用能力，促进高质量发展。依托中国质量协会组织开展中央企业全面质量管理知识竞赛和QC成果发表赛，挖掘优秀质量成果，营造质量提升氛围，提升全员质量意识。

三、能源节约与生态环境保护平稳向好

（一）扎实推进污染防治攻坚

着力推动中央企业落实好污染防治重点工作任务，加强对重点行业、重点企业污染防治的督促指导。牵头成立中央企业中央生态环境保护督察整改工作领导小组，国务院国资委党委书记、主任郝鹏任组长。实施中央企业中央生态环境保护督察问题责任追究。强化考核约束，对中央生态环境保护督察公开通报存在环境违法违规问题的3家企业进行扣分处理。深入调研山丹马场，指导企业切实加强祁连山地区生态环境保护工作。中央企业二氧化硫、氮氧化物、化学需氧量、氨氮排放总量"十二五"末分别下降30%、25%、35%、31%，达到国家"十三五"规划目标要求。

(二)持续强化环境风险隐患排查整治

持续开展中央企业生态环境保护专项调研督导,组织成立石油化工、电力煤炭、交通运输与建筑、设备制造等4个行业专项调研督导工作组,深入基层查找企业生态环境保护存在的突出问题和短板,督促企业认真整改,切实防范生态环境风险。召开中央企业生态环境保护座谈会,以中央生态环境保护督察通报的典型案例进行警示教育,督促企业吸取教训、引以为戒,举一反三排查治理环境污染问题。积极协调有关中央企业推进湖南省张家界大鲵国家级自然保护区水电站整改工作。

(三)稳步推进能源清洁高效开发利用

持续提升能源清洁高效开发利用水平,中央企业万元产值(收入)综合能耗(可比价)比"十二五"末下降逾20%;发电企业清洁能源装机容量占比44%,约占全国清洁能源装机容量的60%,煤电企业平均供电煤耗降至300克标准煤/(千瓦·时)以下,提前实现国家"十三五"目标。碳排放控制工作取得积极进展,中央企业万元产值碳排放量比"十二五"末下降18%,发电企业单位供电二氧化碳排放量降至548.3克/(千瓦·时),达到国家"十三五"目标要求,为实现国家碳减排承诺作出积极贡献。持续开展石油石化、煤电行业能效水平对标工作。组织中央企业开展全国节能宣传周和全国低碳日活动。编制发布《中央企业绿色发展报告(2020)》,展示中央企业绿色低碳发展新进展新成效。

四、社会责任管理持续优化

(一)发布社会责任报告

以推动中央企业编制印发社会责任报告为抓手,推动中央企业持续提高社会责任意识、加强社会责任管理和信息披露。10月13日在北京举办中央企业社会责任报告集中发布活动,集中发布90家中央企业社会责任报告,同步发布《中央企业社会责任蓝皮书(2020)》《中央企业海外社会责任蓝皮书(2020)》《中央企业抗击新冠肺炎疫情案例集》,向社会各界介绍中央企业履行社会责任情况,推动中央企业社会责任工作走深走实。

(二)强化责任践行

妥善完成党中央、国务院社会责任领域交办任务,印发密集型劳动企业关心关爱农村留守儿童指导文件,指导中建集团开展"百场宣讲进工地"关爱留守儿童活动。探索设立中央企业社会责任公益基金会,按流程向民政部申请登记注册。配合民政部、深圳市政府筹办第八届中国公益慈善项目交流展示会,加强舆论引导,展现中央企业履行社会责任经验新成效。

(三)加强品牌建设

组织开展中央企业年度品牌建设工作对标,引导中央企业通过自对标、自诊断,查找短板、明确改进方向。遴选发布2019年度国有企业品牌建设典型案例和中央企业优秀品牌故事,继续推动"一把手谈品牌"活动,推动企业间相互学习借鉴,不断提高品牌建设水平。开展国际机构全球科技品牌榜单有关问题研究,不断提升中央企业品牌管理水平。

五、助力打赢疫情防控阻击战

(一)强化组织领导

疫情就是命令、防控就是责任。国资央企第一时间响应,迅速形成统一指挥、全面部署、高效协同的组织领导体系。国务院国资委党委成立国务院国资委应对新型冠状病毒感染肺炎疫情工作领导小组,国务院国资委党委书记、主任郝鹏任组长,下设企业指导组、信息综合组、宣传舆情组、委内防控组等4个专项工作组;各中央企业党委(党组)成立由主要负责人担任组长(指挥长)的应对疫情工作领导小组(指挥部)。企业领导直插一线、靠前指挥,各级干部下沉基层、冲锋在前,广大职工群众主动请缨、奋勇争先,国有企业和公立医院一起坚定走在抗疫前线的"第一方阵",成为党直接指挥的精锐抗疫力量。

(二)奋战防控一线

在武汉和湖北疫情防控阻击战的全国主战场,中央企业挺身而出,建筑企业日夜奋战,石油石化、电力、通信等企业密切配合,用10多天时间先后建成火神山医院和雷神山医院,大规模改建"方舱医院"和专门医院,迅速提升收治能力。中央企业所属医院600多名医护人员紧急驰援,在鄂医疗机构和医护人员全部投入疫情防控第一线。在防疫物资紧缺的关键时刻,有关中央企业克服实际困难,用战时方式组织转产扩能,防护服产量9天达到全国1/3,紧急研制生产的口罩机和压条机迅速成为全国主要供给力量,转产扩产的熔喷布有力保障生产供应。在科技抗疫这个战胜病魔的重要领域,中央涉医涉药企业切实加大科技攻关力度,第一时间研发出核酸检测试剂盒,率先提出康复者恢复期血浆疗法,应用于重型和危重型患者临床治疗,新冠病毒灭活疫苗率先进入三期临床试验,研发进度全球领先,12月,中央企业研发的新冠灭活疫苗在国内首个获批附条件上市;中央企业充分发挥网络和信息技术优势,"一网畅行""一码防控",在大数据追踪溯源和健康码识别等方面展现强大的科技实力。

(三)全力保供稳价

在抗疫形势最严峻、经济社会发展和群众生活受到较大影响的时候,中央企业充分发挥基础保障的中流砥柱作用,在煤电油气运和粮油副食产品等方面筑起疫情防控的"生命线"。石油石化企业统筹供应渠道、抢调油气资源,疫情期间5万多座加油站正常营业,湖北2700座加油站24小时"不打烊"。电网电力企业主动挂牌对接、保持高位运行,每天数万名职工奋战在生产一线,确保不限电、不跳闸。通信企业在持续为全国用户提供高质量服务的同时,全力维护湖北、武汉通信网络畅通、"欠费不停机"。航空运输企业在确保国内航线和重要国际航线"不断航"的情况下,克服一切困难守护援鄂战疫"生命航线",确保医护人员和医疗物资及时送达抗疫一线。粮油、贸易企业公开承诺疫情期间"价格不涨、质量不降、供应不断",多措并举保障全国特别是湖北群众生活需求,稳供应、稳市价、稳人心。

(四)统筹海外抗疫

在疫情暴发初期国资央企就把境外单位疫情防控作为重中之重,迅速组织开展境外单位抗疫工作大排查,落实医疗物资、生活物资、组织建设"三保障",切实增强防控措施的系统性、针对性、有效性。迅速有效处置少数境外单位发生的聚集性疫情,国资央企第一时间启动一级应急响应机制,以最快速度将工作组、医疗队和物资运送当地,不计代价开展紧急救治,2个月内实现病例"清零",中央企业境外员工生命安全和身体健康得到有力保障,无一例病亡。积极配合支持全球抗疫,建设海外版"火神山医院",爱心捐助防疫物资,派出志愿团队紧急驰援有关国家,携手全球合作伙伴推进重大项目复工复产,在全球疫情防控中贡献中国央企力量。

(五)带头复工复产

坚决落实国家政策助企纾困,坚持算大账、算长远账、算政治账,降电价、降气价、降资费、降路费、降房租,减费让利降低社会运行成本1840亿元。率先复工复产带动拉动上下游中小企业恢复生产,2020年2月底中央企业所属4.8万户子企业复工率超过90%,3月基本实现全面复工复产;积极协调政策支持,协调有关金融机构为医疗物资保障和基础保障企业提供各类资金6000亿元,优惠贷款超过3000亿元。组织开展"抗疫稳岗扩就业"专项行动,向社会提供110多万个就业岗位。全力推进重大工程、全力稳定产业链供应链,有效带动各类市场主体共同发展。

(六)表彰抗疫先进

在全民战"疫"的大战场上,国资央企涌现"父子兵""兄弟连""夫妻档""半边天"等一大批先进模范。国资央企49名先进个人和26个先进集体、10名优秀共产党员和6个先进基层党组织受到全国抗疫表彰。10月22日,国务院国资委专门召开中央企业抗击新冠肺炎疫情表彰大会暨先进事迹报告会,对疫情防控工作进行总结,对300名先进个人和100个先进集体、27名优秀共产党员和30个先进基层党组织进行表彰。国务院国资委对在疫情防控中国资央企涌现的先进典型和感人事迹予以表彰、嘉奖、宣传,进一步弘扬伟大抗疫精神,彰显和进一步激励国资央企大国重器使命担当。

(审稿人:苟　坪　撰稿人:于丽媛)

国有资产综合监督工作

2020年,国务院国资委以习近平新时代中国特色社会主义思想为指导,深入贯彻习近平总书记关于国有资产监督重要指示批示精神,积极探索国有资产综合监督的新途径、新方式,督促指导中央企业持续扎实推进内部监督工作,不断完善国有资产监督体系,各项工作取得积极成效。

一、建立健全国有资产综合监督工作体系

国务院国资委在强化业务条线监督的基础上,以推动中央企业加强合规和风险管理为目标,以建立完善综合监督工作体系为主线,以防范重大风险监测、内控体系建设、内部审计监督为抓手,不断探索和实践国有资产综合监督的有效形式。

(一)初步搭建综合监督工作体系

为统筹发挥各方监督作用,探索综合监督由"分兵把守"向"统筹协调"的转变,结合原国有重点大型企业监事会不再设立的实际,国务院国资委调整出资人监督机制,组建综合监督局统筹负责国有资产综合监督工作,牵头负责综合检查国资监管规章制度执行情况,指导中央企业内控体系建设、全面风险合规管理、内部审计监督以及境外国有资产的监督工作,形成事前风险预警、事中内部控制、事后审计问效的综合监督全周期闭环工作体系。按照构建国资监管大格局、形成国资监管"一盘棋"的部署要求,与江苏等8个地方国资委召开综合监督工作专题座谈会,提出做好地方国有资产综合监督工作思路和具体措施,打造与地方国资委工作交流渠道和工作机制,推动地方国资委开展综合监督工作。

（二）形成综合监督制度框架

围绕国有资产综合监督工作目标，综合监督工作陆续研究制定一系列制度规范，初步形成制度体系。一是制定综合监督工作制度，包括《国资监管提示函工作规则》《国资监管通报工作规则》《国资委审计移送事项办理暂行办法》等工作规则。二是制定内控工作制度，出台《关于加强中央企业内部控制体系建设与监督工作的实施意见》，明确中央企业内控体系建设要点，推动企业建立全面、全员、全过程的风险防控机制，形成规范有效的内控体系。三是制定内部审计工作制度，出台《关于深化中央企业内部审计监督工作的实施意见》，按照构建集中统一、全面覆盖、权威高效的审计监督体系的总体目标，从体制机制、主要工作、重点领域以及审计队伍建设等方面明确具体工作要求。四是制定境外国有资产监管工作制度，出台《关于进一步加强中央企业境外国有资产管理的意见》，明确建立健全境外国有资产管理领导体制机制、强化重要业务监管、责任追究等要求，促进加强和规范中央企业境外国有资产管理工作。

（三）有效提升综合监督协同合力

按照党的十九届四中全会提出的健全党统一领导、全面覆盖、权威高效的监督体系的工作部署，国务院国资委坚持以党内监督为主导，大力推动综合监督与纪检监察、巡视、审计等监督的贯通协同，不断增强“协同作战”的监督合力。一是强化综合监督与党内监督协同。建立企业问题线索移送办理制度，通过与纪检监察的沟通联系和协调，推进监督信息共享。二是强化综合监督与责任追究协同，建立提示函、约谈、通报直至责任追究的系列工作机制，发挥责任追究“兜底”作用，让监督“带电”“长牙”。三是强化综合监督与审计整改落实协同，推动企业落实“治已病、防未病”的要求，以整改落实为契机，深入剖析问题原因，倒查制度健全性和执行有效性，举一反三，从源头梳理完善制度，有效提升监督合力。

（四）不断深化综合监督成果运用

一是协同推进审计问题整改工作。落实国务院国资委领导关于国务院国资委归口管理审计移送事项办理工作的批示要求，认真做好国务院国资委协调督促工作，建立工作台账，实行“销号管理”，并按季度向国务院国资委领导报送办理工作进展情况，形成国务院国资委审计移送事项办理有效工作机制。二是加大对风险问题警示力度，开展对中央企业重大违规和资产损失事项的通报工作，推动实现监管工作更及时、整改落实更到位、监督力度更强化。三是探索开展企业经营状况综合画像，综合全面反映中央企业经济运行、重要业务进展、改革取得成效等监督信息，为加强国有资产监督工作提供借鉴参考。

二、切实推进国有资产综合监督工作

2019—2020 年是国务院国资委深化综合监督“改革转型之年”，围绕“三稳四保一加强”的部署要求和国资监管中心任务，综合监督工作通过加强“四个体系”建设，探索开展综合监督检查工作，建立健全综合监督新机制。

（一）强化内部审计监督体系建设

为深入贯彻习近平总书记关于审计监督工作的重要指示批示精神，落实中央审计委员会深化审计体制改革统一部署，加强党对审计监督工作的领导，在国务院国资委党委直接领导下，成立国务院国资委党委书记、主任郝鹏任组长，国务院国资委党委委员、副主任袁野任副组长的审计工作领导小组，国务院国资委相关厅局为成员单位，完善国务院国资委审计工作统筹协同机制。一是加强内部审计监督工作指导。研究制定《关于深化中央企业内部审计监督工作的实施意见》，每年下达内部审计重点工作任务，增强审计监督工作的有效性、针对性。二是推动中央企业建立内部审计工作体制机制。中央企业普遍建立党委（党组）、董事会领导下的内部审计工作机制，内部审计权威性、独立性不断增强。三是扎实做好审计问题督促整改工作。督促中央企业开展各类内部审计项目逾 11 万项，揭示各类主要问题 4 万余个，落实各类审计问题整改措施 3.4 万条，完善制度 1400 余项。四是有序推进内部审计监督全覆盖。审计资产量显著增加，基本实现二级子企业三年必审一次，重大投资、财务资金、核心业务等重点领域必审必查。五是完善与审计署协同工作机制，配合审计署完成中央企业经济责任审计和重大政策跟踪审计，有效推进审计监督和出资人监督协同发力。

（二）强化内部控制体系建设

为加快培育具有全球竞争力的世界一流企业，促进提升管理水平，国务院国资委围绕“强内控、防风险、促合规”目标，指导中央企业通过完善公司治理，健全相关制度，建立健全内控体系，提升内部管控效能。一是研究提出中央企业内控体系建设的工作思路。按照“强化刚性约束，全面提升企业内控体系有效性”的工作要求，在认真梳理研究国内外政策文件及理论成果、书面调研、召开座谈会等工作基础上，研究提出以“强内控、防风险、促合规”为目标，推动中央企业形成全面、全员、全过程、全体系的风险防控机制，研究制定《关于加强中央企业内部控制体系建设与监督工作的实施意见》，明确具体任务安排。二是组织开展内控体系抽查评价工作。围绕深化提质增效专项行动、对标世界一流管理提升行动，对15家中央企业开展内控体系有效性抽查评价，督促指导企业补齐短板弱项，堵塞管理漏洞，促进内控体系持续优化。三是不断完善内控管理制度。研究制定《关于加强中央企业资金内部控制管理有关工作的通知》，在推动完善财务资金制度基础上，建立资金内控监管制度，细化资金内控在资金支出、审批联签等关键环节的控制触发条件和缺陷认定标准，为有效防范重大资金风险提供制度保障。

（三）强化重大风险监测体系建设

为促进中央企业建立健全重大风险防控机制，切实增强防范重大风险能力，综合监督工作不断加大风险防控力度，为企业发展筑牢安全底线。一是加强工作督促指导。先后印发2019年度、2020年度工作通知，研究提出重大风险分类、重大风险季度监测和年度报告等工作要求，探索建立风险量化监测指标体系，指导督促企业建立风险识别、预警、防范为一体的风险管理体系框架，强化企业防范化解重大风险全过程管控。二是建立重大风险报告制度。中央企业在集团层面全部建立风险报告制度，重要子企业基本部署落实报告工作任务，实现重大经营风险事件及时发现、报告和处置。三是加强重大风险评估工作。督促中央企业按照要求，在准确识别、评估和预判企业面临的重大风险基础上，有针对性地制定风险应对方案。汇总形成2020年、2021年中央企业重大风险评估分析报告，为中央企业化解不稳定隐患，规避稳定风险，完善风险处置预案提供依据。

（四）强化境外国有资产监督体系建设

一是完善管理制度体系，制定印发加强中央企业境外国有资产管理有关制度文件，对境外经营11个方面明确工作要求，压实中央企业境外国有资产监管的主体责任，规范企业境外经营投资行为。二是健全境外风险防控机制。建立满足境内外监管要求、符合企业实际情况的境外单位风险监测体系，动态监测所在国家（地区）政治、经济、社会、安全、舆情等风险信息，加强对敏感性信息识别及预判预警，做到重大风险早发现、早报告、早处置。三是加大监督检查力度。组织对部分中央企业开展境外重点经营投资检查，揭示境外经营投资的制度建设、可研论证、决策程序、经营管理及风险管控等问题。

积极探索开展国有资产综合监督检查工作，针对2019年度中央企业财务决算审核中发现企业存在的贸易业务规模快速扩张且毛利低、风险大等问题，综合监督局、财管运行局、监督追责局组成专项工作组开展现场检查，推动企业强化业务监管、防控化解风险。在此基础上，总结工作经验，规范工作程序，研究监督检查方法，为制定综合监督检查工作制度积累实践经验。

三、充分发挥审计监督保障执行、促进发展的作用

在积极开展综合监督工作中强化内部审计监督作用，准备把握内部审计监督职能定位，推动审计监督成果有效运用于国有资产监管、企业经营决策、深化改革等工作中，在堵塞漏洞、服务管理、支持决策、查处违规等方面发挥重要作用。

（一）服务保障党和国家重大决策部署实施

围绕贯彻习近平总书记重要指示批示和党中央、国务院重大决策部署以及国资监管重点工作任务，围绕落实"十四五"规划和国企改革三年行动，聚焦国有资本布局优化和结构调整、防范化解重大风险、扶贫攻坚战、"一带一路"建设等国家战略、倡议，结合疫情防控要求，有序开展内部审计监督，科学确定监督范围和重点内容，加大监督频次和力度，切实增强监督针对性、有效性，推动党和国家各项重大政策措施落地生根。中央企业及所属三级以上子企业围绕党中央重大决策部署开展专项审计7.9万项。

（二）服务保障国资监管和履行出资人职责

聚焦国资监管重点领域和关键环节，印发工作通知，明确年度中央企业内部审计重点任务，揭示企业改革发展、创新转型过程中的薄弱环节和短板弱项；积极开展混合所有制改革、科技创新、提质增效等监督检查，不断探索监督检查有效方式，提高专业化体系化监督能力和水平，防止国有资产流失，确保国有资产安全。中央企业开展专项审计1万余项，管理类审计近1万项，为加强企业管理，防范经营风险和提高运营效益发挥重要作用。

（三）服务保障全面提升企业管理能力

结合企业自身特点，以内控目标为引领，通过开展内部控制有效性抽查评价和审计，系统、深入、具体分析找准内控关键环节，并有针对性地制定内控措施、细化内控程序，确保关键业务流程、关键控制节点及关键控制措施有序运转与实施，推动企业管理向"流程化、规范化、精细化"转变，实现企业管理科学、运行高效、价值提升、风险可控。中央企业所属三级及三级以上企业开展各类内部审计项目逾11万项，揭示各类主要问题4万余个。

（四）服务保障审计问题整改落实

统筹推进审计整改工作，督促国家审计移送事

项、重大政策跟踪审计问题的整改落实，及时向有关部门反馈。落实审计整改责任，推动企业制定统一明确整改销号标准，建立审计整改成效与干部考核、任免等挂钩的长效机制。选取部分企业开展审计问题整改复核，确保从严从实抓好整改落实，有效发挥查错纠弊和决策支持作用。

四、持续深化国有资产综合监督工作

国务院国资委综合监督工作将围绕贯彻落实习近平总书记重要讲话和指示批示精神，围绕贯彻党中央、国务院决策部署，落实国有企业改革三年行动方案任务举措，抓重点、补短板、强弱项，持续完善国有资产监督体系，有效防止国有资产流失，为国有企业持续健康发展发挥保障作用。

（一）压实综合监督责任

研究制定综合监督检查年度计划，结合年度重点工作谋篇布局监督检查任务，增强监督针对性、有效性。加强对中央企业国有资产监督工作的指导，向企业下达综合监督重点任务，通过统一制定计划、统一检查标准、评估监督质量，强化综合监督统一管控。按照“全国国资一盘棋”的部署，一体指导推进中央企业和各级地方国资委综合监督体制建设，明确主责部门，落实责任主体，健全综合监督体系。

（二）提升综合监督效能

督促企业加快建立符合中国特色现代企业制度要求的内部监督体制机制，围绕贯彻党和国家重大方针政策，聚焦国资监管重点工作任务以及境外国有资产管理、混合所有制改革等重点领域和关键环节，加大内部监督力度。探索总体分析、发现疑点、分散核查、系统研究的数字化审计模式，逐步实现对“三重一大”决策、重大投资、资金集中管控等方面的实时监督。持续完善企业“综合画像”工作，有效弥补综合监督信息空白。

（三）加强内控体系监督评价

结合落实国企改革三年行动，突出问题导向，指导企业通过完善公司治理，健全相关制度，整合企业内部监督力量，发挥企业董事会或委派董事决策、审核和监督职责，加大对企业内控体系的监督评价力度，重点开展对重点领域、关键环节的抽查评价，激发企业完善体系的内生动力，促进内部监督持续优化。

（四）强化重大风险监测预警

健全风险量化监测指标体系和风险监测情况向企业经营决策机构预警报告机制，推动重大风险分类处置，对中央企业存在的倾向性、苗头性风险及典型性、普遍性问题及时提示和通报，初步形成年初风险评估、季度风险监控、年度风险评价的重大风险防范长效机制。

（五）不折不扣抓好审计整改落实

认真落实中央审计委员会、中央经济责任审计工作部际联席会议工作部署，采取有力措施推动中央企业建立健全审计整改长效工作机制，落实“治已病、防未病”的要求，压实审计整改主体责任，制定统一明确的整改销号标准，建立审计整改成效与干部考核、任免等挂钩的长效机制，确保完成各项审计整改工作任务。定期对审计整改情况开展“回头看”，推动企业提升内部管控能力和练好合规经营的“内功”，不断提升自身发展的“确定性”，促进中央企业高质量发展。

（六）加强境外国有资产监督

及时总结分析境外经营投资等领域风险点，督促指导中央企业健全以企业章程为基础的境外国有资产管理制度体系，加大制度执行监督考核力度，把制度执行和监督贯穿境外经营投资管理全过程。综合运用提示通报、专项检查、综合检查等监管手段，推动境外国有资产监督梯次展开、压茬推进。

（七）扎实推进“两非”剥离工作

落实推进国有经济布局优化和结构调整的总体要求，督促指导中央企业进一步夯实“两非”底数，搭建信息服务平台，加快形成调整存量结构和优化增量投向的资源优化配置机制，推动资源要素向优势企业和主业企业集中。

（八）深化监督检查成果运用

定期综合分析监督检查发现的普遍性、典型性、倾向性问题，揭示风险易发多发环节和领域，提出完善国资监管政策制度的建议。建立健全重大风险分类处置机制，对倾向性、苗头性风险及典型性、普遍性问题及时提示和通报，防范重大风险蔓延和叠加。

（审稿人：徐　赫　撰稿人：路　茜　王新平　刘　祺　钟舒凌）

中央企业监督和违规经营投资责任追究工作

2020年，国务院国资委以习近平新时代中国特色社会主义思想为指导，深入学习贯彻党的十九大和十九届二中、三中、四中、五中全会精神，坚决贯彻落实党中央、国务院决策部署，按照国企改革三年行动方案要求，克服新冠肺炎疫情影响，深入推进中央企业违规经营投资责任追究工作，形成“四个一”的积极进展，为发挥业务监督、综合监督、责任追究“三位一体”国有资产出资人监督机制效能，维护国有资产安全，促进中央企业高质量发展提供支撑保障。

一、“一个”覆盖国资国企的违规追责工作体系总体建成

落实国企改革三年行动部署，多措并举指导推动中央企业、省级国资委建立全覆盖的责任追究工作体系。

一是组织体系夯基垒台。中央企业均成立由集团公司主要负责人牵头的责任追究工作领导小组，自上而下、统筹推进违规责任追究工作，部署指导、协调解决重大问题，形成集团领导小组、主责部门和子企业追责主体三级架构，各企业深化部门职能、配齐配强专责人员，各企业按照归口管理和分级负责相结合的方式实现责任主体全覆盖，“横向到边、纵向到底”的责任追究组织体系趋于成熟定型。省级国资委均明确责任追究工作主责部门。

二是制度体系有效约束。中央企业进一步理顺责任追究工作职责和流程，在全面建立违规责任追究制度的基础上，健全优化相关配套制度。各企业“量体裁衣”细化违规情形、职责范围等，实现追责制度全级次企业和全业务链条“双覆盖”。各企业制定完善分类处置、督办落实托规范文件和工作指引 224 项。省级国资委层面全部出台责任追究专门制度。

三是工作机制上下贯通。中央企业进一步细化违规问题线索移送程序和办理反馈要求，形成联防联控合力，助力防范化解重大风险，切实堵住资产流失的“出血点”，受理的问题线索 80%以上来自企业内部，监管联动效能进一步凸显。中央企业全部建立损失风险报告机制，违规事项“零报告”问题得到初步解决。各地国资委建立问题线索移送、责任追究报告、专项检查等工作机制，积极推进与纪检监察、巡视、审计等部门协同联动。

二、“一批”党中央关注的重大违规问题线索查办取得进展

坚持“动员千遍不如问责一次”，发挥责任追究“兜底”作用，让监督“带电”“长牙”，倒逼企业合规经营、稳健发展。

一是严肃查办重大违规问题线索。对党中央、国务院领导关注的、中央巡视反馈的、以及国务院国资委领导批示的重大典型违规问题组织调查。聚焦重大系统性风险和国资国企改革发展重要领域，推动监督由被动向主动、单点向线面、事后向事中事前发力。责任追究深度广度进一步拓展，追责力度进一步加大，惩戒威慑效果进一步增强，对外传递出资人监督程度深、力度足、精度准的有利信号，真正实现国资监督“带电”“长牙”。

二是指导企业开展核查追责。按照分级分层原则，采取印发通知、会议督促、现场指导等方式督促指导企业加大核查力度。开展核查追责的同时，督促中央企业采取有效措施，减少、挽回资产损失，将追损挽损成效作为责任处理从轻或减轻的重要参考。牢牢把握出资人监督职责定位，不断强化事中事后监管，做深做实监督“后半篇文章”，推动中央企业健全内控、堵塞漏洞，完善各类管理制度，建立防止国有资产流失的长效机制，实现“抓他律”向“促自律”转化，“治已病”向“防未病”深化，夯实高质量发展基础。

三是强化警示震慑作用。不断加大典型问题总结和通报力度，印发《2019 年度中央企业违规经营投资责任追究报告工作情况的通报》，首次对中央企业典型违规问题进行“一企一通报”，增强震慑性。按照国务院国资委要求，中央企业通过汇编典型案例、编写追责简报、召开专题通报会等，形成“查办一案、警示一片”的效果。

四是做好监督成果转化。业务监督、综合监督以日常监管为起点，将发现的违规问题线索移送责任追究专职机构查处。责任追究专职机构通过深入核查诊断，就企业内部管理漏洞提出整改要求，就监管制度不足提出国资监管建议，以责任追究为“再起点”，推动形成加强监管措施、完善内部控制、预防风险隐患的运转机制，不断畅通监管循环联动。通过业务监督事前制度规范，综合监督事中跟踪检查，责任追究事后追责处理，共同促进企业持续提升管理水平。

三、“一系列”补短板强弱项的监督追责制度顺利出台

健全的制度是做好监督追责工作的前提，坚持问题导向，按照突出重点、系统协同、适用可行的原则制定相关制度，不断织密监督追责的“制度之网”。

一是制定出台《中央企业违规经营投资问题和线索移送办理工作规则》。为强化业务监督、综合监督、责任追究的“三位一体”监督闭环提供制度依据。

二是制定《中央企业违规经营投资责任追究实时报告处置工作指南》。建立重大损失事项“一事一报告”和一般损失事项按季度“汇总报告”的“两条汇报渠道”，明确违规和违纪违法事项分类处置的“三种方式”，强化对违规经营投资活动的设防。

三是印发《中央企业违规经营投资问题线索查处

工作指引》。作为《中央企业违规经营投资责任追究实施办法(试行)》的配套制度，明确查处工作的受理、初步核实、分类处置、核查、处理、整改等6个环节的责任主体、工作流程、形成的文书载体等，有效破解程序不固定、动作不一致等问题，有利于提升监督追责工作的严肃性和权威性。

四是印发中央企业在并购投资中有关监督的通知。提出18项禁止性要求，堵住漏洞、划出违规投资红线，探索形成由专项监督工作到长效监管机制的成果运用路径。

五是研究起草《国资监管约谈工作规则》。作为健全监管的手段，通过及时约谈问题企业，同步压实企业责任和个人责任，将“责任约谈”与“责任追究”相互连通，推动国资监管更加“硬起来”。

四、“一揽子”强监督防风险的专项检查工作成果逐步显现

强化监督工作关口前移，扎实推进中央企业专项整改和问题核查，助力防范化解企业重大风险，促进企业持续健康发展。

一是持续跟进巡视有关问题整改。针对中央巡视反馈意见，高效稳妥完成中央企业驻京办清理行动，出台驻外地机构监督管理意见，持续巩固清理工作成果，建立问题防治长效机制。

二是查办境外违规问题线索。按照中央有关工作部署，对中央企业境外违规问题进行全面梳理，建立企业境外违规问题台账，推进境外问题追责整改，有效维护境外国有资产安全。

三是加大共性问题核查力度。重点关注核查追责中发现的容易引发国有资产安全隐患的共性问题，组成专项核查组对相关企业进行核查，通过监督追责倒查企业制度健全性和执行有效性，指导企业提前发现和预防损失风险，提高企业风险管控水平。

(审稿人：肖福泉　撰稿人：刘洪学　张夏羿)

中央企业董事会建设情况

2020年，国务院国资委坚持以习近平新时代中国特色社会主义思想为指导，深入贯彻落实党的十九大和十九届二中、三中、四中、五中全会精神，按照习近平总书记关于坚持党对国有企业的领导必须一以贯之、建立现代企业制度必须一以贯之的重要指示要求，研究部署中央企业董事会建设、外部董事管理新举措，着力提高董事会运作规范性有效性，着力建设高素质专业化外部董事队伍，为做强做优做大国有资本和国有企业提供坚强保证。

一、加快推进中央企业董事会建设

(一)中央企业集团层面实现董事会应建尽建

截至2020年底，97家中央企业中，除中国冶金地质总局、中国煤炭地质总局2家事业单位外，其余95家中央企业均建立董事会，其中84家实现外部董事占董事会成员多数。

(二)着力完善董事会相关制度机制

围绕进一步加强董事会建设、发挥董事会作用，着力完善制度、健全机制，加快构建董事会制度体系“四梁八柱”，推动加强党的领导和完善公司治理相统一。研究制(修)订《中央企业董事会工作规则(试行)》《中央企业董事会和董事评价办法》等规范性文件，明确董事会功能定位、职责权限、决策程序等，规范董事会运行，改进董事会和董事评价机制，指导董事尽责履职。

(三)进一步强化董事会功能定位和作用发挥

聚焦强化董事会“定战略、作决策、防风险”功能定位，从组织、机制、履职支撑服务等方面确保董事会有效发挥作用。

一是选优配齐中央企业董事会。全面分析企业董事会结构需要，强化外部董事资源统筹，全年调整外部董事223人次，其中新聘外部董事占50%，55家企业明确外部董事召集人，中央企业董事会整体功能明显提升。

二是推动形成外部董事参加国务院国资委有关会议的制度安排。首次组织129名外部董事、45名外部董事召集人参加中央企业负责人会议，促进外部董事更直接地了解出资人意图，准确把握工作要求。

三是完善出资人机构与中央企业董事会的工作联动机制。开发运行中央企业董事会、外部董事在线报告系统，拓宽“上情下达”“下情上达”通道。严格落实董事会重大事项报告、年度工作报告、重大异常情况报告等制度，督促董事会和董事履职尽责。

二、建设高素质专业化中央企业外部董事队伍

(一)严格外部董事选聘和管理

深入贯彻落实习近平总书记在全国国有企业党的建设工作会议上对外部董事的重要指示要求，全面从严选聘和管理外部董事。

一是从严遴选。坚持政治标准，突出专业能力，分

3 批遴选 135 人进入外部董事人才库，淘汰率超过 40%。将 187 名外部董事调整出库，外部董事队伍素质明显提升，结构明显优化。

二是从严考评。严控“优秀”比例，并结合考评结果坚决调整不胜任、不适宜的外部董事，不断建好建强外部董事队伍。三是从严管理监督。坚持全面了解掌握董事会运行情况和董事履职表现，派人列席董事会和专门委员会会议。落实谈心谈话制度，全年累计与外部董事进行谈心谈话 245 人次。

(二)着力加强专职外部董事队伍建设

着眼于加强专职外部董事队伍建设，积极拓宽人选来源渠道，不断优化队伍结构，提升队伍整体素质。

一是加强党的建设。筹备成立中央企业专职外部董事党委，压实全面从严治党主体责任，加强对专职外部董事的日常管理监督。

二是加大选任力度。2020 年从中央企业、国家部委选任 22 名熟悉战略、财务、投资的人选担任专职外部董事，进一步优化队伍专业结构。其中，从中管企业领导人员转任 12 人，进一步提升队伍影响力；从中央企业选拔 7 名年富力强的中层领导人员，优化队伍年龄结构。

三是严格执行专职外部董事退出制度。及时办理到龄人员免职退休，同步解聘其担任的中央企业外部董事职务。

(三)持续做好外部董事和董事会机构工作人员培训

一是举办中央企业外部董事岗前培训班，培训新任职外部董事和专职外部董事 64 人，重点围绕国务院国资委对外部董事履职要求，系统介绍国资监管政策，帮助新任外部董事把准职责定位、加快角色转换、提高履职能力。

二是举办中央企业外部董事、董事会秘书、董事会办公室主任培训班，培训学员 242 人，重点围绕国资监管工作和中央企业改革发展重点任务进行专题授课，帮助提升外部董事履职能力，压实履职责任，传导履职压力，推动董事会秘书、董事会办公室主任准确把握职责定位，更好地支撑董事会运行和外部董事履职。

（审稿人：龙柚杉　苏云成　撰稿人：董昆仑　李国强）

中央企业领导人员管理情况

2020 年，国务院国资委党委以习近平新时代中国特色社会主义思想为指导，深入贯彻落实新时代党的组织路线，牢牢把握职责定位，紧紧围绕国资央企中心工作，努力克服新冠肺炎疫情对工作带来的不利影响，坚持稳中求进，积极担当作为，努力打造对党忠诚、勇于创新、治企有方、兴企有为、清正廉洁的高素质专业化中央企业领导人员队伍，为做强做优做大国有资本和国有企业、加快建设世界一流企业提供坚强组织保证。

一、加强政治建设，提高政治能力

把政治建设摆在首位，教育引导企业领导人员在思想上、政治上、行动上始终同以习近平同志为核心的党中央保持高度一致。

一是督促提高政治站位。结合干部考核考察、与干部谈心谈话、干部任职宣布、专题调研等工作，对旗帜鲜明讲政治、从讲政治的高度抓经济工作等提出明确要求，督导企业领导班子和领导人员增强“四个意识”、坚定“四个自信”、做到“两个维护”，牢记“国之大者”。

二是加强创新理论武装。将提高政治觉悟、增强政治能力贯穿干部教育培训全过程，把习近平新时代中国特色社会主义思想作为首课、主课、必修课，引导企业领导人员真正做到学思用贯通、知信行统一。组织开展《干部教育培训工作条例》《2018—2022 年全国干部教育培训规划》实施情况评估。持续办好“中青班”“新任班”等重点班次，不断提升企业领导人员政治素养和专业能力。

三是严肃党内政治生活。严格执行新形势下党内政治生活若干准则，督促企业领导人员坚持“三会一课”、民主生活会、组织生活会等制度。督促指导企业开好领导班子民主生活会，开展严肃认真的批评和自我批评，增强党内政治生活政治性、时代性、原则性、战斗性，解决自身存在问题，提高与领导职责相匹配的政治能力。

二、抓好企业领导人员队伍建设，提升选用质量

把政治标准放在首位，坚持事业为上、人事相宜，严格落实国企领导人员“二十字”要求，努力做到精准科学选人用人。

一是全面从严考察。严把政治关、廉洁关、素质能力关，注重考察干部在新冠肺炎疫情防控等工作中的政治自觉、行动自觉和工作实绩，严格落实“凡提四必”和廉洁从业结论性意见“双签字”制度，坚决防止“带病提拔”。2020 年，调整补充委管企业领导人员 110 人次，配合中央组织部调整补充中管企业领导人员 180 人次。

二是选优配强正职。把正职配备作为委管企业班子建设的重中之重，提前谋划接替人选，注重从整个央企甚至更大范围物色，把政治素质过硬、经受住重大斗争考验、善于解决复杂问题、驾驭能力强、工作

实绩突出的优秀干部选拔到正职领导岗位上。全年对 11 户委管企业 21 名正职进行调整。

三是做好新班子配备。完成中检集团、中国绿发领导班子组建。平稳移交港中检、中钢集团、上海诺基亚贝尔领导班子管理权限。

四是推进干部交流。把组织需要、岗位需求和个人所长结合起来,统筹考虑年龄、经历、专业、性格等因素,大力推进干部交流任职。全年交流中央企业领导人员 120 人次,其中从中管企业交流到委管企业担任正职 3 人。

五是选拔优秀年轻干部。建立日常发现、动态储备机制,日常考核考评中注意发现年轻干部,考察调研中注意了解年轻干部。督促企业党委(党组)落实主体责任,加强年轻干部队伍建设,形成梯次开发、协同推进的良好局面。全年选拔"70 后"委管企业领导人员 20 人,协助中央组织部选拔"70 后"中管企业领导人员 28 人。

六是推行经理层成员任期制和契约化管理。认真贯彻落实国企改革三年行动方案,推动中国节能、中国建材、国药集团、新兴际华集团和中广核等 5 户试点企业经理层 2020 年底前全部签订聘任协议,实现契约化管理;推动中央企业实行经理层成员任期制和契约化管理的子企业 12000 余家,建立职业经理人制度的子企业 2800 余家。

三、实现严管厚爱常态化,激励干事担当

坚持严管与厚爱结合,引导广大干部习惯在受监督和约束的环境中工作生活。

一是严格日常管理监督。开展经常性谈心谈话,全年与中央企业领导人员谈心谈话 1481 人次,既加油鼓劲,又"咬耳扯袖"。认真执行提醒、函询、诫勉等制度,抓早抓小、防偏纠偏,加强综合考评结果运用,对委管企业中问题突出的 3 名正职、5 名副职进行谈话提醒,开展个人有关事项报告等专项整治。

二是加强委管企业选人用人指导监督。结合国务院国资委党委巡视,对委管企业开展两轮选人用人专项检查,历时 3 个月投入 36 人次,既借力巡视利剑作用,又助力巡视工作。对发现的问题,督促被巡视企业做好整改,问题突出的,约谈企业主要领导和组织人事部部长。建立通报制度,对涉及的企业点名道姓不遮掩,直指问题不回避,达到"通报一个、触动一批、形成震慑"的效果。针对组织人事部部长在选贤任能中承担的重要作用,制定专项工作意见,举办新任组织人事部部长专题培训,开展专业能力测试,严格任前考察,把好能力素质关。

三是关心关爱激励干部。通过多种方式掌握领导人员政治表现、思想状态、工作动态,加强政治上激励、工作上支持、心理上关怀。走访慰问老革命、志愿军老同志,用心用情做好老干部工作。

四是强化复杂环境淬炼。把援派和专项任务作为培养干部的重要平台。按照中央组织部统一部署,完成第十批 24 名援疆干部、17 名赴"西革老"挂职干部、6 名赴海南挂职干部、3 名公选外交官人选的推荐选派工作。关心援藏援疆干部,督促委管企业做到"双跟踪双服务",提拔重用表现突出的援派干部,让其安心、安身、安业。

(审稿人:李　萍　苏云成　撰稿人:支纪强　李国强)

人才工作和人才队伍建设情况

2020 年,国务院国资委党委认真贯彻习近平新时代中国特色社会主义思想,坚决落实党中央、国务院关于人才工作的决策部署,围绕中心、服务大局,大力推动中央企业深入实施人才强企战略,充分发挥人才第一资源的作用,全方位培养、引进、用好人才,中央企业人才队伍建设取得新进展、新成效。截至 2020 年底,中央企业人才总量 1130.5 万人。其中,经营管理人才 268.6 万人,占比 23.8%;专业技术人才 478.9 万人,占比 42.4%(在管理岗位上的 170.3 万人,占专业技术人才数量的 35.6%;科技人才 131.2 万人,占专业技术人才数量的 27.4%);技能人才 553.4 万人,占比 48.9%(高级技师、技师、高级工 196.5 万人,占技能人才数量的 35.5%)。

一、培养造就高素质专业化经营管理人才

一是制定印发《关于加强中央企业经营管理人才队伍建设的指导意见》,从人才教育培养、选拔任用、考核评价、正向激励、管理监督全链条提出明确要求。

二是深入实施经营管理人才素质提升工程。举办中青年高级管理人员培训班,42 名学员参加培训,强化理想信念教育和党性教育,加强国有企业改革方针政策、现代企业领导方法和领导艺术、创新思维等内容培训,进一步提高解决实际问题和推动企业高质量发展的能力。选调 28 名企业领导人员、外部董事参加"一校四院"培训。

二、大力培养科技领军人才

一是组织中央企业参加创新人才推进计划推荐评审。向科技部推荐中青年科技创新领军人才候选

人 67 名、候选团队 5 个、候选基地 3 个。

二是组织中央企业参加第二届全国创新争先奖评选，中央企业 3 个团队获得全国创新争先奖牌，4 名科技工作者获得全国创新争先奖章，26 名科技工作者获得全国创新争先奖状。

三是积极组织科技人才参加培训深造。选调 5 名中央企业科研院所领导人员参加科技部、中组部、国务院国资委共同举办的高级研修班。

三、加强高技能人才培养和选拔

一是指导中央企业推进国家产教融合建设试点，18 家中央企业通过初审认定。

二是推进"学历证书＋若干职业技能等级证书"制度试点，15 家中央企业申报的培训评价组织和 25 种证书入选。

三是组织中央企业参加第十五届高技能人才评选表彰活动，向人力资源和社会保障部推荐中华技能大奖候选人 20 人，"全国技术能手"候选人 101 人、后备人选 20 人，国家技能人才培育突出贡献候选单位 20 家、候选个人 20 人。

四、指导推动企业通过扩招高校毕业生加强人才储备

新冠肺炎疫情暴发后，以组织实施"抗疫稳岗扩就业"专项行动为抓手，指导督促中央企业扎实开展促进高校毕业生就业工作，服务做好"六保"工作、落实"六稳"任务。会同人力资源和社会保障部印发通知，对国有企业 2020 年、2021 年连续扩大高校毕业生招聘规模进行部署，助力稳住高校毕业生就业基本盘。精心组织开展"中智招聘季""国聘行动"等大型网络招聘活动，面向湖北省、长三角、大湾区等重点区域推出系列专场招聘活动。2020 年，中央企业公开招聘 69.7 万人，其中高校毕业生 29.3 万人，比上年增长 10.6%。

五、做好博士服务团成员选派和"西部之光"访问学者接收等工作

一是组织开展第 21 批博士服务团成员推荐工作，在企业推荐的基础上，按照人岗匹配、专业对口的原则，综合考虑岗位任职条件、人选工作经历及专业背景、职务职称等因素，确定 33 名政治素质高、学历层次高、专业能力强的优秀博士赴西藏、新疆、贵州等地区服务锻炼。

二是组织开展"西部之光"访问学者研修工作，来自西藏、新疆等地区的 5 名"西部之光"访问学者分别在机械总院集团、中国钢研、有研集团、矿冶集团、中交集团等 5 家中央企业研修桥梁设计、动力电池等专业，取得一定的学术进展和成果，较好地完成研修任务。

（审稿人：朱　凡　撰稿人：王继舜）

中央企业党建工作

截至 2020 年底，中央企业系统党员 415.2 万人，其中，女党员 110.3 万人、35 周岁以下党员 126.3 万人、在岗工人党员 129.1 万人、离退休人员党员 25.1 万人、其他党员 8.9 万人。党组织 29.3 万个，其中，党组 40 个、党委 21955 个、党总支 15213 个、党支部 255826 个。

国务院国资委党委把 2020 年确定为"中央企业党建巩固深化年"，坚持以习近平新时代中国特色社会主义思想和党的十九大精神为指导，牢牢把握新时代党的建设总要求，坚持和加强党对国有企业的全面领导，巩固深化全国国有企业党的建设工作会议精神落实成果，持续推动中央企业党的建设往实里走、往深处抓、往高质量发展，切实把党建优势转化为企业竞争优势、创新优势、发展优势。

一、组织动员国资央企各级党组织和广大党员在疫情防控和复工复产中当先锋作表率

一是听党指挥闻令而动。2020 年 2 月 12 日习近平总书记主持政治局常委会，2 月 13 日国务院国资委召开党委会议动员布置，成立由国务院国资委党委书记、主任郝鹏担任组长的应对新冠肺炎疫情工作领导小组，国务院国资委各厅局和中央企业主要负责人立即终止休假返岗，以战时标准、战时思维、战时状态火速动员国资央企各级党组织和广大党员充分发挥大国重器顶梁柱作用。

二是全面动员全面部署。国务院国资委党委坚持把习近平总书记重要指示和党中央决策部署作为"第一议题"学习，从坚决做到"两个维护"的高度把疫情防控作为最重大政治任务、最紧要工作来抓，召开党委会议专题研究 18 次，印发通知 12 次，动员一切力量，调动一切资源，因时因势对疫情防控和复工复产作出具体安排。

三是直插一线督导落实。国务院国资委党委书记、主任郝鹏先后 12 次赴中央企业专项调研，直奔问题、直插一线，现场办公解难题，深入基层督落实。国务院国资委党委成员全部到中央企业、行业协会督导调研，研究解决企业疫情防控和复工复产中的实际困难。

四是勇当先锋敢打头阵。中央企业15万个基层党组织、68万名党员、4万支党员突击队全力投入湖北武汉等抗疫主战场，在专门医院建设、医用防护物资生产以及民生保障等方面冲在前干在前。1085人“火线”入党，400多万名党员自愿捐款6亿余元。国务院国资委党委划拨党费3890万元，中央企业党委（党组）配套划拨党费1.8亿元，支持疫情防控、慰问一线党员职工群众。中央企业各级党组织和广大党员在大战大考中经受住考验，相关信息被《人民日报》、《经济日报》、中央党建领导小组《党建要报》等大篇幅采用。

二、深入推进党的政治建设，“两个维护”的思想自觉和行动自觉大为增强

一是推动习近平新时代中国特色社会主义思想在国资央企大学习、大普及、大落实。指导中央企业建立学习贯彻习近平总书记重要讲话和指示批示首要责任“第一议题”制度，用好《习近平谈治国理政》，编制《习近平关于发展国有经济论述摘编》，筑牢“两个维护”思想根基。

二是推动习近平总书记重要指示批示和党中央决策部署落实落地。印发《关于进一步加强和规范请示报告工作有关事项的通知》，制定《关于推动中央企业深入贯彻落实习近平总书记重要指示批示的督查办法》，研究制定贯彻落实习近平总书记重要批示工作办法，推动中央企业按照“有没有学习研讨、有没有贯彻措施、有没有督导推动、有没有跟踪问效”4项标准抓好落实，以实际行动作“两个维护”的表率。

三是持续完善国有企业党的建设制度体系。配合中央组织部制定中央企业加强党的领导制度文件，研究制定中央企业党委（党组）前置研究讨论重大经营管理事项清单示范文本、“三重一大”决策制度指导意见，组织修订国有企业公司章程制定管理办法，落实企业党委（党组）在公司重大决策中的决定权、把关权、监督权。针对信息传递壁垒，不断完善国务院国资委和中央企业党建信息化系统，及时掌握中央企业党建工作进展情况。

四是巩固深化中央企业党的建设理论研究。在加强党建实践的同时注重理论研究，紧紧围绕落实习近平总书记重要讲话精神，聚焦国企党建重点热点难点问题，在中央党校《高端智库》、引发“实践是检验真理的唯一标准”大讨论的《理论动态》、中央政研室《学习与研究》等权威内参发表国企党建理论成果5篇，其中《面对新冠肺炎疫情的三个充分估计》发表于中央党校《研究报告》、《国资央企的新变化以及需要关注的新问题》《干部担当作为是补齐国家治理短板的重要着力点》发表于《理论动态》、《事业为上选贤才》发表于中央政研室《学习与研究》、《防疫工作中出现的种种问题暴露出国家治理中的不足》发表于《光明日报》内参，为实践工作提供有力指导。依托国企党建专委会等研究平台，评选表彰年度课题成果一等奖10篇、二等奖15篇、三等奖22篇、优秀奖139篇，进一步提升国有企业党建理论水平，为制定政策文件、指导实际工作提供理论支撑。

三、全面总结全国国企党建会以来中央企业党的建设工作成效，推动党建工作高质量发展

全面巩固全国国企党建会议精神落实成果，深化破解制约中央企业党的建设高质量发展“瓶颈”问题，对重点任务一件件抓好落实，向中央报送四年来国务院国资委党委抓央企党建情况的专题报告。召开习近平总书记全国国有企业党的建设工作会议重要讲话发表四周年学习研讨会，国务院国资委党委书记、主任郝鹏用五个“极大提升”概括四年来国资央企贯彻落实全国国企党建会精神的新变化新成果，用八个“走在前作表率”重温学习习近平总书记全国国企党建会重要讲话精神，对持续跟进学习贯彻提出明确要求、作出全面部署。中央党建工作领导小组秘书组、中央政研室负责人在会上肯定中央企业党建工作落实讲话不折不扣、工作创意异彩纷呈、工作成绩可圈可点。中央纪委国家监委、中央组织部、中央党校有关负责人给予高度评价，《人民日报》、新华社、中央广电总台等中央主流媒体进行报道。

四、持续夯实基层组织建设，党组织政治功能和组织力得到强化

一是抓好规范提升。印发《关于认真学习贯彻〈中国共产党国有企业基层组织工作条例（试行）〉的通知》，督促指导中央企业将条例落到实处见到实效。编制《中央企业党建工作实用手册》，开展第二批中央企业基层示范党支部建设，推进直属机关、行业协会党支部标准化规范化建设。

二是抓好日常管理。督导推进24家中央企业党委（直属党委）换届工作，理顺19家代管协会党组织隶属关系，督促指导11家直管协会党组织换届。制定实施《中央企业贯彻落实〈2019—2023年全国党员教育培训规划〉举措清单》，推动党员教育、组织生活制度化规范化。抓好“三会一课”、谈心谈话等制度落实，举办中央企业基层党组织书记示范培训班、党群（组织）处长和行业协会党建部门负责人培训班。

三是强化示范引领。召开《基层党组织书记案例选编（国企版）》片区研讨会，促进抓基层党建典型经验

交流。总结中央企业各级党组织在疫情防控斗争中迎难而上共克时艰的经验做法，大力弘扬央企党员担当作为顽强拼搏的典型事迹。

五、巩固深化党建责任制落实成效，上下贯通的党建工作责任体系更加健全

一是完善和落实全面从严治党责任制度。修订《国资委党委落实全面从严治党主体责任清单》，形成以24项工作制度为支撑的巡视工作制度体系。连续三年开展中央企业党建工作责任制考核，中央企业连续五年报告年度党建工作、党委（党组）书记连续四年党建现场述职。2020年突出考精考实考好，持续优化指标体系，创新使用“云考核”平台，综合运用个别访谈、线上查阅、实地走访、满意度测评等方式，对中央企业抓党建促改革强发展实绩实效“扫描画像”，抓好考核反馈、结果运用和整改提升。

二是深化党建述职评议3项制度。召开2019年度中央企业党委（党组）书记党建工作述职会，开展中央企业党委（党组）报告年度党建工作、党委（党组）书记党建现场述职，督促指导中央企业开展2019年度基层党组织书记抓党建述职评议考核。

三是深化考核成果运用。编印《中央企业党的建设发展报告（2019）》，从6个方面系统梳理中央企业党的建设典型做法和工作成效，深入剖析需要重点关注和解决的“点上”问题，研究提出高质量党建引领高质量发展的7条工作建议，为中央企业对标整改提供指导。

（审稿人：丁少中　撰稿人：伍展文）

中央企业群众工作

2020年，国务院国资委以习近平新时代中国特色社会主义思想为指导，全面贯彻党的十九大和十九届五中全会精神，始终坚持党的领导、坚持围绕中心、坚持突出重点，扎实做好职工、团青、统战等各项工作，努力开创中央企业群众工作新局面。

一、工会和职工工作

（一）抓好四项表彰

一是开展中央企业在京直属单位全国劳动模范推荐工作。推荐27人被授予2020年“全国劳动模范”称号，并单独组团（国务院国资委代表团）参加全国劳动模范和先进工作者表彰大会，充分展现中央企业崇尚劳动模范、尊重劳动模范、争当劳动模范的良好风尚。劳动模范表彰大会筹委会向国务院国资委发来感谢信，高度肯定对会务的大力支持和有力保障。

二是开展全国“三八红旗手（集体）”表彰推荐工作，5个集体被授予“三八红旗集体”称号，5人被授予“全国三八红旗手”称号，2人被授予“全国抗疫三八红旗手”称号。

三是推荐“全国五好家庭”20个、“全国最美家庭”21个、“全国家庭工作先进集体”8个、“家庭先进个人”8个，比上一届翻一番，充分体现全国总工会对中央企业女职工工作的认可。

四是推荐全国厂务公开民主管理先进单位，以“成绩突出、兼顾行业”为原则，选取工会工作基础扎实、作用突出，参与国家重大项目工程建设并作出突出贡献的中央企业向全国厂务公开协调小组推荐。10家中央企业获评“全国厂务公开民主管理先进单位”、2家中央企业获评“全国厂务公开民主管理示范单位”。

（二）修订一项制度

修订《中央企业职工董事管理办法》。着眼完善中国特色现代企业制度，重新梳理各项重要议程和关键环节，构建科学规范、责权清晰的组织程序，形成《关于进一步加强中央企业职工代表大会制度建设的意见》初稿。

（三）推进一项工作

强化中央企业系统全国妇女十二大代表履职工作，认真组织49名代表进行基层群众联系，开展调查研究，进行献言献策。全部代表提交履职报告，部分代表针对本企业情况提交女职工调研报告，代表们的履职工作得到全国妇联的高度肯定。

二、共青团和青年工作

（一）强化引领，青年思想阵地持续巩固

一是深入学习贯彻习近平总书记五四寄语精神。国务院国资委党建局（党委组织部、党委统战部）局长（部长）姚焕出席团中央常委（扩大）会议，结合中央企业疫情防控工作情况汇报学习寄语体会，共青团中央书记处第一书记贺军科及共青团中央书记处领导给予高度肯定。召开2次中央企业团工委学习习近平总书记五四寄语精神会议，对学习工作进行动员部署。组织各中央企业团组织开展各类主题学习活动500余场次，在统筹抓好疫情防控和复工复产关键时刻凝聚起强大力量。

二是深入学习贯彻十三届青联全会精神特别是习近平总书记贺信精神。以此为主线，部署中央企业团青系统抓好会议精神贯彻落实的工作安排。

三是深入推进国企青年马克思主义者培养工程。全面落实五部委国企"青马工程"实施意见，重点培育以航天科技、国家电网、中国铁建等12家企业为代表的中央企业"青马工程"品牌项目，将"青马工程"打造成贯彻落实习近平总书记青年工作重要思想旗帜工程、巩固青年群众基础领航工程、全团青年骨干培养标志工程。

(二)主动担当，迎战疫情大考交出合格答卷

一是建立中央企业共青团应急响应机制。第一时间成立疫情防控工作协调小组，除夕夜下发紧急通知，制定应急工作方案，确保人员、资金、信息"三个到位"；所有企业团委书记进入战时状态，停止休假、投入战斗；建立疫情信息报送机制，畅通信息报送渠道，编发日报32期1192条信息170多万字，梳理企业经验、人物、事迹"三典型"专报20期152篇，形成步调一致、共同发力的中央企业共青团疫情防控工作格局。

二是组织发动团员青年挺身而出。探索疫情攻坚时期动员方法，向所有中央企业团员青年发出"致敬信""倡议书"，登上"新浪微博热搜"，得到"国资小新"、《中国青年报》等主要媒体转发，形成广泛影响。组织发动2万支青年突击队、200万名团员青年第一时间开赴战"疫"前线，全力以赴保救援、保物资、保畅通、保民生、保稳定，彰显新时代央企青年的力量与担当，涌现雷神山医院、火神山医院建设青年突击队等一批"挑大梁""唱主角"先进典型。

三是建立大规模协作资源整合机制。发挥中央企业"集中力量办大事"大规模协作和普遍服务优势，发动300多支青年突击队迅速转产医用物资，带动全国口罩从日产2000万只提升到日产5亿只，防护服从日产3万件提升到日产150万件，通力协作保障抗疫物资供应。向全体中央企业团员青年紧急发出"为战胜疫情贡献青春爱心"捐款倡议书，筹集3000万元捐款用于湖北武汉等重点疫区。团中央向国务院国资委党委致感谢函，高度肯定中央企业团员青年重要贡献。

四是把握契机统一凝聚思想。组织中央企业各级团组织切实做好青年爱党爱国和制度自信教育，充分利用"两微一端"团属新媒体争夺舆论人心，在"青春央企"官方微信推出疫情防控专题报道14期、重点报道42篇、宣传视频28条。各级共青团新媒体矩阵相关宣传内容阅读量超过7亿次，营造出齐心协力打赢疫情防控阻击战的浓厚氛围。

(三)推选典型，青春榜样示范影响广泛

一是深化青年典型选树工作。大力开展青年榜样推优评先，推荐"中国青年五四奖章"15个、全国"两红两优"22个、全国青年岗位能手(标兵)229名，中央企业系统"中国青年五四奖章"和全国"两红两优"获奖个数均刷新历史纪录。

二是建立战时典型选树机制。建立4个"面向"疫情特殊时期典型选树机制，分别是：面向疫情防控一线集体，及时授予4家青年集体"中央企业青年文明号"称号；面向疫情防控优秀青年代表，推荐"中国青年五四奖章"15个；面向疫情防控可歌可泣感人事迹，推荐"全国向上向善好青年"5名；面向疫情期间重点生产领域，推荐"全国青年生产示范岗"集体39个。

三是做好先进榜样宣传示范。制作《央企青年·时代典范》专题片，发布《中央企业青年榜样说》2期，集中宣传展示青年良好职业素养和精神风貌。

(四)把握定位，团青组织改革深入推进

一是制定印发《关于加强中央企业党建带团建工作的意见》。贯彻落实习近平总书记关于党的青年工作和共青团工作重要论述，顶层谋划新时代中央企业党建带团建基本原则、主要任务、保障措施，统筹构建中央企业共青团"六位一体"总体工作格局，详细制定团干部管理任用、教育培训等实质性举措，集中破解事关中央企业团青工作长远发展的体制性、机制性"老大难"问题。

二是组织全国青联委员换届工作。全国青联十三届全委会中央企业系统单独组团参会，经选举央企系统全国青联委员77人、全国青联常委17人，国投李程·丹增尼玛、中国船舶叶聪、航空工业集团方文墨当选全国青联副主席，各层级当选人数均刷新历史纪录。

三是组织全国青联委员履职培训。贯彻落实团中央和全国青联关于加强新任职全国青联委员履职能力培训要求，举办中央企业"青年大学习"暨第十三届全国青联委员履职培训，组织中央企业系统全国青联委员、中央企业团委书记代表赴青海、甘肃等地中央企业考察学习和调研实践，特别是赴"两弹一星"精神发源地参观学习。

四是举办2020年度中央企业团委书记培训班。组织学员深入学习贯彻党的十九届五中全会精神，培训期间全体学员前往中国船舶第七〇二所，现场学习贯彻习近平总书记致奋斗者号贺信精神。《中国青年报》、《中华儿女》杂志等媒体以《致敬"奋斗者"，致敬奋斗的青春》为主题进行宣传报道。

三、统战工作

(一)开展"大学习"，推动学习贯彻习近平总书记关于加强和改进统一战线工作的重要思想走深走实

一是强化示范引领。国务院国资委党委第一时间召开党委专题会议，传达学习全国统战部长会议、中央统战工作领导小组会议精神，结合国资国企发展改革监管和党的建设实际，有针对性地提出贯彻落实措施。

二是固化学习制度。落实中央企业班子成员中的党外人士列席中央企业党委（党组）理论学习中心组学习制度，把学习贯彻习近平新时代中国特色社会主义思想作为党外知识分子教育培训的核心内容，作为党外干部培训的必修课。坚持举办中央企业党外干部理论培训班，带动中央企业开展各层级党外干部培训，培训总量超过2万人次。

三是深化学用结合。组织中央企业统战干部和统战成员通过集中培训、自学讨论等多种方式深入学习贯彻党的十九届四中、五中全会精神，引导他们聚焦四中、五中全会提出的重点任务、重要举措献计出力。

（二）把握“大方向”，引导中央企业统战成员坚定不移听党话、跟党走

一是建立健全党委（党组）成员与党外代表人士联谊交友制度。持续做好国务院国资委党委委员和中央企业党外代表人士联谊交友工作，并根据领导岗位变动等实际情况，及时作出相应调整，确保每位党委委员联系1～2名党外代表人士，定期谈心交流，帮助解决工作、生活方面的实际困难，在解决实际问题中解决思想问题。

二是多渠道多形式跟踪关注党外知识分子思想动态，不断强化正面引导和激励。2020年初，国务院国资委党委举办中央企业统战代表人士和青联委员迎新春茶话会，明确2020年国资国企发展改革监管和党的建设重点任务，对党外代表人士提出的26条意见建议及时研究答复。印发《关于做好中央企业党外人士思想政治工作的通知》，收集党外人士涉及疫情防控、复工复产、企业改革、科技创新等3万余条意见建议，对奋战在抗疫一线的党外知识分子及时给予关心慰问和帮助。

三是广泛开展形势任务教育。中央企业结合企业改革发展和生产经营，经常性开展形势任务教育，通过召开年度（中）生产经营形势通报会、党外人士座谈会、企业发展战略征求意见会等，引导广大党外知识分子正确把握国际国内形势发展变化，在大是大非问题上站稳立场。

（三）服务“大战略”，充分发挥中央企业统战工作服务党和国家工作大局的作用

一是深化中央企业党外代表人士建言献策工作室建设，有效组织党外知识分子助力国家创新驱动发展战略。按照“高举一面旗帜、搭建一个平台、建设一支队伍、完善一套制度、打造一批成果”工作思路和“九有”工作要求，全面推广“李卫工作室”做法，指导中央企业累计创建160余个党外代表人士建言献策工作室，通过个别走访、集中交流、实地调研等方式加强分类指导。

二是加强思想政治引领，引导党外人士在统筹推进疫情防控和经济社会发展中作贡献。广泛动员央企统战成员结合各自工作领域和专业特长，积极参与疫情防控和复工复产工作。大批党外知识分子参加防护服、呼吸机、医药和医疗器材、体温监护系统、大数据分析等的设计生产和科技攻关，有力支持全国抗疫和国际疫情防控。

三是积极发挥中央企业党的统战群团组织优势，为“一带一路”建设和打赢脱贫攻坚战贡献央企统战力量。依托中央企业侨联、青联、留联会等群团组织，通过资金支援、项目支援、智力支援、技术支援，助力打好深度贫困歼灭战。国务院国资委和中央企业累计投入各类帮扶资金1000亿元，援建产业扶贫项目超过8000个，引进扶贫企业900多家，带动投资147亿元，中央企业和国务院国资委机关结对帮扶的248个国家扶贫开发工作重点县全部脱贫“摘帽”。积极引导中央企业归侨和留学归国人员，发挥联系广泛的优势，不断加强与“一带一路”沿线国家侨团组织的联系，促进中央企业与海外各界交流合作。

（四）坚持“大团结”，切实做好民族宗教和海外统战工作

一是持续抓好宗教工作。国务院国资委党委认真落实中央统战工作领导小组部署要求，积极配合做好全国宗教工作督查。

二是不断推动民族地区经济社会发展。迅速组织传达学习第三次中央新疆工作座谈会、中央第七次西藏工作座谈会精神，先后召开部分中央企业援疆工作座谈会和援藏工作座谈会，并组成专题调研组赴新疆、西藏开展实地调研。中央企业在新疆结对帮扶24个国家扶贫开发工作重点县，对口支援西藏21个县、青海16个县，定点帮扶四省涉藏州（县）中14个国家贫困县。组织中央企业消费扶贫电商平台会同新疆生产建设兵团共同开展“大爱无疆　央企同行”消费扶贫专项活动，组织中央企业参加青洽会等活动。

三是深入做好港澳台地区和海外工作。指导中央企业侨联、侨联青年委员会和留学人员联谊会加强自身建设，参加中国侨联十届五次全委会，并及时学习贯彻会议精神，组织“加强基层侨联组织建设”课题调研，开展“大学习、大调研、大讨论，作出大贡献”活动，更好凝聚侨心侨力。

（五）构建“大统战”，不断完善统战领导体制和工作机制

一是建立“大统战”工作制度。积极推动中央企业统战工作实现“四个纳入”（纳入党委重要议事日程、纳入党政领导班子考核内容、纳入宣传工作计划、纳入干部培训重要教学内容)，中央企业党委(党组)每年专题研究统战工作，建立健全统战工作制度，党委(党组)书记亲自抓统战工作，带头参加统战活动。

二是树立“大统战”考核体系。推进统战工作列入党建“述、评、考”，明确中央企业党委(党组)向国务院国资委党委报告年度党建工作时必报统战工作，国务院国资委党委将统战工作列入党建工作考核评价指标体系。

三是确立“大统战”选人用人导向。推动中央企业统战工作部门和干部部门一道，把党外代表人士队伍建设纳入中央企业干部队伍建设总体规划。在1000余人中央企业党外代表人士担任二级以上单位领导职务的基础上，进一步加大中央企业领导班子党外代表人士选配工作力度，并积极向各级人大、政协推荐党外代表、委员。2020 年，选派 2 名党外领导干部担任第九批全国党外代表人士实践锻炼基地挂职干部，推荐 8 名党外代表人士参加全国国有企业党外干部培训班。

(审稿人：丁少中　撰稿人：伍展文)

中央企业宣传思想文化工作

2020 年，国务院国资委坚持以习近平新时代中国特色社会主义思想为指导，全面贯彻党的十九大和十九届二中、三中、四中、五中全会精神，深入贯彻全国宣传思想工作会议精神，坚持围绕中心，服务大局，着力强化创新理论武装、新闻宣传和舆论引导，着力提升国际传播能力、培育和弘扬社会主义核心价值观，宣传思想文化工作持续加强，为中央企业改革发展和党的建设提供坚强思想保证和强大精神力量。

一、创新理论武装持续深化

一是理论学习及时跟进，落实“第一议题”制度，加强改进中央企业党委(党组)中心组学习，及时学习习近平总书记最新重要指示批示和重要讲话精神。组织召开中央企业《习近平谈治国理政》(第三卷)、党的十九届五中全会精神学习暨党委(党组)理论学习中心组学习交流会，总结经验做法，通报学习情况。深入学习宣传党的十九届五中全会精神，组织学习贯彻党的十九届五中全会精神中央宣讲团国资国企系统宣讲报告会，1.5 万个分会场超过 30 万人参加会议。

二是理论研究不断深化，编辑《习近平关于发展国有经济论述摘编》，开展“习近平总书记关于国有经济的重要思想研究”课题。加强国家级高端智库建设，国务院国资委成为国家高端智库理事会成员单位。持续开展中央企业思想政治工作课题研究，中央企业申报研究课题 335 项，批准立项 253 项，创历史新高。中央企业党建政研会被中国政研会评为 2019 年度“先进单位”，16 篇中央企业论文分别入选一类、二类研究成果，占比 35.6%。

三是理论宣传影响广泛，深化与《人民日报》、《求是》杂志、《学习时报》等党报党刊合作，建好用好“学习强国”中央企业学习平台等网络理论阵地，在《求是》杂志刊发国务院国资委党委署名文章《在大战大考中充分发挥国有企业顶梁柱作用》，开设“顶梁柱、顶得住”“全面小康、央企担当”等专栏，推出国资央企深度理论文章 100 余篇，进一步推动党的创新理论入脑入心。

二、抗疫宣传富有成效

一是主动设置议题，参加 3 场国务院联防联控专场新闻发布会，紧密结合疫情走势和舆情态势，有效设置议题引导舆论，变“能宣传什么”为“要宣传什么”，策划推出“央企承诺不断供、不涨价、不降质”等 50 余个专题宣传，推送重点稿件超过 100 批次，全网国资国企战疫报道超过 18 万条，其中《人民日报》评论员文章《顶梁柱，顶得住》等国资央企综合性报道和评论超过 200 篇，中央电视台新闻联播播出重点报道超过 120 条。

二是创新传播手段，大量推出纪录片、音乐 MV、云直播、视频连线互动等形式的宣传产品。“抗击疫情　央企行动”话题在微博、快手、抖音等阅读量超过 40 亿次，联合中国国际电视台推出雷神山医院、火神山医院新媒体直播，点击量超过 1 亿次，纪录片《超级医院》译成 6 种语言在全球推广。

三是典型示范引领，连续举办 4 场中央企业抗疫先进事迹巡回报告会，推荐 2 名中央企业先进典型参加全国抗击新冠肺炎疫情先进事迹报告会。通过多形式、多渠道、全方位的抗疫宣传，充分彰显国有企业“顶梁柱、顶得住”的使命担当，充分揭示发展国有经济的重大战略意义。宣传舆情组获评“国务院国资委抗击新冠肺炎疫情先进集体”。

三、权威发声提振信心

一是把准方向、权威定调，组织协调国务院国资委党委书记、主任郝鹏接受《人民日报》等 4 家中央媒体专访，介绍国资央企坚决贯彻党中央部署要求，统筹疫情防控和经济社会发展，克服内外部压力、迎难而上的积极作为，有效提振社会各界对中国发展的信心，有力彰显中央企业的“压舱石”“顶梁柱”作用。

二是主动发声、回应关切，通过国务院例行新闻发布会、“一月一主题”媒体通气会、政策吹风会、接受采访等多种形式，国务院国资委就社会关注的国企改革发展重点难点问题积极主动回应，全年累计组织新闻发布13场(次)。持续开展季度例行经济运行情况发布，宣传中央企业迎难而上、奋力拼搏，努力实现“两个力争”目标的坚决态度和有力举措，向社会传递积极信号。

三是以点带面、持续深化，结合“科改示范行动”、“双百行动”、深化东北地区国资国企改革等重点改革专项深入开展国企改革宣传，以点带面，为助力国企改革发展营造浓厚氛围。

四、外宣工作取得突破

一是通盘谋划、一体推进，指导企业建设融媒体中心，打造有较大影响的机构自媒体，培育有一定影响力的员工自媒体，以新技术新观念新平台推动外宣工作内容、工作方式深刻转变。

二是做活渠道、做优内容，指导中央企业加强宣传策划，创新讲好央企故事、传播中国声音。协调国际主流媒体和当地主流媒体刊发涉企正面报道2.1万篇次。举办“云开放日”活动，海外观看量超过3000万次，形成系统性、持续性的传播效果，有效扩大中央企业的海外影响。

三是以文化人、注重实效，积极与海外媒体、智库、高校、非政府组织等开展交流合作，拓展海外人脉，广泛举办中国节、文化周、中文比赛、主题展览等文化活动，不断巩固和扩大沿线国家支持中国企业、支持“一带一路”建设的民意基础。

五、文明文化创新出彩

一是文明创建结硕果，开展“公民道德建设大家谈”活动，11家中央企业经验做法获得中宣部肯定。召开中央企业红色教育基地调研座谈会，中央企业红色教育基地建设深入推进。290家中央企业(含子企业)被评为“第六届全国文明单位”。指导中央企业加强工业文化遗产保护利用，31个中央企业工业遗产入选“第四批国家工业遗产名单”，发布“中央企业工业文化遗产(机械制造行业)名录”。

二是文艺创作聚人心，举办首届中央企业践行社会主义核心价值观主题微电影(微视频)展映活动，发布130部优秀作品。举办“全面小康 央企担当”第三届中央企业优秀故事发布活动，评选出280部优秀作品。组织部分中央企业参加全国第五届平安中国“三微”比赛暨优秀政法文化作品征集评选，7部作品获得优秀奖项。推出中央企业“最美奋斗者”“央企楷模”报告文学作品集。中央企业参与的电影《金刚川》、报告文学《华龙腾飞》等受到广泛好评。

三是典型选树激活力，发布第五届“央企楷模”，授予航天科技谢军等7人、中国建筑“火神山雷神山”医院建设团队等3个集体“央企楷模”称号。8个典型入选“2019年全国学雷锋志愿服务‘四个100’暨百名疫情防控最美志愿者名单”。

六、网信工作扎实推进

一是统筹协调有力，认真履行党委网信办职能，完成国家有关网信工作任务。

二是规划编制有序，总结“十三五”时期中央企业网信事业发展成就，编制《“十三五”中央企业网信工作优秀案例》。组织编制“十四五”中央企业网信规划。推荐国务院国资委和中央企业重要指标、重大战略任务、重大工程项目、重大政策举措纳入国家网信规划。

三是安全保障有效，印发《关于进一步加强中央企业网站建设管理的通知》，进一步指导中央企业规范网站管理。指导中央企业网络安全工作，完善中央企业网络安全预警机制，被评为“国家网络与信息安全信息通报2020年度先进单位”。

七、舆论引导持续加强

一是提升分析研判能力，面对新冠肺炎疫情带来的复杂形势变化，整合中央媒体、互联网媒体和中央企业舆情智库资源，分行业建立重大舆情收集分析研判机制，聚焦国资国企改革等重大主题形成分析报告。

二是加大监测引导力度，实行负面舆情“零报告”制度，积极稳妥处置负面舆情，有效防范化解国资央企舆情风险。

三是加强网评队伍建设，挖掘中央企业网络评论人才，不断优化专职网评员队伍结构，提高网上舆论引导能力。

(审稿人：陈国栋　撰稿人：陈净涤)

国际合作与港澳台工作

2020年，国务院国资委坚持以习近平新时代中国特色社会主义思想为指导，认真贯彻习近平总书记关于统筹推进疫情防控和经济社会发展工作的系列重要讲话精神，克服传统对外交往工作受限制等困难，及时调整工作方式，推动国资央企国际合作和港澳台工作迈上新台阶。

一、国资领域对外交往不断深入

（一）积极宣传国资央企国际抗疫合作

一是利用会见活动推进国际抗疫合作。4月20日，国务院国资委党委委员、副主任任洪斌与英国驻华大使吴百纳通过电话沟通疫情与物资保障事宜；6月23日，国务院国资委党委书记、主任郝鹏会见阿联酋驻华大使阿里·扎希里。

二是参加国际组织活动讲述国资央企开展国际抗疫合作的故事。国务院国资委党委委员、副主任任洪斌参加联合国全球契约组织系列会议，6月16日，线上参加联合国全球契约领导人峰会并作主旨演讲；9月11日，线上参加联合国全球契约组织理事会会议；9月21日，线上参加联合国全球契约组织"建设可持续及弹性医疗健康基础设施，加速实现联合国可持续发展目标"高级别会议并作主旨演讲。

三是参与国际专题会议分享国资央企抗疫成果、经验。4月6日，派员参加经合组织"应对新冠肺炎疫情：关于国有企业和有关救援行动的政策响应"专题视频会议；6月2日，举办全球健康论坛大会"全球疫情防控经验和国际交流合作"国际视频会议。

（二）扎实推动国资央企国际经贸交流合作

一是积极开展国际交流活动。1月15日，国务院国资委党委书记、主任郝鹏会见力拓集团首席执行官夏杰思；1月17日，国务院国资委党委委员、副主任赵爱明会见白俄罗斯驻华大使鲁德；9月29日，国务院国资委党委委员、副主任赵爱明线上参加中国东北地区和俄罗斯远东及贝加尔地区政府间合作委员会第三次会议；11月10日，国务院国资委党委委员、副主任赵爱明参加2020年能源转型国际论坛；12月30日，派员线上参加企业社会价值实验室成立暨课题研究座谈会。

二是深度参与有关国际组织经贸交流活动。3月25日、4月29日，分别派员参加博鳌亚洲论坛疫情防控与经济发展远程视频研讨会第一、三次会议；5月8日，派员线上参加博鳌亚洲论坛2020年旗舰报告首发会暨疫情下亚洲发展前景与挑战研讨会。派员参加经合组织相关活动，4月6日，参加"应对新冠肺炎疫情：关于国有企业和有关救援行动的政策响应"专题视频会议；8月，线上参加经合组织"国有企业的公共政策义务"调研，提升国资央企议题参与度；9月22日、10月8日、11月4日先后三次线上参加亚洲国企网络会议。

（三）认真贯彻党中央有关对外工作部署

一是配合国家重大外事活动。1月17—23日，国务院国资委党委委员、秘书长彭华岗带队赴瑞士达沃斯出席世界经济论坛2020年年会，并会见论坛创始人兼执行主席施瓦布；1—9月，与俄罗斯联邦国有资产管理署进行多轮沟通，就加强中俄国有企业管理合作的谅解备忘录文本达成一致，后续将择机签署。

二是推进对外援助工作。5月，积极参与"十四五"对外援助工作规划制订；10月，就"一带一路"涉外培训工作规划研提意见；12月，筹备申报国资国企专题对外援助培训项目。

三是落实民间外交有关工作部署。全年认真落实中央外办相关会议精神，推动中央企业、行业协会积极参与民间外交有关工作，有效促进民心相通。

二、港澳工作有序推进

8月16日，国务院国资委党委书记、主任郝鹏会见澳门特区政府行政长官贺一诚；10月12日，派员会见澳门特区政府公共资产监督规划办公室主任陈海帆；10月29—30日，国务院国资委副秘书长赵世堂先后参加第九届澳门公务航空展开幕式、第十届中国（澳门）国际汽车博览会开幕式；11月10日，国务院国资委党委书记、主任郝鹏会见香港特区政府贸发局主席、香港"一带一路"总商会主席林建岳；11月30日，国务院国资委党委委员、副主任任洪斌线上参加香港第五届"一带一路"高峰论坛开幕式并发表视频致辞；12月2日，派员参加第11届澳门国际基础设施投资与建设高峰论坛。全年指导中央企业通过捐赠防疫物资，承建防疫工程，供应相关原料，想方设法保生产、保供应、保就业，助力港澳特区政府抗击新冠肺炎疫情。

三、畅通国内国际双循环

（一）积极推动中央企业稳外贸稳外资工作

一是丰富国资监管数据内容。3—5月，建立中央企业外贸外资数据库，健全中央企业外贸外资数据报送机制、分析机制及月报、季报等定期报告工作制度；每月编制印发《中央企业外贸外资情况月报》，支撑中央企业经济运行分析。

二是加强政策引导和支撑。9月，研究加强财政金融等方面政策支持；10月21日，研究制定《2020年中央企业稳外贸稳外资工作考核奖励实施细则》，引导中央企业为“六稳”工作作贡献。

三是积极为企业解决有关诉求。6—12 月，梳理并向外贸外资协调机制反映企业在稳外贸稳外资工作中遇到的具体问题和诉求，推动机制办公室指定专人负责协调解决。

（二）积极参与第三届中国国际进口博览会

一是展位意向成交成绩突出。11 月 5—10 日，组织 98 家中央企业与来自 82 个国家和地区的 716 家境外供应商签署进口采购合同（协议）969 个，一年期展位成交占展会意向成交的 23.2%，居全国 39 个交易团之首。

二是招展面积持续扩大。3—6 月，指导中央企业利用往届展会积累的展商资源、产业链供应链及全球网络优势，协助招展 3 万平方米，较上届增加 1 万平方米。

四、外事管理、引才引智等业务工作扎实开展

（一）不断加强外事管理规范化建设

3—7 月，制定因公出国（境）团组行前教育和回访、团组报告评估、事前事后公示等工作流程及有关办法，推动构建因公出国（境）团组全过程闭环管理机制，进一步加强团组监管力度；10 月，制定并印发关于进一步加强直管协会系统外事管理工作的有关通知，转发外交部有关外事工作的文件通知，强化对行业协会商会外事管理工作的指导。全年优化完善国务院国资委因公出国（境）审批系统，用信息化手段固化落实外事管理制度规范。

（二）深入推进央企引智创新工作

3 月，针对中央企业及地方国企引才引智机制、重点引才政策及国际科技创新合作开展调研，梳理企业诉求和困难，提出工作建议；7 月，推荐中央企业 8 名具备较高专业能力、对中国关键技术领域作出突出贡献的外国专家参加中国政府友谊奖评选，国药集团推荐人选最终获奖；12 月 9 日，组织 16 家企业参加第十八届中国国际人才交流大会，利用大会资源开展人才与项目对接。

（三）认真编制国资央企国际合作“十四五”规划

深入贯彻落实党的十九届五中全会精神，把握“新形势、新理念、新格局”，精心编制、完善国资国企及中央企业国际合作“十四五”规划，为未来五年国资央企国际合作工作谋篇布局。

（审稿人：王选文　撰稿人：郑丁山）

行业协会商会监督管理与党建工作

2020 年，国务院国资委认真学习贯彻习近平新时代中国特色社会主义思想，深入贯彻落实新时代党的建设总要求和党的组织路线，紧紧围绕加强党对行业协会的领导这条主线，立足行业协会脱钩改革和党建工作实际，迎难而上、开拓创新，加强行业协会政治建设和思想建设，强化基层党组织建设，大力推动行业协会换届，巩固深化巡视整改成果，各项工作取得积极进展。

一、政治建设不断加强

坚持把政治建设摆在首位，把推动行业协会系统坚决做到“两个维护”作为党建工作的首要任务。

一是增强做到“两个维护”的思想自觉。组织行业协会认真研读《习近平谈治国理政》等书，开展党组织书记谈学习体会活动，发挥党委理论学习中心组学习“龙头”作用，及时跟进学习习近平总书记重要讲话精神，切实把思想和行动统一到党中央决策部署上来。开展“我是共产党员”主题征文活动，组织行业协会党员干部围绕庆祝建党 99 周年，开展学习交流、专题研讨，撰写心得体会。开展优秀征文评选活动，挖掘典型、表彰先进，编印《初心不渝　使命恒在》优秀征文选集。通过开展一系列活动，行业协会广大党员干部进一步坚定理想信念，强化纪律观念，激发工作热情。

二是建立做到“两个维护”的制度机制。印发《行业协会 2020 年党建工作要点》，对行业协会系统全年党建工作作出安排。巩固“不忘初心、牢记使命”主题教育成果，推动直管协会建立“第一议题”制度，自觉把各项工作与党中央决策部署对标对表，把准政治方向。明确将做到“两个维护”作为年度述职评议考核的重要内容，重点考核行业协会第一时间贯彻落实习近平总书记重要指示批示情况。

三是强化对“两个维护”落实情况的监督检查。深入 65 家行业协会开展调研督查，与行业协会领导班子成员、党员干部等 280 余人进行座谈交流，重点了解行业协会做到“两个维护”、贯彻落实党中央决策部署等工作情况，对学习贯彻落实不及时的进行约谈，责令限期整改。严格执行《关于新形势下党内政治生活的若干准则》，成立 3 个督导组，对 15 家直管协会领导班

子民主生活会进行把关和督导，深入查摆行业协会在落实“两个维护”方面存在的问题，严守政治纪律和政治规矩。

二、思想建设有力有效

坚持把推动行业协会学习贯彻习近平新时代中国特色社会主义思想摆在重要位置，采取有力措施，引导行业协会深入学习党的科学理论。

一是认真抓好党的十九届五中全会精神学习贯彻。研究制定工作方案，及时印发通知，对行业协会系统学习贯彻党的十九届五中全会精神作出部署。组织直管协会党委负责人聆听学习党的十九届五中全会宣讲会，举办网络专题培训班，实现对行业协会系统所有党员干部培训辅导全覆盖。各直管协会党委认真落实，通过党委会、中心组学习会、专题培训班等多种方式，掀起学习党的十九届五中全会精神的热潮。

二是加大党员干部教育培训力度。围绕学习贯彻习近平新时代中国特色社会主义思想，实施党员教育培训工程，举办行业协会党组织负责人、党务部门负责人、人事部门负责人等培训班，全年累计培训行业协会相关负责人600余人次。拓宽培训渠道，第一次举办行业协会系统中青年干部培训班，行业协会干部第一次进入中央党校国资委分校培训学习，在行业协会系统产生积极反响，有效提升行业协会党员干部干事创业的信心和动力。

三是搭建党建学习交流平台。每月编发《协会党建工作交流》，汇编习近平总书记最新重要讲话和党中央最新决策部署，刊发国务院国资委党委工作要求，及时反映行业协会党建工作动态，开设“党委书记谈党建”专栏，组织直管协会党委书记轮流谈体会、谈经验、谈打算，交流经验，促进工作，形成“比学赶超”的良好氛围。

三、“三基建设”重点突出

针对行业协会存在的管理不规范、规矩意识不强、党建工作弱化等问题，持续补短板、强弱项，狠抓基础建设。

一是深入开展党支部标准化规范化建设。在总结工作经验基础上，制定印发通知，全面推开党支部标准化规范化建设工作。赴中国电力企业联合会等行业协会开展指导，组织召开经验交流会，推动行业协会总结提炼“党支部工作法”，整理形成《行业协会党支部标准化规范化建设案例选编》，为其他行业协会开展工作提供借鉴参考。拍摄制作《夯实基层支部建设　打造坚强战斗堡垒》视频片，反映近年来推动行业协会党支部标准化规范化建设的工作成效。

二是持续整顿软弱涣散党组织。对行业协会系统700多个基层党组织进行全面梳理排查，针对党组织班子配备、组织功能发挥、党员教育管理等方面存在的薄弱环节，研究确定29个重点整顿对象，按照“一会一策”开展专项整治，并基本完成。

三是推动实现党建要求进章程。坚决推动国务院国资委联系的300多家行业协会全部实现党建工作要求进章程，在章程中明确党的领导、党的组织，为党组织开展活动提供必要保障。

四、领导班子建设成果明显

紧紧抓住领导干部这个“关键少数”，把推动直管协会党委和理事会换届作为重中之重，加强对班子分析研判，积极稳妥推进行业协会换届工作。5家直管协会6次换届工作顺利完成，调整直管协会领导班子成员56人次，其中党委班子成员41人次。

一是拓宽选人用人视野。主动与有关单位沟通，争取政策支持，推动中央企业、事业单位与行业协会之间的干部交流。经过努力，有现职中管干部调到行业协会任职，在行业协会系统产生积极反响。

二是优化班子结构。选拔年富力强的优秀年轻干部进入行业协会领导班子，新换届的5家直管协会领导班子平均年龄从62.4岁下降到58.6岁。严格干部选用标准，对工作不在状态、群众公认度不高的干部坚决予以调整。

三是建立党委发挥领导作用的机制。推动所有直管协会建立党委前置研究讨论重大事项决策把关机制。加强行业协会理事会换届工作中党的领导，针对行业协会理事会负责人人选由上一届理事会提名产生的实际，明确直管协会理事会换届领导小组组长由党委书记担任。

四是严格领导班子成员日常监督管理。通过列席直管协会党委理论中心组学习会、民主生活会等，加强对领导班子成员日常监督。探索建立领导班子及成员综合评价机制，及时了解直管协会领导班子运行情况及班子成员工作状态。

五是督促落实党建工作责任。紧紧抓住党建责任制这个“牛鼻子”，督促党组织书记落实党建第一责任人职责。组织行业协会党组织书记围绕学习贯彻习近平新时代中国特色社会主义思想、履行第一责任人职责、推动党建工作重点任务完成情况等方面进行述职，接受上级组织和党员干部的评议考核，督促党建工作责任层层落实。

五、巡视整改走深走实

坚持把严的标准、严的措施贯穿行业协会党建全过程，组织召开行业协会党风廉政建设和反腐败工作会议，动真碰硬狠抓巡视整改，不断提高行业协会党员干部的政治意识和规矩纪律意识。

一是下大力气解决违规兼职取酬问题。组织15家直管协会开展全面清理，对行业协会系统437家单位逐一核查，对有关兼职人员逐个沟通做思想工作，清退所有违规所得。

二是切实解决选人用人随意性问题。约谈直管协会人事部门负责人30余人次，督促健全完善干部管理制度，推动行业协会干部管理的制度化、规范化水平提升，从根本上规范选人用人工作。

三是全面清理违规涉企收费问题。向15家直管协会传达国办关于有关地方单位和行业协会违规开展许可认定和评比表彰问题的督查通报。组织力量对巡视反馈的以及近三年审计发现的协会违规收费问题进行全面摸排清理，对涉及的45家行业协会、91个项目进行清理整顿，全部整改完毕，对相关责任人进行责任追究，对49名行业协会负责人进行谈话提醒和诫勉。中央巡视组反馈意见中涉及行业协会的问题及整改措施基本完成。自查整改的500项问题中，485项整改完成或持续整改，完成率超过97%，制（修）订各类规章制度1800余项。通过巡视整改，行业协会党员干部的政治意识、规矩纪律意识和大局观念明显增强。

持续加强党风廉政建设，保持反腐高压态势。及时组织行业协会学习贯彻中央纪委全会精神，坚持把党风廉政建设作为行业协会党建述职、干部选用、教育培训等工作的重要内容，防微杜渐，常抓不懈。组织行业协会全面梳理廉洁风险点，对查找出的评比表彰、公务接待、物资采购等15个方面105个风险点逐项整改，建立规章制度，堵塞管理漏洞。狠抓中央八项规定精神落实，加强在端午节、中秋节等重要时间节点的工作提醒，防止“四风”反弹。严格管理信访举报件，对收到的行业协会信访举报件按照管理权限及时转办，对转交直管协会纪委办理的信访件，安排专人跟踪督办，确保件件有着落。2020年行业协会信访举报件数量比上年大幅下降。

六、脱钩改革全面完成

认真贯彻落实党中央关于行业协会脱钩改革部署要求，大力推进“五分离、五规范”任务实施，加大沟通协调力度，增强服务意识，积极帮助行业协会解决面临的困难问题。国务院国资委列入脱钩范围的行业协会全面完成脱钩工作。

一是协调理顺脱钩过程中协会管理关系。组织召开不脱钩社会组织管理方式调整专题会，明确对不脱钩社会组织按照“一体化管理、两个渠道实施”方式管理。妥善解决党建工作归口管理事宜，明晰党建工作责任，对相关直管协会党委切实履行代管协会党建工作责任提出要求。

二是协调解决脱钩改革难点问题。牵头召开行业协会脱钩改革四部门协调机制座谈会，就脱钩后行业协会的工作居住证办理、职称评定、积分落户等问题进行深入研究。

三是认真做好管理和服务工作。完成登记初审事项500余件，完成141家社会组织年检初审工作。为13家直管协会协调接收76名应届毕业生（其中京外49人），为行业协会补充优秀年轻人才；协调将行业协会系统所有“大名单”人员（173人）加入央保中心，解决遗留20年的难题。

七、党建实效不断凸显

坚持把服务党和国家工作大局、服务国资央企改革中心工作作为行业协会党建工作的落脚点。

一是在抗疫斗争中担当作为。坚决贯彻落实党中央抗疫工作部署，推动行业协会各级党组织和广大党员积极参与，支持直管协会成立“复工复产协作联盟”，发挥行业协会的组织优势及时为国家提供口罩、防护服产能产量信息，发挥组织协调力服务中央企业转产扩产防护物资，发挥参谋助手作用推动企业复工复产，挖掘资源调配力保障国务院国资委机关抗疫，用实际行动体现行业协会在贯彻落实党和国家重大决策中的责任担当，受到党中央、国务院领导多次表扬。行业协会系统1家单位和2名个人因表现突出，被国务院国资委授予先进集体和先进个人称号。

二是在助力脱贫攻坚中担当作为。组织各直管协会积极参与脱贫攻坚工作，在贫困县建立产业集群，为贫困村庄捐建党员活动室，帮助贫困县开展技术培训，推动会员企业与当地进行产业链合作对接，受到好评。

三是在服务中心工作中担当作为。组织行业协会积极参与国务院国资委“十四五”规划编制，提交各类研究成果63项、分析报告160余篇，其中20篇以专报信息形式呈报中办、国办并多篇被采纳，为国资央企改革中心工作作出贡献。

（审稿人：肖宗辉　撰稿人：刘续浩　宋光兰　史彩言）

国务院国资委党委对中央企业开展巡视工作情况

2020年,国务院国资委党委深入学习贯彻习近平总书记关于巡视工作的重要论述和党中央新部署、新要求,贯彻落实《关于中央部委、中央国家机关部门党组(党委)开展巡视工作的指导意见(试行)》(以下简称《指导意见》)和全国巡视工作会议精神,全面贯彻中央巡视方针,坚守政治巡视定位,着力提高巡视工作质量,着力完善巡视工作格局,着力加强巡视工作规范化建设,着力提升巡视整改成效,推动国务院国资委巡视工作与时俱进、深化发展,以高质量巡视工作推动国资央企高质量发展。

2020年,国务院国资委党委按照《中央巡视工作规划(2018—2022年)》《国资委党委巡视工作规划(2018—2022年)》部署要求,认真履行职责使命,扎实开展巡视工作,顺利完成2轮对11家委管中央企业的巡视工作,取得显著成效。

一、强化理论学习和监督保障,增强做到"两个维护"的政治自觉和思想自觉

一是在持续学思践悟中坚持正确政治方向。坚持把学习贯彻习近平总书记关于巡视工作的重要论述作为开展巡视工作的根本遵循,坚持制定每一份文件、研究每一项措施,首先就要全面梳理、系统学习、深刻领会习近平总书记有关重要指示批示精神,从习近平总书记重要指示中找方法、找思路,确保巡视工作始终沿着习近平总书记指引的方向前进,切实把思想和行动统一到习近平总书记重要指示批示精神和党中央关于巡视工作的新部署、新要求上来,深刻认识做好巡视工作对于推动国资央企发展改革监管党建的极端重要性,不断增强做好巡视工作的责任感和使命感。组织召开国务院国资委党委巡视工作会议,在国资央企系统宣传贯彻全国巡视工作会议精神,参会人员首次覆盖委管企业党委领导班子成员、巡视办主任和巡视组组长。

二是以监督保障习近平总书记重要指示批示精神贯彻落实的实际行动践行"两个维护"。加强对习近平总书记重要指示批示精神落实情况的监督,重点发现并推动解决习近平总书记批示的、指出的、关注的问题。坚决落实习近平总书记在十九届中央纪委四次全会上的重要讲话精神,结合巡视开展专项整治工作情况专项检查;认真落实习近平总书记有关重要批示精神,将中央企业落实国家重大专项经费管理情况纳入监督重点;深化落实习近平总书记听取十九届中央第三轮巡视汇报时的重要讲话精神,将中央企业"总部机关化"等突出问题的专项治理情况作为巡视关注重点,确保习近平总书记重要指示批示精神在国资央企系统不折不扣贯彻落实,推动中央企业切实把"两个维护"体现在行动上,落实到工作中,成为党和国家最可信赖的依靠力量。

二、深化落实《指导意见》,夯实巡视工作主体责任

一是坚持领导带头抓、直接抓、抓到底确保巡视工作主体责任落实到位。国务院国资委党委深入学习贯彻《指导意见》精神,认真履行巡视工作主体责任,加强组织领导,统筹谋划巡视工作,切实解决巡视中的重点难点问题。国务院国资委党委书记、主任,巡视工作领导小组组长郝鹏认真履行巡视工作第一责任人职责,落实"四个亲自"要求,靠前领导、靠前指挥,带领巡视工作领导小组全面深入研究巡视11家企业的巡视报告、谈话报告、问题线索报告,及时听取巡视情况汇报,对巡视反映的突出问题提出明确具体的处理意见。巡视工作领导小组副组长、中央纪委国家监委驻国资委纪检监察组组长陈超英作为分管领导,多次对巡视工作提出具体要求,专题研究、专题部署,主持召开每轮中期汇报会,了解巡视进展情况,督促抓好立行立改,指导巡视组有效提高发现问题的质量。国务院国资委党委委员把抓好巡视工作作为履职尽责的重要抓手,参加每家企业的巡视反馈,提出整改要求,有效传导压力,释放整改从反馈开始的强烈信号,巡视反馈和巡视工作的权威性、严肃性不断增强。

二是加强日常指导推动中央企业巡视巡察工作规范发展。一方面,加强对中央企业巡视工作办公室工作的督促指导。召开座谈会加强督促指导,国务院国资委党委巡视工作办公室(以下简称国务院国资委党委巡视办)4次召开委管企业巡视工作办公室主任座谈推进会,推动《指导意见》及实施办法贯彻落实,其中,中央巡视工作办公室负责人出席8月召开的座谈会,现场指导解决制约中央企业巡视巡察工作高质量发展的问题,并就下一步工作提出明确要求;"线上+线下"同步加强督促指导,国务院国资委党委巡视办

对18家委管企业开展实地调研，结合疫情防控要求，探索运用信息化手段加强在线指导。另一方面，加强对中央企业巡视干部队伍日常管理，推动中央企业巡视干部队伍素质能力和纪律作风双提升。精心组织业务培训，受中央巡视工作办公室委托，承办中央企业中管金融企业巡视重要骨干人员培训班，参加培训450人；抓牢纪律作风整治，开展委管企业巡视机构会议纪律专项整治，组织开展自查自纠，国务院国资委党委巡视办集中约谈委管企业巡视办负责人，推动中央企业巡视干部队伍纪律作风焕然一新。国务院国资委党委巡视办按照管理权限加强对中央企业巡视队伍的日常管理，2020年对14名委管企业新任巡视工作办公室主任、副主任进行备案。根据中央企业党建考核工作安排，对97家中央企业落实《指导意见》，开展巡视工作情况进行系统考核。

三、聚焦职责强化监督，不断深化政治巡视

一是胸怀“两个大局”，聚焦央企党委职能责任。提高政治站位，胸怀“国之大者”，深刻领会以习近平同志为核心的党中央在关心什么、强调什么，聚焦企业党委发挥领导作用，“把方向、管大局、促落实”情况，督促企业坚决落实新发展理念，聚焦主责主业，自觉服从服务国家发展战略，提升自主创新能力，切实推动高质量发展，真正做强做优做大，在构建新发展格局中发挥国家队的“顶梁柱”作用。特别是加强对统筹推进疫情防控和经济社会发展、做好“六稳”“六保”工作和落实国企改革三年行动方案的监督，精准发现委管企业存在的共性问题和深层次问题，有力促进企业高质量发展。

二是对标对表中央巡视，优化完善监督内容体系。把习近平总书记听取十九届中央第三轮巡视汇报时强调的中管企业存在的突出问题与“四个落实”监督重点结合起来，把习近平总书记强调的中央企业存在的突出问题以及国务院国资委党委推进中管企业巡视整改中发现的典型问题全面融入监督重点，系统优化形成以“4个落实”“19个了解”“146个是否”为主体的巡视监督内容体系，努力做到与中央巡视同题共答、同频共振、同向发力。

四、坚持有形有效覆盖相统一，提升巡视监督质量

一是稳步推进巡视全覆盖。统筹推进疫情防控和巡视工作，积极稳妥部署年度巡视任务，坚持时间服从质量，防止赶进度、走过场。2020年，开展2轮对11家委管企业巡视工作，党的十九大以来对委管企业巡视覆盖率已达到74%，全覆盖任务稳步推进。

二是坚持“严”的主基调不动摇。坚持把发现问题作为巡视工作的生命线，聚焦企业最主要问题精准发力，抓住主要矛盾，切实反映企业现阶段最突出问题。2020年2轮巡视发现“四个落实”方面的问题476个，报告反映119名企业领导人员的问题线索。巡视期间，督促企业党委对64项问题开展立行立改；督促各企业开展警示教育大会10次，严肃通报典型案例，用身边事教育身边人，形成有效震慑作用。

三是创新巡视工作方式方法。坚持稳中求进，守正创新，进一步改进巡视工作机制，优化促进巡视质量。强化中期汇报把关定向作用，及时印发领导小组工作要求，赴巡视组调研督促落实，加强过程管控、纠正前期偏差、明确后期重点，确保方向不偏、焦点不散。加强巡视组、巡视办沟通会商，共同围绕巡视报告的政治站位、问题定性、事例支撑等方面进行逐一商讨，研判甄别，确保巡视报告客观全面，问题定性准确，建议具体可行，高质量反映巡视成果。做实做细问题底稿，将与被巡视党组织主要负责人沟通情况等纳入底稿内容，更加全面客观准确反映巡视工作情况。落实巡视反馈“直接找书记说事”，向主要负责人反馈时重点反馈领导干部问题线索和不宜在大会上反馈的敏感内容，最大程度保持巡视报告原汁原味，增强巡视反馈针对性。

五、突出做好巡视“后半篇文章”，发挥标本兼治战略作用

一是持续深化国务院国资委机关巡视整改。把持续抓好巡视整改作为重要政治任务，坚持把巡视整改与巩固拓展“不忘初心、牢记使命”主题教育成果结合起来，与深化改革结合起来，与创建“让党中央放心、让人民群众满意的模范机关”结合起来，与统筹做好疫情防控和经济社会发展工作结合起来，认真对照习近平总书记指出的中央单位存在的突出问题，开展“灯下黑”问题专项整治，推动巡视整改不断深化。将持续深化巡视整改与学习贯彻党的十九届四中全会精神结合起来，和深化标本兼治有机结合起来，着力加强制度建设，建立长效机制。巡视整改以来，制（修）订制度文件64项，完成57项，其中2020年修订出台14项。

二是督促中管企业持续深化巡视整改。在做好自身整改的同时，统筹推进中管企业巡视整改，将十九届中央巡视的49家中管企业全部纳入督导范围。

坚持靠前督促、主动督促，建立日常联络机制，督促中管企业每月通过整改信息系统报送更新措施台账，压实巡视整改主体责任。组织召开中管企业持续深化巡视整改暨中央企业专项整治工作会议，对高质量高标准持续深化专项整治工作进行再部署。截至2020年底，中管企业确定的7601项整改措施，完成和阶段性完成达到96.6%，有力解决一大批长期没有得到解决的重点难点问题。

三是坚持不懈抓好巡视专项检查整改。对照中央巡视工作专项检查指出4个方面主要问题，进一步细化完善整改台账，严格落实整改主体责任，推动各分工责任人和责任单位认真研究制定全年工作措施和安排，扎实抓好整改。

四是切实抓好委管企业巡视整改。强化专项调研指导，国务院国资委党委巡视办主要负责人赴中钢集团等5家企业进行专题调研，深入了解企业党委落实巡视整改主体责任，以整改成效推动企业改革发展、解决重点难点问题、脱贫攻坚及疫情防控，提出具体指导意见。加强对深化整改阶段的日常督促指导，对党的十九大以来巡视过的30家委管企业深化巡视整改情况进行实地调研督导或在线指导，重点了解巡视整改长期坚持事项进展情况，指出突出问题，进一步压实整改责任，强化整改实效。严格对集中整改情况的审核把关，协调驻国务院国资委纪检监察组共同对2019年国务院国资委党委第二轮巡视的6家委管企业巡视整改进展情况报告进行审核把关，确保集中整改阶段取得实际成效。截至2020年底，党的十九大以来国务院国资委党委前四轮巡视的24家委管中央企业，根据巡视组反馈的296项问题，制定整改措施3493项，完成3144项，整改完成率90%。

五是健全纪检监察机构和组织人事部门巡视整改日常监督机制。中央纪委国家监委驻国资委纪检监察组组长、国务院国资委党委委员陈超英高度重视对委管企业巡视整改情况的监督，赴中央企业调研中把督促巡视整改作为重要内容，特别是针对个别整改难度大、任务重的企业，进行专题调研和督导。驻国务院国资委纪检监察组对移交的问题线索特别是“四风”方面的问题线索第一时间办理，加强对移交企业纪检机构问题线索处置情况的监督，并把监督巡视整改作为强化日常监督的重要途径，持续跟踪督办，推动整改落实。国务院国资委企干二局高度重视巡视成果运用，在督促被巡视企业做好巡视整改的同时，建立通报制度，对发现的共性问题向企业进行通报，通过完善制度、规范程序等方式，实现整改效果长效化。

六、坚持上下联动贯通融合，完善巡视巡察战略格局

一是加强贯通融合形成监督合力。注重强化纽带作用，打通巡视监督与纪检监察、出资人监督的内在联系。巡前突出充分共享已有监督成果，驻国务院国资委纪检监察组专门通报领导干部问题线索情况，国务院国资委10个业务厅局当面或书面向巡视组介绍情况，帮助巡视组全面了解已有监督成果，充分掌握有价值的信息，备足“弹药”，有备而往；巡中突出驻国务院国资委纪检监察组和国务院国资委业务厅局专业意见咨询，把准政策、校准定性，确保巡视反映的问题精准、提出的建议可行，特别是针对中期汇报的突出问题，驻国务院国资委纪检监察组立即跟进、严肃查处，增强巡视组的权威和巡视的震慑作用，巡视期间同步开展选人用人、内部巡视专项检查，既借力巡视，又助力巡视，推动巡视效果进一步提升；巡后着重突出整改协同督促，综合用好巡视成果。

二是加强上下联动完善巡视巡察战略格局。注重和企业巡视巡察上下联动，以国务院国资委巡视带动企业巡视巡察，以企业巡视助力国务院国资委巡视，真正实现国务院国资委巡视和企业巡视巡察协调运转、一体推进。党的十九大以来，委管企业各级次1304个党组织开展巡视巡察工作，完成对9116个党组织巡视巡察工作，覆盖率71.47%。其中，2020年完成对4913个党组织巡视巡察工作，开展谈话59754人次，受理信访1406件，反馈问题63516个，发现涉及1732名干部的问题线索1437个。

七、加强自身建设，夯实工作基础

一是对标对表中央巡视加强制度建设。借鉴中央巡视有效做法，每轮巡视制定工作方案，明确巡视总体要求、监督重点、工作流程等，为开展巡视工作提供行动指南，编制选人用人、内部巡视和专项整治等专项检查子方案，一并印发统筹推进。结合国务院国资委党委巡视工作实践，对《国资委党委巡视工作流程》等14项制度进行修订，制定《关于提高巡视报告质量的工作机制》等制度，形成以“一规划”“两办法”“四规则”为主体，以24项具体工作制度为支撑，相互衔接配合的巡视工作制度体系，为提高巡视工作质量提供有力制度机制保障。

二是积极稳妥推进巡视信息化建设。建成巡视工作涉密单机版和涉密专管版系统，融入国资在线监管平台，实现全流程信息化管理和档案“数字化”集成。

国务院国资委被选为中央巡视信息化项目建设工作联系点，《中国纪检监察报》专题报道国务院国资委巡视整改系统建设运行情况。注重加强保密与信息化等工作的同部署、同安排、同检查，成立巡视机构保密工作领导小组，制定《巡视机构保密工作规定》等制度，开展培训、考评，推动保密与业务工作深度融合。

三是以党的政治建设为统领创建模范机关和打造“纪律部队”。国务院国资委巡视机构党总支突出抓好疫情期间线上理论学习，打造“天天学习”品牌，建立疫情期间线上学习和研究工作机制，形成《让党旗高高飘扬》《战“疫”随想》等学习成果，推动巡视干部树牢政治机关意识，自觉走好第一方阵。突出抓好模范机关制度建设，制定、修订《进一步规范国资委巡视机构党员干部工作时间之外政治言行的具体措施》《巡视机构理论学习制度》等10项制度。突出打造“纪律部队”，全面实施巡视“后评估”，解决“谁来监督巡视组”的问题；严格落实党风廉政监督员制度，加强纪检委员日常监督；完善与党员重点、专题谈心谈话制度和探索建立家访互访制度。

（审稿人：贾春曲　撰稿人：王天佐）

国企改革三年行动进展情况

2020年，国务院国资委坚持以习近平新时代中国特色社会主义思想为指导，全面贯彻党的十九大和十九届二中、三中、四中、五中全会和中央经济工作会议精神，落实党中央、国务院决策部署，按照国务院国有企业改革领导小组有关要求，持续深入推进国资国企改革，取得新的重大进展。

一、制定实施国企改革三年行动方案

2020年，习近平总书记对国有企业改革发展和党的建设发表一系列重要讲话，作出一系列重要指示批示，并赴陕西、吉林、湖南、广东等地国有企业考察调研，强调要做强做优做大国有资本和国有企业，为深化国企改革指明方向，提供遵循。国务院国资委作为国务院国企改革领导小组办公室（以下简称领导小组办公室），把国企改革三年行动作为一项重要政治任务来抓，会同有关部门研究起草行动方案，积极开展动员部署，以前所未有的广度、深度、力度推进国企改革，形成新一轮深化国企改革的热潮。

（一）制定国企改革三年行动方案

6月30日，习近平总书记主持召开的中央深改委第十四次会议审议通过《国企改革三年行动方案（2020—2022年）》。行动方案指出，今后三年是国企改革的关键阶段，要坚持和加强党对国有企业的全面领导，坚持和完善基本经济制度，坚持社会主义市场经济改革方向，抓重点、补短板、强弱项，推进国有经济布局优化和结构调整，增强国有经济竞争力、创新力、控制力、影响力和抗风险能力。8月，《国企改革三年行动方案（2020—2022年）》正式印发实施，成为新阶段落实国企改革“1＋N”政策体系和顶层设计的具体施工图。

（二）系统推进三年行动动员部署

9月27日，国务院国有企业改革领导小组第四次会议及全国国有企业改革三年行动动员部署电视电话会议在北京召开。会议指出，国企改革三年行动是可衡量、可考核、可检验、要办事的。国有企业要成为有核心竞争力的市场主体，要在创新引领方面发挥更大作用，要在提升产业链供应链水平上发挥引领作用，要在保障社会民生和应对重大挑战等方面发挥特殊保障作用，要在维护国家经济安全方面发挥基础性作用。9月29日和30日，领导小组办公室分别召开中央企业改革三年行动工作部署视频会议和地方国有企业改革领导小组办公室主任视频会议，对实施三年行动作出具体安排。分别在上海、长春召开南、北片区地方国企改革工作座谈会，在北京召开中央企业改革三年行动专题培训班，指导中央企业和地方国资委制定完善实施方案。99家中央企业和37个地方国资委制定实施方案，分别明确4329项和1650项具体改革任务，报经领导小组办公室备案后实施。

（三）开展国企改革重点工作任务落实情况专项督查

11—12月，领导小组办公室会同有关部门组成5个督查组，对5个省（市）和5家中央企业开展专项督查。实地走访38户企业，召开40场座谈会，深入了解改革任务落实情况。聚焦推动三年行动方案落实落地，有针对性地提出全面推动国企改革三年行动、加大力度解决共性突出问题等5个方面17项重点工作要求。

（四）加大力度做好国企改革三年行动宣传贯彻

《国企改革三年行动方案（2020—2022年）》印发以后，领导小组办公室坚持“一月一主题”，长流水、不断线，通过召开媒体通气会、新闻发布会等多种途径，对公司制改革等国企改革重点工作进行集中宣传，回应各方关切。国有企业深挖内部改革经验，强化典型引路，积极对标先进，鼓励比学赶超，形成浓烈的改革氛围。12月27日，领导小组办公室印发《关于开展“学先进、抓落实、促改革”专项工作的通知》，决定在全国范围内开展为期三年的“学抓促”专项工作，通过讲好改革故事，树立先进典型进一步推进国企改革三年行动各项重要举措落实落地，激发国有企业活力动力，促进国资国企高质量发展。

二、制定出台国企改革相关重要文件

11月2日，习近平总书记主持召开中央深改委第十六次会议，审议通过《关于新时代推进国有经济布局优化和结构调整的意见》。指出要坚持问题导向，针对当前国有经济布局结构存在的问题，以深化供给侧结构性改革为主线，坚持有所为有所不为，聚焦战略安全、产业引领、国计民生、公共服务等功能，调整存量结构，优化增量投向，更好把握国有企业做强做优做大，坚决防止国有资产流失，不断增强国有经济竞争力、创新力、控制力、影响力和抗风险能力。12月30日，习近平总书记主持召开中央深改委第十七次会议，审议通过《关于中央企业党的领导融入公司治理的若干意见(试行)》，进一步明确企业党委(党组)在决策、执行、监督各环节的权责和工作方式，推动厘清党委(党组)和董事会、经理层等治理主体职责边界。1月22日，领导小组办公室印发《“双百企业”推行经理层成员任期制契约化管理和推行职业经理人制度操作指引》，为加快培育一批国企改革“尖兵”、更好发挥“双百企业”引领示范带动作用提供政策支撑。

三、国企改革取得积极进展

(一)中国特色现代企业制度持续完善

全面落实“两个一以贯之”，加快建立权责法定、权责透明、协调运转、有效制衡的公司治理机制。印发《关于全面完成公司制改革的专项通知》，全面打响国有企业公司制改革收官战，截至2020年底，中央企业公司制改革基本完成，地方国资委监管一级企业公司制改革完成率98.8%。

(二)过剩产能、低效无效资产稳步退出

截至2020年底，中央企业列入不具备竞争优势、缺乏发展潜力的非主营业务(企业)清单的1282户子企业中，完成存量清退处置的子企业403户，占比31.4%；地方国有企业完成率71%。中央企业“两非”清退处置比例31.2%，地方企业纳入重点亏损子企业专项治理的企业3201户，其中完成治理1154户，占比36.1%。

(三)混合所有制改革稳妥深化

坚持“三因三宜三不”原则，积极稳妥深化混合所有制改革，加快转换经营机制。中国国有企业混合所有制改革基金挂牌成立，总规模2000亿元。重要领域混合所有制改革，4批试点企业中80余户完成引入战略投资者的改革任务。中央企业控股上市公司的资产总额、利润分别占整体的67%、88%。25家国有企业完成首发上市，合计融资680亿元；31单国有上市公司重大资产重组许可经核准，涉及交易金额1792亿元。

(四)市场化经营机制不断健全

印发《中央企业负责人经营业绩考核办法》及配套实施方案，不断提高考核的针对性、有效性。建立工资总额特殊事项清单管理制度，将企业开展关键核心技术攻关、承担国家重大专项任务纳入特殊事项清单，对所需工资总额实行单列管理。印发《关于积极有序开展企业中长期激励工作有关事项的通知》《中央企业控股上市公司实施股权激励工作指引》，全年新增23户中央企业控股上市公司实施股权激励，中央科技型企业实施152个股权和分红激励方案，覆盖3.2万名关键岗位核心人才。地方累计144户国有控股上市公司开展股权激励，涉及4.3万余名骨干员工；累计127户国有科技型企业实施股权或分红激励，覆盖1.2万余名关键技术人才。

(五)国企改革专项工程扎实开展

对“双百企业”进行两批动态调整，实现有进有出，保持“一池活水”。印发《关于加快推动“科改示范企业”实施综合改革有关事项的通知》，开展“科改示范行动”试点。系统总结上海、深圳、沈阳三地改革进展和成效，提出深化区域性综合改革试验的总体工作思路及相关措施。制定《关于进一步深化东北地区国资国企改革的若干措施任务分工》，推进东北地区中央企业综合改革试点企业充分利用现有政策先行先试，发挥示范带头作用。

(六)党的领导、党的建设全面加强

推动中央企业各级党组织把学习贯彻习近平总书记重要讲话和重要指示批示精神作为“第一议题”，98家中央企业集团公司建立“第一议题”制度和践行“不忘初心、牢记使命”长效机制。84.1%的地方一级企业建立“第一议题”制度。持续巩固深化“不忘初心、牢记使命”主题教育成果，将践行“两个维护”作为中央企业领导干部民主生活会对照检查和党建工作责任制考核重要内容。

(审稿人：尹义省　撰稿人：夏丹丹)

各省(区、市)国有资产监督管理概况

第三篇

北京市

一、北京市国有资产监督管理工作综述

2020年,面对复杂严峻的国内外形势和突如其来的新冠肺炎疫情,北京市国资委系统坚持以习近平新时代中国特色社会主义思想为指导,全面贯彻落实中央和市委、市政府决策部署,统筹推进疫情防控和改革发展党建各项工作,市属国有经济发展整体保持平稳增长的态势。截至2020年底,市管企业资产总额6.2万亿元,比上年增长9.5%;所有者权益2.1万亿元,比上年增长8.2%。

(一)扎实有效防控疫情,努力实现稳增长保运行

扎实抓好市管企业疫情防控,不计代价、冲锋在前,全力生产口罩、体温检测仪、负压救护车等防疫物资,有力保障生活必需品稳定供应和城市安全运行。全系统17万名党员到社区报到,870名干部下沉一线,5000余名职工无偿献血100多万毫升,为大学生和残疾人等提供就业岗位1.4万余个,市管企业为中小企业减免房租28.6亿元,全系统在北京市抗击新冠肺炎疫情表彰中获得各项荣誉81项。在抗击疫情的同时,率先实现复工复产,狠抓提质增效、降损减亏,组织开展“三降一减一提升”专项行动,重点做好高负债企业债务管控,大力压缩一般性管理费用和非生产性支出,有效压降“两金”占有率,企业成本逐月下降,效益企稳回升。2020年,北京市国有企业实现营业收入1.7万亿元,比上年增长4.1%;8月以来,利润连续5个月实现增长,全年利润总额959亿元。

(二)加快推进转型升级,着力提升国企发展质量

持续优化国有经济布局结构。结合“十四五”规划编制,开展企业定位和主业优化调整工作,市管企业主业由原来的117个调减到59个,促进企业做强做精优势产业。实施京投公司与轨道公司合并重组,疏解退出劣势及不符合首都功能定位企业172户。加快推动创新转型发展。服务北京国际科技创新中心建设,全年安排11.8亿元国资预算支持企业科技研发,全面建立企业研发准备金制度,研发投入年均增速超过10%。牵头组织与央企深化合作战略大会,举办新产品新技术新应用场景推介会,推动5G示范园、轨道交通、氢燃料汽车等一批项目在北京落地,在城市出行、科技冬奥等领域推出近60个应用场景。市管企业专利申请量、专利授予量和新产品销售收入保持两位数增长,累计获得各类科技奖项600余项,京东方在北京市科学技术奖励大会上获得唯一一个科技进步特等奖。

(三)深化国资国企改革,激发国有企业动力

全面贯彻中央决策部署,研究制定《北京市国企改革三年行动实施方案》,明确改革的目标任务、时间表和路线图。稳妥有序推进混合所有制改革。加大与中央企业、中关村企业等优质对象混合所有制改革力度,与国务院国资委联合举办中央企业、北京地方企业混合所有制改革项目推介会,新签订一批央地混合所有制改革合作项目。完善市场化经营机制。不断完善激励机制,累计在13家企业开展员工持股试点,13家国有科技型企业和上市公司开展股权激励,企业活力动力有效激发。推进监管职能转变。精简监管事项,向全部一级企业授予资产评估管理权限,新改组京能集团、国管中心为国有资本投资、运营公司。会同市委组织部对12家市管企业总会计师进行交流调整,搭建外部董事履职支撑服务体系。以北汽集团等10家企业为重点开展对标世界一流企业管理提升行动。出台加强市管企业法务和内控工作若干意见,组织40家一、二级企业公开招聘总法律顾问,一级企业总法律顾问全部配齐。健全京外境外投资、国有土地、老字号品牌等管理制度,强化高风险业务管控,严禁开展融资性贸易、P2P网络借贷等高风险业务,加强追责问责,挽回各类损失近5亿元。健全协同高效监督体系,加快打造纪检监察监督、巡视巡察监督、出资人监督、审计监督、职工民主监督和社会监督“六位一体”监督体系,推动各类监督有机贯通、相互协调。与市审计局共同研究制定《关于加强国资监管与审计监督协同工作办法》,强化工作协同,提高监督工作实效。

(四)坚决履行国企责任,积极发挥引领示范作用

全力履行政治责任和社会责任,有力发挥国有企业在大战大考中的“顶梁柱”作用。在重点任务中展现作为。落实北京市重点任务,市管企业承担的176项市重点任务全部完成年度目标,占北京市投资计划的47%;冬奥会延庆赛区四大场馆按期交付、轨道交通16号线中段、房山线北延通车试运营,北辰集团、国资公司等企业圆满完成服贸会各项服务保障任务。积极主动疏解非首都功能。完成疏整促项目86处,涉及面积520万平方米,超额完成年度计划。北投集团等企业深入推进城市副中心投资建设,行政办公区及配套设施如期交付,城市绿心森林公园、环球主题公园一期、城市副中心三大建筑项目和综合交通枢纽取得重要进展,推动5家市管企业带头向城市副中心搬迁。在改善民生中精准施策。有力助推扶贫地区全部“摘帽”,市管企业累计在对口支援省(自治区)累计投资近2000亿元,首农食品集团“双创中心”带动北京市消费扶贫突破200亿元,提前一年完成北京市54个低收入村的脱低任务。积极推进垃圾分类、老旧小区整治等工作,全系统参与垃圾分类“桶前值守”超过30万人。市管企业全部接入市“12345”受理调度平台,接诉即办月均成绩居北京市前列。

(五)强根固基抓好党建,切实加强党对国企的领导

坚持党对国有企业的全面领导,为做强做优做大国有资本和国有企业提供坚强保证。始终把政治建设摆在首位。出台加强市管企业党的政治建设的若干措施,健全完善市管企业向市委、市政府重大事项请示报告制度。把党的领导融入公司治理,与市委组织部、宣传部联合印发党委前置研究讨论重大事项清单,指导企业严格执行“三重一大”制度,具备条件的国有独资、全资和绝对控股企业完成党建入章。基层党建质量不断提升。上线运行基层党组织换届全程纪实系统,开展“抓规范、促提升”专项行动,基层党组织标准化、规范化建设水平不断提升。制定高层次人才培养引进支持办法,加大国有资本收益支持人才工作力度。开展“国企楷模·北京榜样”“首都国企开放日”“媒体走国企”等活动,充分展示首都国企良好形象。持续加强离退休干部思想政治引领和党组织建设,充分发挥老干部的政治优势、经验优势和威望优势。管党治党责任层层压实。不折不扣落实全面从严治党主体责任,深入开展全面从严治党(党建)工作考核和党委书记抓基层、党建述职评议考核,不断强化压力传导。严格有效落实意识形态工作责任制,逐级制定意识形态工作细则,有力提升舆情应对处置水平,妥善排查化解系列重大舆情风险。开展积案攻坚化解,解决农租房腾退等一批群众反映强烈的矛盾纠纷,国有企业安全生产和信访维稳形势平稳可控。正风肃纪常抓不懈。召开北京市国资委系统警示教育大会,制定受党纪政纪处分的市管企业负责人薪酬扣减实施办法并加大责任追究力度。出台《关于开展市国资委系统巡察工作的实施意见》,累计对99家一、二级企业党组织开展常规巡察、专项巡察、交叉巡察并推进问题整改,推动全面从严治党向纵深发展。

二、北京市国有资产总量与结构分析

表1　　2020年北京市国有企业指标

项　目	金　额(亿元)
资产总额	61688.3
所有者权益	20608.1
国有资产总量	11533.8
营业收入	17091.0
利润总额	959.1
净利润	631.8
归属于母公司所有者的净利润	261.0
应交税金总额	1295.4
实际上缴税金总额	1306.6

表2　　2020年北京市国有企业户数情况

2019年户数(户)	2020年户数(户)	比上年增长(%)
7156	7345	26.4

表 3　2020 年北京市国有资产按地区分布情况

地　区	国有资产(亿元)	占国有资产总量比重(%)
北京市汇总	17593.1	100.0
市属企业	12172.7	69.2
市属监管企业	11533.8	65.6
市属非监管企业	638.9	3.6
区属企业	5420.4	30.8
东城区	299.5	1.7
西城区	1021.6	5.8
朝阳区	303.6	1.7
丰台区	140.8	0.8
石景山区	208.9	1.2
海淀区	679.8	3.9
门头沟区	48.7	0.3
房山区	117.3	0.7
通州区	143.3	0.8
顺义区	362.0	2.1
昌平区	432.6	2.5
大兴区	364.0	2.1
怀柔区	101.0	0.6
平谷区	68.3	0.4
密云区	68.4	0.4
延庆区	71.2	0.4
燕山区	0.3	0.002
亦庄经济开发区	989.1	5.6

注:表中国有资产数据为单户企业叠加汇总数,未考虑集团内部抵消数。

表 4　2020 年北京市国有资产按行业分布情况

行　业	国有资产(亿元)	占国有资产总量比重(%)
第一产业	373.0	0.8
农林牧渔业	373.0	0.8
第二产业	13473.7	27.9
工业	12465.6	25.8
建筑业	1008.1	2.1
第三产业	34500.7	71.4
交通运输业	3172.5	6.6
仓储业	50.8	0.1
商贸业	884.9	1.8
房地产业	11025.2	22.8
社会服务业	16575.3	34.3
其他行业	2791.9	5.8

注:表中国有资产数据为单户企业叠加汇总数,未考虑集团内部抵消数。

表 5　2020 年北京市国有资产按经营规模分布情况

经营规模	国有资产(亿元)	占国有资产总量比重(%)
大型企业	13534.7	28.0
中型企业	16783.1	34.7
小型企业	8870.0	18.3
微型企业	9159.5	19.0
合　计	48347.4	100.0

注:表中国有资产数据为单户企业叠加汇总数,未考虑集团内部抵消数。

三、北京市国有资本保值增值综合分析评价

表 6　2020 年北京市国有企业地区和行业国有资本保值增值情况

地　区	国有资本保值增值率(%)	行　业	国有资本保值增值率(%)
北京市汇总	102.38	第一产业	107.76
市属企业	102.84	农林牧渔业	107.76
市属监管企业	102.66	第二产业	105.79
市属非监管企业	105.91	工业	105.71

续表

地　区	国有资本保值增值率(%)	行　业	国有资本保值增值率(%)
区属企业	101.23	建筑业	106.82
东城区	100.95	第三产业	102.33
西城区	101.80	交通运输业	100.16
朝阳区	100.87	仓储业	103.84
丰台区	100.23	商贸业	110.70
石景山区	99.95	房地产业	102.64
海淀区	103.09	社会服务业	101.53
门头沟区	100.36	其他行业	106.23
房山区	102.04		
通州区	101.76		
顺义区	101.02		
昌平区	100.33		
大兴区	101.25		
怀柔区	100.84		
平谷区	99.28		
密云区	97.45		
延庆区	98.04		
燕山区	105.02		
亦庄经济开发区	100.74		

四、北京市国资委监管企业改革发展情况

2020年，北京市国资委系统严格贯彻落实《国企改革三年行动方案(2020—2022年)》要求，积极组织学习领会文件精神，认真组织起草北京市国企改革三年行动实施方案，确保中央各项改革任务落实到位。

(一)抓强“根”铸“魂”，党的领导与公司治理融合更加紧密

坚持“两个一以贯之”，持续推进党的领导与公司治理有机统一，31家国有独资市管企业完成董事会议事规则修订，94%的二、三级国有独资、全资、绝对控股企业和40家上市公司完成党建入章。试点建设“三重一大”决策和运行监管系统，与市委组织部、市委宣传部联合印发党委前置研究讨论重大事项清单及程序示范文本，市管企业全部制定前置研究事项清单，做好议事规则、“三重一大”制度修订工作，把党的领导落实到企业改革发展全过程、各方面。

(二)抓职能转变，优化国资监管体系提高监管能力

向全部一级企业授予资产评估管理权限，充分保障企业经营自主权。改组京能集团、国管中心分别为国有资本投资公司、国有资本运营公司，调整优化总部职能定位和管控模式，完善现代企业治理机制和市场化经营机制。完善出资人监管手段，将外部董事、派出总会计师和总法律顾问作为北京市国资委履行监督职能的重要抓手，制定外部董事履职指引，搭建外部董事履职支撑服务体系，规范外部董事行权履职；出台《市管企业总会计师业务履职、考核评价和薪酬管理实施细则》，会同市委组织部对12家市管企业总会计师进行交流调整，强化对企业的财务监督；出台企业加强法务和内控工作、提高重大风险防控能力的若干意见，实施第二批12家企业的合规管理工作试点，组织10家一级企业和30家子企业面向社会公开招聘总法律顾问，一级企业总法律顾问年底前全部配齐。开展降杠杆、降“两金”、降成本、减亏损、提质量专项行动，增强企业抵御风险能力。

(三)抓重点突破，不断提升国有企业活力效率

积极推进混合所有制改革上市，100余家市管国有企业通过资本市场、产权市场实施混合所有制改革，引入外部资本超过150亿元，市属国企混合所有制改革比例近73%。市管企业通过完善公司治理、引入职业经理人、健全激励约束等市场化改革措施，焕发生机活力，二商肉食集团利润增长11倍，红星股份净资产收益率近35%，北方华创营业收入和利润总额年均分别增长35.7%和36.1%。把上市作为混合所有制改革的有效形式，北控城市资源在香港主板上市，铜牛信息成功实现创业板上市，京能集团收购香港上市公司熊猫绿能32%股权成为第一大股东，市属国有控股上市公司69户。加快市场化改革，批复13户国有科技型企业和上市公司股权和分红激励改革

方案,推动首钢朗泽新能源科技公司实施员工持股,试点企业13户。燕东微电子、云星宇入选全国"科改示范行动",在完善公司治理、健全市场化选人用人机制等方面精准施策、聚力攻关。"十三五"期间资产总额和营业收入均超过1000亿元的企业由"十二五"期间的2家增加到8家,2家企业进入"世界500强",15家企业进入"中国500强",6个品牌入选"中国最具价值品牌前100强"。

(四)抓布局优化,加快国有企业高质量发展

加大调整重组力度,结合"十四五"规划编制,开展市管企业定位和主业优化调整工作,推动京投公司与轨道公司合并重组,探索构建"投资、建设、运营"一体化运营模式。推进企业"瘦身健体",滚动印发《连续三年亏损企业警示名单》《连续三年资不抵债企业警示名单》,疏解退出劣势及不符合首都功能定位企业172户,提前超额完成年度任务。加快剥离企业办社会职能,推进市管企业66.2万名存量退休人员实行社会化管理,完成主体任务。坚持开放合作,牵头组织进一步深化合作共同推进落实国家战略座谈会,北京市和国务院国资委领导出席,97家中央企业负责人参会,现场签约8个央地企业重点合作项目,是北京市国资委成立以来负责组织的规格最高的大会。

(五)抓科技创新,赋能传统产业转型升级

创新投入持续增长。指导市管企业全面建立研发准备金制度,安排11.83亿元预算资金支持高新技术产业。高精尖产业项目储备库入选项目300个,涉及资金450余亿元。国有企业研发投入年均增速超过10%。成立新能源汽车、土壤修复等国家技术创新中心和工程实验室,企业累计拥有各类创新平台500个,设立海外研发机构11家,创新创业孵化载体78家。举办新产品·新技术·新应用场景推介发布会,市管企业与央企、中关村企业签订合作协议10余项,促进科技成果在京落地转化。创新成效进一步显现。市管企业专利申请量、专利授予量和新产品销售收入年均增速均高于北京市水平,其中京东方是唯一获得北京市科技进步特等奖的企业。开展科技成果转化项目1500个,首钢研制的特种材料成功应用于"神舟"系列飞船,排水集团建成全球首座城市污水厌氧、氨氧处理设施,京东方柔性液晶屏、燕东微电子8英寸集成电路生产线等一批创新成果持续涌现。

五、北京市国资委监管企业并购重组与完善法人治理结构情况

(一)稳步推进重组整合,着力提升国有资本配置效率

大力推动一级企业调整重组,按照《市属国有企业优化调整重组改革三年行动方案(2018年—2020年)》总体部署和年度计划,实施京投公司与轨道公司合并重组,探索构建"投资、建设、运营"一体化运营模式,有效提升企业行业地位和轨道交通投资建设管理水平,更好地服务首都"四个中心"功能定位和京津冀协同发展。"十三五"期间先后完成一批资产规模大、影响深远的重组项目,涉及一级企业25户,占市管企业半数以上。积极开展专业化重组整合,坚持聚焦企业主业,重点围绕汽车、金融等产业领域,积极推进企业深化合作和专业化重组整合,北汽集团与戴姆勒深化合作,国管中心与日本大和证券合资设立全国第三家外商控股的证券公司,金控集团与北京农商行实现并表,完成中信建投股权划转。

(二)突出市场主体地位,着力推进企业公司制改革

国管中心改制基本完成,保障房中心改制方案获市政府同意,新增25家子企业完成改制或注销,2017年以来累计完成500家。牵头北京市公司制改革,出台《北京市国有企业公司制改革工作方案》,对涉及的16个区、28个部门和23家市管企业进行指导,组建市级工作专班,组织召开北京市部署会。

(三)着力加强制度建设,健全董事会建设制度体系

出台《市管企业外部董事履职指引》《关于加强市管企业外部董事履职支撑服务的工作方案》,进一步明确外部董事权利责任义务和履职重点。修订完善《市属国有独资公司董事会评价暂行办法》《市管企业外部董事评价暂行办法》,从评价流程、评价范围、指标体系、评价等次等方面将实践中探索出的好经验好做法予以制度性的规定。

（四）持续完善管理机制，切实发挥董事会职能作用

指导市管企业修订董事会议事规则，细化党委嵌入法人治理结构、董事会决策流程的环节和前置审议事项，完善各治理主体的沟通协调机制。强化董事会工作报告义务，33家市管企业向北京市国资委报告2019年度董事会工作，其中北投集团、京能集团、一轻控股、同仁堂集团4家企业进行现场报告。组织召开排水集团出资人（扩大）会议，邀请市政府相关部门以及人大代表、政协委员、行业专家、社会公众代表等提出意见建议。优化董事会工作评价机制，采用分类设置评价指标、多维度全面评价、明晰测评范围、定量定性有效结合的方式，对33家市管企业进行董事会年度工作评价，工美集团、市供销总社等集体企业首次纳入评价范围。

（五）优化外董考评手段，最大限度激发工作积极性

落实外部董事评价制度，改进评价环节，对108名外部董事进行多维度量化评价。首次将外部董事工作补贴与评价结果相挂钩，对5名年度考核"不称职"的外部董事提出免职建议。健全完善外部董事管理机制，将年度述职与座谈会结合，组织召开外部董事述职座谈会，4名外部董事代表首次以现场述职方式报告工作；充分发挥《外部董事工作动态》、微信工作群等平台学习、交流作用，及时向外部董事传达政策文件内容和上级要求。通过交流座谈会、书面征求意见、电话沟通、接收报告等方式听取外部董事意见建议。做好外部董事工作补贴发放等基础管理工作，为外部董事履职做好基础服务保障。

六、北京市国资委监管企业建立和完善经营业绩考核体系情况

（一）全力做好考核指标清算跟踪，推动企业健康发展

一是抓好考核指标清算，促进考核目标责任有效落实。开展2019年考核指标清算工作，明确市管企业负责人2019年度经营业绩考核责任，考核"指挥棒"作用得以发挥，考核实施效果进一步彰显。2019年，46户企业中A级企业15户，占33%；B级企业28户，占61%；C级企业3户，占6%。其中，4户企业从2018年的B级升至A级；3户企业从2018年的A级降至B级；3户企业由2018年的B级降至C级。二是改革创新考核方案，引导企业高质量发展。深入推进供给侧结构性改革，引导市管企业实现高质量发展，考核工作导向由追求规模速度转为关注质量效率，工作重心从注重短期回报转为着眼长远发展，发布新版考核方案。减量发展、提升效率导向成为共识，考核"户均创利""人均创利"等效率指标，推动企业生产要素合理流动，提高投入产出效率。行业对标、追赶一流理念逐步形成，推行对标管理，引导企业经营管理水平持续增强。控制成本、降低杠杆深入人心，考核"成本费用占营业收入比重""盈余现金保障倍数"，切实节约成本、压缩费用，资金使用效率得以提升。科研投入、自主创新得到强化。完善科技支出视同利润的考核政策，企业科技研发投入积极性逐渐提高。平均研发强度2.08%。政治责任、社会责任意识显著增强，保障重点工作圆满完成。

（二）强化经济运行调度分析，确保市属经济平稳运行

一是着力应对疫情对经济发展的冲击。聚焦疫情对市管企业经济运行带来的冲击和影响，开展全面分析研究，提高市管企业主动担当意识，下发《关于坚决打赢疫情防控阻击战，稳定当前经济运行工作的通知》，提出稳服务、稳运行、稳投资、稳就业和稳增长的"五稳"要求。认真配合中办、国办调研组开展8家重点企业复工复产调研，在基础设施投资、金融信贷等方面积极争取有利政策，得到中央高度评价。召开4次全系统经济运行调度会，督促企业做好疫情防控的同时有序复工复产、达产达效，为企业经营把方向、指路径、促发展，保障首都经济在疫情防控期间有序运行。二是统筹推进复工复产。督促企业每日报送返京务工人员数据，做好监测分析，及时掌握企业复工复产、用工保障等情况。建立市管企业176项重点任务周报制度，全面掌握各项目现场实际情况，及时协助企业解决施工人员短缺等实际困难。2020年第一季度末，43户市管企业集团总部全面复工，二级及重

要子企业1089户中符合复工复产条件的企业1019户,复工复产企业1019户,复工复产率100%。15家市管企业承担北京市新续建重点建设任务累计复工55项,复工率升至73.3%。将疫情对企业复工复产的影响降至最低,为北京市经济社会发展和城市稳定贡献"国企力量"。三是坚持强化重点任务督导。采取月度监测、季度督导、复工达产、预警处理、年度考核等措施,以"企业负责人经营业绩考核"为抓手,全年推动涉及基础设施、副中心、新机场、冬奥会等176项市级重点任务投资落地。对企业强化过程督导,督促市管企业严格把控时间节点,强化工期管理,落实企业主体责任,全年对进度滞后的5户企业进行警示约谈,克服疫情反复的影响,实现176项重点任务工程形象进度、投资进度"双落地"。

(三)扎实推进股权分红权激励,激发企业活力、竞争力

继续围绕"突出重点,打造企业激励集群"的推进思路,出台《关于开展2020年股权和分红激励相关工作通知》,对受疫情影响较大的商贸物流、高端制造、建安施工等行业加大激励力度,调动各方力量助推企业打好疫情防控阻击战。王府井、京东方等多家上市公司实现激励项目落地,有力抗击疫情对经营的冲击;京城机电、化工集团等传统企业借助改革政策,强化分红激励,加快转型升级,起到积极的示范作用。重新设计跟踪监测机制,进一步完善监管流程。

七、北京市国资委监管企业党的建设和廉政建设情况

面对突如其来的新冠肺炎疫情,北京市国资委系统在市委的坚强领导下,坚持以习近平新时代中国特色社会主义思想为指导,深入学习贯彻党的十九大和十九届五中全会精神,落实新时代党的建设总要求和新时代党的组织路线,切实加强党的政治建设,坚定不移全面从严治党,为统筹疫情防控和改革发展,服务首都"四个中心"功能建设、做强做优做大国有资本和国有企业提供坚强保证。

(一)党建融入中心,推进有机统一

出台加强市管企业党的政治建设若干措施,健全完善市管企业向市委、市政府重大事项请示报告制度。深化落实"两个一以贯之",出台党委前置研究讨论重大事项清单及程序示范文本,市管企业全部完成清单制定,具备条件的三级以上国有独资、全资、绝对控股和相对控股并具有实际控制力的企业全部完成党建入章,同步做好党组织议事规则、"三重一大"制度修订。推动二级以下企业完善"双向进入、交叉任职"的领导体制。开展国企党委落实"三重一大"决策制度研究,立足企业股权多元化、利益主体多元化和经营方式市场化等实际,探索党组织发挥作用的途径。

(二)从严管党治党,压紧压实责任

深入学习贯彻党中央《党委(党组)落实全面从严治党主体责任规定》和市委分工方案,组织召开全面从严治党(党建)工作会,制定全面从严治党主体责任清单,逐级细化落实的具体措施,各级党组织管党治党的责任意识进一步增强。深入开展全面从严治党(党建)工作考核,对25家市管企业开展动态抽查,查找问题138个。对符合条件的39家市管企业党委书记开展述职评议考核,推进党建责任压力层层传导。严格有效落实意识形态工作责任制,逐级制定意识形态工作细则,有力提升舆情应对处置水平,妥善排查化解系列重大舆情风险。

(三)坚持大抓基层,夯实党建基础

深入学习贯彻国企基层组织条例、党支部工作条例和基层组织选举条例,推动基层党组织标准化规范化建设。以构建严密组织体系为重点,在全系统定期开展党费、发展党员和党组织换届工作摸排工作,并运用"党员E先锋"、党组织换届全程纪实系统指导企业开展专项工作,推动党的组织和工作全覆盖。开展"抓规范、促提升"专项行动,下发贯彻落实"三个条例"的专项通知,制定加强党支部建设具体措施,举办党支部书记示范培训班,层层建立党员领导干部后进党支部联系点,选取10个党支部试点推行"四融入"工作法,持续提升基层党建质量。制定高层次人才培养引进支持办法,加大国有资本收益支持人才工作力度。

(四)狠抓作风建设,强力正风肃纪

召开北京市国资委系统警示教育大会,以案为鉴、以案促改,督促全系统党员干部时刻保持清醒头脑,进一步筑牢信仰之基、绷紧纪律之弦、落实应尽之责。出台《关于开展市国资委系统巡察工作的实施意见》,累计对99家一、二级企业组织开展常规巡察、专项巡察、交叉巡察。制定企业负责人薪酬扣减办法,对受到党纪政纪处分的35名市管企业负责人扣减薪酬316万元,追索扣回9名原企业负责人绩效薪酬。强化执纪问责,建立健全监督协调联动机制,持续加大问题线索的查办力度,形成有力震慑。

(撰稿人:韩志涛)

天津市

一、天津市国有资产监督管理工作综述

2020年,天津市国资系统认真贯彻落实党中央、国务院决策部署和市委、市政府部署要求,统筹疫情防控和经济社会发展工作,着力深化国企改革、完善国资监管、加强党的建设、推进国有经济高质量发展,各项工作取得积极成效。

(一)积极对冲疫情影响,助力“双胜双赢”贡献突出

一是有力保障防疫物资生产供应。在防疫物资严重短缺的关键时期,建立国资系统“N+1+N”防疫物资调配机制,为市防控指挥部和各国资系统企业及时调配防疫物资。天津泰达、天津纺织、渤海化工等集团推动所属企业24小时流水作业,加大医用口罩、防护服、消毒液等防疫物资的生产扩能,全力以赴保证防疫物资供给。

二是有效保障城市正常运营。国资系统各级企业积极履行政治责任和社会责任,在提升服务质量和保障能力,服务民计民生、平抑市场物价、保障城市正常运营上发挥“压舱石”作用。天津食品集团积极加大肉、蛋、奶和米、面、蔬菜等市场供应,确保市场供应充足、维护市场物价稳定。天津能源集团加强电力供应值班值守,全面保障天津市能源供应安全稳定。天津公交集团、轨道交通集团全力保障城市公共交通,做到对所有乘客检测体温、佩戴口罩、车厢通风消毒等“六个100%”。

三是支持中小微企业共克时艰。市管企业坚决落实天津市给予中小微企业和个体工商户房租“免三减三”的优惠政策,决策减免房租金额6.96亿元,惠及租户企业6400余户。渤海银行、天津银行、天津农商银行拓渠道增加小微企业贷款投放,“支农支小”再贷款再贴现完成89.97亿元,更好地服务小微企业发展。

(二)深入推进改革攻坚,国企活力和机制动力持续增强

一是启动实施国企改革三年行动。天津市国企改革三年行动在市委领导下开展,市委、市政府出台国企改革三年行动实施方案,推出88项具体改革任务。市政府主要负责人牵头负责,市深化国有企业改革工作领导小组加强政策和方案统筹,督导改革进度和效果,研究解决重要问题。市深化国有企业改革工作领导小组办公室下设7个工作推进组,建立定期调度、工作碰头、督促检查、考核问责、信息报送、宣传报道等工作制度,抓好组织推动和协调调度,推动各项改革任务落实落地。领导小组各成员单位从职责、政策和营造良好改革氛围等层面研究提出落实措施。各级国有企业履行改革主体责任,抓好组织实施。

二是积极稳妥深化混合所有制改革。8家市管企业混合所有制改革履行市委、市政府决策,5家市管企业完成集团层面混合所有制改革,市管企业集团层面混合所有制改革累计20家,其中,本轮完成17家,带动792户所属企业实现混合所有制改革,引入资金865.62亿元。让渡天津信托77.58%股权引入上实集团,溢价率87.8%,是天津市首例竞价摘牌、首例大幅溢价成交的市管企业混合所有制改革项目;让渡住宅集团51%股权引入上海建工,引入上市公司市场化管理机制;让渡资产整合后中环集团全部股权引入TCL科技,首次采用权重报价方式、首次股权转让收入超过100亿元;让渡医药集团67%股权,引入上实集团、盈投控股。渤海银行在香港联

交所主板上市，募集资金总额143亿元；完成＊ST劝业重大资产重组工作，由传统百货转型为清洁能源、智慧能源运营，成功保“壳”赋能发展；天津市3家企业入选国家第四批混合所有制改革试点，全部完成试点任务。

三是扎实推进市场化机制改革。企业内部三项制度改革加快推进，市管一级企业经营层成员全部实行任期制、契约化管理，市管一级企业经营层成员全面推行任期制和契约化管理，累计完成16家企业66名职业经理人的选聘工作，户数和职位数均走在全国前列。累计269户二、三级企业市场化选聘648名职业经理人，吸引一大批优秀人才，带来全新的经营管理理念和市场资源，激发企业机制活力。2家上市公司实施股权激励，累计完成6家；4家科技型企业实施股权和分红激励，累计完成9家。实行股权激励的企业流通股股价和企业效益大幅增长，中长期激励效果不断显现。持续开展混合所有制企业骨干员工持股试点，选取天纺进出口公司作为天津市第二家试点，引入96人持股523万股，引入资金1914万元。8月完成骨干员工持股后，9—12月，天纺进出口公司营业收入比上年增长31%，利润比上年增长102%。

(三)着力完善国资监管，管资本转职能步伐不断加快

一是国资国企法治建设取得新进展。坚持用习近平法治思想推动全面依法治企，把法治国资、法治国企建设纳入战略规划及年度工作安排，同谋划、同部署、同推动、同考核，各项工作都纳入法治化轨道。在天津市国资委层面，落实《天津市国资委推进国资监管法治机构建设实施方案》，制定、修订规范性文件15个，全面清理现行国资监管规范性文件，进一步优化完善国资监管制度体系。强化法律风险管控，确定2家外聘法律顾问提供外部专业力量支持，对重大决策事项、依申请信息公开答复和协议合同等进行法律审核，大幅降低天津市国资委机关行权履职的法律风险。在国有企业层面，制定印发市管企业2020年度法治工作安排和法治工作考核标准，加强市管企业合规管理试点工作。与市级政法机关对接建立沟通会商、多元化解纠纷的联动机制，指导27家市管委管企业重大法律纠纷案件196件，协调市管企业涉及的各类纠纷1000余次。持续落实企业总法律顾问制度，选拔培养二、三级及助理级企业法律顾问166人，加快建设正规化、专业化、职业化的国企法治铁军。

二是国有资本授权经营体制改革持续深化。加大授权放权力度，制定印发《改革市属国有资本授权经营体制实施方案》，修订出资人权责清单和国资监管负面清单，增加3个核准(事前备案)事项，取消3个备案(报告)事项，对部分权责事项的内容进行调整，清单外事项由企业依法自主决策。加强平台公司建设，印发《天津市市属国有资本投资、运营公司管理暂行办法》，选取津投资本、津诚资本、津智资本、国兴公司作为试点，对照国有资本运营公司有关要求，推动企业优化职能、明确定位、强化管控，探索分类开展授权，加强企业行权能力建设，充分发挥其集团混合所有制改革操盘手、国有资本运营工作台、国资管理履职助推器的功能。强化管资本的考核导向，聚焦推动国有资本保值增值，围绕经济效益、风险防控、创新创造、长期发展等方面建立考核指标体系，统筹主业利润、经济增加值、净资产收益率等指标，实施有针对性的业绩考核和差异化薪酬管理。

三是出资人监管方式进一步优化。实施“风险管控质量工程”，推动企业强化内部权力制约，加强风控体系建设，全面梳理业务流程、强化内部控制措施，发挥内审部门日常监督职能，提高内审工作标准化、规范化水平，更好地防控法律、财务、投资、经营等各类风险。综合监督的力量和作用不断增强，向18家市管、委管一级企业委派总会计师，加强日常监管，强化总会计师报告制度落实，督促委派总会计师以问题为导向强化财务监督，有效发挥独立客观的监督作用。“智慧国资”建设取得重大进展，落实国务院国资委国资监管平台试点任务，搭建大额资金动态监测系统，推动实现与26家市管企业资金系统数据直连对接；加快“智慧国资”建设，搭建与市管企业、驻津央企和区国资委互联互通“国资专网”，建成上线财务运行分析、审计监督、“三重一大”等监管业务模块40余个。

四是治理整顿防流失工作成效明显。推动市管企业二级及以下企业失控失管问题专项整治，揭示问题484项，追回资金8.6亿元，推动企业建立完善规章制度479项；组织开展“小金库”问题专项治理，各企业自查自纠“小金库”问题40个，涉及金额774.1万元，账务调整115.32万元，追回资金135.75万元；对10所职业院校开展专项检查，揭示资金管理等5个方面73个问题，涉及资金2900多万元。深入开展“扫黑除恶”专项斗争，在市政法、公安、法院等部门的大力支持下，多部门展开联合行动，一批多年难以解决的疑难复杂问题得以化解。2020年，27家企业的167条问题线索得到解决；收回被侵占土地2.47平方千米，收回被侵占房产45处63995.24平方米，收回资产资金289.93亿元。规范土地交易加快资源盘活，2020年，天津市国资委监管企业挂牌出让土地成交24宗，实现收益31亿元；已挂牌转让房产成交158宗，实现收入12亿元；已公开租赁土地房产成交127宗，实现收入17亿元，比上年增长600%。

二、天津市国有资产总量与结构分析

表1　2020年天津市国有企业指标

项　目	金　额(亿元)
资产总额	69457.0
所有者权益	15566.8
国有资产总量	13268.9
营业收入	4791.5
利润总额	195.5
净利润	107.0
归属于母公司所有者的净利润	93.9
应交税金总额	322.5
实际上缴税金总额	301.3

表2　2020年天津市国有企业户数情况

2019年户数(户)	2020年户数(户)	比上年增长(%)
3660	3603	−1.6

表3　2020年天津市国有资产按地区分布情况

地　区	国有资产(亿元)	占国有资产总量比重(%)
市属企业	6082.5	45.8
区属企业	7186.4	54.2
滨海新区	3679.8	27.7
和平区	41.1	0.3
河东区	40.7	0.3
河西区	73.5	0.6
南开区	57.8	0.5
河北区	30.9	0.2
红桥区	92.5	0.7
东丽区	453.0	3.4
西青区	510.7	3.8
津南区	306.5	2.3
北辰区	293.3	2.2
武清区	574.7	4.3
宝坻区	285.7	2.2
宁河区	191.9	1.5
静海区	285.9	2.2
蓟州区	268.4	2.0
合　计	13268.9	100.0

表4　2020年天津市国有资产按行业分布情况

行　业	国有资产(亿元)	占国有资产总量比重(%)
农林牧渔业	81.3	0.3
工业	1613.0	6.3
建筑业	1598.5	6.2
交通运输业	3704.6	14.4
仓储业	234.2	0.9
商贸业	181.2	0.7
房地产业	2545.9	9.9

续表

行　业	国有资产(亿元)	占国有资产总量比重(%)
信息传输、软件和信息技术服务业	45.3	0.2
社会服务业	13861.0	54.0
教育文化广播业	17.6	0.1
科学研究和技术服务业	165.9	0.6
金融业	1663.4	6.5
其他	—29.8	—0.1
合　计	25682.1	100.0

注:表中数据为汇总数据,不考虑合并抵消因素。

表5　2020年天津市国有资产按经营规模分布情况

经营规模	国有资产(亿元)	占国有资产总量比重(%)
大型企业	1096.0	4.3
中型企业	7526.7	29.3
小型企业	12536.0	48.8
微型企业	4523.4	17.6
合　计	25682.1	100.0

注:表中数据为汇总数据,不考虑合并抵消因素。

三、天津市国有资本保值增值综合分析评价

表6　2020年天津市国有企业地区和行业国有资本保值增值情况

地　区	国有资本保值增值率(%)	行　业	国有资本保值增值率(%)
滨海新区	100.2	农林牧渔业	97.3
和平区	95.5	工业	97.0
河东区	100.0	建筑业	97.6
河西区	102.7	交通运输业	96.7
南开区	101.5	仓储业	99.7
河北区	82.1	商贸业	94.3
红桥区	99.0	房地产业	96.3
东丽区	101.0	信息传输、软件和信息技术服务业	72.3
西青区	100.1	社会服务业	100.0
津南区	100.0	教育文化广播业	85.5
北辰区	99.6	科学研究和技术服务业	103.1
武清区	98.5	金融业	106.2
宝坻区	99.7	其他	101.5
宁河区	106.9		
静海区	99.4		
蓟州区	99.6		

四、天津市国资委监管企业改革发展情况

(一)国有企业科技创新成效凸显

截至2020年底,天津市国资委监管企业中国有及国有控股科技型中小企业113户,国家级高新技术企业97户,国家级技术中心11个,研究院所6个,博士后工作站16个,国家级重点实验室5个,拥有有效专利5025件,其中发明专利1240件。2020年,国有企业突破关键核心技术132项,其中101项集中在战略性新兴产业。渤化集团六氟异丙醇合成技术、天津港集团多功能海上施工自升平台及海上风电施工关键技术、天津泰达控股集团高性能呼吸过滤纤维材料等5项技术达到国际领先水平,天津百利集团低噪声高可靠性螺杆泵制造技术、纺织集团pH值检测项目质控自动化2项技术填补国内空白,百利集团航天飞航弹体及发射装备轻量化构件柔性制造成套装备、泰达控股垃圾焚烧电厂烟气SCR和PNCR脱硝技术等98项技术国内领先。

（二）"瘦身健体"改革扎实推进

加快推进"处僵治困"。按照国家"僵尸企业"最新认定标准和天津市工作要求，梳理新一轮国有及国有控股"僵尸企业"，会同天津市发展改革委等18个部门联合印发"僵尸企业"处置方案，搭建处置绿色通道，全年出清国家标准"僵尸企业"90户，"壳"企业792户。着力压层级剥职能。基本完成"三供一业"分离移交工作，有效减轻国企负担。大力推动压缩企业管理层级工作，完成压减273户三级以下企业，累计压减729户，缩短管理链条，提高管理效率。近100万名国企退休人员全部实现社会化管理，国企退休人员档案100%移交，医保、社保服务系统在各街道（乡镇）上线运行，相关服务职能由街道（乡镇）承接。

（三）防范化解国企债务风险取得积极进展

千亿规模资金筹集工作任务完成，筹集资金和增信能力累计1056.17亿元，其中市场化筹集资金636.17亿元，形成420亿元的发债增信能力，为积极稳妥化解市管企业流动性风险提供有力支持。继渤钢集团通过司法重整实现浴火重生后，物产集团重整计划获得法院裁定批准正式进入执行程序；深入落实天房集团"5＋1"方案，北部活力区项目方案编制工作加快推进；天津市政、城建、公交等其他重点风险企业债务风险化解工作扎实推进。

五、天津市国资委监管企业完善法人治理结构情况

（一）党的领导与公司治理融合更加紧密

国资系统各级企业全部完成"党建入章"，市管企业逐一制定并细化完善法人治理主体"1＋3"权责表，制定各治理主体决策清单模板，为形成权责法定、权责透明、协调运转、有效制衡的公司治理机制奠定基础。会同市委组织部出台《市管企业党委会、董事会、总经理办公会议事规则指引（试行）》《市管企业党委会议事决策事项清单》，推动国有企业党组织更好发挥把方向、管大局、促落实领导作用。综合企业党建考核、经营业绩考核结果及日常受表彰和问责情况，确定综合评定等次，对评价为"一般"的5家企业党委书记进行主责约谈，促进党建责任制与生产经营责任制有效联动。

（二）董事会建设持续加强

外部董事队伍建设步伐加快，建立180余人的外部董事人才库，调整26家监管企业的董事涉及146人，其中外部董事74人次，董事会结构更加优化，天津市国资委监管企业基本实现外部董事多于内部董事。制定印发《天津市国资委监管企业董事会工作评价暂行办法》，明确董事会考核评价的原则、内容和方式。开展董事会及外部董事履职评价，董事会评价结果与企业领导人员薪酬挂钩，对考核优秀的外部董事予以适当奖励，不称职的予以解聘，促进外部董事履职能力和董事会决策水平提升。健全完善天津市国资委监管企业专门委员会设置，调整优化专门委员会人员结构，提高外部董事在专门委员会的比例，熟悉财务、审计的外部董事担任审计委员会主任委员。监管企业全部完成专门委员会设置，董事会定战略、做决策、防风险的功能作用进一步提升。

（三）国有股权代表管理更加规范

贯彻落实《混合所有制企业国有股权代表管理指导意见》，指导天津市国资委监管企业制定完善相应管理办法，并纳入其董事会2020年度的评价范畴。对天津市国资委监管企业派出国有股权代表情况进行梳理，对不符合要求的情况予以纠正。2020年，除进入司法重整及没有子企业的情况外，各监管企业均制定完善管理办法；督导部分在派出股权代表管理方面存在问题的监管企业制定整改措施，其中2家监管企业完成对71户各级子企业派出股权董事的调整配备工作，纠正2家监管企业所属企业混合所有制改革后未按照股权比例派出董事情况，监管企业规范和加强对派出股权代表管理的意识得到加强。

六、天津市国资委监管企业建立和完善经营业绩考核体系情况

（一）企业考核分配制度不断完善

深入推进国有企业用人机制改革，不断完善制

度办法,积极开展与之相适应的考核分配制度建设。研究制定《关于加强市管企业经理层业绩考核和薪酬管理的指导意见》,将职业经理人和聘任制经理层考核分配权落实到企业董事会,强化对经理层的激励约束。加强二、三级企业管理监督,完善经理成员业绩考核和薪酬管理,自上而下全面推进市场化管理。印发《市管企业委派总会计师管理办法》,向所属市管、委管企业委派总会计师,由天津市国资委统一考核,核定薪酬。印发《市国资委监管企业外部董事薪酬管理暂行办法》,进一步规范外部董事考核和薪酬管理。

(二)经理层业绩考核和薪酬管理有序推进

根据领导人员不同选任模式,研究制定分类办法,指导企业科学开展考核和薪酬管理。指导推行职业经理人制度企业,通过市场双对标合理确定薪酬水平,科学设计考核指标体系,建立与市场充分接轨、激励与约束并重的薪酬激励机制。指导推行聘任制经理层企业,在组织任命领导人员薪酬体系下,探索实行与经营业绩挂钩更加紧密的薪酬决定机制。不断优化年度经营业绩考核指标,兼顾企业既有情况,从经济效益、风险防控、长期发展、党的建设等方面设定考核指标,按照考核目标值更具挑战性的原则,确保职业经理人比组织任命领导人员目标值的增幅不低于10%,聘任制经理层不低于5%,引导不同身份企业领导人员更好地发挥作用,带动企业发展。

(三)工资总额决定机制全面落实

制定印发《市管企业2019年工资总额预算编制方案》,将“一适应、两挂钩”工资总额调控和分级分类监管模式做实落地,指导天津市国资委监管企业按照工资总额与经济效益挂钩联动的原则,根据企业经济效益完成情况对工资总额预算执行情况进行清算,落实效益增、工资增,效益降、工资降的目标要求。组织开展2020年工资总额预算编制工作,制定印发《市管企业2020年工资总额预算编制方案》,加强对各监管企业的指导沟通,对因承担防疫保障任务造成效益影响的企业,在工资分配上予以适度政策倾斜。

七、天津市国资委监管企业负责人考核与选人用人机制改革情况

(一)认真核定2019年度企业负责人考核结果与薪酬水平

强化主业利润考核。根据不同企业实施分类考核,引导市管企业聚焦主业谋划发展,对竞争类、功能类、公益类企业分类设置主业利润和其他相关经济类考核指标,促进企业实现效益平稳增长。促进国有企业改革。结合实际设置市管企业和二级及以下企业混合所有制改革、“僵尸企业”退出和压缩管理层级的考核指标,引领促进企业改革。引导企业加大创新投入。设置科技创新投入指标,支持企业加大创新项目推进力度,及时跟进项目进展。完善考核奖惩手段。对完成国家和市级重点任务效果显著、取得重大技术突破、取得科技进步奖或援助困难地区成绩突出的企业给予额外加分奖励;对发生安全事故、资产损失及事务所审计出具保留意见的企业扣分处罚;对于债务风险较高、不良资产过高、债务风险未解决、安全事故频发的企业给予降级处理,有效发挥考核导向作用。强化党建考核。加强企业负责人党建考核,考核结果直接与市管企业领导人员经营业绩考核挂钩,根据不同考核等次,按照系数决定企业负责人薪酬收入。经核定,34户市国资委监管非金融企业主要负责人税前年度平均薪酬51.38万元,比上年增长4.28%。其中,5户A级企业主要负责人年度平均薪酬76.42万元,19户B级企业主要负责人年度平均薪酬57.5万元,4户C级企业和6户D级企业主要负责人年度平均薪酬27.23万元。7户金融企业主要负责人税前年度平均薪酬71.74万元,比上年(67.71万元)增长5.95%。其中,4户A级企业主要负责人年度平均薪酬79.66万元,3户B级企业主要负责人年度平均薪酬61.19万元。

(二)严格标准程序做好选人用人工作

一是加大企业领导班子调整充实力度。坚持事业为上、依事择人,突出实践、实干、实绩,注重在疫情防控、打好“三大攻坚战”的重要岗位和斗争一线考察

识别领导班子和领导干部。积极提出班子调整建议，重点配齐配强企业主要领导人员，优化领导班子整体结构。全年调整领导班子35个，涉及领导人员111人次，其中提拔重用37人、交流调整47人、调整配备“一把手”26人次。积极推行委派总会计师制度，先后为18家市管企业委派总会计师。对企业有关领导人员实行任前备案制度，规范总经济师、总工程师和总经理助理、总监的任免管理。全年调整26家企业董事146人次。二是创新企业领导人员选拔任用机制。加大市场化选聘经理层人员的力度，天房集团、天津银行等4家市管企业和津投资本、津智资本2家委管企业面向全国公开选聘职业经理人22人。轨道交通集团等3家市管企业、津诚资本等4家委管企业实行经理层聘任制，聘任经理层人员26人。会同市委组织部研究制定《天津市市管企业聘任制经理层管理暂行办法》，创新市管企业领导人员管理方式，明确聘任制经理层成员的责权利，着力建设高素质、专业化的市管企业经营管理人才队伍。指导推动18家市国资监管企业研究制定所属二、三级企业领导人员管理制度。三是扎实推进优秀年轻干部选拔培养。落实习近平总书记对年轻干部提出的“七种能力”要求，在天津市国资系统“青马工程”基础上，持续推进优秀年轻干部选拔培养，确定由547名国资系统各层次优秀年轻干部组成的人才库，形成不同梯次、不同年龄的人才储备，会同企业党委实施有针对性的培养锻炼。加强对优秀年轻干部的培养培训，选派12名市管副职后备干部参加市委党校举办的2020年第一期年轻干部培训班。根据市委组织部安排，选派3名40岁以下的优秀年轻干部到乡镇街道担任“一把手”。

八、天津市国资委监管企业党的建设和廉政建设情况

（一）全面从严治党主体责任进一步压实

天津市国资委监管企业党委均建立完善党建工作领导小组，天津市国资委监管企业党委书记及班子成员分别制定全面从严治党责任清单、任务清单，把全面从严治党责任细化落实到位。修订《天津市国资系统落实全面从严治党主体责任考核办法》，组织开展国资系统2019年度主体责任检查考核，推动企业党委不断扛稳抓牢主体责任、党委书记更好履行“第一责任人”责任。

（二）政治建设和思想建设持续加强

抓“第一议题”制度。坚持把政治建设放在首位，把及时跟进学习贯彻习近平总书记系列重要讲话和重要指示批示精神作为国资系统党委会“第一议题”并形成制度，作为各级党委理论学习中心组学习的首要内容，作为各级领导班子贯彻落实的首要任务，增强“四个意识”，树牢“四个自信”，坚决做到“两个维护”。抓思想理论武装。制定实施《市属国有企业党委理论学习中心组学习操作规程》，提出把中心组学习作为国有企业党委会重大决策的前置环节，持续推进习近平新时代中国特色社会主义思想在国资系统学懂弄通做实。围绕宣讲党的十九届五中全会精神和市委十一届九次全会精神，国资系统200余名领导干部开展基层宣讲300余场。举行国资系统政工师宣讲团集体备课，深化“百名政工师百场大宣讲”，推动基层宣讲全覆盖。抓意识形态。与市委宣传部联合实施《关于进一步加强国有及国有控股企业宣传工作机构建设的意见》，制定《天津市国资系统贯彻落实〈党委（党组）意识形态工作责任制实施办法〉操作手册》，夯实基层意识形态工作队伍。抓政治生态建设。以严重违纪违法问题为警为戒为训，第一时间召开国资系统领导干部警示教育大会，推进“以案三促”，组织国资系统各级领导班子和党支部层层召开民主生活会、组织生活会，持续净化和修复政治生态。

（三）国有企业党组织组织力明显提升

开展“国企党建质量年”活动。认真贯彻落实《中国共产党国有企业基层组织工作条例（试行）》（以下简称《条例》），成立活动领导机构和工作机构，建立包联指导工作机制，明确重点任务8项，细化具体工作16项，提出具体措施42项，形成活动办、责任处室、包联组和企业“四位一体、同向发力”的工作格局。抓实《条例》学习培训。通过印发通知专门部署、举办培训班专家解读、组织读书班交流研讨等多种方式，带动各级党组织和党员深入学习《条例》，并作为长期任务和工作的基本遵循。对标对表《条例》抓整改。印发

贯彻落实《条例》的任务清单和国企党建问题清单，各级党组织对照“两个清单”认真进行查摆，查摆问题4145个，制定整改提升措施5880个；组织推动3284个基层党组织实现应换尽换，排查整顿软弱涣散基层党组织55个，有力促进国企党建的标准化、规范化。打造高素质操盘手队伍。突出“选”“育”“训”三个方面，选拔优秀党务干部155人，调整交流提拔党组织书记515人，培训党组织书记和党务干部7209人次，引导企业把最优秀的人才选拔到党的工作岗位，增强抓国企党建的工作力量。着力发挥党组织作用。制定印发《关于在国有企业混合所有制改革中发挥党组织作用的若干措施》，引导国有企业党组织切实发挥领导作用，为深化国企改革护航领航。

(四)党风廉政建设和反腐败斗争深入推进

贯通“两个责任”形成有效合力，树立全覆盖、无禁区、零容忍的鲜明导向，以进促稳、靶向施治、精确打击，减存量遏增量效果初步显现。2020年，国资系统处置问题线索1506件，立案审查调查201件，给予党纪政务处分223人；运用“四种形态”监督执纪处理1930人次，其中第一种形态1678人次、第二种形态190人次、第三种形态46人次、第四种形态16人次，保持震慑的效果。认真贯彻落实中央八项规定及实施细则精神，加强易发多发“四风”问题监督检查。查处违反中央八项规定精神问题31起，处理58人次，党纪政务处分30人。国资系统查处形式主义官僚主义、不作为不担当问题8起，处理相关责任人16人。

(撰稿人：刘　超)

河北省

一、河北省国有资产监督管理工作综述

2020年，河北省国资委及监管企业始终坚持以习近平新时代中国特色社会主义思想为指导，在省委、省政府的坚强领导下，在国务院国资委的有力指导下，全面贯彻党的十九大和十九届二中、三中、四中、五中全会精神，深入贯彻地方国资委负责人会议、省属国有企业疫情防控和深化改革座谈会、省委专题会等一系列会议精神，聚焦做好“六稳”工作、落实“六保”任务，深入推进“三创四建”“三包四帮六保五到位”活动，采取一系列有力有效措施，战疫情、稳增长、调结构、促改革、防风险、强党建，各项工作取得扎实成效。一是扛牢扛实疫情防控的政治责任，加强组织领导，强化指挥调度，建立工作会商、信息通报、督办检查机制，制定支持政策，及时开展境外疫情风险排查，加大对中小企业的支持，有力有效抓好疫情防控，彰显国资国企使命担当。二是建立完善河北省国资委监管企业发展协调协作机制，深入推进河北省国资委领导班子成员包联企业，开展监管企业经营状况“回头看”，将确保目标和力争目标层层分解落实，逐月确定稳增长进度目标举措，支持监管企业用足用好国家稳企惠企政策，督导企业加强管理，实施全员、全要素、全过程成本管控，河北省国有经济呈现稳定恢复增长态势。三是抢抓“三件大事”重大战略机遇，优化国有经济布局结构，大力发展战新产业，提升开放合作层级，国有企业高质量发展态势逐步显现。四是研究制定《河北省国企改革三年行动实施方案(2020—2022年)》，加快建设中国特色现代企业制度，积极稳妥推进混合所有制改革，着力解决历史遗留问题，纵深推进国企改革，依靠改革应对变局、开拓新局。五是全面开展风险大排查，聚焦金融债务、经营投资、安全生产、信访稳定等重点领域，制定有针对性的具体防范化解措施，将防范化解重大风险工作抓早、抓小，坚决守住不发生系统性风险底线。六是稳步推进国有资本授权经营体制改革，不断完善国资监管体系，扎实开展违规责任追究，国资监管的针对性有效性不断提高。七是建立“第一议题”制度，全面落实党委主体责任，发挥基层党组织战斗堡垒作用，推动全面从严治党向纵深发展，打好精准脱贫攻坚战，国企党建质量进一步提高。

二、河北省国有资产总量与结构分析

2020年，河北省具有独立法人资格的国有企业(以下简称国企)资产总额41701.6亿元，比上年增长

11.5%;营业收入10219.0亿元,比上年减少0.3%;利润总额160.3亿元,比上年减少9.8%;平均职工人数67.4万人,比上年减少2.1%。

表1　　2020年河北省国有企业指标

项　目	数　量
资产总额(亿元)	41701.6
所有者权益(亿元)	12811.3
归属于母公司的所有者权益(亿元)	10569.6
营业收入(亿元)	10219.0
利润总额(亿元)	160.3
净利润(亿元)	81.4
归属于母公司所有者的净利润(亿元)	-3.8
应交税费(亿元)	414.6
上缴税费(亿元)	410.7
平均职工人数(万人)	67.4
国有资本及权益总额(亿元)	10324.0
资产负债率(%)	69.3
净资产收益率(%)	0.7
总资产报酬率(%)	1.6
总资产周转率(%)	0.3
国有资本保值增值率(%)	100.5

2020年,河北省国企4835户,比上年增长7.4%,其中增加的629户国企中主要为上年应报未报337户、新投资设立194户、划转46户、分立17户等;减少的296户国企中主要为撤销关闭133户、隶属关系改变58户、歇业30户、合并18户、出售18户等。

按隶属关系划分,河北省4835户国企中,市(县)属国企3278户,比上年增长11.5%;省属国企1557户,比上年减少0.3%,分别占河北省国企总户数的67.8%和32.2%。省属国企中,河北省国资委监管企业1189户,比上年增长1.0%。

按经营规模划分,河北省4835户企业中,大型企业、中型企业、小型企业和微型企业分别为144户、531户、1629户和2531户,分别占河北省企业户数的3.0%、11.0%、33.7%和52.3%。河北省监管企业中,大型企业99户(省级监管企业73户),占全部大型企业户数的68.7%。河北省国有企业中,小微型企业占比较大,大中型企业特别是大型企业占比相对较小,且主要集中在各级监管企业。

表2　　2020年河北省国有企业户数情况

2019年户数(户)	2020年户数(户)	比上年增长(%)
4502	4835	7.4

2020年,河北省国有资产总量10324.0亿元,比上年增长12.1%。

按隶属关系划分,省属国企国有资产总量2979.3亿元、比上年增长15.2%,市(县)属国企国有资产总量7344.7亿元、比上年增长10.9%,分别占河北省国有资产总量的28.9%和71.1%。

表3　　2020年河北省国有资产按地区分布情况

地　区	国有资产(亿元)	占国有资产总量比重(%)
省属国有企业汇总	2979.3	28.9
市(县)属企业汇总	7344.7	71.1
唐山市	1934.1	18.7
石家庄市	1767.7	17.1
张家口市	799.4	7.7
邯郸市	686.4	6.6
沧州市	640.1	6.2
廊坊市	350.1	3.4
邢台市	281.4	2.7
承德市	244.7	2.4
秦皇岛市	233.0	2.3
保定市	201.2	1.9

续表

地　区	国有资产(亿元)	占国有资产总量比重(%)
衡水市	189.4	1.8
定州市	12.1	0.1
辛集市	5.0	0
合　计	10324.0	100.0

按行业划分，河北省国有资产主要集中在社会服务业、工业和交通运输业，分别占河北省国有资产总量的34.4%、20.9%和15.2%。工业企业内部，冶金和煤炭国有资产总量分别为959.3亿元和542.8亿元。

表4　2020年河北省国有资产按行业分布情况

行　业	国有资产(亿元)	占国有资产总量比重(%)
农林牧渔业	54.2	0.5
工业	2153.3	20.9
煤炭工业	542.8	5.3
石油和石化工业	0.1	0.0
冶金工业	959.3	9.3
建材工业	15.9	0.2
化学工业	133.3	1.3
食品工业	−0.5	0.0
纺织工业	20.2	0.2
医药工业	41.2	0.4
机械工业	54.6	0.5
军工工业	3.2	0.0
电子工业	0.4	0.0
电力工业	172.4	1.7
市政公用工业	183.3	1.8
其他工业	36.3	0.4
建筑业	1287.4	12.5
交通运输业	1574.3	15.2

续表

行　业	国有资产(亿元)	占国有资产总量比重(%)
仓储业	249.3	2.4
商贸业	327.9	3.2
房地产业	659.8	6.4
信息传输、软件和信息技术服务业	43.5	0.4
社会服务业	3555.3	34.4
教育文化广播业	70.9	0.7
科学研究和技术服务业	46.1	0.4
金融业	257.8	2.5
其他	44.0	0.4
合　计	10324.0	100.0

按经营规模划分，河北省大型企业、中型企业、小型企业和微型企业国有资产总量分别为2640.0亿元、2153.4亿元、3467.3亿元和2063.3亿元，分别占河北省国有资产总量的25.6%、20.8%、33.6%和20.0%。

表5　2020年河北省国有资产按经营规模分布情况

经营规模	国有资产(亿元)	占国有资产总量比重(%)
大型企业	2640.0	25.6
中型企业	2153.4	20.8
小型企业	3467.3	33.6
微型企业	2063.3	20.0
合　计	10324.0	100.0

三、河北省国有资本保值增值综合分析评价

2020年，河北省国有企业国有资本保值增值率100.5%，比上年减少0.1个百分点，整体完成保值增值任务。

按隶属关系划分，省属国企保值增值率102.4%，比上年增加0.7个百分点；市(县)属国企国有资本保值增值率99.7%，比上年减少0.5个百分点，其中秦皇岛、廊坊、保定、定州、衡水、唐山、石家庄、沧州8个市未完成保值增值任务。

按行业划分，教育文化广播业、金融业、农林牧渔业、科研和技术服务业保值增值率较高，分别为106.8%、105.5%、104.1%和104.0%；工业企业保值增值率103.6%，支柱产业的冶金、煤炭行业保值增值率分别为103.2%、103.4%。

按经营规模划分，大型企业、中型企业、小型企业、微型企业国有资本保值增值率分别为103.2%、101.2%、101.6%、99.6%，除微型企业外，其他规模企业全部完成国有资本保值增值任务。

表6　2020年河北省国有企业地区和行业国有资本保值增值情况

地　区	国有资本保值增值率(%)	行　业	国有资本保值增值率(%)
张家口市	101.2	农林牧渔业	104.1
承德市	100.5	工业	103.6
邯郸市	100.1	煤炭工业	103.4
辛集市	100.1	石油和石化工业	103.7
邢台市	100.0	冶金工业	103.2
沧州市	99.8	建材工业	—
唐山市	99.6	化学工业	102.4
石家庄市	99.6	食品工业	—
衡水市	99.4	纺织工业	96.2
定州市	99.0	医药工业	108.1
保定市	98.9	机械工业	99.0
廊坊市	98.8	军工工业	96.0
秦皇岛市	96.3	电子工业	110.1
市(县)属企业汇总	99.7	电力工业	110.8

续表

地　区	国有资本保值增值率(%)	行　业	国有资本保值增值率(%)
省属企业汇总	102.4	市政公用工业	101.2
河北省汇总	100.5	其他工业	100.1
		建筑业	100.1
		交通运输业	102.4
		仓储业	103.0
		商贸业	102.2
		房地产业	99.6
		信息传输、软件和信息技术服务业	102.2
		社会服务业	100.5
		教育文化广播业	106.8
		科学研究和技术服务业	104.0
		金融业	105.5
		其他	95.1

四、河北省国资委监管企业改革发展情况

一是健全完善市场化经营机制。深入推进薪酬分配制度改革。修订完善监管企业薪酬管理办法、工资总额管理办法等，对监管企业工资总额实行预算管理，完善职工工资决定及正常增长机制，进一步增强企业活力和竞争力；河北建投差异化薪酬分配试点取得良好效果，在河钢新材、河钢数字等企业探索开展混合所有制企业骨干员工持股试点。有序推进职业经理人制度。按照“市场化选聘、契约化管理、差异化薪酬、市场化退出”原则，积极拓宽选人用人渠道，面向社会引进职业经理人。在省资产公司和财达证券公司2家监管企业集团层面探索推行职业经理人制度，配套制定职业经理人考核办法和薪酬管理办法。开展对标一流管理提升行动。制定行动方案和对标提升工作清单，组织企业聚焦短板弱项，在战略、运

营、财务、科技、风险、人力资源、信息化等方面与一流企业开展对标。

二是积极稳妥推进混合所有制改革。持续完善混合所有制改革政策体系。在已有混合所有制改革配套政策基础上，印发实施《河北省国资委监管企业开展混合所有制改革操作指引》《社会稳定风险评估办法》等，进一步完善混合所有制改革配套政策体系，夯实规范有序推进监管企业混合所有制改革的政策基础。积极探索集团层面混合所有制改革。在开展清产核资和全面审计、确定分层分类推进混合所有制改革思路的基础上，对17家参与混合所有制改革和深化混合所有制改革的监管企业，从集团层面统筹谋划，制定完善混合所有制改革方案和风险防控预案。重点推进旅投集团混合所有制改革，分步分批解决历史遗留问题，为混合所有制改革创造条件；财达证券首发上市通过证监会审核；三友集团证券化率进一步提升，达到95%；省资产管理公司在增资扩股中吸收5.44亿元民营资本，并被列入混合所有制改革第四批国家试点；积极推进省粮产集团以市场化方式整合重组省内部分粮食企业，推进集团层面股权多元化。有序推进子公司混合所有制改革。河北港口秦港股份、河北建投新天绿色能源2家企业实现“A+H”股上市，河钢集团唐钢气体在香港特区上市，华药集团基本实现整体上市。经营机制得到有效转换。对混合所有制改革企业，着力在完善现代企业制度和“改机制”上下功夫，开展骨干员工持股、职业经理人制度、落实董事会职权等多项改革，企业活力不断彰显，涌现出河钢新材、唐钢中厚板、华恒药业、东方久乐等一批优秀混合所有制改革企业。

三是加快推动解决历史遗留问题。截至2020年底，河北省累计签订国有企业职工家属区“三供一业”分离移交协议1320份，297.9万户次“三供一业”完成分离移交；64个市政设施、73个社区管理机构完成分离移交；40家教育机构、105家医疗机构完成深化改革任务。109万名国有企业退休人员实现社会化管理，任务完成率100%，河北省经验做法获得国务院国资委充分肯定，在年初全国国有企业退休人员社会化管理工作视频培训会上作典型发言。国务院国资委收录全国各省、市及国有企业经验做法10个，编发《国有企业退休人员社会化管理工作经验做法摘编》，其中收录河北省经验做法3个。国务院国资委全面深化改革领导小组办公室在2020年第16期《国企改革简报》上专题刊发河北省国有企业退休人员社会化管理工作经验做法，在全国交流经验。

四是“双百行动”综合改革成效显著。国务院国资委全面深化改革领导小组办公室在《国企改革简报》“双百行动”专刊上专题刊发《河北资管转机制、增活力、优管理　综合改革成效不断显现》，充分肯定河北资管“双百行动”的经验做法。国控资本的改革实践《全面推进市场化经营机制改革　争做市场化改革尖兵》入选国务院国资委改革办编发的《改革样本：国企改革“双百行动”案例集》。秦港股份在国务院国有企业改革领导小组办公室组织的“双百企业”三项制度改革专项评估中被评为A级。

五是以管资本为主加强国资监管。实施清单管理有序授权放权。制发《河北省国资委授权放权清单（2020年版）》，将混合所有制改革、国有产权管理、重大财务事项、薪酬管理和中长期激励、选人用人等五大类21项权力授权放权给监管企业，通过层层松绑，激发企业活力；同步制定《关于实施授权放权后进一步加强和完善监督的意见》，逐项明确有针对性的监管措施，进一步加强事中事后监管，确保形成监督闭环，做到放而有序、管而有力。深化国有资本投资运营公司改革试点。广泛了解学习中央企业和外省市国有资本投资、运营公司试点的做法和经验，对河北省近几年国有资本投资、运营公司试点探索情况进行系统回顾和总结，对进一步深化“两类公司”改革试点进行研究，并专门征求国务院国资委意见，国务院国资委对河北省“两类公司”深化改革试点实施方案予以肯定。河北建投、国控资本等2家试点企业功能定位逐渐明晰，组织架构不断优化，监督体系得到完善，综合改革取得阶段性成效，经验做法入选国务院国企改革办编纂的《国企改革探索与实践——地方国企改革100例》《国企改革简报》。推进经营性国有资产集中统一监管。严格按照《河北省全面推进省级经营性国有资产集中统一监管改革实施方案》确定的脱钩划转、部分资本划转、维持现行管理体制、退出等四类改革方式，加快推进《省直党政机关、事业单位所属企业改革名单》和省领导有关批示中确定的纳入省级经营性国有资产集中统一监管的省直部门所属企业改革。完成脱钩划转企业 8 户、部分资本划转企业 10 户、退出企业 83 户的改革工作，河北省国资委对暂不具备改革条件的企业开展产权登记和资产统计。进一步强化事中事后监督。监管体系建设不断完善，制定《关于进一步完善国资管理体系的工作方案》《加强省国资委监管企业内部控制体系建设与监督工作的实施意见》等，完善国资治理体系、提升治理能力，充分发挥内部控制体系的强基固本作用，促进企业依法合规经营。修订《经营业绩考核办法》，引导企业高质量发展。对河北省国资委成立至今出台的规章制度进行全面清理，废止 7 件、失效 3 件。扎实开展违规责任追究。制定《违规经营投资问题线索移送规则》《〈国资监管提示函〉工作规则》《〈国资监管通报〉工作规则》，推动责任追究工作制度化、标准化、规范化。督办河北港口、省国控、冀中能源等企业追责事项，审核企业资产损失核查与责任认定报告，督促企业按要求完成任务。强化审计监督成果运用，制定 1200 余项整改措施，逐项明确整改时间表、路线图、责任人，有力推动工作落实。

六是着力促进国有经济平稳运行。把稳增长作为重中之重，用足用好国家惠企政策，研究制定提质增效工作举措，努力推动国有企业经济效益企稳回升。完善机制稳增长。进一步完善河北省国资委监管企业发展协调协作机制，分管省领导多次主持召开河北省国资委监管企业经济运行发展调度会，围绕保产业链供应链稳定、压降成本优化负债结构等，听取汇报，分析问题，协调解决企业存在的困难。河北省国资委领导班子成员深入企业开展包联，强化分类指导，确保按时间进度完成目标。加强调度稳增长。按照省委部署，开展监管企业经营状况"回头看"，分管省领导带队赴河钢、财达等企业调研指导，排查问题，分析原因，研究举措，促进企业持续平稳健康发展。坚持目标引领，将确保目标和力争目标分解落实到每户企业，层层传导压力、层层落实责任。精打细算，强化月度效益跟踪调度，逐月确定稳增长进度目标，完善总会计师月度例会制度，明确工作重点和举措，企业生产经营逐月好转。降本增效稳增长。支持监管企业用足用好国家稳企惠企政策，重点围绕减税降费、挖潜增效等 6 个方面进行调度，督导企业加强管理，实施全员、全要素、全过程成本管控，严控非生产经营性支出。

七是推动河北省国资委监管企业加快高质量发展。积极践行新发展理念，坚决去、主动调、加快转，科学编制"十四五"规划，国有经济发展动能不断转换。抢抓"三件大事"重大战略机遇。加快打造"轨道上的京津冀"，京雄城际、京沈客专全线贯通；深入推进津冀港口群协同发展，河北港口集团与天津港集团签署《世界一流津冀港口全面战略合作框架协议》。河北建投成功中标雄安新区容东片区 3 号地块，河北建工与中央企业联合中标的雄安新区容东片区 C 组团安置房工程并开工建设。河北旅投服务京张承办冬奥，新建 2 个冬奥接待酒店，为冬奥游客准备"一站式"服务。优化国有经济布局结构。河钢集团产业区位调整取得关键性突破，唐钢新区、石钢新基地正式投产，唐钢、石钢本部同步关停。制定印发河钢宣钢转型升级总体方案，张宣高科"三大基地"建设抓紧实施。组织港口集团制定《秦皇岛港转型升级产业规划实施方案》，推动港产城深度融合。全面完成钢铁、煤炭去产能任务。大力发展战略性新兴产业。在年度经营业绩考核目标中首次明确将研发投入和战略性新兴产业的投资比重作为考核指标，引导企业创新发展、绿色发展、高质量发展。河钢集团获得国家科技进步奖 4 项、国际专利 1 件。唐山三友竹浆纤维成功通过国际 FCS 组织认证，高端硅油等高附加值产品实现产业化。大力引进科技领军人才，指导河钢集团通过市场化手段引进高层次人才 5 人。助力打赢三大攻坚战。制定印发《省国资委 2020 年落实生态环境保护和节能减排工作方案》，开展生态环境专项治理，32 家执行超低排放标准的企业全部达标。强化债务风险防控，严格企业负债规模和资产负债率"双管控"刚性约束，制定印发《省国资委监管企业债券发行管理办法》，完善债券管控制度，指导监管企业合理安排债券融资规模。加强投资风险管控，严控企业推高负债率水平的投资；制定《委监管企业对外担保暂行办法》，禁止向监管企业以外的企业提供担保，防范经营风险。做好安全稳定工作,维护河北省国资委系统持续平安稳定。制定《2020年脱贫攻坚工作计划》等,开展产业扶贫,搭建商贸展销平台,监管企业向贫困县、贫困村捐赠资金,河北省国资委系统定点帮扶的贫困村全部脱贫出列。

五、河北省国资委监管企业并购重组与完善法人治理结构情况

一是把党的领导融入公司治理各环节。出台发挥国有企业党委领导作用意见、党委前置研究讨论内容清单示范文本、推动党的领导融入公司治理向基层延伸若干措施等一系列制度性文件,全面实现监管企业及所属企业党建工作要求写入公司章程;18家监管企业集团层面党委书记与董事长100%"一肩挑";监管企业集团层面100%、二级及以下99%的独立法人企业厘清党委与董事会、经理层等治理主体的权责边界。

二是加大规范董事会建设力度,监管企业全面实施董事会年度工作报告制度,制定监管企业董事会运行暂行办法,修订监管企业外部董事管理办法、专职外部董事选拔任用办法、外部董事考核评价办法等配套制度文件,建立健全河北省国资委监管企业外部董事人才库,落实外部董事财政专项经费,搭建外部董事履职服务平台,为河钢集团等5家河北省国资委管理的企业选派6名专职外部董事。

三是夯实制度建设基础。制定印发《河北省国有企业公司章程制定管理办法》,修订河北粮产、河北港口、河钢集团、机场集团等企业公司章程,不断健全以企业章程为基础的国有企业内部制度体系。积极推进公司制改革。按照国家最新部署和省领导批示要求,加强调度、强化整改,对河北省全民所有制企业存续情况进行系统排查和分类梳理,印发《河北省国有企业公司制改革工作实施方案》,明确河北省公司制改革的工作任务目标和完成时限,建立全面推进改革的责任督导机制。河北省公司制改革做法得到国家肯定,国务院国资委全面深化改革领导小组办公室在《国企改革三年行动简报》上刊发河北省公司制改革经验做法。

六、河北省国资委监管企业建立和完善经营业绩考核体系情况

一是实施精准考核推动企业高质量发展。修订《河北省国资委监管企业负责人经营业绩考核办法》,以做好"六稳"工作,落实"六保"任务为导向,落实省委、省政府对监管企业的各项工作要求,调整年度考核指标体系,完善年度考核计分办法,充分发挥考核对企业的激励作用,引导企业从注重规模速度转向注重质量效益和行业对标,切实强化企业的风险防范意识,更大程度地激发企业的内生动力。对河钢集团、开滦集团、冀中能源集团、建投集团、港口集团5户企业,将战略性新兴产业投资额与技改投资额作为企业的一项分类指标,并将其完成额高于企业总投资额的30%作为考核目标。二是有序推进河北省国资委监管企业负责人薪酬制度改革。强化监管企业负责人差异化薪酬分配管理,严格审核各企业薪酬方案,坚持与经营业绩紧密挂钩,把经营业绩摆在第一位,真正做到"业绩升薪酬升,业绩降薪酬降",严格坚持薪酬审批程序,充分发挥薪酬分配的激励功能,充分调动企业负责人推动改革、勇于担当、奋力创新的积极性主动性。加强外部董事薪酬规范管理,积极争取财政专项资金支持,兑现外部董事2019年度薪酬。三是深化工资总额机制改革。完善监管企业职工工资决定及正常增长机制,落实国务院国资委和省委、省政府部署要求,确立"一适应、两挂钩"的工资总额管理指导思想,工资总额管理的方式全部实行预算管理。指导各市国资委和监管企业完善工资总额管理办法,对监管企业工资总额提取、发放情况进行监督检查。对监管企业2019年度工资总额清算结果和2020年度工资总额预算进行审核。

七、河北省国资委监管企业负责人考核与选人用人机制改革情况

以考准考实为目标,河北省国资委会同河北省委组织部对18户监管企业领导班子和领导人员2019年度工作情况进行综合考核评价。综合测评采用电子测评系统,提高考核工作效率,有效提升测评的真实

性和准确性。按照《河北省省属企业领导班子和领导人员综合考核评价办法》要求，逐企逐项研究确定监管企业2020年度定性考核任务目标，作为企业领导班子和领导人员2020年度考核评价的重要依据，并要求企业根据任务目标。结合实际情况，将任务细化分解至每位领导班子成员，形成工作目标承诺，报河北省国资委备案。

2020年，河北省国资委继续拓展深化推行职业经理人制度试点工作，不断激发企业经营层活力。一是跟踪管理第一批试点企业。积极推动省资产管理公司职业经理人补充选聘工作，2020年9月通过市场寻聘方式聘用副总经理1人。二是积极推进第二批试点企业工作。组织指导财达证券公司副总经理选聘，确定拟聘人选1人，待履行聘任程序。累计聘任一级监管企业职业经理人7人。三是推进“双百企业”经理层任期制和契约化管理。向监管企业转发国务院国企改革领导小组办公室关于“双百企业”推行经理层成员任期制契约化管理、职业经理人制度操作指引，要求监管企业及所属子企业参考操作指引积极推进相关工作。

八、河北省国资委监管企业党的建设和廉政建设情况

一是始终把党的政治建设摆在首位，凸显“国企姓党”政治本色。突出强“根”铸“魂”，建立实施国有企业“第一议题”制度，完善“不忘初心、牢记使命”长效机制，召开党委理论中心组学习7次，对4家监管企业党委中心组学习进行巡听旁听，各级党组织书记讲党课9139场，推动习近平新时代中国特色社会主义思想在监管企业大普及、大学习、大落实。突出压实政治责任，全面推行党组织书记抓基层党建述职评议，组织开展基层党建实地检查，将考核结果纳入企业领导班子综合考评体系，对5户企业党委负责人进行约谈，形成“明责、履责、考责、问责”闭合责任体系，党建工作由“软指标”变成“硬杠杠”。突出彰显政治优势，组建党员突击队、服务队780个，12238名党员连续奋战在防控一线；下拨专项党费300万元、企业配套745.49万元支持疫情防控，系统企业党组织在应急保供、复工复产、稳定产业链供应链等方面发挥重要作用，省委领导2次作出批示给予充分肯定。

二是坚持夯实基层基础，全面提升基层党组织组织力。持续补齐工作短板。突出问题导向，出台落实“四同步、四对接”制度文件，组织开展党建“四个化”专项整治，有效解决企业党建问题，党的组织和工作实现全面有效覆盖。持续深化党支部标准化规范化建设，以“六看、四查”为抓手，从组织设置、班子建设、运行机制、组织生活、党员队伍、发挥作用、工作保障等方面提质晋级，推进“后进赶先进、中间争先进、先进更先进”。持续加强党务工作人员队伍建设，制定印发《关于加强省国资委监管企业组织员队伍建设的意见》，配备党委组织员484人，实现组织员在监管企业党委层面和所属基层党委层面的全覆盖；举办监管企业组织部长培训班、基层党支部书记示范培训班等，推动监管企业实现党组织书记培训5266人次，党务工作人员履职尽责能力得到全面提升。开展省属国有企业党建检查，有效解决问题248个，党委前置把关制度全面落实，切实把党建制度优势转化为治理效能。持续激发基层党建活力，把生产经营的难点、痛点、堵点作为工作切入点、发力点，持续创建党员先锋岗、党员突击队等，组织党建项目攻关2356项、节支增利7.7亿元，培育出河钢“钢铁先锋”等一批党建品牌，有力推动党建工作与生产经营深度融合。河北省国资委党的领导融入公司治理党建课题研究获得国企党建专委会全国二等奖、河北省一等奖。

三是大力加强党风廉政建设，营造良好政治生态。坚决扛起主体责任，专题研究全面从严治党工作10余次；召开河北省国资委系统党风廉政建设和反腐败工作会议，与监管企业党委逐一签订党风廉政建设主体责任承诺书，对全面从严治党工作作出安排部署。坚持不懈纠治“四风”，深入开展“作风建设提质年”活动，扎实推进纠正“四风”和作风纪律专项整治，河北省国资委系统督导检查、明察暗访1360余次，发现和解决问题700余个，开展约谈、批评教育和经济处罚100余人次，作风建设不断走深走实。持续优化政治生态，以严重违纪违法案为反面教材，深入开展政治性警示教育，组织企业收看《叩问初心》和中央纪

委网站刊登的微视频等警示教育片280余场次，防腐拒变的思想防线和政治防线进一步筑牢。

（撰稿人：胡岳鹏）

山西省

一、山西省国有资产监督管理工作综述

2020年，山西省国资委认真领会习近平总书记视察山西重要讲话重要指示精神，统筹疫情防控和经济发展，在推进党的建设、国资监管、社会责任、国企改革等方面持续发力，各项工作取得阶段性成果，在一些重要领域和关键环节取得突破性进展。

（一）坚持党的领导，加强党的建设

山西省国资委以贯彻落实《中国共产党国有企业基层组织工作条例(试行)》为主线，以"省属企业党建巩固深化年"为载体，以提升基层党组织执行力为目标，全力抓好国资国企党建工作。一是把加强政治建设摆在首位。加强系统政治理论学习，召开学习贯彻党的十九届五中全会精神全省国资国企系统报告会，组织国资系统党员干部深入学习习近平总书记视察山西重要讲话重要指示精神、《习近平谈治国理政》第三卷，全面梳理习近平总书记2020年以来视察地方对国有企业提出的重要指示精神，汇编成册指导山西省国资国企改革实际。持续提升党组织执行力，修订《中共山西省国资委委员会工作规则》，进一步明确山西省国资委党委在全省国资系统的领导作用。研究制定落实"不忘初心、牢记使命"制度和"第一议题"制度，完善党领导国有企业的各项制度。厘清党委职责界限，起草2020年度省属企业党建工作责任制考核指标，把"两个维护"体现和落实到具体行动中。持续巩固拓展"不忘初心、牢记使命"主题教育成果，召开"不忘初心、牢记使命"主题教育情况通报会。二是把基层党建作为重要抓手。配合山西省委组织部起草《关于贯彻落实〈中国共产党国有企业基层组织工作条例(试行)〉的若干举措》，开展2019年度党委书记抓基层党建述职评议考核工作，常态化整顿软弱涣散基层党组织，推动全面从严治党向基层延伸，进一步提升国有企业基层党建整体水平。三是一体推进"三不"机制建设。加强制度反腐体系建设，制定《关于推进省属企业集中采购管理的指导意见》《省属企业领导人员任职和公务回避管理办法》等，建立健全监督和责任追究体系，规范省管企业领导人员廉洁从业、物资采购管理，为深化国资国企改革筑牢制度防线。召开党风廉政建设和反腐败工作会议，督促省属企业加快落实《省属国有企业党委落实全面从严治党主体责任目标责任书》，进一步压实企业党委主体责任。

（二）准确把握职能定位，提升国资监管效能

山西省国资委积极完善国资监管制度体系，不断提升国资监管的专注度和专业化水平。一是梳理和修订完善现有规章制度。编印《山西省国资委规范性文件汇编》，确保各项制度符合以管资本为主的国有资产监管体制的要求。二是突出监管重点，促进企业健康发展。建立省属企业重大投资项目月报工作制度，进一步规范企业投资行为，提高企业投资决策质量。提高经济运营监测水平，严把数据质量关，完善财务快报指标体系。加强省属企业产权基础管理，完成企业产权重新登记和汇总分析工作，形成《山西省国资委监管企业产权重新登记数据汇总报告》、"山西省国资委监管企业股权结构及其管理的二级企业基本情况表"，为下一步优化国有资本布局，实施有效监督管理提供决策依据。三是创新监管方式，加快"互联网+监管"建设。扎实开展国务院国资委国资国企在线监管系统试点工作，推动国有企业组织机构基本信息系统、国资监管统一数据采集交换平台、"三重一大"决策和运行监管系统试点建设，完成党的十九大以来的部分省属企业"三重一大"决策数据上报工作，启动国资监管大数据平台二期项目建设。四是强化成果运用，优化对企服务。深入企业调研，助推企业高质量发展。建立与山西省高院沟通联络机制，给企业创造良好司法营商环境。强化风险预警，编制《经济下行和投资扩张影响下的省属企业经营风险分析报告》《关于山西省省属国有企业在美资产和风险情况的报告》等工作报告，反映当前面临的投资风险、境

外经营风险，提出工作建议。强化责任追究，加强责任追究体系建设，制定《省属国有企业违规经营投资与重大决策终身责任追究实施办法》，部署违规经营责任追究工作。清理整治停建停运项目，制定《停建停运项目专项清理整治行动方案》并开展专项检查。

（三）积极履行社会责任，充分彰显国企担当

山西省国资委积极推动省属企业以履行社会责任与改革发展相结合为原则，充分发挥省属企业表率作用，促进社会主义和谐社会建设，助力全面建成小康社会。一是组织企业复工复产，有效应对疫情冲击。第一时间成立疫情防控领导小组，坚持“日报告”“零报告”制度，省内全系统实现新冠肺炎“零感染”。扎实开展省属企业、地市国资委境外机构（项目）疫情防控大排查专项行动，及时研究部署处置措施。积极做好疫情防控支援保障，省属煤炭企业为湖北地区钢材、电力、热力等生产供应提供煤炭 225.88 万吨，全系统向湖北及其他省份累计捐赠款物 2.44 亿元，省属企业下属医院医护人员驰援湖北 23 批 127 人。出台政策措施 12 条，涉及业绩考核、薪酬管理和科技投入等方面，支持企业渡过难关。推动省属企业减免个体工商户和小微服务业企业房租 7016.82 万元，缓收租金 461.55 万元；交控集团高速公路车辆减免通行费 45.56 亿元，占全省减免通行费的 95%。下发《关于进一步统筹做好新冠肺炎疫情防控和精准复工复产工作的通知》等文件，强化煤焦冶电化气等重点企业保障，为全省经济平稳开局作出突出贡献。二是推动企业管理提升，力争实现降本增效。督导企业牢固树立过“紧日子”思想，持续加大“两金”压降力度，压缩一般性管理费用和非生产性支出。推动省属企业降低融资成本，有效缓解企业融资压力。加大集中采购业务指导，印发《关于推进省属企业集中采购管理的指导意见》，编制《大宗商品基础信息手册》，举办省属企业集中采购业务培训，进一步提升省属企业物资采购管理水平和供应链管理水平。三是积极畅通经济循环，力保市场主体稳定。成立供需对接领导小组，举办 18 场供需对接活动，涉及工业产品 10 余种，达成协议或意向涉及金额近 110 亿元。聚焦“六新”要求，在气凝胶、润滑油、聚脲材料、导电材料、玄武岩碳纤维、低浓度瓦斯排空利用等新材料新产品新技术应用上加大对接力度。推动省属企业从供给侧改革发力，实施“补链”“延链”，进一步强化下游产品、终端产品、消费产品的开发供给。四是多点发力践行担当，积极发挥表率作用。推动科技创新，研究制定省属企业科技创新年度工作计划和《省属企业技术创新全覆盖工作推进方案》，梳理汇总省属企业创新平台情况，做好跟踪管理服务，组织推荐省属企业参加第二届全国创新争先奖及 2020 年全国大众创业万众创新活动周。深化产学研合作，组织省属企业与太原理工大学共建 13 家产业技术研究院。推动节能环保，下发《关于继续推进控制温室气体排放相关工作的通知》，鼓励企业积极参与碳排放权交易，完成中央生态环境保护督察反馈山焦盐化四厂“退城入园”问题整改工作，提供“十四五”环境空气质量改善规划编制有关资料情况。服务扶贫攻坚，制定《2020 年省属企业扶贫行动计划》，印发《关于降低疫情影响深化消费扶贫行动的通知》，47 个产业扶贫项目全部复工复产，辐射带动贫困村累计 1014 个，辐射带动生产基地累计 504 平方千米；省属企业采购帮销各类农特产品合计金额 2700 余万元。确保安全稳定，扎实开展“三零”单位创建工作，制定《关于深入开展省属企业“零上访零事故零案件”创建工作的实施方案》。扎实开展信访维稳工作，全力做好“两会”期间的信访维稳工作，指导督促省属企业开展“重点领域、重点群体、重点问题、重点人员信访矛盾化解攻坚战”暨重点领域信访突出问题专项治理。

（四）持续深化国企改革，有效激发活力动力

山西省国资委按照国务院国资委和山西省委、省政府的安排部署，纵深推进国企改革，扎实开展各项工作，提高国有企业活力效率，增强国有企业核心竞争力。一是着力完善改革顶层设计。组织召开省属企业市国资委负责人会议，安排部署重点改革工作。严格对标对表中央、省委部署要求，制定《山西省国企改革三年行动实施方案（2020—2022 年）》及重点任务分工方案。二是积极稳妥解决历史遗留问题。积极推进各市驻晋中央企业和省属企业“三供一业”管理服务职能的分离移交和维修改造、厂办大集体改革、退休人员社会化管理和“僵尸企业”处置工作，全力推动国有企业公司制改革和省级事业单位办企业脱钩改革。三是加快推动企业内部改革。推动企业对外开放,摸底汇总省属企业海外技术合作情况及技术合作需求,成立创新活动推进小组,推动企业在海外探索建立研发平台。大力推进"一带一路"建设和国际产能合作,组织省属企业参加第三届进博会等专题活动。完善人才工作机制,制定省属企业人才培育实施办法和人才新政"十二条"实施细则,起草《省属企业人才工作专项考核方案》,重点指导企业抓好经营管理人才、专业技术人才、高技能人才及特殊领域紧缺人才队伍建设。深化企业分配制度改革,对省属企业工资总额预算核准或备案。推动企业法治建设,制定《省属企业主要负责人履行推进法治建设第一责任人职责规定》,要求各省属企业及其重要子企业全面建立总法律顾问制度,落实总法律顾问职责。强力推进"双百行动"、"科改示范行动"、对标世界一流行动专项行动,经国务院国有企业改革领导小组办公室对山西省6户"双百企业"三项制度改革专项评估,1户企业被评为A级,5户企业被评为B级。太钢集团、汾酒集团案例入选国务院国资委《改革样本:国企改革"双百行动"案例集》,精带公司"科改示范行动"典型案例在全国科改示范企业座谈会上做现场经验介绍。四是切实加强对市(县)国企改革的指导。制定推进市(县)国企改革实施意见,召开山西省(市、县)国企改革动员会,对重点改革任务进行安排部署。山西省11个市全部成立工作领导小组,制定推进深化国资国企改革具体工作方案,细化责任分工,有序推动本地区国企改革。

二、山西省国有资产总量与结构分析

表1　2020年山西省国有企业指标

项　目	金　额(亿元)
资产总额	42523.68
所有者权益	11929.59
营业总收入	14911.78
利润总额	229.92
净利润	70.91
归属于母公司所有者的净利润	−20.56
应交税费总额	907.88
实际上缴税费总额	913.48

按照《企业国有资产监督管理暂行条例》《企业国有资产统计报告办法》规定的汇编范围,2020年纳入统计范围的山西省国有企业(含国有控股参股,下同)6803户,比上年净增加297户。其中,省属监管企业3679户,净增加158户。省属监管企业中,增加374户,增加的主要原因是新投资设立183户、上年应报未报90户和新划转企业48户;减少216户,减少的主要原因是撤销关闭94户和太钢集团51%股权无偿划转至中国宝武。省属非监管企业410户,比上年净减少13户。地市国有企业2714户,比上年净增加152户。

表2　2020年山西省国有企业户数情况

2019年户数(户)	2020年户数(户)	比上年增加(%)
6506	6803	4.57

截至2020年底,山西省国有资产总量8148.29亿元,比上年净减少59.27亿元。国有资产主要集中在省属监管企业,省属监管企业国有资产总量4948.95亿元,占全部国有资产总量的60.74%。

表3　2020年山西省国有资产按地区分布情况

地　区	国有资产(亿元)	占国有资产总量比重(%)
省级企业	5054.94	62.04
省属监管企业	4948.95	60.74
省属非监管企业	105.99	1.30
市属企业	3093.36	37.96

续表

地　区	国有资产（亿元）	占国有资产总量比重(%)
太原市	1242.65	15.25
大同市	196.31	2.41
阳泉市	91.41	1.12
长治市	215.06	2.64
晋城市	356.18	4.37
朔州市	74.45	0.91
晋中市	325.09	3.99
运城市	109.79	1.35
忻州市	222.63	2.73
临汾市	153.21	1.88
吕梁市	106.58	1.31
合　计	8148.29	100.00

从经营规模来看，国有资产主要集中在大型企业，占国有资产总量的80.67%。

表4 2020年山西省国有资产按经营规模分布情况

经营规模	国有资产（亿元）	占国有资产总量比重(%)
大型企业	6572.84	80.67
中型企业	605.09	7.43
小型及微型企业	970.36	11.91
合　计	8148.29	100.00

三、山西省国有资本保值增值综合分析评价

2020年，山西省国有企业保值增值率99.27%，比上年减少0.65个百分点。从分布结构来看，省属监管企业保值增值率99.12%，省属非监管企业保值增值率101.16%；市级及以下企业保值增值率99.47%。

表5　2020年山西省国有企业地区国有资本保值增值情况

地　区	国有资本保值增值率(%)
省级企业	99.16
省属监管企业	99.12
省级非监管企业	101.16
市属企业	99.47
大同市	94.14
阳泉市	94.84
晋城市	101.15
临汾市	106.32
忻州市	100.12
吕梁市	97.84
晋中市	99.78
运城市	97.42
朔州市	93.30
长治市	101.12
太原市	99.48
合　计	99.27

四、山西省国资委监管企业改革发展情况

截至2020年底，山西省国资委监管省属企业18户。省属企业资产总额3.3万亿元，比上年增长3.5%；资产负债率比上年减少1个百分点；利润总额198.2亿元，利税总额976.9亿元；完成转型项目投资1508.3亿元；工业增加值2458.5亿元；资产证券化率18.58%，比上年增加1.08个百分点。

（一）持续优化国有资本布局，完成全国最大规模的省级国企重组

2020年，山西省开展省属企业新一轮战略重组，从28户重组整合为18户；涉及资产2.6万亿元，占资产总额的80%；涉及一级企业21户，占改革前的

75%;涉及人员87万人,占改革前的95%;涉及领域15个,覆盖省属企业79%的主要产业,重组的速度、深度、广度、力度史无前例。

(二)大力推进"腾笼换鸟"

2020年,山西省省属企业"腾笼换鸟"取得重大实质性突破。首批对外公开92个"腾笼换鸟"项目,取消煤矿办矿主体资格和办矿主体变更限制,召开专项工作会议,制定专项行动方案;成立专班督导,将"腾笼换鸟"纳入"一企一策"考核,建立"一站式"综合服务平台,举办3场专题推介会议,实现收益超过150亿元。

(三)深入实施"六定"改革

2020年,山西省在省属企业全面开展定职数、定员额、定机构、定机制、定薪酬、定任期的"六定"改革,全面建立职责清晰、精简高效、运行专业的管理体制,提升企业治理现代化水平。省属企业总部层面,机构平均数量由25个降到15个;内设机构平均数量由103个降到26个;总经理助理级和中层管理人员分别减少50%以上;员工编制平均数量由822人降到229人。省属企业进人用人全部在山西省人民政府网站公开;企业负责人绩效薪酬比重上调到年薪的80%,全面签订聘任书和经营业绩责任书。

(四)有效控制省属企业融资风险

持续对省属企业融资进行信用增进和工作协调,2020年按期兑付债券2678亿元,无一笔违约。域外债券违约后,第一时间致函致信,筹备金融企业座谈会,有效提振市场信心。开展高息负债置换工作,多管齐下稳定压降资产负债率,推进省属企业资产负债率比上年降低1个百分点。

(五)推动省属企业资产证券化再提速

推动北方铜业借壳ST南风上市。指导焦煤集团、交控集团优质资产注入上市公司,支持太原重工、国新能源等上市公司非公开发行股份。阳泉煤业完成山西省上市公司第一单优先股发行。省属上市公司启动再融资超过前三年总和;上市公司市值增长61.8%,远高于同期上证指数12.9%的涨幅。

(六)加快推进剥离国有企业办社会职能和解决历史遗留问题

截至2020年底,山西省各市驻晋中央企业和省属企业"三供一业"管理服务职能的分离移交完成率100%、资产划转完成率100%。山西省维修改造总体进度85.94%。其他剥离办社会职能取得明显成效,其中社区分离移交完成率位于全国上游水平。教育、社区、消防办社会职能改革完成率均100%,医疗完成率99.62%、市政完成率100%。山西省涉及国有企业退休人员120.78万人(含党员21.41万人),人事档案移交率99.32%,党员组织关系移交率98.16%,管理服务职能移交率100%。山西省591户厂办大集体,完成改革任务559户,占应完成总数的94.59%,安置职工100792人(包含退休人员)。中央财政补助资金累计使用190218.01万元。

(七)深入推进省属企业处置"僵尸企业"

山西省省属企业处置"僵尸企业"总数256户。截至2020年底,完成处置242户,完成率94.5%,安置1.7万人。

(八)强力推进"双百行动"、"科改示范行动"、对标世界一流行动专项行动计划

经国务院国有企业改革领导小组办公室对山西省6户"双百企业"三项制度改革专项评估,1户企业被评为A级,5户企业被评为B级。太钢集团、汾酒集团案例入选国务院国资委《改革样本:国企改革"双百行动"案例集》,新增太重集团所属向明智装、轨道交通分别进入"双百行动""科改示范行动",精带公司"科改示范行动"典型案例在全国科改示范企业座谈会上做现场经验介绍。2020年,山西省国资委4次组织各省属企业相关负责人参加国务院国资委组织的对标世界一流管理提升行动培训会议,指导各省属企业制定对标方案,建立季报制度定期跟踪改革进展。

五、山西省国资委监管企业并购重组与完善法人治理结构进展情况

山西省国资委监管企业以习近平新时代中国特色社会主义思想为引领,坚持市场化、法治化改革取

向，大力推进国有资本布局优化和结构调整，推动山西省国资国企改革重组实现重大突破。通过探索“六定”改革、完善董事会专业结构等，积极完善省属企业法人治理结构。

（一）全力推动战略重组

推进省属企业集团层面战略性重组和子企业层面专业化整合，涉及省属企业80%的资产总额、75%的一级企业、95%的在岗职工和15个领域，2020年，山西省省属企业从28户调整至18户，煤炭企业从7户调整至1户煤炭企业和1户能源集团，新兴产业企业大幅增加，加快从“一煤独大”向“八柱擎天”转变。

一是做优做绿能源产业。推进同煤集团、晋煤集团、晋能集团等联合重组，新设成立晋能控股集团，资产总额1.11万亿元（资产划转调整后9665亿元），煤炭产能4亿吨（资产划转调整后4.46亿吨），位居全国第二、全球第三。推进焦煤集团与山煤集团合并重组，资产总额4400亿元（资产划转调整后5317亿元），煤炭产能2亿吨（资产划转调整后2.12亿吨），定位为具有全球竞争力的世界一流炼焦煤和焦化企业。

二是做强做大特色优势产业。推动太钢集团与中国宝武联合重组，巩固太钢全球不锈钢领军企业地位。改制潞安化工集团，资产总额2233亿元，推动山西省传统煤化工向现代煤化工转变。更名成立华阳新材料科技集团，打造碳基新材料全产业链。做强山西建投集团，注入山西建科集团、太原煤炭设计院，划入2家上市平台，补充资本金15.86亿元，资本实力明显提升。

三是培育壮大战略性新兴产业。改组设立华远国际陆港集团，资产总额1058亿元，立体化构建大物流格局。组建华舰体育控股集团，打造专注于体育产业经营发展的旗舰级国有企业。新设神农科技集团。做强云时代公司，整合信创、半导体、激光、有色金属资产，增加注册资本金，资产总额202亿元，引领山西省数字产业发展。深化文旅集团二次改革，剥离下属9个板块130家非主业企业，打造现代旅游企业品牌。

四是优化提升公共基础产业。合并组建万家寨水务控股集团，注入山西省水利厅所属20户事转企单位，打造全产业链综合水务投资运营商。重组华新燃气集团，打造集勘探开发、资源储运、装备制造于一体的全产业链省级燃气集团。整合晋通资产管理公司，助力省属企业“瘦身健体”。

（二）创新探索“六定”改革

山西省借鉴党政机构改革思路，创新提出在省属企业全面开展定机构、定职数、定员额、定机制、定薪酬、定任期的“六定”改革，推动建立机制化、常态化、精简高效的管理机制。省属企业集团总部机构平均数量由25个降低到15个，内设机构平均数量由103个降低到26个，一律取消二级内设机构，中层管理人员由2062人减少到956人，员工编制平均数量由822人降低到229人。企业负责人绩效薪比重上调到年薪的80%，薪酬与效益紧密挂钩。省属企业进人用人在省政府官网全程公开，严格实行总量控制。全面推进任期制契约化管理，打破干部“终身制”、员工“铁饭碗”。全面开展企业高管、科技人员及员工持股和股权激励试点。

（三）完善“三会一层”结构

为进一步完善董事会专业结构，提升董事会决策水平，山西省国资委积极推进面向社会征集外部董事人才库人选工作，并起草《外部董事人才库人选征集工作情况报告》。

山西省省属企业积极完善“三会一层”结构，使其运行更加高效、权责更加规范。优化董事会内设机构和职责定位，加强股东代表、外部董事、专职监事队伍建设。厘清党委会、董事会、经理层之间的职责边界，形成规范科学的公司治理结构。党委常委会充分发挥党组织领导核心和政治核心作用，履行“把方向、管大局、促落实”职能，董事会发挥“定战略、做决策、防风险”作用，经理层发挥“谋经营、抓落实、强管理”作用，总体上形成权责对等、运转协调、有效制衡的决策、执行、监督模式。有关省属企业出台外派董事、监事和独立董事等管理办法，严格执行工作报告和业绩考核制度，形成“派出去履职、召回来述职”工作流程，规范化运作水平显著提升。在省属企业集团、子公司层面健全党委领导下的企业治理体系，强化董事会各专业委员会建设，建立外部专家智库，市场化选聘各行业专家。在基层单位完善各治理主体议事规则，突出党组织领导、董事会决策、监事会监督、经理层经营管理作用的发挥,形成协调运转、有效制衡的治理机制。

六、山西省国资委监管企业建立和完善经营业绩考核体系情况

山西省国资委对监管企业树立科学鲜明的考核导向,推动企业加速转型,努力实现高质量高速度发展。

(一)突出效益目标

山西省国资委监管企业利润总额方面,2020年,华远陆港实现利润增长,太重集团减亏增利10亿元,建投集团、汾酒集团、大地控股利润总额分别比上年增长31%、48%、58%,云时代公司基本实现利润总额翻番;焦煤集团、汾酒集团、晋能集团、晋煤集团、建投集团利润总额超过20亿元,同煤集团、华阳新材料、潞安化工利润总额超过10亿元,国际能源、大地控股、华远陆港利润总额超过4亿元。

(二)突出价值创造

2020年,山西省省属企业利润总额198亿元,经济增加值—240亿元;利润总额为正的企业15户,经济增加值为正的企业3户(汾酒集团、建投集团、大地控股),整体资本回报率不高。

(三)突出行业对标

山西省全面推广汾酒集团“一企一策”考核经验,省属企业考核指标、目标值结合行业对标情况确定,鼓励企业“跳起来摘桃子”;强化全国对标在指标设置、目标设定、考核评级的应用,对标各行各业,从各个方面找对标对象,博采各家之长,确保考核目标值的先进性大幅提高。

(四)突出补齐短板

针对省属企业成本高、冗员多、法人多、层级多、资产证券化率低、资金链紧张、偿债能力不足等问题,山西省差异化设置短板指标,引导企业本着“缺什么补什么,弱什么强什么”的原则,找差距、补短板、强弱项。将研发经费投入增幅列为省属工业企业必选指标,进一步加大科技创新类指标考核力度,所有省属企业一律就技术投入比率进行全国行业对标,促进企业提升核心竞争力,确保“十四五”研发投入增幅不低于年均20%。针对发展“六新”、减亏治亏、“瘦身健体”、止损挽损等“一企一策”设置考核指标,促进企业全面提升管理水平。

(五)突出底线考核

山西省将资产负债率和“腾笼换鸟”完成情况作为限制约束指标,只扣分不加分,起到类似“一票否决”的作用,倒逼企业完成省委、省政府下达的战略性任务。

七、山西省国资委监管企业负责人考核与选人用人机制改革情况

(一)负责人考核与选人用人情况

2020年,按照山西省委安排部署,山西省国资委监管省属企业领导班子全部由山西省委组织部管理。

(二)人才队伍建设情况

2020年,山西省国资委以习近平新时代中国特色社会主义思想为指导,全面贯彻党的十九大精神和习近平总书记视察山西重要讲话重要指示精神,坚持党管干部、党管人才原则,进一步加强工作部署,落实重点任务,不断激发三支人才队伍活力。

1. 完善顶层设计,系统推进工作开展。

为深入贯彻落实习近平总书记视察山西重要讲话重要指示精神,进一步加强党对国有企业的领导,在多方研究学习的基础上,山西省国资委与山西省纪委、省委组织部联合印发《省管企业领导人员任职和公务回避管理办法(试行)》,围绕企业领导人员任职、从业中的敏感点,坚持关口前移,在制度层面主动构建预防机制,积极营造公平公正的人才发展环境。为健全完善省属企业人才培育制度机制,用好用活各类优秀人才,山西省国资委印发《关于加快省属企业人才培育的实施办法》《提升省属企业引才育才动力实施细则》,重点围绕人才引进、培养、激励等方面,提出改革创新举措,着力破解当前人才工作存在的体制性、机制性、政策性、制度性问题,构建具有较强竞争力的人才制度优势。为提升企业领导人员宏观政策把控能力,按照山西省委、省政府工作安排,山西省国

资委研究起草《省管企业各层级领导人员测评考试实施方案》，拟对省属企业及所属各级子公司的董事、监事、经理层人员，以及后备人选进行考试测评，助力企业领导人员进一步坚定理想信念，提升能力素质。进一步贯彻落实《省属企业人才工作考核评价办法》，山西省国资委研究拟定《省属企业人才工作专项考核方案》，将人才工作考核纳入企业党建目标责任和领导班子年度综合考核评价，不断加强对党组织领导经济工作能力的考核。

2. 聚焦工作职责，做精做细人才工作主业。

一是创新培训模式。为加速推动山西省国资国企改革发展，提升省属企业面对严峻国际形势和复杂经济局面的责任感和使命感，山西省国资委联合上海财经大学组织“国企改革大决战——‘五突破’和‘一加强’操作指引”线上直播培训，各省属企业集团领导班子全体成员、重要子分公司负责人、涉及学习内容的有关部门负责人及山西省国资委机关干部 6687 人次观看直播，300 余人进行在线交流、提问，进一步拓展参训学员的工作思路，增加对国企混合所有制改革的理解和掌握。为提升省属企业领导干部治企兴企强企能力，山西省国资委与山西省委组织部联合举办省管企业中青年经营管理人员专业化能力提升培训班，进一步提升省属企业中青年领导干部政治能力、领导能力和专业能力，拓展参训学员国际视野、强化战略思维。举办省管企业领导班子成员专业化能力提升专题培训班，利用周末时间在山西省委党校开展高端讲座，进一步提升省属企业“一把手”及班子成员把握新时代市场规律和科学决策的能力水平，为山西转型综改和高质量发展提供强大支撑。

二是加快高端人才集聚。山西省国资委积极组织推荐省属企业参加各类人才申报。2020 年，省属企业获评第六批新兴产业领军人才 12 人、第七批学术技术带头人 26 人。开展博士后科研工作站新设站、省筹资金资助出国留学人员申报工作。协助第六批新兴产业领军人才签订项目资助合同书，组织省属企业申报太原市对人才培养单位奖励、对博士后科研工作(流动)站进站博士后奖励有关事宜，进一步鼓励广大优秀人才勇于创新，智力报国。积极配合山西省委组织部举办各类招才引智工作，2020 年 10 月，在北京举办的山西省人才引进暨选调生政策宣介活动中，焦煤集团、同煤集团、华阳新材料、潞安化工、云时代公司等 5 户省属企业开展招聘活动，形成良好的引才示范效应。11 月，配合山西省委组织部启动“才聚三晋、晋展其才”人才宣传服务月活动，山西省国资委及省属企业 20 项活动列入其中，在全社会营造重视人才、尊重人才、优待人才、服务人才的浓厚氛围。山西省国资委配合山西省委组织部组织举办院士专家山西行活动，认真梳理省属企业院士专家需求，选派省属企业有关专家全程陪同来晋院士开展走访、咨询服务，充分发挥各方面人才作用，为省属企业转型发展蹚新路提供强大智力支撑。

三是做好基础数据统计工作。山西省国资委开展 2019 年度公有经济企业经营管理人才、专业技术人才统计报表填报工作，截至 2019 年底，各省属企业三支人才队伍总数 41.7 万人，其中经营管理人才 18.7 万人、专业技术人才 20.3 万人、高技能人才 13.3 万人，三支人才队伍稳步增长，为省属企业发展壮大提供坚强的人才保障。根据山西省委人才办工作安排，山西省国资委汇总统计省属企业近五年来人才流动情况，并对人才流出情况进行原因分析，提出吸引人才、留住人才的对策建议。梳理 2017 年以来牵头制定的有关人才方面的规范性制度文件，整理文件落实情况，提出落实不到位的方面，进一步督促企业做好贯彻落实工作。对“三晋英才”中的海外博士进行统计，统计省委联系专家变动情况，进一步掌握各类人才情况，扎实做好各项基础工作。

四是拓宽外部董事来源渠道。为进一步完善董事会专业结构，提升董事会决策水平，积极推进面向社会征集外部董事人才库人选工作，结合省属企业外部董事队伍建设实际，山西省国资委启动“面向社会公开征集外部董事人才库人选”工作，拟通过第三方人力资源机构充实外部董事人才，并起草《外部董事人才库人选征集工作情况报告》。

3. 加强统筹协调，持续创优发展环境。

一是健全人才工作机制。山西省国资委继续落实山西省委《关于深化人才发展体制机制改革的实施意见》，健全党管人才领导体制和工作机制。印发《关于调整中共山西省人民政府国有资产监督管理委员会委员会人才工作领导小组成员的通知》;各省属企业均按照要求不断建立健全人才工作领导小组和人才工作机构,配备工作人员,形成“一把手”负总责、分管领导负责抓、职能部门具体抓、相关部门协同抓的工作格局。

二是注重发挥统筹作用。山西省国资委认真落实山西省委人才工作领导小组会议精神,及时传达有关会议要求,召开省属企业人才工作专题会议 5 次,对各项重点工作进行安排部署,并及时将中央、省委的有关会议精神传达至有关省属企业。组织召开山西省国资委党委人才工作领导小组会议暨省属企业人才工作部署会。参加山西省委人才工作领导小组第十三次会议,审议《山西省“一事一议”支持人才发展实施办法》等文件,审定第六批山西省新兴产业领军人才名单,进一步强化人才意识,扛起抓人才“第一资源”政治责任。

三是加强宣传舆论引导。针对人才政策“碎片化”问题,山西省国资委在官方网站、微信公众号、各省属企业的门户网站公开发布《山西省省级人才政策清单》《山西省人才服务事项清单》,同时配合山西省委组织部深入山西转型综改示范区开展“送政策送服务助转型促发展”活动,进一步解读人才政策,强化省级人才政策宣传推介。配合山西省委人才办举行山西省人才新政“十二条”新闻发布会,并在发布会上着重就企业引才聚才方面答记者问,进一步加大对山西人才新政“十二条”的宣传力度,切实提升山西人才政策的知晓度和影响力。

八、山西省国资委监管企业党的建设和廉政建设情况

(一)强化党建引领,坚持改革发展正确政治方向

一是坚持把政治建设摆在首位。山西省国资委党委及监管企业党委坚决落实“第一议题”要求,坚持把学习贯彻习近平新时代中国特色社会主义思想,特别是习近平总书记关于国资国企改革发展和党的建设重要论述,作为党委“第一议题”、理论学习中心组学习“首要议题”,持续增强“四个意识”、坚定“四个自信”、做到“两个维护”。做深做细做实政治监督,山西省国资委党委制定《重大决策部署跟踪办理办法》,建立台账跟踪督办,推动党中央及省委、省政府重大决策部署落实落地。山西省国资委党委和各省属企业党委坚决扛起巡视整改政治责任,确保整改任务部署到位、责任到位、落实到位,坚持举一反三,使整改成果成为加强党的建设、推动改革发展的重要力量。

二是全面加强党的领导党的建设。山西省国资委党委严格执行民主集中制,重新修订《中共山西省国资委委员会工作规则》。全面加强国企党建,完善现代企业制度,推动党的领导与完善公司治理相统一,制定《关于进一步推进省属企业贯彻落实“三重一大”决策制度的实施办法》《省管企业党委前置研究讨论重大经营管理事项清单示范文本》,修订省属国有企业党建工作责任制考核指标,把党组织领导经济工作能力首次纳入党建工作责任制考核指标,推动党建责任制与生产经营责任制有效联动,党建工作与生产经营深度融合。织密党的组织体系,理顺重组、新组建省属企业党的组织关系,现场检查 7 户企业换届工作,常态化整顿软弱涣散基层党组织 46 个,基层党组织组织力进一步提升。

三是全面加强党的宣传思想和统战群团工作。山西省国资委召开学习贯彻党的十九届五中全会精神报告会,主要负责人在全省国资国企系统作宣讲报告,并深入车间一线开展基层宣讲,山西省国资国企系统组织系列宣讲 18300 余场,覆盖 156 万余人次。召开省属企业党委中心组学习《习近平谈治国理政》第三卷经验交流会,在全系统开展纪念建党 99 周年“七个一”系列活动。加强山西省国资系统党外代表人士队伍建设,召开省属企业共青团改革推进会,进一步汇聚省国资国企改革发展共识力量。严格落实意识形态工作责任制,全年处置舆情 50 件,未发生重大舆情事件。

(二)坚决一体推进“三不”建设,推动全面从严治党向纵深发展

一是坚持落实落细“两个责任”。山西省国资委党委及监管企业党委不断完善和落实全面从严治党责任制度,贯彻落实《党委(党组)落实全面从严治党主体责任规定》,制定《中共山西省国资委委员会及其成员落实全面从严治党主体责任清单》及 2020 年任

务安排，督促指导省属企业党委制定落实全面从严治党主体责任清单。聚焦责任落实拧正拧紧管党治党螺栓，组织召开省属企业党风廉政建设和反腐败工作会议、省属企业党委书记抓基层党建工作述职评议会议，紧紧抓住责任制这个"牛鼻子"，不断压实全面从严治党责任，贯通落实主体责任、第一责任人责任和班子成员"一岗双责"，确保全面从严治党各项工作落细落实，为山西省国资系统坚决践行"在转型发展上率先蹚出一条新路来"的重大历史使命提供坚强的政治保证。

二是坚持驰而不息纠治"四风"。从严落实中央八项规定精神，重申山西省纪委监委"十个严禁"和山西省国资委党委"十不准"作风纪律要求，山西省国资委与山西省纪委监委驻省国资委纪检监察组联合赴省属企业开展"两节"检查，严防"四风"问题在省国资系统反弹回潮。突出整治形式主义、官僚主义，扎实开展基层减负专项整治，紧盯突出问题，坚持减文、减会、减督查检查、加服务的"三减一加"总体要求，2020年，山西省国资委召开重大会议次数比上年下降20%，印发文件数量比上年下降11%，省属企业党建工作目标责任制考核指标数从2019年的40项缩减为17项，缩减58%。

三是综合治理效能整体提升。山西省国资委党委坚持把纪律挺在前面，严明党的政治纪律和政治规矩，第一时间召开党委会议通报有关人员涉嫌严重违纪违法接受省纪委监委纪律审查监察调查情况，并开展以案促改、警示教育。深入推进反腐败专项斗争，制定加强省属企业境外腐败治理工作方案，深入开展境外腐败治理，为进一步强化境外国有资产监管提供坚强纪律保证。将"三零"创建作为"一把手"工程，列入2020年度省属企业党建工作责任制考核指标，经验在全省转发。持续抓好扫黑除恶专项斗争，工作成效得到省委督导组充分肯定。持续攻坚化解省属企业信访积案，信访考核在省直单位中排名第一。

（三）持续推进党风廉政建设和反腐败工作

一是强化政治监督。山西省国资委党委和监管企业党委始终把政治建设摆在首位，切实增强"四个意识"、坚定"四个自信"、做到"两个维护"。2020年1月，召开原山西省国资委党委管理企业纪委书记述职评议会，8户原委管企业纪委书记进行述职。二是强化疫情防控监督。牢固树立"监督执纪问责工作服从服务于疫情防控大局"的意识和观念，着力在科学精准稳慎有效上下功夫。先后围绕统筹推进疫情防控和复工复产、疫情防控中整治形式主义、常态化疫情防控等重点工作，全系统处置疫情防控相关问题线索28件、立案7件、处分9人。三是督促巡视整改任务落实。2020年4—7月，山西省委第二巡视组对山西省国资委党委开展常规巡视，提出6个方面的问题，全部整改完毕；同时认真做好巡视移交问题线索处置工作，巡视组移交问题线索和信访件6件，均办结。四是注重营造风清气正的政治生态。全年进行党风廉政意见回复150人次，组织山西省国资委新任职领导干部廉政谈话4批32人次，建立完善省国资国企系统领导干部廉政档案210份。五是加大办案力度。山西省国资国企系统纪检监察机关接受信访举报2512件次，其中，自收684件次，比上年下降43%；省纪委监委转来1828件次，比上年下降14.5%；处置问题线索1688件，比上年下降14.6%；立案597件，给予党纪政务处分970人，组织处理191人。六是做好"伞网清除"工作。全年处置相关问题线索43件，其中初步核实31件、谈话函询1件、直接了结7件、立案4件，给予党纪政务处分28人；办结41件，报送省监委指定办理2件。七是开展能源领域反腐败专项行动。山西省国资国企系统全年查处相关问题23件，给予党纪政务处分43人，组织处理17人。

（撰稿人：赵　樾）

内蒙古自治区

一、内蒙古自治区国有资产监督管理工作综述

2020年，面对新冠肺炎疫情突然暴发、宏观环境深刻变化带来的严重冲击，内蒙古自治区国资国企系

统坚持以习近平新时代中国特色社会主义思想为指导，统筹推进疫情防控和经济发展，推动国资监管、国企改革发展党建各项工作取得新成效，实现"十三五"的圆满收官。

(一)全面做好疫情防控

在新冠肺炎疫情防控中，内蒙古自治区各级国资委和国有企业充分彰显责任担当，自治区国资委党委向企业第一时间下拨党费411万元，系统企业配套600余万元，发动党员干部职工自愿捐款940余万元，组建党员先锋队、志愿者服务队360余支，帮助基层社区缓解疫情防控缺钱缺人问题。监管企业为抗击疫情捐赠现金1060万元、物资1900余万元、减免房屋租金3610万元，国资系统30万名干部职工及家属"零感染"。电力公司在保供电基础上主动降电价，全年电力让价9.36亿元；蒙能集团确保6个盟(市)居民供暖供热安全；高路公司和公投公司减免通行费23.8亿元。民航机场呼和浩特市分公司党委获评"全国抗击新冠肺炎疫情先进集体"和"全国先进基层党组织"。

(二)稳步推动经济增长

全面落实"六稳"要求、强化"六保"举措，克服重重困难，化解各类风险，推动国有企业在多重冲击下取得较好经营业绩。2020年，自治区国资委监管企业实现营业收入2044.63亿元，比上年增长5.94%；受疫情影响，在高路公司亏损18.41亿元、民航机场亏损3.03亿元、航旅集团亏损2.53亿元情况下，监管企业整体盈利11.55亿元。电力公司、包钢集团分别实现利润总额22.57亿元、15.91亿元，环投集团、蒙能集团利润总额分别比上年增加0.46亿元、0.45亿元，能建集团、盐业公司比上年分别减亏7.81亿元和0.56亿元。盟(市)、旗(县)级企业营业收入比上年增长6.67%，利润总额比上年减亏2.96亿元，锡林郭勒盟、赤峰市、呼伦贝尔市、巴彦淖尔市、阿拉善盟、呼和浩特市等地利润实现增长。

(三)持续深化国企改革

落实《国企改革三年行动方案(2020—2022年)》，组织起草《自治区国企改革三年行动实施方案》，经自治区党委深改委第十二次会议审议通过。一是市场化经营机制进一步健全。包钢集团、蒙能集团探索对部分所属子公司经理层成员实行任期制和契约化管理。自治区国资委监管企业全年压减法人单位94户，电力公司、能建集团的9户五级企业全部处置完毕后监管企业管理层级控制在四级以内。在11户监管企业中开展"总部机关化"问题专项治理。二是混合所有制改革积极稳妥推进。利用产权交易中心平台发布监管企业第二批混合所有制改革项目47个。包钢集团和电力蒙能物业、蒙能兴安热电深入推进国家第三批、第四批混合所有制改革试点工作。包钢铁捷物流公司等混合所有制改革企业深入转换经营机制，运营效率和发展活力大幅提升。三是剥离办社会职能和解决历史遗留问题基本完成。全力推动国企退休人员社会化管理工作，组织集中培训2次、座谈交流10次和现场推进会12次，会同自治区党委、政府督查室开展两轮督查，整体完成率99.8%。协调推动解决森工集团历史遗留问题，积极向自治区党委、政府汇报请示，"一揽子"解决森工享受事业待遇的8000多名退休人员历史遗留问题，彻底解决森工集团积攒16年的信访积案。大力推动清理拖欠民营企业中小企业账款工作，自治区国有企业累计清偿无分歧欠款15.31亿元。蒙能集团、交投集团改革经验入选《改革样本:国企改革"双百行动"改革案例集》，包头稀土研究院、内蒙古电力勘测设计院2户"科改示范企业"积极推进改革方案落地。

(四)有效提升监管效能

一是以管资本为主加快职能转变。对权责清单实行动态调整，制定实施国资监管工作提示函和通报工作规则，及时发现和处置企业风险隐患。内蒙古自治区国资监管与国企服务大数据平台建成并试运行，实现对监管企业"三重一大"决策、财务、产权、投资等方面的在线监管。交投集团、公交投集团等企业交由自治区国资委直接监管，纳入集中统一监管体系的经营性国有资产总量占应脱钩企业资产的99.7%以上。乌兰察布市将市属7家企业出资人全部变更为自治区国资委，呼伦贝尔市制定本级经营性国有资产集中统一监管实施方案。二是加强法律风险防范机制建设。推行法律顾问制度，监管企业全部设立法务部门，10户配备总法律顾问，企业规章制度、经济合同和重大决策法律审核率100%。三是加强对12个盟（市）国资监管业务指导。自治区国资委先后20余次赴盟（市）国资委指导对接工作，多次组织参加国务院国资委举办的业务培训，盟（市）国资监管能力水平大幅提升，自治区国资监管"一盘棋、大格局"加快形成。

（五）大力加强党的领导党的建设

一是加强思想政治建设。深入学习习近平新时代中国特色社会主义思想，举办2场专题讲座，各监管企业举办91场宣讲报告会。自治区国资委党委认真落实党委理论学习中心组学习制度，对巡听旁听作出安排，召开理论学习中心组学习研讨（扩大）会，深入学习研讨党的十九届五中全会精神，17户监管企业党委主要领导和自治区国资委机关29名副处级以上干部参加。二是充分发挥企业党委的领导作用。指导森工集团、交投集团等新纳入集中统一监管体系的企业完成党建要求进章程。会同党委组织部印发《自治区国有企业党组织前置研究事项清单》示范文本，16户监管企业制定前置研究事项清单。三是加快夯实党建基层基础。深化"四强四优"创建，消除党员空白班组112个，产业工人和高知识群体在新发展党员中占比85%。深入推进抓党建促脱贫，高质量完成机关定点脱贫帮扶任务，区属企业完成274个贫困村定点脱贫帮扶任务。四是党风廉政建设和反腐败工作向纵深推进。制作《国企"硕鼠"》廉政警示教育片，召开国资系统廉政警示教育大会。组建自治区国资委党委巡察办，对5户委管企业开展常规巡察。组成3个督导组对10户监管企业落实自治区党委巡视反馈问题整改情况进行督导。集中清理监管企业28名领导班子人员兼任的49个领导职务。严肃查处靠企吃企、关联交易、以权谋私等案件。

（六）倾全力推进煤炭领域专项整治所承担任务

坚决贯彻自治区党委、政府关于专项整治的各项决策部署，以高度的政治自觉和强烈的责任担当抓好所承担各项工作。问题排查阶段，成立国企改制国资监管审核专项组，抽调30名骨干组成6个小组，对104个区直部门、企业及12个盟（市）的253个项目开展实地排查，发现问题189个。问题核查阶段，带领自治区第七核查组，深入赤峰市、通辽市、兴安盟开展为期2个月的实地核查，完成408户煤炭企业和53个规划主体818个项目的核查任务，发现问题项目439个、具体问题814个。问题整治阶段，成立企业改制国资监管整治小组，对自治区涉及改制的398户企业462个问题进行研判审查，到鄂尔多斯等重点盟（市）督导调研，派出5个督导组指导盟（市）整治各类问题，截至2020年底，在问题70%涉损、60%涉案的情况下整治完成率65%。认真履行自治区追损挽损工作小组办公室职责，实施追损挽损攻坚行动，区分6种情形明确追损挽损方法路径，建立日例会、日报、旬报等制度，全力推进追损挽损工作，在历史跨度长、问题交织交错、极其复杂的情况下，较好地完成追损挽损阶段性目标任务。

二、内蒙古自治区国有资产总量与结构分析

表1　2020年内蒙古自治区国有企业指标

项　目	金　额(亿元)
资产总额	26752.86
所有者权益	10320.24
国有资产总量	9642.73
营业收入	2783.91
利润总额	−29.33
净利润	−52.27
归属于母公司所有者的净利润	−63.09
应交税费总额	134.92
实际上缴税金总额	141.96

表2　2020年内蒙古自治区国有企业户数情况

2019年户数(户)	2020年户数(户)	比上年增长(%)
2853	2986	4.66

表 3　2020 年内蒙古自治区国有资产按地区分布情况

地　区	国有资产(亿元)	占国有资产总量比重(%)
区属企业	2449.25	25.40
盟(市)企业	7193.48	74.60
呼和浩特市	626.88	6.50
包头市	1065.14	11.05
乌海市	267.47	2.77
赤峰市	1388.57	14.40
通辽市	528.97	5.49
鄂尔多斯市	1461.55	15.16
呼伦贝尔市	809.83	8.40
巴彦淖尔市	157.38	1.63
乌兰察布市	244.70	2.54
锡林郭勒盟	244.58	2.54
兴安盟	154.09	1.60
阿拉善盟	244.33	2.53
合　计	9642.73	100.00

表 4　2020 年内蒙古自治区国有资产按行业分布情况

行　业	国有资产(亿元)	占国有资产总量比重(%)
农林牧渔业	154.86	1.61
工业	941.07	9.76
建筑业	1397.28	14.49
交通运输业	409.71	4.25
仓储业	21.94	0.23
商贸业	121.47	1.26
房地产业	325.66	3.38
信息传输、软件和信息技术服务业	36.42	0.38
社会服务业	5802.07	60.17
教育文化广播业	233.07	2.42
科学研究和技术服务业	109.97	1.14
金融业	60.49	0.63
其他	28.72	0.30
合　计	9642.73	100.00

表 5　2020 年内蒙古自治区国有资产按经营规模分布情况

经营规模	国有资产(亿元)	占国有资产总量比重(%)
大型企业	4617.46	47.89
中型企业	2057.06	21.33
小型企业	2115.69	21.94
微型企业	852.52	8.84
合　计	9642.73	100.00

三、内蒙古自治区国有企业地区和行业国有资本保值增值情况

表 6　2020 年内蒙古自治区国有企业地区和行业国有资本保值增值情况

地　区	国有资本保值增值率(%)	行　业	国有资本保值增值率(%)
呼和浩特市	97.50	农林牧渔业	101.39
包头市	99.08	工业	102.42
乌海市	100.95	建筑业	95.59

续表

地　区	国有资本保值增值率(%)	行　业	国有资本保值增值率(%)
赤峰市	100.58	交通运输业	92.96
通辽市	101.00	仓储业	100.40
鄂尔多斯市	93.04	商贸业	100.14
呼伦贝尔市	99.71	房地产业	98.86
巴彦淖尔市	97.12	信息传输、软件和信息技术服务业	100.46
乌兰察布市	97.41	社会服务业	98.48
锡林郭勒盟	98.63	教育文化广播业	100.17
兴安盟	99.83	科学研究和技术服务业	115.35
阿拉善盟	100.43	金融业	100.65
		其他	99.65

四、内蒙古自治区国资委监管企业改革发展情况

（一）加快完善现代企业制度

指导森工集团、交投集团、高路公司、水投集团等4户企业修改公司章程，将党建要求写入其中，保障企业党组织法定地位，厘清各治理主体权责边界。加强企业集团层面规范董事会建设，向5户监管企业充实8名外部董事。建立外部董事和总会计师人才库，遴选39名外部董事和60名总会计师人才入库。组织修订企业董事会规范运作办法、董事会和董事评价办法、外部董事履职指南等文件，完善企业董事会年度工作和重大事项向自治区国资委报告制度。

（二）健全企业市场化经营机制

继续深化内部三项制度改革，列入企业经营业绩考核目标体系。在包钢集团等企业开展任期制和契约化管理，推动落实中长期激励制度。制定《关于建立企业合规管理体系的指导意见》，提高企业合规管理能力。大力推进企业管理体系和管理能力现代化，8月27日组织召开对标行业一流企业管理提升专项行动会议，指导监管企业制定对标提升实施方案和工作清单，组织企业参加对标管理提升行动和“科改示范行动”培训会9次。开展“总部机关化”问题专项治理行动，去除“行政化”“官僚化”，提升企业现代化、市场化、法治化管理水平。加强企业安全生产、信访维稳和节能减排工作，强化责任落实，完善制度机制，开展专项治理，为确保企业生产经营正常运行营造良好环境。

（三）稳妥实施混合所有制改革

制定混合所有制改革实施方案和操作指引，4月29日通过混合所有制改革发布平台向社会发布第二批混合所有制改革项目47个，完成盐业公司所属额吉淖尔制盐公司混合所有制改革工作，募集资金8144万元，盘活放大“母亲湖”盐的资源优势。将蒙能物业、兴安热电纳入国家第四批混合所有制改革试点，推动入选国家第三批混合所有制改革试点的包钢集团所属混合所有制企业占比达到65%以上。指导新华发行集团开展上市工作，引进2家战略投资者，加快A股上市步伐。

（四）扎实开展改革示范工程

指导包钢集团、蒙能集团、交投集团等5户企业深入实施“双百行动”，推荐包头稀土研究院、电力勘测设计院纳入“科改示范行动”。继续深化包钢集团综合性改革，积极推进“两类公司”改革试点工作。

（五）大力加强法治国企建设

组织制定《关于建立企业合规管理体系的指导意见》，推进企业合规管理。组织监管企业法律事务负责人、总法律顾问和法务人员250余人次参加5期国务院国资委举办的法治大讲堂，依托内蒙古企业法律顾问协会2020年内蒙古自治区法律顾问履职能力提升专题培训班，组织监管企业法务管理者学习《中华人民共和国民法典》、九民纪要、新证据规定、合规管理等法律法规，提升法务人员的履职能力。

(六)加大困难企业帮扶力度

组成5个专项组到包钢集团调研,形成《推动包钢高质量发展实施方案》,并以自治区政办文件印发实施,多次专题研究包钢股份股票退市及平仓风险、刚性兑付风险并提出解决方案,并协调解决155.95亿元刚性兑付债务。指导高路公司开展"融资再安排",制定《存量债务化解方案》,协调落实首批240.26亿元银团贷款并置换部分存量债务。指导能建集团制定以案促改脱困发展工作方案,做好上市公司风险应对处置工作,坚决守住不发生重大风险底线。

(七)严防企业安全稳定风险

组织建立监管企业安全生产事故追责问责联席会议制度,约谈发生安全事故企业责任领导,开展安全生产专项整治三年行动和月专项活动,推动企业开展隐患排查,强化安全宣传教育和技能培训;组织制定《信访管理工作制度》,自治区国资委机关办结自治区信访网络平台转办信访件4件和自治区国资委门户网站受理信访件49件、接待群众来信来访反映问题26件300余人次,为确保企业生产经营正常运行营造良好环境。

(八)加快企业重大项目建设

2020年,指导监管企业完成投资355亿元,比上年增长20%。蒙能集团总投资49.9亿元的金山二期2×66万千瓦热电厂加快推进,5月正式开工;经协调,将能建集团持有的总投资64.7亿元的上海庙2×100万千瓦电厂的51%股权调整给蒙能集团,由蒙能集团作为项目控股投资方落实项目建设资本金和银行贷款,彻底解决项目迟迟不能开工的问题,7月正式开工。能建集团总投资26.8亿元的旗下营2×35万千瓦热电项目经协调环投、电力解决建设资金等问题,8月正式开工。指导推进水投集团引绰济辽工程,交投集团1个高铁项目建成通车,民航机场集团呼和浩特新机场项目启动实施。

(九)全面推进企业科技创新

制定实施支持监管企业科技创新的具体措施5项,在经营业绩考核中实行研发投入增量按150%视同利润加计和重大科技创新成果单项加分政策。将"科改示范行动"企业列入工资总额特殊事项清单范围,给予核心科研骨干人员工资总额单列政策。组织监管企业赴内蒙古工业大学、航天六院、显鸿科技等高校和高科技企业调研对接。

五、内蒙古自治区国资委监管企业并购重组与完善法人治理结构情况

组织编制内蒙古自治区"十四五"国有资本布局与结构战略性调整规划,为"十四五"期间进一步优化国有资本配置,推动国有资本和国有企业布局优化、结构调整和战略重组,实现质量更高、效益更好、结构更优的发展奠定制度基础。会同自治区林草局,组建内蒙古林草生态公司。会同自然资源厅完善《矿业集团重组方案》,引进山东兖矿集团完成重组工作。持续加大清理退出不具备优势的非主营业务和低效无效资产的处置力度,推动其他区直部门所属的140户小企业通过自行整合、重组、注销等方式,减少到37户。加大"僵尸企业"处置力度,截至2020年底,处置区属"僵尸企业"66户。国企转型升级基金引导金到位30亿元,投资20亿元并撬动金融机构跟投57.35亿元,助推包钢完成首期债转股。

六、内蒙古自治区国资委监管企业建立和完善经营业绩考核体系情况

坚持以强化正向激励为导向,以考核分配协同为保障,不断完善对监管企业的经营业绩考核体系,充分发挥考核的功能作用,促进国有资本保值增值,推动各监管企业高质量发展。

(一)科学设立考核体系

按不同企业类别"一企一策"设定考核指标体系和计分方法,在分类基础上,根据企业所处不同的行业、发展阶段进行特定指标体系设置和指标选择,逐步形成以企业功能分类为基础的一套具有较好引领功能和激励约束效果的考核分配制度。着眼于补短板与培育长期竞争要素,建立年度考核和任期考核有机衔接、短期目标和长期发展协同推进的目标管理体系,增强考核针对性。

（二）精准确定考核目标

由于新冠肺炎疫情暴发，出资监管企业受到不同程度影响，无论是对生产经营的不利影响，还是减税降费的政策利好，多种因素叠加导致2020年经营业绩考核目标测算、确定的难度较以往增大。因此，2020年的考核目标在整体框架基本不变的情况下，重点加强对重点工作目标的考核，引导企业更加注重深化改革、提升管理，改变以往以行业平均值为目标值的横向对标做法，引入以企业上年水平为目标值的纵向对标，引导企业自我改进、自我提升。经过对6—9月数据的跟踪分析，按照盈利企业力争盈利、亏损企业逆势减亏和坚持防控各类风险、深化国企改革、着力创新发展的主线，最终确定16户监管企业的年度考核目标。

（三）扎实推进考核工作

根据《自治区直属企业负责人经营业绩考核办法》（内国资考核字〔2015〕145号），对2019年度自治区国资委出资监管企业负责人经营业绩进行综合考核，评选并公开内蒙古电力（集团）有限责任公司、内蒙古环投投资集团有限公司、内蒙古日信担保投资（集团）有限公司、内蒙古产权交易中心有限责任公司4户A级企业。

七、内蒙古自治区国资委监管企业负责人考核与选人用人机制改革情况

（一）加强监管企业领导班子和干部队伍建设

会同自治区党委组织部，完成能建集团、环投集团、华宸信托、地质矿产集团部分领导成员和新城宾馆、威信押运主要负责人考察配备工作。协调自治区林草局等相关部门，积极推动筹备林草生态公司成立事宜，做好公司主要管理人员的推荐考察及任免工作。为香港兴源公司选配2名领导人员，完成蒙能集团、华宸信托、水投集团、农信社党委换届组织考察工作。推荐自治区国资委所属事业单位1名正处级干部到监管企业任职，加强监管企业管理人员队伍建设。完成包钢集团、电力公司、森工集团、蒙能集团、能建集团等企业中层干部调整备案批复工作，保障监管企业管理干部队伍有序更替和整体稳定。及时将新纳入自治区国资委监管企业领导人员和管理干部情况进行更新，汇总整理监管企业领导人员和中层干部信息，统筹监管企业干部队伍建设。集中清理企业领导人员兼职，清理监管企业28名领导班子成员兼任出资企业的49个领导职务。

（二）加强监管企业领导人员日常教育管理

根据自治区党委组织部工作安排，扎实做好监管企业领导班子年度考核和任期考核。认真落实领导干部个人有关事项报告制度，组织上报监管企业年度领导人员个人报告信息，做好随机抽查工作和专项整治工作，并按照随机抽查和重点抽查制度要求，把领导干部报告个人事项工作作为管理和选拔干部重要依据。配合自治区外办、出入境管理局等有关部门，做好监管企业领导人员出入境管理和因公因私护照管理，按照程序审定报批领导干部出国事宜。以“推动国有企业改革发展和党建融合”为主题，在大连高级职业经理学院举办研修班1期，对监管企业和盟（市）企业70余名管理人员进行培训，进一步提升企业领导人员管理能力和抓党建工作水平。

（三）加强监管企业人才队伍建设

参加自治区党委组织部人才工作领导小组会议，做好年度“草原英才”申报评审工作，2019年第十一批推荐经营管理类“草原英才”10人，及时将监管企业第十批“草原英才”奖补资金拨付到位。

八、内蒙古自治区国资委监管企业党的建设和廉政建设情况

（一）强化党建责任落实

研究制定自治区国资委党委工作要点，印发“两个责任”清单，确保党建责任细化落实到位。召开15次党委会专题研究党建工作，4名班子成员26次深入企业和基层党建联系点指导基层党组织建设。将党建考核在企业领导班子综合考核中的权重由过去的30%提高到40%，将监管企业落实巡视、巡察反馈问题整改情况列入考核指标，将3户党的领导弱化、党

的建设缺失、管党治党不力的企业评定为D级和E级,大幅度扣减企业领导班子成员绩效年薪和三年任期激励收入,扣减发生严重违纪违法案件的蒙能集团、能建集团主要领导、分管领导、纪委书记的绩效年薪。

(二)加强党对国有企业的全面领导

推动监管企业全部完成党建工作进章程,指导森工集团、交投集团、高路公司、水投集团等新纳入自治区国资委监管的企业完成章程修订。与自治区党委组织部联合印发《内蒙古自治区国有企业党组织前置研究事项清单》示范文本,指导企业制定前置研究讨论的事项清单。会同自治区党委组织部,推动环投集团、蒙能集团、农信社、水投集团、华宸信托等5户企业完成党委换届工作。制定完善国有企业意识形态工作测评体系、意识形态工作责任清单和突发网络舆情应急预案,压紧压实意识形态工作的领导责任。

(三)提升国企党组织政治功能

建立"第一议题"制度,明确把学习贯彻习近平总书记重要讲话、重要指示批示精神作为"第一议题"。举办2场专题讲座,各企业举办91场宣讲报告会,持续抓好习近平新时代中国特色社会主义思想宣传宣讲。12月22日,召开党的十九届五中全会精神中心组学习研讨(扩大)会,17户监管企业党委主要领导和自治区国资委机关29名副处级以上干部参加,自治区党委宣传部、直属机关工委4名巡听旁听员到会指导并给予充分肯定。巩固深化"不忘初心、牢记使命"主题教育成果,问题整改率98%。"提高国有企业党建工作水平研究"课题获得自治区党建研究会调研课题特等奖。举办基层党组织书记示范培训班、党员发展对象培训班2期,组织国有企业党组织负责人和党务工作人员深入学习贯彻《中国共产党国有企业基层组织工作条例》。深化"四强四优"创建,开展提升国有企业党建工作质量行动,组织开展向先进典型于海俊学习活动,推动各企业广泛开展党员承诺践诺、党员示范区、党员志愿服务等活动。持续优化基层党组织设置,消除空白班组112个,产业工人和高知识群体中新发展党员占比85%。

(四)推进党风廉政建设和反腐败斗争

一是带头廉洁自律。自治区国资委党委领导班子成员坚持严格依纪依法依规办事,主动接受各方面监督,管好家人和身边工作人员,自觉做廉洁从政的表率,从未插手、干预监管企业在招投标、工程建设、物资采购等领域的问题。二是深化警示教育。制作《国企"硕鼠"》廉政警示教育片,召开警示教育大会。各监管企业累计开展警示教育556场次,22000余名科级以上党员干部接受教育。三是加强制度建设。制定加强企业内控体系建设、混合所有制改制操作指引、企业阳光采购、资金管控等制度,制定实施《国资监管工作提示函工作规则》《国资监管通报工作规则》,强化权力制约和监督。四是做好巡察工作。组建自治区国资委党委巡察办,组成2个巡察组对5户监管企业开展常规巡察,发现问题73项、移送问题线索6条。组成3个督导组对10户监管企业落实自治区党委巡视组反馈问题整改情况进行督导。五是强化以案促改。推动包钢集团、蒙能集团、能建集团等企业以案为鉴、以案促改,重点指导能建集团制定以案促改脱困发展工作方案并抓好落实,会同自治区纪委监委就以案促改特别是重大项目建设推进不力问题约谈能建集团党委书记(董事长)、总经理和纪委书记。六是加强作风建设。严格执行关于调查研究、精文简会、办公用房、公务用车、厉行节约反对浪费的各项规定,坚决整治违反中央八项规定精神突出问题。七是保持反腐败高压态势。国资系统纪检监察机构受理信访举报686件,处置问题线索877件,立案281件,给予党纪处分161人、政务处分269人。

(撰稿人:赵　发)

辽宁省

一、辽宁省国有资产监督管理工作综述

2020年,辽宁省国资国企系统深入学习贯彻习近平新时代中国特色社会主义思想,党的十九大和十九

届二中、三中、四中、五中全会精神，积极应对新冠肺炎疫情带来的严峻考验，全面做好“六稳”工作、落实“六保”任务，统筹抓好疫情防控、生产经营和改革发展各项工作，国有经济总体保持平稳运行。

（一）积极应对疫情影响

省、市国资委坚持科学精准应对，组织国有企业统筹抓好疫情防控与生产经营。一是辽宁省国有企业充分发挥“顶梁柱”作用。在确保供水供暖供粮安全、确保陆海空交通运输顺畅、确保重要抗疫物资如期完成生产任务等方面作出重要贡献。二是落实减免房租任务。累计为2.1万户中小微企业和个体工商户减免房租3.4亿元，有力带动全产业链复工复产。三是逐步实现企稳回升。辽宁省国资国企攻坚克难、深挖潜力，努力推动企业减亏增效。2020年，省属企业实现营业收入3589.5亿元，比上年下降1.18%。营口、朝阳、盘锦等市的市属企业净利润实现增长。凌钢、沈鼓、沈阳燃气、大连橡塑等市属企业净利润实现两位数增长。

（二）深入推进供给侧结构性改革

以推动高质量发展为主题，以改革创新为根本动力，抓重点、补短板、强弱项。一是“处僵治困”稳步推进。采取破产清算、改制重组等多种方式，完成“僵尸企业”处置519户。二是推动创新升级。沈鼓集团、瓦轴集团通过强化科技创新与推进转型升级，企业经营发展得到有力支撑。三是历史遗留问题有效解决。驻辽中央企业基本完成厂办大集体改革，关闭或重组改制企业967户，鞍钢与厂办大集体企业实现彻底分离。辽宁省国有企业退休人员社会化管理工作提前完成，各市接收退休人员社会化管理服务136万人。

（三）有效落实国资国企改革重点任务

按照《加快推进辽宁省国资国企改革专项工作方案》安排，明确重点任务，实施台账管理，深入抓好各项工作落实。一是董事会建设进一步加强。符合条件的省属企业实现外部董事应派尽派，16户企业外部董事达到或超过半数。本溪、营口市属企业建立外部董事制度。沈阳市属企业实现外部董事全覆盖。二是市场化经营机制逐步建立。省属企业内部三项制度改革专项行动扎实推进，制定《省属企业市场化选聘经理层成员实施细则（试行）》，辽控集团开展市场化选聘经理层副职。沈阳市完成8户市属企业12个经理层岗位市场化选聘工作。三是混合所有制改革积极稳妥推进。通用技术集团与沈阳机床集团完成战略重组，环保集团、沈鼓集团积极寻找战略投资者，能源控股集团所属新能源板块和辽宁成大生物上市稳步推进，辽宁省建设科学研究院完成混合所有制改革并同步实施员工持股。

（四）加快完善以管资本为主的国资监管体制

积极推进国资监管机构职能转变，改进完善国资监管方式，切实提高监管的针对性、有效性。一是转变国资监管职能。辽宁省政府办公厅印发《省国资委以管资本为主推进职能转变方案》，推进简政放权，辽宁省国资委取消、下放、授权监管事项29项。二是出台权责清单。修订印发《省国资委权责清单（2020年版）》，调整确定国资监管职权26项，进一步明确国资监管机构与出资企业权责边界。三是改革国有资本授权经营体制。首家省属国有资本运营公司——辽控集团推进新动能基金建设、票据发行、资产收购等业务有序开展。在能源控股集团等5户省属企业开展第二批国有资本投资公司试点，辽宁省14个市均开展国有资本投资、运营公司改组组建工作。

（五）全面加强党的领导党的建设

认真贯彻落实新时代党的建设总要求，压实管党治党责任，提高党建工作水平，为国资国企改革发展提供坚强保证。一是加强党的政治建设。巩固深化“固元铸魂”“固本强基”工程，推动习近平新时代中国特色社会主义思想大学习、大普及、大落实。巩固深化“强党建、兴国企”行动，制定印发《省属企业党委前置研究讨论事项清单示范文本（试行）》，出台《辽宁省省属企业党建工作责任制考核评价办法》，推进党的领导和公司治理相统一。二是党组织和党员干部在疫情防控中冲锋在前。4000多个基层党组织、8万多名党员干部职工冲在前干在前，接受实战考验，多家企业受到表彰。三是推进党风廉政建设和反腐败工作。召开辽宁省国资委机关暨省属企业党风廉政建设和反腐败工作会议，推动“两个责任”

向基层传导压实。深入开展警示教育,开展"以案释纪明纪、不忘初心使命"警示教育活动。保持反腐败高压态势,严肃查处违纪违法案件,持续推进反腐败工作走向深入。

二、辽宁省国有资产总量与结构分析

截至2020年底,辽宁省地方国有企业资产总额28907.7亿元;负债总额15992.5亿元;所有者权益12915.2亿元;平均资产负债率55.32%;累计实现营业收入3589.5亿元;利润总额-50.4亿元;应交税费总额161.3亿元,实际上缴税费总额170.3亿元。

表1　　2020年辽宁省国有企业指标

项　目	金　额(亿元)
资产总额	28907.7
所有者权益	12915.2
国有资产总量	11510.8
营业收入	3589.5
利润总额	-50.4
净利润	-74.8
归属于母公司所有者净利润	-87.7
应交税费总额	161.3
实际上缴税费总额	170.3

2020年,辽宁省纳入统计范围的各级地方国有企业4858户,比上年增加23户,增长0.48%。

表2　　2020年辽宁省国有企业户数情况

2019年户数(户)	2020年户数(户)	比上年增长(%)
4835	4858	0.48

2020年,辽宁省国有资产总量11510.8亿元,其中,省属企业国有资产总量2714.5亿元、各市(含市、县区属企业)管理企业国有资产总量8796.3亿元。

表3　　2020年辽宁省国有资产按地区分布情况

地　区	国有资产(亿元)	占国有资产总量比重(%)
省属企业	2714.5	23.58
各市汇总	8796.3	76.42
沈阳市	1512.7	13.14
大连市	3405.6	29.59
鞍山市	576.0	5.00
抚顺市	305.3	2.65
本溪市	29.4	0.26
丹东市	22.3	0.19
锦州市	180.0	1.56
营口市	772.2	6.71
阜新市	9.3	0.08
辽阳市	64.7	0.56
铁岭市	233.8	2.03
朝阳市	54.1	0.47
盘锦市	1405.5	12.21
葫芦岛市	225.5	1.96
合　计	11510.8	100.00

从行业分布上看,辽宁省国有资产主要分布在社会服务业、工业、房地产业、建筑业、金融业、交通运输业等6个行业,合计占辽宁省国有资产总量的96.07%。

表4　　2020年辽宁省国有资产按行业分布情况

行　业	国有资产(亿元)	占国有资产总量比重(%)
农林牧渔业	167.1	1.45
工业	969.7	8.42
建筑业	629.1	5.47
交通运输业	576.2	5.01

续表

行业	国有资产（亿元）	占国有资产总量比重(%)
仓储业	43.2	0.37
商贸业	11.8	0.10
房地产业	831.5	7.22
信息传输、软件和信息技术服务业	10.3	0.09
社会服务业	7424.0	64.50
教育文化广播业	57.0	0.49
科学研究和技术服务业	116.2	1.01
金融业	627.5	5.45
其他	47.3	0.41
合　计	11510.8	100.00

从经营规模上看，辽宁省国有资产主要集中在大型企业，占辽宁省国有资产总量的 62.35%。

表 5　2020 年辽宁省国有资产按经营规模分布情况

经营规模	国有资产（亿元）	占国有资产总量比重(%)
大型企业	7177.0	62.35
中型企业	1399.8	12.16
小型企业	1743.4	15.15
微型企业	1190.7	10.34
合　计	11510.8	100.00

三、辽宁省国有资本保值增值综合分析评价

2020 年，辽宁省国有资产保值增值率 99.09%，其中，省属企业保值增值率 98.87%、各地（市）保值增值率 99.16%。从行业看，农林牧渔业、建筑业、仓储业、科学研究和技术服务业、金融业实现国有资本保值增值。

表 6　2020 年辽宁省国有企业地区和行业国有资本保值增值情况

地区	国有资本保值增值率(%)	行业	国有资本保值增值率(%)
辽宁省汇总	99.09	农林牧渔业	103.37
省属企业	98.87	工业	99.78
各市汇总	99.16	建筑业	100.06
沈阳市	99.25	交通运输业	97.48
大连市	98.13	仓储业	100.46
鞍山市	99.05	商贸业	94.51
抚顺市	100.63	房地产业	98.76
本溪市	95.67	信息传输、软件和信息技术服务业	98.43
丹东市	93.62	社会服务业	99.59
锦州市	97.87	教育文化广播业	98.77
营口市	100.01	科学研究和技术服务业	101.09
阜新市	85.94	金融业	100.60
辽阳市	96.80	其他	96.58
铁岭市	100.91		
朝阳市	100.20		
盘锦市	101.35		
葫芦岛市	97.47		

四、辽宁省国资委监管企业改革发展情况

（一）积极稳妥推进混合所有制改革

央地企业合作取得新进展，通用技术集团与沈阳机床集团完成战略重组。针对疫情影响，采取线上线下相结合的方式推介 69 个辽宁省国有企业混合所有制改革项目，环保集团、沈鼓集团积极寻找战略投资者，能源控股集团所属新能源板块和辽宁成大生物上市稳步推进，辽宁省建设科学研究院完成混合所有制改革和员工持股。

(二)加快推进历史遗留问题解决

支持驻辽中央企业完成厂办大集体改革,关闭或重组改制企业968户,安置职工20.3万人。辽宁省国有企业退休人员社会化管理提前完成,各市接收退休人员社会化管理服务136万人。鞍钢110余户厂办大集体企业将股权正式划转到鞍山市政府,作为独立市场主体,成为新的地方国企。

(三)深入推进供给侧结构性改革

采取依法破产、清算注销、改制重组、管理提升等方式,全年完成"僵尸企业"处置519户。加快开放合作、创新发展步伐,本钢集团钢材出口量继续位居全国同行业前列,大连重工·起重、沈鼓集团、瓦轴集团通过强化创新与转型升级,经营形势逆势上扬,全年营业收入、利润总额实现大幅度增长。

五、辽宁省国资委监管企业并购重组与完善法人治理结构情况

(一)强化制度建设

一是制定印发《关于进一步规范省属企业董事会建设有关问题的意见》,从增强董事会决策功能、强化董事会决策事项准备、完善外部董事履职支撑服务、健全沟通机制等6个方面对企业的董事会建设和外部董事制度建设进行规范和指导,积极促进各企业加强董事会建设。二是制定出台《省属企业市场化选聘经理层成员实施细则(试行)》(以下简称《细则(试行)》)。《细则(试行)》明确操作程序、操作要点、纪律约束、激励措施等方面内容,并对组织实施提出工作目标和节点任务。

(二)实施董事会工作报告制度

对17户省属企业董事会报告进行审议,对董事会规范运行、专门委员会作用发挥、董事会与经理层权责划分、上年度反馈问题整改落实等方面情况逐项进行考核评价,并提出有针对性的意见建议,确定省属企业董事会规范运作的等次。

(三)开展第二批外部董事委派

坚持"一企一策"原则,根据企业需求、人员专业经历等情况,研究制定《第二批省属企业外部董事专业构成及人选计划》,通过与国务院国资委、辽商总会、省地方金融监管局等部门沟通协调,扩大外部董事人选来源渠道。向省属企业派出包括国务院国资委党委管理的企业退休领导人员、专职外部董事、中央企业党委管理的退休领导人员和民营企业家、行业专家学者在内的外部董事26名,实现外部董事委派应派尽派,16户企业外部董事在董事会达到或超过半数,沈阳市市属企业完成外部董事全覆盖,73%的企业实现外部董事占多数,本溪市、营口市部分市属企业建立外部董事制度,实现"1+1+N"辽宁外部董事委派目标。

(四)加强外部董事履职服务保障

一是印发《省属企业外部董事制度建设工作信息》,向外部董事传达中央、省委及辽宁省国资委关于深化国有企业改革有关精神部署,明确对省属企业深化改革的关注重点,帮助外部董事找准工作重点和关注方向。二是根据部分外部董事提出希望辽宁省国资委代为缴纳劳动报酬个人所得税的需求,研究确定代为缴税的方式和渠道,与50名外部董事签订《代为缴纳外部董事报酬个人所得税委托书》,每月帮助外部董事缴税。三是通过列席企业董事会、电话回访等方式,了解外部董事工作状态和履职尽责情况,完善对外部董事履职的支撑服务工作。四是省属企业为外部董事配备工作办公室以及电脑等办公用品,公司文件资料及时向外部董事送达参阅。

六、辽宁省国资委监管企业建立和完善经营业绩考核体系情况

2020年,在国务院国资委的指导支持下,认真贯彻辽宁省委、省政府的决策部署,充分发挥业绩考核"指挥棒"作用,扎实做好各项工作,引导企业统筹推进疫情防控和经营发展工作,为经济稳增长作出贡献。

(一)制定出台倾斜政策,将疫情防控纳入考核

面对疫情影响,快速反应、积极应对,制定《关于应对新冠肺炎疫情支持省属企业生产经营若干政策措施的通知》(辽国资〔2020〕10号),将疫情防控与业绩考核

工作结合，设置疫情防控考核指标，加大考核权重，充分发挥业绩考核对企业复工复产的引导作用。

(二)分企施策确定考核目标，引导企业考出水平、考出实绩、考出激励

在生产经营普遍受到疫情影响的前提下，为保证年度考核目标的科学性、可行性和激励性，坚持实事求是，坚持分企施策，科学核定考核目标。一是突出工作重点，优化考核指标体系。在质量效益、服务辽宁省战略、创新驱动、供给侧结构性改革四类指标体系的基础上，新增“疫情防控工作”指标，增加“营业收入”指标权重，“一企一策”确定创新驱动指标内容，统一“三项费用占营业收入比重”指标考核，加强对国企改革重点工作、三项制度改革等的扣分考核。指标体系调整后，数量压减 25%。二是结合功能定位，落实差异化分类考核。对竞争类企业，突出创新驱动考核，结合企业实际确定研发费用、新产品数量、新业态收入等考核内容；对功能、公益类企业，结合主责主业增设差异化考核指标，突出服务辽宁省战略、提供社会产品数量及服务质量等考核。三是统筹疫情影响，加强对标考核。考虑疫情等政策性减利因素确定目标值；区分疫情影响程度，对影响较大的交通运输、住宿餐饮企业开展对标考核。

(三)严格核定 2019 年度经营业绩考核结果，增强考核激励约束

一是健全考核工作机制。建立“工作底稿”“结果复核”“重大调整事项党委决策”机制，确保考核标准严格统一，考核结果公平公正，考核风险可察可控。二是考核结果合理拉开差距。2019 年度，考核结果 A 级企业 4 户，B 级企业 13 户，C 级企业 1 户，D 级企业 5 户。三是严格兑现考核奖惩。严格执行《辽宁省省属企业负责人经营业绩考核办法》，对科技创新成果取得国家、省级奖励的企业，给予考核加分；对国企改革重点工作推进缓慢的企业，予以考核扣分；对厂办大集体等专项工作推进不利的企业，予以考核降级。依据考核结果，测算兑现企业负责人绩效年薪，企业负责人 2019 年薪酬最高值与最低值相差 2 倍，体现业绩升、薪酬升，业绩降、薪酬降。

七、辽宁省国资委监管企业负责人考核与选人用人机制改革情况

(一)积极推进华晨集团、辽宁控股集团市场化选聘经理层制度建设

指导华晨集团、辽宁控股集团制定市场化选聘经理层制度的“一案两书两办法”，明确市场化选聘经理层成员职数、岗位职责、目标、标准条件、操作流程、组织保障等内容。华晨集团市场化选聘 2 名经理层成员，辽宁控股集团市场化选聘 1 名副总经理。

(二)组织开展春秋两季人才招聘活动

搭建服务企业人才引进的工作平台，2020 年 4 月和 9 月，会同省妇联、省就业和人才服务中心，组织省(中、市)直企业开展线上人才招聘工作。122 户企业提供人才岗位 2022 个，实收简历 4595 份，招聘网站浏览量 95096 人次。

(三)开展省属企业人才工作调研

为摸清省属人才队伍情况、找准人才工作抓手，从 4 月开始对本钢集团、交投集团、水资源集团等企业开展人才工作实地调研。制定印发《进一步加强省属企业人才队伍建设的指导意见》，对国有企业人才引进、培养、评价、激励约束等方面提出要求。编印《国企人才工作政策汇编》，服务企业人才工作。

(四)积极通过挂职交流培养人才

完成 12 名省属企业优秀年轻经营管理人才赴江苏省属企业挂职的推荐、选拔工作，确定挂职企业和岗位，12 名干部赴江苏企业挂职锻炼。组织召开第二批省属企业挂职人员工作部署会议，第一、二批省属企业赴江苏挂职人员工作座谈会。推荐 1 名党外代表人士到省实践基地挂职锻炼。

八、辽宁省国资委监管企业党的建设和廉政建设情况

(一)加强党的政治建设

巩固深化“固元铸魂”工程，推动习近平新时代中

国特色社会主义思想大学习大普及大落实,学习宣传贯彻党的十九大和十九届二中、三中、四中、五中全会精神,深入学习贯彻习近平总书记关于国资国企改革发展和党的建设重要论述,特别是重温习近平总书记在辽宁考察时和在深入推进东北振兴座谈会上的重要讲话精神,坚持推进"两学一做"学习教育常态化制度化,巩固深化"不忘初心、牢记使命"主题教育成果,推动主题教育成果各项任务和具体措施落地见效。省属企业各级党委理论学习中心组发挥"头雁"作用,全年开展学习4200余次,开展党的十九届五中全会精神宣讲478场次,受众1.8万人,举办"辽宁国企党建云课堂"网上培训,省(中)直企业基层党组织书记、党务干部、党员和发展对象2万余人参加培训,13余万名党员过"政治生日"。

(二)夯实基层党建基础

巩固深化"固本强基"工程,开展"基层党建制度落实年""基层党建工作建设年"活动,学习贯彻《中国共产党国有企业基层组织工作条例(试行)》等制度法规,编印《国有企业基层党建文件选编》等学习教材1万余册。加强党支部标准化规范化建设,评估定级党支部4006个、转化升级党支部452个,其中27个党支部被省委组织部命名为"辽宁省党支部标准化规范化建设示范点"。新发展党员3425人,向街道、社区划转1万余名退休党员党组织关系。对62户省(中)直企业开展党费工作专项审计检查,整改问题312项。

(三)健全完善党委发挥作用机制

巩固深化"强党建、兴国企"行动,推进党的领导和公司治理相统一,落实"三议一报告一执行"决策机制,制定印发《省属企业党委前置研究讨论事项清单示范文本(试行)》,指导省属企业制定本企业党委会前置研究讨论事项清单。出台《辽宁省省属企业党建工作责任制考核评价办法》,开展党建工作考核,组织开展党组织书记抓基层党建述职评议。为支持国有企业疫情防控、复工复产,辽宁省国资委党委下拨党费590万元,省(中)直企业配套党费1135.2万元,组织党员自愿捐款1435万元,沈阳桃仙国际机场党委被评为"全国抗击新冠肺炎疫情先进集体""全国先进基层党组织"。

(四)抓好宣传思想工作

利用辽宁省国资委"辽宁国企先锋"微信公众号,全年发布信息268条。城乡建设集团微信公众号获评"2020年辽宁省优秀理论宣讲微信公众号"。通过各类媒体发布报道2800多篇。拍摄《支部力量》《我是党员》等视频,分别在辽宁电视台、"学习强国"学习平台等刊播。组织省(中)直企业3000余名党员观看"为了和平——纪念抗美援朝出国作战70周年音乐会"。选树和宣传一批全国文明单位、全国劳动模范等先进典型,交投集团、水资源集团获评"全国文明单位";罗佳全、吕雷等4人获评"全国劳动模范"。全面落实意识形态工作责任制,守牢意识形态阵地,统战、群团工作有序开展。

(五)推进党风廉政建设和反腐败工作

推动"两个责任"向基层传导压实,召开辽宁省国资国企系统党风廉政建设和反腐败工作会议,层层签订党风廉政建设责任书。深入开展警示教育,开展"以案释纪明纪、不忘初心使命"警示教育活动,组织观看违纪违法警示教育片,旁听违纪违法案件庭审。利用身边事教育身边人,梳理筛选100起党的十八大以来查处的违纪违法案汇编《百方治疗"未病"》警示教育书。保持反腐败高压态势,严肃查处违纪违法案件,立案131件,党纪政纪处分159人,组织处理112人。巩固拓展作风建设成效,对17户省属企业开展制止餐饮浪费行为督查。

(撰稿人:杨冰莹)

大连市

一、大连市国有资产监督管理工作综述

2020年,面对新冠肺炎疫情暴发、世界经济深度衰退等严峻形势,大连市国资委系统深入贯彻落实中发37号文件精神,按照大连市委、市政府深化国资国企综合改革工作部署,统筹推进疫情防控和国资国企

改革发展相关工作，凝心聚力、扎实工作，全面做好稳增长、调结构、促改革、谋创新、防风险、转职能、建格局、强党建各项工作，全力推动大连市国资国企改革三年行动落地实施。截至2020年底，大连市国资委31户出资企业资产总额2719.51亿元，比上年增长5.2%；负债总额1027.45亿元，比上年增长9.4%；资产负债率37.8%；累计实现营业收入405.94亿元，比上年下降1%；利润总额1.95亿元，比上年下降76.4%；上缴税费总额17.92亿元，比上年增长3.7%。

（一）疫情防控和企业复工复产成效明显

一是科学谋划部署。疫情发生以来，大连市国资委成立疫情防控和复工复产工作领导小组，先后6次召开专题会议，聚焦“阻源、防扩、保供、分类、靠前”5个方面，坚持指导与督促相结合，在做好疫情防控的基础上，有序推进企业复工复产。二是严格防控督导。组建11个一线督导组，制定督导事项清单，建立日报告、周通报、月总结制度，进行6轮实地督导。截至2020年底，全系统无确诊病例和无症状感染者。三是认真落实“六稳”“六保”任务。出台《大连市国资委关于加强疫情防控支持监管企业复工复产的若干措施》《关于落实大连市应对新型冠状病毒感染的肺炎疫情支持中小企业稳定生产经营政策措施的通知》，帮助企业直接采购口罩84万只。各企业采取直接减免、延长租期和返还已缴纳的租金等方式，减免租金3526万元。累计清偿拖欠民营企业、中小企业账款8.21亿元。四是积极履职尽责。疫情期间，广大国企员工奋战在防疫一线，保民生、保稳定、保防疫。大连市城乡建设投资集团有限公司获得全国抗击新冠肺炎疫情先进集体表彰。大连国际机场集团有限公司、大连市城乡建设投资集团有限公司、大连市建设工程集团有限公司、大连冰山集团有限公司等4户企业被评为大连市首批在新冠肺炎疫情防控工作中表现突出的先进集体。

（二）新时代国资国企改革全面启动

一是加强组织领导。成立大连市深化国资国企改革领导小组，负责大连市新一轮深化国资国企综合改革工作。二是做好顶层设计。出台《关于新时代深化国资国企综合改革的实施意见》，开启大连市新一轮深化国资国企改革。制定《大连市深化国资国企改革三年行动方案暨重点任务分工方案（2020—2022年）》，明确大连市新一轮国资国企改革的路线图和时间表。三是完善改革配套文件。全面梳理大连市国资国企改革“1＋N”系列文件，明确需制（修）订的文件清单。制定改革配套文件12个，为新一轮国资国企综合改革提供政策支撑。四是营造改革氛围。充分利用市人大常委会、市政协双月座谈会，市第九轮巡察工作培训会议，以及国务院国资委、辽宁省国资委相关领导赴大连调研等时机，介绍大连市新一轮国资国企改革总体思路和具体措施，取得国家、辽宁省和大连市各界人士对大连市国资国企改革工作的共识和支持。

（三）改革重点任务扎实推进

一是加快组建国有资本投资公司。成立由分管副市长为组长的工作推进组，分别赴上海等地调研，在吸纳多方专家意见建议后，制定国有资本投资公司组建实施方案。二是稳妥推进混合所有制改革。出台《关于加快推进大连市国有企业混合所有制改革的实施意见》《大连市国有企业混合所有制改革工作操作指引（试行）》。成立大连市国资委上市培育工作专班，制定《大连市国资委出资企业上市培育工作实施意见》。三是持续深化三项制度改革。制定《市国资委出资企业三项制度改革专项行动实施方案》，在全系统由点到面、由示范到铺开，持续推动企业在劳动、人事、分配三项制度改革取得实效。

（四）企业竞争力稳步提升

一是加强企业主业管理。出台《市国资委监管企业主营业务管理暂行办法》，完成31户监管企业主业认定工作，推动企业聚焦2～3个主业，做强做优企业核心业务。二是坚持创新驱动发展。重点规模以上工业企业科技研发投入7.7亿元，占主营业务收入的4.6%。专利申请量291件，其中发明专利143件；获得省部级奖项8个。大连重工·起重集团有限公司获得第六届中国工业大奖，成功研制全球首套敞顶集装箱及通用敞车两用翻车机、国内首台自然导航无人重型框架运输车。大橡塑成功研制国内最大580L啮合型密炼机、高端熔喷非织造布生产线。三是积极盘活国有资产。筹集34亿元资金,顺利完成英那河水库资产收购工作;配合市水务局完成大伙房水库“一根管”工程特许经营权的招投标工作,募集资金40亿元。四是妥善解决历史遗留问题。推进中(省)属国企退休人员社会化管理,与118户企业签订协议,接收退休人员9.67万人。积极推动驻大连中央企业厂办大集体改革,完成106户驻大连中央企业下属企业性质界定和人员身份核实。加快“僵尸企业”处置,出台《大连市处置国有“僵尸企业”实施方案》,建立相关部门协商机制,完成104户“僵尸企业”处置工作。

(五)债务风险管控和脱贫攻坚有力有效

一是强化系统性债务风险管控。落实企业防范债务风险的主体责任,对资产负债约束重点监管企业,将资产负债率纳入分类考核指标。成立由分管副市长为组长的大连市星海湾开发建设集团有限公司债务化解工作专班,深入分析和梳理星海湾集团债务问题,研究制定整体债务化解方案,积极与金融债权人进行沟通谈判,化解债务风险。全年31户监管企业化解金融债务本息合计322.02亿元。二是加强东西部扶贫协作与对口支援工作。下发《2020年市国资委系统东西部扶贫协作和对口支援工作方案》,推进工作落实。出资企业完成消费扶贫1056万元,捐赠155万元帮扶22个对口村,完成30名六盘水赴大连贫困人员稳岗就业工作。

(六)国资监管能力和质量不断提高

一是推动监管职能转变。全面梳理出资人监管事项,修订完善《市国资委履职清单(试行)》,取消、下放监管事项21项。二是加强分类考核。深化市场化考核,强化契约化管理,根据竞争类、功能类、公益类企业自身特点,首次与31户监管企业负责人签订2020年度经营业绩责任书,以差异化的考核促进差异化的监管工作。三是优化监管方式。加强投资监管,出台《市国资委监管企业投资监督管理办法》《市国资委出资企业投资项目负面清单》,规范企业各类投资项目应履行的程序。下发《市国资委关于对出资企业违规经营投资责任追究工作专项稽查实施方案》,对31户监管企业开展资产管理和经营情况专项审计调查。四是构建国资监管大格局。按照国务院国资委关于构建国资监管大格局要求,积极与区(市、县、先导区)国资监管部门进行沟通协作,建立工作联系机制,制定年度工作计划,依法指导区(市、县、先导区)国资监管工作。

二、大连市国有资产总量与结构分析

截至2020年底,大连市地方国有及国有控股企业(含企业化管理事业单位,不含金融企业)943户(含三级及以下企业),其中一级子企业170户。国有资本总量3232.38亿元,利润总额-33.35亿元,上缴税金23.57亿元。大连市国资委出资企业(含县、区)资产总额3125.96亿元,比上年增长8.22%;累计实现营业收入422.01亿元,比上年下降1.81%;利润总额-30.22亿元,比上年减少15.72亿元。国有资本总量1221.65亿元,上缴税金19.08亿元。

表1　　2020年大连市国有企业指标
(不含金融)

项　目	金　额(亿元)
资产总额	6724.21
所有者权益	3629.30
营业收入	534.83
利润总额	-33.35
净利润	-37.68
归属于母公司所有者的净利润	-38.54
应交税金总额	24.23
实际上缴税金总额	23.57

表2　　2020年大连市国有企业户数情况

2019年户数(户)	2020年户数(户)	比上年增长(%)
894	943	5.48

表 3　2020 年大连市国有资产按地区分布情况

地　区	国有资产（亿元）	占国有资本总量比重(%)
市属企业	1230.18	38.06
市属监管企业	1221.65	37.79
市属非监管企业	8.53	0.26
县(区)属企业	2002.20	61.94
中山区	2.54	0.08
西岗区	10.65	0.33
沙河口区	—0.18	—0.01
甘井子区	32.02	0.99
金普新区	658.25	20.36
旅顺口区	293.28	9.07
长兴岛临港工业区	518.16	16.03
瓦房店市	39.21	1.21
普兰店区	169.34	5.24
庄河市	14.46	0.45
长海县	13.26	0.41
花园口区	165.83	5.13
高新区	85.38	2.64
合　计	3232.38	100.00

表 4　2020 年大连市国有资产按行业分布情况

行　业	国有资产（亿元）	占国有资本总量比重(%)
投资业	2248.28	69.55
交通业	226.55	7.01
工业	106.71	3.30
公用行业	437.11	13.52
其他	205.20	6.35
文化业	8.53	0.26
合　计	3232.38	100.00

表 5　2020 年大连市国有资产按经营规模分布情况

经营规模	国有资产（亿元）	占国有资本总量比重(%)
大型企业	1903.23	58.88
中型企业	365.91	11.32
小型企业	294.78	9.12
微型企业	668.46	20.68
合　计	3232.38	100.00

三、大连市国资委监管企业完善法人治理结构情况

健全完善企业法人治理结构。对 15 家委管企业法人治理结构情况进行深入调研，系统梳理法人治理结构情况，形成专题调研报告；围绕监事会体制机制、国有企业外派总会计师及财务总监等问题，研讨撰写国有企业监事会建设专题研究报告、国有企业外派财务总监（总会计师）专题研究报告。研究制定企业法人治理结构“1＋6”配套文件，分别对完善企业法人治理结构和加强领导人员分类管理，规范企业领导人员任期制和契约化管理，健全职业经理人、总会计师、外部董事和外派监事的选任管理等方面提出具体要求。会同市委组织部相关处室，研究起草《大连市市属国有企业外部董事管理办法》《大连市市属国有企业经理层成员任期制和契约化管理暂行办法》《大连市市属国有企业职业经理人选聘和管理暂行办法》。加强外部董事问题研究探索，区分专职外部董事和兼职外部董事两类，健全完善外部董事人才库，多渠道吸纳中央企业、省企、大连高级经理学院、市政府决策咨询委员会、相关产业链“上下游”等方面人才，按照程序纳入市属企业外部董事人才库。

四、大连市国资委监管企业负责人考核情况

以“公开、透明、及时、公正”为导向，进一步完善国有企业考核分配制度，从考核期初、期中到考核期末，全过程监控经营指标。一是出台国有企业疫情防控与复工复产考核实施细则，将国有企业疫情防控组

织管理及复工复产工作与企业负责人的绩效考核及年薪直接挂钩。二是实施2020年差异化分类考核指标并签订经营业绩考核责任状,以差异化的考核促进差异化的监管工作。三是发挥考核和分配的激励作用,核定发放国有企业负责人年度薪酬及三年任期激励收入。四是开展国有企业负责人涉嫌违纪违法被调查期间薪酬支付问题的专项检查。

五、大连市国资委监管企业党的建设和廉政建设情况

党的领导和建设切实加强。一是认真落实"第一议题"制度。把学习贯彻习近平总书记重要讲话和指示批示精神作为党委会"第一议题",作为党委理论学习中心组学习首要内容,全系统组织中心组理论学习417次,开展研讨培训453次,编印《习近平总书记关于国企改革重要论述学习材料》。二是深入开展"基层党建制度落实年"活动。组织召开2019年度企业和机关党组织书记抓基层党建工作述职评议考核。深入7户企业对14个基层党支部组织建设情况进行调研。在企业基层党组织开展"三亮三比三评"党建项目试点工作。落实意识形态工作责任制,完善意识形态阵地监管。三是加强干部培训和管理。组织党的十九届四中全会集中轮训培训15期,培训人员878人次。分4批开展送宣讲到企业活动,组织党务工作者培训4期,培训党组织书记和党务工作者1312人次。加大年轻干部培养,选派年轻干部参加省委党校中青班、到企业挂职锻炼、参加援疆工作。认真做好老干部工作。四是扎实做好巡察整改落实"回头看"。坚持问题导向、目标导向、结果导向,完成巡察反馈意见48条问题中的44条整改任务。对4个尚未完成的问题,制定21项制度措施,逐条整改落实。认真做好自查促改,对市委巡察办巡察系统9户企业的反馈意见,归纳汇总成17个方面58个主要内容171个具体表现,下发企业抓好整改落实。五是坚持从严管党治党。积极履行"一岗双责",严肃党内政治生活,针对系统内严重违法违纪案件,加强党风廉政教育,邀请专家教授进行专题授课,组织观看《背弃者》《裂变》警示教育片。全系统查处违法违纪案件127件,给予党政纪处分108人,开展诫勉谈话和提醒谈话7人次。六是加强信访和安全生产。接待个体访700余人次,群体访30余次,全面完成"减存控增"工作目标。全系统未发生安全生产重大以上事故。

(撰稿人:张　智)

吉林省

一、吉林省国有资产监督管理工作综述

2020年是"十三五"规划收官之年,面对突如其来的新冠肺炎疫情和经济下行的巨大压力,吉林省国资委坚决贯彻落实党中央、国务院和省委、省政府决策部署,迎难而上,共克时艰,统筹推进疫情防控和国资国企改革发展,各项工作取得新的进展和成效。截至2020年底,11户监管企业(中国吉林森林工业集团有限责任公司进入司法重整程序未统计)资产总额4674.1亿元,比上年增长9.6%;所有者权益1690.6亿元,比上年增长11.8%。全年实现营业收入539.5亿元,比上年增长69.8%;利润总额5.6亿元,受疫情影响,比上年下降73.7%,总体上,监管企业保持平稳运行态势。

(一)国有企业改革深入推进

"一企一策一专班"推进重点企业改革。中国吉林森林工业集团有限责任公司重整计划获得法院裁定批准,保留林业主业资产,非林资产纳入信托计划,企业负债率明显下降。吉林粮食集团有限公司重整稳步推进,新公司注册成立,签署重整投资框架协议。长春大成实业集团有限公司土地盘活和债务化解取得实质突破,主厂区土地开发形成测算报告,金融债务处置开始实施。全面推进企业综合改革,7户监管企业综合改革方案经吉林省国企改革领导小组和吉林省委深改委会议审议通过,积极组织实施。稳妥推进混合所有制改革,印发《吉林省全面推进国有企业混合所有制改革实施方案》,召开新闻发布会进行政

策宣传解读，在全国28个产权交易平台集中推出一批混合所有制改革项目，积极引进战略投资者。扎实推进三项制度改革，印发《深化出资企业劳动用工和收入分配制度改革三年行动方案（2020—2022年）》，明确23项任务清单。历时15年的厂办大集体改革全面完成，涉及1914户企业11.97万名职工，职工安置率100%。国企退休人员社会化管理工作全面完成，吉林省3455户国企63.75万名退休人员、9.54万名退休党员、66.54万册退休人员档案全部完成移交。47户855个国有企业职工家属区"三供一业"分离移交等工作全部完成。印发《吉林省国企改革三年行动实施方案（2020—2022年）》，进一步明确改革时间表和路线图，不断推动国企改革走深走实。

（二）国有资本布局持续优化

2020年，吉林省国资委监管企业30个重点投资项目累计完成投资119亿元。其中，吉林省高速公路集团有限公司完成投资88.7亿元，松通、双洮、龙蒲高速建成通车，实现吉林省中东西"三大板块"高速连通；吉林省水务投资集团有限公司完成投资24.9亿元，中部引水一、二期工程和敦白客专外部供电工程等重点项目进展顺利。"两类公司"充分发挥功能作用，吉林省国有资本运营有限责任公司联手中国第一汽车集团有限公司组建供应链融资服务公司，联手陕西有色金属控股集团有限责任公司增资吉林天池钼业有限公司。吉林省吉盛资产管理有限责任公司组建吉林省铁路建设投资有限公司，承担全省铁路建设投融资职责；组建吉林省盛融资产管理有限责任公司，拟开展不良金融资产批量处置业务，完成注册并上报银保监会待批。制定《吉林省国资委监管企业投资基金管理办法》，着力推动国资国企改革和培育发展战略性新兴产业。截至2020年底，吉林省国资委监管企业发起设立或参与投资的基金15支，涉及国企转型、生态产业、医药健康等领域，总规模70.5亿元。处置"僵尸企业"53户，完成年度既定任务。加强与央企总部和驻吉央企联系，建立央地对接平台，组织监管企业与多家中央企业深入对接，与陕西省国资委签署合作协议。组织编制"十四五"发展规划，形成《监管企业"十四五"发展总体规划（初稿）》。

（三）国资监管职能加快转变

修订吉林省国资委监管权责清单，在规划投资、资本运营、改革重组等9个方面明确监管事项41项。清理规范性文件，确定继续有效33件、废止24件。开展产权管理专项行动。指导"两类公司"完善运行机制。完成监管企业《公司章程》整体修订工作。从严加强投融资管控，制定《投资监管办法实施细则》《企业担保事项和对外资金拆借办法》《债券发行管理办法（试行）》。实施项目评审和招标采购统一规范管理，委托吉林省能源投资集团有限责任公司搭建投资项目评审中心和招标监管中心。推进监管企业违规经营投资责任追究工作体系建设，印发《违规经营投资问题线索查处工作指引》等文件。完善董事管理制度体系，强化外部董事监督作用，制定《专职外部董事选任管理暂行办法》等3个文件。全面加强内控体系建设，印发《监管企业内部控制体系建设与监督工作的实施意见》。防范化解债务风险，指导监管企业抓住国家利率调整契机，通过降低利率、倒贷展期、打折回购等方式调整债务结构，妥善处理到期债务180.26亿元，兑付公开市场敏感债务20亿元，减少存量债务62.84亿元，节约财务成本13.29亿元。持续推进集中统一监管，新接收14户脱钩企业和2户宾馆，取消14户企业委托监管，并全部划转"两类公司"或重点企业。

（四）企业党的建设进一步加强

坚持以习近平新时代中国特色社会主义思想为指引，深入贯彻落实习近平总书记对吉林工作重要讲话重要指示精神，认真开展"解放思想再深入、全面振兴新突破"教育实践活动，全面建立实施"第一议题"制度。持续推进党的领导融入公司治理，制定《监管企业党委前置研究讨论重大经营管理事项清单示范文本》。切实将党建工作纳入业绩考核体系，按20%权重计分，实现党建工作由软指标变成硬任务。加强企业领导班子建设，为吉林省交通投资集团有限公司等5户企业选配主要负责人，提拔调整企业领导人员9名。组织各类干部教育培训班6期，培训企业中层以上干部3400余人次，选调23名企业年轻干部到吉林省国资委机关跟班学习。持续推进吉林省委巡视反馈问题整改落实。深入推进全面从严治党，组织开展“五个一”警示教育活动,印发《深化以案促改推动构建一体推进“三不”体制机制的实施意见》。2020年,吉林省国资委系统纪检监察机构持续加大反腐查处力度,立案16件,给予党纪政务处分19人,其中企业领导人员7名。

(五)疫情防控和脱贫攻坚取得胜利

各监管企业积极履行国企社会责任。吉林省能源投资集团有限责任公司所属医院24名医护人员分2批驰援武汉累计奋战91天,吉林省高速公路集团有限公司免收通行费25.6亿元,吉林省国有资本运营有限责任公司、中国吉林森林工业集团有限责任公司、吉林吉农高新技术发展股份有限公司等企业积极捐款捐物支持抗疫,吉林省旅游控股集团有限责任公司组织人员车辆圆满完成吉林省援鄂医疗英雄回家及滞留外省人员返长任务,各相关企业全力做好供水、供电、供热和防疫物资等民生保障工作。组织监管企业定向招聘高校毕业生,11户监管企业招录227人。统筹疫情防控和生产经营,及时精准出台16条具体帮扶举措,帮助受疫情影响较大企业纳入国家和吉林省低息、贴息贷款范围,监管企业在全省率先复产复工。全年为720余户中小企业及个体工商户减免租金2090余万元。吉林省交通投资集团有限公司等4户企业清理拖欠民营企业中小企业无分歧账款实现既定目标。全力打好脱贫攻坚仗。截至2020年底,吉林省国资委和监管企业累计向13个包保村投入扶贫资金2108.3万元,累计协调项目资金1.06亿元,13个包保村全部提前完成脱贫攻坚任务。

二、吉林省国有资产总量与结构分析

表1　2020年吉林省国有企业指标

项　目	金　额(亿元)
资产总额	22759.44
所有者权益	9343.23
国有资本总量	8734.82
营业总收入	1421.99
营业收入	1384.87
利润总额	28.00
净利润	10.89
归属于母公司所有者的净利润	−29.32
应交税费总额	72.80
实际上缴税费总额	63.59

表2　2020年吉林省国有企业户数情况

2019年户数(户)	2020年户数(户)	比上年增长(%)
2536	3412	34.54

表3　2020年吉林省国有资产按地区分布情况

地　区	国有资产(亿元)	占国有资产总量比重(%)
省属企业	1668.60	19.10
地市企业	7066.22	80.90
长春地区	3166.88	36.26
吉林地区	1156.15	13.24
松原地区	1099.63	12.59
四平地区	241.25	2.76
辽源地区	250.68	2.87
通化地区	526.47	6.03
白城地区	151.80	1.74
白山地区	183.87	2.11
延边地区	267.48	3.06
长白山管委会	22.01	0.25
合　计	8734.82	100.00

表4　2020年吉林省国有资产按行业分布情况

行　业	国有资产(亿元)	占国有资产总量比重(%)
农林牧渔业	311.11	3.56

续表

行　业	国有资产（亿元）	占国有资产总量比重（%）
工业	342.92	3.93
建筑业	1550.36	17.75
交通运输业	454.16	5.20
仓储业	18.26	0.21
商贸业	47.11	0.54
房地产业	784.00	8.98
信息传输、软件和信息技术服务业	34.84	0.40
社会服务业	4007.84	45.88
教育文化广播业	71.04	0.81
科学研究和技术服务业	127.14	1.46
金融业	977.00	11.19
其他	9.04	0.10
合　计	8734.82	100.00

表5　2020年吉林省国有资产按经营规模分布情况

经营规模	国有资产（亿元）	占国有资产总量比重（%）
大型企业	－272.19	－3.12
中型企业	1749.77	20.03
小型企业	5125.20	58.68
微型企业	2132.04	24.41
合　计	8734.82	100.00

三、吉林省国有资本保值增值综合分析评价

表6　2020年吉林省国有企业地区和行业国有资本保值增值情况

地　区	国有资本保值增值率（%）	行　业	国有资本保值增值率（%）
吉林省汇总	99.15	吉林省汇总	99.15
省属企业	96.30	农林牧渔业	99.62
地市企业	99.83	工业	105.71
长春地区	100.31	建筑业	97.69
吉林地区	99.04	交通运输业	87.73
松原地区	99.67	仓储业	101.55
四平地区	98.68	商贸业	66.31
辽源地区	99.48	房地产业	102.10
通化地区	99.54	信息传输、软件和信息技术服务业	105.22
白城地区	101.05	社会服务业	100.21
白山地区	99.58	教育文化广播业	101.65
延边地区	101.53	科学研究和技术服务业	98.90
长白山管委会	85.09	金融业	99.09
		其他	55.33

四、吉林省国资委监管企业改革发展情况

（一）持续推进重点企业改革脱困

坚持"一企一策一专班"，加快重点企业改革脱困。2020年，重点推进中国吉林森林工业集团有限责任公司和吉林粮食集团有限公司破产重整。中国吉林森林工业集团有限责任公司重整计划草案于12月28日债权人会议高票通过。吉林省国有资本运营有限责任公司主导的吉林粮食集团有限公司重整投资计划经省政府常务会议和省委深改委会议审议通过，新平台"吉林粮食控股集团股份有限公司"完成工商注册，整体投资框架协议完成签订，后续工作逐步推进。

(二)全面推进国企改革三年行动

坚持把深入学习贯彻落实习近平总书记关于国有企业改革发展和党的建设的重要论述作为落实国企改革三年行动的首要政治任务,积极组织企业参加国家层面历次工作部署视频会议,承办国务院国企改革领导小组办公室在吉林省召开的18个省(市)国资委参加的部分地方国企改革工作座谈会。组织制定《吉林省国企改革三年行动实施方案(2020—2022年)》,12月31日,以省委办公厅、省政府办公厅文件正式印发。深入推动监管企业综合改革。指导企业逐户制定综合改革方案,明确近三年目标任务。积极稳妥深化混合所有制改革。3月6日,印发《吉林省全面推进国有企业混合所有制改革实施方案》,并召开新闻发布会进行政策解读。8月26日,在全球吉商大会上,设立"国企混改项目洽谈会"分会场,海内外100余户商会组织及企业代表300余人与吉林省企业进行洽谈对接。全面加快公司制改革工作,印发《吉林省国资委监管企业公司制改革工作实施方案》。

五、吉林省国资委监管企业并购重组与完善法人治理结构情况

吉林省国资委深入贯彻落实习近平总书记关于加强党的领导和建立现代企业制度"两个一以贯之"的讲话精神,不断完善省属企业法人治理结构,着力规范省属企业董事会建设,制定出台《吉林省国资委监管企业专职外部董事选任管理暂行办法》《吉林省国资委监管企业外部董事工作报告制度》《吉林省国资委监管企业国有股权董事履职行为规范》,受托企业吉林省国有资本运营有限责任公司研究制定《专职外部董事日常管理和服务工作细则》,对专职外部董事选拔任用、管理服务、考核评价、报酬与履职待遇、退出、工作报告及日常管理和服务保障等方面进行规定,明确国有股权董事履职行为规范,进一步完善监管企业董事会建设和董事管理的制度体系建设。

六、吉林省国资委监管企业建立和完善经营业绩考核体系情况

参考《中央企业负责人经营业绩考核办法》,借鉴其他省的先进经验,修订《吉林省国资委出资企业负责人经营业绩考核暂行办法》。更加突出质量效益导向,简化考核指标体系,创新考核目标设定方法,质量效益指标设置利润总额增长率、国有资本回报率、资产总额增长率指标,引导企业做强做大;实施分类和差异化考核,分类指标及重点工作指标采取"一企一策"方式确定;将党建考核结果纳入业绩考核体系,按20%权重计分;发挥业绩考核与国资监管的协同作用,对落实省委、省政府及吉林省国资委重大部署完成情况给予加分奖励或扣分处理;细化受党纪政务处分的企业负责人薪酬扣减规则;降低加分标准,设定加分上限,避免考核分数起伏过大;授权出资企业董事会对经理层进行考核,进一步引导监管企业实现高质量发展。

七、吉林省国资委监管企业负责人考核与选人用人机制改革情况

为加强监管企业领导班子建设,进一步调动广大企业领导人员积极性、主动性、创造性,推动习近平总书记重要指示批示精神和上级决策部署贯彻落实,树立能者上、优者奖、庸者下、劣者汰的正确导向,促进企业领导班子及班子成员履职尽责,根据《党政领导干部考核工作条例》《省属国有企业领导班子和领导人员综合考核评价办法(试行)》等有关规定和要求,吉林省国资委党委对5户监管企业领导班子及28名企业领导人员进行2019年度综合考核并评定等次。

八、吉林省国资委监管企业党的建设和廉政建设情况

吉林省国资委党委和监管企业党委深入贯彻落实中央和省委部署要求,坚定不移推动全面从严治党向纵深发展,企业党建工作迈出新步伐、取得新成效。

(一)坚持以党的政治建设为统领,坚决做到"两个维护"

一是全面建立"第一议题"制度。系统各级党组织把学习贯彻习近平总书记关于国资国企改革发展和党的建设重要论述、视察吉林重要讲话指示精神作

为重大政治任务，严明政治纪律、政治规矩，强化政治监督，确保党中央及吉林省委的决策部署在国资系统政令畅通、落实落细。吉林省国有资本运营有限责任公司开展创建忠诚、担当、过硬、创新、服务“五型”机关建设，主动承担吉林省政府及吉林省国资委党委交办的重大改革任务。二是理论武装全面加强。持续巩固“不忘初心、牢记使命”主题教育成果，举办理论读书班，开展《党章》专题学习，不断推动学习贯彻新思想走深走实，树牢国企改革发展思想根基。吉林省旅游控股集团有限责任公司创新形式举办“周五大讲堂”，开展线上理论培训，组织微党课。三是意识形态工作责任制有效落实。认真宣传贯彻《中国共产党宣传工作条例》，定期研究部署意识形态工作，开展意识形态工作专题培训，深入排查并消除意识形态领域风险隐患。吉林省中吉实业有限公司、长春一汽富维汽车零部件股份有限公司采取切实措施，充实意识形态工作力量。

（二）坚持以强化组织领导为牵引，在大战大考中充分彰显使命担当

一是凝心聚力支持疫情防控。印发《关于充分发挥国有企业各级党组织战斗堡垒和广大党员先锋模范作用坚决打赢疫情防控阻击战的通知》，号召各级党组织和党员干部在抗击疫情、应急保供、复工复产中冲锋在前、勇挑重担。及时划拨专项党费91万元、党员自愿捐款430余万元支持一线疫情防控。吉林省国有资本运营有限责任公司龚明等监管企业5名党员被吉林省委表彰为吉林省“逆行有我、战疫先锋”。二是积极投身决战决胜脱贫攻坚。吉林省国资委和监管企业针对贫困包保村，加大扶贫资金投入力度，确保包保村脱贫攻坚任务全部提前完成。吉林省能源投资集团有限责任公司赵玉明被党中央、国务院授予“全国脱贫攻坚先进个人”称号，吉林省国有资本运营有限责任公司获得2020年全省脱贫攻坚组织贡献奖。

（三）坚持以从严管理为抓手，党的领导、党的建设基础不断夯实

把学习贯彻《国企基层组织工作条例》作为全年工作主线，推进党建各项任务落地见效。一是党的领导融入公司治理更加规范。制定出台《吉林省属监管企业党委前置研究讨论重大经营管理事项清单示范文本》，规范党委前置研究事项清单，监管企业党委领导作用有效发挥。吉林省吉盛资产管理有限责任公司研究探索出“一坚持、两促进、三强化、四同步”的党建与经营相融互促工作法。吉林省水务投资集团有限公司积极打造党建工作“12333”模式和“3＋＋”活动升级版。省邮政公司按照“四同步、四对接”高标准做好企业党组织隶属划转工作。二是党组织建设更加有力。组织监管企业党委书记领题研究，举办培训班示范引路。开展“立项攻坚”活动，生产一线党支部累计立项210余个，把党建与生产经营深度融合作为组织工作服务振兴发展在国企的具体体现。在吉林省委组织部指导下，合力推动建立吉林汽车产业党建联盟。全面落实党支部联系点制度，监管企业联系帮扶相对后进的400余个党支部建设发生转变。吉林省农业投资集团有限责任公司、富奥公司相关党建工作得到吉林省委领导调研肯定。三是党员教育管理更加严谨。分两批对监管企业发展对象进行培训，高标准发展党员520人。吉林省吉盛资产管理有限责任公司制定《发展党员工作流程及材料模板》，落实入党积极分子动态管理机制。富奥公司规范进行企业各级党组织党费收缴和使用管理。四是争先创优的氛围更加浓厚。系统党建工作做法先后获得全国国企党建研究会、全国《国企党建》论坛、《吉林日报》、《新长征》等表彰报道。吉林省能源投资集团有限责任公司以“坚定信心迎挑战、笃志前行促发展”为主题开展教育实践活动，激励干部职工立足岗位作贡献。中国石化吉林分公司、中国电信集团公司（吉林省分公司）、国网吉林省电力有限公司等企业3名职工被评选为2020年度“吉林好人”；中国水利水电第一工程局有限公司、国网吉林省电力有限公司电力科学研究院被评为“全国文明单位”，5户企业通过往届复审；中国吉林森林工业集团有限责任公司、长春生物制品研究所有限责任公司、中石化东北石油局等企业团委主动发挥作用，引导组织企业团员青年积极参与抗疫志愿者服务工作。

（四）坚持以压力传导为重点，管党治党政治责任进一步压紧压实

一是主体责任内容更加明确。认真贯彻党中央

和吉林省委关于落实全面从严治党党委(党组)主体责任意见精神,推动监管企业党委履行全面从严治党责任、党委书记抓基层党建责任、党支部书记落实基层党建工作责任,各级党组织书记较好地履行全面从严治党第一责任人责任。中国吉林森林工业集团有限责任公司通过"废改立"形成党群工作44项制度管控体系。二是述职评议考核机制普遍推行。贯彻落实《党委(党组)书记抓基层党建工作述职评议考核办法(试行)》,认真组织开展吉林省属企业党组织书记抓基层党建述职评议考核工作,派员督导企业基层党建述职评议会。修订《经营业绩考核办法》,将党建工作占比权重由5%提高至20%。长春一汽富维汽车零部件股份有限公司党委转隶到吉林省国资委党委系统后,研究制定党建工作考核评价办法。三是跟踪问效机制有效构建。首次组织省属监管企业专职党委副书记书面述职,有效破解"中梗阻";举办基层党组织书记示范培训班,切实打通基层党建"最后一公里"。

(撰稿人:徐晓春　王　喆)

黑龙江省

一、黑龙江省国有资产监督管理工作综述

2020年,面对新冠肺炎疫情防控和经济社会发展的双重挑战和压力,黑龙江省各级国资监管机构和国有企业始终坚持以习近平新时代中国特色社会主义思想为指导,树牢"四个意识",坚定"四个自信",坚决做到"两个维护",坚决贯彻落实党中央、国务院和省委、省政府的决策部署,统筹推进疫情防控、生产经营、改革发展各项重点工作,为黑龙江省控制疫情、复工复产、经济增长由负转正作出重要贡献。

(一)抗疫大战挺身而出,艰难时刻彰显国有企业使命担当

面对新冠肺炎疫情,黑龙江省国资监管机构和国有企业坚决贯彻党中央、国务院和省委、省政府要求,不讲条件、不计代价、不畏艰难、闻令而动,为抗疫取得重大成果作出重要贡献。

加强疫情防控指导方面,黑龙江省国资监管机构严密组织、靠前指挥,科学指导国有企业全面精准开展疫情防控工作。黑龙江省国资委领导班子成员分组包户、深入一线,对党建联系点各出资企业疫情防控工作检查督导、狠抓落实,下拨党费60万元支持企业开展疫情防控。哈尔滨等市(地)国资监管机构成立由党委书记为第一责任人的应对疫情工作领导小组,全面加强疫情防控指导。

有效发挥国企作用方面,黑龙江省国有企业全力以赴、冲锋在前。龙江森工集团先后派遣32名医护人员援鄂,组织5000余名医护人员坚守林区一线,参加绥芬河地区防控医疗。建投集团承建黑龙江省"小汤山"模式疫情防控集中救治备用医院、省传染病医院疫情防控中心、医大一院群力院区黑龙江省危重症患者救治病区等应急改造项目。产投集团投资企业成功研制"双光谱测温仪"、检测试剂盒,建成黑龙江省首批可提供市场化服务的核酸检测第三方检测机构。交投集团平价提供紧缺的医疗防护服1.27万套、医用口罩133.3万只、专用口罩3.7万只,组建黑龙江省最大规模的防疫保障车队,安全运送人员11万人次,防疫和生产生活物资8.9万吨,在黑龙江省高速公路完成备案登记车辆127.6万台次,测温262.8万人次。农投集团向市场投放粮油5000余吨,调拨6.9万吨玉米保障防疫酒精生产,调拨1.1万吨玉米驰援湖北。旅投集团免费为社区和派出所派送盒饭及热饮6000余份。航运集团黑河港为保证货运连续运输,船员坚持170余天不下船。外贸集团先后投放优质牛肉1200余吨。龙睿公司发运煤炭20余万吨,为客户中转投放保障物资1000吨、32000件。哈尔滨市交通、地铁、供水、物业等集团保持安全运转,为哈尔滨市人民生活服务做好保障;哈药集团仅用10天时间建成生产线,及时缓解黑龙江省医用口罩、防护服等防疫物资匮乏问题。

积极履行社会责任方面,黑龙江省国资委出资企业捐款捐物6000余万元,2446名党员干部下沉社区参与疫情防控,600余名党员参与无偿献血,为3340

名援鄂和防疫一线医护人员家属提供爱心物资和服务资金774.4万元。黑龙江省国资系统在疫情防控中，1户企业获评“全国抗疫先进集体”，4个集体和7名个人分别获评黑龙江省抗疫“先进集体(党组织)”和“先进个人(优秀共产党员)”。

(二)服务黑龙江省战略发展大局，为实现经济平稳运行发挥生力军作用

面对前所未有的严峻形势，黑龙江省国资监管机构和国有企业全面承接省委、省政府部署的各项任务，加强组织领导，强化经济形势研判，非常之时行非常之举，确保国有企业和国有经济平稳运行。

从任务完成情况看，由黑龙江省国资委承担的年度五类30项重点任务目标、五类9项主要职能目标均完成。出资企业改革台账13个方面293项和市(地)国企改革台账14个方面306项改革任务均超额完成。

从经济运行情况看，2020年，黑龙江省国有企业(不含金融、文化类)实现营业收入1411.88亿元，比上年增长12.22%，大庆市企业收入增长超过10亿元，哈尔滨、齐齐哈尔、佳木斯、鸡西、绥化等5个市企业收入增长超过1亿元；黑龙江省国资委出资企业累计实现营业收入961.44亿元，比上年增长16.04%，建投集团、交投集团、农投集团等3户企业营业收入比上年增长超过10亿元。黑龙江省地方国企实现利润22.40亿元，大庆市贡献突出，比上年增盈4.30亿元；黑龙江省国资委出资企业实现利润14.13亿元，13户出资企业实现盈利，占86.67%。黑龙江省地方国企上缴税费74.83亿元，牡丹江、佳木斯、大庆、七台河等4个市企业税费贡献比上年增长；黑龙江省国资委出资企业上缴税费56.06亿元，比上年增长1.65%，实现由降转增。黑龙江省地方国企平均资产负债率53.32%，负债水平总体保持稳定。黑龙江省地方国企累计成本费用增幅低于营业收入增幅0.22个百分点。龙煤集团、铁路集团、交易集团、招标公司、龙裕集团等9户出资企业百元营业收入支付的成本费用降到100元以下。

从服务黑龙江省战略看，黑龙江省国资委加强运行监测调度，注重发挥国有企业在经济社会发展的带动作用，从复工复产、保能源安全、稳定就业、加大投资、脱贫攻坚等方面率先行动、争做先锋。加强与金融机构合作，向黑龙江省18家银行推送61笔融资需求，与黑龙江省工商银行开展“春润行动”，拓宽企业复工复产融资渠道，出资企业累计获得各类融资200余亿元。黑龙江省国有企业勇当复工复产的“排头兵”，2020年3月全面实现复工复产。龙煤集团履行保供责任，仅用40天就恢复到同期生产水平，确保7个电厂和大庆石化等企业正常生产。黑龙江省国资委在向出资企业及市(地)国资监管机构发出不裁员通知的基础上，积极扩大就业，出资企业全年累计招募职工38618人，发挥国有企业在稳就业方面的“压舱石”作用。黑龙江省国有企业加大对中小微企业支持力度，黑龙江省国资委出资企业为中小微企业减免房租6500余万元；哈尔滨市减免5136万元，大庆市减免1067万元；机场集团减免2735万元。2020年，黑龙江省国资委出资企业累计完成投资304亿元，比上年增长75%。推进的26个“百大项目”完成投资149.3亿元，有力推动黑龙江省经济稳增长。新产业集团全面推进7个省级“百大项目”建设，“两新”产业投资15.1亿元。脱贫攻坚方面，黑龙江省国资委出资企业累计投入资金1.9亿元，帮扶的9个国家级贫困县全部脱贫“摘帽”，121个贫困村1.5万户贫困户受益。

(三)加快推进重点改革任务落实落地，释放企业改革活力和动力

黑龙江省国资国企主动谋划改革，层层压实责任，狠抓任务落实落地，全力推动国企改革再出发。一是全面部署国企改革三年行动。按照中央部署和省委、省政府领导批示要求，黑龙江省国资委全面推进黑龙江省国企改革三年行动，制定《黑龙江省国企改革三年行动实施方案(2020—2022年)》《重点任务分工方案》及台账，并经省委深改委第十四次会议审议通过。该实施方案是黑龙江省三年国企改革的任务书、时间表和路线图，标志着新一轮国企改革拉开序幕。截至2020年底，各市(地)和黑龙江省国资委监管的13家企业均完成国企改革三年行动实施方案制定。二是推进重点企业改革。龙煤集团在保障安全生产前提下，强化经营、深化改革，认真实施《龙煤集团改革脱困实施方案》，全面完成15项重点改革任务，实现职工家属区供电职能移交，涉及用户50.3万户。森工集团林业局公司制改革全面完成，内设机构、人员缩减50%左右，完成政企、政事、企事和管办分开，确立新的发展战略，以优异成绩通过国家重点国有林区改革验收。建投集团全面开展三年改革攻坚、持续深化三项制度改革、深入推进供给侧结构性改革，盘活资产70亿元，在手合同订单800余亿元，企业主要经济指标均创历史新高。三是完善中国特色现代企业制度。黑龙江省国资委印发《省国资委出资企业党委决策和审议重大事项清单(试行)》，联合省委组织部印发《国有企业党委前置研究讨论事项清单(示范文本)》，指导推动478户企业制定完善党组织前置研究讨论事项清单，实现企业党的领导融入公司治理更加规范化、制度化。推进公司制改革，黑龙江省地方国有企业公司制改制完成率98.8%。加快市场化选聘，完成龙煤集团总经理和外贸集团、交易集团、招标公司总经理及4名副总经理的市场化选聘。截至2020年底，黑龙江省国资委出资企业52.9%的经理层成员由市场化选聘方式产生。在2户企业集团层面开展经理层成员任期制和契约化管理试点。加强董事会建设，召开黑龙江省国资委成立以来首次董事会建设工作会议，形成18项目标任务，为下一步工作指明方向。黑龙江省国资委外部董事库扩容到112人，12户出资企业引入外部董事35人，9户企业外部董事占多数。四是积极稳妥深化混合所有制改革。制定《黑龙江省国有企业混合所有制改革实施方案》，2020年黑龙江省完成混合所有制改革30余户。其中，黑龙江省国资委完成权属企业混合所有制改革19户，引入社会资本4亿元。哈尔滨市、齐齐哈尔市、大庆市在混合所有制改革方面取得新突破。五是持续深化三项制度改革。黑龙江省国资委以二、三级子企业为重点推动三项制度改革，初步形成企业内部管理人员能上能下、员工能进能出、收入能增能减的市场化运行机制。建投集团及权属企业机关和人员编制整体压缩40%。六是督促指导国企改革“双百行动”、“科改示范行动”企业改革。指导3户“双百企业”和2户“科改示范企业”制定改革方案和台账，突出发挥改革示范和引领带动作用。七是稳妥推进事转企改革。按照省委、省政府关于事业单位改制要求，黑龙江省国资委审定7家事转企改革方案、2家撤销方案、1家稳妥退出方案。八是加快供给侧结构性改革。分类推进“僵尸企业”处置，黑龙江省国资委列入名单195户，完成处置194户。淘汰落后产能，龙煤集团鹤岗南山矿正式关闭，退出产能270万吨。压缩企业管理层级，制定出资企业2020—2022“压减”工作台账，2020年减少法人户数73户。强化“两金”压控，制定《2020年出资企业“两金”压控工作方案》，提高企业资产运营效率和质量。九是积极推动解决历史遗留问题。与黑龙江省财政厅、黑龙江省人社厅等单位共同推进，地市和企业密切配合，黑龙江省全面完成国有企业退休人员社会化管理主体工作任务，退休人员165.98万人如期移交，得到省委肯定。其中，鸡西、双鸭山、伊春、鹤岗、大兴安岭等市(地区)敢于担当、行动迅速。服务驻省中央企业厂办大集体改革，驻省中央企业638家厂办大集体企业中完成改革614家。全面完成国有企业家属区“三供一业”分离移交工作，累计分离移交供水90.06万户、供电105.43万户、供热80.13万户、供气17.91万户、物业管理82.73万户，争取中央财政维修改造资金85.4亿元。

(四)优化国有资本布局结构，进一步夯实高质量发展基础

黑龙江省各级国资监管机构和国有企业始终贯彻新发展理念，坚持质量第一、效率优先，向高质量发展目标不断迈进。一是编制地方国资系统和出资企业“十四五”发展规划。形成《黑龙江省地方国有资本布局和结构战略性调整“十四五”规划》(征求意见稿)、《黑龙江省国资委出资企业“十四五”发展规划纲要》(征求意见稿)，确定“十四五”发展的“任务书”和“施工图”。二是省级产业投资集团战略作用进一步凸显。黑龙江省国资委监管的6户省级产业投资集团累计实现营业收入665.66亿元，比上年增长31.64%；利润总额11.76亿元，比上年增长57.79%。建投集团优化施工板块经营，培育壮大新兴业务板块，全年盈利5亿元，比上年增长37.83%；产投集团通过整合内部资源，能源、实业、科技等3个板块盈利超过1亿元，整体盈利4.41亿元，比上年增长42.73%。三是加强央地合作实现融合发展。黑龙江省与国务院国资委成功举办“深化国企改革助力龙江振兴”央地合作视频会议，签署央地合作项目86个，总投资额3185亿元，黑龙江省国资委出资企业签约10个项目，总投资219.9亿元，为形成龙江振兴合力提供重要支撑，受到双方主要领导的赞扬。四是开展对标一流管理提升行动。黑龙江省国资委聚焦出资企业突出问题，对标先进企业，强化管理提升，开展对标一流管理提升行动，13户出资企业完成实施方案和工作清单备案工作。五是开展扭亏增盈提质增效。印发《黑龙江省地方国有企业扭亏增盈提质增效工作的指导意见》，从9个方面具体指导推动。黑龙江省国资委出资企业中69户亏损子企业实现扭亏，减亏16.4亿元。旅投集团、外贸集团、龙睿公司实现扭亏增盈；航运集团、铁路集团在2019年实现扭亏的基础上，2020年盈利能力进一步提升。哈尔滨市、牡丹江市减亏增盈均超过9000万元，扭亏取得积极成效。六是推进龙江振兴基金发挥作用。龙江振兴基金进一步扩大规模，吸引哈尔滨市政府参与基金投资，首期基金规模由32.17亿元增加至37.17亿元，投出2个项目3.4亿元，迈出助力黑龙江省经济高质量发展的第一步。七是加快创新驱动发展。组织出资企业制定科技创新工作实施方案。出资企业获得专利135件，建投集团获得中国建设工程鲁班奖等3项国家最高奖，产投集团牵头联合哈尔滨工业大学等11所高校、2家科研院所、2家交易平台以及20多家投资机构组建科技成果转化创新战略联盟。八是全面强化安全生产。扎实开展安全生产专项整治三年行动，推动出资企业安全生产管理体系和管理能力提升；开展隐患排查治理，指导出资企业检查2000余家子企业（项目），隐患整改完成率94%。出资企业安全事故比上年下降83.3%，无重大安全事故发生，龙煤集团实现"零重伤"，轻伤比上年下降17%。

（五）以管资本为主加强国有资产监管，切实提升监管的系统性、针对性和有效性

2020年，黑龙江省国资监管机构继续围绕管资本转变监管职能，有效维护国有资产安全。一是优化管资本的方式手段。全面实行清单管理，黑龙江省各级国资监管机构基本完成权力和责任清单制定工作，《省国资委权力和责任清单》确定八类39项权责事项，形成动态调整机制，规范行权履职。二是推进经营性国有资产集中统一监管。同黑龙江省财政厅协同工作，省属经营性国有资产统一监管的资产占比98%，哈尔滨、齐齐哈尔、牡丹江、大庆、伊春、七台河、黑河等地国有资产统一监管率超过95%，国有资产运行效率得到进一步提升。三是积极开展国有资本投资公司试点。黑龙江省国资委积极推进符合条件的商业一类省属企业开展国有资本投资公司试点，批复建投集团、交投集团、产投集团、农投集团等4户企业国有资本投资公司试点方案，授予4户集团公司董事会企业改制方案审批、薪酬管理等25项权利。4户试点企业积极探索，营业收入比上年增长35.58%，利润比上年增长30.66%。四是全面防范化解重大风险。黑龙江省国资委建立重大经营风险报告制度，做到早发现、早报告、早处置。防范投资风险，在全国范围内率先制定《出资企业投资管理流程指引（试行）》，为企业投资立项、风险管理、责任追究等工作立规则、划跑道。防范债务风险，加强企业资产负债约束，将资产负债约束指标纳入企业负责人经营业绩考核范围；防范法律诉讼风险，协调指导出资企业处置涉法诉讼案件10宗，挽回经济损失2.8亿余元。五是开展违规责任追究。建立覆盖各级国资监管机构及国有企业的责任追究工作体系和工作机制，建立追责报告制度，2020年开展违规责任追究22项，依法依规处理30名责任人。六是完善内控体系建设。黑龙江省国资委进一步扩大子企业委派总会计师试点范围，24户子企业开展试点工作。在4户出资企业开展总审计师试点，对企业重大经营决策、重大资产处置等事项审计监督。七是积极支持国有资本充实社保基金。配合黑龙江省财政厅开展划转国有资本充实社保基金，划转国有权益392.29亿元。八是全力推进国资监管平台信息化建设。国资国企在线监管系统初步建立，圆满完成国务院国资委试点任务。

（六）持续加强党的领导和党的建设，进一步筑牢国企改革发展的"根"与"魂"

黑龙江省国资监管机构和国有企业始终以政治建设为统领，全面落实新时代党的建设总要求，推动党的领导和党的建设得到进一步加强。一是不断强化思想政治建设。黑龙江省国有企业各级党组织始终把贯彻落实习近平新时代中国特色社会主义思想作为首要任务，把学习贯彻习近平总书记最新重要讲话、重要指示批示精神作为“第一议题”。2020 年,黑龙江省国资委党委召开党委理论学习中心组学习(扩大)会议 11 次,跟进学习习近平总书记重要讲话精神、党的十九届五中全会精神等重要内容,督促推动 4279 个党组织全部建立“第一议题”制度。组织出资企业开展“领导干部上讲台”活动,推动企业各级领导班子成员登台授课 4717 次。印发意识形态工作要点,开展意识形态风险点排查、阵地建设调研和巡视整改专项督查,推动意识形态工作不断加强。二是持续提升基层党建工作质量。贯彻国企基层组织工作条例和党支部工作条例,深化党支部标准化建设,整改党支部 32 个,对 941 个标准化党支部进行命名授牌。深入推进“提质增效、党员先行”和创先争优,部署开展“一企一特色”党建品牌创建活动,组织出资企业结合实际打造特色党建品牌,在国企网刊发农投集团、交易集团等 5 户企业党建品牌创建特色做法。三是深入推动党建责任有效落实。印发基层党建工作联系点制度、对党建联系点企业党委推进改革情况政治评价办法,压实落靠推动党建和改革职责。组织开展 2019 年度出资企业党委书记抓基层党建述职评议、政治生态建设成效和党建工作责任制考核,及时对考核排名靠后的 8 家企业党委负责人进行提醒谈话和约谈。四是开展“三·五”目标创建。制定实施《省国资委机关“三·五”目标创建方案(2020 版)》,开展黑龙江省国资委机关“三年打基础,五年争一流”目标创建,全面加强黑龙江省国资委机关政治建设、业务建设、作风建设,提高工作质量和能力水平。五是加强企业领导班子建设。协助省委组织部完成龙江森工集团、农投集团等企业领导人员选配工作,按照干部管理权限,调整任免企业领导人员 12 人,5 户企业党委书记、董事长和总经理全部选配到职。完成 12 户出资企业领导班子及领导人员和 30 名专、兼职外部董事年度考核。六是持续强化人才队伍建设。制定《“十四五”期间加强企业家队伍建设工作意见》,新建企业家战略人才储备库,启动实施企业家“雄鹰培养”工程和“雏鹰培育”计划,入库储备职业经理人和党务领导人员 150 人。建立技术技能领军人才库,190 余名人才入库管理;梳理编印《涉企人才政策汇编》,推动人才政策在企业落地。举办“双月讲堂”,开展出资企业投资管理和集团化管控培训;与大连高级经理学院、清华大学建立合作机制,拓宽培训渠道。七是着力加强党风廉政建设。召开党风廉政建设工作会议,印发党风廉政建设工作要点和企业党委书记党风廉政建设责任清单,明确机关和企业重点任务 41 项。严格监督管理和执纪问责,与企业领导人员谈话 18 次,对 2 名委管企业领导人员分别给予提醒谈话和诫勉处理。各级党组织受理举报线索 1393 件、立案 678 件,运用“四种形态”约谈函询、党纪处分、组织调整、立案审查 1129 人次。深入贯彻落实中央八项规定精神和省委九项规定精神,持之以恒纠“四风”、树新风,保持定力、寸步不让。

二、黑龙江省国有资产总量与结构分析

2020 年,黑龙江省国有企业 3219 户,比上年净增加 255 户;资产总额 16393.06 亿元,比上年增长 14.31%;负债总额 8796.13 亿元,比上年增长 16.58%;所有者权益 7596.92 亿元,比上年增长 11.80%。

表 1　2020 年黑龙江省国有企业指标

项　目	金　额(亿元)
资产总额	16393.06
所有者权益	7596.92
国有资产总量	7221.06
营业收入	1625.97
利润总额	11.85
净利润	−4.63
归属于母公司所有者的净利润	−9.64
应交税金总额	90.45
实际上缴税金总额	85.74

表 2　2020 年黑龙江省国有企业户数情况

2019 年户数(户)	2020 年户数(户)	比上年增长(%)
2964	3219	8.60

表 3　2020 年黑龙江省国有资产按地区分布情况

地　区	国有资产（亿元）	占国有资产总量比重(%)
省属企业	1745.12	24.17
地市企业	5475.93	75.83
哈尔滨市	3714.49	67.83
齐齐哈尔市	326.20	5.96
牡丹江市	512.00	9.35
佳木斯市	18.75	0.34
大庆市	550.87	10.06
鸡西市	176.45	3.22
双鸭山市	7.77	0.14
伊春市	41.56	0.76
七台河市	6.73	0.12
鹤岗市	9.73	0.18
黑河市	97.07	1.77
绥化市	12.51	0.23
大兴安岭地区	1.80	0.03
合　计	7221.06	100.00

表 4　2020 年黑龙江省国有资产按行业分布情况

行　业	国有资产（亿元）	占国有资产总量比重(%)
农林牧渔业	214.84	2.31
工业	902.42	9.72
建筑业	611.98	6.59
交通运输业	1378.43	14.85
仓储业	120.20	1.29
商贸业	27.13	0.29
房地产业	1568.29	16.89
信息传输、软件和信息技术服务业	35.35	0.38
社会服务业	4143.59	44.63
教育文化广播业	61.80	0.67
科学研究和技术服务业	58.90	0.63
金融业	155.40	1.67
其他	4.96	0.05
合　计	9283.29	100.00

注：表中数据非合并口径，为合计口径。

表 5　2020 年黑龙江省国有资产按经营规模分布情况

经营规模	国有资产（亿元）	占国有资产总量比重(%)
大型企业	1648.22	17.75
中型企业	2952.06	31.80
小型企业	3283.19	35.37
微型企业	1399.83	15.08
合　计	9283.29	100.00

注：表中数据非合并口径，为合计口径。

三、黑龙江省国有资本保值增值综合分析评价

表 6　2020 年黑龙江省国有企业地区和行业国有资本保值增值情况

地　区	国有资本保值增值率(%)	行　业	国有资本保值增值率(%)
黑龙江省	99.88	农林牧渔业	107.79
哈尔滨市	99.78	工业	99.66

续表

地　区	国有资本保值增值率(%)	行　业	国有资本保值增值率(%)
齐齐哈尔市	100.91	建筑业	102.23
牡丹江市	99.53	交通运输业	99.31
佳木斯市	101.14	仓储业	100.52
大庆市	102.08	商贸业	106.80
鸡西市	99.97	房地产业	100.77
双鸭山市	89.31	信息传输、软件和信息技术服务业	91.19
伊春市	95.12	社会服务业	100.35
七台河市	93.20	教育文化广播业	101.12
鹤岗市	97.77	科学研究和技术服务业	94.16
黑河市	99.14	金融业	100.86
绥化市	96.28	其他	89.99
大兴安岭地区	93.24		

四、黑龙江省国资委监管企业改革发展情况

黑龙江省国资监管机构坚持以增强企业活力、提高效率为中心，在重要领域和关键环节全面深化出资企业改革攻坚，不断提升国有企业核心竞争力，全年推进并完成11个方面27项重点改革工作任务。一是推进重点企业改革。推进龙煤集团改革脱困，15项年度台账重点任务基本完成。其中，强力推动并促成50.3万户职工家属区供电职能移交，平稳有序完成20.02万名退休人员社会化管理，标志着龙煤集团剥离办社会职能工作全面完成。推动建投集团改革发展，指导制定改革发展三年行动方案，成立水投集团，解决和平邨、花园邨宾馆1.66亿元历史欠税问题，解决1.81亿元养老保险预征问题。配合龙江森工集团完成重点国有林区改革任务，通过国家检查验收。制定实施参与北大荒集团公司制改制工作机制。二是完成重大专项工作。全面完成165.98万名退休人员社会化管理工作，移交街道和社区管理服务、移交档案集中管理、退休党员组织关系转接等主体任务完成率均100%。全面完成"三供一业"分离移交，龙煤集团供电分离移交在国家政策窗口期最后时点搭上"末班车"，完成中央财政26亿元补助资金清算。三是完善现代企业制度。开展对标一流管理提升行动，完成13户出资企业实施方案和工作清单备案。基本完成公司制改革任务，黑龙江省公司制改革完成率超过98%。修改6户出资企业章程，审议5次股东会议案。四是完善国有资产监管体制。推进经营性国有资产集中统一监管，在521户纳入脱钩范围企业中，除地矿局69户企业给予三年过渡期、工信厅国际工程公司产权纠纷纪委调查外，其他451户全部完成脱钩任务。地矿集团挂牌成立，机关局企业划转建投集团，省属企业集中统一监管超过98%。推进事业单位改革，制定10家事业单位改革方案并呈报省事改领导小组。五是推进供给侧结构性改革。推进"僵尸企业"处置，配合制定黑龙江省方案，申请37户企业3970万元财政资金支持，列入国家处置名单的195户"僵尸企业"基本完成处置194户。指导企业压缩管理层级、减少法人户数，形成"压减"台账，计划3年内法人单位减少246户、减少19%，截至2020年底减少73户。六是开展国有资本投资公司试点。批复4户企业试点方案，授予25项权利，全年推进完成110项改革任务。七是实施改革专项工程。指导3户"双百企业"改革，龙建股份试点经验入选《改革样本：国企改革"双百行动"案例集》，制定2021—2022年综合改革方案和台账。推荐农投云产业、交投千方科技2户企业纳入"科改示范行动"。八是推进出资企业上市工作。摸底调研，培训座谈，推荐11户企业进入上市资源库。九是解决历史遗留问题。梳理重大历史遗留问题，建立六大类42个问题工作台账，基本解决4个。妥善解决职教幼教退休教师待遇，1.67万人获得生活补贴3.76亿元，人均1880元/月。解决佳煤机、哈麻等企业改革遗留问题。十是制定国企改革三年行动方案。起草黑龙江省三年行动方案、重点任务分工和台账，指导13户企业制定三年行动实施方案。十一是健全改革推进工作机制。制定《省国资委督促检查指导出资企业改革工作要点(试行)》，明确7个

方面工作要点。起草70项改革职责任务清单，明确黑龙江省国资委相关处（室、局）改革职责。制定年度台账，全面完成293项台账任务。实施黑龙江省国资委领导班子成员对党建联系点企业党委推进改革情况政治评价。实施改革月例会制度。

五、黑龙江省国资委监管企业完善法人治理结构情况

（一）坚持高效率、科学化，不断加强董事会建设

一是召开黑龙江省国资委成立以来首次董事会建设工作会议，对2020—2022年做好董事会建设、规范董事会运行、提升董事履职能力进行部署，为工作指明方向。二是加强董事会队伍建设。为进一步拓宽外部董事来源渠道，制定《黑龙江省国资委出资企业专职外部董事库人选的遴选办法》，组建专职外部董事专业资格认定委员会，建立专职外部董事库，扩充壮大兼职外部董事库。黑龙江省国资委外部董事库扩容到112人，吸引一批各行业专家和企业家入库。全年为5户出资企业选聘外部董事5人，12户出资企业引入外部董事35人（专职外部董事8人、兼职外部董事27人），9户企业外部董事占多数。三是规范化制度化建设。组织召开黑龙江省国资委出资企业外部董事年度履职报告会，编印《黑龙江省国资委外部董事2019年度工作报告汇编》。制定出台《关于建立出资企业董事会向黑龙江省国资委工作报告制度的意见（试行）》。完成2019年度出资企业董事会会议记录和重大事项会议视频档案专项督查检查工作，梳理董事会会议存在的议事规则及程序不规范、制度体系不健全等方面存在的两大类14项问题。摄制《国有企业董事会会议规范化建设指引》视频短片，视频通过董事会议案提出、党委会前置和专门委员会审议、董事会筹备、会议召开、董事会决策落实以及引言、结语7个部分，全流程、全场景展示董事会召开的整个过程，并对各环节要点、注意事项进行细化，明确具体工作要求。以会议的规范促进董事会的规范。四是加强董事会考核评价。通过评价履职绩效，确定评价等次，进行科学评分。完善考核评价机制，制定《黑龙江省国资委出资企业董事会和董事评价暂行办法》，为2020年度考核打牢基础。五是落实董事会职权。对2018年开展落实董事会职权试点的黑龙江省龙睿资产经营有限公司、黑龙江省产权交易集团有限公司进行试点工作评估并完成评估报告。审核批复黑龙江省交通投资集团有限公司落实董事会职权试点的工作方案，落实董事会职权范围进一步扩大。

（二）坚持高起点、稳推进，不断完善市场化经营机制

一是继续加大力度推进市场化选聘职业经理人。积极克服疫情影响，按照黑龙江省委办公厅、黑龙江省政府办公厅《关于黑龙江省国有企业开展市场化选聘职业经理人试点的指导意见》，2020年新选聘职业经理人22人，出资企业职业经理人总数46人，职业经理人队伍进一步扩大。二是深入开展市场化选聘调研。开展市场化选聘职业经理人和职业经理人制度调研，对出资企业46名职业经理人履职情况进行分析并形成调研报告，为下一步完善规范职业经理人制度打下良好基础。深入总结黑龙江省交通投资集团有限公司企业内部市场化选人工作做法，形成《关于黑龙江省交通投资集团有限公司市场化选聘人才工作的调研报告》，为黑龙江省人才引进、用人机制改革提供鲜活经验和国企样板。三是启动经理层任期制契约化试点。在黑龙江省铁路集团有限责任公司、黑龙江省产权交易集团有限公司等2户集团层面开展经理层成员任期制和契约化管理试点，组织指导2户企业制定《集团经理层成员任期制和契约化管理试点工作实施方案》，构建"一清单、两办法、三合同"体系。

六、黑龙江省国资委监管企业建立和完善经营业绩考核体系情况

2020年，黑龙江省国资委全面贯彻党的十九大和十九届二中、三中、四中、五中全会精神，深入落实党中央、国务院关于深化改革创新推动高质量发展的重大决策部署，通过调整完善企业负责人经营业绩考核办法，持续推动企业高质量发展。

为进一步发挥企业利润总额考核目标的引领作用，出台《关于调整〈黑龙江省国资委出资企业负责人年度经营业绩考核实施方案（试行）〉部分内容的通

知》(黑国资考分〔2020〕59 号),将原来利润总额考核目标根据历史水平按三档设定的办法,调整为设定“必成目标”和“期成目标”的办法,使企业利润总额目标与黑龙江省国资委总体奋斗目标衔接更加紧密。为进一步增强考核对国企改革的促进作用,在分类指标中增设“深化改革任务”指标,差异化设定改革任务目标;为引导出资企业关注资本获利能力、提升效益质量,在约束指标中增设“归母净利润”指标。经营业绩考核体系的调整和优化,对指导监管企业持续深化改革、实现高质量发展、落实保值增值责任起到积极作用。

七、黑龙江省国资委监管企业负责人考核情况

黑龙江省国资委出资企业 2019 年度领导班子和领导人员考核工作于 2020 年 6—7 月开展。重点对黑龙江省铁路集团有限责任公司、黑龙江省外贸集团有限责任公司、黑龙江省龙睿资产经营有限公司、龙江省产权交易集团有限公司、黑龙江省招标有限公司等 5 户企业领导班子和领导人员进行考核。考核工作总体坚持共性内容和个性内容相结合,定量考核与定性考核相结合,注重考核工作实绩。领导人员重点考核评价对党忠诚、勇于创新、经营管理、担当作为、履职绩效、一岗双责和廉洁从业等 7 个方面情况。对党委书记还要评价总揽全局、协调各方,抓班子带队伍、聚人才强党建、履行党建工作第一责任人职责等方面情况;对总经理还要重点评价组织带领经理层、发挥经理层成员作用,以及加强对职业经理人监督管理等方面情况。

通过总结述职、民主测评、个别谈话、干部选拔任用“一报告两评议”、查阅资料、形成考核初步意见等方式深入企业进行考核。根据年度考核测评、谈话和平时了解掌握等情况,在综合分析研判的基础上,提出企业领导班子和领导人员年度考核等次建议,采取适当方式向企业党委主要负责人反馈年度考核情况。把年度考核结果作为加强领导班子建设和领导人员管理的重要依据,对年度考核结果为优秀等次的领导人员进行重点培养或者及时补充调整到重要岗位。

八、黑龙江省国资委监管企业党的建设和廉政建设情况

2020 年,黑龙江省国资委坚持“围绕发展抓党建,抓好党建促发展”的工作思路,推进落实全面从严治党要求,巩固深化“不忘初心、牢记使命”主题教育成果,认真履行抓国有企业党建工作责任,推动出资企业年度党建工作取得新成效。截至 2020 年底,党组织关系隶属黑龙江省国资委党委管理的企业 24 户,其中省属企业 14 户(含参股 1 户)、中央企业 10 户;24 户系统企业(不含党的关系属地化管理的企业)有党组织 2817 个,其中党委 247 个、党总支 210 个、党支部 2360 个;党员 36909 人,入党积极分子 5018 人。

(一)突出指导考评,着力推动党建责任有效落实

2020 年 3 月,黑龙江省国资委印发党委 2020 年党建工作要点,明确 8 个方面 23 项党建工作任务,督促出资企业同步制定全年党建工作计划,对党建工作进行安排部署,压实基层党建责任;组织开展 2019 年度出资企业党委书记抓基层党建述职评议会议和出资企业政治生态建设成效、党建工作责任制考核,及时反馈通报政治生态建设成效和党建责任制考核结果,对考核排名靠后的 8 家企业党委负责人进行提醒谈话和约谈;印发《黑龙江省国资委出资企业党委决策和审议重大事项清单(试行)》《黑龙江省国有企业党委前置研究讨论事项清单(示范文本)》,推进 478 户企业制定完善党组织前置研究讨论事项清单,实现企业党的领导融入公司治理更加规范化制度化;梳理党建助推企业改革职责 7 项,制定台账和清单,印发《黑龙江省国资委领导班子成员基层党建工作联系点制度》《黑龙江省国资委党委领导班子成员对党建联系点企业党委推进改革情况政治评价办法》,有效落实党建引领改革发展职责。

(二)突出理论武装,推进政治建设和宣传文化建设不断增强

印发《巩固深化“不忘初心、牢记使命”主题教育成果任务清单》,督促推动 4279 个企业党组织建立“第一议题”制度,及时跟进学习习近平总书记最新重

要讲话、重要指示批示精神，强化“四个意识”，坚定“四个自信”，坚决做到“两个维护”。印发学习贯彻党的十九届五中全会精神通知和宣讲工作方案，邀请黑龙江省委宣讲团深入出资企业开展宣讲活动，推动全会精神落实落地。部署开展“领导干部上讲台”活动，推动各级领导干部登台授课 4717 场次，培训干部职工 30 余万人次。举办学习强国知识竞赛，掀起企业学习新热潮；持续加强出资企业企业文化建设，总结宣传黑龙江省农业投资集团成事文化、黑龙江省交通投资集团铁军文化，指导黑龙江省建设投资集团成立“抱一至永”文化实践和发展中心。印发《黑龙江省国资委系统企业文明单位创建管理办法（试行）》，推动企业加强精神文明建设。

（三）突出基层建设，推进基层党建工作质量和水平不断提升

黑龙江省国资委认真贯彻国企基层组织工作条例和党支部工作条例，深化出资企业基层党支部标准化建设，整改党支部 32 个，验收达标授牌标准化党支部 941 个；调整理顺 140 余个党组织隶属关系，推动黑龙江省产权交易集团党委和 325 个基层党支部按期换届；指导 31 户混合所有制改革企业建立党组织、开展党建活动。指导督促出资企业严格执行“三会一课”等党内组织生活制度，常态化开展“主题党日”活动，落实双重组织生活制度，推动各级领导干部调研指导党建工作 4436 次、讲党课 6164 人次、解决问题 845 个。持续加强党员队伍建设，举办 2 期系统企业党员发展对象培训班，新发展党员 923 人，举办基层党支部书记示范培训班，示范带动培训各级党务人员 6731 人次。推进“提质增效、党员先行”和创先争优活动，组织 2446 名党员干部下沉社区参与防疫，600 余名党员参与献血。部署开展“一企一特色”党建品牌创建活动，引导企业找准党建促改革发展的契合点，不断创新思路和载体，打造企业党建特色品牌，促进和保障企业改革发展。组织系统企业认真做好疫情防控工作，为防疫捐款捐物折合 6030 余万元，为援鄂和防疫一线医护人员家属配送生活物资 750 余万元，支持复工复产累计减免租金 6380 余万元，黑龙江省交通投资集团等 5 户企业和 7 名个人分别获评全国、黑龙江省抗疫先进集体（党组织）和先进个人（优秀共产党员）。

（四）突出人才强企，推进企业领导班子和干部人才队伍建设

修订《企业领导人员选拔任用暂行办法》，完成 7 名企业经理层成员市场化选聘，调整任免企业领导人员 12 人。推进选聘职业经理人 22 人，指导 2 户企业开展经理层成员任期制和契约化管理试点，推动构建“一清单、两办法、三合同”管理体系；召开董事会建设工作会议，制定《企业专职外部董事库人选遴选办法》，建立充实专兼职外部董事库，选聘外部董事 5 人。制定 2020 年度培训计划，组织各类专题培训 30 余期，培训 5000 余人次，督促企业各级党组织开展专题培训 8937 次，集中培训轮训 26.8 万余人次。制定《“十四五”期间加强企业家队伍建设工作意见》，新建企业家战略人才储备库，启动实施企业家“雄鹰培养”工程和“雏鹰培育”计划，入库储备职业经理人和党务领导人员 150 人。建立技术技能领军人才库，190 余名人才入库管理；梳理编印《涉企人才政策汇编》，推动人才政策在企业落地。开展 2020 年度专业技术职称评审和年度人才统计调研工作，召开出资企业人才工作座谈会，研究探索推动三支人才队伍建设有效举措。

（五）突出惩防并重，推进党风廉政建设不断深入

黑龙江省国资委坚持正风肃纪，组织召开 2020 年度党建暨党风廉政建设工作会议，印发责任清单，推动“两个责任”和“一岗双责”有效落实。组织企业开展重大违纪违法案件警示教育，观看警示教育片，筑牢党员干部廉洁廉政思想防线。2020 年，各级党组织受理举报线索 1393 件、立案 678 件，运用“四种形态”约谈函询、党纪处分、组织调整、立案审查 1129 人次。坚持深化推进作风整顿，印发年度深化作风整顿优化营商环境实施方案和开展“五细”活动工作方案，制定“五整治”工作台账，深入开展“三治”行动、解决“五不”问题。推进国资监管和服务“两到位”，深化“走流程”活动，推动作风整顿走深走实。

（六）突出党建引领，指导推进企业统战群团工作

开展无党派代表人士队伍建设和党外干部专题调研；组织系统企业党外人士深入学习习近平总书

记“5·8”重要讲话精神;部署系统企业开展党外知识分子信息采集工作,更新完善党外干部信息库;会同省管企业工会工委组织开展“五个百万”劳动竞赛,指导8户出资企业申报32个工种省级一类职业技能竞赛,推荐2名全国劳动模范和先进工作者,部署完成出资企业落实黑龙江省妇儿工作五年规划评估,推荐32名省“三八红旗手”和2个“三八红旗集体”。

(撰稿人:常振超)

上海市

一、上海市国有资产监督管理工作综述

2020年,上海市国资国企按照“大改革、新发展、强党建、优监管、多贡献”的总体思路,全力以赴抗击疫情,坚定不移深化改革,多措并举推进发展,国企党建取得实效,国企改革成效明显,国资监管效率稳步提高,国有经济持续向好,为上海经济社会发展和城市安全稳定作出积极贡献。

(一)国有经济高质量发展进程加快

鼓励企业抢抓市场机遇,努力扩大市场份额,上海建工、上海医药等6家企业入围2020年《财富》“世界500强”。出台鼓励支持监管企业主动担当作为的政策措施,上海市国资委系统6000余个党组织、8万余名党员主动担当作为,奋战在疫情防控第一线,2名个人、4个集体获得国家级表彰,33名个人、16个集体获得市级表彰。首次召开“做强主业、做优业态”上海国资国企创新发展大会,出台创新驱动发展指导意见,与任期考核同步,企业主要领导落实创新使命责任。全年系统企业研发费用比上年增长9%,73个项目获得国家和上海市科学技术奖。重视发挥全社会力量,开门编制国资国企“十四五”规划,完成“1+3+19+42”的规划框架,确立“十四五”时期上海国资国企改革发展的目标、主题和主线。

(二)国有资本布局结构优化调整

出台上海市国资国企服务自贸区临港新片区行动方案,全部市属国企积极参与新片区建设发展。6家企业实现科创板上市,电气风电分拆科创板上市获得上交所上市委审议通过。组建长三角投资(上海)有限公司,出台上海市国资国企服务长三角一体化发展行动计划,组建百企合作联盟。第三届进博会上海交易团国资分团完成采购金额28.8亿美元。出台上海国资国企推进三大重点产业发展行动计划,参与国家、上海集成电路投资基金二期、中国国企混改基金等市级重大投资项目,累计投资超过265亿元。出台上海市国资国企推进人民城市建设发挥主力军作用行动方案,41家企业集团全力推进8个专项75项重点工作200余个项目。

(三)国资监管效能进一步提升

修订监管企业主业目录,出台监管企业主业管理办法。形成国有控股上市公司市值管理绩效水平分析规则。出台监管企业私募股权投资基金规范发展、监督管理暂行办法,以及投资管理金融企业的指导意见。完成7家企业集团经济责任审计。对融资性贸易、融资租赁等高风险业务开展专项风险排查和审计检查。完成17个重大资产项目评估备案,增值率112.28%。构建国资国企在线监管服务平台。深化直属事业单位改革,推动上海市国资系统企业线上线下服务大厅建设。市委宣传部积极推动上海报业集团、东方网联合重组。市教委稳步推进复旦大学等高校36户一级企业整建制划转系统企业。浦东新区国资委持续推进区属企业横向整合、精简压缩主业,主业集中度提升至98%以上。黄浦区国资委推进老凤祥试点职业经理人制度改革,健全市场化用人机制。

(四)国有企业履行责任彰显担当

全力配合上海市重大工程动迁腾地122万余平方米。统筹推进对口帮扶和脱贫攻坚,市属国企结对帮扶云贵地区112个贫困村全部实现脱贫目标。41家企业集团向奉贤、金山、崇明等郊区的经济相对薄弱村开展对口帮扶、党组织结对帮扶,捐赠帮扶资金2.1亿元,招录高校毕业生2万余人。

(五)联合委办形成服务发展合力

上海市国资委与司法局、上海大学、虹口区、青浦区签订合作协议,建立健全工作对接机制。会同市委组织部、市人社局等协同推进国有企业领导人员管理体制,深化薪酬制度改革。配合市发展改革委制定上海市支持基础设施 REITs 发展的相关政策。会同市证监局、上交所建立提高国有控股上市公司质量加快发展长效常态化工作机制。会同市交通委全力提高上海市轨道交通运营质量效率。会同市金融局全面排查金融国企重大风险。与市司法局签订共同推进市属国企法治建设工作机制。会同市规划局、市税务局、市工商联等协调推进解决国有企业改制重组中土地变更涉税问题。会同市财政局、市人社局推进 14 家企业集团国有股权划转充实社保基金工作。

二、上海市国有资产总量与结构分析

2020 年,上海市国有企业实现营业收入 37633.79 亿元,利润总额 3368.34 亿元,资产总额 245807.34 亿元。

表 1　2020 年上海市国有企业指标

项　目	金　额(亿元)
资产总额	245807.34
所有者权益	52123.43
国有资产总量	31097.26
营业收入	37633.79
利润总额	3368.34
净利润	2680.11
归属于母公司所有者的净利润	2222.75
应交税金总额	2629.40
实际上缴税金总额	2504.84
地方生产总值	11738.18
新增固定投资	2299.67

2020 年,上海市国有企业 14358 户,比上年增长 5.1%。其中,市属国有企业 10349 户、区属国有企业 4009 户。一批企业集团保持国际国内行业领先地位,上港集团、申通地铁集团、锦江国际集团、绿地集团、机场集团等 5 家企业位列全球行业前三;光明食品集团等 19 家企业进入“中国企业 500 强”。

表 2　2020 年上海市国有企业户数情况

2019 年户数(户)	2020 年户数(户)	比上年增长(%)
13665	14358	5.1

从隶属关系分布来看,上海市国有资产总量 31097.26 亿元,其中,市属国有资产 24082.73 亿元、区属国有资产 7014.53 亿元,分别占比 77.4%、22.6%。

表 3　2020 年上海市国有资产按隶属关系分布情况

隶属关系	国有资产(亿元)	占国有资产总量比重(%)
地方国有企业汇总	31097.26	100.0
市属	24082.73	77.4
区属	7014.53	22.6

从行业分布来看,上海市地方国有资产总量的 91.8%集中在前 20 个行业,81.9%集中在商务服务业、房地产业、货币金融服务、道路运输业、资本市场服务、汽车制造业、保险业、批发业、水的生产和供应业、公共设施管理业等前十大行业。

表 4　2020 年上海市国有资产按行业分布情况(前十个)

行　业	国资总量(亿元)	占国有资产总量比重(%)
商务服务业	24739.35	31.9
房地产业	16053.58	20.7
货币金融服务	6047.37	7.8

续表

行　业	国资总量(亿元)	占国有资产总量比重(%)
道路运输业	5992.58	7.7
资本市场服务	2653.38	3.4
汽车制造业	2466.24	3.2
保险业	2118.66	2.7
批发业	1338.71	1.7
水的生产和供应业	1041.43	1.3
公共设施管理业	1032.85	1.3
合　计	77526.47	81.9

注:表中数据为汇总数据,不考虑合并抵消因素。

从经营规模分布来看,大型企业、中型企业、小型企业、微型企业国有资产经营规模分别为18689.71亿元、23288.05亿元、21085.70亿元、14463.00亿元,分别占上海市国有资产总量的24.1%、30%、27.2%、18.7%。

表5　　2020年上海市国有资产按经营规模分布情况

经营规模	国有资产(亿元)	占国有资产总量比重(%)
大型企业	18689.71	24.1
中型企业	23288.05	30.0
小型企业	21085.70	27.2
微型企业	14463.00	18.7
合　计	77526.47	100.0

注:表中数据为汇总数据,不考虑合并抵消因素。

三、上海市国有资本保值增值综合分析评价

2020年,市属及13个区国有资本全部实现保值增值。其中,市属国有资本保值增值率104.7%、国资分布前十大行业的平均保值增值率103.7%。

表6　　2020年上海市国有企业地区和行业国有资本保值增值情况

地　区	国有资本保值增值率(%)	行　业	国有资本保值增值率(%)
市属企业	104.7	商务服务业	102.3
浦东新区	104.4	房地产业	103.4
徐汇区	101.4	货币金融服务业	110.0
静安区	102.9	道路运输业	98.3
黄浦区	107.4	资本市场服务业	108.2
嘉定区	100.8	汽车制造业	103.1
奉贤区	103.6	保险业	120.7
崇明区	99.6	批发业	105.3
松江区	101.5	水的生产和供应业	101.5
青浦区	99.4	公共设施管理业	101.4
普陀区	101.4		
杨浦区	101.2		
金山区	99.9		
宝山区	100.1		
长宁区	104.8		
闵行区	101.1		
虹口区	108.1		

四、上海市国资委监管企业改革发展情况

(一)国资带动国企改革向纵深推进

制定出台上海市国资国企改革三年行动实施方案和8个专项行动。9家"双百企业"落实119项先行先试改革任务。和辉光电、集成电路研发中心完成并实施"科改示范行动"方案。出台改革国有资本授权经营体制实施方案,制定上海市国资委对监管企业授权放权清单。

（二）进一步深化系统集资集企改革

上海市政府出台《关于进一步完善上海城镇集体资产监管深化集体企业改革发展的指导意见》，明确6个方面改革任务举措。建立市城镇集资集企改革工作推进领导小组，统筹推进上海市城镇集资集企改革发展中的重大问题。组织实施市生产服务合作联社、市城镇工业合作联社、市郊县城镇集体工业联合社重组整合，在党组织整合的基础上，重构内部组织和管理架构，组建形成上海新集体经济合作联社。启动上海市国资委系统其他集体企业关系调整工作，集中资源打造上海市集体经济平台。

（三）持续推进市场化专业化改革

组建上海国投公司，构建“金融投资＋实体投资＋资本运营”国有资本投资、运营公司格局。组建长三角投资公司，推进金融服务类企业整体上市全覆盖，上海农商银行IPO通过发审会审核。4家国有控股上市公司融资或注入资产307.83亿元。扩大员工持股试点范围，10余家企业开展员工持股。

五、上海市国资委监管企业并购重组与完善法人治理结构情况

（一）实施重组整合优化资源配置

推动部分企业集团资源整合，完成交运集团整体划转至久事集团。按照市委、市政府关于港航资源整合的部署，持续推进同盛集团深化改革，完成同盛水务、同盛置业等公司股权调整以及中期票据主体变更等关键改革环节。

（二）公司治理机制健全完善

加强公司治理制度建设，完善《关于进一步完善市管国有企业外派监事会主席管理的若干意见》《上海市市管国有企业外派监事管理办法》等文件。健全董事、监事履职管理和监督，完善《市国资委监管企业董事（会）、监事（会）有关报告管理办法》，开展董事、监事履职培训与专题座谈，实施年度考核和任期综合考评。39家企业设立董事会，38家企业设立监事会。

六、上海市国资委监管企业建立和完善经营业绩考核体系情况

完善分类考核，形成市场竞争类、金融服务类和功能保障类企业各自独立的法定代表人任期经营业绩考核方案。对任期届满的5家市场竞争类企业同步完成创新转型专项评价工作。完成年度法定代表人经营业绩考核工作，形成40户上海市国资委监管企业法定代表人2017—2019年任期或2019年度（预）考核结果及薪酬分配方案。3家企业集团完成职业经理人薪酬制度改革。6家国有控股上市公司实施股权或现金激励。

七、上海市国资委监管企业负责人考核与选人用人机制改革情况

完成11家企业集团任期综合考核，推动华谊集团、中国太保、华建集团、上海银行等完成董事会、监事会和经理班子任期换届。上海市国资委委派14名监事会主席、20名外派监事在19家市管企业任职，并向25家企业委派57名外部董事。召开首次国资系统人才工作会议，出台加强市管国有企业人才队伍建设的意见、系统企业经营管理人才队伍建设“十四五”规划和“国资骐骥”人才计划。弘扬企业家精神，系统企业2人获评“全国优秀企业家”。

八、上海市国资委监管企业党的建设和廉政建设情况

（一）党的建设能力提升

围绕习近平新时代中国特色社会主义思想、习近平总书记重要讲话等内容，开展中心组专题学习26次，“四史”专题学习交流10余场，推动系统企业开展“四史”宣讲等活动600余场次，覆盖人数10余万人。制定监管企业党委前置研究事项清单示范文本，形成党组织研究讨论前置程序要求“1＋3”文件体系。完成15家企业集团党委换届，评选红旗党组织40个、党支部建设示范点100个。在20个城市深入推进沪

外企业党建联建工作落实落地。开展国资系统企业文化论坛、上海国企开放日等主题宣传活动。获得各类媒体宣传报道4200余篇。

(二)全面加强从严治党

构建"全覆盖"安全生产监管体系,系统信访总量、重复信访数量和集体访批次分别比上年下降22.5%、34.3%和72%。修订上海市国资委系统各级党委落实全面从严治党主体责任的实施意见。40家企业集团完成整改问题975项。出台建立健全巡察制度的指导意见,推动企业集团党委加强对本企业巡察工作的组织领导。

(撰稿人:漆　琪)

江苏省

一、江苏省国有资产监督管理工作综述

2020年,江苏省国资系统坚持以习近平新时代中国特色社会主义思想为指导,全面贯彻落实党中央国务院和省委省政府决策部署,坚持稳中求进工作总基调,坚持新发展理念,全力以赴抗击疫情,坚定不移深化改革,多措并举推进高质量发展,奋力夺取疫情防控和改革发展"双胜利",全年国资国企改革发展取得明显成效,实现"十三五"圆满收官。

(一)牢记初心使命,在疫情大考中践行担当作为

一是及时响应,全力做好应急保供工作。疫情发生以来,积极调度做好煤、电、油、气、粮等生产生活必需品应急保供,多渠道采购防疫医疗物资。全力做好支援武汉、黄石各项工作,省(市)国有企业累计捐款捐物超过3亿元。金陵饭店集团捐赠大肉包10000只、盐水鸭3000份,为江苏支援湖北医疗队提供物资保障。钟山宾馆集团为江苏支援湖北医疗队、境外人员等提供车辆保障服务。汇鸿集团所属子企业创造条件上马口罩生产线,转产抗疫急需物资。二是主动作为,积极推动复工复产。在保障防疫安全的基础上,积极推动江苏省国有企业在科学有序复工复产上作示范,打通供应链、畅通产业链,带动上下游产业和中小企业全面复工复产。2020年2月20日南沿江城际铁路率先实现全线复工,是江苏省首条全线复工的重点铁路项目。三是落实惠企政策,积极为企业纾困解难。积极落实贯彻好国家和江苏省有关政策,江苏交控2月17日至5月5日对全路网所有车辆免收通行费。省联合征信全国首创"融资绿色通道",助力小微企业融资纾困。省联社综合推进减费让利、弹性还款、延期还本付息等举措,加大信用贷款、中长期贷款投放力度,有效推动政策红利精准直达市场主体。国有企业克服自身经营困难,对承租国有经营性用房的中小企业、个体工商户减免房租,其中省属企业减免3.7亿元。江苏省抗击新冠肺炎疫情表彰大会上,5户省属国有企业获评"江苏省抗击新冠肺炎疫情先进集体",13名省级国资系统干部获评"江苏省抗击新冠肺炎疫情先进个人"。

(二)锚定发展路径,省属企业经营质效进一步提升

一是加快推进重大项目建设。省属企业全年实现投资突破1000亿元,在江苏省经济社会发展大局中的"稳定器""压舱石"作用进一步显现。省国信集团沿海天然气管网项目一期工程"一站两线"全面启动。省沿海集团灌云200兆瓦渔光一体光伏发电示范项目开工建设。省铁路集团沪苏湖铁路开工建设,沪苏通铁路、连淮扬镇高铁、盐通高铁建成通车,徐连高铁即将通车,江苏省"三纵四横"高铁网主骨架基本建成。二是科技创新取得新突破。徐矿集团获得中国煤炭工业科学技术行业最高奖,全国煤田地质系统唯一部级重点实验室所属研究基地落户徐矿集团。江苏水源高性能泵站科研成果获得省科学技术一等奖。苏盐集团新增3户国家高新技术企业。省环保集团出台实施意见推动科技创新,未来五年年均科研投入不低于6000万元、科技发展专项资金不低于1500万元。三是持续深化企业转型升级。苏粮集团推进张家港粮油产业园二期项目。中江国际集团、省海企集团牵头成立全国首个境外园区高质量发展联盟。苏豪控股集团顺应"双循环"发展趋势,大力拓展跨境电商、进口及内销业务。省惠隆公司探索不良资

产市场化、专业化运作，打造资产管理业务板块。江苏交控发布“六朵云”阶段性成果，信息化建设、数字化转型迈出新步伐。四是战略性重组持续推进。省环保集团、省国际货运班列公司正式挂牌成立，2020年1—11月开行中欧（亚）班列1322列，比上年增长28.85%，提前超额完成全年1000列开行目标。东部机场集团与徐州等7个市签署股权转让协议，资产整合基本到位，南京禄口机场T1航站楼正式投用。省港口集团整合集装箱资源，实现集装箱板块一体化发展。金陵饭店集团打造集团一体化运营体系，所属金陵饭店股份公司被授予江苏省省长质量奖。五是收官创建一流企业三年行动，启动对标世界一流管理提升行动。一批省属企业跻身全国同行业一流企业。高投集团管理资本规模、全年投资项目、上市企业数量均创历史新高。华泰证券再次获得证券公司分类监管最高评级A类AA级，综合实力稳居行业第一方阵。

（三）圈定重点任务，国企改革重点工作进一步聚焦

提请省委、省政府印发《江苏省国企改革三年行动实施方案（2020—2022年）》，高质量完成列入2020年的改革任务。一是扎实推进现代企业制度建设。配合省委组织部制定出台《江苏省国有企业党委前置研究讨论重大事项规程示范文本（试行）》，把党的领导融入公司治理各环节，实现制度化、规范化、程序化。江苏省国资委负责董事会建设的21户省属企业，专职党委副书记全部进入董事会，均配备外部董事，13户企业实现董事会结构“外大于内”。二是深化混合所有制改革。华泰证券、徐工有限等第一批混合所有制改革试点取得明显成效。徐矿集团所属徐矿能源股份公司引入7家战略投资者，募集资金19.8亿元。江苏省第二批混合所有制改革试点名单遴选完成，改革工作有序推进。国有控股混合所有制企业员工持股试点进展顺利。三是健全市场化经营机制。分两批在162户省属商业一类二级子企业中推进经理层成员任期制与契约化管理，占比83.9%。推动建立中长期激励机制，江苏租赁等国有控股上市公司实施股权激励计划。四是加快推进国企改革专项工程。6户“双百企业”围绕“五突破一加强”开展综合改革，省国信集团等3户企业在改革专项评估中被评为A级，居全国各省（自治区、直辖市）前列，南京旅游集团等改革实践入选国务院国资委典型案例库。推进江苏通行宝、南京工艺装备2户国有科技型企业开展“科改示范行动”。推动两个“全面参照”，遴选8户企业全面参照“双百企业”做法实施综合改革，选择有条件的国有科技型企业全面参照“科改示范企业”做法实施改革，放大综合改革示范效应。五是加快剥离国有企业办社会职能和解决历史遗留问题。江苏省国有企业所办消防机构完成分类处理，市政设施、社区管理机构完成分离移交和资产划转，教育、医疗机构深化改革、国有企业职工家属区“三供一业”分离移交等工作全部完成。厂办大集体改革基本完成。国有企业退休人员社会化管理完成主体任务，完成率97%。按要求划转部分国有资本，充实社保基金。江苏省划转国有资本155.01亿元，对应归属于母公司所有者权益483.41亿元。

（四）以管资本为主加强国资监管，国资监管效能进一步提升

一是聚焦管资本，深化职能转变。修订印发《省国资委出资人审批事项清单（2020年版）》，累计取消、下放审批事项19项，保留15项，精简幅度56%。全面开展规范性文件清理，编印《省国资委规范性文件汇编（2020版）》。在省属企业开展国资监管制度执行情况大排查，发现问题230项，将重点问题列入国有资产监督工作闭环，实施挂牌督办，有效提升制度执行力。二是推进授权经营体制改革。深化国信集团改建省级国有资本投资运管公司试点，推进4户市属国有资本投资、运营公司试点。三是加强出资人监督。强化全面预算管理，印发《省属企业全面预算管理工作指引》。强化考核引导，将安全生产、资产负债约束、清理拖欠民营企业中小企业账款等重点工作纳入企业负责人经营业绩考核。四是大力推进问题整改。全年通过监督闭环机制完成销号验收的省属企业，修订制度或业务规程494项，清收到账应收款项、压减存货7.61亿元，挽回风险损失1.07亿元，追责问责103人。五是大力推进违规经营投资责任追究体系建设。江苏省国资系统基本建立起覆盖各级国资监管机构及国有企业的责任追究工作体系和工作机制，责任追究工作有序平稳，经营投资责任约束明显增强,有关做法被国务院国资委专题推介。六是大力推进国资国企在线监管系统建设。江苏省国资国企在线监管规划方案经过专家论证,可研方案获得省发展改革委批复,投资监管、财务监管、企业领导人管理、考核分配等系统进入试运行阶段。

(五)持续巩固深化党的领导、党的建设,为统筹推进疫情防控和改革发展提供坚强政治保证

一是以党的政治建设为统领。巩固深化"不忘初心、牢记使命"主题教育成果,建立实施"第一议题"制度,认真落实"首要任务",江苏省国资系统进一步增强"四个意识"、坚定"四个自信"、做到"两个维护"。二是深入实施"五聚焦五落实"。理顺新组建的省环保集团、国金集团、规划设计集团党组织关系,规范开展党组织活动。对省属企业落实全国、江苏省国有企业党建工作会议精神和执行党内法规制度情况进行调研督导。认真宣传贯彻《中国共产党国有企业基层组织工作条例(试行)》,举办江苏省国有企业基层党委书记和新任支部书记培训班,持续开展党建工作品牌创建工程,推进党建工作与生产经营深度融合。三是建设忠诚干净担当企业领导人员队伍。开展"十四五"人才发展规划前期调研。开展省属企业领导人员向下兼职专项清理,清退或限期清退向下兼职183个。遴选并在全系统推广省属企业贯彻落实省委"三项机制"案例19个,进一步营造干事创业良好氛围。四是深入开展主题宣传工作,坚持用习近平新时代中国特色社会主义思想武装头脑、统领国资系统意识形态工作,不断提升江苏省国资国企良好形象。江苏交控等4户企业被评为第六届"全国文明单位"。五是深入推进党风廉政建设和反腐败工作。2次召开江苏省国资系统警示教育大会,通报近年来国资系统查处的部分违纪违法典型案例。组织开展"三查""四清理",着力抓好境外腐败治理,保持反腐败高压态势。

二、江苏省国有资产总量与结构分析

2020年,江苏省国有企业资产总额210194.02亿元,较年初增长12.7%;实现营业收入16341.15亿元、利润总额1571.66亿元、净利润1207.19亿元、归属于母公司所有者的净利润925.18亿元,分别比上年增长7.9%、5.9%、4.1%、5.8%。

从资产总额地区分布来看,省级企业资产总额44664.2亿元,占比21.2%。南京市、苏州市资产总额超过2万亿元,分别为28743.7亿元、26929.8亿元,常州市、南通市、淮安市、盐城市、泰州市资产总额在10000亿~15000亿元,其他各市资产总额在10000亿元以下。

从资产总额行业分布来看,主要分布于社会服务业、房地产业(建筑业)、金融业、交通运输业、工业等5个行业,资产总额分别为103358.9亿元、64069.9亿元、37605.5亿元、19268.6亿元、13157.3亿元,占比分别为40.9%、25.4%、14.9%、7.6%、5.2%,合计占比94%(以上数据为各法人企业按行业统计汇总口径,未做抵消合并处理)。

从资产总额经营规模分布来看,大型企业、中型企业、小型企业、微型企业资产总额分别为36285.7亿元、78060.2亿元、93609.4亿元、44704.7亿元,大中型企业资产规模占比45.3%,小微企业资产规模占比54.7%(以上数据按法人企业统计,未做抵消合并处理)。从一级企业看(合并报表),江苏省国资监管企业资产总额大于1000亿元的集团21户。其中,省级监管企业4户,分别是华泰证券(7167.5亿元)、江苏交控(6593.4亿元,含省铁路集团)、省铁路集团(2701.8亿元)、省国信集团(1968.3亿元);南京市国资监管企业5户,分别是扬子国资投资集团(2815.1亿元)、南京市国有资产投资集团(2729.2亿元)、地铁集团(2203.8亿元)、大江北国资投资集团(1670亿元)、东南国资投资集团(1763.3亿元);苏州市国资监管企业4户,分别是国际发展集团(1606.4亿元)、轨道交通集团(1290.4亿元)、城市建设投资公司(1021.7亿元)、苏高新集团(1099.9亿元);淮安市国资监管企业3户,分别是国有联合投资集团(1370.4亿元)、水利集团(1121.8亿元)、开发控股公司(1005.5亿元);无锡市国资监管企业1户,为国联集团(1240.9亿元);徐州市国资监管企业1户,为徐工集团(1791.5亿元);常州市国资监管企业2户,分别是市城建集团(1399.03亿元)、武进经济发展集团

(1272.3亿元);扬州市国资监管企业1户,为城建集团(1023.20亿元)。

表1　　2020年江苏省国有企业指标

项　目	金　额(亿元)
资产总额	210194.02
所有者权益	67099.48
国有资产总量	57744.92
营业收入	16341.15
利润总额	1571.66
净利润	1207.19
归属于母公司所有者的净利润	925.18
应交税金总额	1133.90
实际上缴税金总额	1072.04

2020年,江苏省纳入企业国有资产统计户数10037户,比上年净增加1267户,增长14.4%。江苏省国资监管企业7718户,占比76%。

表2　　2020年江苏省国有企业户数情况

2019年户数(户)	2020年户数(户)	比上年增长(%)
8770	10037	14.4

表3　　2020年江苏省国有资产按地区分布情况

地　区	国有资产(亿元)	占国有资产总量比重(%)
省属企业汇总	5805.57	10.05
地市企业汇总	51939.34	89.95
南京市	8192.49	14.19
无锡市	2981.72	5.16
徐州市	2416.42	4.18
常州市	4281.92	7.42
苏州市	8302.57	14.38
南通市	4229.19	7.32
连云港市	2202.53	3.81
淮安市	4032.73	6.98
盐城市	4651.66	8.06
扬州市	2581.07	4.47
镇江市	3179.38	5.51
泰州市	3549.48	6.15
宿迁市	1338.19	2.32
合　计	57744.92	100.00

表4　　2020年江苏省国有资产按行业分布情况(按一级企业划分)

行　业	国有资产(亿元)	占国有资产总量比重(%)
社会服务业	28499.31	49.35
房地产业	7323.48	12.68
建筑业	6179.98	10.70
交通运输业	6046.85	10.47
工业	3190.11	5.52
金融业	2762.66	4.78
商贸业	761.63	1.32
科学研究和技术服务业	665.94	1.15
仓储业	583.77	1.01
农林牧渔业	554.56	0.96
教育文化广播业	475.32	0.82
信息传输、软件和信息技术服务业	324.87	0.56
其他	376.46	0.65
合　计	57744.92	100.00

表5　2020年江苏省国有资产按经营规模分布情况(按一级企业划分)

经营规模	国有资产(亿元)	占国有资产总量比重(%)
大型企业	30405.10	52.65
中型企业	13508.98	23.39
小型企业	9927.19	17.19
微型企业	3903.64	6.76
合　计	57744.92	100.00

三、江苏省国有资本保值增值综合分析评价

2020年,江苏省国有企业所有者权益67099.5亿元、归属于母公司所有者权益59746.8亿元、国有资本权益57661.4亿元,分别较年初增长10.8%、10.7%、10.1%。江苏省国资监管企业所有者权益53358.5亿元、归属于母公司所有者权益46719.0亿元、国有资本权益45680.7亿元,较年初分别增长10.9%、10.7%、10.8%。

表6　2020年江苏省国有企业地区和行业国有资本保值增值情况(按一级企业划分)

地　区	国有资本保值增值率(%)	行　业	国有资本保值增值率(%)
省级企业汇总	105.63	金融业	105.92
地市企业汇总	101.92	工业	105.10
南京市	103.81	商贸业	105.10
无锡市	102.54	科学研究和技术服务业	102.61
徐州市	101.58	社会服务业	101.82
常州市	104.27	信息传输、软件和信息技术服务业	101.41
苏州市	102.05	房地产业	101.29
南通市	100.55	农林牧渔业	101.25
连云港市	104.12	交通运输业	100.87
淮安市	99.81	建筑业	100.75
盐城市	100.85	仓储业	100.30
扬州市	101.41	教育文化广播业	100.05
镇江市	100.11	其他	101.91
泰州市	100.13		
宿迁市	103.33		

四、江苏省国资委监管企业改革发展情况

(一)研究制定江苏省国企改革三年行动实施方案

起草江苏省国企改革三年行动实施方案,组织召开座谈会,征求各设区市政府及市国资委、省各有关部门、省属国有企业意见,多次修改完善,报送省委、省政府。12月3日,省国有企业改革领导小组会议研究讨论实施方案。12月14日,省政府常务会议审议通过实施方案。12月31日,《江苏省国企改革三年行动实施方案(2020—2022年)》经省委常委会审议通过后印发实施。

(二)优化国有资本布局结构

全面启动、扎实推进编制江苏省国有资本布局和结构战略性调整"十四五"规划,并对省属企业"十四五"规划编制工作作出部署。收官创建一流企业三年行动,启动对标世界一流管理提升行动。省环保集团、省级国际货运班列公司完成组建并实现正常运营。推动省铁路集团、东部机场集团、省港口集团、金陵饭店集团实现业务重组和管理融合。引导增量投资聚焦主业,新增投资1238亿元,96%以上集中在基础设施、能源资源、现代服务业、战略性新兴产业等领域。

（三）深化供给侧结构性改革

加快清理退出不具备优势的非主营业务和低效无效资产，完成列入清单的6户“僵尸企业”处置；清理“四类企业”“三类参股投资”90户（项）；剥离非主业资产，完成省国信集团所属江苏省房地产投资公司战略重组。

（四）持续推进现代企业制度建设

审核东部机场集团等8户企业“三重一大”决策制度实施办法、苏豪控股集团等10户企业公司章程修订，指导省环保集团、省国际货运班列公司制定公司章程，推动企业构建各司其职、各负其责、协调运转、有效制衡的公司治理体系。公司制改革稳步推进，省属企业中全民所有制企业54户，占企业总户数的2.7%，基本完成公司制改革任务；印发《江苏省国有企业公司制改革工作方案》，推进公司制改革全面收尾工作。

五、江苏省国资委监管企业并购重组与完善法人治理结构情况

（一）稳步推进国有资本战略性重组

为充分发挥省国有资本在环境整治领域的重要作用，2020年5月，经省委、省政府批准，成立江苏省环保集团有限公司。省环保集团通过整合省有关环保资源、引入中央企业资本组建，注册资本金50亿元，省级出资40亿元，占比80%；中央企业出资10亿元，占比20%。为推进新时代江苏“一带一路”交汇点建设，促进货运班列提质增效，通过整合南京市、徐州市、苏州市、连云港市有关班列公司资源，并引入中央企业资本，组建江苏省国际货运班列公司，其中，省级出资5.1亿元，占比51%；市级出资3.6亿元，占比36%；中央企业出资1.3亿元，占比13%。省班列公司纳入省海企集团管控体系，接受省交通运输厅行业管理和业务指导。东部机场集团与徐州、常州、淮安等7个市签署股权转让协议，采用现金收购方式，受让徐州、常州、淮安、盐城、扬泰等5家机场公司51%的股权，以及连云港机场60%的股权，6家机场公司成为机场集团的控股子公司，资产整合基本到位。省港口集团坚定不移推进江苏省沿江沿海港口、岸线、航运等资源一体化改革和专业化经营，通过设立江苏省港口集团集装箱公司，优化功能布局和资源配置，实现集装箱板块一体化发展。国信集团剥离非主业资产，将所属省房地产公司51%股权无偿划转给华侨城集团，实施战略性重组。

（二）利用资本市场优化国有资本运营配置

支持省（市）国有企业抓住资本市场注册制机遇，利用资本市场促进企业发展。一是推动首发上市。江苏通行宝智慧交通科技股份有限公司完成A轮、A+轮增资引战，成功引入中国银联、上汽集团、南通交通集团、腾讯云和腾讯系高灯科技等5家战略投资者，募集资金3.24亿元，2020年10月通过江苏省证监局辅导验收，11月深交所正式受理IPO申请。徐矿集团加快集团内部资源整合，将主业资产注入徐矿能源公司，为IPO首发上市奠定基础。全年为江苏省27户拟上市省（市）属国有企业办理国有股东标识文件；对10户拟上市企业历史沿革出具合规性审核意见，并追缴国有占用资金5550万元。二是利用债券市场融资降低资金成本。省属企业通过发行企业债、公司债、短期融资券、中期票据等方式募集资金1524.5亿元，拓宽融资渠道，降低融资成本。三是支持国有企业与上市公司并购重组。通过受让优质民营上市公司股份并获得控制权的方式，进一步增强国有资本带动力、影响力，促进地方国有企业市场化转型。无锡国资完成收购中金环境和康欣新材2家省外上市公司；泰州、常州国资分别收购省内上市公司锦富技术和雪浪环境；南通国资收购本地上市公司金通灵。江苏省国有控股60户上市公司资产总额占江苏省国有企业资产总额的28%，全年实现利润占江苏省国有企业实现利润的61%；省国资委监管的14户上市公司资产总额占省属企业资产总额的52%，全年实现利润占省属企业实现利润的58%。

（三）积极稳妥深化国有企业混合所有制改革

一是扎实推进江苏省第一批国有企业混合所有制改革试点。华泰证券通过定增引入的阿里巴巴、苏宁易购等战略投资者作为积极股东，委派董事参与公司治理，董事会结构得到优化。通过推行职业经理人制度、实施股权激励计划，充分激发企业活力和内生

动力。徐工有限通过股权转让、公开市场引进战略投资者和员工持股同步进行方式,募集资金总额210.5亿元,徐工集团持股由100%降至34%,建立"国有企业控股+民营企业持股+核心骨干参股"的三方利益共同体。徐矿集团通过股权转让方式与7家国有及国有控股企业签订徐矿能源公司股权转让协议,股权转让金额20余亿元,完成徐矿能源公司"混改+上市"目标的关键一步。二是遴选确定江苏省第二批混合所有制改革试点企业。按照"企业有意愿、操作有条件、改革能示范、经验可复制"的原则,会同省发展改革委遴选7户省(市)属国有企业纳入江苏省第二批混合所有制改革试点。通行宝公司引入腾讯云计算(北京)有限公司等2户企业作为战略投资者,募集资金9377万元。江苏宝庆珠宝公司完成股权转让和增资扩股并同步实施员工持股。汇鸿亚森公司完成员工持股工作,进一步深化混合所有制改革。三是组织省属企业做好所出资企业混合所有制改革研究评估。印发《省国资委关于省属企业做好所出资企业混合所有制改革研究评估工作的通知》(苏国资〔2020〕167号),组织省属企业全面梳理实行混合所有制的各级子企业有关情况,总结改革成效、经验,分析存在问题,逐一研判各级子企业推进或深化混合所有制改革的必要性和可行性。四是稳慎开展混合所有制企业骨干员工持股。9户试点企业坚持依法合规、稳妥推进员工持股工作,紫金保险、省粮食集团所属江海粮油公司、华泰证券所属南方基金等8户试点企业完成员工持股试点各项工作。

六、江苏省国资委监管企业建立和完善经营业绩考核体系情况

(一)合理确定2020年度省属企业经营业绩考核目标

根据《江苏省省属企业负责人经营业绩考核暂行办法》(苏国资〔2019〕92号)、《江苏省省属企业负责人经营业绩考核实施办法》(苏国资〔2019〕93号)要求,按照企业功能定位、行业特点和发展阶段,综合考虑企业生产经营实际情况,关注受新冠肺炎疫情影响生产的企业、处于新组建和合并重组特殊阶段的企业,围绕年度中心工作,"一企一策"分类确定省属企业2020年度企业负责人经营业绩考核目标。制定《2020年度省属企业负责人经营业绩考核约束性指标计分办法》,推动省属企业顺利完成2020年度改革发展阶段性、专项重点工作任务。

(二)认真完成2019年度省属企业负责人经营业绩考核结果和薪酬标准审核确认

以省属企业2019年经审计的合并财务报表、专项审计报告及相关资料为基础,对省属企业2019年度经营业绩考核结果进行审核确认。按照"业绩升、薪酬升,业绩降、薪酬降"原则,对19户省属企业主要负责人2019年度薪酬标准进行测算。坚持激励约束并举、效率公平并重,进一步强化企业负责人薪酬与经营业绩的联动,对取得突出成绩或发生重大问题的企业,分别提出奖惩建议。

(三)严格规范省属企业负责人薪酬管理

增强薪酬管理工作的透明度,组织省属企业按照薪酬管理要求,在企业网站向社会公开披露企业负责人2018年度薪酬信息。组织省属企业填报"2018年度省属企业负责人薪酬及福利性待遇备案表",向省薪改办报告省属企业负责人2018年度薪酬兑现情况和薪酬制度改革执行情况。

七、江苏省国资委监管企业负责人考核与选人用人机制改革情况

(一)完成企业领导班子及成员年度考核工作

江苏省国资委配合省委组织部对监管的企业集团领导班子以及159名领导人员进行年度考核。通过听取述职述廉、开展民主测评、进行个别谈话、汇总测评结果,分析领导班子运转情况和领导人员履职情况,有针对性地提出考核结果运用建议,形成综合报告,向企业主要负责人反馈考核结果。

(二)抓好领导人员日常选配和管理工作

全面落实江苏省"五突出五强化"选人用人机制,配合省委组织部做好企业领导人员选配工作,认真执行民主推荐、考察、讨论决定、任前公示、任职谈话等

规范程序，把政治考察作为重中之重，严格开展任前政治体检。全年完成省属企业领导人员任免95人次，印发“苏国资人”“苏国资委人”文件120份。进一步规范省属企业中层管理人员选拔任用，完成中层干部关键岗位任前审批13人次。指导、督促企业推进干部人事档案专项审核全覆盖工作，完成对现职企业领导人员年度进档材料整理归档及信息化录入工作。规范干部兼职管理，完成兼职审批备案53人次。针对贸易类企业领导人员在下属企业兼职现象，提出更加严格的要求和限制性措施，严格控制国有企业领导人员在下属企业兼任主要领导职务。

（三）推动省属企业“三项机制”落实

充分运用省委“三项机制”典型案例，结合防范新冠肺炎疫情工作，印发收集省属企业党员干部奋力夺取“双胜利”先进典型的通知，及时遴选贯彻落实省委“三项机制”案例19个，在省属企业进行宣传推广，进一步浓厚省属企业党员干部干事创业的氛围。

（四）完善省属企业法人治理结构

一是加快专职党委副书记进入董事会和外部董事配备进度。全年新聘（续聘）外部董事18人，现职领导人员转任专职外部董事5人，专职党委副书记全部进入董事会，办理职工董事改选备案7人。二是规范董事会运行和外部董事管理。研究制定《省属企业外部董事反映重要问题和建议办理工作规程》。完成对任期届满外部董事任期考核评价、专职外部董事年度考核工作。召开外部董事年度工作座谈会，总结讲评企业董事会运转情况和外部董事日常履职情况，对董事会运转不规范、外部董事日常履职不到位情况进行通报。累计编制外部董事履职情况简报136期。三是稳妥有序开展落实董事会职权试点、经理层任期制和契约化管理工作。指导金陵饭店集团稳妥有序开展落实董事会职权试点，完成金陵饭店集团落实董事会职权试点实施方案批复。完成国信集团、苏盐集团经理层成员任期制和契约化管理实施方案审核工作，指导集团按序时进度推进。

（五）抓实省属企业人才和教育培训工作

严格按照省委“五坚持五提升”人才工作体系要求，持续用力做好省属企业人才工作。组织省属企业申报博士后工作站2个，申报享受政府特殊津贴人员4人，申报省有突出贡献中青年专家7人，其中，省有突出贡献中青年专家入选3人。开展“十四五”人才发展规划前期调研，完成省属企业人才发展调研报告。举办省属企业高层次人才“爱国·奋斗·奉献”精神专题教育培训班，省属企业60名高层次人才参加培训。会同省委组织部举办第九期江苏国有企业大讲堂，28家省属企业领导班子成员等相关人员近300人参加。着眼深化学习培训效果，举办省属企业年度境外培训座谈会，组织赴美参训领导人员分享培训收获、交流培训心得、深化培训成果运用。

八、江苏省国资委监管企业党的建设和廉政建设情况

根据省委授权，党组织关系由江苏省国资委党委管理的省属企业25户，基层党组织5690个，其中隶属于江苏省国资委党委的2211个，属地3479个；党员78176人，其中隶属江苏省国资委党委的24664人、属地53512人。2020年，江苏省国资委党委坚持以习近平新时代中国特色社会主义思想为指导，认真贯彻新时代党的建设总要求和新时代党的组织路线，深入学习贯彻党的十九届五中全会、省委十三届九次全会和省纪委十三届五次全会精神，全面加强省属企业党的领导、党的建设，推动全面从严治党向纵深发展。

（一）坚持以党的政治建设为统领，坚决做到“两个维护”

一是全面建立“第一议题”制度和重大事项决策前专题学习制度。把学习贯彻习近平总书记关于国资国企改革发展和党的建设重要论述、视察江苏重要讲话指示精神作为重大政治任务，严明政治纪律、政治规矩，强化政治监督，确保党中央及省委的决策部署得到贯彻落实。二是理论武装全面加强。召开省属企业《习近平谈治国理政》第三卷学习交流暨意识形态工作推进会，对企业党委理论学习中心组专题学习情况开展集中巡学旁听，不断推动学习贯彻新思想走深走实。三是意识形态工作责任制有效落实。定期研究布置意识形态工作，制定关于加强意识形态工

作的意见和责任清单，建立“3+1”纳入机制，深入排查并消除意识形态领域风险隐患，确保国资系统意识形态安全。

(二)坚持以强化组织领导为牵引，在大战大考中充分彰显使命担当

一是凝心聚力支持疫情防控。号召各级党组织和党员干部在抗击疫情、应急保供、复工复产中冲锋在前、勇挑重担。江苏省国资委和省属企业及时划拨党费1300万元、党员自愿捐款500余万元支持一线疫情防控，多渠道采购防疫医疗物资195万件。二是全力以赴抓好生产经营和项目建设。在各级党组织和广大党员干部带头拼搏下，省属企业全年营业收入和利润均实现增长，投资突破1000亿元。三是积极投身决战决胜脱贫攻坚。优选骨干企业参与“万企联万村、共走振兴路”行动，省属企业累计向对口帮扶支援地区捐赠1050万元，15户省属企业获评“江苏省帮扶先进单位”，6户省属企业获得第五届江苏慈善奖，江苏省国资委获得2020年江苏省脱贫攻坚组织创新奖。

(三)坚持以从严管理为抓手，党的领导、党的建设基础不断夯实

一是党的领导融入公司治理更加规范。会同省委组织部制定出台《江苏省国有企业党委前置研究讨论重大事项规程示范文本(试行)》，规范党委前置研究事项清单、方式和程序等内容。二是党组织建设更加有力。整顿提升省属企业19个软弱涣散基层党支部，推动企业基层党组织与2677个村和3194个驻地街道社区党组织开展结对共建。三是党员教育管理更加严谨。分两批对省属企业发展对象进行系统培训，高标准发展党员1049人。开展党费专项检查，规范省属企业各级党组织党费收缴、使用和管理。

(四)坚持以正风肃纪反腐为保障，国资系统政治生态和营商环境持续净化

一是精准开展警示教育。2次召开江苏省国资系统警示教育大会。省属企业累计开展警示教育活动1693场次，接受教育8万余人次。二是驰而不息纠治“四风”。紧盯“四风”新形式新动向，在重要时间节点重申纪律规定，大力纠治发生在职工群众身边的“微腐败”，有效防止“四风”问题隐形变异、反弹回潮。三是从严从实抓好巡视整改和巡察工作。组织对4户省属企业子公司开展专项巡察。省属企业组织对147户所属企业党组织进行巡察，及时发现并解决存在的突出问题。四是深入开展反腐败斗争。坚决支持配合省纪委查办国资系统贪腐案件。制定《省属企业境外腐败治理实施方案》，召开省属企业境外腐败治理工作会议。2020年，省属企业查办违纪违法案件177起、给予党纪政务处分90人。

(五)坚持以压力传导为重点，管党治党政治责任进一步压紧压实

一是主体责任内容更加明确。推动省属企业制定落实党委履行全面从严治党、党委书记抓基层党建、党支部书记落实基层党建“三张清单”，各级党组织书记较好地履行全面从严治党第一责任人责任。二是述职评议考核机制普遍推行。认真组织开展省属企业党组织书记抓基层党建述职评议考核工作，派员督导企业基层党建述职评议会。三是跟踪问效机制有效构建。年中召开省属企业专职党委副书记座谈会，开展全面从严治党半年工作情况总结讲评；首次举办江苏省国有基层党委书记培训班，有效破解“中梗阻”；举办省属企业新任支部书记培训班，切实打通基层党建“最后一公里”。

(撰稿人：程　欣)

浙江省

一、浙江省国有资产监督管理工作综述

2020年，浙江省各级国资监管机构和国有企业深入学习贯彻习近平总书记考察浙江重要讲话精神，坚决贯彻落实党中央、国务院和省委、省政府系列决策部署，主动担当作为，奋力争先创优，统筹推进疫情防控、复工复产和改革发展、国资监管各项工作，实现

"十三五"圆满收官。

(一)坚持"两手硬、两战赢",主要指标再创历史新高

浙江省国资国企坚持"两手硬、两战赢",国有企业生产经营持续好转,国有经济主要指标再创历史新高,跑出高质量发展加速度。2020年,省、市两级国资监管企业合计实现营业收入1.7万亿元、利润总额771.7亿元,分别比上年增长15.3%、3.0%;资产总额5.64万亿元、净资产1.78万亿元,分别比上年增长18.7%、16.9%。其中,浙江省国资委监管省属企业实现营业收入1.14万亿元、利润总额446.2亿元,分别增长15.6%、10.8%;资产总额1.6万亿元、净资产6074.6亿元,分别增长18.1%、13.3%。

(二)以高质量发展为导向,推动布局结构不断优化

紧扣省委、省政府决策部署,推动国有企业主动服务浙江省重大战略落实和经济社会发展。一是加强重大项目谋划。合并省旅游集团、浙勤集团,组建省旅投集团,完成省属企业下属旅游酒店资产划转。实施化工板块整合,全面关停浙江交科江山基地,完成员工分流安置。推进省级天然气管网公司重组,中央企业股权按要求划转到位。农业板块整合抓紧实施,产权交易机构整合方案继续研究完善。牵头召开长三角国资国企第二次联席会议,成立长三角一体化发展国资百企合作联盟,集中签约战略合作和重大项目15个。二是服务重大战略发展。构建省属企业"一库一系统三机制"投资管理体系,加快重大基础设施和产业项目建设,省属企业全年完成固定资产投资1140亿元,比上年增长35.7%。三是助力脱贫攻坚任务。23家省属企业深入参与东西部扶贫协作,落实四川100个贫困村帮扶资金6222万元;帮助省内85个薄弱村发展经济改善民生,帮扶项目78个,落实资金1.7亿元。第二批6家省属企业划转10%国有股权,充实社保基金,涉及国有资本及权益205亿元。

(三)紧扣三年行动方案,推进国企改革攻坚扎实有效

贯彻落实浙江省全面深化国企改革行动方案部署,制定2020年深化国企改革工作要点,逐项明确进度安排、责任单位,推动工作落实。一是抓国企改革三年行动方案制定。提请省两办出台浙江省国企改革三年行动实施方案,明确8个方面40条任务56项工作清单,着力谋划开展改革试点探索27项,打造重大改革载体14个,落实浙江特色改革任务12项,制(修)订改革配套政策制度20余项。各地各企业结合实际加快制定改革细化方案,杭州获批开展全国第二批区域性国资国企综合改革试验。二是抓混合所有制改革深化。出台省属企业深化混合所有制改革专项行动方案,梳理浙江省国企混合所有制改革成效,编印《国企混合所有制改革18案例》。浙江省国企5户国家混合所有制改革试点、9户员工持股试点全部完成,40个集中推介混合所有制改革项目基本完成,7户"双百企业"、3户"科改示范企业"综合改革扎实推进,3户企业入选国有企业"双百行动"案例集。三是抓资产证券化提升。浙江国资ETF在上交所上市交易。省属企业控股上市公司20家,资产证券化率65%。四是完善公司治理。出台省属企业党委前置研究讨论事项清单示范文本,推动党的领导更好嵌入公司治理全过程。完成省属企业董事会运行情况调研评价,实现省属企业外部董事制度全覆盖,进一步规范和保障外部董事行权履职。完成省属企业监事会体制机制改革,成立4个监事工作小组有序运行。各地完成市(县)全民所有制企业公司制改制,推进完善公司治理。五是完善市场化经营机制。推进省属企业中长期激励工作,在部分企业实施股票期权激励、限制性股票激励计划,探索重资产、长回报周期行业的中长期激励方式。六是抓历史遗留问题解决。完成浙江省国企退休人员社会化管理主体工作,梳理省属企业需确权不动产事项762项。

(四)以管资本为主线,国有资产监管体系不断完善

牢牢把握以管资本为主的要求,着力转职能、强监管、防风险、严追责,不断提升监管效能。一是深化"最多跑一次"改革。出台全面深化浙江省国资国企"最多跑一次"改革实施意见、构建浙江省国资监管大格局指导意见,推动国资监管职能转变,促进浙江省国资"一盘棋"发展。二是加快监管职能转变。深化

"两类公司"试点。提请省政府出台浙江省深化国有资本投资、运营公司改革试点实施方案，指导9个市组建"两类公司"。主动服务企业基层。深入开展"双进双促"专项行动，全年服务各级国资国企130家，协调解决事项200余个。三是推进统一监管攻坚。制定省级部门企业分类处置实施方案，形成第一批分类处置清单，21户企业整体移交浙江省国资委，涉及净资产21.3亿元。各地加快集中统一监管，11个市的本级经营性国有资产集中统一监管比例均95%以上。四是完善监管方式手段。完成2019年度浙江省企业国有资产管理情况专项报告，全口径亮出浙江省企业国有资产家底。规范省属企业国有资产评估项目评估机构选聘工作，修订出台省国资委委托中介机构审计管理办法，不再设置审计中介机构库。推进监管数字化智能化，开展国资国企在线监管系统建设调研，上线运行浙江省国企财务快报系统。五是强化经营风险防控。出台省属企业资金信用监督管理暂行办法，开展企业债务、金融业务风险排查及约谈整改，加强PPP业务风险管理，组织企业国有资产交易和并购重组专项检查，规范企业运用对赌模式开展并购投资的行为。六是严格监督追责工作。出台省属企业违规经营投资问题线索移送办理、责任追究工作体系建设、深化内部审计监督等制度，浙江省建立覆盖各级国资国企的责任追究工作体系。强化制度执行和沟通督导，严肃抓好监督问责，切实维护国有资产安全。

面对新冠肺炎疫情考验，浙江省国资国企闻令而动、勇挑重担，全力以赴投身抗疫一线，率先带头有序复工复产，有力服务保障疫情防控需要和经济社会稳定运行。一是浙江省国资委率先在全国国资系统出台支持政策9条，并专门划拨120万元党费，引导支持浙江省国企抗击疫情。许多企业冲锋在前、持续运转，全力抓好物资供应和基础保障。二是率先复工复产。浙江省国资委明确浙江省国企复工复产"四条原则、七项要求"，建立"三率一度"监测体系和驻企服务员机制，推动企业科学有序复工复产。各企业努力克服防疫物资缺、原料供应难、人员返岗难等问题，带头恢复正常生产经营，并带动产业链上下游企业复工达产。截至2020年3月初，省属企业复工率98%以上，职工返岗率88%以上。三是抓好重点防控。面对疫情发展新形势新变化，开展浙江省国企境外单位疫情风险排查，摸清境外项目、员工底数和问题隐患，并及时做好阿尔及利亚、缅甸等境外项目人员疫情处置。开展省属企业10家高职院校疫情防控工作交叉检查，严密防控措施，筑牢安全防线。相关企业切实做好冷冻冷藏肉品、冷链物流环节新冠病毒污染风险排查防范，加强食品安全保障。四是助力降本减负。坚决落实国家和浙江省政策要求，省属企业全年向社会减费让利121亿元，其中，降低供电供气供热价格59.3亿元、减免高速通行费54.4亿元、房租4.9亿元、港口作业费2.3亿元；浙江省国企减免房租46亿元，涉及小微企业、个体户等31.6万户，有力支持各类市场主体渡过难关。

二、浙江省国有资产总量与结构分析

2020年，浙江省(含宁波市，下同)上报国有企业13797户，比上年增长9.4%；资产总额201954.6亿元，比上年增长19.4%；所有者权益55155.2亿元，比上年增长20.3%，其中归属于母公司所有者权益49973.9亿元，比上年增长20.0%；营业收入23653.8亿元，比上年增长14.2%；利润总额1535.8亿元，比上年减少1.5%；实际上缴税金总额742.8亿元，比上年减少3.8%。全年平均总资产报酬率1.4%，平均净资产收益率(含少数股东权益)2.3%。

表1　　2020年浙江省国有企业指标

项　目	金　额(亿元)
资产总额	201954.6
所有者权益	55155.2
国有资产总量	48233.5
营业收入	23653.8
利润总额	1535.8
净利润	1190.3
归属于母公司所有者的净利润	959.8
应交税金总额	891.6
实际上缴税金总额	742.8

表 2　　2020 年浙江省国有企业户数情况

2019 年户数(户)	2020 年户数(户)	比上年增长(%)
12614	13797	9.4

2020 年,浙江省国有资产总量 48233.5 亿元,比上年增长 20.2%。从地区分布看,省级企业国有资产总量 9959.7 亿元,比上年增长 25.8%,占浙江省国有资产总量的 20.6%,比上年增加 0.9 个百分点。其中,省国资委监管企业国有资产总量 3697.0 亿元,增长 8.6%,占浙江省国有资产总量的 7.7%;省级部门企业国有资产总量 6262.7 亿元,增长 38.8%,占浙江省国有资产总量的 13.0%。市(县)企业国有资产总量 38273.8 亿元,比上年增长 18.8%,占浙江省国有资产总量的 79.4%,比上年减少 0.9 个百分点。从各市情况看,杭州市以 10063.7 亿元位居第一,宁波市以 6293.9 亿元居第二位,两市合计占市(县)企业国有资产总量的 42.7%,占浙江省国有资产总量的 33.9%。绍兴市、温州市、嘉兴市、湖州市、金华市、台州市和舟山市分别为 4521.3 亿元、3882.9 亿元、3544.2 亿元、3437.5、2125.1 亿元、1718.3 亿元和 1003.8 亿元,七市合计占浙江省国有资产总量的 41.9%。丽水市、衢州市的国有企业国有资产总量均在 1000 亿元以下,合计占浙江省国有企业国有资产总量的 3.5%。从各市增长情况看,增加最多的是杭州市、宁波市,分别增加 1761.2 亿元、838.5 亿元,增长 21.2%、15.4%;其次是湖州市、绍兴市,增加额分别为 838.0 亿元、731.2 亿元,分别增长 32.2%、19.3%。从行业分布看,社会服务业、房地产业、交通运输业、金融业和工业是浙江省国有资产总量的主体。社会服务业以其拥有浙江省 53.9%的国有资产总量位居各行业之首;其次是房地产业,拥有浙江省 11.3%的国有资产总量;再次是交通运输业、金融业和工业,分别占 8.9%、8.0%和 6.2%,5 个行业合计占浙江省企业国有资产总量的 88.3%。建筑业、商贸业和教育文化广播业分别占 5.6%、2.0%和 1.5%,其他行业(科研和技术服务业、信息软件和信息技术服务业、农林牧渔业、仓储业和其他等)合计占浙江省企业国有资产总量的 2.5%。从企业规模看,小微企业占七成以上。小型企业国有资产总量 37467.0 亿元,占浙江省国有资产总量的 48.6%;微型企业国有资产总量 19176.3 亿元,占浙江省国有资产总量的 24.9%,两者合计占浙江省国有资产总量的 73.5%。中型企业国有资产总量 14203.7 亿元,占浙江省国有资产总量的 18.4%,次于微型企业;大型企业国有资产总量 6233.0 亿元,占浙江省国有资产总量的 8.1%,占比最低。

表 3　　2020 年浙江省国有资产按地区分布情况

地　区	国有资产(亿元)	占国有资产总量比重(%)
省级企业	9959.7	20.6
省国资委监管企业	3697.0	7.7
省级部门企业	6262.7	13.0
市(县)企业	38273.8	79.4
杭州市	10063.7	20.9
宁波市	6293.9	13.0
绍兴市	4521.3	9.4
温州市	3882.9	8.1
嘉兴市	3544.2	7.3
湖州市	3437.5	7.1
金华市	2125.1	4.4
台州市	1718.3	3.6
舟山市	1003.8	2.1
丽水市	965.8	2.0
衢州市	717.3	1.5
合　计	48233.5	100.0

表 4　　2020 年浙江省国有资产按行业分布情况

行　业	国有资产(亿元)	占国有资产总量比重(%)
社会服务业	41547.9	53.9
房地产业	8705.6	11.3

续表

行　业	国有资产(亿元)	占国有资产总量比重(%)
交通运输业	6845.5	8.9
金融业	6187.3	8.0
工业	4767.5	6.2
建筑业	4336.9	5.6
商贸业	1557.1	2.0
教育文化广播业	1173.8	1.5
科学研究和技术服务业	525.6	0.7
信息传输、软件和信息技术服务业	523.7	0.7
农林牧渔业	469.9	0.6
仓储业	267.0	0.3
其他	172.3	0.2
合　计	77080.1	100.0

注:表中数据为汇总数据,不考虑合并抵消因素。

表5　2020年浙江省国有资产按经营规模分布情况

经营规模	国有资产(亿元)	占国有资产总量比重(%)
大型企业	6233.0	8.1
中型企业	14203.7	18.4
小型企业	37467.0	48.6
微型企业	19176.3	24.9
合　计	77080.1	100.0

注:表中数据为汇总数据,不考虑合并抵消因素。

三、浙江省国有资本保值增值综合分析评价

2020年,浙江省国有企业利润总额1535.8亿元,比上年下降1.5%;净利润1190.3亿元,比上年下降4.7%;归属于母公司所有者的净利润959.8亿元,比上年下降6.8%。从相对指标来看,全年平均总资产报酬率1.35%,平均净资产收益率(含少数股东权益)2.32%,国有资本保值增值率102.20%。

省级企业利润总额1085.7亿元,比上年增长3.6%;市(县)企业利润450.1亿元,比上年下降12.0%。从11个市利润排名情况看,宁波市和衢州市比上年上升2位,丽水市比上年上升1位,嘉兴市、台州市和金华市比上年下降1位,温州市比上年下降2位,湖州市、舟山市和绍兴市比上年保持不变,杭州市依旧保持第一位。从各地相对获利能力看,杭州市最强,净资产收益率(含少数股东权益)3.16%;衢州市净资产收益率(含少数股东权益)1.23%;其他各市资产净资产收益率都在1%以下,其中绍兴市、舟山市、温州市和金华市净资产收益率小于零。

从各地区情况看,省本级企业国有资本保值增值率103.3%,其中,省国资委监管企业国有资本保值增值率105.7%、省级部门企业国有资本保值增值率101.7%。在11个市中,丽水市以108.7%的国有资本保值增值率居各市首位,杭州市、宁波市分别以103.8%、102.1%紧随其后,除湖州市、温州市、舟山市等三市国有资本保值增值率低于100%以外,其他各市均实现国有资本保值增值。

从行业情况看,科学研究和技术服务业保值增值率最高,为110.6%;其次是商贸业,信息传输、软件和信息技术服务业,保值增值率分别为109.9%,105.8%;再次是工业、金融业、房地产业,保值增值率分别为105.2%、103%、102.3%。除农林牧渔业、仓储业和其他行业以外,均实现全行业保值增值。

从单户企业看,浙江省13797户国有及国有控股企业中,实现国有资本保值增值的7345户,占53.2%,比上年减少1.5个百分点。其中,实现国有资本增值的6575户,占47.7%;实现国有资本保值的770户,占5.6%。未能实现保值增值的6452户,占46.8%。

表6　2020年浙江省国有企业地区和行业国有资本保值增值情况

地　区	国有资本保值增值率(%)	行　业	国有资本保值增值率(%)
浙江省汇总	102.20	浙江省汇总	102.20

续表

地　区	国有资本保值增值率(%)	行　业	国有资本保值增值率(%)
省本级汇总	103.28	科学研究和技术服务业	110.59
省国资委监管企业	105.72	商贸业	109.91
省级部门企业	101.68	信息传输、软件和信息技术服务业	105.75
市(县)汇总	101.90	工业	105.20
丽水市	108.70	金融业	103.02
杭州市	103.75	房地产业	102.34
宁波市	102.11	社会服务业	101.83
嘉兴市	101.99	教育文化广播业	101.77
绍兴市	101.39	建筑业	101.66
衢州市	101.07	交通运输业	101.15
台州市	100.32	农林牧渔业	99.64
金华市	100.05	仓储业	99.05
湖州市	99.99	其他	96.53
温州市	99.86		
舟山市	99.85		

四、浙江省国资委监管企业改革发展情况

(一)深入谋划国资国企改革

制定出台浙江省国企改革三年行动实施方案(2020—2022年),为最近三年国资国企改革明确“施工图”。成功争取杭州市获批列为全国第二批区域性国资国企改革综合试验区。根据改革重点任务责任分工,印发2021年浙江省《深化国有企业改革工作要点》和浙江省国资委《深化国有企业改革重点工作任务责任分工》。

(二)全面完成剥离办社会职能

完成浙江省国企退休人员社会化管理移交任务,47.8万名退休职工移交完成率99.7%,超过国家提出完成80%主体工作的目标要求,驻浙中央企业11.4万名退休人员移交完成率93.4%。完成国企职工家属区“三供一业”分离移交扫尾工作,督促指导长广集团全面完成整体撤离牛头山矿区工作,做好资产移交审核,相关工作得到省主要领导批示肯定。

(三)持续深化混合所有制改革

省属企业混合所有制改革比例稳步提升,截至2020年底达到77%,稳居全国前列。推进重点项目落地,5家混合所有制改革试点企业、9家省级员工持股试点企业全面实现混合所有制,4家“双百企业”成功引进战略投资者和员工持股,其中3家被国务院国资委评定为A级、2家被选为全国优秀案例推广,2家省属企业成功申报纳入“科改示范行动”综合改革并推进实施,浙江省40个混合所有制改革推介项目完成97.5%。在总结试点基础上,及时印发《省属企业深化混合所有制改革专项行动方案》;通过视频组织浙江省国资国企系统开展三期混合所有制改革专题培训和案例交流;及时总结浙江省国企混合所有制改革成效,选编18个省属企业成功案例印发。全面完成市(县)575户全民所有制企业公司制改制。

(四)健全完善国资监管体制

继续优化授权经营和推进国有资本投资、运营公司改革,在试点基础上制定《浙江省深化国有资本投资、运营公司改革试点实施方案》,由省政府印发实施。指导组建两类公司,浙江省各市成立9家国有资本投资公司,实现年初提出的50%以上地(市)成立两类公司目标,并依托国资公司组建浙江省国有资本运营公司联盟。加强企业层级压缩和管理,印发《关于进一步加强省属企业层级压缩和管理工作有关事项的通知》,开展专项检查并布置纳入年报审计,全面压缩至四级以内。

(五)抓好国企改革综合工作

浙江省国资委切实履行省深化国企改革工作领导小组办公室职责,加强与省委改革办、国务院国资委改革办及成员单位的联系沟通,保障浙江省国企改革三年行动动员推进会暨省深化国企改革领导小组

首次会议圆满召开。完成国务院国企改革领导小组赴浙江省督查配合工作，认真做好方案起草、材料准备和保障后勤等工作，浙江国企改革成效总体得到督查组肯定。牵头推进国资国企系统"最多跑一次"改革，印发实施《全面深化国资国企"最多跑一次"改革工作计划》。

五、浙江省国资委监管企业并购重组与完善法人治理结构情况

(一)指导推进企业上市和并购重组

完成省国贸集团收购康恩贝、省二轻集团收购国瑞科技事项，完成省建设集团借壳整体上市迁址工作。推进重点领域重组整合。旅游板块重组主体工作基本完成，完成省旅投集团挂牌、浙勤集团股权划转和省属企业下属旅游酒店资产划转。农业板块重组方案报省政府同意，将结合省级经营性资产统一监管工作努力推进。积极推进省级天然气管网公司合并重组，建议方案经省政府同意，按期完成中央企业持有股权划转。

(二)落实董事会履职评价

根据《浙江省省属国有独资公司董事会及董事评价办法(试行)》(浙国资发〔2019〕10 号)，组织开展对15 家省属企业 2020 年度董事会运行情况的履职评价工作，由浙江省国资委领导带队赴相关企业进行现场评价，综合年度履职述职评议、民主测评和现场评价等情况，形成评价意见，以"一企一意见"的书面形式予以反馈。

(三)强化董事会日常管理

全面执行董事会会议召开情况备案制度，要求各企业董事会会议召开后 3 个工作日内向浙江省国资委报送会议召开情况，具体包括会议召开时间、地点、方式，以及参会人员情况、议题名称及表决情况、是否存在异常情况等。2020 年，对省属企业 346 次董事会召开情况进行备案，涉及议题 1756 项。

(四)完善董事会结构

根据《浙江省省属企业兼职外部董事管理办法》，在外部董事制度试点的基础上，通过多途径多方式补充外部董事人才库，积极扩大外部董事制度试行范围。委派 21 名外部董事任职于 12 家省属企业，实现省属国有独资(全资)公司外部董事全覆盖。

(五)规范外部董事行权履职

制定出台《关于进一步规范和保障省属企业外部董事行权履职的通知》，对外部董事履职规范提出细化要求，明确履职企业、浙江省国资委保障外部董事履职的相关义务，充分发挥外部董事作用，不断完善公司治理体系。

(六)推进监事会体制机制改革

确立"外派内设"模式的省属企业监事会新体制机制，制定组织设置、人员选配、薪酬考核、工作流程、成果运用等若干个细化实施方案，形成"1＋X"的体制机制改革方案，并认真组织实施，得到省委组织部主要领导批示肯定。按照国资监管"大格局、一盘棋"的理念，进一步理顺职责关系，做好专职监事留转、职务职级选配晋升等工作。

六、浙江省国资委监管企业建立和完善经营业绩考核体系情况

(一)推进新经营业绩考核办法实施

根据《浙江省省属企业负责人经营业绩考核与薪酬核定办法》(浙国资发〔2019〕6 号)和经营业绩考核责任书(2019—2021 年度)，对监管企业开展 2019 年度经营业绩考核和薪酬核定工作。根据考核结果，15 家省属企业 2019 年主要负责人平均年薪 92.33 万元(不含任期激励收入，下同)，为上年度省管企业职平工资的 6.8 倍。

(二)完善省属企业考评等级指标体系

为进一步完善省属企业考评等级制度，推动省属企业高质量发展，修订完善省属企业考评等级指标体系。新考评等级指标体系呈现三方面特点：一是注重有效衔接，形成考评合力；二是立足职能转变，全面加强国有资产监督；三是优化计分细则，增强考评针对性和科学性。

(三)统筹开展2019年度考评等级工作

汇总分析2019年度省属企业考评等级指标得分情况,形成考评等级结果。2019年度考评等级A级企业3家,B级企业13家。

七、浙江省国资委监管企业负责人考核与选人用人机制改革情况

(一)监管企业负责人考核改革情况

坚持国企领导人员"二十字"标准,以政治建设为统领加强国企领导班子建设,有效激励国企领导人员担当作为,大力弘扬企业家精神,打造一批高素质专业化国有企业家队伍。坚持"三个区分开来"要求,细化制定省属企业容错纠错具体实施办法,在考核评价、选拔任用、薪酬兑现、日常管理等方面严格予以落实,更好地激励企业领导人员担当作为、改革创新。

(二)选人用人机制改革情况

建立市场化的选人用人机制,推行经理层成员任期制和契约化管理,加快在市场化程度较高的二、三级企业推行职业经理人制度。落实市场化用工机制和薪酬分配机制,推行员工公开招聘、管理人员竞争上岗、不胜任退出制度,真正做到能进能出,能上能下,构建以岗位价值为基础、以绩效贡献为依据的薪酬分配机制。

八、浙江省国资委监管企业党的建设和廉政建设情况

(一)深入学习贯彻党的创新理论

一是组织研究习近平总书记关于国有企业改革发展党建重要论述。汇编各省属企业贯彻落实习近平总书记关于国有企业改革发展党建重要论述的经验做法,推动学习习近平新时代中国特色社会主义思想走深走心走实,国有企业各级党组织和广大党员干部进一步增强"四个意识"、坚定"四个自信"、做到"两个维护"。二是开展"新时代、新思想、新风貌"宣传教育活动。深入学习贯彻习近平总书记在浙江考察时的重要讲话、党的十九届五中全会和省委十四届七次、八次全会精神,深刻领会"重要窗口"建设的丰富内涵,深入贯彻落实新时代爱国主义教育、公民道德建设两个实施意见。三是组织开展纪念建党99周年系列活动。组织浙江省国资国企系统开展主题党日活动、支部书记讲党课、入党宣誓、学身边典型、走访慰问等活动,增强党员意识,强化党性修养。四是组织"我最喜爱的习近平总书记的一句话"青年宣讲活动。以学习《习近平谈治国理政》第三卷为主题开展"我最喜爱的习近平总书记的一句话"青年宣讲活动,举办微宣讲、微视频和网文征集活动,推动习近平新时代中国特色社会主义思想学习贯彻入脑入心入行。

(二)强化党建工作制度建设

一是全面贯彻落实两个条例。及时起草印发通知,指导浙江省国企认真贯彻《中国共产党国有企业基层组织工作条例(试行)》《中国共产党支部工作条例》,明确把两个条例作为国有企业党委理论学习中心组学习内容,作为企业党员干部教育培训的重要内容,组织浙江省企业各级基层党组织深入学习贯彻。二是细化完善党建工作检查考评标准。印发《2020年浙江省国有企业党建工作要点》《2020年度省属企业党建工作检查考核评分细则》,进一步完善细化评分标准,突出从"有没有"向"好不好""强不强"转变,增强考评细则的指导性、科学性、规范性和可操作性。组织召开省属企业党建工作例会,对基层党建重点工作进行全面部署,解决国企党建工作中的难点问题。三是推动建立完善省属企业党建工作机制。召开省属企业党建工作座谈会,建立党建工作例会制度。推动省属企业建立健全集团党委对二级党委(党总支)、基层党支部党建工作的分类指导、督促检查、综合考评、责任传导等工作机制和工作制度,着力解决党建力度层层递减问题。

(三)做好党风廉政建设和反腐败工作

一是加强对省属企业党风廉政建设和反腐败工作的研究部署。印发《2020年省属企业党风廉政建设和反腐败工作要点》,召开浙江省国资国企党风廉政建设和反腐败工作会议,全面部署党风廉政建设和反腐败工作,浙江省国资委党委与23家省属企业签订2020—2021年党风廉政建设责任书。二是深入推进清廉国企建设。深入贯彻落实省纪委省监委持续发力纠治"四风"工作视频会议精神,指导省属企业抓好春节、"五

一”、国庆期间正风肃纪、廉洁教育等有关工作。三是推进省属企业党委开展巡察工作。研究起草《关于省属企业党委开展巡察工作的实施意见》，联系对接省委巡视办巡察处、驻委纪检组，根据意见建议进行修改完善。四是抓好巡视反馈问题整改工作。根据省委巡视反馈意见，按照浙江省国资委巡视整改方案要求，加强和规范党费管理，督促相关省属企业开展换届工作，督促省属企业加强对二、三级领导班子违规违纪企业警示教育工作。督促指导杭钢集团、农发集团等5家省属企业切实抓好巡视反馈问题的整改落实。

(四)加强国资国企系统宣传

一是开展浙江省国资国企疫情防控和复工复产集成式、系统性宣传。累计在央媒和省级媒体刊发综合性新闻稿宣传报道94篇次、编发信息稿26期、先进事例120例，30万余字汇编为《同心抗“疫”英雄谱——浙江省国资国企抗击新冠疫情典型案例》《防疫火线挺起国企担当》，宣传报道涵盖23家省属企业、30余家在浙中央企业、11个市国资委和义乌市国资办所属地方国企，充分彰显国资国企责任担当，为抗击疫情凝聚强大精神动力。二是做好企业文化和精神文明工作。推进省属企业制定企业文化手册，组织开展国有企业职工书画培训班。做好省属企业、中央所属在浙企业2020年度全国浙江省文明单位复评及2019年度省级文明单位申报工作。三是组织开展浙江省国企微党课比赛。围绕“决胜全面小康　展现国企担当”主题，各企业经过为期1个月的广泛宣讲、层层选拔，35家企业49部党课作品参赛，创新了学习教育形式，增强了学习教育实效。

(撰稿人：程　刚)

宁波市

一、宁波市国有资产监督管理工作综述

2020年，宁波市国资国企系统坚决贯彻市委、市政府决策部署，按照“两手硬、两战赢”的工作要求，落实“六稳”“六保”工作任务，积极服务宁波市大局，统筹推进疫情防控和复工复产工作，深入推进“1＋5”国资国企改革发展新模式，助推产业转型升级，保障和改善社会民生，全力推动国资国企做强做优做大，为宁波经济社会高质量发展提供有力支撑。

(一)经济效益企稳回升

宁波市国资委出资企业资产总额6278.25亿元、净资产2762.97亿元，分别比上年增长6.46%、9.09%；实现营业收入1134.34亿元、利润总额96.82亿元，分别比上年增长26.92%、2.45%，主要经营指标保持平稳较快增长，为宁波市经济稳增长目标提供助力。

(二)抗疫扶贫彰显担当

组织1070家国有企业的党组织、数万名党员志愿者在联防联控、药品保障、交通运输、物资供应和民生服务等多个领域，充分发挥党组织战斗堡垒作用和党员先锋模范作用。累计减免3万多户承租户租金6.35亿元。推进东西部扶贫协作，落实帮扶资金1.5亿元。

(三)重点工程推进有序

完成年度有效投资超过650亿元，其中重点项目投资占25%。国展中心12号馆、国际会议中心、鲲鹏产业园、杭甬高速复线宁波段一期等一批标志性工程加快推进，农副产品物流中心II期冻品市场、市游泳训练中心、宁波海洋研究院、市疾控中心迁建项目等开工建设，轨道交通2号线二期首通段、3号线鄞奉段后通段、4号线、三官堂大桥、方桥农副产品批发市场等建成投用，钦寸水库引水工程、水库群联网联调西线一期工程、横溪水库引水工程、桃源水厂及出厂管线工程等城市供水保障工程投产，完成原水供应6.67亿立方米，工业水厂累计完成供水1.01亿吨，污水处理量3.07亿吨。舞剧《花木兰》巡演全国11个城市，22场演出上座率75%。

(四)监管转型持续加快

全力推进全民所有制企业公司制改制，宁波市123户正常经营全民所有制企业基本完成改制或注销

方案。制定监管事项和授权放权清单(2020年版),监管事项精减至四大类14项,并对三大类33个事项进行授权放权。创新差异化监管方式,对国有股权50%以下的混合所有制改革企业探索实施“事前有规、事中授权、事后评估”的灵活监管方式,混合所有制改革企业建立市场化经营机制。上线国资综合监管平台(一期),围绕企业关键业务、改革重点领域、运营重要环节,实时监督投资、产权、财务、考核分配等重点事项。推进全面预算管理,在7家市属企业开展全面预算试点;实施国有资本经营预算管理,完成收益收缴15.6亿元。

(五)风险防控扎实推进

加强企业债务动态监测和分析,督促和帮助企业降低和化解债务风险,大力降低企业融资成本,置换各类借款331.04亿元,归集闲置资金47.77亿元,增加资金效益5.58亿元,如期完成2020年末平均资产负债率比2017年末降低2个百分点的目标任务。强化资产评估管理,核准、备案资产评估项目45个,评估增值25.5亿元。

二、宁波市国有资产总量与结构分析

表1　　2020年宁波市国有企业指标

项　目	数　量
资产总额(亿元)	19545.72
净资产(亿元)	6717.74
营业收入(亿元)	1277.23
利润总额(亿元)	50.12
实际上缴税金总额(亿元)	37.05
负债合计(亿元)	12827.98
净利润(亿元)	31.67
国有资产总量(亿元)	6293.94
平均职工人数(人)	80066.00
国有资本保值增值率(%)	102.11

续表

项　目	数　量
总资产报酬率(%)	1.09
成本费用利润率(%)	3.53
主营业务收入增长率(%)	44.80
资产负债率(%)	65.63
流动比率	1.78

注:国有资产总量指国有企业净资产剔除民营股东权益后属于国有的净资产部分。

表2　　2020年宁波市国有企业户数情况

2019年户数(户)	2020年户数(户)	比上年增长(%)
1156	1219	5.45

表3　　2020年宁波市国有资产按地区分布情况

地　区	国有资产(亿元)	占国有资产总量比重(%)
市本级汇总	2437.48	38.73
监管企业	1569.90	24.94
非监管企业	272.99	4.34
功能园区汇总	594.58	9.45
大榭开发区	78.85	1.25
保税区	53.47	0.85
东钱湖开发区	32.99	0.52
高新区	40.88	0.65
梅山保税区	0.31	0.00
杭州湾新区	388.09	6.17
县、市、区汇总	3856.46	61.27
镇海区	223.92	3.56
海曙区	343.36	5.46
奉化区	282.32	4.49
慈溪市	675.58	10.73

续表

地　区	国有资产(亿元)	占国有资产总量比重(%)
宁海县	501.61	7.97
鄞州区	326.14	5.18
北仑区	384.86	6.11
余姚市	633.6	10.07
象山县	232.02	3.69
江北区	253.04	4.02
合　计	6293.94	100.00

表 4　2020 年宁波市国有资产按行业分布情况

行　业	国有资产(亿元)	占国有资产总量比重(%)
农林牧渔业	111.93	1.78
采矿业	14.59	0.23
制造业	39.88	0.63
电力、热力、燃气及水生产和供应业	308.09	4.89
建筑业	429.07	6.82
批发和零售业	63.25	1.00
交通运输、仓储和邮政业	526.93	8.37
住宿和餐饮业	23.93	0.38
信息传输、软件和信息技术服务业	5.14	0.08
金融业	56.80	0.90
房地产业	1719.36	27.32
租赁和商务服务业	1816.89	28.87
科学研究和技术服务业	31.01	0.49
水利、环境和公共设施管理业	1029.13	16.35

续表

行　业	国有资产(亿元)	占国有资产总量比重(%)
居民服务、修理和其他服务业	3.64	0.06
教育业	14.15	0.22
卫生和社会工作	5.57	0.09
文化、体育和娱乐业	94.60	1.50
合　计	6293.94	100.00

表 5　2020 年宁波市国有资产按经营规模分布情况

经营规模	国有资产(亿元)	占国有资产总量比重(%)
大型企业	3001.76	47.69
中型企业	756.10	12.01
小型企业	1620.00	25.74
微型企业	916.08	14.55
合　计	6293.94	100.00

三、宁波市国有资本保值增值综合分析评价

2020 年，宁波市各级国资监管机构努力克服疫情影响，多措并举帮扶企业复工复产，努力打好后疫情时代"硬仗"，实现国有资本保值增值。

表 6　2020 年宁波市国有企业地区和行业国有资本保值增值情况

地　区	国有资本保值增值率(%)	行　业	国有资本保值增值率(%)
市本级汇总	103.40	农林牧渔业	98.52
监管企业	102.72	矿采业	99.78
非监管企业	101.48	制造业	109.19

续表

地 区	国有资本保值增值率(%)	行 业	国有资本保值增值率(%)
功能园区汇总	106.20	电力、热力、燃气及水生产和供应业	105.74
大榭开发区	106.64	建筑业	100.28
保税区	111.44	批发和零售业	102.94
东钱湖开发区	97.21	交通运输、仓储和邮政业	100.58
高新区	102.30	住宿和餐饮业	94.29
梅山保税区	100.76	信息传输、软件和信息技术服务业	91.66
杭州湾新区	106.67	金融业	98.10
县、市、区汇总	101.24	房地产业	102.65
镇海区	104.26	租赁和商务服务业	101.64
海曙区	100.34	科学研究和技术服务业	166.72
奉化区	97.52	水利、环境和公共设施管理业	102.51
慈溪市	99.54	居民服务、修理和其他服务业	99.85
宁海县	101.35	教育业	99.69
鄞州区	100.98	卫生和社会工作	100.00
北仑区	102.11	文化、体育和娱乐业	97.53
江北区	100.91		
余姚市	100.26		
象山县	110.32		

四、宁波市国资委监管企业改革发展情况

对标对表国资国企改革重要领域和关键环节，以提高国有资本配置效率、放大国有经济功能为导向，推动国企改革向纵深发展。

(一)统筹开展规划编制

有序推进宁波市国资国企发展“十四五”规划编制工作，深入研究一批事关全局和长远的重大改革、重大项目、重大产业、重大平台，突出规划的前瞻性、战略性、指导性。同步指导市属企业编制自身规划，科学谋划企业的战略定位、主攻方向、重大举措。制定出台《宁波市落实国企改革三年行动方案的实施意见(2020—2022年)》，深入推进国企改革三年行动，助推国资国企高质量发展。

(二)召开混合所有制改革项目推介会

宁波市国资委首次成功举办市国资国企系统招商引智暨混合所有制改革项目推介会，吸引100余家中央企业、省属企业、民营企业、投资机构、金融机构等各类社会资本共同参与宁波市国有企业混合所有制改革。18个混合所有制改革项目现场签约落地，项目总投资120亿元；16个项目达成意向和战略签约，项目总投资590亿元。

(三)创新混合所有制改革企业监管方式

宁波市国资委创新“事前有规、事中授权、事后评估”的混合所有制改革企业监管方式，统筹市内市委改革办、发展改革委、财政局、金融办、审计局等九部门管理和服务资源，充分尊重混合所有制改革企业市场主体地位，共同探索形成更多符合市场规律的改革路径，更加契合企业发展的经营制度和监管模式、更好符合现代化经济体系要求的国有资本布局结构，率先走出一条混合所有制改革引领国有经济、民营经济共同高质量发展的“宁波路径”，并印发《关于印发〈关于进一步加快推进宁波市属国有企业混合所有制改革的若干意见〉的通知》《关于印发关于进一步深化国有企业混合所有制改革的实施意见》《关于实施“三江汇海”混合所有制改革重点支持计划的通知》等文件，促进混合所有制改革政策环境全面优化。

(四)混合所有制改革出现新突破

宁波轨道交通通过以投资换市场、以投资培育产业的思路，积极与中国铁路设计集团并购浙江华展工

程研究设计院，力争打造长三角区域混合所有制改革样板，实现企业共赢发展。此次并购可以完善产业链，实现转型发展，是真正意义上将市场机制植入国资土壤的一次重大突破。国投咨询公司"引战＋员工持股"，积极实施职业经理人制度，形成"混股权、增优势"的格局，激发"改机制、降成本"的动力，员工的主人翁意识进一步增强，业绩取得逆市大涨。签订合同金额比上年增长 55.30%，营业收入比上年增长 20.6%。国投咨询公司改革案例被收入国务院国资委编撰的《改革样本：国企改革"双百行动"案例集》，成为全国"双百企业"改革的范例。交通检测公司实现除交通工程专项资质外公路水运工程检测领域最高资质全覆盖，是浙江省内规模最大、资质最全的交通工程试验检测机构，也是全国范围内拥有同等公路水运工程检测资质的 7 家检测机构之一。6 月和 9 月分别二次挂牌引进中央企业和区(县)级国企作为战略投资者，并同步开展员工持股计划。交通检测公司以薪酬绩效改革为核心抓手，不断完善任期制、契约化管理，建立紧密的利益捆绑机制。全年营业收入比上年增长 8%，净利润比上年增长 20%，新业务承揽 2 亿元，其中实现市外业务承揽比上年增长 80%。

(五)推进改革专项工程

种业股份入选国务院国资委"科改示范行动"，国投咨询公司案例入选《改革样本：国企改革"双百行动"案例集》，国投咨询公司和交工检测公司 2 家"双百企业"完成引战和员工持股。余姚、镇海先后成功收购镇海股份和德宏股份，开创浙江区(县、市)级国资先河。

五、宁波市国资委监管企业并购重组与完善法人治理结构情况

围绕省市重大产业战略，优化国有资本布局，加强产业内部整合，不断提升市属企业产业能级。

(一)着重加强战略并购

宁波轨道交通与中国铁路设计集团共同并购浙江华展工程研究设计院项目被纳入首批"三江汇海"混合所有制改革重点支持计划，作为宁波轨道交通完善产业链，实现转型发展的重大战略部署，是真正意义上将市场机制植入国资土壤的一次重大突破。通过产业链、资金链、政策链、人才链的深度融合，发挥央企国企支撑引领带动作用，充分注入民企灵活机制的澎湃动力，以资本化方式运行，以证券化方式推进，形成分工合作、协力发展的互补创新格局。国投咨询公司、交通检测公司与优质民企、央企加强战略合作。

(二)着重加强资产证券化工作

市属企业参股上市公司 16 家，其中持股比例 5% 及以上的重要参股上市公司 6 家。文旅集团收购新三板上市公司宁波公运 23.66%股权，并于 2020 年末启动宁波公运定增事项，获证监会批准。开投集团投资组建的甬兴证券于 2020 年 11 月开业运营，成为宁波市第一家总部证券公司，有利于宁波市凤凰行动计划实施和市属企业推进资产证券化工作。

(三)深化基金投资布局

组建总规模 500 亿元的国资国企改革发展基金，发挥股权投资基金、创业引导基金、产业投资基金等作用，积极布局大数据、第三代半导体、生物医药等"246"战略性新兴产业和先进制造业。推动市属企业发起或参与设立各类社会投资基金 31 支，总规模 353.91 亿元，助力智能制造、数字经济、战略性新兴产业和科技成果落地转化。

(四)完善市属企业法人治理体系

加快规范董事会建设，6 家集团公司引入 13 名外部董事，有效提高董事会决策能力和水平。出台外部董事人才库管理办法，形成规模 50 人的外部董事人才库。探索"内部监事会＋外派监事"新模式，制定市属企业监事会和专职监事工作指引，指导内设监事会正常运作；完成 12 家市属企业专职监事进点，强化过程监督，提高监督质量。

六、宁波市国资委监管企业建立和完善经营业绩考核体系情况

全面深化国资国企改革，建立健全激励约束机制，进一步修订完善《宁波市国资委出资企业经营业绩考核与薪酬管理试行办法》，推动考核更加精准化、

市场化，激发企业微体主体活力。

（一）强化功能分类，突出市场导向

调整企业功能分类，竞争类企业占比从22%提高到54%；根据市属企业实际，区分市场化运作与非市场化运作的资产及板块进行分类考核，算好经济效益和社会效益两本账。

（二）增设调节考核系数，突出效益导向

增设基本年薪调节系数和考核评价系数；引导企业向社会要效益、向市场要效益，薪酬结果与企业整体经济效益紧密挂钩，薪酬管理更加市场化、高效化，导向更加明确。

（三）明确考核导向，突出质量效益

注重高质量发展的考核导向，选取净资产收益率和人工成本利润率作为基本考核指标，分别考核资本质量效率和人力资本质量效率；针对新的企业功能分类和政府任务目标，对分类指标和加分条款进行调整，更加突出个性化要求。

（四）全面引入对标，实施提档对标

全面引入对标考核，主要经济指标目标的设置兼顾历史现实性与未来挑战性，重点选择净资产收益率与全国同行业国企对标，设置基本目标和挑战性目标，其中挑战性目标按各企业在对标全国国企同行绩效指标的基础上上靠一档，引导具备条件的市属企业对标全国一流企业，强化奋力争先、勇创一流的企业理念。

七、宁波市国资委监管企业负责人考核与选人用人机制改革情况

积极实施“人才强企”战略，努力为建设一流企业夯实人才基础、提供智力保障。

（一）持续深入推进市属企业中层管理人员选拔任用规范化工作

在会同市委组织部印发《关于加强市属企业中层管理人员队伍建设的指导意见》的基础上，指导市属国企结合实际制定相应中层管理人员选拔任用制度，指导企业制定集团公司本级“定编定岗定责”制度，合理设置内部机构，优化集团管控。

（二）扩大市场化选人用人

2020年，会同市委组织部出台《宁波市市属企业职业经理人管理暂行办法》，将试点经验总结上升为制度政策。64家（含分公司和事业部）选聘职业经理人126人。80家企业经理层149人实现任期制和契约化管理，其中约50%的市属二级企业推行任期制和契约化工作。

（三）积极开展企业人才引育

加大引才聚才力度，全年新增享受“国务院政府特殊津贴”专家21人。面向全国组团招聘100余场，引进国内外名校本科以上人才400多人。启动市属国企“管培生”成长计划，通过3至5年努力储备150余名（年龄为35岁左右）市属企业中层管理人员队伍后备力量和预备人选，力争实现二级企业领导班子有35岁左右的优秀年轻骨干。通过建立链式培育机制，创新方法、拉长赛道，构建成长“快车道”，促进优秀人才在实践中脱颖而出。持续推进国企精英人才培育工程，依托经理学院培训企业人才5000余人。

（四）加强企业人才队伍建设研究

全年牵头研究制定涉及企业干部人才日常管理、考核激励、薪酬分配、履职待遇等制度政策10项，到基层企业调研人才队伍建设13次，与企业骨干人才交心谈心70余人次，统筹安排企业人才培训经费487万元。

八、宁波市国资委监管企业党的建设和廉政建设情况

紧紧围绕“六争攻坚”和国企改革三年行动，系统谋划、精准发力，全面推动党的建设高质量发展。

（一）聚焦党建引领作用发挥，着力加强政治建设

强化党的创新理论武装，落实党委“第一议题”制度，深入开展当好浙江建设“重要窗口”模范生大讨论，以“周二夜学”、微型党课等形式推进理论学习进班组、进项目。11家市属企业党委全部完成前置研究讨论重大经营管理事项清单制定。起草下发《关于在

市属国资国企系统集中开展攻坚克难“百日会战”专项行动的实施方案》,提振国企迎难而上的精气神,奋力完成全年工作目标任务。建立完善区(县、市)党建工作协同机制,加强对区(县、市)国企党建工作的统一指导。推动《宁波市国有企业党组织片组活动管理办法》落地落实,指导3个片区开展片组活动,加强工作交流和学习借鉴,推进党建工作落实。

(二)注重党建质量提升,全力夯实基层战斗堡垒

坚持“一企一品一阵地”建设,积极培育轨道交通“一线五能”等基层党建品牌15个,制定“一室一廊一栏一标志”党建阵地亮显标准,创建示范阵地16个。11家市属企业梳理党建任务清单145条、书记领办项目18个。召开现场交流推进会和片组会4次,推动48家企业党组织纳入区(县)级国资监管机构管理。党建专项督查制度化,直插支部专项督查3次,督导整改问题70多条。双强党组织占52%,实现三星级以下支部清零、党员空白班组清零、50人以上大支部清零,有效夯实基层基础,推动基层组织建设整体提升。

(三)积极履行社会责任,大力强化思想文化工作

疫情期间第一时间组织10000余名国资国企志愿者下沉一线支援村社守“小门”,20余个集体和个人获得省(市)抗疫先进集体、“两优一先”等表彰。组织开展国资国企系统“争当重要窗口国企模范生”主题征文和“我为党旗添光彩”微视频征集活动,“决胜小康,奋斗有我;共享小康,幸福有我”微型党课和“我最喜爱的习总书记的一句话”主题宣讲比赛。

(四)坚持管党治党从严,强力推进党风廉政建设

层层签订党风廉政建设责任书,压紧压实从严治党主体责任链条。狠抓市委巡察问题整改,立案3人,解除劳动关系2人,运用第一种形态处理165人、第二种形态处理9人,退缴资金106.5万元。受理信访41件,给予党纪政务处分26人。组织开展“烟票”背后“四风”问题、“靠企吃企”、餐饮浪费等问题专项整治,整改问题16个。

(撰稿人:梁　黎)

安徽省

一、安徽省国有资产监督管理工作综述

2020年,面对突如其来的新冠肺炎疫情和复杂严峻的外部环境,安徽省国资系统在省委、省政府的坚强领导下,统筹推进疫情防控和国有企业改革发展,纵深推进全面从严治党,在大战大考中交出优异答卷。

(一)国有企业整体实力显著增强

2020年,安徽省国资监管企业营业收入突破1万亿元,达到10832亿元,比上年增长11.1%;利润总额突破1000亿元,达到1079亿元,比上年增长1.1%,迈上新台阶。28户省属企业全部盈利,全年实现营业收入9228亿元、比上年增长11.7%,利润总额866亿元、比上年增长12.6%,均创历史新高;年末资产总额1.77万亿元,比上年增长10.2%;海螺集团、铜陵有色集团蝉联“世界500强”并实现争先进位,7户省属企业进入“中国企业500强”。

(二)统筹疫情防控彰显国资国企责任担当

紧急组织省属企业采购N95等医用口罩89.5万只、防护服6.34万套、护目镜3.36万副,捐赠资金1.33亿元,有效缓解安徽省医用防护物资的燃眉之急。推动28户省属企业集团公司及362户二级企业带头复工复产。截至2020年3月18日,省属企业累计免收中小微企业和个体工商户房屋租金2.28亿元,在保持民营企业无分歧欠款“清零”基础上主动化解有分歧账款2.7亿元。各市国有企业为中小微企业纾困解难,累计免收房屋租金6.7亿元。及时开展省属企业“抗疫情、补短板、促攻坚”专项行动,引导省属企业2020年在贫困县投资项目89个、年度投资额82.2亿元,消费扶贫1.05亿元,省国资系统对口帮扶的25个县、36个贫困村全部脱贫。

（三）深化国资国企改革取得重大成果

制定形成《安徽省国企改革三年行动实施方案（2020—2022年）》。继续做好马钢集团与中国宝武战略重组“后半篇文章”。马钢集团2020年钢产量首次突破2000万吨、营业收入首次超过1000亿元。江汽集团与德国大众集团高效完成在全国省属企业集团层面引进“世界500强”实施混合所有制改革的范例。

（四）国有资产监管效能持续提升

新出台《关于加强省属企业内控体系建设与监督工作的实施意见》，向3户企业委派总会计师，启动安徽省国资国企在线监管系统建设三年行动计划；建立健全包保督导工作机制。制定《省属企业稳增长保产业链供应链稳定实施方案》，帮助争取惠企政策资金2.96亿元。

（五）出台实施科技创新的“一个意见、两项清单”

出台实施《关于推动省属企业科技创新的实施意见》，遴选确定省属企业“关键核心技术和产品清单”20项、“重点创新示范项目清单”65项，20个攻关项目18个研制出样品，皖维集团与中科大联合实验室攻关聚乙烯醇光学膜及偏光片技术取得重大成果。安排1亿元科技创新专项资金，引导企业加大研发投入，2020年省属企业研发费用比上年增长42.6%，研发投入强度首次突破2%，达到2.3%，省属企业36项科创成果获得省科技进步奖。

（六）推动构建开放合作新格局

2020年，安徽省与中央企业合作新开工项目投资规模3516亿元，当年实际完成投资3020亿元，新竣工项目投资规模3027亿元，新签约项目投资规模4570亿元，分别为年度目标任务的1.7倍、1.5倍、1.5倍、2.3倍。其中，成功举办世界制造业大会江淮线上经济论坛，集中签约项目130个，投资规模2071亿元，比上年增长25.7%，超额完成目标任务；携手沪苏浙举办第二届联席会议（宁波），20户省属企业、10户市属企业加入长三角一体化发展国资百企合作联盟，全年开展合作项目10个、投资额272亿元。

二、安徽省国有资产总量与结构分析

表1　2020年安徽省国有企业指标

项　目	金　额（亿元）
资产总额	63122.1
所有者权益	27415.8
国有资产总量	23121.8
营业收入	11509.2
利润总额	1129.1
净利润	910.1
归属于母公司所有者的净利润	543.7
应交税金总额	657.2
实际上缴税金总额	642.6

表2　2020年安徽省国有企业户数情况

2019年户数（户）	2020年户数（户）	比上年增长（%）
3934	4199	6.74

表3　2020年安徽省国有资产按地区分布情况

地　区	国有资产（亿元）	占国有资产总量比重（%）
省属企业	3984.0	17.23
省直企业	199.7	0.86
市（县）企业	18938.2	81.91
合肥市	3918.8	16.95
安庆市	1897.0	8.20
芜湖市	1742.5	7.54
滁州市	1900.7	8.22
马鞍山市	1245.0	5.38
蚌埠市	1087.8	4.70
阜阳市	1113.0	4.81
六安市	1003.1	4.34

续表

地　区	国有资产(亿元)	占国有资产总量比重(%)
宿州市	1002.3	4.33
亳州市	714.0	3.09
池州市	658.5	2.85
铜陵市	797.5	3.45
淮北市	675.5	2.92
淮南市	545.7	2.36
黄山市	433.5	1.87
宣城市	203.4	0.88
合　计	23121.8	100.00

表4　2020年安徽省国有资产按行业分布情况

行　业	国有资产(亿元)	占国有资产总量比重(%)
农林牧副渔业	95.6	0.41
工业	1257.1	5.44
建筑业	1027.9	4.45
交通运输业	1174.4	5.08
仓储业	37.6	0.16
商贸业	187.3	0.81
房地产业	1188.4	5.14
信息传输、软件和信息技术服务业	0.1	0.00
社会服务业	16726.9	72.34
教育文化广播业	111.4	0.48
科学研究和技术服务业	18.8	0.08
金融业	1014.9	4.39
其他	281.5	1.22
合　计	23121.8	100.00

表5　2020年安徽省国有资产按经营规模分布情况

经营规模	国有资产(亿元)	占国有资产总量比重(%)
大型企业	9402.7	40.67
中型企业	3208.7	13.88
小型企业	8755.9	37.87
微型企业	1754.5	7.59
合　计	23121.8	100.00

三、安徽省国有资本保值增值综合分析评价

表6　2020年安徽省国有企业地区和行业国有资本保值增值情况

地　区	国有资本保值增值率(%)	行　业	国有资本保值增值率(%)
淮北市	101.6	农林牧副渔业	104.5
阜阳市	102.0	工业	110.8
合肥市	103.9	建筑业	101.8
六安市	102.0	交通运输业	105.9
滁州市	103.5	仓储业	102.8
黄山市	100.8	商贸业	103.0
铜陵市	100.5	房地产业	105.3
安庆市	101.9	信息传输、软件和信息技术服务业	112.0
池州市	99.6	社会服务业	102.2
芜湖市	100.5	教育文化广播业	103.9
宿州市	102.8	科学研究和技术服务业	100.1
淮南市	99.2	金融业	104.6

续表

地　区	国有资本保值增值率(%)	行　业	国有资本保值增值率(%)
蚌埠市	98.2	其他	100.7
宣城市	100.2		
马鞍山市	104.3		
亳州市	101.4		

四、安徽省国资委监管企业改革发展情况

2020年，安徽省国资委深化国资国企改革，重点领域和关键环节改革取得积极进展。

(一)国企改革三年行动方案落地实施

研究制定《安徽省国企改革三年行动实施方案(2020—2022年)》，明确8个方面41条举措，形成国企改革安徽方案，以省委办公厅、省政府办公厅名义印发实施。

(二)规范董事会建设目标如期实现

新选聘11名专职外部董事和7名兼职外部董事，委派至13户省属企业，完成省属企业集团层面外部董事委派全覆盖目标任务。

(三)混合所有制改革深入推进

建立省属企业上市后备资源库，储备上市项目22个，华塑股份首发上市获得审核通过，铜冠矿建、建筑设计院、铜冠铜箔完成首发上市材料申报，淮河能源整体上市稳步推进。推动国元农保等5户国有控股混合所有制企业员工持股改革。

(四)三项制度改革专项行动正式启动

研究制定《省属企业三项制度改革专项行动方案》并正式启动，力争用三年左右时间，在省属企业构建与社会主义市场经济相适应、与企业功能定位相配套的市场化选人用人、劳动用工和薪酬分配管理体系。

(五)国有资本投资、运营公司建设得到加强

出台《改革省级国有资本授权经营体制重点工作举措》，划转马钢集团49%股权至投资集团，划转国贸集团45%股权、江汽股份8.08%股权至国控集团。研究制定交控集团改组为国有资本投资公司试点方案。

(六)剥离办社会职能和历史遗留问题处置，实现“五个100%”

省属企业职工家属区“三供一业”完成分离移交133.2万户，完成率100%。企业办教育和医疗机构深化改革145个，完成率100%。市政设施和社区管理机构分离移交148个，完成率100%。省内企业(含驻皖央企)退休人员移交74.8万人，移交率100%。提前完成安徽省28户厂办大集体改革，完成率100%。

(七)扎实开展“十四五”规划编制工作

同步编制《省属企业“十四五”发展规划纲要》《“十四五”安徽国资系统国有资本布局优化和结构调整规划》；召开安徽省国资委规划编制工作务虚会，2次召开安徽省国资委专题会，对规划文本稿进行集中讨论修改；组织安徽省国资系统企业对国有资本产业布局、空间布局及产业链水平情况等进行摸底调查；坚持开门编规划，通过安徽省国资委门户网站专题征求意见13条，结合包保督导工作征求省属企业意见34条，积极借助智库力量开展“十四五”规划课题研究。

(八)加快推进省属企业科技创新

指导省属企业结合实际，针对生存发展和核心竞争力提升具有重大影响以及近期无法替代、严重受制于人的重点难点技术和产品进行摸排和谋划，组织专家对41个关键核心技术和产品进行论证评审，遴选确定省属企业“关键核心技术和产品清单”20项，确定“重点创新示范项目清单”65项，20个攻关项目17项取得重大进展，18个项目研制出样品。起草《省属企业科技创新专项资金管理办法》，加大国有资本预算对省属企业研发攻关及研发团队的支持力度。引导省属企业加大研发投入，4户省属企业在“安徽创新企业100强”中排名前十位。

(九)全力推进省属企业稳增长工作

充分发挥省属企业在全省保市场主体保产业链

供应链中的中流砥柱作用、促进安徽省经济平稳健康发展，起草《省属企业稳增长保产业链供应链稳定实施方案》，并报省委、省政府审定印发。通过综合施策，并结合包保督导，积极帮助解决企业改革发展中的突出问题。以“抓项目稳投资增动能”为重点，重点谋划实施“2211”工程，持续推进投资2000亿元的省属企业新建、续建项目，2020年28户省属企业年度投资计划安排项目1415个，涉及投资额1948.79亿元，完成投资额1590.08亿元，占年度投资额的81.58%，比上年增长22%；大众新能源汽车制造基地、宝武集团马钢公司长三角(合肥)数字科技中心、合肥周口高速公路寿县—颍上段3个项目开工建设，合肥新桥国际机场二期改扩建工程加快推进。

(十)大力推进省属企业融入长三角一体化发展与境外投资工作

围绕第一届长三角国资国企联席会议议定事项落实，督促省属企业加快推进签约项目，开展合作项目10个，投资额272亿元；计划实施项目12个，投资额133.6亿元；谋划重大项目116个，投资额8442亿元。积极参与筹备第二届长三角地区国资国企联席会议，省属企业集中签约重大合作项目5个；组织20户省属企业、10户市属企业参加长三角一体化发展国资百企合作联盟。紧紧抓住国家实施“一带一路”倡议机遇，充分利用国内国际“两个市场”“两种资源”，稳妥推进国际产能和装备制造合作，扎实推进境外经贸合作区建设，深化与“一带一路”沿线国家和地区开放合作，大力开展对外投资和跨国经营。2020年，7户省属企业安排26个境外投资项目，计划投资额38.68亿元，累计完成投资13.95亿元。专题召开省属企业对外投资管理部门负责人会议，积极防范境外疫情扩散带来的境外投资风险。组织13户省属企业178人参加第三届中国国际进口博览会，完成意向采购9730万美元。

(十一)着力引导省属企业数字化转型发展和质量品牌建设

举办省属企业管理数字化转型培训班，组织省属企业开展“一把手谈国企数字化转型”主题征文和数字化转型典型案例申报，经国务院国资委评审，海螺集团、铜陵有色集团、叉车集团3篇征文入选，江淮汽车智云互联数字化营销生态系统被评选为国务院国资委数字化转型优秀案例，海螺水泥全流程智能制造工厂案例、淮北矿业煤矿物联网平台与单兵装备被评选为国务院国资委数字化转型典型案例。国元集团、徽商银行获得第五届省人民政府质量奖，交控集团交规院获得提名奖。叉车集团、港航集团、国控集团获评“2020年度省级软件正版化示范单位”，叉车集团申报国家级软件正版化示范单位。

五、安徽省国资委监管企业并购重组与完善法人治理结构情况

(一)战略性重组迈出新步伐

2020年，安徽省国资委持续推动省属企业与世界一流企业战略合作，兼并重组迈出新步伐。一是积极推动马钢集团与中国宝武深度融合。围绕建设“大而强新马钢”，促进规划总投资480亿元系列投资项目陆续开工建设。二是江汽集团与德国大众集团战略合作取得重大成果。努力克服疫情带来的不利影响，全力推进江淮大众战略合作协议签署和项目落地，完成合作谈判、协议签署、股权交割、大众安徽研发中心和制造基地开工建设等工作，成为全国率先在省属企业集团层面引进“世界500强”企业实施混合所有制改革的范例，为安徽省打造万亿级汽车产业集群奠定坚实基础。

(二)进一步完善法人治理结构

一是全面完成省属企业集团层面外部董事建设全覆盖。认真分析省属企业董事会建设现状，制定《2020年省属企业规范董事会建设实施方案》并经省国有企业改革领导小组审定。开展省属企业领导班子建设情况调研，摸排外部董事合适人选；组织有关协会推荐兼职外部董事人选；从近三年退休的省属企业领导人员中摸排外部董事合适人选；经与省委组织部沟通并经安徽省国资委党委会议研究后，将推荐人选纳入省属企业外部董事人才库，拓宽外部董事来源渠道。经相关程序，选聘11名专职外部董事和7名兼职外部董事，委派至13户省属企业，并指导推动省属

企业选举职工董事，基本完成省属企业集团公司层面规范董事会建设全覆盖。印发《安徽省省属企业外部董事请示报告企业重大事项暂行办法》，确定部分省属企业外部董事召集人，进一步规范省属企业外部董事履职行为。二是扎实推进出资人委派总会计师工作。梳理委管领导班子企业总会计师缺额情况，摸排委派总会计师合适人选，制定《关于2020年开展省属企业委派总会计师工作方案》，完成3名总会计师的委派工作。三是有序推进省属企业子公司职业经理人制度建设。指导省属企业结合行业特点和企业实际，在有关子公司积极开展职业经理人制度试点。淮北矿业集团所属雷鸣科化公司采取市场化方式选聘子公司湖南雷鸣公司总经理，华塑股份公司从国内市场引进电石行业内具有成熟管理经验的职业经理人团队。省投资集团积极在所属高新投公司和中安不动产公司推行职业经理人。

六、安徽省国资委监管企业建立和完善经营业绩考核体系情况

参照《中央企业负责人经营业绩考核办法》，结合安徽省实际，2020年6月24日，印发《安徽省省属企业负责人经营业绩考核办法及配套实施方案》（皖国资考分〔2020〕65号）。在考核制度建设上，形成“1+2+5”的制度体系。即1个《安徽省省属企业负责人经营业绩考核办法》，年度和任期经营业绩考核2个实施方案，经济增加值考核、科技创新成果年度考核、安全生产、环境保护和任期通报表扬等5个实施细则。在考核指标设置上，形成符合功能定位要求的分类考核指标体系。根据企业功能定位，综合考虑质量效益、服务国家和安徽省战略、创新驱动和供给侧结构性改革等因素，差异化确定年度和任期考核指标和权重。在考核方法上，形成目标考核与对标评价相结合的考核方法。对净利润、经济增加值等成果类指标实行目标管理；对成本费用利润率、净资产收益率等水平类指标实行行业对标考核；对企业个性化指标，采用目标管理与对标考核相结合的办法进行考核。

（一）坚持深化分类考核

根据省属企业功能定位和发展目标，对不同功能和类别的企业，统筹考虑企业承担的经济责任、政治责任和社会责任，突出不同考核重点，合理设置考核指标及权重，实施分类和差异化考核。对商业一类企业，重点考核企业经济效益、资本运营效率、资本回报水平、市场竞争能力和创新发展能力，引导企业提升价值创造力和可持续发展能力；对商业二类企业，加强对落实省委、省政府重大部署、发挥特定功能、执行专项任务，以及服务质量、成本控制、运营效率和保障能力的考核；对公益类企业，坚持经济效益和社会效益相结合，把社会效益放在首位，重点考核产品服务质量、成本控制、营运效率和保障能力。

（二）构建高质量发展考核指标体系

牢固树立新发展理念，以供给侧结构性改革为主线，进一步突出质量效益、创新驱动、服务国家和安徽省战略的考核导向，多角度构建年度与任期相结合的高质量发展考核指标体系。加强对资本回报、资本布局和效率指标的考核，突出净利润、经济增加值、国有资本保值增值率和全员劳动生产率等指标，引导企业加快转变发展方式，优化资源配置，不断提高经济效益、资本回报水平、劳动产出效率和价值创造能力。

（三）突出创新驱动

健全科技创新考核指标体系，对工业和科研等科技进步要求高的企业，原则上年度和任期均要设置科技创新类指标，将研发投入强度、关键核心技术攻关研发等纳入考核指标体系。鼓励企业加大研发投入，将研发投入视同利润，在计算净利润、经济增加值指标时予以加回，引导企业建立研发投入稳定增长机制。加大科技创新考核奖励。对科技创新取得重大成果的企业，在年度考核中给予奖励加分，在任期考核中，对科技创新取得突出成绩的，予以通报表扬精神激励。

（四）健全对标考核机制

对标行业一流企业，聚集企业发展短板，加强对净资产收益率、全员劳动生产率、成本费用率等指标的对标考核，强化行业对标在指标设置、目标分档、考核计分和考核评级的全过程应用，引导企业补齐短板和弱项，持续增强行业竞争力，提高资本配置效率，促

进国有资本保值增值,推动国有资本和国有企业做强做优做大。

(五)进一步加大正向激励力度

强化"业绩升、薪酬升,业绩降、薪酬降",完善考核奖励和任期精神激励等措施,对经营业绩优秀以及在科技创新、节能环保等方面取得突出成绩的企业,予以任期考核通报表扬。鼓励探索创新,激发和保护企业家精神,企业因实施重大科技创新、发展前瞻性战略性产业等,对经营业绩产生重大影响的,按照"三个区分开来"原则,在考核上不做负向评价。

七、安徽省国资委监管企业负责人考核与选人用人机制改革情况

(一)组织开展省属企业领导班子和领导人员综合考核

通过查阅材料,结合工作台账、统计数据、平时了解掌握的情况以及巡视、人民来信反映问题查核情况等进行综合研判,对省属企业履行党建职责部分考核指标进行评分。牵头成立2个考核组,对叉车集团等12户企业2019年度领导班子和领导人员履行发展和党建工作职责情况进行综合考核,对新冠肺炎疫情防控工作情况进行专项考核,与555人进行个别谈话,实地查看24个集团公司部门、子公司及基层车间。在纵横比较、分析研判的基础上,及时汇总第三方评价、民主测评、省直有关部门等评分结果,进行量化计分和综合分析,提出等次建议。经相关程序后,研究确定省属企业领导班子的领导人员综合考核等次。及时向相关企业反馈考核结果,对考核中发现的主要问题督促企业整改落实。对综合考核评价为"优秀"等次的省属企业领导人员进行通报表扬。

(二)加强省属企业领导人员队伍建设

按照调整后的干部管理权限,组织开展合肥煤炭院等8户企业领导班子建设情况调研,与班子成员、中层正职266人进行个别谈话,了解领导班子运行和领导人员现实表现情况,梳理出工作表现较好、职工群众较为认可的8户企业中层管理人员,分户形成专题调研报告。根据调研情况,统筹提出领导班子和领导人员调整配备的意见建议,合理规划安徽省国资委党委管理的企业领导人员选拔任用工作。2020年,调整安徽省国资委党委管理的企业领导人员11人,配合省委组织部调整省委管理的领导人员30人。指导淮河能源集团、华安证券公司、徽商职业学院完成党委按期换届工作,实现企业党委、纪委班子的正常更替和过渡。加强领导人员教育培训,切实提升履职能力和水平。建立健全日常监督管理制度,突出个人有关事项报告、因私出国(境)和干部兼职等监管重点,严格监督执行。

八、安徽省国资委监管企业党的建设和廉政建设情况

坚持以习近平新时代中国特色社会主义思想为指导,贯彻全国及安徽省国有企业党建工作会议精神,理顺省属企业党建工作领导和管理体制,全面推动党建工作要求进公司章程,29户省属企业、282个子公司制定党委前置研究讨论事项清单,5880个企业基层党组织标准化建设验收达标,高质量党建引领保障省属企业高质量发展。

(一)切实加强政治建设,坚定自觉做到"两个维护"

坚持把党的政治建设摆在首位,落实"第一议题"制度。召开党委会议45次,学习贯彻习近平总书记重要讲话和指示批示精神89件。省属企业党委落实"第一议题"457件次。严守政治纪律和政治规矩,调整完善安徽省国资委党委向省委、省属企业向安徽省国资委党委请示报告事项清单,安徽省国资委党委向省委、省政府和国务院国资委请示报告事项72件,省属企业党委向安徽省国资委党委请示报告事项1600余件。完善党委领导工作机制。健全党委议事规则和程序,全年安徽省国资委党委集体研究决策重大事项172个。指导省属企业对照示范文本完成党委前置研究事项清单修订工作,进一步发挥企业党委"把方向、管大局、保落实"作用。

(二)强化创新理论武装,深入学习贯彻习近平新时代中国特色社会主义思想

严格执行省委《深入学习贯彻习近平新时代中

国特色社会主义思想若干规定》，在学深悟透上持续发力。认真学习贯彻习近平总书记考察安徽重要讲话指示精神和党的十九届五中全会精神。安徽省国资委党委全年开展党委理论学习中心组学习研讨9次，省属企业集团党委开展中心组学习462次、集中研讨227次。加强宣传思想和意识形态工作，24户省属企业微信公众号入驻安徽国资新媒体矩阵。“安徽国资”微信公众号推送信息937条，编发“战疫一线党旗红”“学习宣传贯彻习近平总书记考察安徽重要讲话指示精神”等专题报道133期，编发“安徽国资舆情”47期。组建安徽省国资委党委党校，连续举办专题培训班6期，培训480余人次，着力打造安徽省国资系统党员干部教育培训的主阵地和思想淬炼的“大熔炉”。

（三）着力打造国企党建有效载体和特色品牌

实施基层党建“领航计划”，召开省属企业党建品牌创建推进会，编印《省属企业党建品牌集萃》，推广叉车集团“党建五法”等典型经验，指导基层党组织创建特色载体品牌640余个。深化“四强四优”争创活动，省属企业成立党员突击队、攻关组2381个，划定党员责任区6020个、党员先锋（示范）岗13692个。组织开展“战疫一线党旗红”“防汛救灾党员在行动”等活动，通报表彰在疫情防控和复工复产中表现突出的省属企业先进集体35个和先进个人39人、安徽省国资委机关先进集体7个和先进个人14人。

（四）夯实基层党建基础，建强筑牢基层党组织战斗堡垒

制定印发省属企业年度党的建设工作要点和基层党建工作“三个清单”。持续推进基层党组织标准化规范化建设和党支部建设提升行动，省属企业新调整成立党组织692个，实现党的组织应建尽建。建立党支部工作联系点制度，安徽省国资委党委和各省属企业党委领导班子成员结对联系基层党支部201个。深入实施基层党建工作“领航计划”，指导基层党组织创建特色载体品牌640余个。省属企业各级党组织划定党员责任区6020个，设立党员先锋（示范）岗13692个，成立党员突击队、攻关组2381个。充分发挥党员和党组织作用，动员省属企业各级党组织和广大党员干部为安徽省疫情防控和防汛救灾等各项工作贡献力量。在统筹疫情防控和复工复产中，安徽省国资系统1个先进集体、1名先进个人受到党中央表彰，8名个人、5个集体受到省委表彰，10户企业受到省疫情防控指挥部通报表彰。

（五）抓紧抓实作风建设，大力弘扬担当作为的新风正气

持之以恒抓好作风建设。成立7个包保督导组，开展6轮包保督导，化解省属企业115项复工复产问题清单，推动落实52项改革发展需求清单，督促省属企业确保完成年度各项目标任务。深化省属企业“用人行政化、作风‘衙门化’、监管空洞化”专项整治，切实为基层减负，各类会议、文件比上年分别减少18.5%、33.7%。与省财政厅联合印发《关于转发国务院国资委　财政部国有企业商务招待管理规定的通知》，规范省属企业商务接待标准、范围等事项。全年安徽省国资系统查处违反中央八项规定精神问题19起，处理22人，给予党纪政务处分16人，分两批通报11起典型案例，形成有力震慑。

（六）深入开展整治整改，聚焦突出问题补短板强弱项

聚焦国资领域重大工程、重点领域和关键岗位，在安徽省国资系统集中开展“靠企吃企、境外腐败、违规经商办企业”3个专项整治。省属企业摸底排查10.9万余人次，梳理意见和举报线索76条、重点问题及隐患296个，制定整改措施724条。认真履行巡视整改政治责任，坚持台账式管理、项目化推进，省委巡视反馈安徽省国资委党委26个问题，完成整改23个、基本完成2个、推进中1个。省属企业完成整改950个、基本完成85个、推进中23个。

（七）坚持全面从严治党，一体推进不敢腐、不能腐、不想腐

召开安徽省国资系统党风廉政建设和反腐败工作会议，研究制定《省国资委党委全面从严治党主体责任清单》，专题研判安徽省国资系统全面从严治党形势并印发通报，抽查16户省属企业党委履行党风廉政建设主体责任情况。开展深化“三个以案”警示

教育,迅速落实正反两方面典型教育首选动作,认真开展集中研讨、专题民主生活会、总结通报规定动作,重点抓好建立"四个清单"关键动作,扎实开展省属企业"三化"专项整治自选动作,坚决做到以案示警、以案为戒、以案促改。省属企业党委领导班子及成员检视问题1864个,制定整改措施1660条。强化监督执纪问责,指导推动26户省属企业全部设立内部监督委员会,完善内部监督体系。全年驻委纪检监察组处置问题线索500件,立案审查28件,给予党纪政务处分26人。省属企业纪委处置问题线索816件,立案214件,党纪政务处分272人。

(撰稿人:東　斌)

福建省

一、福建省国有资产监督管理工作综述

2020年,面对突如其来的新冠肺炎疫情和严峻复杂的国内外形势,福建省国资系统坚持以习近平新时代中国特色社会主义思想为指导,认真贯彻党中央、国务院决策部署和省委、省政府工作要求,坚持稳中求进工作总基调,坚持新发展理念,深化供给侧结构性改革,统筹推进疫情防控和经济社会发展,经受住前所未有的挑战,取得来之不易的成绩。

(一)经济运行平稳有序

截至2020年底,福建省17家省属所出资企业资产总额19688亿元,营业收入3359亿元,所有者权益4098亿元,利润总额104亿元。

(二)在大战大考中彰显责任担当

福建省国资系统在防疫物资采购生产供应、医疗救护车专项生产任务保障、收治医院加急改造建设等方面全力支援保障疫情防控工作。所出资企业累计为中小微企业减免房租1.83亿元,惠及3853户中小微企业和个体工商户;清欠民营企业中小企业账款17.69亿元;福建省高速公路免征通行费让利67亿元,助力企业降低物流成本。持续加大挂钩帮扶力度,先后落实帮扶项目120余项,带动投入帮扶资金30余亿元,助力9个贫困县5.8万人脱贫。

(三)重点领域改革取得新成效

全面启动国企改革三年行动,制定出台福建省国企改革三年行动实施方案(2020—2022年);省港口集团顺利组建,整合福建省港口联动发展;各类改革试点、专项行动梯次展开;加快解决历史遗留问题,全面完成省属"僵尸企业"处置、厂办大集体改革任务和退休人员社会化管理工作。

(四)党的领导、党的建设切实加强

认真贯彻落实新时代党的建设总要求和新时代党的组织路线,层层压实从严治党责任,持续夯实基层基础,推动省属企业党的宣传工作机构全部挂牌单独设立。深化标本兼治,一体推进"三不"体制机制建设,国有企业风清气正的良好政治生态加快形成。

二、福建省国有资产总量与结构分析

2020年,福建省纳入国有资产统计范围的国有及国有控股企业(含厦门市,以下简称国有企业)资产总额61764.9亿元,比上年增长12.19%;所有者权益19821.9亿元,比上年增长10.03%;归属于母公司的所有者权益15724.9亿元,比上年增长10.42%;营业收入20661.4亿元,比上年增长20.46%;利润总额582.3亿元,比上年减少9.79%;净利润421.1亿元,比上年减少12.60%;实现归属于母公司所有者的净利润275.9亿元,比上年减少7.32%。

(一)企业户数有所增加

2020年,福建省纳入国有资产统计范围的国有企业8234户(含厦门市),比上年增长620户。其中,省级监管企业1872户,增加80户;省级非监管企业279户,减少14户;地市企业6083户,增加554户。

(二)资产分布逐步集中

从隶属关系看,福建省国有企业资产主要分布在省、市两级国资委监管企业,两级监管企业资产总额47243.6亿元,占福建省国有企业资产总额的

76.49%。其中,省级监管企业资产总额19687.6亿元,占31.88%;地市监管企业资产总额27556亿元,占44.61%。非监管企业资产总额14521.3亿元,占福建省国有企业资产总额的23.51%。其中,省级非监管企业资产总额447.3亿元,占0.72%;地市非监管企业资产总额14074亿元,占22.79%。

从行业分布看,福建省国有企业资产总额行业分布排名前三位的是社会服务业、房地产业、金融业。其中,社会服务业资产总额20313.5亿元,占福建省国有企业资产总额(未进行无差额抵销,下同)的23.92%;房地产业20124.8亿元,占23.70%;金融业10877.9亿元,占12.81%。3个行业资产总额合计51316.2亿元,占福建省国有企业资产总额的60.43%。

(三)营业收入持续增长

从隶属关系看,福建省国有企业营业收入主要分布在省、市两级国资委监管企业,两级监管企业营业收入19807.4亿元,占福建省国有企业营业收入的95.87%。其中,省级监管企业营业收入3358.8亿元,占16.26%;地市监管企业营业收入16448.6亿元,占79.61%。非监管企业营业收入854亿元,占福建省国有企业营业收入的4.13%。其中,省级非监管企业营业收入105.3亿元,占0.51%;地市非监管企业营业收入748.7亿元,占3.62%。

从行业分布看,福建省国有企业营业收入行业分布排名前三位的是商贸业、社会服务业、工业。其中,商贸业营业收入13243亿元,占52.78%;社会服务业营业收入4108.5亿元,占16.38%;工业营业收入3355.4亿元,占13.37%。3个行业营业收入合计20706.8亿元,占福建省国有企业营业收入的82.53%。

(四)利润总额略受影响

从隶属关系看,福建省国有企业利润总额主要分布在省、市两级国资委监管企业,两级监管企业实现利润总额531.4亿元,占福建省国有企业利润总额的91.26%。其中,省级监管企业利润总额104.3亿元,占17.91%;地市监管企业利润总额427.1亿元,占73.35%。非监管企业利润总额50.9亿元,占福建省国有企业利润总额的8.74%。其中,省级非监管企业利润总额6.8亿元,占1.17%;地市非监管企业利润总额44.1亿元,占7.57%。

从行业分布看,福建省国有企业利润总额行业分布排名前三位的是房地产业、社会服务业、商贸业。其中,房地产业利润总额275.4亿元,占28.67%;社会服务业利润总额251.9亿元,占26.23%;商贸业利润总额130.85亿元,占13.63%。3个行业利润总额合计658.12亿元,占福建省国有企业利润总额的68.54%。

表1　　2020年福建省国有企业指标

项　目	金　额(亿元)
资产总额	61764.85
所有者权益	19821.92
国有资产总量	15174.73
营业收入	20661.42
利润总额	582.32
净利润	421.10
归属于母公司所有者的净利润	275.94
应交税金总额	785.95
实际上缴税金总额	737.94

表2　　2020年福建省国有企业户数情况

地　区	2019年户数(户)	2020年户数(户)	比上年增长(%)
省级企业	2085	2151	3.17
省级监管企业	1792	1872	4.46
省级非监管企业	293	279	-4.78
地市企业	5529	6083	10.02
福州市	509	534	4.91
厦门市	2531	2821	11.46
漳州市	490	507	3.47
泉州市	686	800	16.62
三明市	192	190	-1.04
莆田市	180	206	14.44

续表

地　区	2019 年户数(户)	2020 年户数(户)	比上年增长(%)
南平市	275	280	1.82
龙岩市	295	320	8.47
宁德市	330	363	10.00
平潭区	41	62	51.22
合　计	7614	8234	8.14

表 3　2020 年福建省国有资产按地区分布情况

地　区	国有资产(亿元)	占国有资产总量比重(%)
省级监管企业	1996.03	13.15
省级非监管企业	201.41	1.33
地市企业汇总	12977.29	85.52
福州市	2275.20	14.99
厦门市	3428.55	22.59
漳州市	950.30	6.26
泉州市	2847.14	18.76
三明市	655.57	4.32
莆田市	476.60	3.14
南平市	537.19	3.54
龙岩市	881.14	5.81
宁德市	443.10	2.92
平潭区	482.50	3.18
合　计	15174.73	100.00

表 4　2020 年福建省国有资产按行业分布情况

行　业	国有资产(亿元)	占国有资产总量比重(%)
农林牧渔业	123.05	0.41
农业	23.95	0.08
林业	45.46	0.15
畜牧业	2.12	0.01
渔业	0.16	0.00
工业	3135.60	10.56
煤炭工业	97.17	0.33
石油和石化工业	0.00	0.00
冶金工业	586.59	1.97
建材工业	72.24	0.24
化学工业	360.11	1.21
森林工业	20.20	0.07
食品工业	81.94	0.28
烟草工业	0.02	0.00
纺织工业	10.59	0.04
医药工业	87.69	0.30
机械工业	196.12	0.66
汽车工业	101.44	0.34
军工工业	92.96	0.31
电子工业	501.77	1.69
电力工业	414.73	1.40
市政公用工业	544.40	1.83
其他工业	88.47	0.30
建筑业	3326.39	11.20
交通运输业	3781.96	12.73
铁路运输业	64.70	0.22
道路运输业	3358.55	11.31
水上运输业	174.16	0.59
航空运输业	110.80	0.37
仓储业	304.51	1.03
商贸业	1314.83	4.43
房地产业	6862.31	23.10

续表

行　业	国有资产（亿元）	占国有资产总量比重(%)
信息传输、软件和信息技术服务业	91.10	0.31
电信业	0.00	0.00
社会服务业	9206.51	30.99
教育文化广播业	235.76	0.79
科学研究和技术服务业	189.95	0.64
金融业	1011.44	3.40
其他	33.74	0.11
合　计	29705.63	100.00

注:按照行业分类统计,差额表不参与汇总,无法按照会计报表编制进行合并抵消,各行业合计数大于福建省国有资产总量合计数。

表 5　2020 年福建省国有资产按经营规模分布情况

经营规模	国有资产（亿元）	占国有资产总量比重(%)
大型企业	2895.01	9.77
中型企业	8824.22	29.79
小型企业	11427.52	38.58
微型企业	6470.40	21.85
合　计	29617.15	100.00

注:按照行业分类统计,差额表不参与汇总,无法按照会计报表编制进行合并抵消,各行业合计数大于福建省国有资产总量合计数。

三、福建省国有资本保值增值综合分析评价

表 6　2020 年福建省国有企业地区国有资本保值增值情况

地　区	国有资本保值增值率(%)
福州市	105.80
厦门市	104.74
漳州市	102.76
泉州市	100.12
三明市	101.37
莆田市	100.13
南平市	99.34
龙岩市	101.60
宁德市	101.37
平潭综合实验区	100.05

表 7　2020 年福建省国有企业行业国有资本保值增值情况

行　业	国有资本保值增值率(%)
农林牧渔业	101.19
农业	96.29
林业	103.51
畜牧业	98.19
渔业	23.72
工业	103.08
煤炭工业	100.86
石油和石化工业	—1.00
冶金工业	110.90
建材工业	111.32
化学工业	99.51
森林工业	99.31
食品工业	100.00
烟草工业	98.27
纺织工业	103.86
医药工业	128.78
机械工业	97.43
汽车工业	93.54
军工工业	83.98

续表

行　业	国有资本保值增值率(%)
电子工业	98.26
电力工业	108.91
市政公用工业	101.90
其他工业	97.98
建筑业	102.25
交通运输业	100.17
铁路运输业	99.66
道路运输业	99.82
水上运输业	103.78
航空运输业	103.72
仓储业	103.26
商贸业	107.64
房地产业	105.60
信息传输、软件和信息技术服务业	99.06
电信业	-1.00
社会服务业	103.64
教育文化广播业	99.75
科学研究和技术服务业	105.02
金融业	105.66
其他	98.94

四、福建省国资委监管企业改革发展情况

(一)国资国企改革持续深化

福建省国资系统聚焦重点、狠抓落实,推动重点领域改革走深走实。一是国企改革三年行动全面启动。制定出台福建省国企改革三年行动实施方案(2020—2022年),梳理82项重点攻坚任务,开启打造国企改革"福建样板"新征程。全年17项目标任务全面完成。二是资本证券化加快推进。电子集团实现对上市公司华映科技控股,厦钨新能源分拆上市科创板获上交所审核通过,龙岩高岭土首发顺利过会;锐捷网络分拆上市、招标股份创业板IPO有序推进。推动优势资源向上市公司集中,罗源闽光整体注入三钢闽光,投资集团向中闽能源注入优质海上风电资产,能源集团将持有的宁德核电10%股权注入福能股份,不断强化竞争优势。省属国有控股上市公司16家,上市公司质量不断提高。三是改革专项工程深入实施。7家"双百企业"以综合性改革为契机,大胆改、大胆试,92项改革任务完成65项,在法人治理结构、市场化经营机制、激励约束、党建等领域取得突破;国资公司、象屿集团获评全国A类"双百企业",福日电子、厦门国际港务、龙溪轴承入选国企改革"双百行动"案例集,为福建省国企改革探索出新路子。星网锐捷、厦门金龙入选"科改示范行动"试点,36项改革任务完成11项,着力打造国有科技型企业改革样板。员工持股试点实施动态调整,10家员工持股试点企业中完成6家,累计引入非公资本4.58亿元,其中员工持股1.88亿元。继续推进国有资本投资、运营公司试点工作,认真研究授权放权事项,推进试点企业明确战略定位、完善治理结构、调整管控模式、完善体制机制、加强内部监督、加强党的建设,切实推进各项改革,积极发挥综合效应。四是混合所有制改革稳步开展。持续推动与央企、地方国企、民企等对接,推动船舶集团与中船集团开展战略合作,组织省属企业与福州市进行第二轮产业对接,海创会对接合作项目68项,总投资额723亿元。2020年,所出资企业股权多元化比例49.6%,与非国有资本混合所有制改革比例43.53%,累计引入国有资本440.1亿元。五是历史遗留问题稳妥解决。福建省"三供一业"、企业办社会职能等分类改革全面完成,受到国务院国资委肯定。南平南纸等"处僵治困"工作持续抓紧推进,省属"僵尸企业"全面处置完成;福建省49户厂办大集体全部完成改革任务,安置职工3588人;全面完成退休人员社会化管理工作,福建省国有企业移交退休人员33.93万人,党员4.4万人。事业单位转企改制工作有序推进,完成转企改制工商注册登记5家,注销2家。

(二)国资国企发展质量持续提高

福建省国资系统以实际行动,助力构建新发展格局,在产业发展上展现新作为。一是重大项目推进有序。2020年所出资企业累计完成投资1008亿元,逆

势增长7%。企业实体经济投资规模持续扩大，基础设施和工业投资比上年增长7.8%；新兴产业投资明显加速，比上年增长35.7%，服务福建省发展战略的力度进一步加大。古雷炼化一体化、江阴化工专区项目，福州机场二期扩建工程等项目开工建设；福厦客专、厦门钨业稀土永磁电机、海峡健康养老中心等项目有序推进；晋南热电联产、福建省首个国产芯片电脑整机生产基地——海峡星云智能制造基地，平潭海峡公铁两用大桥等一批大项目建成投产运营，为福建省稳增长提供有力支撑。二是多方对接逐步深化。所出资企业加大与中央企业和地市对接合作，签约央企合作项目10个，总投资超过600亿元，涉及军民融合、现代服务、新能源等多个产业领域；与福州市对接项目73个，投资总额713亿元，为全方位推动福建省高质量发展超越注入强劲动力。参加第十八届海创会云上展会，搭建国企创新馆，展现"大国资"形象与风采。"一带一路"投资取得新进展，斯里兰卡汉班托塔港股权投资合作项目成功交割。积极推进金马供气工作，大陆侧供气工作全部完成，推动两岸融合发展。三是布局优化加快推进。抓住福建省高质量发展的有利契机，围绕"六四五"产业新体系，推进国有经济布局和结构调整，加快产业转型升级。截至2020年底，17户所出资企业资产总额23242亿元，其中新兴产业(含高新技术产业)资产总额1704亿元、占7.33%，高端服务业资产总额11512亿元、占49.53%，现代基础设施产业(含公共服务业)资产总额6192亿元、占26.64%，其他产业资产总额3834亿元、占16.5%，实现"十三五"省属企业80%以上资产集中在新兴产业、现代服务业和基础设施等三大领域的发展目标。四是科技创新力度加大。2020年，17户所出资企业研发投入59.2亿元，比上年增长22.3%；研发投入占比增加0.3个百分点，其中7户工业企业研发投入占比3.14%。新获专利1848件，获得省级以上科学技术表彰奖励47项，新增乘用车节能减排技术、高新面板等5个省级重点实验室。截至2020年底，所出资企业省级以上高新技术企业133户，拥有省级以上重点实验室16个(其中国家级实验室2个)，省级以上企业技术中心35个(其中国家级5个)，工程研究中心33个(其中国家级4个)，院士工作站2个，博士后工作站14个，进一步提升服务福建省加速实施创新驱动发展力度。

(三)国资国企监管持续强化

坚持以管资本为主加强国有资产监管，强化依法监管，提升监管效能。一是深化监管体制改革。福建省国资委完成内设机构改革，调整优化职能设置，进一步增强国资监管的针对性、有效性；出台授权放权清单，从改革改制、产权管理、选人用人等方面授权放权21项，赋予企业更大自主权；推进国有资本投资、运营公司试点，激发企业改革发展活力。二是健全市场化经营机制。设立工资总额特殊事项清单，将对企业改革创新发展具有重大影响的事项列入清单范围。不断完善科技创新激励机制，探索多种形式的中长期激励方式，推动各类创新要素高效配置，确保人才引得进、留得住、用得好。动态调整员工持股试点企业名单，福建省完成6家企业试点，累计引入非公资本4.6亿元。三是强化监管制度建设。修订工资总额管理、商务接待管理等方面规范性文件，制定实施国资监管工作提示函、国资监管通报工作规则等机制，实现福建省国资系统违规经营投资责任追究机构、制度全覆盖。加强基础管理工作，完成33户有限合伙企业国有权益登记。做好划转国有资本充实社保基金工作，强化境外投资及国有资产交易的监督管理，加强对地方国资工作指导监督，推动构建国资监管大格局。

五、福建省国资委监管企业并购重组与完善法人治理结构情况

(一)企业资源整合深入推进

聚焦服务福建省重大战略，省属企业整合重组全面铺开，福建省国资委联合厦门等11家沿海地市国资委国有港口企业成建制整合重组，顺利组建省港口集团，推动福建省港口集约化、一体化发展，全年实现货物吞吐量比上年增长3.6%，集装箱吞吐量比上年增长2.9%。谋划和推动所出资企业集团层面新一轮的战略性重组整合，组建国有资本运营平台，培育龙头企业。加快推动集团内部整合，对产业类似、功能

雷同、市场重叠的权属企业和低效、无效资产进行整合重组。

(二)法人治理结构不断完善

制定《所出资企业外部董事选聘和管理办法》《规范董事会建设试点企业选派外部董事工作方案》,赴省投资集团、国资公司和上市公司福日电子、中闽能源调研企业开展外部董事试点工作情况(独立董事运行情况)和对派出外部董事人选的意见建议,进一步充实完善外部董事人才库,确保所出资企业董事会规范化建设高标准、高质量。牵头组织制定《福建省国有企业党委前置研究讨论重大事项清单示范文本(试行)》,实现党的领导与公司治理有机融合。开展新时代国企干部队伍治理能力建设研究工作,编制完成题为《夯实"六种能力"根基、提升现代治理水平,打造高素质专业化国企干部队伍》的课题报告。

六、福建省国资委监管企业建立和完善业绩考核体系情况

2020年,福建省国资委坚持质量第一、效益优先,坚持市场化方向,坚持依法依规、短期目标与长期发展有机统一、激励与约束紧密结合的原则,扎实推进经营业绩考核工作。

(一)健全经营业绩考核体系

根据巡视整改要求,在年度经营业绩考核中,首年实行国有资本保值增值率与行业平均水平对标的加减分政策,当年国有资本保值增值率超过行业平均水平的经济指标得分加2分,低于行业水平的扣1分,有效落实企业国有资本保值增值责任。

(二)严格业绩考核审核程序

印发《关于做好2019年度所出资企业负责人经营业绩考核工作的通知》,对所出资企业2019年度业绩考核工作提出具体要求。按照"口径统一、尺度适当"的考核政策原则,组织专家开展考核集中验审工作,对企业申报的年度考核报告及中介专项审计报告进行复核,对可能影响企业年度经营业绩的重大事项"集体研究、共同决定",反复与企业沟通确认,有效增强考核工作的透明度。通过专家集中审核、交叉复核、软件审核等多个环节,初步评选出2019年度所出资企业负责人经营业绩考核A(优)级企业7户、B(良)级企业5户、C(中)级企业5户。

(三)支持企业落实重大专项任务

认真梳理总结近年来所出资企业落实省委、省政府和省国资委专项任务对经营业绩考核的影响,对企业所承担的专项任务,在未明确的加分事项或非业绩考核客观因素调整事项,采取"一事一议"的方式,根据实际影响情况予以业绩认定。

七、福建省国资委监管企业负责人考核与选人用人机制改革情况

严格按照习近平总书记提出的国有企业领导人员"二十字"标准,调整配强企业领导班子。在对出资企业班子调查和分析的基础上,提出加强所出资企业领导班子建设的建议意见,配合省委组织部,调整配备11名省管企业领导干部,完成2019年度所出资企业领导班子选人用人"一报告两评议"和优秀年轻干部专题调研工作,加强对干部选拔任用工作的民主监督,进一步规范干部选拔任用行为,防止和纠正用人上的不正之风,不断提高选人用人公信度。配合省纪委、省委组织部做好省管企业民主生活会督导工作,制定省管企业民主生活会督导工作方案,派出3个督导小组,分片对26家督导单位开展督导工作。突出督导重点,坚持从严从实,注重统筹兼顾,着力提高督导工作的针对性、实效性。

八、福建省国资委监管企业党的建设和廉政建设情况

(一)在理论武装上走深走实

带头贯彻执行并推动所出资企业党委建立"第一议题"制度,组织引导福建省国资系统深入学习贯彻习近平新时代中国特色社会主义思想,推动企业开展新思想集中研讨2607次、理论宣讲3649场、讲党课3240人次。制定党委中心组学习巡听旁听制度,班子成员带头上党课、作研讨、抓宣讲,组织"加强党建工作机制创新、推进新福建治理现代化"课题调研,开展

优秀学习报告、优秀党课、优秀主题党日案例征集活动，2篇论文获得2020年度福建省党建课题二等奖、1篇获得三等奖。

(二)在加强党的领导上坚定不移

联合省委组织部、省直机关工委制定国有企业党委前置研究讨论重大经营管理事项清单示范文本，实现党的领导融入公司治理各环节、全覆盖。扎实推进企业党组织换届工作，10家省属企业完成党委换届。牢牢把握意识形态工作的主动权，省属87家大中型企业党的宣传工作机构全部挂牌单设，经验做法获得中宣部《重要信息》刊发推广。

(三)在强基固本上聚焦聚力

抓好《国有企业基层党组织工作条例》贯彻落实，带动企业各级党组织培训188场，参训4890人次。联合省委组织部举办省属企业党建业务专题培训和基层党组织书记示范培训，推动基层党组织书记和党务干部年度集中轮训全覆盖。定期开展企业党建联系片活动，推动三级以上企业党委班子领导联系党支部1429个，协调解决问题2866个。深化"达标创星"活动，新选树党建品牌建设示范点16个，创建党加员责任区、示范岗等4224个，推动星级支部占比60%，比上年增加11个百分点。基层党组织和党员干部在疫情防控中冲锋在前，各企业组建930个党员先锋队22000余名党员投身疫情防控和生产经营一线，动员党员自愿捐款332万元，福建省国资系统4个单位获评"福建省抗击新冠肺炎疫情先进集体"，4名个人获评"福建省抗击新冠肺炎疫情先进个人"。

(四)在从严治党上压紧压实

开展全面从严治党主体责任检查和党建工作考核，指出问题150个，提出问责建议9项。建立福建省国资委党委与驻福建省国资委纪检监察组工作协调机制，健全定期会商、重要情况通报等工作制度8项，推动党委主体责任、书记第一责任人责任和纪检监察监督责任贯通联动。牢牢把握政治巡察定位，召开内部巡察工作推进会，指导10户监管企业巡察权属企业78户，发现问题573个，处理133人，建立健全制度机制468项。

(五)在廉洁建设上持续深化

健全完善廉洁风险防控机制，出台国有资产交易领域信息公开、投资项目后评价等制度9项。建立境外企业(机构、项目)廉洁风险清单，并对驻外领导和关键岗位人员逐一建档。编写《福建省国资系统纪检监察机构"走读式"谈话安全标准化流程手册》(试行)，严守审查调查安全底线。全年立案129件，给予党纪政务处分135人次，组织处理57人次；开展谈话函询120人次，主动约谈442人次，谈话提醒275人次，发出纪检监察建议44份，建立廉政档案6963份，回复党风廉政意见5850人次。

(撰稿人：吴竞东)

厦门市

一、厦门市国有资产监督管理工作综述

2020年，厦门市国资系统紧紧围绕"六稳""六保"工作任务，承压而上，共克时艰，推动企业经济效益逆势实现大幅增长，厦门市国有企业资产、营业收入、利润等各项主要指标均创历史新高，有力促进厦门市经济运行持续向好发展。

(一)经济高质量发展再上新台阶

一是经营效益较快增长。截至2020年底，厦门市国资委出资企业资产总额13165.96亿元，比上年增长19.78%；所有者权益4191.84亿元，比上年增长16.46%；营业收入14667.27亿元，比上年增长24.59%；利润总额328.42亿元，比上年增长35.60%；净利润244.19亿元，比上年增长48.19%。与2015年底相比，资产总额、营业收入、利润总额分别增长137%、279%、137%，"十三五"期间实现翻一番。二是服务城市作用凸显。2020年，厦门市国资委出资企业实现本地劳动生产总值823.90亿元，占厦门市GDP总量的12.9%；社会贡献总额1235.82亿元，比上年增长26.67%；上缴本地税金105.85亿元，

贡献厦门市同期财政总收入的7.8%；本地外贸进出口额328.63亿美元，占厦门市进出口额的32.8%。三是品牌实力持续增强。厦门建发集团、厦门国贸控股集团、厦门象屿集团继续跻身《财富》“世界500强”榜单，排名稳步提升。建发股份、厦门象屿、厦门国贸、厦门信达入围《财富》“中国企业500强”排行榜。建发物业在香港上市，国有控股上市公司8家。

(二)大战大考彰显国企使命担当

充分发挥经济发展“压舱石”“稳定器”作用，扎实做好“六稳”工作，全力落实“六保”任务，为厦门市经济恢复增长作出积极贡献。疫情防控方面，成立支持服务口罩生产工作领导小组，保障厦门市8家口罩生产企业扩大产能、全力投入生产。市属国企发挥供应链优势，第一时间启动防疫物资全球采购，11家市属国企列入市级疫情防控重点保障企业名单。依法依规发动国资系统开展捐赠，累计捐赠金额3775万元。厦门夏商集团、元翔厦门空港党委获评“福建省抗疫先进集体”。复工复产方面，全力支持和组织市属国企在厦门市率先复工复产，保障重点项目按时开工、复工。市属国企积极践行社会责任，累计为中小微企业减免租金8.1亿元，惠及3.4万户中小微企业和个体工商户。民生保障方面，厦门市政集团、夏商集团、储备粮集团坚决做好用水用气和粮油副食产品的稳定保障，确保供应不断、价格不涨、质量不降。厦门轨道集团、公交集团主动落实市委、市政府免费乘车政策，强化运输保障调度和服务引导，促进公共交通客流量持续稳定上升。市属国企稳岗稳就业，支持吸纳应届高校毕业生就业，为就业困难群体提供招聘岗位超过3000个，实际完成各层次就业4000余人。

(三)服务中心大局作出重要贡献

一是招商引资亮点突出。按照厦门市委、市政府工作部署，深入开展国企招商引资三年千亿行动。参加第三届中国国际进口博览会，组织签约仪式15场，签约金额47.3亿美元。截至2020年底，国企招商项目294个，意向计划总投资2149.88亿元，确认可到资金额451.54亿元。厦门公交集团等企业获评“厦门市招商引资工作先进集体”。二是重点项目扎实推进。市属国企承接重点建设项目199个，全年完成投资额636.9亿元，占厦门市总投资额的51.4%。道路交通方面，轨道3号线、新机场和3条进出岛新通道等项目建设进展良好；产业园区方面，银城智谷、美峰创谷、国际创新智慧产业园等项目建设提速提效；民生保障方面，四川大学华西厦门医院、厦门六中同安校区、园博公寓等一批重点项目建设有序推进。三是产业平台融合发展。加快推进厦门自贸区国际贸易“单一窗口”、跨境电商、整车进口等14个重点产业平台建设，引领集聚形成国际贸易、航空维修、融资租赁等七大功能性产业。2020年，中欧班列保持稳定运行，累计发运88列8183个标准箱，标准箱数比上年增长45%，累计货值2.69亿美元，比上年增长36%。四是对口帮扶全面落实。由市属国企组建的甘肃省临夏州厦临经济发展公司新增投资6000万元，运行项目29个，全年带动建档立卡户脱贫1590人，成为厦门唯一获评“全国脱贫攻坚先进集体”集体。厦门建发集团与合兴包装在宁夏回族自治区银川市永宁县投资瓦楞纸箱生产厂；建发酒业坚持市场化方向，大力推进“柏雅”葡萄酒销售，打造扶贫精品工程；闽宁镇会议中心酒店项目建成运行。搭建西藏自治区左贡县产业帮扶平台，引进厦门成功红公司承接左贡县中林卡万亩葡萄基地项目。

(四)以管资本为主提高国资监管效能

一是夯实国资监管基础工作。完成2019年度国有资本经营收益上缴22.57亿元。完成市属国有产权转让项目，涉及金额5.5亿元，实现异地产权交易挂牌项目35项。开展集体企业清产核资工作，规范集体资产监管。开展《厦门市企业国有资产监督管理办法》的立法后评估，形成调研评估报告。二是深化企业薪酬激励改革。印发《厦门市国资委所出资企业工资总额管理办法(试行)》，对企业工资总额预算实行分类管理。授权3家企业依法依规审批子企业股权激励方案，助力企业引才、留才。三是加强企业内部风险控制。完善制度体系，制定《关于新时期进一步加强和改进市属国有企业国有资产监督工作的意见》等文件。以问题和风险为导向，重点加强对异地投资项目、境外国有资产、亏损企业以及工程建设领域的审计稽查，涉及审计金额50.96亿元。四是完善国企责任追究制度体系。贯彻执行《厦门市属国有企业违规经营投资责任追究试行办法》，指导督促18家所出资企业全部制定违规经营投资责任追究工作制度，建立董事会、经营层、子公司层面多级风险管理架构。

二、厦门市国有资产总量与结构分析

截至2020年底，厦门市国有及国有控股企业（以下简称国有企业）资产总额16683.08亿元，比上年增长20.13%；负债总额11291.99亿元，比上年增长21.90%；所有者权益5391.08亿元，比上年增长16.59%；归属于母公司所有者权益3910.66亿元，比上年增长14.79%；营业收入15050.07亿元，比上年增长24.76%；利润总额356.53亿元，比上年增长36.12%。

表1　　2020年厦门市国有企业指标

项　目	金　额(亿元)
资产总额	16683.08
所有者权益	5391.08
国有资产总量	3428.55
营业收入	15050.07
利润总额	356.53
净利润	264.36
归属于母公司所有者的净利润	164.68
应交税金总额	486.45
实际上缴税金总额	460.51

表2　　2020年厦门市国有企业户数情况

2019年户数(户)	2020年户数(户)	比上年增长(%)
2531	2821	11.46

注：表中户数为纳入国有资产统计报表范围的所有国有及国有控股企业。

厦门市下设思明区、湖里区、海沧区、集美区、同安区、翔安区6个区。从国有资产地区分布情况看，厦门市市属企业国有资产总量2990.21亿元，占比87.22%；6个区所属国有企业国有资产总量438.34亿元，占比12.78%。

表3　　2020年厦门市国有企业按地区分布情况

地　区	国有资产(亿元)	占国有资产总量比重(%)
市属企业汇总	2990.21	87.22
区属企业汇总	438.34	12.78
思明区	43.23	9.86
湖里区	75.24	17.17
海沧区	147.75	33.71
集美区	117.09	26.71
同安区	23.46	5.35
翔安区	31.56	7.20
合　计	3428.55	100.00

从行业分布看，厦门市企业国有资产分布的行业前五位是房地产业、社会服务业、交通运输业、商贸业和金融业，分别占单户国有资产总量的38.29%、26.40%、10.12%、8.86%和5.35%，合计占全部国有资产的89.02%。

表4　　2020年厦门市国有资产按行业分布情况

行　业	国有资产(亿元)	占国有资产总量比重(%)
农林牧渔业	12.45	0.14
工业	336.82	3.83
建筑业	387.37	4.41
交通运输业	888.92	10.12
仓储业	90.99	1.04
商贸业	778.03	8.86
房地产业	3363.30	38.29
信息传输、软件和信息技术服务业	41.66	0.47
社会服务业	2319.15	26.40

续表

行　业	国有资产(亿元)	占国有资产总量比重(%)
教育文化广播业	35.24	0.40
科学研究和技术服务业	53.84	0.61
金融业	470.18	5.35
其他	6.47	0.07
合　计	8784.42	100.00

注:表中合计是单户国有资产的简单加总,不是报表合并的国有资产总量。

从企业经济规模看,厦门市国有资产主要集中在大中型企业,大中型企业607户,占比21.52%,单户国有资产总量4669.94亿元,占比53.16%;小微型企业2214户,占比78.48%,单户国有资产总量4114.47亿元,占比46.84%。

表5 2020年厦门市国有资产按经营规模分布情况

经营规模	国有资产(亿元)	占国有资产总量比重(%)
大型企业	681.89	7.76
中型企业	3988.05	45.40
小型企业	2313.60	26.34
微型企业	1800.88	20.50
合　计	8784.42	100.00

注:表中合计是单户国有资产的简单加总,不是报表合并的国有资产总量。

三、厦门市国有资本保值增值综合分析评价

表6　2020年厦门市国有企业地区和行业国有资本保值增值情况

地　区	国有资本保值增值率(%)	行　业	国有资本保值增值率(%)
厦门市	104.74	农林牧渔业	103.94
市属企业	105.05	工业	107.75
区属企业	102.54	建筑业	103.09
思明区	108.73	交通运输业	102.22
湖里区	102.99	仓储业	105.12
海沧区	101.86	商贸业	108.73
集美区	101.50	房地产业	106.85
同安区	101.50	信息传输、软件和信息技术服务业	99.28
翔安区	100.14	社会服务业	104.92
		教育文化广播业	97.55
		科学研究和技术服务业	101.57
		金融业	107.61
		其他	97.40

四、厦门市国资委监管企业改革发展情况

(一)混合所有制改革稳步推进

一是推出首批企业公开征集战略投资者。重点指导、推动15家公开征集战略投资者的企业“一企一策”推进混合所有制改革,厦门市政集团普杰公司完成混合所有制改革工作,厦门国贸控股集团下属汽车版块并购正通汽车,积极探索通过引入高端品牌置换股权等方式实现战略合作,力推项目公司混合所有制改革,成立多家合资汽车公司。古龙食品等企业紧锣密鼓引进战略投资者。二是加快资产证券化步伐。厦门市国资委与市财政局等四部门共同印发《厦门国有资产证券化及国有控股上市公司高质量发展三年(2020—2022年)行动计划》。推动路桥翔通、环能投资、市政环科、中红医疗、国贸物业、象屿金象生化、象屿金象租赁等效益好、竞争力强、有潜力的上市后备

企业加快推进上市工作。建发国际成功分拆建发物业，实现在香港联合交易所主板上市，中红医疗 IPO 于 2020 年 11 月通过发审会审核。推动路桥信息和卫星定位等新三板公司分步成为创新层、精选层挂牌公司，争取转板至上交所科创板或深交所创业板上市。推进古龙食品、兆翔科技、百翔食品等拥有优质资产或较强业务竞争能力的企业加快引进战略投资者实施以上市为目标的混合所有制改革。三是员工持股试点稳步推进。首批 3 家企业员工持股试点加快推进，2 家企业完成员工持股试点改革，路桥翔通公司结合 IPO 推进中。开展第二批 3 家企业员工持股试点，支持企业在实施混合所有制改革时同步开展员工持股。四是上市公司股权激励陆续推进。厦门国贸、厦门信达、建发股份、象屿股份等 4 家国有上市公司完成向高管、中层干部及部分核心骨干员工授予限制性股票的股权激励计划。

（二）国有资本授权经营体制基本形成

一是两类公司改革顺利推进。厦门国有资本运营公司正式挂牌运营。研究批复厦门建发集团、国贸控股、象屿集团 3 家企业改组为国有资本投资公司的实施方案。厦门翔业集团聘请中介机构对改组为国有国资投资公司的实施方案作研究论证。二是国有资本授权工作稳步推进。结合批复厦门建发集团、国贸控股、象屿集团改组为国有资本投资公司的实施方案，"一企一策"对企业进行一揽子授权，在战略规划、投资管理、资产评估、对外担保和股权激励等方面将出资人的部分管理事项授权企业董事会自主决策。三是工资总额管理不断完善。出台《厦门市国资委所出资企业工资总额管理办法（试行）》，根据企业不同功能性质定位和行业特点，以及企业不同发展阶段和职工劳动贡献等情况，对企业工作总额预算实行分类管理，对商业一类国有企业和符合条件的商业二类国有企业工资总额实行备案制管理，对"双百行动"、混合所有制改革、投资运营公司等试点企业，经国务院国资委批准可探索实行更加便捷高效的工资总额预算管理方式。

（三）推动专项改革打造改革"尖兵"

按照国务院国企改革领导小组办公室的决策部署，持续推动厦门国贸控股、象屿集团等"双百企业"实施以"五突破，一加强"为目标的市场化综合改革。厦门科技产业化集团、路桥信息股份公司纳入"科技型企业深化市场化改革提升自主创新能力专项行动"名单，厦门建发集团、国贸控股、象屿集团等 3 户重点企业纳入国务院国资委"深入开展对标世界一流企业管理提升行动"名单，指导相关企业研究制定实施方案，扎实推进深化改革各项工作。通过参与上级开展的专项改革行动，打造改革"尖兵"，形成以点带面、积厚成势的示范引领和突破带动作用。

五、厦门市国资委监管企业并购重组与完善法人治理结构情况

（一）国有企业转型创新发展步伐加快

一是加快同类资产专业化整合。成立厦门农业发展公司和健康步道管理公司，研究制定园林花木集团组建方案，配合福建省政府组建福建省港口集团。厦门建发集团参与组建福建闽西南城市协作开发集团有限公司。二是加快布局民生服务板块。厦门建发集团大力发展健康医疗产业，围绕医疗产业链进行投资布局，加快构建提升医院规划建设、医疗设备管理、药品器械流通、医院后勤管理等全流程的专业服务能力。厦门国贸控股大力发展教育产业，厦门路桥集团转型发展游艇产业和体育产业。

（二）国有企业法人治理结构不断完善

一是推进党的领导与公司治理有机融合。印发《市属国有企业党组织前置研究重大经营管理事项清单参考文本（试行）》，推动市属国企集团及二、三级企业厘清党委决策经营管理事项清单。二是外部董事制度加快健全。出台《市属国有企业外部董事选聘与管理暂行办法》，同步研究外部董事考核和薪酬管理制度。全面梳理 19 家出资企业董事会现状，研究提出调整优化董事会结构方案和外部董事遴选方案等配套规定，首批选聘 5 名专职外部董事和 6 名兼职外部董事。三是监事会改革扎实推进。出台《市属国有企业监事会管理暂行办法》，研究制定监事会改革试点方案、试点企业监事会人员遴选方案、监事会成员

考核和薪酬管理制度等配套规定。选择建发集团、国贸控股、象屿集团等3家企业,按照《中华人民共和国公司法》规定开展企业内设监事会试点,并按程序选聘副主席、专职股东监事6人,建发集团、国贸控股集团监事会主席配备到位。四是完善职业经理人制度。在建发集团、国贸控股集团、象屿集团等企业开展职业经理人制度试点,市场化选聘或转任的职业经理人11人。指导推动试点企业对已聘任的职业经理人进行考核。联合厦门市委组织部对试行职业经理人制度情况进行调研,进一步完善和推广职业经理人制度。

六、厦门市国资委监管企业建立和完善经营业绩考核体系情况

修订印发《厦门市国资委所出资企业负责人经营业绩考核与薪酬管理办法(试行)》,从明确考核导向、加强分类考核、优化考核指标、加强正向激励等方面进一步完善制度,更好发挥考核"指挥棒"作用,引导企业做大做强。

(一)明确考核导向

根据厦门市委、市政府和国资监管的新要求,结合存在的短板和不足,明确六大考核导向:一要突出效率效益,二要突出党建引领,三要突出创新驱动,四要突出实业主业,五要突出服务保障功能,六要突出加强风险防控。

(二)加强分类考核

除保留对商业一类、商业二类和公益类考核指标设置的表述外,新增关于国有资本投资、运营公司的条款,明确对两类公司开展经营业绩考核,重点考核企业贯彻落实市委、市政府赋予工作任务完成情况,以及国有资本布局和结构优化达成水平、国有资本运营效率、保值增值率、财务效益等。

(三)优化考核指标

一是调整经济效益指标。在年度考核中,对商业一类企业考核利润总额和净资产收益率,对商业二类企业考核利润总额和主营业务收入,对公益类企业考核主营业务收入和成本费用利润率。主要经济指标与工资总额工效挂钩指标相同。在任期考核中,经济效益指标统一为国有资本保值增值率和不良资产比率。二是新增党建指标。在年度指标中新增党建指标,给予15%的指标权重,引导企业坚持党的领导、发挥国有企业党组织政治核心作用。三是优化奖惩机制。在奖励分细则中,加大对国有企业招商引资、扩大市域内总量、保障区域经济发展等方面的奖励力度,新增对国有企业资本运作方面(包括推动上市、增发、市值管理等)取得成效的激励;在惩戒分细则中,加大对安全生产方面的扣分力度。

(四)加强正向激励

针对以往考核制度正向激励不足的问题,设置年度和任期突出贡献奖,对考核年度或任期内经营业绩特别优秀、服务国家战略或承担重大专项任务取得突出成绩、科技创新取得重大突破以及其他方面取得重大成果或突出成绩的企业,经厦门市国资委评定,给予企业负责人年度突出贡献奖或任期突出贡献奖。

七、厦门市国资委监管企业负责人考核与选人用人机制改革情况

(一)健全国有企业董事会班子

2020年,调整13家国企董事会结构,任免董事51人。健全国企外部董事人才库,从国有企业、高校、行业协会等领域吸收外部董事人才近100人。通过公开面试和干部考察,选拔专兼职外部董事12人,在厦门海翼集团、住宅集团、翔业集团、夏商集团、火炬集团等5家企业开展扩大试点工作,聘任外部董事10人,配套做好日常管理、规范履职行为、强化薪酬考核等机制建设。

(二)强化干部选拔任用管理

落实《关于进一步规范市属国有企业内设部门和子企业主要负责人管理的若干意见》,对国有企业党委委员、纪委委员、董事、监事、总经理助理等岗位人选做好审核把关,全年组织干部考察37人次,选拔任用党办主任4人,人力资源部经理、总监3人。严格落实《关于考准考实干部政治表现的实施办法(试行)》,把党的政治建设作为根本性建设,突出政治标准选人

用人，努力建设起一支政治过硬、堪当重任的优秀队伍。建立国企选任事项专项审核批办制度，严格落实干部选任监督把关。严格按照《领导干部报告个人有关事项规定》等文件要求，做好个人人事项报告随机抽查、重点核查等工作。结合干部专业背景和工作实际，有针对性地安排干部到基层实践培养与挂职锻炼，全年选派机关和国企干部60人，岗位涉及国务院国资委、甘肃省临夏州、西藏自治区左贡县、厦门市重大片区和指挥部等，在多种岗位锻炼中磨炼意志、培养作风、增长才干。

八、厦门市国资委监管企业党的建设和廉政建设情况

（一）持续加强创新理论武装

把学习贯彻习近平新时代中国特色社会主义思想作为首要政治任务，以理论学习中心组为龙头，以党支部为基础，把习近平新时代中国特色社会主义思想作为党员干部学习教育培训的中心内容，抓好原著原文原理学习，不断提高以习近平新时代中国特色社会主义思想指导推动国资国企改革发展的理论水平和工作能力。按照厦门市委工作部署，扎实开展“深化大学习、提振精气神”活动，认真制定活动计划，层层传导压力，落实落细学习任务，切实掀起厦门市国资委系统的学习热潮。

（二）夯实国企基层党建基础

一是强化基层组织建设。贯彻落实《中国共产党国有企业基层组织工作条例（试行）》，以提升党组织政治力、组织力为重点，持续推进党支部标准化、规范化建设。2020年，16家市直管国有企业新设立党组织89个，完成换届128个，发展党员499人，新建或提升党建阵地95个，新增专职（兼职）党务干部230人。二是整顿软弱涣散党组织。根据上级要求，全面了解掌握国资系统基层党组织的运行情况，重点解决执行“三重一大”制度不到位，组织生活、发展党员不规范，党建和业务“两张皮”，党员干部精气神不足、工作屡推不动等问题，建立健全持续整顿的常态长效机制，推动基层党组织全面提升、全面进步。三是打造国企党建品牌。按照“一企一品”目标，全面铺开新一轮国企党建品牌创建工作，在持续提升原有品牌的基础上，加快培育孵化创新品牌。各级党组织创建申报党建品牌134个，形成具有国资国企自身特点的品牌矩阵，新兴领域国企党建品牌的引领效应不断加强。

（三）牢牢把握意识形态主导权

制定市属国有企业党委意识形态工作考核细则，以考责推进意识形态工作落实落细。抓好党的十九届五中全会精神学习宣传贯彻，召开学习全会精神国企专场报告会，组织16支理论宣讲“轻骑兵”深入一线开展宣讲。增强宣传思想工作力量，18家市属国有企业党委成立宣传思想工作领导小组和党委宣传部。

（四）纵深推进正风肃纪反腐

一是巩固作风建设成果。严格落实中央八项规定及其实施细则精神，组织开展落实中央八项规定精神情况检查，发现四类30个问题，查处违反规定精神案件22起，处理36人，其中给予党纪处分5人、通报典型问题7批次。二是强化监督执纪问责。推动政治监督具体化常态化，重点运用好监督执纪第一种形态，全年立案22件，党纪处分13人，诫勉23人次，谈话提醒19人次，形成有力震慑。三是从严抓好巡察整改。持续做好巡察“后半篇文章”，对市直管国有企业党委巡察发现问题整改未完成事项进行再梳理再督促，建立长效机制，制定完善各项制度。

（五）压紧压实管党治党责任

以制定主体责任清单为抓手，逐级列清、列细班子和成员责任清单，层层确责、压责、领责，推动全面从严治党责任向基层传导延伸。印发《市属国有企业党委专职副书记党建工作直接责任清单》，进一步明确党委书记第一责任、专职副书记直接责任、纪委书记监督责任的职责体系。强化考责督责，组织开展市属国有企业全面从严治党主体责任落实情况检查，进行抓基层党建述职评议，将考核评价结果与企业领导班子绩效薪酬挂钩，真正发挥考核“指挥棒”作用。

（撰稿人：魏江南）

江西省

一、江西省国有资产监督管理工作综述

2020 年，江西省国资系统始终坚持以习近平新时代中国特色社会主义思想为指引，坚决贯彻落实党中央、国务院和省委、省政府系列决策部署，统筹推进疫情防控和经济发展，敢于担当、攻坚克难、接续奋斗，推动发展改革监管党建各项工作取得新的重要进展和成效，实现“十三五”圆满收官。

（一）坚定不移稳经营、稳增长，稳住江西省经济发展基本盘

一是规模效益稳步增长。江西省省属国有企业资产总额 15530 亿元、净资产 4408 亿元、营业收入 6202 亿元，分别比上年增长 7.7%、8.4%、20.7%，利润总额 201 亿元，比上年同口径增长 7.2%。在资产总额、净资产分别占江西省国有企业比重 36%、26% 的情况下，省属国有企业营业收入、利润总额、经济增加值在江西省国有企业中的比重占 71%、66%、66%，营业收入和利润总额均在全国排名第 11 位。二是提质增效成果显现。全面开展对标世界一流管理提升行动，“一企一策”优化高质量专项考核指标，江西省国资委监管企业提质增效增加效益 20 余亿元。江铜集团、新钢集团实现利润总额超过 30 亿元。建材集团实现利润 28.8 亿元，再创历史新高。江盐集团、水投集团、国泰集团利润增速超过 40%。开展“项目建设提速年”活动，推动省属国有企业重大项目投资创历史新高，全年完成投资 818 亿元，比上年增长 28.9%。交投集团完成投资 291 亿元，助推江西省高速公路通车里程 6234 千米。省铁航投立足航空基础设施投资和航空运营 2 个重要领域，项目建设和产业发展取得新成果。三是社会贡献稳步增强。积极履行社会责任，在保增长、稳税收、保民生、脱贫攻坚等多个领域发挥应有作用。江西省国有企业完成经济增加值 1164 亿元，比上年同口径增长 7.1%；上缴税费 278 亿元，比上年增长 12.2%；累计支付职工薪酬 372.5 亿元，比上年增长 7%。其中，省属企业完成经济增加值 765 亿元、贡献税费 159 亿元、支付职工薪酬 251 亿元。江西省国资委系统投入扶贫资金 2.55 亿元，扶持产业扶贫项目 176 个，联合推进消费扶贫 2302 万元，27 个帮扶贫困村全部脱贫退出。

（二）深入实施创新驱动，高质量跨越式发展向纵深推进

一是科技投入力度持续加大。江西省出资监管工业企业科技支出 90 亿元，其中，研发投入 80 亿元，连续八年增速保持在 10% 以上；新增专利 300 余件。推动航空产业链“链长制”各项工作，组建工程院院士吴光辉任专家组主任的高层次专家团队。全年新增省级创新平台 4 家，科技型中小企业 29 家，高新技术企业 23 家，博士后工作站 1 个。二是转型发展加快推进。重点企业“创新倍增”取得实效，江铜集团、新钢集团营业收入分别比上年增长 31%、22.1%。推进有色、钢铁、建材等传统产业绿色化、循环化改造，新增国家级绿色矿山（工厂）7 家，省级绿色矿山（工厂）5 家。加快数字化、网络化、智能化转型升级，城门山铜矿“5G＋智慧矿山”、水务集团“智鄱源”智慧水务项目入选江西省 03 专项十大典型示范案例。宜春钽铌矿、于都南方万年青等入选“5G＋工业互联网”应用示范企业。三是开放发展蹄急步稳。江西省出资监管企业境外资产总额 71.04 亿美元、境外营业收入 105.33 亿美元、对外工程承包新签合同额 23.23 亿美元，分别比上年增长 6.78%、20.87%、11.19%。江西国际公司、中鼎国际、建工集团分别居“全球最大国际工程承包商 250 强”第 81 位、第 144 位、第 208 位，中国瑞林国际业务快速发展。与国务院国资委联合举办贯彻落实赣南等原中央苏区振兴战略暨央地合作视频会，76 个中央企业入赣项目落地江西，“云签约”引资 1205.76 亿元。

（三）着力完善国资监管体制，推动江西省国资国企“一盘棋”发展

一是突出重点，抓好监管职能转变。划转部分国有资本 55.91 亿元充实社保基金。出台《江西省国资

委权力和责任清单(试行)》,明确37项权责事项。鼓励企业建立中长期激励机制,探索出台实施办法。健全高质量发展考核评价体系,开展三项制度改革评估试点,要求企业员工劳动合同签订率100%。大成公司等企业率先开展职业经理人试点工作,实行清单化管理,进一步明确企业各治理主体权责关系。二是突出实效,加强企业风险管控。推动企业全面建立风险管理、风险排查和重大风险事项报告制度。先后5次召开专题会议,部署开展风险大排查、大督查、大整改工作。排查出16类风险70个风险事项1560个风险点,全部落实应对处置方案,做到重大风险早发现、早报告、早处置。相关做法得到国务院国资委的点名表扬。三是突出效能,提升专业监管水平。推进责任追究体系全覆盖,实施国资监管工作提示函、国资监管通报工作规则等机制,形成事前制度规范、事中跟踪监控、事后监督问责工作链条。健全完善内设监事会制度,实现监管企业委派监事全覆盖。开通"江西国资"微信公众号,积极运用云服务推进企业复工复产,在江西省国资委、江西省国资委监管企业和抚州市国资委开展"三重一大"在线监管系统试点建设,在全国范围内率先完成试点任务。四是突出联动,做好指导监督工作。指导地(市)国资委不断健全监管制度体系,九江、景德镇等地国资委率先出台监管权责清单。指导推进改革创新三年行动,南昌率先推进市、县两级国有企业整合重组。赣州、鹰潭、宜春、萍乡、吉安等地国资委推动深化经营性国有资产集中统一监管,8个设区市国资委监管资产超过1000亿元,赣江新区国资监管基础工作不断夯实。

(四)坚决落实"六稳""六保"任务,充分彰显国资国企责任担当

一是全力抗疫防洪保供稳民生。组织国有企业冲锋在前、尽锐出战,以战时状态投入疫情防控和抗洪抢险。江铜集团、省投资集团、新钢集团、江钨集团等10家省属国企按期完成转产100万只口罩任务。建工集团在省内外抢建改造防疫病房3000余间,在温州改造的战"疫"医院被称作温州版"火神山"医院。省投资集团、交投集团、水投集团等省属企业降低用水用气费用、减免租金和车辆通行费等超过50亿元。大成公司第一时间复工复产保粮油供应和价格稳定。省属企业组建218支青年突击队、3500人投入一线抗洪抢险,军工集团坚守抗洪一线,保障责任堤段安全度汛。二是全力复工复产稳就业。出台17条政策措施,支持企业稳经营、稳就业。从首家监管企业获得复工批复后,几十家企业在10天内全部复工复产。鼓励企业稳定就业,扩大招录规模,省属国企联合举办多场线上招聘会及招聘周活动,职工人数比上年增长2.1%。三是全力担当作为保市场主体。江西省国有企业减免租金9.5亿元,惠及各类市场主体4.1万户。省国控公司等多家企业共同推进国资创新基金发挥重要作用,先后完成6家民营企业13.3亿元纾困项目资金投放,全力为民企纾困解难。省金控集团在支持区域经济和实体经济发展大局中展现新的担当。督促推进监管企业清理各项欠款,对无分歧欠款全部清偿到位。

二、江西省国有资产总量与结构分析

表1　　2020年江西省国有企业指标

项　目	金　额(亿元)
资产总额	45278
所有者权益	17920
国有资产总量	16165
营业收入	8824
利润总额	360
净利润	281
归属于母公司所有者的净利润	203
应交税金总额	311
实际上缴税金总额	295

表2　　2020年江西省国有企业户数情况

2019年户数(户)	2020年户数(户)	比上年增长(%)
3009	3282	9.07

表 3　2020 年江西省国有资产按地区分布情况

地　区	国有资产(亿元)	占国有资产总量比重(%)
省属企业汇总	3014	18.6
地市企业汇总	13151	81.4
南昌市	1866	11.5
赣州市	1059	6.6
九江市	879	5.4
新余市	427	2.6
上饶市	336	2.1
景德镇市	295	1.8
宜春市	1322	8.2
抚州市	2046	12.7
吉安市	2960	18.3
萍乡市	671	4.2
鹰潭市	1290	8.0
合　计	16165	100.0

表 4　2020 年江西省国有资产按行业分布情况

行　业	国有资产(亿元)	占国有资产总量比重(%)
农林牧渔业	639	4.0
工业	1957	12.1
建筑业	2740	16.9
交通运输业	1860	11.5
仓储业	25	0.2
商贸业	83	0.5
房地产业	2577	15.9
信息传输、软件和信息技术服务业	16	0.1
社会服务业	4994	30.9
教育文化广播业	139	0.9
科学研究和技术服务业	309	1.9

续表

行　业	国有资产(亿元)	占国有资产总量比重(%)
金融业	469	2.9
其他	357	2.2
合　计	16165	100.0

表 5　2020 年江西省国有资产按经营规模分布情况

经营规模	国有资产(亿元)	占国有资产总量比重(%)
大型企业	3503	22
中型企业	4609	29
小型企业	5151	32
微型企业	2902	18
合　计	16165	100

三、江西省国有资本保值增值综合分析评价

2020 年,江西省国有资本保值增值率 101.5%,省属企业国有资本保值增值率 103.6%,市属企业国有资本保值增值率 100.9%,省属国有资本保值增值情况优于市属国有资本。

表 6　2020 年江西省国有企业地区和行业国有资本保值增值情况

地　区	国有资本保值增值率(%)	行　业	国有资产保值增值率(%)
南昌市	102	农林牧渔业	100
九江市	100	工业	107
景德镇市	102	建筑业	101
萍乡市	101	交通运输业	101
新余市	97	仓储业	120
鹰潭市	102	商贸业	101
赣州市	100	房地产业	101

续表

地 区	国有资本保值增值率(%)	行 业	国有资产保值增值率(%)
宜春市	101	信息传输、软件和信息技术服务业	102
上饶市	101	社会服务业	101
吉安市	101	教育文化广播业	112
抚州市	102	科学研究和技术服务业	101
		金融业	104
		其他	102

四、江西省国资委监管企业改革发展情况

江西省国资委认真贯彻落实党中央、国务院和省委、省政府关于国有企业改革的决策部署，坚持以江西省国资国企改革创新三年行动为抓手，紧盯江西省国资国企实现“一个优化、四个提升”总目标，牢牢把握“可衡量、可考核、可检验、要办事”要求，全力抓好98项改革任务贯彻落实，大力推进改革重要领域和关键环节取得新成果。

(一)混合所有制改革稳妥推进

推动混合所有制改革由集团向子企业、由省属向市(县)属企业纵深推进，由试点向行动、由单项改革向综合改革扩大推进。2020年，江西省新增混合所有制改革企业63户，引进非公资本11.65亿元，104家“百户混合所有制改革攻坚企业”完成63家，7户“双百企业”改革圆满收官，江铜集团获得全国A类评级。组织遴选“百户混合所有制改革攻坚行动”企业，山东恒邦冶炼股份有限公司、江西旧机动车交易中心股份有限公司、江西国泰利民信息科技有限公司、江西省赣华安全科技有限公司、江西铜锐信息科技有限公司列为骨干员工持股企业。江铜碳纳米材料有限公司、华赣瑞林稀贵金属科技有限公司入选“科改示范行动”试点企业名单。灵活开展中长期激励，2户国有科技型企业采取货币出资、科技成果评估作价等方式实现股权激励，3户创新型试点企业探索建立跟投机制。

(二)资产证券化步伐加快

深入实施企业上市“映山红”行动，南昌、景德镇、上饶、新余等地收购富春环保等5家民营上市公司控制权，实现设区市全覆盖。11户省属子企业申报2020年度重点上市后备企业，江盐集团完成上市前B轮融资，新钢股份公告分拆新华金属至上交所科创板上市预案，中国瑞林、江西国科、联晟电子上市工作稳步推进。

(三)剥离企业办社会职能工作取得新成效

江西省完成协议移交驻赣中央企业(含铁路系统)退休人员16.4万人，涉及3.7万名党员、14.9万份档案，协议移交完成率100%，得到国务院国资委的点名表扬。新钢集团职工基本医疗保险移交属地管理，有力解决5.3万名在岗职工及退休退养职工异地就医即时结算问题，江西省国有企业社保纳入地方管理工作全面完成。541户“僵尸企业”完成处置528户，完成率97.6%，远超全国平均水平。

(四)现代企业制度建设逐步强化

加强党的领导与公司治理有机融合。634户应“党建入章”企业全部完成入章工作。15户省属企业集团和65户重要子企业制定党委前置研究讨论重大经营管理事项清单。江西省2427户国有企业全部实现公司制运营，改革经验在全国国有企业公司制改革媒体通气会上作交流发言。各级企业开展竞争上岗1308人，末等调整或不胜任退出117人。江铜集团工资总额负面清单管理试点稳步推进。

五、江西省国资委监管企业并购重组与完善法人治理结构情况

(一)并购重组

推进培训疗养机构脱钩整合，长天集团完成53家省属培疗机构交接工作，9家单位完成转企改制。江咨集团整合4所省属设计院所，转企改制取得积极进展。省民爆投资公司、国泰集团整合重组顺利完成。支持投融资平台建设，完成江西国际、省融资担保公司国有股权划转工作，省国控公司成为省内首家具备全市场储架式发行资格的企业。

(二)完善法人治理结构

一是深入推进职业经理人制度试点工作。7户省属企业集团和225户子企业与经理层签订合同或契约,实现经理层任期制和契约化管理。江盐集团、大成国资公司2户企业完成职业经理人改革试点,选聘9人成为职业经理人。43户子企业选聘111人成为职业经理人。二是推进董事会规范建设。102名企业领导人员"双向进入、交叉任职",进入党委会89人、董事会34人、经理层67人。15户省属企业集团及493户子企业全部建立董事会,155户建立董事会的省属企业集团及子企业实现外部董事占多数。三是加强企业监事队伍建设。2020年,提任监事会主席5人,选任监事10人。累计选任监事会主席11人、监事25人,初步建立一支专业化、职业化的专职监事人才队伍,推动15户出资监管企业全面建立内设监事会并依法依规开展工作。

六、江西省国资委监管企业建立和完善经营业绩考核体系情况

(一)指导企业做好职业经理人经营业绩考核工作

在职业经理人制度试点的基础上,总结业绩考核和薪酬分配的经验做法,找出存在的问题,指导出资监管企业做好权属企业职业经理人经营业绩考核和薪酬管理相关工作。在指导过程中,坚持统筹考虑两个试点企业的功能定位,努力做到既体现共性又突出个性,统筹考虑试点企业职业经理人选任方式、组织任命企业负责人和职业经理人的薪酬结构、行业薪酬及企业水平、试点企业的功能分类和董事会的作用等因素,指导帮助企业构建考核体系,设计薪酬模型、确定薪酬水平并要求企业畅通职业经理人退出通道。

(二)指导企业继续加大内部三项制度改革力度

在全员劳动合同制的基础上,督促企业进一步规范岗位管理,健全内部竞聘上岗制度,实行岗位动态考核,畅通转岗、待岗及退出等多种形式的正常流动通道。总结建材集团三项制度改革评估试点情况,在出资监管企业逐步推开三项制度改革评估工作,帮助企业找准改革方向,发现存在问题,狠抓改革过程、衡量改革成效,真正做到以改革提效率、增活力,为推动企业高质量发展提供坚强保障。鼓励担当实干,加大全员业绩考核力度、广度和深度,改进省出资监管企业副职领导人员业绩考核。加深业绩薪酬联动机制,以上率下,引导推动各集团公司对本部及下属企业开展全员绩效考核。

(三)鼓励符合条件的企业建立中长期激励机制

坚持按劳分配为主体,多种分配方式并存,研究印发《省出资监管企业中长期激励实施办法(试行)》(赣国资考核字〔2020〕136号),从中长期激励指导思想、基本原则、采用的主要形式、人员范围、奖励基金的计提方式和计提比例的原则、授予和解锁条件设置原则、锁定期、虚拟股权回购、个人激励总额、实施中长期激励的程序、中长期激励方案的内容、约束监督等方面进行规定,使企业下一步实施中长期激励有规可依。

七、江西省国资委监管企业负责人考核与选人用人机制改革情况

(一)开展企业领导班子和领导人员考核评价

对标省管干部考核办法,对7户省管企业领导班子和44名企业领导人员开展2019年度考核评价。结合企业领导班子年度考核,依据《江西省省属国有企业董事会规范运作和董事会、董事评价暂行办法》,采取现场测评和个别谈话、查阅工作台账等方式,首次对12个企业董事会和46名董事进行2019年度考核测评。通过全面考核,进一步摸清企业董事会运行存在的突出问题,有针对性地提出改进意见建议。根据省委组织部印发的《省管领导干部政治素质考察办法(试行)》,同步开展省管企业领导人员政治素质考察,形成《省管企业领导人员政治素质考察情况报告》和每名省管企业党政正职政治素质档案、每名省管企业领导人员政治素质评语。

(二)选人用人机制改革情况

在2019年工作基础上,以规范企业不同治理主体权责关系、落实企业董事会业绩考核权、薪酬分配

权为重点，持续推进职业经理人制度试点工作。研究制定《关于进一步规范职业经理人制度试点企业治理主体权责关系的工作建议》，为试点企业规范公司不同治理主体之间的权责关系提供参考。积极指导省盐业集团、大成公司制定职业经理人业绩考核暂行办法和薪酬管理暂行办法，并按照以岗定约原则起草经理层成员聘用合同。2家企业分别正式与经理层成员签订聘任合同，明确董事会与经理层成员的权利、义务和责任，真正实现企业对经理层成员的任期制和契约化管理。

八、江西省国资委监管企业党的建设和廉政建设情况

2020年，江西省国资委党委认真贯彻落实国有企业基层组织工作条例，以实施基层党建“三化”建设为抓手，扎实推进全国、江西省国企党建工作会议重点任务落实，不断夯实基层党建工作，为打造国企改革“江西样板”，做强做优做大国有资本和国有企业提供坚强政治和组织保证。

（一）巩固深化“不忘初心、牢记使命”主题教育成果

江西省国资委党委书记在江西省国资系统宣讲党的十九届五中全会精神，对江西省国资系统学习贯彻全会精神再动员、再部署。江西省国资委党委开展理论学习中心组专题学习12次，深入学习党的十九届五中全会精神等专题内容13个，16家集团公司党委开展各类政治理论学习190次。“党课开讲啦”活动期间，各级党组织书记2000余人、“新时代赣鄱先锋”等先进模范人物393人、基层党代表332人、普通党员560人走上讲台、走进支部，持续推动习近平新时代中国特色社会主义思想进企业、进车间、进班组、进头脑。深入挖掘红色国资历史，组织编纂的《执政之基：中央苏区国有资产管理》列入中宣部重大选题备案，2020年1月由中国经济出版社出版。

（二）扎实开展基层党建“三化”建设

做到企业发展到哪里，项目建设到哪里，党的组织就建到哪里，16家集团公司建立党组织2183个，新成立党组织120个，305个党组织按时换届。江西省委组织部、江西省国资委党委印发《省属国有企业党委发挥领导作用前置研究讨论企业重大经营管理事项操作规程》及其示范文本，企业党委会、董事会、总经理办公会权责清单越来越规范，党对国有企业全面领导的制度更加健全。16家集团公司中13家企业人事管理和基层党建由“一个部门抓”，16家企业人事管理和基层党建由“一个领导管”，各企业专职党务工作者配置比例1.06%，专兼职党务工作者配置比例5.02%。江西省国资委厅级领导干部在省出资监管企业建立党支部工作联系点13个，示范带动企业各级党委书记和班子成员建立党支部工作联系点1018个，深入联系点调研指导党建工作4434次，帮助解决问题2127个。

（三）充分发挥共产党员示范作用

在江西省党务技能大赛中，江西省国资委选送项目7个，获得一等奖1个、二等奖3个、三等奖3个，2个基层单位案例入选“新时代新担当新作为”国有企业优秀管理实践案例。疫情防控期间，组建党员突击队、党员攻坚小组548个，直接从事疫情防控工作的党员干部4733人，参与疫情防控工作的党员志愿者39851人，江西省国资委系统获评“全国抗击新冠肺炎疫情先进集体”1个、“全国抗击新冠肺炎疫情先进个人”1人，34人入选2020年“新时代赣鄱先锋”宣传人选。防汛期间，组建青年突击队218支、队员3500人，173支青年突击队、2751名队员奋战在一线，直接巡防围堤191.6千米，累计发现、排除险情153处。按照省防总、团省委的统一部署，牵头号召170名国资青年组成第九批、第十四批省防汛救灾青年突击队，奔赴鄱阳三庙前乡和永修联圩抗洪抢险，充分发挥国资国企广大青年生力军作用。

（四）持之以恒推进党风廉政建设

制定《关于解决本系统困扰基层形式主义问题的十五条措施》，提出精简文件数量、压缩会议数量、规范检查考核、加强信息化建设4个方面15条具体措施。联合省委组织部下发《省属国有企业党委发挥领导作用　前置研究讨论企业重大经营管理事项操作规程》，在制度上保证企业党委的领导作用，起到监督

党和国家的方针政策在各企业贯彻执行的巨大作用，防止“家长制”“一言堂”，个人说了算。修订完善《省出资监管企业领导人员公务回避暂行办法》，及时梳理15家集团公司领导人员参与公务回避排查情况，近两年排查52次，参与排查高管人数141人，参与排查中层人数1373人，参与排查其他人员2565人，参与排查风险岗位4395个。落实省纪委省监委主要领导有关批示，制定《全面从严管党治党　以高质量党建引领企业高质量发展的十条措施》，就“抓好‘关键少数’，全方位强化对‘一把手’监督”作出专门规定。开展省管企业个人有关事项报告专项整治工作，对填报不一致的16名企业领导人员，逐一进行谈话，对出现问题较多的企业，由分管委领导约谈企业主要负责人，逐步强化领导干部日常监督管理。

（撰稿人：曾红梅）

山东省

一、山东省国有资产监督管理工作综述

2020年，山东省国资监管系统和国有企业坚持以习近平新时代中国特色社会主义思想为指导，全面学习贯彻党的十九大和十九届二中、三中、四中、五中全会精神，科学统筹疫情防控和生产经营，抢抓市场需求逐步回暖机遇，主动担当、奋力拼搏，规模体量不断扩大，经济效益企稳回升，发展质量不断提高。纳入财务决算范围的省、市、县三级监管企业资产总额102864.9亿元，比上年增长27.57%；营业收入26686.08亿元，比上年增长22.12%；利润总额1242.85亿元，比上年下降10.94%；上缴税费总额1247.65亿元，比上年增长2.86%；平均职工人数141.72万人。

二、山东省国有资产总量与结构分析

截至2020年底，山东省国有及国有控股企业（以下简称国有企业）12599户，比上年增加2040户；资产总额137362亿元，比上年增长21.62%；负债总额94721亿元，比上年增长21.49%；所有者权益42641亿元，比上年增长21.91%；国有资产总量32336亿元，比上年增长28.26%；营业收入29012亿元，比上年增长15.04%；利润总额1420亿元，净利润1041亿元，其中归属于母公司所有者的净利润452亿元；实际上缴税费总额1377亿元，比上年增长0.07%。国有资产总量按地区分布看，青岛市、潍坊市、济南市等3个市企业国有资产规模较大，分别为7206亿元、4288亿元、2711亿元，占各市合计的22.28%、13.26%、8.38%。16个市中，青岛市企业国有资产总量排名第一位，国有资产总量最少的是枣庄市，为299亿元。国有资产总量按行业分布看，主要集中在租赁和商务服务业、房地产业、交通运输、仓储和邮政业、建筑业、制造业、采矿业和金融业。

表1　　2020年山东省国有企业指标

项　目	金　额(亿元)
资产总额	137362
所有者权益	42641
国有资产总量	32336
营业收入	29012
利润总额	1420
净利润	1041
归属于母公司所有者的净利润	452
应交税费总额	1406
实际上缴税费总额	1377

表2　　2020年山东省国有企业户数情况

2019年户数(户)	2020年户数(户)	比上年增长(%)
10559	12599	19.32

表 3　2020 年山东省国有资产按地区分布情况

地　区	国有资产（亿元）	占国有资产总量比重（%）
省级企业汇总	5042	15.59
地市企业汇总	27294	84.41
济南市	2711	8.38
青岛市	7206	22.28
淄博市	1107	3.42
枣庄市	299	0.93
东营市	610	1.89
烟台市	1553	4.80
潍坊市	4288	13.26
济宁市	1469	4.54
泰安市	829	2.56
威海市	1762	5.45
日照市	788	2.44
临沂市	1480	4.58
德州市	1191	3.68
聊城市	490	1.52
滨州市	1058	3.27
菏泽市	454	1.40
合　计	32336	100.00

表 4　2020 年山东省国有资产按行业分布情况

行　业	国有资产（亿元）	占国有资产总量比重（%）
农林牧渔业	209.83	0.65
采矿业	2216.65	6.86
制造业	2439.22	7.54
电力、热力、燃气及水生产和供应业	923.18	2.85
建筑业	2827.19	8.74
批发和零售业	640.52	1.98
交通运输、仓储和邮政业	4076.32	12.61
住宿和餐饮业	45.69	0.14
信息传输、软件和信息技术服务业	225.27	0.70
金融业	1893.03	5.85
房地产业	4139.11	12.80
租赁和商务服务业	10355.83	32.03
科学研究和技术服务业	151.99	0.47
水利、环境和公共设施管理业	1519.58	4.70
居民服务、修理和其他服务业	273.73	0.85
教育	25.74	0.08
卫生和社会工作	36.41	0.11
文化、体育和娱乐业	311.86	0.96
公共管理、社会保障和社会组织	24.69	0.08
合　计	32336	100.00

表 5　2020 年山东省国有资产按经营规模分布情况

经营规模	国有资产（亿元）	占国有资产总量比重（%）
大型企业	8058	24.92
中型企业	6383	19.74
小型企业	10291	31.83
微型企业	7604	23.51
合　计	32336	100.00

三、山东省国有资本保值增值综合分析评价

2020 年，山东省国有企业国有资本保值增值率 102.4%，比上年增加 0.36 个百分点。从隶属关系看，省级企业国有资本保值增值率 104.44%，比上年增加 1.26 个百分点，市及市以下企业国有资本保值

增值率102.01%，比上年增加0.3百分点。从行业分布看，除农林牧渔业，住宿和餐饮业，信息传输、软件和信息技术服务业，科学研究和技术服务业，水利环境和公共设施管理业等少数行业未实现国有资本保值增值，其他各行业均实现国有资本保值增值。

表6　2020年山东省国有企业地区和行业国有资本保值增值情况

地　区	国有资本保值增值率(%)	行　业	国有资本保值增值率(%)
省级企业汇总	104.44	农林牧渔业	98.55
地市企业汇总	102.01	采矿业	103.36
济南市	102.84	制造业	106.42
青岛市	103.20	电力、热力、燃气及水生产和供应业	100.45
淄博市	100.00	建筑业	105.9
枣庄市	88.97	批发和零售业	104.62
东营市	103.27	交通运输、仓储和邮政业	101.06
烟台市	103.40	住宿和餐饮业	79.3
潍坊市	100.58	信息传输、软件和信息技术服务业	98.44
济宁市	103.71	金融业	106.34
泰安市	105.09	房地产业	101.33
威海市	101.24	租赁和商务服务业	101.68
日照市	100.53	科学研究和技术服务业	99.64
临沂市	106.35	水利、环境和公共设施管理业	99.73
德州市	100.00	居民服务、修理和其他服务业	103.55
聊城市	100.49	教育	100.33
滨州市	97.48	卫生和社会工作	106.92
菏泽市	100.91	文化、体育和娱乐业	108.25
		公共管理、社会保障和社会组织	114.29

四、山东省国资委监管企业改革发展情况

(一)健全市场化经营机制，激发企业内生活力

扎实推进省属企业混合所有制改革三年(2019—2021年)工作计划，稳妥推动一级企业混合所有制改革，中泰证券成功实现首发上市，泰山保险与德国安顾集团推进合作，山东特检引入国家开发投资集团战略入股。山东玻纤、威海商行登陆资本市场，省属企业控股上市公司43家，资产证券化率56%。开展三项制度改革专项行动，省属企业总部机构精简10%以上，实质性管理层级控制在四级以内，管理人员占比控制在7.6%以内，管理人员薪酬结构中绩效薪酬占比60%以上，基本实现全员绩效考核全覆盖。全面完成107万名国有企业退休人员社会化管理主体任务。在518户权属企业实施经理层成员任期制和契约化管理，63户权属企业推行职业经理人制度试点。出台省属企业中长期激励制度，推动符合条件的13户上市公司全部实施股权激励，占省属控股上市公司总数的29.5%；非上市公司中长期激励试点数量199户，覆盖面7.6%。

(二)调整优化布局结构，放大国有资本功能

深化战略性重组，完成山东能源与兖矿集团、山东高速与齐鲁交通联合重组，整合组建国欣颐养、国欣文旅、南郊集团、产权交易集团和人才发展集团，5户省属一级企业整合到其他企业，打造一批具有重要影响力的产业集团。山东能源煤炭产量跃居全国第三位，有望跻身“世界100强”；山东高速高速公路通车里程重回全国第一方阵。推动重工集团、港口集团、机场集团深化内部整合，发挥协同效应，山东重工重卡销售量跃居世界第一；山东港口主要经营指标逆势增长，2020年完成货物吞吐量14.2亿吨，稳居全球首位；山东机场国际货运增幅60%以上，刷新历史纪录。实施非主业资产清理整合三年行动，列入计划的388户企业中191户完成清理整合任务。加快“处僵治亏”，纳入全国清单的275户省属“僵尸企业”全部完成处置。出台省属企业“双招双引”考核意见，对考核得分前两位企业，给予作出突出贡献的人员重奖；

对考核得分后三位企业，约谈企业负责人。

(三)实施创新驱动战略，增强科技创新能力

全面落实“四视同三激励一奖励”政策，建立研发投入刚性约束机制。支持省属企业组建科技创新联合体，实施重大科研项目协同攻关。省属企业国家级研发平台、院士工作站、博士后工作站和高新技术企业分别为42个、30个、20个和246家，2020年省属企业研发费用投入255.65亿元，比上年增加67.53亿元。高端服务器、大功率高速发动机、煤炭综放采等一批技术成果达到国际领先水平，潍柴动力推出全球首款50%热效率商业化柴油机。

(四)转变国资监管方式，提升国资监管效能

制定山东省国资委授权放权清单，加大向国有资本投资运营公司授权放权力度。实施监管流程再造，精简办理要件、办事环节12项，对涉企审核备案事项全部明确办理时限，实现“一处受理、并联审核、网上办理、限时办结”，对标先进省、市，审核事项办理时限基本做到最短。建成“国资云”信息化监管平台，基本实现企业经营活动和重大决策动态监管。推进国资国企在线监管系统建设，建成省级数据采集交换平台。完善违规经营投资责任追究工作体系，制定《国有资产稽查工作规程》《国资监管提示函工作规则》等制度。

(五)防范化解重大风险，坚决守住底线红线

全力抓好疫情防控、疫区援助、物资保供等工作，制定支持抗疫10条“硬核”举措，省属企业在山东省率先实现复工达产，累计捐款捐物超过2亿元，减免高速公路通行费98亿元、房租9.1亿元；新增就业岗位比上年增长33%；累计清偿民营企业欠款71.3亿元，实现非涉诉类欠款全部“清零”。组织开展省属企业债务风险全面摸底调查，健全风险预警、预案、处置及到期债务月报告常态化机制。选择4户省属企业开展财务共享中心建设试点，加强财务集中管控。狠抓安全生产工作，推动隐患排查常态化、制度化、机制化，确保安全形势持续稳定。

(六)健全改革推进机制，压紧压实改革责任

制定山东省国企改革三年行动实施方案，细化分解为106项任务并建立调度机制，抓好改革任务落实落地。在省属企业逐户制定个性化改革方案，定期调度进展情况。继续组织开展省属企业主要负责人抓改革述职问询，将企业负责人承诺事项及落实情况在省级媒体公布，接受社会监督。出台《省属企业主要负责人和领导班子改革绩效考核评价办法》，配套制定具体实施方案，对企业科技创新、混合所有制改革、三项制度改革、党的建设等10个方面的重点改革任务进行量化考核，结合实际情况实行末位调整，进一步压紧压实改革责任。

五、山东省国资委监管企业并购重组与完善法人治理结构情况

(一)并购重组

山东省国资委将加快推进省属企业战略性重组和专业化整合作为深化国有企业改革、做强做优做大国有资本和国有企业的关键一招，在能源、交通基础设施、医养健康、文化旅游等领域加大重组整合力度，减少省属一级企业7家，重组组建一批引领型支柱型企业集团，提升国有资本配置效率。一是同类企业间强强联合。实施山东能源和兖矿集团、山东高速和齐鲁交通的联合重组，努力打造世界一流企业。二是以产业为基础进行专业化整合。将分布在10余户省属企业中的非主业文化旅游、医养健康资产，以市场化方式重组整合，组建国欣文旅和国欣颐养2个集团，既解决相关产业“小散弱”问题，又解决部分企业主业不突出、“大而全”的问题，有效提升国有资本配置效率，为山东“十强”产业发展和新旧动能转换贡献力量。三是以产权为纽带理顺省属企业管理体制。对国泰租赁、上海齐鲁、深圳东华、齐鲁股权、山东盐业等5户规模较小的省属企业，以产权为纽带进行重组整合，划归有关省属企业管理，推动资源向优势企业集聚、实现协同发展。

(二)完善法人治理结构

一是坚持党的领导，把党的领导融入公司治理。强力推进“党建入章”，建立工作台账，坚持每月一调度，动态掌握工作进展，实行销号管理。符合条件的

37户省属一级企业、3629户二级及以下企业全部完成“党建入章”,党组织在公司法人治理中的法定地位得到有效落实。明确党委会议事规则。在全国率先研究出台党委研究决定、前置研究讨论事项清单示范文本,厘清企业党委职责边界,推动省属企业党委履职规范化、制度化,切实发挥省属企业党委把方向、管大局、促落实作用,受到中组部充分肯定。建立省属企业党委会议事规则审核备案制度,指导37户省属企业全部完成党委会议事规则和“三张清单”制定修订工作。实施党组织成员交叉任职。“双向进入、交叉任职”体制进一步完善,省属企业党委书记与董事长全部“一肩挑”,现任党组织班子成员中80%以上在董事会、经理层交叉任职。二是加强董事会建设,董事会运行进一步规范。指导省属企业不断完善董事会工作机制,37户省属企业修订董事会议事清单和议事规则,明确议事范围和决策程序,确保董事会决策的合规性。健全董事会专门委员会,明确设置原则和工作规则,要求企业董事会设立战略、提名、薪酬考核、审计等专门委员会,每个专门委员会中均有外部董事。研究制定《山东省省属企业外部董事管理办法》,进一步加强和改进省属企业外部董事的选聘和管理,推动外部董事依法依规尽责履职。完成对44名省属企业外部董事2019年度履职评价,及时制定、修订17户省属企业公司章程。省属企业董事会组织结构基本健全,董事会成员基本配齐,董事会运作逐步规范。三是积极开展试点,加快推行经理层成员任期制和契约化管理、职业经理人制度。出台《省属企业控股子公司推行经理层成员任期制和契约化管理基本规范(试行)》《省属企业控股子公司推行职业经理人制度基本规范(试行)》,聚焦经理层成员选聘、管理、薪酬、考核、退出、监督等环节,细化操作要点和工作标准。筛选确定604户控股子公司开展经理层成员任期制和契约化管理试点、100户控股子公司开展职业经理人制度试点,指导试点企业“一企一策”制定实施方案,搭建起涵盖管理办法、聘任协议、业绩合同等在内的制度框架,为省属企业改革经理层成员管理方式提供依据。

六、山东省国资委监管企业建立和完善经营业绩考核体系情况

(一)研究制定考核委员会议事规则,统筹推进省属企业考核工作

研究制定《省属企业考核工作委员会工作规则》,推动“一个窗口”面向企业开展考核,统筹推进省属企业考核工作,负责省属企业经营业绩考核、改革绩效考核评价、新旧动能转换考核、双招双引考核和党建考核评价等,实现考核政策、考核部署、考核实施、考核认定的“四个统一”,避免多头考核、重复考核、繁琐考核。

(二)鼓励企业积极投身疫情防控,履行国企责任使命

面对突如其来的疫情,结合省属企业实际制定印发《激励省属企业做好新型冠状病毒感染肺炎疫情防控工作的若干措施》,支持鼓励省属企业积极投身疫情防控工作。对防疫支出、减免高速公路通行费、减免房租影响企业效益的,在经营业绩考核和工资总额核定中予以考虑。

(三)强化业绩考核制度供给,引导企业实现高质量发展

一是出台《关于对省属企业高质量双招双引考核的实施意见》,对省属企业围绕“十强”产业和交通运输基础设施建设等引进的项目投资到位资金和高层次人才、人才平台载体新增数量进行考核,引导省属企业坚决贯彻落实省委、省政府决策部署,努力引进一流项目和一流人才,实现高质量发展。二是出台《完善承担重大建设任务省属企业业绩考核的意见》,按照“一企一策”原则,将山东高速、山东机场、山东土地和山东铁投等4户省属企业的建设任务纳入考核,确保省属企业全面完成省委、省政府交办的高速铁路、高速公路和机场建设等任务。三是出台《关于对省属企业实施经营业绩对标考核的试点意见》,贯彻落实国企改革三年行动要求,进一步优化考核机制,对处于充分竞争行业,财务管理体系规范,所在行业周期性波动较大的企业试点开展对标考核,鼓励省属企业对标同行业先进水平,提高管理能力和经营效

益，加快实施新旧动能转换。

七、山东省国资委监管企业负责人考核与选人用人机制改革情况

（一）聚焦深化改革，有序组织考核，强化激励约束作用

一是核定2019年度考核结果。6月底核定省属企业负责人2019年度经营业绩考核结果，根据经营业绩考核得分，8户企业处于A级，占总户数的38%。确定考核企业主要负责人的绩效年薪，最高为60.66万元，最低为28.62万元，合理拉开差距。二是确认2020年度考核目标。充分考虑疫情影响，结合审定的2020年度企业财务预算，结合实际确定省属企业2020年度考核目标。对因履行国家和省出台的减免房租以及高速公路免收通行费等疫情防控政策，导致效益下降影响业绩考核的，视同实现利润予以加回。24户考核企业2020年度净利润考核目标617亿元，归属于母公司所有者的净利润考核目标128亿元，净资产收益率考核目标2.3%，经济增加值考核目标68亿元。三是出台《2020年度省属企业主要负责人和领导班子改革绩效考核评价实施方案》，明确评价范围、考核项目及权重、工作安排、结果运用、组织实施以及工作纪律。

（二）坚持党管干部，树立正确导向，大力优化企业领导人员队伍结构

一是选优配强企业领导班子。围绕省属企业改革发展中心工作，突出政治标准，统筹考虑年龄、经历、专长等各方面因素，调整优化山东省国资委党委管理企业领导班子，激励引导企业领导人员担当作为、狠抓落实。新选拔任用29名企业领导人员，对1户问题突出企业领导班子正职进行调整。二是着力优化干部队伍结构。研究制定《关于大力培养选拔省属企业优秀年轻领导人员的实施意见》，提出今后5年省属企业领导班子及其中层管理人员中年轻干部的配备目标和实现路径。把优秀年轻干部选拔配备融入日常、抓在经常，新选拔1名40岁班子副职，山东省国资委党委管理企业领导人员45岁以下的9人，6户企业40岁左右中层正职比例20%。三是充实财务总监和外部董事队伍。突出专业能力、专业精神，新选拔7名具有大企业财务审计部门负责人经历干部担任省属企业财务总监，基本实现应派尽派，4名企业领导人员转任专职外部董事。

（三）坚持从严从实，拧紧管理螺丝，强化对干部的政治把关和日常监督

一是以党的政治建设统领选人用人工作。积极推动制度创新、流程优化，起草修订《山东省省属企业领导人员管理规定》《企业领导人员选拔任用工作流程》，完善选人用人制度体系。强化党组织领导和把关作用，选拔任用严格落实政治廉洁“双鉴定”、政治素质评价、“凡提四必”等制度，严格按程序选人用人。二是加强选人用人工作指导。对鲁华集团等4户企业开展选人用人专项检查，发现突出问题18项，督促企业认真整改，营造风清气正的用人环境。认真落实《干部选拔任用工作监督检查和责任追究办法》，对企业选拔任用工作严格把关，审核答复企业干部事项86项，及时中止2户企业不符合规定的干部调整工作，涉及人员6人。三是严格执行干部监督管理各项政策。坚持抓早抓小，提醒谈话各类人员10人次，查核2名企业领导人员信访举报问题，转办人民来信4件，均按规定妥善处理。严格执行领导干部报告个人有关事项制度，查核个人有关事项35人，随机抽查一致率100%。迎接中组部关于领导干部个人有关事项报告专项整治现场检查，作为6家典型发言单位之一交流工作经验。举办“知规矩、守纪律”培训，强化领导人员规矩意识。

（四）深化体制机制改革，优化人才发展环境，建立高素质专业化经营管理人才队伍

一是建立容错免责机制。在全国率先出台《国有企业领导人员履职行为容错免责清单》，鼓励省属企业领导人员大胆创新、积极探索，有关做法得到国务院国资委主要领导肯定。积极做好政策宣讲工作，及时跟踪调度各省属企业贯彻落实情况，推动制度真正落地见效。二是建立“雏鹰”人才挂职实训机制。联合省委统战部、省工商联、省工信厅等部门，建立山东省经营管理“雏鹰”人才库，探索实施“4511”挂职实训培养工程。挂职实训岗位实现中央企业、省属企业、市属企业和民营企业等各个领域全覆盖，最终选派

112名入库人才到全国行业领军企业和山东省百强企业挂职实训。三是健全完善考核机制。充分发挥考核的“指挥棒”作用,联合省财政厅、省人社厅印发《关于对省属企业高质量双招双引考核的实施意见》,引导省属企业以结果为导向,千方百计扩大“招才引智”成果,真正助推企业高质量发展。

八、山东省国资委监管企业党的建设和廉政建设情况

(一)加强理论武装,党的政治建设持续强化

建立实施“第一议题”制度,将习近平总书记重要讲话和重要指示批示精神作为“第一议题”,召开党委会议集中学习24次,研究全面从严治党工作53项。印发《省国资委党委中心组2020年理论学习计划》,建立党委中心组理论学习旁听制度,全年理论中心组学习12次。认真做好党员教育培训工作,印发《省属企业2019—2023年党员教育培训工作实施方案》,实施“习近平新时代中国特色社会主义思想教育培训工程”,制定2020年度山东省国资委党校培训计划,用好山东省国资委党校和企业党校平台,全年专题培训领导干部、党组织书记、党务工作者8100人次。分3期举办省属企业党的十九届五中全会精神专题学习班,培训企业中层以上领导干部1600余人。严明政治纪律政治规矩,印发《进一步严肃党内政治生活巩固发展良好政治生态的若干措施》,健全完善严肃党内政治生活、加强政治生态建设的制度机制。

(二)压紧责任链条,管党治党责任全面落实

印发《中共山东省国资委委员会党的建设工作领导小组2020年工作要点》,坚持每季度召开1次党的建设工作领导小组会议。认真落实全面从严治党主体责任,制定《贯彻〈党委(党组)落实全面从严治党主体责任规定〉的实施意见》,进一步完善全面从严治党责任清单,形成一级抓一级、层层抓落实的党建工作格局。严格落实《党委(党组)书记抓基层党建工作述职评议考核办法(试行)》,逐级开展党组织书记履行全面从严治党责任和抓基层党建工作述职评议,逐一反馈问题,层层传导压力。扎实做好省属企业党委书记抓基层党建突破项目评选,评选产生一、二、三等奖30项,并将优秀成果进行汇编。重视发挥考核评价“指挥棒”作用,制定《山东省省属企业党建工作责任制考核暂行办法》,把党建工作考核同领导班子综合评价、经营业绩考核相衔接,同企业党委领导人员任免、薪酬、奖惩相挂钩,进一步压紧压实管党治党政治责任。

(三)夯实基层基础,基层党建质量全面提升

大力加强过硬党支部建设和党支部标准化规范化建设,评定第三批过硬党支部示范点137个,推动省属企业累计评定过硬党支部7969个,省属企业过硬党支部比例69%。开展党建创新提升年活动,实施党建强基工程、品牌工程、头雁工程、对标工程、激励工程“五大工程”,推动省属企业基层党组织全面进步全面过硬。认真贯彻落实《中国共产党国有企业基层组织工作条例(试行)》(以下简称《条例》),会同山东省委组织部制定贯彻落实10条具体措施,建立常态化督促指导机制,举办省属企业贯彻落实《条例》专题培训班。组织编写省属企业基层党务工作者实用手册,确保抓基层建设有据可依。开展混合所有制企业党建工作调研,起草加强混合所有制企业党建工作的指导意见(初稿)。推动企业创特色、支部树品牌,累计打造党建工作品牌5326个。国务院国资委《国企党建》杂志为山东开辟专栏,每月刊发2户省属企业过硬党支部案例,组织省属企业参加全国首届国有企业党的建设论坛征文活动,省属企业14篇优秀论文和14个基层党建案例获奖。成功举办首届国企党建论坛,218名来自全国国资国企系统的代表现场观摩山东国企党建特色成果。

(四)持续正风肃纪,营造风清气正政治生态

召开山东省国资国企党风廉政建设和反腐败工作会议,逐级压实党风廉政建设责任。加强党风廉政教育,学习中央关于领导干部严重违纪问题的通报,组织观看警示教育片,强化廉洁意识。制定机关党员干部廉洁自律“十不准”。持之以恒改进作风,围绕力戒形式主义官僚主义开展专题学习研讨,党委班子制定整治措施12项,针对省属企业、山东省国资委机关8个方面27项重点问题深入开展专项整治。深化监管流程再造,对标先进省(市),审核事项办理时限基本做到

最短。狠抓巡视巡察整改，对4户企业党委进行巡察，督促做好整改工作。督导省属企业抓好省委巡视反馈意见整改落实工作，对18项重点问题跟进督促，到12家企业现场督导，压实整改责任。强化监督执纪问责。旗帜鲜明支持驻山东省国资委纪检监察组工作，印发《省国资委党委、驻委纪检监察组关于建立健全全面从严治党协作配合机制的实施意见》，坚持惩前毖后、治病救人，深化运用监督执纪“四种形态”，2020年运用“四种形态”处理的问题线索中，第一至第四种形态分别占比69.1%、24.2%、4.2%、2.5%。

(五)全面统筹推进，确保各项工作落实落地

一是统筹做好疫情防控工作。组织国资国企党员干部职工在打赢疫情防控阻击战、推动复工复产中当先锋、打头阵，累计捐款1.06亿元，捐赠物资2589万元，减免高速公路通行费98亿元、房租9.2亿元，3个基层党组织、8名党员获省级表彰，17人“火线”入党。二是统筹做好关工委工作。坚持党建带关建，推动省属企业设立关工委实现全覆盖，组织召开省属企业关工委工作推进会暨“五老”队伍培训会，推动省属企业关工委工作实现创新发展，山东省国资委关工委获得“全国关心下一代工作先进集体”，山东黄金玲珑金矿被命名为“全国关心下一代党史国史教育基地”，山东海洋峄州港被命名为“山东省关心下一代教育基地”。三是统筹做好统战工作。扎实做好中央宗教工作督查“回头看”反馈意见整改工作，持续强化宗教政策法规宣传教育，指导省属企业完善党外知识分子工作阵地和活动载体，山东省首家国有企业党外代表人士建言献策工作室在山东黄金集团挂牌成立。

（撰稿人：李　涛）

青岛市

一、青岛市国有资产监督管理工作综述

2020年是落实国企改革三年行动的第一年。青岛市国有资产监督管理工作在国务院国资委、山东省国资委正确领导下，深入落实市委、市政府《青岛区域性国资国企综合改革试验实施方案》工作部署，全面推进国企改革攻势，打好“强企发展”“开放创新”“依法监管”“稳增提质”四场硬仗，推动市属企业克服疫情影响，顶住经济下行压力，实现逆势增长，2020年资产总额、营业收入、利税总额分别比上年增长18.4%、10.7%、11.27%，顺利实现“十三五”圆满收官，市属企业三项主要经营运行指标较“十二五”末全部实现倍增发展。

(一)“强企发展”硬仗推进市属企业新旧动能转换取得新成效

市属企业经营效益、规模实现双跨越，3家企业资产规模迈上新台阶，市属企业资产超过1000亿元的7家，超过500亿元的9家；国有资本经营预算收入上缴收益增收72%，创历史新高。深化混合所有制改革增强企业发展活力成效显著，市属企业新增及深化混合所有制改革项目37个，引进社会资本65.2亿元，双星、海信完成集团层面混合所有制改革。加快战略重组和专业化整合，整合公交集团、交运集团两大公交运营企业，组建青岛城运控股集团，构建青岛市“大交通”企业主体新格局取得突破。国家区域性国资国企综合改革试验成功获批，在体制机制层面，以落实习近平总书记对国企领导人员提出的“二十字”标准要求为主线，以国有企业家队伍建设为主题，创新探索独具地方特色的国有企业家队伍建设“五位一体”青岛模式。坚持党的领导为国资国企改革发展提供坚强政治保障，印发指导意见，始终把握正确的政治方向，建立落实全面从严治党主体责任工作体系。

(二)“开放创新”硬仗推进国资招商平台取得新成果

市属企业“以资引资”平台形成规模化基金群，组建国有资本股权制投资基金，打造青岛市国有资本“以资引资”市场化运作平台；市属企业参与19支市场化基金，总规模572亿元，建立规模化“以资引资”基金群。市属企业“以商招商”平台成效显著，“央企青岛行”系列活动深化提升央地合作水平，全年引进央地合作项目57个，成功举办中欧企业家峰会青岛论坛活动，引起海内外广泛关注，17个合作项目签约。

驻青国企党建研究会平台招商服务功能不断强化。组建服务国企工作队，帮助驻青国企解决复工复产遇到困难和问题，组织召开驻青国企青岛市两会情况通报会和建党99周年暨西海岸活动中心揭牌等活动，更好地服务驻青国企融入青岛发展，会员单位从2019年成立之初的94家增至153家，涉及党员2.3万人，驻青央企、省企和外地国企831户。

(三)“依法监管”硬仗促进国资监管职能转变取得新突破

出台实施《青岛市市属企业国有资本管理暂行办法》，深入落实以管资本为主推动国资监管职能转变；印发试行开展专职监事委派制的实施方案，推动监事工作队在维护国有资产安全、防止国有资产流失方面发挥重要监督作用。全面启动国有资本投资运营公司试点，批复城投集团、华通集团、国投公司、海发集团等4家市属企业开展国有资本投资运营公司改革试点，同步配套印发授权放权清单，对试点企业下放11项权限，有效激发企业发展活力，发挥试点公司作用，推动市属企业集团混合所有制改革等重点改革的进程。国资监管“一盘棋”大格局基本形成，实施进一步加强区(市)国有资产监管工作的系列措施，推动区(市)国企提高经营效益；推动青岛市国有资产统一监管工作，完成310户企业商事变更，涉及资产856亿元。建立青岛市国有经济“大口径”运行数据指标体系。完成国资大数据在线监管系统一期开发建设。

(四)“稳增提质”硬仗推动市属企业高质量发展取得新进展

市属企业彰显抗疫情“突击队”担当作为，建立新冠肺炎疫情防控期间市属企业运行“六稳”工作机制，出台政策措施21项，支持市属企业克服疫情影响；青岛市国企全面落实政策要求，减免民营企业、个体工商户、养老服务机构和民办学校、民办幼儿园等房租超过9.5亿元。市属企业充分发挥青岛市经济“稳定器”作用，实施重大战略投资项目任务清单管理，推动市属企业积极担当承接重大战略投资项目建设任务。建立“1+14”攻势对接机制，推动市属企业全面融入青岛市15个攻势，实现联动协同和工作机制对接、目标任务对接、项目落实对接。

二、青岛市国有资产总量与结构分析

(一)资产总额分布与构成情况

2020年，青岛市国有企业统计年报汇编各级次国有独资、国有控股企业2001户，资产总额32315.91亿元，比上年增长32.6%。其中，市属企业资产总额20400.63亿元，增长24.41%，占63%；区(市)监管企业资产总额11915.27亿元，增长49.44%，占37%。国有企业资产构成中，非流动资产17795.6亿元，占55%；流动资产14520.3亿元，占45%，流动资产中，应收款项和存货“两金”占33%，比上年增加3个百分点。

(二)国有资产分布与构成情况

2020年，青岛市国有企业国有资产总量6802.00亿元，按隶属关系分，市属企业国有资产总量2995.83亿元，占44.04%；区(市)国有资产总量3806.17亿元，占55.96%。按经营规模分，大型企业国有资产总量4274.90亿元，占62.85%；中型企业国有资产总量1172.79亿元，占17.24%；小型企业国有资产总量1230.62亿元，占18.09%；微型企业国有资产总量123.69亿元，占1.82%。

(三)所有者权益构成情况

2020年，青岛市国有企业所有者权益总额8619.66亿元，比上年增长40.69%。其中，归属于母公司所有者权益7002.1亿元，增长40%。少数股东权益1617.6亿元，比上年增长44%，少数股东权益增速快于归属于母公司所有者权益增速，少数股东权益在所有者权益中的占比呈上升趋势。

(四)国有企业营业收入情况

2020年，青岛市市属企业实现营业收入3193.72亿元，增长20.05%，占78.15%；区(市)监管企业营业收入892.90亿元，增长154.58%，占21.85%。

(五)国有企业利润总额情况

2020年，青岛市国有企业实现利润总额331.95亿元，比上年增长63.56%。其中，市属企业实现利润总额273.34亿元，增长26.88%，占82.34%；区(市)

监管企业实现利润总额 58.61 亿元，增长 569.63%，占 17.66%。

表 1　　2020 年青岛市国有企业指标

项　目	金　额(亿元)
资产总额	32315.91
所有者权益	8619.66
国有资产总量	6802.00
营业收入	3730.88
利润总额	331.95
净利润	251.90
归属于母公司所有者的净利润	150.83
应交税费总额	275.15
实际上缴税费总额	268.34

表 2　　2020 年青岛市国有企业户数情况

2019 年户数(户)	2020 年户数(户)	比上年增长(%)
1619	2001	19.09

表 3　2020 年青岛市国有资产按隶属关系分布情况

隶属关系	国有资产(亿元)	占国有资产总量比重(%)
市属国有企业	2995.83	44.04
区(市)属国有企业	3806.17	55.96
合　计	6802.00	100.00

表 4　　2020 年青岛市国有资产按行业分布情况

行　业	国有资产(万元)	占国有资产总量比重(%)
农林牧渔业	92.57	1.36
工业	332.45	4.89
建筑业	724.80	10.66

续表

行　业	国有资产(万元)	占国有资产总量比重(%)
交通运输业	650.97	9.57
仓储业	5.67	0.08
商贸业	245.35	3.61
房地产业	928.96	13.66
信息传输、软件和信息技术服务业	1.05	0.02
社会服务业	3246.30	47.73
教育文化广播业	60.64	0.89
科学研究和技术服务业	10.10	0.15
金融业	49.32	7.25
其他	9.93	0.15

表 5　2020 年青岛市国有资产按经营规模分布情况

经营规模	国有资产(亿元)	占国有资产总量比重(%)
大型企业	4274.90	62.85
中型企业	1172.79	17.24
小型企业	1230.62	18.09
微型企业	123.69	1.82
合　计	6802.00	100.00

三、青岛市国有资本保值增值综合分析评价

2020 年，青岛市国有企业国有资本保值增值率 103.2%，市属国有企业保值增值率 105.19%，区(市)国有企业保值增值率 100.93%。从青岛市国有资产涉及的 13 个行业看，建筑业，金融业，仓储业，教育文化广播业，工业，社会服务业，商贸业，信息传输、软件和信息技术服务业等行业实现保值增值，其他未实现保值增值。

表6　2020年青岛市国有企业行业国有资本保值增值情况

行　业	国有资本保值增值率(%)
农林牧渔业	75.50
工业	103.45
建筑业	114.68
交通运输业	99.71
仓储业	107.67
商贸业	101.93
房地产业	98.76
信息传输、软件和信息技术服务业	101.16
社会服务业	102.22
教育文化广播业	105.15
电信业	-1.00
科学研究和技术服务业	95.62
金融业	110.05
其他	100.23

四、青岛市国资委监管企业改革发展情况

(一)市属企业经营效益、规模实现双跨越

面对突如其来的新冠肺炎疫情，青岛市国资委先后出台抗疫情、稳运行、服务企业、转型发展等方面的措施21条，推动企业有效复工复产，圆满完成年初疫情发生前确定的目标，企业经营效益、规模实现双跨越。在2017—2019年三年任期考核中，海信、青啤、海湾、国信、城投等5户企业考核为A级；7户企业2019年度考核为A级，华通集团首次进入A级。3家企业资产规模迈上新台阶，地铁集团资产突破2000亿元、国信集团资产超过1000亿元、海发集团资产超过600亿元。市属企业资产超过1000亿元的7家，超过500亿元的9家，提前两年完成攻势作战方案提出的“打造5～6家资产超过1000亿元、3～4家资产超过500亿元的企业集团”任务目标。2020年，市属企业国有资本经营预算收入上缴收益增收72%，创历史新高。

(二)市属企业混合所有制改革取得重大突破

印发深化市属企业混合所有制改革实施意见和混合所有制企业国有股权规范管理试行意见，依法规范混合所有制改革企业国有股权管理。2020年，市属企业新增及深化混合所有制改革项目37个，引进社会资本65.2亿元，双星、海信完成集团层面混合所有制改革。市属企业累计实现混合所有制改革企业499户，占企业总户数的51%，资产总额占71%，营业收入占87%，利润总额占90%。

(三)国有资本投资运营公司改革试点全面启动

青岛市国资委批复城投、华通、海发、国投等4家企业开展国有资本投资运营公司试点改革，有力推动重点领域改革进程，在推进市属企业集团层面混合所有制改革中，海信国有股权划转华通集团，双星集团股权划转城投集团，2家企业混合所有制改革工作得以顺利推进；城投交发集团参与青岛港股权划转，助力完成省政府交办的山东港口青岛港公用设施资产划转任务；海发集团通过资本运作助力澳柯玛控股集团理顺上市企业股权关系，支持高端集成电路产业重点项目建设。4户试点企业2020年资产总额、营业收入、利润总额比2018年改革前分别增长55%、147%、100%。

(四)加快优化国有资本布局和结构调整

落实全国国资“三级规划体系”部署，立足新发展阶段、贯彻新发展理念、服务构建新发展格局，起草青岛市“十四五”国资规划，推动国有资本向“智能化先进制造业、智慧化城市基础设施产业和现代化经济体系金融服务业”三大板块加快聚集。加快战略重组和专业化整合，整合公交集团、交运集团两大公交运营企业，组建青岛城运控股集团，构建青岛市“大交通”企业主体新格局取得突破；海底世界划转旅游集团，推进构建“大旅游”发展格局迈出实质性步伐。

(五)解决历史遗留问题取得明显进展

完成市属国有“僵尸企业”出清工作，对纳入清理

名单的81户市属国有“僵尸企业”及所属的34家子公司、111家分支机构“一企一策”制定方案，分类处置，全部出清。有序推进国有企业退休人员社会化管理工作，各区（市）接收央地各级国有企业退休人员21.2万人，完成计划总量的107.46%。推动49户全民所有制企业完成公司制改革，国有企业公司制改革任务基本完成。市场化推动海发集团与出版集团股权投资合作，圆满解决青岛碱业股权划转历史遗留问题。

（六）改革试点工作全面推进

国家区域性国资国企综合改革试验成功获批。2020年12月11日，国务院国企改革领导小组正式批复同意青岛市开展第二批区域性国资国企综合改革试验，青岛市综合改革试验以落实习近平总书记对国企领导人员提出“二十字”标准要求为主线，以国有企业家队伍建设为主题，创新探索“坚持政治标准、依法规范治理、培育企业家精神、落实物质利益原则、完善体制机制保障”独具地方特色的国有企业家队伍建设“五位一体”青岛模式。积极推动“双百行动”企业加大改革力度。双星集团全面完成“双百行动”任务目标，在国务院国企改革领导小组办公室专项评估中被评为A级；宏达塑胶通过剥离无效资产、股份置换和增资等途径全面完成“脱困”任务；青啤集团、海湾集团、青岛水务集团环境能源公司3家企业新增入选“双百企业”。海湾集团、红星化工集团和澳柯玛控股集团等3户山东省国资委“示范工程”企业全面完成改革任务，其中澳柯玛控股集团被山东省国资委评估为“示范工程”A类企业。华通集团所属尼欧迪克（青岛）除尘设备公司、澳柯玛控股集团所属青岛澳西智能科技公司成功入选“科改示范行动”，在完善公司治理、市场化选人用人、强化激励约束等方面探索创新，打造国有科技型企业改革样板和自主创新“尖兵”。

五、青岛市国资委监管企业并购重组与完善法人治理结构情况

（一）坚持党对国有企业的领导

2020年12月21日，青岛市委组织部、青岛市国资委党委联合印发《关于加强党的领导统筹推进国企改革发展的指导意见》，指导市属企业加强党的领导，以党建工作为统领，完善“双向进入、交叉任职”管理体制，规范法人治理，建立健全以公司章程为核心的企业制度体系，巩固和加强党组织在企业法人治理中的法定地位，为建设中国特色现代国有企业制度提供保障。

（二）规范国有企业党组织行权履职

2020年10月30日，印发《关于认真做好国有企业党委研究决定事项清单、前置研究讨论事项清单及负面清单制定备案工作的通知》，指导督促市属国有企业党委落实《青岛市市直国有企业重大事项决策党委前置研究讨论的指导意见》，研究制定“三张清单”，明确企业党委决策事项范围，厘清工作职责边界。市属企业集团层面全部制定清单，市属企业所属重要子企业中203户研究制定党组织前置研究讨论重大经营管理事项清单。

（三）加强董事会建设

2020年5月15日，青岛市委组织部、青岛市国资委党委联合制定印发《关于规范市属国有独资公司董事会建设的意见》，指导市属国有独资公司加强董事会建设，完善企业法人治理结构，加快建设中国特色现代国有企业制度，提升国资国企治理体系和治理能力现代化。

六、青岛市国资委监管企业建立和完善经营业绩考核体系情况

2020年，19监管户企业进一步完善内部经营业绩考核评价机制，基本构建起“横向到边、纵向到底、不留死角、无缝连接”的考核体系，人人身上有指标，个个肩上担责任，业绩考核导向显著增强，正向激励作用不断凸显，充分激发广大职工的动力活力，为实现高质量发展注入强大动力。

（一）坚持正确导向

积极对接出资人考核导向要求，切实履行国企“三大责任”。坚持党建统领，加强国有企业党的建设。突出效益优先，提升价值创造能力。对照青岛市经济社会发展目标，更好服务区域经济社会发展。推

进国资国企改革发展中心任务,确保在重点领域取得突破。将安全生产、环境保护、守法合规经营等作为工作底线和红线要求。

(二)落实目标责任

建立完善全员覆盖的绩效目标责任制,逐级分解到人,层层传递责任。深化差异化考核,从所属企业职能出发,分类明确任务要求,着力增强考核的精准度和匹配度。抓住"契约化管理"这一牛鼻子,逐级建立业绩目标责任书制度,传递责任、传导压力,形成"一把手负总责,谁主管谁负责,一级抓一级,层层抓落实"的目标责任体系。

(三)完善激励机制

构建业绩考核与薪酬分配联动的密切互动机制,考核结果合理拉开差距,收入与业绩贡献匹配,能增能减,能高能低,根据贡献大小拉开档次,强激励硬约束,推动实现业绩目标。聚焦薪酬分配体系的协调与完善,实行灵活多样的薪酬分配制度,充分展现岗位价值贡献,满足人才差异化薪酬需求,充分发挥正向激励作用。

(四)规范决策程序

充分发挥企业党委在业绩考核中把方向、管大局、保落实作用,对考核原则、目标要求、薪酬分配原则和标准等进行前置研究讨论。注重发挥董事会作用,牢牢把握出资人导向,健全董事会考核机制,履行好董事会考核经营层的职责,指导监督经营层做好对各级企业和员工的考核工作。

七、青岛市国资委监管企业负责人考核与选人用人机制改革情况

积极探索推进市属企业负责人考核分配工作理念重塑、机制创新、制度完善和流程优化,进一步完善业绩考核机制。从工作总体情况看,业绩考核导向、方法更加符合企业生产经营实际,企业负责人收入与业绩挂钩联动机制更加完善,企业领导班子凝心聚力谋发展的精气神得到进一步激发,干事创业积极性不断提高,企业改革发展活力进一步增强。

(一)健全业绩考核体系

制定出台《市属企业负责人任期经营业绩考核与薪酬管理实施细则》,构建完善年度考核与任期考核相结合、立足当前着眼长远的考核体系。年度与任期考核内容各有侧重、有所区别、有机衔接、考核目标协调一致。年度重效益,突出定量考核;任期重结构调整、转型升级,定性与定量相结合,实施综合评价。

(二)实施工作流程再造

坚持问题导向和目标导向,实施考核分配工作全流程再造,特别是在业绩目标确定、目标进度的调度及预警、重大问题的监督提醒约谈、考核结果反馈、开展市场化收入分配等关键环节,进行积极探索和有益创新,进一步强化正向激励与压力传导相结合。

(三)压实生产经营责任

强化契约化管理,重点围绕抗疫情、稳运行,压实企业生产经营责任。按市委、市政府确定的青岛市国有企业总体目标增幅核定企业业绩目标,对目标较高、对稳增长拉动作用明显的企业,考核时给予特别奖励加分。组织企业签订经营业绩责任书,加强考核目标的动态调度监督,对照经营业绩责任书进行预评估,对个别考核目标完成进度不理想的企业提出预警,督促企业确保完成全年目标任务。

(四)坚持收入贡献匹配,改革薪酬分配机制

按照市委、市政府部署要求,探索实施"绩效考核、管控总额、自主分配、复核备案"薪酬分配机制,不设统一分配系数,收入不与职务挂钩,由企业根据业绩贡献自主实施分配。此次改革重点在于优化收入分配结构,通过市场化对标优化存量、通过效益挂钩引导增量,真正实现收入能增能减,较好地解决"平均主义大锅饭"现象。

八、青岛市国资委监管企业党的建设和廉政建设情况

牢固树立"抓党建就是抓全局"理念,坚持党建统领,发起"推进国有企业改革攻势",实施抗疫情、稳运行同步推进,扎实做好"六稳"工作,落实"六保"任务,为青岛市经济社会持续健康发展贡献国资国企力量。

(一)扎实开展“三述”,不断增强推进国资国企改革发展思想推动力

坚持“工作找问题、党建找原因”党建方法,在国资国企系统广泛组织开展“述理论、述政策、述典型”(以下简称“三述”),不断提升思想方法,改造工作方法。青岛市国资委机关组织开展11轮“三述”集中交流活动和1次现场观摩活动,组织市属企业开展4次集中交流活动。运用“三述”创新模式,在北大光华管理学院成功举办市属企业“一把手”专业化领学研修班,在提高企业领导人员“三化一型”能力方面取得显著成效,市委领导给予充分肯定。通过常态化开展“三述”,在思想层面上推动落实党建统领国企改革发展融合模式,在工作方法上推动解决“两张皮”问题,取得积极成效。

(二)加强党的领导,为推进国资国企改革发展提供坚强政治保障

树牢“抓党建就是抓全局”理念,督导市属国有企业集团层面全部制定党委前置研究讨论事项清单,将党的领导融入公司治理各环节,实现制度化、规范化、程序化。国务院国资委主要负责人在全国会议上对青岛市相关工作给予点名表扬。2020年12月11日,国务院国企改革领导小组正式批复青岛市开展区域性国资国企综合改革试验,主要以落实习近平总书记对国企领导人员“二十字”标准要求为主题,推动探索建立“五位一体”国企队伍建设青岛模式。

(三)强化压力传导,压紧压实市属企业党委管党治党主体责任

组织30户市属企业党委书记进行2019年度履行全面从严治党责任和抓基层党建工作述职,逐一形成测评结果和反馈意见,逐一当面反馈。强化结果运用,按照测评结果划分考评等级,对应级次纳入企业经营业绩考核,与薪酬挂钩。组织召开2020年市属企业党委推动全面从严治党工作进展情况督导会,着力压实企业管党治党责任。按照市委巡察整改工作部署,自2020年9月起,由青岛市国资委党委委员带队,对饮料集团等7家企业在市委巡察“回头看”中发现问题和市委第九轮巡察海检集团发现问题的整改工作进行现场督导。在此基础上,对巡察反馈问题进行梳理,提炼出8个共性问题,在市属企业面上组织开展未巡先改、自查自纠工作。

(四)夯实党建基础,增强国企改革攻坚战略行动执行力

落实“打铁必须自身硬”要求,持续推进企业基层党的建设。组织举办基层党建工作重点任务推进会,部署企业管党治党年度重点任务。组织举办《中国共产党国有企业基层组织工作条例(试行)》专题培训班,推动基层党组织组织力和执行力建设。邀请盛心国际EAP学院专家开展党建培训,搭建心理学融入企业党建新载体。推动党建创新,青啤集团党建创新成果获得全国国企管理创新成果一等奖。组织企业培树优秀基层党支部书记65人。

(五)坚持党建统领,凝聚国企力量统筹打赢疫情攻坚阻击战和经济社会发展总体战

坚持党建统领迅速组织国资国企领域建立抗疫情、稳运行“3+4+1”工作机制,召开工作例会79次,赴企业调研督导80余次。研究制定《关于加强党的领导统筹推进国企改革发展的指导意见》,发挥企业党委领导作用和党员先锋模范作用,全力推动疫情防控和复工复产各项工作。市属企业全年完成固定资产投资621亿元,比上年增长4.71%,引进到账外资7.06亿美元。疫情期间,市属企业在全力保障城市运行的同时,累计捐赠4680余万元、减免房租4.3亿元,充分展现使命担当;机场集团、城运集团分别获评全国、全省抗疫先进集体。

(撰稿人:韩 冰)

河南省

一、河南省国有资产监督管理工作综述

2020年,河南省国资系统以习近平总书记重要讲话和指示批示精神为根本遵循,认真贯彻省委、省政府决策部署,做好“六稳”“六保”工作,狠抓“一

个示范、四个体系、八个着力”的工作落实，坚决打赢疫情防控和复工复产“两场硬仗”，推动国资国企改革、发展、监管、党建各项工作取得新进展新成效。

(一)持续推广郑煤机经验，典型示范作用进一步发挥

河南省国资委始终牢记习近平总书记视察郑煤机重要指示和殷殷嘱托，把落实好习近平总书记重要指示作为践行“两个维护”的具体行动，推动郑煤机经验在全系统落地生根、开花结果。制定学习推广郑煤机经验实施方案，突出24项重点内容，建立工作台账，严格督促落实。征集河南省30个国企改革典型案例汇编成册，在省级媒体播出学习推广郑煤机经验访谈专题节目，引起良好反响。各省管企业及各地市纷纷跟进，掀起“比学赶超”热潮，有力推动河南省国有企业治理体系完善和治理能力提升，为加快高质量发展注入强大动力。河南能源集团、洛轴公司、鹤壁、济源等赴郑煤机参观见学，安钢集团对中层管理人员实施考核淘汰或重新竞聘上岗，河南能源集团1587名经营管理人员和6家煤业子企业班子成员实行任期制和契约化管理，平煤神马集团在子企业探索实施限制性股票激励计划和项目跟投，洛轴公司深化三项制度改革人均工效比上年大幅提升。

(二)着力完善高质量发展体系，企业发展动能进一步转换

一是创新发展能力持续提升。制定支持企业科技创新措施19条，全年省管企业科技研发投入36.9亿元，实施重点研发项目175个。河南能源集团隔热降噪材料运用于最新型长五运载火箭；平煤神马集团成功攻克区熔级多晶硅、己二腈等关键技术；河南投资集团设立科技成果转化基金打造孵化应用平台；河南农开公司建设国家生物育种产业创新中心支持农业产业化发展。二是转型发展步伐不断加快。开展省属国有资本布局优化和钢铁、化工等重点产业结构调整研究，系统谋划推动传统产业转型和新兴产业发展。平煤神马集团打造豫西南先进材料“工业长廊”，加快向新材料企业转型；河南能源集团、平煤神马集团、郑煤机集团等建成一批5G应用示范项目；河南投资集团黄河鲲鹏生态培育成效显现，“Huanghe”品牌服务器量产下线；安钢集团再次获评“绿色发展标杆企业”，河南能源集团戴卡轮毂公司获评国家级“绿色工厂”。焦作、驻马店设立产业投资基金，促进重点产业发展壮大。三是企业重组整合成效明显。以战略性重组、专业化整合为手段，推进国有资本向重点行业和关键领域集中。加快组建河南国际陆港集团，推动构建河南省陆港“一核多极”联动发展。整合相关资源组建河南粮食投资集团，为保障粮食安全、推进“三链同构”搭建平台。河南建设集团成功实施破产重整重组，为组建省级大型建工集团打下基础。开封、漯河、三门峡、南阳、信阳、周口等地重组成立一批专业化公司。四是对外开放合作力度加大。落实河南省党政代表团考察成果，省管企业与苏浙沪企业签订合作协议14个。积极参加第三届中国国际进口博览会，省管企业交易额12.15亿元。中欧班列(郑州)集结中心示范工程获批建设，郑欧班列开行突破1000班次。郑州机场完成货邮吞吐量64万吨，增速居全国大型机场首位。郑州—卢森堡货航在中欧物资运输中发挥重要作用，“双枢纽”地位进一步巩固。郑州、洛阳、开封、新乡、濮阳等地深化与央企、省企合作，推动优势产业互补发展。

(三)不断完善现代企业制度体系，企业发展活力进一步增强

一是治理结构持续完善。省管企业集团层面及二级公司党建工作要求进章程基本完成，党委前置研究讨论重大经营管理事项制度和程序不断规范。及时优化企业董事会组成结构，扩大外部董事委派数量，遴选61名专业人才充实外部董事库，开展已聘外部董事述职测评。安钢集团、洛单集团、河南油气集团经理层实现任期制和契约化管理，河南盐业集团、洛轴公司实现集团层面经理层全员市场化选聘。二是公司制和混合所有制改革有序推进。河南省国有企业公司制改革基本完成。建立省管商业一类企业混合所有制改革项目台账，4户企业完成混合所有制改革。支持推动企业上市，许昌开普电气检测公司实现主板上市，洛轴公司、洛单集团麦斯克公司、平煤神马集团硅烷科技公司上市工作有序推进。三是专项改革成效突出。“总部机关化、职级行政化”专项治理取得明显成效，商业一类企业总部职能部室全部压减到10个以内，取消行政化色彩的机构名称和职务称谓。“科改示范行动”加快实施，对标国际国内一流管理提升行动全面启动。郑煤机集团、河南投资集团改革做法成为“双百行动”典型案例。郑煤机经验被国办转发全国学习，被国务院国企改革办“学先进、抓落实、促改革”活动首批推广。四是历史遗留问题加快解决。规范开展“三供一业”移交补助资金清算。国有企业退休人员社会化管理移交完成率98.7%。厂办大集体改革基本完成，职工安置率99.1%。处置“僵尸企业”，新安置职工4712人，化解债务5.72亿元。新乡市在河南省率先完成国有企业退休人员社会化管理。平顶山通过剥离办社会职能为企业年均减负6亿元。

(四)持续完善国资监管体系，监管能力水平进一步提升

一是监管方式持续改进。坚持“管资本”导向，出台履行多元化投资主体公司股东职责制度。加快建设智能化国资监管平台，在河南能源集团、平煤神马集团开展大额资金在线监管试点。国有资本投资、运营公司试点深入推进，河南投资集团功能作用进一步发挥，河南资本运营集团加快组建，洛阳、新乡、商丘、信阳、济源等地积极开展两类公司试点。二是基础监管巩固加强。健全完善企业国有资产交易监管体系，省管企业全年进场交易额35.7亿元，增值率13.4%。列席省管企业新上项目专家论证会和董事会审议，督促企业规范投资决策。加大总会计师委派力度，省管煤炭企业实现二级子企业总会计师委派全覆盖。建立健全“一适应、两挂钩”的工资决定机制，对省管企业工资总额实行年度预算管理。三门峡率先构建市属企业全领域大监管格局，郑州、洛阳有力推进经营性国有资产集中统一监管。三是重大风险稳妥处置。制定“1+3+N”一揽子措施，指导企业进一步识别风险、排查隐患、主动应对，提前筹措资金偿还到期债务，省管企业全年兑付债券826.5亿元。针对个别债务风险突出企业，成立工作专班，稳妥处置债务危机。深入推进依法治企，开展省管企业主要负责人履行法治建设第一责任人职责专项述职，完善省管企业重大法律纠纷案件备案协调机制。四是督责问责力度加大。制定国资监管提示函、通报工作规则，建立国资监督问责工作联席会议制度，健全违规经营投资责任追究机制，加强省管企业审计整改督导，初步构建业务监督、综合监督、责任追究“三位一体”闭环链条。省管企业和各市国资监管机构也同步建立违规经营投资责任追究体系。

(五)健全完善党的领导制度体系，国企党的建设进一步加强

一是理论武装更加深化。坚持把学习习近平新时代中国特色社会主义思想作为首要政治任务，教育引导广大党员坚决做到“两个维护”。严格执行党委“第一议题”制度，深入学习贯彻《习近平谈治国理政》第三卷、党的十九届五中全会精神、习近平总书记最新讲话精神和关于国资国企重要论述，用党的创新理论武装头脑、指导实践、推动工作。深化运用“五种学习方式”，开展省管企业党委中心组学习巡听旁听，国资国企系统在河南省“党的创新理论万场宣讲进基层”大赛中获得一等奖。二是基层基础更加巩固。认真贯彻新时代党的组织路线，国资国企党的组织体系不断健全。省管企业党组织关系基本实现统一管理。实施企业党组织强基固本三年行动，建成基层服务型党组织示范点22个、标杆党支部100个，整顿软弱涣散基层党组织85个。持续实施“百千万”工程，完成省管企业100名党委书记进党校、1000名基层党务工作者和10000名党员专题培训。河南投资集团探索开展“价值党建”活动，推动党建与生产经营深度融合。河南交投集团以“服务型党建”引领企业从“运营商”向“服务商”转变。三是企业班子更加优化。坚持党管干部、党管人才原则，准确把握企业领导人员“二十字”要求，积极探索适应企业发展需要的选人用人机制，企业领导人员队伍建设有效加强。推动交流任职，加大优秀年轻干部选用力度，探索现职领导人员退出机制，调整企业领导人员62名。强化年度综合考核结果运用，对企业领导人员考核不称职者取消绩效年薪。四是意识形态更加向好。严格落实意识形态工作责任制，组织开展专项培训300余场次，守好意识形态阵地，及时处置和引导舆情。在省级以上媒体发稿1600多篇，以正能量和主旋律占领舆论阵地。省管企业“学习强国”学习平台人均积分和参与度始终保持河南省第一,在第二届河南千万学员万场答题挑战赛总决赛中再次夺冠,展现昂扬向上的精神风貌。五是党风廉政建设更加有力。河南省国资委党委和省管企业党委严格履行全面从严治党主体责任,建立责任清单和工作台账。省管企业扎实做好巡视整改工作,建立长效机制。深入推进以案促改,省管企业印发案例通报 249 期,开展警示教育 1434 次。持续纠治“四风”,对 11 户省管企业及 17 户二级公司进行督导,对 2 户问题突出企业的党委书记进行约谈。坚决惩治腐败行为,驻委纪检监察组和商业一类省管企业查办案件 164 件,党纪政纪处分 290 人次。

(六)打赢疫情防控阻击战,国资国企“硬核”力量进一步彰显

面对突如其来的新冠肺炎疫情,河南省国资国企系统坚决贯彻落实习近平总书记重要讲话指示精神和省委、省政府决策部署,全力打赢疫情防控、复工复产两场硬仗,充分发挥“顶梁柱”和“主力军”作用。一是服务大局担使命。加强统筹协调,发挥系统优势,省管企业 88 名医护人员驰援湖北、组织 2.2 万余人奔赴河南省防疫一线;指导支持有关企业全力生产熔喷布、消毒液、医用氧气等防疫物资,开通防疫物资运输“绿色通道”,为中小微企业减免房租 1.01 亿元,捐款捐物 6230 万元。二是精准发力稳运行。迅速成立省管企业复工复产工作专班,出台做好疫情防控推进生产经营 10 条措施,2020 年 3 月中旬煤炭、钢铁产能恢复至正常水平,省管企业复工率超过 90%,实现精准复工、安全复工、有序复工。以龙头企业复工带动上下游 1 万余户企业复产和 10 万余人稳岗就业。三是党建引领强保障。成立省管企业疫情防控党建专班,推动党建资源向一线聚集,拨付专项党费 1100 万元,“火线”发展党员 170 余人,广大党员捐款 1600 万元,涌现安钢总医院魏兆勇等一批全国、河南省抗疫先进典型。

积极履行政治责任、社会责任。扎实推进精准扶贫,广泛开展就业扶贫、消费扶贫、产业扶贫等专项行动,为河南省脱贫攻坚战取得决定性胜利作出重要贡献;坚决打好污染防治攻坚战,在节能减排、环保提标改造、生态修复治理、发展循环经济等方面都取得明显成效;做好稳就业工作,全年河南省国有企业招聘 1.5 万人,其中高校毕业生 1.3 万人;清偿民营企业中小企业账款 18.2 亿元,提前完成年度清欠任务。

二、河南省国有资产总量与结构分析

2020 年,河南省 6358 户(各级法人户数)地方国有企业实现营业收入 8979.8 亿元,比上年增长 3%;利润总额 153.9 亿元,比上年下降 25.9%;实际上缴税费总额 397.4 亿元;资产总额 58221.9 亿元,比上年增长 13.2%;所有者权益 19110.5 亿元,比上年增长 15.1%。

表 1　　2020 年河南省国有企业指标

项　目	金　额(亿元)
资产总额	58221.9
净资产	19110.5
营业收入	8979.8
利润总额	153.9
净利润	59.3
归属于母公司所有者的净利润	−8.9
本年应交税费总额	418.0
实际上缴税费总额	397.4

表 2　　2020 年河南省国有企业户数情况

2019 年户数(户)	2020 年户数(户)	比上年增长(%)
5849	6358	8.7

2020 年,河南省国有资产主要集中在郑州市、洛阳市等工业大市,其中,郑州市、洛阳市国有资产总量分别占市级国有资产总量的 30.87%、10.16%,国有资产区域集中度有所提高。

表 3　2020 年河南省国有资产按地区分布情况

地　区	国有资产（亿元）	占国有资产总量比重（%）
省属企业	3938.39	22.61
地市企业	13482.00	77.39
郑州市	4161.37	23.89
洛阳市	1370.15	7.87
开封市	1103.37	6.33
许昌市	829.84	4.76
信阳市	827.09	4.75
平顶山市	787.23	4.52
商丘市	739.97	4.25
三门峡市	625.83	3.59
周口市	620.99	3.56
焦作市	461.10	2.65
新乡市	397.02	2.28
驻马店市	379.86	2.18
南阳市	291.58	1.67
漯河市	258.14	1.48
安阳市	201.06	1.15
鹤壁市	187.96	1.08
济源产城融合示范区	168.47	0.97
濮阳市	70.96	0.41
合　计	17420.39	100.00

2020 年，河南省国民经济十三大类行业中，国有资产主要分布在社会服务业、工业和建筑业三大产业，三大产业国有及国有控股企业总户数 3154 户，占 49.61%，汇总口径国有资产总量 17951.07 亿元，占 70.28%。

表 4　2020 年河南省国有资产按行业分布情况

行　业	国有资产（亿元）	占国有资产总量比重（%）
农林牧渔业	194.58	0.76
工业	3438.93	13.46
建筑业	3357.80	13.15
交通运输业	2166.78	8.48
仓储业	34.93	0.14
商贸业	275.50	1.08
房地产业	3109.37	12.17
信息传输、软件和信息技术服务业	62.91	0.25
社会服务业	11154.34	43.67
教育文化广播业	325.62	1.27
科学研究和技术服务业	142.05	0.56
金融业	1262.63	4.94
其他	18.25	0.07
合　计	25543.71	100.00

注：汇总口径未进行合并抵消，包含重复计算因素。

2020 年，河南省国有企业中，大型企业 156 户，占 1.23%；中型企业 779 户，占 6.13%；小型企业 2080 户，占 16.36%；微型企业 3343 户，占 26.29%。156 户大型企业资产总额 15304.91 亿元，占 20.71%；国有资产总量 4545.91 亿元，占 17.80%。中型、小型和微型企业的资产总额分别占全部的 26.78%、36.30% 和 16.21%，国有资产总量分别占 17.06%、47.48% 和 17.66%。大型、中型、小型和微型企业的户均资产分别为 98.11 亿元、25.4 亿元、12.9 亿元和 3.58 亿元。

表 5　2020 年河南省国有企业按经营规模分布情况

经营规模	国有资产（亿元）	占国有资产总量比重（%）
大型企业	4545.91	17.80
中型企业	4358.17	17.06
小型企业	12129.18	47.48
微型企业	4510.44	17.66
合　计	25543.71	100.00

注：汇总口径未进行合并抵消，包含重复计算因素。

三、河南省国有资本保值增值综合分析评价

截至2020年底,河南省地方国有企业国有资本及权益24723.4亿元,较年初21815.7亿元增加2907.7亿元,增长13.3%,扣除客观因素后国有资产保值增值率101.7%。增加的主要因素是国家追加投资(1475.7亿元)、经营积累(820.8亿元)、无偿划入(724.1亿元)等,减少的主要因素是经营减值(450.3亿元)、无偿划出(180.1亿元)。

表6 2020年河南省国有企业行业和地区国有资本保值增值情况

地　区	国有资本保值增值率(%)	行　业	国有资本保值增值率(%)
郑州市	103.7	农林牧渔业	100.7
洛阳市	96.4	工业	99.6
平顶山市	98.5	建筑业	101.7
信阳市	100.0	交通运输业	99.9
许昌市	104.5	仓储业	97.2
三门峡市	102.8	商贸业	103.6
商丘市	126.5	房地产业	103.0
周口市	102.6	信息传输、软件和信息技术服务业	95.6
开封市	100.8	社会服务业	102.3
新乡市	99.1	教育文化广播业	103.2
南阳市	100.2	科学研究和技术服务业	102.9
焦作市	100.7	金融业	102.3
驻马店市	100.4	其他	94.1
漯河市	104.2		
安阳市	101.3		
济源产城融合示范区	101.4		
鹤壁市	103.9		
濮阳市	93.0		

四、河南省国资委监管企业改革发展情况

2020年是国企改革三年行动的开局之年,河南省国资委坚决贯彻“两个一以贯之”,向改革要动力,以改革激活力,改革重点工作取得新突破。

(一)国企改革三年行动破题开局

成立国企改革三年行动方案起草专班,向省属国有企业、地市国资监管机构及市(县)属国有企业发放调查问卷,梳理各类问题18项,意见建议587条。充分借鉴浙、沪、粤三地改革经验,积极与国家层面职能部门对接交流,形成实施方案送审稿,并呈省长审阅。

(二)郑煤机集团经验全面推广

印发《关于学习推广郑煤机经验深化国资国企改革发展的实施方案》,设置24项学习内容,确保高标准谋划、高起点站位。从“双百行动”、“科改示范行动”、市场化改革、转型发展、混合所有制改革、党建等6个方面征集筛选30宗典型案例汇编成册,供学习借鉴。录制《学习推广郑煤机经验　赋能企业高质量发展》专题节目,为省管企业提供改革发展示范样板。

(三)“总部机关化、职级行政化”专项治理扎实开展

印发工作方案,召开专项座谈会,成立方案审核小组,在20个工作日内对16家企业方案进行5轮集中审核,“一企一策”帮助指导,按规定完成报备。

(四)混合所有制改革不断深化

建立混合所有制改革台账,纳入台账的6户企业混合所有制改革项目中完成4户。对员工持股试点企业和列入国家专项改革行动的省管企业进行摸底,向国务院国资委报送员工持股情况报告。

(五)专项改革行动向纵深推进

河南投资集团、郑煤机集团改革经验先后纳入中央系列专题报道,入选国务院国资委《改革样本:国企改革“双百行动”案例集》。推荐洛单集团麦斯克公司和洛轴公司参加“科改示范行动”,指导制定改革方案和工作台账,打造改革标杆。

（六）剥离企业办社会职能和历史遗留问题统筹解决

规范开展“三供一业”59亿元补助资金的清算工作，稳妥推进厂办大集体改革，做好“僵尸企业”处置后续工作，新增安置职工4712人，债务化解5.72亿元。

五、河南省国资委监管企业并购重组与完善法人治理结构情况

（一）并购重组

重点推进河南国际陆港集团组建，河南油气集团、河南国际集团改革重组，建设集团重整重组，物资集团对经协集团托管等工作。一是依托河南物资集团组建河南国际陆港集团，选择省内符合条件的省辖市联合组建河南国际陆港集团。完成方案起草，并征求省直单位意见。二是河南油气集团改革重组方案向省政府报送，指导河南油气集团积极与多个意向合作方深度洽谈。三是指导河南国际集团与忠旺集团进行多轮沟通协商，完成对交易合同文本的审核修改。协调省审计厅对河南国际负责人进行任期经济责任审计。四是起草建设集团重整重组方案，并于2020年12月批复。五是物资集团按规定对经协集团实施全责托管，各项工作有序开展。

（二）完善法人治理结构

一是坚持把党的领导融入公司治理，省管企业党的领导全面加强、更加坚强有力。省管企业集团层面及二级企业党建入章程工作全面完成，“四同步、四对接”基本实现，党组织在公司法人治理结构中的法定地位更加明确，企业党组织内嵌到公司治理各环节。指导企业建立党委会决策、把关、监督事项清单，进一步规范前置程序，帮助企业完善《党委会议事规则》《“三重一大”事项集体决策办法》等系列规章制度，进一步厘清党委会、董事会、经理层权责边界，推动省管企业建立分工明确、协调运转、科学高效的公司治理体系。二是着力构建董事会建设“1＋N”制度体系，研究起草《关于规范和加强省管企业董事会建设的指导意见》《省管企业规范董事会建设工作指引》《省管企业董事会及董事评价暂行办法》《省管企业董事会年度工作报告暂行办法》等制度。面向社会公开征集优秀外部董事人选，从109名申报人选中择优筛选61名人选进入外部董事人才库。对外部董事履职情况进行综合测评，对1名“基本称职”的及时解聘。三是积极开展经理层成员市场化选聘，河南盐业集团公开选聘1名总经理、2名副总经理，洛轴公司公开选聘1名总经理、4名副总经理。其中洛轴公司经理层全部市场化选聘，活力迸发，前10个月利润增长超过10倍。

六、河南省国资委监管企业建立和完善经营业绩考核体系情况

（一）修订完善经营业绩考核办法

2020年4月，修订出台《省管竞争类企业负责人经营业绩考核办法》，以习近平总书记关于国资国企工作的重要论述、重要指示批示精神为根本遵循，突出高质量发展要求，扩大考核指标覆盖面，分档确定年度考核目标，健全对标考核机制，进一步提高考核的科学性。

（二）发挥业绩考核导向作用

突出质量效益，服务重点任务，制定符合企业实际又具有挑战性的年度和任期考核目标，于5月签订经营业绩责任书。针对企业生产经营管理短板，精心挑选考核指标，引导企业补短板强弱项。将技术投入比率作为全部工业企业考核分类指标，将企业当年发生的研发费用和科技支出视同利润，鼓励企业加大科技投入，提高核心竞争力。

（三）全面开展企业综合绩效评价

根据绩效评价管理办法及实施细则，对照国务院国资委公布的行业标准值，运用绩效评价软件系统，对企业开展综合绩效评价。根据评价情况，对企业盈利能力、偿债能力、营运能力、发展能力进行综合分析，指出企业存在的薄弱环节，及时提示企业强化管理。

（四）严格确认企业国有资本保值增值结果

根据相关规定，依据经审计审核的企业年度财务决算报告，认真审核企业年初年末国有资本存量，全

面分析评判影响经营期内国有资本增减变动因素，真实、客观地反映国有资本运营结果。对企业2019年度经营业绩考核结果进行清算，监管企业中考核等级为A级的6户，考核等级为B级的5户，考核等级为C级的2户，考核等级为D级的1户。

七、河南省国资委监管企业负责人考核与选人用人机制改革情况

(一)监管企业负责人考核情况

一是优化指标体系。突出企业特点，紧密结合年度工作重点，动态调整考核内容和指标权重。年度综合考核采用"3+1+1"考评体系(年度测评、党的建设高质量考核、改革发展高质量考核+第三方民意调查+防范化解重大风险攻坚战成效专项考核)，强化党建和经营业绩考核。二是确定考核等次。5月，按照省委组织部统一部署，会同省纪委监委、省委组织部、省委宣传部、省委国安办、驻委纪检监察组，对竞争类省管企业领导班子和领导人员组织实施2019年度综合考核工作。考核竞争类省管企业14户，其中省管重要骨干企业5户、省管骨干企业9户；考核企业领导人员109人，其中正职24人、副职85人。以"3+1+1"5项考核结果为基础，坚持问题导向、目标导向、结果导向，合理确定企业领导班子等次。2019年度综合考核结果报省委组织部同意，14户竞争类省管企业评定"优秀"等次班子3个，"良好"等次8个，"一般"等次3个。正职领导人员年度综合考核"优秀"等次8人，"称职"等次16人。

(二)选人用人机制改革情况

严格对照好干部"二十字"标准和国有企业领导人员"二十字"要求，加大企业领导人员的调配力度，进一步优化班子结构，增强整体功能。2020年对12户企业46人进行调配，其中，提任13人、退出现职2人、退休4人、平职调整等27人。一是改革管理机制。下放经理层管理权限，对委管企业经理层成员实行任前备案管理。二是推进交流任职。坚持和完善总会计师、纪委书记交流任职制度，委派总会计师1人、纪委书记4人；加大省直机关与企业交流任职，根据实际需要从河南省国资委机关和省审计厅遴选3名处级干部到企业任党委副书记、纪委书记、监事会主席；扩大选人用人视野，从功能类企业选拔1名优秀年轻干部到河南能源化工集团任经理层副职。三是优化人才结构。在坚持政治标准、做好政治把关的前提下，持续推进年轻化、专业化、来源渠道多样化，持续扩大选人视野，坚持以事择人、人岗相适，加大优秀年轻人才使用力度。提任的13人中，7人为1970年后出生，其中1人为"80后"。四是探索退出机制。对2名因身体、能力素质等原因，不能胜任岗位的企业领导人员办理退出现职手续，为探索退出机制积累经验。

八、河南省国资委监管企业党的建设和廉政建设情况

(一)党的建设

一是加强理论武装。指导企业深入学习习近平新时代中国特色社会主义思想，党的十九大和十九届三中、四中、五中全会精神，组织实施"百千万"培训工程，选送100名企业党委书记和副书记、1000名党务工作者、10000名党员进党校、受教育、强本领。二是理顺党建领导体制。构建集中统一的省管企业党建工作领导体制，完成省农信联社、平煤神马集团、安钢集团、中原银行、中原证券等13户省属国有企业党组织关系调整工作，实现省管企业党建工作领导体制集中归口管理。三是谋划"根魂工程"。制定《河南省省管企业党的建设"根魂工程"实施方案》，围绕实现"一个目标"，提出构建"六大体系"，以"八个着力"为抓手，重点实施36条任务，对未来三年省管企业党建工作进行全面统筹和系统安排，构成省管企业党建工作的路线图和任务书，明确工作思路和目标任务。四是建强基层基础。实施省管企业"三基"建设三年行动计划，100个党支部标准化示范点通过验收，85个软弱涣散党组织完成整改销号。对省管企业基层党组织按期换届情况进行排查梳理，指导中原再担保集团、中原出版传媒集团、豫港集团、农信贷公司等4户省管企业集团党委完成换届。对省管和中央驻豫企业350名发展对象进行集中培训。持续开展"四强"

“四优”活动，组织召开庆祝建党99周年暨省管企业创先争优表彰大会。五是完善制度体系。制定河南省国资委党委落实全面从严治党主体责任工作台账，指导企业制定党委全面从严治党主体责任清单。建立企业党组织书记年度述职评议考核制度，推动企业党建工作与生产经营中心工作深度融合。持续完善“述评考用”相结合的工作机制，构建“压实责任—量化考核—反馈整改”的党建工作闭环，形成覆盖党的领导和党的建设的制度体系。

(二)廉政建设

一是持续纠治“四风”。加大明察暗访力度。成立联合督查组，不定期深入企业基层单位督导推动中央八项规定精神的贯彻落实，发现共性问题4项，个性问题18项，问题线索23件，并督促及时完善制度、堵塞漏洞、规范管理。开展节约粮食、制止餐饮浪费专项整治。围绕食堂管理、公务接待、财务管理、纪委监督执纪情况等方面，成立督导检查组，对13家企业进行实地督查，针对检查发现的问题下发纪检监察建议书10份、提出建议35条，提出国企节约粮食、制止餐饮浪费有关要求20条，并就有关问题和建议在国资委党委会上进行通报。严查顶风违纪突出问题。2020年，国资国企查处违反中央八项规定精神问题10件，党纪政务处分16人(其中处级干部7人)；驻河南省国资委纪检监察组谈话函询3件，初步核实5件，下发建议书3份。注重加强对作风建设典型问题的调查研究，排查梳理共性问题3项7种情形，隐形变异问题5种情形，指导国资国企抓好整改和防范。二是坚持一体推进不敢腐、不能腐、不想腐。保持高压态势和震慑常势，驻河南省国资委纪检监察组和竞争类省管企业纪检监察系统查办案件164件，给予党纪政务处分290人次。正确运用“四种形态”，驻河南省国资委纪检监察组函询9件，初步核实26件，立案25件，给予党纪政务处分27人、诫勉谈话5人、提醒谈话7人。注重对选人用人的常态化监督，建立国资系统领导干部廉政档案，对省管企业领导干部58人进行廉政审核，对河南省国资委机关43名处级干部进行集体廉政谈话。扎紧织密制度篱笆，紧盯“人财物、产供销”等关键领域、环节和对象，加强监督机制改革和制度建设，竞争类省管企业排查风险点5902个，修订、新建制度1520个。三是持续推动以案促改制度化、常态化。用好用活身边案例，印发案例通报249期，以案促改通知书263份，以案促改提醒书156份，开展警示教育1434次，受教育人员14.76万人次，召开专题民主生活会374次，召开专题组织生活会1004次。

(撰稿人：李选杰　夏　雨)

湖北省

一、湖北省国有资产监督管理工作综述

2020年，面对突如其来的新冠肺炎疫情和严峻复杂的国内外形势，湖北省国资国企以习近平新时代中国特色社会主义思想为指导，坚决贯彻落实党中央国务院决策部署和省委省政府工作要求，积极投身战“疫”、战洪、战贫三场硬仗，扎实做好“六稳”“六保”工作，统筹推进疫情防控和国资国企工作，各项工作取得重要进展和成效。

(一)在抗击疫情中尽锐出战、勇挑重担

一是首战两山，再战方舱。坚持与时间赛跑、同病魔较量，中建三局、中铁大桥局、中南设计集团、湖北工建、武汉地产、武汉建工等一大批国有企业昼夜奋战，争分夺秒参与火神山、雷神山医院和方舱医院建设，增加床位2.1万余张，破解患者救治最大难题，创造举世瞩目的“国企速度”。二是保障民生，稳定预期。疫情期间，湖北省国资国企全力保运转、惠民生。湖北机场集团、武汉公交集团等企业保障航班2394架次、车辆10.9万车次、运输物资100多万吨；联投集团、鄂旅投集团等企业提供19家酒店3300余间客房，作为一线抗疫人员住宿保障场所。省长投集团旗下130家粮油门店累计向市场投放“放心粮油”2.15万吨；武商、中百等1000余家商超供应不断、价格不涨、质量不降，较好稳定市场预期。三是精准施策，有序复工。湖北省国资委及时出台政策措施，对企业参与

防疫工作产生的各项费用给予支持。对企业减免的租金、交易费、服务费等费用,在业绩考核时视同利润处理。全面落实惠民惠企政策,疫情期间减免高速通行费60亿元,减免中小微企业租金18亿元(含在鄂中央企业)。四是主动请缨,奋战一线。组织92家归口管理企业组建148支工作队、3.2万余名党员参与一线疫情防控。及时划拨党费支持国企开展疫情防控,协调捐款捐物28.1亿元。湖北省国资国企系统9个集体和13名个人获得全国表彰,一批集体和个人获得省级表彰。湖北省委、省政府主要领导,国务院国资委党委书记、主任郝鹏多次对湖北省国资国企抗击疫情工作给予充分肯定。

(二)在稳中求进中抢抓机遇、创新发展

湖北省国资国企始终坚持新发展理念,抢抓中央支持湖北一揽子政策机遇,加快推动重大项目,加快推进转型升级,高质量发展基础更加坚实。一是深化央地合作。5月27日,国务院国资委专门出台《国资委关于积极支持湖北省应对新冠肺炎疫情冲击促进经济社会高质量发展的措施》,制定21条高含金量的措施全力支持湖北疫后重振。国务院国资委与湖北省精心谋划,中央企业与地方政府抓紧对接,迅速落实一批与湖北省发展高度契合的高质量项目。6月3日,国务院国资委组织99家中央企业主要负责人,与湖北省共同召开中央企业助力湖北疫后重振发展视频会议,34家中央企业与湖北省签订项目72个,投资总额3277.25亿元。2020年,湖北省与中央企业新签战略合作协议15个,新签约项目172个,投资总额4636.13亿元,开工104个,开工率60.47%。二是抓重大项目。湖北省交投集团续建和新开工"4桥20路"902千米。湖北省铁投集团开通运营全国首条EPC模式建设的武仙城际铁路,主导建设的荆门至荆州铁路、呼南高铁襄阳至荆门段顺利开工。鄂州花湖机场主体工程建设全面推进,累计完成投资66.5亿元。武汉天河机场建成航空物流服务中心,新建国际库等项目,初步形成现代化航空物流园区。三是抓转型升级。楚天云公司创新开发个人健康码,累计发码量居全国第二位。鄂旅投集团连续三年获评"中国旅游集团20强"。省高投集团成功发布湖北新旧动能ETF转化指数。中南设计集团获得4项湖北省科技进步奖。湖北工建获得国家授权实用新型专利11件。四是抓绿色发展。中国碳排放权注册登记系统步入实质性组建阶段。省长投集团在湖北省33个全域国土综合整治省级试点项目中入选24个,占比73%。荆州市全力打造湖北省首个国家级绿色能源化工基地。

(三)在深化改革中重点突破、激发活力

湖北省国资国企坚决贯彻落实党中央关于开展国企改革三年行动决策部署,省委常委会议审议通过湖北省三年行动方案。一是专业化重组有序推进。推动组建省农垦集团,由湖北省国资委履行出资人职责。指导省交投集团完成湖北省综合交通运输体制改革,实现资产、人员平稳移交。推动湖北省域合资铁路公司重组整合。武汉市将32户市属国有企业重组整合为13户,打造一批专业化产业集团。二是混合所有制改革稳妥实施。1244户省属各级企业混合所有制改革比例67.2%。三是市场化经营机制实现破题。推动出台开展充分竞争类省管企业领导人员管理体制改革试点工作意见,支持长江财险率先启动试点。修订印发省出资企业负责人经营业绩考核办法及配套实施方案,出台省出资企业工资总额预算管理办法。四是改革专项工程深入开展。推动湖北武汉纳入全国第二批区域性国资国企综合改革试验试点。积极推动5家企业入选国企改革"双百行动",2家企业入选"科改示范行动"。五是解决历史遗留问题进展明显。湖北省"三供一业"分离移交和国有企业退休人员社会化管理工作主体移交任务全部完成。

(四)在转变职能中加强监管、提升效能

湖北省国资监管机构坚持按照以管资本为主加强国有资产监管要求,持续完善监管体制机制,强化重点领域监管,监管质量和效率不断提升。一是集中统一监管扎实推进。在省交投集团、兴楚国资公司开展国有资本投资、运营公司改革试点。省出资企业出资形成的国有金融资本保持现有管理体制,联投集团、省交投集团出资的长江财险继续由湖北省国资委监管。武汉市明确汉口银行、武汉农商行由国资委履行出资人职责。鄂州市整合全市教育系统经营性国有资产组建教育集团。二是防范化解重大风险稳妥有效。加强企业经济运行监测，设立资产负债率预警红线，支持省出资企业到期贷款展期续贷。省交投集团重组1200亿元存量债务，节省利息支出172亿元。鄂旅投发行3支全国首批疫情防控债券，融资26亿元。省高投集团设立总规模20亿元的湖北债转股投资基金。三是国资监管方式不断优化。全面修订出资人监管权力和责任清单，推进省出资企业合规管理体系建设。强化省出资企业事中事后监管。推动构建覆盖省出资企业和湖北省各级国资委的追责制度体系和工作体系，完善重大问题线索移交核查机制。修订企业国有资产评估管理和公示办法，实行资产评估项目公示制度，全面规范国有资产交易管理。四是国资监管系统合力明显增强。高质量编制湖北省国有资本"十四五"规划，启动湖北省国资国企在线监管系统建设，为构建湖北省国资监管大格局、形成国资监管"一盘棋"创造条件。

（五）在履行社会责任中担当作为、做好表率

湖北省国资国企为打赢三大攻坚战、夺取防汛救灾全面胜利作出积极贡献，得到社会各界充分认可。一是助力脱贫攻坚成效显著。组织归口管理的58户国有企业发挥自身优势，投入帮扶资金8587万元，帮扶的37个定点贫困县全部脱贫"摘帽"。认真履行丹江口定点扶贫牵头职责，精准打好定点帮扶、驻村帮扶、产业帮扶、技术帮扶、就业帮扶等"组合拳"，推动14个扶贫项目1975.2万元帮扶资金落实落地。二是锚定绿色发展精准发力。湖北省国资国企秉持绿色发展理念，加快调整优化产业结构，积极推进生态保护和修复治理等工作。中国碳排放权注册登记系统步入实质性组建阶段。省长投集团坚持聚焦生态主业，在湖北省33个全域国土综合整治省级试点项目中入选24个，占比73%。荆州市全力打造湖北省首个集国家级煤炭储备、煤炭交易、煤电、煤炭深加工产业于一体的绿色能源化工基地。三是防汛抢险救灾冲锋在前。面对严峻的防汛形势，一大批在鄂央企、省市国企闻"汛"而动，第一时间组建防汛应急突击队，全力做好拦洪削峰、抢通道路、紧急驰援、恢复通信等工作。汛情期间，湖北省国资国企8500余人参加抗洪抢险，齐心协力筑起"防护大堤"。四是安全稳定工作扎实开展。认真履行安全生产监管职能，深入开展"安全生产月""安全生产楚天行"活动，监管企业全年未发生安全事故。深入推进平安国资国企建设，全年未发生重大涉稳事件，湖北省国资委在综治考评中被评为"2019年度省直优胜单位"。

（六）在党的建设中强根固魂、彰显优势

湖北省国资国企始终把贯彻落实全国国企党建工作会议精神作为重中之重，国有企业党的领导全面巩固、党的建设有效加强。一是坚定不移践行"两个维护"。深入学习贯彻习近平总书记考察湖北重要讲话和系列重要指示批示精神，巩固深化"不忘初心、牢记使命"主题教育成果，牢牢掌握意识形态工作领导权，以实际行动践行对党的绝对忠诚。二是切实加强基层党组织建设。扎实推进"三基建设"，持续开展"四级同述同评同考"，深化"企业党支部书记素质提升工程"，指导推动企业党支部标准化规范化建设，促进党建工作与生产经营深度融合。强化党建保障机制，推动企业严格落实"两个1%"工作要求。三是持之以恒推进全面从严治党。全力以赴配合做好省委第九巡视组巡视省政府国资委工作。指导督促省属企业做好第六轮巡视整改工作，任务完成率87.9%。出台《省政府国资委党委巡察工作实施办法（试行）》，对湖北盐业集团党委开展常规巡察。出台清廉国企建设意见，扎实开展宣传教育月活动，持之以恒反对"四风"。

二、湖北省国有资产总量与结构分析

截至2020年底，湖北省国有企业资产总额64060.76亿元，比上年增长14.57%，资产总额增加的主要原因是企业户数增加、上年应报未报、划转以及债务的同等增加等。

表1　　2020年湖北省国有企业指标

指　标	金　额(亿元)
资产总额	64060.76
负债总额	44167.03

续表

指　标	金　额(亿元)
所有者权益总额	19893.73
营业收入	5167.58
利润总额	294.91
净利润	233.01
归属于母公司所有者的净利润	220.38
应交税金总额	284.10
实际上缴税金总额	252.06

截至2020年底，湖北省全级次汇编国有企业4608户，其中，省本级企业1522户、市(州)县(区)企业3086户。

表2　2020年湖北省国有企业户数情况

2019年户数(户)	2020年户数(户)	比上年增长(%)
4171	4608	10.45

2020年，湖北省全级次汇编国有企业年初国有资产总量15295.77亿元，扣除客观增加因素1960.53亿元，加上客观减少因素502.08亿元，确认年末国有资产总量16754.22亿元，比上年增加2461.54亿元。

表3　2020年湖北省国有资产按地区分布情况

地　区	国有资产(亿元)	占国有资产总量比重(%)
省级企业汇总	2453.97	14.65
地市级企业汇总	14300.25	85.35
武汉市	6140.27	36.65
宜昌市	1212.84	7.24
黄石市	1093.44	6.53
襄阳市	1035.20	6.18
黄冈市	854.39	5.10
荆州市	649.3	3.88
咸宁市	645.24	3.85
荆门市	582.96	3.48
十堰市	577.05	3.44
孝感市	372.87	2.23
恩施州	305.87	1.83
随州市	287.71	1.72
潜江市	153.21	0.91
鄂州市	144.88	0.86
仙桃市	116.96	0.70
天门市	111.04	0.66
神农架林区	17.03	0.10

从行业分布看，湖北省国有资产总量主要分布在社会服务业、建筑业、交通运输业、房地产业、工业制造业等行业。其中，社会服务业国有资产总量9323.92亿元，占55.65%；建筑业国有资产总量2893.50亿元，占17.27%；房地产业国有资产总量2080.54亿元，占12.42%；交通运输业国有资产总量1327.27亿元，占7.92%；金融业国有资产总量339.64亿元，占2.03%。5个行业国有资产总量合计占95.29%。

表4　2020年湖北省国有资产按行业分布情况

行　业	国有资产(亿元)	占国有资产总量比重(%)
农林牧渔业	106.92	0.64
工业	202.46	1.21
建筑业	2893.50	17.27
交通运输业	1327.27	7.92
仓储业	16.03	0.10
商贸业	14.58	0.09
房地产业	2080.54	12.42
信息传输、软件和信息技术服务业	12.63	0.08

续表

行　业	国有资产（亿元）	占国有资产总量比重（%）
社会服务业	9323.92	55.65
教育文化广播业	122.50	0.73
科学研究和技术服务业	104.61	0.62
金融业	339.64	2.03
其他	209.62	1.25

从经营规模分布看，大型企业国有资产总量10794.21亿元，占64.63%；中型企业国有资产总量2515.11亿元，占15.01%；小微型国有资产总量3444.91亿元，占20.56%。

表5　2020年湖北省国有资产按经营规模分布情况

企业规模	国有资产（亿元）	占国有资产总额比重（%）
大型企业	10794.21	64.63
中型企业	2515.11	15.01
小微型企业	3444.91	20.56

三、湖北省国有资本保值增值综合分析评价

表6　2020年湖北省国有企业地区国有资本保值增值情况

地　区	国有资本保值增值率（%）
湖北省国有企业汇总	101.76
省级国有企业汇总	101.71
地市级国有企业汇总	101.77
武汉市	102.65
荆门市	105.88
襄阳市	107.98
鄂州市	100.45
咸宁市	100.96
恩施州	103.42

续表

地　区	国有资本保值增值率（%）
天门市	102.14
仙桃市	106.61
潜江市	103.07
神农架林区	100.74
随州市	98.92
宜昌市	97.65
孝感市	101.21
黄冈市	100.25
十堰市	101.48
黄石市	95.33
荆州市	103.14

四、湖北省国资委监管企业改革发展情况

（一）稳妥推进混合所有制改革

鄂旅股份获得中国证监会许可受理，金旭农发进入上市辅导期。省高投集团投资参股的3户企业实现首次公开募股，1户企业入选新三板精选层。省宏泰集团新增1户控股上市公司。联投集团引入山东高速增资联交投公司，实现优势互补。湖北工建与新八集团等民企开展股权合作，共同探索打造湖北工程总承包服务平台。清能集团与联东集团深化合作，携手布局专业产业园区运营。

（二）不断完善中国特色现代企业制度

一是指导鄂旅投集团、湖北工建等企业完成董事会换届工作。二是跟踪指导重点企业加快董事会建设，督导湖北盐业集团制定规范董事会建设工作方案。三是在湖北省国有企业中开展对标一流企业管理提升行动，指导督促省监管企业，通过对标找差距促整改，推动企业管理水平提升。

（三）继续加强经营性资产统一监管

将省信息中心所属湖北CA公司划转至联投控股，将省检察官学院所属九宫山分院资产划转至鄂旅投集团。

(四)上市融资情况

2020年,湖北省国有控股上市公司15户。湖北广济药业股份有限公司非公开发行股份,募集资金3.58亿元,用于维生素B2现代化升级与安全环保技术改造和年产1000吨维生素B12综合利用项目及补充流动资金。湖北兴发化工集团股份有限公司非公开发行股份8800万股,募集资金7.93亿元,用于6万吨/年芯片用超高纯电子级化学品和3万吨/年电子级磷酸技术改造等项目。武汉三镇实业控股股份有限公司发行绿色债券募集资金8.7亿元,用于污水处理PPP项目、污水处理厂扩建工程项目以及补充营运资金。武汉武商集团股份有限公司发行超短融资券募集资金7.5亿元,用于补充营运资金、偿还有息负债等;发行中期票据募集资金9.4亿元,用于偿还公司到期债务及项目建设。

五、湖北省国资委监管企业并购重组与完善法人治理结构情况

(一)大力推进国有企业改制重组

积极推动湖北省域合资铁路公司整合重组,推动组建省农垦集团,新增襄阳市1户地方国有企业纳入员工持股试点,启动湖北省国有企业公司制改革工作,推进13家经营类事业单位转企改制。抓好国企改革专项工程,"双百企业"中南建筑股份有限公司改革经验被编入《改革样本:国企改革"双百行动"案例集》,武汉建工股份有限公司在三项制度改革评估工作中获评A级,被国务院国企改革办通报表扬。指导联投楚天云公司、交投智能检测公司完成"科改示范行动"改革台账和方案。制定《湖北省推进国有资本投资、运营公司改革试点实施方案》。

(二)积极完成剥离国有企业办社会职能和解决历史遗留问题

2020年,湖北省国有企业职工家属区"三供一业"分离移交主体工作全部完成,涉及供水69.91万户、供电44.08万户、供气44.03万户、物业44.01万户;企业办教育、医疗、消防等机构移交和厂办大集体改革全面完成,包含企业办教育机构50个、医疗机构63个、消防机构17个、社区管理机构80个、市政设施167个;湖北省国有企业退休人员社会化管理移交任务全面完成,接收退休人员96.82万人,其中,中央企业66.22万人,省属企业5.24万人,市(州)、县(市、区)企业25.36万人。

(三)不断加强企业外部董事选聘和管理

加强外部董事管理,规范外部董事聘任程序,突出做好外部董事任期考核工作,完善董事述职、征求意见、考核评议、综合评价等考察环节。组织对鄂旅投、省铁投集团、省工建集团等企业董事会董事换届人选进行考察,选聘8名外部董事;向湖北能源集团推荐董事人选2名,向湖北银行、国华人寿、长江证券分别推荐董事1名。

六、湖北省国资委监管企业建立和完善经营业绩考核体系情况

(一)迅速出台应对疫情考核分配专项支持措施

面对突如其来的新冠肺炎疫情,2020年2月9日印发《省政府国资委关于支持省出资企业积极投入新冠疫情防控工作相关措施的通知》,第一时间出台考核分配专项支持措施,从经营业绩考核、工资总额、捐赠支出、研发支出、费用减免等7个方面,支持省出资企业在新冠肺炎疫情防控中主动作为、勇于担当。

(二)修订完善经营业绩考核办法

2020年12月29日,修订印发《湖北省政府国资委出资企业负责人经营业绩考核办法》。在考核导向上,更加突出质量效益、服务国家战略和湖北省发展大局、创新驱动发展、供给侧结构性改革考核导向,引导省出资企业全面履行经济责任、政治责任、社会责任;在考核指标体系上,按照"四个更加突出"考核导向的4个维度差异化选取重点指标,考核指标数量年度考核原则上不超过5个、任期考核原则上不超过4个;强化经营业绩考核与企业党的建设考核结果紧密衔接,企业党的建设考核结果为差的不得进入A级。

(三)完成2020年度经营业绩考核目标值确定工作

2020年3月上旬,组织企业就新冠肺炎疫情对

2020年度经营业绩的影响展开摸底分析，为充分体现省出资企业作为湖北省经济社会发展的“顶梁柱”“压舱石”责任担当，按照省委、省政府确定的总体目标不变、责任不减、压力不松要求，“一企一策”合理确定企业目标值。与17户监管企业签订《省出资企业负责人2020年度经营业绩责任书》。

（四）完成2019年度经营业绩考核结果核定工作

纳入2019年度经营业绩考核的19家省出资企业，考核结果A级10家、B级7家、C级2家。

七、湖北省国资委监管企业负责人考核与选人用人机制改革情况

（一）着力推动企业领导人员市场化选聘契约化管理

扎实推进充分竞争类省管企业领导人员管理体制改革试点工作，指导长江财产保险、中南建筑设计院、省长江经济带产业基金3家企业制定“1+4”工作方案，有序组织实施市场化选聘经理层副职工作。指导省联投集团、省宏泰集团、湖北国际物流机场、武汉光谷联交所、省兴楚等开展中层管理人员市场化选聘工作。

（二）配合做好省属企业及中央在鄂企业领导班子选拔工作

根据企业干部管理权限和规定程序，突出政治标准，注重专业能力，完成湖北盐业集团有限公司总会计师选拔任用工作。配合省委组织部开展省交投集团、长江财险、中南建筑设计院等27户领导人员职务任免征求意见及中建商品混凝土、中铝华中铜业等中央在鄂企业党委、纪委换届人选征求意见95人次。

（三）扎实推进企业人才队伍建设

认真分析评估省属企业“十三五”人才建设形势，制定“十四五”人才建设规划，谋划开展“产业领军人才及团队”项目工作。举办湖北省“123”企业家（国有企业）培育人选政治能力提升培训班，组织开展“数字经济”专题培训班，联合省工建集团在省出资企业举办线上培训6期。协调“2020院士专家企业行”活动和中小微企业科技副总选派，12位专家赴企业开展服务工作。

八、湖北省国资委监管企业党的建设和廉政建设情况

（一）党的建设

截至2020年底，湖北省国资委党委管理的企业95户，其中中央在鄂企业73户、省属企业22户。归口管理企业党员255650人，建立各级基层党组织17289个，其中党委1104个、党总支1136个、党支部15049个。

扛牢政治责任，聚力服务防疫防汛。坚定不移践行“两个维护”，坚持把学习贯彻习近平新时代中国特色社会主义思想作为首要政治任务，深入学习贯彻习近平总书记考察湖北重要讲话和系列重要指示批示精神，巩固深化“不忘初心、牢记使命”主题教育成果，守好党建“责任田”。一是强化组织引领，发挥先锋作用。企业党员干部和志愿者在抗疫一线、防汛救灾中践行初心使命，发挥“主力军”“排头兵”作用。企业实现党的建设、防控措施落实、党员作用发挥在抗疫和防汛救灾一线全覆盖，在抗疫一线建立临时党组织264个，归口管理企业抽调党员干部2200余人、组建下沉社区工作队148支，3.26万余名党员干部就近就地积极到所在社区（村）参与疫情防控工作。二是划拨和使用党费支持防疫工作。按照迅速使用、突出重点、严肃纪律的原则，湖北省国资委党委分两批向51户奋战在疫情防控一线的中央在鄂企业和省属企业划拨党费1800万元，归口管理央企上级划拨党费2406.9万元，归口管理企业本级划拨党费2523.3万元，企业累计使用5161.69万元用于疫情防控工作。三是党员踊跃捐款。归口管理企业19.8万名党员个人累计捐款3383万元，党组织覆盖率100%，党员覆盖率82%，其中葛洲坝集团退休工人史德洪捐款200万元。四是积极吸纳抗疫一线的先进分子。按照严格标准、严格把关、加强指导的原则，归口管理企业在疫情防控第一线发展党员64人。《人民日报》《湖北日报》多次刊发企业一线发展的党员事迹。

持续夯基固本，提升基层党建效能。以党的政治建设为统领，聚焦贯彻落实省委党建工作要点，加快推动基层党建整体效能提升。一是画好“责任线”。

结合基层党组织工作实际，细化2020年基层党建工作重点任务，逐级制定国有企业党建工作要点、党建工作责任清单和基层党建工作任务指导书(清单)，实现党建工作任务项目化、清单化、具体化，推动企业基层党建工作任务清晰、进度明确。组织召开2019年度省属企业党委书记抓基层党建工作述职评议会议，对未纳入省委第六轮巡视的6户企业进行实地考核，召开部分企业党建工作座谈会，进一步强化企业党委书记抓党建工作的责任意识，压实“四级同述同评同考”。二是打造“标准化”。牢固树立党的一切工作到支部的鲜明导向，按照国有企业基层党组织建设要求，在试点基础上，以补齐疫情防控斗争中暴露出来的短板和弱项为重点，结合座谈研讨、实地调研、征求意见等形式，制定《湖北省国有企业党支部标准化规范化建设指导手册》。加快完善中国特色现代企业制度，按照“两个一以贯之”要求，研究制定《省属企业党委前置研究讨论事项清单指导文本》《省属企业党建工作要求写入公司章程修订指引》，明确党委研究决定事项与研究讨论事项的边界。省属企业全部制定前置研究讨论事项清单，“党建入章”在集团层面全部完成，二级以下子公司完成率98.4%，企业党组织在公司治理结构中的法定地位进一步明确。三是把好“培训关”。认真学习贯彻《中国共产党国有企业基层组织工作条例(试行)》(以下简称《条例》)，协助省委组织部举办湖北省国有企业学习贯彻《条例》示范培训班，开展孝感、荆门等地市和企业《条例》培训及贯彻落实情况调研。深化“企业党务干部素质提升工程”，围绕贯彻习近平新时代中国特色社会主义思想，学习领会《习近平谈治国理政》第三卷、《条例》精神实质、提升实操能力等内容，湖北省政府国资委党委举办归口管理企业党建工作专题研修班及党支部书记示范培训班，提升归口管理企业党务骨干党建工作水平。认真做好发展党员工作，举办3期国有企业党员发展对象培训班，归口管理企业发展党员4847人。四是培植“红色旗”。着力推动企业党建与业务深度融合，归口管理企业10个基层党组织被授予“2018—2019年度湖北省党建工作示范单位”称号。推进国企党员旗帜在基层社区高高飘扬，制定“十条措施”管总、“工作流程”指路的国企下沉框架，企业各级党组织和在职党员干部扎实开展工作队组建、党员到社区与居住地“双报到”等工作，432家企业对口确定联系332个社区，组建联系社区工作队328支、应急突击队333支，组织派遣到社区报到党员干部1.3万人，到居住地社区完成报到的党员个人13.1万余人，基本实现全覆盖。归口管理企业228名企业党组织负责人吸纳担任社区“大党委”成员，334名党组织主要负责人到社区讲党课，各级党组织参与社区召开党建联席会议1053次，为社区办实事3168件，较好树立国企形象、发挥国企作用。

坚持聚力护航，持续做好统战群团工作。充分发挥群团统战组织在企业改革发展中的重要作用，为国有经济高质量发展汇聚强大力量。一是统筹做好企业统战工作。深入学习贯彻习近平总书记关于加强和改进统一战线工作的重要思想，认真落实省委关于统战工作的安排部署，大力加强国有企业党外知识分子统战工作，举办湖北省国有企业党外知识分子培训班，开展“弘扬爱国奋斗精神、建功立业新时代”主题活动，在实践中引领广大党外知识分子为打赢脱贫攻坚和全面小康“双决战”，夺取疫情防控和经济社会发展“双胜利”贡献力量。湖北省国资委党委报送的《深化“爱、献、做”凝心聚力服务国有企业高质量发展》获评2019年度湖北省统战工作实践创新成果，获省委统战部通报表扬。二是持续加强产业工人队伍建设。加强思想引领，大力宣传产业工人在疫情防控、复工复产中的典型事迹和突出贡献。归口管理企业认真落实职代会制度、厂务公开等工作，提升企业民主管理水平，扎实开展技能大赛、群众性文体活动，提高职工业务技能，促进职工身心健康。三是认真开展共青团和青年工作。聚焦企业疫情防控和复工复产，组织开展“疫情防控有我　爱卫青春同行”爱国卫生运动和“同饮长江水　共抓大保护”主题分享会等系列活动。聚焦打赢脱贫攻坚战，组织开展“情暖童心　希望家园”关爱农村留守儿童主题活动。聚焦国企责任担当，1938名团员青年组成63支“防汛应急青年突击队”，参与防汛抗灾一线工作。聚焦青年创新创业，举办2020年“创青春”湖北青年(国企青年组)创新创业大赛。围绕学习贯彻党的十九届五中全会和团的十四届四次全会精神，举办“不忘跟党初心，牢记青春使命”主题团干培训班。由湖北省企业团工委组织推荐的 9 个基层团组织和 11 名团员青年获得团中央和团省委表彰。

(二)廉政建设

2020 年,湖北省国资委党委以"清廉国企"建设为统领,坚持一手抓党风廉政建设,一手抓常规巡察,推动全面从严治党在湖北省国资国企领域向基层延伸、向纵深发展。印发《省政府国资委党委关于推进清廉国企建设的意见》,督促企业制定实施办法,确保要求落实。成立湖北省政府国资委党委巡察工作领导小组,出台《湖北省政府国资委党委巡察工作实施办法(试行)》,编印湖北省政府国资委党委巡察工作手册,推动巡察工作有力有章有序开展。对湖北盐业集团有限公司党委开展常规巡察,同步开展选人用人专项检查。主动配合督办省委第六轮巡视问题整改。印发《关于做好国有企业巡视反馈问题整改督办的通知》,积极督促企业整改。部署开展国有企业党风廉政宣传教育活动,印发《2020 年国有企业党风廉政建设宣传教育月活动方案》,重点组织开展 5 项教育活动,组织 27 户企业 311 人观看《明心正道看镜鉴》廉政小戏,以戏倡廉、以戏促廉,向企业领导人员赠送廉洁"书签+书籍",督促强化责任担当,依法行权用权。举办湖北省国有企业巡察干部培训班,邀请省纪委监委、省委巡视办有关领导和高校知名专家授课,有效提高巡察干部的政治素质和业务水平。

九、湖北省国资委深化央地合作推动疫后重振情况

(一)中央企业与湖北省高频互动

2020 年,中国航天科工、航空工业、中国船舶、中国石化、国家电网等 32 家中央企业主要负责人先后 37 次到湖北交流合作,积极落实中央支持湖北一揽子政策和国务院国资委支持湖北的 21 条措施。

(二)央地战略合作发展加快推进

2020 年,中国华能、中国电信、中国移动、中国电子、中国宝武等 15 家中央企业与湖北省政府签署战略合作协议,积极助力湖北疫后重振,不断加大"十四五"期间在湖北的战略布局和项目投资。其中,三峡集团、中国建筑、中国电建"十四五"期间计划在鄂投资超过 2000 亿元。该轮战略合作协议重点突出支持湖北疫后重振和"十四五"时期的合作发展,特别是在央企总部和功能总部设立,以及新业态、新业务模块的培育发展方面进行广泛合作探讨。

(三)举办对接活动

国务院国资委与湖北省精心谋划,中央企业与地方政府抓紧对接,迅速落实一批与湖北省发展高度契合的高质量项目。2020 年 6 月 3 日,国务院国资委组织 99 家中央企业主要负责人,与湖北省共同举办中央企业助力湖北疫后重振发展视频会议,会上 34 家中央企业与湖北省签订项目 72 个,投资总额 3277.25 亿元。截至 2020 年底,72 个签约项目累计开工 35 个,累计完成投资额 146.87 亿元。

(四)全力支持"六稳""六保"

国家能源集团、中国建筑等 30 多家中央企业明确将湖北企业纳入产业链、供应链。2020 年,中央企业累计面向湖北地区招录 26.4 万人(其中湖北专场面向高校毕业生招聘 16.2 万人),是 2019 年的 111.3%。中国石化、中粮集团等发挥渠道、平台和品牌优势,帮助推介销售湖北特色产品。在鄂国有企业直接购买或帮助销售湖北扶贫农产品 4.3 亿元。中央企业为湖北中小微企业和个体工商户累计减免房租 6.74 亿元,惠及租户 1.66 万户。

(撰稿人:陈志友　叶　明　胡沁薇　杨有福　曾　俊　余利平　李　蔓　万　颖　张　润　李雪源　邓　巧)

湖南省

一、湖南省国有资产监督管理工作综述

(一)"六稳""六保"成效显著

一是抓实疫情防控。第一时间成立疫情防控工作

领导小组，出台防控工作措施，周密部署，科学谋划，压实责任，严格督查，组织监管企业和在湘央企摸排境内人员148万人次，未发生聚集性感染，各市(州)企业未出现确诊病例。3473个基层党组织、30907名党员连续奋战在抗疫一线。高速集团、黄花机场疫情防控联合指挥部被评为“全国抗击新冠肺炎疫情先进集体”，华菱湘钢、建工集团各有1人被评为“全国抗击新冠肺炎疫情先进个人”。二是推进复工复产。组织企业率先启动复工复产，最大程度减少疫情对企业生产经营的影响。截至2020年3月，省属监管企业复产率97%，人员复岗率92%，为稳住湖南省经济基本盘作出积极贡献。三是做好供应保障。中联重科直接参与武汉火神山、雷神山医院建设。海利集团、湘投华升积极转产消毒水、口罩等医疗物资。现代农业千方百计保障“菜篮子”“米袋子”。高速集团、机场集团、现代投资全力以赴保畅通、保运输、防输入，减免高速公路通行费50.17亿元。发展集团、湘水集团全力确保能源安全。四是促进稳岗就业。坚决落实“六稳”“六保”工作要求，做好稳岗稳就业等工作。新招聘职工7200人，其中应届高校毕业生占54.9%，完成省政府下达的目标任务。员工薪酬待遇保持基本稳定。省、市属监管企业累计减免房屋租金5.49亿元，切实降低服务业和小微企业、个体工商户经营成本。清理拖欠民营企业中小企业账款1.66亿元。

(二)经济运行平稳向好

沉着应对疫情冲击，坚持工作目标不变、力度不减，生产经营实现逆势增长。截至2020年底，湖南省地方监管企业资产总额3.5万亿元，净资产1.4万亿元；营业收入7154.5亿元，比上年增长13.2%；利润279.3亿元，比上年增长14.7%。其中，省属监管企业资产总额1.5万亿元，净资产5494.8亿元；营业收入5752.3亿元，增长13%；利润188.8亿元，增长23.8%。省属监管企业中，华菱集团、建工集团等3户企业营业收入超过1000亿元；27户企业实现盈利，盈利面75%；19户企业盈利超过1亿元，其中华菱集团突破100亿元。

(三)国资监管体制持续优化

一是完善制度体系。基本完成“两个清单”“两个办法”“一个制度体系”建设。制定湖南省国资委权力和责任清单，明确九大类别31项具体权责事项，厘清出资人权责界限。修订完善投资监督管理、企业负责人综合绩效考核等制度。制定省属国有资产交易监督管理办法及相关配套政策文件，强化资产交易刚性约束。二是优化监管方式。开展总会计师出资人委派试点，向现代投资等4家企业委派总会计师。加强国资监管大数据系统建设，基本完成“三重一大”事项决策及大额资金动态监测系统建设。搭建“2+1”两类公司架构，完成兴湘集团、国资集团改组组建国有资本运营公司，高新创投改组组建国有资本投资公司工作。三是健全监督机制。在省属监管企业实行国资监管提示函和通报制度，全年发出风险提示函23件。在省、市两级建立违规经营投资责任追究工作体系，构建起业务监督、综合监督、责任追究三位一体的监督工作闭环。加强对市(州)国资国企工作指导监督并进行考核评价。四是推进经营性国有资产集中统一监管。配合开展省级党政机关和事业单位经营性国有资产集中统一监管工作，接收脱钩企业81户，基本完成清产核资和尽职调查。长沙、张家界、衡阳、常德、郴州实现经营性国有资产集中统一监管全覆盖。

(四)三大攻坚战用心用力

切实扛牢政治责任，尽锐出战，全力以赴，打赢三大攻坚战。一是决战决胜脱贫攻坚。湖南省国资委系统派出驻村工作队队员121人，累计投入自有资金2.12亿元，统筹各类扶贫资金3.58亿元，对口帮扶的39个贫困村、4592户建档立卡贫困户、17653名贫困人口全部完成脱贫出列。实现“两不愁三保障”达标率、政策落实知晓率以及群众满意度三项指标100%。二是精准“拆弹”防范风险。切实强化国有企业债务约束和管理，严格负债规模和负债率“双指标”管控，组织开展资产负债专项核查，省属监管企业资产负债率62.2%，较全国平均低10.3个百分点，有效防范和化解财务风险。全面开展“两金”压降专项行动，省属监管企业“两金”占用1464.8亿元，占流动资产比重37.6%，比上年减少1.3个百分点。积极推动重点企业改革脱困和转型发展，没有出现重大债务违约事件。三是全面加强污染防治。坚决贯彻落实习近平总书记“守护好一江碧水”重要指示精神和中央环保督查“回头看”反馈意见整改要求，夯实企业生态环保主体责任，积极淘汰不符合环保要求产能，全力开展长江经济带沿线环境污染问题整治、涉矿企业矿区环境污染问题整治，协调张家界大鲵保护区省属和央企水电站关闭退出。牢牢守住安全生产和维护稳定底线，没有发生重特大安全生产事故、群体性和大规模上访事件。

二、湖南省国有资产总量与结构分析

表 1　2020 年湖南省国有企业指标

项　目	金　额(亿元)
资产总额	55660.64
所有者权益	23253.95
国有资产总量	21440.13
营业收入	6772.90
利润总额	446.30
净利润	371.52
归属于母公司所有者的净利润	331.18
应交税金总额	357.52
实际上缴税金总额	337.63

表 2　2020 年湖南省国有企业户数情况

2019 年户数(户)	2020 年户数(户)	比上年增长(%)
3212	3321	3.39

表 3　2020 年湖南省国有资产按地区分布情况

地　区	国有资产(亿元)	占国有资产总量比重(%)
省国有企业汇总	21440.13	100.00
省属国有企业汇总	4380.66	20.43
省级监管企业	4342.49	20.25
省级非监管企业	38.18	0.18
市、州(区、县)企业汇总	17059.46	79.57
长沙市	4791.18	22.35
常德市	2991.18	13.95
株洲市	1885.37	8.79
湘潭市	1817.44	8.48
岳阳市	902.09	4.21
衡阳市	981.74	4.58
邵阳市	791.36	3.69
郴州市	819.70	3.82
怀化市	459.26	2.14
永州市	636.57	2.97
益阳市	287.05	1.34
张家界市	292.55	1.36
湘西州	286.37	1.34
娄底市	117.61	0.55

表 4　2020 年湖南省国有资产按行业分布情况

行　业	国有资产(亿元)	占国有资产总量比重(%)
农林牧渔业	53.56	0.25
工业	726.47	3.39
建筑业	6295.05	29.36
交通运输业	575.31	2.68
仓储业	40.09	0.19
商贸业	148.26	0.69
房地产业	5005.12	23.34
信息传输、软件和信息技术服务业	63.06	0.29
社会服务业	8382.08	39.10
教育文化广播业	94.89	0.44
科学研究和技术服务业	66.21	0.31
金融业	—44.42	—0.21

续表

行　业	国有资产（亿元）	占国有资产总量比重(%)
其他	34.44	0.16
合　计	21440.13	100.00

表5 2020年湖南省国有资产按经营规模分布情况

经营规模	国有资产（亿元）	占国有资产总量比重(%)
大型企业	1696.89	7.91
中型企业	5564.03	25.95
小型企业	11196.34	52.22
微型企业	2982.86	13.91
合　计	21440.13	100.00

三、湖南省国有资本保值增值综合分析评价

2020年，湖南省国有企业国有资本及权益总额21440.13亿元，比上年净增加1935.28亿元，增长9.92%。其中，国有资本及权益增加2637.46亿元，国有资本及权益减少717.37亿元，主要变动因素如下：政府投入、资产评估及经营积累等因素增加权益2637.46亿元。主要包括国家、国有单位直接或追加投资增加657.67亿元、无偿划入增加993.13亿元、资产评估增加145.85亿元、清产核资增加32.98亿元、产权界定增加1.25亿元、资本(股本)溢价增加181.2亿元、接受捐赠增加1.26亿元、债权转股权增加9.93亿元、税收返还增加0.4亿元、减值准备转回增加2.06亿元、会计调整增加68.47亿元、中央和地方政府确定的其他因素增加66.89亿元；增加即经营积累476.37亿元，占本年国有资本及权益增加的18.06%。消化潜亏挂账、资本(股票)折价及经营亏损等因素减少权益717.37亿元。主要包括经国家专项批准核销8.13亿元、无偿划出160.04亿元、资产评估减少20.62亿元、清产核资减少18.37亿元、产权界定减少6.27亿元、消化以前年度潜亏和挂账而减少16.41亿元、因主辅分离减少0.2亿元、企业按规定上缴利润38.23亿元、资本(股本)折价116.85亿元、中央和地方政府确定的其他因素111.86亿元；减少即经营减值220.39亿元，占本年国有资本及权益减少的30.72%。

表6　2020年湖南省国有企业地区和行业国有资本保值增值情况

地　区	国有资本保值增值率(%)	行　业	国有资本保值增值率(%)
湖南省汇总	101.31	湖南省汇总	101.31
省属国有企业汇总	103.13	农林牧渔业	112.75
省级监管企业	103.16	工业	107.07
省级非监管企业	99.81	建筑业	100.18
市、州(区、县)企业汇总	100.83	交通运输业	98.28
长沙市	100.65	仓储业	92.20
常德市	101.28	商贸业	107.69
株洲市	102.33	房地产业	102.02
湘潭市	101.20	信息传输、软件和信息技术服务业	117.49
岳阳市	100.78	社会服务业	100.61
衡阳市	102.76	教育文化广播业	99.60
邵阳市	103.17	科学研究和技术服务业	106.10
郴州市	104.54	金融业	153.57
怀化市	100.57	其他	96.30
永州市	99.11		
益阳市	78.28		
张家界市	98.62		
湘西州	100.57		
娄底市	102.25		

四、湖南省国资委监管企业改革发展情况

(一)加强改革顶层设计

制定"1+3"改革政策文件,形成以湖南省国企改革三年行动实施方案为统领,以湖南省国有企业混合所有制改革工作实施方案、湖南省推进国有资本投资运营公司改革试点实施方案、省国资委监管企业资产证券化工作三年行动计划等子方案为支撑的制度体系。

(二)积极稳妥推进混合所有制改革

召开省属国有企业混合所有制改革项目推介会,集中发布项目83个。完成省建筑设计院混合所有制改革,实现省属一级企业集团层面混合所有制改革破冰。20户子企业完成混合所有制改革,引进资本86亿元,省属监管企业混合所有制改革比例52.2%。加大资产证券化力度,南新制药成功在科创板上市,29户企业进入上市后备资源库,全年直接融资241.6亿元。加快推进2户企业主业资产整体上市。

(三)完成剥离办社会职能和历史遗留问题处理

省(市)企业和驻湘央企的退休人员社会化管理工作基本完成,移交协议签订、党员组织关系转接、人事档案移交比例均100%。完成厂办大集体改革、"三供一业"分离移交扫尾任务。

(四)大力推进科技创新

2020年,省属监管企业研发费用127亿元,比上年增长52.1%,高于全国平均27.4个百分点;研发经费投入强度2.2%,高于全国平均1.3个百分点。新增国家高新技术企业32户,获得国家级、省级科技创新奖励11项;新增专利998件,其中发明专利337件。加大国有资本经营预算资金对科技创新的投入力度,将研发经费投入强度指标纳入年度绩效考核。组织评选省属国企"十大创新工程",工程机械钢及钛合金新材料、中速磁浮、矮寨大桥等一大批具有世界先进水平的标志性重大科技成果受到表彰。兴湘集团与中国商飞合作,大力推进国家大飞机地面动力学试验平台项目建设。"华菱制造"广泛应用于阿联酋海水淡化、陵水17-2项目等超级工程。通达电磁能、金天钛业、博云新材、中创空天等一批战新项目加快推进。

(五)加速推进布局优化

研究编制《省国资委推进省属国有资本布局优化和结构调整实施方案》及省属国资国企"十四五"发展规划。推动企业在20个工业新兴优势产业链中,加快布局新型能源及电力装备、工程机械和农业机械、新型轻合金、碳基材料、机器人及人工智能、先进轨道交通装备等10个产业链。加快35个重点项目建设,涉及投资总额1868.4亿元,其中列入"5个100"工程项目23个。

(六)稳步推进开放合作

召开驻湘央企对接合作座谈会,巩固合作成果,解决难点问题36个。积极推进与国家管网、中船集团开展战略合作。推动企业响应"一带一路"倡议,提升国际化合作水平。湖南省国资系统境外实施项目65个,涉及非洲、欧洲、大洋洲和东南亚等33个国家和地区,总投资233亿元。湖南路桥连续三年被评为"全球最大250家国际承包商"。轻盐集团雪天盐远销东南亚、非洲等海外市场。

五、湖南省国资委监管企业并购重组与完善法人治理结构情况

(一)扎实推进重组整合

推进监管企业战略性重组,专业化整合,完成湘水集团组建工作,兴湘集团整合华天集团、省建筑设计院。将原新物产集团、包装集团、国立投资划转至国资集团。

(二)开展规范董事会建设

指导监管企业完善董事会议事规则和相关运行机制,确保集团公司董事会规范、有效运行;推动符合建立董事会条件的子企业应建均建,健全董事会制度和工作机制,落实董事会职权等。大力推进外部董事制度,为7户省属监管企业配备19名外部董事,专职外部董事实现"零的突破"。探索推进3户企业落实董事会职权试点。

六、湖南省国资委监管企业建立和完善经营业绩考核体系情况

(一)加强企业负责人综合绩效考核

修订《湖南省国资委监管企业负责人综合绩效考核办法(试行)》,新办法重构考核指标体系,主要考核质量效益、战略功能任务、创新驱动等。合理下发2020年考核目标。对净资产收益率指标进行对标考核,赋予5%～10%的权重,引导企业对标同行业先进水平。

(二)加强职工工资总额管理

指导企业按照新的工资制度改革指导意见修订工资总额管理办法,建立工资总额与效益联动机制。组织对监管企业年度工资总额进行清算。

(三)推进中长期激励工作

按照分级管理、分步实施的原则,指导符合条件的上市公司和科技型企业开展股权和分红激励,加大对关键技术和核心管理人员的激励力度。指导交通科研院实施岗位分红;指导金天钛业、湘电动力制定科技型企业股权激励方案。

(四)推进企业内部三项制度改革

认真评估企业2019年度三项制度改革工作,评估结果纳入企业负责人2019年度综合绩效考核结果。指导、推动各企业逐一确定2020年度改革重点任务清单。按照国务院国企改革办要求,组织5户"双百企业"参加三项制度改革推进情况评估。其中,建工集团的评估结果为A档,得到国务院国企改革办的通报表扬。

七、湖南省国资委监管企业负责人考核和选人用人机制改革情况

(一)优化企业领导班子配备

指导完成黄金集团、现代投资、三湘集团、湘电动力4家委管企业党委领导班子换届,实现委管企业应换尽换。配合省委组织部,对15名省管企业领导人员职务进行任免。及时调整配备黄金集团、国资公司等企业主要负责人;逐步实施总会计师出资人委派制度,向现代投资、湘电动力、黄金集团委派总会计师;对27名委管企业领导人员职务进行任免。

(二)推进人才队伍建设

出台《湖南省省属国有企业人才发展若干工作措施》;设立人才发展专项资金,制定《省属监管企业人才发展资金使用管理暂行办法》,每年从国有资本经营预算金中列支1000万元用于省属监管企业中人才的引进、培养、激励、服务和保障等工作。注重储备优秀年轻干部,研究制定《湖南省国资委"英培计划"人才管理暂行办法》,每年从全国"双一流"高校中选拔一批优秀应届毕业生到企业工作,为企业人才发展引进"源头活水"。

(三)创新市场化选人用人机制

一是推进职业经理人制度试点和市场化选聘工作。制定《省属监管企业实行职业经理人制度试点工作方案》,在湘投金天等10家竞争类二级企业中开展职业经理人制度试点。在湘煤集团、湘电集团、建工集团等6家监管企业开展市场化选聘工作,集团总经理、副总经理、总会计师等一批重要岗位向社会公开招聘。二是推进经理层任期制和契约化管理。湘投集团、国资集团等企业实现中层管理人员全部契约化管理。三是加强外部董事选聘和管理工作。制定出台《湖南省省属监管企业外部董事选聘和管理办法》《湖南省省属监管企业专职外部董事履职管理办法》;初步建立省属监管企业外部董事人才库,明确兴湘集团为受托企业。为湘电集团、黄金集团等企业选聘10名专兼职外部董事,累计22名专兼职外部董事在岗任职。

八、湖南省国资委监管企业党的建设和廉政建设情况

(一)打造"两个维护"先锋阵地

全面建立"第一议题"制度,省属监管企业党委开展学习670次。建立湖南省国资委系统全面从严治党两个责任清单。开展企业党委书记抓党建述职评

议，真点问题、点真问题，收到“红脸出汗”的效果。湖南省国资系统管党治党的合力显著增强。

（二）着力强基提能补齐短板

开展强基提能专项行动，制定公司章程、决策事项清单、党委会议事规则等模板，全年修订公司章程495个、决策事项清单778个、党委会议事规则727个。各企业补齐短板弱项11939个，落实“一肩挑”新增280户。深化“国企千名书记联项目”“国企万名党员先锋行”活动，累计创效25亿元以上。

（三）加强舆论宣传引导

出台《省国资委舆情应急管理办法》，建立舆情监测报告协调处置机制。加强新闻宣传，不断壮大主流声音。与新华社开展“以党建引领文化建设和品牌传播”共建活动。在省级主流媒体开辟省属监管企业抗击疫情专栏。与湖南经视策划国资国企专题访谈《中流击水》。湖南国企党建网及App自上线以来，浏览量超过1亿人次。湖南路桥、高速集团岳阳分公司获评第六届“全国文明单位”。

（四）强化党风廉政建设和巡察工作

完成7家委管企业巡察工作，实现委管企业巡察全覆盖。狠抓巡视巡察和审计整改，12户省管企业巡视反馈问题696个，整改完成率98.6%；三轮巡察发现企业突出问题679个，第一、二轮整改完成率86%以上，追回资金1.2亿元。持之以恒正风肃纪，开展企业境外腐败治理、企业驻京机构清理整治等工作。受理日常信访举报401件，全年立案审查8起，全部结案，对9人依纪依规进行处分。

（撰稿人：贺　健）

广东省

一、广东省国有资产监督管理工作综述

2020年，面对艰巨繁重的改革发展稳定任务和新冠肺炎疫情严重冲击，广东省国资委在省委、省政府的坚强领导下，按照优化结构、畅通循环、促进创新、稳定增长的要求，聚焦主责主业，发展实体经济，推动落实国企改革三年行动方案，国资国企改革发展和党的建设各项工作取得新的进展和成效，充分发挥国有经济的支撑保障作用，彰显国资国企的责任担当。

截至2020年底，广东省国有企业（不含中央企业、其他省份驻粤企业，下同）资产总额127809.60亿元，负债总额78515.10亿元，净资产49294.50亿元，其中归属于母公司所有者的净资产36655.13亿元，资产负债率61.43%。其中，广东省国资委监管企业资产总额19832.04亿元，负债总额11604.68亿元，净资产8227.35亿元，归属于母公司所有者的净资产5385.27亿元，资产负债率58.51%；广东省省直部门监管企业资产总额1647.69亿元，负债总额922.93亿元，净资产724.76亿元，归属于母公司所有者的净资产658.37亿元，资产负债率56.01%；21个地（市）国有企业资产总额106329.88亿元，负债总额65987.49亿元，净资产40342.38亿元，归属于母公司所有者的净资产30611.49亿元，资产负债率62.06%。

2020年，广东省国有企业实现营业收入26457.95亿元，利润总额2607.50亿元，净利润1943.48亿元，实际上缴税费总额2203.84亿元。其中，广东省国资委监管企业实现营业收入4449.56亿元，利润总额246.65亿元，净利润151.57亿元，实际上缴税费总额223.88亿元；广东省直部门监管企业实现营业收入370.95亿元，利润总额34.61亿元，净利润29.02亿元，实际上缴税费总额25.14亿元；21个地（市）国有企业实现营业收入21637.43亿元，利润总额2326.24亿元，净利润1762.89亿元，实际上缴税费总额1954.82亿元。

2020年，广东省国有企业主要分布在社会服务业、交通运输业、房地产业、金融业等四大行业，占比81.81%。其中，广东省国资委监管企业归属于母公司所有者的净资产5385.27亿元，主要分布在交通运输业、工业、房地产业、金融业等四大行业，占比90.40%。

（一）疫情防控冲锋在前、勇挑重担

积极部署推进省属企业疫情防控工作，督促指导

省属企业落实疫情防控责任;制定支持企业复工复产政策措施,推动国有企业科学有序复工复产,加大对产业链上下游中小企业的支持,广东省国有企业累计减免租金超过 50 亿元。推进线上线下招聘服务,稳岗扩就业。国有企业率先转产熔喷料、负压救护车、酒精、额温枪等防疫物资,省属企业与相关中央企业攻坚克难、团结协作,超常规完成口罩机研发生产工作。广东省国资委疫情防控工作被中央和省主要媒体多次报道,得到国务院国资委的充分肯定。广业集团完成生产并交付口罩机 352 台;广新控股集团生产口罩超过 1.5 亿只,出口医疗防疫物资 400 余批次,出口金额累计 1 亿美元。广东省国资系统 1 名先进个人、1 个先进集体获得全国抗疫表彰,42 名先进个人、13 个先进集体获得广东省抗疫表彰。

(二)圆满完成脱贫攻坚任务

定点帮扶脱贫攻坚任务顺利完成。统筹做好省属企业和驻粤央企定点扶贫工作,72 个省定贫困村均达到出列标准,1.85 万名贫困人口全部脱贫。广东省国资委机关对口帮扶大岭村贫困人口 51 户 132 人提前脱贫出列。扎实做好挂牌督战肇庆高要区,定点联系江门开平市工作。加强与肇庆市工作对接,制定专门工作方案,成立督战专班,找准联系帮扶的准确路子,8614 人全部脱贫。深入开平市调查研究,建立工作会商机制,助力开平市乡村振兴、国资国企改革发展工作。深入实施消费扶贫。依托旅游控股集团"东悦游"电商平台、南粤集团"南粤分享汇"平台,建立"互联网+扶贫"消费模式,组织 180 件扶贫产品进行溯源认证、上线销售。省属企业、驻粤央企累计采购贫困地区扶贫产品价值约 6609 万元。广东省国资委办公室(党委办公室)获推广东省乡村振兴先进集体。

(三)积极参与重大民生工程和基础设施建设项目

深中通道,广湛高铁、汕汕高铁、梅龙高铁,4E 级湛江新机场,练江流域综合治理污水厂和管网建设工程,珠江三角洲水资源配置工程,韩江榕江练江水系连通工程和北江航道扩能升级工程等重大民生工程和基础设施建设项目顺利推进。主动谋划发展一批先进制造业和战略性新兴产业项目,风华高科高端电容基地项目、巨正源高性能聚丙烯二期项目、中金岭南韶关冶炼厂迁建项目有序推进。实质性完成广新控股集团和丝纺集团战略性重组,有序推进省属二、三级企业专业化整合。

(四)国有资本布局不断调整、持续优化

研究制定"十四五"广东省和省属国有资本布局与结构战略性调整规划,全面梳理和重新确定省属企业主业,引导国有资本重点投向战略安全、产业引领、国计民生、公共服务等领域。

二、广东省国有资产总量与结构分析

2020 年,广东省国有企业(不含中央企业、其他省份驻粤企业,下同)资产总额 127809.60 亿元,比上年增长 13.04 %;营业收入 26457.95 亿元,比上年增长 1.74 %;利润总额 2607.50 亿元,比上年下降 19.91 %;归属于母公司所有者的净利润 943.75 亿元,比上年下降 23.73 %。

表 1　　2020 年广东省国有企业指标

项　目	金　额(亿元)
资产总额	127809.60
所有者权益	49294.50
国有资产总量	35800.86
营业收入	26457.95
利润总额	2607.50
净利润	1943.48
归属于母公司所有者的净利润	943.75
应交税费总额	2301.27
实际上缴税费总额	2203.84

2020 年,广东省国有企业 14723 户,其中省直企业 3278 户、各市企业 11445 户。省直企业中,广东省国资委监管企业 2541 户(其中一级企业集团 17 户),其他省直部门监管企业 737 户。

表 2　2020 年广东省国有企业户数情况

2019 年户数(户)	2020 年户数(户)	比上年增长(%)
13796	14723	6.72

2020 年，广东省国有资产总量 35800.86 亿元，比上年增长 4.05%。其中，省直企业 6024.15 亿元、各市企业 29776.71 亿元。省直企业中，广东省国资委监管企业国有资本总量 5360.65 亿元，其他省直部门监管企业 663.50 亿元。从地区分布看，国有资产主要集中在珠江三角洲地区。珠江三角洲地区国有企业资产总量 100960.90 亿元，占广东省地(市)国有资产总量的 94.95 %。

表 3　2020 年广东省国有资产按地区分布情况

地　区	国有资产(亿元)	占国有资产总量比重(%)
省直国有企业	6024.15	16.83
省国资委监管企业	5360.65	14.97
其他省直部门监管企业	663.50	1.85
各市国有企业	29776.71	83.17
广州市	8188.89	22.87
深圳市	11780.15	32.90
珠海市	2427.07	6.78
汕头市	196.99	0.55
佛山市	1753.53	4.90
韶关市	136.78	0.38
河源市	301.31	0.84
梅州市	129.51	0.36
惠州市	449.81	1.26
汕尾市	61.06	0.17
东莞市	1119.84	3.13
中山市	435.68	1.22
江门市	783.64	2.19
阳江市	88.23	0.25
湛江市	410.41	1.15
茂名市	322.35	0.90
肇庆市	574.69	1.61
清远市	205.71	0.57
潮州市	122.40	0.34
揭阳市	110.85	0.31
云浮市	177.81	0.50
合　计	35800.86	100.00

从行业分布看，广东省国有资产主要分布在社会服务业、交通运输业、房地产业、建筑业和工业。这 5 个行业的国有资产总量 32402.13 亿元，占广东省国有资产总量的 90.51 %。

表 4　2020 年广东省国有资产按行业分布情况

行　业	国有资产(亿元)	占国有资产总量比重(%)
农林牧渔业	92.2	0.26
工业	1491.17	4.17
建筑业	2312.05	6.46
交通运输业	9600.89	26.82
仓储业	355.45	0.99
商贸业	701.8	1.96
房地产业	6813.03	19.03
信息传输、软件和信息技术服务业	480.75	1.34
社会服务业	12184.99	34.04
教育文化广播业	169.47	0.47

续表

行　业	国有资产(亿元)	占国有资产总量比重(%)
科学研究和技术服务业	286.79	0.80
金融业	1271.64	3.55
其他	40.64	0.11
合　计	35800.86	100

表 5　2020 年广东省国有资产按经营规模分布情况

经营规模	国有资产(亿元)	占国有资产总量比重(%)
大型企业	15037.86	21.51
中型企业	20245.12	28.95
小型企业	19913.24	28.48
微型企业	14730.83	21.07
合　计	69927.05	100.00

注:表中数据由单户表相加得出,不考虑差额表影响。

三、广东省国有资本保值增值综合分析评价

2020 年,广东省国有企业国有资本保值增值率 102.61%。其中,广东省国资委监管企业国有资本保值增值率 101.52%、其他省直部门监管企业国有资本保值增值率 104.23%、地(市)国有企业国有资本保值增值率 102.79%。从行业情况看,13 个国民经济行业中 10 个行业实现国有资本保值增值。从地区情况看,21 个地(市)中 16 个地(市)实现国有资本保值增值。

表 6　2020 年广东省国有企业地区和行业国有资本保值增值情况

地　区	国有资本保值增值率(%)	行　业	国有资本保值增值率(%)
广东省合计	102.61	广东省合计	102.61
省直国有企业	101.78	农林牧渔业	100.92
省国资委监管企业	101.52	工业	112.39
其他省直部门监管企业	104.23	建筑业	101.87
各市国有企业	102.79	交通运输业	99.97
广州市	103.09	仓储业	107.73
深圳市	103.63	商贸业	105.62
珠海市	101.95	房地产业	104.18
汕头市	99.79	信息传输、软件和信息技术服务业	101.48
佛山市	101.17	社会服务业	101.6
韶关市	102.73	教育文化广播业	98.72
河源市	100.49	科学研究和技术服务业	106.73
梅州市	98.40	金融业	113.04
惠州市	106.55	其他	99.35
汕尾市	101.05		
东莞市	102.72		
中山市	102.54		
江门市	100.10		
阳江市	100.39		
湛江市	99.74		
茂名市	101.27		
肇庆市	101.05		
清远市	100.65		
潮州市	100.27		
揭阳市	99.75		
云浮市	99.31		

四、广东省国资委监管企业改革发展情况

(一)聚焦激发企业活力,国资国企改革不断向纵深推进

坚持问题导向、系统集成,制定广东省国企改革行动实施方案,出台《关于深化省属国资国企改革发展的若干措施》,明确时间表、任务书和路线图,推动国资国企改革走深走实。一是现代企业制度不断完善。党的领导融入公司治理,出台企业党委研究讨论重大经营管理事项清单文本,各治理主体的权责边界进一步厘清;完善外部董事管理及履职制度,有序推进外部董事增聘工作,市场竞争类企业基本实现外部董事占多数;开展对标世界一流管理提升行动,推进管理体系和管理能力现代化。二是三项制度改革不断深化。推进省属二、三级企业经理层任期制和契约化管理;推进用工市场化,建立公开规范的省属企业招聘平台;充分发挥省属企业负责人薪酬审核委员会办公室作用,规范省属企业负责人薪酬管理。

(二)国资监管持续强化,以管资本为主的国资监管体制加快完善

一是管资本为主加快职能转变。重新制定广东省国资委"三定"方案,进一步明确职能定位;完成已出台规章规范性文件清理和立改废释105个,完善权责清单,出台授权放权清单,实施省属企业负责人高质量发展经营业绩考核。做好划转省属企业集团10%国有股权充实社保基金工作。二是综合监督体系逐步完善。围绕提高治理体系和治理能力现代化,改进国资监督方式和手段,搭建新的综合监督制度体系框架。三是风险管理不断加强。强化合规管理,实施投资负面清单管理,规范省属企业基金管理,加强资产负债约束,开展资质管理、小规模企业等专项监督检查。四是建设智慧国资、智慧国企取得新进展。搭建"粤资汇""粤易租"平台,建设大额资金动态监测系统,降低企业融资成本,规范资产租赁行为,加强资金管控。五是打造阳光国资、阳光国企。连续四年实现省属企业发布企业社会责任报告全覆盖,提升国有资产管理公开透明度。

五、广东省国资委监管企业并购重组与完善法人治理结构情况

(一)并购重组

聚焦主责主业谋发展,国有资本布局结构不断优化。完成16家省属企业主业动态调整工作。一是战略性重组和专业化整合有序推进,实质性完成广新控股集团和丝纺集团重组工作,完成第一批招投标、建筑关联、清洁能源等七大板块专业化整合。二是重大项目建设进展顺利,投资额20亿元以上项目104个,其中公益基础类项目投资额占77.26%。持续推进传统基础设施建设和重大环境治理、水资源配置、航道项目建设;组织企业编制电子信息等七大领域的发展规划,谋划发展一批先进制造业和战略性新兴产业项目。三是存量资产有效盘活,完成韶钢股权划转工作、粤海资产盘活、中广核股权转让剩余资金的返还协议签订并收回首期资金,做实广晟公司持有中国电信股权。南方电网股权关系逐步理顺,盐业集团改制涉及土地资产处置、广物控股集团在穗土地统筹利用工作取得阶段性突破。四是混合所有制改革积极稳妥推进,盐业集团混合所有制改革取得阶段性成果,启动60家省属二级企业混合所有制改革三年行动,10家二级企业完成混合所有制改革;启动资本运营三年行动计划。

(二)完善法人治理结构

一是国企改革扎实推进、成效明显。制定广东省国企改革三年行动实施方案,省委深改委印发《关于深化省属国资国企改革发展的若干措施》,广东省国资委出台一系列配套制度,细化各项改革任务。二是把党的领导融入公司治理,制定国有企业党委前置研究讨论重大经营管理事项清单示范文本和省属独立法人企业党支部(党总支)集体研究把关企业重大事项工作指引,指导省属企业制定各治理主体权责清单。三是进一步加强外部董事制度体系建设,优化董事会结构,健全董事会运行机制,加大市场化选聘力度,推进省属二级及以下企业经理层任期制和契约化管理。制定省属企业资本运营三年行动计划,持续督导重点企业申报

IPO,指导企业按计划做好优质企业优质资源的上市培育。参与"双百行动""科改示范行动",在省属企业开展对标世界一流管理提升行动和"总部机关化"专项整治,推进"激励、约束、容错"综合改革试点。四是完成广东省国有企业职工家属区"三供一业"、市政社区分离移交和教育医疗机构改革工作。加快推进国有企业退休人员社会化管理,提前完成广东省各级国有企业73.2万名退休人员社会化管理工作。

六、广东省国资委监管企业建立和完善经营业绩考核体系情况

(一)落实高质量发展要求,出台《广东省省属企业负责人高质量发展经营业绩考核暂行办法》

2020年6月,印发《广东省省属企业负责人高质量发展经营业绩考核暂行办法》(粤国资考核〔2020〕6号)。新的考核办法围绕推动高质量发展的主题,确立"六坚持、六突出"的原则导向。在考核指标体系构建上,突出考核重点,精简考核指标;设置附加权重,激励担当责任;突出企业特性,推进个性考核。在考核方法运用上,进一步强化对标考核,明确目标导向。鼓励省属企业更好履行责任使命,持续增强国有经济竞争力、创新力、控制力、影响力、抗风险能力,实现高质量发展,争创一流企业。

(二)突出工作重点,出台《广东省省属企业重大工程建设项目考核办法(试行)》

一是落实《广东省人民政府关于印发广东省重大工程建设项目总指挥部组建方案的通知》,结合各省属企业的管理实践,围绕推动重大工程项目建设,制定出台《广东省省属企业重大工程建设项目考核办法(试行)》(粤国资考核〔2020〕2号),以考核促进又好又快推进交通、水利、能源、产业等重大项目建设。二是明确"将重大工程建设项目考核结果占一定权重纳入省属企业负责人经营业绩考核,与省属企业负责人奖惩挂钩",强化考核激励作用,推动省属企业按要求保质、保量完成重大工程建设任务。

(三)强化对标考核,健全市场化对标体系

新一轮高质量发展经营业绩考核对省属企业按其主业所属行业对标市场考核,对标标池为上市公司、权威第三方数据。为确保按照核定主业与上市公司对标考核能够落地操作,结合企业实际,体现对省属企业高质量发展的考核要求,参照证监会及国内各大券商定期推出上市公司行业分类结果,审核确定各企业适宜的对标行业。6月,印发《2019年度省属企业高质量发展考核主业对标行业》(粤国资函〔2020〕215号)。

七、广东省国资委监管企业负责人考核与选人用人机制改革情况

牢固树立"人才是第一资源、创新是第一动力"理念,持续实施人才强企战略,为省属企业创新升级发展提供人才支撑。一是加大市场化机制改革力度。出台在省属二级及以下企业推行经理层任期制和契约化管理的工作方案及省属企业所属企业推行职业经理人制度操作指引。二是人才队伍结构持续优化。召开加强省属企业人才工作专题会议2次,研究部署高层次人才吸引和保护工作。持续实施企业家人才培养工程,与重点高校等机构合作开展国情研修班、综合能力提升班,培训人员100人次。三是大力支持企业筑巢引凤。全年推荐产教融合型企业9户,新增博士后科研工作站1个、博士后创新实践基地1个、博士后工作站5个。四是举全系统之力落实"稳就业"部署。省属企业全年新增招聘38352人,其中高校毕业生1.1万人,超额完成任务。五是集中开展省属企业"总部机关化"专项整治,推动省属企业构建市场化集团管控体系,打造精干高效集团总部。人才队伍结构持续优化。

八、广东省国资委监管企业党的建设和廉政建设情况

(一)党的建设

一是狠抓理论学习,增强"四个意识",更加笃定国资国企高质量发展奋斗方向。深刻认识习近平总书记重要讲话、重要批示是做好国资国企一切工作的"定盘星",推动全系统深刻领悟习近平总书记的谆谆

教导，牢牢把住国企改革政治方向。理论学习浓厚热烈。制定关于巩固深化主题教育成果具体举措，广东省国资委党委和各省属企业党委带头开展集中研讨390余次，党委班子成员带头讲党课400余场次。重点围绕十九届五中全会和习近平总书记视察广东重要讲话重要指示精神，广东省国资委先后举办“国企论坛”3期、示范培训班5期，培训人员1900余人次；各企业举办集中培训2237班次、培训人员12.3万人次，实现集中培训全覆盖。教育载体创新突破。从广东省国资委自身做起，引导鼓励各级党组织就近就便到红色教育基地、急难险重一线现场开展教育，有力提升学习教育感染力。部署开展“身边人讲身边事”活动，鼓励普通党员结合自身经历上讲台、讲党课，取得良好效果。大力推进党性教育基地建设，全系统建成党员活动阵地3723个。贯彻执行高效有力。建立政治要件闭环办理机制，全年立项督办落实习近平总书记重要讲话和重要指示批示90项。围绕解决全局性、根本性、长远性问题，列出专题10个，党委班子成员牵头“深调研”，切实把习近平总书记重要讲话、重要指示精神转化为深化国企改革三年行动、谋划国资布局优化“十四五”规划的实招、硬招。

二是夯实基层基础，打造亮点品牌，更加强化国资国企高质量发展政治和组织保障。着眼2021年建党100周年，把打造亮点品牌作为全年重点，《中国组织人事报》、“学习强国”学习平台、《广东党建》杂志等媒体刊载省国资系统亮点做法100余篇。“永葆国企党旗红”政治领导力提升工程有力有效。会同省委组织部制定《国有企业党委前置研究讨论事项清单示范文本》，指导省属企业各级党委100%制定权责清单，既避免党委会研究讨论事无巨细，也避免重大事项少上漏上。出台《独立法人企业党支部集体研究把关工作指引》，明确集体研究把关的原则、方式，2021年底前将基本实现有能力有条件落实集体研究把关要求。“五强五化”示范党组织创建活动成效初显。聚焦凝心聚力推动发展，在省属企业部署开展“五强五化”示范党组织创建活动，重点打造100个示范党组织，“一企一品”推进特色党建品牌建设。广东省国资委党委班子成员一对一联系、点对点指导，带动各企业全部落实1名领导挂点联系、制定1套个性化方案、至少打造1个特色品牌。建工集团打造科改创新、能源创效等十大先锋品牌，广物集团打造“创业型”党建，广业集团精耕细作“十大党建实事”，创建活动成效初显。“五聚焦五提升”学做结合模范机关创建活动扎实开展。以“五聚焦五提升”为目标，以“一支部一堡垒”为主题，组织机关各支部找准找实支部建设与业务工作的结合点，先后选送5个组织生活案例和5个精品党课上报省直机关工委，选送4个作品参加省市直机关“先锋杯”工作创新大赛。把推进省委巡视整改作为机关建设龙头任务，34个整改事项完成19个，阶段性完成15个。针对实施创新驱动战略、混合所有制改革等方面不足，举一反三、深化拓展，推动各项工作走深走实。

三是聚焦主责主业，融入工作全局，更加营造“齐抓共管、合力攻坚”的浓厚氛围。坚定履行《国企条例》赋予的具体指导和日常管理工作职责，既做到身先士卒，又坚持强力推进。2020年9月，广东省国资委党委在中组部基层党建研讨班作经验发言，得到中组部高度肯定。“齐抓共管”党建工作新格局巩固深化。出台重要改革文件，把党的建设作为基本要件，一体化部署推进。针对企业在落实过程中把握不准的具体问题，全年出台指引性文件6个。层层建立挂点联系基层党组织制度，持续优化并推进党建考核全覆盖，有力有效推动各项任务落到实处。下大决心推动人财物向一线倾斜，省属企业配备专职党务人员2593人，全年落实党建经费预算3.42亿元。中央驻穗企业党建分类管理有力强化。每年召开党建工作会议，印发党建工作要点，开展党建工作培训，一体推动中央驻穗企业党委落实国企党建重点任务。扎实做好中央驻穗企业党员发展、党费管理、党内表彰等各项工作，完成2家中央驻穗企业整建制转入工作、6家中央驻穗企业换届工作、1610名党员发展工作，向中央驻穗企业下拨党费330万元，推选中央驻穗企业19名个人、5个集体获得广东省抗疫表彰。统战宣传群团各项工作全面提升。择优推选35名党外人士参与省留联会、省知联会理事人选推荐。持之以恒践行社会主义核心价值观，8人获评“广东好人”，14家单位获评“全国文明单位”，42家单位获评“广东省文明单位”。开展“展翅计划”港澳台大学生实习专项行动，为港澳台青年提供就业实习岗位47个。

(二)廉政建设

巩固深化党风廉政建设和反腐败工作，营造风清气正良好政治生态。一是加强领导班子廉政建设，做好表率。持续整治领导干部配偶子女违规经商办企业、利用职权谋取非法利益问题，广东省国资委领导班子成员带头认真检视，进一步加强对亲属的教育管理。以学习贯彻《党委(党组)落实全面从严治党主体责任规定》为重要抓手，压实广东省国资系统各级党组织的主体责任，强化守土有责、守土担责、守土尽责的政治担当。二是紧盯关键少数，压实管党治党政治责任。组织开展2019年度省属企业落实党风廉政建设责任情况考核，考核结果与薪酬绩效直接挂钩，以刚性考核倒逼责任落实。配合省纪委监委对省属企业党委书记向省委提交的书面述责述廉报告进行审核分析，规范省属企业各级党组织述责述廉工作，强化对"一把手"的监督。落实《省国资委党委开展党内谈话的实施方案》，开展任前廉政谈话，协同驻广东省国资委纪检监察组分别约谈党委班子成员1人、企业党委主要负责人18人次、机关处室各党支部负责人13人次。三是深化政治巡察，发挥利剑作用。深入贯彻落实中央、省委巡视巡察工作部署，紧扣当前形势任务，重点对承担基础设施建设和商贸金融类业务的12家省属二级企业党组织开展两轮常规巡察，组织对12家省属二级企业党组织进行政治巡察，发现问题442个，移交线索28条，信访件35件。梳理省委巡视和省国资委党委巡察发现的突出问题清单，督促省属企业对照清单自查自纠、举一反三。制定《省国资委党委关于进一步深化省属企业巡察整改工作的意见》，修订完善巡察工作手册，编写广东省国资委党委巡察工作指引，切实加强巡察工作规范化建设。四是持续纠治"四风"，巩固拓展作风建设成效。每逢节假日等重要节点，及时传达上级关于落实中央八项规定精神通知要求，发现问题优先核查，典型案例通报曝光，分期分批通报违纪违法案例19起22人次，驻广东省国资委纪检监察组处置相关问题线索42条，立案审查10宗。建立健全长效机制，制定印发《广东省省属企业商务招待管理规定》，研究制定《省属企业贯彻落实中央八项规定及其实施细则精神"正面清单"》，列出10个方面的规范指引，督促省属企业排查制度漏洞，做好废立改释工作，制(修)订有关制度70余项。五是坚持"三不"一体推进，保持反腐败高压态势。举办广东省国资委党章党规党纪教育培训班，组织机关干部参观廉政教育基地，坚持以案明纪释法，以身边事警示、教育身边人，分期分批通报违纪违法案例17起20人次。与驻广东省国资委纪检监察组协同发力，严惩靠企吃企、关联交易、设租寻租、利益输送等腐败顽症，省属国资国企纪检监察系统立案166件。加大涉嫌职务犯罪案件查办力度，采取省监委立案、驻广东省国资委纪检监察组查办方式立案4件、留置4人，向地方监委移交涉罪问题线索3条，联合或配合花都区、海珠区监委处置线索2条，立案5件、留置5人，移送检察机关1人。

(撰稿人：梁国平)

深圳市

一、深圳市国有资产监督管理工作综述

2020年，深圳市属国资系统在市委、市政府的坚强领导下，团结带领深圳市国资国企抢抓建设粤港澳大湾区、深圳先行示范区和实施深圳综合改革试点重大历史机遇，坚定不移深化改革，全力以赴发挥功能作用，统筹推进疫情防控和经济发展，各项工作不断取得新成绩。

(一)坚定理想信念，始终把政治纪律和规矩挺在前面

坚持把党的政治建设摆在首位，全面贯彻党的十九大和十九届二中、三中、四中、五中全会精神，深入贯彻习近平总书记出席深圳经济特区建立40周年庆祝大会和视察广东、深圳重要讲话、重要指示精神，增强"四个意识"，坚定"四个自信"，做到"两个维护"。推动"不忘初心、牢记使命"主题教育常态化，组织全系统各级党委开展"第一议题"学习5215次。制定企

业党委研究决定事项清单、党委前置研究讨论重大经营管理事项清单，充分发挥委党委把方向、管大局、保落实的领导作用。高质量完成深圳改革开放干部学院筹建。

（二）贯彻新发展理念，推动国企质量效益再创新高

聚力"六稳""六保"，多措并举提质增效。截至2020年底，市属企业总资产4.12万亿元、净资产1.44万亿元，分别比年初增长12.8%、14%；营业收入7979亿元，比上年增长10.1%；利润总额1358亿元，比上年增长5.7%；净利润1028亿元，比上年增长8.1%；实际上缴税金907亿元；贡献深圳财税收入581亿元，为历年之最。在全国37个省级监管机构中，市属企业总资产排第四位，利润总额、净利润、成本费用利润率等均排第二位。

（三）强化使命担当，全力服务深圳市夺取疫情防控和经济社会发展"双胜利"

助力深圳构建最严密的防控和保障体系，确保城市高效运行。在全国率先出台大力度免租降费措施，为3.3万家市场主体减免租金20.7亿元。向湖北地区捐赠款物折合1722万元，选派6批次425名党员干部支援基层防控。牵头落实支持民营经济发展"四个千亿"计划中的3个，组建1000亿元平稳发展基金，决策支持309家民营企业540亿元，完成发债增信170亿元，撬动银行信贷超过600亿元。制定国资"1＋N＋1"战略应急物资保障体系方案，全面服务提升城市储备保供能力，得到市领导肯定。积极发挥投资牵引作用，市属企业投资完成率107%，其中承担深圳市近1/3重大建设项目，投资完成率124%。落实市委、市政府"年内新增投资100亿元"的要求，投资完成率222%。承担2019年深圳全球招商大会项目13个，占深圳市项目总数的12.4%，项目落地数深圳市第一、落地率100%。强化绿色发展，深圳市国资委位列深圳市生态文明建设考核市直部门第一名。坚决落实脱贫攻坚部署，对口27个贫困村全部脱贫，国资系统消费扶贫采购超额20.5%完成年度任务，位列深圳市各区、各部门第一名，深农集团被党中央、国务院评为"全国脱贫攻坚先进集体"。

（四）突出先行示范，推动综合改革试验取得阶段性成效

牵头编制深圳国企改革三年行动实施方案，综合改革试验任务全面落实，得到上级肯定。国务院国企改革领导小组办公室专门出台文件支持深圳深化国资国企综合改革。"双百行动"全面完成阶段性目标，投控公司成为深圳第8家"世界500强"企业，2家企业获得"双百行动"改革评估A级，3家企业入选"双百行动"案例集。能源环保、建科院成功入选"科改示范行动"。组织29家直管企业分类开展"对标世界一流管理提升行动"。指导南山、宝安、龙华创建综合改革试验示范城区，打造县区级国资国企改革标杆。研究编制激励约束机制改革文件，商业类直管企业长效激励约束机制建设覆盖面87%。市属企业混合所有制比例83.5%。

（五）落实"管资本"要求，进一步优化国资监管

出台深圳市国资委授权放权清单，明确四大类37项授权放权事项，赋予企业更大自主权。出台专职外部董事年度考核评价办法、外派监督人员特殊贡献奖和监督成果运用管理办法，更好地发挥外派人员履职作用。健全社会责任报告发布常态化机制，实现直管企业报告发布全覆盖。加强集体资产管理，出台国企引领带动集体经济高质量发展工作方案。

（六）聚焦产业链供应链，大刀阔斧推进战略性并购重组

全面实施国资重组整合"1＋N"方案，组建交易集团、食品物资、特区建工，完成水务集团外方股权收购、口岸管养业务接收等工作，加快推动国有存量土地确权。与中央企业、腾讯联合成立中资阳光采购交易平台，打造国内规模最大、技术领先、服务一流的互联网央企采购平台。成立深圳公共资源交易中心，助力深圳成为全国要素市场化配置改革先锋城市。收购2家头部企业，打造央地合作、深圳国资进军高端制造业标杆。组建首期40亿元国资协同发展基金，上市公司数增至34家，资产证券化率58.8%。

（七）提升监管效能，推动全面从严治党向纵深发展

持之以恒纠正"四风"，严肃查处违反中央八项规定精神问题27人。保持反腐倡廉高压态势,全系统开展谈话提醒931次,立案98宗,督导4家企业按时整改市委巡察督查发现的问题,对深圳市国资委党委巡察的6家企业开展整改督查。完善"六位一体"大监督体系,推进出资人监督与党内监督、监察监督融合。增强国资监管智慧化、效益化、阳光化,打造"六平台一中心"智慧国资监管平台,阳光采购平台年度节约采购成本170.36亿元,资金节约率12.54%。资金融通平台累计成交3384亿元,有效降低企业资金成本。

(八)贯彻全面依法治国战略,打造法治国资、法治国企

全面学习贯彻习近平法治思想,健全合规性审查机制,严格履行公平竞争审查程序,妥善应对涉法涉诉事项,连续四年在深圳市法治政府建设考评中排名前列。高质量推进《深圳经济特区企业国有资产监督管理条例》立法,努力打造最能体现市场经济规律的全国国资立法典范。与市司法局携手共建具有深圳特色的市属企业公司律师制度,联合举办国家宪法日主题活动,指导16家市属企业获评"省法治文化建设示范企业"。依法畅通信访渠道,全面推进诉访分离,坚持以法律标尺化解矛盾。

二、深圳市国有资产总量与结构分析

表1　2020年深圳市国有企业指标

项　目	金　额(亿元)
资产总额	44995
所有者权益	17543
国有资产总量	11801
营业收入	8328
利润总额	1407
净利润	1066
归属于母公司所有者的净利润	446
应交税金总额	993
实际上缴税金总额	928

表2　2020年深圳市国有企业户数情况

2019年户数(户)	2020年户数(户)	比上年增长(%)
1948	2286	17.4

表3　2020年深圳市国有资产按地区分布情况

地　区	国有资产(亿元)	占国有资产总量比重(%)
市属企业	8724	73.9
区属企业	2996	25.4
前海管理局	1098	9.3
龙岗区	459	3.9
南山区	414	3.5
宝安区	295	2.5
福田区	256	2.2
光明区	135	1.1
坪山区	105	0.9
龙华区	88	0.7
罗湖区	59	0.5
盐田区	52	0.4
大鹏新区	35	0.3
三大文化集团	81	0.7
合　计	11801	100.0

深圳市国有资本主要集中于基础设施及公用事业,分布在社会服务业、园区和地产业、交通运输业、金融业和工业五大行业。社会服务业主要是人才保障房、投资与资产管理等企业,园区和地产业主要是产业园区和房地产开发企业,交通运输业主要是地铁、机场、港口和高速公路等企业,金融业主要是证券、担保、小额贷等企业,工业主要是电力、供水、燃气等公用事业企业。五大行业国有资本总量占比94.6%。

表 4　2020 年深圳市国有资产按行业分布情况

行　业	国有资产（亿元）	占国有资产总量比重(%)
社会服务业	4191	35.5
园区和地产业	3449	29.2
交通运输业	2669	22.6
金融业	508	4.3
工业	346	2.9
信息技术服务业	309	2.6
商贸业	165	1.4
其他	164	1.4
合　计	11801	100.0

深圳市国有企业以大中型企业为主，占比 92.4%，小微型企业占比较小。

表 5　2020 年深圳市国有资产按经营规模分布情况

经营规模	国有资产（亿元）	占国有资产总量比重(%)
大型企业	8832	74.8
中型企业	2077	17.6
小型企业	885	7.5
微型企业	7	0.1
合　计	11801	100.0

三、深圳市国有资本保值增值综合分析评价

2020 年，深圳市国有企业经营效益保持平稳，受新冠肺炎疫情影响，建筑业、教育文化广播业、农业出现小幅亏损，其他行业全部完成国有资产保值增值任务，整体国有资产保值增值率 103.8%。其中，仓储业保值增值率 113.6%，保值增值水平最高；科学研究与技术服务业、工业、金融业、信息技术服务业等 7 个行业的保值增值率超过平均值。

表 6　2020 年深圳市国有企业行业国有资本保值增值情况

行　业	国有资本保值增值率(%)
仓储业	113.6
科学研究与技术服务业	113.5
工业	111.2
金融业	110.2
信息技术服务业	107.6
商贸业	106.0
园区和地产业	103.8
交通运输业	101.8
社会服务业	101.7
建筑业	93.5
教育文化广播业	86.0
农业	85.4

四、深圳市国资委监管企业改革发展情况

（一）以管资本为重点，努力探索具有深圳特色的国资监管路径

突出“放活管好”总要求，着力在破除体制性障碍上下功夫，切实增强国资监管的针对性、科学性、有效性。一是加快转变国资监管机构职能。紧扣“国企出资人、国资监管人、党建负责人”职责定位，修订国资监管权责清单，强化党建和监督职责，形成八类 24 项事权，进一步强化企业市场主体地位。出台授权放权清单，对产业集团、国有资本投资公司、国有资本运营公司、上市公司等四类企业，授权放权 37 项，赋予企业更大经营自主权。积极推进《深圳经济特区企业国有资产监督管理条例》立法，聘请黄奇帆、马蔚华、樊纲、任克雷、梁定邦、李曙光、黄群慧等专家作为立法顾问，将综改试验形成的成熟经验用法律加以固化，努力打造国资监管立法“深圳标杆”。二是持续完善“两类公司”功能。编制深圳市投资控股公司对标淡马锡打造

国际一流国有资本投资公司"1+7"方案,投控公司董事会加大对执行委员会、经理层授权。2020年投控公司成功跻身"世界500强"。将华润深国投、中国科技开发院等股权整合至深圳市资本运营集团,指导资本集团构建"战略研究+协同布局+直接操盘"全链条国资支撑体系和"集团本部+产业基金+专业平台"协同推进投资体系。三是创新构建智慧国资监管平台。编制智慧国资国企信息化三年规划,打造阳光采购、阳光租赁、资金融通、重大资源开发等"六平台一中心"智慧国资监管平台,实现国资阳光运行、要素全部覆盖、过程留痕可询、动态监测预警。阳光采购平台累计发布信息145019条,成交项目83631项,成交金额2814.28亿元。有效降低资金融通成本。阳光租赁交易平台累计成交合同租金263亿元,竞价增值18.5亿元。

(二)以市场化为导向,全力打造机制完备、活力充盈的现代国企

全力克服机制性梗阻,探索具有深圳特色的国企治理模式。一是稳慎开展混合所有制改革。坚持"三因三宜三不""成熟一家推动一家",通过基金、首发上市、整体上市、并购重组、员工持股等多种路径分类推进混改,着力解决企业发展问题,确保混合所有制改革取得实效。积极探索"股按岗定、岗变股变、股随绩调、人离股退"的股份管理和退出机制,做到员工持股长锁定、有力度、不僵化。2020年,市属企业混合所有制比例83.5%。二是持续完善公司治理。按照应建尽建、配齐建强要求,组建外部董事占多数,内部董事、专职外部董事和兼职外部董事合理搭配、规模适中、专业互补的董事会。市属29家直管企业中,28家建立规范董事会,其中22家实现外部董事占多数、占比78%。聘请马蔚华、任克雷、徐扬生等17名专家担任直管企业兼职外部董事。三是大力推进市场化选人用人。坚持"市场化选聘、契约化管理、差异化薪酬、市场化退出"原则,坚持党管干部原则和发挥市场机制作用相结合,累计完成123家市属各级企业经营班子市场化选聘,聘用经理层成员309人。研究出台企业负责人经营业绩考核办法,推动200余家企业经理层成员实现任期制、契约化管理,对履职不到位、考核不称职人员坚决予以调整,有效破解"能上不能下""能进不能出"难题。

(三)以优服务为目标,持续优化国有经济布局结构

紧扣市委、市政府对深圳国资"服务大局、服务城市、服务产业、服务民生"的功能定位,加快推动资源向优势企业、上市公司集中,更好地发挥支撑服务功能。一是做强存量做优增量。立足全市国资"一盘棋",编制实施资源配置"战略地图"。围绕做精城市保障链、做强城市建设链、做全金融投资链、做优新兴产业链,完成特区建工、环境水务、要素交易、铁路投资、智慧城市、重大产业投资、深港科创、军民融合、企业服务、人才集团等企业的组建或重组。与央企、腾讯联合成立中资阳光采购交易平台,打造国内规模最大、技术领先、服务一流的互联网央企采购平台。编制《深圳市公共资源交易改革工作方案》,整合深圳市、区两级14个交易平台,成立深圳交易集团,对政府采购、土地使用权和矿业权出让、工程建设招投标、药品、医疗器械等重点领域实现深圳市集中统一交易,助力深圳要素市场化配置改革。二是加快市场化资本运作。实施"上市公司+""+上市公司"和"基金群"战略,大力推进资源资产化、资产资本化、资本证券化,全系统上市公司增至32家,其中综合改革试验实施以来新增8家,盐田港获批全国首批基础设施公募REITs试点,资产证券化率58.8%。在全国率先设立运营总规模100亿元的深圳天使母基金,撬动社会资本94亿元,投资项目275个,经验做法获得国务院肯定。三是持之以恒强化功能。发挥城市建设运营主力军作用,完成投资2470亿元,比上年增长37%;承担深圳市重大项目92个、完成投资748亿元,占深圳市总量的28%。制定国资"1+N+1"战略应急物资保障体系建设方案,全面提升超大型城市储备保供能力。打造"空间保障+科技金融+人才服务+场景应用+平台支撑"全要素创新综合生态服务体系,推动深圳高新技术产业发展成为全国的一面旗帜,相关做法得到中央领导和国务院国资委党委书记、主任郝鹏的肯定。

五、深圳市国资委监管企业并购重组与完善法人治理结构情况

(一)并购重组取得成效

一是整体收购华为荣耀业务。市属国企智城集

团联合30余家荣耀代理商、经销商收购华为荣耀业务资产，实现荣耀业务回归落地深圳、市属国资在信息通信技术等产业布局，确保深圳高新技术和战略新兴产业继续保持领先优势。最大程度地保障荣耀消费者、渠道商、供应商、合作伙伴及员工等多方利益，保障5G芯片供应稳定，作出服务实体经济发展、落实“六保”“六稳”任务的国资新贡献。二是战略入股中集集团。市属国企资本集团市场化筹集资金105亿元，受让中远海发等持有的中集集团A股和H股股份，取得中集集团29.74%的股权，成为中集集团第一大股东。此次收购彰显市属国资落实国家海洋强国战略的坚定决心和使命担当，有力支撑深圳全球海洋中心城市建设，补足市属国资在高端装备制造和国际化布局方面的短板。同时，树立央地合作的典范，为后续与优质中央企业的进一步合作起好步、开好局。三是承接恒大地产股权。市属国企安居集团出资200亿元承接山东高速及其关联方持有的恒大地产股权，有效缓解恒大地产资产负债和现金流压力，有力支持恒大地产渡过难关。实现深深房停牌时间最长的重大无先例事项平稳解决，深深房平稳复牌，有效维护特区经济社会环境，保障特区成立40周年庆典系列活动祥和稳定；进一步拓宽安居集团市场化筹建公共住房新渠道，推动深圳公共住房事业的可持续发展，共同助力深圳打造“住有宜居”民生幸福标杆。

（二）基金群建设取得进展

深入实施“大撬动”，发挥国资基金群功能。强化顶层设计，有序推进政策性（专项）基金相关管理办法拟定等工作。组织制（修）订7项政策性（专项）基金有关制度，印发制度3项。推进产学研深度融合，完成天使母基金50亿元增资工作，总规模100亿元，规模全国最大。完成天使项目投资275个，积极完善深圳创新生态链，相关做法纳入国务院第七次大督查发现的代表性、典型性经验做法。开展市属国企项目和资金协同，统筹鲲鹏基金及相关市属、区属国有企业，盘活存量资金，设立国资协同发展基金，集中资源重点围绕“一体两翼”产业领域开展战略性并购，助力国资国企新一轮大发展。

（三）混合所有制改革不断深化

延长市属国企管理层和核心骨干持股制度有效期至2022年12月31日，并在新设企业持股、个人持股比例设置、员工战略配售等方面探索创新，进一步形成“股按岗定、以股揽才、岗变股变、股随绩调、人离股退”的机制。稳慎推进员工持股，完成深投环保、特发智胜2家企业持股改革工作；审核同意深规院持股改革总体方案，通过引资聚才，加快推进以“混资本”促“改机制”，不断提高企业发展活力。

（四）完善法人治理制度

一是全力开展国资立法，高标准开展《深圳经济特区企业国有资产监督管理条例》起草工作，凸显特设机构性质和国有企业市场主体地位，更好融入深圳先行示范区、区域性国资国企综合改革试验探索实践，努力在监管体制、国资预算、选人用人、考核激励、资本运作等领域创新突破，阶段性成果获得国务院国资委充分肯定。二是加大授权放权力度，制定出台《深圳市国资委授权放权清单（2020年版）》，结合企业功能定位、治理能力、管理水平等改革发展实际，针对直管企业、国有资本投资公司、国有资本运营公司及上市公司分类授权放权37项，并组织直管企业开展公司章程全面修订工作。三是填补参股企业管理空白，出台《深圳市国资委关于规范市属企业参股管理的指导意见》，在规范新设参股企业、完善参股企业公司治理、强化股东事务日常管理及参股企业退出管理等方面进行创新，着力解决“参控不分”“只参不管”等问题。四是深化激励约束机制改革，对标市场标杆企业，设计激励约束机制改革思路“战略屋”，研究起草深化激励约束机制改革规划纲要和行动方案，全面构建企业领导人员四大群体考核分配体系、荣誉表彰体系、长效激励约束机制、薪酬总额机制、智慧绩效管理系统五大改革模块。五是强化国资国企信息披露工作，健全社会责任报告发布常态机制，连续三年发布市属国资国企社会责任报告，推动25家直管企业集中发布社会责任报告，实现直管企业社会责任报告发布全覆盖。

（五）夯实法人治理基础

一是夯实公司治理评价基础，会同德勤会计师事务所完成直管企业公司治理问卷调查和现场调研工作,全面梳理直管企业公司治理现状,加快编制直管企业公司治理评价报告,探索搭建公司治理评价体系。二是规范直管企业董事会换届,研究制定《直管企业董事会换届工作指引》,突出“出资人”职权,对企业董事会及其成员履职情况进行全面评价,构建从传统的企业领导班子换届到董事会换届、从单一的干部考察到对董事会及董事履职情况综合评价的新换届模式。三是完善专外董事管理制度,出台专职外部董事履职指引,进一步规范和保障专职外部董事履职。修订专职外部董事年度考核评价办法,完善操作规程,细化评价指标,总结提炼出专职外部董事“股东代表、决策专家、督导专员”工作定位,初步构建涵盖行为规范、考核评价、工作记录、成果运用等领域的专职外部董事制度体系。四是推进财务总监管理模式改革,完成深业集团、地铁集团等4家企业监督与管理并重的财务总监管理模式改革,累计完成16家。五是健全监督履职管理制度,出台外派监督人员监督成果运用管理办法,注重对工作报告、独立审核意见等监管成果的运用,实现监督的闭环管理。制定外派监督人员特殊贡献奖管理办法,对在防范化解企业经营风险、维护国有资产安全、推动与保障国资国企改革等方面作出突出贡献的外派监督人员进行奖励。

六、深圳市国资委监管企业建立和完善经营业绩考核体系情况

(一)顶层设计激励约束改革施工图

积极落实《深圳建设中国特色社会主义先行示范区综合改革试点实施方案(2020—2025年)》《深圳市区域性国资国企综合改革试验实施方案》《国企改革三年行动方案(2020—2022)》等有关文件精神,探索实践与企业市场地位和业绩贡献相匹配、与考核结果紧密挂钩、增量业绩决定增量激励的薪酬分配机制和长效激励约束机制,统筹规划市属国企深化激励约束机制改革顶层设计。在总结深圳国资多年改革实践经验基础上,学习借鉴平安、华为、万科等标杆企业和中央企业及广东、上海等典型经验做法,结合深圳国资国企实际,研究起草《深圳市属企业深化激励约束机制改革行动方案》,作为深圳市属企业激励约束机制改革“1+N”制度体系指导性文件,主要包括统筹建立“以业绩论英雄”的企业领导人员考核分配体系、建立健全“弘扬企业家精神”的荣誉表彰体系、创新构建“增量业绩决定增量激励”的长效激励约束机制、科技赋能建设“数字画像全景可视”的智慧国资绩效管理系统等内容。

(二)优化完善负责人考核激励体系

突出业绩导向,切实发挥考核“指挥棒”作用,牵引企业高质量发展,初步形成针对不同考核对象的分类考核机制。一是突出高质量发展要求,以管资本为主建立与法人治理结构相一致的经营业绩考核机制,构建深圳市国资委考核董事长、董事会考核经理层成员、经营班子考核内部员工的三层次考核体系,有效解决“考核谁、谁来考、考什么”问题。二是加强制度设计,研究修订企业董事长经营业绩考核办法,坚持分类考核,突出真实价值创造、行业地位提升、可持续发展能力等指标,严格按照深圳市国资委与企业董事长签订的经营业绩责任书要求进行契约化考核,引导企业对标一流、跑赢大市、追求卓越。三是落实经理层“契约化”刚性考核要求,制定高管人员业绩考核与薪酬分配系列制度,由企业董事会与经理层成员签订聘任协议和经营业绩责任书,明确经理层成员的岗位职责、考核内容与指标、考核奖惩及退出条件、退出方式,推动企业经理层成员实现任期制、契约化管理,严格按照岗位聘任协议、经营业绩责任书约定目标进行考核,对履职不到位、业绩考核不称职人员予以调整。

(三)全面构建长效激励约束机制

探索实践与企业市场地位和业绩贡献匹配、与考核结果紧密挂钩、增量业绩决定增量激励的长效激励约束机制。一是根据企业功能定位、发展阶段、盈利能力不同,分类构建激励模式(1.0模式、2.0模式、3.0模式),充分发挥长效激励约束机制“指挥棒”作用,牵引市属企业落实国资国企战略意图。推动深业集团、深农集团、特发集团、交易集团等市属企业构建长效激励约束机制。二是在充分总结深圳国资国企多年来实践经验基础上,探索项目跟投机制,引导企

业更加专业高效、科学规范地开展项目跟投工作。

(四)稳步推进智慧国资绩效系统建设

贯彻“管理建在制度上，制度建在流程上，流程建在系统上，系统建在数据上”理念，稳步推进智慧国资绩效系统建设，有效提升国资监管效能和企业组织活力。一是立项启动项目建设。以精准的问题剖析和先进的设计思路起草项目调研材料、规划研究报告及系统建设工作方案，组建项目团队启动建设一体化智慧绩效管理系统。二是调研访谈夯实基础。坚持系统与业务深度融合，开展为期27天的委企需求调研工作，研读文件700余份，回收调研问卷121份，梳理需求要点400余条，为业务方案设计、系统落地提供坚实保障。三是扎实推进系统建设。优化监管驾驶舱、智能入口、绩效管理、人员管理、数据管理等设计，按计划节点完成工作说明书、业务方案和系统原型图等阶段性成果。

七、深圳市国资委监管企业负责人考核与选人用人机制改革情况

(一)高标准确立企业负责人经营业绩考核目标

考核目标聚焦企业价值提升、服务保障、创新发展、风险控制等维度，突出企业效益贡献、重大项目建设、重大改革任务、公共服务质量、服务产业成效等重点，并根据企业分类差异化确定考核指标。经济效益指标与预算目标衔接，采取目标分档管理机制，鼓励企业勇挑重担，力争经济效益再上新台阶；引导企业高标准、高质量完成市委、市政府重大专项任务，在服务大局、服务城市、服务产业、服务民生等方面发挥更大作用。

(二)努力打造高素质专业化国企领导人员队伍

2020年，市委组织部、市国资委组织开展建市以来力度最大的全球市场化选聘工作，采取“公开选聘＋定向猎聘”方式选人用人，深业集团、特区建发集团等8家市属企业17个高管岗位吸引海内外1000余名高端人才角逐，首开先河选聘境外人士担任市管企业总经理、港籍人士担任副总经理，为经营团队注入活水。

(三)积极探索建立市场化契约化职业经理人制度

按照国家部署要求，先后印发《关于在“双百企业”全面推行经理层成员任期制和契约化管理的通知》《关于全面开展市属国有企业经理层成员任期制和契约化管理的通知》等系列文件，指导企业制定《经理层成员任期制和契约化管理2020—2022三年计划》和工作方案，确保2022年市属企业经理层成员全面推行任期制和契约化管理。截至2020年底，投控公司、深粮控股等5家“双百企业”以及深圳建科院、深能环保等2家“科改示范企业”全面完成本部及所属各级606家企业经理层成员任期制和契约化管理。

八、深圳市国资委监管企业党的建设和廉政建设情况

(一)党的建设

一是聚焦政治建设，理论武装持续加强。依托深圳市国资委党校平台，在全系统分级分类组织专题学习研讨，传达学习习近平总书记在党的十九届五中全会上的重要讲话精神和全会精神以及习近平总书记出席深圳经济特区建立40周年庆祝大会和视察广东重要讲话、重要指示精神，全年克服疫情影响，线上线下相结合开展党性教育班次培训46期，培训71266人次。二是聚焦国企姓党，治理机制不断完善。建立深圳国资国企加强党建若干措施等“1＋N”制度体系。全面落实“党建进章程”，将党委前置研究、“先党内、后提交”等要求制度化。完善“双向进入、交叉任职”领导体制，全面推行直管企业董事长和党委书记“一肩挑”、总经理兼党委副书记。指导企业“一企一策”修订党委会议事决策规则，建立“会前论证沟通”“会中民主决策”“会后执行监督”三项机制。开展“中国特色国有企业治理机制研究——深圳市属国有企业的探索和实践”课题调研，获得国企党建专委会年度课题全国一等奖。强化党建专项考核，严格落实一年一度的党建专项考核和党组织书记述职考评制度，考核结果与企业领导人员薪酬挂钩。联合市委组织部出台《深圳市贯彻〈中国共产党国有企业基层组织工作条例(试行)〉重点工作清单》，开展“深圳市属国有

企业扩大党的组织和工作覆盖的现状和下一步工作思路"专题调研并形成报告。三是聚焦强根固本，组织基础更加夯实。顺利完成96户驻深国企组织关系划转及管理工作。稳步推进企业党组织设立、变更、换届，落实市委组织部统一要求，指导深圳市国资系统近1800家党支部完成集中换届。规范开展党员发展工作，全年发展党员2080人。完成5154名国有企业退休人员党员组织关系转接工作。高标准高质量落实市第七次党代会代表推选工作。四是聚焦服务大局，党建优势充分发挥。高质量筹建深圳改革开放干部学院，打造创新型、开放式、国际化教学平台，实践基地和展示窗口。组织开展"党员亮身份，防疫当先锋"活动，深圳市国资委党委系统基层党组织组建"党员先锋队"300余支、设立"党员示范岗"200余个、划设"党员责任区"1200余片，76000余名党员坚守一线。划拨委管党费200万元支持防控工作，党员累计捐款1304万元。

(二)廉政建设

一是聚焦监督执纪问责主业，执纪审查量增质优。克服疫情影响，全系统立案98件。加强把关指导，压实"双报告"机制，指导企业立案81件。首次开展市属国资国企"优秀案例"评选活动，评出6个"优秀案例"，以评促改、以评促进。审理违纪案件无一宗投诉、复议。对受处分(处理)人员及单位开展回访监督工作，确保处分执行到位，关怀落实到位。二是紧盯制度落实情况，多项改革成果得到夯实。落实派驻机构改革方案，配合市纪委监委完成16家市管企业监察专员的任命工作，指导各企业制定改革配套措施；完成14名委管和重点监管企业纪委书记、副书记提名考察；建立对96家驻深企业日常联络机制。围绕防范证照管理、利益冲突、资金管理、大监督体系、阳光采购等"6＋1"项制度，开展落实情况专项检查。三是落实"断链反腐"，腐败治理途径有效拓宽。推动市政府出台《公共资源交易改革工作方案》，整合市、区两级14个资源交易市场。依托深圳交易集团，发挥公共资源交易平台作用，初步构建深圳市统一的全要素交易综合监管体系。市属国企要素交易综合监管平台成效显著，阳光采购全流程交易系统上线，同步监督系统上线试运行，提示风险404项，信息发布风险由6.51％降至0.44％。国企资金融通平台节约利息支出4.5亿元。四是坚持问题导向，巡察整改落地见效。对市委巡察督查发现的应改未改问题开展督办，对果菜公司、燃气投资等深圳市国资委党委第二、三轮巡察企业展开巡察督查，推动重点难点问题整改。五是涵养廉洁氛围，各类宣传教育活动精彩纷呈。采取"线上＋线下"结合的方式，连续三年举办"身边人、身边事"警示教育活动。指导直管企业开展反腐倡廉文化建设，通过廉洁特色标语、廉政MV等形式，将廉洁文化元素融入国企干部职工日常生活。先后组织60余人参加上级纪委监委组织的各类培训班3期，举办市属国企纪检监察业务实操培训班4期，纪检干部业务素质得到提升。

(撰稿人：黄洪强)

广西壮族自治区

一、广西壮族自治区国有资产监督管理综述

广西壮族自治区14个市均设国资委，钦州中马产业广西壮族自治区设国资办。广西壮族自治区国资委对15户国有企业履行出资人职责(广西建工集团于2020年8月完成混合所有制改革，不再由自治区国资委监管)，同时按照自治区人民政府授权对广西农村信用社联合社进行监督管理。截至2020年底，广西壮族自治区国资委系统173户国有企业资产总额39813.69亿元，比上年增长16.60％；所有者权益12466.34亿元，比上年增长12.80％；累计实现营业收入7724.59亿元，比上年增长15.04％；利润总额234.73亿元，比上年增长19.24％；劳动生产总值948.13亿元，比上年增长9.97％。其中，自治区国资委管理的15户国有企业资产总额17785.37亿元，增长17.14％；所有者权益5164.86亿元，增长16.33％；累计实现营业收入6371.73亿元，增长13.84％；利润总额181.02亿元，增长7.49％；劳动生产总值657.71亿元，增长10.72％。非国有企业

广西农信社资产总额10175.52亿元、所有者权益总额785.42亿元，分别比上年增长13.06%、4.70%；累计实现营业收入420.05亿元，比上年增长6.17%；利润总额60.09亿元，比上年下降13.73%；劳动生产总值132.43亿元，比上年下降6.96%，利润和劳动生产总值下降的主要原因是计提拨备124亿元，比上年多计提11亿元。

（一）统筹推进疫情防控和复工复产稳增长

1月25日开始，迅速组织动员广西壮族自治区国资国企火速投入疫情防控，柳钢集团、港务集团、建工集团、农信社、广投集团、北投集团等7户企业紧急捐款均超过1000万元；建工集团承担邕武医院及其配套设施建设；机场集团、交投集团、北投集团、港务集团配合卫生防疫、公安等部门坚守机场、高速公路收费站和服务区、码头等疫情防控一线；各企业紧急动用境内外各种渠道采购口罩，广投集团、北投集团、农投集团、汽车集团、玉柴集团建成19条生产线转产口罩等防护物资，口罩生产能力120万只/天。疫情暴发期间，自治区国资委监管企业累计捐赠现金1.80亿元，捐赠各种防疫物资折款0.25亿元。全面推进企业复工复产，自治区国资委召开4次视频会议专题布置疫情防控和稳增长工作，及时出台政策明确对疫情防控工作中承担重大工作任务、作出较大贡献、成绩突出的企业，予以经营业绩考核奖励加分和工资总额单项奖励；承担疫情防控所需专项药品、器械、防护材料、隔离设施、软件等方面的研发支出，在经营业绩考核中加倍视同业绩利润；对租用国有企业房屋、商铺的民营企业、个体工商户，符合条件的予以减免生产经营用房租金，减免租金3.41亿元，惠及中小微企业、个体工商户及商贸服务企业10724户。运用国家应对疫情影响的有利政策，支持企业直接融资发行各类债券额度2461亿元。3月上旬，各监管企业集团层面全部实现复工复产；3月中旬，各集团子公司3264个各类施工项目全部复工；3月底，413户工业子企业基本实现达产满产。加强企业经济运行调度，指导帮助企业应对新冠肺炎疫情等不利因素影响带来的严峻挑战，扎实做好“六稳”、落实“六保”，顺利完成“十三五”目标任务，2015—2020年，广西壮族自治区国资委系统国有企业资产总额由2万亿元增加到3.98万亿元，营业收入由4979亿元增加到7724.59亿元，利润总额由155亿元增加到234.73亿元；2020年，自治区国资委监管的国有企业资产总额、营业收入、利润总额分别是2015年的1.83倍、1.64倍、2.1倍。广投集团成为广西壮族自治区首家跻身“世界500强”的地方国有企业（排名第490位）；广投集团、港务集团、柳钢集团、交投集团、北投集团、玉柴集团6户企业进入“中国企业500强”；广西壮族自治区资产总额超过1000亿元企业11户，其中广投集团资产总额超过6000亿元，交投集团、桂林银行2户企业资产总额分别为4400亿元、3500亿元；广投集团、柳钢集团2户企业营业收入超过1000亿元。

（二）开展“央企入桂”活动

抓好“央企入桂”活动，大力引进中央企业投资项目，组织各市政府、区直各部门、区直国有企业提出合作项目意向，筛选重点项目319个，精选项目灵活招商100个，通过登门拜访、接待来访开展项目推介和合作洽谈。疫情期间采用电话、远程视频、云端会客厅、电子邮件等，重点向72家中央企业开展“不见面”招商洽谈。7月28日，由国务院国资委与自治区人民政府主办的“建设壮美广西　共圆复兴梦想”中央企业入桂视频会议和现场签约、云签约活动成功举办，自治区人民政府与30家中央企业签署战略合作协议，签约企业占国务院国资委直属97家中央企业的31%；签约项目177个，项目总投资8953亿元，其中会议集中签约项目78个，项目总投资5496亿元，总投资超过100亿元的项目34个，项目平均规模50亿元，与中央企业签约合作项目、投资额均创历史新高。

（三）以管资本为主强化国有资产监管

推进国有资本授权经营改革，优化出资人审批事项管理，自治区国资委制定41个大项59个子项出资人履职事项操作规范及办理流程，压减承诺办结时限6.9%；确定89户重要子企业名单，进一步厘清出资人职责边界；深化分类授权放权改革，完成广投集团、宏桂集团、北投集团和国宏集团等4户国有资本投资、运营试点企业的分类授权，每户企业平均新增授权事项7项。全面推进依法监管，审核批复11户企业公司章程，修改完善规范企业投资担保、激励机制、负债约束、内控制度建设以及责任追究等方面文件8件；深化企业总法律顾问制度建设，自治区国资委监管企业集团层面全部设立总法律顾问，重要子总法律顾问配置率78.7%；基本实现重大事项合法性审查全覆盖，基本实现企业规章制度、经济合同、重要决策法律审核率100%。加强国资监管基础工作，修订实施企业投资管理办法和区外、区内、境外3个投资负面清单；加强产权管理，指导国有产权交易机构完成国有产(股)权交易、国有实物资产交易和国有企业增资项目573项，成交额89.77亿元，成交额比上年增长61.81%，平均竞价率70%以上；认真组织开展收益收缴工作，2020年上缴国有资本收益20.34亿元；全面推进国有资本划转社保基金工作，完成监管企业国有股权划转充实社保基金建议方案的制定，涉及划转企业所有者权益总额400亿元；健全各级出资人违规经营投资责任追究制度体系，分级落实违规经营投资主体责任；制定并落实企业风险提示和通报制度。

(四)基本完成解决国有企业历史遗留问题工作任务

“三供一业”分离移交方面，广西壮族自治区纳入调度范围企业(含各级国资委系统企业、中铁南宁集团、中央下放政策性破产企业、自治区粮食企业等)职工家属区“三供一业”分离移交102.3万户，其中供水31.8万户、供电33.8万户、供气3.9万户、物业管理32.8万户，完成率均100%。退休人员社会化管理方面，广西壮族自治区市属企业40.1万名退休人员基本做到“退一接一”，实行社会化管理；自治区本级企业移交8万人，完成率99.8%；驻桂中央企业移交12.7万人，完成率99.5%。在9月3日召开的全国退休人员社会化管理视频会上，广西壮族自治区与天津市、中核集团3个单位作交流发言。剥离其他社会化职能方面，广西壮族自治区企业(含驻桂中央企业)所办的9所教育机构、17家医疗机构、3所消防机构、1个社区管理机构、5个市政设施(企业)剥离全部完成；11家厂办大集体改革完成10家。

(五)统筹做好各项中心工作

做好信访维稳工作，妥善处理工资待遇、社会保险、企业改制、“三供一业”维修改造等各类信访突出问题，办理群众来信202件，比上年减少16.3%，办结率100%；接待群众来访24批次59人次，批次比上年减少4.4%；化解各类矛盾纠纷、信访积案等问题140项，比上年增长10.2%，监管企业未发生进京赴邕群体性上访和到非接待场所上访事件。做好安全生产工作，指导企业开展“强监管严执法年”专项行动、“安全生产月”和“安全生产八桂行”活动，有效防范化解较大及以上生产事故发生。做好环保和节能减排工作，督促港务集团及其下属有关企业落实中央环境保护督察“回头看”反馈问题的整改。检查督导监管企业清理拖欠民营企业中小企业账款，累计清偿欠款10.1亿元。做好脱贫攻坚工作，组织发动各企业采购贫困地区农产品10683万元，新设线下扶贫专区(专柜)282个，帮助销售贫困地区农产品7.55亿元；成功举办第三届广西国企扶贫农产品展销会，21户国有企业携500多款特色扶贫农产品参展，展销会扶贫农产品销售总额1338.2万元；组织10户区直企业定点帮扶大化县、都安县10个深度贫困村，累计落实帮扶资金2027.34万元，完成526户贫困户住房保障项目建设和259座水柜建设任务，建立7个湖羊养殖场、6个肉牛养殖场等一批特色扶贫产业基地，10个深度贫困村全部脱贫“摘帽”。

二、广西壮族自治区国有资产总量与结构分析

表1　2020年广西壮族自治区国有企业指标

项　目	金　额(亿元)
资产总额	49626.35
所有者权益	16546.03
国有资产总量	14834.13
营业收入	8531.33
利润总额	273.85

续表

项　目	金　额(亿元)
净利润	202.63
归属于母公司所有者的净利润	143.11
应交税金总额	289.10
实际上缴税金总额	291.25

表 2　2020 年广西壮族自治区国有企业户数情况

2019 年户数(户)	2020 年户数(户)	比上年增长(%)
5490	5688	3.61

表 3　2020 年广西壮族自治区国有资产按地区分布情况

地　区	国有资产(亿元)	占国有资产总量比重(%)
本级国有企业汇总	4720.43	31.82
各市(县)国有企业汇总	10113.70	68.18
南宁市	1879.62	12.67
柳州市	2389.00	16.10
桂林市	698.78	4.71
梧州市	509.68	3.44
北海市	269.32	1.82
防城港市	310.43	2.09
钦州市	386.62	2.61
贵港市	288.13	1.94
玉林市	828.60	5.59
百色市	584.12	3.94
贺州市	344.84	2.32
河池市	327.75	2.21
来宾市	516.22	3.48
崇左市	634.30	4.28

续表

地　区	国有资产(亿元)	占国有资产总量比重(%)
中国—马来西亚钦州产业园区管理委员会国资办	146.29	0.99
合　计	14834.13	100.00

表 4　2020 年广西壮族自治区国有资产按行业分布情况

行　业	国有资产(亿元)	占国有资产总量比重(%)
农林牧渔业	665.49	2.67
工业	1885.36	7.57
建筑业	4458.02	17.90
交通运输业	1485.14	5.96
仓储业	536.28	2.15
商贸业	593.70	2.38
房地产业	2717.16	10.91
信息传输、软件和信息技术服务业	56.23	0.23
社会服务业	9953.68	39.96
教育文化广播业	143.19	0.57
科学研究和技术服务业	63.37	0.25
金融业	2308.29	9.27
其他	42.81	0.17
总　计	24908.72	100.00

注:表中数据为加总数,未做合并抵消。

表 5　2020 年广西壮族自治区国有资产按经营规模分布情况

经营规模	国有资产(亿元)	占国有资产总量比重(%)
大型企业	2412.89	9.69

续表

经营规模	国有资产(亿元)	占国有资产总量比重(%)
中型企业	8910.28	35.77
小型企业	9068.76	36.40
微型企业	4519.79	18.14
合　计	24911.72	100.00

注:表中数据为加总数,未做合并抵消。

三、广西壮族自治区国有资本保值增值综合分析评价

表6　2020年广西壮族自治区国有企业地区和行业国有资本保值增值情况

地　区	国有资本保值增值率(%)	行　业	国有资本保值增值率(%)
南宁市	101.35	农林牧渔业	101.33
柳州市	100.22	工业	106.28
桂林市	102.13	建筑业	101.29
梧州市	100.51	交通运输业	98.18
北海市	99.89	仓储业	104.45
防城港市	99.71	商贸业	100.15
钦州市	101.92	房地产业	101.99
贵港市	100.50	信息传输、软件和信息技术服务业	99.71
玉林市	108.09	社会服务业	101.58
百色市	98.19	教育文化广播业	100.91
贺州市	100.58	金融业	103.70
河池市	111.74	科学研究和技术服务业	112.37
来宾市	102.29	其他	98.07
崇左市	99.77		

四、广西壮族自治区国资委监管企业改革发展情况

(一)开展深化改革、加强管理专项行动

按照自治区党委书记深化改革、加强管理的指示精神,研究制定深化改革、加强管理"1+16"实施意见,督促企业健全完善内部控制管理体系。"1"即1个总体意见,重点针对混合所有制改革、法人治理结构、资源配置、盈利能力、风险管控等10个方面问题,有针对性地提出加快推进企业高质量发展的36条具体措施;"16"即对16户监管企业逐一画像,精准制定"一企一策"整改方案,体现改革和管理上的差异性,印发企业限时整改落实。

(二)深入推进国企改革三年行动

5月中旬自治区国资委成立《广西国企改革三年行动实施方案(2020—2022年)》(以下简称《实施方案》)起草工作专班,6月中旬形成初稿,7月下旬到国务院国资委汇报对接有关工作,8月进行修改和完善,9月两次征求自治区有关部门、区直企业和部分市国资委的意见,经自治区国资委党委会专题研究后报自治区党委、政府,10月自治区人民政府常务会议、自治区党委常委会议分别审议通过《实施方案》,11月11日自治区党委办公厅、政府办公厅正式印发《实施方案》。11月13日自治区国企改革领导小组召开广西壮族自治区国企改革三年行动动员部署视频会议。11月16日召开广西壮族自治区国资国企系统《实施方案》政策解读视频会议。自治区各地国资部门、各国有企业掀起宣传贯彻落实国企改革三年行动热潮,完成191项改革任务中的68项,占国企改革三年行动全部改革任务的35.6%。

(三)深化综合试点改革

在广投集团、宏桂集团试点基础上，增加北投集团、国宏集团作为国有资本投资、运营公司改革试点对象，将战略规划和投资担保、产权管理、工资总额等24项权力授权下放给试点企业。柳工集团、汽车集团开展落实董事会职权试点，将董事会战略决策、选人用人、薪酬和激励等权力授权放权到试点企业董事会。柳工欧维姆公司和广西路桥集团开展“科改示范行动”试点，国宏集团开展董事会选聘经理层和市场化薪酬改革探索契约化管理新机制。

(四)积极推进混合所有制改革

广西建工集团、广西柳工集团完成集团层面混合所有制改革，其中广西建工集团于2020年8月混合所有制改革成为绿地集团控股66%的子公司，广西柳工集团与7家战略投资者签订总额31.92亿元的柳工有限增资扩股及股权转让协议，广西柳工集团1274名骨干员工以2.23亿元增资进入柳工有限，混合所有制改革后柳工有限新的股权结构为柳工集团持股51%、外部投资者持股45.8%、员工持股3.2%。全年自治区国资委监管企业混合所有制改革企业1322户，混合所有制改革面61.1%。

(五)深化供给侧结构性改革

进一步加强监管企业主业投资管理和非主业投资控制，引导企业将资金、项目、人才等资源向主责主业聚焦，自治区国资委监管企业主业投资占比97.01%。加快培育企业发展新动能，出台支持企业开展核心技术攻关的激励政策，将企业科技研发费用视同利润考核，引导企业加大科技创新投入和新产品开发，自治区国资委监管的国有企业研发投入比上年增长42.65%；坚持以重大项目建设加快企业转型升级，钢铁、铝业、蔗糖、工程机械等传统产业改造升级和数字经济、智能制造、生物医药、大健康大物流、现代金融服务新兴产业发展势头强劲，自治区国资委系统国有企业实现新产品产值228.02亿元，比上年增长40.01%，其中自治区国资委监管的国有企业实现新产品产值226.40亿元，比上年增长42.95%，创近年来最好成绩。将国有资本经营预算支出项目优先向企业技术改造、科技创新倾斜，安排国有资本经营预算支出总金额3.4亿元。稳妥处置国有“僵尸企业”、亏损子企业，全年完成国有“僵尸企业”处置650户，完成率100%；指导督促企业清理整合亏损子企业，自治区国资委16户监管企业中350户子企业实现扭亏减亏，扭亏减亏金额42.06亿元。

五、广西壮族自治区国资委监管企业并购重组与完善法人治理结构情况

(一)并购重组

实施一批企业重组整合，推动广西农投集团与广西电网公司重组广西水利电业集团电网资产，完成广西水利电业集团所属市县供电企业股权比例调整，广西农投集团、广西电网公司重组广西水利电业集团三方6月5日正式签署重组协议及相关配套文件，进行资产交割；研究制定广西物资集团实施广西现代物流集团组建工作方案并报自治区人民政府审定。支持广西投资集团控股的梧州中恒集团通过接受表决权委托、参与定向增发的方式收购上市公司重庆莱美药业股份，梧州中恒集团成为重庆莱美药业第一大股东，持股23.20%；支持广西北部湾国际港务集团(以下简称北港集团)将其全资子公司防城港务集团所持北港股份的775137409股无偿划转北港集团，实现北港集团对所控股上市企业北港股份公司重组整合，进一步理顺集团上市公司股权结构关系。推进企业房地产业务板块清理整合，监管企业所属房地产企业重组整合至58户(其中二级企业11户)，比2018年减少60户，房地产企业数量得到极大压减。

(二)完善法人治理结构

积极推动党建工作要求进章程，制定《关于自治区直属企业党委议事决策工作的指导意见》《自治区直属企业党组织前置研究重大经营管理事项清单参考文本(试行)》，探索党组织前置研究讨论重大事项的具体途径和有效方式，把党的领导融入企业决策、执行和监督的各环节各方面，发挥党组织的领导作用。加快外部董事委派，自治区国资委监管的15户国有企业实现委派外部董事全覆盖，其中广西投资集团、广西柳工集团、广西汽车集团等5户企业实现外

部董事多于内部董事。出台《广西壮族自治区直属企业总会计师委派管理暂行办法》《监管企业总会计师履职考核暂行办法》,建立总会计师制度,向12户企业委派总会计师,明确总会计师对出资人负责,由履行出资人机构负责考核,将监管延伸到生产经营全过程。

六、广西壮族自治区国资委监管企业建立和完善经营业绩考核体系情况

围绕"质量第一、效益优先"的目标,突出监管企业功能定位和创新驱动,不断强化业绩考核对企业经营发展的正向引导。一是强化高质量考核目标导向。紧扣"两利三率"的经营指标,着重考核企业质量效率指标、供给侧结构性改革指标、创新驱动指标、党建工作指标和改革发展指标,突出企业高质量发展的导向,引导监管企业完成2020年年度目标任务。通过对17户监管企业2020年度企业负责人经营业绩考核,确定考核结果为A级的商业一类企业——广西投资集团、广西柳钢集团、广西北部湾投资集团、广西柳工集团;考核结果为B级的商业一类企业——广西建工集团、广西物资集团、广西北部湾国际港务集团、广西宏桂集团、广西汽车集团、广西玉柴集团、广西国宏集团;考核结果为A级的商业二类企业——广西交通投资集团、广西旅发集团;考核结果为B级的商业二类企业——广西机场管理集团、广西林业集团、广西农投集团;考核结果为A级的商业三类企业——广西农信社。二是以业绩考核强化企业科技创新引导。出台支持企业开展核心技术攻关的激励政策,企业科技研发费用视同利润考核,企业在创新驱动方面成绩突出的给予考核加分奖励。三是积极应对疫情出台特殊考核政策。2月13日,自治区国资委印发《关于印发支持引导企业积极投入新型冠状病毒感染肺炎疫情防控工作相关政策措施的通知》,从企业负责人经营业绩考核和工资总额管理等方面出台6条具体措施,推动监管企业积极应对疫情,打好疫情防控攻坚战,有序推进企业复工复产,把疫情带来的不利影响降到最低。四是完善企业内部考核制度。持续推进监管企业在吃透考核政策精神的基础上,抓紧修订企业内部考核制度,做好政策衔接,其中广西交通投资集团从平衡记分卡多维度角度出发,设置"一企一策"考核指标,实施精准考核;广西农投集团依据直属企业的经营差异及业务发展水平,从关键财务指标、党建指标、执纪监督等方面赋予不同的考核评分标准,提高业绩考核的针对性和有效性。五是优化考核指标体系。在充分学习国务院国资委及其他省份先进经验的基础上,修订完善《自治区国资委监管企业经营业绩考核办法》,配套出台特殊事项管理清单和两个实施细则,研究出台《自治区国资委监管企业综合考核办法》,构建企业党建和经营业绩双百分相乘的考核计分模式,推进党建工作与生产经营深度融合。

七、广西壮族自治区国资委监管企业负责人考核与选人用人机制改革情况

配合自治区党委组织部开展企业领导班子及领导人员2019年度考核,同时结合企业选人用人"一报告两评议"工作组织开展16户监管企业董事会及董事年度考核。配好委管企业领导班子,充实广西国宏集团领导班子人员配置,新提拔1名中层干部进入企业班子,向广西国宏集团委派1名总会计师和3名外部董事。

积极推进职业经理人制度,广西北部湾银行全面实行职业经理人制度,广西投资集团、广西物资集团、广西机场管理集团、广西北部湾投资集团、广西宏桂集团、广西旅发集团6户企业在二、三级子公司开展职业经理人试点,积极探索经营层市场化选聘、契约化管理。

八、广西壮族自治区国资委监管企业党的建设和廉政建设情况

截至2020年底,自治区国资委监管的17户区直企业、党组织关系隶属自治区国资委党委的4户区直企业(广西出版传媒集团、广西文化产业集团、广西广电网络股份有限公司、广西博览集团)、12户驻桂中央企业基层党组织5257个,党员73418人,其中,党组织关系直接隶属自治区国资委党委的基层党组织3931个、党员51566人。

(一)强化企业党组织政治建设

4月20日,召开自治区国资委党委贯彻落实习近平总书记视察广西三周年对国有企业重要指示精神座谈会,再回顾、再学习习近平总书记"三个排头兵""四个一流"等重要指示精神,动员国资国企系统党员干部坚定信心、创优业绩。印发《关于认真学习贯彻习近平总书记在企业家座谈会上重要讲话精神的通知》,自治区国资委党委、各企业党委分别进行专题学习,进一步把习近平总书记重要讲话精神转化为扎实做好"六稳"工作、全面落实"六保"任务的具体举措。

(二)落实企业党委管党治党主体责任

印发2020年全面从严治党工作任务清单,组织召开2019年度区直企业和有关驻桂中央企业党委书记落实主体责任述职评议会议,向22户区直企业和12户驻桂中央企业反馈述职评议结果;推动集团企业党委开展所属党组织书记落实主体责任述职评议。

(三)落实意识形态工作责任制

推动各企业将意识形态工作内容写入企业公司章程;抓好国资国企121个网站、368个新媒体网络阵地管理;建好用好国资国企新时代文明实践中心、实践所等意识形态阵地,建成二级企业新时代文明实践所251个。

(四)推进基层党组织标准化规范化建设

制定自治区国资委党委落实基层党组织标准化规范化建设三年行动实施方案2020年度工作任务方案,加强企业基层党组织标准化规范化建设指导。开展企业党支部党建品牌创建评选和"党课开讲啦""学习身边榜样"等活动,与自治区党委组织部联合在柳州召开现场会,组织参观广西柳钢集团、广西建工集团五建公司、广西柳州东城集团党建品牌,持续推动国有企业党建工作30项重点任务落实,并评出创先争优示范党支部25个;积极配合自治区党委组织部开展"党课开讲啦"和"学习身边榜样"活动,各企业组织开讲党课1230场,形成可视化党课作品150余件,覆盖党支部3000余个。

(五)组织企业党组织投入疫情防控

自治区国资委党委第一时间组织划拨200万元党费,支持全系统企业基层党组织开展疫情防控。2650余个企业基层党组织、3万余名党员、5200余个党员先锋岗(责任区、示范岗)奋战在疫情一线。组织企业35670名党员自愿捐款301.65万元,支持新冠肺炎疫情防控工作。

(六)做好企业统战工作

推动各企业党委全覆盖建立统一战线网络视频学院,组织6000余名党外知识分子参加广西统一战线网络学院培训;认定225名企业无党派人士,推荐10个中央统战部党外院士和留学人员国情考察服务项目。

(七)落实党风廉政建设主体责任

组织召开2019年度企业党委书记落实主体责任述职评议会议、2020年度自治区直属企业党风廉政建设和反腐败工作会议,出台2020年度全面从严治党任务清单,坚持"书记抓、抓书记",指导督促企业领导班子成员履行"一岗双责"。组织5个巡察组对广西物资集团、广西北部湾投资集团、广西农投集团、广西汽车集团、广西玉柴集团开展2020年规范经营投资专项巡察,发现企业存在5个方面73个具体问题。归类整理巡察问题整改清单反馈企业党委,督促指导做好问题整改工作。

(撰稿人:邓明甫)

海南省

一、海南省国有资产监督管理工作综述

2020年,海南省国资委坚持党的领导、加强党的建设,千方百计稳增长,攻坚克难抓改革,大力推动高质量发展,着力强化国资监管,各项工作取得积极成效。

(一)国有企业资产规模稳步提升

2020年,海南省国有资产总额7414.79亿元,比上年增长12.88%;净资产2629.41亿元,比上年增长5.84%。其中,海南省国资委重点监管企业资产总额2116.84亿元,增长27.7%;净资产1069.4亿元,增长14.3%;营业收入443.92亿元,下降1.8%;利润总额22.44亿元,增长68.3%。上缴税费27.57亿元,下降2.8%;上缴国有资本预算收入1.15亿元,增长1.8%;上缴国有资本特别收益10.1亿元,增长68%。

(二)重大项目投资建设积极推进

2020年,省属企业完成投资364.8亿元,比上年增长154.3%。迈湾水利枢纽工程、美兰空港一站式飞机维修基地等项目超额完成年度投资计划。海南发控完成投资303.4亿元。省属企业参加自贸港建设项目4个批次集中开工活动,安排投资项目10个,计划总投资124.91亿元,全年计划投资26.97亿元,实际完成投资27.03亿元。

(三)中央企业招商工作取得佳绩

各驻琼中央企业积极响应海南省委、省政府推进"百家央企进海南"工作部署,加大在海南投资与布局力度。截至2020年底,40家中央企业与海南省政府签订战略合作协议;484家驻琼中央企业资产总额5713亿元,比上年增长28.8%,营业收入2558亿元,比上年增长19.7%,所有者权益2391.2亿元,比上年增长26.5%,三项指标增幅均位居全国第一;全员劳动生产率98.8万元/(人·年),位居全国第二;利润总额188亿元,比上年增长19.9%,增幅位居全国第六;完成投资270亿元,占海南省重点项目投资额的33.33%。

(四)国资监管效能不断提升

2020年,海南省国资委出台《省属企业投资监督管理办法》等各类管理制度文件20余个,涵盖投资、审计、经营、合规管理等多个领域。制定《海南省国资国企在线监管系统建设方案》,完成国务院国资委国资监管统一数据共享中心数据入库验证,实现与国务院国资委平台对接的目标。制定《省国资委2020年度国资指导监督工作计划》,指导三亚市、临高县、琼中县等市(县)国企改革,积极构建国资监管大格局。开展海南省产权交易和产权登记管理检查工作,进一步夯实产权管理基础。动态监控企业债务情况,对全系统企业进行债务风险排查。加强法律风险防范化解,启动合规管理体系建设,建立重大事项双重法律审核机制,完善法律纠纷案件协调和指导机制,全年省属企业通过处理案件挽回或避免经济损失14.4亿元。

(五)积极履行社会责任

建立疫情防控督导制度,落实疫情防控主体责任,全系统无确诊病例;率先实现复工复产,着力落实中小企业减免房租政策,其中驻琼中央企业、省属企业减免企业租金8800万元,帮助中小企业渡过难关。开展定点扶贫活动,全系统投入扶贫资金1540万元,消费扶贫金额1609万余元。全力做好博鳌亚洲论坛等重大活动期间信访维稳工作,开展信访矛盾化解攻坚战等专项行动,成效显著。

二、海南省国有资产总量与结构分析

表1　2020年海南省国有企业指标

项　目	金　额(亿元)
资产总额	7414.79
所有者权益	2720.59
国有资产总量	2604.47
营业收入	590.44
利润总额	36.09
净利润	23.34
归属于母公司所有者的利润	22.79
应交税费总额	108.40
实际上缴税费总额	43.68

表2　2020年海南省国有企业户数情况

2019年户数(户)	2020年户数(户)	比上年增长(%)
1231	1417	15.11

表3 2020年海南省国有资产总额按产业分布情况

产　业	国有资产总额（亿元）	占国有资产总额比重(%)
第一产业	463.53	17.80
第二产业	432.15	16.59
第三产业	1708.79	65.61
合　计	2604.47	100.00

三、海南省国有资本保值增值综合分析评价

扣除客观影响因素后，海南省国有资本保值增值率100.87%，比上年减少0.2个百分点。

表4　　2020年海南省国有企业地区国有资本保值增值情况

地　区	国有资本保值增值率(%)
海南省汇总	100.87
省属企业	101.54
省直部门监管企业	100.63
国资委其他监管企业	122.62
国资委重点监管企业	100.87
市县级国资监管企业	100.29
地市级监管企业	100.64
儋州市	100.00
三亚市	99.88
海口市	101.18
洋浦经济开发区	44.25
市县级监管企业	99.52
保亭县	106.30
定安县	100.53

续表

地　区	国有资本保值增值率(%)
东方市	102.12
乐东县	105.84
屯昌县	99.62
文昌市	89.31
白沙县	100.49
昌江县	99.94
临高县	0.00
陵水县	98.65
琼海市	99.71
琼中县	99.30
万宁市	99.21
五指山市	100.07
澄迈县	99.95

四、海南省国资委监管企业改革发展情况

（一）深化投融资体制改革取得初步成果

结合推动做强做优做大国有企业，向省政府提交深化交通、水务、开发区建设投融资体制机制改革的工作建议报告，省政府领导对海南省国资委相关建议报告给予批示肯定，并部署海南省国资委组建开发区集团。

（二）制度创新工作取得积极成效

金林集团积极落实省委、省政府工作部署，“无中生有”、勇于创新，建成我国首个覆盖省域的低空飞行服务保障体系，“空地组网”推动低空空域管理改革案例被确定为自贸港第九批制度创新案例并予以发布。

（三）积极推进国企改革三年行动工作

根据省委、省政府和国务院国资委的要求，海南省国资委研究制定国企改革三年行动实施方案，提出海南省三年改革目标及具体举措，并向省政府上报《实施方案》。

(四)混合所有制改革稳妥推进

通过引入上市公司实施联合资产公司混合所有制改革,在省属企业集团层面混合所有制改革方面取得突破。协调推进海南铁路混合所有制改革工作取得积极进展,与广铁集团、社会资本方达成重要共识。海口积极引进社会资本,推进能源集团、旅游集团混合所有制改革试点。三亚制定国有企业混合所有制改革整体规划,启动旅游投资公司等二级企业的混合所有制改革。

(五)国企改革专项工程扎实推进

海胶集团等4家企业、金垦赛博等2家企业分别列入全国"双百行动""科改示范行动"并取得显著成效,其中海胶集团获评"双百行动"A级成果。各企业启动对标世界一流管理提升行动,初步完成阶段性目标。

(六)推进退休人员社会化管理取得积极成效

2020年,省属企业人事档案移交107269份,完成率98.91%;党组织关系转接6605人,完成率41.26%;管理服务职能移交95950人,完成率90.91%。

五、海南省国资委监管企业并购重组与完善法人治理结构情况

(一)企业战略性重组迈出重要步伐

完成省属企业旅游资产业务整合重组,组建省旅游投资发展有限公司,发挥旅游产业龙头作用。三亚海旅免税店、海南发控全球精品海口免税城相继开业。积极开展调研论证并向省政府提交保障性住房集团、咨询设计集团组建方案。

(二)企业转型发展取得积极成效

推进海汽控股积极转型为现代物流集团;金城公司转型为省保障性住房开发主体;海钢集团向新型建材集团转型;华盈公司向开发区集团转型;金林集团全面转型为专业化的通用航空产业投资集团;支持海渔集团引进战略投资者发展修造船业;推动省海洋发展公司向智慧环保集团方向转型;海建集团通过组建集采平台、深化科技创新、发展装配式建筑等方式加快转变经营方式;水务集团积极拓展市政管网业务,向水务一体化发展。

(三)法人治理结构进一步得到完善

以推动规范董事会建设为抓手,编印省属国有企业专职外部董事履职工作情况报告,启动修订《专职外部董事履职指南》。制定出台《关于完善省属企业"三重一大"决策制度的指导意见》,进一步完善省属企业"三重一大"决策制度并厘清国有企业党组织与董事会的权责边界,以明确决策范围、规范决策程序、强化监督检查和责任追究为重点,规范企业决策行为,防范决策风险,提升省属企业治理体系和治理能力现代化水平。

六、海南省国资委监管企业建立和完善经营业绩考核体系情况

探索推进业绩考核和薪酬分配机制改革,修订并印发实施《海南省属国有企业负责人经营业绩考核评价实施细则》,强化"一企一策"原则要求,根据不同企业实际,实行差异化的考核指标,充分发挥考核的激励导向作用,进一步激发企业领导人干事创业的动力。

七、海南省国资委监管企业负责人考核与选人用人机制改革情况

积极推行职业经理人制度,在更大范围推行经理层成员任期制和契约化管理。指导并配合省旅游投资发展有限公司招聘职业经理人2人,进一步强化经理人管理机制。在海汽集团继续推进海汽集团职业经理人制度工作,同时在海汽集团下属企业经理层全面实行契约化管理,推动集团系统实现各级企业自上而下经理层成员任期制和契约化管理。

八、海南省国资委监管企业党的建设和廉政建设情况

(一)严守政治纪律和政治规矩

坚决贯彻执行民主集中制,每周召开班子碰头会,班子成员互相交流工作情况。落实"三重一大"决

策制度，充分发扬民主，海南省国资委主要领导落实“末位表态”要求，班子成员充分发表意见建议。认真落实党内政治生活制度，严格落实“三会一课”、民主生活会、组织生活会等基本制度。坚决执行请示报告制度，就国资国企改革发展各类重大问题及时向省委省政府请示报告。

（二）建立实施“第一议题”制度

各级国资监管机构和各企业第一时间传达学习习近平总书记最新重要讲话精神。各级领导干部采取个人自学、集体研讨、上专题党课等方式，深入学习习近平总书记关于海南工作系列重要指示、海南自贸港建设总体方案等，推动全系统把思想和行动统一到以习近平同志为核心的党中央重大决策部署上来，统一到省委、省政府关于国资国企工作各项要求上来。

（三）党风廉政建设深入推进

各级国资监管机构对所属企业一把手或班子成员进行廉政谈话、对新任职干部进行提醒谈话，组织机关干部和企业负责人参观廉政教育警示基地、观看警示教育片，用身边事教育身边人。省国资委对企业总部机关化问题进行专项整治，积极落实纪检工作“三转”要求，配备在编专职纪检监察人员160人。严格执行“一案双查”，2020年省国资系统给予党纪政务处分80余人，组织处理120余人。

（四）省委巡视反馈问题得到整改落实

省委巡视反馈会召开后，海南省国资委第一时间召开党委会研究整改工作，成立巡视整改工作领导小组，召开巡视整改推进会，制定整改工作方案，将省委巡视组反馈的6个方面42个问题细化分解成80个整改任务，提出162条整改措施。截至2020年底，80个整改任务落实整改57个，推进中23个。

（五）基层党建工作基础进一步夯实

实施党建工作10件实事，组织开展“我为自贸港建设做贡献”、贯彻十九届四中全会精神轮训、《中国共产党国有企业基层组织工作条例（试行）》培训、“3000名党支部书记大轮训”等活动，创建“基层组织建设示范点”25个，整治软弱涣散基层党组织117个，全年发展党员1149人，失联党员实现清零。

（六）干部和人才队伍建设着力加强

加强干部培训，全系统举办各类培训班1637期，投入经费1582.313万元，参训人员81022人次。组织企业申报高层次人才，认定领军人才5人，拔尖人才人选4人，其他高层次人才340人。经省属企业推荐，委党委研究确定65人为省属企业领导班子后备人选。选优配强机关中层干部及省属企业领导班子成员，提拔交流一批干部。

（七）意识形态工作责任制全力落实

把意识形态工作列入海南省国资委2020年党建工作要点统一部署，调整意识形态工作领导小组，成立领导小组办公室，先后召开意识形态专题党委会2次、党委理论学习中心组专题学习会1次、宣传工作专题会1次。深化与人民网、《海南日报》等主流媒体合作，加强对国资国企先进典型、重点项目、重大政策落地、重大改革成效、百家央企进海南工作等宣传报道，有力提升国资国企形象和影响力。

（撰稿人：孔　爱）

重庆市

一、重庆市国有资产监督管理工作综述

2020年，面对新冠肺炎疫情的严重冲击和国际国内形势的深刻复杂变化，重庆市国资系统坚决贯彻党中央重大决策和市委、市政府工作部署，历经艰难险阻、付出巨大努力，全力战疫情、战复工、战脱贫、战洪水，扎实做好“六稳”工作、全面落实“六保”任务，统筹推进疫情防控、国企复工复产和党建工作，取得来之不易的成绩。重庆市国有企业有力有序推进复工复产、深入开展提质增效专项行动，非常之时行非常之举，坚决稳住生产经营“基本盘”，以保促稳、以稳促进、以进促转、以转促好，一步步把营业收入、利润总额从1月、3月分别比上年下降20.3%、53.3%的最低谷，基本拉升恢复到疫情前正常水平，逐月回升态势

明显。重庆市国有企业实现营业收入6245亿元、比上年增长1.1%,利润总额571亿元、比上年下降5.5%。其中,市国资委监管的35户市属国有重点企业实现营业收入3995亿元,比上年下降0.5%;利润总额292亿元,比上年下降13.2%(若计算加总因疫情减免降价让利支出65亿元,同口径比上年增长6.2%);30户企业集团实现盈利,集团盈利面85.7%。

二、重庆市国有资产总量与结构分析

截至2020年底,重庆市国有企业资产总额77594亿元,比上年增长10%;负债总额51213亿元,比上年增长11%;所有者权益26381亿元,比上年增长8.2%。从资产负债总量分布看,市、区(县)两级国有企业年末资产总额占比56%、44%,分别比上年增长8.1%、12.5%;负债总额占比61%、39%,分别比上年增长9.4%、13.6%。从所有者权益分布看,市、区(县)两级国有企业所有者权益分别占比46%、54%。从国民经济行业分类看,所有者权益主要集中在公共基础设施投资业、金融业、交通运输业、服务业四大行业,所有者权益合计23991亿元,占91%。

表1　2020年重庆市国有企业指标

项　目	金　额(亿元)
资产总额	77594
所有者权益	26381
国有资产总量	23708
营业收入	6245
利润总额	571
净利润	463
归属于母公司所有者的净利润	397
应交税费总额	421
实际上缴税费总额	409

2020年,纳入国有资产统计范围的重庆市全级次国有企业3956户,比上年减少111户,户数减少主要原因为重庆商社集团引进战略投资者进行混合所有制改革,混合所有制改革后不纳入2020年度重庆国资统计范围。从隶属关系看,市、区(县)两级国企户数分别占比57%、43%,其中市国资委监管企业户数1657户、占42%;从经营规模看,大型、中型、小微型企业分别占比3%、17%、80%;从经济类型看,国有及国有控股企业(含国有实际控制企业)占比99.6%,企业化管理事业单位占比0.4%。

表2　2020年重庆市国有企业户数情况

2019年户数(户)	2020年户数(户)	比上年增长(%)
4067	3956	—2.73

截至2020年底,重庆市国有资产总量23708亿元,较年初增长9%。从隶属关系看,市、区(县)两级国有企业国有资产总量分别占比41%、59%,分别为9653亿元、14055亿元。

表3　2020年重庆市国有资产按地区分布情况

地　区	国有资产(亿元)	占国有资产总量比重(%)
重庆市汇总	23708	100.0
市级企业	9653	40.7
市国资委监管企业	5971	25.2
市级部门监管企业	3682	15.5
区(县)监管企业	14055	59.3
万州区	433	1.8
涪陵区	869	3.7
渝中区	166	0.7
大渡口区	262	1.1
江北区	336	1.4
沙坪坝区	550	2.3
九龙坡区	372	1.6
南岸区	497	2.1
北碚区	313	1.3

续表

地　区	国有资产（亿元）	占国有资产总量比重(%)
綦江区	994	4.2
大足区	790	3.3
渝北区	267	1.1
巴南区	435	1.8
黔江区	239	1.0
长寿区	582	2.5
江津区	581	2.5
合川区	476	2.0
永川区	478	2.0
南川区	445	1.9
璧山区	462	1.9
铜梁区	398	1.7
潼南区	374	1.6
荣昌区	287	1.2
开州区	562	2.4
梁平区	299	1.3
城口县	103	0.4
丰都县	193	0.8
垫江县	205	0.9
武隆区	171	0.7
忠县	270	1.1
云阳县	161	0.7
奉节县	264	1.1
巫山县	209	0.9
巫溪县	86	0.4
石柱土家族自治县	231	1.0
秀山土家族苗族自治县	264	1.1
酉阳土家族苗族自治县	217	0.9
彭水苗族土家族自治县	213	0.9

从行业分布看，国有资产总量主要集中于租赁和商务服务业、建筑业、房地产业和交通运输业四大传统行业，四大传统行业国有资产总量均在2000亿元以上，合计18724亿元，占79%，国有企业转型发展任务依然较重。

表4　2020年重庆市国有资产按行业分布情况

行　业	国有资产（亿元）	占国有资产总量比重(%)
农林牧渔业	370	1.6
采矿业	—176	—0.7
制造业	246	1.0
电力、热力、燃气及水生产及供应业	483	2.0
建筑业	5872	24.8
批发和零售业	179	0.8
交通运输、仓储和邮政业	2379	10.0
住宿和餐饮业	9	0.0
信息传输、软件和信息技术服务业	55	0.2
金融业	1062	4.5
房地产业	4248	17.9
租赁和商务服务业	6225	26.3
科学研究和技术服务业	78	0.3
水利、环境和公共设施管理业	1902	8.0
居民服务、修理和其他服务业	290	1.2
教育	70	0.3
卫生和社会工作	63	0.3
文化、体育和娱乐业	352	1.5
合　计	23708	100.0

从国有资产经营规模分布看，大型、中型、小型、微型企业国有资产总量分别占比15.7%、36.7%、33.6%、14.0%。

表 5 2020 年重庆市国有资产按经营规模分布情况

经营规模	国有资产(亿元)	占国有资产总量比重(%)
大型企业	3728	15.7
中型企业	8697	36.7
小型企业	7970	33.6
微型企业	3312	14.0
合　计	23708	100.0

三、重庆市国有资本保值增值综合分析评价

截至 2020 年底,重庆市扣除客观增减因素之后的国有资本及权益总额 21933 亿元,平均国有资本保值增值率 100.8%,比上年减少 1 个百分点,实现国有资本保值增值,保值增值率下降主要原因为 2020 年受新冠肺炎疫情影响,实体企业出现不同程度的经营困难。重庆市国资委监管企业、区(县)政府监管企业国有资本保值增值率分别为 101.1%、100.4%,分别比上年减少 2.9 个、0.4 个百分点,其他市级部门监管企业国有资本保值增值率 102.2%,比上年增加 0.1 个百分点。

表 6　　2020 年重庆市国有企业地区国有资本保值增值情况

地　区	国有资本保值增值率(%)
市级企业	101.5
市国资委监管企业	101.1
市级部门监管企业	102.2
区县监管企业	100.4
万州区	105.0
涪陵区	98.9
渝中区	100.8
大渡口区	102.4
江北区	100.4
沙坪坝区	102.7
九龙坡区	101.8
南岸区	101.0
北碚区	74.0
綦江区	101.1
大足区	105.2
渝北区	102.8
巴南区	73.1
黔江区	101.5
长寿区	106.8
江津区	101.4
合川区	100.5
永川区	102.5
南川区	102.0
璧山区	100.3
铜梁区	102.4
潼南区	100.5
荣昌区	100.3
开州区	101.2
梁平区	106.2
城口县	100.0
丰都县	100.2
垫江县	101.7
武隆区	98.0
忠县	100.4
云阳县	101.2
奉节县	104.2

续表

地　区	国有资本保值增值率(%)
巫山县	95.6
巫溪县	99.5
石柱土家族自治县	107.1
秀山土家族苗族自治县	100.5
酉阳土家族苗族自治县	109.4
彭水苗族土家族自治县	100.8

从行业分布看,交通运输业、批发和零售业、住宿和餐饮业等8个行业未实现保值增值,新冠肺炎疫情对以上行业影响较大,其中采矿业、住宿和餐饮业连续两年未实现保值增值,改革发展压力较大。

表7　2020年重庆市国有企业行业国有资本保值增值情况

行　业	国有资本保值增值率(%)
农林牧渔业	98.9
采矿业	—
制造业	98.9
电力、热力、燃气及水生产及供应业	103.3
建筑业	100.1
批发和零售业	97.9
交通运输、仓储和邮政业	99.2
住宿和餐饮业	71.1
信息传输、软件和信息技术服务业	101.0
金融业	106.4
房地产业	99.9
租赁和商务服务业	102.2
科学研究和技术服务业	107.9
水利、环境和公共设施管理业	100.4
居民服务、修理和其他服务业	101.1
教育	103.5
卫生和社会工作	101.2
文化、体育和娱乐业	99.0

注:采矿业因年初国有资本总量为负数,不计算保值增值率。

四、重庆市国资委监管企业改革发展情况

(一)抗疫大战挺身而出,国有企业"顶梁柱"关键作用有力发挥

重庆市国资系统第一时间响应,不讲条件、不计代价、不畏艰难,全力投入防疫物资采购、生产、调度,全面加强公共交通疫情防控,全力保障供水、供气和粮油供应等市民日常生活需求,研发推出"渝康码",为常态化疫情防控提供科技支撑。坚决落实助企纾困政策,直接减费降价让利65亿元。其中,市属国企为支持抗疫捐款捐物2.37亿元、在渝央企捐款捐物2336万元;市属国企为1.5万户中小微企业减免租金3.6亿元,各区(县)国有企业为中小微企业减免租金7.8亿元;市属国企给予各类企业用水优惠0.4亿元、用气优惠1.7亿元,免收车辆高速公路通行费22亿元。

(二)复工复产冲锋在前,抓"六稳"促"六保"作出积极贡献

重庆市国资委及时出台支持市属国企抗击新冠肺炎疫情防控工作措施,全年重庆市国有企业实现营业收入6245亿元,利润总额571亿元,其中,市国资委监管企业实现营业收入3995亿元,利润总额292亿元。聚焦"两新一重"建设,全力稳投资促增长,市城投集团、市地产集团、重庆高速集团、重庆交通开投集团、市水务资产公司、市水投集团、广阳岛绿色发展公

司等企业承担的123个市级重大项目完成投资568亿元,为全年计划的103.6%。武隆仙女山机场顺利通航,西环立交及东接线、曾家岩大桥按期完工,轨道交通6号线支线二期、1号线朝天门—小什字段、环线二郎—图书馆段、5号线一期跳蹬—石桥铺段41千米开通初期运营,轨道交通运营总里程增加到370千米。金凤隧道、主城—长寿快速通道、大田湾体育场、山城步道等一批城市提升重点项目有序推进。

(三)改革攻坚勇于担当,激发国企活力动力取得新成效

面对艰巨繁重的疫情防控和生产经营任务,重庆市国资系统主动加强改革谋划,对标对表制定国企改革三年行动实施方案,层层压实责任,迅速掀起新一轮深化国企改革的热潮。中国特色现代企业制度不断完善。重庆市国资委监管的市属国有重点企业和1073户子企业完成新一轮章程修订,配套修订党委、董事会、经理层工作规则和"三重一大"决策制度。出台《市属国有企业外部董事选聘和管理办法》,建立外部董事人才库。供给侧结构性改革持续深化。推进重庆钢铁集团整体战略性重组并入中国宝武集团,重钢股份司法重整后,2020年钢材产量达到700万吨的历史最高水平,按1200万吨产能进行技改。市场化法治化清理处置"僵尸企业"333户。剥离企业办社会职能、厂办大集体改革基本完成。混合所有制改革和股权多元化稳步实施。重庆渝康公司引入华润金控成为控股股东。三峰环境成功在A股上市。积极推动子企业层面混合所有制改革,公开转让股权和增资扩股交易37宗、引入社会资本56亿元。西南证券定向增发募资49亿元。市场化经营机制有力推进。重庆渝富控股集团、重庆农商行、重庆旅游集团、重庆交运集团、重庆投资咨询集团等5户一级企业和市属国企239户二级商业类企业全面推行经理层成员任期制和契约化管理。重庆燃气集团实行上市公司股权激励。三峰环境完成经理层整体转变为职业经理人改革试点。改革专项工程扎实开展。重庆农商行深化"双百行动"改革被国务院国有企业改革领导小组办公室评定为A级并通报表扬。重庆渝富控股集团、重庆商社集团、重庆医药健康产业公司深化"双百行动"改革案例获得国务院国资委点赞推广。重庆交运集团、重庆投资咨询集团新增纳入"双百企业"综合改革试点。重庆化工研究院、重庆旅游云信息科技公司入选"科改示范行动"。"对标世界一流管理、培育具有核心竞争力企业"专项行动全面启动。

(四)创新投入力度加大,大数据智能化转型迈出坚实步伐

加大对创新项目的资金、人才、政策支持力度,启动实施市属国有企业发展数字经济三年行动,以大数据智能化引领国企转型升级。从国有资本经营预算中安排专项资金对13户企业、24个创新发展项目和7项重大创新成果及重要创新人员给予2亿元资金支持。市属国有工业企业研发经费投入19.6亿元,研发投入强度提高到2.7%,高于重庆市平均水平。累计建设国家级创新平台25个、市级创新平台187个,建立创新联合体、产业技术创新联盟408个,拥有创新骨干人员1.9万人。推进实施创新重点项目410个、计划总投资694亿元,2020年完成投资130亿元。庆铃集团国六产品销售占比超过60%,新能源汽车全系列实现高水平电动化,氢燃料电池发动机项目签约落地。重庆机电集团"重庆造"国产化计算机批量上市、第六代重卡成功上市。市城投集团建立全国应用规模最大的新型数字交通物联网大数据服务平台。重庆轻纺集团萨固密公司自行研发的3D打印挤出模用于产品量产测试成功。重庆股份转让中心公司构建中小微企业大数据融资平台。重庆建工集团"公鱼互联云平台"、数字重庆公司"渝快政"、重庆燃气集团"智慧燃气管理平台"、重庆旅游集团"旅游云"、重庆联交所集团"公共资源智能化交易系统集成"等11个数字化项目完成上云上平台。

(五)在落实国家战略中当先锋作示范,开放合作向纵深推进

重庆市国资系统主动融入成渝地区双城经济圈建设,签订川渝国资国企"1+12+3"合作协议,组建总规模300亿元发展基金,开展川渝国资国企"遂宁行""万州行"活动,签约项目186个、计划总投资8147亿元。邀请17户中央企业参加2020年线上智博会签约项目17个、合同金额1078亿元,为重庆现代产业体系建设注入新增量。主动融入共建"一带一路"、助力重庆市内陆开放高地建设，重庆机场集团、重庆国际物流集团、重庆高速集团、重庆交运集团、民生集团等企业积极参与重庆市对外开放大通道建设和运营，拓展开放平台通道功能。积极开展“买全球、卖全球”经贸业务，庆铃集团轻卡及重型车、中国四联集团仪器仪表、重庆三峰环境垃圾焚烧发电设备等优势产业项目拓展国际市场，重庆对外经贸集团“渝贸通”平台带动重庆市中小微企业“走出去”。重庆国资交易分团参加第三届进博会采购金额13.5亿美元。

(六)坚决打好三大攻坚战，牢牢守住发展底线

重庆市国资系统在打好三大攻坚战中切实履行好国企政治责任、经济责任和社会责任。坚决打赢脱贫攻坚收官之战。2020年筹集4亿元、累计24亿元资金对口支持城口县、巫溪县、彭水县、酉阳县4个深度贫困县，累计为重庆市18个贫困区县投放扶贫贷款5000亿元，提供担保增信1000亿元，发行专项债券27亿元，为重庆市贫困区(县)顺利脱贫“摘帽”助力。坚决打好防范化解重大风险攻坚战。加强重大风险隐患“精准拆弹”，重庆市国企没有发生一起债券违约，地方国有银行不良贷款率1.3%、担保企业担保代偿率0.7%，保持在可控水平，守住不发生系统性风险的底线。强化境外国资监督管理，有力化解境外经营风险。扎实开展信访稳定“四重”攻坚、“治重化积”等专项工作，有效化解一批信访积案。坚决打好污染防治攻坚战。企业生态环境保护措施不断强化，中央生态环保督察反馈问题整改全面完成，节约资源、保护环境、绿色发展的国企生产方式、产业结构加速形成。

(七)加快转职能强监管，以管资本为主的国资监管体系基本形成

重庆市国资委、各区(县)国资监管机构切实加强制度、机制、规划、业务、改革、项目“六个对接”，充分发挥国资监管机构专业化体系化优势，坚决维护好发展好人民的共同财富。重庆市国资委动态调整《出资人监管权责清单》《授权放权清单》，全面加强国资监管规范性文件立项、制定、审查、清理，科学系统、精简高效的国资监管制度体系基本形成。健全完善发现问题、纠正偏差、精准问责有效机制，开展违规经营投资责任追究事项核实核查165项、处理责任人276人次。重庆国资大数据监管平台(一期)上线运行，经营性国有资产集中统一监管稳步推进，上下贯通、全面覆盖的重庆市国资监管大格局逐渐形成。

五、重庆市国资委监管企业并购重组与完善法人治理结构情况

(一)并购重组

一是央地联合重组。重庆市国资委将所持重庆钢铁集团90%股权无偿划转给中国宝武集团，实施中国宝武集团与重庆钢铁集团联合重组。完成重庆渝康公司控股股权转让，华润集团对重庆渝康公司实现控股。二是集团横向重组。集团层面，重庆市国资委通过无偿划转方式，将中国四联集团整体并入国有资本运营公司重庆渝富控股集团，中国四联集团不再作为市属国有重点企业管理，既充实国有资本运营公司实力，又深度推动中国四联集团市场化经营机制改革。子企业层面，接收市级党政机关事业单位所属企业26户，分别整合进入8户原有集团公司和新设的1户集团公司(重庆设计集团)。三是企业内部重组。重庆化医集团成立生命科技与新材料产业集团，以市场化方式将所持上市公司渝三峡股票以及4户化工企业股权装入该平台，实现化工产业板块专业化重组。四是市场化并购。2020年，通过投资新设、并购重组、股权转让、增资扩股、IPO等方式新增混合所有制子企业16户，均为处于完全竞争领域的商业一类子企业，引资金额63亿元。其中，重药控股市场化方式并购4户同业公司，进一步扩大医药销售网络。

(二)完善法人治理结构

一是着力推进党建进章程。全面贯彻《中国共产党国有企业基层组织工作条例(试行)》，将党建工作新要求写入公司章程，写明党组织的职责权限、机构设置、运行机制、基础保障等重要事项，明确党组织研究讨论是董事会、经理层决策重大问题的前置程序，落实党组织在公司治理结构中的法定地位。按照《重庆市市属国有企业章程指引》的规定，市属国有独资公司完

成章程修订并备案。二是逐步规范各治理主体权责边界。推动市属国有重点企业完成“三重一大”决策制度修订,以制度的形式将企业党组织内嵌到公司治理结构之中。将党委决定事项、党委前置研究事项、董事会决策事项清单化,厘清决策主体权责边界,规范决策程序。处理好党组织和董事会、监事会、经理层的关系,逐步形成各司其职、各负其责、协调运转、有效制衡的国有企业法人治理结构。三是大力推进管理体系和管理能力现代化。组织开展“集团机关化”问题自查自纠工作,对自查发现的问题,督促企业整改。组织市属国有重点企业开展“对标世界一流管理、培育具有核心竞争力企业”专项行动,充分运用现代管理理念,积极采用现代化、智能化方式,推进流程再造,优化资源配置,加强风险管控,着力培育系统完备、科学规范、运行高效的中国特色现代国有企业管理体系。

六、重庆市国资委监管企业建立和完善经营业绩考核体系情况

2020年,重庆市国资委以“两利四率”为经营业绩考核目标导向,以《市属国有重点企业主要负责人经营业绩考核暂行办法》(渝国资发〔2018〕3号)为依据,实施市属国有重点企业负责人经营业绩考核。

(一)经营业绩考核工作导向方面

一是突出质量变革,持续提升企业发展质量和效益,为国民经济持续平稳健康发展提供重要支撑,在增强城市经济发展实力、保障地方经济运行、发展前瞻性战略性产业方面发挥重要作用,为重庆发展服务。二是突出效率变革,促进供给侧结构性改革,引导企业不断调整优化产业布局、提高国有资本运营效率、防控经营风险、增强国有经济活力,不断提升国有资本的控制力、带动力和影响力。三是突出动力变革,引导企业加大研发投入,加快科技成果转化,完善自主创新体系,促进转型升级,提升核心竞争力,将研发投入视同利润,在计算经济效益指标时予以加回。四是强化业绩对标,对标同行业良好或先进水平制定年度和任期业绩指标,引导企业努力建设一流企业,提高核心竞争力。

(二)“一企一策”实施差异化考核方面

全面贯彻新发展理念,以高质量发展为目标,以供给侧结构性改革为主线,坚持稳中求进工作总基调,围绕资本获利、科技创新、有效供给、跨国经营、企业运营、风险防控、绿色发展、社会贡献等八大能力,从质量变革指标、效率变革指标、动力变革指标3个维度进行考核,推动企业向做强做优做大稳步前进。质量发展指标权重60%,以企业效益、政府重点专项任务为考核指标。商业一类企业主要考核净资产收益率、经济增加值、绩效评价指标水平,权重比分别为40%、40%、20%;商业二类企业主要考核净资产收益率、重点专项任务、绩效评价指标水平,权重比分别为60%、20%、20%;公益类企业主要考核投资目标、利润总额、绩效评价指标水平,权重分别为60%、20%、20%。效率变革、动力变革指标,合并权重40%,根据企业功能定位、运营周期、特点,按“一企一策”原则确定。指标主要考核全员劳动生产率、资产负债率、成本费用利润率、综合债务资本成本率、应收账款周转率、存货周转率、混合所有制改革、供给侧结构性改革专项目标、研发投入比率、市级以上新产品销售率、大数据智能化运用、新模式新业务发展等。商业类工业企业必考核市级及以上新产品销售率、企业研发费投入比率、全员劳动生产率;商业类商贸物流及建筑企业必考核全员劳动生产率;商业类投融资企业必考债务综合融资成本率;公益类企业必考核债务综合融资成本率。凡资产负债率未达到降杠杆目标要求的企业,均确定资产负债率目标考核。考核目标由重庆市国资委主任与董事长以签订经营业绩目标责任书方式确定,实行契约化管理。

(三)强化重大风险防控方面

为有效防范化解市国资系统重大风险,推进风险防控工作的科学化、精细化管理,所有企业统一约定企业在经营中发生包括政治领域风险、意识形态领域风险、经济领域风险(供给侧结构性改革中的操作风险、重大金融风险、重大债务风险、重大投资风险、特殊业务风险)、对外工作领域风险、科技领域风险、社会领域风险(信访稳定风险、安全生产风险和生态环保风险)、党的自身建设领域风险(加强政治建设、持之以恒正风肃纪、巩固和发展反腐败斗争压倒性胜

利)等在内的重大风险事件,未完成精准脱贫工作任务,考核等级由甲方根据情节下调一个或多个等级。高危行业企业发生重大安全生产责任事故,扣减企业负责人1个等级差的绩效年薪;高危行业企业发生特别重大安全生产责任事故,扣减企业负责人2个等级差的绩效年薪;非高危行业企业发生较大安全生产责任事故,扣减企业负责人1个等级差的绩效年薪;非高危行业企业发生重大及以上安全生产责任事故,扣减企业负责人2个等级差的绩效年薪;企业发生重大环境污染责任事故,扣减企业负责人1个等级差的绩效年薪;企业发生特别重大环境污染责任事故,扣减企业负责人2个等级差的绩效年薪。

(四)企业考核分类方面

一是由重庆市国资委直接考核的、市国资委代表市政府履行出资人职责的市属国有重点独资企业的董事长所在企业中,商业一类企业12户,分别是庆铃集团、重庆钢铁集团、重庆化医集团、重庆轻纺集团、重庆机电集团、重庆能源集团、中国四联集团、重庆建工集团、重庆对外经贸集团、重庆交运集团、市农投集团、重庆投资咨询集团;商业二类企业6户,分别是市水务资产公司、重庆渝富控股集团、重庆旅游集团、重庆粮食集团、重庆渝康公司、重庆国际物流集团;公益类企业7户,分别是重庆机场集团、市城投集团、重庆高速集团、市地产集团、重庆交通开投集团、重庆储备粮公司、广阳岛绿色发展公司。二是由股东考核的多元化或混合所有制市属国有重点企业董事长所在企业8户,分别是重庆银行、重庆农商行、西南证券公司、重庆联交所集团、重庆三峡融资担保集团、重庆进出口担保公司、重庆兴农担保集团、重庆股份转让中心公司。

七、重庆市国资委监管企业负责人考核与选人用人机制改革情况

2020年,重庆市国资委坚持以习近平新时代中国特色社会主义思想为指导,全面贯彻新时期党的建设总要求和组织路线,大力推进市场机制改革、干部结构改善、人才建设改观等重点工作,为国资国企高质量发展提供坚强组织保障和人才支撑。

(一)积极探索推改革,市场化机制有突破

坚持党管干部原则与发挥市场机制作用相结合,加大市场化选人用人机制改革力度,激发干部职工干事创业活力。一是推行经理层任期制和契约化管理。制定实施《关于市属国有企业推行经理层成员任期制和契约化管理的指导意见》,在239户市属国企所属二级商业类企业全面推行,在5户市属国企集团开展试点。二是探索推行职业经理人制度。总结梳理二、三级企业前期试点情况,研究制定3户市属国有企业集团推行职业经理人制度试点工作方案,抓紧推进后续工作。指导市水务资产公司所属三峰环境公司完成职业经理人转聘等工作。三是健全中国特色现代国有企业制度。制定实施《市属国有企业外部董事选聘和管理办法》,从国有企业、党政机关、事业单位、专业机构物色遴选外部董事人选,建立500余人的外部董事人才库,并从中选聘人员担任专兼职外部董事,首次选聘现职企业领导人员转任专职外部董事。

(二)知事识人调结构,企业班子有改善

坚持国企领导人员"二十字"要求,突出政治标准,注重事业为上、以事择人,加快建设高素质专业化国企领导人员队伍。一是完善知事识人体系。制定实施《企业领导班子综合分析研判办法》,综合运用纪检、巡视、审计、信访和国资日常业务监管成果,定期或不定期会商有关情况,多渠道了解、多纬度甄别,把知人和知事结合起来,综合分析研判干部、精准识人。二是优化调整企业班子。通过综合分析研判,选优配强企业领导班子,2020年,提拔重用委管企业领导人员17人(6名正职、11名副职),平级交流2人,其中50岁左右正职和45岁左右的副职各5人,配合市委组织部提拔重用市管企业领导人员18人。加强优秀年轻干部发现培养,研究提出企业50名优秀年轻干部推荐人选报市委组织部。三是及时调整企业领导人员管理体制。配合企业改革重组发展,及时对重钢集团、渝康资产公司、四联集团等市属国企及渝农商金融租赁公司、建峰集团等骨干子企业领导人员管理体制调整提出建议意见。四是持续从严监督管理干部。按照党中央部署和市委要求,开展个人事项报告专项整治工作。制定《企业选人用人工作监督检查办法》,建立选人用人日常检查、问题反馈、限期整改、验

收核查闭环机制,督促企业对检查发现的68个问题进行整改,对参股企业委派人员管理情况进行全面监督检查。扎实开展企业领导班子和领导人员2019年度综合考核,评定班子优秀9户、一般5户、较差1户,领导人员优秀53人、基本称职3人。

(三)严管厚爱相结合,干部能力有提高

坚持新时期好干部标准,聚焦以管资本为主国资监管新要求,加大干部培养锻炼力度,着力加强重庆市国资委机关干部队伍建设。一是严把入口关。通过遴选基层公务员、选调优秀大学毕业生、接收军转干部、面向企业选调公务员等方式补充工作人员19人,畅通各方面优秀人才进入重庆市国资委机关渠道。二是强化干部培养锻炼。制定《市国资委机关干部实践锻炼办法》,明确轮岗、交流、顶岗实训等多种实践锻炼干部方式。注重干部专业精神、专业能力培养,实施重庆市国资委机关干部素质能力提升工程,坚持"内培""外训"相结合。开展"处长上讲台"专题讲座6期,参训220余人次,积极组织并选派干部参加财务管理、投资规划、产权管理、法务专题等监管业务培训,选派42人次参加上级组织调训。三是畅通干部成长通道。按照市委统筹安排,重庆市国资委机关和区(县)、乡(镇)各双向交流1名干部。根据工作需要,机关干部提拔交流2人任市属国企领导,平级交流到市属国企2人,交流到中央企业1人。根据职数空缺情况,分批开展重庆市国资委机关公务员职级晋升24人次,其中,晋升二级巡视员、一级和三级调研员各1人,一级主任科员及以下21人。四是扎实做好日常管理。加强优秀年轻干部发现培养力度,研究提出机关优秀年轻干部推荐人选,选派1名干部参加市委党校中青班学习。根据《委机关干部涉企事项监督实施办法》,开展机关干部涉企事项清理,对有涉企事项的63人进行提醒谈话。做好重庆市国资委机关公务员年度考核、平时考核、评先评优等日常管理工作。

(四)引育结合聚人才,人才强企有改观

坚持把人才作为第一资源,牢固确立人才引领发展战略地位,深入实施人才强企战略,积极营造"近悦远来"的人才生态。一是加大高层次人才引进力度。指导市属国企签约引进各类高层次人才368人,国家级"百千万人才工程"专家2人,柔性引进4名院士,累计与20名院士建立合作关系。坚决贯彻稳就业保就业要求,指导各企业全年招聘1万余人,其中应届高校毕业生占50%、贫困大学生300余人。二是加快搭建人才创新平台。坚持以平台集聚人才,依托创新平台开展关键核心技术攻关、数字化转型示范、创新成果转化等工作,新建国家级博士后科研工作站3个,国家级高技能人才培训基地1个,市级专家工作室、技能大师工作室4个,涌现创新项目98个、重大创新成果13项。三是强化人才激励保障。认真组织开展"重庆英才·创新创业领军人才"推荐评审工作,市属国企新增21名个人和1个团队入选"重庆英才"。及时兑现各项政策和配套支持经费,对引进的高层次人才、获评的国家级和市级人才平台以及人才工作成效较好的企业进行奖励,全年重庆市国资委投入超过1000万元。四是加强人才培训培养。全年组织各类示范专题培训20个,培训企业领导人员3500余人次,指导各企业自主实施各类专业培训2.4万余个、培训各类人才130万余人次。

八、重庆市国资委监管企业党的建设和廉政建设情况

(一)党的建设

2020年,重庆市国资委深入学习贯彻习近平新时代中国特色社会主义思想、党的十九大和十九届二中三中四中五中全会精神,认真落实全国国企党的建设工作会议精神,紧扣市委、市政府打好三大攻坚战、实施"八项行动计划"部署,统筹推进疫情防控和国资国企改革发展、高质量党建,推动国企党的领导党的建设得到新加强。

一是坚定突出政治建设。坚守政治忠诚不动摇,组织推动国企各级党组织和广大党员深学笃用习近平新时代中国特色社会主义思想,坚定落实"两个维护"。深化落实《重庆市国资系统深入学习贯彻习近平总书记视察重庆重要讲话精神工作方案》9个专项35项工作任务,开展贯彻落实情况"回头看",确保习近平总书记重要指示批示和中央、市委决策部署在国企落地生根。加强党的领导不松懈,落实党的领

导融入公司治理各环节，制定《关于党建工作要求写入公司章程有关问题的解答》，指导35户市属国企、1073户所属二、三级全资、绝对控股企业按照国企基层党组织条例要求全面完成新一轮章程修订，同步修订"三重一大"决策制度、议事规则等。印发《党委前置研究讨论事项清单(示范文本)》，指导35户市属国企集团结合实际制定党委前置研究讨论事项清单，进一步厘清各治理主体权责。严肃政治生活不走样，严格执行新形势下党内政治生活若干准则，指导企业坚持党委集体领导、民主集中、一把手末位表态制和领导干部双重组织生活制度。督促五届市委第五轮巡视企业开好专题民主生活会，制定《市属重点国企党委领导班子民主生活会督促指导办法》，推动企业党委严肃认真开好民主生活会。净化政治生态不含糊，严格落实《重庆市国资系统营造良好政治生态工作方案》，定期会同驻重庆市国资委纪检监察组对企业政治生态摸底"画像"，全覆盖约谈市属领导人员105人次，从思想根源上检视防止"七个有之"。

二是持续强化理论武装。扎实开展理论学习，指导各企业党委建立并落实"第一议题"制度。制定《市属国企党委理论学习中心组学习督促检查办法》，建立市属国企中心组学习"一学一报"机制，巡听旁听指导企业开展中心组学习6次。市属国企开展党委中心组理论学习300余次。广泛深入宣讲宣传，组织党的十九届五中全会精神宣讲分队"进国企"全覆盖宣讲178场次，各企业开展宣讲368场次、覆盖30.5万名职工群众。为国企党组织、党员发放党的十九届五中全会辅导百问等学习书籍6.6万余册。"人民网·国资晓渝"微信推送学习宣传信息882条，累计阅读47.8万次。各类媒体宣传报道企业信息111730条，企业自办媒体宣传报道80405条。重庆交通开投集团官方微信、微博和客户端聚合粉丝430余万人，全年首发信息1万余条。抓紧抓实意识形态工作，指导企业认真落实党委和党委领导班子成员意识形态工作领导责任，各级党委分析研判意识形态工作123次，重庆市国资委党委审批备案企业论坛讲座19场次，督促指导企业集团党委审批备案321场次，及时协调稳妥处置涉及市属国企较大网络舆情31起。

三是坚决贯彻中央重大决策部署和市委工作要求。抗击疫情冲在前，号召国企各级党组织闻令而动、全力以赴，在防护物资保供、交通运输保畅、民生服务保障等方面勇挑重担，组建300余支党员突击队投入急难险重任务，组织企业捐款捐物2.37亿元、广大党员踊跃捐款1446万余元。重庆对外经贸集团党委成立7个境外物资采购党员突击队，抢时间、抢速度采购一次性口罩2360万余只、防护服48万多套及大量抗疫必备物资。重庆交通开投集团、重庆对外经贸集团周才儿分别获得全国抗击新冠肺炎疫情先进集体、先进个人表彰，重庆市国资系统22名个人、7个集体获得重庆市抗疫先进个人、先进集体表彰。积极推动市属国企向大数据、智能化和战略性新兴产业投资45亿元，占投资总额的40.9%。决战决胜脱贫攻坚，组织国企筹集4亿元支持城口县、巫溪县、酉阳县、彭水县4个县巩固脱贫成果，开展消费扶贫3000万余元，为贫困地区销售农特产品5亿余元，招聘贫困大学生853人。

四是贯彻条例提升基层党建质量。与市委组织部联合印发贯彻国企基层党组织工作条例25条重点措施，深入开展"落实条例、提升质量"专项行动。在企业改革重组过程中调整重庆药交所、重庆渝富控股集团等党组织隶属关系，划转重庆商社集团、重庆渝康公司党组织。推动533个2020年任期届满党组织实现"应换尽换"。分类理顺市属国企持股不到50%的24个混合所有制企业党组织关系。研究探索市属国企驻外机构党组织建设有效途径。举办基层党组织书记、党务干部、产业工人党员示范培训班3期，全系统累计培训9.5万余人次。深化"双培养一输送"，发展党员4340人。全系统建立完善"不忘初心、牢记使命"长效机制964个，开展支部主题党日4.2万次、"三会一课"11.6万次。各企业开展"党课开讲啦"活动13378场，重庆机电集团西计公司以"寻访三线印记、矢志科技报国"为题参加市委组织部党课现场教学，获得重庆市党员热烈反响。从严整顿补齐短板，"一支一策"整顿软弱涣散基层党组织10个，消除党员空白班组382个，清理规范正式党员3人以上未单独组建党支部的基层单位308个。制定《市国资系统党委书记和党委班子成员建立党支部工作联系点实施办法》，推动各集团层面领导班子成员党支部联系点303个、各级企业领导班子成员建立党建工作联系点2067个。推动发挥作用，在生产经营一线设立党员责任区8015个、党员示范岗10084个，组织从事研发党员带头技术攻关、窗口服务行业党员“亮身份、亮职责、亮承诺”，广泛开展“党建示范点”“一企一品牌”创建。重庆交通开投集团开展运行一线党员身边无违章、无投诉、无事故“三无”活动，重庆机场集团全覆盖开展二级党组织“党建示范点”结对共建。压紧压实工作责任，督促市属重点国企制定全面从严治党主体责任清单，以单定责、照单履责、按单问责。开好国企党委书记抓党建述职评议会议，充分运用巡视、督查结果推动党建考核考准考实，对综合评价为“一般”“差”的5户市属国企进行约谈，督促限期整改。每季度开展市属重点国企党委书记履责情况汇报。对市属国企落实《重庆市市属国有重点企业党建工作责任制实施办法》开展全覆盖督查，推进企业知责明责、履责尽责。

(二)廉政建设

一是做到“两个维护”。坚持把习近平总书记对国资国企领域的重要讲话精神和重要指示批示精神作为推动国资国企改革发展和党的建设重要遵循，建立并落实党委会议“第一议题”制度，全年跟进学习习近平总书记最新重要讲话精神、重要指示批示精神，并对贯彻落实情况开展自查“回头看”。深入贯彻习近平总书记在全国国有企业党的建设工作会上的重要讲话精神，持续落实30项重点任务。建立贯彻落实党中央重大决策部署台账，紧紧围绕统筹疫情防控和经济社会发展、“六稳”“六保”、三大攻坚战、成渝地区双城经济圈建设抓落实，每半年对落实情况开展检查，确保党中央重大决策部署落地生根。

二是加大正风肃纪反腐力度。力戒形式主义、官僚主义，加强重庆市国资委机关发文负面清单管理，严控会议次数和规模，全年发文数量、会议数量比上年压减7.8%、20%；深化市属国企形式主义、官僚主义专项治理成果，督促企业整改问题19个。加大违规收送红包礼金、违规发放津补贴或福利等“四风”隐形变异问题专项整治力度。出台《重庆市国有企业商务招待管理暂行办法》，规范企业商务招待的对象、范围和标准。全年全系统查处违反中央八项规定精神问题33起，立案15起，处分18人。坚决查处靠企吃企、设租寻租、关联交易等腐败问题，全年全系统处置问题线索723件，立案118件，综合运用“四种形态”处理696人，给予党纪政务处分109人。深化拓展“以案四说”“以案四改”，组织全系统开展“以案四说”警示教育活动1288场；在重庆粮食集团、市储备粮公司试点开展“以案四改”，组织全系统围绕商社化工庞庆军案开展“以案四改”，推动整改问题178个。全力支持纪检监察机关履责，配合市纪委配备委托管理企业纪委书记11人，推动粮食集团等11户企业配齐配强纪检监察干部15人。

三是加强党内法规制度执行。深入学习贯彻《中国共产党党内法规执行责任制规定(试行)》，严格落实党内法规执行责任制，制定《市国资委党委党内法规执行责任清单》，明确105个需贯彻执行的党内法规及规范性文件。认真落实牵头负责的《重庆市市属国有企业负责人履职待遇、业务支出管理办法》《重庆市市属国有重点企业党建工作责任制实施办法》执规工作，加大宣讲力度，强化制度执行，深入监督检查发现企业制度执行问题20余个。严格落实《市委党内法规和规范性文件合法合规性前置审核操作规程(试行)》，全年制定《关于市属国有企业推行经理层成员任期制和契约化管理的指导意见》等党内规范性文件6个，均按程序规定向市委报告备案。

四是加强全面从严治党突出问题专项整治。运用审计、巡视成果和各类监督检查结果，对共性问题开展专项治理，着力解决全面从严治党突出问题。深入开展2020年深化市属国有企业监督执纪专项工作，扎实推进“一个聚焦、五个强化”重点任务。深化拓展违规投资等9个专项治理，组织专班赴企业发现问题189个，各企业自查新发现问题201个，调查处理184人，问责180人。深入开展违规操作造成国有资产流失、小额贷款公司经营管理混乱、党建工作弱化等突出问题专项整治，分别整改问题636个、128个、261个。新开展企业经济合同案件专项治理和参股股权管理专项监督，全系统排查经济合同败诉案件17641件、挽回损失19亿元、追责2783人次；发现企业参股投资活动中违规借款担保、投资不分红等问题170个，实施责任追究10个。

五是狠抓巡视整改责任落实。按照市委巡视重庆市国资委党委反馈的15个突出问题、35个具体表现，先后4次召开党委会议、7次召开巡视整改领导小组会议对巡视整改工作进行安排部署、督促推动。建立重庆市国资委党委巡视整改和选人用人、意识形态、纪检监察的“1＋3”整改体系，提出74项具体整改措施，逐项列出问题清单、任务清单、责任清单，实行台账式、清单化管理。严格实行周督办、月通报制度，加强对巡视整改的督办落实。截至2020年底，15个突出问题全部完成集中整改任务并取得阶段性成效，建立健全国资监管制度28个。加强对市委巡视国企反馈意见整改工作的督导检查，组建3个专项督导组指导五届市委第五轮巡视的13户企业抓好问题整改，截至2020年底，阶段性整改到位162个问题。

（撰稿人：胡冰洁）

四川省

一、四川省国有资产监督管理工作综述

2020年，面对新冠肺炎疫情带来的严重冲击，面对严峻复杂的经济形势，面对艰巨繁重的改革发展任务，四川省国资国企系统坚定以习近平新时代中国特色社会主义思想为指导，认真贯彻落实国务院国资委和省委、省政府决策部署，保持战略定力、主动作为、迎难而上，统筹抓好疫情防控和国资国企改革发展，各项工作取得较好成效，“十三五”目标任务圆满完成。

（一）全力抗击疫情，积极推动企业复工复产

国资国企在抗击新冠肺炎疫情斗争中主动担当、勇挑重担，在应急保供、医疗支援、复工复产等方面发挥重要作用。出台“10＋6”政策措施，以及经营业绩考核和工资管理相关政策措施，支持引导企业做好疫情防控，组织动员国企迅速转产防疫物资，日产口罩超过300万只、防护服超过6000套；完成四川省疫情防控指挥平台建设、援鄂医疗队接送等应急任务；强化能源、粮油等基础保障，向华西医院等捐款捐物超过7000万元。推动国企率先复工复产，引领带动上下游产业链企业发展；指导企业发起设立首期规模10亿元的全国首支省级防疫专项投资基金，发行12只总规模88.9亿元的疫情防控债，向承租国企经营用房的市场主体减免租金2.88亿元，惠及承租户超过6000户。

（二）围绕目标任务，狠抓企业经济运行监测

指导企业用好用足国家和四川省出台的减税稳增长政策，努力降低疫情带来的影响。制定稳增长激励措施，大力推进降本增效。防范化解债务风险，拟制四川省属监管企业“内控、风险、合规”协同管理指引。制定资金集中管理指导意见，提高企业资金配置效率。强化项目投资带动，抓好95个重大项目建设，天府国际机场基本建成并于2021年1月22日成功试飞、川南城际铁路等重点基础设施建设、中国“牙谷”四川口腔装备材料产业基地等重点项目顺利推进，项目投资目标任务有望实现突破。

（三）深化重点领域改革，不断激发企业活力

一是高质量起草国有企业改革三年行动实施方案并印发实施。二是抓好“双百行动”“科改示范行动”改革，深入开展对标世界一流管理提升行动。成都市中级人民法院于2020年12月底批准川煤集团司法重整计划、终止重整程序，川航增资扩股有序推进。三是加强规范董事会建设。省属企业配备外部董事24人，其中专职外部董事4人、兼职外部董事20人；持续开展企业集团和子公司经理层市场化选聘，其中矿投集团完成经理层整体选聘。四是推进混合所有制改革。举办川渝共同产权市场互联网平台上线活动；多途径推进资产证券化，川投发布全国首单PPP储架式资产证券化项目、省交投成功发行中西部首单基础设施领域REITS产品；四川省地方国有上市公司39家，其中五粮液成为深市首支市值超过10000亿元的个股。五是基本完成公司制改革和剥离国企办社会职能，解决历史遗留问题。完成240余万户国有企业职工家属区“三供一业”分离移交和82万余名国企退休人员社会化管理，完成率100％。

(四)推动国企转型升级,努力实现高质量发展

全面启动四川省及省属国资"十四五"规划纲要编制工作。修订四川省属企业主业管理办法,完成省属企业主业调整优化。深化央地合作,召开落实新时代西部大开发战略——四川省与中央企业合作发展座谈会暨项目签约仪式,13家中央企业与四川省政府签署战略合作框架协议,推动四川省各级政府及地方国有企业与中央企业签署一批项目协议,涉及协议金额3920亿元,8个中央企业在川新设区域总部或新设二级子公司。深化市州合作,推动国企与成都市、攀枝花市等14个市(州)加强战略合作,落地项目投资3600多亿元。围绕成渝地区双城经济圈建设,深化川渝合作,推动两地国资国企签署"1+12"一揽子合作协议;成立西部陆海新通道物流产业发展联盟,吸收400余家沿线地区物流、商贸产业龙头企业入盟。

(五)落实"放管服"要求,以管资本为主推进职能转变

深化7户国有资本投资运营公司改革,在四川发展、川投集团2户企业开展国有资本授权经营体制改革试点。充分发挥考核分配的导向作用,修订出台经营业绩考核配套细则,推动企业实现质量更高、效益更好、结构更优的发展;完成2019年度和2017—2019年任期考核清算。出台省属企业境外公司财务负责人选派管理暂行办法等制度,强化财务、投资、境外国有资产等重点领域监督。狠抓法治整改责任落实,加大法治宣传教育力度,加强法治文化建设,助力企业防疫抗疫和复工复产,出台《四川省省属企业合规管理指引(试行)》,完成8户省属企业合规管理试点。完成大额资金在线监管系统建设,省属企业全部上线监测。加强委贷资金监管,认真查纠对下属企业特别是因改制重组等划入的企业长期疏于监管造成国有资产流失等问题,推动堵塞监管漏洞。加强研究能力建设,与中国企业改革与发展研究会开展战略合作,共同建设西部创新实践基地。

(六)坚持强基固本,国资国企党的建设得到全面加强

始终坚持党的领导、加强党的建设,筑牢国有企业的"根"和"魂"。一是狠抓党的政治建设。坚持把党的政治建设摆在首要位置,深入学习习近平总书记重要讲话和重要指示批示精神,持续深化"不忘初心、牢记使命"主题教育成果,不断增强"四个意识"、坚定"四个自信"、坚决做到"两个维护"。二是狠抓党建责任落实。积极推进"党建入章",省属企业集团"党建入章"率100%,建立党建工作与企业负责人年度考核衔接机制,党建工作考核结果与负责人薪酬挂钩。压实党委书记抓党建工作责任,抓好述职评议和党建工作考核;持续开展国企党建"强基固本提升工程",提升基层党组织标准化规范化建设水平。三是狠抓领导班子和人才队伍建设。制定资深经理管理办法、严格领导人员履职管理规定、加强和改进国企人才工作指导意见、四川省国资委派员列席董事会会议等系列制度,开展省属企业董事会工作报告和董事会及董事任期评价工作;实施"人才强企"工程,开展国有企业高校招聘(成渝专场)活动,实施党务人才与经营管理人才"双向培养"项目,在中央党校、浦东干部学院等教育培训"双向人才"250余人。

(七)落实从严治党,推动国企政治生态不断净化

制定加强国企案件审理工作意见,建立健全省管企业案件集中审理机制。制定《省属国有企业境外公司财务负责人选派管理暂行办法》《省国资委党委加强省属国有企业境外腐败治理工作实施意见》,推动建立四川国有企业境外国有资产联合监督机制,加强境外国有资产监督。持续深化作风建设,制定《整治整治形式主义官僚主义问题实施意见》,出台省属企业商务招待管理办法。加强巡察制度和巡察人才库建设,研究制定《四川省国资委党委巡察工作办法》等巡察工作制度及规范19项,认真开展巡视整改"回头看"和巡察整改。

(八)强化责任担当,国资国企脱贫攻坚工作成效显著

深入贯彻落实党中央和省委、省政府脱贫攻坚部署,以企业带动、产业拉动、企地联动等模式,全力抓好国资系统脱贫攻坚工作,定点扶贫的四川省四大片区65个县全部实现"摘帽"。2020年,61户企业年度计划投入无偿帮扶资金13.6亿元,实施帮扶项目502个,其中,定点扶贫凉山州的26户国有企业计划投入5.2亿元，实施帮扶项目210个。签订“以购代捐”协议474份1.12亿元，举办线上、线下销售扶贫产品774场(次)，实现销售额1.56亿元；订购凉山彝区贫困妇女彝绣手工产品800余万元；动员组织用工密集型国有企业优先选用易地搬迁群众务工1610人次，发放工资48.8万元。制定四川国企更好履行社会责任指导意见，倡导国有企业勇担社会责任。

二、四川省国有资产总量与结构分析

截至2020年底，四川省地方企业国有资产统计报表汇编企业8757户，资产总额110117.98亿元，比上年增长28.33%；负债总额75318.75亿元；归属于母公司的所有者权益30238.24亿元，比上年增长20.36%；国有资产总量29623.61亿元，国有资本保值增值率102.11%；营业收入12505.18亿元，比上年增长15.23%；利润总额1022.02亿元，比上年增长19.31%；归属于母公司所有者的净利润481.15亿元，比上年增长26.58%；实际上缴税费总额832.06亿元。其中，四川省地方国有企业资产总额10.75万亿元、营业收入1.22万亿元、利润总额893亿元，分别增长16.4%、14.2%、6.2%；省国资委监管企业资产总额1.79万亿元、增长9.9%，营业收入4302亿元、比上年增长9.8%，利润总额72.1亿元。

表1　　2020年四川省国有企业指标

项　目	金　额(亿元)
资产总额	110117.98
所有者权益	34799.24
营业收入	12505.18
利润总额	1022.02
净利润	792.62
归属于母公司所有者的净利润	481.15
应交税费总额	842.50
实际上缴税费总额	832.06

表2　　2020年四川省国有企业户数情况

2019年户数(户)	2020年户数(户)	比上年增长(%)
7715	8757	13.51

从隶属关系看，省本级国有资产总量5044.45亿元，占17.03%，成都市国有资产总量10533.11亿元，占35.56%，省本级与成都市合计占四川省的52.59%。其他20个地区合计总量占四川省的47.41%，地区间差异较大，宜宾市、眉山市、泸州市、绵阳市、乐山市国有资产总量超过1000亿元，阿坝州、甘孜州不足100亿元。国有资产总量的地区分布状况与各地区经济发展水平基本一致。

表3　　2020年四川省国有资产按地区分布情况

地　区	国有资产(亿元)	占国有资产总量比重(%)
省属企业汇总	5044.45	17.03
市(州)企业汇总	24579.15	82.97
成都市	10533.11	35.56
宜宾市	1898.74	6.41
眉山市	1400.53	4.73
泸州市	1293.59	4.37
绵阳市	1152.75	3.89
乐山市	1007.56	3.40
遂宁市	999.89	3.38
德阳市	834.39	2.82
凉山州	599.52	2.02
内江市	569.14	1.92
达州市	566.94	1.91
巴中市	544.21	1.84
南充市	501.50	1.69
广安市	478.60	1.62
自贡市	464.51	1.57
雅安市	460.99	1.56

续表

地　区	国有资产（亿元）	占国有资产总量比重(%)
广元市	453.32	1.53
资阳市	384.99	1.30
攀枝花市	295.85	1.00
阿坝州	79.14	0.27
甘孜州	59.87	0.20
合　计	29623.61	100.00

从行业分布看，社会服务业的国有资产总量16849.85亿元，占56.88%，为行业总量中最高；4个行业国有资产总量超过1000亿元，分别为交通运输业3592.75亿元、建筑业3470.09亿元、房地产业2857.52亿元、工业1587.02亿元，与社会服务业的差距明显，以上5个行业的国有资产总量合计比重为95.73%。其他行业中，金融业、农林牧渔业、商贸业和教育文化广播业的国有资产总量超过100亿元，分别占四川省的1.55%、1.01%、0.72%和0.48%；剩余行业所占比重不足1%。

表4　2020年四川省国有资产按行业分布情况

行　业	国有资产（亿元）	占国有资产总量比重(%)
社会服务业	16849.85	56.88
交通运输业	3592.75	12.13
建筑业	3470.09	11.71
房地产业	2857.52	9.65
工业	1587.02	5.36
金融业	460.01	1.55
农林牧渔业	298.65	1.01
商贸业	213.68	0.72
教育文化广播业	142.54	0.48
仓储业	80.65	0.27
科学研究和技术服务业	59.43	0.20
信息传输、软件和信息技术服务业	10.98	0.04
卫生、体育和娱乐等其他行业	0.43	0.00
合　计	29623.61	100.00

从经营规模分布看，大型企业国有资产总量17394.17亿元，占58.72%，在四川省国有经济中的比重较大。中型企业国有资产总量4276.47亿元、小型企业国有资产总量6133.25亿元、微型企业国有资产总量1819.72亿元，分别占四川省的14.44%、20.70%、6.14%。

表5　2020年四川省国有资产按经营规模分布情况

经营规模	国有资产（亿元）	占国有资产总量比重(%)
大型企业	17394.17	58.72
中型企业	4276.47	14.44
小型企业	6133.25	20.70
微型企业	1819.72	6.14
合　计	29623.61	100.00

三、四川省国有资本保值增值综合分析评价

2020年，面对新冠肺炎疫情、经济下行等多重困难挑战，四川省国资国企迎难而上、主动作为，认真贯彻落实党中央、国务院以及省委、省政府的决策部署，行非常之力、竟非常之功、克非常之难，科学统筹疫情防控和企业改革发展，打赢疫情防控、稳定增长、科技创新、改革攻坚“四场硬仗”，企业运行质量明显提升，主要经济指标均保持良好增长态势，国有资本保值增值率102.11%，比上年增加0.24个百分点。

（一）国有资本实现保值增值

2020年，国有企业依靠经营积累，实现保值增值，年末国有资产总量29623.61亿元，比上年增长

20.61%，由生产经营产生的经营净积累536.54亿元，国有资本保值增值率102.11%。国家及国有单位直接资金投入1787.50亿元，资产净划入1216.15亿元。

(二)不同级次、不同区域和不同行业企业国有资本保值增值水平存在差异

2020年，省本级企业国有资本保值增值率100.49%，省级监管企业国有资本保值增值率100.36%，26户省级监管企业中17户实现保值增值；市(州)企业国有资本保值增值率102.48%，21个市(州)中18个市(州)企业实现国有资本的保值增值，宜宾市最高，为111.52%，其次是自贡市106.57%和泸州市104.80%，3个市(州)企业未实现保值增值，分别是凉山州99.58%、乐山市99.50%、攀枝花市96.52%；13个行业保值增值水平存在差异，实现保值增值的行业11个，最高为卫生、体育和娱乐等其他行业139.06%，其次为金融业109.14%、科学研究和技术服务业106.52%、工业106.42%、商贸业105.73%，未实现保值增值的行业2个，分别是教育文化广播业98.59%、农林牧渔业95.03%。

表6　2020年四川省国有企业地区和行业国有资本保值增值情况

地　区	国有资本保值增值率(%)	行　业	国有资本保值增值率(%)
省属企业	100.36	卫生、体育和娱乐等其他行业	139.06
市(州)企业	102.48	金融业	109.14
宜宾市	111.52	科学研究和技术服务业	106.52
自贡市	106.57	工业	106.42
泸州市	104.80	商贸业	105.73
眉山市	102.41	房地产业	102.24
甘孜州	102.40	社会服务业	102.20
内江市	102.35	信息传输、软件和信息技术服务业	101.80

续表

地　区	国有资本保值增值率(%)	行　业	国有资本保值增值率(%)
成都市	101.93	仓储业	101.41
达州市	101.52	建筑业	101.24
广元市	101.45	交通运输业	100.15
遂宁市	101.33	教育文化广播业	98.59
资阳市	101.15	农林牧渔业	95.03
阿坝州	101.15		
南充市	101.10		
广安市	101.10		
雅安市	100.81		
绵阳市	100.28		
德阳市	100.26		
巴中市	100.14		
凉山州	99.58		
乐山市	99.50		
攀枝花市	96.52		

四、四川省国资委监管企业改革发展情况

2020年四川省国资国企坚持以习近平新时代中国特色社会主义思想为指引，认真贯彻落实中省各项决策部署，应对新冠肺炎疫情的严峻考验，坚定不移推进国资国企改革，积极主动作为，大胆探索突破，各项工作取得新的成效。

一是强化顶层设计。制定出台四川省国企改革三年行动实施方案，明确8个方面88条重点改革任务。二是推动中国特色现代国有企业制度建设。把党的领导融入公司治理，省属企业集团“党建入章”、党建工作纳入企业年度经营业绩或负责人薪酬考核、党组织书记与董事长“一肩挑”完成率均100%。规范董事会建设加快推进，印发省属企业董事会及董事评价办法、外部董事选聘和管理办法等专项制度，加强

外部董事配备,开展落实董事会职权试点工作。省属企业集团全面完成公司制改制。三是加快建立市场化经营机制。扎实推进三项制度改革,建立经营业绩考核、财务预算和职工工资总额预算"三位一体"目标管理体系,7户省属企业集团市场化选聘24名经理层人员。四是深化混合所有制改革。全面放开省属企业二级及以下企业混合所有制改革,四川省地方国企混合所有制改革面超过40%、省属企业混合所有制改革面53%。持续推进员工持股试点,新增4户员工持股试点企业。五是推进资产证券化。建立对口联系工作机制,宏明电子、爱联科技、省建筑设计院3户企业加快推进上市,交投集团高速公路投资信托基金开展试点,新增深冷股份、三泰控股等国有控股上市公司。截至2020年底,四川省地方国企上市公司39家,其中五粮液市值超过1万亿元。六是狠抓重点企业改革。出台《四川省国有资本投资、运营公司改革试点的实施方案》,四川发展、四川商投等7户企业改组为国有资本投资运营公司。推动四川发展、川投集团2户企业开展深化授权经营体制改革试点。七是加快遗留问题处置。基本完成剥离国有企业办社会职能,累计清理退出资产170亿元,完成240余万户国企职工家属区"三供一业"分离移交、82万余名国企退休人员社会化管理,教育、医疗机构深化改革、消防机构分类处理、社区管理机构和市政设施分离移交全部完成,为国企公平参与市场竞争创造条件。八是推进"处僵治困"。省属监管企业105户"僵尸企业"完成处置100户,完成率95%。有色科技公司启动改革脱困工作。九是持续抓好国企改革"双百行动"和"科改示范行动"。商投集团、九洲导航"双百企业"三项制度评估获得A级通报表扬,商投集团被评为四川省唯一国企改革"双百行动"A类企业。爱联科技改革经验被国务院国资委"科改示范行动"专刊刊发。

五、四川省国资委监管企业并购重组与完善法人治理结构情况

(一)并购重组

一是推进并购工作。积极支持企业围绕主责主业和现有产业布局对优质资产特别是上市公司的并购工作,促进企业提升主业竞争力、延伸产业链、控制核心资源、提高融资能力,2020年四川发展收购上市公司三泰控股,交投集团投资上市公司深冷股份,在提高国有资产证券化水平的同时,通过产业链整合,实现存量资产盘活、业务协同发展,提高资本运营效率。二是推动重组整合。川煤集团稳步实施一揽子改革措施,完成司法重整程序。川航集团与五粮液签署增资扩股协议,推进能投水务公司、川航科瑞特公司、四川玻纤公司增资扩股,能投集团下属川能动力股份公司实施重大资产重组,旅投、港投集团实施内部业务板块重组整合。

(二)完善法人治理结构

在公司治理中全面加强党的领导不动摇,全面落实党建入章,有序开展党委成员与董事会、经理层成员"双向进入交叉任职",指导企业完善党委会议事规则和议事清单,省属企业集团层面党建入章完成率100%,党委书记董事长"一肩挑"完成率95%,全面制定党委会议事规则和前置研究讨论重大经营管理事项清单。加强董事会规范化建设不动摇,完善制度体系,出台外部董事选聘和管理办法、董事会及董事暂行评价办法等制度,研究形成全面加强企业规范董事会建设实施意见,规范董事会建设的"四梁八柱"基本形成。对董事会履职情况进行认真考核评价,完成省属企业董事会2017—2019年度任期考核评价工作,落实四川省国资委派员列席董事会会议制度,建立外部董事履职台账,实行履职全程记录,及时客观掌握董事会决策履职情况。加快外部董事配备,配备外部董事16人,新配备18人。

六、四川省国资委监管企业建立和完善经营业绩考核情况

(一)调整考核分配政策,引导企业应对疫情影响

一是研究出台经营业绩考核和工资管理相关政策措施,支持引导企业做好疫情防控。四川省国资委研究出台《关于印发支持引导国有企业积极投入新型冠状病毒感染肺炎疫情防控工作相关政策措施的通

知》(川国资发〔2020〕1号),将疫情防控工作开展情况纳入2020年度经营业绩考核,并在业绩考核和工资管理中对因疫情防控发生的加班工资、研发支出、减免房租等因素予以考虑和支持。二是强化疫情期间人工成本管控。针对疫情影响及时调整工资管控策略,指导企业编制2020年度工资总额预算,将因疫情防控发生的加班工资、临时性工作补助、卫生防疫津贴等支出在工资总额中一次性据实核增;强化人工成本管控,要求未考虑疫情影响的企业工资总额暂不安排增长,考虑疫情影响后经济效益仍然增长但低于上年完成值的企业暂按5%增长工资总额,年中根据企业财务预算调整情况据实编制工资总额预算,严格控制人工成本不合理增长。

(二)积极协调相关部门争取政策,助力企业复工复产

一是积极帮助企业协调省、市两级公积金中心、社保局等相关部门落实缓缴公积金、社保等政策,缓解企业现金流紧张问题;二是开展省属监管企业用工需求摸底调查,协调省人社厅等相关部门,将监管企业用工需求纳入"春风行动"和24小时重点企业用工保障机制,帮助企业解决用工短缺问题;三是组织开展线上线下相结合的稳就业专项行动,在四川省国资委网站设置网络招聘专栏,公开发布企业招聘岗位信息,并与教育厅、人社厅、省职介所等部门对接,畅通企业用人信息和人才供给信息,组织企业参加"百日招聘 梦圆盛夏"招聘活动,指导企业在稳定生产经营基本盘的基础上,尽可能多地提供就业岗位,履行好社会责任。省属企业全年提供就业岗位1万余个。

(三)进一步完善考核分配制度建设

一是出台考核办法实施细则。根据《四川省省属国有企业负责人经营业绩考核办法》(川办发〔2019〕68号),四川省国资委出台《关于印发四川省省属国有企业负责人经营业绩考核办法经济增加值等考核细则的通知》(川国资发〔2020〕4号),4个配套考核细则针对四川省属企业效益不高、布局不优、科技创新不够的情况,进一步深化分类考核,在突出效益效率考核的基础上,鼓励加快产业结构调整和科技创新,着力引导企业由规模速度型增长向质量效益型增长转变,积极培育战略新兴产业,加快新旧动能转换。二是修改薪酬管理办法。四川省国资委修订出台《四川省国资委监管企业负责人薪酬管理办法》(川国资考核〔2020〕16号),调整副职负责人分配系数区间和目标考核企业薪酬结构、薪酬水平,建立绩效年薪分档预兑现机制,进一步强化正向激励。三是出台商务招待管理办法,规范管理商务招待。按照"不忘初心、牢记使命"主题教育整改要求和中央精神,结合四川省属企业实际,四川省国资委会同四川省财政厅研究出台《四川省省属国有企业商务招待管理办法》(川国资发〔2020〕7号),既规范商务招待行为,又体现企业市场主体地位,服务企业发展。绝大部分省属企业认真贯彻落实,完善企业内部商务招待管理细则,对商务招待进行规范管理。

(四)研究出台稳增长激励措施,完善激励机制

一是鼓励企业"跳起摸高"。四川省国资委提出监管企业2020年利润总额奋斗目标,对利润总额完成四川省国资委确定的奋斗目标且综合考虑疫情影响因素后仍然比上年增长的企业,2020年度企业负责人绩效年薪和职工工资水平可比上年不下降,利润总额决算值扭亏为盈的考核等级不受限;对在提质增效中作出贡献的企业负责人在经营业绩考核时予以加分奖励。二是企业试点开展中长期激励。组织召开四川省国有控股上市公司股权激励现场推进会,并邀请股权激励评审专家对上市公司股权激励工作政策及实务操作进行讲解。7户企业通过多种形式实施中长期激励,其中上市公司股权激励实现"零的突破"。

七、四川省国资委监管企业选人用人机制改革情况

(一)着力抓好选拔任用

坚持把政治要求挺在前面,按照好干部标准,大力选拔敢于负责、勇于担当、善于作为、实绩突出的干部。全年提拔使用领导干部8人,尤其注重在急难险重环境中提拔使用干部,提拔2名在基层挂职扶贫的同志到处级领导岗位,为3名扶贫干部优先晋升职级。

(二)着力优化队伍结构

始终聚焦国资监管工作需要，广开渠道引人才，多措并举强队伍。全年引进吸收优秀年轻干部 8 人，交流到省级部门和企业 3 人，干部内部轮岗交流 14 人。首次开展直属事业单位公开招录工作，为技术中心引进 4 名专业技术人员。

(三)着力提升能力素质

着眼新时代治蜀兴川干部队伍建设要求，组织委机关 9 名厅级领导党政实职干部参加《习近平谈治国理政》第三卷网络专题培训班，89 名县处级以下干部参加“提高基层治理能力，做人民满意公务员”主题培训班，选送 12 名干部参加院校调训。注重在艰苦环境中锻炼培养干部，选派 1 名优秀年轻干部到地方挂任县级班子副职，2 名干部到基层村镇锻炼，接收 2 名地方干部到机关顶岗锻炼。在广安小平干部学院、川投集团嘉阳煤矿建立首批国企党员教育培训基地，推动地方与国企需求融合、资源整合、教育优化。

(四)着力选优配强省国资委监管企业班子

坚持党管干部与落实企业选人用人权相结合，不断加强省国资委监管企业班子建设，出台严格企业领导人员履职管理规定，选拔交流企业班子成员 14 人，其中，新提拔 7 人，平均年龄 47.2 岁，71％具有研究生以上学历。加强外部董事队伍建设，先后为企业配备 10 名专兼职外部董事。深入推进经理层市场化选聘，指导省建院、矿投集团采取市场化方式选聘 4 名职业经理人，企业班子功能结构得到优化，抓改革谋发展的成效更加凸显。

(五)着力推进人才强企

加强制度建设，出台《加强和改进人才工作支撑高质量发展的指导意见》《国有企业经营管理人才分类评价实施细则》，完成四川省经营管理人才“十三五”规划总结，为“十四五”规划编制打下坚实基础。举办川渝高校国企校园招聘会，70 余户国企提供 4000 余个工作岗位。实施重点人才培训项目，启动第二期党务人才和经营管理人才“双向培养”示范培训班，全年培训学员 200 余人次。积极开展重点人才项目申报推荐和审核把关，全年推荐申报国家、省部级以上人才计划人选 27 人。

(六)着力从严监督管理

认真落实谈心谈话制度，四川省国资委主要领导带头与扶贫挂职干部谈心交流。扎实抓好领导干部报告个人有关事要求，认真开展年初填报、重点查核、随机查核和专项整治等工作，全年抽查 12 人，查核验证 2 人，对未如实报告的 2 名人员给予批评教育。从严从细抓好干部档案工作，先后对 8 名新进人员和 43 名处级干部人事档案进行审核和资料完善。

八、四川省国资委监管企业党的建设和廉政建设情况

(一)党的建设

一是坚持以党的政治建设为统领。始终把党的政治建设摆在首位，坚持以习近平新时代中国特色社会主义思想为指导，深入学习贯彻习近平新时代中国特色社会主义思想和习近平总书记关于国有企业党的建设和改革发展的重要论述，增强“四个意识”、坚定“四个自信”、做到“两个维护”。宣讲党的十九届五中全会及省委十一届八次全会精神，组织企业基层宣讲全会精神 500 余场次，推动党中央大政方针和省委各项决策部署在国资国企有效落地。专题举办教育培训，学习贯彻《国有企业基层组织工作条例》《党的基层组织选举工作条例》，持续提升国有企业党委领导干部政治理论水平和工作能力，以高质量党建引领高质量发展。国企各级党组织 27 万名党员捐款 2900 余万元用于疫情防控和防汛救灾，1 个党组织受到党中央表彰，3 个党组织、5 名党员受到省委表彰。省委书记在四川省国资国企改革发展工作会议上充分肯定国有企业发展成绩。

二是把党的领导融入公司治理各环节。完善组织架构，落实党的领导，省属企业集团“党建入章”率 100％，制定省属企业党委会前置研究决定事项清单示范文本，开展省属企业子公司落实党建入章、党委会前置研究、“一肩挑”工作推进不力问题专项治理。结合生产经营抓实党建研究，深入开展“党建与生产经营深度融合”“国企海外党建工作”等重点课题研

究，为20多户在川中央企业和省属国企搭建交流互学平台。强化考核结果应用压实党建责任，抓好上年度省属国有企业党委书记抓党建述职评议考核，23户企业集团和10户二级企业党委书记述职并接受现场点评、民主测评。10户企业评为“好”、13户企业评为“较好”，考核结果与企业领导班子及成员综合考评和经营业绩考核首次实现“双挂钩”。

三是增强国有企业基层党组织生机活力。抓组织建设夯基固本，指导中电建水电开发集团、省交投集团等10户企业党委顺利完成“两委”换届选举，新接收3户中央在川企业党组织关系，办理5个基层党组织关系整体转接，批复新成立3户企业党委。抓管理服务凝心聚力，四川省国资委党委系统拥有党组织20620个、党员275521人。聚焦企业科技人才、业务骨干和工作标兵新发展党员3920人，关爱国有企业困难党员、老干部、老党员397人，发放关爱资金164.8万元。抓党务培训提质增效，先后在中央党校等干部学院示范培训国企党委书记、组织部部长、党务与经营管理“复合型人才”近300人。在广安小平干部学院、川投集团嘉阳煤矿建立首批国企党员教育培训基地，推动地方与国企需求融合、资源整合、教育优化，《“党员教育+”模式引领国企高质量发展》案例获得全国国企管理创新成果一等奖。

(二)廉政建设

一是压紧压实从严治党责任。深入学习贯彻中央纪委和省纪委四次全会精神，组织召开省属国有企业党风廉政建设和反腐败工作会议，安排部署党风廉政建设工作。召开党委会、主任办公会等会议专题研究党风廉政建设工作13次，约谈企业党委以及有关重要部门、关键岗位负责人113人次，层层压紧压实主体责任。严格党风廉政责任制考核，推动考核结果与经营业绩、奖励惩处、选拔评优挂钩，促进敢抓敢管、严格履职。自觉接受政治体检，全力支持配合省委第六巡视组工作。四川省国资委党委班子高度重视巡视反馈问题整改，全盘接受巡视反馈意见，制定巡视整改台账，层层压紧压实责任，明确时限逐条整改落实。在省直部门率先成立党委巡察办，健全完善巡察工作制度，组建120人巡察工作人才库，完成对1户四川省国资委监管企业巡察，督促企业抓好巡视巡察整改工作，受到省委巡视办充分肯定。

二是持之以恒加强作风建设。认真贯彻落实中央八项规定精神和省委、省政府十项规定实施细则要求，紧盯重要节点，加强监督检查，坚决防止不良风气反弹回潮。贯彻落实习近平总书记对制止餐饮浪费行为的重要指示精神和省委书记批示要求，带头坚持过“紧日子”，专门印发指导意见，引导省属监管企业扎实推进厉行节约制止餐饮浪费行为行动。认真开展公务接待、公车使用、“三公”经费报销等情况自查，改进文山会海、过度留痕等问题，减轻企业负担。会同省财政厅制定印发省属国有企业商务招待管理办法，明确范围、标准和程序，规范国企商务招待行为，实现有规可依、有规必依。

三是惩防并举推进源头治理。强化“以案说纪”警示教育，集中开展省属国有企业廉洁教育活动月“五个一”活动(一次廉洁教育基地参观活动、一次警示教育片观看活动、一次廉洁教育党课、一次廉洁警示谈话、一次党风廉政建设专题民主生活会)，重点开展重大违纪违法案的警示教育，促使国企系统广大党员干部受教育、知敬畏、明底线，持续净化国企政治生态。出台《加强省属国有企业境外腐败治理工作实施意见》《省属国有企业境外公司财务负责人选派管理暂行办法》，加强境外国有资产监督和国有企业境外腐败问题治理，得到中纪委充分肯定。围绕“三重一大”决策运行、大额资金支出动态监测、财务管理、产权转让等监督重点，督促健全制度机制，分层分类推动在线监管、集中监管平台建设。

(撰稿人：陈　思)

贵州省

一、贵州省国有资产监督管理工作综述

2020年，贵州省国资委以习近平新时代中国特色社会主义思想为指导，全面贯彻落实党的十九届五中

全会精神和中共贵州省委十二届八次全会精神，深入贯彻落实中央、省委经济工作会议和全国地方国资委负责人会议暨地方国有企业改革领导小组办公室主任会议精神，严格按照党中央、国务院和省委、省政府重大决策部署，攻坚克难、逆势而上，在战“疫”战贫和经济建设各个战场冲锋陷阵、奋勇争先，取得来之不易的好成绩，为贵州省经济社会发展作出重要贡献。截至2020年底，贵州省国资监管系统企业实现营业收入5316.81亿元，比上年增长11.24%；经济增加值1963.10亿元，比上年增长12.97%；利润总额817.31亿元，比上年增长13.82%；税费总额645.98亿元，比上年增长11.91%。其中，贵州省国资委28户监管企业实现营业收入4719.56亿元，增长10.10%；经济增加值1854.22亿元，增长12.49%；利润总额823.01亿元，增长14.09%；税费总额616.35亿元，增长10.12%。

二、贵州省国有资产总量与结构分析

截至2020年底，贵州省国有企业2820户，国有资本主要布局在社会服务业、建筑业、工业、房地产业、交通运输业、地质勘查及水利业等13个行业，资产总额88621.29亿元。其中，省属国有企业276户，资产总额22788.40亿元，占25.71%；市(州)及以下所属国有企业2544户，资产总额65832.89亿元，占74.29%。

表1　2020年贵州省省属国有企业指标

项　目	金　额(亿元)
资产总额	22788.40
所有者权益	9383.04
国有资产总量	7907.25
营业收入	5463.20
利润总额	848.61
净利润	614.65
归属于母公司所有者的净利润	408.55
应交税费总额	722.60
实际上缴税费总额	650.73

续表

注：表中数据为贵州省省属国有企业主要经济指标。

表2　2020年贵州省国有企业户数情况

2019年户数(户)	2020年户数(户)	比上年增长(%)
1622	2820	73.86

表3　2020年贵州省国有资产按地区分布情况

地　区	国有资产(亿元)	占国有资产总量比重(%)
省属企业汇总	7907.25	23.16
省国资委监管企业	3676.51	10.77
市(州)企业汇总	26239.66	76.84
贵阳市	6106.82	17.88
六盘水市	2176.08	6.37
黔东南州	1509.11	4.42
安顺市	1952.21	5.72
铜仁市	1932.54	5.66
毕节市	3197.83	9.36
黔西南州	1987.20	5.82
遵义市	3466.76	10.15
黔南州	2465.04	7.22
贵安新区	1446.07	4.23
合　计	34146.91	100.00

表4　2020年贵州省国有资产按行业分布情况

行　业	国有资产(亿元)	占国有资产总量比重(%)
农林牧渔业	950.83	2.78
工业	2473.86	7.24

续表

行　业	国有资产（亿元）	占国有资产总量比重(%)
建筑业	5429.19	15.90
交通运输业	2219.65	6.50
仓储业	3.58	0.01
商贸业	214.81	0.63
房地产业	2680.84	7.85
软件和信息技术服务业	24.59	0.07
社会服务业	16383.59	47.98
教育文化广播业	318.90	0.93
科学研究和技术服务业	83.90	0.25
金融业	3229.31	9.46
其他	133.86	0.39
合　计	34146.91	100.00

表 5　2020 年贵州省国有资产按经营规模分布情况

经营规模	国有资产（亿元）	占国有资产总量比重(%)
大型企业	14384.71	42.13
中型企业	6673.06	19.54
小型企业	8492.83	24.87
微型企业	4596.31	13.46
合　计	34146.91	100.00

三、贵州省国有资本保值增值综合分析评价

2020 年，贵州省国有资本运行稳中有进、持续向好，总体实现保值增值目标。从企业分类看，省属企业国有资本保值增值率 111.96%，比市(州)所属企业高出 11.46 个百分点；贵州省国资委监管企业国有资本保值增值率 112.45%，高出省属国有企业平均值 0.49 个百分点。从行业分类看，13 个行业中，10 个行业实现保值增值，3 个行业未实现保值增值，保值增值率最高的是工业，为 116.41%，最低的是科学研究和技术服务业，为 95.51%。

表 6　2020 年贵州省国有企业地区和行业国有资本保值增值情况

地　区	国有资本保值增值率(%)	行　业	国有资本保值增值率(%)
省属企业	111.96	农林牧渔业	100.23
省国资委监管企业	112.45	工业	116.41
市(州)企业	100.50	建筑业	100.67
贵阳市	101.08	交通运输业	99.90
六盘水市	98.40	仓储业	102.86
黔东南州	100.35	商贸业	100.27
安顺市	99.49	房地产业	100.05
铜仁市	100.18	软件和信息技术服务业	116.16
毕节市	99.86	社会服务业	100.90
黔西南州	100.45	教育文化广播业	101.15
遵义市	102.14	科学研究和技术服务业	95.51
黔南州	100.19	金融业	116.47
贵安新区	100.80	其他	98.62

四、贵州省国资委监管企业改革发展情况

2020 年，贵州省国资委牢牢抓住深化改革关键一招，不断向改革要成绩、要效益。

(一)出台贵州国企改革三年行动实施方案

为贯彻落实中央精神，贵州省国资委研究制定《贵州省国企改革三年行动实施方案》，着力推动各项任务落地落实，成为推动贵州省国企改革的重要指南。

(二)加快推进剥离办社会职能和解决历史遗留问题

贵州省全面完成国有企业退休人员社会化管理工作主体任务,实现42.02万人的人事档案移交地方和管理服务职能移交社区,8.49万名党员的组织关系移交地方。“三供一业”、国有企业退休人员社会化管理等工作基本完成,企业实现轻装上阵。

(三)全面清理监管企业非主营业务

贵州省国资委严格按照有关要求加快剥离非主业、非优势业务,国有资本资源配置和运行效率不断提高。全年集中清理监管企业所属各级各类企业89户,资产总额51.69亿元,净资产18.03亿元,分流安置职工2360人。

(四)科技创新取得重要成果

云上贵州大数据(集团)有限公司所属云上贵州公司获得工业和信息化部颁发的全国首批DCMM“数据管理能力成熟度”四级(量化管理级)证书,成为全国首批获得认证的6家企业之一。贵绳集团主导制定《床垫及座靠垫用碳素弹簧钢丝》(ISO/WD 23213),获批为国际标准。中国振华电子集团有限责任公司LTCC介质材料、MLCC介质材料关键技术取得突破,实现小批量供货。中国贵州茅台酒厂(集团)有限责任公司所属习酒公司获得2020年贵州省省长质量奖。

五、贵州省国资委监管企业并购重组与完善法人治理结构情况

(一)做好战略重组“后半篇文章”

贵州磷化(集团)有限责任公司、贵州乌江能源集团有限责任公司等8家战略重组企业聚焦功能定位抓发展,引领带动作用进一步显现。2020年,8家战略重组企业实现营业收入1466亿元、利润总额56.1亿元。贵州盘江煤电集团有限责任公司成为贵州入选国务院国资委“双百行动”优秀案例集的企业,在三项制度改革专项评估中获得A等成绩。贵州现代物流产业(集团)有限责任公司新组建蔬菜集团、黄牛产业集团,将贵州盘江煤电集团有限责任公司所持贵天下股权划转现代贵州现代物流产业(集团)有限责任公司,全力推动“黔货出山”。推动贵州黔晟国有资产经营有限责任公司改组,不断增强资本运营能力。将省煤矿院股权划转贵州乌江能源集团有限责任公司持有,遵钛集团债转股圆满完成。

(二)制定出台系列配套文件

根据《贵州省省管企业领导人员管理办法》等文件要求,以备案职务人员、外部董事、监事会主席等人员为重点,健全完善精准、有效的企业人员管理制度。围绕强化备案职务人员、外部董事、监事管理,制定出台《贵州省国资委监管企业备案职务人员管理暂行办法》《贵州省国资委监管企业外部董事管理暂行办法》《贵州省国资委监管企业监事管理暂行办法》。围绕推动领导班子和领导人员履职尽责,制定出台《贵州省国资委监管企业领导班子和领导人员履职情况分析研判制度》。围绕推行市场化选聘职业经理人,制定出台《贵州省国资委监管企业推行职业经理人制度操作指引》。围绕加强外部董事、监事队伍建设,制定出台《贵州省国资委监管企业外部董事、监事专家库管理细则(试行)》《贵州省国资委监管企业外部董事、监事会主席考核评价实施细则(试行)》。围绕加强参股企业管理,制定出台《贵州省国资委参股企业股权及履职人员管理办法(试行)》《参股企业履职人员任免工作程序》。

(三)大力推进法治建设工作

坚持将法治建设工作与其他重点工作同部署、同推进、同督促,修订并印发《贵州省国资委所出资企业重大事项管理办法》《贵州省国资委权力和责任清单(2020版)》,进一步厘清权责边界。分类开展授权放权,制定《贵州省国资委授权放权清单(2020版)》,切实增强企业微观主体活力。聘请熟悉国资监管、国企改制、资本运作、企业上市、不良资产处置等方面的律师担任法律顾问,进一步完善公职律师制度,为省国资委依法行权履职提供重要保障。深入推进法治国企建设,监管企业在规章制度、经济合同、重要决策法律审核率100%。圆满完成“七五”普法,大力开展“八五”普法,国资系统干部职工法律素养不断提升,法治氛围持续向好。

六、贵州省国资委监管企业建立和完善经营业绩考核体系情况

(一)加快监管职能转变

贵州省国资委按照向管资本为主转变监管职能的要求,进一步创新国资监管方式,突出监管重点,完善对关键环节、重点领域的监管,更加注重基于出资关系,更加注重国有资本整体功能,更加注重事中事后、分层分类,更加注重提高质量效益,坚持授权与监管相结合、放活与管好相统一,切实提高监管的系统性、针对性、有效性。

(二)切实发挥投资、运营公司功能作用

推动符合条件的商业一类国有企业改组组建国有资本投资、运营公司,探索有效的管控模式和运营机制,实现国有资本所有权与企业经营权分离,实现国有资本市场化运作。加快推动贵州黔晟国有资产经营有限责任公司改革步伐,切实发挥资本运营功能,使其真正成为助推省属国企高质量发展的平台和抓手。

(三)进一步增强监督合力

积极构建国资监管机构监督与纪检监察监督、巡视监督、审计监督、社会监督等有机贯通、互相协调的监督机制,切实增强监督合力。督促各企业加强内部监督与合规管理,完善内控体系,强化巡视、审计发现问题整改,加大违规经营责任追究工作力度。

(四)改进考核评价体系

坚持分类考核与重点考核相结合,对不同功能定位的企业合理设置促进高质量发展的绩效考核指标。为健全完善高效的"正向激励+负向约束"机制,研究制定《贵州省国资委监管企业负责人经营业绩考核办法》《贵州省国资委监管企业负责人薪酬管理办法》,建立以业绩贡献为依据的薪酬分配导向,与企业负责人选任方式相匹配、与企业功能定位相适应、与经营业绩相挂钩的差异化激励约束机制,让干得好的企业拿得多、干得差的企业拿得少,激励企业干部职工担当作为,积极推进经营性国有资产集中统一监管。

七、贵州省国资委监管企业负责人考核与选人用人机制改革情况

(一)选优配强企业领导班子

始终坚持党管干部原则,综合考虑企业工作需要以及班子建设实际,选好配强 6 户大二型企业领导班子。完成茅台股份公司领导班子调整,通过推荐考察为茅台股份有限公司配备 2 名副总经理和 1 名监事会主席。根据机场股份公司改革的需要,配齐配强机场股份公司领导班子,完成省煤矿院领导班子调整,完成茅台股份公司董事会、监事会经营层换届工作。根据省煤矿院股权整体划入贵州乌江能源集团有限责任公司需要,下发文件将省煤矿院领导班子交贵州乌江能源集团有限责任公司党委管理。

(二)全面抓好干部队伍建设

2020 年,贵州省调整配备省管企业领导人员 81 人次,国有企业领导班子结构不断优化。制定贵州省国有企业党委研究事项清单及议事规则,出台《贵州省国资委监管企业备案职务人员管理暂行办法》《贵州省国资委监管企业外部董事管理暂行办法》等 6 个制度,为规范备案职务人员、外部董事、监事选用和管理提供制度保障。

(三)建立外部董事、监事专家库和国资监管中心

向律师协会、会计师协会、教育工委、人大、政协等单位发函,商请推荐符合条件的备案职务人员、外部董事、监事人选,储备和掌握符合资格条件的人选 282 人。建立贵州省国资监管工作中心,提前做好办公场所布置以及社保、医保缴纳等准备工作,委托贵州黔晟国有资产经营有限责任公司进行日常管理和提供服务保障,确保有关人员配备到位后工作正常有序开展。

(四)做好干部管理权限变更后续工作

对原由贵州省国资委管理的省管大一型企业副职和大二型企业正职人员干部人事档案进行审核梳理,对历年填报的个人有关事项报告表进行梳理,对其中干部人事档案中存疑情况进行查核认定,对缺少

的资料进行补充,完成130名监管企业领导人员个人事项有关报告的移交工作。

八、贵州省国资委监管企业党的建设和廉政建设情况

贵州省各级国资监管机构和国有企业坚持以党的政治建设为统领,切实加强党对国有企业的全面领导,党的建设各项工作取得新成效。

(一)重点任务落实取得新成效

坚持把学习习近平总书记最新重要讲话重要批示指示精神作为党委会、中心组学习"第一议题",不折不扣贯彻落实党中央、省委决策部署,不断增强"四个意识"、坚定"四个自信"、坚决做到"两个维护"。持续巩固"不忘初心、牢记使命"主题教育成果,深入推动"党建入章",始终把党的领导贯穿于国有企业改革发展的全过程,为国有企业高质量发展提供坚强的政治保证。制定下发《2020年全省国企党建工作重点任务清单》,推进重点措施落实落地。对贵州省国资系统81户企业党委开展系统企业"党建入章"、意识形态工作专项检查,深入查找问题,指导系统企业不断提升党建工作质量。大力开展"让党中央放心、让人民群众满意的模范机关"创建,全面提升机关党建质量。

(二)基层组织建设取得新成效

认真贯彻《中国共产党国有企业基层组织工作条例(试行)》,持续推进国有企业全面提升基层党建质量三年行动计划和党支部标准化规范化建设,"空白班组""大支部"等问题得到有效解决,贵州省国企党支部标准化规范化建设达标率92.9%。大力开展八类120个示范点创建,"空港先锋""高速先锋""五心茅台""贵银之星""盘江红""洞天花海党旗红"等党建品牌不断深化、影响不断提升,基层组织战斗堡垒和党员先锋作用进一步发挥。

(三)全面从严治党取得新成效

贵州省国有企业切实落实党委主体责任,纵深推进全面从严治党,抓好省委巡视反馈问题整改,持续整治"四风"特别是形式主义、官僚主义,国有企业风清气正的政治生态加快形成。针对巡视整改,省国资委党委坚持问题导向,建立牵头问题整改轮值机制,创新实施"巡视反馈问题+"整改模式,切实抓好整改工作。

九、贵州省国资委监管企业疫情防控和脱贫攻坚情况

(一)疫情防控冲锋在前

迅速建立防控指挥体系,制定疫情防控和改革发展工作22条措施,全面抓好疫情防控,推动复工复产。积极组织企业医务人员逆行出征、千里驰援武汉。累计发放一次性医用口罩140.6万只、口罩片57.4万片、口罩过滤内衬37.06万片、口罩卷398.4万卷;动员贵州省国资系统13.3万名党员累计捐款1721万元;组织系统企业累计捐款1.86亿元,捐赠口罩117.8万只、医用手套5634双、蔬菜1870吨;划拨700万元党费,支持企业基层党组织坚决打赢疫情防控阻击战。组织系统企业开展"抗击疫情当先锋、达产达能作贡献"主题活动。机场集团获评"全国抗击新冠肺炎疫情先进集体",云上贵州大数据(集团)有限公司、贵州蔬菜集团获评"贵州省抗击新冠肺炎疫情先进集体",监管企业中4人获评"贵州省抗击新冠肺炎疫情先进个人"。

(二)脱贫攻坚奋勇当先

坚决扛起脱贫攻坚政治责任,充分发挥国有企业资金、技术、项目、人才等各项优势,全面助力脱贫攻坚收官。印发《关于做好脱贫攻坚挂牌督战工作的通知》《关于冲刺90天打赢脱贫攻坚歼灭战的通知》,对参与"9+3贫困县帮扶"的22户企业进行再部署、再落实,组建7个督战组每月开展实地督查。2020年,69户国有企业累计派出1500余人次到脱贫攻坚一线,直接投入资金5.6亿元,帮助引进资金1.9亿元,组织培训53548人次,帮扶发展项目796个,解决就业人口61826人,组织劳务输出35570人次。组织机关认真做好雷山县大塘镇掌雷村、乔兑村、桥王村、龙河村帮扶工作,班子成员10余次带队深入督导扶贫一线、协调解决具体问题,协调酒店集团资助60万元用

于查漏补缺、防止返贫，贵州省国资委自筹资金65万元建成手工织锦车间和养鸡场2个村集体经济产业发展项目，持续巩固提升帮扶成果，完满完成打赢收官战任务。

（三）"六稳""六保"落实有力

印发《关于扎实抓好高校毕业生就业工作的通知》《省国资委关于进一步做好贵州省国资系统保就业工作的通知》，层层动员各级国资监管机构、国有企业深挖就业潜力，扎实抓好大学生、农民工等各个群体就业工作。贵州省国资系统完成劳务就业扶贫61616人次、招聘高校毕业生14201人、提供见习生岗位5658个、聘用农民工319091人次，顺利完成"牵头指导省属国有企业、地方企业、参股企业等增设1万个岗位""牵头指导县级以上国有企业履行社会责任，拿出1万个岗位安置贫困劳动力"的目标任务。认真贯彻落实国家相关政策措施，积极指导督促监管企业为中小企业和个体工商户减免租金、清偿欠款，全年累计为7439户中小企业和个体工商户减免金额1.7亿元，清偿拖欠民营企业中小企业账款17.3亿元。

（撰稿人：高原江）

云南省

一、云南省国有资产监督管理工作综述

2020年，云南省国资委深入学习贯彻习近平新时代中国特色社会主义思想，党的十九大和十九届三中、四中、五中全会精神，认真贯彻落实云南省第十次党代会和云南省委十届九次、十次、十一次全会精神，坚决贯彻落实习近平总书记关于统筹推进疫情防控和经济社会发展工作的重要讲话和重要指示批示精神，全面贯彻落实省委、省政府决策部署，全力以赴抗击疫情，生产经营全面恢复，重点改革加快推进，国资监管精准加强，党建质量全面提升，反腐倡廉持续深化，为云南省疫情防控和经济社会发展作出积极贡献。2020年，云南省国有企业（含国有独资、控股）资产总额57748.01亿元，比上年增长14.02%；净资产20600.69亿元，比上年增长16.42%；营业收入9506.81亿元，比上年增长11.54%；利润总额190.84亿元，比上年下降26.96%；利税总额414.78亿元，比上年下降11.9%；实际上缴税费总额305.61亿元，比上年增长8.6%；固定资产投资额1891.17亿元，比上年增长16.42%。

二、云南省国有资产总量与结构分析

表1　　2020年云南省国有企业指标

项　目	金　额(亿元)
资产总额	57748.01
所有者权益	20600.69
国有资产总量	16579.79
营业收入	9506.81
利润总额	190.84
净利润	101.63
归属于母公司所有者的净利润	75.29
应交税费总额	313.16
实际上缴税费总额	305.61
社会贡献总额	1942.40

表2　　2020年云南省国有企业户数情况

2019年户数(户)	2020年户数(户)	比上年增长(%)
5614	5980	6.52

表3　　2020年云南省国有资产按地区分布情况

地　区	国有资产(亿元)	占国有资产总量比重(%)
省级企业汇总	5797.23	34.97
省级监管企业	4819.61	30.07

续表

地　区	国有资产(亿元)	占国有资产总量比重(%)
省级非监管企业	977.62	5.90
州(市)国有企业汇总	10782.56	65.03
昆明市	4272.01	25.77
红河州	994.43	6.00
保山市	861.74	5.20
大理州	550.59	3.32
玉溪市	528.36	3.19
昭通市	514.56	3.10
曲靖市	479.71	2.89
临沧市	473.17	2.85
普洱市	410.83	2.48
文山州	398.28	2.40
滇中新区	297.52	1.79
德宏州	287.21	1.73
楚雄州	261.30	1.58
西双版纳州	205.46	1.24
丽江市	151.58	0.91
迪庆州	56.42	0.34
怒江州	39.38	0.24

表4　2020 年云南省国有资产按行业分布情况

行　业	国有资产(亿元)	占国有资产总量比重(%)
农林牧渔业	96.45	0.58
工业	544.17	3.28
建筑业	2423.83	14.62
交通运输业	1230.52	7.42
仓储业	45.24	0.27
商贸业	—15.30	—0.09
房地产业	558.43	3.37
信息传输、软件和信息技术服务业	9.31	0.06

续表

行　业	国有资产(亿元)	占国有资产总量比重(%)
社会服务业	11241.80	67.80
教育文化广播业	115.54	0.70
科学研究和技术服务业	54.66	0.33
金融业	254.28	1.53
其他	20.86	0.13
合　计	16579.79	100.00

表5　2020 年云南省国有资产按经营规模分布情况

经营规模	国有资产(亿元)	占国有资产总量比重(%)
大型企业	10002.51	60.33
中型企业	2399.04	14.47
小型企业	3088.15	18.63
微型企业	1090.09	6.57
合　计	16579.79	100.00

三、云南省国有资本保值增值综合分析评价

2020 年，云南省国有企业国有资产总量 16579.79 亿元，比上年增长 17.92%。其中，国家、国有单位直接或追加投资增加 1273.60 亿元，无偿划入增加国有资本 1390.60 亿元，资产评估增加 14.7 亿元，清产核资增加 4.5 亿元，资本(股本)溢价 38 亿元，债权转股权 193.6 亿元，中央和地方政府确定的其他因素增加国有资本 407.6 亿元，会计调整 109.7 亿元，经营积累 232.4 亿元，其他因素增加国有资本 2.6 亿元；无偿划出、资产评估减少、清产核资减少、经营减值等原因减少国有资本及权益 1073 亿元。考虑客观因素增减变动，云南省国有资本保值增值率 99.24%。

2020 年，云南省级国有企业国有资产总量 5797.23 亿元，比上年增长 34.97%；国有资本保值增值率 96.75%，低于云南省平均水平 2.49 个百分点，其中，省国资委监管企业国有资产总量 4819.61 亿

元，增长 29.07%，国有资本保值增值率 95.51%；州(市)国有企业国有资产总量 10782.60 亿元，增长 7.85%，国有资本保值增值率 100.25%。州(市)国有企业继续保持良好发展态势。16 个州(市)及下辖县(市、区)纳入统计范围的国有企业资产总额 29393.05 亿元，比上年增长 10.65%；净资产 11615.69 亿元，比上年增长 6.78%；营业收入 1848.61 亿元，比上年增长 18.84%；利润总额 46.84 亿元，比上年下降 38.35%。

表 6　2020 年云南省国有企业地区和行业国有资本保值增值情况

地　区	国有资本保值增值率(%)	行　业	国有资本保值增值率(%)
省级企业汇总	96.75	农林牧渔业	97.82
德宏州	105.16	工业	99.93
大理州	104.64	建筑业	100.66
丽江市	103.42	交通运输业	98.32
怒江州	100.73	仓储业	96.55
昆明市	100.64	商贸业	−1.00
昭通市	100.48	房地产业	104.80
普洱市	100.19	信息传输、软件和信息技术服务业	79.68
迪庆州	100.11	社会服务业	98.71
楚雄州	100.06	教育文化广播业	110.24
玉溪市	99.98	科学研究和技术服务业	106.54
西双版纳州	99.85	金融业	100.9
文山州	99.33	其他	97.75
红河市	99.31		
保山市	99.18		
临沧市	98.77		
曲靖市	98.27		
滇中新区	96.39		

四、云南省国资委监管企业改革发展情况

(一)调整优化省属企业生产力布局，推动关键紧缺物资实现“自己产”“云南造”

一是发挥优势全球采购。2020 年，在疫情防控最关键、防疫物资最紧缺的 2—3 月，在省内无生产企业、库存无存货、国内购买无来源“三无”的不利情况下，省国资委组织省属企业全球大采购，并捐赠 300 余万只医用防护口罩等一批医用防护物资。二是补齐短板转产扩能。2 月初，在全国各地抢购设备白热化阶段，云南省国资委千方百计协助和支持云南白药集团股份有限公司、云南省工业投资控集团有限责任公司采购物资生产设备，加快医用防护物资生产力布局。积极指导省属企业转产扩能，加大防疫物资生产。3 月初，云南省医用 N95 口罩和医用防护服实现“自己产”“云南造”，全面缓解云南省口罩、消杀产品等物资供需极度紧张的局面，补齐云南省不能生产部分疫情防控紧缺物资的短板弱项。三是奉献爱心踊跃捐赠。发挥党组织“主心骨”和党员先锋模范作用，发出倡议书，发动省属企业捐款捐物 9300 余万元，其中分两批向湖北咸宁捐赠价值 4300 余万元的疫情防控物资。下拨党费 150 万元，国资国企系统党员自愿捐款 2156 万元。四是科学有序复工复产。下发《省属企业应对疫情有序推动复工复产工作的通知》，建立委领导分片联系企业督导制度，组建 5 个工作组，指导帮扶企业疫情防控和复工复产。出台《支持省属企业做好新冠肺炎疫情防控工作相关措施》，从经营业绩考核、融资支持等方面出台 12 条措施支持企业复工复产。4 月初，省属企业复工复产率 100%。五是积极帮扶降本减负。围绕做好“六稳”工作、落实“六保”任务，印发统筹疫情防控和复工复产、减免中小企业房租等通知，出台贯彻落实支持实体经济发展鼓励减免房租政策实施细则。云南省国有企业减免中小企业房租 19.56 亿元。六是指导做好境外疫情防控。印发抓好国企境外单位疫情防控通知，组织省属企业对境外机构(项目)开展“四查四清”疫情防控排查工作，督促落实疫情防控措施。

(二)"一企一策"统筹谋划,全面形成省属企业改革发展思路

认真分析27户省属企业改革发展现状,"一企一策"研究制定《省属企业改革发展思路》,并经省政府常务会、省委常委会审议通过,为下一步分类推进改革明确方向。一是明确功能定位。结合各企业在云南省经济社会发展中的作用、现状和需要,围绕构建"两型三化"产业体系、推动八大重点产业高质量发展、持续打造世界一流"三张牌"和"数字云南"建设,培育5个万亿级产业、8个千亿级产业,完成好"能通全通"、水利等重大基础设施建设,明确各企业发展方向和重点任务。二是确定主业范围。立足各企业发展基础和条件,按照原则上主业不超过3个的要求确定主营业务范围,防止恶性竞争和同质化经营,着力打造定位清晰、优势突出、资产优良、支撑作用明显,具有较强核心竞争力的一流企业,并提出将云南省投资控股集团有限公司、云南省建设投资控股集团有限公司、云南省能源投资集团有限公司等企业培育成"世界500强"的目标。三是细化改革措施。从集团公司重组、国有股权调整、同质化业务整合等方面统筹安排实施一批重大改革专项任务。结合企业实际,从公司治理、薪酬激励、资源整合、产业布局、自主创新、防风化债以及剥离企业办社会职能等方面,逐一明确各企业改革措施。

(三)严格规范投资管理,推动投资持续合理有序健康发展

一是制定出台《云南省国有企业投资项目评审专家管理办法》。进一步明确评审专家选聘与解聘、抽取与使用、监督与管理等制度。通过公开征集、单位推荐和自我推荐等形式调整充实专家库。充分借助和发挥专家组的专业性,通过签署保密承诺书、匿名反馈等方式,保证专家发表意见和建议更独立更客观,提升评审质量和水平。全年完成15批次省属企业投资计划评审及批复。二是强化计划管理,督促指导省属企业严格执行投资监管制度和投资项目负面清单,按要求编制年度投资计划,并与企业财务预算相衔接,将投资额在1000万元以上的投资项目纳入年度投资计划,并严格履行内部决策程序,及时向云南省国资委报批。三是在深入调研、学习借鉴其他省市国资委做法和经验的基础上,结合省属企业工作实际,制定出台《云南省省属企业投资项目后评价管理办法》,全面加强省属企业投资项目事前、事中、事后全过程管理,规范项目后评价工作,通过对项目实施过程、结果及其影响进行系统调查和全面回顾,不断优化改善企业投资管理,提高决策水平,达到提高投资效益的目的。四是加强境外投资管理,积极参与省级"走出去"部门联席会议,落实推进云南省建设投资集团控股有限公司老挝"一带一路"项目等;参与2019年度省属国有企业境外投资检查考核,向省纪委省监委汇报省属企业境外投资情况,配合省纪委省监委对省属企业境外投资进行调研。五是加强"数字国资"投资管理系统建设,建立"红橙黄绿"监测预警体系,对国有企业投资项目事前、事中、事后实现信息化全过程管控。

(四)加强规划管理,持续调整优化产业结构

一是积极谋划"十四五"国资规划编制工作。以统筹谋划"十四五"国资国企改革发展,做强做优做大国有资本和国有企业为主要目标,按照云南省政府的统一安排部署,成立工作领导小组,组织工作专班推进《云南省"十四五"省属企业总体规划纲要》《云南省"十四五"国有资本布局与结构战略性调整规划》编制工作。编制过程中,突出开门问策、集思广益,充分调研和广泛听取各方意见建议,组织企业、咨询机构召开座谈会议研究讨论,组织6次省属企业专题座谈,完成省属企业重大项目情况梳理,组织"十四五"云南省国资国企改革发展大家谈活动和网络公开征集活动,收到建议文稿182篇合计31.4万字。二是协调推进一批重点项目。围绕省属企业功能定位,立足云南省经济社会发展实际,聚焦重点任务,协调推进云南省能源投资集团有限公司40万吨有机硅、昆明钢铁控股有限公司宝象万吨冷链港、云南省投资控股集团有限公司柬埔寨吴哥国际机场等重点项目建设,加快产业转型升级。三是实施创新驱动。加强管理创新,在省属企业启动对标国际、国内一流企业管理提升行动,重点围绕战略管理、组织管理、运营管理、科技管理等9个方面开展对标,大力推进管理体系和管理能力现代化。加强科技创新,鼓励企业加大研发投入,加快创新平台建设和科技成果转化,增强核心竞争力。截至2020年底，省属企业拥有创新平台148个，获得省部级科技奖60余项。

(五)全力推进剥离国有企业办社会职能和解决历史遗留问题工作

根据国务院国资委要求，组织企业及时召开会议，对各项工作进行安排部署。一是云南省国资委先后牵头组织开展剥离国有企业办社会职能和解决历史遗留问题工作协调会50余次，多次接待党中央和省属企业的来访，听取国有企业退休人员社会化管理工作进展情况、退休人员移交过程中遇到困难的汇报，及时跟进企业工作推进情况。二是做好日常电话咨询服务，及时对“三供一业”分离移交、退休人员社会化管理等进行政策解答解读，及时指导帮助州(市)和企业解决部分实际工作推进中存在的困难问题。三是配合省财政厅完成中央下放企业“三供一业”补助资金清算工作。累计应实行社会化管理退休人员487388人，2020年完成移交465647人，总体移交进度95.55%。四是加快“瘦身健体”，省属企业累计处置“僵尸企业”192户，分流安置职工6700多人。云南省国有企业“三供一业”分离移交总体工作进度94%，医疗教育机构深化改革、市政社区分离移交基本完成。

五、云南省国资委监管企业并购重组与完善法人治理结构情况

(一)并购重组

一是推进整合重组。组建云南省康旅控股集团有限公司，助力打造世界一流“健康生活目的地”；云南省建设投资集团控股有限公司整合重组云南省水利水电投资有限公司，加快水利基础设施建设；云南省能源投资集团有限公司等企业煤炭资源整合进入云南省煤炭产业集团有限公司，打造年生产能力5000万吨级煤炭企业；云南省煤化工集团有限公司化工资源整合进入云天化集团有限责任公司，加快推进电力、航空、房地产等资源归类整合，优质资源加快向优势企业和主业企业集中。二是有序推进省属企业集团层面央地合作和二、三级公司混合所有制改革。省国资委监管企业混合所有制改革面(混合所有制企业户数占比)61.69%，其中7户省属企业(昆明钢铁控股有限公司、云南省投资控股集团有限公司、云天化集团有限责任公司、云南省康旅控股集团有限公司、云南煤化工集团有限公司、云南省贵金属新材料控股集团有限公司、富滇银行股份有限公司)混合所有制改革面超过77%。加快推进昆明钢铁控股有限公司与中国宝武钢铁集团有限公司的央地合作。三是持续推进企业上市工作。积极落实《云南省推进企业上市倍增三年行动方案(2019—2021年)》，动态调整并编制《省国资委2020年度上市后备企业资源库》，从39户资源库企业挑选18户企业向省上市办推荐申报“金种子企业”。

(二)完善法人治理结构

加强董事会规范化建设，落实董事会职权。制定下发《省属企业董事会规范化建设工作指南(试行)》，进一步加强省属企业董事会规范化建设，提高董事会的运作效率。2020年，云南省国资委直接监管企业全面建立党委会、董事会、经理层办公会权责清单和议事规则，建立健全董事会专门委员会，实现提名委员会主任由党委书记、董事长担任，薪酬与考核委员会、审计与风险委员会主要由外部董事组成，主任由外部董事担任，进一步提升董事会决策科学性。持续加强外部董事队伍建设，确保企业外部董事占比1/3以上，其中云南省投资控股集团有限公司、云南锡业集团(控股)有限责任公司、云南省煤炭产业集团有限公司、富滇银行股份有限公司实现外部董事占多数，云南省康旅控股集团有限公司外部董事占半数。健全完善兼职外部董事专家库，入选各类专家36人，推动董事会依法科学决策和防范重大风险的能力水平得到进一步提升。组织省属企业开展董事会、监事会、经理层换届工作，推进省属企业各治理主体规范运作，提升整体功能，9户省属企业完成换届工作。

六、云南省国资委监管企业建立和完善经营业绩考核体系情况

2020年，云南省国资委坚持贯彻新发展理念，进

一步优化省属企业考核分配制度机制,积极推进企业内部收入分配制度改革,强化业绩导向,正向激励与负面考核相结合,引导企业深化改革攻坚,强化风险防控,促进企业高质量科学发展。

(一)考核分配制度建设取得新突破

一是借鉴国务院国资委做法,修订完善《云南省省属企业负责人经营业绩考核暂行办法》。分层分类考核,由履行出资人职责(主管)部门对企业董事会进行考核,企业董事会对高级管理人员进行考核,并对不同功能类别的企业确定差异化考核标准;探索对标考核,建立立足国内一流、面向国际先进的对标考核体系,对具备条件企业,寻找国际标杆企业进行对标;强化正向激励,树立"业绩升、薪酬升,业绩降、薪酬降"的导向,将利润、税收、就业、净资产收益率、资产负债率、国有资本收益、科技创新、完成党委政府重大专项任务等作为考核的重要内容;突出结果运用,将经营业绩考核结果与企业负责人的绩效薪酬挂钩,与综合考核挂钩,与企业领导人员选拔任用挂钩。二是制定出台《云南省国资委关于省属企业扶贫资金投入视同利润有关事项的通知》,对省属企业扶贫资金投入视同为当期利润总额完成值,同时与绩效年薪相挂钩。三是下发《云南省省属企业领导人员受到处分问责处理和涉嫌违法违纪被审查调查期间薪酬扣减办法》,对企业领导人员受到党纪处分、政务处分、组织处理问责和涉嫌违法违纪被调查等方面作出更详尽规定,明确各类别的薪酬扣减比例及相关福利待遇的处理。四是根据《国有企业商务招待管理规定》相关要求,与省财政厅联合印发《云南省省属企业商务招待管理规定》,对商务接待和确需安排住宿明确有关标准,并对省属国有企业之间开展商务招待有关问题作出进一步规范。

(二)省属企业负责人经营业绩考核工作规范运行

一是完成直接监管16户省属企业负责人2020年度经营业绩责任书的签订工作,同时在对标评价中选择合适省属企业进行国际对标,并根据实际情况,对部分企业责任书进行动态调整。二是完成监管省属企业2019年度及2017—2019年任期经营业绩考核工作,2019年度考核为A级的企业2户,2017—2019年任期考核为A级的企业3户。

七、云南省国资委监管企业负责人考核与选人用人机制改革情况

(一)企业负责人考核

按照云南省委统一安排部署,为扎实抓好省属企业领导班子和领导人员2020年度综合考核,由云南省国资委领导任组长,抽调委机关各处室、省属企业90人组成8个考核组,对省属企业领导班子和领导人员年度考核、党风廉政建设责任制检查考核、选人用人工作"一报告两评议"、党委书记述职实地考核、专职外部董事履职评价等5个方面进行考核评价。经综合评定,4户省属企业领导班子被评为优秀等次,11户被评为良好等次,2户被评为一般等次;41名省属企业领导人员被评为优秀等次,124名被评为称职等次。

(二)选人用人机制改革

为进一步激发活力、提高效率,切实深化劳动、人事、分配三项制度改革,不断增强省属企业内生活力、发展动力和市场竞争力,一是加强市场化选聘工作。2020年制定下发《云南省省属企业市场化选聘中层及以下经营管理人员管理办法(试行)》《云南省省属企业委派国有股权代表管理办法(试行)》,鼓励省属企业市场化选聘职业经理人,89户二、三级企业选聘职业经理人383人。督促省属企业推行经理层任期制和契约化管理,293户二、三级企业945人实现任期制和契约化管理,云天化集团有限责任公司下属各级企业契约化管理比例74.87%。二是加大员工公开招聘和竞争上岗力度。全部省属企业全面推行员工公开招聘制度,2020年,为应对新冠肺炎疫情影响,组织云南省国有企业专项公开招聘应届高校毕业生3733人,各企业自行组织公开招聘4813人。部分省属企业坚持管理人员竞争上岗,云南省航空产业投资集团有限责任公司、云南锡业集团(控股)有限责任公司等企业总部管理人员全员竞争上岗,部分企业实行管理人员末位淘汰和不胜任退出制度。三是抓好干部教育培训。组织开展"弘扬企业家精神,推动高质量发

展”专题培训班、“推进金融创新与防范化解金融风险”专题培训班、省属企业车间主任及生产管理骨干人员培训班、2020年度省属企业党委巡察工作专题培训班等4个培训班，培训学员300人。四是抓好企业人才工作。牵头开展云南省第五届“兴滇人才奖”企业经营管理人才分类评审工作，积极组织企业各类人才申报第五届“兴滇人才奖”等人才专项工作。

八、云南省国资委监管企业党的建设和廉政建设情况

（一）着力强化“第一议题”制度执行，践行“两个维护”坚决有力

一是全面建立实行“第一议题”制度。坚持把习近平总书记最新重要讲话、重要批示指示列为云南省国资委和省属企业党委会“第一议题”，作为常态化规定动作，第一时间结合党中央决策部署和省委省政府指示要求抓好学习贯彻，始终从政治上把大局、看问题、做工作，坚决做到“两个维护”。2020年，云南省国资委党委、省属企业党委分别以“第一议题”组织学习32次、443次。二是持续深化政治监督。认真执行《关于新形势下党内政治生活的若干准则》，严格落实组织生活制度。云南省国资委领导班子成员参加所在支部活动46次，讲党课10次。深入开展“肃流毒、除影响、清源头、树正气”行动，持续在“八个坚决肃清”上下功夫，坚决肃清流毒影响。坚持“一把手”问题“一把手”解决，云南省国资委党委书记向所属省委企业党委书记下发提示函，并先后到企业与班子成员开展“蹲点式”谈心谈话，面对面指出问题，提出意见。

（二）着力强化学懂弄通做实，理论武装工作深入扎实

一是强化党委中心组学习引领。云南省国资委党委中心组8次、省属企业党委中心组135次组织理论学习和研讨交流。二是强化集中宣传贯彻。成立以云南省国资委和省属企业党委书记为团长的宣讲团，开展党的十九届四中全会精神集中宣讲2964场，参加宣讲134058人次，组织习近平总书记考察云南重要讲话精神辅导3588场，参加辅导130467人次。云南省国资委、省属企业领导班子成员分别深入所在或联系支部宣讲18次、827次。三是强化阵地建设。每年下拨10万元专项经费，加大昆明钢铁控股有限公司、云南省建设投资控股集团有限公司习近平新时代中国特色社会主义思想示范基地建设力度。充分发挥云南省国资委和7户省属企业党校理论宣讲主力军作用，云南省国资委党校全年组织宣讲培训65期，参加培训7778人次。

（三）着力强化组织体系建设，基层党组织组织力建设全面加强

一是“党建入章”工作积极推进。与云南省委组织部联发进一步推进国有企业“党建入章”工作的通知和指导文本，制度化、规范化推进国有独资、全资公司和国有绝对控股公司“党建入章”工作。省属企业集团层面全部完成“党建入章”工作，755个二、三级企业完成公司章程修改。二是党组织前置研究程序认真落实。与云南省委组织部联发党委前置研究事项清单示范文本，对严格落实国有企业党组织研究讨论是董事会、经理层决策重大问题的前置程序作出明确规范，国有企业党委“把方向、管大局、保落实”作用得到有效发挥。三是年度重点任务扎实推动。与云南省委组织部联发贯彻落实国有企业基层组织工作条例重点任务清单，建立164个省属企业党委班子成员党支部工作联系点。在基本组织建设上，党组织全部做到应建尽建，按期换届519个。4795个党支部全部完成规范化建设达标创建。在基本队伍建设上，发展党员3500人。云南省国资委党委组织“万名党员进党校”、基层党组织书记和党务骨干、党员发展对象和统战群团工作骨干示范培训11期，参加培训2100人，省属企业开展“万名党员进党校”培训1906期，参加培训108513人。在基本制度执行上，全面推行“支部主题党日＋”，组织“党课开讲啦”9878期，参加224426人；领导干部5775次落实“领导干部上讲堂”。在基本活动开展上，大力实施“双向培养”活动，先后把2.2万余名党员培养成为生产骨干，把1.7万余名生产骨干培养成为党员，建立“党员先锋岗”“党员责任区”等近2万个。在基本保障落实上，配备专职党务骨干3751人、兼职7584人，预提党建工作经费2.3亿元。在“智慧党建”推进上，“学习强国”学习平台

App安装115201人,“云岭先锋”注册67415人,安装党建盒子1361个、密钥559个。在党建工作创新上,积极开展“央地结对共建”“比学赶超”活动,组织实地见学、座谈交流300余次,推广10户企业经验做法。

(四)着力强化“三不”建设,省属企业发展环境持续向好

一是始终把纪律挺在前面。深入查处干部任用、资源、工程等领域腐败。国资国企纪检监察机构全年立案172件,处分174人,移送或与地方监委联合办案采取留置措施41人。其中,省纪委省监委驻云南省国资委纪检监察组立案16件。二是充分发挥巡察和日常监督作用。制定《关于加强省属企业党委巡察工作的实施意见(试行)》,进一步健全企业党委巡察工作报告报备等相关制度。建立组长264人、总人数1759人的巡察人才库。全年组建巡察组44个,巡察所属企业48户,发现问题4430个,初核118件、立案55件,处理271人,挽回经济损失6134万元。成立云南省国资委监督工作领导小组,由9名专职外部董事担任组长,有关企业和中介机构参加,分3轮实现省属企业全覆盖监督,发现和督导整改党风廉政、董事会建设等问题169个。发出国资监管提示函和通报、党风廉政建设提醒函39份。三是深化警示教育。深入开展警示教育和家风教育,组织235名国资国企党员干部“零距离”旁听许雷案庭审,观看《政治掮客苏洪波》等警示教育片。全年开展警示教育2250场次,接受教育10.4万人次。云南省国资委党委联动省属企业开展纪律作风专项整治,查摆问题261个,制定整改措施242条,新建或修订制度33个。

(五)着力强化“清单式”管理,党建工作层级责任压紧压实

一是坚持年初明责。召开企业年度党建工作、党风廉政建设和反腐败工作会议,印发推进2020年基层党建工作重点任务实施方案和省属企业基层党建工作重点任务等项目清单,下发党委2020年落实全面从严治党主体责任、抓党风廉政建设等责任清单,做到“清单式”亮责明责。2020年,云南省国资委党委32次、省属企业党委269次研究党建工作。二是坚持年中督责。聚焦省委2019年度党委书记述职评议和巡视、审计等指出问题整改,围绕党委落实全面从严治党主体责任等情况,由云南省国资委领导带队,对8户省属企业进行实地调研,对云南机场集团有限责任公司等10户企业进行书面调研,点对点通报整改问题43个。三是坚持年底考责。组织2019年度省属企业落实党风廉政建设责任制考核和党委书记抓基层党建工作述职评议考核,检查考核结果作为省属企业领导班子及其成员业绩评定等重要依据。四是坚持严肃追责。督促企业党委从帮助国企领导干部特别是“一把手”守好家庭“后院”等17个方面开展自查自纠。印发2019年度省属企业党风廉政建设责任制检查考核情况的通报,约谈云南省航空产业投资集团有限责任公司、原云南省城市建设投资集团有限公司党委书记、纪委书记,严格对标对表复查验收整改工作,保证责任履行的刚性。

(撰稿人:任　哲)

西藏自治区

一、西藏自治区国有资产监督管理工作综述

2020年,面对新冠肺炎疫情全球大流行、经济下行压力加大的新形势,西藏自治区国资系统以习近平新时代中国特色社会主义思想为指导,深入贯彻落实党的十九届五中全会精神和中央第七次西藏工作座谈会精神,深入贯彻落实党中央和自治区决策部署,以抗击疫情、稳增长、促改革、强党建、保稳定为目标,推动各项工作取得积极进展。2020年,自治区国资委12户监管企业(不含代管企业和西藏航空)资产总额433.7亿元,比上年增长27%;净资产239.9亿元,比上年增长30.2%;资产负债率44.7%,比上年减少15.5个百分点;营业收入104.3亿元,比上年增长23.7%;利润总额12.3亿元,比上年下降3.8%(剔除减免租金5994.5万元和地球第三极品牌推广等费用4016.4万元,利润总额13.3亿元,比上年增长

4.7%)；社会贡献总额46.4亿元，比上年增长47.7%；国有资本保值增值率102.7%，比上年增加1.7个百分点。国有经济和国有企业不断做强做优做大，竞争力、创新力、控制力、影响力和抗风险能力不断增强。

(一)强化督导落实政策措施，企业经济平稳运行

努力克服新冠肺炎疫情冲击，指导监管企业积极应对经济下行压力，调整优化经营策略，加强对重要生产经营指标、企业经济运行态势、行业发展趋势的监测分析，进一步加强债务和金融等风险防范化解工作，坚决守住不发生重大风险底线。

(二)加强国有企业管理体系和管理能力现代化建设

指导督促企业进一步尽快补齐短板和弱项，有效增强竞争实力。印发《区国资委监管企业开展对标一流管理提升行动工作方案》《关于委监管企业结合对标世界一流管理提升行动　开展“总部机关化”问题专项整改行动的通知》，进一步推动企业“瘦身健体”提质增效，打造精干高效的集团总部，健全市场化经营机制。各监管企业分别制定对标提升行动实施方案和“对标提升工作清单”。推动监管企业合规体系建设，推动出台《区政府国资委监管企业合规管理指引》，进一步引导监管企业不断提升合规管理能力，保障企业稳健运行。

(三)扎实推动委系统重点项目建设工作

加大监管企业战略规划管理力度，严控非主业投资比例，引导企业更加专注实业发展，集中精力做好主业。2020年，自治区国资委安排重点项目45个，年计划投资53.2亿元。集中力量加快推进皮革厂迁建和毛纺厂恢复重建工作。石材厂筹建工作进展顺利。日产100万只一次性医用口罩、5万只N95口罩生产线项目如期完工投产。昌都市芒康海通2000吨/天熟料新型干法水泥生产线正式投产。古格象雄文化体验中心一期酒店项目完成竣工验收。1.4G核心网建设工程完成一期工程初验工作。组建成立区政府国资委土地开发协调领导小组，统筹做好监管企业土地盘活开发工作。

(四)积极推进央藏、区地合资合作

协调推进中国宝武整合重组西藏矿业，为企业发展注入强劲动力。持续跟踪“央企助力富民兴藏”“央企助力西藏脱贫攻坚”2个活动签约项目落实落地，2个活动183个合同类项目，完工94个，累计完成投资2072.51亿元。自治区国资委加强对地市国资工作联系指导，区属国有企业与地市合作持续深化，自治区国资国企积极推动构建“国资监管大格局”“一盘棋”，开展国资系统三级规划编制，深入开展建材产业、信息产业、牦牛产业合资或业务合作，有力促进地方经济发展。

(五)不断完善国资监管体制，有效提升监管效能

自治区国资委出台监管企业对外捐赠事项、企业负责人薪酬等管理办法，健全投资管理、财务监督、产权管理、业绩考核、收入分配等制度，有力强化国有资产基础管理，监管系统性、针对性、有效性持续提升。推动区属国有企业建立健全违规责任追究制度和工作体系，深入开展国有资产重大损失调查及违规责任追究，指导企业完善财务管理制度和程序，完善违规经营投资责任追究制度，维护国有资产安全。自治区国资委开展监管企业内控和财务管理专项检查，发现问题294项，通过会议督促、逐家批复、整改情况核查等方式督促整改。监管信息化建设稳步推进，国资国企在线监管系统投入运行，自治区国资委对监管企业“三重一大”事项实现在线监管，大额资金支出、投资、考核分配等工作初步实现动态监测。

二、西藏自治区国有资产总量与结构分析

表1　2020年西藏自治区国有企业指标

项　目	金　额(亿元)
资产总额	5335.4
所有者权益	1525.7
国有资产总量	1430.1
营业收入	465.4
利润总额	42.7

续表

项　目	金　额(亿元)
净利润	36.3
归属于母公司所有者的净利润	31.8
应交税金总额	34.2
实际上缴税金总额	31.8

表2　2020年西藏自治区国有企业户数情况

2019年户数(户)	2020年户数(户)	比上年增长(%)
849	978	15.2

表3　2020年西藏自治区国有资产按地区分布情况

地　区	国有资产(亿元)	占国有资产总量比重(%)
省属企业汇总	705.6	49.3
地市企业汇总	724.5	50.7
拉萨市	472.0	33.0
日喀则市	139.2	9.7
林芝市	21.7	1.5
山南市	33.4	2.3
那曲市	9.2	0.6
昌都市	38.1	2.7
阿里地区	10.8	0.8
合　计	1430.1	100.0

表4　2020年西藏自治区国有资产按行业分布情况

行　业	国有资产(亿元)	占国有资产总量比重(%)
农林牧渔业	65.1	4.6
工业	163.5	11.4
建筑业	57.0	4.0
交通运输业	13.0	0.9
仓储业	5.3	0.4
商贸业	6.3	0.4
房地产业	390.4	27.3
信息传输、软件和信息技术服务	2.1	0.1
社会服务业	441.4	30.9
教育文化广播业	19.2	1.3
科学研究和技术服务业	5.3	0.4
金融业	261.2	18.3
其他	0.3	0.0
合　计	1430.1	100.0

表5　2020年西藏自治区国有资产按经营规模分布情况

经济规模	国有资产(亿元)	占国有资产总量比重(%)
大型企业	821.7	57.5
中型企业	160.7	11.2
小型企业	347.3	24.3
微型企业	100.4	7.0
合　计	1430.1	100.0

三、西藏自治区国有资本保值增值综合分析评价

表6　2020年西藏自治区国有企业地区和行业国有资本保值增值情况

地　区	国有资本保值增值率(%)	行　业	国有资本保值增值率(%)
省属企业	102.1	农林牧渔业	98.2
地市企业	98.4	工业	102.0
拉萨市	101.2	建筑业	106.8

续表

地　区	国有资本保值增值率(%)	行　业	国有资本保值增值率(%)
日喀则市	76.8	交通运输业	88.9
林芝市	94.9	仓储业	103.2
山南市	102.9	商贸业	104.8
那曲市	98.2	房地产业	97.7
昌都市	103.1	信息传输、软件和信息技术服务	116.0
阿里地区	100.4	社会服务业	98.7
		教育文化广播业	139.0
		科学研究和技术服务业	113.8
		金融业	103.4
		其他	56.3

四、西藏自治区国资委监管企业改革发展情况

持续深化国资国企改革，加大攻坚力度，按照党中央、国务院和自治区党委、政府决策部署，积极稳妥、规范有序推进监管企业改革发展。

（一）改革政策制度体系日益健全完善

自治区系统谋划国有企业改革发展，根据国企改革“1＋N”顶层设计方案，出台《关于全面深化改革促进国有企业做强做优做大的实施意见》和国有企业公司制改制、发展混合所有制经济、划转部分国有资本充实社保基金、落实董事会职权试点、探索建立中长期激励机制等配套文件，基本形成自治区国资国企改革政策框架体系。研究制定《区属国有企业改革三年行动实施方案（2020—2022年）》，明确改革重点任务。

（二）公司制改制扎实推进

印发施行《西藏自治区区属国有企业公司制改制工作实施方案》，指导监管企业和各企业主管部门加快推进41户全民所有制企业、事业单位转企改制工作。11户企业基本完成改制，7户企业制定改制方案，5户企业完成清产核资。

（三）积极稳妥深化混合所有制改革

分类、分层推进混合所有制改革，积极引入非国有资本，发展混合所有制经济，推动出台《西藏自治区国有企业发展混合所有制经济的实施意见》，从引入非国有资本参与国有企业改制重组和重大项目建设、鼓励国有资本以多种方式入股非国有企业、加快推进企业改制上市等方面对国有企业与非公经济进行股权融合、战略合作、资源整合等提出具体途径和操作方式，为下一步自治区国有企业和民营企业积极有序推进发展混合所有制经济奠定基础保障。

（四）全面推开划转部分国有资本充实社保基金工作

按照基本养老保险制度改革有关要求，在推动自治区国有企业深化改革的同时，全面推开划转部分国有资本充实社保基金工作。推动出台《西藏自治区划转部分国有资本充实社保基金实施方案》，明确划转范围、划转对象、划转比例、承接主体和实施步骤。通过划转部分国有资本充实社保基金，促进建立更加公平、更可持续的养老保险制度，使全体人民共享国有企业改革发展成果。

（五）激励约束机制逐步完善

印发《西藏自治区区属国有企业工资总额管理试行办法》及其实施细则，改革管理方式，完善决定机制，赋予企业更大自主权。修订《西藏自治区政府国资委监管企业负责人经营业绩考核办法（试行）》《西藏自治区政府国资委监管企业负责人薪酬管理暂行办法实施细则》，印发《西藏自治区政府国资委监管企业探索建立中长期激励机制指导意见》，市场化选人用人和激励约束力度不断加大。印发《西藏自治区政府国资委监管企业规范实施企业年金指导意见》，逐步建立企业年金制度，保障职工退休养老水平。

（六）历史遗留问题解决取得重大突破

自治区国有企业全面完成职工家属区“三供一业”分离移交，涉及5户企业，供水2169户，供电2098

户,供气879户;国有企业退休人员社会化管理工作稳妥推进,自治区227户国有企业应移交退休人员26236人,其中居住在区内18613人,完成移交率97.5%。

五、西藏自治区国资委监管企业并购重组与完善法人治理结构情况

(一)优化国有资本布局结构

区属产业集团第二轮整合重组基本完成,产业集团由21户调整为15户,其中授权国资委监管的11户产业集团,国有资本布局主要集中于七大产业,国有资本投向、目标进一步清晰,功能、作用进一步彰显,有力促进国有经济布局优化和国有资本运营效率提升。推动重组企业深入开展整合融合,西藏建工建材、藏医药等企业重组后经营业绩稳步提升。与山南市共同完成幸福家园集团组建。扎实推进区直党政机关和事业单位出租及闲置国有资产集中统一监管工作,接收31户单位资产132处,均注入西藏国有资本投资运营有限公司实施专业化管理。

(二)基本完成“处僵治困”主体任务

研究制定《关于区属国有企业低效无效资产处置的实施方案》,梳理不具备竞争优势、缺乏发展潜力的非主营业务(企业)和低效无效资产,加快推进存量清退处置工作。全面完成列入名单“僵尸企业”的处置工作,推动国有资本从不具备竞争优势领域退出,矿业开发总公司、拉萨皮革公司等劣势企业划转建工建材集团管理,历时长久的藏北金萨公司、西藏火柴厂政策性破产工作终结。

(三)健全完善监管企业法人治理结构

出台《国有企业党委前置研究讨论事项清单(示范文本)》,指导企业规范前置研究讨论事项,推动落实企业党委研究讨论前置程序落实落地,推进党建进章程全覆盖,党的领导与企业生产经营深度融合。落实董事会职权试点,印发实施《关于开展落实区管国有企业董事会职权试点工作的实施方案》,将中长期发展决策权、经理层成员选聘权、经理层成员业绩考核权、经理层成员薪酬管理权、职工工资分配管理权、重大财务事项管理权等授予3户试点企业董事会。推进民航投资有限公司、幸福家园投资建设集团组建和章程制定工作。

六、西藏自治区国资委监管企业建立和完善经营业绩考核体系情况

为适应西藏自治区经济社会发展新形势、新政策和新要求,进一步激发企业经营活力,2020年第五次修订企业负责人年度和任期经营业绩考核办法及配套方案。新修订的办法考核分类更加精准,绩效导向更加突出,指标设置与计分更加科学,企业赋权更加充分有力,企业经营发展动力明显增强。

(一)细化考核分类方面

将“商业一、二类及公益类”分类,与自治区的“资本回报、产业功能及民生保障”分类以及自治区七大产业建设规划融合,考核导向与企业功能定位结合得更加紧密,考核分类从“不同行业领域企业”和“企业不同业务类别”两个层面划分得更加精准,实现“一企一策”。

(二)优化考核评价指标方面

指标设置与计分。一是基本指标充分考虑企业“经营体量”和“效益贡献”的差异,按指标量级,划分为5个区间,每个区间确定不同的计分标准,体现公平性。二是分类指标突出经营短板和发展质量,不同企业选取不同的指标、设置不同的指标权重,引导企业苦练内功、夯实基础,提升经营质量。三是附加指标考核转变为重要专项工作考核,正常推进工作不计分,工作绩效突出的奖励加分,工作不到位的考核扣分。基本实现“基本指标”和“分类指标”相统一、“定量指标”与“定性指标”相统一。

指标目标值确定。改进目标值预算方法及确定方式,解决以往实际完成值与考核目标值偏离较大的问题。

(三)改进考核评价机制方面

重点规范和改善企业(集团)负责人、子分公司负责人、职业经理人及其他核心骨干人才考核评价机制。一是考核评价系数每个区间(等级)上调0.1个百分点;绩效年薪调节系数由区间插入法调整为函数公式法,避免区间插入法过于笼统、难以完全公平有效反映

企业经营规模和难度的问题。二是规定企业必须加强内部考核评价机制建设，加大对下属分子企业负责人激励力度。三是鼓励扩大职业经理人市场化选聘范围，规范职业经理人考核分配有关事项的审核备案权限。四是补充完善企业负责人绩效年薪与企业效益、职工收入挂钩细则，切实解决业绩降、薪酬如何降的问题。五是融入《国企改革三年行动方案》中关于建立健全按业绩贡献决定薪酬的分配机制、破除“高水平大锅饭”、开展多种方式的中长期激励等新机制。

(四)完善其他相关方面

重点补充完善考核奖惩有关内容。一是明确不得进入A级的“四条底线”。二是新增特别加分奖励的几种情况。三是明确企业党的建设考核与企业负责人经营业绩考核衔接。

七、西藏自治区国资委监管企业负责人考核与选人用人机制改革情况

2020年7月、8月，自治区党委出台《中共西藏自治区委员会办公厅关于调整区管国有企业领导人员管理体制有关问题的通知》(藏党办发〔2020〕8号)、《西藏自治区管国有企业领导人员管理办法》(藏党办发〔2020〕10号)，明确将西藏建工建材集团有限公司、西藏航空有限公司、西藏幸福建设集团有限公司、西藏国际旅游文化投资集团有限公司、西藏中兴商贸物流产业发展集团有限公司、西藏农牧产业投资集团有限公司、西藏甘露藏医药产业集团有限公司、西藏高驰科技信息产业集团有限责任公司等8家自治区国资委监管企业列为区管重点国有企业或区管国有企业。区管企业领导班子由自治区党委统一管理，自治区党委组织部负责组织，企业监管部门党委(党组)协助。

为坚持和加强党对国有企业的全面领导，完善适应中国特色现代国有企业制度要求和市场竞争需要的选人用人机制，建设对党忠诚、勇于创新、治企有方、兴企有为、清正廉洁的高素质专业化国有企业领导人员队伍，激发和保护企业家精神，更好发挥企业家作用，推动区管国有企业做强做优做大，自治区国资委积极与区党委组织部沟通衔接，推进监管企业管理队伍建设，配合区党委组织部调整使用区政府国资委监管的区管重点及区管国有企业领导人员53人，确保区管国有企业把加强党的全面领导和完善公司治理统一起来，加快建立权责法定、权责透明、协调运转、有效制衡的公司治理机制。

八、西藏自治区国资委监管企业党的建设和廉政建设情况

深化落实全国、自治区国企党建工作会议精神，全面加强国有企业党的领导和党的建设。

(一)加强政治建设

深入学习贯彻习近平新时代中国特色社会主义思想和习近平总书记关于西藏工作、国企改革发展的系列重要论述，贯彻党中央和区党委重大决策部署，严肃党内政治生活，增强“四个意识”、坚定“四个自信”、做到“两个维护”，确保企业始终沿着正确的政治方向前进。2020年，自治区国资委在监管企业全面建立“第一议题”制度和重大事项请示报告制度，组织党委理论中心组学习17次，发放学习资料1000余册(份)，举办学习培训班8期，开展宣讲活动5次。

(二)有效落实全面从严管党治党责任

全面深化国企党建责任制落实情况考评，落实党委书记述职评议工作，不断深化“定责、履责、考责、问责”四位一体责任体系建设，层层传导压力。自治区国资委将党建考评结果占企业负责人经营业绩考核的比重由5%提高到20%，进一步压实企业领导班子抓党建责任。

(三)加快夯实党建基层基础

认真组织开展国有企业党建工作整顿提升年活动，研究制定公司党建总体要求进章程示范文本，督促企业全面落实党建进章程工作；以基层党组织标准化建设为抓手，在自治区范围内为监管企业招聘5名优秀党建工作部部长、副部长，充实加强党务工作队伍力量；坚持“抓两头带中间”，转化提升软弱涣散党组织11个；深入开展“五好”“一企一品”党组织创建工作，打造出天路股份、国网西藏电力等一批标准化建设示范党组织企业。

(四)逐步加强国企干部人才队伍建设

加强党务工作者培训,落实党务工作者与从事生产经营人员同职级同待遇、党建工作部部长作为后备高级管理人员培养等事项,进一步加强国有企业党务工作者队伍建设。

(五)纵深推进党风廉政建设反腐败斗争

坚持把党的政治纪律和政治规矩挺在前面,确保党员职工在思想上划出红线、在行为上明确界线、在道德上坚守底线。自治区国资委根据国有企业改革重组实际,在批复成立 13 家国有企业党组织的同时,成立纪检部门。对立案查处的问题线索处理结果全部在自治区国资委系统内进行点名道姓通报曝光,形成强力震慑。

九、西藏自治区国资委监管企业履行社会责任情况

(一)积极助力疫情防控

自治区国资委按自治区要求指定西藏宾馆、西藏大厦、圣瑞斯大酒店、新鼎大酒店为疫情防控定点留观场所,全力支持疫情防控;指导企业成立西藏首家口罩生产厂,补齐西藏无医疗生产企业的短板,保障区内防疫物资供给。自治区各级国资委和国有企业积极号召干部职工捐款捐物,参与抗疫物资仓储、调运,有力支援湖北、武汉打赢疫情防控保卫战。

(二)确保复工复产科学有序

甘露藏药疫情期间积极组织复工复产,针对疫情研发生产抗疫药品。自治区各级国资委和国有企业认真落实地方党委、政府和国务院国资委部署安排,建立复工复产台账,及时调整优化经营策略,加强对重要生产经营指标、企业经济运行态势、行业发展趋势的监测分析,强化债务和金融等风险防范化解工作,合理安排员工立足实际开展生产经营活动,确保企业经济效益企稳回升。

(三)助力中小微企业缓解支出压力

让利民企,共抗疫情,印发《关于区政府国资委监管企业减免中小微企业及个体工商户房屋租金的实施方案》,指导监管企业和党组织纳入自治区国资委管理的中央企业驻藏机构为近 2000 户中小微企业和个体工商户减免房屋租金 6432.41 万元。

(四)大力推动实施"乡村振兴"战略

制定印发《区政府国资委 2019—2020 年脱贫攻坚行动方案》,方案中计划内项目开工或开展前期工作的 189 项,累计落实资金 7.68 亿元。扎实推动"区国资委富民兴村计划",设立西藏国有企业乡村振兴和环境保护促进会,募集 1409 万元专项用于自治区国资委系统驻村点人居环境整治和产业发展。

(五)加大企业稳就业力度

积极对接中央企业岗位开发,多种方式吸纳西藏籍高校毕业生,2020 年累计提供岗位 3814 个,吸纳西藏籍高校毕业生 1109 人。推动实施"西藏国企人才内地锻炼培养计划",招录 55 名优秀西藏籍大学生赴其他省(自治区、直辖市)中央企业锻炼培养 5 年。引导监管企业常态化开展稳就业工作,吸纳西藏籍高校毕业生 436 人,全面落实同西藏技师学院"订单式"培养 230 名学生的专业及就业岗位。加大吸纳当地农牧民工就业力度,自治区国资委监管企业吸纳各类西藏籍农牧民工 34061 人,实现稳定就业 17357 人。

(六)拓展扶贫产品销售渠道

向自治区国资委监管企业和中央企业驻藏机构转发消费扶贫产品目录,组织企业购买各类产品 638.03 万元。牵头组建西藏工委会,推荐地球第三极、拉萨净土等 4 家企业近 200 种扶贫产品入驻中央企业消费扶贫电商平台,促进扶贫产品的销售,增加贫困群众的收入。

(撰稿人:侯昭平)

陕西省

一、陕西省国有资产监督管理工作综述

2020 年,面对严峻复杂的国内外形势、艰巨繁重

的改革发展稳定任务，特别是新冠肺炎疫情冲击，陕西省国资系统认真学习贯彻习近平总书记在陕西考察时的重要讲话，坚决贯彻落实省委、省政府决策部署，保持战略定力，准确判断形势，精心谋划部署，全力以赴稳增长、促改革、抓创新、调结构、优监管、强党建，经受住前所未有的困难挑战，各项工作取得显著成效，实现"十三五"圆满收官。

（一）持续深入学习贯彻习近平总书记在陕西考察时的重要讲话

把学习贯彻习近平总书记在陕西考察时的重要讲话作为首要政治任务，及时召开党委（扩大）会议传达学习，举办省属企业领导人员专题学习班、"弘扬延安精神、净化政治生态"专题研讨班，制定实施"学习重要讲话、践行'五项要求'"九大专项行动，广大干部职工增强"四个意识"、坚定"四个自信"、做到"两个维护"的思想自觉和行动自觉进一步提升。把习近平总书记在陕西考察时的重要讲话和2015年在陕西视察时的重要讲话贯通起来学习贯彻，组织召开省属企业当前重点工作安排部署会和"十四五"规划编制工作会议，精心谋划创新发展观摩点评活动，陕西省国资系统奋力推动高质量发展、凝心聚力新时代追赶超越的氛围更加浓厚。

（二）在新冠肺炎疫情防控阻击战中作出突出贡献

陕西省国资委坚决贯彻落实党中央和省委、省政府决策部署，先后召开7次党委会、2次视频会，及时研究推动系统疫情防控工作，下拨专项党费900万元，协调专项资金1亿元，扎实开展境外单位"四查四清"疫情防控排查，坚决守护好陕西省137万名干部职工生命健康安全。省属企业境外采购紧缺医疗物资总额2087万余元，捐款、捐物价值6100万余元，中陕核陕健医派出23名医护人员驰援武汉一线。延长石油集团、陕煤集团、陕西地电、陕西粮农、国网陕西公司、大唐陕西发电公司等企业坚决做好民生基础物资供应，三大电信运营商全力保障通信网络畅通，陕西高速、陕西交建全力保障高速公路通行，西部机场集团累计保障入境国际航班391架次，其中北京分流国际航班207架次，全力支援保障疫情防控阻击战。西安、宝鸡、渭南、延安、榆林等市国资委积极组织干部职工参与疫情防控。全年陕西省国资系统疫情防控工作整体平稳并取得良好成效。

（三）国有经济布局结构持续优化

采取月通报进度、重点企业专项督导、召开推进会等工作机制，全力推进非主业资产项目剥离，2020年24户省属企业动态调整累计列入剥离工作计划非主业资产项目161个，全年出清51个，累计出清96个，累计完成计划任务总数的60%。采取座谈会、定期通报、实地检查督导等方式，多措并举推动重点项目整合重组，积极推进交通、农业等行业专业化整合，陕西交通控股挂牌，陕西种业集团划转陕西粮农集团等诸多整合处置方案得以顺利实施。调查摸底省属企业光伏、饮用水、半导体产业，印发促进产业健康发展的通知，督促企业围绕短板弱项制定措施方案，聚焦主责主业强化投资管理，推动重点产业规范发展。

（四）国企改革持续增力提速

大力推进重点改革举措落实落地，代省委、省政府制定陕西省深化国资国企改革三年行动方案。全面推进企业章程修订工作，审批陕投集团新版章程。21户省属企业配备外部董事。陕建集团整体上市，北元化工成功IPO，陕旅股份上市申请获证监会受理。整合法士特与秦川机床，组建交通控股集团、长安汇通公司。陕汽控股、法士特（秦川机床）、陕旅集团进入全国"双百行动"改革试点。截至2020年底，"僵尸企业"处置完成123户，亏损企业出清51户，法人压减45户，"两非""两资"清理106户，国企改革持续深入推进。

（五）创新合作不断深化

引导省属企业建立研发投入刚性增长机制，监管的工业类企业研发投入强度2.07%，比上年增长14.3%。建立32个关键核心攻关技术清单，延长石油集团合成气直接转化制低碳烯烃、法士特9速商用AT液力自动变速器、宝钛特大重钛搅拌轴、西北机器基于医用直线加速器等一批重点技术攻关取得突破。实施延长石油集团航空煤油、陕汽X6000车型等201个重点新产品开发项目，新产品产值首次突破900亿元，比上年增长31%。新增技术中心6个,获得省部级科技进步奖项50项,新增专利1348件;法士特获得中国工业大奖,陕煤集团、法士特、高速交建的3项成果完成2020年度国家科技进步二等奖第二轮公示。举办中央企业进陕推进大会,签署项目投资合作协议243个,总投资额7484.1亿元,落地项目194个,完成投资1237.2亿元。

(六)监管效能持续提升

制定《关于加强监管企业内部控制体系建设与监督工作的实施意见》等工作制度10余项,进一步完善监督体系建设。以提升企业价值创造能力、企业决策质量和防范企业重大风险为基本导向,加强总会计师履职能力建设,定期召开企业总会计师座谈会。有力推进信息化监管,国资在线监管系统基本实现"一企一策一系统"目标,监管科学化、信息化水平显著提升。加强投资管理,2020年省属企业投资主业备案集中度99.6%。省财政厅牵头七部门组成省级集中统一监管工作联合工作组,印发《关于推进省级党政机关和事业单位经营性国有资产集中统一监管的通知》,制定操作办法,确定集中统一监管工作开展程序、时间表、路线图。严肃查处4户企业违规经营投资问题,督促指导问责相关责任人19人,警示震慑作用明显增强。

(七)社会责任积极履行

认真落实党中央和省委、省政府关于"六稳""六保"工作要求,减免中小微企业房租2.76亿元,招录高校毕业生1.5万人,招录规模高于上年同期水平。高速集团、陕西交建等减免高速公路通行费79.1亿元,西部机场集团为航空公司纾困让利1.3亿元,陕西地电降低社会用电成本6.19亿元,延长石油集团天然气价格让利6200余万元。国企合力团积极助力陕西省脱贫攻坚,建成投产项目119个,投入资金63.98亿元,带动就业11313人、带动贫困户40826户,消费扶贫投入资金9518.1万元,扶贫带动效果进一步凸显。

(八)党建质量全面提高

全面加强党的政治建设,认真落实"第一议题"制度,巩固深化"不忘初心、牢记使命"主题教育成果,持续引导广大党员树牢"四个意识",坚定"四个自信",坚决做到"两个维护"。全面落实《中国共产党国有企业基层组织工作条例》,认真开展"党建质量提升年"活动,大力推动党建工作和生产经营深度融合,实施党建和生产经营业绩双百再相乘的考核模型,"党建入章"进入整改清零阶段,基层党建基础全面夯实。扎实推进以案促改工作,一体推进巡视巡察问题整改,集中整改阶段任务全面完成,党风廉政建设和反腐败斗争取得新成效。

二、陕西省国有资产总量与结构分析

2020年,陕西省国有企业资产总额64419.22亿元,比上年增长13.09%;利润总额566.69亿元,比上年减少6.49%;实际上缴税费总额973.07亿元,比上年减少6.46%;国有资本保值增值率102.36%,实现国有资本保值增值;固定资产投资额2928.39亿元,比上年增长26.96%。

表1　　2020年陕西省国有企业指标

项　目	金　额(亿元)
资产总额	64419.22
所有者权益	18489.61
营业收入	15637.84
利润总额	566.69
净利润	411.73
归属于母公司所有者的净利润	229.90
应交税费总额	1006.45
实际上缴税费总额	973.07
固定资产投资额	2928.39

截至2020年底,陕西省国有企业6460户,比上年增长12.19%。从隶属关系看,省级企业3180户,比上年增长11.07%,其中,省国资委监管企业2738户、增长13%,省级非监管企业442户、增长0.45%;市级以下企业3280户、增长13.3%。从盈亏状况来看,盈利企业3716户,比上年增长13.29%;亏损企业2744户,比上年增加266户,占42.48%。

表 2　2020 年陕西省国有企业户数情况

2019 年户数(户)	2020 年户数(户)	比上年增长(%)
5758	6460	12.19

2020 年，陕西省国有企业国有资产总量 14498.32 亿元，比上年增长 8.68%。省级企业国有资产总量 7120.06 亿元，比上年增长 13.32%，占 49.11%。其中，省国资委监管企业国有资产总量 6584.09 亿元，增长 13.77%，占 45.41%；省级非监管企业国有资产总量 535.97 亿元，增长 8.11%，占 3.7%。市属企业国有资产总量 7378.26 亿元，比上年增长 4.55%，占 50.89%。在市属企业中，西安市企业国有资产总量占比最大，占 36.22%。

表 3　2020 年陕西省国有资产按地区分布情况

地　区	国有资产(亿元)	占国有资产总量比重(%)
省属企业汇总	7120.06	49.11
省国资委监管企业	6584.09	45.41
省属非监管企业	535.97	3.70
市属企业汇总	7378.26	50.89
西安市	5251.11	36.22
宝鸡市	70.86	0.49
咸阳市	99.38	0.69
铜川市	217.77	1.50
渭南市	190.16	1.31
延安市	350.54	2.42
榆林市	639.63	4.41
汉中市	121.21	0.84
安康市	196.18	1.35
商洛市	116.85	0.81
韩城市	91.96	0.63
杨凌示范区	32.59	0.22
合　计	14498.32	100.00

从行业分布来看，工业占用国有资产总量最大，为 4173.25 亿元，占 28.78%，其中，煤炭工业、石油和石化工业、化学工业占比较大，国有资产总量分别为 1168.66 亿元、692.14 亿元、771.7 亿元；其次是交通运输业，国有资产总量 2901.3 亿元，占 20.01%。

表 4　2020 年陕西省国有资产按行业分布情况

行　业	国有资产(亿元)	占国有资产总量比重(%)
工业	4173.25	28.78
煤炭工业	1168.66	8.06
石油和石化工业	692.14	4.77
冶金工业	278.40	1.92
化学工业	771.70	5.32
机械工业	277.26	1.91
电力工业	375.54	2.59
建筑业	1784.62	12.31
交通运输业	2901.30	20.01
物流业	32.00	0.22
金融业	1115.65	7.70
房地产业	1749.90	12.07
社会服务业	1970.56	13.59
其他	42.96	0.30
合　计	14498.32	100.00

从经营规模来看，大型企业国有资产总量 833.94 亿元，占 5.75%；中型企业国有资产总量 3670.98 亿元，占 25.32%；小型企业国有资产总量 6386.86 亿元，占 32.41%；微型企业国有资产总量 3606.54 亿元，占 24.88%。

表 5　2020 年陕西省国有资产按经营规模分布情况

经营规模	国有资产(亿元)	占国有资产总量比重(%)
大型企业	833.94	5.75
中型企业	3670.98	25.32

续表

经营规模	国有资产（亿元）	占国有资产总量比重(%)
小型企业	6386.86	44.05
微型企业	3606.54	24.88
合　计	14498.32	100.00

三、陕西省国有资本保值增值综合分析评价

2020年,陕西省国有企业国有资本保值增值率102.36%,实现国有资本保值增值。从隶属关系看,省级企业保值增值率102.07%。市属企业保值增值率102.63%,其中宝鸡、榆林、西安、杨凌、咸阳、安康等6个市(区)实现国有资本增值,保值增值率分别为109.06%、106.69%、103.01%、101.6%、101.44%、100.8%;铜川、延安、韩城、商洛、汉中、渭南等6个市出现国有资本减值。

从行业看,国有资产占用量在500亿元以上且实现国有资本增值的主要有:工业4173.25亿元,保值增值率104.61%;建筑业1784.62亿元,保值增值率106.16%;房地产业1749.9亿元、保值增值率103.41%;金融业1115.65亿元、保值增值率104.40%。工业行业中,国有资本占用量较大行业情况分别是:煤炭行业1168.66亿元,保值增值率108.69%;化学工业771.70亿元,保值增值率99.96%;石油和石化工业692.14亿元,保值增值率93.18%;电力工业375.54亿元,保值增值率104.98%;冶金工业278.4亿元,保值增值率99.38%;机械工业277.26亿元,保值增值率129.76%。

表6　2020年陕西省国有企业地区和行业国有资本保值增值情况

地　区	国有资本保值增值率(%)	行　业	国有资本保值增值率(%)
省属企业	102.07	工业	104.61
监管企业	101.51	煤炭工业	108.69
非监管企业	108.79	石油和石化工业	93.18
市属企业	102.63	冶金工业	99.38
西安市	103.01	化学工业	99.96
宝鸡市	109.06	机械工业	129.76
咸阳市	101.44	电力工业	104.98
铜川市	99.46	建筑业	106.16
渭南市	97.69	交通运输业	99.30
延安市	99.07	物流业	102.46
榆林市	106.69	金融业	104.40
汉中市	98.10	房地产业	103.41
安康市	100.80	社会服务业	96.70
商洛市	98.14	其他	92.80
韩城市	98.71		
杨凌示范区	101.60		

四、陕西省国资委监管企业改革发展情况

(一)加快战略性整合重组

秦川机床股权划转至法士特,充分发挥2家公司在战略、管理和技术上的协同效应,秦川机床2020年度盈利1.52亿元,比上年增长151.38%。陕西交通控股集团组建方案上报省政府审批,为盘活陕西省国有资本存量,放大国有资本功能奠定基础。

(二)持续推动股份制改革混合上市工作

稳妥推进混合所有制改革,制定出台《省属国有企业混合所有制改革操作指引》,进一步规范省属企业混合所有制改革,引导省属企业转机制、激活力、强治理、增效益。实施混合所有制改革项目30个,吸引非公资本174亿元,省属企业混合所有制经济覆盖各个层级,进入全部领域。加快股份制改革和上市步伐,全年完

成延长石油集团、青山科技等10户企业股份制改革。2020年10月20日，北元化工在上交所挂牌上市，募集资金36.73亿元。12月2日，延长化建吸收合并陕建股份获证监会批复同意，同步募集资金21.3亿元。12月22日，陕旅股份上报的上市申请获证监会受理。

(三)“瘦身健体”成效突出

由于受新冠肺炎疫情影响，亏损面加大，陕西省国资委坚持“一企一策”，分类规范处置，依法依规推进的原则，大力推动企业“瘦身健体”提质增效。“僵尸企业”处置计划142户，完成123户，完成率86.62%，清理负债62.53亿元，安置职工7637人。连续亏损企业完成51户，压减完成45户，实现减亏3.81亿元。

(四)持续深化综合性改革

一是不断深化“双百行动”改革。8户“双百企业”按照“五突破、一加强”要求，深入推进综合性改革，北元化工、陕建股份通过股权多元化和混合所有制改革，转变经营机制，放大国有资本功能。陕能股份、燃气新能源通过完善内部管理体系，明晰各层级权责界面，有效提高管理效率。陕钢集团、三秦环保加大市场化选聘力度，调动和激发经营活力。二是“科改示范行动”成效不断显现。烽火电子、立芯光电在限制性股票激励计划、模拟岗位分红激励计划、超额利润分享计划等方面取得成效。三是对标世界一流管理提升行动扎实推进。制定《陕西省属国有企业对标一流管理提升行动工作实施方案》，组织省属企业开展对标世界一流管理提升行动。印发《关于开展省属企业“总部机关化”问题专项整改工作的通知》，对加快省属企业市场化改革，提升企业管理水平和治理能力进行安排部署。四是陕西西安区域性国资国企综合改革试验获批。2020年12月10日，国务院国有企业改革领导小组决定在陕西西安等四地开展第二批区域性国资国企综合改革试验。

五、陕西省国资委监管企业并购重组与完善法人治理结构情况

(一)全力推进非主业资产项目剥离

加快落实《关于加快省属企业结构调整优化主业发展实施方案》，推动建立非主业项目剥离进度月通报机制，组织对6户重点企业结构调整优化主业发展工作进行专项督导，召开工作推进会5次，下发通报文件12份，持续推动相关重点任务落地落实。2020年，清理退出非主业资产项目51个、主业中低效无效资产项目46个，省属企业同质化问题及经营业务过度多元局面逐步扭转。

(二)多措并举推动重点项目整合重组

采取面对面座谈沟通、定期通报推动、实地检查督导等方式，持续推动农业、交通、酒店等重点板块整合工作，完成陕西种业集团划转陕西粮农集团。2020年完成内外部并购及专业化整合项目70个，进一步提升国有资本配置效率和发展质量。

(三)加快推动重点产业规范发展

组织对省属企业光伏、饮用水、半导体产业进行摸底调查，召开座谈会，要求相关企业围绕短板弱项制定措施方案，聚焦主责主业，强化投资管理，进一步推动和加强产业健康持续发展。

(四)不断完善监管企业法人治理结构

一是强化日常监管。认真落实《省属企业董事会管理暂行办法》《省属企业外部董事管理办法(试行)》和规范公司治理专项通知要求，加强对董事会的日常监管。通过关注董事会决策事项和审议程序，从规范性和专业性两方面推进董事会运行规范和决策合规。牵头会办144次董事会会议的799项议案，对其中的106项议案提出意见建议，均在会前与企业交换意见。二是加强董事队伍建设。举办2期董事专题研修班，召开部分董事座谈会，建立外部董事例会制度，搭建信息交流平台，采取多种方式指导董事从政策理论和工作实践层面不断提高对自身定位、职责义务、责任担当的理解认识，对董事高效履职提出要求，通过提升董事履职能力推进董事会规范运作和科学决策。三是健全机构设置。采取政策宣传贯彻、企业调研、列席董事会会议等方式，督导企业加强董事会工作机构设置，配备专业人员，16户企业配备董事会秘书，23户企业设立董事会办公室，董事会工作力量得到加强。

六、陕西省国资委监管企业建立和完善经营业绩考核体系情况

突出质量和效益原则,引导企业不断提高经济效益、劳动水平和价值创造能力。一是以高质量发展为目标,构建更加科学的综合考核体系。采取企业党建和经营业绩双百分再相乘的全新方式,推动企业党建与中心工作深度融合。二是分解落实省委、省政府经营业绩目标任务,开展经营业绩考核指标动态评估。2020 年 3 月,组织 35 户陕西省国资委监管企业签订经营业绩目标责任书,建立月报制度跟踪企业执行情况,及时预警。三是全面落实“六保”任务,夯实稳增长责任。2020 年 8 月,印发《2020 年度省属企业稳增长专项考核办法》,从工业总产值、利润总额、固定资产投资以及营业收入等 4 个维度设置考核指标,确保完成全年目标任务。四是研究制定协同考核工作措施。根据国有资本的战略定位和发展目标,对行业特点明显的 15 户省属企业进行研究,提出协同考核措施,加强与有关厅局沟通协商,形成监管合力。五是完成陕西省国资委监管企业 2019 年度及 2017—2019 年任期目标责任综合考核。在陕西省国资系统负责人座谈会上通报考核结果,表彰年度、任期经营业绩优秀企业。对 5 户 C 级企业召开座谈会,提出整改要求。

七、陕西省国资委监管企业负责人考核与选人用人机制改革情况

(一)加强企业领导班子建设

严格对照国有企业领导人员“二十字”标准,端正选人用人导向,严格标准、健全制度、规范程序,切实加强企业领导班子和干部队伍建设,全年调整干部 63 人,其中到龄退休 10 人、总会计师 4 人、其他情况 49 人。构建研判长效机制,对陕西地矿、陕西电子、陕西地建、农垦集团等 4 户企业领导班子进行研判。

(二)完善企业法人治理结构

从大型企业遴选 4 名业务素质高、专业能力强的干部委派到法士特、陕西地建 2 户企业担任外部董事,累计为 21 户省属企业选派外部董事,有效优化董事会结构,提高科学决策能力。全面落实职工代表大会职权,完善职工董事制度,进一步形成职工代表有序参与公司治理的工作机制,指导 25 户省属企业配备职工董事。支持纳入国企改革专项工程的企业和竞争类子企业率先实行经理层成员任期制和契约化管理,对符合条件的加快推进职业经理人制度。

(三)健全考核评价机制

与省委组织部共同研究制定省属企业领导人员考核标准,按照考核评定标准,首次完成对 31 户省属企业 59 名正职领导人员、276 名副职领导人员的年度考核等次评定,考核结果上报省委组织部审定后向监管企业进行反馈。

(四)深入开展选人用人专项治理

全系统开展“深入查一查选人用人情况”工作,并将“近亲繁殖”“纪委书记兼职”“领导干部个人事项报告”“人事档案”“选人用人过程性文件”等专项整治同步安排部署。通过自查互查、问题整改、举办专题讲座、开设专题培训、完善制度建设等方式深化完善选人用人机制。

(五)推动企业人才发展机制改革

组织省属企业“百千万人才”“享受政府特殊津贴人员”“高层次人才发展资金”项目申报及评审工作,组织申报“2020 年百千万人才工程国家级人选”,在西安和北京两地同步召开 2020 年陕西国企引才引智交流会,协办世界青年技能日活动。开展人才强企课题研究,制定《陕西省属企业人才强制工作指导书》,筛选西部机场、陕煤集团等优秀案例交流推广,为省属企业人才战略和人才队伍建设发展提供制度层面指导和规范。

八、陕西省国资委监管企业党的建设和廉政建设情况

(一)党的建设

2020 年,各企业党委坚持把学习贯彻习近平总书记最新重要讲话、重要指示批示作为首要政治任务,

全面准确学习宣讲党的十九届四中、五中全会精神和习近平总书记在陕西考察时的讲话精神，拓展“不忘初心、牢记使命”主题教育成果，不断提高政治判断力、政治领悟力、政治执行力。党的领导作用全面发挥，制定完善党委会议事规则，明确党委会前置研究事项清单，进一步明确和落实党组织在公司法人治理结构中的法定地位。企业基层党建工作不断夯实，认真贯彻落实国有企业组织工作条例，深入开展“党建质量提升年”活动，为系统企业8000多个党支部配发党支部标准化工作手册、党建制度汇编和组织生活记录本，全面提升基层党建工作质量。党建突出问题有效整治，以省属企业党建暨“两整改两治理”专项会议为抓手，排查、梳理、整改未按期换届、党建工作未进公司章程等问题，基层党建工作逐步标准、规范。

（二）廉政建设

驻陕西省国资委纪检监察组以习近平新时代中国特色社会主义思想和习近平总书记在陕西考察时的重要讲话精神为引领，认真贯彻落实党的十九届四中、五中全会和中央纪委、省纪委四次全会精神，认真履职尽责，深入推进系统党风廉政建设和反腐败工作。聚焦政治监督。新冠肺炎疫情发生后，监督检查企业45户次，发现问题12个，提出整改措施建议16条。深入扶贫项目督导检查，累计实施项目144个。查处在新冠肺炎疫情防控中不担当、不作为和失职失责问题21件，处理54人，处分7人。全系统立案审查调查违反政治纪律案件5件，处分违反政治纪律9人、违反组织纪律18人。强化日常监督。完善领导干部廉政档案236份，督促各级领导干部报告个人事项2800多件。组织新任领导干部任前廉政培训6次，廉政谈话33人次，廉政法规考试6场，发出党风廉政意见回复58人次。约谈企业领导干部9人次，参加监督单位民主生活会9次。全系统新制定纪检监察工作制度474项，修订完善531项。强力纠“四风”。立案查处企业违反中央八项规定精神问题1件，处分4人。持续深化违规收送礼金专项整治活动，集中移交上缴礼金18.75万元，查处问题3件，处理3人。查处违规插手工程建设招投标问题案件1起，给予党内严重警告处分1人。督促全系统各级党组织开展专题警示教育1438次，梳理典型案例18件，深入排查梳理工程建设和矿产资源开发事项40392项，排查廉政风险点497个，形成个人自查自纠情况登记表和自查报告各30559份，公开承诺31979人次。严格执纪问责。全系统立案286件，处分365人。其中驻陕西省国资委纪检监察组立案15件，党纪、政务处分20人。全系统处理1627人次，其中第一种形态1224人次、第二种形态343人次、第三种形态52人次、第四种形态8人次。厚植廉洁文化生态。全系统建成廉政文化示范点234个；征集廉政诗歌、散文稿件954篇，评选入册80余篇；征集“三秦好家风”微视频145部；组织“倡廉洁、践使命”主题党日活动2000余次；组织9.4万余人参加陕西省党纪法规知识测试；开展示范教育和警示教育累计2200余场次，参加干部职工10万余人次。“陕西国企清风”微信公众号、微博刊发信息2821篇。严作风强素质。组织纪检干部参加各类纪检监察业务培训、考试测试40余次。全面开展分层分类业务培训，系统310余名干部受训，有效提升纪检干部队伍整体业务能力、工作水平。

（撰稿人：程剑慧）

甘肃省

一、甘肃省国有资产监督管理工作综述

2020年，面对新冠肺炎疫情严重冲击和各种挑战并存的严峻形势，甘肃省国资委和省属企业坚持以习近平新时代中国特色社会主义思想为指导，坚决贯彻党中央、国务院和省委、省政府部署要求，以省属企业高质量发展为目标，积极应对疫情影响，全力推动拓存创增，扎实推进国资国企改革发展和党的建设各项工作，取得重要进展和新的突破。

（一）积极应对疫情影响，着力提升经营质量效益

一是积极做好疫情防控。迅速建立疫情防控体系和联防联控机制，动员省属企业积极履行社会责任，从境外采购口罩、防护服等紧缺防护物资4653.39

万元，支持有条件的企业转产口罩和防护服、加大马力生产消杀产品、派出医护人员驰援武汉，指导相关企业全力做好民生保障，为甘肃省打赢疫情防控阻击战发挥重要作用。二是分类分区推动复工复产。坚持一手抓疫情防控、一手抓经济运行，抢抓有利时机分区分级复工复产，重点调度的143户省属工业企业2月3日全部复工，2月底省属企业复工率98.35%。大力帮助中小企业渡过难关，省属企业为6121户中小企业及个体工商户减免房租1.67亿元，与9743户中小微企业签订购销合同额443.97亿元，为2369户中小微企业预付采购款13.07亿元，清欠民营企业中小企业账款68.59亿元，为中小微企业提供融资服务20余亿元，为促进产业链上下游中小微企业复工复产和生产经营作出积极贡献。三是精准实施经济运行调度。按照甘肃省委、甘肃省政府明确的"一季度少下降、二季度正增长、三季度补欠账、四季度保目标"要求，"一企一策"指导制定弥补欠产措施，千方百计拓存创增，紧盯目标精准调度。认真落实"六稳""六保"要求，酒钢集团、金川集团、物产集团、公航旅集团、公交建集团、建投集团、电气集团等企业签订战略合作协议，围绕产品供需衔接、资源优势互补、科技联合攻关等开展战略合作。2020年，省属企业完成固定资产投资1422.61亿元，比上年增长247.99%；实现工业总产值2422亿元，比上年增长10.48%；营业收入7133亿元，比上年增长7.65%；利润总额82.3亿元，比上年下降4.41%，各项指标好于预期。四是全面实施三年对标管理。在省属企业开展为期3年的对标管理活动，进行全业务、全流程、全要素对标。建立"两利三率"年度考核指标体系，"一企一策"对标行业企业绩效评价标准值，确定年度经营指标，签订年度经营业绩目标责任书。召开甘肃省国资国企系统风险防控工作座谈会，组织省属企业全面排查重大债务风险，有针对性地制定38项防控措施，坚决守住不发生重大风险的底线。

(二)纵深推进国企改革，重点领域关键环节取得重大突破

一是不断健全现代企业制度。全面完成党建工作要求进章程，推动省属企业落实"双向进入、交叉任职"领导体制。加强以外部董事占多数的规范董事会建设，优化外部董事人才库，加强外董事选拔、培养、管理和考核评价，指导5户落实董事会职权试点企业制定实施方案，落实董事会中长期发展决策、经理层成员选聘等6项职权。加快推进省属企业健全以章程为基础的内部制度体系建设，对董事会建设"1+19"制度落实情况进行全面检查评估，推动企业建立健全相关制度800多项。二是稳步推进混合所有制改革。制定《省属企业混合所有制改革操作指引细则》，明确121个混合所有制改革项目，积极稳妥推动混合所有制改革项目落实。省属企业完成混合所有制改革项目106个，新增2户员工持股试点企业，引进各类社会资本46.16亿元，省属企业中混合所有制企业户数占比超过45%。三是持续完善市场化经营机制。积极推行经理层成员任期制和契约化管理，在5户试点企业率先实施经理层成员任期制和契约化管理。开展多种方式的中长期激励，积极探索混合所有制企业骨干员工持股、国有控股上市公司股权激励、国有科技型企业股权激励等中长期激励机制，企业的活力动力不断激发。四是持续推动落实"1+N"政策体系。"一企一策"研究确定33户省属企业410项改革任务，纳入省属企业负责人经营业绩考核，33户企业完成373项。甘肃省《关于深化国有企业改革的实施意见》确定的100项重点改革任务中，49项按要求完成，50项需长期推进的建立长效机制有序推进，1项因国家层面尚未实施暂未实施。牵头制定甘肃省国有企业改革三年行动实施方案，明确甘肃省国企改革的目标任务和时间表、路线图。五是积极推进办社会职能分离移交。完成甘肃省51.84万名国企退休人员社会化管理移交协议的签订，对19户中央下放企业、204个职工家属区182581户"三供一业"进行现场清算审核，推动其他21户省属企业完成85%的"三供一业"维修改造。

(三)深入推进供给侧结构性改革，国有资本配置效率不断增强

一是加快传统产业改造升级。紧紧围绕主业延伸产业链，推动国有资本向产业链、供应链、价值链中高端集聚发展，全年完成传统产业改造升级项目投资71.96亿元，储备总投资129亿元的传统产业"三化"改造项目318个。召开酒钢集团产业改造升级项目示范现场会，推动省属企业加大投入力度，加快推进传统产业转型升级。二是持续优化产业结构布局。省属企业战略重组和专业化整合步伐加快，基本完成省级经营性国有资产集中统一监管，重组组建十大产业集团，完成240万吨钢铁产能和318万吨煤炭产能化解，大力推进低效无效资产处置，完成145户“僵尸企业”出清，存量国有资本结构不断优化，增量资本加速向先进制造、数据信息、文化旅游、中医中药等特色优势产业和十大生态产业集中。三是不断加大科技创新力度。明确省属工业企业研发投入占主营业务收入不低于2%的刚性指标，2020年，省属企业研发投入73.26亿元，比上年增长21.56%，占主营业务收入比重2.37%，6户重点工业企业占2.5%以上。平台建设取得新的突破，新增省部级以上产学研平台10个，推动省属企业与中科院兰州“一院三所”、兰州大学等院所高校合作，与中科院系统联合申报6项科研项目，争取中科院科研经费930万元，为省属企业科技创新提供有力支持。四是稳步推进国际化经营。鼓励省属企业“走出去”拓展发展空间，不断提高国际化经营水平。金川集团优化境外矿山开采方案，刚果金、赞比亚矿山产量大幅增长，效益不断提升。白银集团秘鲁多金属尾矿在一期项目稳定运营的同时积极推进二期项目。甘肃建投集团将工程承包范围向中亚国家延伸，白俄罗斯基地项目进展顺利。

(四)持续推进职能转变，国资监管水平不断提升

一是提高监管效能。聚焦管好资本布局、规范资本运作、提高资本回报、维护资本安全，大力推进国资监管制度立改废释，修订甘肃省国资委规范性文件制定管理暂行办法。突出管规划、管投向，审核省属企业“十四五”发展规划，制定主业管理办法，修订省属企业投资监督管理办法，建立投资负面清单。二是突出放权搞活。加大授权放权力度，将出资人审批事项精简为22项，将监管权责事项精简为32项，向各监管企业授权放权20项管理事项。注重加强跟踪督导、定期评估授权放权的执行情况和实施效果，动态调整授权放权事项和授权范围，不断增强授权放权的针对性、有效性。三是强化集中统一监管。对5户甘肃省国资委托管理企业解除托管关系纳入直接监管，完成58户企业改制脱钩整合重组，推进34户小微企业关闭注销或国有资本退出，省级经营性国有资产集中统一监管比例99%。加强国资监管信息化建设，完成国务院国资委部署的“三重一大”、大额资金动态监测应用系统试点，实现试点企业、甘肃省国资委和国务院国资委的数据链并在线运行。

(五)全面加强党的建设，为企业发展提供坚强保障

一是压紧压实党建责任制。落实管资本管党建责任，召开省属企业党组织书记抓基层党建述职考核评议会，对33户省属企业2019年度党建责任制落实情况进行考核评价，对党支部建设标准化工作进行专项督导，对8个软弱涣散基层党组织进行整顿提升。二是持续加强人才队伍建设。制定《省属企业人才队伍建设发展规划(2020—2022年)》，不断健全人才引进培育、选拔使用、考核激励、服务保障等机制，举办3场高校毕业生线上招聘会，组织省属企业参加甘肃省选调高校毕业生网络宣介会，引进本科以上人才6573人，比上年增长33%。采取专业培训、岗位锻炼等方式，培养经营管理人才2000余人，培训委管班子企业领导人员、财务总监、外派专职董事311人次。三是建立健全从严治党制度体系。加快构建一体推进不敢腐、不能腐、不想腐体制机制，制定《省属企业境外投资经营风险管理指引》《省属企业贯彻落实中央八项规定精神实施细则》《省属国有企业“六要六禁六不”规定》等制度18项，建立健全全面从严治党制度体系；建立健全定责、履责、监督、考核、问责等机制，推动责任压力传导，加强对项目投资、产权管理、资本运作等关键环节的廉洁风险防控。

(六)主动履行社会责任，积极做好脱贫攻坚和安全稳定工作

一是全力推进脱贫攻坚战。认真履行归口管理职责，指导省属企业大力开展产业扶贫、消费扶贫和就业扶贫，定期调研督导归口管理企业帮扶的12个县23个村9个方面工作落实情况。2020年，11户定点帮扶甘肃省中央企业、77户归口管理企业投入帮扶资金5.91亿元，实施帮扶项目1062个，消费购买农产品2.58亿元，帮助就近就地及劳务输出就业4.5万余人,如期实现贫困县全部"摘帽"、贫困村全部退出、贫困人口全部脱贫目标。二是扎实做好安全稳定工作。督促省属企业落实安全生产主体责任,组织危险化学品等重点行业领域企业开展安全生产集中整治,全年省属企业未发生重特大安全生产事故。组织省属企业做好抢险救灾,甘肃公航旅集团、甘肃公交建集团等13户省属企业参与陇南、甘南抢险救灾和灾后重建。深入推进平安建设,排查化解各类不稳定因素79件,化解重点信访事项和信访积案11件,督办解决涉及农民工欠薪问题21项,解决拖欠工资1100多万元,金川集团、白银集团、靖煤集团、兰石集团等4户省属企业被甘肃省委、省政府评为"2019年平安甘肃建设优秀单位"。

二、甘肃省国有资产总量与结构分析

2020年,甘肃省国有企业资产总额27077.50亿元,比上年增长9.72%;营业收入8702.86亿元,比上年增长14.55%;实际上缴税费总额200.52亿元,比上年增长5.97%;利润总额比上年减少7.36%,净利润比上年减少14.08%。

表1　　2020年甘肃省国有企业指标

项　目	金　额(亿元)
资产总额	27077.50
所有者权益	9368.86
国有资产总量	8348.08
营业收入	8702.86
利润总额	90.17
净利润	52.91
归属于母公司所有者的净利润	49.36
应交税费总额	216.67
实际上缴税费总额	200.52

2020年,甘肃省国有企业2997户,比上年增加474户,增长18.97%。

表2　　2020年甘肃省国有企业户数情况

2019年户数(户)	2020年户数(户)	比上年增长(%)
2523	2997	18.79

截至2020年底,甘肃省国有企业国有资产总量8348.08亿元。其中,省属监管企业国有资产总量4626.12亿元,占55.42%;省属非监管企业国有资产总量251.01亿元,占3.01%;市(州、区)属及以下国有企业国有资产总量3470.96亿元,占41.58%。在市(州、区)属国有企业中,兰州市国有企业国有资产总量1281.06亿元,占15.35%。

表3　　2020年甘肃省国有资产按地区分布情况

地　区	国有资产(亿元)	占国有资产总量比重(%)
省级企业汇总	4877.12	58.42
省属监管企业	4626.12	55.42
省属非监管企业	251.01	3.01
市(州、区)属及以下企业汇总	3470.96	41.58
兰州市	1281.06	15.35
兰州新区	776.07	9.30
天水市	179.58	2.15
酒泉市	186.52	2.23
张掖市	216.02	2.59
平凉市	168.52	2.02
定西市	105.9	1.27
嘉峪关市	78.930	0.95
白银市	132.64	1.59
金昌市	70.35	0.84
陇南市	51.13	0.61
庆阳市	2.66	0.03
甘南州	33.16	0.40

续表

地　区	国有资产（亿元）	占国有资产总量比重（%）
临夏州	97.45	1.17
武威市	90.97	1.09
合　计	8348.08	100.00

从行业分布情况来看，交通运输业国有资产总量最大，为2632.04亿元，占31.53%。其次是社会服务业、工业、金融业、房地产业和建筑业，分别占26.56%、12.21% 、9.71%、7.63%和7.19%。

表4　2020年甘肃省国有资产按行业分布情况

行　业	国有资产（亿元）	占国有资产总量比重（%）
农林牧渔业	216.28	2.59
工业	1019.24	12.21
建筑业	600.54	7.19
交通运输业	2632.04	31.53
仓储业	89.85	1.08
商贸业	28.69	0.34
房地产业	637.11	7.63
信息传输、软件和信息技术服务业	5.88	0.07
社会服务业	2217.09	26.56
教育文化广播业	58.79	0.70
科学研究和技术服务业	20.41	0.24
金融业	811.00	9.71
其他	11.16	0.13
合　计	8348.08	100.00

三、甘肃省国有资本保值增值综合分析评价

2020年，甘肃省国有资本保值增值率100.79%，实现国有资本的保值增值。从地区来看，兰州新区、嘉峪关市、白银市、陇南市、庆阳市、临夏州实现国有资本增值，张掖市国有资本减值最大。从行业来看，农林牧渔业、工业建筑业、仓储业、房地产业、金融业、科学研究和技术服务业实现保值增值，科学研究和技术服务业保值增值率最高，商贸业减值最大。

表5　2020年甘肃省国有企业地区和行业国有资本保值增值情况

地　区	国有资本保值增值率（%）	行　业	国有资本保值增值率（%）
甘肃省国有企业	100.79	农林牧渔业	101.26
省级企业	101.32	工业	103.19
省属监管企业	101.28	建筑业	101.33
省属非监管企业	102.48	交通运输业	98.98
市（州、区）属及以下企业	100.04	仓储业	101.6
兰州市	99.68	商贸业	98.9
兰州新区	103.69	房地产业	103.38
天水市	99.10	信息传输、软件和信息技术服务业	99.83
酒泉市	99.70	社会服务业	100.03
张掖市	93.54	教育文化广播业	99.42
平凉市	98.96	科学研究和技术服务业	112.09
定西市	98.34	金融业	102.34
嘉峪关市	100.13	其他	99.63
白银市	100.14		
金昌市	99.20		
陇南市	100.98		
庆阳市	101.84		
甘南州	98.56		
临夏州	100.04		
武威市	99.30		

四、甘肃省国资委监管企业改革发展情况

(一)研究制定国企改革三年行动实施方案

研究制定《甘肃省国企改革三年行动实施方案(2020—2022年)》,细化10个方面110项改革任务,明确2020—2022年甘肃省国企改革的目标任务和时间表、路线图。开展省属企业学习贯彻习近平总书记关于国资国企改革发展和党的建设、落实国企改革三年行动专题培训,召开甘肃省国企改革三年行动动员部署电视电话会议,对持续深化国有企业混合所有制改革、着力推动企业三项制度改革等6个方面重点工作进行安排部署。

(二)混合所有制改革成效显著

省属企业全年完成混合所有制改革项目106个,吸引社会投资者159家,引进社会资本46.16亿元,混合所有制企业户数占比超过省政府2020年初确定的45%目标,白银集团、省国投集团引进非公资本设立的甘肃德福新材料等一批混合所有制企业经营机制加快转换,质量效益显著提升,有效提高国有资本配置和运营效率,省属企业营业收入的64%、利润总额的72%来自混合所有制企业。

(三)综合改革示范效应逐步显现

6户企业纳入"双百行动"改革任务台账的293项完成284项,占97%。积极推进54户"综合改革示范工程"企业年度台账任务,2020年累计完成改革任务599项,占总任务的67.08%。金川集团、甘肃国投集团、西北永新、甘肃工程咨询集团等4户企业改革做法被国务院国资委《国企改革简报》刊载或入选改革案例集;甘肃科投集团化工研究院、酒钢集团祁牧乳业2户企业纳入国家"科改示范工程";8户混合所有制企业实施员工持股,甘肃工程咨询集团、甘肃科投集团兰州助剂厂公司和创翼检测公司实施股权激励。

(四)企业办社会职能移交和"僵尸企业"处置有序推进

加快推进"三供一业"维修改造,对19户中央下放企业、204个职工家属区182581户"三供一业"进行现场清算审核,推动其他21户省属企业完成85%"三供一业"维修改造。加快推进国有企业退休人员社会化管理,甘肃省51.84万名国企退休人员全部签订社会化管理移交协议。加快推进"僵尸企业"处置,按照国家发展改革委等部委《关于积极稳妥深化"僵尸企业"处置工作的意见》精神,重新认定12户省属企业所属的49户"僵尸企业","一企一策"制定处置方案,完成47户处置。

五、甘肃省国资委监管企业并购重组与完善法人治理结构情况

(一)国有资本布局结构不断优化

加快推进省属企业战略重组和专业化整合步伐,完成145户"僵尸企业"出清,重组组建十大产业集团,推动国有资本向先进制造、数据信息、文化旅游、中医中药等特色优势产业和现代服务业等新兴产业集中。25户省属骨干企业中,8户主业全部为十大生态产业,17户拥有1～2个新兴产业培育业务。通过国有资源资产变现和资产证券化等方式,筹资250.66亿元,主要用于发展十大生态产业、"三化"改造、"新基建"和基础设施项目建设。2020年,省属企业十大生态产业等战略性新兴产业项目投资105.27亿元,比上年增长11.76%,呈现良好发展势头。

(二)健全完善公司法人治理结构

全面完成党建工作要求进章程,推动省属企业落实"双向进入、交叉任职"领导体制。建立完善党委前置研究讨论重大经营管理事项制度,会同甘肃省委组织部制定出台《省属国有企业决策事项清单指引》,梳理101项重大决策事项,其中46项需提交党委前置研究讨论,进一步厘清党委与董事会、监事会、经理层等其他治理主体的权责,明确决策主体及流程。靖煤集团、兰石集团、水投公司等省属企业探索建立党委前置研究讨论事项清单,省属企业各级领导人员抓党建的意识明显增强,党委把方向、管大局、保落实的领导作用不断加强。加快推进外部董事占多数的规范董事会建设,选择白银集团、甘肃工程咨询集团、华龙证券公司、丝绸之路信息港公司、知识产权港公司等5

户企业开展试点，将中长期发展决策、经理层成员选聘、经理层成员业绩考核、经理层成员薪酬管理、职工工资分配、重大财务事项管理等职权落实到董事会行使。

六、甘肃省国资委监管企业建立和完善经营业绩考核体系情况

突出引导省属企业高质量发展、激发调动企业发展积极性主动性、更加维护经营业绩考核客观公正3个方面，对《甘肃省省属监管企业负责人经营业绩考核办法》(甘人社通〔2015〕344号)进行修订。

(一)引导省属企业高质量发展方面

突出经济效益导向，搭建围绕经济效益、功能任务和重点工作三部分内容的指标体系。年度经济效益考核聚焦净利润、经济增加值和净资产收益率指标，任期经济效益考核聚焦国有资本保值增值率、全员劳动生产率指标。差别化设置考核指标和权重，提高商业一类企业、二类企业经济效益指标权重和公益类企业净利润指标权重。引入行业对标考核，增加行业对标考核的规定，并明确27个行业对标指标。强化党建工作考核引领企业高质量发展，将党建工作由原办法20分权重考核调整为刚性约束条件考核，进一步强化党建的引领作用。

(二)激发调动企业发展积极性、主动性方面

将企业报送的考核目标建议值由两个档位修订为3个档位，以高目标为引领，充分发挥考核的正向激励作用。注重调动企业减亏增效主动性，改进计分规则，在利润考核中不设固定的保底分值，倒逼企业努力实现减亏增效。引入考核容错机制，对容错事项和相关认定流程进行细化明确，按照“三个区分开来”原则，对企业实施重大科技创新等对经营业绩产生重大影响的事项，考核上不做负向评价。

(三)更加维护经营业绩考核客观公正方面

将考核结果等级层次增加一级，即考核结果等级为A、B、C、D、E五级，并衔接《薪酬管理办法》，促使薪酬分配更加客观公正。健全完善考核管理机制，设立经营业绩考核领导小组，细化净利润的加回事项和非常性损益事项的界定和处理规则；健全特殊事项清单管理制度，细化特殊事项的认定标准和流程，促进规范考核、科学考核。

七、甘肃省国资委监管企业负责人考核与选人用人机制改革情况

(一)持续改进企业负责人考核方式

严格落实甘肃省委、省政府关于省属国有企业领导班子和领导人员综合考核评价办法要求，坚持定量考核与定性评价相结合，综合运用多维度测评、个别谈话、听取意见、综合分析等方法进行综合考核评价。配合甘肃省委组织部对省管企业领导班子及领导人员开展平时考核并进行季度监测打分评价。省属企业领导班子和领导人员年度考核结果与领导班子建设和领导干部选任用、培养教育、管理监督、激励约束、问责追责结合，并与省属企业领导人员业绩考核与薪酬挂钩。2020年，对14户委管企业领导班子、77名领导人员进行平时考核和年度考核，开展领导班子和领导人员政治素质专项测评；对13名专职外部董事、67名兼职外部董事和26名财务总监年度履职情况进行专项考核；按照省委组织部要求，认真细致开展23户省管班子企业年度考核和平时考核部门评价打分工作。

(二)不断完善选人用人体制机制

始终坚持党管干部、德才兼备、以德为先原则，以重品行、重实绩、重基层、重储备为导向，积极探索完善企业领导人员管理机制。严格执行干部选拔任用工作规定，全年调整配备企业领导人员63人次，全部实行票决制征求省纪委驻委纪检组意见建议。按照《甘肃省国企改革三年行动实施方案(2020—2022年)》重点任务，分层、分类、分步推进省属企业经理层成员任期制和契约化管理，并提出“‘双百企业’‘科改示范企业’和省属企业子公司率先全面实现”的目标。随着任期制和契约化管理的逐步深入推进，各省属企业加大市场化选聘力度，积极探索建立职业经理人制度，5户落实董事会职权试点企业集团层面率先实施经理层成员任期制和契约化管理，在子公司层面，107

户企业的420名经理层成员实行任期制和契约化管理,占经理层成员的40%,42户子公司选聘62名职业经理人。

八、甘肃省国资委监管企业党的建设和廉政建设情况

(一)严格落实党的创新理论学习制度

建立"第一议题"制度,把学习贯彻习近平总书记重要讲话和重要指示批示精神作为"第一议题",在省属企业各级党组织全面建立"第一议题"制度,不断增强"四个意识",坚定"四个自信",做到"两个维护"。强化督促检查,建立工作督办和督导检查机制,将学习贯彻情况纳入党建责任制考核评价和政治巡察,对落实不到位、成效不明显的企业进行通报批评,确保党中央和省委、省政府各项决策部署不折不扣、高质量落地见效。

(二)推动党的领导融入生产经营各环节

推动党建与生产经营深度融合,指导企业党委将党建工作与"六稳""六保"、混合所有制改革、脱贫攻坚、抗洪救灾等深度融合,在疫情防控中省属企业和中央在甘企业3.66万名党员捐款425.34万元,基层党组织通过设立党员责任区、示范岗、突击队等方式,迎难而上推动各项急难险重任务完成,有力促进生产经营和提质增效。完善"双向进入、交叉任职"领导体制,32户企业实现党委书记、董事长"一肩挑",26名党员总经理兼任党委副书记,30户企业配备专职党委副书记,200余名党委委员分别进入董事会、经理层。

(三)持续夯实基层党建工作基础

深入推进党支部建设标准化,指导省属企业通过建立联系点、达标创建、选树典型、考核督导等措施,提升党支部标准化规范化建设质量。2020年,省属企业3424个党支部通过达标验收,达标率95.83%。将"四抓两整治"作为促基层党建全面提升的抓手,把基层党支部书记岗位作为培养选拔企业领导人员的重要平台,选拔1106名优秀党员担任党组织书记。采取专门建立、一室多用等方式,建成1590个党员活动室、1131个党建文化角等实体阵地。通过"一支部、一方案"等方式,整顿提升软弱涣散基层党组织17个。加强党员队伍教育管理,举办省属企业党支部书记、党务工作人员和入党积极分子等示范培训班3期。持续开展党员队伍建设"双培养"工程,以生产经营、青年职工为主渠道,在管理党组织关系企业发展党员1431人,省属企业移交退休党员3.69万人。

(四)压紧压实全面从严治党责任

印发《省政府国资委党委落实全面从严治党主体责任清单》,开展党建责任制考核评价和党组织书记抓基层党建工作述职评议考核,压实企业党委管党治党主体责任、党委书记第一责任和班子成员"一岗双责"。开展集中整治,会同驻委纪检监察组对违反中央八项规定精神、违规决策专项整治和收入分配进行专项检查。保持惩治腐败高压态势,贯通运用"四种形态",一体推进"三不腐"机制。加大对省属企业各层级"一把手"的监督力度,对在"三重一大"事项决策、项目建设、工程招投标中暗箱操作、以权谋私、行贿受贿、利益输送,造成国有资产流失的,坚持零容忍,深挖细查,发现一起、处理一起。各省属企业综合运用纪检监察、专项检查、明察暗访等方式,定期研判党风廉政建设情况,查找廉洁风险点,制定防范措施。2020年省属企业收到信访举报和问题线索791件,立案141件,查处207人。

(撰稿人:魏代虎)

青海省

一、青海省国有资产监督管理工作综述

2020年,青海省国资系统坚持以习近平新时代中国特色社会主义思想为指导,深入学习贯彻十九届历次全会、中央经济工作会议、全国国有企业党的建设工作会议、中央全面深化改革委员会第十四次会议精神,认真落实国务院国资委及省委、省政府部署要求,坚持稳中求进工作总基调,强化国资监管,深化国企

改革，国有经济发展质量持续提升。

（一）认真尽职履职，强化国资监管

一是健全完善政策体系。印发实施《国有企业违规经营投资责任追究办法》《省属出资企业负债约束实施意见》《省属企业投资负面清单（2020年版）》，进一步严格管控企业投资，强化资产负债约束，规范违规经营责任追究。二是强化考核分配导向激励。修订《省属出资企业经营考核办法》，突出效益效率、创新驱动、实业主业导向，加强经营业绩过程管理和动态监控。按照管制度、管总量、管监督原则，深化国有企业工资决定机制改革，开展工资总额专项审计，严格规范收入分配秩序。三是深化省属企业财务监督评价。严格履行资产评估核准程序，完成西矿增资泰丰先行、省投协议转让资产、国投转让发投碱业股权、青运转让西海煤炭股权等资产评估项目审核。督导企业强化风险预警分析，健全内审工作机制。完善国有资产统计体系，持续推动企业预算与经营业绩有效衔接。四是加强国企领导人员监督管理。坚持正确选人用人导向，完成11名委管企业、6名省管企业领导人员提拔使用推荐考察。出台《青海省省属出资企业推行职业经理人制度指导意见》，面向全国市场化选聘5名职业经理人。加大优秀年轻干部培养力度，选送19名领军后备人才赴14户中央企业挂职锻炼，向省委组织部推荐2名委管企业中层干部到基层任职。出台《省国资委党委巡察工作规定》，落实“一报告两评议”制度，强化企业领导干部个人有关事项查核。2020年，青海省国资委17户出资企业资产总额3049.8亿元，比上年减少2.9%；负债总额2085.87亿元，比上年减少15.4%；所有者权益963.93亿元，比上年增长42.4%；营业收入1118.33亿元，比上年增长1.9%；亏损32.56亿元，比上年减亏478.11亿元；实际上缴税费总额61.42亿元，比上年增长50.4%。

（二）坚持正确方向，深化国企改革

一是强化顶层设计。研究制定《青海省国企改革三年行动实施方案（2020—2022年）》，重点围绕调整结构优化布局、全面落实改革任务、健全完善监管体制、加强党的领导和党的建设等6个方面，提出30项改革措施，为推进国有企业改革走深走实、做强做优做大国有资本和国有企业提供根本遵循。二是推进专职外部董事试点。把专职外部董事作为加强和完善省属出资企业董事会建设的重要抓手，出台《省属出资企业专职外部董事管理办法》《省属出资企业专职外部董事薪酬管理办法》《省属出资企业专职外部董事考核评价办法》，聘任2名专职外部董事在4户出资企业任职，建成外部董事人才库，首批125名人选正式入库。三是国有企业退休人员社会化管理有序推进。截至2020年底，青海省国有企业退休人员移交协议签订率、档案移交率、党员组织关系转移率、管理服务职能移交完成率分别为99%、100%、96%、99%，完成年度主体目标任务。四是“科改示范行动”取得积极进展。西矿集团科技发展公司、西部镁业公司成功入选国家“科改示范行动”试点企业，改革举措逐项落地。五是持续推动公司制改革。制定《关于全面完成国有企业公司制改革的工作方案》，加快87户全民所有制企业公司制改革步伐。全面完成省属国有企业职工家属区“三供一业”分离移交，启动对标一流管理提升行动，督导两户“双百企业”综合改革取得积极进展，划转省属出资企业部分国有资本充实社保基金及经营性国有资产集中统一监管等工作稳步推进，36户“僵尸企业”完成处置任务33户，处置率91.67%。

（三）全面从严治党持续深入

一是认真履行党委职责。认真履行全面从严治党责任，先后召开5次党委会，对党建及党风廉政建设，意识形态工作，省委巡视反馈问题整改工作，党费收缴、使用和管理，金河集团党委基层党组织调整等事宜进行研究。召开监管企业党的建设暨党风廉政建设工作会议，对抓好党建及党风廉政建设工作提出明确要求。各企业党委组织召开党风廉政专题会议，研究部署重点工作，压紧压实主体责任，全面落实从严治党各项工作。二是规范党委议事规则。依据《中国共产党国有企业基层组织工作条例（试行）》等党内法规条例，制定印发《企业党委会议事规则（示范文本）》《企业党委会研究决定重大事项清单（示范文本）》《企业党委会前置研究讨论重大事项清单（示范文本）》，为企业规范党委会议事提供参照模板。三是

加强企业党委建设。制定印发企业党委、党委书记等工作责任清单示范文本5张,组织开展监管企业三级党组织书记述职工作,逐级压紧压实管党治党政治责任,推动各级党组织和党员领导干部政治能力得到明显提升。扎实推进"基层组织体系建设三年行动",层层压实监管企业党委全面从严治党主体责任,创新开展国企党建"四五"计划行动和"四个一"系列活动,推动监管企业党的建设呈现升级换挡、提质增效良好局面。

二、青海省国有资产总量与结构分析

2020年,青海省国有企业克服新冠肺炎疫情冲击,保持良好运行态势,纳入统计范围的924户省国有企业资产总额9873.38亿元,比上年增长12.93%。其中,青海省国资委出资企业资产总额3235.41亿元,占32.77%,增长16.45%;省级部门管理的企业资产总额3776.13亿元,占38.25%,增长15.72%;市(州、县)国有企业资产总额2861.84亿元,占28.99%,增长5.92%。

2020年,青海省地方国有企业净资产3045.54亿元,比上年增长38.65%;归属母公司的所有者权益2824.37亿元,比上年增长42.1%。国有资产总量2758.45亿元,剔除政府追加、核减投资及无偿划入、划出等客观增减因素后,国有资本保值增值率109.09%。其中,青海省国资委出资企业净资产987.86亿元、占32.44%,国有资产总量766.16亿元、占27.78%;省级部门管理的企业净资产总额1213.1亿元、占39.83%,国有资产总量1163.12亿元、占42.17%,国有资本保值增值率100.03%;市(州、县)属企业净资产858.11亿元、占27.73%,国有资产总量829.17亿元、占30.06%,国有资本保值增值率100.62%。

2020年,青海省国有企业实现营业收入1342.20亿元,比上年增长5.53%,再创历史新高。其中,青海省国资委出资企业营业收入1121.52亿元,占83.56%,增长2.98%;省级部门管理的企业、市(州、县)属企业营业收入分别为153.29亿元、67.40亿元,占11.42%、5.02%,分别增长20.34%、21.49%。

2020年,青海省国有企业利润总额29.27亿元。其中,青海省国资委出资企业利润总额20.19亿元;省级部门管理的企业利润总额5.02亿元;市(州、县)属企业利润总额4.05亿元,减少6.68%。

表1　2020年青海省国有企业指标

指　标	金　额(亿元)
资产总额	9873.38
负债总额	6827.85
所有者权益	3045.54
营业收入	1342.20
利润总额	29.27

表2　2020年青海省国有企业户数情况

2019年户数(户)	2020年户数(户)	比上年增长(%)
864	924	6.94

从地区分布来看,省级企业、西宁市国有企业、海东市国有企业和海西州国有企业(不含格尔木)国有资产总量较大,分别为1929.28亿元、479.69亿元、158.12亿元和108.86亿元,占青海省国有资产总量的69.94%、17.39%、5.73%和3.95%。

表3　2020年青海省国有资产按地区分布情况

地　区	国有资产(亿元)	占国有资产总量比重(%)
省级企业汇总	1929.28	69.94
省属出资企业	766.16	27.78
省级非监管企业	1163.12	42.17
市(州、县)企业汇总	829.17	30.06
西宁市	479.69	17.39
海东市	158.12	5.73
海西州	108.86	3.95
海南州	23.88	0.87
海北州	14.64	0.53
玉树州	2.81	0.10

续表

地　区	国有资产（亿元）	占国有资产总量比重(%)
黄南州	2.30	0.08
格尔木市	38.07	1.38
合　计	2758.45	100.00

从一级企业的行业分布情况看，青海省国有企业资产主要集中在交通运输业、社会服务业和金融业。其中，交通运输业国有资产总量949.67亿元，占34.43%，比上年增长15.62%，国有资本保值增值率100.15%；社会服务业国有资产总量673.34亿元，占24.41%，比上年下降4.99%，国有资本保值增值率96.43%；金融业国有资产总量693.90亿元，占25.16%，比上年增长112.80%，国有资本保值增值率100.97%。国有资产总量增幅排名前三位的行业分别是金融业、农林牧渔业、交通运输业，增幅分别为112.8%、92.22%、15.62%，国有资本保值增值率排名前三位的行业分别是其他行业、商贸业、建筑业，保值增值率分别为105.06%、105.04%、104.21%。

表4　2020年青海省国有资产按行业分布情况

行　业	国有资产（亿元）	占国有资产总量比重(%)
农林牧渔业	26.18	0.95
工业	164.28	5.96
建筑业	120.71	4.38
交通运输业	949.67	34.43
仓储业	7.18	0.26
商贸业	15.57	0.56
房地产业	86.12	3.12
信息传输、软件和信息技术服务业	3.75	0.14
社会服务业	673.34	24.41
教育文化广播业	6.08	0.22
科学研究和技术服务业	6.95	0.25

续表

行　业	国有资产（亿元）	占国有资产总量比重(%)
金融业	693.90	25.16
其他	4.73	0.17
合　计	2758.45	100.00

从经营规模分布来看，大型企业国有资产总量1419.04亿元，占51.44%，比上年增长29.96%；中型企业国有资产总量719.47亿元，占26.08%，比上年增长107.16%；小型企业国有资产总量455亿元，占16.13%，比上年增长1.1%；微型企业国有资产总量174.94亿元，占6.34%，比上年减少6.3%。

表4　2020年青海省国有资产按经营规模分布情况

经营规模	一级企业户数(户)	国有资产总量(亿元)	占国有资产总量比重(%)
大型企业	20	1419.04	51.44
中型企业	37	719.47	26.08
小型企业	123	445.00	16.13
微型企业	138	174.94	6.34
合　计	318	2758.45	100.00

三、青海省国有资本保值增值综合分析评价

表5　2020年青海省国有企业地区和行业国有资本保值增值情况

地　区	国有资本保值增值率(%)	行　业	国有资本保值增值率(%)
青海省企业	109.09	农林牧渔业	101.29
省级企业	—	建筑业	104.21
省国资委监管企业	—	交通运输业	100.15

续表

地　区	国有资本保值增值率(%)	行　业	国有资本保值增值率(%)
省级非监管企业	100.03	仓储业	99.46
市(州、县)企业	100.62	商贸业	105.04
西宁市	99.80	房地产业	100.53
海东市	103.39	信息传输、软件和信息技术服务	95.13
海西州	98.79	社会服务业	96.43
海南州	100.52	教育文化广播业	100.11
海北州	98.97	科学研究和技术服务业	103.52
黄南州	98.32	金融业	100.97
玉树州	97.37	其他	105.06
格尔木市	109.04		

四、青海省国资委监管企业改革发展情况

(一)两类公司试点扎实推进

根据《青海省人民政府办公厅关于转发省国资委以管资本为主推进职能转变实施方案的通知》,确定国有资本投资、运营公司授权清单。按照国有资本投资、运营试点工作方案,青海省国有资产投资管理有限公司、青海省三江集团有限公司调整完成试点企业授权清单,逐步落实董事会外部董事配备工作。

(二)“三供一业”分离移交全面完成

根据总体工作安排部署,会同省财政厅印发《关于做好省属国有企业职工家属区“三供一业”分离移交财政补助资金清算的通知》,从清算范围、完成条件、清算程序等方面进行明确规定。省属国有企业“三供一业”工作进度100%,全面完成维修改造工作。

(三)职业经理人试点稳步推进

会同省委组织部印发《青海省省属出资企业推行职业经理人制度指导意见》,实施高级管理人员市场化选聘,4户省属出资企业市场化选聘到任5名职业经理人。

(四)公司制改革持续推动

制定《关于全面完成国有企业公司制改革的工作方案》,加快全民所有制企业公司制改革步伐。

(五)退休人员社会化管理有序推进

印发《关于加快推进国有企业退休人员社会化管理工作的通知》,将国有企业退休人员社会化管理工作纳入青海省目标考核体系。印发《关于贯彻落实剥离国有企业办社会职能和解决历史遗留问题工作视频会议精神做好青海省相关工作的通知》,进一步明确工作任务和要求。青海省国有企业退休人员移交协议签订率、档案移交率、党员组织关系转移率、管理服务职能移交完成率分别为99%、100%、96%、99%,完成年度主体目标任务。

(六)混合所有制改革稳妥推进

扩大混合所有制改革试点企业范围,增加青海国投、三江集团、青运集团、路桥集团在二、三级子企业层面试点。组织开展专题培训,对混合所有制改革工作流程及员工持股等关键问题进行政策解读,鼓励条件成熟的企业在集团层面尽快制定混合所有制改革方案,抓紧落地实施。建立季度工作报告机制,督导企业改革推进情况,帮助企业解难题、推改革、促发展。全年引入非公资本7.66亿元参与重点项目开发建设。

(七)“科改示范行动”取得积极进展

推荐西矿集团科技发展公司、西部镁业公司成功入选国家“科改示范行动”试点企业。西部矿业集团科技发展有限公司制定科技成果转化实施细则和科研项目负责人管理办法,研究制定股东权益清单、董事会权益清单、外部科研项目经费管理办法、计件工资实施细则、纵向科研项目经费管理办法等相关清单和制度,启动13项科技成果转化项目。青海西部镁业有限公司完善股东会、董事会、监事会议事规则以及工作机制,按照以事定岗、以岗定人的原则科学合理配置岗位,成功受让北京化工大学4件专利,与山东磊宝锆业科技股份有限公司签订150万元的专利

实施许可合同。

(八)对标一流管理提升行动全面启动

按照《国务院国资委关于开展对标世界一流管理提升行动的通知》要求,结合省属出资企业改革发展实际,印发青海省《开展对标世界一流管理提升行动实施方案》。督促省属出资企业针对管理薄弱环节,研究制定工作方案和提升清单,组织企业参加人力资源、组织管理、运营管理、信息化管理等网络专题培训,促进企业管理能力和水平提升。13 户省属出资企业完成方案和工作计划制定,各项工作有序推进。

五、青海省国资委监管企业并购重组与完善法人治理结构情况

(一)并购重组

一是优化国有资本布局。调整国投公司持有盐湖股份股权,批复大美煤业股权收购,整体划转省投集团海西州化工厂、青运集团所属玉树汽车站、三江集团铁卜加草原改良实验站,招拍挂青运集团持西海煤炭股权,协调落实国投公司、化工集团融资需求,促成有关省属企业互保协议签订落实、担保债务债权收购、增资巩固信托融资渠道,推动监管企业国有资产进场交易 79 宗、增值 6210 万元,收缴国有资本收益 2438 万元。二是优化调整产业结构。依托"十四五"规划编制,以加快实现青海省国有经济发展新旧动能转换为目标,以企业投资、项目建设、科技研发和产业链延伸等为载体,以增强企业市场开拓和盈利为目的,以聚焦主业"瘦身健体"、出清过剩产能、提升内部资源配置效率为抓手,进一步压缩煤炭、钢铁、电解铝等传统产业领域落后产能,国有资本重点布局在有色冶金、盐湖化工、能源化工等传统优势产业转型升级领域,以及培育绿色能源开发、新材料、信息技术等战略性新兴产业。经省国资委审核备案投资项目 101 项,投资总额 141.45 亿元。

(二)完善法人治理结构

一是促进党的领导融入治理各环节。起草《省属国有企业"三重一大"事项决策实施办法指引》,从决策事项范围、决策程序、监督检查、决策资料归档管理等方面明确"三重一大"事项决策主体、事项、范围、程序等要素。二是实施外部董事试点工作。会同有关部门联合印发《青海省省属出资企业专职外部董事管理办法》《青海省省属出资企业专职外部董事薪酬管理办法》,建立拥有 125 名外部董事的人选库,委派 2 名专职外部董事到 4 户企业履职,为 2 户企业聘任 8 名兼职外部董事。三是建成外部董事人才库。严格按照"大学本科学历、中级技术职称、十年以上专业工作经历"资格条件,对 149 名推荐人选进行筛选,125 名人选正式入库,首批外部董事人选主要来自省直机关、中央驻青单位、省属高校、省属出资企业。其中,具有律师、注册会计师资格证书 27 人,教授、研究员等高级职称 72 人,盐湖资源开发、新能源、特色农牧业、藏医药等行业专家 30 人,为规范公司治理及独资公司外部董事占多数提供人才支持。

六、青海省国资委监管企业建立和完善经营业绩考核体系情况

(一)建立健全制度体系

印发《青海省省属出资企业专职外部董事薪酬管理办法》,进一步规范专职外部董事薪酬管理,调动专职外部董事履职积极性。与省财政厅联合印发《青海省国有企业商务招待管理规定》,贯彻落实从严治党要求,规范国有企业商务招待管理,切实加强国有企业党风廉政建设。针对企业功能定位、发展目标和责任使命,兼顾行业特点和企业经营性质,分类明确企业经济效益和社会效益指标,导向作用得到加强。

(二)持续完善考核机制

一是完善目标核定机制。将企业考核目标值先进程度与考核计分、结果评级、工资总额预算紧密衔接,推动企业业绩考核目标与资源配置、企业职工工资紧密挂钩。二是实施动态管理机制。坚持月统计、季调度、年考核的动态监测预警工作制度,切实加强经济形势分析研判,细化分解业绩考核目标,及时掌握关键业绩指标时序进度,针对性地采取应对措施。三是强化对标管理机制。引导企业与自身历史经营水平对标的同时,引入行业横向对标考核机制。根据

各企业所处行业类型，参照国务院国资委发布的企业绩效评价标准值，对企业部分指标进行对标考核，鼓励企业向行业标杆看齐。四是加强考核协同机制。加强企业战略规划、财务预决算、科技创新、重点改革任务、合规经营、领导班子综合评价、党建和党风廉政建设等工作考核衔接，强化考核目标和结果的协同性、全面性，全方位推动企业高质量发展。

(三)深化工资决定机制改革

按照管制度、管总量、管监督原则，推动监管企业深化工资决定机制改革，对企业2019年度工资总额管理情况进行清算，对8户企业开展工资总额专项审计，对企业内部工资总额管控薄弱等问题下发整改通知书，确保全面整改。按照"工资增长与企业经济效益同向联动、能增能减"的原则，综合考虑劳动生产率、人工成本投入产出率、职工工资水平市场对标等情况，核定企业2020年度工资总额基数，审核备案企业2020年工资总额预算。

七、青海省国资委监管企业负责人考核与选人用人机制改革情况

(一)企业负责人考核

一是建立健全考核体系。修订《青海省省属出资企业负责人经营业绩考核办法》及实施细则，进一步完善企业负责人经营业绩考核体系，优化评价机制，强化对标考核，将考核结果同企业领导人员任免、薪酬、奖惩紧密挂钩，放大考核导向激励作用。二是开展年度目标考核。会同省委组织部对9家省委管理的国有企业(省管企业)、8家青海省国资委管理的国有企业(委管企业)领导班子和领导人员开展年度目标责任(绩效)考核。三是严格执行个人事项报告。2020年，完成41名委管企业领导人员个人有关事项报告录入、提交查核。随机抽查省属国有企业4名领导人员、重点查核5名拟提拔或交流任职领导人员的个人有关事项报告表。

(二)选人用人机制改革

一是坚持正确选人用人导向。把"二十字"好干部标准和重实干、重实绩作为用人导向，突出考察政治表现，制定印发《关于进一步规范和加强选人用人工作的通知》，建立忠诚、干净、担当的省属国有企业干部队伍。严格落实"凡提四必"要求，坚决防止"带病提拔"。坚持从企业发展和岗位需要出发选人用人，全年提拔任用委管企业领导人员10人，配合省委组织部完成6名省管企业领导人员推荐考察工作。二是加大优秀年轻干部培养力度。制定《青海省省属国有企业第二批"百千万人才培育工程"实施意见》《优秀企业家和经营管理人才培育工程的实施方案》，力争三年内选拔培养30名擅长经营管理、善于开拓市场、具备全球战略眼光、积极承担社会责任的优秀企业家。深入落实省属国有企业"百千万人才培育工程"，选派18名领军后备人才赴中央企业挂职锻炼1年，向省委组织部推荐2名委管企业中层干部到县、市、区和六州乡镇任职，择优筛选88名优秀年轻干部建立省属企业优秀年轻干部库。三是切实抓好"一报告两评议"。认真贯彻落实《党政领导干部选拔任用工作条例》《党政领导干部选拔任用工作监督检查办法(试行)》等党内法规，完成8户委管企业2019年度干部选拔任用工作"一报告两评议"，梳理分析评议结果，查找薄弱环节，反馈存在问题，提出整改要求，持续营造风清气正的选人用人环境。

八、青海省国资委监管企业党的建设和廉政建设情况

(一)党的建设升级换挡

一是扎实推进政治建设。依据党内法规条例，会同省委组织部制定印发企业党委会议事"一则两单"示范文本，进一步加强党对国有企业的全面领导。制定印发企业党委、党委书记等工作责任清单示范文本5张，组织开展监管企业三级党组织书记述职工作，逐级压紧压实管党治党政治责任。二是深入推动思想强党。组织开展重温习近平总书记在全国国有企业党的建设工作会议上重要讲话精神"四个一"系列活动，督导监管企业党委健全完善"第一议题"制度，持续深入学习领会习近平总书记重要讲话、重要指示批示精神和党中央重大决策部署要求，有力促进学习成果向实践成果转化。三是创新开展组织建设。组织

开展“国企党建‘四五’计划行动”、“双强双优”基层党支部创建活动，树立以企业改革发展成果检验党建工作成效的鲜明导向。进一步规范监管企业党务工作机构设置，科学合理配备党务工作人员，有效推动省属企业集团统一设置党委办公室、组织部、宣传部。四是积极履行社会责任。持续加大产业扶贫、消费扶贫、就业扶贫力度，机关、企业全年累计投入资金930万元，实施村集体经济破零工程，西部矿业集团公司获评“全国脱贫攻坚先进集体”，青海省国资委机关连续四年被评为“省级定点帮扶先进单位”。全面落实疫情防控、“六稳”“六保”措施，及时组建物资运输应急保障车队，主动承担生活物资和防疫物资紧急转运任务，各监管企业累计捐款3000万元，捐赠各类防护口罩10.4万只。

(二)廉政建设提质增效

一是纠治“四风”问题寸步不让。持之以恒贯彻落实中央八项规定及其实施细则精神和省委、省政府若干措施，抓住重要节点，加强监督执纪问责，先后6批次深入企业开展专项检查，坚决防止“四风”问题反弹回潮。二是作风问题专项整治力度不减。扎实开展作风突出问题专项整治行动，深刻吸取木里矿区非法采矿教训，扎实推动落实深入学习领袖思想、深入自查自纠、铁腕集中整治3个方面10条措施，推动各级党组织有效解决一批“推、拖、怕、贪”等突出问题，以专项行动的实际成效保持和促进企业政治生态风清气正。三是全面从严治党“两个责任”有效落实。严格落实《党委(党组)落实全面从严治党主体责任规定》要求，制定印发监管企业党委落实全面从严治党主体责任年度任务安排，与各监管企业分别签订《党风廉政建设目标责任书》，开展专项考核，确保“两个责任”落深、落细、落实。四是监督执纪问责有效强化。持续加强对“关键少数”和关键岗位的监督，严格对权力集中、资金密集、资源富集、资产聚集重点部门的监督，突出对“三重一大”决策、工程招投标、产权变更和交易等重点环节的监督，严肃查处各类违规违纪问题，指导监管企业一体推进不敢腐、不能腐、不想腐。五是纪检监察体制改革取得突破。深入贯彻省委、省纪委监委关于推进纪检监察体制改革的一系列部署要求，督导企业党委、纪检监察部门研究制定改革实施方案，明确责任分工、细化落实措施，确保改革顺利推进。着力配齐配强纪检监察队伍，监管企业纪检监察队伍从改革前的400人增加到654人，集团纪委纪检干部专职率94.4%，基本完成纪检监察体制改革。

（撰稿人：王小鹏）

宁夏回族自治区

一、宁夏回族自治区国有资产监督管理工作综述

2020年，面对复杂严峻的经济形势和艰巨繁重的改革发展任务，特别是新冠肺炎疫情的严重冲击，宁夏回族自治区国资委坚持以习近平新时代中国特色社会主义思想为指导，深入学习贯彻习近平总书记视察宁夏重要讲话精神，认真贯彻落实中央和自治区关于深化国资国企改革发展和党的建设决策部署，自觉站位新发展阶段，坚决贯彻新发展理念，主动融入新发展格局，统筹推进常态化疫情防控和国资国企改革发展，扎实做好“六稳”工作，全面落实“六保”任务，优监管、抓改革、促发展、强党建，各项工作取得新进展、新成效。

(一)改革发展制度持续完善

按照国务院国资委和自治区党委、政府部署要求，自治区国资委、8户监管企业和五市国资委三级联动高质量推进国资国企“十四五”规划编制工作，完成初稿，并结合贯彻中共中央、自治区党委《关于制定国民经济和社会发展第十四个五年规划和二〇三五年远景目标的建议》加紧修改完善。结合自治区国企改革发展实际，研究制定《自治区国企改革三年行动实施方案》《自治区国有企业高质量发展实施意见》，进一步明确自治区国企改革的任务书、时间表、路线图，推动国有企业走出一条高质量发展新路子。

(二)产权结构改革持续深化

指导宁夏农垦等4家公司所属宁夏利垦牧业公司、宁夏聚通能源科技公司、宁夏君行房地产开发公司、宁夏宁东恒瑞燃气公司、宁夏海平高速公路管理公司、宁夏电投智慧能源管理服务公司、宁夏立诚建设工程咨询公司、宁夏华鑫盈科工程公司等8户二、三级企业完成混合所有制改革,引进民营资本3.45亿元,区属企业混合所有制改革面42%。协调解决建投天源达3号楼资产盘活、交投高速公路资产和收费权划转接收、昊凯生物公司股权及债权划转、悦海宾馆转企改制土地作价出资和社保费用减免、宁夏农投和国投清收抵债资产相关税费减免等改革发展问题,完成宁夏医药集团等企业破产终结,遗留多年的历史问题基本得到解决。

(三)治理结构改革持续推进

指导宁夏国运等7家集团公司全面完成二、三级公司章程和党委会、董事会、总经理办公会议事规则修订,出台外部董事选聘和管理办法,组织实施27名外部董事任期考评并兑现薪酬,指导8户区属企业完成权责清单制定,法人治理运行不断规范。完成11万名国企退休人员社会化管理和29.67亿元国有资本充实社保基金工作,帮助企业减负松绑,使群众共享改革发展成果。退休人员社会化管理工作走在全国前列,受到国务院国资委和自治区领导肯定。

(四)组织结构改革持续走实

指导宁夏建投等7户集团公司加快非主业、非优势业务剥离退出,累计压减法人单位45户,企业管控效能不断提升。扎实推进"僵尸企业"出清,指导宁夏昊凯、沙湖米业、建投中建等9户企业处置低效无效资产4.1亿元、清理债务8.17亿元,堵住"出血点",企业发展后劲不断增强。提请自治区党委、政府出台经营性资产集中统一监管实施方案。扎实开展民营企业账款清欠,8户企业全面完成8.02亿元无分歧账款清欠任务。

(五)提质增效工作持续加强

引导企业树牢过紧日子思想,组成2个调研组,2次深入10户企业开展扭亏增盈提质增效稳增长调研,2次召开经营形势分析会,分析形势、查找不足、研究对策、推动发展。开展"深化银企合作、助力企业发展"活动,组织17家金融机构为国有企业解决疫情期间复工复产、项目建设和生产经营资金近400亿元,助推企业稳步有序发展。监管和统计资产企业全年实现营业收入995.17亿元、利润33.73亿元、上缴税费102.2亿元,国有资本保值增值率101.8%,其中7户监管企业利润连续4个月实现增长,企业运行筑底回稳向好。

(六)国资监管工作持续优化

加大授权放权力度,出台权力责任清单,54项监管事项取消下放授权34项。全力推行"一企一策"经营业绩考核,深入开展工资总额管理,下发企业2020年度及2020—2022年任期经营业绩考核目标,将营业收入利润率、研发经费投入强度纳入考核指标体系,以考核引领高质量发展。组织完成国有资本收益收缴1.09亿元和国有资本经营预算支出5803万元,国有资本带动作用有效发挥。组织开展"内控体系建设年"活动、对标一流管理提升行动、规范企业投资管理、做好违规经营投资责任追究工作体系建设等工作,对融资性贸易业务开展专项检查,及时下发整改通知和提示函,挽回经济损失2000余万元,进一步规范企业投资行为。对企业国有资本经营情况专项审计反馈的14个问题制定整改方案,明确整改措施、责任领导和完成时限,确保各项整改任务落实落细。

(七)全力抗击新冠肺炎疫情

坚决服从党中央号召和自治区党委指挥,第一时间动员组织区属企业3198个党组织4.6万余名党员职工投入疫情防控,成立9个督导组,深入18户企业开展三轮督导,出台8条硬核措施支持企业抗疫,在高速公路出入口、防疫物资保障和医疗废弃物处置一线等设立党员先锋岗、服务队1159个,投入党费859万元,捐款捐物915.58万元,保障供应紧缺防疫物资100余万件(套),发放纾困基金2.2亿元,减免高速公路通行费和房租等费用8.17亿元。宁夏建投15天完成第四人民医院扩建项目,获评"全国抗击新冠肺炎疫情先进集体";4个先进集体、8名先进个人、2名优秀共产党员和4个优秀基层党组织获得自治区党委、政府表彰;4个集体、4名个人获得自治区国资委党委通报表扬,国有企业主力军作用得到充分发挥,党的领导、党的建设在大战大考中得到切实加强。积极对接国务院国资委、中国电建,全力配合做好中国电建滞留沙特员工包机回国入境银川隔离观察疏散工作,受到国务院国资委和自治区党委政府的表扬和肯定。

(八)勇于担当,助力脱贫攻坚

自治区国资委主要领导带头多次深入扶贫点调研指导工作,对扶贫领域腐败和作风问题整治提出明确要求,开展国资国企系统助力西吉脱贫攻坚行动,针对疫情影响导致贫困地区群众外出务工受阻、农产品销售不畅实际,实施产业、消费、劳务、金融、教育、电商等六大扶贫项目落实帮扶资金3264.49万元,发放扶贫贷款35.9亿元,解决劳务用工14.8万人次,全力对冲疫情造成的损失,助力贫困群众增收脱贫,帮扶72个贫困村如期脱贫出列,国资国企社会责任有效履行,国务院国资委和自治区领导作出肯定性批示。

二、宁夏回族自治区国有资产总量与结构分析

2020年,纳入国有资产统计范围的自治区三级以上国有独资、国有控股和参股企业(以下简称宁夏国有企业)787户,属于地方政府履行出资人职责的国有资产总量2376.28亿元,比上年增长1.72%;户均国有资产总量3.02亿元,比上年减少0.14亿元。

表1　2020年宁夏回族自治区国有企业指标

项　目	金　额(亿元)
资产总额	9453.96
所有者权益	2686.99
营业收入	1098.72
利润总额	12.31
净利润	6.29
归属于母公司所有者的净利润	-5.15
应交税费总额	105.71
实际上缴税费总额	108.03

表2　2020年宁夏回族自治区国有企业户数情况

2019年户数(户)	2020年户数(户)	比上年增长(%)
739	787	6.5

表3　2020年宁夏回族自治区国有资产按地区分布情况

地　区	国有资产(亿元)	占国有资产总量比重(%)
区属国有企业	1419.3	59.73
地市国有企业	956.98	40.27
银川市	696.83	29.32
石嘴山市	49.49	2.09
吴忠市	91.27	3.84
中卫市	65.68	2.76
固原市	53.70	2.26
合　计	2376.28	100.00

表4　2020年宁夏回族自治区国有资产按行业分布情况

行　业	国有资产(亿元)	占国有资产总量比重(%)
农林牧渔业	107.18	4.51
工业	514.07	21.63
建筑业	1.68	0.07
交通运输业	390.84	16.45
仓储业	5.01	0.21

续表

行　业	国有资产(亿元)	占国有资产总量比重(%)
商贸业	7.93	0.33
房地产业	7.90	0.33
信息技术服务业	3.92	0.16
社会服务业	809.01	34.05
教育文化广播业	1.15	0.05
科学研究和技术服务业	1.47	0.06
金融业	526.11	22.14
合　计	2376.28	100.00

表5　2020年宁夏回族自治区国有资产按经营规模分布情况

经营规模	国有资产(亿元)	占国有资产总量比重(%)
大型企业	1203.31	50.64
中型企业	495.24	20.84
小型企业	566.34	23.83
微型企业	111.39	4.69
合　计	2376.28	100.00

三、宁夏回族自治区国有资本保值增值综合分析评价

2020年,宁夏回族自治区国有企业国有资本保值增值率100.24%,比上年减少1.76个百分点。自治区国有企业中,区属国有企业国有资本保值增值率101.82%,比上年减少2.38个百分点;市(县)属国有企业国有资本保值增值率98.92%,比上年增加0.02个百分点。

表6　2020年宁夏回族自治区国有企业地区和行业国有资本保值增值情况

地　区	国有资本保值增值率(%)	行　业	国有资本保值增值率(%)
宁夏国有企业	100.24	宁夏国有企业	100.24
区属国有企业	101.82	农林牧渔业	102.05
市(县)属国有企业	98.92	工业	99.71
银川市	97.06	建筑业	94.75
石嘴山市	101.16	交通运输业	100.60
吴忠市	99.77	仓储业	106.37
固原市	96.31	商贸业	110.64
中卫市	100.62	房地产业	100.90
		信息技术服务业	71.01
		社会服务业	98.38
		教育文化广播业	78.57
		科学研究和技术服务业	111.10
		金融业	100.88

四、宁夏回族自治区国资委监管企业党的建设情况

2020年,宁夏回族自治区国资委党委深入学习贯彻习近平新时代中国特色社会主义思想、党的十九大和十九届二中、三中、四中、五中全会以及自治区党委十二届历次全会精神,认真履行全面从严管党治党责任,深入推进思想政治建设,全面加强基层组织建设,狠抓党风廉政建设和反腐败各项工作,全面从严治党各项重点任务得到有效落实,为推动区属国有企业高质量发展提供坚强的政治和纪律保证。

(一)压实"责任链",层层夯实从严治党责任

一是抓实党委主体责任。制定全面从严治党"三个清单"、机关和国有企业党的建设工作要点,召开自治区国资委机关、自治区属国有企业党的建设工作会议,与机关党支部书记、企业党委书记签订目标责任书,推动全面从严治党各项工作任务落到实处。优化考核指标、改进考核方式,扩大考核覆盖,深入210个

企业基层党组织互查互检和延伸考核，将党建质量与发展实绩双向挂钩考核、结果关联运用，构筑目标统一、导向鲜明的工作机制，解决党建“往哪融、怎么融”的问题，较好发挥党建考核“指挥棒”作用。二是抓实党委书记“第一责任人”责任。自治区国资委党委书记主动扛起“第一责任人”职责，主持召开党委会议21次，研究党建工作议题35项，深入企业调研督导4次，解决问题2个，形成全面从严治党向基层延伸的鲜明导向。认真落实《党委(党组)书记抓基层党建工作述职评议考核办法(试行)》，召开自治区国资委机关和区属国有企业述职评议考核会议，加大结果运用力度，对企业20余人进行问责，切实推动机关党支部书记和企业党委书记知责明责、履职尽责。针对点评意见，主持制定整改方案，细化为16条措施，紧盯不放、狠抓整改，所有问题得到全部整改。三是抓实党委领导班子成员“一岗双责”责任。及时调整自治区国资委党员领导干部党建工作联系点，每人包抓1～2个企业党委及基层党支部，全年下基层130次，了解党建和党风廉政建设工作开展情况，指出存在问题，帮助指导解决问题和困难14个。自治区国资委党委领导班子成员把党建及党风廉政建设与业务工作同部署、同检查、同落实、同考核，强化对分管处室和联系点企业党组织的指导督促，各级党组织和党员干部抓党建、强党建的主责主业、主角主动意识显著增强。

(二)把好“方向盘”，确保校准企业改革方向

一是全面从严加强政治建设。坚持把党的政治建设摆在首位，严格落实《中共中央政治局关于加强和维护党中央集中统一领导的若干规定》《中国共产党重大事项请示报告条例》，积极落实应报事项清单和定期提醒通报制度，向自治区党委报送涉及自治区国资委的12项重大事项情况，不断筑牢夯实践行“两个维护”的思想根基。把企业各级党组织贯彻落实“两个维护”情况作为党建考核和互查互检重要内容之一，督促企业开展政治巡察，对党中央、自治区党委重要会议、重要文件和习近平总书记重要讲话、重要指示批示精神以及自治区党委重要决策部署在企业落实落地情况进行“回头看”，切实将增强“四个意识”、坚定“四个自信”、做到“两个维护”的要求落实和体现到各级党组织和广大党员干部职工具体行动上。二是全面从严加强思想建设。不断加强理论武装，把学习贯彻习近平新时代中国特色社会主义思想特别是习近平总书记视察宁夏重要讲话精神作为党委会议、理论学习中心组、“三会一课”的“第一议题”和常设议题，全年组织开展委党委理论学习中心组学习15次。积极配合自治区党委宣传部开展集中督导调研，建立党委理论学习中心组成员包抓联系点理论学习机制，对学习宣传贯彻党的十九届四中全会、五中全会和习近平总书记视察宁夏重要讲话精神进行安排部署，提出具体措施13项，国资国企系统举办宣讲报告会200余场次，集中交流研讨500余人次，持续推动习近平新时代中国特色社会主义思想进企业、进车间、进班组，引导激励企业广大党员把初心和使命转化为锐意进取、开拓创新的精气神和埋头苦干、真抓实干的原动力。三是全面从严加强制度建设。坚持用制度管权、用制度管人、用制度管事，紧扣项目投资、产权流转、资金使用等关键环节，制定《关于转发国有企业商务招待管理规定的通知》《关于深化自治区属国有企业内部审计监督工作的实施意见》《自治区属国有企业违规经营投资问题线索查处工作指引》等制度规定，不断完善规范企业商务招待、经营投资等行使权力的制度体系。

(三)拧紧“螺丝扣”，确保各项任务落到实处

一是持续加强基层组织建设。扎实开展党建质量巩固年活动，深入实施“六化六提升”工程，持续提升国企党建质量。会同自治区党委组织部印发《关于落实〈中国共产党国有企业基层组织工作条例(试行)〉的若干措施》，举办学习贯彻国有企业基层组织、选举工作和宣传工作条例专题培训班，真正把条例贯穿企业党建工作的全领域、各方面，企业基层党建工作领导体制和工作机制不断完善。研究制定《自治区属国有企业党委前置研究讨论重大事项清单示范文本》，厘清企业党委和其他治理主体权责边界，确保企业党委研究程序规范、务实高效。严格落实“三会一课”、主题党日等党内基本制度，着力抓规范促提高，党支部标准化、规范化建设得到较大提升。培训党员发展对象756人，发展党员1035人，在疫情防控一线“火线”发展党员9人，处置不合格党员90人，纯洁党员队伍。对454名党组织书记和党务工作人员分5期集中培训,提高推动党的建设和生产经营深度融合的能力。督促指导企业将11225名退休党员干部职工组织关系转入社区党组织管理。组织开展"党课开讲啦"活动,评选21堂党课在自治区国资委网站展播,累计观看人数55260人,投票数49629票,进一步丰富党员教育形式。二是持续加强干部人才队伍建设。坚持"德才兼备、以德为先、注重实绩、群众公认"原则,选优配强领导干部,注重在工作中考察干部、在困难面前识别干部,真正把品行端正、埋头苦干、群众公认、干净干事干部选拔出来,让能干事的人有机会、干成事的人有舞台。提拔晋升18人次、轮岗交流5人次,持续改善队伍结构,激发干部创业活力。接收2名军转干部、选调3名具有市(县)基层工作经历干部,选人用人视野不断拓宽。落实国家和自治区各项人才政策,对11户区属企业和五市国资委监管企业的经管管理人才开展盘点,全面摸清人才队伍底数。深入实施经营管理人才素质提升工程,组织11户区属企业推荐优秀经营管理人员,81人纳入自治区属国有企业企业家人才库。深化企业人事制度改革,积极推进市场化选聘职业经理人工作,7户企业选聘高管人员10人,增强企业活力。三是持续深化干部作风建设。组织开展形式主义、官僚主义集中整治活动,对自治区国资委举办的各类培训班是否贯彻落实党中央、自治区党委关于厉行节约、反对铺张浪费的意见情况进行专项检查,切实纠正"四风"问题和过度"痕迹"管理等问题。将疫情防控作为锤炼国有企业广大党员干部职工党性和作风的主战场,围绕落实"六稳""六保"要求,指导各企业党组织和党员干部职工充分发挥作用,为打赢疫情防控阻击战贡献力量。

(四)架起"高压线",推动管党治党取得实效

一是强化政治监督。严格执行《中国共产党廉洁自律准则》《中国共产党纪律处分条例》,印发《2020年国资委机关纪委工作要点》,制定自治区国资委党风廉政建设工作任务分工,配合自治区党委组织部对区属企业领导班子进行综合考核,推动主体责任和监督责任履责到位、落实有力。二是加强廉政监督。坚持做到干部任前必须进行廉政谈话、重大节假日前必须重申廉洁纪律、重要会议必须强调党的纪律,先后对新任职的18名机关干部进行任前廉政谈话,在重大节假日编发提醒短信230余人次,组织机关干部参观自治区廉政警示教育基地,组织开展廉政警示教育周活动,集体观看《染黑的权力》等系列警示教育片,有力推动廉政监督落地落实。三是抓好日常监督。加强日常工作督促落实,在机关党支部推行"会前十分钟说纪",通报典型案例,增强不想腐的自觉。督促领导干部向驻委纪检监察组及时报告本人及分管范围内干部执行廉政纪律情况,建立完善机关处级干部廉政档案,认真落实好提醒函询诫勉、个人有关事项报告等制度,制度约束力得到进一步强化。四是抓好纪律监督。坚持无禁区、全覆盖、零容忍,加大对权力、资金、资源集中的重点部门和关键岗位的监督力度,严肃查处区属企业的违纪案件。受理群众信访举报和问题线索34件,给予党内警告1人、严重警告1人,诫勉谈话1人,组织处理2人。

(撰稿人:李　巍)

新疆维吾尔自治区

一、新疆维吾尔自治区国有资产监督管理工作综述

2020年,新疆维吾尔自治区国资委深入学习贯彻习近平新时代中国特色社会主义思想,深入贯彻党中央、国务院关于统筹推进疫情防控和经济社会发展的决策部署,聚焦抗疫情、保稳定、稳增长、促改革、调结构、严监管、防风险等各项工作,攻坚克难,砥砺前行,为稳住自治区经济基本盘、实现"四个确保"作出积极贡献。

(一)落实总目标主动有为

2020年,新疆维吾尔自治区国资国企深入贯彻落实自治区党委"1+3"工作部署,特别是将自治区党委书记两次视察区属国有企业的关怀转化为"万众一心加油干,越是艰险越向前"的强大动力,转化为奋勇推进国资国企高质量发展的实际成效,新疆国有经济防

住风险，服务大局、体现担当，实现较好盈利，保持良好发展势头，充分展现国有经济的发展韧劲和"稳定器""压舱石"的关键作用。一是风险防范有力有效。完成中泰集团重组新粮集团，有效化解新粮集团债务风险。指导监管企业健全内控和风险管理体系，对重点企业建立风险责任清单，加大高风险业务研判分析和监督检查，全年未发生一起贷款逾期和债券违约事件。民营及中小企业无分歧账款清理任务完成率100%。二是脱贫攻坚精准见效。印发《自治区国资委2020年进一步做好脱贫攻坚工作措施》等文件，持续发挥产业扶贫、定点扶贫、就业扶贫、消费扶贫的"同频共振"作用，力推中泰集团等9户企业组团投建莎车县200万元的锭纺纱、雪峰蜜胺制品和国经鸽业肉鸽养殖加工等项目；主动对接65家中央企业落实百万套工装订单项目，完成23.04万套；动员中央企业和地方国企吸纳南疆贫困家庭劳动力和高校毕业生2万余人就业；购销贫困地区农副产品2.45亿元，捐赠8806万元用于南疆扶贫，国资国企定点扶贫的83个村如期脱贫。三是绿色发展积极推进。督导新能源集团、中泰集团完成国家环保督查任务整改销号工作。严禁企业上马"三高"项目，加大绿色工厂、矿山生态环境综合治理，有色集团、中泰集团、新投集团等下属16家企业获得国家"绿色工厂""绿色矿山"称号。四是疫情防控勇挑重担。动员监管企业以"排头兵"的自觉、"主力军"的担当，在全力抗击疫情、率先复工复产、保障物资供应、攻坚医院改造等方面争当先锋、勇做表率，累计捐款捐物1.02亿元，减免中小企业、个体工商户租金2.5亿元。

（二）高质量发展深入推进

围绕做好"六稳"工作、落实"六保"任务，紧盯年度目标不放松，指导推动企业克服各种困难挑战，积极拓市场、扩投资、稳增长、降成本、增效益，努力实现经济效益企稳回升。一是复工复产精准有力。制定复工复产工作方案，出台22条行之有效的支持性措施，"一企一策"全力以赴帮助企业解决原材料短缺、资金紧张、产业循环不畅等困难与问题，各企业积极对内苦练内功、对外拓市增收，通过共同努力，有力推动企业稳定运行、达产增效，2020年单月利润由2月亏损10亿元的最低谷到12月盈利33亿元的全年最高峰，41户监管企业盈利面超过80%。二是重大项目建设加快推进。坚持发挥有效投资的关键作用，按照自治区"三个一批"安排，主动靠前、专班推进，帮扶督导企业建设重点项目，全年计划投资项目255个，完成投资185亿元。其中，中泰集团库尔勒年产120万吨PTA项目、500万吨煤分质清洁高效综合利用项目等全面落地；机场集团于田机场建成通航，阿克苏与伊宁机场改扩建工程竣工；新投集团投资14亿元建成二期10.4万吨/年BDO项目，再创国内BDO项目建设周期最短纪录；能源集团石头梅一号露天煤矿一期工程开工出煤39万吨；交建投公司塔城地区G219线正式通车。三是管理提升行动扎实有效。开展管理能力提升三年行动，印发《关于开展对标一流管理提升行动的工作方案》，指导企业开展对标活动，健全管理体系，提升管理能力。其中，中泰集团强化三级管控，推行阿米巴经营模式，挖潜增效7.8亿元；有色集团通过对标降低成本1亿元；新能源集团9个场站净资产收益率平均增长4个百分点。四是创新发展深入推进。推动中泰集团在部分地州开展土地流转试点。充分发挥国有资本产业投资基金的导向作用，募资1.4亿元支持立新能源公司增资项目。引导监管企业健全科技创新机制，年度科技投入7亿元，新增各类技术中心17个，获得专利313件。

（三）布局结构持续优化

研究制定兼并重组指导意见和推动重点产业延伸产业链的工作措施，推动企业围绕主业开展整合重组，增强产业链稳定性和竞争力。围绕落实旅游兴疆战略，大力支持旅投集团做强做大，完成乌鲁木齐金谷大酒店、中青旅新疆国际旅行社等资产划转，协调旅投集团与14个市（州、地区）、21家银行签订战略合作协议，一批旅游项目全面启动。围绕加快实现"疆内环起来、进出疆快起来"，推动交投公司、交建集团、交建投公司用好自治区交通基础设施建设黄金期的红利，加快发展，资产规模超过1000亿元的大交通投融资平台加速形成。引导一批监管企业在农产品深加工、节能环保、现代物流等领域深耕细作，中泰集团形成覆盖粮油棉畜牧纺织等领域的农业板块，全年实现收入200亿元、利润4.6亿元；国际合作公司在南疆4个县建成年出栏100万只羽肉鸽标准化规模化养殖示范基地。加快处置低效无效资产，完成年度出清任务。

(四)国资监管效能持续提升

紧紧围绕习近平总书记关于管好用好国有资产的重要论述，持续强化监管，坚决当好国有资产的“守护者”。一是监管职能和方式持续优化。准确把握工作定位，出台《自治区国资委关于以管资本为主加快国资监管职能转变的实施意见》《自治区国资委事中事后监管清单(2020版)》，进一步转变监管职能，规范监管流程。深化“两多两少两强化”，在靠前服务企业的同时，严守监管底线，强化项目投资管理，确保企业聚焦主业正确发展。推进重要决策、重大投融资、重要合同等100%合法性审查，法治化监管水平不断提升。二是监管重点进一步聚焦。突出以管资本为主，围绕服务自治区重大战略推动国有资本合理流动，规范资本运作，强化交易监测，产权交易所积极打造国有产权流转的“阳光平台”，推动国有资本市场价值实现，年度平均增值率25.9%；印发《关于加强监管企业参股管理有关事项的通知》，规范国有股权参股管理；指导企业用好债券工具，年度发行各类债券150亿元，为企业发展提供有力的资金支持。健全国有资本分类考核和收益管理，国有资本收益上缴公共财政比例完成30%的改革目标，划转部分国有资本充实社保基金135亿元，国有资本配置和运营效率不断提升。三是责任追究工作机制不断健全。指导督促新疆国资国企实现责任追究制度和机构全覆盖，完善工作规程，推动业务监督、综合监督、责任追究有机结合，有效防止国有资产流失、促进保值增值。

(五)国资监管大格局加快构建

立足于从整体上搞好国有经济、发挥国有经济整体功能，围绕“六个一”目标，建机制、明任务、强指导、促融合，不断推动构建国资监管大格局、形成国资监管一盘棋。一是国资监管组织体系不断健全。自治区14个市(州、地区)中13个建立单独的国资委，伊犁哈萨克自治州、乌鲁木齐市、巴音郭楞蒙古自治州3个市(州)国资委为政府组成部门，10个为直属特设机构，克孜勒苏柯尔克孜自治州在财政局设立国资办，市(州、地区)级国资监管机构平均人员编制14人；自治区101个县(市)中20个独立设置国资监管机构、77个与财政局合署办公，基本明确国资监管责任主体。二是指导监督不断深化。制定年度指导监督计划，明确24项重点任务，建立联系点机制和工作交流机制，自治区国资委各处室加强对市(州、地区)的指导监督和协调服务，开展业务指导、培训指导5500人次，沟通协调顺畅、指导监督有效、相互支持有力的工作体系加快形成。三是国资国企改革取得实效。各区(州、地区)认真落实国资国企“1+39”政策体系，不断完善地方配套文件，推动改革逐步深化。各市(州、地区)积极稳妥推进混合所有制改革，实施一批混合所有制改革项目；乌鲁木齐市、巴音郭楞蒙古自治州等七地制定完善权力责任清单；伊犁哈萨克自治州、喀什地区等六地制定投资管理办法和投资负面清单；乌鲁木齐市、昌吉回族自治州、博尔塔拉蒙古自治州加大授权管理改革，确立市场主体地位；克拉玛依市、阿勒泰地区建立并落实外部董事和职业经理人制度，规范企业参股管理；巴音郭楞蒙古自治州、克孜勒苏柯尔克孜自治州建立领导包联县市、企业和重点项目制度，通过强化指导监督增强发展合力；伊犁哈萨克自治州率先在企业推行总会计师(财务总监)制度。各市(州、地区)在改革的重要领域和关键环节主动发力，为国企改革三年行动取得预期成果打下良好基础。四是联动发展有力推进。各地围绕服务大局，贯彻新发展理念，立足当地比较优势推进高质量发展。塔城地区、哈密市等五地推进优质文化旅游资产整合，加快落实“旅游兴疆”战略；和田地区、阿克苏地区等四地加快整合重组，推动产业集聚发展；乌鲁木齐市以四大集团为主体、巴音郭楞蒙古自治州整合设立五大平台公司积极布局新兴产业；克拉玛依市推动国有资本向石油化工、全域旅游、现代农业等领域集中；昌吉回族自治州、吐鲁番市等六地加强与中央企业、援疆省(市)企业以及自治区本级国有企业的合资合作，落地一批项目。通过上下联动、共同努力，新疆维吾尔自治区国资国企协同改革发展有序有效，伊犁哈萨克自治州、巴音郭楞蒙古自治州、阿克苏地区、塔城地区四地国有企业资产、净资产和营业收入均实现两位数以上增长，乌鲁木齐市、阿克苏地区、克拉玛依市、巴音郭楞蒙古自治州、伊犁哈萨克自治州、和田地区等六地实现盈利，博尔塔拉蒙古自治州、塔城地区、吐鲁番市、克孜勒苏柯尔克孜自治州等四地实现减亏。

二、新疆维吾尔自治区国有资产总量与结构分析

2020年，新疆维吾尔自治区国有企业资产总额21706.66亿元（不含金融企业），比上年增长14.30%；净资产8115.97亿元，比上年增长10.90%；平均资产负债率资产负债率比上年增加1.2个百分点；营业收入3328.34亿元，比上年增长8.50%；利润总额45.31亿元，比上年减少49.80%；实际上缴税费总额104.08亿元，比上年增长1.70%。其中，自治区本级监管企业资产总额6240.54亿元，增长18.10%；净资产2263.10亿元，增长13.70%；平均资产负债率63.70%，增加1.4个百分点；营业收入2329.79亿元，增长4.30%；利润总额17.34亿元，减少38.70%；实际上缴税费总额43.58亿元，减少10.40%。

表1　2020年新疆维吾尔自治区国有企业指标

项　目	金　额(亿元)
资产总额	21706.66
所有者权益	8115.97
国有资产总量	7769.10
营业收入	3328.34
利润总额	45.31
净利润	21.00
归属于母公司所有者的净利润	1.80
应交税费总额	100.60
实际上缴税费总额	104.08

注：表中资产总额不含金融企业。

表2　2020年新疆维吾尔自治区国有企业户数情况

2019年户数(户)	2020年户数(户)	比上年增长(%)
1082	1015	-6.6

表3　2020年新疆维吾尔自治区国有资产按地区分布情况

地　区	国有资产(亿元)	占国有资产总量比重(%)
区属企业汇总	2059.80	26.50
市(州、地区)企业汇总	5709.30	73.50
乌鲁木齐市	2119.30	27.30
昌吉回族自治州	526.60	6.80
巴音郭楞蒙古自治州	744.80	9.60
伊犁哈萨克自治州	407.90	5.30
阿克苏地区	443.60	5.70
博尔塔拉蒙古自治州	228.60	2.90
克拉玛依市	326.50	4.20
喀什地区	255.20	3.30
哈密市	226.80	2.90
阿勒泰地区	200.90	2.60
塔城地区	47.50	0.60
和田地区	97.40	1.30
吐鲁番市	26.20	0.30
克孜勒苏柯尔克孜自治州	58.00	100.00

表4　2020年新疆维吾尔自治区国有资产按行业分布情况

行　业	国有资产(亿元)	占国有资产总量比重(%)
农林牧渔业	466.30	6.00
工业	817.00	10.50
建筑业	484.90	6.20
交通运输业	976.40	12.60
仓储业	20.70	0.30
商贸业	136.60	1.80
房地产业	620.40	8.00

续表

行　业	国有资产（亿元）	占国有资产总量比重(%)
信息传输、软件和信息技术协商服务业	23.20	0.30
社会服务业	3847.30	49.50
教育文化传播业	36.10	0.50
科学研究和技术服务业	54.90	0.70
金融业	277.10	3.60
其他	8.20	0.10
合　计	7769.10	100.00

表5　2020年新疆维吾尔自治区国有资产按经营规模分布情况

经营规模	国有资产（亿元）	占国有资产总量比重(%)
大型企业	943.70	12.10
中型企业	2169.90	27.90
小型企业	3165.00	40.70
微型企业	1490.50	19.20
合　计	7769.10	100.00

三、新疆维吾尔自治区国有资本保值增值综合分析评价

2020年，新疆维吾尔自治区国有企业国有资本保值增值率99.88%。

按产业结构划分，第一产业企业108户，国有资本保值增值率99.00%；第二产业企业221户，国有资本保值增值率98.82%；第三产业企业686户，国有资本保值增值率100.03%。

按企业规模划分，大型企业58户，国有资本保值增值率100.00%；中型企业149户，国有资本保值增值率99.15%；小型企业440户，国有资本保值增值率100.71%；微型企业368户，国有资本保值增值率98.92%。

按地区划分，自治区本级企业110家，国有资本保值增值率99.20%；乌鲁木齐市企业49家，国有资本保值增值率100.39%；克拉玛依市企业29家，国有资本保值增值率101.45%；吐鲁番市企业41家，国有资本保值增值率96.30%；哈密市企业37家，国有资本保值增值率99.94%；伊犁哈萨克自治州企业126家，国有资本保值增值率102.76%；昌吉回族自治州企业80家，国有资本保值增值率97.03%；博尔塔拉蒙古自治州企业78家，国有资本保值增值率102.62%；巴音郭楞蒙古自治州企业129家，国有资本保值增值率99.50%；阿克苏地区企业92家，国有资本保值增值率101.00%；克孜勒苏柯尔克孜自治州企业23家，国有资本保值增值率100.12%；喀什地区企业83家，国有资本保值增值率99.25%；和田地区企业43家，国有资本保值增值率101.59%；阿勒泰地区企业56家，国有资本保值增值率97.96%；塔城地区企业39家，国有资本保值增值率97.41%。

按行业划分，农林牧渔业108家，国有资本保值增值率98.97%；工业159家，国有资本保值增值率98.59%；建筑业62家，国有资本保值增值率99.04%；批发业36家，国有资本保值增值率106.22%；零售业28家，国有资本保值增值率105.38%；交通运输业48家，国有资本保值增值率98.71%；仓储业72家，国有资本保值增值率100.96%；住宿业38家，国有资本保值增值率93.51%；餐饮业1家，国有资本保值增值率100.00%；信息传输业12家，国有资本保值增值率99.96%；软件和信息技术服务业6家，国有资本保值增值率108.25%；房地产开发经营业45家，国有资本保值增值率99.97%；物业管理业12家，国有资本保值增值率99.82%；租赁和商务服务业216家，国有资本保值增值率100.27%；其他未列明行业172家，国有资本保值增值率99.82%。

表6　2020年新疆维吾尔自治区国有企业地区和行业国有资本保值增值情况

地　区	国有资本保值增值率(%)	行　业	国有资本保值增值率(%)
自治区本级	99.20	农林牧渔业	98.97

续表

地　区	国有资本保值增值率(%)	行　业	国有资本保值增值率(%)
昌吉回族自治州	97.03	建筑业	99.04
吐鲁番市	96.30	批发业	106.22
和田地区	101.59	零售业	105.38
乌鲁木齐市	100.39	交通运输业	98.71
克孜勒苏柯尔克孜自治州	100.12	仓储业	100.96
喀什地区	99.25	住宿业	93.51
阿克苏地区	101.00	餐饮业	100.00
巴音郭楞蒙古自治州	99.50	信息传输业	99.96
伊犁哈萨克自治州	102.76	软件和信息技术服务业	108.25
塔城地区	97.41	房地产开发经营业	99.97
博尔塔拉蒙古自治州	102.62	物业管理业	99.82
阿勒泰地区	97.96	租赁和商务服务业	100.27
克拉玛依市	101.45	其他未列明行业	99.82
哈密市	99.94	工业	98.59

四、新疆维吾尔自治区国资委监管企业改革发展情况

2020年,新疆维吾尔自治区国资委紧紧围绕增强活力、提高效率,大力推进各项改革举措落实落地,以改革激发活力动力,对冲经济下行压力,改革成效明显。

(一)顶层设计不断完善

出台《自治区国企改革三年行动实施方案》等改革文件8个,谋划2020—2022年改革任务及举措。

(二)现代企业制度加快建立

出台《关于加快推进自治区国资委监管企业建立健全现代企业制度的工作方案》,明确近三年健全现代企业制度的目标任务和重点举措。自治区国有企业公司制改制基本完成。制定《自治区国资委监管企业外部董事选聘和管理办法》,召开外部董事座谈会,加强规范管理,确保有效履职。修订监管企业负责人经营业绩考核和薪酬管理办法,进一步完善激励约束机制。

(三)混合所有制改革稳妥推进

出台《自治区国资委监管企业混合所有制改革操作指引》,新投西部供应链公司、呼图壁种牛场等7户企业启动混合所有制改革,立新能源公司完成员工持股并进入上市辅导期;加强上市公司市值管理,推进中泰化学定向增发、交建集团和雪峰科技上市后首次再融资;加强与民企产业链供应链合作,金投公司投放6.27亿元帮助民企纾困;监管企业41%的户数、35%的资产、68%的营收、60%的利润集中在混合所有制企业。

(四)国有资本授权经营体制改革不断深化

制定《自治区国有资本投资、运营公司管理办法(试行)》,继续在新投集团、国投公司、金投公司深化国有资本投资运营公司试点。

(五)专项改革和历史遗留问题解决加快推进

“双百行动”“科改示范行动”等改革专项工程持续推进,4户“双百企业”均通过国务院国企改革办的合格评级,其中西部黄金被评为A级。配合自治区编办、财政厅做好事业单位经营性国有资产集中统一监管工作。自治区国有企业退休人员社会化管理、厂办大集体改革全面完成,“三供一业”、市政社区分类移交基本完成,走在全国前列。

五、新疆维吾尔自治区国资委监管企业并购重组与完善法人治理结构情况

(一)并购重组

新疆维吾尔自治区国资委积极协调推进并完成新疆中泰集团重组新粮集团,有效化解新粮集团债务风险的同时,充实中泰集团资本金。推动5户具有行业协同效应的监管企业重组整合,将自治区国资委所

持中青旅新疆国际旅行社33.63%国有股权、所持新疆数字认证中心33.6%国有股权、金谷大酒店、交通培训中心、新疆国际体育旅行社无偿划转至新疆旅投集团,支持新疆旅投集团做强做优做大,助力“旅游兴疆”战略。完成新疆有色物资公司无偿划转至乌鲁木齐市,支持新疆国际陆港区建设。将自治区国资委所持新疆冶建集团35.91%国有股权无偿划转至新疆交建投公司,促进新疆基础设施建设领域资源整合。落实政府文件要求,将新疆水利水电学校规划设计所无偿划转至新疆水投公司;将新疆玛丽艳宾馆、财政厅印刷厂无偿划转至新疆国投公司。

(二)完善法人治理结构

一是加强领导班子建设。根据《中华人民共和国公司法》等相关法律法规,调整自治区国资委授权新疆投资发展(集团)有限责任公司管理的4家参股企业——宝武集团新疆八一钢铁有限公司、中建新疆建工(集团)有限公司、国电投新疆能源化工有限责任公司、双钱集团(新疆)昆仑轮胎有限公司董事、监事人选4人次,向中青旅新疆公司委派董事人选1人。向新疆建筑设计研究院有限公司委派监事人选1人,根据企业公司改制需要,审定5家委托监管企业的企业法人治理结构推荐人选,召开首批聘用7名外部董事座谈会。二是规范董事会建设。根据《中央企业外部董事选聘和管理办法》,起草《自治区国资委监管企业外部董事选聘和管理办法》。推动外部董事更加依规有效履职。董事会建设迈出重要步伐。三是持续推进职业经理人制度建设。继续在新疆交通建设集团股份有限公司推进市场化选聘高级经营管理人员和职业经理人制度建设试点工作,2020年市场化选聘高级经营管理人员3人,累计选聘高级经营管理人员7人。

六、新疆维吾尔自治区国资委监管企业建立和完善经营业绩考核体系情况

(一)完善企业负责人经营业绩考核和薪酬管理办法

修订监管企业负责人经营业绩考核和薪酬管理办法,突出创新发展、高质量发展考核导向,优化考核指标,引导监管企业积极履行经济责任、政治责任和社会责任。配套修订《自治区国资委监管企业负责人薪酬管理办法》,建立健全与企业负责人选任方式相匹配、与功能定位相适应、与经营业绩紧密挂钩的差异化激励约束机制。

(二)深化工资总额管理决定机制改革

指导督促监管企业全面执行《自治区国资委监管企业工资总额管理办法》(新国资发〔2019〕384号),进一步健全工资效益联动机制,完善内部管理办法,加强自律建设,规范有序管理。

(三)确定企业年度和任期经营业绩考核目标

与34户监管企业签订年度和任期经营业绩考核责任书,在纵向提升的同时,注重与行业水平对标,同时因企施策,从监管企业科技发展能力、防风险能力、“两金”占比、管理短板和弱项等方面进行分类考核,引导监管企业实现高质量发展。

七、新疆维吾尔自治区国资委监管企业负责人考核与选人用人机制改革情况

(一)严抓考核工作

配合自治区党委组织部,完成自治区管理一、二类企业2019年度(绩效)考核工作。组织实施自治区管理三类企业领导班子和领导人员2019年度(绩效)考核工作,考核企业领导人员47人,其中正职18人、副职29人。

(二)严格干部管理

根据《自治区国有企业领导人员管理规定》,对新疆建筑设计研究院有限公司6名领导人员进行重新任命。提拔任命金投公司领导人员1人,免去新疆边疆宾馆有限责任公司到龄退休领导人员职务1人。组织自治区管理三类企业领导人员48人集中填报“领导干部个人有关事项报告表”,配合自治区党委组织部对5名随机抽查的领导人员个人事项进行核实比对,对1人的个人事项报告进行查核验证。

(三)强化人才队伍建设

参与自治区党委组织部关于自治区"十四五"人才发展规划纲要编制和人才发展政策制定相关工作,并做好自治区国资委"十四五"人才规划的工作。举办北京大学国有企业管理创新与领导力提升研修班、浙江大学新疆企业经营管理人才综合能力提升培训班,累计培训企业管理人员 96 人次。做好自治区国资委系统第九批中央和国家机关、中央企业优秀援疆干部人才离疆,第十批中央和国家机关、中央企业优秀援疆干部人才推荐工作。

八、新疆维吾尔自治区国资委监管企业党的建设和廉政建设情况

(一)党的政治建设持续强化

始终把"两个维护"作为最高政治原则和根本政治规矩,制定党的政治建设实施方案,建立完善统筹协调、督促检查、通报问责、请示报告等机制,对自治区党委、政府的决策部署做到"件件有落实、件件有成效、件件有报告",用战疫情、助脱贫、保稳定、推改革、促发展的实际成效践行对党的绝对忠诚。

(二)党的思想建设明显加强

把学习宣传贯彻党的十九届五中全会、第三次中央新疆工作座谈会精神和自治区党委九届十次、十一次全会精神作为重大政治任务,统筹开展多形式、分层次、全覆盖的学习宣传贯彻活动,集中开展学习会 3178 次,推动会议精神深入人心、直达基层,筑牢国资国企干部职工的思想基础。

(三)党建基层基础加快夯实

深入开展党建质量提升三年行动,制定并落实企业党组织书记抓基层党建述职评议考核、企业党组织向上级党组织报告年度党建工作等制度,国企党建制度体系日益完善;认真落实国企基层组织工作条例,年度创建标准化规范化党支部 343 个,举办党组织书记、党务干部培训班 671 场次、参加培训 16000 余人次,发展党员 2948 人,选树宣传典型 1286 人,有力激发广大干部职工创新创业创优热情。扎实开展自治区国企党建会 33 项重点任务"回头看",制定整改措施 297 项并全部完成整改。

(四)全面从严治党向纵深推进

坚决扛起"两个责任",建立健全反腐败协调工作机构和机制,形成齐抓共管的责任体系。深入开展党风廉政教育月等系列活动,开展落实中央八项规定精神、疫情防控、脱贫攻坚、治理餐饮浪费等方面的专项监督检查以及形式主义、官僚主义专项治理,加大对国有企业的政治巡察力度,全年累计处置问题线索 240 件,立案审查 55 件,运用监督执纪"四种形态"处理 160 人次,移送司法 4 人,指定管辖 2 人,挽回国有资产资金损失 2 亿余元,不断增强广大党员干部职工廉洁从业意识,推动国企政治生态建设呈现"两个向好,一个加强"局面。

(撰稿人:马天顺)

新疆生产建设兵团

一、新疆生产建设兵团国有资产监督管理工作综述

2020 年,新疆生产建设兵团国资委党委以习近平新时代中国特色社会主义思想为指导,全面贯彻党的十九大和十九届二中、三中、四中、五中全会以及中央经济工作会议、第三次中央新疆工作座谈会精神,聚焦新疆工作总目标和兵团职责使命,统筹疫情防控和经济社会发展,扎实有效落实兵团党委关于国资国企改革发展、精准稳妥推进复工复产有关部署要求,各项工作取得积极进展。

(一)强化政治引领,凝聚改革发展强大合力

认真学习新时代党的治疆方略和对兵团的定位要求,认真学习党的十九届五中全会、第三次中央新疆工作座谈会精神和习近平总书记关于国资国企改革发展和党的建设重要论述以及兵团党委七届七次、八次、九次全会精神等。通过深化学习,全体党员干部自觉把思想和行动统一到中央决策部署上来。组

织360余人参加学习党的十九届四中全会等培训班，选派74人参加组织部组织的各类培训班。兵团国资委党委书记、主任深入监管企业宣讲党的十九届五中全会精神，以视频会议形式为国资系统干部解读新疆生产建设兵团党委《关于进一步深化国资国企改革的若干实施意见》(以下简称《实施意见》)。

(二)持续加强经济运行调控，不断提升企业运行质量

一是以"六稳""六保"为重点，加强动态监测和过程管理。每季度召开经济运行分析会，动态监测企业财务状况，加强资产负债率等重点运行指标、重点风险业务监测分析和稳运行监督管理。二是全力推进疫情防控常态化形势下复工复产工作。兵团国资委机关和监管企业2066名党员为抗击疫情捐款39.82万元，累计向疫情防控一线捐赠口罩1100只、防护服495套、护目镜200个和其他各类防疫物资价值1.89万元，累计向新疆生产建设兵团慈善总会捐款712.1万元；认真贯彻落实各项扶持性政策，累计为13553户中小微企业和个体工商户减免用房租金39176.69万元；完成清理拖欠民营企业账款有关工作，剔除2019年12月31日前已清偿单位及数据，截至2020年底，网上报送的新疆生产建设兵团大型国有企业拖欠总额3.66亿元，已偿还3.32亿元，应清尽清无分歧欠款全部清偿完毕。推动正常经营的新疆生产建设兵团国有及国有控股企业100%复工。

(三)突出重点任务，统筹推动国资国企改革不断深化

一是强化顶层设计。新疆生产建设兵团党委《实施意见》和新疆生产建设兵团党委深化国资国企改革推进会为国资国企改革中存在的国有资本布局结构不优、企业内生动力不足、竞争力不强、三项制度改革浮于表面、国资监管不到位等突出问题指明方向、提供遵循。新疆生产建设兵团党委国资国企改革办制定印发《兵团党委国资国企改革领导小组年度工作要点》及其分工方案，有序推进国资国企改革发展。二是加强统筹指导和工作督导。对兵(师)国资委及监管企业负责人进行国资国企改革相关政策法规系统培训，集中学习党的十九届五中全会、第三次中央新疆工作座谈会精神和兵团党委深化国资国企改革会议精神，重点解读《国企改革三年行动方案(2020—2022年)》《实施意见》。印发《任务分工台账》，细化措施、明确分工、落实责任和完成时限，指导督促各师(市)国资委和各监管企业明确任务书、责任人、路线图、时间表，有力有序推动落实；开展改革"回头看"，在各师(市)单位全面自查基础上，组成4个调研组，对各师(市)及相关单位改革重点任务进展情况、面临形势以及存在的问题开展实地调研，进一步查找问题和不足，推动巩固改革成果；紧盯国资国企改革专项审计发现问题整改，推动整改措施逐项落实。被审计7个师和3家监管企业发现的119条审计问题整改完成91项，完成率76%。三是狠抓健全企业法人治理结构和深化三项制度改革。从制度层面推动企业建立规范的董事会，发挥董事会在重大决策、选聘经理人中的作用，规范企业领导人员职位设置、任职条件、考核评价、薪酬激励等。在兵团天然气公司、绿源国资集团、天润乳业等10家企业推进规范董事会建设试点工作；按照"管用、有效"的原则确定相关考核指标及目标值，制定实施《兵团国资委监管企业三项制度改革专项行动实施方案》，引导企业形成内部管理人员能上能下、员工能进能出、收入能增能减的体制机制。兵团设计院、兵团石油公司、银隆公司积极开展薪酬分配差异化、竞聘上岗、市场化选聘经营管理者试点等改革探索并取得积极成效。

(四)不断优化国有资本布局

一是持续推动国有企业"瘦身健体"。制定《关于进一步推进兵团"僵尸企业"处置工作的意见》，加大"僵尸企业"处置出清力度。164户新疆生产建设兵团国有"僵尸企业"全部完成处置出清。二是大力推动国有企业战略重组整合。兵团投资公司将所持的兵团天盈石化30%股份非公开协议转让给新疆天业，有序推进国有企业与各类资本股权合作。指导冠农股份实施股权激励、天康生物实施员工持股计划，积极推进新疆生产建设兵团入选"科改示范行动"改革和4户"双百企业"的改革。三是积极推动优势产业集团培育组建工作。兵团电力集团于2020年底组建。文旅集团、能源集团、建工集团、兵团设计院集团等组建重组改革有序推进。积极推进胡杨产业投资引导基金筹建和草湖基金相关工作。四是加快推进国有企业混合所有制和股权多元化改革。新疆生产建设兵团混合所有制企业和股权多元化企业比例分别占45.63%和52.27%。指导推动兵团设计院、新疆通航开展混合所有制改革。五是持续做好国有企业向南发展工作。筹办2020年6月19日国务院国资委助力新疆生产建设兵团向南发展视频会，并就中央企业助力新疆生产建设兵团向南发展达成共识。积极推进兵团与中央企业项目签约协议落实落地，中煤集团与兵团投资公司开展股权合作，红星发电公司实现利润7000万元。中国大唐与兵团相关师（市）合作开发项目14个，计划投资345亿元，开发电力资源741.6万千瓦。中国华电在第十三师、第十二师的2620兆瓦新能源项目完成初可研，与第二师、第六师、第八师2500兆瓦新能源项目签订合作开发协议，促成新疆生产建设兵团企业参与“工装援疆”行动。

（五）紧盯重点领域，强化风险防控

一是严控企业金融债务风险。对资产负债率超出预警线、金融债务余额及风险较大的企业，积极开展调研督导。支持企业依法依规开展债券融资，优化债务结构，积极降低资产负债率。二是严控投资风险。出台《兵团国资委监管企业投资监督管理办法》《兵团国资委监管企业投资项目负面清单》，推动企业规范境内外投资管理，严格执行监管企业投资项目备案、提供贷款担保审核制度，明确出资人投资监管的底线，划定监管企业投资行为的红线。

（六）持续推动职能转变，切实提升国资监管效能

一是进一步优化国资监管方式。积极推进国有资本投资、运营公司改革试点工作。加强国资监管法治建设，研究制定《兵团国资委落实以管资本为主加快国有资产监管职能转变的实施意见》，修订《兵团国资委权力清单和责任清单（2020年版）》。二是强化国资基础管理。指导第十师新疆额河酒业有限公司股权交易整改落实，印发《关于第十师国资委国有资产交易违规的通报》《关于进一步规范企业国有资产交易行为的通知》，进一步规范兵团各级国有资产交易行为。依法取消新疆金川集团有限责任公司70%股权转让项目的交易结果，积极支持天科合达上市融资等事项。核定收缴4家监管企业2020年应上缴的国有资本收益12151.22万元，组织开展2021年度监管企业国有资本经营预算建议草案编制工作。

二、新疆生产建设兵团国有资产总量与结构分析

2020年，纳入统计范围的新疆生产建设兵团各级次国有及国有控股企业（以下简称兵团企业）1338户（不含农牧团场和公司本部，下同），资产总额5643.55亿元，比上年增长4.08%；负债总额4074.38亿元，比上年增长3.34%；所有者权益1569.17亿元，比上年增长6.05%；资产负债率72.20%，比上年减少0.6个百分点；营业收入2133.67亿元，比上年增长2.61%；利润总额47.5亿元，比上年增长59.29%；国有资产总量1255.42亿元，比上年增长2.50%。其中，兵团国资委监管企业资产总额568.85亿元，增长4.26%；所有者权益231.02亿元，增长23.51%；负债总额337.83亿元，增长5.04%；平均资产负债率59.39%，减少3.84个百分点；营业收入233.71亿元，增长11.8%；利润总额16.61亿元，增长61.34%。

表1　2020年新疆生产建设兵团国有企业指标

项　目	金　额(亿元)
资产总额	5643.55
所有者权益	1569.17
国有资产总量	1255.42
营业收入	2133.67
利润总额	47.50
净利润	30.86
归属于母公司所有者的净利润	7.50
应交税费总额	91.91
实际上缴税费总额	89.14

表 2 2020 年新疆生产建设兵团国有企业户数情况

2019 年户数(户)	2020 年户数(户)	比上年增长(%)
1343	1338	-0.37

从各单位分布来看,新疆生产建设兵团国资委监管企业以及第八师、第十一师、第四师和第一师国有企业国有资产占比较大,其中,兵团国资委监管企业国有资产总量 145.84 亿元,占 11.62%;第八师国有企业国有资产总量 244.22 亿元,占 19.45%;第十一师国有企业国有资产总量 146.6 亿元,占 11.68%;第四师国有企业国有资产总量 116.28 亿元,占 9.26%;第一师国有企业国有资产总量 113.01 亿元,占 9%。上述合计占 61.01%。

表 3 2020 年新疆生产建设兵团国有资产按单位分布情况

单 位	国有资产(亿元)	占国有资产总量比重(%)
兵团本级企业	154.91	12.34
兵团国资委监管企业	145.84	11.62
兵团直属企业	9.07	0.72
师(市)企业	1100.51	87.66
第一师	113.01	9.00
第二师	76.36	6.08
第三师	65.17	5.19
第四师	116.28	9.26
第五师	49.69	3.96
第六师	74.36	5.92
第七师	68.75	5.48
第八师	244.22	19.45
第九师	15.44	1.23
第十师	30.47	2.43
第十一师	146.60	11.68
第十二师	66.38	5.29
第十三师	28.69	2.29
第十四师	5.10	0.41
合 计	1255.42	100.00

从行业分布情况看,兵团企业国有资产分布于 20 个国民经济行业门类中的 17 个行业门类,主要集中在租赁和商务服务业、制造业、农林牧渔业 3 个行业门类中,合计占 55.76%。其中,租赁和商务服务业国有资产总量 389.05 亿元,占 30.99%;制造业国有资产总量 189.39 亿元,占 15.09%;农林牧渔业国有资产总量 121.54 亿元,占 9.68%。制造业国有资产主要集中在非金属矿物制品业、化学原料和化学制品制造业、酒、饮料和精制茶制造业、医药制造业和农副食品加工业。其他 14 个行业门类占 44.24%。

表 4 2020 年新疆生产建设兵团国有资产按行业分布情况

行 业	国有资产(亿元)	占国有资产总量比重(%)
农林牧渔业	121.54	9.68
采矿业	35.03	2.79
制造业	189.39	15.09
电力、热力、燃气及水生产和供应业	65.31	5.20
建筑业	80.75	6.43
批发和零售业	80.48	6.41
交通运输、仓储和邮政业	95.43	7.60
住宿和餐饮业	8.26	0.66
信息传输、软件和信息技术服务业	0.77	0.06
金融业	61.46	4.90
房地产业	82.51	6.57

续表

行　业	国有资产（亿元）	占国有资产总量比重(%)
租赁和商务服务业	389.05	30.99
科学研究和技术服务业	3.84	0.31
水利、环境和公共设施管理业	23.77	1.89
居民服务、修理和其他服务业	19.56	1.56
教育业	−1.70	−0.14
文化、体育和娱乐业	−0.03	0.00
合　计	1255.42	100.00

从经营规模分布来看，大型企业国有资产总量449.26亿元，占19.48%；中型企业国有资产总量426.12亿元，占18.48%；小型企业国有资产总量1056.53亿元，占45.82%；微型企业国有资产总量374.03亿元，占16.22%。

表5　2020年新疆生产建设兵团国有资产按经营规模分布情况

经营规模	国有资产（亿元）	占国有资产总量比重(%)
大型企业	449.26	19.48
中型企业	426.12	18.48
小型企业	1056.53	45.82
微型企业	374.03	16.22
合　计	2305.94	100.00
差额数	1050.52	—
合　并	1255.42	—

注：差额数是指兵团企业财务报表汇总数与合并数的差额。

三、新疆生产建设兵团企业国有资本保值增值情况分析

2020年，新疆生产建设兵团企业国有资本保值增值率98.62%。16家单位中，7家实现国有资本保值增值，分别为兵团直属企业106.30%、第四师105.56%、兵团国资委监管企业104.09%、第二师102.67%、第七师101.57%、第十一师100.76%、第五师100.52%；9家未实现保值增值。

从行业来看，17个行业中8个行业实现保值增值，其中，科学研究和技术服务业保值增值率125.61%，批发和零售业保值增值率109.81%，信息传输、软件和信息技术服务业保值增值率109.40%，农林牧渔业保值增值率106.71%，房地产业保值增值率104.28%，建筑业保值增值率102.93%，采矿业保值增值率100.81%，金融业保值增值率100.45%。9个行业门类未实现保值增值。

表6　2020年新疆生产建设兵团国有企业地区和行业国有资本保值增值情况

地　区	国有资本保值增值率(%)	行　业	国有资本保值增值率(%)
兵团国有企业	98.36	兵团国有企业	98.36
兵团国资委监管企业	104.09	农林牧渔业	106.71
兵团直属企业	106.30	采矿业	100.81
第一师	98.62	制造业	84.43
第二师	102.67	电力、热力、燃气及水生产和供应业	97.73
第三师	98.62	建筑业	102.93
第四师	105.56	批发和零售业	109.81
第五师	100.52	交通运输、仓储和邮政业	99.98
第六师	97.73	住宿和餐饮业	93.77
第七师	101.57	信息传输、软件和信息技术服务业	109.40
第八师	89.35	金融业	100.45

续表

地　区	国有资本保值增值率(%)	行　业	国有资本保值增值率(%)
第九师	96.03	房地产业	104.28
第十师	96.33	租赁和商务服务业	97.90
第十一师	100.76	科学研究和技术服务业	125.61
第十二师	93.89	水利、环境和公共设施管理业	98.70
第十三师	99.38	居民服务、修理和其他服务业	89.07
第十四师	99.16	教育	0.00
		文化、体育和娱乐业	0.00

四、新疆生产建设兵团国资委监管企业改革发展情况

2020年,新疆生产建设兵团国资委制定印发《兵团党委国资国企改革领导小组年度工作要点》《2020年兵团国资监管工作要点》及其分工方案,推动年度工作有序落实。推动《兵团国资国企改革专项审计报告发现问题的整改落实方案》落实,整改完成74项,完成率62.18%。开展改革"回头看",组成4个调研组,对各师(市)及相关单位改革重点任务进展情况、面临形势以及存在的问题开展实地调研,进一步查找问题和不足,推动巩固改革成果。

(一)印发《关于进一步深化国资国企改革的实施意见》及其分工方案

为进一步深化改革提供切实可行的工作依据。形成《关于进一步推进兵团"僵尸企业"处置工作的意见》,全面完成"僵尸企业"处置工作。推进剥离企业办社会职能和解决历史遗留问题。制定《兵团国有企业公司制改革工作实施方案》,指导推动兵团国有企业开展公司制改革工作。

(二)做好"三供一业"分离移交有关收尾工作

向兵团上报《关于兵团国有企业职工家属区"三供一业"分离移交中央财政补助资金统筹使用建议方案》,有效提高中央财政补助资金的使用效益,拨付并核定兵团企业"三供一业"补助资金24.92亿元。在中央财政的大力支持下,"三供一业"维修改造惠及兵团职工和居民51万户。其中供水改造13万户、供电改造12万户、供热改造11万户、供气改造3万户、物业改造12万户。

(三)推动国有企业退休人员社会化管理工作

14个师(市)全部出台《企业退休人员社会化管理工作方案》,建立兵、师两级国有企业退休人员社会化管理工作联系机制。兵团国有企业退休人员社会化管理涉及65840人,实行社会化管理65840人,社会化管理完成率100%,实现"应交尽交",累计为企业减轻经济负担3494万元。

(四)帮助企业解决历史遗留问题

完成徕远双子楼消防维修改造、楼内建筑垃圾清运及资产盘活相关工作,协调推进兵团国资公司东风路建房项目建设,建立进展情况月报制,及时跟踪问效。会同兵团发展改革委、兵团国资公司与农发行新疆分行进行沟通对接,协调终止兵团粮油储备站食用油储备计划。推动康地种业破产重整。

五、新疆生产建设兵团国资委监管企业并购重组与完善法人治理结构情况

2020年,新疆生产建设兵团国资委积极推动国有企业战略重组整合,兵团投资公司将所持的兵团天盈石油化工股份有限公司30%股份非公开协议转让给新疆天业集团有限责任公司。推动上市公司清理非主业、低效无效资产,压缩管理层级,深化三项制度改革,指导冠农股份公司实施股权激励、天康生物股份公司实施员工持股计划,推进兵团入选"科改示范行动"和4户"双百企业"改革工作。培育兵团优势产业集团,组建兵团电力集团。推进国有企业混合所有制和股权多元化改革。指导督促兵团勘测设计院开展混合所有制改革和骨干员工持股试点工作,基本完成

内部资产评估、财务审计工作，启动清产核资等工作。印发《关于开展对标一流管理提升行动的工作方案》，指导兵团企业开展对标提升行动。印发《关于在兵团国有企业中开展规范董事会建设试点工作的通知》，指导各师（市）、兵直企业选取符合条件的10户国有企业开展规范董事会试点工作。

六、新疆生产建设兵团国资委监管企业建立和完善经营业绩考核体系情况

2020年，新疆生产建设兵团国资委印发《兵团国资委监管企业三项制度改革专项行动实施方案》（兵国资发〔2020〕21号），加大推进监管企业三项制度改革的力度。监管企业积极落实工作要求，均建立本企业三项制度改革实施方案，不断强化对子企业的经营业绩考核，健全和完善企业绩效管理体系，建立以人均利润率为核心考核指标的经营业绩考核体系，对正常经营子企业以提高劳动生产效率为重点，主要考核企业经济效益，对非正常经营子企业，主要考核重点工作任务完成情况，做到子企业考核全覆盖。2020年，兵团国资委监管企业实现净利润18.53亿元，占兵团国有企业年度净利润的60.06%，比上年增长102.29%，高于兵团国有企业88.34%的平均增幅；企业全员劳动生产率44.61万元/（人·年），比上年增长44.62%；净资产收益率9.1%，较2020年全国国有企业全行业良好值8.8%高出0.3个百分点，业绩考核的“指挥棒”作用在监管企业中得到明显发挥。

七、新疆生产建设兵团国资委监管企业负责人考核与选人用人机制改革情况

2020年，新疆生产建设兵团国资委党委认真贯彻落实《党政领导干部选拔任用工作条例》《兵团党委组织部关于印发〈新疆生产建设兵团公务员职务与职级并行制度实施方案〉的通知》（兵党组发〔2019〕33号）及相关规定，不断加强干部选拔工作管理，切实做到严格标准、规范程序、严明纪律，坚持好干部标准和“五个过硬”要求，坚持德才素质与岗位适应原则，有效提升选人用人质量、公信度和满意度，促进干部选拔任用工作科学化、民主化、制度化。始终坚持党管干部原则，充分发挥党委在选拔任用过程中的领导和把关作用，牢固正确用人导向，严格按照“信念坚定、为民服务、勤政务实、敢于担当、清正廉洁”好干部标准和民族地区“明辨大是大非立场特别清醒、维护民族团结行动特别坚定、热爱各族群众特别真挚”干部标准以及国有企业“对党忠诚、勇于创新、治企有方、兴企有为、清正廉洁”标准选拔任用干部，把是否树牢“四个意识”、坚定“四个自信”、做到“两个维护”作为选拔任用干部的首要标准，把严格政治纪律和政治规矩贯穿工作全过程、各环节，以“严”的精神、“实”的作风推进《党政领导干部选拔任用工作条例》不折不扣的贯彻落实。坚持以事业为上配班子、选干部、建队伍，本着优化干部队伍结构和更好推动国资国企改革的要求，坚持“凭实绩、重德才、看民意”选用干部，使一批对党忠诚、敢于担当、勇于创新的高素质人才进入领导岗位，做到人岗相适，使干部的能力得到充分发挥。全年兵团国资委机关研究任免干部6批10人次，其中，完成破格提拔任用1人、试用期满考核转正任职1人、职级晋升6人、调入任职1人、办理辞职1人。严格执行程序标准，为兵团国资公司、兵团投资公司各配备外部董事1人、委派监事2人。

八、新疆生产建设兵团国资委监管企业党的建设和廉政建设情况

（一）进一步发挥企业党委领导作用

深入推进党建工作纳入公司章程工作，研究制定《兵团国有企业党委前置讨论事项清单文本》，落实党组织研究讨论重大事项前置程序，坚持和完善“双向进入、交叉任职”的领导体制，落实“四同步、四对接”“两个1%”的企业党建要求。

（二）落实党建工作责任制

召开兵团国资委监管企业党组织书记抓基层党建述职评议暨2020年党风廉政建设和反腐败工作会议，签订2020年度党建工作及党风廉政建设和反腐败工作责任书，推动监管企业履行党委主体责任、党委书记第一责任和党委班子成员“一岗双责”。

(三)推动党建工作融入企业生产经营

创新开展“党建+”品牌创建、“党员亮身份、评明星”、“党旗飘扬在蓝天上”、“四好四强四优”评选等活动，持续推动党建工作与企业处置、职工分流安置、三项制度改革、防范化解重大风险等改革重点任务相结合、相促进，有效发挥企业基层党组织战斗堡垒和党员先锋模范作用。

(四)持之以恒正风肃纪

党委班子成员以身作则，带头遵守廉洁自律各项规定，认真落实中央八项规定精神及其实施细则，推动兵团国资委机关严格落实《关于解决形式主义突出问题为基层减负的23条措施》《兵直机关工作人员行为规范》。

(撰稿人：李亚光)

2021

CHINA' S STATE-OWNED ASSETS SUPERVISION AND ADMINISTRATION YEARBOOK

中 国 国 有 资 产 监 督 管 理 年 鉴

中央企业改革与发展

第四篇

中国核工业集团有限公司

【基本概况】 2020年，中国核工业集团有限公司（以下简称中核集团）坚持以习近平新时代中国特色社会主义思想为指导，以贯彻落实习近平总书记重要批示指示精神为主线，深入学习党的十九届四中、五中全会精神。面对新冠肺炎疫情冲击影响及严峻复杂的国际形势，中核集团坚持稳中求进，着力防控风险，加大科技攻关力度，深化企业改革，取得显著成绩，连续15年获得国务院国资委考核A级，首次进入《财富》“世界500强”榜单。截至2020年底，中核集团拥有两院院士16人。中国核潜艇首任总设计师、中国工程院院士彭士禄获得中国工程界最高奖项光华工程科技成就奖，成为我国第八位获此殊荣的科学家。

【主要指标】 2020年，中核集团认真落实国务院国资委关于国有资本保值增值的各项要求，统筹推进疫情防控和生产经营，着力实现国有资本保值增值。全年实现营业收入2253.7亿元，比上年增长25.55%；净利润164.3亿元，比上年增长15.84%；经济增加值113.85亿元，比上年增长33.5%，达到历史最好水平。资产总额9122.6亿元，负债总额6162亿元，国有资本保值增值率107.43%。

为落实国务院国资委“降杠杆、减负债”的要求，中核集团上下联动、多措并举地开展权益融资，补充权益资金规模，权益总额2960.5亿元，比上年增长24.85%；资产负债率67.55%，比上年减少3.94个百分点，企业安全发展边际进一步增厚。

表1　2020年中国核工业集团有限公司主要经济指标

项　目	2019年	2020年	比上年增长(%)
资产总额(亿元)	8318.7	9122.6	9.66
所有者权益(亿元)	2371.3	2960.5	24.85
营业收入(亿元)	1795.0	2253.7	25.55
利润总额(亿元)	175.8	205.2	16.72
净利润(亿元)	141.8	164.3	15.84
归属于母公司所有者的净利润(亿元)	76.2	82.0	7.61
技术开发投入(亿元)	252.4	316.6	25.44
利税总额(亿元)	300.9	339.9	12.96
应交税金总额(亿元)	159.1	175.6	10.37
全员劳动生产率[万元/(人·年)]	44.71	51.09	0.14
净资产收益率(%)	6.61	6.16	减少0.45个百分点
总资产报酬率(%)	3.77	3.77	与上年持平
国有资本保值增值率(%)	108.3	107.43	减少0.87个百分点

【改革发展】 全面推进国企改革三年行动。科研院所“一院两制”改革取得明显成效。企业化治理管理体系、劳动用工机制进一步完善，收入分配向骨干科研人员倾斜，全年完成科技成果转化62项，首个团队持股激励项目顺利实施，科研院所创新活力明显增强。

持续完善产业组织体系。调整优化总部部分部门职责和机构编制，“总部去机关化”专项整改全面完成；动态调整11家单位分类定级，优化授权管理机制和绩效考核导向，激励引导做强做优做大。

有序推进改革任务。4户企业“双百行动”、2户企业“科改示范行动”扎实推进，11家企业入选中核集团“综合改革行动”。“三供一业”移交完成清算申报，10万名退休人员社会化移交完成99.8%。全面完成国务院国资委下达的“处僵治困”任务，压减企业43户，清理低效无效资产5亿元，9户重点亏损企业完成减亏控亏目标。中核集团深化改革工作多次得到国务院国资委肯定和表扬。

积极稳妥推进股权多元化改革。新华发电成功引入战投资金；中国铀业锁定战略投资者；中核能源、中核西仪完成增资扩股；中国核电完成非公开发行；中国核建、同方知网稳妥推进股权激励。提前完成同方股份收购，同方股份股票登记、股份交割、上市公司信息披露工作全部完成。

【重大项目】 核电项目保持安全有序发展。自主三代核电“华龙一号”全球首堆福清5号机组成功并网并于2020年1月30日投入商运、6号机组冷试成功、海外首堆巴基斯坦K2机组完成装料、漳州核电和昌江核电等批量化建设步伐加快。田湾核电5号机组投入商运，高温气冷堆示范工程启动热试，示范快堆建设顺利推进。15台在运核电机组获WANO综合指数满分，运营绩效位列全球第一方阵；全年累计发电量1488.41亿千瓦·时，比上年增长9.27%。山东、江苏、浙江、海南、辽宁、广西等地的核电新厂址开发工作得到推进。

核燃料循环产业加快提质增效。天然铀产供销储一体化建设稳步推进，罗辛铀矿生产外销计划高效完成，中核集团天然铀销售突破1万吨、跃升至世界前三位。CF3燃料组件实现批量化生产，自主N36锆合金加快替代应用，高温气冷堆首批燃料元件发运。800吨乏燃料扩建水池投入运行，高放废物地质处置实验室获可研和环评批复，西北中低放集中处置场开工建设，自主后处理能力稳步提升。

核技术应用不断开辟新空间。医用钴源顺利出堆，实现碳14国产化，高端放疗装备获国家卫健委批量许可，核特色医疗康复项目进展顺利，国内首条自主电子束辐射固化生产线建成。积极拓展非核国防市场和民用市场，工程建设产业新签合同额突破1000亿元。

加快新能源开发。中国核电收购中核汇能，新华发电阿尔塔什水利枢纽工程2台机组具备发电条件、五岳抽水蓄能电站主体开工，中核集团在运非核能源装机突破1000万千瓦。

【走向海外】 中核集团牵头承担的国际热核聚变实验堆ITER项目核心安装工程启动并顺利实施。中俄最大核能合作项目田湾7/8号、徐大堡3/4号机组具备核准条件，“华龙一号”巴基斯坦K2、K3建设顺利，C4机组完成最终验收。

坚持开放合作的外循环，持续推进国际合作业务。CF2燃料组件成功出口巴基斯坦，核级锆产品首次实现向俄罗斯、加拿大等市场批量出口。辐照应用整体解决方案落地马来西亚，成品钴源、铱192探伤源首次走出国门。在铀贸易、锆4管坯出口、俄供技术市场开拓等重点项目上取得系统性突破。

强化开放合作，密切大国合作关系，与俄罗斯密集磋商谋划部署未来五年重点工作，协调解决霞浦快堆合同执行问题；与法国签署铀资源、检修设备供应合同。在瑞典设立首个海外研发中心，统筹开发利用国际创新资源。成立境外财资中心，增强中核集团境外资金管理和融资能力。

【重大创新】 加大科技攻关力度，取得一批科技成果。自主三代核电“华龙一号”取得成功，我国核电发展水平进入世界第一方阵。中国环流器2号M装置建成并首次放电，为我国受控核聚变研究打下坚实基础。铅铋堆“瓶颈”技术和关键设备取得突破，型号研制提前启动。深地核天体物理加速器成功出束，达到国际同类装置先进水平。铀资源预测评价新技术成功应用，特大型难开发铀矿床采冶工艺取得突破。旋风3号完成百台规模研制，首型超临界专用设备样机达到额定转速。N36元件棒完成破坏性热室检查，环形燃料完成首阶段研制，MOX燃料组件研制取得突破，生产线启动建设，CF4燃料和N45材料研发加快推进。230MeV质子治疗加速器研制成功。

积极推动依托核工业完整体系，以中核集团为主体，打造国家战略科技力量。成功申请国防科技工业高放废物地质处置创新中心等4个国家级研发平台。完善“小核心、大协作”协同创新体系，与清华大学共同成立数字核电联合研发中心，与上海交大等高校深化科技创新、成果转化合作，与深圳大学、兰州大学签署全面战略合作协议。

中核集团2020年度获得国家科技进步二等奖1项；国防科技奖44项，其中，技术发明一等奖1项、科技进步奖一等奖4项、创新团队奖1项；申请和授权专利分别突破5000件和2500件，海外申请和授权均突破140件，7件专利获得中国专利优秀奖，连续两年在国防知识产权局对军工集团的考核中获得第一名；主导发布核领域国际标准3项，其中包括我国首项核电国际标准。

【党建工作】 继续加强党的建设和党风廉政建设，党的建设与中心工作高度融合、同向发力。深入开展"党建联建""党建促专项"，为重大工程建设和重点任务攻关提供有力保障。加强"三基"建设，基层党组织的组织力和政治功能明显增强。在全系统推行系统工程的理念方法，推进"执行力提升年"专项工作。发挥核工业党校等平台作用，加强线上线下理论学习培训。落实意识形态责任制，加大主题宣传和品牌建设力度，树立中核集团良好社会形象。完善内部巡视工作机制，对35家单位开展内部巡视，对2家单位开展巡视"回头看"。中核集团在国务院国资委2019年度党建工作责任制考核中被评为A级。

【履行社会责任】 抗击疫情取得重大战略成果。中核集团第一时间组织捐款6400余万元，捐赠大批医用物资，派出医护人员282人，核酸检测30余万份，全力驰援全国各地抗击疫情。中国宝原、中国同辐、同方股份等单位发挥核技术应用独特优势，高效率辐照灭菌大大加快防护服等医疗物资的消毒速度。中国中原组织首支由中资企业派驻境外项目的医疗队赴巴基斯坦支援抗疫，保障"一带一路"沿线最大合作项目的工程进度和人员安全。中国中原、中核工程、田湾核电等单位向25个国家和地区的合作方捐赠医疗物资，以实际行动助力构建人类命运共同体。

积极完成脱贫攻坚目标任务。2020年，中核集团对4个定点扶贫县投入帮扶资金5934万元，累计实施帮扶项目200余个，累计消费及助销扶贫产品3923万元。在中央单位定点扶贫工作考核中，中核集团再次被评为最高等级"好"，扶贫工作再获金牛奖。

提升安全环保能力。坚守核安全底线，深入推进安全生产专项整治三年行动，加强疫情防控常态化条件下的安全环保风险防控，核电核设施均保持安全稳定运行。着力突破退役治理技术"瓶颈"，加快消除历史遗留风险，一批重大风险实现降级。生态环境风险得到有效控制，核与辐射安全保持良好记录，放射性废物安全受控，杜绝较大及以上级别的安全生产事故。

（撰稿人：杨涵雪）

中国航天科技集团有限公司

【基本概况】 2020年，中国航天科技集团有限公司（以下简称集团公司）以习近平新时代中国特色社会主义思想为指导，全面贯彻落实党的十九大和十九届二中、三中、四中、五中全会精神，团结带领全体干部职工，不忘初心、牢记使命，大力弘扬航天"三大精神"，强化使命担当、坚持改革创新，立足新发展阶段、贯彻新发展理念、推动高质量发展，以强烈的政治意识、担当意识，克服疫情带来的不利影响，出色完成全年各项航天科研生产和经营发展任务，实现集团公司"十三五"规划圆满收官，推动航天强国建设、支撑世界一流军队建设取得新的重大成就，为提升我国国防实力、科技实力、国际竞争力和影响力作出重要贡献。全年实施宇航发射任务34次，将80颗航天器送入预定轨道。我国探月工程三期、北斗全球卫星导航系统、高分专项工程按时全面收官；新一代载人飞船试验船成功返回、天问一号成功发射并将着陆火星，空间站建设全面展开，深空探测进入关键阶段。长征五号B、长征八号成功首飞，长征五号进入应用阶段，我国进入空间能力大幅提升，航天强国建设迈出重要一步。出色完成多次重大军事演训保障任务，有力支撑部队实战化训练，极大提升我国军队体系作战效能和实战能力，验证集团公司适应新的形势任务的航天科研生产能力。在党的建设、产业转型升级、技术创新、市场拓展、改革调整、人才队伍建设等各方面工作都取得突出成绩。

2020年，集团公司2人获得光华工程科技奖，2人获得何梁何利基金奖，1个团队获得第二届全国创新争先奖牌，1人获得全国创新争先奖章，4人获得全国创新争先奖状；6家单位获评"第六届全国文明单位"，长征五号系列运载火箭总设计师李东当选全国"最美科技工作者"，张智等6人被评为"全国劳动模范"，嫦娥五号青年团队被授予中国青年五四奖章。

【主要指标】 2020年，集团公司克服疫情影响，较早实现复工复产，科研生产较快恢复，全年经济整体实现较快增长，主要经济指标均实现10%左右增速，经济运行质量和效益稳步提高，圆满完成“十三五”发展目标。收入、产出、利润总额均实现较快增长，经济增加值、利润、劳动生产率、成本费用率等效益效率指标均进一步提升；民用产业接近恢复至上年水平；宇航出口实现快速增长。全年资产总额5187.7亿元，比上年增长8.6%；营业收入2673.2亿元，比上年增长6.9%；利润总额239.6亿元，比上年增长11%；资产负债率47%，成本费用率92.4%，经济增加值165.4亿元，研发经费投入强度34.85%，圆满完成全年经济指标任务和国务院国资委经营业绩考核指标。

表1　2020年中国航天科技集团有限公司主要经济指标

项　目	2019年	2020年	比上年增长（%）
资产总额（亿元）	4775.3	5187.7	8.6
所有者权益（亿元）	2661.4	2751.1	3.4
营业收入（亿元）	2501.5	2673.2	6.9
利润总额（亿元）	215.9	239.6	11.0
净利润（亿元）	195.8	220.8	12.8
归属于母公司所有者的净利润（亿元）	181.6	188.7	3.9
技术开发投入（亿元）	1032.8	1103.7	6.9
利税总额（亿元）	252.4	279.5	10.8
应交税金总额（亿元）	56.6	58.7	3.8
全员劳动生产率[万元/（人·年）]	41.1	46.7	13.7
净资产收益率（%）	7.8	8.4	增加0.6个百分点
总资产报酬率（%）	4.8	5.0	增加0.2个百分点
国有资本保值增值率（%）	109.3	107.4	减少1.9个百分点

【改革发展】　坚决落实习近平总书记关于用足用好改革这个关键一招的重要指示，聚焦战略目标、保持改革定力、敢于突破难题，坚决将改革进行到底。一是认真落实国家改革部署。结合集团公司实际情况，编制集团公司《改革三年行动实施方案（2020—2022年）》，明确6个方面31项改革任务。二是压茬推进集团公司第七次工作会部署的三年改革和发展任务。推动148项改革任务和122项发展项目实施落实，定期报送改革发展任务完成情况报告，完成87%的改革任务和71%的发展任务。三是“3+1”顶层改革顺利推进。总部机构调整和职能定位不断优化，二级单位职责定位更加明确；科研生产管理制度体系不断完善；专业公司董事会建设基本完成，外部董事聘任到位，董事会、党委、经营层的决策界面与权限更加清晰；市场化三项制度改革扎实开展。四是混合所有制改革实现突破。中天火箭在深交所中小板成功上市，乐凯胶片完成资产重组再融资，神软公司股份制改制进展顺利，14家公司实施股权激励、岗位分红等激励举措，历史遗留问题得到有效处理。五是改革专项工程深入推进。“双百行动”、“科改示范行动”、对标世界一流管理提升行动扎实推进。厂办大集体企业改革、市政社区分离移交、退休人员社会化管理工作全面完成。

【重大项目】　2020年，集团公司实施宇航发射任务34次，成功将80颗航天器送入预定轨道，圆满完成“十三五”规划目标，北斗导航、探月三期、高分专项三大工程圆满收官。嫦娥五号任务作为我国复杂度最高、技术跨度最大的航天系统工程，首次实现我国地外天体采样返回，标志着中国航天向前迈出的一大步。长征五号B成功首飞，标志着空间站任务全面开启。北斗导航全球系统建成开通服务，成为我国攀登科技高峰、迈向航天强国的重要里程碑，为全球公共服务基础设施建设作出重大贡献。高分系统全面建成，全球精细观测能力达到世界先进水平。首次火星探测任务拉开我国行星探测序幕。亚太6D卫星实现高通量通信卫星移动业务国土及亚太区域覆盖。长征八号成功首飞，增强执行太阳同步轨道发射任务的能力，为实现长征系列运载火箭更新换代打下坚实基础。完成以长征十一号海上发射为代表的5次商业发射任务和10次商业搭载服务，占国内商业卫星发射数量的91.6%，有力促进商业航天发展。集团公司228颗航天器在轨稳定运行，为推动天基装备建设和国民经济发展发挥重要作用。

完成四院中天火箭在深交所中小板上市发行，实现融资5亿元，进一步支撑固体火箭动力技术应用市场化、产业化发展；积极推动航天控股瑞华泰公司科创板上市工作，完成上市前的国有股权方案和国务院国资委国有股权标识审批，IPO方案获上海证券交易所上市委员会审核通过；完成乐凯胶片资产重组配套融资工作，融资3.5亿元；完成乐凯化学股权注入，支撑乐凯新材可持续发展；积极推进航天彩虹再融资，完成国防科工局军工事项审核，并获证监会受理；启动中国卫通再融资和神软公司股份制改造工作；组织制定2020年度集团控股上市公司股份增减持计划，稳妥开展上市公司市值管理工作，回笼资金3.4亿元。

推动成立航天科技氢能产业发展联盟，以集团合力推动氢能产业发展，首批加氢站建成投入使用，国内首套氢液化工厂投入商业化运营；推动航天检测产业发展联盟扩容并发布航天云检1.0版，创新内部合作发展模式，凝聚发展合力；创新商业模式实现中国首架Ka高通量卫星高速互联网飞机首航；大型无人运输机完成中国民航局国内试点航线首飞，进入适航审定，具备产业化发展条件；填补国内空白的新型显示光学薄膜材料实现快速高质量发展，年业务利润超过8000万元。

【走向海外】 积极适应外部环境，克服全球新冠肺炎疫情发酵、全球经济低迷等多重因素叠加影响，全年实现国际化经营收入317亿元。巴基斯坦探空火箭、埃及小卫星搭载发射等项目完成签约。乌拉圭和博茨瓦纳卫星气象机动站项目中标并生效。巴基斯坦PSC航天中心、亚太6E通信卫星等重点项目生效。长征六号一箭十星发射实现国际首秀。卫星通信实现向天地一体综合信息服务转变，卫星遥感实现数据上云和高时效交付，北斗海外应用工程和海外产业发展有序推进。塞内加尔方久尼桥等3个对外承包工程项目按计划实施。埃斯创卢森堡公司、志源电子科技(越南)公司项目正式投产运营。积极响应国务院国资委鼓励央企开展跨境使用人民币的要求，成立集团公司跨境使用人民币工作小组并提出工作方案。援埃塞俄比亚微小卫星顺利交付。外交部援外项目中国—东盟卫星信息海事应用中心完成设备运输，澜沧江湄公河空间信息合作交流中心项目完成科工局出厂验收，印度尼西亚遥感地面应用系统项目完成2个地面站交付。履行空间与重大灾害国际宪章组织紧急事务官职责，提供全球减灾防灾服务15次。向40余个国家捐赠和支持大量口罩、防护服等防疫物资。执行两架中国政府紧急援外防疫物资包机空运任务。举办2020年国际宇航大会中国分会场活动。集团公司专家成功接任IAF副主席，嫦娥四号团队代表获得世界航天奖，一院、八院专家获得IAF“名人堂奖”。组织举办国际宇航科学院中国院士日活动，指导召开2020空间技术和平利用(健康)国际研讨会等国际学术会议。

【重大创新】 坚决落实习近平总书记关于科技创新的重要指示，把科技自立自强作为发展的重要支撑，大力弘扬科学家精神。一是重大创新任务有效推进。一批关键技术攻关取得重大突破。以我国首台直径三米级三分段式固体火箭助推发动机地面试车为代表的研究性试验取得圆满成功。46个工业基础项目、若干背景项目和演示验证项目成功立项。二是创新体系不断健全。3个国家级创新中心通过国防科工局立项评审。成立“航天智能制造技术创新联盟”，与华中科技大学、南京航空航天大学等高校签署战略合作协议。积极推动“核心电子元器件创新联合体”“碳纤维及其复合材料创新联合体”建设。三是创新成果日渐丰硕。开展4个重大研发项目内部协同创新试点，第一批22个技术转化试点项目累计转化收益超过4亿元。全年专利申请量突破8000件，再创历史新高。获得国家科学技术奖4项，国防科学技术奖62项，军队科学技术奖6项，获奖数量在军工集团中位列第一。2项国际标准获批发布。

【党建工作】 继续加强党的建设和党风廉政建设，落实全面从严治党要求，确保党组织把方向、管大局、促落实作用落到实处。深化“不忘初心、牢记使命”主题教育成果。集团公司党组对各级党组织打赢疫情防控阻击战和重大工程任务攻坚战“两个战役”

进行部署，组织各级党费账户划拨810万元、党员捐款909万元用于防控工作，3名抗疫医护人员“火线”加入中国共产党。召开集团公司“七一”表彰大会，对“两个战役”中涌现的先进典型进行表彰，发挥示范带动作用，为全面完成全年各项任务目标汇聚磅礴力量。持续深化巡视政治监督，组织开展两轮对12家二级单位的常规巡视，通过一体落实中央巡视整改、主题教育整改、内部巡视整改，督促各级党组织和党员干部进一步增强“四个意识”，坚定“四个自信”，做到“两个维护”，推动习近平总书记重要指示批示精神、党中央重大决策部署、党组重点工作安排落地见效，推动集团公司改革发展建设和航天强国建设。根据上级机关要求和总部机关人力工作需要，出具廉洁审查意见118人次，一对一约谈新提职党组管理人员47人次；全系统接收信访举报396件次，处置问题线索193件；立案38件，给予党纪政务处分46人；给予组织措施101人；党内问责10人、党组织4个；处理违反中央八项规定精神问题9个，立案7件，处分或组织处理11人；把握运用监督执纪“四种形态”处理229人次。

【信息化与数字化建设】 发布“十四五”数字化转型专项规划，研究解决集团公司数字化转型亟待突破的关键问题，明确数字航天建设路径；完成集团公司信息化水平评价和应用系统调研，掌握集团公司各单位信息化水平现状和系统应用情况。一是全面启动实施管理信息化“三年行动计划”。通过咨询设计未来3～5年的管理信息化总体技术架构、业务架构、数据架构和应用架构，明确未来三年管理信息化建设项目和实施步骤。启动财务金融、人力资源、固定资产管理、公司管理与产业监测、军工固定资产投资管理、管理驾驶舱、主数据、统一管控平台等一批项目的论证和实施。二是深入推进工程数字化。积极推动重型运载火箭、低轨互联网卫星等试点应用新型数字化协同研制平台；完成智能车间试点建设，提升自动化、柔性化和智能化水平；试验数据信息系统一期上线试运行，初步实现试验数据的采集存储和交换共享；质量信息系统二期上线运行，实现质量问题全过程管理和质量数据辅助决策分析；开展数字化质量提升专项工作，选取集团质量管理标杆项目在全集团推广应用；完成运载火箭、液体火箭发动机数字化能力提升方案论证。三是持续加强基础环境及网络安全工作。完成海南文昌与北京、上海的测试网连通，实现型号测试数据的远程判读；开展基于涉密网多业务多场景协同工作平台论证，支撑设计协同、型号评审和产品验收等业务向线上模式的转变；制定《集团公司国产化替代实施方案》及国产化替代信息类产品采购名录；参加公安部主办的“2020护网行动”、国防科工局主办的“军工网盾—2020”网络安全攻防演练及网络安全事件应急演练活动。

【履行社会责任】 积极履行央企社会责任。短期内成功研制并生产人群体温监测预警系统、红外温度传感器等一批抗疫紧缺物资，并为建设火神山、雷神山、方舱医院等高效提供优质电线电缆保障，满足一线战“疫”需求；参与2022年北京冬奥会训练及参赛保障工作，研发弹射训练模拟装置和体育综合训练风洞，以航天科技助力奥运；确保广播电视任务的日常安全播出，特别保障疫情时期、全国两会、国庆等重要时段安全无误。

集团公司党组高度重视，认真落实党中央和国务院定点扶贫工作部署和“四个不摘”总体要求，牢固树立“四个意识”，立足陕西省太白县、洋县和河北省涞源县实际，帮助3个定点扶贫县在2月底全部实现脱贫“摘帽”，实现定点扶贫工作圆满收官。切实增强政治担当、责任担当和行动自觉，集团公司董事长主持召开扶贫开发领导小组会部署全年工作，选派6名优秀干部到贫困县担任挂职副县长和驻村第一书记。全年党组领导赴贫困县检查指导10次，督促帮扶项目实施，推动帮扶举措落地，并对贫困县在主体责任落实、政策落实、工作落实和作风建设等方面开展专项督导，切实履行各项帮扶职责。

2020年，投入帮扶资金1800万元，实施帮扶项目34项，打造以智慧农业、电子商务、农产品深加工为代表的产业项目。不断提升贫困县义务教育教学条件和职业教育水平，持续改善贫困户生活环境，通过多形式开展“献爱心，送温暖”活动，常态化帮扶困难家庭和贫困学生，积极开展“同舟工程——央企参与‘救急难’行动”，救助30名贫困户。扩大消费扶贫，利用买促帮和消费分红推动农户增收，完成消费扶贫3568.9万元，特别是响应落实国务院国资委号召，在"央企消费扶贫电商平台"销售农特产品，以购代捐采买湖北农产品578.2万元，助力湖北打赢脱贫攻坚战；完成对口支援吉水县相关工作，为实现军工经济与区域经济共赢发展贡献力量。

（撰稿人：潘承彬）

中国航天科工集团有限公司

【基本概况】 中国航天科工集团有限公司（以下简称航天科工）是发展航天事业的中坚力量，是航天强国建设和国防武器装备建设的主力军，是中国工业信息化发展的领军企业。2020年，航天科工以习近平新时代中国特色社会主义思想为指导，深入学习贯彻党的十九大和十九届二中、三中、四中、五中全会精神，坚决落实习近平总书记重要指示批示精神和党中央、国务院、中央军委决策部署，统筹疫情防控和经营发展各项重点工作，为我国加快国防和军队现代化，决战脱贫攻坚、决胜全面小康、实现第一个百年奋斗目标作出重要贡献。2020年，航天科工在《财富》"世界500强"中排第332位。

【主要指标】

表1　2020年中国航天科工集团有限公司主要经济指标

项　目	2019年	2020年	比上年增长（%）
资产总额（亿元）	3487.40	3840.10	10.11
所有者权益（亿元）	1786.50	1871.80	4.77
营业收入（亿元）	2597.90	2601.10	0.12
利润总额（亿元）	179.20	180.90	0.95
净利润（亿元）	159.00	162.10	1.95
全员劳动生产率[万元/（人·年）]	34.19	38.76	13.35
净资产收益率（%）	9.41	8.87	减少0.54个百分点
总资产报酬率（%）	5.72	5.23	减少0.49个百分点
国有资本保值增值率（%）	109.46	108.78	减少0.68个百分点

【改革发展】 圆满完成国家部署的年度改革任务以及集团公司年度改革工作要点、改革三年行动实施方案等制定任务。总部、本部职能定位和公司管理市场化转型方案得到明确。5家"双百企业"和3家混合所有制改革试点企业取得实质进展，湖南航天、海鹰航空入选"双百行动"典型案例。2家单位入选国家"科改示范企业"。17个重大改革创新事项取得阶段性成效。12家科技型企业和上市公司实施股权激励。国企退休人员社会化管理移交主体任务、厂办大集体改革和"三供一业"分离移交收尾工作圆满完成。航天医科实现平稳移交。新设公司10家，11家企业实现扭亏。

【重大项目】 2020年，航天科工智能制造基础件产业集群等19个重大产业化项目有序推进，工业互联网创新发展工程等47个国家级项目获批立项，争取国家（地方）创新中心及资质31项，获国家拨款、地方资金支持4.2亿元。信创工程实现省级市场全覆盖。央企工业互联网融通平台建设取得突破。航天云网再次入选国家级双跨平台，获得中国工业互联网大赛冠军。湖南麓谷产业园等2个项目开工建设。

【走向海外】 及时响应国际市场需求变化，一手抓国际市场订单，一手抓国际化经营产品体系建设，成效显著。全年自营产品收入比上年增长10%以上，实现逆势增长。呼吸机累计签约1.7万余台，覆盖亚洲、欧洲、非洲、拉丁美洲等32个国家和地区；直驱、顶驱等装备成功进入国际高端市场，大功率液力变速器等产能输出项目顺利履约，激光器等自营产品出口不断扩大。创新工作方式，持续推动中德智能制造"2+2"项目合作。完成肯尼亚电网扩建项目与香港公司注册信息系统项目履约，新签香港体育休闲服务信息系统项目，合同金额超过4.6亿元。6个新项目列入航天合作大纲。圆满完成第三届进博会采购签约任务，参加国际宇航大会等重要展会，国际合作“朋友圈”越来越大。

【重大创新】 持续完善科技创新体系，印发实施航天科工创新驱动发展战略。设立国家技术创新示范企业1个、国家航天信息技术产业计量测试中心1个。医疗器械等领域实现国家重点研发计划项目新突破，智能制造生产线攻关首获科技部支持。10项基础研究需求纳入“叶企孙”科学基金首批指南。系统评估重点技术950余项，超前布局前沿技术70余项，专业技术体系更加完善。双创成果落地应用110余个，10余个项目在中国创新挑战赛中获奖。获得国防科学技术奖39项，其中技术发明一等奖2项；累计有效专利3.1万件。加强产学研合作，与国家科研机构、高水平研究型大学等国家战略科技力量签署战略合作协议。

【党建工作】 以习近平新时代中国特色社会主义思想为指导，深入贯彻党的十九大和十九届二中、三中、四中、五中全会精神，全体干部职工增强“四个意识”、坚定“四个自信”、做到“两个维护”的思想自觉、政治自觉和行动自觉明显提高。一是党建质量不断提升。把学习贯彻习近平总书记重要讲话和指示批示精神作为“第一议题”，党组理论学习中心组集体学习19次。举办学习贯彻党的十九届四中全会精神专题培训、学习贯彻党的十九届五中全会精神首期轮训班和系列权威宣讲。全面从严治党促进高质量发展专项工作圆满收官。航天科工第十次党建工作会、直属第四次党代会、总部第四次党代会、党支部书记座谈会成功召开。大力弘扬航天精神，陈定昌院士被追授为中央企业优秀共产党员，广泛开展学习宣传活动。2029支党员突击队在“急难险重新”任务中抢在前、干在先。1个党支部获评“中央企业示范党支部”。二是干部人才队伍建设显著加强。新提拔党组管理干部22人。对35个型号134人次“两总”人员进行调整。选派挂职锻炼干部75人。实行“火线提拔”措施，修订干部综合考评办法。1人获得光华工程科技奖；1支团队、1名专家获得全国创新争先奖励；1人入选“百千万人才工程国家级人选”；选拔首届技能大师5人、首席技师5人。1家单位获批“国家引才引智示范基地”。12.6万名员工在线学习351万小时。三是党风廉政建设和反腐败工作卓有成效。全面强化政治监督，推动全级次践行“两个维护”，建立贯彻落实习近平总书记重要讲话和指示批示精神监督工作机制并开展落实情况“回头看”，组织实施专项监督，有力促进强军首责履行。开展境外腐败、利益输送、设租寻租和化公为私问题专项整治，着力解决“靠企吃企”问题。强化保障监督体系运行，深化整治形式主义、官僚主义，持之以恒纠治“四风”。一体推进不敢腐、不能腐、不想腐。持续加大执纪办案力度，加强党规党纪和警示教育。巩固深化中央巡视整改成果，完成6家二级单位常规巡视，营造风清气正的政治生态。

【信息化与数字化建设】 召开首次战略工作会并发布数字航天战略。夯实网络安全基础，航天云网工业互联网平台、商密网数据中心、互联网网站群等信息系统完成等保2.0改造工作。全面提升数据治理水平，打通信息壁垒。建立数据资产管理体系，升级数据资源共享服务平台，扩充集团级数据共享中心资源。圆满完成国资国企监管信息化建设“三年行动计划”的系统整合共享、国资监管数据统一管理、建成在线监管系统等6项任务，在国资委验收评估中获得“优秀”评价结果。扎实推进智慧企业运行平台及核心系统建设，开展“一门户、三中心”新版智慧企业运行平台门户建设，上线运行云信、云雀、在线评审模块，升级覆盖全级次单位的视频会议系统，大幅提升跨单位业务协同能力。ERP业财一体化应用不断深化，80%单位构建ERP业财一体化运营管理体系。

【履行社会责任】 坚决贯彻落实习近平总书记重要指示批示精神和精准扶贫方略，把助力脱贫攻坚作为重大政治任务，坚持走具有航天特色精准帮扶之路，与有关省、市、县、乡、村五级党委政府协同发力、合力攻坚，圆满完成党和国家赋予的重大使命任务。现行标准下帮助农村贫困人口223858人全部脱贫，2个国家级定点贫困县“摘帽”，322个贫困村出列。圆满完成国家“三区三州”深度贫困地区易地扶贫搬迁重点民生工程，“悬崖村”84户和布拖县8200余户彝族同胞乔迁新居。2020年，航天科工在中央单位扶贫工作成效评价为"好"。1 人获评"全国脱贫攻坚先进个人"。全力抗击新冠肺炎疫情。700 余名医护人员战斗在抗疫第一线，舍生忘死，挽救生命。方舱医院驰援、呼吸机批产有力地支持国内国际疫情防控。专项捐款 4300 万元，划拨党费 1688 万元，组织党员捐款 695 万余元，调动 3 万余件物资紧急驰援湖北。35 名确诊职工全部康复。1 个集体、2 名个人获党中央、国务院、中央军委表彰，1 个集体、5 名个人获国务院国资委党委表彰，45 个集体、100 名个人获航天科工党组表彰。

（撰稿人：崔云霞）

中国航空工业集团有限公司

【基本概况】 2020 年，中国航空工业集团有限公司（以下简称航空工业集团）认真学习贯彻党的十九大和十九届二中、三中、四中、五中全会以及习近平总书记系列重要讲话精神，积极应对突如其来的新冠肺炎疫情和急剧变化的国际形势复杂局面，坚持走高质量发展之路，取得来之不易的显著成绩，全面完成国务院国资委经营业绩考核指标，实现"十三五"改革发展任务圆满收官。

【主要指标】

表 1 2020 年中国航空工业集团有限公司主要经济指标

项 目	2019 年	2020 年	比上年增长（%）
资产总额（亿元）	10086	10520	4.3
所有者权益（亿元）	3443	3728	8.3
营业收入（亿元）	4618	4688	1.5
利润总额（亿元）	192	207	7.9
净利润（亿元）	134	156	16.3

续表

项 目	2019 年	2020 年	比上年增长（%）
归属于母公司所有者权益的净利润（亿元）	40	63	58.2
技术开发投入（亿元）	321	377	17.4
利税总额（亿元）	285	299	5.1
应交税金总额（亿元）	158	160	1.1
全员劳动生产率［万元/（人·年）］	26	30	16.1
净资产收益率（%）	4.1	4.3	增加 0.2 个百分点
总资产报酬率（%）	2.9	2.8	减少 0.1 个百分点
国有资本保值增值率（%）	105.6	106.5	增加 0.9 个百分点

【改革发展】 抓紧抓实国企改革三年行动，制定和推进 7 个方面 110 项改革举措的三年行动实施方案。全面完成"压减""处僵治困""三供一业"分离移交、退休人员社会化、厂办大集体改革任务。稳妥推进总部"去机关化"专项整改，打造"高效赋能型"总部。总部职能部门、人员编制压缩 25%。

深化推进国有资本投资公司改革试点，制定 8 个方面 37 项工作任务。调整国有资本管理授权放权清单，进一步加大授放权力度。扎实推进"双百行动""科改示范行动"，混合所有制改革试点企业合肥江航完成上市，成为科创板军工央企混合所有制改革试点第一股，中航无人机、航为高科、中航空管混合所有制改革方案获批复；机载、中航国际等实施股权多元化。

深化中国特色现代企业制度建设，优化《决策结构清单》，制定《总经理办公会授权事项清单》，建立完善党组会、董事会、总经理办公会重大决策督办落实机制。完善健全企业市场化经营机制，持续深化劳动、人事和分配三项制度改革，分类制定、持续推进中长期激励方案，进一步激发创新企业活力。坚持激励政策与约束要求相协调，完善差异化工资决定机制和重点人员定向激励机制，强化向核心骨干人才和价值创造者重点倾斜的分配导向。

优化航空产业组织，完成航空工业西飞资产置换重组，航空工业西飞、陕飞、天飞整体上市；以机载事业部形式凝聚科研生产实力，加快发展机载系统供应商；设立改革调整类资产经营与处置基金，助力产业结构调整；稳妥推动首批9家军工科研院所转制。加强资本运作和市值管理。在市场剧烈波动的环境下，抓住机遇完成9项资本运作，包括“一IPO、两退出、三融资和三重组”项目，航空工业集团资产证券化率71%。

推进“两金压控年”工作部署，采取“全价值链着力、多部门协同、长效性改善”组合拳，发挥预算指标引领作用，强化督导检查考核，全面完成“两金”压控目标。着力改善资产负债水平，资产清查全面摸清家底，清理低效无效资产。严控推高资产负债率投资项目，实施资产负债率和带息负债规模双重管控。

多体系融合保障依法治企，深入推进审计全覆盖，创新开展战略审计；风控体系有效运转、脱虚向实，监督评价实现以评促效；深化落实央企法治建设第一责任人职责，遏制重大法律纠纷案件。

【重大项目】 航空装备科研生产进展顺利。大型灭火/水上救援水陆两栖飞机AG600圆满完成首次海上飞行试验，改进优化设计并完成详细设计发图，启动优化构型飞机的零组件生产制造。新舟700完成首架机结构总装和静力试验，AC352完成高温环境试飞。全面启动C919大部件批生产，ARJ21部件交付速率30架份/年。按计划完成新舟60、运12等持续改进。直升机、无人机、任务系统在应急救援领域应用取得进展。液晶显示、印制电路板、光电连接器等支柱类业务综合实力保持国内前列。现代服务业结构优化，金融服务、工程建设、供应链集成等业务支撑制造业发展能力增强。实施全面质量提升工程，确立“生命至上、用户第一、质量制胜、精益求精”的质量方针，实施新质量保证模式。

【重大创新】 强化科技创新战略支撑作用，落实党的十九届五中全会部署，航空工业集团党组研究制定《关于践行集团战略加快构建新时代航空强国“领先创新力”的决定》，部署提升创新体系，优化创新生态，健壮创新力量，提高创新效能的各项举措。聚力攻关下一代航空装备核心技术，开发高端制造业核心技术。推进标准提升工程，构建执行标准清单2.0版，上线试运行标准数据库及智能化平台1.0版。科技创新能力建设有力推进，科技成果转化制度体系覆盖率超过80%。获得国家最高科学技术奖1人，国家科技进步特等奖1项、二等奖3项，国防科技进步特等奖1项。

【党建工作】 提升党建工作质量，巩固深化“不忘初心、牢记使命”主题教育成果，全面落实“1122”党建工作体系，开展基层党建“一贯双改”工作、“党课开讲啦”党员教育活动；加强型号研制全线党建工作。加强宣传思想工作，加强党组理论学习中心组学习的计划管理和效果提升，加强对各级党委理论学习中心组的规范管理和二级单位党委中心组学习的听学督导，完善并落实意识形态工作责任制。彰显先进文化力，加强文化力建设顶层设计，开展文化建设示范单位认证，加大对先进典型的表彰和宣扬力度。规范开展品牌授权，推进媒体深度融合。

巩固深化党风廉政建设和反腐败工作成效。坚持深化运用一体推进不敢腐、不能腐、不想腐，逐级压实管党治党政治责任。围绕疫情防控、脱贫攻坚、“驻京办”专项清理等开展政治监督。

推进中央巡视整改和巡视巡察工作深化提升。持之以恒推进中央巡视整改，209项整改措施按节点落实157项，阶段性开展6项，需长期坚持46项。发布实施“1121”巡视巡察工作体系。组建8个巡视组，对8家二级单位开展常规巡视。所属单位对471家单位（部门）开展巡察。

坚持党管干部、党管人才。统筹推进干部工作体系在所属单位落地。常态化做好年轻干部培养选拔，统筹推进干部交流，制定《领导人员修身正己八项纪律》并落实到选人用人全过程，着力打造梯次结构合理、整体功能强的领导班子。坚持人才发展与事业发展相统一，打通各类人员职业生涯发展通道。

【信息化与数字化建设】 推进装备研发数字化转型。开展航空工业集团整体网络基础设施和应用平台优化工作，构建统一标准架构、可共享与复用、云原生技术融合的新型金航网业务基础平台，启动应用系统的改造升级。针对疫情防控和复工复产需求，加速远程视频会议系统建设，加快“商网办公”

App的技术开发和上线使用，充分运用信息化手段开展型号科研异地联合办公。商密网办公平台在军工企业中首创实践零信任安全架构体系，快速完成建设与实施，注册单位380余家，用户21万余人，日活跃用户6万余人，集团签报、即时通信、云会议、云文档等应用支撑办公效率大幅提升。

【履行社会责任】 全情投入疫情防控，21家医疗机构全面投入抗疫防疫，其中襄阳医院全员奋战在防疫斗争第一线。技术支援抗疫一线，充分发挥航空技术优势，7天完成压条机、16天完成口罩机研制生产，全力完成雷神山、火神山医院电线电缆保障、关键医用设备生产、医疗物资运送等紧急任务。逆疫攻克重大任务，加大网络和数字化协同，保持科研、生产、交付和服务保障的全状态运行，严守项目里程碑节点。有效稳定产业供应，在启动复工复产一周内，复工复产率快速提升至92.5%；在液晶显示、印制电路板、光电连接器、电线电缆等产业领域，积极稳定市场需求、保障资金周转。严格做好防控工作，内防输出、外防输入，全面保障员工身体健康，维护生产经营秩序。全面展开境外疫情风险排查、高效有序组织境外防疫，形成常态化境外疫情防控体系。

坚决落实党中央、国务院扶贫工作决策部署，航空工业集团党组顶层谋划、纪检监察跟进督查、扶贫现场指挥部具体实施、挂职扶贫干部一线作战、所属各单位合力攻坚，资金投入持续增加，七大扶贫举措不断深化，实现定点帮扶的两省五县全部脱贫"摘帽"。在国务院扶贫考核中位列第一等级。

（撰稿人：翟林炜）

中国船舶集团有限公司

【基本概况】 中国船舶集团有限公司（以下简称中国船舶）是由原中国船舶工业集团有限公司和中国船舶重工集团有限公司联合重组成立的特大型国有企业，2019年11月8日注册登记，11月26日挂牌成立。拥有科研院所、企业单位和上市公司113家，分布在全国23个省（自治区、直辖市），资产总额8400亿元，职工34万人。2020年，中国船舶深入贯彻落实习近平总书记重要指示，认真贯彻落实党中央决策部署，制定实施高质量发展战略纲要，统筹疫情防控和科研经营生产，发挥党建优势、聚力兴装强军、壮大主业实业、强化创新驱动，集团公司责任使命更加聚焦、整体实力更加突出、经营业绩持续改善，造船完工量、新接订单量和手持订单量占全球市场的份额分别为19.4%、23.3%和21%，均位居世界第一。

【主要指标】 2020年，中国船舶在主动压缩一般性贸易业务600亿元的情况下实现营业收入3200亿元；利润总额170亿元，比上年增长38.5%；净利润140亿元，比上年增长36.9%；资产负债率55.51%，比上年减少1.95个百分点；所有者权益3700亿元，比上年增长8.46%。

【改革发展】 积极稳妥推进重组整合，高效平稳完成总部机构调整优化，快速完成贸易、物资、投资、财务、媒体、智库、党校等领域专业化重组，实施地区公司区域化整合、实体化改革，直接管理的成员单位比合并之初减少23%。

落实国企改革三年行动方案，制定中国船舶全面深化改革三年行动实施方案。健全现代企业制度，完善法人治理结构，落实董事会职权。制定印发《中国船舶中长期激励指导意见》《实施股权激励指导意见》，推进成员单位混合所有制改革、股权激励及其他各类中长期激励落地实施。完成5家"双百企业"主体改革任务，2家科技型企业纳入国务院国资委"科改示范行动"。

中国船舶、中国动力、中国海防资产重组圆满收官，中船汉光登陆创业板，中船应急可转换债、乐普医疗可交换债完成发行，实现资本市场融资超过100亿元。设立中船动力、风电发展和中船海神等产业平台公司。

【重大项目】 稳步推进重大能力建设，组建实体化工程管理中心，统筹建设未来发展研究中心、装备保障中心和战略规划研究中心，一批项目建成投入使用。

实施重大科技工程，牵引技术进步。自主研制的"奋斗者"号全海深载人潜水器，经过5年技术攻关，在充分吸收“蛟龙”号、“深海勇士”号研制经验的基础上，于2020年11月10日在马里亚纳海沟成功坐底、深度10909米，刷新中国载人下潜新纪录，标志着中国具有进入世界海洋最深处开展科学探索和研究的能力。

船海产业增效升级迈出新步伐，大型邮轮首制船入坞总装、工程量完成率43.7%；全球最大2.3万箱双燃料动力集装箱船交付4艘、手持5艘；承制国内首艘天然气水合物钻采船、全球首艘10万吨级养殖工船等突破性产品；与卡塔尔石油公司签署200亿元LNG船船位锁定协议，是我国承接的单笔金额最大的船舶订单；与浙江荣盛开展战略合作并成立合资公司，锁定30艘VLCC潜在订单。

应用产业实现新发展，一批支柱产业持续壮大，各类风机完工1250台，风电产业营业收入超过200亿元、合同金额超过250亿元；一批战略新兴产业加快培育，环境工程合同金额超过60亿元，国家首批示范工程、国内最大的槽式光热发电项目乌拉特中旗100MW光热发电项目实现满负荷发电，箱组式医疗救治系统等卫勤装备完成研制并实现接单，智能化方舱医院在西藏地区开展试点示范；一批前瞻性产业加快孵化，国产乙炔螺杆压缩机组投入运行，打破进口设备垄断。

船海服务业更加聚焦服务实业，融资租赁带来新船订单22艘、10亿美元。金融服务创造综合贡献15.6亿元。物资集中采购降本超过8.6亿元。

【走向海外】 持续扩大开放，积极践行“一带一路”倡议，多个项目在“一带一路”沿线国家落地生效，各类产品出口到五大洲150多个国家和地区，自主研制的高端海洋防务装备远销亚洲、非洲、拉丁美洲等国家，互惠互利、共谋发展。不断加大开放力度，利用参加国际展会、产品推介等方式，积极开展全方位的国际交流与合作，不断加强与三井、嘉年华、芬坎蒂尼、马士基、西门子、曼恩、瓦锡兰、麦基嘉等国外专业公司合资合作。

【重大创新】 统筹创新资源、优化创新体系、实施重大创新工程，着力增强舰船科技创新自立自强，取得较好成效。

强化技术创新，壮大主业实业。主流船型优化升级和新船型设计取得新突破，11万吨大型成品油船钢板种类数减少10%，结构部件数减少3.7%，达到国际先进水平；24000箱超大型集装箱船设计方案通过ABS、LR船级社认证并接单。海上浮式风电装备突破关键技术，设计建造能力不断提升，为海上风电快速发展提供技术支撑。

完善科技创新能力体系，增强发展动力活力。统筹创新资源，充分发挥36家科研院所和61家国家级创新平台作用，形成以军为主、面向船舶与海工装备等主要业务领域，涵盖基础科学、材料应用、关键共性技术、产品研发设计和试验验证等技术与产业发展领域的创新链，为实现兴装强军和高质量发展提供动力源泉。

深化科技交流，推动协同创新发展。围绕海洋领域前沿技术、基础技术和颠覆性技术布局发展，深化与上海交大等合作，积极谋划和推动中船欧亚海洋科技创新研究院、英国国际联合研究院、广瀚双瑞一帝国理工船舶设计与制造研究中心等建设工作，抢占海洋科技发展制高点。

【党建工作】 不断加强党的建设和落实全面从严治党，党建优势得到新加强。

坚定自觉学习贯彻习近平新时代中国特色社会主义思想和党中央重大决策部署。深入学习贯彻习近平新时代中国特色社会主义思想，坚持“第一议题”制度，持续学、反复学、深入学。专题召开学习贯彻党的十九届五中全会精神暨“十四五”规划编制工作推进会，研究谋划“十四五”发展。坚持集中培训与日常教育、自我提高相结合，开展8100余场形式多样的教育活动，广大党员、干部“四个意识”进一步增强，“四个自信”更加坚定，做到“两个维护”更加自觉。

持续加强干部和人才队伍建设。总部人员减少17.8%，调整加强60余家成员单位和参股企业领导班子。加强成员单位选人用人监督。加强优秀年轻干部选拔培养。壮大专职董监事队伍。加强高层次人才队伍建设，新增国家“万人计划”2人、百千万工程国家级人选3人、全国创先争优奖1人、国防科技创新团队3个，2个团队获得首届国防科技工业突出贡献奖，87人获得国务院政府特殊津贴。选聘中国船舶高级技术专家199人、高级技能专家60人。

全面从严治党不断深化。持续深化中国船舶纪检监察体制改革,支持完成纪检监察组组建。以党内监督带动各类监督,督促总部部门和成员单位堵塞制度漏洞。坚持“严”的主基调,持续加大案件查办力度。注重宽严相济、精准有效运用“四种形态”。支持纪检监察组开展联合审查调查。推动内部巡视全覆盖。

【信息化建设】 持续推进信息化建设,完成原两个集团公司总部网络的升级改造和两网打通,逐步完善和建设集团视频会议系统、移动网络验证平台、商密网试验平台建设,信息化基础能力进一步提升。

中国船舶总部和下属单位充分发挥先进信息化技术手段在疫情防控和复工生产保障方面的应用,解决总部与重点厂所、重点厂所之间的工作交流与协同。承担重点任务的厂所之间建立协同设计平台,通过推广“互联网+”应用,在日常办公、生产现场推广基于互联网移动应用。

中国船舶总部和成员单位在春节期间开通网上视频会议和办公系统,快速部署基于人脸识别和GPS定位的非接触式考勤。实现一系列重大工程重点项目的有序复工,助力构筑抵御疫情的严密防线。有关厂所发扬自身技术优势,快速研发疫情防控设备,在为本单位复工提供便利的同时免费供给社会。

推动风控信息化建设,鼓励企业通过信息技术将风控要求嵌入业务和管理活动,如嵌入ERP系统、财务管理系统、合同管理系统,实现自动监控。鼓励业务活动尚未信息化的企业,把风控理念、内控制度、风险应对措施等要求放入业务系统统一规划设计。

【履行社会责任】 面对突如其来的新冠肺炎疫情,坚决贯彻习近平总书记重要讲话精神和党中央决策部署,以高度的政治自觉全力参与疫情防控,彰显央企责任担当;在脱贫攻坚决战决胜之年,认真贯彻落实习近平总书记关于决战决胜脱贫攻坚重要讲话和重要指示批示精神,扎实推进定点扶贫工作,连年获评国务院扶贫开发领导小组定点扶贫工作考核最高等次;坚持履行社会责任和推动中国船舶发展有机统一。

助力打赢疫情阻击战。组织安排向重点疫情地区捐款超过6000万元,发挥相关单位专业优势全力驰援武汉火神山、雷神山医院建设,紧急转产研制口罩机、压条机,组织捐赠口罩、防护服、测温计、消毒液等防疫物资,六七二医院全体医护人员连续奋战在抗疫一线,以实际行动彰显责任担当。

助力打赢脱贫攻坚战。构建涵盖中国船舶党组领导、总部部门、成员单位、挂职干部和产业扶贫基金管理人“五位一体”的大扶贫工作新格局;投入各类帮扶资金超过1.45亿元,实施项目超过60个,取得较好成效,定点扶贫责任书考核指标均提前超额完成。中国船舶入选“2020中国企业扶贫100强”,居第18位。中国船舶定点扶贫的云南省大理州鹤庆县、西双版纳州勐腊县、文山州丘北县全部脱贫“摘帽”。

践行绿色发展。响应国家建设美丽中国号召,持续推进风电、光热、氢能源等清洁能源产业健康有序发展,助力社会节能减排、低碳发展;促进行业减排和绿色发展,落实“碳达峰”“碳中和”目标,发挥自身技术和能力优势,推动海上风电装备、新能源运输船舶等产品创新和产业化;与地方政府、产业链相关单位携手推进“绿色长江”“绿色珠江”工程;加大节能环保产品开发力度,承接的绿色双燃料动力船市场份额全球领先。

(撰稿人:郑礼建)

中国兵器工业集团有限公司

【基本概况】 中国兵器工业集团有限公司(以下简称兵器工业集团)是全军机械化、信息化、智能化装备发展的骨干,全军毁伤打击的核心支撑,现代化新型陆军体系作战能力科研制造的主体,军民融合发展和“一带一路”建设的主力,是各大军工集团中唯一一家面向陆军、海军、空军、火箭军、战略支援部队以及武警公安提供武器装备和技术保障服务的企业集团,肩负支撑国防军队建设、推动科技自立自强、服务构建新发展格局的重大政治责任和光荣使命。截至2020年底,兵器工业集团拥有59家子集团和直管单位,资产总额4399.14亿元,职工23万人,其中科技人员5.5万人。2020年，利润总额196.06亿元、比上年增长10.21%，净利润152.01亿元、比上年增长11.98%，超额完成国务院国资委考核目标；主营业务收入4859.33亿元、比上年增长3.26%，居军工集团首位；连续16年获评中央企业负责人业绩考核A级，在《财富》“世界500强”中排名第154位。

【主要指标】 2020年，兵器工业集团统筹推进疫情防控和改革发展，在聚焦主责主业、科技引领发展、国际化经营上持续用力，扎实做好“六稳”“六保”工作，核心竞争力、风险抵御能力持续增强，价值创造、高效运营等高质量发展能力持续提升，经济运行保持稳中有进的良好态势，全面完成年初预定的各项目标任务，支撑国防和军队现代化建设“三步走”战略目标，实现“十三五”圆满收官。

表1　2020年中国兵器工业集团有限公司主要经济指标

项　目	2019年	2020年	比上年增长(%)
资产总额(亿元)	4183.65	4399.14	5.15
所有者权益(亿元)	1674.83	1785.39	6.60
营业收入(亿元)	4750.70	4900.22	3.15
利润总额(亿元)	177.89	196.06	10.21
净利润(亿元)	135.75	152.01	11.98
归属于母公司所有者的净利润(亿元)	88.39	104.25	17.94
技术开发投入(亿元)	136.09	143.19	5.22
利税总额(亿元)	235.89	246.82	4.63
应交税金总额(亿元)	82.91	85.71	3.38
全员劳动生产率[万元/(人·年)]	28.73	29.36	2.18
净资产收益率(%)	7.99	8.79	增加0.80个百分点
总资产报酬率(%)	5.60	5.46	减少0.14个百分点
国有资本保值增值率(%)	107.80	104.30	减少3.50个百分点

【改革发展】 旗帜鲜明坚持“两个一以贯之”，制定实施《集团公司党组讨论和决定重大问题清单》，确保党组发挥领导作用组织化、制度化、具体化。全面加强董事会自身建设，突出外部董事履职支撑与服务保障工作，探索构建“三汇报、两调研、一报告”“321”工作机制，确保外部董事充分履职。全面对标党的十九届五中全会的指导方针、目标方向和重点任务，逐条对照国企改革三年行动方案，围绕集团公司新时代新阶段发展方针，结合改革发展实际和“十四五”规划，深度融合集团公司专项工程和重点任务，牢牢把握正确改革方向，抓重点、补短板、强弱项，逐条落实改革任务、目标和措施，编制《集团公司改革三年行动实施方案》及工作台账，安排40个方面82项重点任务，细化改革举措，明确成果形式，压实主体责任，形成集团公司改革三年行动的总体施工路线图。

扎实推进国企改革“1+N”政策落地。重点专项改革方面，全面完成职工家属区“三供一业”分离移交，年均减少企业费用补贴3.9亿元；“一企一策”推进厂办大集体改革，在职职工安置率100%，基本完成改革工作；创新建立“片区制”，推进退休人员社会化管理，按时完成改革主体任务，安置率99.91%、居中央企业前列；混合所有制改革、“双百行动”、“科改示范行动”等专项改革按计划顺利推进；脱困振兴专项行动50户困难企业比上年减亏6.8亿元，累计减亏22.37亿元，整体实现盈利，提前一年完成减亏70%的脱困振兴主体目标。激励约束机制改革方面，探索开展更加灵活的工资总额管理方式，对北方公司等15家单位工资总额实施备案制管理；研究制定《子集团和直管单位工资总额管理办法》，配套出台工资总额预算管理实施细则，建立分类、差异化的工资总额决定机制；加大专项奖励力度，先后2次对2020年出色完成重大专项任务或重点工作任务作出超值贡献和突出成绩的单位给予专项奖励，奖励相关领导班子或项目团队7486万元；完善市场化收入分配机制，选取科研、汽车零部件、金融3个板块探索开展“绩效薪酬双对标”行动；构建充分体现知识、技术等创新要素价值的收益分配机制，启动北方导航、内蒙一机2家上市公司实施股权激励计划，组织武重集团等5家单位开展国有科技型企业分红激励，指导东北工业集团等

11家单位自主探索开展超额利润分享等市场化、多元化中长期激励，激发科技人员等骨干人才创新创业积极性。

【重大项目】 装备供给保障任务全面完成，在研重大工程项目按计划推进，重点领域主动应变、持续用力，产业结构调整取得积极成效。北斗应用与产业发展确立国家地位，成立央企北斗产业协同发展平台，北斗高精度服务全球用户突破5亿个，北斗三号区域短报文民用服务平台具备开通服务能力，推动北斗在铁路等国家战略行业的推广应用，加快北斗在智能网联汽车、无人机等大众领域的规模化应用。民品产业结构优化实施一批重大项目，加快构建民品先进制造业体系。精细化工及原料工程项目进入全面开工建设新阶段；高端电子电路项目完成交割，全年新增收入35亿元；完成特能集团重组广西建华、收购江南化工等项目，优化民爆国内布局，行业地位显著提升；森林草原灭火等装备快速发展，为国家应对重大公共安全事件、重大自然灾害提供有效手段。重型机床入选第五批（2020年）单项冠军产品名单，江南化工、北方创业入选专精特新“小巨人”名单。

【走向海外】 面对海外疫情持续蔓延、全球石油价格低迷等多重严峻挑战，兵器工业集团上下沉着应对、危中寻机，全年实现国际化经营收入2239亿元、利润57.6亿元，国际化经营规模和跨国指数居中央企业前列、军工集团首位。军贸业务居军工集团首位。海外油气资源储量和产量居中资企业第四位，铜钴储量和产量居中央企业第一阵营。“一带一路”重点项目稳步推进，习近平主席见证签约的巴基斯坦拉合尔轨道交通橙线项目正式开通运营，开启巴基斯坦地铁时代；中蒙经济走廊矿山一体化项目签订1500万吨焦煤采购合同，推进全产业链贯通。第三届进博会签约总额较上届增长13%，继续居中央企业前列。

【重大创新】 坚持科技引领不动摇，依托装备研发、技术研究为核心的技术创新体系，推进落实兵器工业“科技创新30条”，41个创新平台和23个项目团队全部完成组建并正式运行，持续加大对科技创新的资金投入，重大专项取得重要阶段性进展，前沿科技形成战略布局。突破“大口径G115管材W相偏折控制和抗力挤压成形技术”“超高强钢在线变曲率成形工艺技术”“硅氧烷聚碳酸酯生产技术”“20英寸微通道板型光电倍增管生产工艺技术”等一批关键核心技术，为加速培育战略性新兴产业，解决“卡脖子”技术，支持困难企业扭亏脱困提供驱动力。科技人才激励措施、科技创新机制等管理措施持续深入完善，增选首席科学家22人、科技带头人150人，选拔首批青年科技带头人140人，打造高层次科技人才“蓄水池”，高素质创新型人才队伍结构持续优化。获得国家科学技术奖1项、国防科学技术奖54项、军队科学技术奖4项。申请专利5818件，其中发明专利4401件；授权专利2613件，其中发明专利1393件；累计有效专利16222件，其中发明专利9859件。5项管理创新成果获得第二十七届全国企业管理现代化创新成果（国家级）二等奖。42项管理创新成果获得2020年度国防科技工业企业管理创新成果奖（军工行业级），其中一等奖6项、二等奖18项、三等奖18项。

【党建工作】 坚持以习近平新时代中国特色社会主义思想定向领航，深入落实全国国企党建会精神，以党的政治建设为统领，体系化加强党的领导提高党的建设质量，健全贯彻落实习近平总书记重要指示批示精神和党中央决策部署的工作体系、落实机制和工作闭环，持续深化中央巡视整改和主题教育整治整改，坚持把整改融入日常工作、融入深化改革、融入全面从严治党、融入班子队伍建设，聚焦强军首责和高质量发展管干部、强班子，扎实开展“中央企业党建巩固深化年”专项行动，持续深入推进固根聚魂工程、党组织强基工程、党员创新工程“三大工程”，深入开展“让党旗在统筹推进疫情防控和复工复产第一线高高飘扬”主题活动，着力强化主题宣传，大力弘扬人民兵工精神，织紧扣牢意识形态工作责任，充分发挥基层党组织的战斗堡垒作用、党员的先锋模范作用，坚持党建带群建，激发职工活力动力，为夺取疫情防控和实现全年目标任务“双胜利”提供坚强保证。

落实党风廉政建设责任制，坚定不移把党风廉政建设和反腐败斗争引向深入。紧扣“两个维护”根本任务，与时俱进深化政治巡视。制定《关于加强集团公司监督体系建设，推动监督工作贯通协调开展的意见》，推动形成“以党内监督为主导，各司其责、协同互动、同向发力”的大监督工作格局，促进各类监督贯通融合。坚定稳妥正风肃纪反腐，从严执纪执法，全年立案95件、党纪处分95人，对“两个责任”落实不力问题问责5件次、处理干部30人。聚焦习近平总书记关于兵器行业发展重要指示批示精神以及履行强军首责、深化科技创新、打好“三大攻坚战”等做深做实政治监督，形成各类监督检查报告50余份，提出意见建议200余条，推动政治监督具体化、常态化。

【履行社会责任】 全面落实“三大攻坚战”部署，认真贯彻“三位一体”扶贫体系，定点帮扶对象黑龙江省甘南县提前脱贫“摘帽”，云南省红河县如期实现脱贫，江西省兴国县、吉水县等革命老区对口帮扶工作全面完成，各子集团和直管单位承担的地方扶贫任务全面完成。超额完成定点扶贫责任书目标任务，定点扶贫到位资金2249万元、完成计划的112%，引进资金503万元、完成计划的387%，培训基层干部1143人、完成计划的953%，培训技术人员1152人、完成计划的443%，购买贫困地区农产品1038万元、完成计划的399%，帮助销售贫困地区农产品1688万元、完成计划的225%，再次获得国务院扶贫开发小组定点扶贫成效评价最高等次“好”。深入贯彻绿色发展理念，全面完成节能减排指标，综合能耗、化学需氧量、二氧化硫、氮氧化物指标分别比上年下降9%、9%、16%、15%。坚决守住安全生产红线，安全生产形势连年保持稳定。《2019年度社会责任报告》获得中国社科院“五星佳”最高评级，连续九年获五星级以上最高评级，蝉联6次金蜜蜂优秀企业社会责任报告奖，《企业社会责任蓝皮书(2020)》获得五星级企业评价，社会责任发展指数评分居军工行业第一位。

面对突如其来的新冠肺炎疫情严峻考验，兵器工业集团全系统上下闻令而动、快速反应，第一时间听从习近平总书记号令，坚决落实党中央部署，以战时状态全力投入疫情防控阻击战，保证干部职工健康安全，支援全国抗疫大局，为抗疫斗争取得重大战略成果作出“兵器贡献”；第一时间成立应对疫情工作领导小组，加强对全系统疫情防控工作的统筹指挥，各级党组织强化组织领导，快速形成全面动员、全面部署、全面加强疫情防控的工作格局，实现疫情未蔓延、职工无病亡、驻外中方员工“零感染”；第一时间紧急捐赠3000余万元现金和防疫物资，全力驰援武汉保卫战、湖北保卫战，成立专项应急生产工作组，组织有关企业迅速转产扩产，累计生产口罩300余万只、负压救护车等100余辆、大型红外测温仪100余台、次氯酸钠7000余吨，统筹协调、畅通渠道、高效配送，及时保障一线急需；第一时间紧急承担国务院国资委“两机”专项任务，以战时状态、实战标准提前10余天完成口罩机、压条机研制并顺利转产。充分展现集中力量办大事、急国家之所急的“兵器速度”，有效发挥军工央企“压舱石”“顶梁柱”作用，集中彰显“把一切献给党”的人民兵工精神，得到国务院领导、中央赴湖北指导组、国务院国资委、武汉市等各方面的高度评价和充分肯定。兵器工业集团1名个人获得全国抗击疫情先进表彰，1个集体、3名个人获得国务院国资委中央企业抗击疫情先进表彰。

（撰稿人：白　滢）

中国兵器装备集团有限公司

【基本概况】 中国兵器装备集团有限公司(以下简称兵器装备集团)是中央直接管理的国有重要骨干企业，是国防科技工业的核心力量，是国防建设和国民经济建设的战略性企业。作为中国民族工业的摇篮和人民兵工的摇篮，肩负“强军报国、强企富民”使命，前身系第五机械部、兵器工业部、国家机械工业委员会。拥有重点企业和研发机构60多家，从业人员16万余人，形成以军品为核心，汽车为支柱，光电信息、输变电等特色隐形冠军为支撑的产业体系，培育出“长安”“建设”“保变电气”等一批具有广泛社会知名品牌。

【主要指标】 2020年，兵器装备集团资产总额3583.94亿元，所有者权益1293.81亿元；实现营业收入2377.37亿元，比上年增长18.41%；利润总额96.72亿元，比上年增长97.17%；净利润86.52亿元，比上年增长133.59%，主要经营指标均超额完成国务院国资委年度目标。

表 1　2020 年中国兵器装备集团有限公司主要经济指标

项　目	2019 年	2020 年	比上年增长(%)
资产总额(亿元)	3399.38	3583.94	5.43
所有者权益(亿元)	1203.81	1293.81	7.48
营业收入(亿元)	2007.80	2377.37	18.41
利润总额(亿元)	49.05	96.72	97.17
净利润(亿元)	37.04	86.52	133.59
归属于母公司所有者的净利润(亿元)	68.24	58.83	－13.79
技术开发投入(亿元)	120.11	138.37	15.20
利税总额(亿元)	138.64	227.83	64.34
应交税金总额(亿元)	114.65	159.26	38.91
全员劳动生产率[万元/(人·年)]	22.70	30.60	34.90
净资产收益率(%)	3.17	6.99	增加 3.82 个百分点
总资产报酬率(%)	2.14	3.38	增加 1.24 个百分点
国有资本保值增值率(%)	112.73	107.30	减少 5.43 个百分点

【改革发展】　全面推进 6 个方面 115 项改革任务，整体实现有序推进。针对改革中的重点、难点、突破点，组织 54 户企事业单位形成重点工作台账，明确全级次企业重点改革工作安排。全力推进改革三年行动实施方案落地执行，根据任务清单安排，全面完成 32 项年度任务。坚持“两个一以贯之”，持续完善中国特色现代企业制度，党组(党委)前置研究作用进一步加强，董事会建设不断深入，经理层作用充分发挥，监事会作用进一步增强。有序推动布局优化和结构调整，深入推进供给侧结构性改革，“处僵治困”任务全面完成。社会职能改革工作基本完成，超额完成国务院国资委考核任务。稳步推进混合所有制改革试点，着力健全市场化经营机制，深入推进薪酬体系改革，中长期激励扩面实施，“双百行动”“科改示范行动”等扎实推进。2 户企业进入“科改示范行动”，3 户“双百企业”综合改革持续深化；提质增效取得明显成效，资产负债率 64%，全级次亏损面 14.77%。加快推进 809 厂科创板 IPO 工作。完成股改和上市辅导，并将申报材料提交上海证券交易所审核。

兵器装备集团党组高度重视三项制度改革工作，要求“突出抓好市场化经营机制改革，在激活力增动力提效率上实现新跨越”，明确将三项制度改革作为改革三年行动方案的重要内容。坚持以《全面深化人事用工分配制度改革指导意见》为核心、以其他制度为辅助“1＋N”改革制度体系推进改革，制(修)订《关于推进经理层成员契约化管理和职业经理人制度的指导意见》《三项制度改革评估管理办法》等制度 10 余个。

【重大项目】　2020 年，兵器装备集团科技投入 154 亿元，占营业收入的 6.49%，研发投入 138 亿元，占营业收入的 5.82%，新产品贡献率保持在 50%以上，信息化投入 9.8 亿元。申请专利 3391 件，其中发明专利申请 1595 件、PCT 专利申请 26 件；授权专利 2762 件，其中发明专利授权 592 件。长安汽车参与主导的首项中国汽车多媒体国际标准《多媒体网络实例及要求》(ITU－TF.749.3)在瑞士日内瓦国际电信联盟(ITU)第 16 次研究组全体会议上顺利审议通过，并于 2020 年 8 月全球发布，为兵器装备集团在国际标准化领域争取更多话语权。

2020 年，兵器装备集团获得实际控制权的并购行为 1 项，围绕主业，消除风险隐患，体现中央企业担当，达到项目预期效果。严格按照国家及兵器装备集团有关规定，开展尽职调查，防范投资风险，调整交易对价。注重并购整合和提升企业管理能力，投后整合初见成效，做到“业务不断、队伍不散、干劲不减”。并购后注重加强党组织建设，企业形象大幅提升。标的公司业务高效运转，经营规模和利润达到预期。

【走向海外】　2020 年，兵器装备集团国际业务收入 147.9 亿元，比上年增长 25%，实现稳境外、稳外贸、稳外资的年度目标。14 家境外企业(机构)营业收入 9.2 亿元，比上年增长 37%；外贸出口交货值 138.7 亿元，比上年增长 24%。存量合资企业 33 家，新增合资企业 1 家，吸引外资 7000 万元。其中光明派特贵金属二次回收及综合利用技术吸引日方增资 6400 万元，南方光明非球面业务吸引日资和韩资入股，共同成立合资公司，引入外资600万元。

【重大创新】 编制“十四五”科技创新规划，构建科技创新平台体系，确定未来五年集团公司科技创新发展重点任务，诠释世界一流科技企业集团内涵。大力实施《核心技术自主创新工程专项（2020版）》，突破智能网联汽车云计算、高热效率汽油机、高强度微晶玻璃等4项关键核心技术，研发±800kV柔性直流变压器、大口径硫系红外玻璃等4款新产品。完善《核心技术自主创新工程专项》，梳理各领域需完善的核心技术重点方向和主要任务，提出180项核心技术和197项重点新产品，为“两圈一新”产业圈发展提供核心技术和新产品支撑。出台印发《重点攻关任务管理办法》，统筹推进重点攻关任务实施，进一步加强重点攻关任务的资源保障力度与自主创新激励力度。修订发布《科技创新成果激励办法》，激励成员单位聚焦国家重大战略需求和集团产业转型升级的“卡脖子”难题，不断推出国家级科技成果、高价值专利和高水平标准。全面落实《企事业单位领导人员绩效管理办法》，坚持创新引领，突出强军首责，结合企业功能分类，聚焦关键核心领域，精准提炼高质量发展指标，科学设定目标值，逐步构建科学有效的科技创新绩效考核体系。

【党建工作】 深入落实“中央企业党建巩固深化年”部署，扎实履行管党治党责任。深入学习贯彻习近平新时代中国特色社会主义思想，强化创新理论武装，政治站位进一步提高。坚持全面系统学。组织党员干部全面系统学习习近平新时代中国特色社会主义思想，对《习近平谈治国理政》（第三卷）、党的十九届五中全会、《中国共产党国有企业基层组织工作条例（试行）》等的学习贯彻制定方案、作出安排。坚持聚焦重点学。党组带头拓展延伸学，开展专题研讨和主题调研，聚焦党章、组织工作条例和习近平强军思想等开展专题研讨，全年两级中心组学习560余次、研讨170余次，切实发挥“风向标”和“排头兵”作用。坚持联系实际学。“中央企业党建工作标准化体系化建设课题研究”获得中央企业党建思想政治工作2020年度优秀课题研究成果二等奖，以党组名义撰写题为《在构建新发展格局中发挥国有企业战略支撑作用》的文章并向《学习时报》投稿。坚持党的全面领导、加强党的建设，党组（党委）把方向、管大局、促落实作用充分发挥。注重把党的领导融入公司治理。坚决落实“两个一以贯之”要求，全面推进“双向进入、交叉任职”领导体制，符合条件的企业完成率100％。切实强化基层夯实基础。指导督促12家企事业单位党委按期换届，应换率100％。组织对二级企事业单位党建现场检查，采取“443”模式组织开展党委书记述职。探索实施“1＋6”党建融合体系，建立科研技术、生产制造等六类党支部融合清单，党建融合效果充分显现。深化落实意识形态责任制。贯彻落实《党委（党组）意识形态工作责任制实施办法》，党组专题研究意识形态工作3次。全面加强舆情管理，全年网络媒体报道61.8万篇，比上年增长497.5％。

持之以恒强化作风建设，坚决纠治“四风”。聚焦形式主义官僚主义老问题、新表现进行全面检视，制定《持续整治形式主义突出问题进一步为基层减负工作方案》，明确23条具体措施。总部发文比上年减少15％，全系统召开会议比上年减少11.3％。持续开展作风建设专项检查，紧盯履职待遇、业务支出、财务报销等重点环节。全年全系统查处违反中央八项规定精神问题27件，处理39人，其中给予党纪处分16人。深入整治“靠企吃企”顽症，一体推进不敢腐、不能腐、不想腐。精准监督执纪，2020年处置问题线索217件，立案49件，给予党纪政务处分68人。开展境外腐败、利益输送、设租寻租和化公为私问题专项整治。持续开展领导人员亲属和特定关系人所办企业与本企业业务往来专项整治。聚焦物资采购和废旧物资处置领域开展专项整治。通过专项整治，修订制度、制定防控措施，进一步完善廉洁风险防控体系。开展两轮内部巡视，巡视19家所属单位党组织，发现领导干部问题线索24件。所属单位巡察基层党组织151个。强化警示教育，推动以案促改。召开全系统警示教育大会，通报近年来查处的8起典型案件，做到以案为鉴、以案明纪。

【信息化建设】 业务管控信息化基础进一步夯实，管控效率和科学决策水平逐步提高。累计建设各类应用系统45个，战略管控信息化业务146项中覆盖102项，覆盖率70％。大力推进工业和信息化部国家级“两化”融合贯标试点示范，75%的企业达到综合集成水平。智能制造能力在兵器装备集团履行央企“压舱石”“顶梁柱”职责、助力经济复苏中作用凸现。通过视频会议、在线协同办公及时传递党中央、国务院关于疫情防控和复工复产决策部署，落实各项工作要求。新业态新模式不断催生，促进传统制造业向制造服务业转型。积极布局智能驾驶、共享出行、智能光电、智慧城市、智慧金融、智慧物流等领域，智能网联汽车累计销售140万辆。网络安全工作主体责任进一步夯实，网络安全防护能力显著提升。

【履行社会责任】 坚持绿色发展，着力构建可持续发展模式，推进产业结构调整，健全节能减排管理体系。全年万元工业总产值（可比价）综合能耗0.02374吨标准煤，比上年下降19.41%；按可比价计算，实现节能量7.66万吨标准煤，二氧化硫、化学需氧量、氨氮、氮氧化物排放量分别比上年下降44.81%、29.08%、34.54%、32.97%，绿色制造能力持续提升。

认真贯彻落实党中央、国务院脱贫攻坚决策部署，站在讲政治的高度推动精准扶贫工作，在教育、产业、民生等领域下功夫、做文章、求实效，获得“全国脱贫攻坚先进集体”“全国脱贫攻坚先进个人”等多项称号。向云南省泸西县、砚山县投入定点扶贫资金4200万元，引入帮扶资金15.66万元，消费扶贫766.8万元，帮助两县持续巩固脱贫成果，进一步夯实乡村振兴基础。

（撰稿人：张　玲）

中国电子科技集团有限公司

【基本概况】 2020年，中国电子科技集团有限公司（以下简称中国电科）坚持以习近平新时代中国特色社会主义思想为指导，增强“四个意识”、坚定“四个自信”、做到“两个维护”，坚决贯彻习近平总书记重要指示批示精神及党中央、国务院、中央军委重大决策部署，突出“军工电子主力军、网信事业国家队、国家战略科技力量”使命定位，聚焦电子装备、网信体系、产业基础、网络安全四大板块发展，突出政治引领，突出科技创新，突出深化改革，突出风险防控，改革发展和党的建设取得显著成绩，开创中国电科高质量发展新局面。

【主要指标】

表1　2020年中国电子科技集团有限公司主要经济指标

项　目	2019年	2020年	比上年增长（%）
资产总额（亿元）	4030.68	4516.10	12.04
所有者权益（亿元）	2073.89	2326.31	12.17
营业收入（亿元）	2276.23	2367.49	4.01
利润总额（亿元）	222.22	251.64	13.23
净利润（亿元）	201.49	223.24	10.79
归属于母公司所有者的净利润（亿元）	120.38	129.69	7.73
本年科技支出（亿元）	441.15	456.50	3.48
应交税费（亿元）	107.31	123.71	15.28
全员劳动生产率[万元/（人·年）]	38.39	42.77	11.41
国有资本保值增值率（%）	108.59	109.41	增加0.82个百分点

【改革发展】 积极推进国企改革三年行动，在优化主业布局、市场化经营机制建设等10个方面确定56项重点任务129项改革举措，取得系列进展。一是抓好改革专项工程。以“双百企业”“科改示范企业”为牵引，在深化混合所有制改革、健全市场化经营机制和考核机制等方面发力攻坚，探索更灵活、更有效的改革方案，充分激发创新活力动力。二是强力推进总部“去机关化”。按照突出党的领导、突出强军首责、突出网信主业、突出创新驱动、突出精简高效的“五突出原则”，完成总部组织机构改革，实现“四减少一提升”，减少部门总量、处室数量、编制数量、领导职数，机构职能更加优化协同高效。三是提速破局研究院所改革。理顺研究院所与子集团关系，对研究院

所、子集团实施分类考核，强化研究院所军工任务承载平台和科技创新主体作用，突出产业公司科技成果转化和民品产业发展作用，推动研究院所与产业公司的协同发展。选取自主可控责任大、军工任务占比高、研究所独立发展能力强的领域开展专业研究院试点，整合54所等5家研究所资源组建网络通信研究院。四是稳步推进布局优化调整。优化集团业务资源配置，大力推进专业化重组整合。整合智慧城市、数字化服务等领域优势资源，将智慧院、海南社会管理信息平台等机构、项目并入电科太极，将雅迅公司划转至电科数字，推动无锡先进技术研究院与中科芯一体化运行。五是持续推动薪酬分配制度改革措施落地。落实"一适应两挂钩"工资总额分配要求，坚持工资总额与效益增长相匹配。批准2家成员单位实施工资总额备案制管理。

【重大项目】 重大工程、重大项目方面，突出强军首责，全面完成重点军工任务，全力支撑重大演习演练、重大军事活动保障任务，推动装备体系建设实现新跨越。圆满完成北斗三号、嫦娥五号等航天发射保障任务30余次，助推航天强国建设取得新成绩；支撑天问一号奔向火星。聚焦产业链供应链薄弱环节，深化产融结合，加快推进优势资源向重点领域集中，推动产业体系优化升级。在安防电子、信创、射频电子等领域保持行业领先。打造全信创产业链，大力拓展信创市场，党政信创市场合同总额100余亿元，居全国同行业首位；海康威视蝉联"全球安防50强"第一名。针对自主发展集成电路等国家战略急需，研制的离子注入机、CMP等高端装备在主流制造企业得到实际应用，材料公司碳化硅材料产业基地建成投产，研制的5G功率器件、射频器件等产品实现国产化替代。加速培育5G应用、人工智能、物联网、北斗应用等产业，牵头实施中央企业网络安全保障工程，完成97家中央企业总部全接入，全面提升中央企业网络安全防护能力，承建国家政务服务平台及"互联网+监管"系统等，新型智慧城市建设模式向北京、成都等地推广。重大科技专项方面，承担多项国家重大科技攻关工程，推进核高基等重大任务，多项重大工程中承担项目数量位列中央企业第一，部分关键核心技术实现从跟跑向并跑、领跑的跨越，一批关键核心技术取得突破，成功发布申威某型CPU，研制完成某型服务器并批量生产，在某大数据工程中率先使用；亿门级FPGA贯通自主设计流程并实现流片；高性能DSP芯片整体性能比肩国际领先水平，完成全芯片前端设计及系统验证；某型空间行波管在型号上配套应用，推动我国通信卫星载荷核心技术的进步。

【走向海外】 进一步完善国际市场体系，构建国际业务云平台1.0，实现海内外国际化经营数据连通、信息互通、资源相通，形成中国电科内部业务合作链。完善国际市场布局，拥有境外机构138个。创新光伏"走出去"模式，探索海外"EPC+融资"模式，成功与土耳其Kalyon集团进行光伏产业园项目合作，光伏生产线建设项目一期合同生效1.07亿美元，印度200MW电池生产线项目实现满产满销。军贸市场亮点纷呈，取得显著市场成效。国家信息化"走出去"实现项目落地，印度尼西亚大数据解决设备及施工采购生效。

【重大创新】 面向世界科技前沿，加快推进第三代半导体国家技术创新中心等国家级创新平台建设。牵头11家中央企业建设中央企业某创新联合体，深入推进144项重大攻关任务。获得国家奖12项，"空警—500预警指挥机"获得国家科技进步一等奖，首次实现连续三年牵头项目获得国家一等奖，获奖数量居十大军工集团前列；获得国防奖55项，"某多功能地基相控阵雷达"获得国防科技进步特等奖，首次连续两年获得国防特等奖。发布国际标准3项、国家标准9项、行军标50项，在研标准431项，其中在研国际标准15项。

【党建工作】 落实"中央企业党建巩固深化年"要求，坚持以党的政治建设为统领，层层压实全面从严治党主体责任。一是增强"两个维护"的思想自觉。坚持深学细悟习近平新时代中国特色社会主义思想，邀请权威专家开展专题解读，努力做到掌握精髓、融会贯通。开展党的十九届五中全会精神专题学习，党组成员带头深入成员单位宣讲，进一步增强躬身践行的思想自觉。二是强化贯彻落实的行动自觉。健全完善学习贯彻习近平新时代中国特色社会主义思想和习近平总书记重要指示批示精神"第一议题"制度，组织编写习近平总书记关于强军兴军、科技创新、网络强国、国企改革和党的建设等重要论述摘编，对表对标，查找不足，切实抓好贯彻落实。三是坚持党建和生产经营深度融合，始终坚持大抓基层的鲜明导向，持续推进党建和业务工作相互促进、融合发展，持续提升“两个覆盖”的质量。四是坚持不懈推进党风廉政建设和反腐败工作。不断强化党内监督，修订落实全面从严治党主体责任清单，制定“一把手”抓好“一把手”实施办法，压实各级党组织管党治党主体责任。修订贯彻落实中央八项规定精神实施意见，巩固深化整治“四风”和“不忘初心、牢记使命”主题教育成果。认真抓好中央巡视整改和境外腐败、利益输送、设租寻租、化公为私专项整治及军工项目经费专项治理，对12家成员单位党委开展常规巡视。

【信息化与数字化建设】 以“数字电科”建设为抓手，加强中国电科信息化建设。管理信息化方面，不断完善“横向到边、纵向到底”的管控信息系统布局，全面推进合同管理、差旅平台、企业三档等9个系统论证建设、上线运行，持续加强WE、“三重一大”、财务信息化、视频会议等12个系统功能优化。信息基础设施方面，网络、数据中心集约化建设初具规模，完成电科“全网通”一期、二期建设；对北京蓝网数据中心进行云化改造，建设银川数据中心。网络安全方面，实现网络安全整体保障模式从探索创新到落地应用，成立网络安全运营中心，组织将总部和成员单位307个网站和733台重要主机纳入统一防护；连续三年组织中国电科网络安全大赛与培训。落实上级专项任务方面，保质保量完成上级机关专项工作部署，落实国务院国资委国资监管信息化建设要求，完成相关系统和平台建设，高分通过现场验收评估。

【履行社会责任】 全面超额完成扶贫责任书指标。坚持“志智双扶”，持续打造“综合党建＋特色产业＋志愿服务”的特色工作模式，通过精准实施产业发展、促进就业、拉动消费、医疗保障、民生工程等多项帮扶举措，助力定点扶贫的四川省叙永县、陕西省绥德县提前脱贫“摘帽”，组织全系统开展帮扶工作，助力地方42个乡村帮扶工作有效完成。在国务院2020年帮扶工作考核中，中国电科连续第二年被评价为“好”，中国电科10所脱贫攻坚工作组被评为“全国脱贫攻坚先进集体”。社会责任报告连续八年获得社科院“五星卓越级”评价；2个精准脱贫案例入选《中央企业社会责任蓝皮书》。

积极贯彻落实党中央、国务院关于疫情防控工作决策部署，在做好自身疫情防控的同时，发挥信息技术优势，全力服务抗疫战“疫”。一是服务数字抗疫。牵头承担国家卫健委疫情大数据专班工作，构建跨部门数据共享机制，迅速研发上线“一网畅行”疫情防控与复工复产大数据系统，服务32亿人次，为有关国家部委和省（自治区、直辖市）疫情防控指挥部提供数据保障和决策支持。二是助力科技战“疫”。面对防疫物资紧缺形势，第一时间启动科研攻关、应急生产，推出红外测温系列产品，应用于中央国家机关和医院、地铁、火车站等公共场所。研发上线“电科智驭”无人机智能管控系统，为武汉一线医护人员配送防疫物资提供有力保障。疫情防控大数据攻关团队和何文忠分别被授予“全国抗击新冠肺炎疫情先进集体”和“全国抗击新冠肺炎疫情先进个人”称号。

（撰稿人：蒋晓琳）

中国航空发动机集团有限公司

【基本概况】 中国航空发动机集团有限公司（以下简称中国航发）是中央直接管理的军工企业，由国务院国资委、北京国有资本经营管理中心、中国航空工业集团有限公司、中国商用飞机有限责任公司共同出资组建。2020年，中国航发以习近平新时代中国特色社会主义思想为指导，深入学习贯彻习近平总书记对航空发动机事业的重要指示批示精神，牢固树立“四个意识”、坚定“四个自信”、做到“两个维护”，加快自主创新战略转型，加快高质量发展步伐，咬定目标、紧抓快赶，保军促产、降损增收，实现疫情防控和科研生产双统筹、双胜利，顺利完成全年各项任务，如期实现“十三五”主要目标，向建成世界一流航空发动机集团的远景目标迈出坚实的一步。

【主要指标】 2020年，中国航发实现营业收入

546.7亿元，主业收入占比90.6%；利润总额31.7亿元；净利润26.3亿元；经济增加值(EVA)14.5亿元；成本费用总额占营业收入的95.1%。

表1　2020年中国航空发动机集团有限公司主要经济指标

项　目	2019年	2020年	比上年增长(%)
资产总额(亿元)	1593.4	1605.8	0.78
所有者权益(亿元)	938.9	997.3	6.22
营业收入(亿元)	494.4	546.7	10.58
利润总额(亿元)	28.3	31.7	12.01
净利润(亿元)	23.2	26.3	13.36
归属于母公司所有者的净利润(亿元)	15.0	16.1	7.33
技术开发投入(亿元)	138.6	168.6	21.65
利税总额(亿元)	39.0	43.0	10.26
应交税金总额(亿元)	10.9	11.3	3.67
全员劳动生产率[万元/(人·年)]	25.5	27.6	8.24
净资产收益率(%)	2.6	2.7	增加0.1个百分点
总资产报酬率(%)	2.4	2.3	减少0.1个百分点
国有资本保值增值率(%)	102.7	102.7	与上年持平

注:因统计口径变化,表中全员劳动生产率2019年数据与上一年度发布的不完全一致。

【改革发展】　坚持聚焦主业，全面深化改革，制定落实国企改革三年行动实施方案，确立集团深化改革施工图；推动直属单位制定本单位改革实施方案，实现二级单位方案制定全覆盖。深入推进“双百行动”，完成中国航发南方宇航混合所有制改革，吸引外部投资10.05亿元并让渡控股权，解决企业负债偏高、机制不活等发展“瓶颈”；变革中国航发商发激励机制，全面薪酬体系基本建成，员工满意度大幅提升，典型经验入选国务院国资委《改革尖兵：国企改革“双百行动”案例集》。全面完成“三供一业”、市政社区管理等职能分离移交以及教育医疗消防机构改革任务，提前完成厂办大集体改革年度目标，6000余名在职职工全部完成安置。推动航材院有限公司、青岛云路“科改示范行动”，试行经理层任期制和契约化管理。大力推进亏损企业治理，集团全级次亏损户比上年减少10户，亏损额减少2.47亿元，3家中央企业重点亏损子企业提前一年实现扭亏。

深入践行人才强企战略，聚焦人才结构调整、薪酬分配改革、优秀年轻人才培养等重点任务，大力推进组织人事制度改革。一是深入推进组织机构优化和“三定”工作。坚持“一企一策”制定各单位实施方案，明确职能和业务支持部门数量，严格压减管理层级，严控领导干部职数；建立“人才共享”机制，实现所属单位用工内部调剂，解决部分单位人才紧缺难题。二是深入推进人才体制机制改革。持续深化总设计师专职化改革，实施优秀年轻副总设计师选配计划，为多个型号选配年轻副总设计师；建立“1+X”引才模式，引进高校教授团队深度参与航空发动机研制；破除“论资排辈”，优化“绿色通道”“重点型号任务专项支持计划”等优秀年轻人才特殊支持政策。三是深入推进薪酬分配改革。完善工资总额预算管理方式，实行工资总额和人工成本“双指标”预算管理；推动实施石墨烯产业人才激励，开展科技成果转化奖励和科技型企业股权激励工作，中长期激励工作实现“破冰”。

【重大项目】　型号研制工作成绩显著。军用航空发动机方面，重点型号研制加速推进，多型发动机实现立项、鉴定、首飞。民用航空发动机方面，中法联合研制的涡轴-16发动机取得中国民航局颁发的生产许可证，为进入市场奠定基础；长江-1000、宽体客机动力等民用涡扇发动机，以及AES100民用涡轴发动机和AEP500民用涡桨工程验证机研制取得积极进展。燃气轮机方面，“三轻一重”国家能源局燃气轮机创新发展第一批示范项目取得阶段性成果，QD 70B燃机累计运行3500小时，QD 185燃机累计运行1900小时，QD 280燃机安阳项目完成72小时考核试验，R0110重型燃机改进研制完成总装下线。

投融资业务方面，加大对航空发动机及燃气轮机核心主业的投入，推动企业持续健康发展。开展相关产业基金投资，新增产业基金出资1.58亿元，带动所设基金募资16.7亿元，产融结合促进产业链、供应链加速发展。大力推进青岛云路科创板首发上市，完成上市辅导并达到验收标准。确定航发控制非公开发行股票方案，完成资产重组。

【走向海外】 面对新冠肺炎疫情冲击和国内外风险挑战明显上升的复杂局面，中国航发坚持以“保重要任务，保必要交流”为核心，积极稳妥实施“走出去”战略，聚焦主业、精准施策，持续开展国际交流合作，邀请外国专家开展涡轴—16、长江—1000AX、长江—2000等重点型号试验试飞和培训等工作。积极利用线上交流渠道，与赛峰公司、霍尼韦尔公司等战略合作伙伴召开高层会议，大力维护畅通双边合作交流。

【重大创新】 扎实推进基础和预先研究，完成“十四五”和2035年前基础预研技术发展规划论证，初步建成基础和预研技术发展体系，部分重点项目取得阶段性成果。持续加大自主研发投入，聚焦科研生产任务急需和未来航空动力技术发展开展创新项目研究。加强前沿科技布局，瞄准未来航空发动机智能化、数字化发展趋势，在智能发动机、航空发动机数字化工程等重点方向开展项目策划论证，努力推动项目立项。深入推进产学研合作，进一步扩展战略合作版图，深化创新中心合作内容，搭建科技创新协同平台，推动信息共享。

全面推进中国航发运营管理体系（AEOS）建设，召开首轮全覆盖的分片区推进会，组建AEOS综合推进团队，建立考核与评先机制，加强计划与沟通管理；强化建用结合，初步建立AEOS子体系总师系统与型号总师系统协同机制，加速体系建设成果在型号项目中的应用。积极开展管理创新工作，优化管理创新成果评价机制，加强过程管控，28项成果获得国防企协成果奖。

【党建工作】 强化政治引领，坚定不移贯彻落实习近平总书记重要指示批示精神，严格执行向党中央请示报告制度，以实际行动践行“两个维护”。巩固深化“不忘初心、牢记使命”主题教育成果，创新开展“学创新理论、解发展难题”工作。坚持强基固本，完善党建“铸心”工作体系，以“年初出题、年中督导、年底考核”的推进模式，层层压实党建责任。打造党建区域协作平台，建立党员教育“三级培训”机制，形成“区域共建、经验共享、优势互补、融合互促”党建工作局面，实现“支部全面达标、示范全面覆盖、质量全面提升”阶段目标。成立509支“铸心”新长征党员突击队，实现党建、业务“双关注、双促进”。强化宣传引导，建立“54321”宣传体系，开展“铸我中国心”主题文化活动，品牌影响力不断扩大。强化凝聚培塑，举办首届班组建设论坛，召开首次青年工作会，实施“暖心”工程，给予广大干部职工家人般关心和温暖。

持续深化全面从严治党，健全完善集团监督体系，着力构建大监督格局。加强政治监督，紧盯贯彻落实习近平总书记重要指示批示精神、重大工程实施等重点事项开展监督检查，启动集团第二轮内部巡视，推动直属单位开展巡察工作，进一步发挥巡视巡察利剑作用。深入开展日常监督，围绕廉洁风险领域多次开展专项监督检查。坚定不移推进作风建设，持之以恒纠治“四风”。坚决有效惩治腐败，精准运用“四种形态”，严肃查处违规违纪问题。深化以案示警、以案促改，建立党风政风通报机制，及时通报有关问题；召开专题警示教育大会，紧盯“一把手”和关键岗位开展集体谈话、廉政谈话，深化开展“送警示教育到基层”，教育引导各级党员干部筑牢思想防线。

【信息化与数字化建设】 持续推进数字化转型，启动两级数据中心建设，完成主数据框架定义及部分设计数据标准的建立，大力推进高性能计算能力建设，多厂所协同研制平台取得阶段性突破，首次打通航空发动机全生命周期XBOM间的数据关联关系。坚持战略引领，编制《数智航发2035规划》及分领域建设指南，制定信息化“十四五”规划，成立数据管理工作组和联合实施团队，建立信息化专家库。积极推进信息化与AEOS建设深度融合，组建AEOS综合推进团队IT组，持续完善集团IT架构，加快构建数字化协同环境，推动数字化建设取得应用实效。

【履行社会责任】 坚决贯彻落实党中央关于打赢脱贫攻坚战的部署要求，认真履行中央企业脱贫攻坚责任，积极参与贵州、四川、湖南、陕西、辽宁等地的脱贫攻坚工作。截至2020年底，直接投入帮扶资金1.38亿元，帮助引进资金1.34亿元，消费扶贫899万元；引进扶贫企业34家，建立和帮扶农村合作社42个，开展扶贫项目144项，先后帮扶18个贫困村脱贫“摘帽”，帮助脱贫人口3477人。积极参与国务院国资委组织的“工装援疆”行动，3年订购意向13万余套。切实履行环保责任，2020年节能环保投入1.89亿元。发布社会责任报告，全方位展现中国航发在责任管理和责任实践方面进行的探索和取得的成果，在中国社科院发布的2020年企业社会责任发展指数中，中国航发得分居军工行业前列，《百团大战　以新铸心》作为优秀案例入选《中央企业社会责任蓝皮书（2019）》科技创新篇。

（撰稿人：蒋都辉）

中国融通资产管理集团有限公司

【基本概况】 中国融通资产管理集团有限公司（以下简称中国融通集团）于2019年3月27日在北京挂牌成立，是中央直接管理的商业类国有独资公司，由国务院国资委履行出资人职责，经营范围主要涵盖房地产、农业、酒店及旅游业、商业服务、资源回收利用、科技服务、医疗健康、安保服务、财务、保险等产业领域。

2020年，中国融通集团认真贯彻习近平总书记关于公司组建发展重要指示批示精神，深入落实年度工作会议重要工作部署，围绕“培育世界一流军队资产管理公司、助力世界一流军队建设”的总目标，坚持稳中求进工作总基调，以高质量发展为主题，以提质增效专项行动为抓手，努力克服疫情不利影响，抓住重要工作节点，瞄准重大目标任务，积极推动公司组建、资产接收、运营管理等各项工作，推动资产管理工作转型升级，全面完成国务院国资委考核及预算目标，经营发展呈现稳步前行、逐步向好、不断升级的态势。

【改革发展】 坚持新时代党的组织路线，坚决贯彻落实中国融通集团党组各项决策部署，围绕组建运营主线，以引进人才和育强人才为重点，以管理提升和效能提升为目标，以机制建设和队伍建设为抓手，稳步推进各项工作开展。

全面推进国企改革三年行动。深入贯彻落实党中央、国务院关于积极发展混合所有制经济的决策部署，制定印发《关于积极稳妥推进混合所有制改革的指导意见》，为中国融通集团积极稳妥开展混合所有制改革做好政策准备；成立全面深化改革领导小组，立足公司组建发展实际，制定印发《落实国企改革三年行动实施方案（2020—2022）》，明确中国融通集团三年改革的路线图、时间表；印发《落实国企改革三年行动2021年重点工作推进计划》，召开落实国企改革三年行动工作部署推进会，宣传贯彻中国融通集团《落实国企改革三年行动实施方案（2020—2022）》，动员部署2021年重点工作任务。

规范集团公司招聘工作。完善制度建设，印发《中国融通资产管理集团有限公司员工招聘管理办法（试行）》；立足业务发展需要，进一步拓宽选人用人视野和渠道，加大高层次人才选拔力度，组织开展中国融通集团首次子公司中层领导社会招聘工作。

持续加强领导班子建设。加大企业化人才使用力度，进一步加强培养锻炼、交流挂职，优化队伍结构，着力提升班子整体合力；强化调查研究，开展子公司（筹备组）干部人才队伍调研，进一步摸清情况，服务子公司组建运营，为班子建设打好基础，党组管理的二、三级单位班子摸底全覆盖；进一步加大培训力度，在系统调研和广泛征求意见基础上，制定实施中国融通集团2021年度员工培训计划。

贯彻落实企业经理层成员任期制和契约化管理的决策部署。印发《关于开展子公司领导班子成员任期制和契约化管理的通知》，在前期组建成立的3家子公司中开展领导班子成员任期制和契约化管理工作，推动建立健全市场化经营管理机制、激发企业活力。

健全完善工资总额管理机制。根据中央企业工资总额管理要求，结合公司组建运营和资产接收实际，研究起草中国融通集团工资总额管理办法，在2019年、2020年开展工资总额预算和清算的基础上，研究建立与劳动力市场基本适应、与企业经济效益和劳动生产率挂钩的工资决定和正常增长机制，逐步开展薪酬对标工作，搭建市场化薪酬激励体系。根据中国融通集团发展实际，研究建立薪酬市场对标体系，结合有关政策，总结前期开展提质增效工作的相关经验，研究探索特殊骨干人才协议薪酬试点工作措施和工资总额对超额利润分享激励的支持政策，逐步提升薪酬水平市场竞争力。

稳步推进“总部机关化”专项化治理。持续推进专项治理，在年度考核中体现基层企业对总部服务评价，纳入年度考核指标；严格落实国务院国资委监管信息化建设“三年行动计划”，加快推进集团管控信息化建设；从源头抓起，指导新注册成立子公司机构设置体现“去机关化”。

【党建工作】 坚持党建工作与经营发展同谋划、同部署、同推进、同考核，确保党的领导、党的建设在公司组建全过程中得到体现和加强。

强化理论武装。始终把学习贯彻习近平新时代中国特色社会主义思想和习近平总书记重要指示批示精神作为“第一议题”，建立完善“不忘初心、牢记使命”长效机制，深入组织开展学习《习近平谈治国理政》第三卷、党的十九届五中全会精神，持续跟进学习习近平总书记最新重要讲话精神，切实增强“四个意识”、坚定“四个自信”、做到“两个维护”；稳步开展党建宣传工作，传承弘扬红色基因。

抓实“三基”建设。紧跟公司组建步伐，相继成立21个党委、194个党支部，完成地产、农发、旅发公司“两委”选举，党的组织体系基本实现全覆盖。健全党建工作考核机制，实现党建考核与经营业绩考核、领导人员综合评价有机衔接；印发《党组巡视工作办法》《党支部工作手册》等制度办法20项，党建制度体系逐步完善；遴选17个支部开展标准化、规范化建设试点；统筹推进群团组织建设，积极开展群团活动。

加强队伍建设。坚持把政治标准摆在首位，加强各级领导班子选配，大力发现培养优秀年轻干部，干部队伍规模逐步壮大、结构持续优化；加强学习型组织建设，举办“融通大讲堂”系列培训24期，9000余人次参训。组织党组织书记、党务干部培训班，线上线下累计培训600余人次，组织开展2期党员发展对象培训班，培训党员发展对象和入党积极分子130余人。

强化正风肃纪。中国融通集团党组率先垂范，向全系统作出“四个决不”公开承诺，自觉接受干部职工监督；坚持“三不”一体推进，紧盯选人用人、项目招租、物资采购等廉洁风险点，加强监督执纪问责，及时处置问题线索，持续释放初始即严、全面从严、一严到底的强劲信号。

【信息化与数字化建设】 深入践行中国融通集团党组“信息化先行一步”的指示要求，“建网、保网、增容、扩机”，创造“平均每周上线一个新应用”的融通速度，全面支撑各项工作正常开展。建立“三个机制”，树立“全员参与、协同高效、持续改善”的精益管理理念；建立中国融通集团网信办季度例会制、信息化工作月度协调制、重点项目报备审批制；建设“三级制度体系”，推进“方针政策、制度规范、操作指南”三级制度体系，修订、新编信息化管理、网络安全管理、信息系统建设、科技成果转化等制度21项；推进“全流程、全链条”监督，坚守不发生重大风险底线，认真评估研判信息化项目财务风险、实施风险、运维风险，突出规章制度、项目合同、重大决策的法律审核和专家把关；促进信息化与业务融合，推进人、财、运等信息系统平台化、专业化和规模化建设，实现业务规范化、透明化、阳光化运营，支撑经营管理和产业转型升级；统一基础数据标准，推动数据治理体系与数据治理平台规划论证，创新数据融合分析与共享交换机制，推进集团内部业务数据互联互通，促进以数字化为支撑的管理变革；落实网络安全管理责任，完善技术手段，加强应急响应保障，未发生网络安全事件。

【履行社会责任】 努力构建装备维修、资源开发、科技创新、战略性新兴产业、基地综合保障、贸易、会议、差旅、商业、物流、保险、培训等后勤服务保障体系，在实现国有资本保值增值的基础上，积极参与国防与军队建设，为实现“两个一百年”奋斗目标贡献融通力量。

为军服务扎实推进，履行强军首责。充分发挥军地互融互通平台作用，统筹利用自身资源和社会力量，为军队后勤建设提供专业化、体系化、集约化的保障，主动开展为军惠军服务，助力部队战斗力提升。“八一”前夕，发布实施《酒店行业为军惠军服务实施意见》及一揽子优惠措施，积极稳妥推进酒店行业面向全军单位、惠及全军官兵的服务政策，赢得广大官兵好评。

抗疫大战挺身而出，充分展现中央企业使命担当。面对突如其来的新冠肺炎疫情，中国融通集团第一时间成立集团公司疫情防控领导小组和武汉前线指挥部，紧急调配刚刚接收的酒店、房地产等资产，全力做好武汉市及湖北省抗疫一线服务保障，在鄂单位干部员工立下"不问生死、不计报酬"的铮铮誓言，承担11支援鄂医疗队和当地医院6338名医护人员的服务保障任务。全系统累计服务保障2.7万多名军地人员，落实国务院部署减免租金让利6.4亿元，干部员工"零感染"。在惊心动魄的抗疫斗争中，中国融通集团许党报国为民的政治本色充分彰显，得到军地各方的充分肯定，全系统一批抗疫先进个人和先进集体分别获得中央及国务院国资委党委、有关省(市)表彰。武汉梅园宾馆筹备组夏华峰被评为"全国抗击新冠肺炎疫情先进个人"。中国融通旅业发展集团有限公司被评为"中央企业抗击新冠肺炎疫情先进集体""中央企业先进基层党组织"；武汉区域管理公司刘一帆、融通地产湖北公司肖梦云、武汉中南花园酒店筹备组张秋霞被评为"中央企业抗击新冠肺炎疫情先进个人"。武汉区域管理公司被评为"湖北省抗击新冠肺炎疫情先进集体"；武汉中南花园酒店被评为"2020武汉战役援汉医疗服务保障优秀接待酒店"。

圆满完成全国两会服务保障重大任务。所属在京酒店承接2020年全国两会服务保障，会议期间严格执行闭环管理规定，全面细致落实各项防控措施，各酒店高标准、高质量完成保障任务。疫情防控和保障工作在央视新闻等多个媒体予以报道，赢得政治效益、品牌效益。

狠抓安全环保责任落实，防范化解重大安全风险。坚持从政治和全局高度认真做好安全环保工作，在资产接收和运营中坚持"安全第一、预防为主、体系筹划、综合治理"原则，着力规范制度建设、完善责任体系、加强风险管控、堵塞监管漏洞、提升全员意识、营造安全氛围，实现安全生产形势总体平稳可控。健全组织体系，成立中国融通集团安全环保委员会、指导各单位成立安全环保工作领导机构，细化责任，明确分工，推动安全环保各项工作落实。全面排查整治，制定《安全生产专项整治三年行动方案》，开展安全隐患全面排查，建立隐患排查治理机制，实现从隐患排查、治理、销号等全过程"闭环"管理。完善制度体系，指导所属3家新组建子公司结合实际制定安全环保制度20余项，初步建立安全环保制度体系。培训增强队伍，组织开展安全生产法制教育宣传和"安全生产月"活动，举办企业主要负责人和安全生产管理人员安全生产教育培训，全年指导各子公司培训351场6600余人次，开展应急救援演练471场1.1万人次。

助力打赢脱贫攻坚战，贡献央企力量。中国融通集团积极参与消费扶贫专项行动，通过"央企消费扶贫平台"采购商品，为中央企业消费扶贫奉献力量。融通地产上海、江苏公司积极参与教育扶贫；融通地产福建公司为所在地贫困地区的承租户减免租金，湖南怀化君达怀荣宾馆有限责任公司聘用当地贫困地区人员，实现帮扶脱贫。

（撰稿人：吉　军）

中国石油天然气集团有限公司

【基本概况】 中国石油天然气集团有限公司(以下简称中国石油)是国有重要骨干企业和中国主要的油气生产商和供应商之一，是集油气业务、油田技术服务、石油工程建设、石油装备制造、金融服务和新能源开发于一体的综合性国际能源公司，在全球35个国家和地区开展油气业务，为全球78个国家和地区提供石油工程技术和工程建设服务。2020年，中国石油在《美国石油情报周刊》公布的世界50家大石油公司综合排名中位居第三名，在《财富》"世界500强"位居第四名。

【主要指标】 2020年，面对严峻复杂的形势和前所未有的挑战，中国石油董事会和管理层坚决贯彻习近平总书记重要指示批示精神和党中央、国务院决策部署，团结带领全体干部员工，以非常之举应对非常之时，以非凡努力创造不凡业绩。油气业务形成“三个1亿吨格局”，即国内原油产量保持1亿吨以上稳中有增、天然气产量油当量首次突破1亿吨、海外油气权益产量当量保持1亿吨以上总体稳定。炼油化工结构调整成效明显，油气市场营销工作全面加强，支持业务市场开拓能力逆势提升。市场供应有效保障，产业链供应链平稳运行。全年实现营业收入20871亿元，利润总额875亿元，税费3158亿元，其中境内税费占中央企业上缴税费的1/7。“十三五”期间，中国石油累计实现营业收入11.8万亿元，综合实力和国际竞争力不断提升，为保障国家能源安全、决胜全面建成小康社会作出重要贡献。

【改革发展】 中国石油是国有独资企业，根据《中华人民共和国公司法》《中华人民共和国企业国有资产法》《中国共产党章程》《中国共产党党组工作条例》等法律法规的要求和国务院国资委的部署，构建并不断完善党组、董事会和经理层权责分明、各司其职、有效制衡、科学决策、协调运转的法人治理结构。优化完善党的领导与公司治理有机统一的体制机制，优化完善公司战略体系、管理体制和组织体系，建设与公司发展目标相匹配的治理体系和治理能力，全面提升公司治理效能。强化监督执纪问责，加大审计监督力度，突出制度建设和责任落实，实现管控目标明确、资源有效整合、效率效益最优，推动公司全面履行社会责任，实现持续有效高质量发展。

中国石油坚决贯彻中央关于国企改革和油气体制改革的重点部署，顺利完成油气管道的重组和移交。结合公司推进治理体系和治理能力现代化的部署安排，制定实施改革三年行动方案，退休人员社会化管理、“三供一业”分离移交、厂办大集体改革全面完成既定的年度目标任务。大力实施提质增效专项行动，经营上精打细算、生产上精耕细作、管理上精雕细刻、技术上精益求精，主要成本指标实现硬下降，全年增效320亿元。

【国内主营业务】 勘探与生产。认真贯彻落实习近平总书记关于大力提升勘探开发力度等重要指示批示精神，推进实施“七年行动计划”，集中力量打好勘探开发进攻战，油气生产形势积极主动。在四川、鄂尔多斯、准噶尔、塔里木等地区取得多项战略突破和重要勘探成果，发现和落实9个亿吨级和9个千亿立方米级规模储量区。2020年，国内新增探明石油地质储量87253万吨，新增探明天然气地质储量6483亿立方米。油气田开发取得重大突破，长庆油田油气产量持续增长，建成年产6000万吨级别的特大型油气田。大庆油田继续保持原油3000万吨以上稳产，巩固国内最大原油生产基地地位。塔里木油田不断挑战超深层油气勘探开发极限，油气产量当量突破3000万吨。西南油气田持续推进页岩气开发，全面建成300亿立方米战略大气区。国内油气产量当量首次迈上2亿吨新台阶，达到2.06亿吨。其中原油产量10225万吨、保持稳中有增，天然气产量1306亿立方米，首次突破1亿吨油当量并超过原油，油气结构进一步优化，向绿色低碳转型取得重要进展。“十三五”期间，中国石油获得重大战略突破和发现20项，形成亿吨级石油11个和千亿立方米级天然气规模储量区12个。

炼油与化工。坚持市场导向和效益原则，科学安排炼化生产和化工产品销售，通过资源优化和结构调整提升效益。大力“减油增化”，合理调整生产柴汽比，增产高效高附加值产品，2020年，国内加工原油16002万吨，生产成品油10723万吨，成品油收率比年计划压降3.5个百分点。保持高效化工装置高负荷运行，国内生产乙烯635万吨、比上年增长8.2%，开发生产87个牌号的化工新产品，PX、合成树脂和合成橡胶产量增长明显，全年国内化工产品销售量3666万吨。广东石化炼化一体化项目、长庆和塔里木乙烷制乙烯等重点工程有序推进。“十三五”期间，炼化业务转型升级步伐加快，产品结构持续优化，“减油增化”成效显著。原油加工能力由2015年的1.84亿吨/年增加到2020年的2.03亿吨/年，生产柴汽比由2015年的1.61下降到2020年的1.1，2020年化工商品产量较2015年增长26.3%。截至2020年底，国内拥有大型炼化一体化企业7个，千万吨燃料型炼厂6个。

成品油销售。根据市场变化及时调整营销策略，分区域、分品种、分产品、分时段、分客户类型实施差异化、精准化营销，试点推进“阿米巴”经营模式，突出纯枪销量，着力提升销售质量，2020年，国内销售成品油10651万吨，销售系统线上用户突破1亿人次。深化油品与非油品业务一体化发展，加快线上线下协调营销与跨界融合，国内非油品业务收入245亿元。“十三五”期间，国内成品油年销量始终保持在1亿吨以上。截至2020年底，国内加油站22612座。

天然气销售。面对市场需求增速放缓、竞争日趋激烈的市场形势，不断优化资源组合和流向，加大高效高端市场开发力度，多措并举开发用户。2020年，国内销售天然气1847亿立方米。有序推进京唐、江苏LNG接收站等重点储运设施建设，加快呼图壁等储气库扩容工程建设，新增储气能力18亿米^3/年。加强需求侧管理，超前制定冬季保供应急方案，保障重点地区、重点用户的安全平稳供应。截至2020年底，供气范围覆盖全国31个省(自治区、直辖市)和香港特别行政区，国内天然气终端用户数量1235.8万户，运营中的城市燃气管道总长度7.66万千米，投运LNG接收站3座、储备库1座，LNG接收能力1930万吨/年。

【国际油气业务】 围绕中亚—俄罗斯、中东、非洲、拉丁美洲和亚太五大国际油气合作区优化投资结构和区域布局，以“一带一路”沿线为重点持续推动海外油气合作，稳步提升全球化运营管理能力。巴西布兹奥斯项目新增探明石油地质储量超过5亿吨，乍得、尼日尔、哈萨克斯坦等多个国家的项目获得重要勘探发现。油气生产总体平稳运行，权益产量当量保持稳产在1亿吨以上，其中原油权益产量7639万吨，天然气权益产量298亿立方米。新项目开发与合资合作取得新进展，巴西阿拉姆项目和阿布扎比海上项目交割，部分区块开发延期协议签署，业务布局和资产结构持续优化。海外炼厂生产安全平稳，2020年加工原油3181万吨。海外重点在建管道工程稳步推进，截至2020年底，海外建成油气管道里程14996千米，2020年输送原油2688万吨、天然气448亿立方米。

国际贸易加大海外份额油销售力度，有序控制进口气节奏，灵活调整成品油出口计划，大力开拓海外化工产品市场，综合运用套期保值手段对冲价格风险，服务、营销和交易能力稳步提升，2020年完成贸易量4.9亿吨，贸易额1535亿美元，贸易范围遍及80多个国家和地区。

【重大创新】 以“支撑当前，引领未来”为核心，大力推动科技创新，通过加大科技研发投入、优化科技资源配置、加强关键核心技术攻关、深化数字技术与油气产业链融合等措施，不断加快自主创新能力建设，在“卡点”技术攻关、应用基础研究、超前技术储备等方面取得一批高质量的科技成果。参与的“400万吨/年煤间接液化成套技术创新开发及产业化”项目获得国家科技进步一等奖，同时获得科技进步二等奖2项，技术发明二等奖1项。全年申请专利6814件，其中发明专利4664件；获得授权专利5290件，其中发明专利1577件。组织制定《天然气上游领域用激光拉曼光谱法测定组成含量》国际标准1项，修订国际标准6项；获得国家市场监督管理总局和国家标准化管理委员会共同颁发的中国标准创新贡献奖组织奖1项，项目奖4项。“十三五”期间，科技进步贡献率61.4%，17项科技创新成果获得国家级科技奖励，累计申请专利超过3万件，其中发明专利占56%，获得中国专利奖23项。制(修)订国际标准20项，其中制定国际标准7项。

截至2020年底，中国石油拥有科研院所84家、重点实验室和试验基地54个、国家级研发平台21家，涵盖上中下游完整产业链。拥有科研人员30013人，其中包括中国科学院和中国工程院院士23人，企业首席技术专家185人、企业技术专家468人。

【信息化与数字化建设】 积极推进数字化转型与智能化发展，利用以云计算、物联网、5G、大数据、人工智能等为代表的数字技术，驱动业务模式重构、管理模式变革、商业模式创新与核心能力提升，实现业务转型升级和价值增长。成立昆仑数智科技有限责任公司，着力构建数字化智能化开放共享的创新生态，进一步提升数字产业化和产业数字化服务能力。“梦想云”平台经过不断的迭代升级和推广应用，成为油气行业首个自主知识产权的智能共享云平台，在上游业务量化决策、降本增效、增储上产、提高效率、转变生产组织模式等方面应用取得重大成效。深化信息技术与生产经营相融合，着力打造智能油气田、智能炼化、智慧销售和智能工程。

【党建工作】 中国石油拥有基层党委2460个、党总支2066个、党支部29630个，党员500657人。以习近平新时代中国特色社会主义思想为指导，全面贯彻党的十九大和十九届二中、三中、四中、五中全会精神，认真落实新时代党的建设总要求和新时代党的组织路线，以《中国共产党国有企业基层组织工作条例（试行）》为基本遵循，落实“中央企业党建巩固深化年”专项行动部署，推动党建工作提质、增效、升级，“两个前列”目标全面实现并不断巩固，引领和保障企业高质量发展。在国务院国资委党委2019年度中央企业党建工作责任制考评中连续第三年获评A级。

一是把学习贯彻习近平新时代中国特色社会主义思想作为首要政治任务，持续推动大学习大普及大落实。2020年“七一”前夕，举办“贯彻落实习近平总书记重要指示批示精神，战严冬、转观念、勇担当、上台阶”专题视频党课，党组书记、董事长向全系统党员授课，广大党员干部通过4万多个终端收看直播。各级党组织组织专题学习习近平总书记关于中国石油重要指示批示精神3.3万场次，参与党员89.6万人次。

二是牢固树立大抓基层鲜明导向，健全完善组织体系，持续强化基层党组织政治功能和组织功能，推动党的组织、党的工作在有形覆盖基础上实现有效覆盖。持续推进党支部达标晋级管理，强化基层党组织换届指导，2020年评定示范和优秀党支部10215个，6310个基层党组织如期完成换届。指导各单位召开2020年度专题组织生活会和民主评议党员，48.7万名党员参加，其中134848名党员被评为“优秀”，按程序对不合格党员作出组织处置。新冠肺炎疫情期间，近2万个基层党组织、4.9万名党员干部直接投身抗疫第一线，147名抗疫一线人员递交入党申请书、31人“火线”入党，全系统党员自愿捐款7386.6万元。

三是围绕提升领导班子凝聚力、党员干部执行力、员工队伍战斗力、企业发展成长力，采取定性与定量相结合的方式，对131家所属单位党委开展党建工作责任制考核，考核项同比压减47%，在业绩合同中将党建工作从约束类指标调整为运营类指标，权重从原±3分调整为10%，充分发挥考评“指挥棒”作用。通过视频形式启动新一轮（2019—2021年）党委书记抓基层党建述职评议，首次将党委副书记纳入述职范围，50家单位党委书记和10家单位党委副书记分6场进行2019年度现场述职，进一步指导各单位将述职评议向基层延伸，推动党建责任层层压紧压实。

【履行社会责任】 始终坚持将企业发展与业务所在地可持续发展相结合，关注民生和社会进步，通过多种方式和途径参与项目所在地社区建设，与当地分享发展机遇和资源价值，2020年全球主要社会公益总投入7.2亿元。

表1　2020年中国石油天然气集团有限公司社会公益投入情况

类　别	投入金额(万元)
扶贫帮困	23224
赈灾捐赠	1271
支持教育	10544
公益捐赠	30264
环保公益	6492

中国石油积极响应联合国《2030年可持续发展议程》目标倡议，以及中国政府关于扶贫减贫的政策方针，聚焦民生、产业、智力、医疗四大领域，结合公司业务和受援地资源、市场优势，开展精准扶贫，提升当地自我发展能力。努力探索中国石油扶贫解决方案，贡献中国石油脱贫攻坚力量。2020年在新疆、西藏、青海、重庆、河南、江西、贵州7个省（自治区、直辖市）13个县（区）投入1.72亿元开展基础设施改造、教育培训、健康医疗和产业合作等精准扶贫项目84个；启动“百城万站·扶贫助农”百日攻坚等活动，助力消费扶贫；所属72个企业在全国226个县326个村投入1.74亿元，援建551个项目，派出1504名扶贫工作人员到脱贫攻坚一线开展工作。1988年以来，中国石油累计投入帮扶资金近70亿元，涉及全国28个省（自治区、直辖市）476个县（市），派出扶贫干部超过10000人次，受益人口近1000万人。截至2020年底，中国石油开展扶贫项目2800余个，所有定点扶贫县全部实

现脱贫“摘帽”。在全国脱贫攻坚总结表彰大会上，中国石油定点扶贫与对口支援工作领导小组办公室、塔里木油田分公司获评“全国脱贫攻坚先进集体”，扶贫干部梁楠郁、卜鹏洲获评“全国脱贫攻坚先进个人”。凭借在消除贫困方面的突出贡献，中国石油被联合国全球契约组织和中国政府分别授予“2020 实现可持续发展目标企业最佳实践（消除贫困和促进繁荣）”和“全国脱贫攻坚奖组织创新奖”。

中国石油通过开展各项助学活动，帮助青少年获得公平教育机会。持续推进传统支持教育项目，包括设立奖学金和助学金，资助家庭经济困难学生，改善贫困地区教学条件，支持科技文化教育及相关活动等。2020 年，中国石油奖学金表彰优秀学生 635 人，发放奖学金 399 万元。与中国扶贫基金会、北京师范大学、腾讯公益等机构合作，开展“旭航”助学、“益师计划”等公益项目，帮助更多贫困地区的学子实现求学梦想。

新冠肺炎疫情暴发后，中国石油第一时间成立疫情防控领导小组，传达学习中央精神，部署新冠肺炎疫情防控工作。全年召开疫情防控工作领导小组会议 143 次，成立各级疫情防控工作领导小组 4800 余个，构筑起“上下贯通、高效协同、整体联动、快速反应”的联防联控工作机制。坚决把央企政治责任、社会责任扛在肩上，最大程度保障油气和防疫物资生产供应。全年实现工作场所“零疫情”“零感染”，有效保障员工生命安全和身心健康。向国内外捐助抗疫资金和物资折价 10453 万元，生产各类防疫物资驰援全国，转产扩产医用原料 65.7 万吨、生产熔喷料 1259 吨，生产熔喷布 800 余吨，调动一切可调动的资源，迅速建成口罩生产线 22 条、熔喷布生产线 7 条，累计生产口罩 1.46 亿余只。加强疫情重点地区投资合作和就业机会倾斜，为高校毕业生、农民工等提供就业岗位，招聘人数比上年增加 3000 人。积极协调相关医疗力量投入抗疫，63 名医疗队员支援湖北，以实际行动展示“顶梁柱”的形象，在关键时刻真正做到“顶得住”。湖北销售宏图大道加油站成为唯一获评“全国抗击新冠肺炎疫情先进集体”的加油站，5 人获评“中央企业抗击新冠肺炎疫情先进个人”，天然气销售湖北分公司获评“中央企业抗击新冠肺炎疫情先进集体”，天然气销售湖北分公司党委获评“中央企业先进基层党组织”。

（撰稿人：任洁江）

中国石油化工集团有限公司

【基本概况】 中国石油化工集团有限公司（以下简称中国石化）的前身是成立于 1983 年 7 月的中国石油化工总公司；1998 年 7 月，按照党中央关于实施石油石化行业战略性重组的部署，在原中国石油化工总公司基础上重组成立中国石油化工集团公司；2018 年 8 月，经公司制改制为中国石油化工集团有限公司。中国石化是特大型石油石化企业集团，注册资本金 3265 亿元，董事长为法定代表人，总部设在北京。中国石化对其全资企业、控股企业、参股企业的有关国有资产行使资产受益、重大决策和选择管理者等出资人的权力，对国有资产依法进行经营、管理和监督，并相应承担保值增值责任。中国石化主营业务范围包括实业投资及投资管理，石油、天然气的勘探、开采、储运（含管道运输）、销售和综合利用，煤炭生产、销售、储存、运输，石油炼制，成品油储存、运输、批发和零售，石油化工、天然气化工、煤化工及其他化工产品的生产、销售、储存、运输，新能源、地热等能源产品的生产、销售、储存、运输，石油石化工程的勘探、设计、咨询、施工、安装；石油石化设备检修、维修，机电设备研发、制造与销售，电力、蒸汽、水务和工业气体的生产销售，技术、电子商务及信息、替代能源产品的研究、开发、应用、咨询服务，自营和代理有关商品和技术的进出口，对外工程承包、招标采购、劳务输出，国际化仓储与物流业务等。

截至 2020 年底，中国石化是中国最大的成品油和石化产品供应商、第二大油气生产商，世界第一大炼油公司、第三大化工公司，加油站总数位居世界第二，在 2020 年《财富》“世界 500 强”中排名第二位。

【主要指标】 2020 年，新冠肺炎疫情全球蔓延、国际油价历史性暴跌、各类风险矛盾叠加碰头，中国石化经营发展经历前所未有的困难局面。面对严峻挑战，在以习近平同志为核心的党中央坚强领导下，中国石化各级领导班子和广大干部员工聚焦“六稳”“六保”，坚持抓主要矛盾、抓系统优化、抓底线防控、抓化危为机，取得疫情防控和生产经营双战双胜。

2020年，中国石化实现营业收入2.14万亿元，利润总额726.22亿元，净利润620.5亿元，上缴税费2993亿元，盈利水平居央企前列。生产原油3514.4万吨，天然气302.8亿立方米，境外上游完成权益油气当量产量3672万吨；加工原油2.39亿吨，境内成品油经营量1.68亿吨，低硫重质船燃、沥青、润滑油等产销量实现大幅增长；化工持续深化结构调整，生产乙烯1206万吨、对二甲苯494万吨，三大合成材料高附加值产品比例持续提高，化工产品经营总量8300万吨。石油工程外部收入占比持续提升，炼化工程拓市创效成绩显著。

【改革发展】 推动总部机构改革和“总部机关化”问题整改，内设机构、编制、定员实现大幅压减。全面部署深化改革三年行动，完成国家管网改革资产、人员划转移交、中科炼化与湛江东兴资产重组、巴陵石化上市与非上市一体化整合等重点改革事项，在镇海炼化试点超额利润分享机制。“四供一业”分离移交进入收官阶段，“处僵治困”成效显著，全级次企业亏损面、亏损额持续降低。“双百行动”、三项制度改革不断深化，经理层任期制和契约化管理、职业经理人、中长期激励等市场化改革有力推进，退休人员社会化管理基本完成，厂办大集体改革完成目标任务，巩固驻京办专项清理成效。深入实施对标提升行动，加强资金集中管控，持续优化债务结构，大力清理“两金”占用，现金流状况稳步改善，资产负债率保持在合理范围。强化全员成本目标管理，深挖原油采购、物资采购、物流优化、商储运作等重点领域降本潜力，非生产性费用支出大幅降低，精细化管理水平不断提升。打造技术先导型公司迈出坚实步伐，牵头承担的国家战略科技攻关任务取得积极进展，特深层油气勘探开发、超高温随钻测量、智能化节点地震仪等一批关键核心技术和装备取得突破；在浙江、广东推进新型研发机构建设；启动智能运营中心建设，加快智能制造试点与推广，转型升级的信息化基础更加牢靠。坚持强管理防风险，扎实开展对标世界一流管理提升行动，镇海炼化成为国资央企新标杆。深入实施安全生产专项整治三年行动，加强承包商和直接作业环节监管，安全形势总体平稳；全力打赢污染防治攻坚战，主要污染物排放持续降低，绿色企业创建质量不断提升；开展重大经营风险管控体系诊断提升，风控内控体系更加健全，守住不发生系统性风险的底线。认真分析内外部环境，紧密结合实际，深入开展战略研讨，广泛征求意见，提出世界领先发展方略，明确构建以能源资源为基础、以洁净油品和现代化工为两翼、以新能源新材料新经济为重要增长极的“一基两翼三新”产业格局，制定价值引领、市场导向、创新驱动、绿色洁净、开放合作、人才强企发展战略，开启打造世界领先洁净能源化工公司新征程，凝聚推动公司高质量发展的强劲动力。

【重大项目】 中国石化顺北、川西、威荣等重点油气产建项目稳步推进，一批管道储运设施建成投产，天津、库车、湛江原油商储项目率先建成中交。“4+2”世界级炼化基地建设迈步跃进，中科炼化建成投产，古雷、镇海、海南、九江等重点工程建设提速，天津、赛科、扬子、塔河等转型发展项目有序开展。新兴产业快速发展，累计投营加氢站8座、充电站281座，风能、光伏、地热等新能源业务积极推进。国际化布局取得新进展，天然气LNG长约合同接连签署，阿穆尔天然气化工项目实现交割，西布尔合资项目取得积极成效。编制完成“十四五”发展规划纲要、分报告和重大专题研究报告。

【重大创新】 大力实施创新驱动发展战略，持续加大科技投入力度，牵头推进国家战略科技任务攻关，快速攻克熔喷料（布）等医卫原料生产技术，特深层油气勘探开发、功能性膜材料等关键核心技术取得新突破，超高温随钻测量、智能化节点地震仪等关键技术与装备研发获得新进展，高效催化裂解技术实现工业转化，48K大丝束碳纤维实现工业化试生产，氢燃料电池高品质氢生产示范装置成功投产。全年申请专利7972件，获授权专利5140件，获得中国专利金奖1项、银奖3项、优秀奖6项，牵头获得国家科技进步一等奖1项、二等奖3项，获得国家技术发明二等奖1项，专利综合优势继续排名中央企业第一位。深化

"放管服"改革,设立创新孵化平台公司,启动"科改示范行动",宁波新材料研究院揭牌运行。"两化"融合成效显著,智能化"田厂站院"试点扩大,智能运营中心、"石化智云"平台建设取得突破,信息化、数字化支撑不断增强。

【转型发展】 国内大力实施七年行动计划,油气探明储量大幅增长,原油产量实现硬稳定,天然气产销再创历史新高,油气保供政治责任进一步扛稳扛实;境外持续优化投资和经营策略,实现自由现金流为正。炼油、销售和化工产业链持续做强做优,市场地位持续巩固,成品油经营量显著提升,低硫船燃占据市场主导,合成材料顶替进口势头强劲,中科炼化全面建成投产,积极推进镇海基地、海南乙烯和古雷一期等项目,阿穆尔天然气化工项目实现交割。新业务新业态稳健发展,有效发挥产业资本孵化和撬动作用,可降解材料加快布局,"易派客""石化 e 贸""易捷"等电商平台迅速发展,能源综合服务站加快建设,氢能、风能、光伏、地热等新能源业务有序发展。

【党建工作】 中国石化党建工作在中央企业站排头、争第一的目标追求牢固树立,务实创新融合抓党建更加凸显,抓班子带队伍取得明显成效。大力培养优秀年轻干部,启动实施"三百三千"实践锻炼计划,新引进高校毕业生超过 1 万人。持续提升基层党支部标准化规范化信息化建设水平,"石化党建"信息系统实现功能应用全覆盖,基层班组党员力量覆盖率 100%。持续完善"大监督"格局,强化正风肃纪反腐高压态势,减存量、遏增量成效明显。大力传承石油精神、弘扬石化传统,持续推进作风建设,形成同心同德谋发展、万众一心创伟业的强大凝聚力。

【履行社会责任】 面对疫情严峻形势,中国石化认真贯彻落实以习近平同志为核心的党中央的决策部署,12 天建成一条熔喷布生产线,76 天从零起步建成全球最大的熔喷布生产基地,快速打通口罩产业链,坚决守护员工群众生命安全和身体健康。全面完成决战脱贫攻坚硬任务,如期攻克甘肃东乡深度贫困堡垒,总部层面定点扶贫和对口支援的 8 个县全部脱贫"摘帽",67 家直属企业承担的 709 个村的帮扶任务全面完成。聚焦提质增效稳增长,接续推进"百日攻坚创效""持续攻坚创效"行动,全力应对低油价冲击,全力扭转疫情造成的经营困局,取得跑赢大市、好于预期的经营业绩,发挥"稳定器""压舱石"作用。

(撰稿人:单新东)

中国海洋石油集团有限公司

【基本概况】 2020 年,中国海洋石油集团有限公司(以下简称中国海油)全体干部员工深入学习贯彻习近平新时代中国特色社会主义思想和党的十九大及十九届二中、三中、四中、五中全会精神,认真贯彻落实习近平总书记重要指示批示精神和党中央、国务院重大决策部署,积极履行中央企业肩负的历史使命和重大责任,保持定力、顶住压力、精准发力,深入推进全面从严治党,围绕打好"五大战役",严格落实疫情防控措施,大力推动增储上产,深入开展降本增效,扎实推进改革创新,全力保障安全生产,勇夺疫情防控和生产经营双胜利。一是油气增储上产再获可喜成果。油气勘探保持良好发展势头,国内勘探获得 13 个新发现,并成功评价 41 个含油气构造。持续保持油井高生产时率和高利用率,油气产量实现大幅增长,重点项目稳步推进。全年实现油气总产量 1.07 亿吨油当量,创历史新高。国内油气产量首次突破 6500 万吨,其中原油产量比上年增产 240 万吨,占全国原油增幅的 80%以上。二是专业技术服务水平及作业能力不断增强。油田技术服务持续开拓国内外市场,业务覆盖油气田勘探、开发和生产的全过程。海洋工程业务同步运行深水等重点项目,以陵水 17－2、流花 16－2 为代表的"10＋1"项目攻坚战取得显著成效。能源技术服务业务积极推动产业转型升级与新产业发展,努力为油气增储上产提供国际一流的能源技术支撑。三是炼化业务产销研一体化市场经营能力持续提升。建立与上游资源量相匹配和下游市场需求相吻合的炼化体系,推动产品结构调整和下游产业升级,不断整合销售资源、强化营销管理,品牌价值持续提升。四是天然气及发电业务持续助力"美丽中国"建设。充分发挥公司天然气产业链一体化优势，全力保障民生用气和国家重大工作中天然气安全稳定供应，为建设“美丽中国”贡献绿色力量。五是金融板块支撑集团公司稳健发展。依托集团产业发展，加强产贸融结合和风险管控，积极创新服务模式，拓展服务网络，优化信息系统，努力打造金融服务品牌，金融资产质量和盈利能力持续提高。

中国海油在2020年《财富》“世界500强”中排名第64位；在《石油情报周刊》“世界最大50家石油公司”中排名第30位；连续16年获评国务院国资委中央企业经营业绩考核A级。穆迪评级为A1，标普评级为A+，展望均为稳定。

【主要指标】 2020年，中国海油生产原油7729万吨，生产天然气304亿立方米；加工原油3664万吨，生产成品油1171万吨；进口LNG 2975万吨，天然气发电量207亿千瓦·时，油品贸易量12783万吨。实现营业收入5747.46亿元，利润总额646.41亿元，净利润475.28亿元；利税总额915亿元。截至2020年底，中国海油资产总额12617.15亿元，净资产7863.98亿元，资产负债率37.67%，比上年减少1.67个百分点；全员劳动生产率237.90万元/(人·年)，总资产报酬率5.60%，国有资本保值增值率104.48%。

表1　2020年中国海洋石油集团有限公司主要经济指标

项　目	2019年	2020年	比上年增长(%)
资产总额(亿元)	12881.13	12617.15	−2.05
所有者权益(亿元)	7813.40	7863.98	0.65
营业收入(亿元)	7508.57	5747.46	−23.45
利润总额(亿元)	1042.33	646.41	−37.98
净利润(亿元)	744.99	475.28	−36.20
归属于母公司所有者的净利润(亿元)	480.64	331.37	−31.06
利税总额(亿元)	1266.02	915.00	−27.73
应缴税金总额(亿元)	784.71	609.31	−22.35
全员劳动生产率[万元/(人·年)]	264.27	237.90	−9.98
净资产收益率(%)	9.85	6.06	减少3.79个百分点
总资产报酬率(%)	8.88	5.60	减少3.28个百分点
国有资本保值增值率(%)	109.39	104.48	减少4.91个百分点

【改革发展】 以改革创新为根本动力，制定《中国海油改革三年行动实施方案》，全面部署集团整体改革工作，绘制改革路线图和施工图，推动改革进一步走深走实。完善中国特色现代企业制度，把党的领导融入公司治理，集团和二级单位“三重一大”事项全部实现党组会前置审议。加强董事会建设，所属公司有97.2%设立董事会或设执行董事，实现“一级管一级、管理全覆盖”。全面完成“去机关化”问题专项整改，强化作风建设。优化授权放权，修订总部权限手册和授权放权事项清单，进一步明确合理授权范围，完成试点单位授权工作。加快优化重组产业布局，加强战略支撑体系建设，组建能源经济研究院。成立采办共享中心12个，实现采办队伍、业务和职能“三集中”。推进销售贸易体制改革，在海南自贸区注册成立中海油国际贸易有限公司，积极服务构建新发展格局。完成山东海化战略性重组，实现地企合作共赢。全力配合国家管网集团组建运营，圆满完成资产移交和人员划转。深入推进三项制度改革。深化科技体制机制改革，发布实施“项目长负责制”等政策文件10余项。稳妥实施混合所有制改革，垦利、乌石等油气合作项目混合所有制改革取得实质性进展。扎实推进“双百行动”，中海油服和海油发展安技服“双百行动”入选国务院国资委《改革样本：国企改革“双百行动”案例集》。

【重大项目】 2020年，中国海油国内上游在建项目30个，建成投产项目17个，建成产能1147.99万立方米，因提前投产额外贡献产能104万立方米。全年累计完成钢材加工量26万结构吨，比上年增长66.7%，投入船天1.7万天，建成导管架6座，组块14座，FPSO 1条、半潜式平台1座，铺设海管216千米，海缆162千米，安装水下生产系统28套。其中，流花16－2/20－2油田群及流花29－1项目顺利建成投产，标志着中海油深水油气田自主开发能力实现里程碑式突破；陵水17－2气田开发项目首个1500米水深半潜浮式储油平台自主建设，海上安装取得阶段性成果。国内中下游在建项目26个，建成投产项目3个，新增液化天然气接收能力300万吨/年，气化外输能力3000万立方米/天以及153万吨/年的苯乙烯、环氧丙烷和聚醚多元醇等化工产品生产能力，全年完成里程碑项目58个。

【走向海外】 积极响应国家“一带一路”倡议，加快优化海外业务的资产布局，重视作业区生态保护，在对外开放中主动承担更多绿色发展责任，努力打造互利共赢的国际化范本。积极参与“一带一路”国际油气合作，“一带一路”沿线地区油气产量占海外油气总量比例提升至近40%。2020年，中国海油海外原油产量3187万吨油当量，天然气产量105亿立方米。中海油服进一步优化海外市场布局，继续深耕亚太、中东、美洲等核心市场，海外项目稳步推进。海洋工程加快推进海外重点项目建设，调整优化海外布局，推进美洲欧洲、中东非洲、亚太三大区域中心实体化建设，不断提升海外经营能力。海油发展海外业务紧密围绕“一带一路”核心区域，高质量对外合作迈出坚实步伐。气电集团发挥自身LNG技术优势，积极拓展天然气板块海外业务空间，布局东南亚市场，全年进口LNG 2975万吨，比上年增长5%。中国海油通过建设三个平台、发展海外三大运营中心，着力构建全球油品销售贸易网络，不断做强做优做大全球油品贸易，全年贸易量1.28亿吨，再创历史新高。

【重大创新】 深入实施“创新驱动”战略，努力突破海洋石油领域的重要技术，以油气主业为基石，建立和完善“一个整体、两个层次、三大体系、四支队伍、五大工程”的科技体制和“投入保障、激励有力、管理有度、考核科学”的创新机制，技术创新成果丰硕，数字化转型工作取得积极成效。全年科研投入68亿元。聚焦海洋油气等重点领域技术风险点，组织优质资源力量开展集中攻关，解决影响重大生产、工程的科技问题，支撑油气勘探开发主业发展与新产业、新业态塑造，带动国内油气行业产业链、创新链的转型升级。依托科技力量支持增储上产，“七年行动计划”重大科技专项攻关布局基本形成。持续深化科技体制改革，完成科技重点改革事项19项。持续完善科研体系建设，加强前瞻性、基础性研究，支持培育原始创新能力，不断提升公司科技软实力。“低碳烯烃氢甲酰化低温高选择性催化体系开发与应用”获得中国石化联合会技术发明一等奖；参与申报的“海洋深水浅层钻井关键技术及工业化应用”等3个项目通过国家技术发明二等奖终评。加强专利管理工作，发布《集团公司关于推进知识产权工作高质量发展的实施方案》，获得授权发明专利256件。积极推动完成2020年标准化“四项计划”任务，新发布涂料领域国际标准1项；参与制定的ISO 20729：2017《天然气硫化合物测定用紫外荧光光度法测定总硫含量》等2项国际标准获得国家市场监督管理总局和国家标准化管理委员会颁发的中国标准创新贡献奖二等奖。

【党建工作】 始终将党的政治建设摆在首位，坚持把学习领会习近平新时代中国特色社会主义思想作为首要政治任务，持续打造“1234”学习体系，将“第一议题”常态化学习机制推广至全系统各级党组织；建立健全贯彻落实习近平总书记重要指示批示长效机制，形成工作闭环；持续巩固和拓展主题教育成果，建立中国海油“不忘初心、牢记使命”制度，形成“管根本、利长远、重实效”的长效机制，展现践行“两个维护”的高度自觉。始终保持战略定力，决战决胜应对低油价挑战攻坚战。坚决贯彻习近平总书记“四个革命、一个合作”能源安全新战略，坚定不移推动增储上产“七年行动计划”，展现“在经济领域为党工作”的使命责任。始终强化党的建设，扎实开展“中央企业党建巩固深化年”专项行动，全面提升基层党的建设质量。大力实施干部人才队伍“3＋1”工程。积极实施“党支部达标三年行动”，2020年党支部达标率提升至99.43%，党的领导全面加强、党员队伍士气大振、基层党建面貌焕然一新。以统战群团为纽带，实现工建凝心、团建聚力、统战汇智，凝心聚力更加出彩。认真落实全面从严治党主体责任，持续深化“一头两翼”监督工作格局，推动纪检监察体制改革，一体推进不敢腐、不能腐、不想腐。持之以恒推进中央巡视整改，扎实做好巡视“后半篇文章”，推动改革，促进发展。不断深化政治巡视，实现所有二级单位党委巡视全覆盖，公司政治生态海晏河清。

【信息化与数字化建设】 积极顺应全球能源行业发展新趋势，努力打造感知洞察、智能控制、协同共享、互联创新数字化能力，推动业务转型升级和创新发展，实现管理模式向现代化、数字化、智能化的跨越。一是加强基础设施建设，大力开展海上通信链路升级，持续推进云资源扩容建设，加快新技术的应用探索，在海上生产区域、炼油化工、天然气及发电等领域开展5G试点示范应用，为数字化转型夯实基础。二是加快生产信息化建设步伐，打造智能油田。加快"智能海油"建设，推动生产方式转型升级。"智能海上油田"入选国务院国资委首批中央企业十大智能现场模型；"工业互联网标识解析二级节点（石化行业）"项目获批工业和信息化部2019年国家工业互联网创新发展示范工程项目；海油工程数字化仿真技术中心自主完成东方13－2和渤中34－9项目浮托仿真模拟，为项目安全、进度提前提供有力保障。三是深化管理信息化应用，提升集团现代化治理能力。集团电商平台"海油商城"累计交易额突破2400亿元，新一代加油加气站零管系统累计消费400亿元，有力支持公司销售业务的快速发展。加强"三重一大"、智能文传、移动云等办公系统协同共享，建成"互联网＋党建"平台和融媒体中心。四是加强信息安全管理，积极构建"动态指挥、联防联控"的组织管理体系以及以安全运营为核心的网络防御体系，努力实现从被动防御向动态感知、纵深防御转变。通过推进建设生产应急指挥系统、海管完整性管理和管道泄漏检测等信息系统建设，实现重大安全环保风险的实时控制和推进解决，有效提升公司本质安全水平。

【履行社会责任】 积极履行社会责任，坚决打赢脱贫攻坚战，扎实推进精准扶贫工作，从资金、项目、人才等方面不断加大投入，持续改善对口帮扶地区的基础设施、饮水条件、公共服务能力、医疗卫生条件等，全面实现"两不愁三保障"；激发帮扶地区脱贫内生动力，带动当地产业发展，提升当地自我发展能力，全面推进与乡村振兴的有效衔接。2020年，中国海油继续投入帮扶资金超过1.15亿元，6个定点扶贫县市全部提前脱贫"摘帽"。中国海油扶贫办获评"全国脱贫攻坚先进集体"，扶贫干部罗新增获评"全国脱贫攻坚先进个人"。

面对突如其来的新冠肺炎疫情，中国海油把人民群众和全体员工生命健康安全放在首位，提升科学防疫水平，实现除武汉外中方员工无感染。疫情期间，公司满负荷运转生产防疫物资，争分夺秒开辟新的生产线，捐赠各类防疫物资6万多吨，捐款6000余万元。国内120余个海上油气田和主要炼厂、LNG接收站、化肥厂等坚持生产，全力以赴保障社会经济运转和人民群众用能需求，用强大执行力为夺取疫情防控和实现经济社会发展目标双胜利贡献海油力量。

以构建和谐矿区、和谐企业、和谐社会为目标，打造"蔚蓝力量"青年志愿活动品牌，不断推进志愿服务队伍的体系化、项目管理的科学化、组织活动的规范化、服务领域的多样化。中国海油"布谷鸟"志愿服务队被中宣部授予"最佳志愿服务组织"称号，是中央企业唯一获奖的志愿组织。

（撰稿人：万友元）

国家石油天然气管网集团有限公司

【基本概况】 国家石油天然气管网集团有限公司（以下简称国家管网集团）成立于2019年12月9日，是国务院国资委监管的国有重要骨干企业，是国有资本控股、投资主体多元化的有限责任公司，是国家授权投资机构，总部设在北京。主要从事油气干线管网及储气调峰等基础设施的投资建设和运营，负责干线管网互联互通和与社会管道联通，以及全国油气管网的运行调度，实现基础设施向用户公平开放。截至2020年底，国家管网集团拥有油气管道9.3万千米，已投运并经营LNG接收站6座，独立经营储气库3座，员工3万余人，直属企业14家，资产总额7303亿元，管网覆盖全国30个省（自治区、直辖市）和香港特别行政区。

【主要指标】 2020年,国家管网集团坚决落实国家"六稳""六保"部署要求,自10月1日全面转入实质性运营后,主动作为、自加压力,提出高目标,拿出硬措施,创造超出预期的良好经营业绩。突出市场创效,强化市场观念、客户观念,加快推进管网公平开放,每月向全社会公开油气管网基础设施信息以及剩余能力、运输价格、服务价格等信息,面向全社会受理托运商资质申请并审批通过660家,促进上游天然气资源多主体多渠道供应和冬季保供。突出优化创效,加强与中国石油、中国石化、中国海油三大石油公司以及社会客户对接,科学安排季度、月度计划,精确制定周、日运行方案,优化管输路径、均衡管输负荷、降低管输能耗,实现管网高效运行。突出降本增效,牢固树立过紧日子的思想,强化成本费用管控,严格预算审批和预算执行,把降本减费融入生产经营管理各个领域、各个环节,各项成本费用总体控制在指标范围内。

2020年第四季度,国家管网集团管输天然气519亿立方米,管输原油6012万吨,管输成品油2194万吨。实现营业收入256亿元、税费30亿元,利润总额81.7亿元、净利润64.78亿元,圆满完成国务院国资委对新组建中央企业保持盈利的统一要求。

【改革发展】 一是高质量完成公司筹备成立。组建国家管网集团是习近平总书记亲自谋划、亲自批准的,是贯彻落实习近平总书记"四个革命、一个合作"能源安全新战略的重大举措,是党中央关于深化油气体制改革的重大部署,是构建"X+1+X"油气市场体系的关键一环,关系国家安全、经济发展、人民福祉和社会稳定。2019年3月19日,习近平总书记主持召开中央全面深化改革委员会第七次会议,明确要组建国有资本控股、投资主体多元化的石油天然气管网公司。2019年7月18日,公司筹备组成立,在国家发展改革委、国务院国资委、国家能源局的指导下,积极推进公司成立工作,全面系统梳理油气管道、储气库和LNG接收站情况,完成资产纳入边界确定和出资方案落实,编制公司组建方案,并得到习近平总书记的亲自圈批,2019年11月29日获国务院正式批复。2019年12月4日,公司章程获国务院国资委审批通过,12月6日完成工商登记注册;12月9日,公司成立大会成功召开,国家管网集团正式挂牌成立。

二是高质量完成管网重组交易。国家管网集团坚决贯彻落实党中央、国务院部署,按照国家发展改革委、国务院国资委确定的时间表,强化底线思维,克服新冠肺炎疫情影响,制定实施"百日行动计划",加强与三大石油公司和国有投资机构诚恳沟通,扎实做好资产审计评估、尽职调查、资产交易协议确定、国有投资机构引资和协调资金落实到位等工作,保证重组整合按计划完成。2020年7月23日,国家管网集团与中国石油、中国石化、中国海油三大石油公司,以及中国诚通、中国国新、全国社保基金等6家国有资本投资机构签署资产交易协议和增资扩股协议。2020年9月30日,国家管网集团与三大石油公司、6家国有投资机构举行油气管网资产交割暨运营交接签字仪式,标志着国家管网集团组建圆满完成。2020年10月1日起,国家管网集团全面转入实质性运营。国家管网集团的组建实现中央企业集团层面股权多元化改革突破,是新中国成立以来最大的市场化并购重组交易,是中国迄今为止规模最大的股权融资交易,是2020年全球规模最大的并购重组交易,也是全球历史上最大的私募股权融资交易。

三是统筹谋划公司高质量发展。国家管网集团自觉站在党和国家事业全局高度、融入重大国家战略谋划推动公司发展,落实新发展理念,确立服务国家战略、服务人民需要、服务行业发展的企业宗旨,提出市场化、平台化、科技数字化和管理创新"四大战略",明确打造智慧互联大管网、构建公平开放大平台、培育创新成长新生态"两大一新"战略目标,开启建设中国特色世界一流能源基础设施运营商的新征程。扎实抓好改革三年行动,2020年11月3日,国家管网集团成立以董事长张伟为组长、总经理侯启军任副组长、其他党组成员任成员的全面深化改革领导小组,统筹推进国企改革三年行动和对标世界一流管理提升行动工作,制定公司改革三年行动实施方案,将重点改革任务细化分解成6个方面24个大项40项改革任务,聚焦11个对标领域35项重点任务15个指标进行对标,明确对标对象、对标指标、提升目标和具体措施。精心谋划公司"十四五"规划,围绕党中央提出的"十四五"经济社会发展主要目标、2035年远景目标及公司战略发展部署，聚焦主责主业，加快发展天然气业务，稳健发展原油业务，提效发展成品油业务，广泛征求31个省（自治区、直辖市）、三大石油公司、五大燃气集团、七大炼化基地、直属企业意见建议，编制完成公司“十四五”发展规划。

【重大项目】 全力推动主干管网和互联互通工程建设，着力打通提升管输能力的“瓶颈”制约。2020年，中俄东线（黑河—长岭段）明水—哈尔滨支线、青宁天然气管道、新疆煤制气外输管道潜江—韶关段（潜江—郴州）、福州联络线工程、粤北天然气主干管网韶关—广州干线等工程均按期建成投运，其中，我国第三代大输量天然气管道标志性工程中俄东线天然气管道重要组成部分的中俄东线天然气管道工程（长岭—永清）于12月3日在国务委员王勇见证下正式投产运营，管输俄天然气2880立方米/日，是依托我国大市场优势促进国际合作、实现互利共赢的生动写照。国家管网集团成立后管理的首个新建重大能源基础设施工程——龙口南山LNG项目、目前世界最大管道穿江工程——中俄东线天然气管道（永清—上海段）长江盾构穿越工程等多个重点工程项目先后正式开工，对进一步改善区域大气质量、控制环境风险、健全区域合作互助、区际利益补偿等机制有着深远意义。中俄东线天然气管道工程（永清—上海）、川气东送二线天然气管道工程、西气东输三线中段（中卫—吉安）等45个新建项目前期工作顺利推进。

【重大创新】 坚持“两个一以贯之”，突出党的领导和完善公司治理相统一，明确党组织在公司法人治理结构中的法定地位，将党建工作总体要求纳入公司章程，落实党组重大事项前置程序，建立规范的股东会、董事会制度机制，确保党的领导在公司改革发展以及生产经营中得到充分体现和全面加强。严格落实“四同步”“四对接”，科学设置各级党组织机构，合理配置专兼职党务工作人员，推进党委班子成员与董事会、经理层成员“双向进入、交叉任职”，推进直属企业董事长（执行董事、分公司代表）与党委书记由一人担任的领导体制，把党的领导融入公司治理各个环节。立足打造精干高效、平台化、扁平化的组织体系，确立“战略偏运营型”管控模式，科学设置总部部门、地区公司和LNG专业公司，构建“小总部、大业务”组织架构和“网格化赋能”组织形态，部署并推进大业务、大党建、大监督、数字化“四大体系”一体构建。

坚持“战略导向、业务驱动、服务发展、引领未来”的科技发展总要求，强化科技创新，部署并大力推进管网优化运行提升、关键装备设施提质升级和国产化、储气库及LNG接收站等方面的关键核心技术研发应用，加快打破“卡脖子”瓶颈。2020年，国产化24英寸大口径旋塞阀通过工业性试验验收，在中俄东线中段工程完成现场应用；国产30兆瓦燃驱压缩机组完成4000小时工业性试验，待国家能源局正式验收。积极承担国家能源局“天然气高效输运利用及其技术装备创新支撑研究”课题等专题研究，为国家能源革命和绿色发展研究提供政策建议。围绕公司生产经营业务需求，持续推进水网地区管道线路施工技术研究、水网地区自动焊焊接工艺应用研究、高等级钢管道可靠性评估因素识别与评估体系研究等重大科技项目。

【党建工作】 坚决贯彻新时代党的建设总要求和新时代党的组织路线，推动全面从严治党取得积极成效。突出抓政治提站位，增强“四个意识”、坚定“四个自信”、坚决做到“两个维护”，坚定用习近平新时代中国特色社会主义思想武装头脑、指导实践、推动工作，落实“第一议题”制度，扎实开展党的十九届五中全会精神的学习宣传贯彻工作，推动全会精神进基层、入站队、到岗位，把理论武装成果转化为谋划发展、推动工作的实际成效。突出抓组织强队伍，稳妥有序完成公司总部中层以下干部竞聘上岗，统筹推动直属企业干部异地交流，优化干部队伍结构。突出抓思想促融合，加快推进队伍思想整编和文化融合，加强公司核心价值理念宣传贯彻，凝聚推动公司发展的强大力量。突出抓基层打基础，2020年12月23日，国家管网集团党校挂牌成立，开展党支部书记示范培训，启动总部党支部与基层党支部“六共建五创优”活动，促进基层党建全面进步全面过硬。突出抓纪律正作风，严明“九坚持九不准”，严肃开展管理人员及亲属违规经商办企业、划转企业人员重要问题线索暨肃清流毒影响等专项整治，坚决反“四风”、树新风，打好公司风清气正廉洁底色。突出抓制度建体系，注重以党组班子自身建设带动全集团党的建设，出台党组加强自身建设的十项举措，制定党组落实全面从严治党主体责任实施办法和责任清单等制度，创新提出“学、思、践、悟、验”党建工作五步法，推进党建工作与业务工作深度融合，增强党建工作的实效性。

【信息化与数字化建设】 深化对标国内外先进企业数字化转型实践，完成以“变革、流程、组织、IT、数据”为核心的数字化体系框架和数字化转型蓝图规划，稳步推进数字化平台建设，为一体构建“四大体系”提供有力支撑。按照“四统一”原则，全面启动信息化建设，人力资源、财务管理、生产运行、协同办公平台等13个系统上线运行，公平开放及交易服务平台、资产完整性管理平台、数据标准体系及公共数据编码平台等项目建设稳步推进，有效满足生产经营所需。

【履行社会责任】 坚持安全生产底线思维和红线意识，安全生产专项整治三年行动计划见行见效，疫情防控效果显著，安全环保形势总体受控。全力推进QHSE管理体系和管理制度建设，通过“百日攻坚”行动总体安排，推动安全生产专项整治三年行动计划和安全生产队伍“三湾改编”扎实开展。按照国家应急管理部要求部署，开展油气管道和储运设施风险隐患大排查大整治，形成专项整治隐患和制度措施“两个清单”。扎实开展冬季安全生产大检查，公司主要领导听取5个检查组工作汇报，党组成员深入基层开展“四不两直”检查、参加应急演练，聚焦安全生产薄弱环节和管理短板，检查发现隐患问题，召开专题视频会议，制定部署整改措施，举一反三、闭环整改。

面对突如其来的新冠肺炎疫情，国家管网集团第一时间成立新型冠状病毒感染肺炎疫情防控工作领导小组，坚决按照“一地一策”“一项目一策”总体原则推行网格化、封闭式管理，管道输送业务在疫情期间持续运行，工程建设业务在全国较早开展复工复产，守住工作场所“零疫情、零感染”底线。

国家管网集团把保证民生用气作为油气管网运营机制改革后新体制第一年运行和公司成立后的一次重大政治考验与社会责任，坚决扛起天然气保供调度协调主体责任，认真落实中央领导指示要求和国务院保暖保供电视电话会议部署，做细做实冬季天然气保供方案，突出强化重点区域和特殊时段天然气保供措施，分层级与国家部委、国家能源局、部分省份以及三大石油公司、地方托运商建立冬季保供工作机制，实行日例会日报告制度和集中办公机制，统筹做好产运储销各环节的有效衔接，有效保障天然气安全稳定可靠供应。全力靠实管输资源，协调三大石油公司按计划筹措供气资源，突出防范短供或断供风险，细化落实资源备选方案和应急调整方案，保证资源足额供应。果断实施“压非保民”，与三大石油公司对接实施分用户压减方案，做到“有序压减、压而不慌”。强化应急管理，聚焦可能出现对保供有重要影响的异常情况，分类型、分场景落实应急预案，有针对性开展应急预案演练，确保在应急情况下天然气供应不断不乱。通过多措并举、多方努力，取得冬季保供关键阶段胜利，圆满完成冬季天然气保供政治硬任务。

（撰稿人：郭晓瑛　杨玄佳）

国家电网有限公司

【基本概况】 国家电网有限公司（以下简称国家电网）成立于2002年底，是中央直接管理的国有独资公司，以投资建设运营电网为核心业务，是关系国家能源安全和国民经济命脉的特大型国有重点骨干企业。经营区域覆盖我国26个省（自治区、直辖市），供电范围占国土面积的88%，供电人口超过11亿人。连续16年获得国务院国资委业绩考核A级，连续8年获得标准普尔、穆迪、惠誉三大国际评级机构国家主权级信用评级，连续5年位列中国500最具价值品牌榜首。电网安全方面，国家电网依托全球领先的先进技术，成为世界上唯一没发生大停电事故的特大型电网，创造世界特大型电网最长安全纪录。清洁发展方面，累计投运特高压工程26项，成为世界上输电能力最强、新能源并网规模最大的电网。截至2020年底，国家电网经营区新能源并网装机4.5亿千瓦，新能源利用率97.1%，电能占终端能源消费比重27%。科技创新方面，在特高压输电、智能电网、大电网安全控制、柔性直流输电、新能源接入、电动汽车充换电等技术领域达到世界领先水平。累计获得国家科技进步奖85项，其中特等奖2项、一等奖9项。累计主导编制国际标准82项、国家标准405项。专利拥有量连续10年位列央企第一。

【主要指标】 2020年，国家电网资产总额4.35万亿元，营业收入2.66万亿元，实现利润591亿元，资产负债率56.3%。固定资产投资4734亿元，其中电网投资4605亿元。开工110(66)千伏及以上输电线路51855千米，变电(换流)容量34167万千伏安(万千瓦)；投产110(66)千伏及以上输电线路52550千米、变电(换流)容量30183万千伏安(万千伏)。完成售电量45783亿千瓦·时，比上年增长2.8%。全员劳动生产率80.8万元/(人·年)。

【改革发展】 强化统筹、合力攻坚，完成改革主体任务。国家电网党组高度重视改革工作，将深化改革工作领导小组更名为深化改革工作委员会，先后召开4次会议，学习贯彻中央改革精神，决策重大改革议题，研究部署改革任务，统筹指导国家电网改革实施。深改办发挥统筹协调督导服务作用，组织召开8次深改办会议审议国家电网改革议题，推动改革进展。

贯彻落实国务院国企改革三年行动重要部署，全面攻关重点改革领域，国家部委专项改革行动实现突破。编制印发国家电网国企改革三年行动实施方案及工作台账，并在第四季度会上部署落实。研究推进国家电网改革在线督办系统建设，确保责任到位、压力到位、工作到位。改革专项工程亮点纷呈。国网电商公司、国网电动汽车公司、江苏综合能源公司获得国务院国资委"双百企业"三项制度改革专项评估A级。国网电商公司、国网电动汽车公司、南瑞集团三家单位改革案例入选国务院国资委《改革样本：国企改革"双百行动"案例集》。"双百企业""科改示范企业"改革引领作用得到发挥。

贯彻落实国家电力体制改革要求，推进电力市场建设。研究提出全国统一电力市场顶层设计方案，推动"统一市场、两级运作"市场框架融入国家方案。6家省级现货试点单位全面完成整月结算试运行，完善中长期电力交易机制，市场交易电量规模提升，全年国家电网有限公司经营区域市场交易电量超过2.3万亿千瓦·时，占售电量比例50.6%。经营区内28家电力交易机构全部实现股权多元化，国家电网有限公司持股比例均降至80%以下。按照持股比例降至50%以下的要求，继续推进股权优化。售电侧放开稳步推进。

优化分类管控、对标世界一流，内部变革激发活力。坚持"放管结合、管服互融、放服并进"的管理思路，总部制定第三批"放管服"事项67项，各单位制定"放管服"事项1076项，压缩管理层级，优化业务流程，激发各级动力活力。以对标世界一流为出发点和切入点，聚焦效率效益提升，制定印发《公司对标世界一流管理提升行动纲领》、18个专项方案、20项关键指标和20项重点工作清单，建设具有中国特色国际领先的能源互联网企业。支持鼓励"双百企业""科改示范企业"、混改试点单位在选人用人、薪酬分配、中长期激励等市场化经营机制上的探索实践，以点带面，推动各单位深化三项制度改革。

【电网建设】 一批重点工程加快推进。南昌—长沙、荆门—武汉特高压交流、闽粤联网等重点工程获得核准；白鹤滩—江苏特高压直流、福建与金门联网大陆侧配套等工程开工建设。世界上首个以输送清洁能源为主的特高压输电项目——青海—河南直流工程建成投运。中国水电之母——吉林丰满水电站完成重建。

推进配电网建设。2020年，供电可靠率、综合电压合格率分别为99.970%、99.995%；系统平均停电时间12.204小时/户，比上年减少1.347小时/户，下降9.94%。

促脱贫助小康成效显著。"三区三州"、抵边村寨等电网建设任务全面完成，定点帮扶的"四县一区"和国家电网有限公司2029个帮扶点全部脱贫"摘帽"。以实际行动贯彻中央西藏、新疆工作座谈会精神，第一时间部署实施20项援藏、25项援疆举措。第四条"电力天路"阿里联网工程建成投运，结束我国大陆最后一个地级市孤网运行的历史。

【走向海外】 实施境外资产投资并购。成功交割收购的阿曼国家电网公司49%股权，首次实现在中东地区投资运营电网企业。成功交割全资收购的智利切昆塔集团公司。签署股权购买协议，收购智利第一大配电、第二大输电公司CGE公司96.04%股权。

加强境外资产运营。继续保持菲律宾、巴西、葡萄牙、澳大利亚、意大利、希腊、智利等国家和地区的境外能源网资产稳健运营。多个项目在国际上成为“金字名片”，成为中央企业推进“一带一路”建设的典范。菲律宾国家电网公司(NGCP)获得菲律宾国际商会颁发的2020年度全球卓越企业奖，派驻NGCP团队获得中国驻菲律宾大使馆颁发的2020年度履行社会责任奖。国家电网巴西控股公司赞助的马累贫民区青少年交响乐团项目累计惠及当地贫困青少年超过6000人，获评国务院国资委“2020中国企业海外形象建设十大优秀案例”“海外社会责任优秀案例”;《国家电网巴西控股公司南美抗疫实录》获评中宣部“2020年度全国对外传播十大优秀案例”，且为唯一获奖的企业案例。巴西CPFL公司股份公开发行项目获得英国《金融时报》2020年美洲区最佳股权交易奖。智利切昆塔公司获得智利2020年可持续发展企业奖。

【重大创新】 加强科技成果培育和布局。2020年获得国家科学技术奖6项、中国标准创新贡献奖4项、中国电力科学技术奖65项、中国专利奖22项、省(自治区、直辖市)科学技术奖励237项。其中，“Q/GDW 11547—2016《统一潮流控制器工程设计导则》等10项标准”获得中国标准创新贡献奖一等奖，“1100kV交流滤波器组频繁投切断路器”获得中国电力技术发明奖一等奖，国网冀北电力牵头的“支撑新能源电力系统的虚拟同步机关键技术、装备与应用”等6项成果获得中国电力科学技术进步奖一等奖。

完善科技创新体系建设。开展国家级实验平台申报工作，作为能源电力行业首个国家野外观测站，西藏高海拔电磁环境与电磁安全国家野外科学观测研究站获得科技部批复建设。完善公司实验室布局，谋划国家级实验室培育，提升整体实验研究能力。将创新创业创造融入发展全局，开启国家双创示范基地建设的新征程，通过国家发展改革委组织的双创示范基地第三方评估。

优化完善技术标准体系。落实“新跨越行动计划”，加强国家和公司两级技术标准创新基地建设，优化公司技术标准试验验证体系。按照“立足国网、辐射全国、面向世界”基本思路，聚焦我国能源电力发展需求与公司战略目标，研究构建协调统一的能源互联网技术标准体系。推动国际标准工作进程，首个物联网相关国际标准提案在IEC获批立项，实现“零”的突破。

强化重点技术领域专利布局工作。2020年，申请专利21680件，其中发明专利14341件;获授权专利15209件，其中发明专利6260件。截至2020年底，累计拥有专利97548件，其中发明专利38025件。在国务院国资委公布的《2019年央企专利情况排序》中，累计拥有发明专利数量首次排名中央企业第一。

健全促进科技成果转化。完善成果转化的收益分配机制，研究制定赋予知识产权成果完成人收益权实施方案。联合20余家中央企业成立区块链合作创新平台，建立健全线上线下协同的科技成果孵化转化平台，拓宽科技成果转化和推广应用通道。

【党建工作】 截至2020年底，国家电网拥有党组织43734个，其中党委2797个、党总支1767个、党支部39170个，党员56.4万人。

彰显党组织和党员作用。国家电网党组向抗疫一线发出通知、倡议书、表扬信，逐级划拨党团费，组织自愿捐款，发动各级党组织和广大党员当先锋作表率。各单位党组织围绕疫情防控和复工复产，创新方法载体，激发组织动能，团结带领党员开展抗击疫情、抗洪防汛、抗冰雪保供电。召开国家电网抗疫表彰大会，弘扬抗疫精神，获得抗击疫情国家级表彰4项、国务院国资委表彰8项、团中央表彰2项。

加强思想政治工作。在抗疫情保供电中加强思想政治工作，制定《抗疫情保供电加强思想政治工作十项措施》，助力抗疫情保供电、复工复产工作开展，被国务院国资委《宣传工作》全文刊发，向中央企业推介。中共中央宣传部《宣传工作》简报以《国家电网勇担时代重任培育时代新人》为题，推介国家电网思想文化工作经验，肯定国家电网以理想信念凝心育人、以红色基因铸魂育人、以先进典型立德育人、以制度保障正风育人的实践做法。

开展志愿服务活动。开展岗位学雷锋、青春光明行、海外学雷锋等志愿服务活动，推进志愿服务规范化、制度化、经常化。国家电网8400余支志愿服务队伍和23.5万余名志愿者，开展志愿服务8万次，帮扶285万余人。4个集体获评“全国学雷锋活动示范点”，2名员工获评“全国岗位学雷锋标兵”，6名志愿者、2个组织、4个项目入选中宣部、中央文明办学雷锋志愿服务“四个100”先进典型，数量位居中央企业第一。

【履行社会责任】 加强社会责任信息披露。加大国家电网社会责任信息披露频次和力度，通过官方网站发布公司各类报告、白皮书、指南、服务地方履责实践、案例和动态信息。披露履责意愿、履责行为、履责绩效、履责承诺，与全球报告倡议组织(GRI)、联合国可持续发展目标(SDGs)开展国际对标，并首次披露环境、社会、公司治理(ESG)框架指标数据。2020年发布社会责任报告108册。

持续加强公益管理。2020年，实施对外捐赠项目647个，捐赠总额199231.61万元，国家电网获得第十一届“中华慈善奖”捐赠企业奖。其中，扶贫项目488个，捐赠金额19506.44万元；援疆援藏项目3个，捐赠金额153104万元；其他公益救济和公共福利事业项目49个，捐赠金额11379.83万元；其他公益项目107个，捐赠金额15241.34万元。开展扶贫帮困、定点援助行动，重点实施“战疫援助”等项目，推进实施“电力爱心超市”“电力爱心教室”等公益项目，开展“国网阳光扶贫”“乡村电气化点亮小康路”等特色公益项目，“国网阳光扶贫”“国网光明工程”两大公益品牌影响力进一步扩大。

“国家电网”品牌位居全球知名品牌价值榜单前列。世界品牌实验室(World Brand Lab)发布2020年《中国500最具价值品牌》排行榜，“国家电网”品牌价值5036.87亿元，连续五年位居中国500最具价值品牌榜首。世界权威品牌评估机构Brand Finance发布“2020全球最具价值品牌500强”榜单，“国家电网”品牌以569.65亿美元的价值位列“全球品牌500强”第16位，连续四年位居全球公用事业首位。

品牌建设工作持续保持央企领先地位。“创新品牌故事与体验传播管理模式　大力推进世界一流品牌建设”“创造高品质电力服务体验　彰显具有中国特色品牌特质”2个品牌建设案例获评2020年“中央企业品牌建设典型案例”。《三分钟三十年》《光水风电》《二十四小时的守护》3个优秀品牌故事获评国务院国资委“中央企业典型品牌故事”，成为获奖最多的中央企业。参加2020年国务院国资委“视觉新国企”融媒体作品展，75件作品获奖，获奖作品数居参评单位第一名，国家电网获得最佳组织奖。

（撰稿人：邓慧都　周秋慧）

中国南方电网有限责任公司

【基本概况】 2020年，中国南方电网有限责任公司(以下简称公司)统筹抓好新冠肺炎疫情防控和改革发展、生产经营、党建工作，深入推进公司发展战略落地，牢牢把握安全生产、增供扩销、基建攻坚三个抓手，实现“十三五”发展圆满收官，为决战脱贫攻坚、决胜全面建成小康社会作出应有贡献。全系统未发生较大及以上人身事故，未发生设备和电力安全事故，未发生对公司和社会造成重大不良影响的涉电公共安全事件。全网统调最高负荷1.998亿千瓦，比上年增长7%；售电量11068亿千瓦·时，比上年增长5.2%；西电东送电量2305亿千瓦·时，再创历史新高；客户平均停电时间(低压)12.15小时，比上年下降15.4%；第三方客户满意度84.5分；广东、广西电网公司和深圳供电局连续多年在地方公共服务评价中名列第一位；公司连续14年获得国务院国资委经营业绩考核A级，获得党建年度考核A级；在《财富》“世界500强”中排名第105位。

【主要指标】 2020年，公司营业收入5775.24亿元，比上年增长1.97%；资产总额10124.96亿元，比上年增长8.44%；利润总额111.29亿元。制定实施克服疫情影响6个专项方案、“过紧日子”26项举措、增供扩销16项措施，扎实推进提质增效10个专项行动，全力稳存量、拓增量，努力追回疫情影响。增供扩销成果显著，售电量增速超出年度预期，电能替代314亿千瓦·时。竞争性业务利润比上年增长30.3%，其中新兴、金融、国际业务利润分别增长53.5%、23.8%、10.7%，在管制业务盈亏总体平衡的情况下，成为公司效益重要支撑。降本压费效果明显，可控成本、单位供电成本分别比上年下降5.1%、2.2%，线损率5.59%，比上年减少0.21个百分点，电费回收率99.99%，追回云铝欠费4.6亿元。融资成本率减少0.16个百分点，置换存量债务2180亿元，实现境外资金归集与监控，维持国家主权级国际信用评级。存量土地资源盘活取得实质突破。南网商城撮合交易60亿元。市场化融资租赁签订合同78.6亿元。推进审计标准化建设、全流程管控，促进增收节支5.5亿元。依法主动维权避免和挽回经济损失6.7亿元。

表1　2020年中国南方电网有限责任公司主要经济指标

项　目	2019年	2020年	比上年增长(%)
资产总额(亿元)	9336.52	10124.96	8.44
所有者权益(亿元)	3784.00	4070.29	7.57
营业收入(亿元)	5663.42	5775.24	1.97
利润总额(亿元)	180.34	111.29	−38.29
净利润(亿元)	138.20	80.70	−41.60
归属于母公司所有者的净利润(亿元)	126.64	68.90	−45.59
技术开发投入(亿元)	32.30	37.75	16.88
利税总额(亿元)	409.35	279.87	−31.63
应交税金总额(亿元)	159.62	202.80	27.05
全员劳动生产率[万元/(人·年)]	57.02	57.78	1.33
净资产收益率(%)	3.77	2.06	减少1.71个百分点
总资产报酬率(%)	3.40	2.55	减少0.85个百分点
国有资本保值增值率(%)	104.21	104.30	增加0.09个百分点

【改革发展】 以供给侧结构性改革为主线，以落实国企改革三年行动方案为抓手，全面完成年度改革任务。电力体制改革持续走在全国前列，配合做好第二监管周期输配电价核定，南方(以广东起步)电力现货市场开展全月结算试运行，南方区域调频辅助服务市场启动试运行，南方区域统一交易平台上线运行。电力交易机构股权优化调整工作全国领先。南方五省区市场化交易电量占比45%。完成93个独立供电区域接管，13个县级供电企业实现"子改分"。广西新电力实现并轨运行。"去机关化"改革高质量完成，厂办大集体改革超额完成年度任务，实现人员100%安置，未发生安全稳定事件。退休人员社会化管理改革主体工作提前完成，"三供一业"分离移交和供电设施接收改造全面完成，剥离企业办社会职能和解决历史遗留问题基本完成。"双百行动""科改示范行动"改革有序推进。资产证券化实现新突破，南网能源公司成功上市。公司授权体系基本建立。现代供应链体系加快构建，网级物资采购集中度、网省储备集中度分别为71%、66%。推进制度简明化，总部制度数量压缩28%、流程环节减少23%。

【重大项目】 充分发挥南方电网在经济社会发展和能源转型中的基础性、支撑性、保障性作用。融入和服务粤港澳大湾区、深圳先行示范区、海南自贸港、新时代推进西部大开发形成新格局等国家重大发展战略工作全面铺开。克服疫情困难高效推进电网建设，文昌气电创造海南自贸港速度，云贵互联创下超高压直流工程建设最短纪录，特别是昆柳龙直流工程克服困难，两次提前工期，2020年底全面建成投产，创造19项世界第一，扩大公司在特高压直流输电领域世界领先优势。建成深圳前海自贸区、广西东兰县农村智能电网、海岛微电网等城农网示范区。11项工程获得国家级优质工程奖，滇西北直流工程获得国家优质工程金奖。"一带一路"建设走深走实，中老铁路供电项目按计划推进，老挝国家输电网项目合资公司注册成立，越南永新一期项目获得越南工程建设质量最高荣誉——"国家优质工程奖"。

【重大创新】 制定实施进一步推进创新工作26条举措。组织实施国务院国资委攻关任务5项、公司关键核心技术攻关83项，新承担国家重点研发计划"数字电网关键技术"项目。依托昆柳龙、禄高肇等重点工程，攻克特高压柔性直流、混合直流、柔直换流阀等核心技术，研制成功世界首台160千伏超导直流限流器。数字化转型步伐加快，发布全球首份数字电网白皮书，上线“南网智搜”“南网智瞰”“南网在线”。推行“揭榜制”“挂帅制”“众筹制”“自荐制”，充分发挥技能竞赛、创新平台作用，职工创新成果显著。举办公司首届创新创业大赛。聘请充实专家委员会。成立国家级产业知识产权运营中心及南网科技开发公司。新获发明专利授权1770件，获得省部级及以上创新奖励60余项，获得中国电力科学技术进步奖一等奖1项。创新成果转化销售额6亿余元。新设南网能创等基金4支，认缴规模77.5亿元。

【党建工作】 坚持党的全面领导、不断加强党的建设，巩固深化“不忘初心、牢记使命”主题教育成果，抓实中央巡视“后半篇文章”。完善落实“第一议题”机制，加强党组（党委）理论学习中心组学习成果转化。修订公司党组全面从严治党主体责任清单。制定实施关于加强政治生态建设的意见、加强和改进党支部建设的若干意见，持续推动党建与改革发展生产经营深度融合。实施“百千人才去基层到西部计划”。公司总部部门负责人和二级单位班子成员中45岁左右的年轻干部配备目标总体实现。健全“三类三级”人才发展梯队。坚持党管意识形态，开展全方位、立体式宣传，取得良好社会反响。构建完善“青马工程”建设体系。公司系统31个集体、88名职工获得省部级以上荣誉称号，其中6人获评“全国劳动模范”。纪检监察体制改革进一步深化。高质量开展两轮巡视。把整治形式主义、官僚主义摆在更加突出位置，推行30项减负措施。巩固反腐败斗争压倒性胜利，全年立案审查400件、党纪政纪处分514人。

【安全生产】 深入践行总体国家安全观，将安全生产作为一切工作的基础和前提。抓好《公司党组关于进一步加强安全生产工作的意见》30项任务落实，实施安全生产专项整治三年行动计划，系统构建“大安全”格局。统筹推进党支部和基层基础基本技能建设，资源更加向一线倾斜，进一步减轻基层负担、激发活力。扎实推进电网、设备和网络安全风险防控，加强涉港涉澳涉核线路运维，涉电公共安全水平持续提升，事故事件和人身事故双下降，人身事故管控为历年最好水平。在“护网2020”网络攻防演习中继续名列前茅。基本建成66个城市保底电网，完善城市大面积停电应急机制，全面建成公司应急基地群，广东基地获评国家级。有效应对35轮次各类自然灾害侵袭，主动做好6起社会突发事件应急供电支援。党的十九届五中全会、深圳特区建立40周年庆典活动、海南文昌航天发射等12项重大保电任务万无一失，对港澳供电可靠稳定。

【优化营商环境】 对标世界一流水平，制定实施公司全面提升“获得电力”服务水平、持续优化用电营商环境三年行动方案，不断提升客户获得感。全网低压非居民、高压单电源客户平均接电时间分别下降到2.7个工作日和21.2个工作日，小微企业接电实现“零投资”，累计节约客户投资108亿元。促请政府出台加快涉电工程行政审批政策，外线工程审批时间平均为5天、最长不超过10个工作日。在中国营商环境“获得电力”评价中，深圳、广州名列前茅。在全国城市电力可靠性排名中，珠海、中山、深圳、佛山、广州、东莞位居前十，包揽前三，特大城市核心区可靠性比肩世界顶尖水平。完成客户服务平台升级推广，互联网业务比例99%，实现客户办电“一次都不跑”。

【履行社会责任】 始终心系“国之大者”，自觉将公司各项工作融入疫情防控、服务经济社会发展的大局中谋划推进。战疫情、保供电，第一时间成立应对疫情工作领导小组及5个专项工作组，统筹实施各业务领域防控策略，及时完善常态化防控举措，守住不发生聚集性疫情的底线。制定供电服务保障6项举措，为4450户疫情防控重点客户做好保供电，全力确保五省区安全可靠供电。特殊安排1亿元用于定点医院、隔离场所供电项目建设。制定实施助力湖北疫后重振发展7项举措。向疫情防控一线捐款捐物5600余万元。助“六稳”、促“六保”，制定实施22项重点举措54项任务，坚决执行工商业电价降5%、支持性两部制电价等政策，全年降低客户用电成本200亿元、惠及840万个工商业用户。实施重点客户欠费不停电及缓交电费措施，涉及金额92亿元。依托电力大数据建立企业复工复产监测机制，为党和国家有关部门、各级党委政府当好参谋。及时调增固定资产投资，优先投向落实“六稳”“六保”要求。全力打赢“三大攻坚战”，超额完成中央单位及各省区部署的定点扶贫任务，694个扶贫点、34.7万名贫困人口全部达到脱贫标准；投入农网改造升级资金361亿元，全面完成国家挂牌督战县、“三区三州”等贫困地区农网改造升级任务。制定实施清洁能源消纳专项行动24项举措，可再生能源利用率99.5%，基本解决清洁能源消纳问题，非化石能源电量占比53.2%，比上年增加0.3个百分点。健全防范化解重大风险责任机制，重点加强电网运行、经营、市场等六大风险管控，全年未发生重大风险事件。

（撰稿人：刘之阳）

中国华能集团有限公司

【基本概况】 中国华能集团有限公司（以下简称中国华能）是经国务院批准成立的国有重要骨干企业，创立于1985年，注册资本金349亿元，主营业务包括电源开发、投资、建设、经营和管理，电力（热力）生产和销售，金融、煤炭、交通运输、新能源、环保相关产业及产品的开发、投资、建设、生产、销售，实业投资经营及管理。

中国华能坚决贯彻党中央、国务院决策部署，特别是党的十八大以来，坚持以习近平新时代中国特色社会主义思想为指导，坚决扛起中央企业的使命责任，在高质量发展道路上不断迈出新步伐。面对新形势新任务新要求，胸怀“两个大局”，站在为党和国家事业筑牢“两个基础”、发挥“六个力量”作用的高度，丰富和发展华能“三色公司”新的时代内涵。2020年，中国华能提出加快建设创新引领力强、价值创造力强、全球竞争力强，资产优、管理优、业绩优的“三色三强三优”世界一流能源企业的战略目标，统筹做好疫情防控和经营改革发展，深入落实“六个新提升”“两大突破”的战略任务，着力在绿色发展、卓越运营、科技创新、国际化经营发展、本质安全、党建工作质量上实现新提升；在结构调整、“处僵治困”上取得重大突破，不断开创华能事业发展新局面，为保障国家能源安全、推动能源转型升级、促进国民经济发展作出积极贡献。

截至2020年底，拥有二级单位55家、三级企业460余家，上市公司5家，员工13万人。率先在发电行业中进入《财富》“世界500强”，15次获得国务院国资委业绩考核年度A级、5次获得中央企业负责人任期考核A级。全资及控股电厂装机容量接近2亿千瓦，低碳清洁能源装机占比36.5%，煤炭产能8500万吨/年，供热面积突破8.4亿平方米，资产总额1.19万亿元。主要生产经营指标保持行业领先。全年完成发电量（国内）7077亿千瓦·时，比上年增长0.64%，发电量占全国发电量的10%。核准（备案）电力项目1742万千瓦，其中清洁能源1642万千瓦，占比94.3%。新能源项目核准、开工、新增容量实现“三个1000万千瓦”目标。在“三大攻坚战”、科技创新、转型升级、国际化经营发展、安全生产、党的建设等各方面工作取得重大进展，总部改革、中央巡视整改取得新的成效。

【主要指标】

表1　2020年中国华能集团有限公司主要经济指标

项　目	2019年	2020年	比上年增长(%)
资产总额(亿元)	11260.97	11875.19	5.45
所有者权益(亿元)	2962.15	3608.52	21.82
营业收入(亿元)	3061.91	3141.93	2.61
利润总额(亿元)	178.47	224.17	25.61
净利润(亿元)	115.45	146.92	27.26
归属于母公司所有者的净利润(亿元)	12.88	21.56	67.39
技术开发投入(亿元)	52.33	66.09	26.29
利税总额(亿元)	445.10	520.70	16.98
应缴税金总额(亿元)	271.01	295.49	9.03
全员劳动生产率[万元/(人·年)]	83.66	95.81	14.52

续表

项　目	2019 年	2020 年	比上年增长(%)
净资产收益率(%)	4.32	4.47	增加 0.15 个百分点
总资产报酬率(%)	4.01	3.98	减少 0.03 个百分点
国有资本保值增值率(%)	100.80	107.32	增加 6.52 个百分点

【发展改革】 始终按照"两个一以贯之"要求，不断建设完善中国特色现代企业制度，落实国企改革三年行动部署，落实股份制改革、厂办大集体改革、退休人员社会化管理等 8 项改革任务。实施总部机构改革，优化总部组织架构，总部部门、处室、定员分别精简 32%、45%、43%。完善三级管理体系，推动授权放权，总部权责事项清单精简 37%。实施燃料、新能源、物资供应服务体制改革，推进财务、审计、人力资源共享中心建设，集约化专业化管理水平得到提升。积极推进中央企业煤电资源区域整合，率先完成划入 15 户、划出 9 户企业资产和管理权移交，全力保障人员、安全生产、资金接续稳定，实现平顺过渡。大力"处僵治困"，国务院国资委确定的 20 户"僵尸特困"企业处置任务全部完成，119 户重点亏损子企业亏损额比 2018 年减亏 108 亿元，降幅 62.4%，大幅优于国务院国资委要求。

【重大项目】 坚决贯彻"四个革命、一个合作"能源安全新战略，加快推动结构调整和转型升级，坚持基地型、数字化、标准化开发，大力发展新能源，全年完成新能源核准(备案)1200 万千瓦、投产 1000 万千瓦，均创历史新高。海南昌江核电二期获得核准，中国华能正式成为我国第四家具备控股建设大型压水堆资质的发电集团，规划山东石岛湾、海南昌江、福建霞浦三大核电基地。加快推动澜沧江上游西藏段等西南水电开发。

【走向海外】 截至 2020 年底，中国华能境外投资运营项目 6 个，装机容量 944.44 万千瓦，约占总装机容量的 5%。由中国华能主导建设的英国门迪 9.98 万千瓦储能项目具备投产条件，境外项目全部盈利，合计实现利润 18 亿元，创历史最好水平，彻底扭转长期亏损的被动局面。在能源行业率先发布国际标准化战略纲要。与国家电网等中央企业共同成立国际标准技术研究院，成功承办 2020 国际标准峰会。

【重大创新】 认真贯彻习近平总书记关于电力网络安全等重要批示精神，组建电力基础设施网络安全研究中心等 4 个技术中心，加快燃机运维自主化等 7 个"卡脖子"技术攻关，推动实施海上风电智慧运维等 35 项重大科技攻关项目。自主研发基于国产芯片、操作系统和核心元器件的国内首套全国产火电工控 DCS 系统，在华能福州电厂 35 万千瓦和玉环电厂 100 万千瓦机组上投用，标志着我国火电核心控制系统实现完全自主可控。全面开展全国产风电控制器 PLC 系统研发，在华能吉林通榆风电场成功示范，打破国外长期以来的技术垄断。国家科技重大专项、全球首座具有第四代核电安全特征的石岛湾高温气冷堆示范工程设备国产化率 93.4%，远超重大专项总体方案不低于 75%目标。推动火电清洁高效利用，研发 2 条具有自主知识产权的垃圾、污泥、固体废弃物与煤电掺烧技术路线，在岳阳、杨柳青、运河等电厂成功示范应用。强化产学研用协同创新，与清华大学、西安交通大学、华北电力大学等高校组建联合研究机构。全年申请专利 5545 件，比上年增长近 4 倍；授权 1709 件，比上年增长 1 倍。获得省部级科技进步一等奖 8 项，比上年增加 3 项。主导和参与国际标准立项 5 项。

【党建工作】 全面贯彻新时代党的建设总要求和新时代党的组织路线，坚持党的全面领导，不断提高党的建设质量。持续加强党的政治建设，进一步增强"四个意识"，坚定"四个自信"，坚决做到"两个维护"，将学习贯彻习近平总书记重要指示批示精神作为首要政治任务，确保习近平总书记重要指示批示和党中央决策部署不折不扣落到实处。深入开展党的十九届五中全会和中央经济工作会议精神学习宣传贯彻，党组成员带头宣讲，推动学习宣讲进车间、进班组，系统各级党组织开展学习研讨 3500 余次。强化党建引领，开展"抗疫情、促生产、作先锋"主题实践活动，厚植党建优势，凝聚华能攻坚克难、奋勇争先的强大力量。深化全面从严治党，对中央巡视整改进行再动员再部署，组织开展巡视整改"回头看"。加强干部队伍建设，落实新时代党的组织路线，选优配强各级党政领导干部，用好各年龄段干部。加大优秀年轻干部选拔力度，党组管理干部中“70后”163人，占比30%。

【信息化与数字化建设】 推动各产业与数字技术深度融合，打通数据壁垒，盘活数据资产，挖掘数据价值，创新发展模式和发展路径，依靠数字化手段，打造核心竞争力。积极推进能源系统数字化、信息化和智能化进程，加快智慧火电、智能煤矿、智能水电技术研发与应用。在江苏投运国内首个海上风电智慧运维平台，在华能瑞金二期、石洞口一厂开展智慧电厂建设示范。建成3处国家级智能化示范矿井，灾害严重煤矿和新投产煤矿采煤工作面全部实现智能化绿色化开采，智能化工作面16个，井下固定场所基本实现无人值守。

【履行社会责任】 决战决胜脱贫攻坚，总部定点扶贫和对口支援的陕西省榆林市横山区、新疆维吾尔自治区阿合奇县、青海省尖扎县，帮扶的云南“直过民族”4个贫困县全部脱贫“摘帽”。党的十八大以来，累计投入帮扶资金82.5亿元，选派扶贫干部621人，实施扶贫项目1572个，帮助26.5万人稳定脱贫。连续三年获得国务院定点扶贫工作考核最优等级，连续两届获得中华慈善奖。

面对来势汹汹的疫情，中国华能闻令而动，及时部署“一防三保”工作，坚持把员工安全健康放在首位，抓实抓细常态化防控。疫情初期确诊的13例病例全部治愈后，系统内再无新增病例，境外员工保持“零感染”。各单位及党员、工会会员累计捐款超过1亿元。坚持一手抓疫情防控，一手抓稳产保供和复工复产。在湖北、武汉主战场，华中分公司逆行出征，抗疫保供，守住城市“生命线”。473个基层电厂连续安全稳定发电供热。20个生产煤矿春节后立即复产，基建项目实现应开尽开，充分发挥产业链龙头带动作用。制定助力湖北疫后重振20项举措，组织定向采购6.57亿元。罗家庚被评为“全国抗疫先进个人”；阳逻电厂被评为“中央企业抗疫先进集体”，阳逻电厂党委被评为“中央企业先进基层党组织”；上海电商王飞、北京热电何垚年、萨希瓦尔煤电孙震被评为“中央企业抗疫先进个人”。

（撰稿人：杨　东）

中国大唐集团有限公司

【基本概况】 中国大唐集团有限公司（以下简称中国大唐）成立于2002年12月29日，是中央直接管理的国有特大型能源企业，2017年10月改制为国有独资公司，注册资本金370亿元。截至2020年底，中国大唐资产总额7965.63亿元，在役及在建资产分布在全国31个省（自治区、直辖市）和香港特别行政区，以及海外13个国家和地区。所属上市公司5家、区域公司和专业公司43家，员工9.5万人。主要业务覆盖电力、煤炭、金融、海外、煤化工、能源服务等领域。发电总装机容量15860万千瓦，清洁能源装机容量占38.26%。连续11年入选《财富》“世界500强”，连续八年在国务院国资委中央企业经营业绩考核中获得A级。

【主要指标】 2020年，中国大唐完成发电量5603.77亿千瓦·时，比上年增长2.76%。实现营业收入1924.09亿元，比上年增长1.41%；利润总额138.69亿元，比上年增加18.06亿元；净利润91.29亿元，比上年增加17.58亿元；归属于母公司所有者的净利润21.88亿元，比上年减少7.6亿元。净利润、经济增加值、营业收入利润率、研发经费投入强度和等效机组可用系数5项经济考核指标均完成国务院国资委年度考核目标。

表1　2020年中国大唐集团有限公司主要经济指标

项　目	2019年	2020年	比上年增长(%)
资产总额(亿元)	7585.33	7965.63	5.01
所有者权益(亿元)	2057.89	2437.40	18.44
营业收入(亿元)	1897.33	1924.09	1.41
利润总额(亿元)	120.63	138.69	14.97

续表

项　目	2019 年	2020 年	比上年增长(%)
净利润(亿元)	73.71	91.29	23.84
归属于母公司所有者的净利润(亿元)	29.48	21.88	−25.77
技术开发投入(亿元)	34.27	35.76	4.35
利税总额(亿元)	264.23	265.35	0.42
应交税金总额(亿元)	157.91	175.65	11.24
全员劳动生产率[万元/(人·年)]	83.82	91.92	9.66
净资产收益率(%)	3.87	4.06	增加 0.19 个百分点
总资产报酬率(%)	3.98	3.97	减少 0.01 个百分点
国有资本保值增值率(%)	102.70	103.70	增加 1 个百分点

【改革发展】 坚持新发展理念和能源安全新战略,加快结构调整。电源项目全年核准 1537 万千瓦、开工 742 万千瓦、投产 1426 万千瓦,其中可再生能源分别占 48.73%、73.45%、57.5%,均创历史新高。截至 2020 年底,中国大唐清洁能源占发电总装机容量的比重为 38.3%,比 2015 年增加 8.2 个百分点。山东东营、广东雷州各 2 台 100 万千瓦清洁高效燃煤机组投入运营。龙王沟煤矿作为首个自主建设的现代化井工矿正式投产。西藏扎拉水电站、江苏南京燃机创新示范项目获得核准。深圳宝昌、海南万宁燃机项目开工建设。

落实国企改革三年行动计划,重点任务有序推进。制定三年行动方案,推动重点任务落实。完成煤电资源区域整合第一批试点企业管理权、产权接收和移交工作。退休人员社会化管理完成 99.76%,厂办大集体改革总体任务完成率 100%。"处僵治困"取得积极成效,34 家重点亏损子企业比上年减亏 3.98 亿元。积极压降库存和应收账款资金占用,"两金"增幅低于收入增幅 6.56 个百分点。清理拖欠民营企业账款 3.12 亿元,确保无分歧欠款零拖欠。"双百行动""科改示范行动"取得阶段性进展。巩固深化"总部机关化"问题专项整改,集中整治二级单位机关化、行政化突出问题,制定持续整治形式主义突出问题 15 项具体措施和改学风文风会风 10 项重点措施,推动转职能、转作风向基层延伸,二级单位审批、备案、检查、评比等事项平均压减 20%以上。

【走向海外】 坚持深化国际合作,助力共建"一带一路"高质量发展,持续带动清洁能源和环保优势产业"走出去",抢抓机遇做强、做优、做大海外业务板块。在柬埔寨、印度尼西亚、缅甸等东南亚地区投产运行的 4 个 105 万千瓦电力项目,以及在建的 45 万千瓦电源项目,对改善当地的基础设施条件,促进经济发展、提高人民生活水平,均发挥重要作用。中国大唐境外项目安全稳定运行,经济效益良好,以一流的专业水平和管理团队,赢得相关国家政府对中国大唐品牌的信任,打造一系列"一带一路"明珠示范工程,得到外交部、商务部、国务院国资委等部委和相关国家政府的高度评价。

【重大创新】 贯彻落实创新驱动发展战略,以提高自主创新能力为核心,全面推进创新体系建设,深化创新体制机制改革,加大科技创新力度,着力促进产业结构优化升级。完善科技创新制度,制定《科技创新奖励管理办法》等 8 项制度。明确创新重点方向,推动落实年度重大科研项目 38 项。加大创新投入力度,年度研发费用投入 4.36 亿元。科技奖励成果继续保持领先水平。2020 年,中国大唐获得中国电力科技进步奖、电力创新奖(含职工奖)、中国能源研究会能源创新奖 3 项行业奖 76 项。管理国家课题 8 项;新增授权专利 1424 件,连续六年超过 1000 件,累计授权专利 9432 件;新增授权发明专利 172 件,创历史新高,累计授权发明专利 881 件,发明专利比例 9.3%。

【党建工作】 坚持以习近平新时代中国特色社会主义思想为指导,认真落实新时代党的建设总要求和新时代党的组织工作路线,深入贯彻全国国有企业党的建设工作会议精神,以党的政治建设为统领,以"中央企业党建巩固深化年"专项行动为抓手,以党建和中心工作深度融合为重点,以高质量党建引领高质量发展,"央企姓党"政治意识不断增强,践行"两个维护”更加自觉，为建设世界一流企业提供坚强政治保证。党建工作体系持续健全，统筹党委班子党建责任制、党委书记抓基层党建述职、分管领导党群工作业务线“三位一体”考核，厘清基层党委、党委书记、班子成员、支部书记“四张责任清单”，完善基层党建系列手册，党建工作责任、标准、流程更加规范。基层组织建设稳步提升，对标《中国共产党国有企业基层组织工作条例(试行)》，落实党建工作“两个全覆盖”，制定党支部标准化规范化建设标准，选树10个中国大唐基层示范党支部；开展基层党组织软弱涣散和薄弱问题整顿，消除19个“党员空白班组”并保持动态清零。攻坚克难作用充分发挥，在战“疫”大考中彰显初心使命，组建近4000个(支)党员示范岗、党支部责任区和党员突击队，20%以上的在职党员连续坚守岗位超过100天。依托工程建设联合党支部、创建党员明星风机等工作载体，新能源项目核准容量和投运容量均取得历史最好水平，在能源转型中抢得发展先机。

【信息化与数字化建设】 贯彻总体国家安全观，全面落实电力网络安全风险管控要求。常态化开展网络安全风险排查和隐患治理工作。持续加强自主可控应用，被公安部授予“2020年中央企业网络安全先进单位”称号，被授予发电行业首个“网络安全领域电力行业技术能手”称号。认真贯彻国务院国资委、公安部、国家能源局、中央网信办等国家监管机构工作要求。落实国资监管信息化建设三年行动计划要求，完成“三重一大”决策运行系统、法务管理系统等集团管控信息系统建设；组织全系统开展2020年网络安全监督检查和网络安全责任落实情况专项检查；积极推进数字化转型和“两化”融合。加快新型数字基础设施建设，全面推进江苏、彭水、延安、平潭、万宁等37家智慧企业试点建设。组织系统企业参加中国电力创新奖，1项成果获得一等奖，3项成果获得二等奖。研究完成集团公司数字化技术标准体系，确定数字化总体标准、生态数字化等七大类总体架构。高质量推进数字化运营平台建设。通过自主设计、自主开发、自主实施开展数字化运营平台建设，初步实现集团电力生产经营管理的数字化、网络化、可视化、智能化，形成对集团电力生产运营的实时、精准监控和洞察能力。

【履行社会责任】 圆满完成保电供热任务。中国大唐位于北京周边的15家发电企业承担首都2/3的电力供应任务，同时承担着“三北”地区10个省(自治区、直辖市)6.5亿平方米的民生供热任务。全年未发生较大及以上人身设备事故，高标准、高质量完成首都保电，以及全国两会、党的十九届五中全会、纪念中国人民志愿军抗美援朝出国作战70周年大会等重大时点保电任务。

超额完成脱贫攻坚工作任务。贯彻党中央打赢脱贫攻坚战决策部署，高质量推进中央脱贫攻坚任务落实。累计向贫困地区选派挂职干部360人，投入扶贫资金14.48亿元，援建扶贫项目1699个，帮扶27个省份90个县(市、区)339个贫困村38万人脱贫，其中助力定点扶贫县广西壮族自治区大化县10.4万人脱贫、陕西省澄城县4.2万人脱贫，对口援助的青海省兴海县9100人脱贫，投入10亿元专项帮扶资金，帮助19万名傈僳族群众摆脱贫困。超额完成中央单位定点扶贫任务各项指标，中国大唐扶贫办公室获评“全国脱贫攻坚先进集体”。

超前完成“十三五”生态环保工作任务。扎实推进中国大唐《打赢蓝天保卫战三年行动计划(2018—2020年)》各项治理任务，完成节能环保改造346项，投入资金129亿元。2020年，二氧化硫、氮氧化物等主要排放物指标完成国家排放总量控制要求，并保持逐年大幅下降趋势，比2015年分别减排81%、84%，提前完成国务院国资委第六任期考核目标。建立健全三级责任主体生态环保责任制，中国大唐安全生产管控平台上线运行。持续深入开展生态环保督查，全年未发生环保舆情和环境事件。

全面完成疫情防控阶段性任务。坚决贯彻落实党中央、国务院决策部署和国务院国资委工作要求，始终把人民群众生命安全和身体健康放在首位，统筹部署疫情防控、值班值守、安全生产、燃料保供和关爱疫区职工等工作，保持正常生产经营秩序。坚决服从服务全国疫情防控和经济社会发展大局，落实“复工复产”专项信贷资金投放251亿元，90个基建项目在3月底全部复工复产。全力支持各地疫情防控和疫后经济重振，累计向武汉等地区捐款捐物5000万元，采购湖北农产品1195万元，提供湖北毕业生就业岗位

216个。境内外员工始终保持“零确诊”“零疑似”的“双零”良好“战绩”。

（撰稿人：王　灏）

中国华电集团有限公司

【基本概况】 中国华电集团有限公司（以下简称中国华电）是2002年底国家电力体制改革时组建的国有独资发电企业，是国务院国资委监管的特大型中央企业，也是中央直管的国有重要骨干企业。主要业务划分为发电、煤炭、科工、金融四大产业板块。资产及业务主要分布在全国31个省（自治区、直辖市）和香港特别行政区，以及印度尼西亚、柬埔寨、俄罗斯、西班牙等40多个国家。控股境内外上市公司6家，职工9.3万人，资产总额8610.43亿元。发电装机容量1.66亿千瓦。煤炭产业产能5830万吨/年，拥有4个千万吨级煤矿。金融产业拥有8家机构，取得财务公司、信托公司、证券、保险经纪、保理、融资租赁等6种（类）金融牌照。科工产业拥有国家级火力发电检测、分布式能源技术等多个科技创新平台，在国内率先构筑起覆盖火电、水电、风电、电网的电力自主可控工控产品系列，国产电力工控自主技术成熟并具备全面推广条件，技术水平得到行业专家高度评价。

2020年，中国华电在以习近平同志为核心的党中央坚强领导下，深入学习贯彻习近平新时代中国特色社会主义思想，全面落实党中央、国务院决策部署和国家能源安全新战略，以创建具有全球竞争力的世界一流能源企业为愿景，扎实推进“五三六战略”①，企业改革发展取得可喜成绩。连续八年在国务院国资委经营业绩考核中获评A级，经营业绩考核得分连续五年名列同类型企业前茅；连续九年上榜《财富》“世界500强”，比上年提升16个位次；连续八年获得联合国全球契约最佳实践奖。

【主要指标】 2020年，中国华电坚决贯彻落实党中央、国务院决策部署，扎实做好“六稳”工作，全面落实“六保”任务，坚决打好三大攻坚战，企业改革发展稳定各项工作迈上新台阶。实现利润总额189.83亿元，完成年度预算目标的126.5%，比上年增长54.53%；净利润125.26亿元，完成国务院国资委考核目标的132.1%，比上年增长58.58%；净资产收益率5.13%，比上年增加1.25个百分点；经济增加值（EVA）2亿元，完成国务院国资委考核目标的207.3%，比上年增加27.6亿元；资产负债率69.32%，较年初减少3.45个百分点。完成发电量5799亿千瓦·时，比上年增长0.22%。清洁能源装机容量占比43%，比上年增加2.63个百分点；全口径供电碳排放强度比上年减少2.7个百分点，创历史最好水平。克服疫情带来的不利影响，全面超额完成国务院国资委年度考核目标，效益增长位列央企前茅，净资产收益率、归属于母公司所有者的净利润、资产负债率、供热量增幅、弃风率改善值等指标居同类型企业先列。总体上完成“十三五”规划的主要目标和任务。

表1　2020年中国华电集团有限公司主要经济指标

项　目	2019年	2020年	比上年增长（%）
资产总额（亿元）	8222.20	8610.43	4.72
所有者权益（亿元）	2238.65	2641.80	18.01
营业收入（亿元）	2335.63	2376.37	1.74
利润总额（亿元）	122.84	189.83	54.53
净利润（亿元）	78.99	125.26	58.58
归属于母公司所有者的净利润（亿元）	21.45	40.35	88.11
技术开发投入（亿元）	55.44	58.85	6.15
利税总额（亿元）	304.00	377.80	24.28

① “五三六战略”：坚持和加强党的全面领导、坚持稳中求进工作总基调、坚持新发展理念、坚持推动高质量发展、坚持改革创新，持续推进从保障供应向增加有效供给转变、从规模扩张向注重效益提升转变、从要素驱动向创新驱动为主转变，努力实现一流的可持续发展能力、一流的价值创造能力、一流的国际化运营能力、一流的科技创新能力、一流的企业治理能力、一流的品牌影响力，到2035年基本建成具有全球竞争力的世界一流能源企业。

续表

项　目	2019 年	2020 年	比上年增长(%)
应交税金总额(亿元)	239.6	260.35	8.66
全员劳动生产率[万元/(人·年)]	82.58	93.24	12.91
净资产收益率(%)	3.88	5.13	增加 1.25 个百分点
总资产报酬率(%)	3.83	4.39	增加 0.56 个百分点
国有资本保值增值率(%)	105.24	107.50	增加 2.26 个百分点

【改革发展】 认真落实党中央、国务院部署，推动重点改革举措落地，为中国华电高质量发展注入活力。一是落实国企改革任务坚决有力。制定《改革三年行动实施方案》《工作台账》，召开动员会部署推动，系统各单位迅速跟进，公司上下形成全面深化改革的良好氛围。“双百行动”持续推进，江苏公司成功引入战投实现股权多元化，华电重工经营团队持股方案和股权激励措施出台，2 家企业在国务院国资委改革专项评估中均获评 A 级；“科改示范行动”稳健有力，国电南自围绕完善公司治理、提升自主创新能力不断健全体制机制，发挥改革示范带动作用。深入推动剥离企业办社会职能和解决历史遗留问题，“三供一业”分离移交和教育、医疗机构深化改革全部完成，厂办大集体改革基本完成，退休人员社会化管理完成 99%以上。二是体制机制改革不断深化。“总部机关化”问题专项整改，按期完成国务院国资委党委部署任务，精干、高效、坚强的价值型中央企业总部建设不断深化，推进直属单位“本部机关化”问题专项整改。煤电资源区域整合取得阶段性成果，工作成效受国务院国资委好评。将国务院国资委“八个提升”要求和集团公司“六个一流”目标相结合，编制公司《对标世界一流管理提升行动实施方案》《对标提升工作清单》，积极推进对标世界一流管理提升。开展公司治理专项行动，完善法人治理体制机制，推动公司治理体系和治理能力现代化。加强董事队伍建设，公司任命的首批 7 名直属单位专职董事到岗履职。印发实施采购管理提升方案，提升公司集约化采购、规范化管理、标准化建设和数字化建设水平。三是营销体系改革持续推进。有序推进售电公司实体化运营，代理工商业用户 4000 余家，售电量 753 亿千瓦·时，山东、江苏售电公司代理电量连续三年排名全国前十位。积极参与电力现货市场建设，组建广东运营报价中心，试点一体化运营，试运行期间累计增收 3500 万元；积极参与电力交易中心股份制改造，参股全国 27 家省级交易中心。四是依法治企得到加强。全面落实法治建设责任制，推进法律事务与业务工作深度融合，建立法律体检长效机制，努力提升“三项法律审核”质量，全方位防控法律风险，全年避免或挽回损失 27 亿元，公司系统新发案件数量、金额分别比上年下降 18.1%、30.5%。加强现代化制度体系建设，形成企业协同一致的制度管理框架体系和上下贯通的制度信息化管理网，形成用制度管权、按制度办事、靠制度管人、依制度问责的运行机制。“三重一大”决策管理更加规范，在线运行系统全面推广。审计整改不断深化，近五年内部审计发现问题整改率 90%，整改成效有效发挥。

【重大项目】 风光电基地式、规模化开发力度加大，新能源投资比上年增长 126%，全年发起风光电 82 项 1835 万千瓦、立项 20 项 220 万千瓦、核准 64 项 471 万千瓦、开工 43 项 436 万千瓦，均创历史最高纪录。云南公司竞配取得风光电 122 万千瓦，贵州、重庆、湖北等区域争取风光电资源成效明显；甘肃金武张，内蒙古包头、阿拉善等基地规划前期工作取得积极进展。积极参与竞配和平价上网，14 项 193 万千瓦、21 项 219 万千瓦风光电项目分别列入国家或地方补贴目录、平价上网目录，均创历史新高。有序推进海上风电开发，浙江玉环北区 15.4 万千瓦、广东阳江 50 万千瓦项目开工建设。积极推进水电发展，金上流域水电明确推荐受端落点为湖北鄂东地区；昌波、波罗、岗托项目立项和前期工作不断推进；完成金上水光互补规划研究报告并报国家能源局，初步确定可再生能源基地规模为水电 913.6 万千瓦、光伏 700 万千瓦。因地制宜发展天然气发电，香河一期、二期纳入河北和北京“十四五”规划，惠州东江燃气热电完成立项。

【走向海外】 2020年,中国华电克服全球疫情影响,助力共建"一带一路",国际业务收入176亿元,比上年增长24%;利润24亿元,比上年增长64%。越南沿海二期、印度尼西亚玻雅项目建设顺利,柬埔寨西港项目主体开工,孟加拉国迈门辛光伏项目建成投产。对外承包工程利润比上年增长73%,其中埃塞俄比亚微网光伏EPC项目建成投产;对外技术服务业务继续保持同类型企业领先,实施服务项目11个装机容量746万千瓦;国际贸易业务,进出口贸易额大幅增长,全年带动设备出口贸易额超过48亿元。

【重大创新】 认真落实国家部署要求,深入实施创新驱动战略,发展新动能不断增强。一是科技管理体系不断完善。加强创新平台建设,着力构建以企业为主体、市场为导向、产学研用深度融合的科技创新体系。成立包括8名院士在内的专家咨询委员会,召开第一次专家咨询委员会会议和中国华电科技创新大会;健全集团公司中央研究院职能,整合科技资源,形成创新合力。二是核心技术攻关取得重大突破。研发投入强度2.43%,超过国务院国资委考核目标0.06个百分点,投入58.4亿元,为历年最高。加快"卡脖子"关键核心技术研发攻关和国产化替代,全力推进国务院国资委中央企业联合创新项目、国家能源局补短板和AK应用示范项目以及国家重点项目研发,国内首套自主可控超超临界火电DCS和60万千瓦水电监控分别在芜湖和构皮滩投运,首套风电主控在宁夏运行,全面完成中央企业联合攻关年度任务。率先构筑起覆盖火电"华电睿蓝"、水电"华电睿信"、风电"华电睿风"、电网"华电睿智"的电力自主可控工控产品系列,由此实现我国自主可控系统的示范应用,具备全面推广应用条件。三是科技创新成果丰硕。主导和参编的腐蚀控制工程领域3项国际标准正式发布,实现中国华电国际标准化建设上的"零的突破"。"大型热电联产源网荷一体化协同供热关键技术研究及应用"项目获得中国电力科学技术奖一等奖,"乌江思林、沙沱升船机关键技术与应用"获得全国水力发电科学技术奖一等奖。获得授权专利1338件,比上年增长19.2%,创历史新高。四是数字转型加快推进。数字电厂、数字煤矿建设进展顺利,9家数字电厂试点建设全面推进;隆德煤矿智能化综采工作面系统稳定可靠、安全高效,投运后累计采煤超过600万吨。编制完成综合能源"两个平台"规划建设方案。推进财务共享中心建设,4个试点区域56家单位实现切换上线,运营效益逐步显现。

【党建工作】 健全完善贯彻落实习近平总书记重要指示批示精神工作机制,在中央企业中较早制定学习贯彻落实工作制度,坚持把学习贯彻习近平总书记重要指示批示精神作为党组(党委)"第一议题",健全工作台账,抓好督导落实,中国华电党组学习贯彻72次,明确落实措施246项,实现"学习研讨、贯彻措施、督查督办、跟踪问效"4项标准全落实。深入学习宣传贯彻党的十九届四中、五中全会精神,通过系统培训、专题讲课、集中宣讲等形式,广泛宣传贯彻,掀起学习热潮。抓好公司《巩固深化"不忘初心、牢记使命"主题教育成果实施方案》落实落地,印发党组1号文件,制定落实全面从严治党主体责任清单和年度重点任务。落实管党治党主体责任,持续深化中央巡视整改,建立长效机制工作清单,高质量推进内部巡视巡察工作,全面从严治党向纵深推进。加强党风廉政建设,坚决贯彻中央关于加大国有企业反腐力度部署以及国务院国资委党委专项整治要求,开展4个方面专项整治,严格落实中央八项规定及其实施细则精神,持续纠治"四风"。落实新时代党的组织路线,加强领导班子和干部人才队伍建设,选优配强直属单位领导班子,优化总部机构设置,年轻干部比例明显提升。在总部部门负责人和直属单位班子成员中,"73后"和"75后"干部占比分别较年初增加7.27个和4.76个百分点;直属单位部门负责人和基层企业班子成员中,"78后"和"80后"干部占比分别较年初增加6.89个和6.03个百分点。思想文化和品牌建设不断加强,连续八年获得联合国全球契约最佳实践奖,15项成果入选电力行业优秀企业文化成果。加强统战对象的政治引领、思想引领,引导统战对象与党同心同行。群团工作水平进一步提升,中国华电工委被命名为"全国模范职工之家",6名干部职工被授予2020年"全国劳动模范"称号。

【信息化与数字化建设】 一是编制中国华电网信"十四五"规划和数字化转型2025行动方案。2020年7月,启动网信规划和行动方案编制工作。2020年12月,完成网信规划和行动方案送审稿。修编中国华电信息化管理制度，完成《信息化项目管理办法》修订和《A类、B类信息化统建项目管理细则》制定，提交制度委员会审查。编印中国华电数字电厂建设相关技术规范，2020年6月，中国华电数字电厂统一数据平台与数据编码规范通过专家评审。2020年7月，正式印发《数字电厂统一数据平台与数据编码规范(2020版)》。二是编制中国华电信息化项目招标文件标准化范本。2020年6月，启动信息化项目招标文件标准化范本编制工作。2020年12月，发布8本信息化项目招标文件标准化范本。“财务共享中心研究及应用成果”获得2020中国能源企业信息化卓越成就奖，并入选大会创新成果与优秀案例选编。“发电企业数据资产管理体系构建与实践”获得2020中国能源企业信息化管理创新奖。“中国华电综合能源服务‘两个平台’”“古田溪流域水电站群智能安全防护管理系统应用案例”“基于工业智能技术的风电机组特性分析服务”“安全可控国产化新能源远程集控系统”“数字电厂建设探索与实践——华电福新广州能源有限公司”“电力数字化技术与实践——古田溪数字大坝应用案例”“隆德煤矿智能化工作面”等7个案例被电机工程协会组织编撰的《中国能源革命与先进技术丛书——电力数字化技术与实践》收录为先进案例。

【履行社会责任】 2020年，中国华电定点扶贫的新疆维吾尔自治区阿图什市和乌恰县、对口支援的新疆维吾尔自治区喀什市和青海省都兰县、电力援藏的西藏自治区尼玛县等63个贫困县全部脱贫“摘帽”。中国华电获评2019年中央单位定点扶贫考核最优等级；获得国家脱贫攻坚最高荣誉——全国脱贫攻坚奖组织创新奖；社会责任报告连续六年获得金蜜蜂优秀企业社会责任报告·长青奖。

(撰稿人：金婧悦)

国家电力投资集团有限公司

【基本概况】 2020年，国家电力投资集团有限公司(以下简称国家电投)党组、董事会坚决贯彻落实习近平总书记重要指示批示精神和党中央、国务院决策部署，统筹抓好疫情防控和生产经营改革发展各项工作，落实“六稳”“六保”任务，全力推进复工复产，经营效益再创新高，清洁转型势头强劲，重大项目稳步推进，三新产业蓬勃发展，改革创新走深走实，党的建设全面加强，圆满完成年度各项工作目标任务，高质量完成“十三五”规划目标。

【主要指标】 2020年，国家电投实现营业收入2781.44亿元，利润总额206.99亿元，净利润138.35亿元，利润和净利润分别比上年增长30.17%和31.25%，超额完成年度目标。年末装机规模1.76亿千瓦，比上年增长16.7%，其中清洁能源装机占比56%。

表1　2020年国家电力投资集团有限公司主要经济指标

项　目	2019年	2020年	比上年增长(%)
资产总额(亿元)	11943.4	13241.36	10.87
所有者权益(亿元)	2899.47	3511.92	21.12
营业收入(亿元)	2722.40	2781.44	2.17
利润总额(亿元)	159.01	206.99	30.17
净利润(亿元)	105.41	138.35	31.25
归属于母公司所有者的净利润(亿元)	12.40	23.72	91.29
技术开发投入(亿元)	51.80	68.04	31.35
应交税金总额(亿元)	222.17	229.97	3.51
全员劳动生产率[万元/(人·年)]	71.60	86.51	20.82
净资产收益率(%)	4.03	4.32	增加0.29个百分点
总资产报酬率(%)	3.85	4.02	增加0.17个百分点
国有资本保值增值率(%)	118.30	100.80	减少17.50个百分点

【改革发展】 推进全面深化改革，发展活力动力持续增强。一是中国特色现代企业制度不断完善。

贯彻落实国企改革三年行动要求，制定实施方案及任务台账。加强法人治理体系建设，健全法人治理制度。加快推进全资二级单位设立董事会工作，完成9家单位董事会组建。出台规范董事会建设的指导意见，落实二级单位董事会职权。加强专职董事履职管理和队伍建设，形成一支50余人的专职董事队伍。二是总部机构职能持续优化。主动适应国有资本投资公司改革需要，按照"准确定位、规范运作、创造价值"要求，发布总部部门组织建设指引，优化职能61项、职责157项，修订完善制度流程760项，优化组织体系和人员结构，总部部门定位与核心价值更加准确，职能职责更加清晰，运作更加规范有效。三是薪酬激励改革扎实推进。强化薪酬分配激励功能，提高效益工资比重，提升单列工资支持引导作用。灵活开展多种方式的激励，对"关键人物，在关键阶段，取得的关键性突破"实施即时奖励；对从事重大专项的企业实施专项激励；对科技型企业实施股权激励；对从事三新业务企业探索试行项目跟投机制，实现骨干员工与股东共担风险、共享收益。四是综合性改革成效显著。深入推进"双百行动""科改示范行动"改革专项工程，在加强党的领导、优化治理体系、创新经营机制等方面取得新进展。全面启动对标世界一流管理提升行动。积极稳妥推进厂办大集体改革，东北公司实行清单式督办管理，中国电力组建股权多元化平台公司，全面完成职工安置任务。完成退休人员社会化管理、"三供一业"分离移交工作。

【重大项目】 承担的2个国家科技重大专项取得重要进展，正式发布我国三代核电自主化标志性成果"国和一号"核电品牌，堆芯仪表系统国产化研制取得成功，示范工程设备国产化率90%，实现自主可控；重型燃机转段关键试验全部完成，300兆瓦级F级重型燃机研制完成初步设计，400兆瓦级G/H级完成概念设计。

【走向海外】 克服疫情不利影响，全年新增境外装机90万千瓦，境外装机突破600万千瓦，实现三年翻一番，其中清洁能源装机占比70%。一是疫情应对措施有力，效果显著。深入贯彻落实党中央、国务院部署，坚持底线思维，迅速建立并持续优化境外疫情防控和应急管理体系。全年中方外派员工实现"零确诊"，所属伊江项目小其培电站副厂长被国务院国资委授予"中央企业境外疫情防控先进个人"称号。二是资产运营平稳，绩效迈上新台阶。在做好疫情防控的同时，按照"一国一策""一企一策""一项一策"原则，指导境外重点项目聚焦设备保供催交、安全生产、合同管理、法律合规、舆情应对等关键环节，同时积极协调疫苗注射，落实商业航班包机等，高效保障疫情期间人员进出和防疫安全，实现疫情期间资产平稳运营。三是项目开发工程建设取得新突破。完成墨西哥CASA新能源项目股权交割。签署巴西GNA燃气电站项目股权收购协议。取得核出口专营资质，为核能"走出去"奠定基础。

【重大创新】 一是贯彻新发展理念，清洁低碳转型发展成效显著。全年新增电力装机2755万千瓦，其中火电516万千瓦，风电、光伏2186万千瓦，新增新能源装机占比近80%。组建综合智慧能源平台公司，发布智慧能源产业品牌和整体解决方案，以综合智慧能源为核心的"三新产业""美丽乡村""智慧园区""智慧城市"示范项目相继落地，407个综合智慧能源项目在全国推进，构建绿色智慧能源引领发展的新跑道。大力推进电能替代，成功推出智能换电重卡和电动装载机解决方案，并大规模投入商业应用。深入推进核能综合利用，全国首个零碳供暖城市创建项目——海阳核电二期450万平方米核能供热项目正式开工。二是坚持科技自立自强，自主创新能力进一步增强。氢能品牌"氢腾"燃料电池步入产业化阶段。自主研发设计的"容和一号"250千瓦/1.5兆瓦·时铁一铬液流储能示范电站口建成投运。打造"全球一流光伏产业"技术先行，攻克高效电池组件及电站系统等关键技术，C—HJT异质结电池小批次试产最高转换效率突破24.5%，IBC电池量产平均转换效率突破23.5%，达到国际领先水平。拥有自主知识产权的NuCON控制系统平台首次在江西分宜电厂投入运行。成功研发中央企业首个自主知识产权的风功率预测系统。完成专项锆材国产化任务，国产海绵锆首次成功外销。投运世界首个核能供热水热同传实践工程。建立以中央研究院为先导层、各产业创新中心为主体层、技术中心为支持层的"宝塔型"创新体系，为一流产业建设提供有力支撑。

【党建工作】 坚持党的领导，加强党的建设，党建引领作用进一步加强。一是党建工作取得新成效。认真贯彻落实党中央重大决策部署，建立常态化落实习近平总书记重要指示批示工作机制。建立完善"不忘初心、牢记使命"长效机制，发布基层党组织"8＋N""保落实"行动项。各级党组织和广大党员在疫情防控和生产经营改革发展中充分发挥战斗堡垒和先锋模范作用，党的建设与中心工作深度融合。首次在中央企业党建工作责任制考核中获评A级。组织实施总部"三问"活动，各支部组织党员查摆认识、能力、行动问题，带动全系统解放思想、观念破冰。二是深入推进党风廉政建设和反腐败工作。围绕党中央重大决策部署落实情况开展政治监督，取得良好成效。加强中央巡视反馈问题整改落实。上下联动整治形式主义、官僚主义，开展境外腐败、"微腐败"检查治理，坚决纠治"四风"。完善内部巡视"两张清单"和"双移交、双监督"整改工作机制，对110项共性问题进行整改。提前一年完成对所有二级单位的巡视全覆盖。

【信息化与数字化建设】 紧密围绕"2035一流战略"，坚持平台化实施策略，推进大数据应用，提升管理数字化和产业数字化水平。一是战略机制建设到位。成立数字化转型领导小组，落实数字化一把手负责制；集团总部成立数字化中心，加强数字化组织体系建设；编制数字化转型顶层设计，形成数字化转型路线图。二是基础建设转型到位。建成集团级广域网系统，构建"总部—二级单位—三级单位"的三级网络；打造企业"一朵云"，建成基础设施云（IaaS）、技术支撑平台云（PaaS）；打造集团公司数据共享平台，建立统一规范、分级授权的总部统计数据资源库；产业数据方面，国家电投在集团云边协同工业大数据平台上建立数据资产目录；严格按照网络安全法、国家发展改革委14号令、国能安全36号文等要求，完成10个品牌类型工控系统安全防护试点建设，具备应用推广条件。三是产业数字化推进到位。在核电、火电、水电、风电、光伏、综合智慧能源等产业中不断创新数字化应用。四是数字产业化推进到位。能源工业互联网完成3000余家场站安全态势感知平台建设，"基于工业互联网大数据的水电生产数据标准建设"入选工业和信息化部示范项目。

【人才队伍建设】 全面推进一流队伍建设。坚持正确用人导向，鼓励担当作为，继续加大优秀年轻干部培养选拔力度。试点推行市场化选人用人机制和职业经理人制度。组织完成5个批次、17个岗位的高级管理人员以及专职董事公开选聘。启动财务、审计、国际化、电力营销专业骨干人才库建设。选拔30名国际化人才开展境内集中培训和境外影子培训。实施人力资源优化配置"再出发"专项行动，促进集团内部人才交流。

【履行社会责任】 坚持共享发展，积极履行社会责任。一是坚决打赢疫情防控阻击战。周密部署、积极应对疫情大考，全力保障防疫物资供应和电力供应，大别山发电厂双机组"火力全开"支援武汉抗疫用电成为央企抗疫典范。全力组织复工复产，是最早全面复产的中央企业之一。二是圆满收官脱贫攻坚工作。承担的3个国家级定点扶贫县四川省美姑县、河南省商城县、陕西省延川县，1个对口援青县，100个对口帮扶村全部脱贫，全面完成"十三五"扶贫援助任务，扶贫相关累计投入91.13亿元，惠及贫困人口51万余人。"映山红""远方助学"等助学品牌影响更加广泛。三是积极践行"一带一路"倡议。在坚持"走出去"过程中，将海外项目的经营管理与当地社会发展结合起来，彰显中国企业的责任与担当。四是企业向心力凝聚力不断增强。利用多种载体和渠道，加强企业宣传，提升品牌影响力，举办22期"云上沙龙"。建立党组直接联系基层的工作机制，通过"SPIC家园"直接联系6万名一线职工。开展常态化和专项合理化建议活动，征集办理各类合理化建议1000余条。组织开展专项劳动竞赛和技能比武，42项职工创新成果获中电联、中国能源化学地质工会表彰。精准开展抗疫一线职工、境外职工、扶贫干部、困难职工的关心关爱活动。

（撰稿人：姜力祺）

中国长江三峡集团有限公司

【基本概况】 2020年，中国长江三峡集团有限公司（以下简称三峡集团）坚持以习近平新时代中国特色社会主义思想为指导，坚决贯彻落实习近平总书记对三峡集团重要讲话指示批示精神和党中央重大决策部署，统筹推进新冠肺炎疫情防控和改革发展工作，奋力实施清洁能源和长江生态环保“两翼齐飞”，加快推进创建世界一流示范企业，主要经营指标逆势大幅增长，实现“十三五”圆满收官，改革发展工作取得显著成效，持续巩固全球最大水电开发企业和我国最大清洁能源集团地位。2020 年 6 月 28 日，习近平总书记对乌东德水电站首批机组投产发电作出重要指示，强调要“坚持新发展理念，勇攀科技新高峰，努力打造精品工程，更好造福人民”，为三峡集团在危机中育先机、于变局中开新局指明前进方向、提供根本遵循。三峡集团连续 13 年在中央企业经营业绩考核中被评为“优秀”，企业竞争力、创新力、控制力、影响力、抗风险能力不断增强。

【主要指标】 2020 年，三峡集团完成投资 1764 亿元，比上年增长 66%；新增投产装机 1266 万千瓦，总装机 8760.6 万千瓦，其中清洁能源装机占比 95.14%。发电量 3304.21 亿千瓦·时，比上年增长 14.14%，清洁能源发电量位居国内第一；利润总额 551.08 亿元，比上年增长 26.56%；净利润 454.04 亿元，比上年增长 28.93%，增长额位居中央企业第二名；营业收入 1117.02 亿元，比上年增长 12.54%；资产总额 9699.72 亿元，比上年增长 15.77%；资产负债率 50.78%，保持最高的国际信用评级；净资产收益率 10.09%，国有资本保值增值率 106.54%。全面超额完成年度生产经营目标任务，为国民经济稳增长、促改革、调结构、惠民生、防风险作出新贡献。

表 1　2020 年中国长江三峡集团有限公司主要经济指标

项　目	2019 年	2020 年	比上年增长(%)
资产总额(亿元)	8378.28	9699.72	15.77
所有者权益(亿元)	4224.63	4774.30	13.01
营业收入(亿元)	992.55	1117.02	12.54
利润总额(亿元)	435.43	551.08	26.56
净利润(亿元)	352.17	454.04	28.93
归属于母公司所有者的净利润(亿元)	235.33	303.85	29.12
技术开发投入(亿元)	20.77	33.67	62.11
利税总额(亿元)	555.48	682.04	22.78
应交税金总额(亿元)	189.30	211.87	11.92
全员劳动生产率[万元/(人·年)]	303.53	394.40	29.94
净资产收益率(%)	8.61	10.09	增加 1.48 个百分点
总资产报酬率(%)	6.59	7.12	增加 0.53 个百分点
国有资本保值增值率(%)	108.28	106.54	减少 1.74 个百分点

【改革发展】 研究制定深化改革三年行动实施方案和工作任务台账清单，积极推动各项改革举措执行落地，圆满完成 2020 年各项改革任务。加快完善中国特色现代企业制度。三峡集团及具备条件的二级子企业实现“前置事项清单”全覆盖，加快子企业董事会建设，已建立董事会的二级子企业依法推动落实董事会重要职权。积极稳妥深化混合所有制改革。重庆区域配售电国家第二批混合所有制改革试点通过整体上市实现再深入；上海院制定国家第四批混合所有制改革试点总体实施方案，各项改革工作有序推进；三峡能源首发上市获证监会审核通过；三峡国际锁定国际国内具有战略协同效应的战略投资者。深入开展改革专项行动。三峡资本、长江电力“双百行动”阶段性收官，在国务院国有企业改革领导小组办公室组织的三项制度评估中全部被评估为 A 级，中水电公司增补纳入国企改革“双百行动”；三峡科技公司纳入“科改示范行动”。

三峡集团始终将管理创新作为推动企业体制机制改革和对标世界一流管理提升行动的重要手段，立足提升管理能力和水平，实施创新驱动战略，扎实开展管理创新工作。开展2017—2019年度管理创新成果评审，对45项具有创新性、科学性、实践性、效益性和示范性的管理创新成果进行奖励和推广，通过对先进管理理念、管理经验和管理方法手段的总结提炼，进一步发挥管理创新在提升三峡集团竞争力、创新力、控制力、影响力、抗风险能力中的积极作用，推动三峡集团加快创建世界一流示范企业，实现高质量发展。

坚决贯彻落实新时代党的组织路线，突出政治标准，不断健全完善选人用人工作机制，及时修订出台《干部管理办法》《干部职位职级管理办法》等制度。深入推进高素质专业化干部队伍建设，动态优化改善班子年龄、专业、经历结构，选优配强各级领导班子，加大干部交流力度。三峡集团党组全年按程序选拔调整党组管理干部215人次，交流调整党组管理干部占干部调整总数的54%，有效提升干部队伍生机活力。大力发现培养选拔优秀年轻干部，通过调研初步建立155人的年轻干部“蓄水池”，依托大水电建设运行、新能源开发、长江环境保护和“一带一路”合作项目等培养锻炼年轻干部，强化干部到龄退出机制，切实为优秀年轻干部拓宽成长空间，年轻干部的增量、存量显著提高。结合规范现代企业治理结构需要，持续加大高素质专业化专职董事监事队伍建设力度，制定印发集团公司子企业《专职董事监事选聘管理办法(试行)》《专职董事监事库管理实施细则(试行)》，切实推进子企业专职董事监事选聘管理。完善干部考核评价机制，深化全员绩效考核，突出政治标准，强化实绩考核，全方位考准考实干部职工德行表现。深化收入分配制度改革，推动建立与子企业负责人选任方式相匹配、与企业功能性质相适应、与经营业绩相挂钩、职位与职级并行的薪酬激励办法，继续完善集团总部以岗位为基础、以绩效为依据、一体化的岗位绩效工资制度。进一步优化工资总额决定机制，推进管理方式创新，尽最大努力接续提高职工薪酬水平。

【重大项目】 全面贯彻落实党中央、国务院赋予的新战略发展定位，奋力实施清洁能源和长江生态环保“两翼齐飞”。水电板块，乌东德水电站大坝主体工程基本完工，8台机组(680万千瓦)投产发电；白鹤滩水电站12个坝段浇筑到顶，厂房封顶，全部机组向机电交面，5台机组转子完成吊装；长龙山抽蓄电站上下水库大坝封顶，开始下闸蓄水，1号机转子完成吊装。新能源板块，我国首个东北地区海上风电项目大连庄河(30万千瓦)全部并网，全球规模最大乌兰察布源网荷储示范项目(300万千瓦)开工建设；长江大保护板块累计落地项目投资规模1353亿元，在建和投运污水处理能力规模380万立方米/天、雨水污水等管网长1.7万千米，直接服务城镇面积1.8万平方千米，设计服务居民2300多万人。国际板块，圆满完成秘鲁路德斯公司83.6%股权收购，投资255亿元；中标西班牙Daylight光伏项目(57万千瓦)。

【走向海外】 在确保疫情防控稳妥的基础上，积极践行“走出去”战略，欧洲、亚洲、南美等重点区域电站运行稳定，境外投资业务取得一定突破。一是完成秘鲁最大电力公司83.64%股权交割，该项目为三峡集团首次收购国外成熟市场配电资产，对培育三峡集团配售电业务核心能力，逐步形成发、配、售点产业链协同发展具有重要作用。二是成功中标西班牙DayLight光伏项目，项目总装机57.2万千瓦，包含13座光伏电站，该项目是三峡集团首次成功进入欧洲最大的光伏市场。三是发行“沪伦通”全球存托凭证，高质量实现三峡集团控股核心企业的境外上市，对三峡集团融入国际资本市场具有重要里程碑作用。四是境外绿地项目开发有序开展，巴基斯坦卡洛特水电站项目完成厂房封顶，几内亚苏阿皮蒂水电站首批2台机组完成投产发电，老挝南公1水电站完成下闸蓄水。

【重大创新】 完善科技投入保障机制，实现科技投入稳步增长。整合内部科技创新资源，推进科技创新平台建设，智慧长江与水电科学湖北省重点实验室获批成立。加快科技人才培养，以重大项目为依托，以科技创新为支撑，聚焦清洁能源和生态环保领域“卡脖子”关键技术攻关，取得重大成果突破：承担3项攻关项目均完成2020年度目标并通过国务院国资委绩效评估，海上风电机组一体化控制系统研制顺利完成攻关任务，经专家鉴定研究成果达到国际领先水平；自主策划开展百千万千瓦水电机组研制，成功研制世界上最大的单机水能机组，将在白鹤滩水电站应用；自主策划开展大容量海上风机研发制造，成功研制亚太地区最大的10MW海上风电机组并顺利下线并网发电，实现批量生产；积极组织申报国家重点研发计划项目，牵头的“长江经济带典型城市多源污泥系统处置集成示范”获批立项，成为三峡集团在长江大保护领域首个获批牵头国家项目。

【党建工作】 坚持以习近平新时代中国特色社会主义思想为指导，深入贯彻落实习近平总书记对金沙江乌东德水电站首批机组投产发电等作出的重要讲话指示批示精神和党中央决策部署，充分发挥央企“顶梁柱”作用。严格落实“第一议题”制度，建立健全贯彻习近平总书记重要讲话指示批示工作机制，“两个自觉”更加坚定。突出提升党组织组织力，团结引领广大党员听党指挥、主动作为，在疫情防控、防汛救灾、脱贫攻坚等大战大考中冲锋在前、作出表率。围绕“中央企业党建巩固深化年”，持续提升基层党建质量，夯实管党治党责任体系、制度体系、任务落实体系和工作保障体系，实施党建清单化标准化信息化，形成施工区“大党建”“党员领先指数”等一批创新成果，党建引领成效显著。持续深入推进党风廉政建设和反腐败斗争，推动“两个责任”贯通协同，一体推进不敢腐、不能腐、不想腐，全年给予党纪政务处分23人，修编新编制度80余项，加强教育引导，大力倡导“两坝同筑”“两个生态”共建的廉洁理念，持之以恒加强作风建设，纠“四风”、树新风，为推动清洁能源和长江生态环保“两翼齐飞”，加快建设世界一流企业提供坚强的政治保障。

【信息化与数字化建设】 上线健康上报和办公准入应用、建设境外医疗保障体系平台，扩容VPN、新增移动应用、打通视频会议系统，全面支撑疫情防控和复工复产“两手抓两不误”。建成集团级大数据平台，实现数据统一管理。智能建造为乌东德大坝按期浇筑到顶和首批机组投产发电提供支撑。移民管理系统应用为白鹤滩电站移民搬迁安置和按期蓄水验收发挥重要作用。试点打造城市级智慧水务平台。电子采购平台升级改造完成，更好地支撑阳光采购。风险管理系统上线运行，实现风险在线管控。数字档案馆一期通过国家档案局验收，办公等系统实现文件“单套制”归档。响应国家“新基建”政策，开工建设东岳庙数据中心。全年网络安全情况良好，参加国家攻防演习成绩优异，工业控制态势感知系统建设排名位居中央企业前列，筹建大数据协同安全国家工程实验室三峡实验室（水电行业中心）并完成授牌。开展“十四五”数字化规划，集团成员单位信息化共商共建共享，集约化成效显著。

【履行社会责任】 2020年，三峡集团对外捐赠资金34亿元，惠及全国110多个县（市、区），成功助力重庆市巫山县、奉节县，江西省万安县，内蒙古自治区巴林左旗4个国家级定点扶贫县（旗），新疆维吾尔自治区皮山县1个中央对口支援县，云南省3个人口较少民族和四川省凉山彝区彝族全部实现脱贫“摘帽”。三峡集团在中央单位定点扶贫考核中连续第三年获得“好”的评价，并位列中央企业第三名；1个集体、1名个人分别获评“全国脱贫攻坚先进集体”“全国脱贫攻坚先进个人”，三峡集团获评“能源扶贫十大突出贡献企业”，获得第十五届人民企业社会责任奖年度扶贫奖，以及第十一届“中华慈善奖”捐赠企业奖和抗疫捐赠企业奖2项提名。

疫情期间，三峡集团全力保障湖北省1/3的用电用气用暖供应，在中央企业中率先向湖北捐款1.7亿元，累计捐赠防护物资超过25万件，向境外国家捐赠防疫物资5878万元。全年购买和帮销农产品6631万元，有效遏制农户因疫致贫返贫风险。第一时间启动“抗疫稳岗扩就业”专项招聘行动，累计发布招聘计划超过5700个，全年全集团在建项目农民工用工总量14.6万人。

2020年汛期，面对长江流域百年一遇的特大洪水，充分发挥流域梯级电站拦洪削峰作用，成功应对5次编号洪水，长江干流及清江梯级水库累计拦洪388亿立方米。

2020年，三峡集团成为北京2022年冬奥会官方发电合作伙伴，全力配合参与冬奥筹办工作，为清洁能源赋能冬奥提供坚强保障。

（撰稿人：刘碧文　黄　韵　冯星城　张渊翔
贾万龙　郝梦朔　张　丽　戴　佳　潘彦年
严丽华　黄晓天）

国家能源投资集团有限责任公司

【基本概况】 国家能源投资集团有限责任公司（以下简称国家能源集团）是经党中央、国务院批准，由原国电集团和神华集团重组成立的中央直管国有重点骨干企业，是党的十九大后改革重组的第一家中央企业，国有资本投资公司改革、创建世界一流示范的试点企业，2017年11月28日挂牌成立。国家能源集团拥有煤炭、电力、运输、化工等全产业链业务，是全球规模最大的煤炭生产公司、火力发电公司、风力发电公司和煤制油煤化工公司。截至2020年底，职工32.8万人，资产总额1.8万亿元，煤炭产能6亿吨/年，发电装机2.57亿千瓦，风电装机4604万千瓦，位居世界第一，自营铁路2420千米，港口设计吞吐能力2.7亿吨/年，煤制油品产能531万吨/年。拥有中国神华、国电电力、长源电力、平庄能源、英力特、龙源技术、莱宝高科等7家A股上市公司和中国神华、龙源电力、国电科环等3家H股上市公司，生产单位1000余家，科研院所14家，科技企业21家，产业分布在全国31个省（自治区、直辖市）以及美国、加拿大等10余个国家和地区。国家能源集团获评2019年度中央企业党建责任制考核A级。

【主要指标】 2020年，国家能源集团完成煤炭产量5.3亿吨，煤炭销量7亿吨，发电量9828亿千瓦·时，铁路运量4.6亿吨，含主要中间品的化工品产量2548万吨，主要生产指标均超额完成年度计划。

表1　2020年国家能源投资集团有限责任公司主要经济指标

项　目	2019年	2020年	比上年增长(%)
资产总额(亿元)	17502.85	17880.79	2.16
所有者权益(亿元)	7181.24	7361.26	2.51
营业收入(亿元)	5561.16	5569.43	0.15
利润总额(亿元)	781.26	838.23	7.29
净利润(亿元)	556.36	577.40	3.78
归属于母公司所有者的净利润(亿元)	294.58	283.04	−3.92
技术开发投入(亿元)	80.08	91.36	14.09
利税总额(亿元)	1715.35	1742.48	1.58
应交税金总额(亿元)	931.26	904.24	−3.20
全员劳动生产率[万元/(人·年)]	97.91	90.43	−7.63
净资产收益率(%)	7.88	7.98	增加0.10个百分点
总资产报酬率(%)	6.47	6.50	增加0.03个百分点
国有资本保值增值率(%)	107.96	106.45	减少1.51个百分点

【改革发展】 坚决贯彻党中央决策部署，落实国务院国资委工作要求，确立2020年为“改革攻坚年”。积极稳妥推进“总部机关化”整治，健全“战略＋运营”管控模式，总部部门、中心减少48%，人员减少42%，管理审批事项减少29%。完成16家同质化公司业务重组，实现一个专业门类、一家公司运营、一个标准管理。有序推进14个省份电力企业管理整合，区域一体化协同效应进一步巩固。推进科研体系改革，形成“1家智库＋2家前沿技术研究院＋3家专业研究院＋N个研发平台”的自主研发体系。高起点落实国企改革三年行动，制定实施方案，点名推进改革企业40余户。深化三项制度改革，编制9个专业类别的劳动定员标准，在上市公司龙源技术实施股权激励计划，6家科技企业试点开展分红激励。制定《混合所有制改革工作指引（试行）》。厂办大集体在职职工安置完成率100%，“三供一业”分离移交完成收尾工作，退休人员

社会化管理主体任务提前完成。深化"法治国家能源"建设，开展289项制度"立改废"，集团总部及重要子企业规章制度、经济合同和重大决策法律审核率保持100%。

【重大项目】 落实党中央关于"十四五"规划和2035年远景目标建议，成立规划编制领导小组，召开专题会议，推进国家能源集团"十四五"规划高标准编制、高起点布局。落实"碳达峰、碳中和"要求，制定集团煤基产业达峰时间表和路线图。积极主动对接国家区域发展战略，加强企地合作，推动重点规划项目落地。大力发展清洁可再生能源，新能源基建投资占比57.6%，比上年增长99.8%，实现新能源投产521万千瓦、开工535万千瓦，风电装机4604万千瓦、保持世界第一，清洁可再生能源装机占比25.8%。深化供给侧结构性改革，核增优质煤炭产能3520万吨，投产清洁高效煤电机组691万千瓦，完成煤炭、煤电去产能任务。一批重大项目加快实施，鄂尔多斯和巴彦淖尔综合能源基地积极推进，青海玛尔挡水电项目成功并购，西部清洁能源基地规模化发展取得重大突破，国家《中长期铁路网规划》重点工程黄大铁路提前顺利开通，榆林循环经济煤炭综合利用项目一阶段工程产出合格甲醇。

【走向海外】 国家能源集团中法合资江苏东台50万千瓦海上风电项目落地实施，乌克兰尤日内7.6万千瓦风电项目开工建设，俄罗斯扎舒兰500万吨/年煤矿项目完成项目备案和风险评估。印度尼西亚爪哇7号项目2台百万千瓦机组克服海外疫情影响，实现高标准投产，入选《人民日报》发布的首个"一带一路"高质量发展案例。

【重大创新】 2020年，国家能源集团科技投入91.5亿元，比上年增长14.3%。落实国务院国资委"1025专项"和国家能源局补短板任务部署，实施重点科技攻关计划，牵头承担的8项关键核心技术攻关任务顺利推进。58项科技成果达到国际领先或国际先进水平，82项科技成果获得国家级、行业或省部级科技奖，获授权专利2395件，比上年增长52%，其中发明专利504件，增长29.6%。"400万吨/年煤间接液化成套技术创新开发及产业化"项目通过国家科技进步一等奖评审，鄂尔多斯煤直接液化反应器完成国产化整台套更新，包神铁路成功研发全球24轴最大功率电力机车。

【党建工作】 坚持党建引领，落实"四同步""四对接"要求，严格落实党建责任制，制定《关于进一步推动党建工作与生产经营融合促进的指导意见》，开展"社会主义是干出来的"岗位建功行动，党建工作与生产经营进一步融合。落实"中央企业党建巩固深化年"要求，全覆盖开展党建考核和党委书记抓党建工作述评考，深入实施"四强化、六提升"工作举措。落实《国有企业基层组织工作条例》，加强"三基"建设，开展建设100个示范党支部、100个创新案例的"双百行动"。实施优秀年轻干部培养工程，一批"80后"优秀年轻干部进入基层企业班子。制定《领导人员能上能下管理办法(试行)》，实施《容错纠错工作办法(试行)》，推动形成能上能下的选人用人机制，激励干部担当作为。认真落实《党委(党组)落实全面从严治党主体责任规定》，明确20个方面71条措施。高质量完成三轮巡视，巡视全覆盖率77%。严格落实中央八项规定及其实施细则精神，制定正负面清单，健全作风建设长效机制。全心全意依靠职工办企业，职代会立案提案全部答复落实，加强职业病防治，开展困难职工大病救助和子女助学等惠民工程。国家能源集团获得2019年社会责任卓越企业奖。

【信息化与数字化建设】 把握数字产业化和产业数字化新趋势，加快智慧企业建设。新ERP系统成功上线，生产调度指挥系统建设高质量推进，初步建成"一体化集中管控、智能化高效协同、可视化深度融合"的高效调度指挥系统和应急指挥平台，9处煤矿入选国家首批示范智能化煤矿，3个露天煤矿开展无人驾驶试验，实现极寒条件下220吨级无人驾驶卡车重载运行，国内首个5G+智慧火电厂建成投运，铁路调度信息系统实现智能调度，货车智能运维全面实现状态修，全流程智能装船填补行业空白。

【履行社会责任】 认真贯彻落实习近平总书记关于疫情防控工作重要指示精神和党中央决策部署，成立应对疫情工作领导小组，提出"防控疫情、保安全生产、保职工健康、保稳定供应"的"一防三保"目标要求，全系统没有发生聚集性感染事件，境外企业员工"零确诊"。向湖北省等重点省份捐赠资金1.4亿元，制定实施对湖北"搭把手、拉一把"的具体举措，累计采购湖北地区企业产品及服务金额36.7亿元。坚决做好能源保供、民生保障和稳价稳市。面对疫情，70座煤矿率先复工复产，湖北等重点区域电厂保持安全稳定运行。面对低温寒潮，63家电厂和10座保供煤矿安全高效生产，一体化调运量和发电量多次创历史新高。认真落实国家宏观调控要求，执行煤炭中长期合同互保机制，全年为社会让利128亿元。因地制宜实施生态扶贫、教育扶贫、消费扶贫和医疗扶贫，党的十八大以来累计投入扶贫资金26.7亿元，定点扶贫和对口支援的四川省凉山州布拖、普格等9个贫困县全部脱贫"摘帽"，在中央单位定点扶贫工作成效考核中连续三年获得最高等次评价"好"。贯彻落实"绿水青山就是金山银山"理念，成立集团生态环境保护领导小组，建成国家级绿色矿山36座、省级绿色矿山11座，煤电机组100%实现超低排放，"公转铁"运输增量完成6340万吨，开展黄河源生态保护，建成国家能源集团生态林16.67平方千米。

（撰稿人：张　巍）

中国电信集团有限公司

【基本概况】 中国电信集团有限公司（以下简称中国电信）是我国电信业改革的母体，运营"固移融合、天地一体"的信息通信网络，拥有全球最大的运营商云，注册资本金2131亿元，资产规模超过9000亿元，服务网点遍布全国，在欧洲、美洲、亚太、中东、非洲等60多个国家和地区设立分支机构，连续多年入选《财富》"世界500强"，2020年排名第158位。

中国电信坚持以习近平新时代中国特色社会主义思想为指导，认真贯彻落实习近平总书记重要指示批示精神和党中央重大决策部署，自觉把工作放到"两个大局"中谋划和推动，坚持党建统领、守正创新、开拓升级、担当落实的总体思路，全面实施云改数转战略，加快推动云网融合，持续深化企业改革，统筹推进疫情防控和生产经营，企业发展取得明显成效，业务收入持续增长，主营业务收入增幅连续九年高于行业平均水平；企业价值不断提升，圆满完成国有资本保值增值任务；用户规模逐渐扩大，服务各类用户超过10亿户；服务质量明显提升，客户综合满意度保持行业第一，用户申诉率保持行业最低。各项工作获得党中央、国务院、上级部委和社会各界的广泛认可。习近平总书记在"不忘初心、牢记使命"主题教育总结大会上，对5G共建共享工作给予肯定并提出表扬。在国务院国资委业绩考核中，连续八年获评A级；自2017年国务院国资委开展党建考核以来，连续被评为A级；在全国抗疫表彰中，1个集体、2名个人获得国家级抗疫先进表彰；扶贫工作获得2020年全国脱贫攻坚奖组织创新奖，2个集体和2名个人获得全国脱贫攻坚总结表彰大会表彰；27名基层员工被评为2020年"全国劳动模范"，23家所属企业被评为"全国文明单位"；连续十年被评为"亚洲最受尊崇企业"。

【主要指标】

表1　2020年中国电信集团有限公司主要经济指标

项　目	2019年	2020年	比上年增长(%)
资产总额(亿元)	9009.64	9078.13	0.8
所有者权益(亿元)	4979.78	5004.26	0.5
营业收入(亿元)	4653.90	4926.67	5.9
利润总额(亿元)	269.04	275.09	2.3
净利润(亿元)	200.02	207.25	3.6
归属于母公司所有者的净利润(亿元)	124.53	130.14	4.5
技术开发投入(亿元)	151.20	165.08	9.2
利税总额(亿元)	333.33	342.67	2.8
应交税金总额(亿元)	64.29	67.58	5.1
全员劳动生产率[万元/(人·年)]	49.37	50.30	1.9
净资产收益率(%)	4.08	4.22	增加0.14个百分点

续表

项　目	2019年	2020年	比上年增长(%)
总资产报酬率(%)	3.31	3.36	增加0.05个百分点
国有资本保值增值率(%)	110.30	104.98	减少5.32个百分点

【改革发展】 紧紧抓住数字经济快速发展的机遇，聚焦重点领域和关键环节，按照责权利对等的市场化原则，坚持稳中求进，推进国企改革三年行动、科技体制改革和混合所有制改革、市场化机制等改革走深走实，不断激发企业活力和内生动力。一是制定和实施《中国电信国企改革三年行动实施方案》。围绕完善现代企业制度、优化业务布局、推进混合所有制改革和改革专项工程、完善市场化经营机制、加强党的建设五大方面，制定21项重点任务、58项子任务、94项关键举措。各项任务进展顺利，计划2020年完成的14项关键举措全部完成。二是推进科技体制改革和混合所有制改革。系统集成公司入选国务院国资委“科改示范行动”，建立市场化选人用人、激励约束等机制。中国通信服务股份有限公司、号百控股股份有限公司、天翼电子商务有限公司纳入国家发展改革委第四批混合所有制试点名单，其中天翼电子商务有限公司开展第二轮引战混合所有制改革并同步实施员工股权激励。三是加快推进人事、分配、考核、薪酬等方面的重大改革。三项制度改革有力推进，积极加强干部能上能下机制建设，在4家改革专项企业中率先实现经理层成员任期制和契约化管理。持续推进用工制度改革，加强外部市场化成熟人才尤其是领军人才引进力度，在“双百企业”和人才特区试点单位大胆探索改革思路和方式方法，建立市场化用工机制。持续深化收入分配制度改革，坚持规模发展为主的同时强化效益导向，将薪酬分配与经营业绩紧密挂钩，建立健全激励与约束相结合的中长期激励机制，为中国电信经营发展和科技创新注入新的活力与动力。

【重大项目】 云网建设方面。一是稳步推进5G网络建设，坚持共建共享，完成5G二期和二期增补工程，努力降低网络建设和运维成本。以客户业务场景为驱动，以5G网络为基础，建设差异化、多样化的5G定制网，提供致远、比邻、如翼三种服务模式。二是持续完善4G网络覆盖，完成LTE九期工程和4G精准补盲项目建设，在低业务区与中国联通开展4G网络共建共享。持续推进光网建设，南方城镇住宅覆盖率99%、行政村覆盖率95%，北方城市住宅覆盖率82%，开展千兆网络建设，有效保障光网领先优势。三是扎实推进云网融合，以“云为核心、网是基础、网随云动、云网一体”为目标，以云网融合总体规划为指引，坚持客户场景驱动，在江苏、广东、四川、浙江等4个省开展云网融合端到端试点，实现云网融合端到端流程贯通，打造网随云动、安全融云的“云、网、边、端、安”解决方案。

科研开发方面。聚焦5G、云网融合、数字化、网络安全等重大战略性、方向性问题，确定14项重大攻关项目，加快推进研发工作。“5G共建共享关键技术研究与产业化应用”项目获得通信学会科技进步奖一等奖；“云网协同的分布式近源网络安全防护平台——云堤”项目入选2020年“世界互联网领先科技成果手册”。加大网络安全领域的业务布局和研发投入，整合集团内部云网安全、数据安全优势资源，设立中国电信集团云网安全科技有限公司，加快培育网络信息安全领域核心竞争优势。

重大项目投资方面。一是完成对公共安全与应急行业龙头企业北京辰安科技股份有限公司的并购，形成公共安全与应急业务领域核心能力，更好地服务国家公共安全应急领域信息化体系建设及能力提升，落实总体国家安全观。二是投资智慧互联电信方舟(深圳)创业投资基金(以下简称智慧互联基金)。中国电信作为基金的基石发起人，联合前海方舟、中国联通、军民融合基金等头部投资机构和产业方共同发起设立首期75亿元规模的智慧互联基金，认缴22.275亿元，占比29.7%。该基金于2020年12月完成基金业协会成立备案并正式进入运营阶段。

【走向海外】 面对严峻的新冠肺炎疫情，中国电信积极实施“走出去”战略，助力“一带一路”倡议持续走深走实。境外分支机构覆盖方面，主业国际公司2020年在土耳其新设子公司，完成对德国、法国、俄罗斯、缅甸等境外子公司的增资，加强海外分支机构的资金实力，助力海外市场拓展。全球网络资源建设方面，全力推进港澳网络基础设施及全球传输骨干网络建设，巩固和加强全球网络资源布局优势。业务创新方面，持续加强国际DICT能力体系建设，快速提升海外DICT交付能力，成功支撑完成“香港政务云”项目第一阶段工作。海外本地运营项目方面，积极推进菲律宾项目建设，完成菲律宾政府第一年网络验收所需的建设任务。着力开发新的本地运营投资项目，强化资本运作，成立并运营中国电信第一支海外产业基金。海外通信工程建设方面，所属中国通服坚定践行“走出去”战略，扛起服务“一带一路”建设“排头兵”的使命责任。聚焦智慧城市、智慧教育、智慧建筑等重点产品和政府、交通、电力、信息安全等重点行业，为海外40多个国家和地区的客户提供综合一体化智慧服务。

【重大创新】 大力推进技术创新。一是核心技术攻关取得突破。云计算领域，掌控20项核心技术，具备亿级用户、百万级并发能力。5G云化网元和边缘平台领域，MEC平台实现10余个省（市）预商用；自研网元实现现网部署。云网融合领域，加快开发新一代云网运营系统，自主研发智能业务编排器等核心能力，多云管理平台提供多云整合、跨云分钟级自动化交付。网信安全领域，“云堤平台”成为国内唯一有全网覆盖和全球触达能力的网络攻击防护平台。二是加快科技成果转化。推进15项研发成果落地转化，20个省公司落地成果7项。理顺自研产品在现网的应用流程，鼓励各单位将自研产品作为产品采购的单一来源，采用预供货方式加快自研成果落地，明确单一来源成果及竞品类成果的采购比重。三是国际标准话语权持续增强，行业影响力进一步提升。完成国际标准化项目40项，主导或联合主导ITU国际标准21项、3GPP国际标准6项；被国际标准化组织接受的文稿数超过550篇；担任各国际组织管理职务34人次。主导完成并报批行业标准38项，发布企业标准74项；全集团新申请专利1440件，其中发明专利1137件、PCT专利8件。

积极推进管理创新。组织所属各级单位积极参与企业管理现代化创新活动和质量管理小组活动，多项成果获得中国通信企业协会、中国质量协会、中华全国总工会等单位表彰。在管理创新成果系列评选中，中国电信23项成果获奖。在质量管理小组活动评选中，中国电信获得国家优秀质量管理小组奖8项、行业优秀质量小组奖88项。

【党建工作】 始终坚持以习近平新时代中国特色社会主义思想为指导，认真贯彻落实习近平总书记重要讲话、重要指示批示精神和党中央重大决策部署，不断提高政治判断力、政治领悟力、政治执行力，坚决落实中央全面从严治党工作部署，坚持严的主基调，不断加强党风廉政建设和反腐败工作，取得积极成效。一是履行主体责任更加到位。召开15次党组会议研究部署党风廉政建设和反腐败工作，每季度召开党风廉政建设和反腐败工作协调小组会议，认真落实定期会商等制度，支持纪检监察组履行监督职责。二是治理腐败效能持续增强。扎实开展境外腐败、利益输送、设租寻租、化公为私4个专项整治，发现的问题全部完成整改。持续推进减存遏增，自收信访比上年下降46.7%。召开集团警示教育大会，广泛开展廉洁教育。三是巡视巡察高质量推进。坚守政治巡视定位，围绕“四个落实”监督重点，全年开展两轮巡视，完成对13家二级单位的巡视监督；省级公司和中通服党委巡察下属单位513家，全覆盖率72%，企业巡视巡察监督格局进一步完善。四是持之以恒纠治“四风”，干事创业、担当作为的氛围更加浓厚。落实中央八项规定精神成果持续巩固，整治形式主义、官僚主义成效不断深化。扎实推进“两深入两服务”，广泛运用云会议、云调研等信息化方式，为基层松绑减负；总部发文、会议、督查检查分别比上年压降19%、30%、40%，省公司开到地市及县级分公司的部署类会议比上年压降50%；开展“总部机关化”问题专项整改，优化组织体系、加大授权放权。五是纪检监察体制改革有力推进。按时保质完成纪检监察组和45家二级单位纪检监察体制改革任务。

【信息化与数字化建设】 围绕云改数转战略，促融合、强运营、注智慧，推进云网一体，赋能数字化转型，支撑高质量发展。一是积极发挥云网融合和信息化优势，助力科技抗疫。面向公众客户推出“翼知疫行”大数据产品，对接工业和信息化部“行程卡”等小程序，累计调用量超过5.5亿次。全面做好电信大数据疫情防控和复工复产分析支撑服务，面向政府部门提供4.7亿条数据，专项分析报告超过600份，其中密切接触者群体轨迹等模型被采纳为工业和信息化部标准。二是推进IT全面上云。启动三年上云行动计划，全网整体上云率43%。三是打造集中、开放、云化的新销售平台，实现全国集中销售与交付；提升线上营销服务能力，初步建成全集团渠道终端一体化的连锁运营体系。四是支撑全流程客户经营。拉通BMO(BSS、MSS、OSS)域，实现政企销售全流程贯通；完成集团、省公司、地市分公司、县分公司、支局五级营销单元穿透。五是完成总部采控、资源、编排中心等平台底座搭建，完成5G和云网基础运营支撑；建设天翼云网门户，实现云和网的客户统一，售前、售中、售后服务的一点受理、全程可视。六是建设新一代云网运营系统，明确云化、解耦、融合、自动、智能的系统建设方针，以端到端的业务场景牵引系统建设，统一数据底座，统一能力开放，实现系统融合、数据融通。七是搭建全集团统一的数字化云办公平台，重点打造即时通信、云会议、企业云盘、数字党建、统一身份认证等10余个云办公产品。

【履行社会责任】 一是全力抗击新冠肺炎疫情，第一时间启动疫情防控响应机制，全力做好湖北等疫情严重地区的应急通信保障，成立专项小组加强对员工的关心关爱，提供天翼云等信息化应用助力社会复工复产，及时推出免停机、公益短信等服务举措。二是提供高质量网络保障，与中国联通建成全球规模最大的5G共建共享网络。持续推进农村通信网络建设，完成第五批普遍服务7000余个4G基站建设，提前完成工业和信息化部“三区三州”深度贫困地区90%以上建档立卡贫困村通宽带的行业目标。三是切实维护网络信息安全，提升安全保障能力。忠实履行保障通信安全畅通的使命，完成江西等省防汛防台救灾保障，圆满完成第三届中国国际进口博览会等重大活动的通信保障。四是保护客户权益，持续加强个人信息保护工作，开展通信诈骗、骚扰电话和垃圾短信综合治理，稳步推进携号转网服务。提升服务能力，建立完善客户感知体验和测评机制。五是努力完成脱贫攻坚收官之年的目标任务，全集团1400多个定点帮扶村全部脱贫“摘帽”。

（撰稿人：董银玉）

中国联合网络通信集团有限公司

【基本概况】 2020年，中国联合网络通信集团有限公司（以下简称中国联通）坚持以习近平新时代中国特色社会主义思想为指导，推进各领域工作向前迈进，数字化转型全面展开，行业生态显著改善，网络共建共享成果丰硕，经营发展态势良好，混合所有制改革攻坚取得新突破，脱贫攻坚成果瞩目，员工获得感不断增强，“十三五”顺利收官，在高质量发展道路上迈出新的重要步伐。

【主要指标】 2020年，中国联通资产总额6158.2亿元，比上年增长2.2%；所有者权益3405.8亿元，比上年增长1.7%；资产负债率44.7%，比上年增加0.3个百分点；营业收入3048.8亿元，比上年增长4.4%；利润总额119.8亿元，比上年增长17.6%；净利润83.8亿元，比上年增长15.1%。

表1 2020年中国联合网络通信集团有限公司主要经济指标

项　目	2019年	2020年	比上年增长(%)
资产总额(亿元)	6023.6	6158.2	2.2
所有者权益(亿元)	3350.5	3405.8	1.7
营业收入(亿元)	2919.6	3048.8	4.4
利润总额(亿元)	101.9	119.8	17.6
净利润(亿元)	72.8	83.8	15.1
归属于母公司所有者的净利润(亿元)	18.5	23.7	28.1
研发经费投入(亿元)	102.6	119.9	16.9
利税总额(亿元)	146.3	175.4	19.9

续表

项　目	2019年	2020年	比上年增长（%）
应交税金总额（亿元）	51.5	86.5	68.1
全员劳动生产率[万元/（人·年）]	48.8	53.7	10.1
净资产收益率（%）	2.2	2.5	增加0.3个百分点
总资产报酬率（%）	2.1	2.2	增加0.1个百分点
国有资本保值增值率（%）	108.9	102.2	减少6.7个百分点

【改革发展】 深入贯彻国企改革三年行动方案，加快全面数字化转型，纵深推进混合所有制改革，取得明显成效。一是实施运营组织体系变革。围绕全面数字化转型对资源要素配置的全新要求，深入推进大市场、政企、网络、IT、科技创新和资本投资6条线运营体系变革，各专业线统筹、协同、赋能工作效率显著提升。二是建立市场化选人用人机制。打破“铁饭碗、铁工资、铁交椅”，党组管理干部退出率5.1%；持续推进“418”人才工程，人才总量7000余人，积极为数字化转型提供人才供给。三是打造“扁平化、短流程、宽层级”机制。推进部门负责人领导下的总监负责制，完成总部市场线、网络线109位总监的聘任，推进管理人员任期制和契约化管理。四是打造真正独立的市场主体。转变集团公司对所属子公司的管理模式，在完善公司治理、目标承诺合理的基础上，为子公司松绑、放权，推动子公司从盯着内部要扶持向盯着市场要能力转变。五是深入推进“双百行动”。联通智网科技经验入选国务院国资委“双百行动”案例集，云南联通综合改革获得国务院国资委评估A级，并推广至广西联通7个地（市）；大数据公司和在线公司入选国务院国资委“科改示范行动”。

【重大项目】 2020年，中国联通重点保障移动网、宽带数据网和传送网专业，累计完成固定资产投资675亿元。围绕5G网络、千兆覆盖、低时延光传输网等方面积极推进重点区域信息基础设施优化，一是投资90亿元打造一体化协同的京津冀区域网络，二是投资超过90亿元打造“泛在、融合、智敏”的长三角一体化精品网络，三是投资超过60亿元推进粤港澳大湾区信息基础设施优化。

重大科研开发取得长足性进展。一是创新性提出新一代网络架构CUBE－Net 2.0，推进“云＋网＋X”协同。二是在行业内率先实现全国全域数据集中，构建卓越数字新能力和公众、政企、管理、网络、数据五大智慧中台创新体系，打造敏捷数字化运营新模式。三是打造云计算、大数据、物联网、人工智能、区块链、安全六大核心基础平台，全面支撑数字政府、智慧城市、工业互联网、医疗健康、文化旅游、生态环保等领域数字化转型。

【走向海外】 截至2020年底，中国联通拥有境外机构26个，与超过300家国际运营商建立长期合作伙伴关系，对“走出去”企业的支撑服务能力进一步增强。持续完善国际网络资源布局，不断提升网络的健壮性，年度累计完成投资6.1亿元，其中“一带一路”区域投资5.44亿元，自建POP点86个，自有国际海缆容量提升25%，国际互联网回国带宽提升23%，国际互联网外联带宽提升38%。

【重大创新】 努力促进国产化替代，制定发布《核心技术攻关专项工作实施细则》。成立核心技术攻关工作小组，积极践行央企科技创新主体作用，聚焦企业关键核心技术产品短板清单和攻关任务，提升极限条件下的生存能力。建立较完善的核心技术攻关体制和具体流程，通过启动一批重点核心技术攻关项目，为“卡脖子”问题风险项提供经过测试验证的降级方案，保障核心技术攻关的顺利实施。获批承担各类国家级科研项目50项，其中，国家重点研发计划21项、国家自然科学基金1项、工业和信息化部其他专项28项。

管理创新优秀成果持续涌现，在通信行业、全国企业管理创新成果评审中取得优异成绩。获得行业优秀成果23个、国优成果2个，青岛市分公司“电信企业以客户需求为导向的5G建设应用一体化管理”获得全国企业管理现代化创新成果一等奖，创造电信运营企业历年来最好成绩。积极开展质量管理（QC）小组、质量信得过班组活动，继续在通信行业、国家级评审中保持领先水平，获评通信行业优秀QC小组77

个、国优小组5个，获评行业优秀质量信得过班组45个、国优班组10个。

【党建工作】 始终坚持以政治建设为统领，以习近平新时代中国特色社会主义思想为指导，深入学习贯彻党的十九届四中、五中全会精神，认真贯彻新时代党的建设总要求和新时代党的组织路线，深入推进习近平总书记关于通信行业的重要指示批示、党中央重大决策部署在中国联通落地生根，切实把“两个维护”要求落实到企业实际工作中。扎实开展作风提升行动，巩固深化“不忘初心、牢记使命”主题教育成果。持续推进党建与生产经营深度融合，以高质量党建引领高质量发展。坚持党管干部党管人才，着力打造高素质专业化的干部人才队伍。坚持宣传思想引领，广泛凝聚团结奋斗的正能量。坚持全面从严治党，不断加强巡视巡察工作，营造风清气正的政治生态。

坚持稳中求进工作总基调，进一步压实管党治党政治责任，突出和强化政治监督，健全和完善企业监督体系，一体推进不敢腐、不能腐、不想腐，主动运用“三个区分开来”要求，实事求是运用“四种形态”，精准把握政策策略激励担当作为，推进全面从严治党向纵深发展。全系统信访举报量连续三年下降，问题线索数量、“四风”问题数量均呈下降态势，反腐败斗争压倒性胜利不断巩固拓展，推动企业政治生态持续好转，为中国联通全面数字化转型、高质量发展提供坚强保障。

【信息化与数字化建设】 以构建企业级智慧运营大脑，沉淀核心流程、核心数据等核心能力，畅通运营体系，完成五大中台建设的顶层设计；建成全球电信行业单体承载用户最多、覆盖业务类型最全面、集中化程度最高、IT架构最领先的业务支撑系统，实现cBSS 100%高质量迁转，集约支撑能力不断提升；数字化底座日趋完备，自主研发能力再上新台阶，核心系统全部建设完毕；利用“AI+大数据”技术智慧服务用户超过2.3亿个；支撑“疫情防控行程助手”“通信大数据行程卡”应用，赋能疫情防控，服务全网用户轨迹100亿人次。

【履行社会责任】 围绕“加强数字基建、加速科技创新、改善服务品质、提高治理能力、携手员工成长、助力合作共赢”六大议题，广泛开展责任实践，以实际行动服务网络强国、数字中国、“一带一路”等，全面支撑经济社会转型升级。公开发布集团公司、A股公司、红筹公司3份社会责任报告中英文版，并参加国务院国资委中央企业社会责任报告集中发布。中国联通获评金蜜蜂“领袖型企业”、工业通信业“百家优秀企业社会责任报告”，责任案例入选中央企业社会责任系列蓝皮书、“全球契约可持续发展最佳实践”；A股公司信息披露获得上交所最高等级（A级）评价；红筹公司被《机构投资者》评选为“亚洲最受尊崇电信企业”第一名。

（撰稿人：李　盈）

中国移动通信集团有限公司

【基本概况】 中国移动通信集团有限公司（以下简称中国移动）是按照国家电信体制改革总体部署，于2000年组建成立的中央企业。中国移动始终致力于推动信息通信技术服务经济社会民生，加快转型升级和改革创新，成为全球网络规模最大、客户数量最多、品牌价值和市值排名位居前列的电信运营企业，连续16年获得国务院国资委中央企业负责人经营业绩考核A级；连续20年入选《财富》“世界500强”，2020年排名第65位。

【主要指标】 中国移动以习近平新时代中国特色社会主义思想为指导，认真贯彻落实党中央、国务院决策部署，在国务院国资委等上级部门的指导支持下，统筹推进疫情防控和改革发展党建，加快构筑创世界一流“力量大厦”，深化基于规模的价值经营，实现经营业绩平稳增长，利润总额在中央企业中名列前茅。

表1　2020年中国移动通信集团有限公司主要经济指标

项　目	2019年	2020年	比上年增长(%)
资产总额(亿元)	18542	19870	7.2

续表

项　目	2019 年	2020 年	比上年增长(%)
所有者权益(亿元)	13298	14086	5.9
营业收入(亿元)	7498	7716	2.9
利润总额(亿元)	1490	1538	3.2
净利润(亿元)	1130	1187	5.1
归属于母公司所有者的净利润(亿元)	839	892	6.3
技术开发投入(亿元)	235	295	25.7
利税总额(亿元)	1946	2037	4.6
应交税金总额(亿元)	456	499	9.4
全员劳动生产率[万元/(人·年)]	81	83	2.7
净资产收益率(%)	8.7	8.7	与上年持平
总资产报酬率(%)	8.3	8.2	减少 0.1 个百分点
国有资本保值增值率(%)	116.8	107.9	减少 8.9 个百分点

【改革发展】 2020 年，中国移动连接规模保持领先，总连接规模 20 亿户(个)，其中个人客户超过 9.8 亿户、家庭宽带客户 1.9 亿户、政企客户 1384 万户、物联网智能连接超过 8.7 亿个；新动能持续增强，家庭新业务、移动云、DICT 等收入分别比上年增长 26%、354%、67%。坚持以人民为中心，优化全方位、全过程、全员服务体系，开展客户权益保护“阳光行动”，客户综合满意度持续提升。认真落实国资国企改革重点工作，制定《深化企业改革三年行动实施方案(2020—2022 年)》，以“双百行动”“科改示范行动”等为改革重点，推动所属单位完善市场化经营机制。深化企业重点领域改革，进一步完善“集团管总、区域主战、专业主建”的组织运营体系；深化市场经营体系改革，增强大市场统筹指挥能力；构建集团、省公司、地市公司三级政企服务支撑体系，助力各行各业数智化转型；全面推进基层一线网格化经营，基层活力明显提升；启动在线营销服务体系改革，推动线上线下营销服务一体化。

【重大项目】 中国移动把加快 5G 发展作为重大政治任务和建设网络强国、数字中国、智慧社会的重要举措，全面实施“5G+”计划。加快建设 5G 网络等新型基础设施，建成 5G 基站 39 万个，为全国所有地级市和部分重点县城提供 5G 独立组网服务；与中国广电达成共建共享协议，探索推进 5G 网络集约高效覆盖；在全国部署建设云基础设施和数据中心。丰富拓展 5G 技术应用场景，深化 5G 与 AICDE(人工智能、物联网、云计算、大数据、边缘计算)、区块链等融合创新，聚焦 15 个垂直行业打造 100 个 5G 龙头示范应用，推出 4K/8K 超高清视频、VR/AR(虚拟现实/增强现实)、云游戏等 50 余项特色业务。壮大 5G 信息消费规模，发展 5G 套餐客户 1.65 亿户，推出千元档手机在内的 5G 泛终端 200 余款，降低价格门槛，促进终端消费提速。加强 5G 标准制定和产业引导，牵头 5G 国际标准关键项目 99 个、5G 专利超过 2800 件，均居全球电信运营企业第一阵营；推动我国力推的 5G 2.6 GHz、4.9 GHz 频段端到端产业成熟和国际化应用，助力提升我国 5G 领域国际话语权和影响力。

【走向海外】 积极助力“一带一路”建设，不断加强网络建设、拓展业务布局，国际化经营能力进一步提升。升级全球“路、站、岛”网络布局，海外传输带宽 90T，网络服务提供点 180 个，全球数据中心总机架规模超过 8000 架。实现全球 261 个方向开通漫游服务，与 33 个国家和地区开通 5G NSA(非独立组网)漫游，服务出访漫游客户年峰值超过 9000 万人次。推出跨境专线、全球组网、云网融合业务、海外数据中心等领先优质的全球电信服务，服务企业客户 2000 余家。加强全球运营商合作，“牵手计划”为 1000 余家中外企业提供一站式信息化解决方案。深耕海外企业经营，香港公司、辛姆巴科公司收入增速均为行业第一。

【重大创新】 坚持创新驱动发展，研发投入比上年增长 67.7%，专职研发人员 1.8 万人。健全创新体制机制，持续完善“一体四环”科技研发体系。探索建立科技创新“特区”机制，做到“两给两出”(给政策、给资源,出成果、出人才)。集中力量攻关关键核心技术,物联网芯片、物联网操作系统、车路协同、网络智能化等4个项目10项任务均超额完成年度目标,其中车路协同系统项目建成全球规模最大的"5G+北斗高精度定位实时服务"系统,网络智能化项目在基础AI算法方面实现突破,完成现网部署。参与建设新一代移动通信技术等7个国家工程实验室,承担198余个国家科研项目,协同开展产学研用一体化研究,提升基础研究能力。深化国家级"双创"示范基地建设,搭建"万物互联创客马拉松"创新平台,累计吸引6000余名内部员工和近1万支外部创客团队参与。向社会开放特色能力与资源,各项能力累计被调用超过8000亿次、孵化应用超过30万个。

【党建工作】 全面贯彻落实新时代党的建设总要求,将2020年作为中国移动党建工作质量提升年,以高质量党建为中国移动改革发展提供坚强政治保障。坚持把党的政治建设摆在首位,全面落实"第一议题"制度,及时跟进学习习近平总书记最新重要讲话、重要指示批示精神,健全台账管理和督办机制。巩固深化中央巡视和"不忘初心、牢记使命"主题教育整治整改成果,整改完成率99.6%。突出政治标准选人用人,把政治素质考察摆在重要位置。推动"十百千"人才体系建设,开展转型知识赋能行动,数字化人才占比提升至27.8%。组织"奋斗20载 整装再出发"系列活动,深入开展"一先两优""最美移动人"等评选表彰。深化党业融合,"党建和创"活动共建单位2.2万余家,"质量达标和格行动"实现网格党组织100%设立。坚持"四同步""四对接",推动基层党组织实现"有形""有效"双覆盖。完善全面从严治党责任落实体系,健全纪检监察体制,推进政治监督具体化常态化,持续整治"四风","总部机关化"整治工作取得积极成效。

【信息化与数字化建设】 积极发挥基础通信信息服务企业拉动投资、促进消费的"扁担效应",促进信息技术与经济社会民生深度融合。打造国际一流信息基础设施,建成全球最大4G网络和5G独立组网,传输光缆超过2000万皮长公里,光纤到户覆盖5.2亿户,移动云资源池服务器上线规模5.4万台,数据中心装机能力104万架。持续推进网络降费,中小企业宽带和专线平均资费分别比上年下降39%和21%,超额完成政府工作报告目标要求。强化数字化生产支撑,建设"5G+工业互联网"等行业平台,5G智慧电力、智慧矿山、智慧港口等应用创造多个业界第一,并在1000余个项目中推广。赋能数字化社会治理,创新短信小程序、平安社区等信息化产品,深化"5G+大数据"在公共卫生防控中应用,助力智慧城市、数字政府以及智慧社区和乡村建设。丰富数字化民生应用,推出远程办公、在线教育、移动认证等特色业务,推广入户安防、老幼看护等智慧家庭一体化解决方案。加强企业自身信息化建设,初步构建具有运营商特色、中国移动特点的智慧中台,推动建立"业务中台+数据中台+技术中台"协同互动的AaaS(能力即服务)体系,支撑中国移动高质量发展,赋能全社会数智化转型。

【履行社会责任】 强化中央企业责任担当,积极主动作为,在加快自身发展的同时积极回馈社会。全力支撑疫情防控和复工复产,针对疫情防控重点场所新开通基站540余个、专线1.2万条,仅用36小时率先开通雷神山和火神山5G基站;向抗疫医务人员及志愿者减免赠送话费5000万元,"通信大数据行程卡"累计查询26亿次,协助政府部门免费发送超过1209亿条疫情预警公益短信。助力打赢脱贫攻坚战,累计对口帮扶全国1811个县、乡、村全部"摘帽",帮扶108万贫困人口脱贫;2020年定点扶贫考核中位列中央企业第二名,先后获得全国脱贫攻坚奖贡献奖、组织创新奖。服务区域协调发展战略,着力打造长三角5G全球标杆城市群,成立粤港澳大湾区创新研究院。筑牢网信安全屏障,全年开展应急通信保障4800余次,圆满完成全国"两会"、嫦娥五号发射等重大通信和网络信息安全保障任务;防范打击电信网络新型违法犯罪,落实"断卡"行动,月均骚扰电话被举报量、诈骗涉案号码量下降均超过20%。大力推进节能减排,全集团单位电信业务总量综合能耗、单位信息流量综合能耗分别比上年下降18%、21.4%,年节电超过25亿千瓦·时。深耕爱"心"公益行动,累计救治6574名先天性心脏病患儿;"蓝色梦想"教育行动累计捐资建设多媒体教室3300余间。

(撰稿人:郝 峰 薛 颖)

中国电子信息产业集团有限公司

【基本概况】 2020年，中国电子信息产业集团有限公司（以下简称中国电子）坚持以习近平新时代中国特色社会主义思想为指引，深入贯彻落实习近平总书记重要指示批示精神和党中央决策部署，把握机遇、攻坚克难，努力在危机中育先机、于变局中开新局，推动改革发展稳定和党的建设取得重要进展，一些领域取得重要突破。一是贯彻落实党中央决策部署，按照中国电子党组和董事会部署要求，全力实施降本增效、网信创新、深化改革三大攻坚工程。二是全力开展战略科技攻关，不断强化网信核心能力。三是全面发力数字化业务，更好服务数字中国建设。四是深入推进产业转型升级，着力构建现代产业体系。五是压茬推进改革创新，不断提升治理现代化水平。六是全面夯实管理基础，进一步提升经营质量和效率。七是坚持党对一切工作的领导，巩固深化、全面提升党的建设工作质量。

【主要指标】

表1 2020年中国电子信息产业集团有限公司主要经济指标

项　目	2019年	2020年	比上年增长(%)
资产总额(亿元)	3275.17	3496.59	6.8
所有者权益(亿元)	1057.73	1097.97	3.8
营业收入(亿元)	2241.59	2479.24	10.6
利润总额(亿元)	7.58	40.15	429.7
净利润(亿元)	－29.92	4.07	113.6
归属于母公司所有者的净利润(亿元)	9.52	－6.71	－170.5
技术开发投入(亿元)	82.82	92.49	11.7
利税总额(亿元)	69.95	99.99	42.9
应交税金总额(亿元)	56.09	70.85	26.3
全员劳动生产率[万元/(人·年)]	13.80	20.93	51.7
净资产收益率(%)	－2.82	0.38	增加3.2个百分点
国有资本保值增值率(%)	110.95	100.04	减少10.9个百分点

【改革发展】 坚持把全面深化改革、激发创新活力贯穿始终，加快推进市场化结构性改革，取得显著成效。一是核心主业混合所有制改革试点实施方案正式获批，标志着中国电子通过混合所有制改革打造国家网信产业核心力量和组织平台的战略构想得到中央认可。二是与深圳市委、市政府进一步深化战略互信，达成深化战略合作协议，在深圳圆满举办中国电子有限公司成立大会。三是以核心主业混合所有制改革为牵引，制定《中国电子改革三年行动实施方案》，启动对标世界一流管理提升行动，完成“总部机关化”问题整改。四是完善企业战略管控体系。推动专职董事监事队伍体系化管理、专业化建设、科学化履职。五是加快提升资本运作成效。完成奇安信战略配售并登陆科创板，推进中国长城非公开增发，启动文思海辉拆红筹，战略入股云天励飞、蓝信科技，推动华大九天等8家优质企业股改上市；推动天津飞腾、麒麟软件2家“PK”体系核心企业入选国务院国资委“科改示范行动”。六是加快完善人才发展体系建设。通过“选拔一批、交流一批、推出一批、储备一批”，优化所属企业领导班子；强化正向激励；推动所属3家“双百企业”和2家“科改示范企业”的经理层成员全面实行任期管理。

【重大项目】 以重点项目为抓手，突出业务协同，推进产业结构转型升级。网络安全领域，成功发布国内首款多路64核服务器CPU飞腾腾云S2500；发布国内安全等级最高的银河麒麟操作系统V10版本；可信计算有力支撑"PKS"体系服务工业和信息化部、金融机具等项目。新型显示领域，成功实施宁安项目，推进液晶面板业务战略重组；彩虹股份国产首条G8.5＋溢流法电子玻璃产线项目完成客户认证并批量生产；光伏玻璃产业形成较强竞争优势。集成电路领域，集成电路设计工具（EDA）业务实现高速发展；"积塔"项目建成国内唯一车规级 SiC 器件工艺平台并具备 5000 片/月产能，SiC 二极管顺利流片；"大白鱼"项目完成 32Mb、256Mb 下一代存储器 MRAM 产品级样片开发；推动百亿级集成电路先进封测和模组制造生产线项目落地；以中电港为主体打造国内规模最大、品类最全的国家级电子元器件储备平台。高新电子领域，深化体制改革和产业布局，推动重组整合，科研生产总体进展顺利，军贸业务稳定增长。智能制造和信息服务领域，持续推进"两平台、一工程"工作；推动工业互联网平台能力提升；推动安全创新产品平台建设；按计划推进深圳总部基地建设。

【走向海外】 加快哈萨克斯坦、厄瓜多尔、阿尔及利亚等重点国家智能制造和信息服务领域重大项目的执行，全年完成项目收汇 3.89 亿美元；实现安哥拉、缅甸等优势市场的延伸项目签约。

【重大创新】 科技创新能力大幅提升。一是争取国家政策支持创历史新高，获批部委专项 56 个，资金 24.4 亿元，比上年增长 160％。二是以科技专项资金为抓手，加强内部协同创新，全年拨付 2 亿元用于支持关键核心技术攻关，得到国务院国资委、中纪委、审计署等上级机关充分肯定。三是结合四部委"校企行"专项行动，采取"云模式"创新举办第四届"i＋"双创大赛，线上观看人数累计超过 150 万人次。四是积极争取国家产教融合重大专项、工业和信息化部特色化示范性软件学院建设。

【党建工作】 坚持党对一切工作的领导，巩固深化、全面提升党的建设工作质量，坚守政治忠诚，更加自觉做到"两个维护"。一是认真落实"第一议题"制度，组织召开党组会 29 次、党组中心组学习会议 7 次，深入学习习近平新时代中国特色社会主义思想和党的十九届五中全会、中央经济工作会等重要会议精神，深入学习领会习近平总书记重要讲话、重要指示批示精神。二是巩固深化"不忘初心、牢记使命"主题教育成果，召开主题教育总结大会，建立主题教育长效机制。三是深入贯彻落实"中央企业党建巩固深化年"专项部署，落实"前置研究"要求，更好发挥党组把方向、管大局、促落实重要作用；系统推进 C—E—C 党支部建设提升工程，增强政治功能、健强基层基础、提升组织力。四是持续深化巡视整改工作，152 项整改措施总体完成率 96.7％。五是持续推进党风廉政建设和反腐败斗争，为改革发展营造风清气正的良好环境。

【信息化与数字化建设】 发挥自身技术优势，加快信息化建设步伐。一是加强顶层设计，制定《中国电子融入移动信息化建设方案》《"数字 CEC"规划建设方案》。二是疫情期间迅速完成蓝信移动办公平台在"PK"体系下的适配迁移和上线，并在集团范围内全面推广，全年开通人数超过 10 万人，收发消息 300 余万条，召开蓝信视频会议 1.2 万余次，对接应用系统 77 个，提升内部沟通和办公效率，打造"PKS—M"体系应用示范标杆。三是采用全栈自主可控的技术路线建成中国电子信创云，推进集团内业务系统全面上云，减少数据流通环节，提升业务协同效率。四是建立《"数字 CEC"主数据标准》，初步形成组织机构、人力、财务相互融合、规范统一的主数据标准体系。

【履行社会责任】 坚守为民情怀，推动发展成果惠及人民。一是按照党中央统一部署，全力以赴投入抗击疫情的斗争前线，充分发挥基层党组织战斗堡垒作用和广大党员先锋模范作用，迅速建成国家重点医疗物资保障调度信息化平台，火速驰援火神山医院网络安全建设，建成全球最大的新冠肺炎疫苗生产车间，得到中央领导充分肯定。二是打造百亿级供应链金融平台，积极稳定抗疫重要芯片、国产化替代重要芯片、显示终端等供应链，带动数千家中小企业复工复产。三是坚决打赢脱贫攻坚收官战，定点帮扶的 4 个县全部脱贫"摘帽"，中国电子"互联网＋"扶贫模式成为脱贫攻坚模范样板。四是牢固树立宗旨意识，攻坚克难完成退休人员社会化管理移交主体任务。

（撰稿人：周英超）

中国第一汽车集团有限公司

【基本概况】 中国第一汽车集团有限公司(以下简称中国一汽)是国有特大型汽车企业集团。经过60多年的发展,建立东北、华北、华东、华南、西南等五大生产基地,构建全球化研发布局,拥有红旗、解放、奔腾等自主品牌和大众、奥迪、捷达、丰田、马自达等合资合作品牌,累计产销汽车超过4800万辆,销量规模居中国汽车行业第一阵营。总部下设17个职能部门、9个业务部门、4个直属制造工厂、3个事业体,旗下4家分公司、8家全资子公司、7家控股子公司、20家参股公司。员工12.8万人,连续12年在国务院国资委中央企业经营业绩考核中获评A级,居《财富》"世界500强"第89位。

【主要指标】 2020年,中国一汽实现整车销量370.6万辆,比上年增长7.1%。其中,红旗品牌实现销量20万辆,增长100%;解放品牌实现销量47.4万辆,增长41.1%。中国一汽是汽车行业唯一一家实现销量、收入、利润同时快速增长的大型汽车企业集团,实现整车利润、整车营业收入均为行业第一。

表1　2020年中国第一汽车集团有限公司主要经济指标

项　目	2019年	2020年	比上年增长(%)
资产总额(亿元)	4901	4889	−0.2
所有者权益(亿元)	2292	2470	7.8
营业收入(亿元)	6177	6974	12.9
利润总额(亿元)	441	468	6.0
净利润(亿元)	317	335	5.5
归属于母公司所有者的净利润(亿元)	197	198	0.5
技术开发投入(亿元)	181	206	13.9
利税总额(亿元)	870	905	3.9
应交税金总额(亿元)	85	118	38.8
全员劳动生产率[万元/(人·年)]	110	127	14.9
净资产收益率(%)	14.1	14.1	与上年持平
总资产报酬率(%)	9.3	9.6	增加0.3个百分点
国有资本保值增值率(%)	109.7	108.4	减少1.3个百分点

【改革发展】 全面落实国务院国资委国企改革三年行动。对标对表重点改革任务,抓重点、补短板、强弱项,形成《中国一汽改革三年行动实施方案》及任务台账,2020年各项改革任务均有效落实。中国一汽持续深化"四能"改革。强化干部能上能下,实施差异化薪酬政策,积极推进企业内部重组和管理改革,全力推进法人户数压减,有序开展传统业务转岗优化,引进急需人才,招聘新业务、新技术领域员工。

坚持"运营红旗+集团管控"的总部定位,瞄准战略方向,调优组织架构;加强公司治理与管控体系;强化职位编制管理,高效配置编制资源;夯实综合管理基础,提高服务质量;全面贯彻落实"总部机关化"专项整改,持续推进工作作风转变。

【管理创新】 一是加强质量管理。全面加强质量体系建设,加大投入、改善条件,全力提高研发、制造和供应的专业能力,强化质量责任制,加强质量问题整改。二是全面开源节流。采用项目制方式加强管理,大力使用"降本十二法",坚决砍掉不产生价值的成本费用,全年展开4次现场经验交流和工作布置会,构建开源节流知识管理系统。三是加强体系及数字化建设。体系建设加速推进,"旗·健"行动取得初步成效,初步解决"有没有、管不管用"的问题；发布数字化战略，加快大研发、大制造、大营销等数字化转型；体系化、数字化建设使产品开发效率提升30%以上、产品研发周期缩减6个月，整车生准周期压缩6个月、订单交付周期缩短25%，大营销费效比提高15%。

【重大项目】 持续加强和大众、奥迪、丰田等众多合作伙伴的深度融合，加快和国内外大企业集团、高校、科研院所的战略合作，朋友圈不断扩大。全速推进智能网联创新试验基地、一汽（南京）科技开发有限公司、中国一汽红旗新能源汽车工厂、一汽解放J7智能工厂等"新基建"项目。

【走向海外】 2020年，中国一汽出口汽车13520辆，其中红旗海外市场出口703辆、商用车海外市场出口6202辆、奔腾海外市场出口6615辆。覆盖非洲、东南亚、拉丁美洲、中东等"一带一路"沿线区域的51个国家和地区，拥有海外一级代理商102家。在巴基斯坦、越南等15个国家设有办事处和常驻机构。在南非、东欧、坦桑尼亚等地设有境外子公司。在南非、巴基斯坦等6个国家开展国际产能合作项目。

【重大创新】 发布并实施"创新·2030中国一汽阩旗（R. Flag）技术发展战略"，认真抓好技术攻关工作，其中43项重点关键技术如低温电池、多传感器融合实现整车搭载和商业应用。全年申请专利3508件，比上年增长19.8%；其中发明专利1757件，比上年增长59.7%。

加快移动出行业务布局。推进与滴滴、T3、旗妙出行平台公司深度合作。多元化拓展租赁业务，"一汽租车"开发上线，开发并实现三方融资租赁销售和面向渠道及B端客户的经租等多种业务场景。优化佛山、长春、吉林等三地公务用车服务模式，打造公务用车改革服务"凤山模式""集安模式"两大新模式。

【党建工作】 持续强根铸魂，推动党建工作落地落实。坚持党的领导，强化理论武装。坚决贯彻落实习近平总书记视察中国一汽重要讲话精神，围绕"建设质量强国""创新驱动发展战略"等组织专题学习研讨，明确年度"一个中心""一条主线""五大攻坚战""八大重点工作"，推动党的创新理论在中国一汽有效践行。夯实基础，建强基层党组织队伍。严格落实国务院国资委党委部署的中央企业"党建巩固深化年"要求，强化"三基"建设，突出统筹协调，把握务实管用，强化作用发挥，基层党组织的政治功能、组织功能显著增强。全面创新党建，推动党建与生产经营"双融合、双促进"。把集团公司的经营目标、重点项目、重点任务作为党建工作确保的重要内容，开展"攻坚克难、党员带头、全员建功"主题实践活动，聚力全员创新、全员宣传、全员营销，以企业改革发展成果检验党组织工作成效。

坚持抓常抓长，推动全面从严治党向纵深发展。强化政治监督，围绕落实党中央重大决策部署、深化中央巡视整改等进行监督检查，开展"一问责三整治六治理"专项行动；一体推进"三不"体制机制建设，召开营销、采购领域警示教育大会，严肃查处靠车吃车、设租寻租、"同业经营、关联交易"等问题；驰而不息纠治"四风"，深入落实中央八项规定及其实施细则精神；完成两轮对6家党组织巡视，直属党委完成对38家所属党组织巡察。

【信息化及数字化建设】 坚持"数据驱动美妙出行"的数字化愿景，以实现行业领先为目标，围绕"业务赋能、产品智能、生态智慧、数据增值"，以中台为核心，以数据为引擎，以产品诞生、订单交付、客户服务三大主流程为主线，全力推动数字化转型，实现核心业务的数字化、价值化、创新化，支持企业运营"实时在线、及时分析、智能管理"，为客户创造极致体验的产品和服务。

【履行社会责任】 全面贯彻习近平总书记在决战决胜脱贫攻坚座谈会重要讲话精神，落实党中央、国务院一系列重要部署，超额完成《2020年中央单位定点扶贫责任书》各项任务。2020年5月，中国一汽定点帮扶及对口支援的5个国家级贫困县全部提前实现脱贫"摘帽"，超过10万名建档立卡贫困人口受益。深化红旗"爱·尚""解放爱领航""奔腾绿动""一汽—大众中国新未来"等公益品牌，聚焦绿色环保、文化教育、民生就业、弱势群体、灾害救助等重点领域打造特色项目。助力打赢疫情防控阻击战，捐赠8100万元设立"中国一汽疫情防控专项基金"。在国务院扶贫开发领导小组开展的中央单位定点扶贫工作成效考评中，中国一汽连续四年获得最高评级"好"。被党中央、国务院授予"全国脱贫攻坚先进集体"称号。

（撰稿人：孟媛媛）

东风汽车集团有限公司

【基本概况】 东风汽车集团有限公司（以下简称东风公司）前身是始建于1969年9月的第二汽车制造厂；1992年9月，更名为东风汽车公司；2017年11月，按照国有企业公司制改革要求，更名为东风汽车集团有限公司。东风公司主营业务涵盖全系列商用车、乘用车、新能源汽车、军车、关键汽车总成和零部件、汽车装备以及汽车相关业务，事业分布在武汉、十堰、襄阳、广州等全国20多个城市。拥有法国PSA集团14%的股份，并在国外建有海外研发平台与制造基地。从业人员13.7万余人。

【主要指标】 2020年，东风公司坚决贯彻落实党中央、国务院的重大决策部署，紧扣公司"治痛点、解难点、纾堵点，强弱项、强基础、强素质"的年度工作方针，统筹推进疫情防控和改革发展各项工作，全年销售汽车345.8万辆，销售收入5993亿元，比上年增长3.2%。

表1　　2020年东风汽车集团有限公司主要经济指标

项　目	2019年	2020年	比上年增长（%）
资产总值（亿元）	3703.2	4237.9	14.4
所有者权益（亿元）	1521.8	1618.9	6.4
营业收入（亿元）	2734.1	2787.0	1.9
利润总额（亿元）	223.8	190.2	－15.0
净利润（亿元）	146.2	122.5	－16.2
归属于母公司所有者的净利润（亿元）	91.2	77.0	－15.6
技术开发投入（亿元）	83.2	70.9	－14.8
利税总额（亿元）	305.6	269.1	－11.9
应交税金总额（亿元）	232.0	213.1	－8.1
全员劳动生产率[万元/（人·年）]	64.1	66.9	4.4
净资产收益率（%）	9.9	7.8	减少2.1个百分点
总资产报酬率（%）	6.7	5.1	减少1.6个百分点
国有资本保值增值率（%）	109.2	107.6	减少1.6个百分点

【改革发展】 以实施《国企改革三年行动实施方案》为契机，制定发布《东风公司改革三年行动实施方案》，针对职能领域的107项和业务领域的97项改革任务加速展开，明确改革三年行动的目标、战略重点、工作机制和推进方式，确定路线图、时间表和责任人。稳步开展"双百行动""科改示范行动"和国家发展改革委试点的混合所有制改革工作，发布混合所有制改革工作推进指南，率先实施引入战略投资者、落实董事会职权和骨干员工持股等综合改革措施。积极探索新业务领域的混合所有制改革路径，持续推进混合所有制改革，不断推动和深化超额利润分享、分红权激励、股权激励等激励机制。完成东风畅行科技股份有限公司、东风鸿泰销售子公司混合所有制改革。指导东风公司技术中心S－BU项目、东风贸易公司、东风云南汽车有限公司、智新科技股份有限公司和岚图汽车科技公司等单位研究制定混合所有制改革方案，统筹推进公司混合所有制改革。

调整优化合资业务结构，妥善解决重大痛点问题。对东风雷诺汽车有限公司实施债权债务重组，实现人员平稳分流；收购东风格特拉克变速箱有限公司股权，强化变速箱开发能力；推进神龙汽车有限公司改革重振，启动过剩产能及老旧资产处置。深入推进业务整合和战略重组：成立东风物流集团，公司物流业务实现整合；东风零部件集团和东风装备公司实现战略重组；东风启辰品牌纳入东风日产发展。

持续深化三项制度改革。职业经理人制度加快推进，对"总部机关化"问题进行专项整改，总部机构比上年减少21%，编制比上年减少32%。加快建立职业经理人制度，加速用工市场化，有序推进关键岗位核心人才激励，灵活开展多种方式的中长期激励。

"处僵治困"第一阶段收官，6户重点亏损子企业扭亏，达成"压减"工作目标。剥离"两非"业务，主业进一步聚焦。积极稳妥降杠杆减负债，"两金"占用比上年下降4.4%，达成国务院国资委管控目标；"非正常两金"与上年相比降幅超过50%。

推动回归A股创业板上市，规范企业治理。加强法治中央企业建设，着力建设治理完善、经营合规、管理规范、守法诚信的"法治东风"。加强成本精细化管控，严控各项费用性开支，严控非生产性支出，协同巡视、审计、合规评价和内控制度建设，进一步构建大合规体系。完善合规管理体系，以"一个平台、两个循环"为主线，健全架构合规、制度合规、执行合规、违规追责为一体的合规管理体系，东风公司首轮合规评价缺陷整改基本完成。坚决防范化解重大经营风险，统筹改革创新与发展稳定，重点针对东风公司13项重大重要风险，制定63项风险应对解决方案，对供应链风险等进行持续动态监控。突出主业，持续抓好"两非两资"剥离处置工作，加强产、销、存精准管控，强化人事费用率和全员劳动生产率管理，持续提升人事效率。

【重大项目】 增强战略定力，推动自主事业可持续发展，开展自主新能源车高端品牌建设，加速打造高端新能源汽车品牌"东风岚图"。7月29日，东风公司在武汉举行岚图汽车品牌战略发布会；11月25日，岚图汽车首款高端智能电动SUV预生产下线。该品牌首款新能源汽车发布，市场反应积极。

东风商用车持续打造领先新优势，深入推动商用车"二次转型"，加快推进"骁龙"和大马力发动机项目，"东风"品牌商用车中、重卡商品进一步优化，完好率中心建设加速推进，后市场开拓力度加大；轻型车销量跑赢大市，战略商品实现升级；"乘龙"品牌销量跑赢大市，重点区域和渠道能力实现突破；"华神"品牌发布全新商品平台，经营总体向好。打造全价值链、强矩阵式商品项目管理体系，强化项目责任制，构建可持续发展的自主乘用车事业体制机制。全力做好G35等车型上市工作。加大第四代东风猛士开发和军民融合工作力度。加强零部件与整车的协同，提升供应链自主可控能力。自主乘用车品牌焕新，各子品牌的定位进一步清晰，平台技术进一步增强。军品事业快速发展，第三代东风猛士300马力车型批量列装，第四代军车课题通过阶段性验收，军民融合项目加快推进。

【走向海外】 2020年，东风公司实现汽车出口68796辆，达成年度销售目标。在疫情期间，开展5个海外事业单位视频专题调研，协调解决海外订单发运交付等问题，3月实现出口10342辆，完成海外"保订单、保交付"协同工作。对各海外出口单位月度目标达成、库存等进行过程管控，组织3次东风公司海外事业运营分析会，每月发布专项海外运营分析报告，对9个板块的海外运营情况进行实时管理，自5月起东风海外销量逐月环比上升。并根据海外疫情形势整合相关资源，优化海外推广模式，制定2020年东风品牌海外推广方案，开展线上广告宣传推动营销活动。

【重大创新】 围绕"五化＋N"关键核心技术，加速推进国务院国资委"1025专项"、东风公司"928工程"和"八大类12项"等技术项目，加大技术攻关力度，相关工作全部按计划完成。其中，轻量化实现2GPa级高强钢行业首次量产应用；电动化聚焦"三电"系统，并掌握IGBT并联驱动、电磁设计仿真等关键技术，形成BMS开发及高压系统EMC评价优化能力。

东风公司技术中心加快突破一批"卡脖子"技术难题，形成共性技术清单，统筹推进共性技术协同研发。"五化一车四网"产业化应用见效，累计实现110余项新技术搭载和应用。L2＋级自主乘用车量产上市；与武汉经济技术开发区政府签订"自动驾驶领航项目"，助力打造武汉市自动驾驶产业集群，L4级自动驾驶车型Robotaxi示范运行；完成EEA3.0电子架构研发，支持5G及L3级自动驾驶，5G港口无人驾驶集卡投入运营，为智能化行业领先奠定良好基础。前瞻研究方面，燃电系统具备小批量试制和示范运营能力，与广东佛山仙湖试验室、东风汽车股份有限公司等签订氢燃料电池汽车示范运营合作协议。

【党建工作】 贯彻落实习近平总书记重要讲话、重要指示批示精神和党中央的重大决策部署，增强“四个意识”，坚定“四个自信”，做到“两个维护”，坚持从“两个基础”和“六种力量”的高度审视东风事业，自觉地担负起“国家队”的职责使命。巩固深化“不忘初心、牢记使命”主题教育成果，坚定信心，保持定力，加快改革创新，深化转型升级，奋力实现“三个领先、一个率先”，加快建设卓越东风和世界一流企业。着力推进中央巡视整改，纵深推进全面从严治党，贯彻落实“两个责任”，确保经营合规合纪合法。严肃查处一批违纪违法案，全面从严治党对保证生产经营健康发展的作用持续彰显。

充分发挥基层党组织的战斗堡垒作用和广大党员的先锋模范作用，纵深推进全面从严治党，压实“两个责任”，加快构建一体推进不敢腐、不能腐、不想腐体制机制，营造风清气正的政治生态、干事创业的事业环境和“开心工作、快乐生活”的工作氛围，推动党建与生产经营深度融合，构建高质量党建引领高质量发展的新格局，为生产经营提供坚强有力的政治保障。

【信息化与数字化建设】 编制数字化和信息化规划，通过构建数字技术平台、数字安全体系和数字化人才体系，形成数据驱动能力，推动流程再造与组织变革，支持“卓越东风、世界一流”战略目标的实现。承接数字化规划战略方向，启动第一批13个数字化领航战表项目。构建协同交流机制，召开战表项目“协同大会战”，在信息、数据、方案和资源上实现互相帮助。与中汽协开展深度合作，拟定第一版数字化成熟度模型。配合东风商用车板块协同课题，开展商用车销量TIV预测研究，建立数学模型，验证“N＋3”月度预测，“时间序列模型”预测准确度93％。

导入数字化转型新指标体系，聚焦企业数字化带来的业务效果展开评价。通过运行“两循环两体系”，完善集团IT治理体系，巩固集团整体信息化体系能力并维持行业较高水平。编制《网络安全态势感知监管平台建设标准》《网络安全等级保护定级标准》《运营管理驾驶舱数据治理体系标准》《基于微服务技术架构实现标准》。重点建设网络安全态势感知监管平台，从资产、漏洞、攻击、威胁、风险和行为等维度全面感知安全态势，完善网络安全监测预警与应急处置体系，履行公司网络安全监管职责。开展网络攻防演习工作部署，组织47个单位参加演练，实现一体化指挥，成功防护靶标系统。开展国资国企网络信息安全在线监管平台建设，完成东风公司总部互联网口接入。

【履行社会责任】 以“共创可持续未来”为主题，启动“社会责任月”系列活动，重点围绕精准扶贫、公共卫生安全、合规管理和履责传播等领域开展履责实践活动，在全面营造良好履责氛围的同时，不断提升东风履责能力建设和体系化管理水平，进一步树立东风责任央企形象。

东风公司及其下属各单位强化安全第一意识，落实安全生产主体责任，做到党政同责、一岗双责、失职追责。深入实施安全生产专项整治三年行动计划，完善常态化隐患排查机制，安全生产形势平稳，实现“五个杜绝”。采取有力措施降低碳排放，“蓝天保卫战三年行动计划”全面完成。积极实施“绿色东风2025行动”，加快电动化进程。杜绝环境污染事故，全面达成节能减排约束性目标。

推进实施社会责任“润”计划3.0，持续打造“东风梦想车”大赛和“东风润苗行动”等重点履责项目。助力打赢脱贫攻坚战，帮扶的四省八县（市）全部脱贫“摘帽”。在由中国社会责任百人论坛、责任云研究院主办的“第三届北京责任展”上，东风公司2020社会责任发展指数综合评分85.2分，位居中国企业300强指数第十名，国有企业100强指数第八名，中国汽车制造行业第三名。连续第5次入围国企100强社会责任发展指数十强，第2次入围中国企业300强社会责任发展指数十强。获得中央企业2020年度精准扶贫奖。

疫情期间，东风公司严格防范措施，“外防输入、内防反弹”，加强规范化管理，全力做好疫情防控工作。在复工复产过程中，统筹做好疫情防控、安全生产、质量管理和风险防范工作。在第一季度销量比上年同期下降46.1％，营业收入比上年同期下降42.9％的不利形势下，全力打好“疫情防控阻击战”“复工复产破题战”“生产经营及改革发展攻坚战”，4月起经营稳步回升，销量连续9个月实现增长。

作为社会首批、汽车行业首家捐赠企业，东风公司及下属21个单位向湖北省及7个地(市)捐赠款物1.05亿元，33482名党员为抗疫捐款371.83万元，81227名员工捐款524.15万元。东风车城物流股份有限公司、风神物流有限公司、武汉东本储运有限公司紧急配送医用物资、救援物资，累计出动集装箱车辆570趟次、运输救援物资14.1万箱，竭力保障武汉及湖北抗疫战场“物资生命线”畅通。东风畅行科技股份公司迅速组建千车千人规模的抗疫志愿车队，承担武汉市汉阳、硚口、江岸三区294个社区的出行服务，抗疫86天，累计行驶超过424万千米，服务35万余人次，企业员工及网约车司机无一感染。东风公司疫情防控青年党员服务队由43名青年党员组成，在一线转运患者、守护养老院、卡点值守和配送物资，从34家定点医院、方舱医院转运601名患者，奋战27天，实现“零差错”，向养老机构配送物资26.45吨，配合核酸等检测，值守的养老院“零感染”，彰显东风公司的政治站位和责任担当，获评2020年“湖北青年五四奖章集体”。在中国汽车企业社会责任暨中国汽车战“疫”英雄谱颁奖典礼上，东风公司被授予“优秀战‘疫’担当企业”和“战‘疫’特别贡献企业”称号。

（撰稿人：杨耀红）

中国一重集团有限公司

【基本概况】 中国一重集团有限公司(以下简称中国一重)前身为第一重型机器厂，是“一五”期间建设156项重点工程项目之一，始建于1954年，是中央管理的涉及国家安全和国民经济命脉的国有重要骨干企业之一，是国家创新型试点企业、国家高新技术企业，拥有国家级企业技术中心、重型技术装备国家工程研究中心、国家能源重大装备材料研发中心，员工8259人。

2020年，中国一重坚持以习近平新时代中国特色社会主义思想为指导，认真学习贯彻党的十九大和十九届历次全会以及中央经济工作会议精神，深入贯彻落实习近平总书记视察东北三省重要讲话及视察中国一重重要指示精神，积极贯彻落实中央企业负责人会议部署要求，在中国一重党委、董事会的坚强领导下，勠力同心、砥砺奋进，不辱使命、履职尽责，统筹推进疫情防控和生产经营，统筹推进改革创新和转型升级，统筹推进管理提升和风险管控，全力以赴完成全年各项任务目标，奋力实现“十三五”圆满收官，在高质量发展征程上迈出新步伐、谱写新篇章。

【主要指标】

表1　2020年中国一重集团有限公司主要经济指标

项　目	2019年	2020年	比上年增长(%)
资产总额(亿元)	473.64	483.09	2.00
所有者权益(亿元)	195.48	198.59	1.59
营业收入(亿元)	267.48	372.90	39.41
利润总额(亿元)	8.01	13.39	67.17
净利润(亿元)	4.29	8.33	94.17
归属于母公司所有者的净利润(亿元)	0.21	3.44	1538.10
技术开发投入(亿元)	4.68	7.91	69.02
利税总额(亿元)	11.38	20.61	81.11
应交税金总额(亿元)	8.51	13.63	60.16
全员劳动生产率[万元/(人·年)]	26.76	32.10	19.96
净资产收益率(%)	2.26	4.23	增加1.97个百分点
总资产报酬率(%)	3.08	4.16	增加1.08个百分点
国有资本保值增值率(%)	101.20	104.13	增加2.93个百分点

【改革发展】 认真组织开展“对标世界一流管理提升行动”，制定下发《对标世界一流管理提升行动实

施方案》《对标提升工作清单》，有序推进落实。制定《重大经营风险事件报告工作规则》等9项制度，持续加大"三重一大"决策制度完善及执行情况等监测工作。顺利完成"十四五"规划编制工作。设立一重融科、一重东方智能、一重上电新能源等公司。分别与中国一汽、中国银行等签订战略合作协议。先后修订《固定资产投资管理办法》等10余项制度。修订下发《2020年经营业绩考核办法》，形成"九大指标"考核体系。供方管理方面，制定印发《外协配套管理办法》等制度，定期对供应商进行考评，实行"能升能降、能进能出"动态管理模式和"年招季调"运行模式。实行重点设备包保特护精修，全年A类、B类设备完好率均高于96%。完成国务院国资委国资监管信息化"三年行动计划"并顺利验收，取得工业和信息化部"两化融合"管理体系贯标认证。积极参加"护网2020"专项行动，完成供应链、财务、营销、科研、设计等10余个业务系统的新建及升级工作，实现系统互联互通。

【重大项目】 一是生产质量管控效果明显。世界最大3025吨浆态床锻焊加氢反应器、全球首台"国和一号"CAP1400核反应堆压力容器等一批重点项目按期完工，全年完成4台核电压力容器、83台石化反应器、113件轧机机架、1362件轧电类产品及计划数量的专项产品。二是经营订货稳步上升。成功签订国家"卡脖子"项目——鞍钢UF2万能轧机，为大型H型钢产品研发和推广起到积极示范效应。开拓国家发展改革委投资研究所、中国石化经济研究院等信息渠道，确立陶瓷合金耐磨材料、不锈钢复合材料、风电铸锻件等20项新材料新产品市场拓展领域。首次承办"2020年高质量发展·装备与钢铁同行——冶金先进技术装备创新推进会"，成功举办"与自然共生与时代共荣·中国一重&上海电气风电产品下线推介会"。三是转型升级步伐显著加快。洁净钢平台建设项目投入使用，实现冶炼工艺及过程控制智能化升级。推动风电集成开发项目落地，推进秸秆综合利用项目实施，跑出新兴产业的加速度。努力克服海外疫情不利影响，国际资源进口业务量大幅攀升。9.6米新型冷藏车样车制造成功，350马力电传动拖拉机首台样机试车成功。一重集团财务有限公司于2020年12月23日由中国银行保险监督管理委员会黑龙江监管局发放金融许可证，注册成立，并实质运行。

【走向海外】 首次签订出口土耳其的具有自主知识产权的1800mm热连轧机项目，首次签订俄罗斯钢厂冷轧支承辊、韩国现代制铁铸造半钢辊等合同。成功签订智利光伏发电、越南光伏发电、几内亚马里输变电等项目，在海外新能源领域取得历史性突破。

【重大创新】 重大攻关计划稳步推进，奋力攻克核岛一回路用关键焊接材料开发等3项"卡脖子"技术难题。43项重点科研项目按计划完成14项。全年研发经费投入强度超过3.89%，完成国务院国资委考核目标，重大装备科技支出比上年增长10%以上。全年累计完成专利申报98件，其中发明专利66件。2项劳模创新成果获得国家专利。成功入选国务院第三批双创示范基地。

【党建工作】 一是认真落实"挂表督战"重点任务。扎实推进贯彻落实习近平总书记视察东北三省重要讲话及视察中国一重重要指示精神、高质量发展、全面深化改革和国家重大项目落实"挂表督战"，到期节点完成率100%。二是扎实推进党建融入生产经营。持续巩固深化"不忘初心、牢记使命"主题教育成果，扎实开展"三讲三不讲"解放思想主题实践活动。制定实施《推动党建工作与改革发展、生产经营深度融合的指导意见》，全年累计党员攻关创新立项249项。三是持续深化全面从严治党。深入开展"四个专项整治"工作，集中对违反工作纪律等问题进行严肃处理，精准运用"四种形态"对履行职责不力、失职失责的党员领导干部问责。四是不断加强企业文化建设。开辟"战疫情·一重在行动"等特色专栏，积极宣传树立省级以上先进典型75个，编发《中国一重高质量发展百问》，改版中国一重官方网站、修缮文化长廊等，成功入选"2020年度央企十大创新工程单位名录"，获得2020责任金牛奖，获评"2020最美企业之声"。五是积极组织参与攻关竞赛活动。成功举办省青年职业技能大赛、公司青年创新创意大赛。完成"百万一重杯"劳动竞赛重点难点项目377项。印发《劳模创新工作指导意见》，全年围绕生产和工作实际完成创新课题207项，获得黑龙江省"五小"创新一等奖9项。

【履行社会责任】 成立9个"两手抓、两不误"包保基层指导组及19支"应对疫情、保障生产"突击队，开展"全覆盖、地毯式"摸排，统一配发疫情防护用品10万余件，大连、天津等地企业和印度尼西亚公司经受住严峻考验，始终保持确诊、疑似人员"双零"状态，保证生产经营稳中有升。先后向湖北、黑龙江及印度尼西亚公司所在地政府捐赠2000余万元现金及价值490余万元的防疫物资。

（撰稿人：徐新宇）

中国机械工业集团有限公司

【基本概况】 2020年，中国机械工业集团有限公司（以下简称国机集团）以习近平新时代中国特色社会主义思想为指导，全面落实党中央及国务院国资委部署要求，坚持"锻造国机所长、服务国家所需"，准确识变、科学应变、主动求变，以抗疫和经营"两手都要硬、两战都要赢"的必胜信念，在大战大考中冲锋在前、勇挑重担，在改革发展中知重负重、迎难而上，取得疫情防控和经营发展"双胜利"。在《财富》"世界500强"排名第284位、"中国机械工业100强"排名第2位。

【主要指标】 2020年，国机集团实现营业收入2878.1亿元、利润总额109.3亿元，完成年度预算目标；净利润80.1亿元，完成国务院国资委考核目标114%；经济增加值40.3亿元，比上年增长27%，完成国务院国资委考核目标。

表1　2020年中国机械工业集团有限公司主要经济指标

项　目	2019年	2020年	比上年增长(%)
资产总额(亿元)	3836.1	3549.0	—7
所有者权益(亿元)	1334.8	1242.8	—7
营业收入(亿元)	2979.1	2878.1	—3
利润总额(亿元)	102.6	109.3	7
净利润(亿元)	76.7	80.1	4
归属于母公司所有者的净利润(亿元)	31.2	39.4	26
科技支出投入(亿元)	71.7	75.0	5
利税总额(亿元)	184.5	199.4	8
应交税金总额(亿元)	107.8	94.8	—12
全员劳动生产率[万元/(人·年)]	26.4	28.7	9
净资产收益率(%)	5.9	6.3	增加0.4个百分点
总资产报酬率(%)	3.7	3.9	增加0.2个百分点
国有资本保值增值率(%)	105.6	103.5	减少2.1个百分点
经济增加值(亿元)	31.8	40.3	27

【改革发展】 积极部署开展三年改革行动，快速建立工作机制，制定国机集团三年改革行动方案及工作台账，部署下属企业开展相关工作。结合国有资本投资公司试点工作及专项改革任务，稳步推进混合所有制和员工持股改革。以"双百行动""科改示范行动"为重点，稳步推进企业综合性改革。推进制度建设，修订《国机集团员工持股试点管理办法》。全面推进剥离企业办社会职能和解决历史遗留问题改革收尾工作。国机集团"三供一业"职能移交基本完成，大部分企业家属区改造工作基本完成。厂办大集体改革工作积极推进，完成国务院国资委年度任务目标。91.1%的企业退休人员实施社会化或取得复函。

【重大项目】 一是稳步推进中白工业园项目建设。中白工业园入园企业总数67家，其中，中国企业36家、白俄罗斯企业14家、第三国（美国、奥地利、立陶宛、德国、瑞士、以色列、俄罗斯等）企业17家，协议投资总额超过12亿美元。28家企业动工建设、16家企业投产运营。

二是积极参与基础设施互联互通建设。2020年，国机集团阿根廷贝尔格拉诺货运铁路（以下简称贝铁）改造项目取得新进展，原合同中的贝铁改造路段全部完工，改造线路1500多千米。

三是积极履行社会和环境责任、促进东道国经济社会发展和民生改善。克服疫情影响，总承包的老挝230千瓦乌江水电站二期输变电项目获得业主签发的接收证书，项目提前7个月完工、移交业主并进入质保期；投资运营的柬埔寨达岱水电站连续第6年超额完成年度计划发电任务目标，累计安全生产2272天。

【走向海外】 坚定不移扩大开放，在“一带一路”沿线市场中标及签约多个项目，进一步巩固竞争优势；加大在手项目执行，部分项目实现重要里程碑和标志性节点；发挥专业优势，深度参与第三届进口博览会相关工作，积极接洽全球合作伙伴，加大进口力度，签署采购协议10余项，采购金额50多亿美元，有效推动集团进出口业务转型升级。国机集团在手执行工程成套及设计咨询项目合同总额381.5亿美元，其中境外项目合同总额227.8亿美元。公司工程项目收入中60%以上来自海外业务。

【重大创新】 2020年，获得省部级和全国行业性以上各类优秀成果奖390项，其中科学技术奖108项。申请专利2726件，其中发明专利1046件；获得授权专利1905件，其中发明专利353件；登记软件著作权373项。主持或参加制(修)订国际、国家和行业标准470项，其中国际标准6项、国家标准194项。研发经费投入75亿元，研发投入强度2.61%。

拥有企业国家重点试验室、国家工程技术研究中心、国家工程实验室、国家工程研究中心等国家级科研及服务平台数量超过160家，在相关技术领域处于科技创新优势地位，在推动行业的技术进步、带动中小企业创新发展、提升产业核心竞争力等方面发挥重要作用。2020年，国机集团获批省部级以上科研与服务平台16个，其中国家级平台2个，涉及装备制造、智能传感、工业基础、工程建筑和医药健康等诸多领域，进一步夯实技术创新与产业发展基础。

【党建工作】 一是持续加强政治建设。国机集团党委始终把增强“四个意识”、坚定“四个自信”、做到“两个维护”作为首要任务，以党的政治建设为统领，带动党的建设质量全面提高。集团各级党委认真执行“第一议题”制度，制定完善《贯彻落实习近平总书记重要指示批示督查办法》等工作要求，定期梳理汇总习近平总书记重要指示批示精神，形成贯彻学习、跟进督办和定期报告的常态机制。

二是不断强化理论武装。在党的最新理论大培训中提高思想认识。组织全系统开展党的十九届四中全会、五中全会精神和《习近平谈治国理政》第三卷学习培训班，将全级次企业党员特别是各级企业班子成员纳入系统培训范围。在围绕中心研讨创新中提高融合能力。组织各级企业确定党建重点项目，解决重点难点问题，打造出一批优秀党建品牌，将党的政治优势、组织优势转化为企业的竞争优势、发展优势。在完善理论武装机制中提高学习效果。以中心组学习为引领，加强集团系统党员干部政治学习、理论宣传和思想政治教育；完善理论学习机制，把中心组学习情况作为各级党委年度党建工作考核评价重要内容和评分依据。

三是全面深化“三基”建设。推动党建强基，夯实组织基础。召开国机集团第二次党员代表大会。以消除“党建盲点”为抓手，对全级次1000余家企业进行全面梳理，“一企一策”推动整改，以基层组织建设成效提高企业管控、防范经营风险的能力。推动能力提升，抓好队伍建设。推动专兼职党务干部队伍建设，明确“三年登高计划”，着力打造一支“三懂三会三过硬”的党务干部队伍。推动制度保障，健全党建体系。制定10项基层党建制度，不断完善国机集团全面从严治党制度体系，为各级党组织履行职责任务提供制度保障。完善工作机制，落实党建责任。坚持集团党委工作年度会议制度，健全季度例会制度，定期通报党建工作情况，推动落地落实。优化党建考核评价方式，实现党建工作与生产经营考核联动。

【履行社会责任】 统筹推进疫情防控和经营发展，快速转产扩产，推动上下游产业链协同复工达产，圆满完成医疗防疫物资保供任务，并形成以“三机三品”为代表的医疗防疫物资产业链。全年累计生产压条机1010台、口罩机941台、熔喷布生产线87条、熔喷布4178吨、口罩12.4亿只、防护服8795万套(含医用一次性防护服320万套)、生物滤光镜片55万片。其中前五类产品产量排名中央企业第一位，圆满完成医疗防疫物资保供任务。国机集团全力支持湖北抗疫，向湖北省捐赠3000万元；积极调动海外各区域中心、驻外机构筹集口罩、防护服、医用手套、护目镜等捐往疫区；境外疫情扩散之时，加快在赞比亚、突尼斯、厄瓜多尔、马尔代夫等医院、防疫设施工程进度，设计或修建5家医院并相继顺利竣工交付，极大地改善当地民众就医条件；各企业及驻外机构纷纷向所在地、所在国政府机构、行业组织和合作伙伴捐赠防疫物资。在疫情防控总体战中，涌现出一批表现突出的先进集体和先进个人。2名个人和1个集体获得国家级抗疫先进表彰，7名个人和2个集体获得国务院国资委抗疫先进表彰；2人获评"广东省抗疫先进个人"；56名个人和16个集体获得集团抗疫先进表彰。

统筹推动疫情防控和定点扶贫工作，加强组织领导，推动帮扶举措精准落地。通过"扶智力、扶志气、扶产业、扶民生"四扶并举，深化"教育为根、产业为本、农机为枝、民生为脉"的国机扶贫模式，围绕教育、产业、医疗、技能培训、党建等方面的68个项目开展精准帮扶，选派挂职扶贫干部，助力河南省固始县、淮滨县和山西省平陆县、四川省广元市朝天区4个定点扶贫县(区)在脱贫"摘帽"的基础上，实现贫困村全部出列、贫困人口全部脱贫、绝对贫困全面消除，高质量打赢脱贫攻坚战。全面超额完成责任书各项指标，在中央单位定点扶贫工作成效考核中被评为最高等次"好"；国机集团投资建设的淮滨苏美达服装科技发展有限公司获评"全国脱贫攻坚先进集体"；国机教育扶贫模式2020年入选全国教育扶贫典型案例，并获评国务院扶贫办"企业精准扶贫专项案例50佳"。

(撰稿人：刘　维)

哈尔滨电气集团有限公司

【基本概况】 2020年，哈尔滨电气集团有限公司(以下简称哈电集团)认真贯彻落实习近平总书记重要讲话和指示批示精神，深入贯彻落实党中央、国务院决策部署，落实国务院国资委有关要求，全体干部职工团结一致，攻坚克难，以建设具有全球竞争力的世界一流装备制造企业为目标，全力推进市场开拓、转型升级、深化改革等重点任务，较好地完成国务院国资委各项考核任务。

【主要指标】 2020年，哈电集团实现利润总额6.61亿元，比上年增长23.09%；净利润5.27亿元，比上年增长28.54%；营业收入利润率2.2%，比上年增加0.6个百分点；研发经费投入强度5.6%，比上年减少0.3个百分点；资产负债率64.9%，比上年增加0.7个百分点；全员劳动生产率31.38万元/(人·年)，比上年增长6.48%；营业收入261.55亿元，比上年增长3.59%；工业总产值195亿元，比上年增长15.3%；工业增加值48亿元，比上年增长0.7%；正式合同签约额301亿元，比上年减少8%；发电设备产量1788万千瓦，比上年增长62.7%。

表1　2020年哈尔滨电气集团有限公司主要经济指标

项　目	2019年	2020年	比上年增长(%)
资产总额(亿元)	607.14	649.83	7.03
所有者权益(亿元)	217.26	228.00	4.94
营业收入(亿元)	252.49	261.55	3.59
利润总额(亿元)	5.37	6.61	23.09
净利润(亿元)	4.10	5.27	28.54
归属于母公司所有者的净利润(亿元)	1.56	2.67	71.15
技术开发投入(亿元)	15.18	14.83	-2.31
利税总额(亿元)	13.33	16.55	24.16
应交税金总额(亿元)	9.25	11.48	24.11
全员劳动生产率[万元/(人·年)]	29.47	31.38	6.48
净资产收益率(%)	1.88	2.37	增加0.49个百分点
总资产报酬率(%)	1.01	1.25	增加0.24个百分点
国有资本保值增值率(%)	100.82	102.37	增加1.55个百分点

【改革发展】 按照国企改革三年行动工作安排，哈电集团印发《哈电集团改革三年行动实施方案(2020—2022年)》，建立改革工作任务台账，确定行动项188项，同步建立考核评价、督促检查、宣传简报、经验交流等机制，全年完成行动项82项，总体完成率43.6%。积极开展对标世界一流管理提升行动，制定《哈电集团对标提升工作实施方案》《对标提升工作清单》，确定八大管理提升任务，在37个管理领域开展对标提升工作。完成退休人员社会化管理移交主体任务，向地方政府移交退休职工22576人。持续巩固“压减”工作成果，年度法人总数净增长5.7%，比上年净利润增幅低55.55个百分点，最长管理层级三级，最长法人层级五级。

积极实施国企改革专项工程，示范带动作用有效发挥。狠抓“双百行动”，哈电集团哈尔滨电站阀门有限公司引进战略投资者完成混合所有制改革，引入资本2.2亿元。哈尔滨汽轮机厂有限责任公司综合改革阶段性成果初步显现，2020年利润总额比上年增长34%。“科改示范行动”2020年重点课题完成率100%，获得知识产权授权36项。

紧紧围绕高质量发展的中心任务，建立“三定”的动态调整模型和长效机制。引入“市场定位机制”，把发展作为第一要务，以企业价值创造指标、经营规模指标和经济效益指标为核心要素，兼顾新产业新业务转型发展，瞄准行业75分位先进水平，动态核定企业宏观编制。在国务院国资委对中央企业的首次三项制度改革预考核评估中，哈电集团排名第27位，进入中央企业第一方阵。

围绕人才强企战略，进一步畅通核心骨干人才能进的渠道。巩固深化核心人才队伍建设，创新性地通过“头雁及团队+项目+平台+投入+机制”模式完成28个头雁创新团队的审核和评估工作。瞄准科技创新前沿，出台《院士培养与引进实施方案》。新柔性引进中国工程院院士1名。

以强化激励为导向，以建章立制为基础，构建实施市场化的薪酬管理体系。持续推进分配制度改革，完成编制《哈尔滨电气集团有限公司工资总额备案制管理办法》。探索实施科技型企业股权激励和项目分红、科技成果转化、混合所有制改革企业员工持股等方式，不断激发人才队伍活力。佳电股份实行上市公司限制性股票方式的股权激励；阀门公司利用混合所有制改革时机，实行员工内部股权激励；哈电股份实行上市公司增值权方式的股权激励。

【重大项目】 各产业重大项目工作取得实效。煤电产业：签订国内首台660MW超超临界循环硫化床项目——神华国能彬长低热值煤CFB示范项目汽轮发电机组供货合同；中标贵州盘江新光2×660MW超超临界机组三大主机，实现成套供货。水电产业：签订华能澜沧江公司TB水电站水轮发电机供货合同；中标葛洲坝集团大石峡3×250MW混流式电站和QBT4×150MW混流式电站水轮发电机组。核电产业：签订中广核集团苍南核电2号机组蒸汽发生器供货合同。气电产业：签订国内首台9HA.02型燃机项目——广东粤电滨海湾能源宁洲3×700MW燃气—蒸汽联合循环机岛设备供货合同。电力工程产业：签订公司首个油气工程总承包项目——烟台西港区液化天然气(LNG)项目接收站工程合同，实现跨域总承包业务突破。电站服务产业：签订华能沁北5号、6号机组汽轮机通流改造项目和江苏大唐国际吕四港2号、3号汽轮机通流改造项目合同；签订浙江大唐乌沙山3号、4号机组综合提效项目汽轮机设备改造合同。中小机产业：签订中国石油广东石化分公司4台燃气锅炉、力勤矿业OBI镍铁项目配套电厂工程主机设备等合同。

重大项目管理方面，白鹤滩百万千瓦水电项目按合同要求顺利完成首批4台机组的生产交货工作，6月13日右岸首台机组底环顺利吊入机坑，7月22日右岸首台机组转轮吊装成功；常乐百万千瓦煤电项目双机通过168小时试运行；哈电集团投资的抚远生物质项目于12月并网发电；首台平顶山百万千瓦汽轮机通流改造项目于12月顺利启机。

【走向海外】 逐步完善国际化经营顶层设计。深入落实哈电集团“十四五”规划要求，编制完成《国际化经营产业“十四五”发展规划》，明确“十四五”期间国际化经营的发展目标和实施路径。持续推进《哈电集团加强“一带一路”国际市场开发指导意见》措施落地，重点推动5个区域营销服务中心的建设筹备，分解阶段任务目标并研究建立配套激励制度。

积极拓展国际业务范围。签订马来西亚吉打州9000kg/h打叶复烤项目合同，进军海外轻工业工程领域；签订老挝色贡拉芒煤电一体化项目总承包合同，打开老挝煤电市场，扩大总承包业务区域；加速布局光伏、风电、生物质等可再生能源市场，拓宽产业覆盖面，主动应对全球煤电市场收缩的大趋势。

有序推进境外重大项目建设。通过减少人员轮换、增设替代供应商等多种方式克服疫情带来的不利影响，全力保证项目进展，各境外重大项目建设有序推进。迪拜哈斯彦项目1号机组完成全部性能试验，2号机组完成汽轮机扣缸；巴基斯坦滨佳胜三期项目主厂房底板浇筑完成，1号锅炉钢结构吊装完成；厄瓜多尔美纳斯水电项目土建最终移交；厄瓜多尔500kV超高压输变电项目D系统实现最终移交。

【重大创新】 继续加大科技创新力度，各项工作取得成效。获得科技奖励34项，其中，国家特等奖2项、省部级奖励29项。参与的“长江三峡枢纽工程”“某电磁发射系统研制”获得国家科技进步特等奖。获得专利授权552件，其中发明专利110件。发布标准23项，牵头制定的水轮机国际标准《水力机械一混流式水轮机压力脉动换算》正式发布实施。

全力推进科研攻关。成立关键核心技术攻关工作领导小组，统筹推进攻关工作，承担9项国务院国资委“1025专项”，年度9个重大里程碑节点均按计划完成，发布2020年度集团科技重大专项15项，完成结题6项，承担国家科研课题31项，完成结题(含待验收)17项。

全力推进成果转化。国内首台660MW高效超超临界配风扇磨塔式褐煤锅炉在华能北方胜利电厂成功投运；世界首例高位布置660MW汽轮发电机组在国华锦界电厂成功投运。完成世界首台石岛湾高温气冷堆蒸汽发生器节流组件安装及主氦风机调试，实现双堆冷试。由哈电集团提供反应堆主冷却剂泵的“华龙一号”全球首堆并网发电。国产化首批神华榆林CTC—1项目2台戴维甲醇反应器成功运抵现场，打破国外长期垄断的局面。国内首台5MWe超临界CO_2试验锅炉顺利通过水压试验。中标珠三角鲤鱼洲泵站项目全部8台8MW水泵设备采购合同，首次实现水泵机组的无驼峰设计。获得国家首个压缩空气储能示范项目全部换热设备合同，续斜温层储罐后再次进入储能领域。

【党建工作】 面对国际国内形势的深刻变化，特别是突如其来的新冠肺炎疫情冲击，哈电集团党委坚持以习近平新时代中国特色社会主义思想为指导，贯彻落实新时代党的建设总要求，积极落实“中央企业党建巩固深化年”专项行动，凝心聚力，攻坚克难，统筹抓好疫情防控和生产经营、党的建设各项工作，努力以高质量党建工作引领企业高质量发展。深入学习贯彻习近平新时代中国特色社会主义思想，深入学习宣传贯彻落实党的十九届五中全会精神，站在服务国家战略和推动企业高质量发展的高度，科学谋划公司“十四五”发展，提出“62858”的总体目标，全力打造“创新哈电、绿色哈电、开放哈电、数字哈电、幸福哈电”。制定习近平总书记重要指示批示贯彻落实督查办法，开展习近平总书记重要讲话和指示批示精神落实情况“回头看”。统筹抓好疫情防控和生产经营工作，坚持以“零感染”为目标组织带领广大干部员工抗击疫情，全力保障干部员工的生命安全和身体健康，较好地完成国务院国资委提出的“两个力争”目标要求。坚决贯彻落实十九届中央纪委四次全会精神，压实全面从严治党主体责任、监督责任，持续深化纪检监察体制改革，强化政治监督、创新日常监督、注重监督协同，不断加强对权力运行的制约和监督，努力构建统筹联动的监督格局。坚持“严”的主基调，坚定不移正风肃纪反腐，一体推进不敢腐、不能腐、不想腐协同融合，持续加强作风建设，营造风清气正、干事创业的良好氛围。持续深化中央巡视整改工作，整改完成率99.7%。通过落实巡视反馈意见，企业改革发展焕发新的活力、产业转型取得关键进展、技术创新迈出新步伐、党建引领作用全面加强。

【信息化与数字化建设】 信息化建设扎实开展，完成ERP二期项目建设，汽轮机公司、重装公司实现业务财务一体化管理，总部及事业部人力、财务、项目和质量业务实现纵向管控，锅炉公司、动装公司完成优化升级工作。按国务院国资委统一部署，持续推进集团管控平台建设，完成国务院国资委国资监管信息化“三年行动计划”实施情况验收。持续优化电站服务平台，疫情期间开展线上技术交流专题月活动。完成OA系统与龙旅系统集成工作，实施机票集中采购，降低差旅成本。

数字哈电建设工作稳步推进，“水力发电设备智能远程运维新模式”项目通过国家验收。哈电集团工业互联网平台作为能源行业优秀案例成功入选《中国工业互联网产业经济发展白皮书2020》，被工业和信息化部评为“全国制造业与互联网融合发展试点示范”，在全国范围进行推广。

智能制造建设工作加快推动，电机公司攻克机器人窄间隙气保焊制造难题，首次实现大型混流座环固定导叶与环板机器人焊接。佳电股份电机机座加工车间通过省级数字化（智能）示范车间认定。锅炉公司成功研发行业内首个吊挂管智能生产线。

【履行社会责任】 以实际行动践行绿色发展理念，严格遵守国家法律法规，持续关注环境保护和节能减排工作，各项指标达到国家“十三五”目标要求；注重构建完整的科研开发体系，通过倡导绿色科技、节能环保理念，加大科技和一系列节能减排政策措施落实力度，加强低碳产业链建设，推动企业健康持续发展。

组织党员干部下沉到社区参与疫情防控工作，与哈尔滨市辖区100余个社区对接，坚守社区防线，为坚决打赢疫情防控阻击战贡献哈电力量；为缓解哈尔滨市各级医疗机构用血需求压力，助力新冠肺炎疫情防控，哈电集团集中组织开展无偿献血活动，集团干部职工爱心接力、热血战“疫”，1500名职工成功献血，献血总量37万毫升；哈电集团购置80余万元的大米、鸡蛋、鲜奶、蔬菜等物资，陆续对363名黑龙江省支援防疫一线的医务人员及家属进行走访慰问，提供力所能及的帮助，在完成哈电集团“全体干部职工零感染”目标的同时，为抗击疫情贡献央企力量。

自2013年对口帮扶云南省文山市以来，哈电集团通过加强组织领导，统筹推进定点扶贫各项工作；坚持优中选优加强干部选派工作；突出产业扶贫，助力文山市群众持续增产增收；开展送教下乡，为文山市脱贫攻坚提供智力支持；用务实、扎实、真实点亮党建扶贫、资金扶贫、教育扶贫、企业扶贫、商贸扶贫、就业扶贫、产业扶贫等7颗扶贫之星，在精准扶贫的道路上交出一份“硬核”成绩单。2020年5月17日，哈电集团定点帮扶的文山市实现贫困退出，正式脱贫“摘帽”。

（撰稿人：张宇锡）

中国东方电气集团有限公司

【基本概况】 2020年，中国东方电气集团有限公司（以下简称东方电气集团）以习近平新时代中国特色社会主义思想为指导，坚决贯彻党中央决策部署，全面落实疫情防控工作，坚持稳中求进工作总基调，持续推动高质量发展，在新冠肺炎疫情冲击、全球经济严重衰退、能源结构深度调整的严峻形势下，以超常规举措打赢“十三五”收官之战，高质量完成2020年目标任务，主要指标达到“十三五”以来最好水平。

产业结构持续调整，2020年，煤电收入和新生效订单占比分别降至18.9%和21.9%，“一煤独大”局面得以改变。风电产业实现快速发展，营业收入74.14亿元，比上年增长108.2%。国际业务克服海外疫情不利影响，新生效合同比上年增长125.7%。节能环保、新能源材料产业规模快速增长，新兴产业有力支撑高质量发展。创新投入力度持续加大，全年研发经费投入23.08亿元，比上年增长18.67%，技术攻关硕果累累，科技创新影响力稳步提升。深入推进国企改革三年行动，不断深化三项制度改革，推动混合所有制改革实现突破，发展动力逐步增强。

【主要指标】

表1　2020年中国东方电气集团有限公司主要经济指标

项　目	2019年	2020年	比上年增长（%）
资产总额（亿元）	918.83	1001.59	9.01
所有者权益（亿元）	331.66	359.13	8.28
营业收入（亿元）	340.50	381.72	12.11
利润总额（亿元）	17.59	22.02	25.16
净利润（亿元）	15.76	20.78	31.86
归属于母公司所有者权益的净利润（亿元）	10.76	12.40	15.23

续表

项　目	2019 年	2020 年	比上年增长(%)
技术开发投入(亿元)	20.74	23.47	13.17
利税总额(亿元)	33.94	36.11	6.40
应交税金总额(亿元)	16.34	14.09	-13.81
全员劳动生产率[万元/(人·年)]	38.76	44.72	15.37
净资产收益率(%)	4.87	6.02	增加 1.15 个百分点
国有资本保值增值率(%)	105.50	105.87	增加 0.37 个百分点

【改革发展】 按照国企改革三年行动要求,制定印发《中国东方电气集团有限公司全面深化改革三年行动实施计划(2020—2022 年)》,提出包括 5 个改革专项、76 项主要改革举措的"1532 改革工程",配套建立扎实推进改革计划的"PDCAEF"闭环管理机制。升级制定《东方电气集团深化三项制度改革专项行动方案(2020 版)》,推动三项制度改革向纵深推进。混合所有制改革方面,聚焦"三新一充分一退出"领域,分类推进所属子企业东方风电、东方氢能及东汽铸锻业务混合所有制改革,同步实施混合所有制改革"三标配"、党建"四同步"。干部人事制度改革方面,在中央企业中率先实现二级企业经理层任期制和契约化管理全覆盖,所属企业东方锅炉中层干部"全体起立、竞聘坐下"改革入选国务院国资委《改革样本:国企"双百行动"案例集》。实现二级企业职业经理人制度"零的突破",选聘 11 名职业经理人。劳动用工制度改革方面,进一步突出劳动效率升降在用工总量增减中的决定性作用。持续引导人员向生产、技术、营销等一线岗位、高附加值业务转移,二、三线岗位人员占比由年初的 17.1%下降至 14.5%。截至 2020 年底,全集团从业人员 18768 人,净减员 216 人,全员劳动生产率 45 万元/(人·年)。

【重大项目】 重大项目执行方面,全球单机容量第一的白鹤滩 1000MW 水电机组首台套转轮和转子吊装成功,亚洲单机容量最大的 10MW 海上风电机组成功并网发电,负责提供关键装备的自主三代核电"华龙一号"示范工程全球首堆并网发电,提供核心部件的新一代"人造太阳"装置——中国环流器二号 M 装置(HL—2M)建成并首次放电。对外投资与经营、并购重组方面,投资新建广东阳江风电装备制造基地,增资所属企业东方投资、东方研究院、峨半高纯、东方物产,参股三峡智慧能源公司。

【走向海外】 深入贯彻落实习近平总书记关于"一带一路"建设和国资国企改革发展的重要指示,克服疫情不利影响,积极服务"走出去"战略,大力拓展进出口贸易、工业装备成套设备、工程承包等领域市场,积极推动"一带一路"共建走深走实,不断提升国际化经营水平。2020 年,国际业务实现营业收入 43.85 亿元,比上年增长 1.48%;国际业务项目毛利润 11.73 亿元,比上年增长 260.92%;国际业务对集团利润贡献度超过 30%,有力服务"一带一路"建设。取得 2020 年度中国对外承包工程 A 级企业证书,是全国 77 家最高级别企业之一。在商务部发布的"2020 年中国对外承包新签额 100 强"中位列第 23 名、"2020 年中国对外承包完成额 100 强"中位列第 72 名;在中国对外承包工程商会发布的"2020 年对外承包工程前 100 企业排名"中位列第 86 名、"2020 年对外承包工程企业电力工程领域 30 强"中位列第 25 名。海外收购与并购方面,所属企业东方国际增资东方印度尼西亚公司 1524 万元,设立东方电气萨尔瓦多、厄瓜多尔项目公司。

【重大创新】 2020 年,东方电气集团获得国家科技进步特等奖 1 项、省部级科技奖 19 项。研发经费投入强度 6%。重大技术创新方面,国内首台自主知识产权 F 级 50MW 重型燃机实现满负荷稳定运行,全球最高参数 630℃超超临界二次再热发电示范项目、世界首台 660MW 超超临界循环流化床锅炉国家级示范机组研制稳步推进,国家重大核能科技专项示范快堆蒸汽发生器原型样机设计制造顺利完成,国内首个发电机定子冲片/线圈数字化车间通过工业和信息化部验收。东方电气集团重大创新成果 6 次登上中央电视台《新闻联播》,科技创新影响力进一步提升。重要管理创新方面,东方电气集团根据国务院国资委的总体部署，在全级次企业开展“对标先进，补短强弱，提升管理，争创一流”为主题的对标提升行动，围绕“强化战略引领和提升价值创造能力”的总体目标，以“精益的理念和方法”，强化八大重点领域管理、完善五大体系建设。2020 年 9 月 7 日，制定发布《中国东方电气集团有限公司对标世界一流管理提升行动实施方案》，聚焦九大重点领域 32 个重点方向，逐项推进落实，全面助力集团公司打造成为中国最好、具有全球竞争力的一流电气集团。

【党建工作】 深入贯彻落实习近平总书记重要指示批示精神和党中央重大决策部署，坚决做到“两个维护”。持续实施党建考核结果与经营业绩考核结果连乘，并与领导班子薪酬和年度综合考评挂钩，压实党建责任。进一步强化基层党组织政治功能和组织力，制定全面推进党支部标准化规范化工作指引，组织 32 个党支部开展“1＋N”共建提升活动，召开第八次党支部工作经验交流会，选树第二批 9 个基层示范党支部。分层分类开展创先争优活动，组织基层党组织开展创先争优项目 451 个，设立党员突击队 134 个，扎实推进党建与生产经营深度融合，充分发挥基层党支部战斗堡垒以及党员先锋模范作用。

持续深化纪检监察体制改革，强化政治监督，聚焦疫情防控和复工复产、精准扶贫、国家重大专项和“卡脖子”技术攻关、中央巡视整改等开展监督，推动党中央重大决策部署落地见效。一体推进不敢腐、不能腐、不想腐，紧盯经营投资、招标采购和违反中央八项规定及其实施细则精神等问题，依规依纪依法查处各类违纪违法行为。深化以案促改，召开警示教育大会，通报曝光典型案例，强化纪律规矩意识，建设廉洁文化，推动集团公司政治生态和经营环境持续向好。

【信息化与数字化建设】 一是持续推进管理数字化水平。东方电气集团财务共享服务系统（一期）差旅业务按计划成功上线运行，深度集成人力、商旅、银行、税务等六大系统，实现差旅业务全流程电子化管理和费用预算事前管控。主数据治理稳步推进，建立东方电气集团主数据管理系统。积极运用数字技术支撑疫情防护与复工复产，自主开发健康及行程状态网上填报系统，精准掌握员工动态信息。二是积极推进三维数字化应用。所属企业东方电机制定三维数字化平台整体设计方案，发布三维设计标准，完成冲剪、定转子线圈数字化车间 MOM 建设、验收和持续优化；持续推进 PLM 优化建设，提升对图纸信息的安全管控水平；积极推进三维云平台，为三维研发设计硬件环境提供支撑保障。持续提升基础设施和网络安全防护能力，统筹开展网络安全等保测评工作，启动国资国企信息安全在线监管平台建设，提升网络安全态势感知能力。

【履行社会责任】 东方电气集团秉持“绿色动力 驱动未来”的使命及“共创价值、共享成功”的核心价值观，以创新能源未来、赋能美好生活为己任，为社会和用户提供绿色低碳、安全高效的能源装备和综合服务解决方案。严格执行环境保护相关法律法规，制定年度能耗、污染物排放计划，实时推进，实施监督，保证排放物治理富有成效。

扶贫攻坚方面，坚持真心实意帮扶、真金白银投入、真抓实干攻坚，扎实推进产业扶贫、就业扶贫、教育扶贫、党建扶贫、民生扶贫和消费扶贫，定点扶贫的四川省壤塘县、昭觉县先后于 2020 年 2 月、2020 年 11 月高质量实现脱贫“摘帽”，在中央单位定点帮扶成效考核中得到最高等级评价“好”。

抗击新冠肺炎疫情方面，在做好自身疫情防控的前提下，所属企业东方武核第一时间响应武汉市紧急求助，组织攻坚队高效完成雷神山医院建设相关任务，助力武汉市打赢疫情防控阻击战，被国务院国资委党委授予“中央企业抗击新冠肺炎疫情先进集体”称号。

（撰稿人：康　莉）

鞍钢集团有限公司

【基本概况】 鞍钢集团有限公司（以下简称鞍钢集团）于 2010 年 5 月由鞍山钢铁集团公司和攀钢集团有限公司联合重组而成。2017 年 1 月 25 日，鞍山钢铁集团公司完成公司制改制工商变更登记工作，公司名称正式变更为鞍山钢铁集团有限公司，是新中国第一个恢复建设的大型钢铁联合企业和最早建成的钢铁生产基地，为国家经济建设和钢铁事业的发展作出巨大贡献，被誉为“新中国钢铁工业的摇篮”“共和国钢铁工业的长子”；攀钢集团有限公司是世界最大的产钒企业，是我国最大的钛原料和重要的钛白粉生产基地。鞍钢集团是由钢铁、矿业、钒钛、金融贸易、工程技术、化工事业、综合实业、信息产业、物流能源和地产等多个产业组成的特大型钢铁企业集团，拥有热轧板、冷轧板、镀锌板、彩涂板、冷轧硅钢、重轨、无缝钢管、型材、建材、特钢（不锈钢）等完整的产品系列，世界领先的钒产业和中国最大的钛产业，广泛应用于铁路、建筑、汽车、机械、造船、家电、集装箱、石油石化、航空航天等数十个行业。

2020 年，面对百年不遇的新冠肺炎疫情、严峻复杂的外部环境和艰巨繁重的改革发展任务，鞍钢集团党委全面贯彻党的十九大和十九届历次全会精神，深入学习贯彻习近平总书记重要讲话和指示批示精神，坚决贯彻落实党中央、国务院决策部署，迎难而上、奋力拼搏，从“疫情防控阻击战”到“生存保卫战”，从攻坚“两项改革”到“三大攻坚战”，把党的领导贯穿改革发展始终，在大战大考中践行初心使命，交出合格答卷。

【主要指标】 2020 年，鞍钢集团统筹推进疫情防控和经营发展，果断作出坚决打赢“生存保卫战”等一系列工作部署。出台应对严峻形势“十项措施”，持续深化提质增效专项行动，大力倡导“一切成本皆可降”“人人皆可降成本”理念，全力稳经营、拓市场、抓改革、降成本、提效益。亏损企业治理取得明显成效，亏损户数减少 21 家，亏损面降低 8.82 个百分点；亏损额减少 26.3 亿元，减幅 57.8%。净利润在 3 月比上年同期下降 169%的最低谷情况下，7 月开始连续保持增长。全年实现营业收入 2131 亿元，实现报表利润总额 65.53 亿元，比上年增长 178.77%；净利润 40.29 亿元，超额完成国务院国资委业绩考核指标，实现“双跑赢”，利润增幅排名位居中央企业前列，为国务院国资委实现“两个力争”作出重要贡献。在全球钢铁企业竞争力（WSD）排名中，居第 25 位。

【改革发展】 以授权放权为主线的综合改革迈上新台阶。年初确定的 68 项综合改革任务和年中确定的 150 项“五个一”改革项目，完成率分别为 97.1%和 98.7%。改革三年行动确定的 76 项改革任务全面启动，全年任务完成率 100%。推进逐级授权放权，实现权力放下去，活力和效益提起来。朝阳钢铁有限公司推出以“授权＋同利”为核心的改革升级版，全年实现利润 9.44 亿元，比上年增长 15%；销售收入利润率 10.67%，达到行业平均水平的 2.3 倍；15 项主要技术经济指标创历史最好水平，铁、钢、材成本全部进入行业前 5 名。鞍钢集团大力推广朝阳钢铁有限公司改革经验，鞍钢股份鲅鱼圈分公司、重机公司、鸿舰公司、矿业有限公司东烧厂等单位结合实际、活学活用，取得显著成效。多元多层激励全面破冰，完成 1 家混合所有制改革企业骨干持股、5 家科技型企业股权及分红激励、2 家新设项目跟投、1 家上市公司股权激励。积微物联等 6 家单位完成职业经理人选聘。工程技术公司等 9 家企业完成混合所有制改革。

攻坚“两项改革”，历史遗留问题基本解决。面对“两项改革”历史沿革长、积累问题复杂、涉及 37 万余人，特别是叠加疫情、生产经营压力巨大等困难，以强烈政治责任感和使命担当，举全集团之力攻坚克难，一举解决多年想要解决而未能解决的难题，实现历史性突破。构建加强党的领导、思想工作、政策培训、宣传引导、维护稳定“五位一体”工作机制，压实集团总部、主办企业和集体企业三级工作责任，实现党组织和党员管理两个“全覆盖”。坚持以人民为中心，妥善解决集体企业职工“老有所养、病有所医”“安置就业”等问题，得到广大职工的理解和支持，268 名集体企业职工代表全票通过《职工安置方案》，改革平稳有序推进。2020 年 10 月底，退休人员社会化管理提前完成移交目标任务，移交人员 99.98%，处中央企业领先水平；12 月 23 日，与鞍山市人民政府签订《鞍钢厂办大集体改革改制企业股权无偿划转协议》，标志着鞍钢厂办大集体改革基本完成。加上之前的“三供一业”分离移交，长期困扰企业的三大历史遗留问题在“十三五”时期基本得到解决，鞍钢集团以崭新形象迈入“十四五”时期。

以“双鞍”融合为标志的地企合作迈上新台阶。以“双鞍”融合框架协议签署为起点，鞍钢与鞍山市合作进入发展新阶段。建立地企合作领导工作机制，推动框架协议事项有效落实21项，推进中6项。推动“稳定供应链、对接产业链”工作取得重要进展，为鞍山市对接上下游企业132家，引进签约89家，落地注册30家。在省、市党委政府大力支持下，多年未解决的矿权办理难题取得重大突破，矿业有限公司齐大山、东鞍山、大孤山、弓长岭露天矿和井下矿5座铁矿山采矿证办理顺利完成。推动“两项改革”取得历史性突破，地企协同推进，携手担当，改革难题逐一破解，开启振兴发展新篇章。攀钢与攀枝花市合力打造“攀钢航母舰队”，成渝双城经济圈新金属材料高地建设加快推进。

以重实干、重实绩为导向的干部人才队伍建设迈上新台阶。注重在重大斗争一线考察识别干部，对在抗击疫情、脱贫攻坚中表现突出的30名干部进行表彰，其中推荐破格1人、提拔任职2人；提拔在“两项改革”中表现突出的干部21名，列入中长期培养计划的25名；强化契约化考核，对排名靠后的直管领导人员，解除试用职务1人、免去现职4人、降级2人。加大年轻干部培养选拔力度，推进“摇篮计划”，分级分类确定“70后”“80后”“90后”优秀年轻干部人选各100名，全集团公司40岁以下年轻领导人员占比13.4%，完成巡视整改目标；二级领导班子中年轻干部占比20%、三级领导班子中年轻干部占比23%，完成到2020年“达到1/4～1/5区间”的目标要求，逐步形成高素质专业化的干部队伍梯队。突出“政治性、系统性、精准性、实效性”，建立干部培训“逢班必考”“凡提必考”“重点跟班”“考、用、调”激励约束机制，解决培训动力不足问题。实施“英才计划”，确定培养对象548名，出台技能人才十项激励措施。鞍钢股份热轧带钢厂曲晓东技术项目获得冶金科学技术一等奖，实现一线工人项目获奖“零的突破”。

【重大创新】 以关键核心技术攻关为重点的科技创新迈上新台阶。把承担国家关键核心技术攻关任务同企业“拳头产品”攻关有机结合，发挥两个国家重点实验室作用，集中优势资源开展攻坚，2项国家关键核心技术取得突破，4项按计划推进，“拳头产品”攻关初见成效。全年研发经费投入强度3.66%，完成国务院国资委考核指标。构建开放协同创新平台，与北京科技大学、上海大学战略合作；成立鞍钢—东大先进材料工程研究院、攀钢—北科大钒钛研究院。获得国家科技进步二等奖2项、冶金科学技术奖12项。主导制（修）订的2项国际标准成功立项，参与制（修）订的3项国际标准正式发布。完成鞍钢“十四五”时期科技发展规划编制。以智能制造赋能产业发展，应用工业机器人176台套，15条产线完成数字化智能化升级改造；鞍山钢铁、攀钢2个大数据应用平台被工业和信息化部评为试点示范。

【党建工作】 鞍钢集团把党的领导贯穿改革发展始终，在大战大考中筑牢“根”和“魂”。面对大战大考，坚持以政治建设为统领，深入学习贯彻习近平总书记重要讲话和指示批示，完善贯彻落实工作机制，落实“第一议题”要求，召开党委常委会23次、党委中心组集体学习研讨6次，印发学习材料34期，学习篇目80篇，坚决把思想和行动统一到习近平总书记重要指示批示和党中央决策部署上来。坚持党的领导贯穿各项工作全过程，落实全面从严治党主体责任，建立完善党委工作月计划、党委书记专题会议、基层党委书记季度例会等制度，党委把方向、管大局、保落实的领导作用进一步落实；各级党组织和广大党员在大战大考中冲锋在前，党旗在一线高高飘扬，以实际行动巩固“不忘初心、牢记使命”主题教育成果。扎实推进中央巡视整改，集团领导班子抓住关键，带头推进重点整改项目5项，挂图作战、按日推进，163项整改措施完成153项，整改完成率93.9%，比年初增加35个百分点，如期完成全年整改目标。加强宣传思想工作，纪念毛泽东主席批示“鞍钢宪法”60周年，“鞍钢宪法”精神研究与实践取得新成果。组建鞍钢新闻传媒中心，推进鞍攀文化深度融合。“国有企业70年思想政治工作基本经验研究”获得中国政研会一类研究成果。牢牢掌握意识形态工作的领导权、主动权，确保意识形态平稳向好。加大反腐败工作力度，立案审查调查案件比上年增长45%。强化作风建设，倡导守信践诺文化，打造雷厉风行、一抓到底、善始善终、善作善成的硬朗作风初见成效。全年督办落实鞍钢集团党委议定事项423项、办结397项、办结率93.9%，“想事干事成事、踏实务实落实”风气逐步形成。鞍钢集团带头少开会、开短会、说短话，集团级会议比上年减少12.5%，集团下发文件比上年减少9.1%，对子企业考核指标精简56%。

【履行社会责任】 打好“三大攻坚战”，在全面建成小康社会中彰显央企责任与担当。一是脱贫攻坚决战决胜。继帮扶贵州盘州脱贫后，帮扶新疆维吾尔自治区塔什库尔干塔吉克自治县于2020年1月脱贫，定点帮扶的2个国家重点贫困县全部“摘帽”。区域对口帮扶的8个县12个村全部“摘帽”。全年投入帮扶资金3840.38万元，比上年增长10.72%；实施帮扶项目78个，援派干部32名，鞍钢精准扶贫工作入选“中央企业优秀案例”。二是债务风险有效防控。完成国务院国资委降杠杆减负债三年收官任务，资产负债率降至63.97%，比年初减少2.47个百分点，融资结构持续优化。三是污染防治成效明显。践行“绿水青山就是金山银山”理念，加大矿山环境整治力度，新增矿山绿化复垦面积100余万平方米；发布并实施《鞍钢矿山生态修复三年规划》，与鞍山市共建绿色矿山复垦示范园。加快自发电锅炉、烧结机等超低排放改造项目，节能环保水平持续提升，污染物排放量持续降低。完成中央环保督察问题整改，实现100%销号。

面对突如其来的新冠肺炎疫情，坚决听从习近平总书记和党中央号令，打响疫情防控阻击战，充分发挥中央企业“顶梁柱”作用。坚持守土有责、守土担责、守土尽责，第一时间组织疫情防控，迅速形成统一指挥、高效协同的防控工作体系。各级党委认真落实“四个确保”，严把“四个关口”，因时因势调整防控措施；各级领导干部以“四不两直”方式直插一线、靠前指挥；广大职工积极响应、做好自身防护，鞍钢集团辽宁、北京、广州等区域及境外职工始终保持“双零”。坚决服务大局，不讲条件、不计代价，全力捐赠保供、驰援抗疫，鞍钢集团捐款3000万元，党员捐款478万元，捐赠医疗物资443.89万元，保供专用钢材2808吨。鞍钢集团医疗单位16名医护人员逆行出征湖北抗疫主战场，300多名医护人员战斗在地方抗疫一线。坚决落实“六稳”“六保”，钢铁生产没有停工一天，有力带动上下游产业和中小企业复工复产；引进应届高校毕业生比上年增长146%；减免中小微企业、个体工商户经营用房租金1362万元。

（撰稿人：赵　艳）

中国宝武钢铁集团有限公司

【基本概况】 中国宝武钢铁集团有限公司（以下简称中国宝武）的前身是始建于1978年12月的上海宝山钢铁总厂，后经历宝山钢铁（集团）公司、上海宝钢集团公司、宝钢集团有限公司等不同发展阶段，于2016年12月与武汉钢铁（集团）公司实施联合重组后揭牌成立；2019年9月，中国宝武对马钢（集团）控股有限公司（以下简称马钢集团）实施联合重组；2020年10月，对中国中钢集团有限公司（以下简称中钢集团）实施托管；12月，正式成为重庆钢铁股份有限公司（以下简称重庆钢铁）实际控制人，完成对太原钢铁（集团）有限公司（以下简称太钢集团）的联合重组，对重庆钢铁（集团）有限责任公司（以下简称重钢集团）实施托管。中国宝武注册资本金527.9亿元，是国有资本投资公司试点企业。在册员工227007人，在岗员工187595人。

2020年，中国宝武克服新冠肺炎疫情不利影响，持续深化供给侧结构性改革，以“三高两化”（高科技、高效率、高市场占有率、生态化、国际化）为路径推进高质量发展，钢产量首次突破1亿吨，居全球第一；期末资产总额10140.7亿元，提前实现“万亿资产”规划目标。研发投入率2.81%，专利申请3779件，其中发明专利2447件。吨钢综合能耗590千克标准煤，比上年同口径下降1.7%；二氧化硫、化学需氧量和氮氧化物排放总量分别为28635吨、1887吨和68106吨，比上年同口径分别下降14%、10%和11%。对外捐赠2.795亿元。钢铁主业完善沿海沿江空间布局，优化钢铁产业结构，推进专业化、区域化、平台化公司建设，成立中南钢铁等平台公司。多元产业推进业务聚焦和专业化整合，包括组建欧冶工业品股份有限公司；重组西藏自治区矿业发展总公司；构建大原料保障体系，组建宝武原料供应有限公司；推进吴淞科创园等重点地块规划和项目等。中国宝武被纳入中央企业创建世界一流示范企业。在2019年度中央企业负责人经营业绩考核中，获评A级企业，在中央企业排名第14位，比上年进步12位，考核得分和排名均为历史最好水平。居《财富》“世界500强”第111位，首次跃居全球钢铁企业首位。在《财富》（中文版）发布的“最受赞赏的中国公司”全明星榜上排名第八位。国际三大评级机构标准普尔、穆迪、惠誉继续给予全球综合性钢铁企业最高信用评级。

【主要指标】 2020年，中国宝武完成工业总产值（现行价格）6079.11亿元，工业销售产值6029.35亿元，资产总额10140.7亿元，营业收入6737.4亿元，实现利润总额455.4亿元，比上年增加110.1亿元，营业收入、利润总额均创历史新高，上缴税费256.1亿元，净资产收益率8.21%；铁产量10117.68万吨，钢产量11528.81万吨，商品坯材产量11262.94万吨，商品坯材销量11261.43万吨，出口钢材453.09万吨。

2020年，中国宝武各子公司瞄准20%市场占有率和集团外业务占比超50%的目标，拓展市场份额。宝武炭材料科技有限公司焦油加工规模实现全球第一，上海宝钢包装股份有限公司两片罐、宝武特种冶金有限公司镍基合金市场占有率均为国内第一。上海宝信软件股份有限公司成为多元板块首家完成“百十”（百亿元级营业收入、十亿元级利润）目标的公司，盈利能力稳居同行前列。宝武水务科技有限公司新签手持订单36亿元，其中集团外订单占比25%。宝武集团环境资源科技有限公司矿粉产能1700万吨，矿粉行业龙头地位进一步巩固，还原铁粉的市场占有率20%。欧冶链金再生资源有限公司废钢规模1440万吨，市场占有率快速提升。华宝证券有限责任公司进入A类券商行列，并取得保荐业务资格。

表1　2020年中国宝武钢铁集团有限公司主要经济指标

项　目	2019年	2020年	比上年增长(%)
资产总额(亿元)	8621.94	10140.70	17.62
所有者权益(亿元)	4181.32	4812.90	15.10
营业收入(亿元)	5522.06	6737.40	22.01
利润总额(亿元)	345.30	455.40	31.88
归属于母公司所有者的净利润(亿元)	200.44	250.40	24.93
利税总额(亿元)	502.20	662.50	31.92
应交税金总额(亿元)	220.20	280.40	27.34
企业劳动生产率[万元/(人·年)]	59.50	71.00	19.33
净资产收益率(%)	7.29	8.21	增加0.92个百分点
总资产报酬率(%)	5.12	5.58	增加0.46个百分点
国有资本保值增值率(%)	107.17	103.89	减少3.28个百分点

【改革发展】 深化国有资本投资公司改革试点，推进公司治理体系和治理能力现代化。按照“管资本”定位，优化完善与国有资本投资公司相匹配的治理体系；优化一级子公司重大事项决策程序，“一企一策”充分授权、放权，完善股东会、董事会事项决策流程及决策方式，落实差异化管控，完善权责对等的法人治理体系。股权多元化及混合所有制改革等方面取得突破：宝武炭材料科技有限公司新收购兼并项目全部落实非公资本参股，旗下子公司混合所有制改革比例近60%；上海宝钢包装股份有限公司在制罐业务板块和新项目团队中试点职业经理人改革；宝武特种冶金有限公司引入非公资本、管理资源，推进员工持股。推进剥离企业办社会职能和历史遗留问题解决，“三供一业”（供水、供电、供气和物业管理）移交收尾、厂办大集体改革、退休人员社会化管理等按时间节点完成改革任务。其中，完成“三供一业”分离移交中央财政补助资金清算和收尾工作，获得维修改造资金18亿元，维修改造工程全面完工；完成厂办大集体改革，妥善安置在职员工2.29万人；完成27.31万退休人员移交社会化管理工作。常态化推进“瘦身健体”、低效无效资产处置等各项提质增效工作。完成法人压减38户，比上年增长50%，退出参股企业50户，比上年增长80%，回笼资金24亿元，完成管理层级压缩15户。

2020年6月29日，中国宝武与日喀则珠峰城市投资发展集团有限公司、仲巴县马泉河投资有限公司对西藏自治区矿业发展总公司进行改制重组，变更其为中国宝武主导、四方共同合资经营的公司。8月21日，中国宝武与山西省国有资本运营有限公司签署太钢集团股权划转协议，推进太钢集团与中国宝武的联合重组；12月23日，太钢集团完成51%股权工商变更登记，控股股东变更为中国宝武。10月19日，中国宝武对中钢集团进行托管。12月2日，重庆钢铁完成工商登记变更，中国宝武正式成为其实际控制人。12月5日，八一钢铁对新兴铸管新疆有限公司完成100%股权收购、工商变更，挂牌成立新疆天山钢铁巴州有限公司；12月17日，八一钢铁完成对新疆伊犁钢铁有限责任公司的股权收购。

以专业化整合为抓手，推进管理覆盖、业务整合和资产重组。组建宝武集团中南钢铁有限公司，夯实中南地区发展根基、蓄势东南亚市场境外布局；成立欧冶工业品股份有限公司、宝武重工有限公司、宝武原料资源共享平台；中国宝武运营共享服务中心武汉、乌鲁木齐、马鞍山分中心，以及宝钢股份中央研究院马钢技术中心相继挂牌。马钢集团推进与多元板块的专业化整合融合，欧冶链金再生资源有限公司、宝武重工有限公司等新业务整合后实现市场规模扩大与业务结构升级，马钢专业化整合取得协同效益9.2亿元。宝钢股份成立硅钢事业部，将多基地硅钢产品纳入一体化管理，同时设立炼铁部、炼钢部、热轧部、冷轧部，并调整设立新的厚板部。金融板块完成宝钢财务公司和武钢财务公司、马钢财务公司的整合与托管，华宝都鼎（上海）融资租赁有限公司和马钢（上海）融资租赁有限公司整合、欧冶商业保理有限责任公司和马钢（上海）商业保理有限公司整合。宝钢资源托管马迹山港商务业务、梅钢矿业、八钢矿业等单元。

推进平台化运营，探索“一总部多基地”管控模式。优化钢铁产业结构，推进宝钢股份、中南钢铁等5个专业化、区域化、平台化钢铁公司建设，提高资源要素集聚和配置能力。在原有多元板块平台公司的基础上，针对大宗原燃料、备品备件、冶金装备制造、废钢、工业气体、设备运维等业务建立相应的专业化平台公司。通过推进平台化运营，各平台公司在管理模式、商业模式和体制机制等方面突破创新，基本形成专业化聚焦和区域化协同相结合的“一总部多基地”管控模式。

【重大项目】 在建的湛江钢铁三号高炉系统项目建设进度整体提前，安全、质量受控，累计完成投资91亿元；全球唯一完全面向新能源汽车行业的高等级无取向硅钢专业生产线——宝钢股份无取向硅钢产品结构优化项目开工建设；重庆钢铁七号转炉点火投产，四号连铸机新建项目开工建设；宝钢德盛1780热轧热负荷试车；10万吨超高功率石墨电极项目在宝武炭材料科技有限公司兰州基地投产；宝武铝业有限公司一期工程30吨熔铸线、2500毫米冷轧机等生产线陆续投产，并启动二期规划；首批氢能重型卡车在宝钢股份交付使用，全球一次性批量投入最大的氢能重卡商业化项目投入运营；宝钢资源马钢矿业罗河矿一期扩能工程建设项目开工建设。

【重大创新】 加大高水平研发投入，研发投入率2.81%，比上年增加0.21个百分点。完成智慧制造三年（2018—2020年）行动计划，基于工业互联网平台的智慧制造技术体系逐步完善；启动工程数字化设计交付云平台关键技术研究和应用项目；中国宝武大数据中心建设初具规模，其中宝钢股份数据中心建成投运。形成高强度低屈强比耐候桥梁钢、轴重45吨重载车轮等一批具有行业影响力的科研创新成果，易成形、高性能耐磨钢产品（BW400QP）等8项新产品实现全球首发。在汽车轻量化、新能源等战略性新材料领域，汽车航空用铝合金板带生产线投产，中间相沥青基碳纤维、低成本耐热压铸镁合金等新材料产品创新和应用技术实现重点突破；在金属及新材料包装领域，开发成功深冲覆膜铁罐等新产品。太钢集团“宽幅超薄精密不锈带钢工艺技术及系列产品开发”项目获得中国工业大奖。

【信息化与数字化建设】 强化生态化协同，共建高质量钢铁生态圈。各单元聚焦网络化、数字化、智能化构建产业链集群，相互协同支撑，提高资源配置效率、制造能力、运营能力，宝钢股份、韶钢松山协同支撑重庆钢铁，建立体系化精准支撑攻关项目30个，实现协同效益5亿元。专业化平台公司之间全方位推进营销、采购、技术、智慧制造、绿色环保等协同共建。欧冶工业品股份有限公司作为第三方产业互联网平台，通过创新商业模式，提供采购共享服务，全年降低采购成本6.5亿元。

【履行社会责任】 加大扶贫资金投入力度，投向“两不愁三保障”重点问题的资金数和帮助人口数是上年的2～3倍。定点扶贫和对口支援的10个县全部实现脱贫“摘帽”。5月27日，中国宝武党委书记、董事长走进云南省普洱市江城县，为扶贫特色农产品直播带货，当晚带货总金额7481.23万元。国务院扶贫开发领导小组通报2019年中央单位定点扶贫工作成效评价情况，中国宝武获得最高等次评价“好”。

中国宝武利用八一钢铁原有430立方米高炉，建立国内首个面向全球、开放性的大型工业级别低碳炼铁创新试验平台——顶煤气循环氧气高炉，供全球钢铁行业进行绿色低碳冶炼技术探索研究。该项目由中国宝武中央研究院自主研发、宝钢工程技术集团有限公司设计，与传统高炉相比，氧气高炉效率提升1.3～1.5倍。3月18日，氧气高炉工程破土动工，7月15日点火开炉，开展第一阶段顶煤气循环低碳高炉冶炼技术开发试验，中国高炉低碳炼铁新工艺进入工业试验阶段，10月9日完成第一阶段高富氧冶炼试验，突破传统高炉富氧极限，实现35%高富氧冶炼目标。7月20日，中国宝武设立低碳冶金创新中心，牵头成立全球低碳冶金创新联盟筹备组，开展钢铁前瞻性、颠覆性、突破性创新技术的研究开发，探索行业绿色低碳发展的冶金工艺技术，并对全国乃至全球开放。9月30日，由中国宝武中央研究院自主研发、宝钢工程技术集团有限公司设计的高炉喷吹富氢燃料示范线在宝钢股份建成投运。该项目是中国宝武氢冶金研究计划项目之一，目标是用氢气来替代碳，减少钢铁冶金流程的温室气体排放，直至实现钢铁冶金生产过程的碳中和。10月14日，中国宝武“LCA(全生命周期评价)在碳交易市场决策中的应用”项目获得世界钢铁协会全生命周期评价卓越成就奖(Steelie奖)。

推进“三治四化”(“三治”即固体废物不出厂、废水零排放、废气超低排放，“四化”即洁化、绿化、美化、文化)、“长江大保护”行动，塑造绿色、生态的城市钢厂，无重大环境突发事件。加快推进废气超低排，实施40个废气超低排改造项目，探索废水零排放，固体废物实现98%不出厂的目标。宝钢股份入围世界经济论坛新一轮全球制造业领域的18家“灯塔工厂”名单，成为唯一入选的中国钢铁企业。中国宝武在全国重点大型耗能钢铁生产设备节能降耗对标竞赛评比中，获评冠军炉2个、优胜炉10个和创先炉7个。

2020年，中国宝武安全生产形势总体平稳，未发生较大及以上事故，区域内发生一般生产安全事故68起，70人受到伤害，其中纳入统计的工亡事故9起、工亡10人。与2019年同口径相比，工亡人数与事故总量分别下降16.7%与17.6%。

全面开展新冠肺炎疫情防控，向抗疫一线捐赠7600万元，多渠道筹措抗疫物资，保障员工健康安全。武汉总部及在鄂各单位加量生产医用氧，保障武汉市医院一半的氧气供应，改造5家医院供氧系统；腾挪企业场地为武汉建立1所方舱医院和3个集中隔离观察点；为火神山医院、雷神山医院建设提供钢材。

(撰稿人：张文良)

中国铝业集团有限公司

【基本概况】 中国铝业集团有限公司(以下简称中铝集团)成立于2001年，2017年12月16日由中国铝业公司改制更名为现名。中铝集团是中央直接管理的国有重要骨干企业，主要从事矿产资源开发、有色金属冶炼加工、相关贸易及工程技术服务等，是全球第一大氧化铝供应商、第一大电解铝供应商，铜业综合实力位居全国第一，是经国家相关部门备案的大型稀土企业集团之一，是亚洲规模最大的铅锌企业。

中铝集团总部设在北京。注册资本金252亿元，资产总额6324.04亿元，在岗员工14.03万人，所属510家企业分布在23个省(自治区、直辖市)，拥有6家境内外上市公司。连续13年入选《财富》“世界500强”，2020年排名第217位。

2020年，中铝集团坚决贯彻落实习近平总书记重要指示批示精神和党中央决策部署，统筹疫情防控和生产经营改革发展，高质量完成各项目标任务，党建考核蝉联中央企业A级。利润总额67.83亿元，比上年增长34%。净利润41.88亿元，比上年增长

38.45%，创近13年来最好水平。

【主要指标】 2020年，中铝集团实现营业收入3670.2亿元，比上年增长2.86%。有色金属原矿产量5500万吨(增加几内亚博法矿)，比上年增长29%。氧化铝产量1771万吨，比上年增长3%；电解铝产量650万吨，比上年增长6.5%；铝加工材产量186万吨，比上年基本持平；精炼铜产量131万吨，比上年增长17.4%；铜加工材产量33万吨，比上年增长15.2%；稀土分离产品产量12723吨，比上年减少6%。

表1　2020年中国铝业集团有限公司主要经济指标

项　目	2019年	2020年	比上年增长(%)
资产总额(亿元)	6544.11	6324.04	－3.36
所有者权益(亿元)	2366.24	2275.45	－3.84
营业收入(亿元)	3568.17	3670.20	2.86
利润总额(亿元)	50.62	67.83	34.00
净利润(亿元)	30.25	41.88	38.45
归属于母公司所有者的净利润(亿元)	18.88	22.14	17.27
技术开发投入(亿元)	63.50	65.24	2.74
利税总额(亿元)	167.27	190.70	14.01
应交税金总额(亿元)	116.65	122.87	5.33
全员劳动生产率[万元/(人·年)]	27.57	36.32	31.74
净资产收益率(%)(不含少数股东)	2.56	3.64	增加1.08个百分点
总资产报酬率(%)	3.10	3.09	减少0.01个百分点
国有资本保值增值率(%)	113.60	100.64	减少12.96个百分点

注：2020年国有资本保值增值率数据为报送数据。

【改革发展】 一是核心产业布局结构不断优化。聚焦四大核心产业，加快基地化发展步伐。几内亚博法铝土矿项目投产，后续方案优化完成，经济性显著提高。广西防城港氧化铝项目投产即盈利。云南文山、鹤庆水电铝项目建成投产。西南铜业异地搬迁项目取得重大进展。稀土花山项目建设提前完成，国盛搬迁项目完成验收。二是协同产业发展质量有效提升。中铝国际新签合同量稳中有升，中铝资产外部市场收入突破2亿元，中铝国贸实现利润8亿元，中铝物流吨产品物流成本比上年降低2.68%，中铝物资实现采购降本7.6亿元，中铝资本实现利润9.5亿元。三是新兴产业培育新增长点初见成效。中铝环保在资源综合利用、节能、综合服务领域取得突破。中铝开投储备项目240余个，立项项目60个，投资决策项目13个。中铝智能广西华昇氧化铝智能工厂项目主要管理模块上线运行。中铝海外广州保障基地项目建成投用。四是国有资本投资公司试点改革步伐加快。制定集团《深化改革三年行动实施方案》。完善"三横三纵三个全覆盖"新型管控模式，完成总部机构职能岗位优化调整。在全级次科技型企业推进分红激励。建立集团不动产盘活项目库，4个土地收储项目与当地政府签订协议。郑研院、长沙院入选国务院国资委"科改示范企业"，中铝萨帕混合所有制改革有序推进。

【重大项目】 坚决落实国家重大专项工程和重点装备型号任务，有力保障长征5B火箭顺利发射和新一代载人飞船试验船飞行任务，助力天问起航、嫦五探月、北斗三号全球组网，获得型号办书面表扬。几内亚铝土矿项目实现投产并达产达标，秘鲁铜矿二期一步、拉拉铜矿落凼矿建成投产，新增铜精矿含铜产能4.4万吨，中铝稀土取得广西花山采矿权。广西华昇、云南文山水电铝、鹤庆二期等项目建成投产，电解铝清洁能源占比47%。推进产业高端化和军工保障力，中铝高端制造引入战略投资52.5亿元。

【走向海外】 2020年4月6日，几内亚博法项目全线重载联调一次成功，中铝集团首个海外千万吨级铝土矿供矿基地全线贯通，5月正式投入生产运行，实现矿山生产达产达标，形成年供矿1200万吨能力，为平抑进口矿价格打下坚实基础，经济性显著提高。秘鲁矿业二期一步主体工程完成建设，进入试生产。

【重大创新】 与中国商飞、航空工业集团合作推进民机铝材国产化，多个产品通过适航符合性验证，大飞机机翼板等5项产品打破国际垄断，成为国内唯一合格供应商，铝材可供率由首飞的不足1%提高到28%。军品保供实现量质齐升，承担的3个国家级重大专项涉及24项研制任务按计划推进，“航空铝材7050厚板质量过程控制技术”获得全国质量技术奖二等奖，国家绿色集成项目“离子型稀土矿绿色提取分离一体化关键技术与应用”通过工业和信息化部验收。

【党建工作】 一是强化思想理论武装。认真学习、宣传贯彻党的十九届四中、五中全会精神，明确加强党员队伍教育培训的43条具体措施。开展党课教育，各单位报送精品党课91个。开展增强“五力”大讨论活动，组织大讨论3529场。二是推动党建责任落实。加强基层组织建设，建立党支部联系点1994个。整治软弱涣散党组织，明确40项整治重点。督导各级党组织逐条对标找问题，查出问题989项，完成整改970余项。开展境外党建工作指导，明确境外党建具体措施30项。三是深化“两带两创”活动。开展创效项目3064个、创新项目3179个，完成项目结题4100余个，集团表彰创新创效成果40个。开展“积极行动起来、坚决反对浪费”活动，并在国务院国资委宣传局《宣传工作》上刊发。四是抓好班子带好队伍。优化调整各层级班子结构，调整补充干部21人。研究提出未来五年优秀年轻干部队伍建设规划思路，培育年轻干部梯队。选聘集团首席工程师22人，新增入选国家重大人才工程专家1人、享受政府特殊津贴专家5人，新增五级技师1996人、高技能人才1041人。五是强化廉政建设狠抓专项整治。全面落实纪检监察体制改革方案。召开第25次警示教育大会。开展境外违规经营投资责任追究和专项整治。构建“大监督”体系，着力防范重大风险，集团总部信访举报量比上年下降47.8%。六是深化巡视整改强化巡视监督。层层压实中央巡视反馈问题整改责任，定期扫描整改台账，针对26个反馈问题制定104项整改措施，整改完成率95.2%。召开10次专题会议部署工作，对整改提出明确要求。开展两轮巡视，指导集团39家单位开展内部巡察，反馈问题2797个，整改完成率78.88%。

【信息化与数字化建设】 在集团全级次企业推广使用“三重一大”决策运行系统，实现国务院国资委对集团、集团对全级次企业“三重一大”决策事项落实情况的在线监管。推进集中管控信息化系统建设，投资管理系统投入使用，实现投资项目全过程、一体化管控。不动产信息管理系统全面上线，实现土地、房产等不动产数据的标准化、可视化、多维化。财务管控平台、人力资源管理等系统实现深化应用。加快广西华昇、包头铝业、云南文山电解铝等智能工厂试点建设，网络信息安全管理体系进一步健全，风险预警通报机制进一步完善。

【履行社会责任】 一是坚持打赢新冠肺炎疫情阻击战。统筹推进疫情防控和复工复产工作，各战略单元和企业层层建立疫情日报和“零报告”制度。关爱员工健康，全级次企业建立全员“健康卡”和异常人员跟踪机制，免费将新冠肺炎纳入集团保险范围，惠及14万人。向疫情重灾区捐款捐物累计超过4800万元，实现党员捐款100%全覆盖。秘鲁矿业确保矿区未发生聚集性感染，几内亚博法项目紧急启动包机程序，项目业主团队及承包商员工231人安全回国。二是坚持绿色发展，全力配合中央生态环境保护督察组办理生态环境保护信访举报案件。举办中铝第四届降碳节活动，发布集团降碳报告，表彰年度降碳优秀案例、降碳好新闻。坚持脱贫攻坚。开展扶贫项目30余项，投入扶贫资金4750万元，比上年增长36%。

（撰稿人：韩　露）

中国远洋海运集团有限公司

【基本概况】 中国远洋海运集团有限公司（以下简称中远海运）由中国远洋运输（集团）总公司与中国海运（集团）总公司于2016年重组而成，总部设在上海，是中央直接管理的特大型国有企业，资产总额超过8500亿元，航线覆盖全球160多个国家和地区的1500多个港口，在海外设有十大区域公司、1050多家企业和机构，拥有境内外11家控股上市公司，员工14余万人，其中船员5万人。综合运力及干散货船队、油轮船队、杂货特种船队、集装箱码头吞吐量、船员管理规模均居世界第一，集装箱船队、集装箱租赁、集装箱制造、燃油供应、船舶制造、船舶代理业务位居世界前列。连续四年在国务院国资委考核中被评为A级企业，2020年居《财富》"世界500强"第264名，较2019年提升15位，排名连续两年超越马士基集团，成为全球排名最高的航运企业。

【主要指标】

表1　2020年中国远洋海运集团公司主要经济指标

项　目	2019年	2020年	比上年增长(%)
资产总额(亿元)	8774.12	8498.90	−3.14
所有者权益(亿元)	3079.83	3106.89	0.88
营业收入(亿元)	3094.64	3311.89	7.02
利润总额(亿元)	231.02	326.77	41.45
净利润(亿元)	166.27	219.33	31.91
归属于母公司所有者的净利润(亿元)	75.07	101.52	35.23
技术开发投入(亿元)	21.83	24.84	13.83
利税总额(亿元)	254.19	353.27	38.98
应交税金总额(亿元)	42.90	46.86	9.24
全员劳动生产率[万元/(人·年)]	38.23	63.36	65.73
净资产收益率(%)	5.68	7.09	增加1.41个百分点
总资产报酬率(%)	4.67	5.18	增加0.51个百分点
国有资本保值增值率(%)	107.67	101.01	减少6.66个百分点

【改革发展】　积极落实国有资本投资公司试点工作要求，全面深化国企改革，充分发挥综合试验区的作用。一是落实国企改革三年行动。根据国企改革三年行动部署要求，明确9个领域的重点任务，涵盖集团改革工作的各个层面，进一步加快构建具有核心竞争力的国有资本投资市场主体，在建立界面清晰、精简高效、运行专业的管控模式方面实现破局出新，在创新引领、提升产业链供应链水平、保障社会民生和应对重大挑战、维护国家经济安全方面作出应有贡献，全面实现"打造世界一流的全球综合物流供应链服务生态"的战略愿景。二是推进混合所有制改革。积极参与多项混合所有制改革试点专项工作，下属泛亚航运作为国务院国资委首批员工持股试点企业完成混合所有制改革；作为国务院国资委"双百行动"综合改革工作内容，所属宁波中远海运物流的混合所有制改革工作完成，并引入战略投资者；直属中远海运物流列入国家发展改革委第四批混合所有制改革试点单位，拟定分步实施的混合所有制改革框架方案获得国家发展改革委同意。结合境内外直属单位实际情况，积极推进部分单位混合所有制改革实施方案。三是深化职业经理人制度改革。积极推动实施《直属单位实施职业经理人制度指导意见(试行)》，指导做好职业经理人履职考核、薪酬兑现及新一届职业经理人聘期续签等工作，严格实行契约化管理。积极推广职业经理人制度，指导多家直属单位结合公司实际，研究制定职业经理人制度实施方案。四是加强直属单位董事队伍建设。符合条件的38家直属单位均规范建立董事会，实现应建尽建。优化直属单位董事会结构，进一步充实专职外部董事队伍，通过开展专职外部董事年度考核，完善考核指标，加强考核结果运用，指导和督促专职外部董事不断提升履职水平和绩效。五是统筹推进薪酬分配制度改革。按照国务院国资委工作要求，拟定《集团工资总额备案制管理办法》并经国务院国资委审批通过，构建由工资效益联动、效率对标调节和工资水平调控共同组成的工资总额决定机制。严格考核兑现，依据考核结果拉开薪酬差距，实现强激励、硬约束，进一步树立"业绩升薪酬升、业绩降薪酬降"导向。六是积极实施多元化激励机制。坚持"利益共享，风险共担"，按照增量激励原则，推动上市公司股权激励全覆盖。集团4家上市公司股权激励计划获得国务院国资委批复，完成股权激励授予工作。积极鼓励符合条件的科技型企业实施分红激励机制，激励范围进一步扩大。

【重大项目】　一是试点船舶注册海南自贸港。集团新增注册"中国洋浦港"船舶25艘368万载重吨，继续以实际行动为打造“中国洋浦港”船籍港品牌起到表率作用。二是启动海南港口能力提升项目。为积极服务海南自贸港建设，打造东方“比雷埃夫斯港”，2020 年 7 月启动小铲滩码头起步工程能力提升项目，项目总投资 7.8 亿元，完工后码头能力将超过 160 万 TEU。三是建设新海客运综合枢纽站项目。2020 年 10 月，投资 14.5 亿元启动新海客运综合枢纽站建设项目。项目总用地面积 36.6 万平方米，总建筑面积 8.3 万平方米，规划年通过能力为旅客吞吐量 2200 万人次、客货车 320 万车次。四是投资钦州大榄坪集装箱码头整合项目。2020 年 11 月，以所持钦州国际集装箱码头的 40%股权作价，并投入部分现金，投入 8.76 亿元参与北部湾国际集装箱码头增资扩股并持有其 26%股权，实现钦州大榄坪南作业区 1～6 号码头泊位的整合。五是推进阳逻铁水联运二期项目开工建设。2020 年 8 月 1 日，武汉阳逻铁水联运二期项目如期开工，项目建设标志着集团积极践行国家长江经济带战略取得里程碑进展，为江城疫后经济社会重振作出重要贡献。六是投资建设南通通海物流园项目。为助力打造南通通海港区产业链一体化经营格局，2020 年 2 月，投资启动南通通海物流园一期项目建设，同年 11 月项目举行开工仪式。七是推进希腊比雷埃夫斯港口基础建设投资。集团旗下比雷埃夫斯港完成强制性投资，包括邮轮码头扩建、一号集装箱码头场地改造和修船区域基础设施升级改造等重点工程相继开工，进一步提升港口相关板块产能，巩固该港作为区域物流分拨中心的地位。

【走向海外】 在“一带一路”沿线积极构建“点、线、面”布局。一是积极拓展“一带一路”航线业务。在沿线布局集装箱班轮航线 189 条，投入运力 206 万标准箱，占集团集装箱总运力 67.3%。旗下双品牌集装箱船队在“一带一路”沿线完成集装箱运输量 1303 万标准箱。二是积极布局全球支点网络，强化产业链核心资源控制。沿线投资经营港口与码头 18 个，遍及亚洲、欧洲、南美洲和非洲，与集团现有船队形成有效协同，为互联互通提供枢纽和门户。三是积极参与国际通道建设，提升全程供应链服务能力。不断加大对亚欧海铁联运、亚欧国际班列业务投入；增加以广西钦州港为始发港或经停港的远洋航线，助推内陆沿边地区成为开放前沿；深入中东欧腹地以希腊比港作为枢纽港开辟中欧陆海快线。中欧陆海快线运量比上年增长 47%。

【重大创新】 一是以区块链为纽带，打造行业合作新模式。结合集团“十四五”数字化转型规划，借助 GSBN 区块链基础技术，推动 GSBN 与集团内各板块业务的合作，探索各个业务领域区块链应用研发，并积极向客户端延伸，推动集团产业链经营和数字化协同，构建集团经营数字化生态。二是以集成平台为抓手，奠定数字化转型基础。搭建“一体两翼 N 个应用”的统一技术框框架，实现集团财务、金融、经营、船舶、航线、货流等全球资源的数据可视化。疫情期间，推出“面向中欧陆海快线的客户画像和应急响应优化技术应用”方案，作为推动复工复产的案例，被科技部纳入重点专项“科技助力经济 2020”。三是应用 5G 新基建，开展智能港口示范。组建 5G 智能港口实验室，形成央企创新联盟。与中国移动、东风公司、华为等单位合作推动厦门远海码头开展 5G 智慧港口应用研究和试点，发布《5G 智慧港口实施方案和线路》标准，联合申报国家发展改革委、工业和信息化部新基建“5G 智慧港口”建设项目并获得批复，成为港口行业唯一入选项目。四是科技研发成果丰硕。2020 年，获得省部级科技奖项 15 项。其中，参与研究的“桥梁船撞安全设计理论与防护、预警技术”获得中国公路学会科学技术特等奖；自主研究的“深远海多功能原油转驳船自主开发与工程应用”“圆筒型浮式海上油气生产储卸平台设计与制造”获得中国航海学会科技进步一等奖，“基于智能物联技术的模块化冷链仓储整体解决方案”获得中国设备管理协会技术类一等奖。截至 2020 年底，专利拥有量 1407 件，其中发明专利 332 件。

【党建工作】 以习近平新时代中国特色社会主义思想为指导，认真贯彻落实党的十九届五中全会精神，把方向、管大局、促落实，以高质量党建引领企业高质量发展。连续两年获评中央企业党建责任考核 A 类。一是旗帜鲜明讲政治，党的领导作用充分彰显。切实增强“四个意识”、坚定“四个自信”、做到“两个维护”。深入贯彻落实习近平总书记对本行业本企业重要指示批示精神和党中央重大决策部署。二是锲而不舍抓基层,党的组织建设做强做优。巩固深化“不忘初心、牢记使命”主题教育成果,深入开展“四史”学习教育,编纂首发《中国远洋海运发展史》。加强船舶党建工作,选拔机关干部上船挂职政委。三是改革创新不停步,干部人才活力持续激发。优先提拔经过关键岗位锻炼、业绩突出的年轻干部。推动直属企业全部建立规范董事会,在所属单位持续推进职业经理人制度,推进干部“能上能下”。四是强化监督保发展,严肃执纪问责精准有力。突出政治监督,加强日常监督,推动党中央重大决策部署落实到位。促进管理提升和风险防控。强化巡审融合,推动内部巡视巡察和审计全覆盖。五是宣传动员鼓士气,企业文化建设出新出彩。强化意识形态责任制落实,保持正确舆论导向。广泛宣传集团防疫战“疫”、复工复产、深化改革、协同经营、全球发展成效、服务全球贸易良好形象。六是群团工作有力度,和谐稳定局面持续巩固。大力弘扬劳模精神、劳动精神、工匠精神。动员广大团员青年在疫情防控、复工复产中发挥生力军作用。做好疫情期间和国家、集团重大活动期间维稳保障工作。七是压紧压实全面从严治党责任,推进纪检监察体制改革。调整集团审计、巡视管理体制,不断加强政治监督和日常监督,充分发挥监督保障执行、促进完善发展作用

【信息化与数字化建设】 一是启动“十四五”集团数字化转型规划编制。按照国务院国资委《关于加快推进国有企业数字化转型工作的通知》要求,以集团“‘十四五’3+4发展规划”为指引,启动集团“十四五”数字化转型暨网信工作专项规划项目,开展规划访谈调研、现状洞察和差距分析,形成规划思路。二是加强信息化基础资源整合和建设。完成集团境内广域网专线整合二期项目,优化集团境内专线布局,实现环网内各节点网络设备、安全设备的集约化管理;结合“十四五”数字化转型规划,梳理集团基础设施现状和问题,研究未来架构和集约化管理方向。三是完善集团网络安全保障体系。贯彻落实党中央关于网络安全的决策部署及《中华人民共和国网络安全法》要求,提升网络安全意识,健全组织和制度体系,加强集团重点防护和全集团等级保护工作。中远海运在中央企业“新基建”网络安全技术大赛中获得团队赛三等奖。

【履行社会责任】 中远海运始终牢记肩负的使命和责任,秉承“服务社会”的宗旨,坚持将承担和履行社会责任融入企业发展中,携手公众,联合社区,以中远海运慈善基金会为平台,加大投入公益慈善与志愿服务,以实际行动践行社会责任,为促进社会和谐发展贡献力量。一是推动科普工作,强化航海使命和责任。通过开展集团陆岸人员挂职船舶政委培训班和船舶政委第一期集中轮训班等途径,引导前来参加培训的学员和在校大学生参与“中国航海日”“中国科普日”等活动,宣传和科普中国航海史和现代航海先进技术,活动参与人数2000余人次。二是积极落实国家扶贫工作。承担湖南省安化县、沅陵县和云南省永德县3个县的定点扶贫任务,以及西藏自治区昌都市洛隆县和类乌齐县2个县的对口援藏任务。2020年,定点帮扶和对口支援的5个县全部脱贫“摘帽”,在脱贫攻坚收官之年画上圆满句号。三是推动节能减排。克服疫情影响,在国内集装箱码头推动使用岸电,走在班轮公司前列。参与编写的《港口船舶岸基供电系统操作技术规程》成为行业标准,《国际航行船舶岸电安全操作导则》被国际海事组织采纳。积极参与工业和信息化部“IMO船舶温室气体减排初步战略及新技术措施研究”,为我国参与国际海运温室气体减排国际机制构建提供支持。

(撰稿人:翟　宇)

中国航空集团有限公司

【基本概况】 2020年,中国航空集团有限公司(以下简称中航集团)坚决贯彻落实党中央、国务院决策部署,服务国家疫情防控、复工复产、脱贫攻坚大局,不折不扣履行政治责任、社会责任,统筹打好疫情防控、安全生产、经营效益“三场硬仗”,最大限度降低新冠肺炎疫情影响。

面对突如其来的疫情,中航集团党组迅速把思想和行动统一到党中央的判断和决策上来,第一时间启动应急机制并迅速成立防控领导小组,开展组织动

员，成立专项工作组并建立工作机制。春运期间果断调减航班、免费"退改签"机票；实施航班串飞，力保重要国际航线不断航；全力运送援鄂、援外医疗队和兄弟企业的人员物资，累计执行抗疫运输任务包机216班、运送人员3.1万人次、防疫物资1403吨；定制复工复产复学航班154个，运输1.8万人次；圆满完成全国两会、进博会、服贸会等重要运输保障任务。有序组织国际入境分流航班，率先实施境外查验旅客核酸检测证明，累计执行国际入境分流航班631个、拦截入境高风险旅客1237人。严抓空地联防、人物同防，投入5亿元用于疫情防控，核酸检测超过17.2万人次，隔离医学观察超过9.8万人次。国航飞行总队获评"全国抗疫先进集体"、客舱服务部刘婷婷获评"全国抗疫先进个人"，7个集体和17名个人获得国务院国资委、交通运输系统的先进通报表彰。

面对疫情影响下统筹安全和生产组织难度明显增加的局面，中航集团加强组织领导，深化党组议安全机制，专题研究疫情防控、机务维修等阶段性安全工作；层层细化实化各级安全主体责任，发挥法定自查、质量管理与纪检监督合力，强化落实效果。"一班一策""一线一策"防控安全风险，制定"客机货班"风险防控措施；开展防空停和发动机管理体系专项检查，狠抓危险品收运、仓储等各环节措施落实；把握阶段性特点，认真组织汛期生产、做好应急预案。高度重视ARJ21飞机引进工作，3架ARJ21飞机入列机队，安全飞行1198小时；A350机队新增2架飞机并顺利开通美洲航线。组织开展"抓作风、强三基、守底线"专项整顿和"三个敬畏"专题学习，动态调整训练节奏、保证关键技术人员的熟练度，与航校合作建立专属训练基地，开展飞行员职业技能竞赛。

面对疫情给民航业带来的严重冲击，中航集团及时启动效益应急机制，在生产组织、市场营销、成本管理等方面采取一系列超常规举措，全力创收增效、扭转效益下滑态势。准确把握市场变化、抢抓市场机遇，统筹配置全集团生产资源，紧盯国内市场恢复节奏，迅速恢复生产投入规模，动态调控运力投向和运力结构，精心组织营销与产品投入，确保边际贡献总量最大化。准确把握货运供需趋势，加强客货联动，率先实施"客机货班"经营模式，持续加强货机生产组织和腹舱增收，实现货运整体盈利历史新高。实施严格的成本管控，科学匹配成本与生产节奏。开展资金内部融通，确保资金流动安全稳定。积极推进关键战略项目，首都机场枢纽改造中短期速赢项目按期收官，大兴机场国航基地建设项目加快，天府机场国航基地竣工验收，国航广东、新疆分公司稳步筹建。

面对疫情期间旅客需求变化，中航集团坚持以人民为中心的价值导向，严格旅客测温、健康填报、旅客登机前和航后消毒等各环节工作，适时调整餐食、机供品配备，快速优化网站、移动客户端、呼叫中心等线上服务，提升机场自助服务设备使用率，扩大"无接触"服务覆盖范围。设计开发A350等新引进飞机机上产品配置，翻新、改扩建北京、成都等地休息室，完成客舱无线局域网改装并投入试运行，创新推出"盒你说"系列餐食产品，研发推进全球地面航班保障平台建设一期系统，加快行李全流程追踪，在首都机场试行"面部识别＋自助登机"，电子化赔补偿实现生产一线全覆盖。

【主要指标】 2020年，中航集团实现安全飞行161.04万小时；营业收入791.02亿元，比上年减少44.73%；利润总额－146.82亿元，比上年减少243.20%。旅客总体服务满意度83分。

表1 2020年中国航空集团有限公司主要经济指标

项 目	2019年	2020年	比上年增长(%)
资产总额(亿元)	3157.87	3071.13	－2.75
所有者权益(亿元)	1127.07	974.87	－13.50
营业收入(亿元)	1431.10	791.02	－44.73
利润总额(亿元)	102.53	－146.82	－243.20
净利润(亿元)	82.40	－131.57	－259.68
归属于母公司所有者的净利润(亿元)	40.86	－56.23	－237.62
技术开发投入(亿元)	3.65	1.98	－45.74
利税总额(亿元)	175.60	－89.72	－151.09

续表

项　目	2019 年	2020 年	比上年增长(%)
应交税金总额(亿元)	71.26	48.08	−32.53
全员劳动生产率[万元/(人·年)]	49.65	31.59	−36.37
净资产收益率(%)	7.59	−12.52	减少 20.11 个百分点
总资产报酬率(%)	5.06	−2.95	减少 8.01 个百分点
国有资本保值增值率(%)	108.47	88.92	减少 19.55 个百分点

【改革发展】 深入落实国企改革任务部署，健全“三重一大”决策制度体系，推动有关机制向基层延伸；下属 3 家二级企业实现董事长和党委书记“一肩挑”；“双百行动”取得重大进展，国货航混合所有制改革引入优质战略投资人；授权放权力度持续加大，审批、备案事项压缩 40%；“三供一业”分离移交工作在京外地区基本完成、北京地区完成相关协议签署。认真配合企业负责人经济责任审计和延伸审计，对审计发现的问题立知立行、立行立改。

【重大项目】 制定创建世界一流示范企业 2020 年度细化实施方案，以重大战略项目管理模式推进 12 个重点项目顺利实施。2020 年 3 月 24 日，国务院国资委批复同意中航集团股权多元化项目立项，中航集团股权多元化项目正式启动实施。9 月 21 日，批准大兴国际机场国航基地总体规划方案及一期工程立项。11 月 9 日，下属中国国际货运航空有限公司签署混合所有制改革引战增资协议及章程，引入浙江菜鸟供应链管理有限公司、深国际控股(深圳)有限公司、杭州国改双百创新股权投资合伙企业(有限合伙)、天津宇驰企业管理合伙企业(有限合伙)等 4 家企业作为投资方。12 月 30 日，成都天府机场国航基地机务项目、航食项目顺利通过竣工验收。至此，成都天府机场国航基地 4 个项目全部竣工验收。

【走向海外】 2020 年，中航集团客运航线 674 条，其中国际航线 48 条、地区航线 6 条、国内航线 620 条。通航国家及地区 28 个，通航城市 147 个，其中国际 26 个、地区 3 个、国内 118 个。通过与星空联盟成员的合作，将服务进一步拓展到 195 个国家(地区)的 1300 个目的地。

【重大创新】 一是编写“十四五”科技创新发展规划，谋划主要任务、重点领域及保障措施。二是完善技术创新体系，组建成立 3 个公司级创新实验室和 8 个专业领域级创新实验室。三是加强科技创新工作交流，组织召开青年创新人才座谈会，举办创新领军企业分享交流会。四是重大科技专项方面。2018 年受民航局委托，由中国国际航空股份有限公司和北京飞机维修工程有限公司共同成立“北斗在运输飞机应用示范项目”研究团队，启动北斗定位与追踪机载设备研发工作，推进北斗系统在民航领域的应用，截至 2020 年底，完成全部 10 架 737NG 飞机改装和 1 架 A320s 改装。

【党建工作】 一是始终把政治建设放在首位，坚决做到贯彻落实党中央决策部署和向党中央请示报告各类事项及时到位，引领全体党员不断增强“四个意识”、坚定“四个自信”、做到“两个维护”，践行初心使命；完善“第一议题”、中心组学习等常态化机制，健全党组重大决策前置把关工作程序和事项清单。二是压实党建工作责任，层层签订责任书，持续优化考评办法。深入开展宣传思想工作，引领广大党员干部和职工群众在“三场硬仗”中奋力拼搏，205 支党员突击队、141 支青年突击队冲在抗疫一线，45 名职工“火线”入党。疫情期间下拨专项党费 1375 万元、工会专项资金 2700 余万元，发挥党组织暖人心、聚人心、稳队伍作用。三是强化政治监督，将监督检查嵌入学习贯彻党的十九届五中全会精神、统筹疫情防控和改革发展等重点工作。一体推进不敢腐、不能腐、不想腐体制机制建设，加大执纪问责力度，党风廉政建设宣传教育月活动取得实效。建立中央巡视整改和主题教育整改长效机制，148 项整改措施完成 122 项、其余 26 项纳入年度重点工作。完成集团第五轮至第七轮内部巡视，推进巡视全覆盖。

【信息化与数字化建设】 围绕“资产效率、旅客体验、员工能力”数字化转型规划设计，推进数字化转型落地实践。建立数字化转型机制，成立数字化转型领导小组及数字化转型办公室。以飞机资产价值管理为抓手，利用数字化技术赋能资产运营，设计飞机资产管理平台，探索业务应用上云，实现资产价值管理提升。构建数据管理体系，完善各项数据管理制度，形成数据资产目录。

【履行社会责任】 一是创新构建“航空＋扶贫8＋2”模式，全力协助定点扶贫地区如期保质完成脱贫攻坚任务。连续三年获评中央单位定点扶贫工作考核最高等次“好”，“航空＋扶贫8＋2”扶贫模式入选国务院扶贫办企业精准扶贫综合案例50佳。二是建立绿色联动工作机制，持续推进油改电、尾气改造、地面电源替代APU专项工作等重点项目。创新发布国航旅客碳排放计算器。获评“民航打赢蓝天保卫战先进单位”。三是向武汉市捐赠现金1000万元，员工自愿捐款574万元。

（撰稿人：李　楠）

中国东方航空集团有限公司

【基本概况】 中国东方航空集团有限公司（以下简称东航集团）总部位于上海市，是中国三大国有骨干航空运输集团之一，前身可追溯到1957年1月在上海市成立的第一支飞行中队。截至2020年底，东航集团资产总额超过3680亿元，员工10万余人，经营业务涵盖航空客运、航空物流、航空金融、航空地产、航空食品、融资租赁、进出口贸易、航空传媒、实业发展、产业投资等航空高相关产业。东航集团坚持以航空运输产业为核心，集中主要资源做强做优做大“全服务航空、创新经济型航空、航空物流”；打造航空产业集群，优化整合协同发展东航技术、东航食品、东航科创、东航资本、东航资产五大航空相关产业板块。

作为集团核心主业的中国东方航空股份有限公司（以下简称东航股份）是首家在纽约、中国香港、上海三地上市的中国航空企业。截至2020年底，东航股份机队规模730余架，是全球规模航空企业中最年轻的机队之一。东航股份构建以上海和北京为主的“两市四场”双核心枢纽网络，借助天合联盟，通达全球170个国家和地区的1036个目的地，每年为全球超过1.3亿名旅客提供服务，旅客运输量位列全球前十。

2009—2020年，东航股份获得中国民航飞行安全最高奖——飞行安全钻石奖，连续九年获评全球品牌传播集团WPP“最具价值中国品牌”前50强，连续四年入选英国著名品牌评级机构BrandFinance“全球品牌价值500强”；连续两年获评“中国企业海外形象20强”，居交通运输行业首位；被国际指数公司MSCI ESG评定为A级、并列行业第一，并在运营品质、服务体验、社会责任等领域屡获国际国内荣誉。

【主要指标】 2020年，东航集团实现营业收入738.78亿元，比上年减少44.62%；利润总额－86.24亿元；安全飞行159.04万小时、起落67.8万架次，分别比上年降低34.8%、31.8%。截至2020年底，实现连续安全飞行193个月、2259万小时，运输航空重大事故率10年滚动值为零，创造历史良好安全周期。东航股份完成运输总周转量117亿吨千米、旅客运输量7462.12万人次、货邮运输量71.18万吨，分别比上年降低48.04%、42.73%、27.11%。

表1　2020年中国东方航空集团有限公司主要经济指标

项　目	2019年	2020年	比上年增长(%)
资产总额(亿元)	3346.60	3815.94	14.02
所有者权益(亿元)	818.47	1145.41	39.95
营业收入(亿元)	1334.07	738.78	－44.62
利润总额(亿元)	76.16	－86.24	－213.24
净利润(亿元)	58.85	－63.83	－208.46
归属于母公司所有者的净利润(亿元)	37.16	－12.74	－134.29
利税总额(亿元)	181.62	38.03	－79.06
应交税金总额(亿元)	122.77	101.85	－17.04
全员劳动生产率[万元/(人·年)]	58.97	35.52	－39.77

续表

项　目	2019年	2020年	比上年增长（%）
净资产收益率（%）（含少数股东权益）	7.91	−6.50	减少14.41个百分点
总资产报酬率（%）	3.89	−0.72	减少4.61个百分点
国有资本保值增值率（%）	114.60	97.40	减少17.20个百分点

【改革发展】 2020年，东航集团成功获得国企改革三年行动在中央企业集团层面股权多元化改革"首单"，中国人寿、上海久事、中国旅游、中国国新增资310亿元，召开第一次股东会和董事会，并制定具有行业特点、东航特色的国企改革三年行动实施方案，包括10个方面50条158项具体任务。东航物流混合所有制改革IPO进入冲刺阶段。中国联合航空、东航食品按照"目标不变、节奏调整"要求，稳妥有序推进混合所有制改革。东航集团组织116场调研访谈、超过60场专题研讨会，扎实推进"十四五"规划编制。构建集团层面科技创新决策体系，成立科学技术创新委员会。发力航空产业新基建，与中国电信、均瑶集团合资成立空地互联网络科技公司，战略入股移动科技。持续深化三项制度改革，探索"管总、主建、主战"分类考核办法，推进与核心指标挂钩的总额包干管控模式；探索建立市场化薪酬分配机制，由点到面推广"按岗位贡献和绩效排名"等考核举措。通过一系列深化改革的组合拳，进一步激活企业发展的活力，壮大公司育先机开新局的动力。

【运营管理】 坚决贯彻落实习近平总书记重要讲话、重要指示精神和党中央、国务院决策部署，统筹推动疫情防控和复工复产，努力将疫情造成的影响降到最低；有力落实全面建成小康社会三大攻坚战，落实"三稳五加强八重点"工作部署，"十三五"顺利收官；守牢安全底线，全力推动改革，不断加强党建，各方面工作取得积极成效。

一是安全形势确保稳中趋好。坚决贯彻落实习近平总书记关于民航安全工作重要指示批示精神，全员签订"守初心、担使命、亮承诺、比贡献"安全责任书。确定"越是疫情当前，越是要确保安全万无一失"的要求，坚持抓关键、盯重点、严督查、强作风，采取一系列务实管用、动真碰硬的举措。充分发挥安全专项巡视"显微镜""探照灯"作用，对重点单位、重点环节进行体检和督导，构建安全风险管控和隐患排查治理双重预防机制，全方位查找管理薄弱环节。开展安全十大风险管理，大机队安全运行管理基础性、长效性工作有序启动，改进机务系统联合审核，在代理薄弱站点部署集中配载系统，集配航班占总航班量比率提高30个百分点。从严整治安全从业人员作风纪律，出台负面清单，把"三个敬畏"教育融入以"抓作风、强三基、守底线"为主题的安全整顿。通过抓严抓实安全各领域全过程，实现"稳中趋好"的基本成效。

二是全力抗击新冠肺炎疫情。面对突如其来的新冠肺炎疫情，东航集团闻令而动，迅速行动，围绕"贯彻落实中央决策部署、全力做好旅客服务保障、切实做好员工关爱防护"三条战线，全力投入到疫情防控的人民战争当中。在行业内实现多项第一，执行全国第一个疫情防控航班，执行中国第一班援外包机，承担全民航第一多的防疫运送任务。累计执行防疫运输包机1090班，正班航班运输物资24888班，运输防疫物资7万余吨，运送医护人员22871人次，接回滞留海外同胞12584人次。在行业首创开发应用"线上旅客健康情况申报程序"，率先推出"三免"退改，做好每一个旅客触点的防控和服务工作。严格防控标准、防控程序，做好机组人员和地面员工健康防护。解决疫情期间员工照顾子女等实际困难，出台空勤人员预支小时费等务实举措，加强海外员工及其家属关爱防护。作为"疫情以来首家赴鄂现场对接支援的中央企业"，与湖北省委、省政府商定帮扶举措。东航集团的工作受到党中央、国务院的表彰，得到中组部、国务院国资委、民航局等上级部门和上海市、湖北省等地方政府的充分肯定。

三是多措并举降低经营亏损。新冠肺炎疫情全球大流行给整个航空业带来巨大冲击。2020年初，东航集团明确"越是困难时期，越是迎难而上"的坚定决心，开展提质增效项目583项。航空主业梯次决策、梯次恢复，把运力投足、把成本控严、把政策用好，努力减亏少亏。相关投资公司主动担当，自我加压，为集团经营业绩作出重要贡献，有效平抑主业波动风险。东航金控资产管理平台业绩和规模实现新突破；东航投资公司上线智慧建筑商业平台，业绩逆势上扬；东航进出口公司创新飞机退租“形式申报新模式”，有效管控调机费用、航线和停场成本；东航食品公司在“一址两证”基础上，加大研发、非航业务和品牌推广力度；东航实业集团公司大力发展设备租赁产业，研发5款新能源车辆，杭州疗养院加大网络营销力度，加快恢复元气；东航传媒公司挂牌新闻中心，加强新媒体运用；东航产投公司成立基金管理公司，另外减持中远海控部分股权获得一定收益；东航租赁公司聚焦优质区域和优质客户，非航业务稳步增长；东航物流公司快速提升全货机运力，业绩实现大幅提升。

四是精细管理充分显现成效。越是面对疫情冲击，越是把精细化管理作为重要工作抓紧抓实。精细运行方面，从源头减轻飞机重量，精细评估跨水航段占比，定期调整无筏飞机数量，精细分析航班实际加水数据，精算餐食机供品实际重量，持续优化飞机性能，节约燃油1.85万吨，增加释放可销售座位约1.4万个；航延费用全年减少支出1亿元以上。航班正常性比上年上升7个百分点；开发即时通信MUC软件，大幅减少指挥层级，覆盖总部及分子公司21个基地站，32个国内营业部，覆盖86%出港航班。精细服务方面，以行李箱万向轮破损问题为突破口，实现行李破损率大幅下降和行李赔偿费大幅下降；及时出台机上防疫应急处置、机上服务、餐食等细化标准。精细营销方面，开展非自愿退票换票、代理人结算、外航结算、航站结算等工作坊项目，增收节支成效明显；削减低品质航线，推进座控决策系统建设。财务管理方面，宣传贯彻业财融合理念，形成业财融合工作方案。推迟交付25架A320NEO、3架A350、5架B787飞机。人力资源方面，做好不同机队和单位间的飞行资源优化匹配；统筹客舱乘务人力资源，实施属地调配，弥补部分地区人员缺口。审计监督方面，积极推进审计发现问题整改落实，加强审计成果运用，追回资金915.6万元。

五是有效防范化解重大风险。开展全面风险评估工作，层层落实风险管控责任，建立跨部门的风险应对小组，深入排查各类风险隐患，有针对性地制定应对策略。重点将应对疫情影响纳入公司风险评估和防控范围。系统梳理关键领域重大风险，加强风险识别工作，紧盯资金安全，做好资金储备和流动性管理，确保公司资金链安全。聚焦海外资产保全、驻外管理、航材断供等领域，逐一排查梳理风险隐患，强化风险识别和防范化解，确保风险整体可控。建好用好国资国企在线监管系统，认真落实国资监管信息化建设三年行动计划；做好合同履约监控和合同后评估，不断提升合同管理水平。加强旅客信息保护，维护公司网络安全。全面梳理信息技术“卡脖子”风险，分级制定风险应对方案，与国家权威机构合作研发基于信创平台的安全工具和产品。抓好航油、汇率、利率风险管理。

【党建工作】 充分发挥把方向、管大局、促落实的领导作用，及时制定出台一系列决定、制度和办法，把党的政治优势和组织优势转化为制胜优势。营造浓厚理论学习氛围，举办习近平新时代中国特色社会主义思想专题研修班，开展“四史”学习教育，与延安干部培训学院合作设立东航革命传统教育基地。坚定不移推进党风廉政建设和反腐败工作，发挥大监督效能，强化纪检、巡视、审计协作贯通、成果共享，紧盯重点领域、重点环节和重点岗位，坚决向群众身边的不正之风和微腐败亮剑。把疫情防控作为检验巡视整改和主题教育成效的重要内容，把党组关于做好疫情防控常态化“三稳五加强八重点”工作部署落实情况作为政治监督重点，认真做好4个专项整治，巡视反馈的四大类12个方面问题全部完成整改。巡视移交问题线索办结120件，严肃处理122人次，巡视整改以来全集团建立、修订制度333项。

【履行社会责任】 防疫抗疫方面，东航集团及集团员工、党组织被授予“全国抗击新冠肺炎疫情先进集体”“全国抗击新冠肺炎疫情先进个人”“全国先进基层党组织”等称号。服务国内大循环方面，东航集团在全行业率先推出定制包机，全力确保产业链供应链畅通，在全民航率先推出“客改货”创新供给举措，打造中国民航最大“客改货”宽体机队，成功保障“客改货”运输航班6568班。推出“周末随心飞”等随心飞系列产品，取得良好经济效益、社会效益、品牌效益。支持民族航空产业发展，组建一二三航空，国产ARJ21飞机正式运营；立足服务京津冀协同发展和雄安新区建设，按计划转场大兴国际机场，打好基地建设运营接力战；服务“一带一路”建设，厦门分公司挂牌稳推筹备工作；投身海南自贸港建设，筹建三亚国际航空；全力服务保障第三届进博会。脱贫攻坚方面，没有因疫情而影响脱贫攻坚的步伐和力度。东航集团在定点帮扶的云南省沧源县和双江县，扎实巩固拓展脱贫攻坚成果，累计投入帮扶资金4102万元；大力开展消费扶贫活动，消费扶贫金额累计超过4000万元。东航集团党组研究形成乡村振兴战略方案，与云南省临沧市签署乡村振兴战略协议，全面开启乡村振兴新征程。

（撰稿人：石义刚）

中国南方航空集团有限公司

【基本概况】 中国南方航空集团有限公司（以下简称南航集团）前身为中国南方航空公司，成立于1991年2月。1993年1月，更名为中国南方航空（集团）公司。1995年3月，更名为南航（集团）公司，成立中国南方航空股份有限公司。1997年7月，中国南方航空股份有限公司在中国香港、美国同时上市。2002年10月，联合中国北方航空公司及中国新疆航空公司，组建新的中国南方航空集团公司。2003年7月，中国南方航空股份有限公司在上海证券交易所上市。2017年10月，中国南方航空集团公司由全民所有制公司改制为国有独资公司，更名为中国南方航空集团有限公司。2019年7月，南航集团完成股权多元化改革，成为多元股东的中央企业集团。

南航集团深入推进枢纽网络战略，全力打造广州总部枢纽和北京主要枢纽，进驻北京大兴国际机场，形成广州与北京枢纽“南北呼应、比翼双飞”的双枢纽格局，持续新开、加密航线网络，提供安全、可靠、便捷、舒适的航空运输产品和服务。持续打造广深联合枢纽，构建以“湾区通”为主体的产品体系，推动大湾区市场、产品、服务、网络一体化；加速推进北京枢纽建设，提前完成大兴机场全部航班转场，全力做好北京枢纽运营。突出海南战略重点市场地位，与海南省签署战略合作协议；强化与厦航、川航协同，在成都等重点市场共同打造精品干线。2020年，南航集团运营航线1457条，新开国内航线173条，新开国际及地区航线8条。

2020年，南航集团运输飞行207万小时，其中股份公司155万小时、厦航52万小时；通用航空1.34万小时；确保飞行、消防、危险品和公共卫生安全。全集团未发生公司责任征候，安全水平继续在中国民航业保持领先。

2020年，南航集团根据疫情发展变化及政策导向，积极主动调整经营策略，全力抢抓客运收入，紧盯疫情变化，滚动优化国内航线航班，抢抓国际回程客源；积极把握货运物流增收机遇，全面提升货机利用率，组织客改货航班8431班，货运物流经营成效显著。着力强化成本管控，积极争取政策支持，大幅压降成本费用，主动收缩投资，及时调整运力引进节奏，加快盘活处置低效闲置资产，不动产利用率进一步提升。

【主要指标】 2020年，南航集团运输总周转量、旅客运输量、货邮运输量分别为208亿吨千米、9686万人次、146.1万吨，分别比上年下降36.2%、36.1%、17.2%，实现营业收入930.51亿元，暂不计处置飞机减值，全年亏损102.7亿元。

表1　2020年中国南方航空集团有限公司主要经济指标

项　目	2019年	2020年	比上年增长(%)
资产总额(亿元)	3497.85	3474.34	—0.67
所有者权益(亿元)	1151.68	1078.29	—6.37
营业收入(亿元)	1550.02	930.51	—39.97
利润总额(亿元)	72.89	—134.83	—284.98
净利润(亿元)	59.12	—103.36	—274.83
归属于母公司所有者的净利润(亿元)	41.29	—43.93	—206.39

续表

项　目	2019 年	2020 年	比上年增长(%)
技术开发投入(亿元)	6.29	8.19	30.21
利税总额(亿元)	91.60	－119.60	－230.57
应交税金总额(亿元)	64.92	54.08	－17.70
全员劳动生产率[万元/(人·年)]	40.53	32.38	－20.11
净资产收益率(%)(含少数股东)	6.05	－9.27	减少 15.32 个百分点
总资产报酬率(%)	4.09	－1.94	减少 6.03 个百分点
国有资本保值增值率(%)	111.40	92.24	减少 19.16 个百分点

注:表格中国有资本保值增值率 2019 年数据由于统计口径不同,与上年数据不一致。

【改革发展】 坚决贯彻党中央、国务院有关决策部署,制定深化改革三年行动实施方案,明确七大类 30 项重点举措、65 条改革措施、117 项具体改革任务,顺利启动深化改革三年行动。根据实施方案,南航集团开展对标世界一流管理提升行动;完成“总部机关化”问题专项整改、退休人员社会化管理、“三供一业”分离移交等年度改革任务;开展机队、市场、人力、产业、资产负债五大结构调整优化,着力解决制约高质量发展的瓶颈问题;定向增发股票和公开发行可转债募集资金 320 余亿元,夯实发展基础;持续完善市场化经营机制,出台任期制和契约化管理办法;建立“云平台＋双中台”IT 架构基础,业务共享能力体系基本成型。

统筹推动“双百行动”综合改革取得明显成效。通航公司、货运物流公司 2 个混合所有制改革项目分别于 2020 年 11 月 26 日和 2020 年 12 月 22 日完成引战签约,实现混合所有制改革按期落地。2 家“双百企业”引进战略投资者,完善公司治理结构和三项制度改革,搭建市场化的经营机制,混合所有制改革企业发展空间进一步拓宽。在 2020 年民航业受疫情重创的情况下,2 家“双百企业”经营业绩逆市增长,超额完成年度利润指标。

不断加强干部人才队伍建设,坚持育选管用结合。修订干部交流、考核、监督和档案管理等制度,持续完善干部管理制度体系;科学选配干部,加快落实干部竞争上岗、末等调整和不胜任退出机制,全年党组管理干部调整不胜任退出 6 人次;制定任期制和契约化管理办法,在“双百企业”“科改示范企业”率先推行任期制和契约化管理;通过“活水计划”搭建集团层面人才流动平台,解决优秀人才流动难问题;持续加强干部日常监督,加大提醒函询诫勉力度,开展领导干部个人有关事项报告专项整治,查核一致率 91.5%;落实容错纠错办法与澄清保护机制,为举报不实的 58 名干部澄清正名。

【重大创新】 2020 年,南航集团科技创新立足于业务发展痛点难点,搭建民航维修工程技术研究中心、民航航空公司人工智能重点实验室和明珠创新工作室三大创新平台,立项科技创新项目 44 个,“航路规划大规模复杂动态图的数学建模及分布式计算”项目获批科技部重点研发计划重大专项。“APU 外部件性能自动测试平台”、“复合材料结构修理关键技术研究”、南航精准营销平台、“南航餐食绿色飞行”等 4 个项目在科技成果转化上取得瞩目的成绩。2020 年 4 月,南航集团翔翼公司入选“科改示范行动”试点企业。

与外部合作创新方面。一是基于加强产学研用合作,促进成果转化,与中国民航大学合作的“基于 ARP 5150 的民机运营安全风险评估技术研究”项目是工业和信息化部的“两机专项”;与粤港澳应用数学中心等单位联合成功申报科技部重点研发计划“变革型技术关键科学问题”专项;与哈尔滨工业大学合作开展广东省重点领域研发计划项目“复杂构件激光清洗/刻蚀/抛光/智能制造装备”。二是通过协议成立产业技术创新联盟,推动产业之间协同创新,与中国商用飞机有限责任公司以“核心关键技术自主可控”为目标签订创新合作框架协议等;积极参与组建大湾区中央企业数字生态合作组织,推动粤港澳大湾区跨行业基于生态系统的创新合作。

【党建工作】 坚持党建“围绕、融入、服务”中心工作不偏离,通过党建责任制与安全生产经营责任制有效联动，2020年保持安全态势平稳可控；进一步聚焦质量效益，明确高质量发展总体思路；提前5个月完成北京大兴机场全部航班转场，实现北京枢纽高质量起步；成立服务海南自贸港建设领导小组，与海南省人民政府签署战略合作协议。南航集团党组率领全体员工，把打赢2020年度八场硬仗作为各级党组织工作的出发点和落脚点，推动基层党支部围绕重点攻坚任务策划主题党日，全力以赴应对前所未有的困难局面。2020年，南航集团实现安全水平继续在中国民航业领先，全年经营亏损在三大航空企业中最少。

充分发挥基层党组织战斗堡垒作用和党员先锋模范作用，打赢2020年疫情防控阻击战。成立疫情防控工作领导小组，划拨605万元党费支援战疫一线，投入1.9万个航班，运送医护人员2.5万人次、抗疫物资2.9万吨，接回同胞2.4万人次，实现所有国际国内航班旅客机上"零感染"、所有员工工作岗位上"零感染"。飞行总队B777机队、客舱部田静分别被授予"全国抗击疫情先进集体""全国抗击疫情先进个人"称号。

坚持正风肃纪反腐，从严管党治党责任不断压实。一是召开党的建设暨党风廉政建设和反腐败工作会议，修订印发集团《落实全面从严治党主体责任清单》，扎实开展2020年度党建考核。二是深化巡视巡察工作，持续抓好中央巡视整改，组织开展3轮内部巡视，加强对二级单位党委巡察工作指导，保证巡察工作质量。三是一体推进不敢腐、不能腐、不想腐，认真开展境外腐败、利益输送、设租寻租和化公为私问题"四个专项"整治，开展集中教育，引导党员干部知敬畏、存戒惧、守底线，集团党组印发制度，推动对腐败问题的系统施治、标本兼治。四是大力整治形式主义、官僚主义问题，贯彻中央要求，下发力戒形式主义、为基层减负工作措施，其中文会管理持续改进，在2019年大幅压减的基础上，2020年文件、会议分别比上年降低60.16%、9.4%。

积极发挥统战群团工作的桥梁纽带作用，凝聚起全体干部职工干事创业的合力。深化全员岗位建功，组织技能大赛，在第二届民航网络技术员技能大赛前十名中包揽6名；推进"五小"创新工作优秀成果转化立项3433项，广泛应用于飞行、客舱、地服等业务系统；开展"增收节支"竞赛、"南航巾帼·创新创效"分享交流等活动，组织4000余名队员投身疫情防控与复工复产，开展"创青春"青年创效行动，全年受全国、省部级以上表彰的先进女职工集体(个人)20多人次。

【信息化与数字化建设】 完成业务和数据中台建设，建立"云平台＋双中台"IT架构基础，打造企业级数字赋能与能力复用平台，数据响应速度和处理效率明显提升，为快速应对市场变化提供强大的数据支撑。数据中台初步构建客户域、产品域、航网计划域等16个数据域，完成121个系统数据的盘点上云，完成运行、服务、营销等业务的6个数据应用场景上线；业务中台初步搭建八大服务中心，完成61项服务能力开发并对接营销、运行、服务和管理等领域14个前端系统，公司业务共享能力体系基本成型，跨业务、跨领域的互联互通工作迈出实质步伐，数据赋能业务决策和驱动价值创造的能力初步具备，数字化转型工作初见成效。

一批服务、支撑公司业务的重点信息技术项目建设完工。安全方面，重点支撑安全七大体系建设，借助新技术强化QAR大数据分析应用基础。营销方面，以客户为中心，打造南航精准营销体系，为各级营销人员快速、高效开展精准营销活动，建立长期、持续的客户关系奠定基础；推进智能航班优化项目，提升决策效率，增加整体边际贡献。服务方面，着力建设服务全流程系统、服务管控大屏，初步实现大服务的全流程管控和互联互通。运行方面，完成集中运行平台和南航智行项目，打造大运行通用管控和一线运行工作平台，打造飞行人员全生命周期的闭环管理。货运方面，完成货运腹舱载运分析，为决策提供有力数据支持。机务方面，持续深入云机务系统建设，支撑机务业务一体化管理。内部管理方面，建成全面市场化核算信息系统，包括价值报表数量1000余套，助力全面市场化核算硬仗的完成；打造不动产运营管理系统，摸清资产家底，为实现管"实物"到管"价值"的业务发展奠定信息基础。

【履行社会责任】 不断深化南航特色扶贫模式，发挥自身航空业务优势，探索形成"航空引领、产业带动、教育固本、关爱救助、阳光扶贫"的特色扶贫模式，助力打赢脱贫攻坚战、全面建成小康社会。在全国12个省2个县22个村开展扶贫工作，派出挂职和驻村扶贫干部83人，挑选9名干部赴新疆维吾尔自治区皮山县扶贫点开展“访惠聚”驻村工作，帮助定点帮扶地区全部实现脱贫“摘帽”。

加大新疆分公司执管运力投入，完善航线网络，援疆航线增至36条，连接16个援疆省(市)的23个城市；帮助定点县招商引资，发展乡村特色产业，建设10余个产业项；建设电子商务进农村示范县项目，多渠道搭建电商平台，推进扶贫产品上蓝天工程，制定货运扶贫优惠政策，畅通扶贫新通道。

对新疆维吾尔自治区定点扶贫县投入帮扶资金3950万元，建设皮山县和墨玉县南航明珠小学、墨玉县南航明珠幼儿园；组织定点县青少年和基层教师参加社会活动、基层干部开展各种系统技能培训、“点对点”扶贫复工包机。累计捐赠1000万元关爱救助资金，在墨玉县开展全民免费健康体检、医保服务、医疗机构标准化建设等工作，全面提升医疗服务能力，减轻群众就医负担；向定点扶贫县拨付防疫用品物资。

坚定不移贯彻国家绿色发展理念，落实国家《打赢蓝天保卫战三年行动计划》的决策部署，通过机队优化、流程优化等技术手段，航路优化、航油管理、无纸化服务等管理手段，加大节能减排、污染防治力度；推动“大规模动态图航路规划”纳入国家重点研发专项，被中国民航局评为“蓝天保卫战工作先进单位”；积极响应“节约粮食”的号召，通过创新产品和服务模式开展“绿色飞行”服务，“按需用餐”是南航“绿色飞行”服务项目的一部分，120万人次响应参与该服务，推动南航绿色、循环、低碳发展，为国家绿色生态发展以及生态环境改善作出贡献。

（撰稿人：张海峰　何　立）

中国中化集团有限公司

【基本概况】 中国中化集团有限公司(以下简称中化集团)成立于1950年，是最早入围《财富》“世界500强”榜单的中国企业之一，上榜30次，2020年居第109位。在国务院国资委2019年业绩考核中第15次被评为A级。

2020年，中化集团坚持把员工生命安全和身体健康放在第一位，全面统筹、分阶段部署、精准防控，狠抓重点人员、重点环节、重点部位；踊跃捐款捐物，向一线提供大量人力物力支持。在落实好疫情防控的同时，按照党中央“六稳”“六保”要求，积极复工复产、狠抓当期经营，圆满完成全年预算目标。在抓好当期经营的同时，中化集团秉持“科学至上”理念，加快提升科技创新能力，克服困难推进重大战略落地，夯实企业长远发展基础。新冠肺炎疫情暴发叠加油价断崖下跌，给能源业务带来前所未有的压力和挑战。能源事业部全面统筹疫情防控和生产经营，众志成城推进复工复产，泉州石化全面实施经营优化、奋力追赶年度目标，其他业务主动作为、深入开展提质增效，努力多作贡献。在行业整体经营困难的情况下，遏制盈利大幅下滑势头，确保经营总体稳定。全球化工行业在2020年上半年经历一轮“至暗时刻”，化工产品价格指数一度跌至历史最低位。化工事业部主动调整采购生产节奏、千方百计降本减费。下半年，化工事业部抓住化工品反弹机会，在产业链各环节精准发力、提价增量，奋力追赶年度目标并取得实效，经营业绩再创新高。地产调控政策趋紧，疫情对酒店业务产生巨大冲击，地产企业盈利空间明显收窄。中国金茂千方百计克服困难，创新营销模式、优化做收节奏、加强成本管理，再一次为中化集团完成全年经营目标作出突出贡献，发挥中流砥柱的作用。在金融业务领域，2020年强监管、严监管持续，行业风险事件频发。信托业务顺应监管调整结构，主动推进；各业务千方百计多作贡献，金融事业部当期整体净利润完成预算目标，并实现同比增长。中化集团旗下农业事业部与中国化工旗下农业资产重组形成的先正达集团于2020年6月在上海市成立。

【主要指标】

表1　2019年中国中化集团有限公司主要经济指标

项　目	2019年	2020年	比上年增长(%)
资产总额(亿元)	5488.93	6369.73	16.05

续表

项　目	2019 年	2020 年	比上年增长(%)
所有者权益(亿元)	1774.14	2174.61	22.57
营业收入(亿元)	5552.75	4384.54	－21.04
利润总额(亿元)	183.90	209.34	13.83
净利润(亿元)	133.12	157.02	17.95
归属于母公司所有者的净利润(亿元)	32.71	55.83	70.71
利税总额(亿元)	326.87	296.16	－9.40
应交税金总额(亿元)	142.97	139.14	－2.68
全员劳动生产率[万元/(人·年)]	55.85	72.89	30.51
净资产收益率(%)	8.20	7.95	减少 0.25 个百分点
总资产报酬率(%)	4.66	4.47	减少 0.19 个百分点
国有资本保值增值率(%)	116.90	111.04	减少 5.86 个百分点

【改革发展】 1月5日,中化集团宣布拟将下属农业板块主要资产注入中国化工集团有限公司下属的先正达集团股份有限公司。1月14日,先正达集团完成更名。6月19日,先正达集团中国正式成立,致力于成为推动中国农业科技进步和现代化转型升级的重要力量。

2020年6月,中化集团完成受让聊城市国资委无偿划转的所持鲁西集团6.01%股权,中化集团实现对鲁西集团的控制和并表。7月,鲁西化工向中化集团定向增发23.08%股份,进一步强化对鲁西集团及鲁西化工的控制地位。

研究制定《中化集团深化改革三年行动实施方案》,包含重点工作任务31项、具体任务举措91项。旗下中化能源推动A股IPO进程、中化国际开展限制性股票激励,完成"双百行动"三年改革任务;沈阳化工研究院和中化环境开展"科改示范行动"等国企改革专项工程,取得实质性改革成效。

深入学习党的十九届五中全会精神,在对"十三五"发展进行系统评估、对外部环境进行深入研判的基础上,初步明确新中化"十四五"发展总体思路,并完成14个产业规划、2个基地规划和5个专项规划初稿。主动承担并高质量完成中央企业化工与新材料"十四五"发展规划,受到国务院国资委高度评价。

继续以全面对标为工具和抓手,以包含社会、客户、股东、员工四个维度的"企业价值管理四要素"模型为核心,与中国化工协同推进全面对标工作深入开展,构建分层级、立体化的对标指标体系。推进10个总部调度级、69个专业级项目落地,受邀在国务院国资委进行经验交流分享。

出台一系列创新支持举措,推动中化集团开放多元产业化科技创新体系建设,努力打造"高通量"创新机器。设立200亿元中化集团科技创新基金;强化研发项目"门径"式管理,围绕核心主业形成项目分布合理、成果有序产出的研发PIPELINE管道。

2020年5月,中化集团首次评审产生科研高级专家7人,享受相当于M5集团关键岗位职级薪酬待遇,在建设"科学至上"科技领军人才队伍征程上形成示范作用。截至2020年底,中化集团科技人员6075人、研发人员2014人,分别比上年增长31%、29%。旗下沈阳化工研究院和中化环境完成经理人任期制契约化管理。

落实国家科技创新成果分享政策要求,积极开展科技企业分红激励探索。旗下中化国际实施限制性股票激励、科技股权及分红等多元化激励,落地关键岗位竞聘,焕发组织活力。旗下沈阳化工研究院下属企业沈化测评股权激励方案获得批复,成为中化集团推动的首家员工持股企业。

【重大项目】 能源事业部下属乙烯项目克服新冠肺炎疫情造成现场人员复工受阻、外商服务延期、物资交付滞后等诸多困难顺利投产,标志着中化集团能源业务结构升级跃上新台阶,炼化一体化产业链向前迈出新的一大步;化工事业部下属连云港循环经济产业园发展规划获批通过后,碳三产业链一期和圣奥橡胶促进剂一期项目落地连云港园区,并启动土建施工;MAP创新业务快速发展,累计建成中心326座,实现服务面积7746.67平方千米,农业服务业务经营规模和毛利率稳步提升,盈利面逐年扩大,农业农村部将中化现代农业有限责任公司列为农业产业化国家重点龙头企业。

【走向海外】 受外交部和贸促会委任,中化集团党组书记、董事长宁高宁在2020年继续担任APEC工商咨询理事会(ABAC)可持续发展工作组主席,并出席一系列会议,代表中国工商界发出声音。

11月,中化集团和中国化工在第三届中国国际进口博览会上联合举办专场签约活动。其间,2家企业与34家客户签订合作协议,采购来自17个国家和地区的20余种商品,受到海内外合作伙伴的一致好评。

【重大创新】 中化集团承担的一系列重大项目进展顺利,对位芳纶完成产业化装置建设,半导体蚀刻气提前一个季度完成年度目标,尼龙新材料、促进剂等完成中试放大研究,进入工程产业化阶段;依托鲁西正式设立中化集团工程化技术创新中心,中心与集团所属企业按照市场化原则进行互惠互利合作;制定发布《中化集团科技创新支持政策纲要(2020》,在资金、人才、激励等方面出台具体支持举措87条;鲁西集团、安徽圣奥入选工业和信息化部2020年国家技术创新示范企业名单;全年获得包括石化联合会科技奖、中国化工科技奖等各类科技奖励32项,其中省部级及以上25项。

【党建工作】 认真学习贯彻习近平新时代中国特色社会主义思想和党的十九届四中、五中全会精神。协同保障集团党组传达学习会组织学习研讨和专题辅导17次、调研交流9次。举办集团第三期关键岗位人员培训、四中全会精神网络培训、党员教育培训和党支部书记培训等。举办以"创业创新七十载,科学至上共未来"为主题的中化集团建司70周年庆祝大会。以先进典型选树弘扬传播正能量,农业事业部总裁覃衡德被授予"央企楷模"称号。

【履行社会责任】 1月28日,中化石油销售无偿送油1万升到湖北省武汉市火神山医院建设工地,助力中国速度。1月29日,中化集团宣布向湖北疫情防控一线捐款3000万元;中化集团与中国化工联合向武汉华中科技大学同济医学院捐赠口罩6万只;各级党组织号召和组织广大职工进行自愿捐款。中化集团下属扬农集团江苏瑞祥化工有限公司被评为"中央企业抗击新冠肺炎疫情先进集体",中化石油湖北有限公司张雪枚和长沙金茂置业有限公司吴雪琳被评为"中央企业抗击新冠肺炎疫情先进个人"。在疫情防控关键阶段,春耕生产处于最紧迫的节令农时。中化集团开展"战疫情,保春耕"行动,通过农资备货、及时配送、远程培训、在线指导等方式,有序开展春耕备耕服务,并通过防疫物资捐赠、疫情防控宣传、组织集中消杀作业等多种方式,助力补齐重点区域乡村防疫工作短板。中化集团与武汉市政府签署投资金额50亿元的"中国金茂武汉长江TOD综合体项目"合作协议,中化高新投资管理(湖北)有限公司完成首支落户湖北地区的抗疫基金——"中化兴发(湖北)高新产业基金"备案,助力湖北武汉经济复苏。

3月5日,内蒙古自治区人民政府发布公告,中化集团定点帮扶的赤峰市阿鲁科尔沁旗正式退出贫困旗县序列。至此,中化集团对口支援及定点帮扶的内蒙古、西藏、青海3个省(自治区)7个受援地全部退出贫困县序列。

(撰稿人:李舒群)

中粮集团有限公司

【基本概况】 2020年,中粮集团有限公司(以下简称中粮集团)深入学习贯彻习近平新时代中国特色社会主义思想和党的十九届五中全会精神,认真贯彻落实党中央、国务院决策部署,紧紧围绕"六稳""六保"任务,持续聚焦"高质量、国际化、防风险"工作主线,统筹推进疫情防控、生产经营、改革发展各项工作,取得积极成效。

面对新冠肺炎疫情冲击和全球经济低迷的严峻挑战,中粮集团顶住压力、迎难而上,圆满完成抗疫保供、专项采购等政治任务,体现中央企业担当,维护粮食安全的作用更加凸显;同时扎实推进商情研判、品牌发展、提质增效等核心工作，抓住国际农产品跌至历史低位、国内供给不足的机遇，抓住后疫情时期各类产品需求释放的机遇，抓住市场利率下行、基层企业税费减免的机遇，经营业绩实现超同期、超历史、超预算。

【主要指标】 2020 年，中粮集团确立“抓大宗商品机遇、补地产食品损失、控金融业务风险”的工作思路，经营业绩逆势而上再创历史新高，实现“十三五”圆满收官。

表 1 2020 年中粮集团有限公司主要经济指标

项　目	2019 年	2020 年	比上年增长(%)
资产总额(亿元)	5980	6698	12.0
所有者权益(亿元)	1811	1910	5.5
营业收入(亿元)	4984	5303	6.4
利润总额(亿元)	126	206	63.5
净利润(亿元)	83	148	78.3
归属于母公司所有者的净利润(亿元)	29	95	227.6
技术开发投入(亿元)	5.8	7.8	34.5
利税总额(亿元)	270	355	31.5
应交税金总额(亿元)	187	207	10.7
全员劳动生产率[万元/(人·年)]	36.66	45.85	25.1
净资产收益率(%)	4.78	7.94	增加 3.16 个百分点
总资产报酬率(%)	3.34	4.08	增加 0.74 个百分点
国有资本保值增值率(%)	106.70	110.80	增加 4.10 个百分点

【改革发展】 中粮集团以习近平新时代中国特色社会主义思想为指导，扎实践行新时代党的组织路线，坚持党管干部、党管人才原则，认真贯彻集团党组决策部署，紧紧围绕“高质量、国际化、防风险”中心任务，坚持政治导向、目标导向、结果导向，紧扣“市场化、年轻化，能者上、庸者下”的工作主题，找准切入点、打好“组合拳”，以选人用人市场化改革助推中粮集团全面深化改革，为集团业绩超历史、超预算、超同期、超预期作出积极贡献。中粮集团列入改制的 99 家全民所有制企业中，98 家完成工商变更，完成率 99%。一是积极稳妥、分类分层推进混合所有制改革，促进国有企业转化经营机制，提高国有资本配置和运营效率。所属 17 家专业化公司中 12 家通过不同形式引入外部资本完成混合所有制改革或通过上市等方式实现股权多元化。二是稳步推进所属企业员工持股计划，科学合理设计改革方案，依法合规履行相关程序，确保国有资本保值增值。所属 3 家非核心主业专业化公司实施员工持股。三是深入贯彻落实国企改革“1＋N”系列文件要求，持续完善改革顶层设计，完善把党的领导融入公司治理各环节相关制度，夯实中国特色现代企业制度建设基础。规章制度涵盖 19 个大类 70 个一级制度，总计 266 个制度。四是深入贯彻落实中央关于实施国企改革三年行动方案的重大决策部署，结合集团改革发展实际，制定集团改革方案，编制集团“十四五”规划，制定出台《中粮集团有限公司改革三年行动实施方案》和工作台账，明确七大方面 40 项改革重点任务和 92 项具体工作举措。五是制定印发《关于中粮集团深化改革领导小组及下设机构调整的通知》，进一步优化改革领导机构设置，负责落实改革领导小组各项决策部署，统筹协调推进改革重点工作。建立健全改革工作月度跟踪机制，按期向国务院国资委上报改革工作进展情况。改革工作台账中的 92 项工作举措总体完成进度 53%，其中 17 项工作圆满完成计划任务。

【重大项目】 境外投资项目 80 个，完成投资 97 亿元(含中国粮油私有化项目)，其中固定资产投资 15.3 亿元、股权投资 81.7 亿元。2020 年 3 月，中粮集团出资 89 亿港元完成下属中国粮油的私有化退市。此次私有化交易有利于中粮集团全面巩固及整合其对中国粮油的运营，使中粮集团更灵活、高效地支持中国粮油长期业务发展，进而实现中粮集团自身的长期发展战略，做优、做强、做大农粮主业，加快打造中国人自己的世界一流大粮商，为保障国家粮食安全作出积极贡献。

【走向海外】 进一步强化国际化经营能力建设，积极推进国内外一体化采购，深化国内外协同，降本增效取得实效，实现连续第三年盈利。着力拓展多领域业务国际化经营，鼓励有条件的专业化公司主动走出去，充分利用两个市场两种资源为企业发展服务。蒙牛乳业积极布局印度尼西亚、新西兰市场，中国茶叶推进摩洛哥项目落地和中国茶文化“走出去”，中粮包装比利时项目成功投产，中粮肉食抓紧研究推进海外布局，中粮贸易、中粮油脂、中粮粮谷、中粮糖业等积极拓展与俄罗斯、“一带一路”沿线国家和地区的业务合作。

【重大创新】 基础研究和应用基础研究方面，围绕核心主业，开展大豆油酶法脱胶关键技术及产业化开发等多项基础研究及应用研究，优化工厂生产技术，提升产品质量水平。技术创新体系建设方面，新获批2个国家级创新创业平台；持续增加科技研发投入，2020年研发投入7.8亿元，比上年增长34.5%；初步形成以中粮营养健康研究院为核心的辐射状科技创新资源协同网络，凝聚研发力量，聚集跨学科、跨领域、跨专业的科技资源，构建产业上下游有机结合，学科交叉互补的科技创新支撑体系。产学研合作、协同创新方面，与数十家国内国际著名院校和专业研发机构建立研发创新合作关系。科技成果转化方面，坚持开展科技创新工作，促进科技创新成果能应用、能落地，产生经济效益。重大科研开发项目方面，从产业高质量发展需要出发，面向“十四五”集团科技专项规划，新组织实施大豆油精准加工关键技术及产业化、中粮特色风味菜籽油产品体系研究、全麦粉稳态化制备关键技术开发及产业化、变性淀粉产业化关键技术及应用开发、生物基材料的高效制造关键技术开发、液体糖浆系列新产品创制与生产关键技术开发、甜菜糖蜜提糖关键技术开发及产业化项目、“自然之源，馥郁流香——品质导向”的白酒关键技术开发、基于大数据的中粮品牌及产品消费洞察方法体系建设及应用等9项重大科技研发项目，实现项目投产落地，为产业发展提供动力，助力产业实现提质增效。

【党建工作】 围绕“以一流党建助力一流企业发展”工作目标，以加强党的政治建设为统领，不断强化全面从严治党主体责任，全面落实国务院国资委“中央企业党建巩固深化年”的各项要求，在服务国家改革发展稳定大局中自觉践行初心使命，一手抓防疫保供转产稳经营，一手抓巩固党建成效促发展，切实把党的政治优势、组织优势转化为企业的竞争优势、发展优势，为打造世界一流的国际大粮商提供坚强保证。始终坚持加强党的政治建设，贯彻落实党对国有企业领导。把学习贯彻习近平新时代中国特色社会主义思想作为首要政治任务，建立“不忘初心、牢记使命”主题教育长效机制，认真学习贯彻落实党的十九届五中全会精神，与科学谋划集团“十四五”规划紧密结合，进一步明确发挥国家粮油食品全球供应链建设的主力军作用，坚决贯彻落实习近平总书记重要指示批示精神、党中央重大决策部署。

反腐倡廉工作情况。一是坚定不移推进全面从严治党、党风廉政建设和反腐败工作，坚定坚决履行好“两个责任”，把贯彻党中央关于全面从严治党的部署体现到谋划重大战略、制定重大政策、部署重大任务、推进重大工作实践中，推动习近平总书记重要指示批示精神和党中央决策部署在集团落实落地，为集团经营业绩取得历史新高、卓有成效化解风险矛盾、坚定有力服务国家战略提供坚强的政治和纪律保障。二是党员干部队伍工作作风不断改进，风清气正的政治生态逐渐形成，担当作为的实干者越来越多，中粮集团党组的各项决策得到有效执行，中粮集团各项业务保持稳步、健康、可持续发展。通过依规依纪依法正风肃纪反腐，激励保障干部员工担当作为，紧紧围绕发展加强监督保障，中粮集团政治生态持续向好，各级干部担当作为积极性明显提高，党组各项决策得到有效执行，在疫情复杂形势下，中粮集团经营业绩实现逆势增长。

【信息化与数字化建设】 集团总部利用信息化手段加强财审监管，实现集团财务系统全覆盖。实施云视频会议系统，优化工作模式，提高集团内部沟通效率。中粮集团云视频会议系统接入集团下属32个国家(地区)877个办公地点，覆盖1400余家公司。下属业务单位利用数字化手段优化资源配置、提升管理效能、推动业务转型升级。

【履行社会责任】 一是充分发挥粮油、食品、地产、金融等产业链优势，在新冠肺炎疫情肆虐期间不停工不停产、迅速转产扩能，并作出米面油等重要民生产品“价格不涨、质量不降、供应不断”的郑重承诺，守护市场稳定供应生命线，全力保障以湖北、北京为重点区域的米面油产品、口罩、医用酒精供应，捐赠款物7.7亿元，以实际行动防控疫情，践行央企使命。二是持续做好各项帮扶工作，帮助7个定点扶贫县和2个对口支援县脱贫“摘帽”，助力高质量打赢脱贫攻坚战，促进经济社会发展和群众生活改善。三是在全球各粮食主产区及时采取防疫措施，确保粮食生产、加工和零售从业人员安全，最大程度地减少疫情传播，迅速部署畅通国际物流通道、增强国际运输力量，成为稳定全球农产品供应链、维护全球粮食供需平衡的重要力量。四是以高质量发展推进农业供给侧结构性改革，打造农业综合服务平台，推进互联网、大数据、人工智能与农业深度整合。围绕“粮食银行+农业服务”模式，建立粮食回收通道，附加其他农业服务，帮助农户解决“种粮难”“卖粮难”“储粮难”等问题，构建现代农业产业体系，促进我国农业现代化发展。

（撰稿人：姚新宇）

中国五矿集团有限公司

【基本概况】 2020年，中国五矿集团有限公司(以下简称中国五矿)营业收入7039.03亿元、比上年增长15.32%，净利润比上年增长35.84%，创历史最好经营效益，顺利实现“三步走、两翻番”奋斗目标，同时也为“十三五”发展圆满收官。2020年，中国五矿居《财富》“世界500强”第92位、“中国企业500强”第24位。

“十三五”期间，中国五矿圆满实现“三步走、两翻番”目标，取得跨越式发展成就。2015—2020年，中国五矿总资产从7057亿元到9830亿元，营业收入从4215亿元到7039亿元，利润总额和经济增加值大幅增加；积极落实党中央、国务院要求，累计投入各类帮扶资金4.3亿元，开展金融、教育、产业等多领域有效扶贫，在中央单位定点扶贫考核中蝉联最好等级。

【主要指标】 2020年，中国五矿资产总额比上年增长5.75%，所有者权益比上年增长18.96%，利润总额比上年增长26.04%，归属于母公司所有者的净利润比上年增长113.12%，研发经费投入34.81%，利税总额①比上年增长9.84%，应交境内税费总额比上年增长12.62%，全员劳动生产率比上年增长12.48%，净资产收益率比上年增加0.73个百分点，总资产报酬率比上年减少0.08个百分点。国有资本保值增值率比上年增加3.99个百分点。

【改革发展】 明确改革方案和改革目标，在加强董事会建设、“三清单一流程”建设、任期制和契约化管理、坚持党的领导、加强党的建设以及企业个性化的改革领域积极探索、重点突破。一是完善治理结构，建立现代企业制度。把加强党的领导和完善公司治理统一起来，落实“双向进入、交叉任职”。加强董事会建设，实现外部董事占多数。健全运行机制，制定完善“三清单一流程”。将核心管控事项嵌入集团信息管理系统，实现管控事项表单化、信息化。通过合并跨部门事项和流程、向主管副总和部门长“分级”授权等方式，核心管控事项减少40%，总部决策事项精简20%。二是探索推动体制创新，向以管资本为主转型。持续推进“总部去机关化”，强化集团总部的产业研究能力、战略引领能力、资本运作能力，通过优化调整，集团总部部门从21个调整为16个。积极稳妥推进混合所有制改革，新增混合所有制企业2户。三是着力完善市场化经营机制，激发干部员工动力。按照“先确权、后赋责、再定利”思路，全面推行契约化管理，用业绩考核压实责任。推出深化人力资源管理体制改革、探索推行职业经理人制度、拓宽员工发展通道、健全综合考核评价体系等重要改革举措并取得积极成效。

---

① 利税总额=净利润+实际缴纳境内外税收。

【重大项目】 中国五矿承建的国家雪车雪橇中心作为北京冬奥会比赛场馆中设计难度和施工难度最大的项目，按期建成交付并实现多个“中国首创”。金属矿产企业统筹安排生产经营，曹妃甸亿吨级国际矿石交易中心、龙江石墨项目、江华稀土项目当年投产、当年盈利。株冶集团搬迁工程、长沙矿冶院锰基材料项目、中钨高新精密工具产业园按期完成投资建设。设计、施工企业抢进度抢工期，北京环球影城、印度尼西亚德信等一批涉及国计民生、国际产能合作的重点项目如期推进，成功带动产业链上下游复苏，成为落实“六稳”“六保”的重要依靠力量。

【走向海外】 中国五矿与俄罗斯新利佩茨克钢铁公司（NLMK）签署新能源汽车用高端电工钢连退机组合同，与越南和发集团签署和发榕桔钢铁转炉总承包合同，持续推进自主核心技术与装备的整体输出。直管企业中冶集团紧跟国家“一带一路”倡议，布局“一带一路”沿线疫情风险可控的国家，集中力量和资源、加强属地化，实现真正的落地生根和区域发展。截至2020年底，海外在建项目386个，覆盖57个国家和地区，其中，“一带一路”沿线25个国家海外在建项目279个。

面对境外疫情持续肆虐，中国五矿科学部署，坚持疫情防控和复工复产“两手抓两手硬”。邦巴斯矿山通过调整轮岗频次、确保当期重点生产物资运输、增加矿区宿舍隔离床位、严格对进入矿区人员4次检测等一系列措施，确保“零感染”和生产不间断。上半年秘鲁政府宣布国家进入紧急状态，当地主要矿山企业在相当一段时间内几乎全部处于完全停产或半停产状态，经多方努力协调，最大程度地保持邦巴斯项目矿山稳定运营，并从优化选厂回收率、改善处理量以及使钼厂尽快达产3个主要方面对邦巴斯项目全年运营进行优化，取得积极效果。

【重大创新】 参与研究“2021—2035年国家中长期科技发展规划”“十四五国家科技发展规划”，组织研究编制“十四五”国家重点专项《战略性矿产资源实施方案》，促进国家和行业科技发展；获批包括国家自然科学基金、重点研发计划在内的国家和省部级科技计划项目（课题）30余项；组织优势企业积极申报并承担3项1025专项项目、作为成员单位参与1项LHT项目；新获批2个国家技术创新示范企业，国家技术创新示范企业增至9家；所属企业有2项科技成果通过国家科学技术奖终评，其中科学技术进步奖一等奖1项、技术发明奖二等奖1项；新增授权专利5536件，其中发明专利1120件、海外专利39件。中冶京诚研发的柔性化45米/秒高速棒材关键技术与装备打通从工艺技术、核心装备、控制技术创新到成果市场转化的全套技术环节，为我国钢铁行业实现以资源、环境友好为导向的高质量发展奉献智慧和宝贵经验。该研究申请专利27件，软件著作权3项，出版专著1本，经中国金属学会鉴定，技术成果达到国内领先、国际先进水平，获得2020年冶金科学技术奖一等奖。

【党建工作】 始终把政治建设放在首位，围绕深入贯彻习近平新时代中国特色社会主义思想，全面落实习近平总书记重要指示批示和党中央决策部署，抓实“两学一做”“不忘初心、牢记使命”等党内集中教育，建立贯彻落实的工作闭环。以任务书强化责任、以“清单＋手册”细化任务、以党建考评推动落实，各级党组织主体责任一贯到底、落实到位。深入开展“党旗飘扬、党徽闪光”等行动，充分发挥组织体系功能作用。以“层级、序列、职级、薪级”四维度体系统领干部人才队伍建设，着力培养高素质干部，大力发现培养使用优秀年轻干部，持续深化体制机制变革，选人用人满意度不断提高，干事创业动力活力充分激发。深入推进纪检监察体制改革，严格落实中央八项规定及实施细则精神，驰而不息纠治“四风”；一体推进不敢腐、不能腐、不想腐，扎实开展“靠企吃企”专项整治；深入推进中央巡视整改，借力加力切实推动解决一批重大问题；贯通做实内部巡视巡察，基本实现二、三级企业全覆盖；构建运行“大监督”机制，整合监督资源、提升监督质效，风清气正良好氛围进一步巩固。

【信息化与数字化建设】 出台《中国五矿集团有限公司数字化转型推进方案》，制定《“十四五”信息化规划数字化转型分册》，为统筹、整体推进中国五矿数字化转型提供指导。中国五矿信息化管理部、信息中心获评“2020年度中国杰出数字化团队”；大监督平台项目获评“2020年度中国杰出数字化项目”。所属企业中冶赛迪"基于工业互联网平台的钢铁一体化生产智能管控解决方案"获得第二届中国工业互联网大赛全国总决赛第一名；金洲公司微型钻头智能制造、株洲冶炼智能冶炼等项目多次被国家部委作为示范样板进行宣传推广。

中国五矿大监督平台项目通过运用大数据技术，构建起覆盖企业战略规划、投资管理、风险管理、财务管理、科技管理、人力资源管理、安全环保、内控审计等核心管理领域的大监督平台，形成全覆盖、无死角、科学高效的监督体系；研发的智慧住建平台、轻筑、轻策等产品成功应用于国务院国资委国资在线大数据、国家应急管理部、重庆市住房和城乡建设委员会、重庆市勘察设计协会等国家和各地方政府部门及其项目中；金洲公司依托智能制造体系制造的超细微型钻头（直径0.01毫米）入选工业和信息化部举办的工业和信息化发展专题展；中冶京诚携手国内大型钢铁集团打造的数字化工厂项目通过数字孪生技术实现生产设备的运行模拟、智能化预警，进而实现生产一线情况实时、远程、动态的掌握与监控，有效提升企业科技化运营和安全生产水平；中冶赛迪工业互联网平台将钢铁领域知识与工业互联网技术深度融合，充分利用大数据技术，有效解决钢企生产过程中工序协同难度大、工序内控精度低、生产环境恶劣、生产模式固化等问题。

【履行社会责任】 深入学习贯彻习近平总书记关于精准扶贫、精准脱贫的系列重要论述，以高度的政治自觉和责任担当，扎实有序推进对6个定点扶贫县和1个对口支援县的帮扶工作。中国五矿党组书记、董事长和总经理均赴定点扶贫县开展调研督查，分管党组副书记对6个扶贫县实现全覆盖调研；集团公司层面召开专题工作会8次，开展督促指导32次，形成报告32份。向6个扶贫县投入无偿帮扶资金5434.6万元；引进无偿援助资金2000余万元；培训基层干部915人，培训技术人员1333人；购买定点扶贫县农产品3846.42万元；帮助定点扶贫县销售农产品677.47万元。承担的6个定点扶贫县和1个对口支援县全部脱贫"摘帽"，中国五矿扶贫办获评"全国脱贫攻坚先进集体"。

（撰稿人：高培峻）

中国通用技术（集团）控股有限责任公司

【基本概况】 中国通用技术（集团）控股有限责任公司（以下简称通用技术集团）是中央直接管理的国有重要骨干企业，成立于1998年，是在6家原外经贸部直属企业基础上组建的国有独资公司。2006年以来，通用技术集团先后重组5家中央企业和一批地方骨干企业。2018年12月，通用技术集团获批成为国有资本投资公司试点企业。截至2020年底，境内经营机构483家，其中二级经营机构25家；境外机构91家，其中直属境外机构10家；在境内外拥有上市公司4家，分别是中国医药、中国汽研、沈机股份、环球医疗（香港联交所上市）；职工8.3万人。2009—2019年，连续11年在中央企业经营业绩考核中获得A级；2020年《财富》"世界500强"排名第477位。

通用技术集团的核心业务包括先进制造与技术服务、医药医疗健康、贸易与工程服务。在先进制造与技术服务领域，拥有高端数控机床及关键功能部件、纤维新材料及纺织装备，以及汽车、机床、纺织检验检测认证等领域的骨干企业和科研院所。在医药医疗健康领域，是国务院国资委批准的以医药为主业的3家中央企业之一，6家可参与国有企业办医疗机构资源整合的中央企业之一，业务领域涵盖医疗服务、医药工业、医药商业、医药贸易、医疗金融、健康管理等。在贸易与工程服务领域，具有较强的国际市场开发能力、商务集成服务能力、全球资源整合能力、国际项目管理能力和风险管控能力。通用技术集团是移动通信终端产品供应链综合服务商，具备完备的网络体系和高效的运营管理能力，连续多年在移动通信终端产品分销领域占据领导者地位。

【主要指标】 2020年，通用技术集团实现营业收入1958亿元，比上年增长6.7%；利润总额78.3亿元，比上年增长4.1%；净利润56.4亿元，比上年增长4.8%，连续16年实现增长；经济增加值20.4亿元；资产负债率65.8%，比上年减少0.6个百分点；营业收入利润率4.11%，比上年增加0.17个百分点；研发经费投入强度0.69%，比上年增加0.13个百分点。

表1　2020年中国通用技术(集团)控股有限责任公司主要经济指标

项　目	2019年	2020年	比上年增长(%)
资产总额(亿元)	1972.02	2257.18	14.5
所有者权益(亿元)	661.70	772.30	16.7
营业收入(亿元)	1834.80	1958.00	6.7
利润总额(亿元)	75.15	78.30	4.1
净利润(亿元)	53.80	56.40	4.8
归属于母公司所有者的净利润(亿元)	33.82	38.52	13.9
技术开发投入(亿元)	10.25	13.57	32.3
利税总额(亿元)	148.43	149.37	0.6
应交税金总额(亿元)	73.28	71.11	-3.0
全员劳动生产率[万元/(人·年)]	38.12	36.80	-3.5
净资产收益率(%)	8.77	7.93	减少0.84个百分点
总资产报酬率(%)	5.47	5.00	减少0.47个百分点
国有资本保值增值率(%)	107.10	109.40	增加2.30个百分点

【改革发展】　全面贯彻落实党中央、国务院决策部署，制定实施集团改革三年行动方案，推动各项改革任务落实落地。一是强化总部职责和制度建设。按照国有资本投资公司功能定位，进一步优化集团总部职能设置，设立职能部门11个、共享服务中心5个和专业化平台6个，强化专业化管理功能。健全完善与国有资本投资公司功能定位相适应的总部管理制度体系，制(修)订各类制度文件75项。二是完善子公司法人治理。加快建立专职化专业化董事监事队伍，实现22家二级公司董事会外部董事占多数的规范配置。加强对派驻二级公司董事监事的选拔任用和管理监督。三是稳步推进授放权。构建二级公司行权能力评价体系，梳理集团总部权责事项清单，2020年先行对二级以下境内机构设立等事项进行授权。四是抓好国企改革专项工程。推进"科改示范企业"中国汽研深化改革，在投资决策、工资总额等6个方面向中国汽研董事会实施10项授权。按照国企改革三年行动要求，推进"双百企业"制定和实施新的改革方案。五是深化三项制度改革。市场化选聘配备沈机集团、沈机股份、新材料公司经营层16名职业经理人，公开选聘4名集团总部部门副职负责人。以中国医药和轻工公司为试点，推行党组管理干部任期制和契约化管理。沈阳机床、齐二机床开展全员全层级竞聘上岗。修订颁布境内二级经营单位负责人薪酬管理办法及实施细则，合理提高二级经营单位负责人薪酬竞争力。推进中长期激励措施落地实施，中国汽研实施第二期限制性股票激励计划，环球医疗实施期权激励计划，中纺标公司实施科技型企业股权激励计划。深入落实和推进解决企业历史遗留问题和剥离企业办社会职能改革，完成集团系统退休人员社会化管理主体任务。

【重大项目】　机床装备业务方面，为航空、高铁等领域重点用户交付一批首台套重要装备；在航空航天等重点领域获得34个千万元级大额订单，全年获得高端机床合同23.8亿元，比上年增长12%。新材料业务方面，新溶剂法纤维素纤维产业化项目实现突破，在年产3万吨项目全面达产的基础上，年产6万吨项目一次性开车成功，成为产能国内第一、全球第二的绿纤生产企业。检验检测业务方面，国家新能源汽车安全预警平台建成并运营，国家氢能动力质量监督检验中心项目启动建设，成立国家标准创新基地(重庆)汽车标准创新中心。医疗服务业务方面，成功完成与国家电网、航空工业、航天科工等中央企业的医疗机构改革合作，累计与17家中央企业和地方国企达成合作，承接医疗机构170家，开放床位总数3.2万张，年门急诊量超过1600万人次，分布于全国21个省(自治区、直辖市)。贸易业务方面，信息通信产品分销业务深度参与华为战略实施，手机分销量4310万部，创历史新高。

【走向海外】 国际工程业务和产能合作项目全力克服海外疫情的持续影响，在孟加拉国、缅甸、匈牙利等国投资兴建的一批重点能源项目顺利实现并网发电和商业运行，在孟加拉国、意大利、马来西亚、波黑等国新能源市场布局进一步展开，以“投建营”一体化模式持续深耕能源市场。哈萨克斯坦 ALLUR 汽车产能合作项目生产组装各类车辆 4 万台，占哈萨克斯坦全国产量的 51.7%，实现营业收入超过 50 亿元，销售利润大幅提升。中标哈萨克斯坦国家重点工程首都努尔苏丹国际机场改造项目，合同金额 2.35 亿美元。2020 年，实现国际化经营收入 367.6 亿元，比上年增长 54.8%，国际化经营指数 18.8%，比上年增加 5.9 个百分点。通用技术集团在 2020 年度 ENR 全球最大 250 家国际承包商榜单中名列第 73 位。

【重大创新】 2020 年，通用技术集团研发投入 13.6 亿元，比上年增长 32.3%。推动“1025 专项”工程 17 项，其中 6 项任务取得阶段性进展。获得国家级奖励 4 项，省部级奖励 33 项；新申请专利 504 件，其中发明专利 244 件；新授权专利 358 件，其中发明专利 102 件；开发新产品 150 项，在高端机床装备、新材料、医药等领域取得一批有影响力的重要创新成果。主持制（修）订标准 103 项，发布国际标准 4 项，北京机床所牵头主持修订、沈机集团参与的金切机床相关国际标准发布实现我国机床领域“零的突破”，中纺院牵头起草的 3 项国际标准极大提升我国羊毛产业、纺织纤维产业的国际地位和影响力。

【党建工作】 坚持和加强党的全面领导、加强党的建设，巩固深化“不忘初心、牢记使命”主题教育成果，以高质量党建保障集团高质量发展。一是持续深入学习贯彻习近平新时代中国特色社会主义思想，理论武装不断强化。坚持“第一议题”制度，建立健全习近平总书记重要指示批示精神和党中央决策部署落实台账及抓落实工作机制。采取专题学和经常学相结合的方式深入学习研讨《习近平谈治国理政》第三卷。各级党组织采取多种方式，推动党的十九届四中、五中全会精神学习宣传贯彻进车间、进班组、进项目、进网络。二是持续推进干部人才队伍建设，高素质干部人才对集团发展的支撑作用不断加强。优化二级班子领导人员队伍的规模和结构，全年选拔任用集团党组管理干部 95 人次。加大优秀年轻干部发现培养选拔力度，提拔使用在库优秀年轻干部 15 人，占同期党组管理干部提职总人数的 57%。强化对干部的日常监督管理，开展领导干部报告个人有关事项日常查核及专项整治工作。三是贯彻落实国有企业基层组织工作条例，基层党组织的组织力持续增强。723 个在职党支部全面开展“一强两无三高”五星党支部创建工作，评定五星党支部 38 个，对 59 个未定星级党支部逐个提出整改要求，对其他星级党支部分类制定提升措施，推动基层支部全面进步、全面过硬。四是强化宣传思想引导，集团凝聚力和社会影响力持续提升。压紧压实各级党组织意识形态工作责任，管好用好舆论阵地，全力做好重大主题宣传引导，加强集团改革发展党建成就宣传。表彰抗疫先进集体和个人，大力宣传“全国劳动模范”和“三八红旗手”的先进事迹，加大脱贫攻坚工作宣传力度。五是持续正风肃纪反腐，风清气正的政治生态不断巩固。认真学习贯彻十九届中央纪委四次全会精神，严格落实全面从严治党主体责任、监督责任。聚焦“两个维护”，深化政治监督，强化对贯彻落实习近平总书记重要指示批示精神和党中央决策部署的监督检查。持续抓好 46 项中央巡视深化整改措施的落实，中央巡视组指出的 25 个问题基本整改到位。聚焦“四个落实”，对 10 家二级公司党委开展政治巡视，推动被巡视单位党组织党的领导职能职责持续加强，巡视巡察上下联动监督网进一步健全完善。持之以恒贯彻落实中央八项规定精神，全年查处违反中央八项规定精神问题 21 件，给予党纪政务处分 5 人，给予组织处理 48 人。持续纠治形式主义、官僚主义突出问题，深化“总部机关化”问题专项整改。根据国务院国资委统一部署，开展“境外腐败、利益输送、设租寻租和化公为私”问题专项整治，发现风险点 86 个，制定整改措施 113 项，落实 68 项，集团和二级公司制（修）订制度 43 项；集中查办 2 起“靠企吃企”职务违法犯罪案件，通用技术集团运用“第四种形态”实现“零的突破”，形成极大震慑。处置问题线索 432 件，给予处分处理 166 人次，其中党纪政务处分 16 人次、组织处理 150 人次。

【信息化与数字化建设】 扎实稳步实施数字化转型。通用云上线运行，新一代管控平台全面启动，统一邮件系统覆盖超过6万名员工，云视频支持会议超过3万余场50万人次，集团人力信息系统、数据平台建设有序推进。机床、医疗、贸易等业务数字化方案基本完成。

【履行社会责任】 新冠肺炎疫情发生后，通用技术集团多方筹集资金投入疫情防控，设立10亿元专项保障资金，捐赠4800余万元，直属党委下拨党费120万元，1.5万余名党员自愿捐款212万余元。各单位坚决服从党中央号令，发挥主业优势，全力支持全国特别是湖北省、武汉市疫情防控工作。142名援鄂医护人员、34家定点医院及数万名医护人员参与湖北和各地医疗救治；在医药医疗物资应急保供，防护服面料等重要防疫物资生产和社会产能整合，口罩机、防护服压条机、口罩熔喷设备等重要防疫装备研制生产，磷酸氯喹等抗疫药品生产供应，医院医疗设施建设，抗疫物资和设备招标服务等方面全线出击、全域作战；先后完成国务院联防联控机制物资保障组调配任务75次，执行向96个国家和地区组织援助防疫物资的国家任务，向35个国家和国际组织出口防疫物资。加大"六稳""六保"工作力度，带头复工复产稳定经济，2020年2月中旬所属400户子企业复工率超过90%，3月底基本实现全面复工复产；认真落实助企纾困政策，为小微企业减免房租4978万元，惠及小微企业661户；积极推进"抗疫稳岗扩就业"专项行动，招录2020届高校毕业生980人。努力克服疫情影响，坚决完成决战决胜脱贫攻坚任务。投入帮扶资金2820万元，引进帮扶资金104.2万元，购买贫困地区农产品1481万元，帮助对外销售农产品462万元，与国务院国资委联合举办扶贫直播活动，以融媒体方式打通消费扶贫"最后一公里"。定点帮扶的内蒙古自治区武川县、商都县全部实现脱贫"摘帽"。

（撰稿人：施　浪）

中国建筑集团有限公司

【基本概况】 中国建筑集团有限公司（以下简称集团）组建于1982年，是我国建筑领域唯一一家由中央直接管理的国有重要骨干企业，业务涵盖投资开发（地产开发、建造融资、持有运营）、工程建设（房屋建筑、基础设施建设）、勘察设计、新业务（绿色建造、节能环保、电子商务）等，遍及全球100多个国家和地区。2020年，集团党组坚持以习近平新时代中国特色社会主义思想为指导，深入贯彻党的十九大和十九届二中、三中、四中、五中全会以及中央经济工作会议精神，认真落实国务院国资委工作要求，致力"一创五强"战略目标，以推动高质量发展为主题，扎实开展常态化疫情防控，全力推动复工复产，深化改革创新，狠抓生产经营，经过集团上下奋力拼搏，圆满完成全年目标任务。第十五次获得国务院国资委经营业绩年度考核A级，居《财富》"世界500强"第18位，继续保持行业内全球最高信用评级，稳居全球最大投资建设集团。

【主要指标】 2020年，集团新签合同额3.2万亿元，比上年增长11.6%；营业收入1.6万亿元，比上年增长13.8%；利润总额939.1亿元，比上年增长15%。营业收入、净利润在中央企业中分别排名第四位、第三位。资产负债率74%，较年初减少1.7个百分点。

表1　2020年中国建筑集团有限公司主要经济指标

项　目	2019年	2020年	比上年增长(%)
资产总额(亿元)	20484	22057	7.7
所有者权益(亿元)	4981	5740	15.2
营业收入(亿元)	14220	16175	13.8
利润总额(亿元)	816.9	939.1	15.0
净利润(亿元)	633.8	705.4	11.3
归属于母公司所有者的净利润(亿元)	230.3	246.9	7.2
技术开发投入(亿元)	220.1	295.9	34.5
利税总额(亿元)	1432.6	1467.4	2.4
应交税金总额(亿元)	757.2	749.7	—1.0

续表

项　目	2019年	2020年	比上年增长(%)
全员劳动生产率[万元/(人·年)]	58.85	61.53	4.5
净资产收益率(%)	13.7	13.2	减少0.5个百分点
总资产报酬率(%)	4.7	5.0	增加0.3个百分点
国有资本保值增值率(%)	118.1	117.1	减少1.0个百分点

【改革发展】 深入学习践行习近平总书记关于国有企业改革发展和党的建设重要论述,全力实施国企改革三年行动,制定实施方案,全力推进105项重点改革任务。开展深化巡视整改、科技创新、清理低效无效资产、基础管理、信息化建设、安全生产等6个专项行动,推动企业高质量发展。修订"三重一大"决策制度实施管理办法,调整优化党组织和董事会、经理层等治理主体决策权限和议事规则,实现公司决策体系高效协同。进一步完善"双向进入、交叉任职"的领导体制,所属二级子企业全面实行党(工)委书记、董事长(执行董事)"一肩挑"。推动干部轮岗交流,深入推进青年企业家培养项目。推进专项改革工程,中建科工推进内部单位"混改"试点,中建科技制定以"科改36条"为核心的改革方案。发布第四期人力资源价值指数排行榜,在中建阿尔及利亚等4家单位实施职业经理人制度改革,5家单位试行任期激励。在23家单位推行专业职级体系,20万余名专业人才在新职级体系中就位。开展对标世界一流管理提升行动,建立全面对标体系,战略研究院正式运行。实施中建股份第四期A股限制性股票计划。完成7.99万名退休人员社会化管理职能转移。

【重大项目】 主动服务国家抗疫大局,圆满完成武汉火神山、雷神山医院建设任务,在全国建成119所应急医院。全力服务国家区域重大战略,在京津冀承建北京副中心交通枢纽、雄安新区多个领域一系列项目,在黄河流域实施乌梁素海流域生态修复等一批标志性项目,在长三角创新实施南通绕城高速、张家港退港还城等多个重大项目。承建6个300米以上超高层项目,深圳地铁13号线二期(合同额120亿元)是集团年度最大地铁项目,西安地区集团承建的5条地铁同时在建。一批重大项目竣工交付,北京冬奥会多个场馆顺利竣工、雄安高铁站正式投入使用、深圳前海会议中心成功举办深圳经济特区建立40周年庆祝大会、集团首个大型水利工程——赣江井冈山航电枢纽实现首台机组并网发电。

【走向海外】 服务"一带一路"坚定有力,境外业务实现平稳发展,境外新签合同额1872亿元,营业收入896亿元,毛利润83亿元。新开拓秘鲁、智利、萨尔瓦多、马达加斯加等4个国别市场。新签1亿美元以上项目72个,签约12亿美元的菲律宾首条地铁——马卡蒂地铁大交通项目、6亿美元的柬埔寨新金边国际机场航站楼项目、斯里兰卡28千米引水渠道项目。在菲律宾、巴布亚新几内亚接连签署3个"两优"(援外优惠贷款、优惠出口买方信贷)资金项目,合同额4.4亿美元。多个"一带一路"项目取得重大进展,埃及新首都CBD项目8栋高层建筑顺利封顶、中巴友好合作典型示范工程巴基斯坦PKM高速公路项目(苏库尔—木尔坦段)正式移交通车、阿尔及利亚南北交通大动脉南北高速公路项目53千米段提前全线通车、世界第三大清真寺阿尔及利亚嘉玛大清真寺开放启用。

【重大创新】 召开科技创新大会,隆重表彰先进个人和优秀团队,全面部署新时期科技创新工作。成立人才办公室,制定《科技攻关人才激励实施意见》,2名专家当选全国工程勘察设计大师。出台《科技创新能力建设三十条》,投入研发经费270亿元,比上年增长23%。承担9个国家重点研发计划项目,取得一批重大创新成果。获得中国土木工程詹天佑奖6项,5项科技成果通过国家科技进步奖评审。

成立创新业务管理部,与国家电网成立合资公司,共同发展智慧停车业务。统筹加快新业务发展,中建电商年交易额9300亿元,来自集团外部的业务规模增长40%,进入供应商服务、闲置物资交易等新领域。资金、贷款集中,创近五年最好水平。

【信息化与数字化建设】 印发信息化规划纲要及工作方案，扎实推进信息化专项行动。明确建立三级网信领导小组，组建集团信息中心，完善信息化管理部门职能，研究构建新一代信息化架构，完成商业智能分析、智慧安监等11套业务系统建设和升级。快速响应疫情防控需要，建设、应用项目视频指挥等信息化系统，助力常态化疫情防控和复工复产。申报立项住房和城乡建设部课题1项，业财一体化建设成果分别获得第27届全国企业管理现代化创新成果奖一等奖和集团科学技术一等奖。集团信息化工作在国务院国资委"国资监管信息化建设'三年行动计划'实施情况验收评估"中获得96分。

【党建工作】 坚持将"两个维护"作为做好集团一切工作的根本原则和首要任务，建立"传达学习习近平总书记重要讲话、重要指示批示和党中央决策部署的工作方案""深入贯彻落实习近平总书记重要指示批示的督查办法""第一议题"等一系列制度，明确任务、制定举措、强化落实，切实做到党中央提倡的坚决响应、党中央决定的坚决照办、党中央禁止的坚决杜绝。集团党组带头学习研讨《习近平谈治国理政》，创新建立公司领导联系区域党建工作制度，实现新设子企业党建工作要求进章程全覆盖。全年开展集团党组会学习34次、中心组学习研讨12次，召开区域党建工作会议48次、讲党课34次、带动各级党(工)委开展集体学习2800余次、开展检查调研300余次，有效激发基层党组织动力活力。持续推动深化巡视整改工作，全面完成深化中央巡视整改期间制定的416条措施。推进巡视巡察全覆盖，完成五年巡视全覆盖目标的60%；32家二级单位开展对129家所属单位党组织的巡察工作，巡察全覆盖率61%。集团连续两年获得中央企业党建工作责任制考核A级评价。

【安全生产】 从集团内部抽调安全专家186名，分区域组建13个督导组、31个小组开展疫情防控复工复产安全督查，督导检查1303个项目。制定《2020年安全生产责任落实及系统治理专项行动方案》，明确3个方面内容，细化12项具体措施，深入开展三类人员持证、危大工程管理、大型机械设备专项治理；压实企业和生产单位两级责任，重点提升系统治理、安全监督、安全作业、应急处置和海外管理等5项能力建设。编制《安全生产专项整治三年行动实施方案》，成立领导小组，统筹组织、有序推进专项整治。8—12月，督查22个省(市)273个项目，深入推进整改落实。5万余人的武汉"两山"医院建设现场未发生疫情感染和人员伤亡事件，全集团全年未发生较大及以上安全生产事故。集团169个项目获评全国"安全生产标准化项目"，占全国总数的1/3；62个项目入选英国安委会ISA国际安全奖，其中卓越奖3项。获得全国安全科技进步奖二等奖2项、三等奖3项。

【履行社会责任】 认真学习贯彻习近平总书记关于脱贫攻坚的重要论述，坚决履行对甘肃省康乐县、卓尼县、康县3个定点扶贫县的政治责任，全年选派14名挂职干部，协调12家子企业结对帮扶，40家子企业参与消费扶贫。投入引进扶贫资金1.09亿元，培训基层干部和技术人员3408人，采购帮销贫困地区农特产品6844万元，助力3个定点扶贫县全部脱贫"摘帽"。持续加强清欠支付工作，贯彻落实《保障农民工工资支付条例》，加强制度建设和监督检查，支付农民工工资1717亿元；落实党中央要求，按约支付民营企业账款9873亿元，减免租金1.4亿元，在特殊时期有力支持合作企业发展。发挥集团规模优势，加大就业保障力度，新招收高校毕业生2.8万人，比上年增长25%；采取"点对点"方式，组织30余万名农民工返岗复工；开展湖北省、西藏自治区和甘肃省专场招聘，积极保障重点地区就业。

(撰稿人：唐卫华)

中国储备粮管理集团有限公司

【基本概况】 中国储备粮管理集团有限公司(以下简称中储粮集团公司)是涉及国家粮食安全和国民经济命脉的国有大型重要骨干企业，具体负责中央储备粮棉油的经营管理，执行国家调控任务。中储粮集团公司为世界最大农产品储备企业集团，是维护国家粮食安全的“压舱石”、服务粮食宏观调控的“主力军”和调节粮食市场的“稳定器”。2020年，面对新冠肺炎疫情带来的严峻挑战和更加复杂的形势变化，中储粮集团公司坚持以习近平新时代中国特色社会主义思想为指导，牢牢把握新时代中储粮工作“四个坚持”（坚持以政治建设为要、主责主业为本、防范风险为基、高质量发展为重）新要求，坚决贯彻落实习近平总书记重要指示批示精神和党中央、国务院决策部署，围绕“六稳”“六保”要求，统筹推进疫情防控、保供稳市和企业改革发展，各项工作取得重要成效，以工作实绩经受住“确保数量真实、质量良好，确保调得动、用得上”的实战检验，在大战大考中为服务保障国家粮食安全作出新贡献。

【主要指标】

表1　2020年中国储备粮管理集团有限公司主要经济指标

项　目	2019年	2020年	比上年增长(%)
资产总额(亿元)	14382.79	12806.08	-10.96
所有者权益(亿元)	1039.92	1087.26	4.55
营业收入(亿元)	1863.51	3049.32	63.63
利润总额(亿元)	58.92	48.28	-18.06
净利润(亿元)	52.52	40.80	-22.32
归属于母公司所有者的净利润(亿元)	52.09	40.52	-22.21
技术开发投入(亿元)	0.22	0.22	与上年持平
利税总额(亿元)	63.32	52.83	-16.57
应交税金总额(亿元)	8.98	11.71	30.40
全员劳动生产率[万元/(人·年)]	43.14	43.96	1.90
净资产收益率(%)	5.25	3.83	减少1.42个百分点
总资产报酬率(%)	2.85	2.81	减少0.04个百分点
国有资本保值增值率(%)	105.47	103.92	减少1.55个百分点

【改革发展】　一是统筹推进疫情防控和保供稳市取得重要成效。严细落实疫情防控各项措施，切实维护广大干部员工生命安全和身体健康，湖北辖区17家直属企业1600余名员工无一人感染。坚决落实保供稳市任务，全年累计销售中央事权粮油1.44亿吨，其中销售最低收购价和临储粮等政策性粮食1.05亿吨，达到历史第二高位。尤其在疫情防控形势最为严峻的1月下旬至4月，针对部分地区物流受阻、供应链循环不畅等情况，充分发挥体系网络优势，就近就地快速投放保供，及时解决用粮企业“燃眉之急”，有力保障市场供应。通过加大预约收购、延长收购期等多种方式，组织收购2019年产最低收购价中晚稻2207万吨，2020年产最低收购价小麦和稻谷796万吨，切实维护种粮农民利益。二是储备管理基础持续夯实。落实中央关于储备体制机制改革要求，推进自储管理，现有中央储备粮自储比例提升到94%。抓好疫情防控条件下的安全储粮工作，强化质量安全管控，中央储备粮账实相符，质量达标率、宜存率稳定保持在95%以上，政策性粮食账实基本相符、总体质量良好。改革储备轮换购销交易方式，通过网上交易平台竞价销售占比超过80%，全年除服从调控需要暂缓部分轮入外，中央储备轮换计划基本完成。启动安全生产专项整治三年行动，在大汛大灾中实现“人安、粮安、库安”。规范租仓储粮管理，撤减政策性粮食租仓库点593个，剩余租仓库点全部实现“自收、自储、自管”要求。收储监管和出库管理进一步加强，各领域风险平稳可控。100多个城中库300多条作业线粉尘控制技术改造全部完成，烘干塔环保升级改造有序推进，污染防治取得新成效。三是企业改革和提质增效扎实推进。国企改革三年行动、对标世界一流管理提升行动扎实开展。“双百行动”“科改示范行动”改革示范带动作用进一步显现。储运公司等专业化改革深入

推进，财务公司正式挂牌运营，上海分公司恢复独立运营。分公司改革完成顶层设计。三项制度改革不断深化，全员业绩考核办法进一步完善，岗位评估基本完成。全系统退休人员社会化管理完成率98%。"标杆库"建设全面实施，成为提升直属企业管理新的重要抓手。全年实现净利润40.8亿元，超额完成国务院国资委下达考核数，亏损企业户数和金额实现双下降，可控费用比上年下降15.7%，"两金"净额下降21.4%，资产负债率严格控制在目标上限内，可归集资金集中度保持98%以上。

【重大项目】 16个中央投资建仓项目全面启动，全年开工建设仓容罐容300余万吨；安排维修改造项目1632个，为推进中央储备粮全部直接储存，实现"两个确保"任务和更好地完成国家宏观调控任务奠定坚实基础。

【走向海外】 高效执行有关部门下达的大豆专项进口任务，有效服务国家对外贸易战略，夯实重要农产品调控物质基础。参加第三届中国国际进口博览会，与阿根廷农牧渔业部签署油料产品贸易推广框架协议，与ADM、邦吉、嘉吉、路易达孚、ECTP等企业签订采购框架协议，积极推动国际多边和双边贸易发展，利用"两个市场、两种资源"服务调控能力进一步增强。

【重大创新】 召开首次科技创新大会，推进科技储粮发展，全系统科技创新积极性进一步激发。"内环流控温储粮技术"项目获得2020年度中国粮油学会科学技术一等奖。积极推广使用绿色适用储粮技术，全系统内环流控温储粮规模3400万吨，空调控温储粮规模2400万吨，氮气气调储粮规模1000余万吨，中央储备粮科技储粮覆盖率98%以上，综合损耗率稳定在1%以内。

【党建工作】 一是企业党的建设持续加强。坚持把党的政治建设摆在首位，把学习贯彻习近平总书记重要讲话和指示批示精神作为党组织会议"第一议题"并形成制度。成立集团公司党的建设领导小组，结合落实"中央企业党建巩固深化年"有关部署，制定印发全面从严治党主体责任清单，建立党建工作调度会工作机制，推进全面从严治党主体责任落实落地。贯彻落实《中国共产党国有企业基层组织工作条例(试行)》，圆满完成中储粮集团公司直属党委换届选举，加强24家混合所有制企业党组织建设，整顿薄弱基层党组织，采取现场观摩、经验交流、业务培训"三合一"方式分片区召开3场党支部标准化规范化现场推进会，基层党组织政治功能和组织力进一步提升。各级党组织和广大党员在疫情防控、保供稳市和防汛救灾等工作中充分发挥作用，661个党员突击队、1906个党员先锋岗冲锋在前，党旗在急难险重任务第一线高高飘扬。二是党风廉政建设和反腐败工作向纵深推进。坚决贯彻落实习近平总书记重要批示精神，认真抓好深化以案为鉴、以案促改建立长效机制工作，扎实开展3起涉粮事件及类似问题整改落实情况"回头看"，全系统干部员工政治意识进一步增强，政治站位进一步提高，企业治理体系和治理能力进一步提升。持续加强政治监督，严肃执纪问责，直属企业583个监督执纪小组在加强"最后一公里"监督中发挥积极作用，全系统党员干部自觉做到"两个维护"。持之以恒纠治"四风"，深化"总部机关化"专项治理，健全重要事项专题协调、首办负责、首问负责等机制，系统党风企风持续向好，反腐败斗争压倒性胜利进一步巩固。

【信息化与数字化建设】 持续做好"惠三农"App的优化完善和推广应用，注册用户66万人、预约售粮超过2178万吨。"一卡通"系统实现与"惠三农"App在售粮各环节的信息传递，更好地为耕者谋利、为食者造福。中储粮数据共享平台一期建设顺利完成，业务管理信息系统功能进一步优化，全年完成系统功能新增61项及系统功能优化205项，有效提升企业经营决策水平。

【履行社会责任】 坚决贯彻落实习近平总书记重要指示精神和党中央决策部署，支持湖北省等疫情严重地区抗击疫情，先后向湖北省红十字会捐赠现金2000万元，向湖北恩施土家族苗族自治州捐赠爱心粮油600吨，向乌拉圭驻华使馆和阿根廷驻华使馆捐赠防疫物资，携手各界共抗疫情。全年累计向定点扶贫县投入资金7718万元，按时保质完成扶贫项目建设，中储粮集团公司3个定点扶贫县和全系统300多个扶贫点如期脱贫"摘帽"。中储粮集团公司定点扶贫成效连续被中央有关部门评定为"好"，并获得新疆维吾尔自治区脱贫攻坚组织创新奖、第三届北京责任展精准扶贫奖，扶贫工作经验入选《企业扶贫蓝皮书2020》优秀案例。

(撰稿人：张华生)

国家开发投资集团有限公司

【基本概况】 2020年,国家开发投资集团有限公司(以下简称国投)积极面对突如其来的新冠肺炎疫情和复杂严峻的国际国内形势,坚决贯彻习近平总书记一系列重要指示精神和党中央、国务院的决策部署,坚持稳中求进工作总基调,主动作为,攻坚克难,各项工作取得新的进展和成效。以服务国家战略为使命,坚持战略投资、价值投资和责任投资,扎实推进基础产业、战略性新兴产业、金融及服务业三大战略业务单元稳步发展;坚持服务区域协调发展战略,加强对京津冀、雄安新区、长江经济带、粤港澳大湾区、海南自贸区等国内重点区域业务布局;坚持服务"一带一路"建设倡议,深耕"一带一路"沿线国家和地区;深入推进供给侧结构性改革、混合所有制改革、"强总部"建设,统筹发展和安全;以高标准谋划未来发展,形成"1331"总体构想,编制"十四五"规划,努力打造"新国投",建设成为世界一流资本投资公司。2020年,国投营业收入和利润总额均创历史新高。资产总额6822.7亿元,连续16年获得国务院国资委经营业绩考核A级。

【主要指标】

表1 2020年国家开发投资集团有限公司主要经济指标

项目	2019年	2020年	比上年增长(%)
资产总额(亿元)	6318.55	6822.70	7.98
所有者权益(亿元)	1950.28	2180.78	11.82
营业收入(亿元)	1311.38	1394.77	6.36
利润总额(亿元)	200.81	220.98	10.04
净利润(亿元)	161.07	176.90	9.83
归属于母公司所有者的净利润(亿元)	60.34	62.83	4.13
技术开发投入(亿元)	8.78	12.20	38.95
利税总额(亿元)	274.89	298.80	8.70
应交税金总额(亿元)	108.98	126.03	15.65
全员劳动生产率[万元/(人·年)]	73.08	100.91	38.08
净资产收益率(%)	8.55	8.56	增加0.01个百分点
总资产报酬率(%)	5.01	4.83	减少0.18个百分点
国有资本保值增值率(%)	109.48	111.46	增加1.98个百分点

【改革发展】 一是落实国企改革三年行动方案。制定印发《国家开发投资集团有限公司深化改革三年行动实施方案(2020—2022年)》,形成国投改革任务37条、改革举措76项,推动改革再深化再落实。二是深化混合所有制改革。率先探索建立国有相对控股混合所有制企业差异化管理体系,制定党的建设、信息披露、监督管理、派出董监事管理等制度,初步实现国有相对控股混合所有制企业差异化管理从"无"到"有"。三是推进"强总部"改革。以建设战略引领强、资源配置强、管理服务强、党的建设强,创新协同高效的"强总部"为目标,加强顶层设计,优化调整总部职能,突出新产业培育、国际业务开展和风险防范。成立风险管理委员会,加强对风险管理的领导;搭建国投合规管理体系,发布合规手册,全员合规意识增强;完善监督体系,增强监督合力,提升监督效能。四是加快建立市场化经营机制。积极推行职业经理人制度,在国投电力、国投高新、电子工程院、中投保、国投聚力、国投罗钾等更大范围开展市场化选聘,招聘20多名职业经理人,市场化改革的决心和力度空前。

【重大项目】 认真学习贯彻习近平总书记关于编制"十四五"规划的重要指示,深入学习领会党的十九届五中全会精神,高质量编制"十四五"规划,高标准谋划未来的发展,形成集团"十四五"及今后一段时期深入实施"1331"总体构想,打造机制活、结构优、效益好、作用强的“新国投”发展思路。

积极参与党政机关事业单位经营性资产集中统一监管改革，对接西北工大、西安交大、北航、同济等10余所高校的资产项目，参与校企改革，完成西北工大校企资产整合，控股收购西安鑫垚，推动西安交大校企资产无偿划转国投资产；与北航达成初步合作意向，打造校企改革的“国投样本”。积极推动央地合作，深入推进吉林酒精集团重组整合，有序推进混合所有制改革各项工作；推进检验检测业务整合，增资控股山东特检集团，加快培育特检领域的龙头企业；持续推动曹妃甸港区央企煤炭码头整合，参与河北港口转型发展。

2020年，国投电力加快新能源项目布局，新增新能源装机112.4万千瓦；积极谋划雅砻江水风光互补能源基地建设，卡拉项目核准开工；国投环境成功中标上海马桥项目，在建筑垃圾资源化利用领域实现突破；国投健康积极开拓市场，新增养老床位800余张，为失能、半失能、失智和高龄老人提供高品质养老服务；国投创益新增投决128亿元，引领带动一批农业产业化龙头企业，助力深度贫困地区脱贫攻坚。

【走向海外】 积极服务“一带一路”建设，成立国际业务统筹开发中心，补好国际业务管理短板。国投电力成功收购瑞典陆上风电项目，圆满完成伦交所2.2亿美元GDR发行，打通境外融资渠道。融实国际发挥集团境外筹融资平台功能，在中国香港发行3亿美元债。国投贸易紧抓进口博览会机遇，与15个国家的20家外商，现场签订贸易合同6.95亿美元。

【重大创新】 坚决贯彻国家创新驱动发展战略，积极发挥投资公司优势，大力推进科技创新，为应对中美战略博弈、疫情加剧可能带来的关键核心技术、关键零部件“断供”风险，为我国产业链供应链安全贡献力量。截至2020年底，国投管理各类股权基金32支，总规模1900亿元，投资中科寒武纪、宁德时代、康希诺、联影医疗、微创心通等一批突破产业“瓶颈”、打破国际技术壁垒、攻克“卡脖子”技术和关键零部件的行业领军企业。2020年，国投研发投入13亿元，比上年增长38.72%；获得授权专利324件，其中发明专利118件。制定提升集团科技创新能力的举措15项，建立鼓励科技创新的长效机制；修订科技项目管理办法，设立科技专项资金，在集团范围内遴选重点项目，加大对企业科技创新的支持力度；成立新兴产业研究培育中心，聚焦新材料、医药健康、先进制造、新基建等领域，统筹内外部研究力量，合力攻关；创办中国·松山湖新材料高峰论坛，构建“科研—资本—产业”对接平台，探索打通从科技到产品、从实验室到市场的“堵点”。国投贸易推进同益中科创板上市，加快培育新材料领军企业；国投智能、电子工程院、美亚柏科联合设立国投智慧城市创新研究院，加快发展数字经济；电子工程院、国投罗钾纳入国务院国资委“百户科技型企业深化市场化改革提升自主创新能力专项行动”，扎实推进试点工作，有效提升科技创新能力；美亚柏科加强自主研发，加快国产化替代，获得国家科技进步二等奖。

【党建工作】 认真贯彻落实新时代党的建设总要求和新时代党的组织路线，巩固拓展“不忘初心、牢记使命”主题教育成果，以“中央企业党建巩固深化年”为抓手，积极探索党建工作与生产经营融合的有效方式，扎实开展“中央企业党建巩固深化年”专项行动，围绕国有企业基层组织工作条例，按照“学”“照”“改”3个步骤，组织专题学习、对照检查、问题整改，巩固提升全国国企党建会重点任务落实成效，创新优化卓越党建管理，不断加强基层党组织标准化、规范化建设，推动党建工作提质、增效、升级，以高质量党建引领高质量发展。

积极探索深化混合所有制企业党的建设，以党章条例和党内法规为准绳，加强顶层设计，研究出台《国有相对控股混合所有制企业党建工作指导意见》，并在实践的基础上形成“12345”党建工作体系，即坚持党的领导、加强党的建设“一个政治原则”，推进党的组织和党的工作“两个覆盖”，发挥企业党组织引方向、重协调、促发展“三个作用”，做到党建要求纳入章程、党建情况纳入报告、党建人员纳入培训、党建成效纳入表彰“四个纳入”，要求相关企业为党组织工作提供经费、时间、场所、机构、人员“五个保障”。经过实践探索，并购的中国水环境集团实现董事长、党组织书记“一肩挑”，创建生态文明和“两山理论”党员教育基地；并购的美亚柏科及时把党建工作要求写入公司章程，制定主题党日活动、民主评议党员、中心指导员等一系列落实党建工作要求的制度，有效发挥党的思想工作、政治工作、组织工作和群众工作优势。

2020 年，国投党组巡视单位 12 家、“回头看”1 家，二、三级企业党委巡察单位 27 家。巩固深化中央巡视整改，中央巡视反馈 55 项问题，完成 50 项，制定整改措施 126 项，落实 122 项；选人用人、内部巡视专项检查反馈问题全部完成整改。

【信息化与数字化建设】 加强信息化建设和网络安全管理，健全信息化和网信安全制度。构建集团数据标准体系和数据管控体系，建成集团数据共享交换平台，实现与国务院国资委数据交换平台对接；开展软硬件采集，推动国投智能逐步提升核心系统运维能力；开展网络安全应急预案修订和网络安全监督检查、微软操作系统升级，完成互联网电子邮件系统和网站群在全集团的推广应用；组织网信安全和软件正版化现场督查，扎实推进集团互联网电子邮件系统和互联网网站群专项整治，全年未发生网信安全事故。

【履行社会责任】 按照“坚定信心、同舟共济、科学防治、精准施策”的总要求，全力以赴、统筹推进疫情防控。累计为国内抗击新冠肺炎疫情捐赠现金 6320 万元，累计为海外关联企业及地区抗击疫情，捐赠现金及防疫物资 23838.53 万元。国投生物及时增加医用酒精生产线，累计向湖北、北京、吉林、黑龙江等地捐赠医用酒精 833 吨；国投人力公司联合央视举办“春暖花开　国聘行动”线上招聘活动，提供就业岗位超过 70 万个；美亚柏科大数据团队设计研发“新型冠状病毒传播监测”工作平台，为北京、云南、广东等 10 余个省（自治区、直辖市）的执法部门提供大数据支持；国投作为国药集团的并列第一大股东，积极支持国药集团加大防疫投入，发挥国投的投资优势，对研发生产疫苗等项目给予积极的投资指导。

扎实推进精准扶贫，决战决胜脱贫攻坚。截至 2020 年底，累计投入各类扶贫资金 115 亿元，累计派驻扶贫挂职干部 121 人次。扶贫产业基金总规模 347 亿元，投资决策项目覆盖集中连片特困地区 14 个。3 月，国投定点帮扶的贵州省罗甸县、平塘县，甘肃省宁县、合水县全部实现脱贫“摘帽”，正式退出国家级贫困县序列；在国务院扶贫办中央单位定点扶贫中，国投连续四年获评“好”。

国投连续第 12 年发布社会责任报告。“聚焦上海健康养老，打造创新举措新动力”“埃塞糖厂给一亿非洲人民加勺糖”“国投：创新扶贫模式，决战决胜脱贫攻坚”案例分别入选《中央企业社会责任蓝皮书（2020）》《企业扶贫蓝皮书（2020）》《中央企业海外社会责任蓝皮书（2020）》，并获得 2020 年企业扶贫优秀案例奖、2020 年度优秀扶贫贡献企业奖；承办《中央企业社会责任蓝皮书（2020）》发布会暨中央企业社会责任报告集中发布仪式。

（撰稿人：李青林）

招商局集团有限公司

【基本概况】 2020 年，招商局集团有限公司（以下简称招商局集团）在以习近平同志为核心的党中央坚强领导下，坚决贯彻落实党中央、国务院决策部署和国务院国资委各项要求，秉承“闯”的精神、“创”的劲头、“干”的作风，统筹推进疫情防控和改革发展，疫情防控有序有力，改革发展稳中有进，实现“十三五”圆满收官。

【主要指标】 2020 年，招商局集团坚持“目标不变、指标不降、力度不减”，攻坚克难、奋发有为，各项经济指标再创新高。实现营业收入 8137.13 亿元，比上年增长 13.91%；利润总额 1751.43 亿元，比上年增长 7.39%；净利润 1371.05 亿元，比上年增长 8.33%；资产总额 10.3 万亿元，资产总额和净利润均蝉联中央企业第一。招商局集团连续 16 年获得国务院国资委经营业绩考核 A 级，连续 5 个任期获评“业绩优秀企业”。2020 年，招商局集团和旗下招商银行再次入围《财富》“世界 500 强”，“一个招商，两个世界 500 强”格局更加稳固。

表 1　　2020 年招商局集团有限公司主要经济指标

项　目	2019 年	2020 年	比上年增长（%）
资产总额（亿元）	91342.50	103118.53	12.89

续表

项　目	2019 年	2020 年	比上年增长(%)
所有者权益(亿元)	12812.59	14667.24	14.48
营业收入(亿元)	7143.74	8137.13	13.91
利润总额(亿元)	1630.96	1751.43	7.39
净利润(亿元)	1265.68	1371.05	8.33
归属于母公司所有者的净利润(亿元)	361.19	408.02	12.97
技术开发投入(亿元)	119.70	150.60	25.81
利税总额(亿元)	2161.90	2206.80	2.08
应交税金总额(亿元)	896.20	835.70	—6.75
全员劳动生产率[万元/(人·年)]	95.24	86.14	—9.55
净资产收益率(%)	10.32	10.44	增加 0.12 个百分点
总资产报酬率(%)	2.07	1.94	减少 0.13 个百分点
国有资本保值增值率(%)	112.40	113.90	增加 1.50 个百分点

【改革发展】　一是推进混合所有制改革。招商局集团旗下招商局资本投资有限责任公司成功引入战略投资者、完成混合所有制改革；招商局铝业(重庆)有限公司引入新股东，重组设立招商局新材料科技(重庆)有限公司。二是推进国企改革“双百行动”。招商路凯国际控股有限公司按期完成改革任务，入选国企改革“双百行动”案例集；招商局重庆交通科研设计院有限公司推动研究设计自主研发成果产业化项目收益分红中长期激励方案；招商证券通过回购公司股票开展员工持股计划。三是推进国企改革三年行动。贯彻落实党中央和国务院国资委要求，制定《招商局集团国企改革三年行动实施方案(2020—2022)》，集团党委会按照每月一主题研究落实相关工作，积极推动部署各项改革任务。

【重大项目】　启动并完成大连港吸收合并营口港整合项目。招商局港口集团股份有限公司推进海星码头改造项目，累计投资 20.67 亿元；投资 27.47 亿元收购法国达飞集团的码头资产包项目；出资 14.68 亿元增持宁波港。辽宁港口集团有限公司投资 40.18 亿元收购丹东港集团有限公司 81.67%股权。招商局集团出资 6 亿元资本金，并引入外部资金 45.27 亿元，实现对安通控股股份有限公司的控制。招商公路投资 55.85 亿元收购广西中铁高速 49%股权及相关债权。招商局能源运输股份有限公司投资约 66 亿元收购中国经贸船务有限公司下属散货船相关资产。中国外运股份有限公司完成荷兰 KLG 公司项目收购；出资 2.24 亿元战略入股南方航空货运物流(广州)有限公司。深圳市招广投资有限公司投资 1.64 亿元收购浙江凯乐士科技有限公司 7.04%股份。招商工业海工基地智能化车间改造、邮轮制造基地建设以及收购中航船舶项目新增投资 4.02 亿元。招商局蛇口工业区控股股份有限公司完成股权投资 93.38 亿元、固定资产投资 40.38 亿元。招商局创新投资管理有限责任公司基金投资 5.5 亿元、固定资产投资 4.42 亿元。

【走向海外】　在做好海外疫情防控的前提下，积极践行“一带一路”倡议，聚焦核心能力建设，加快“走出去”步伐。一是不断优化全球港口布局。全球港口网络扩展至 27 个国家和地区的 68 个港口(码头)，在斯里兰卡、巴西、吉布提、多哥等地的主控码头及管理码头保持稳健运营。二是持续构建综合物流服务网络。继续围绕“一带一路”倡议，打造全球综合物流服务网络，在乌兰巴托、塔什干等地区新设网点，物流网络扩大至 43 个国家和地区。三是积极打造海外精品园区。中白工业园新引入 13 家企业，中白商贸物流园收入比上年增长 71%；吉布提国际自贸区累计入园企业 114 家；汉班托塔临港产业园引进 1 家重点企业；中老赛色塔综合开发区入园 91 家企业，其中 39 家企业投产。

【重大创新】　2020 年，招商局集团研发投入(不含招商银行)35.2 亿元，比上年增长 7.3%。一是强化创新战略引领作用。编制招商局集团“十四五”创新专项战略和“十四五”科技创新专项规划。二是开展产业核心技术攻关。招商局工业集团有限公司、招商局重庆交通科研设计院有限公司等积极利用国家扶持政策，开展产业核心技术攻关。招商局集团报送申请30多项国家重点研发专项，获批16项，获国拨资金1.18亿元。招商局集团2个项目获得2020年度国家科技进步奖二等奖，参建的矮寨大桥工程获得中国建设工程鲁班奖，港口5G应用获得第三届“绽放杯”全国一等奖，6个项目入选交通运输部“交通强国试点任务”。三是利用创新专项基金推动重点创新工作。招商局集团奖励获得创新成果的先进单位和先进个人，资助正在实施的创新项目，奖励和资助金额12985万元。招商局集团“双创”示范基地在年度国家“双创”基地建设成效评估中位列28家企业类基地第二名。

【党建工作】 不断提高政治站位，坚定不移用习近平新时代中国特色社会主义思想武装头脑、指导实践、推动工作，始终坚持“两个一以贯之”，把“四个意识”“四个自信”“两个维护”体现在工作中、落实到行动上。明确提出招商局集团作为央企排头兵，不仅改革发展要创一流、争第一，党的建设也要走在前列、作出示范。2020年召开党委会议45次、理论学习中心组学习会议8次和疫情防控工作会议27次，并与交通运输部党组开展联学活动，集中学习总书记重要指示批示精神和党的十九届五中全会等重要会议精神，研究部署贯彻落实举措。持续巩固“不忘初心、牢记使命”主题教育成果，不断提高党建工作规范化制度化水平。通过旗帜鲜明讲政治、坚持不懈抓学习、奋发有为抓贯彻、久久为功抓落实，确保招商局集团在大战大考中扛得住，在大风大浪里稳得住，在大是大非前守得住。

【信息化与数字化建设】 完成“十四五”数字化顶层设计，形成“六支柱”战略实施路径。上线发布“招商云”“数据湖”“主数据平台”“招商智脑”等平台，形成技术底座，全面推进“上云入湖”有关工作，赋能二级公司。“管理驾驶舱”平台发布财务、风险和数字化等五大业务主题，实现经营管理线上化、移动化。招商局集团“差旅云”平台启动建设，构建智慧出行、阳光商旅一站式服务，提升出行效率，改善出行体验。

【履行社会责任】 充分发挥自身业务优势及招商局慈善基金会专业化公益平台作用，认真履行企业社会责任。

疫情防控方面，听党指挥、闻令而动、逆行出征，第一时间从海外采购防疫物资驰援一线，全力支援武汉火神山、雷神山及方舱医院建设，累计向国内和“一带一路”国家捐款捐物折合4.56亿元，新提供岗位2.69万个，通过免路费、减租金、降利率等措施，累计向社会让利103亿元。牵头筹建运营中央企业数字化远程医疗平台，有力保障中央企业境外员工身心健康。全集团未发生聚集性疫情。招商局集团“灾急送”应急物流志愿服务队等一批单位及个人获评全国和中央企业抗击新冠肺炎疫情先进集体及先进个人。

复工复产方面，作为国务院国际物流专班第一批重点联系企业，招商局集团千方百计克服疫情影响，有力有序推进复工复产，着力稳定产业链供应链，全力保障国际海运、国际空运、中欧班列等运输业务开展，积极参与保障原油、粮食等重点战略物资供应链体系建设工作。

打赢脱贫攻坚战方面，全年投入超过2亿元，重点支持定点扶贫县实施医疗卫生、教育、住房等民生保障项目22项，招商局集团定点帮扶的4个扶贫县和招商银行定点帮扶的2个扶贫县如期实现脱贫“摘帽”。

积极在香港特区开展公益项目方面，招商局集团发挥驻港中央企业优势，立足香港社会实际情况，全年投入1400万港元，围绕“青少年发展”“社区友好”重点主题开展特色鲜明、效果明显的公益项目，获得良好的社会反响，蝉联2019年度、2020年度“商界展关怀”。

（撰稿人：乔明邦）

华润(集团)有限公司

【基本概况】 华润(集团)有限公司(以下简称华润集团)是一家在香港特区注册和运营的多元化控股企业集团，主营业务涉及大消费、大健康、城市建设与运营、能源服务、科技与金融五大领域，下设七大战略业务单元、19家一级利润中心，在香港特区拥有上市公司8家，实体企业2000余家，员工37.1万人。2020年，面对新冠肺炎疫情冲击和复杂严峻的经济形势，科学统筹疫情防控和生产经营，全年业绩实现双增长，成为被国务院国资委点名表扬的为“两个力争”贡献较大的3家中央企业之一。连续五年获得国务院国资委业绩考核A级，居《财富》“世界500强”第79位。

【主要指标】 2020年，华润集团实现营业收入6861亿元，比上年增长4.8%；利润总额810亿元，比上年增长11.6%；资产总额17989亿元，比上年增长11.2%；国有资本保值增值率115.3%；上缴税费609亿元。

表1　2020年华润(集团)有限公司主要经济指标

项　目	2019年	2020年	比上年增长(%)
营业收入(亿元)	6546	6861	4.8
营业成本(亿元)	4686	4956	5.8
期间费用(亿元)	964	908	−5.9
利润总额(亿元)	726	810	11.6
净利润(亿元)	511	590	15.6
归属于母公司所有者的净利润(亿元)	247	299	21.1
资产总额(亿元)	16180	17989	11.2
负债总额(亿元)	11246	12352	9.8
所有者权益(亿元)	4934	5637	14.3
归属于母公司的所有者权益(亿元)	2297	2618	14.0

【改革发展】 一是“十三五”战略检讨及“十四五”规划编制全面启动。完成前期调研及系列课题研究，召开集团及主要利润中心“十三五”战略检讨研讨会。组织2期高层培训，进一步厘清“十三五”经验教训、成败得失，凝聚战略共识。二是投资公司改革试点全面铺开。积极推动完善管控体系，优化总部职能，加大授权放权力度，提升“管资本”核心能力，推进总部人员交流，强化利润中心对总部部室考核评价。战略业务单元进一步厘清管控界面，优化管控模式，提高管控效率。三是国企改革三年行动有序推进。成立华润国企改革三年行动领导小组，编制发布《华润集团改革三年行动实施方案》，召开经理人会议进行动员部署，明确各项改革任务的目标、实施路径、责任分工、时间节点和里程碑考核，建立集团主要负责人每月召开专题会听取进展汇报机制。四是改革专项工程取得阶段性进展。华润微电子成功在科创板上市，矽磐项目完成跟投实施；华润化学材料列入“双百行动”试点；华润三九、华润生物医药确认为“科创行动”试点；华润怡宝、太平洋咖啡混合所有制改革工作有序推进；推动“总部去机关化”问题专项整改工作向直属企业延伸。举办第二届华润改革发展论坛，推动集团各产业的数字化转型和发展。五是内控管理稳步推进。继续优化集团董事会建设；推动二、三级企业完善公司治理体系，梳理各治理主体决策权限，制定权责运行手册；制定《华润集团董事监事管理办法》，明确董事选聘条件、权责责任、履职程序、报告机制等事项。开展集团总部岗位职级优化工作，推进组织扁平化，优化干部成长路径；开展管理层成员任期制和契约化管理改革试点；出台《华润集团优秀年轻经理人队伍建设工作指引》，启动第二批集团优秀年轻经理人盘点选拔。制定合规管理、商业行为守则、督办督查工作管理办法等多项制度，开展化公为私问题专项整治工作。发布投资后评价工作指引。继续加强业务风险防范。EHS形势总体平稳，没有发生我方责任的较大及以上生产安全事故、环境污染事件和食品药品质量安全事件。

【重大项目】 华润资本成功收购City Super和迪瑞医疗；华润金控、华润资产完成渝康项目收购落地，协同华润燃气获取重庆燃气控制权；华润万家首座万家City正式开业；华润置地分拆新平台华润万象生活顺利上市。华润水泥田阳全流程智能工厂一期上线。华润电力参与英国海上风电II期项目。与广西、湖北、福建、四川等13个省(自治区、直辖市)签署战略合作协议，全力推进15个国家重点项目建设，西安奥体中心体育馆竣工，成都大运会媒体中心封顶。华润置地把握长三角一体化战略机遇，获取一批高回报项目。华润资本在粤港澳大湾区发起基金4支、海外地区发起基金2支，规模合计85亿元。

【重大创新】 2020年，华润集团整体研发投入

37.48亿元，比上年增长43.6%；持有专利累计总数（含申请）6576件，比上年增加377件。入选国家大众创业万众创新第三批示范基地，获批设立国家级博士后科研工作站。数字及智能技术与生产运营管理进一步融合，一批办公信息化和管理系统上线运行。加快推进与深圳清华大学研究院的合作，设立化学材料、微电子、医药以及联合香港理工大学合作项目4个实验室，发布施行《华润—清华联合研究院章程》《华润—清华联合研究院科研项目管理办法》。发起"大湾区创业计划"，报名1000余人。与香港大学合作成立华润商学院，在香港成立华润科学技术研究院、产业创新发展中心，推动科研成果的产业化对接。华润医药治疗类风湿关节炎的创新药项目获得新药临床注册受理；华润双鹤一致性评价和仿制药申报获批数量创近年新高；华润江中成立肠道健康研究院。华润微电子重庆12寸功率半导体晶圆生产线项目完成厂房设计招标、设备选型及前期谈判、产品研发路线图布局等工作。华润银行"基于大数据的小微授信平台"项目获得2019年度银行科技发展奖。华润银行、微电子、江中、化学材料等公司获得国家、省部级科技进步奖，以及发明专利和实用新型专利。

【党建工作】 一是建立"第一议题"学习制度。围绕习近平总书记对国企改革、对与华润相关的行业发展批示指示精神，建立信息归集报送和落实机制。将习近平总书记重要批示指示列入"第一议题"学习，分解细化纳入工作部署，宣传贯彻落实纳入常态化管理，制定工作计划、分解重点任务、建立督办机制、推动整改落实、形成工作闭环。组织8次理论中心组集体学习，涉及党的十九届五中全会精神、全国两会精神、全国抗疫表彰大会精神、新时代党的组织路线、国企改革三年行动等专题。二是继续贯彻落实习近平总书记批示指示精神。围绕《华润集团党委学习贯彻习近平总书记回信指示精神的实施意见》，聚焦13项重点任务、32条具体措施继续查摆不足推动整改落实，加强对各单位贯彻落实情况的督办督查力度。三是传承红色基因，加强企业党建。印发实施《华润集团党委关于推进党的建设高质量发展的重点举措》，组织开展"五好"基层示范党支部创建工作，加强基层党组织书记和党务干部系统化培训，抓好基层党建薄弱单位和突出问题整改深化。制定《华润集团党员干部教育培训工作指引》《华润集团贯彻落实〈2019—2023年全国党员教育培训工作规划〉的实施意见》。组织召开集团全系统警示教育大会，消除"零立案""零处分"现象。四是推动深化学习务求实效。围绕巩固深化"不忘初心、牢记使命"主题教育成果，组织制定6个方面18项重点举措。制定《华润集团学习宣传贯彻十九届五中全会精神工作方案》，按照"四个全覆盖"要求，统筹推动各级党组织抓好全会精神学习宣传贯彻工作。第一时间邀请国务院国资委改革办相关负责人到华润专题解读《国企改革三年行动方案》，研究制定《华润集团改革三年行动实施方案》，明确十大类改革主题、62项改革任务。

【履行社会责任】 2020年，华润集团以海原"基础母牛银行"模式和广昌"共创·小康"项目为抓手，扎实推进对宁夏回族自治区海原县、江西省广昌县定点扶贫工作。海原县于2020年3月退出贫困县序列，华润集团圆满完成国家定点帮扶任务，全面完成2020年《中央单位定点扶贫责任书》中的各项核心考核指标。湖北省红安县、贵州省剑河县希望小镇先后建成，华润集团全力打造希望小镇升级版，以实际行动落实国家乡村振兴战略。全年累计捐资超过9.6亿元，在革命老区、贫困地区相继建成华润希望小镇11座，直接受益农民超过3046余户、11463人。华润集团获得中华慈善奖；并连续四年蝉联"中国社会责任发展指数国企100强"第一位，继续跻身五星级卓越行列。

第一时间成立疫情防控领导小组，第一时间组织力量驰援武汉和湖北，多方筹措保障医疗民生物资供应。华润各级医疗机构1万余名员工坚持奋战在抗疫一线，累计收治确诊患者492例；华润健康先后组织5批次医护人员支援湖北；地产、能源、医药等企业发挥自身优势全力支援火神山、雷神山医院建设；利用国内外供应链优势多方筹措抗疫物资，华润医药生产企业加班加点生产抗疫药品；能源服务类企业坚持服务不中断、欠费不拉闸，降气价、降电价；大消费类企业坚持价格不涨、质量不降、供应不断；华润置地、万家等企业坚决落实减租让利政策；累计向湖北捐资7000余万元；举办湖北招聘专场，与湖北省人民政府签订战略合作协议，“十四五”期间计划在鄂投资总额超过1300亿元；各级企业通过自身经营带动产业链上下游企业发展，坚决落实国家“六稳”“六保”、助企纾困政策，成为稳供应、稳人心、稳大局的中坚力量；组织9场社会捐赠活动，捐助口罩、酒精和消毒机。承诺不因疫情裁员，推出香港特区管培生招聘计划，招聘本地生2000人。在港自持物业累计为中小微商户减免3000万港元租金。

成立应急安保工作领导小组，加强对员工和经营设施的安全保护。国安法公布后，第一时间在官微官网、主流媒体上刊发支持声明。华润万家、五丰、医药、物业等积极支持香港抗疫情保民生，稳定市场供应。

（撰稿人：慈　冰）

中国旅游集团有限公司［香港中旅（集团）有限公司］

【基本概况】　2020年，中国旅游集团有限公司［香港中旅（集团）有限公司］（以下简称集团）危中寻机、全力自救，落实“两个统筹”、做好“六稳”“六保”，用超强意志、超常举措千方百计夺回损失，快速从疫情中恢复并领先全行业复苏，在旅游行业上市公司净利润大幅下降、多数公司亏损的情况下实现利润增长，净资产收益率在行业上市企业中排名第一。

【主要指标】　2020年，集团实现营业收入699.28亿元、利润总额87.22亿元、净利润56.52亿元、资产总额1517.32亿元，职工4万余人。

表1　2020年中国旅游集团有限公司［香港中旅（集团）有限公司］主要经济指标

项　目	2019年	2020年	比上年增长（%）
资产总额（亿元）	1226.72	1517.32	23.69
所有者权益（亿元）	509.95	533.63	4.64
营业收入（亿元）	810.47	699.28	−13.72
利润总额（亿元）	74.88	87.22	16.48
净利润（亿元）	51.28	56.52	10.22
归属于母公司所有者的净利润（亿元）	19.81	16.52	−16.57
利税总额（亿元）	89.79	105.36	17.34
应交税费总额（亿元）	56.65	99.95	76.43
全员劳动生产率［万元/（人·年）］	38.03	49.68	30.63
净资产收益率（%）	10.84	10.83	减少0.01个百分点
总资产报酬率（%）	7.72	7.56	减少0.16个百分点
国有资本保值增值率（%）	107.74	107.95	增加0.21个百分点

【改革发展】　一是集团改革进一步深化，法人治理体系和授权经营机制得到完善。二级公司层面完成更名、组织架构调整，三级公司层面重点推动旅行服务业务内地同一城市、境外同一国家相近业务整合。修订集团公司“三重一大”决策及党委、董事会、总经理工作规则，完善6家二级公司董事会授权清单，所有事业群均获授权。制定集团深化改革三年行动方案，制定混合所有制改革操作指引，拟定一批混合所有制改革企业名单。二是总部职能定位进一步明晰，组织体系和管控模式得到优化。按照战略管控者、资源配置者、团队建设者和服务提供者的定位，全面提升总部战略管控能力，持续完善以战略管控型总部为定位的管控模式。集团总部改革基本完成，各部门职能职责和管理权限基本理清，事务性工作通过4个共享中心逐渐剥离，海南、西南区域总部相继设立，矩阵式管控模式探索推进，部门班子调整基本到位，员工选聘基本完成。三是干部队伍风清气正的生态进一步巩固。组织全系统开展新时代党的组织路线培训，研究制定三年部司班子建设规划，制（修）订制

度7项，干部人事制度体系30余项，用制度管人管事形成自觉。3名优秀年轻干部担任总部和二级公司负责人，10名员工从一线招聘到集团总部、21名员工从一线交流到二级本部，30名干部从二级本部交流到三级及以下。后备人才库建设初见成效，领军人才在库190人，专业、高潜及扶贫人才在库380人，事业群各类人才在库600人。四是产权管理制度体系不断完善、管理效能不断提升。按照国务院国资委有关要求，进一步加强境外国有产权管理，出台《国有资产流转管理办法》，完善《董事会授权规则》，初步修订集团《产权管理规定》《资产评估管理规定》。加快低负效资产处置，全年压减企业30户，压减完成率375%，比年度计划多完成22户。户数完整率与经济行为完整率均100%。五是经营业绩考核工作持续优化。全面完成各级2019年度经营业绩考核评价，签署31个单位2020年经营业绩合同。修订印发集团《经营业绩考核评价管理办法(2020年版)》，督促二级公司(事业群)经营业绩考核管理办法备案。对集团经营业绩考核系统进行改造升级。

【重大项目】 一是助力建设强大国内市场有新成效。大力发展免税业务，全年完成销售327亿元，比上年增长127%；中旅旅行积极转型以目的地资源为核心打造9个具有优势的特色目的地。二是落实国家重大区域战略有新进展。粤港澳大湾区方面，编制集团参与粤港澳大湾区建设行动方案，推进与广州市政府、南航集团等的战略合作，规划落地广州北站免税综合体、九龙湖度假区等项目；地产业务首进广州，致力打造广州城市生活新地标；在香港特区，加强战略规划，编制做优做强做大在港业务行动方案，疫情期间完成信德中旅收购，大湾区最大的综合交通平台呈现雏形，红磡三仓项目开工建设。西部大开发方面，与云南、四川、广西、贵州、西藏、新疆六省(自治区)政府及新疆生产建设兵团签署战略合作协议，组建香格里拉旅投、西藏新地接、新疆旅投合资公司等一批企业，深耕当地，着手加快业务布局；景区输出运营能力明显提升，通过建设指导、服务打造、产品升级等组合拳，新疆帕米尔旅游区、青海卓尔山景区成功创建5A级景区，江布拉克景区合作首年收入比上年增长40%。长三角一体化和长江经济带方面，参与东航集团股权多元化改革，与浙江省、湖北省政府签署战略合作协议，推进慈城古镇、湘湖水街、北湖度假区等项目，战略入股开元森泊，新签约上海、武汉、南昌等城市项目，填补重点城市历史空白。

【重大创新】 一是商业模式创新持续加强。利用疫情窗口期，积极争取监管政策突破和供应商支持，顺应消费新趋势，关注旅游场景新变化，重构人、货、场，形成中免特色的线上线下一体化经营新零售模式，全年线上业务销售额比上年增长8.1倍，销售占比52%、首次超过线下业务。通过免税预定、完税到家、特采业务等新的模式，满足消费者多样化需求。二是产品业态创新有新突破。中旅投资沙坡头星星酒店带给游客"一半沙海、一半星空"的极致享受，开业后迅速成为"网红"，国庆、中秋假期提前一个月满房，冬季客房线上预售2000份套餐1分钟售罄。中旅旅行"故宫以东，一见如故"系列线上线下活动串起老北京与青春北京，产品位列2020年文旅融合发展十大创新项目之首。

【党建工作】 党建工作会议部署、细化责任、督导检查、评议考核等闭环管理进一步加强，制(修)订制度19项，全面从严治党制度体系进一步完善。持续推进纪检监察体制改革，积极支持集团纪委书记、监察专员和各级纪检监察机构履职。一是基层组织基础进一步夯实。重点在经营一线和青年员工中狠抓党员发展工作，全年新发展党员数是上年的4.3倍。成立海南、西南、北京、深圳4个分公司党委，各级组织实现应换尽换，线上"三会一课"全面开展。选树中央企业抗疫国家级表彰"先进集体"1个、"先进个人"1人，"全国脱贫攻坚先进集体"1个中央企业基层示范党支部1个。二是从严治党进一步加强。每半年对党风廉政建设和反腐败形势进行一次分析。召开警示教育大会，与48名新任职干部集体谈话。严肃查处违纪4起、涉嫌违法犯罪案件14起、违反中央八项规定精神问题3起，扎实开展专项整治720项，自查自纠发现问题完成整改36项、整改中6项。开展两次常规巡视，推动二级公司巡察30家基层企业。持续解决形式主义问题，为基层减负，制止餐饮浪费，整改总部机关化。三是中央巡视整改进一步深化。各单位制定整改措施249条，集团纪委、监察专员办加强监督检查。持续开展审计整改，

80 项问题完成 63 项、持续整改 17 项，挽回损失 5800 万元，追责问责 15 人。

【信息化与数字化建设】 2020 年 5 月，集团全面启动数字化转型，全力推动从业务调研、流程梳理到蓝图规划、方案编制，再到系统研发和实施推广等工作，致力构建“五个一”信息化管控体系，实现人力、投资、财务三大模块信息系统纵向覆盖、六大事业群业财融合横向打通。云计算平台为新系统全面上云提供基础，降低 40％的用云成本。建立集团统一的数据标准体系。投资管理系统实现全集团全模块上线，智慧人事系统核心功能按计划投产，财务管理系统和共享服务系统一期 63 家单位按期上线。中旅免税线上线下一体化平台、大会员系统等快速投产；中旅酒店通过总裁看板对经营数据进行动态监控；中旅旅行的商旅服务平台上线投产。

【履行社会责任】 一是全力助推决胜脱贫攻坚。在经营极度困难情况下，认真落实“四个不摘”要求，全力推动帮扶工作，9 月提前超额完成定点扶贫责任书所有任务。三省七县全部脱贫“摘帽”，所有定点扶贫县都有美丽乡村项目，黎平黄岗民宿、马边福来美丽乡村等一批项目为当地发展注入持久动力。国务院扶贫开发领导小组连续三年授予集团中央单位定点扶贫工作最高评价等次“好”。“六位一体”旅游精准扶贫模式和“企地共建”帮扶模式分别入选 2020 年国务院扶贫办企业精准扶贫综合案例 50 佳、专项案例 50 佳，对口帮扶香格里拉的案例入选世界旅游联盟旅游减贫案例集选。二是高度重视做好员工关爱工作。坚持不裁员，保障基层一线员工收入，薪酬分配向基层一线倾斜。在集团实现整体盈利后，立即盘点前期受疫情影响使公司业绩亏损，导致无法按规则发放的工资，并进行一定量的工资补发。

（撰稿人：马国亮　周云飞）

中国商用飞机有限责任公司

【基本概况】 中国商用飞机有限责任公司（以下简称中国商飞公司）是实施国家大型飞机重大专项中大型客机项目的主体，也是统筹干线飞机和支线飞机发展、实现我国民用飞机产业化的主要载体，主要从事民用飞机及相关产品的科研、生产、试验试飞，从事民用飞机销售及服务、租赁和运营等相关业务。2008 年 5 月 11 日成立，总部设在上海。由国务院国资委、上海国盛（集团）有限公司、中国航空工业集团有限公司、中国铝业集团有限公司、中国宝武钢铁集团有限公司和中国中化股份有限公司出资组建。2018 年，新增股东单位中国建材集团有限公司、中国电子科技集团有限公司、中国国新控股有限责任公司。截至 2020 年底，中国商飞公司所属单位有上海飞机设计研究院、上海飞机制造有限公司、上海飞机客户服务有限公司、北京民用飞机技术研究中心、中国商飞民用飞机试飞中心、上海航空工业（集团）有限公司、上海《大飞机》杂志社有限公司、中国商飞美国有限公司、中国商飞四川公司、商飞资本有限公司、商飞集团财务有限责任公司、商飞大学（商飞党校）。与俄罗斯联合航空制造集团公司（UAC）合资成立中俄国际商用飞机有限责任公司，作为 CR929 宽体客机研制主体。设立美国办事处、欧洲办事处，参股中国航空发动机集团有限公司、成都航空公司、浦银金融租赁公司等。从业人员 15774 人。

【改革发展】 一是全面启动公司改革三年行动，全面贯彻落实党中央、国务院关于国企改革三年行动的决策部署，统筹公司“5＋4”专项改革和综合改革工作体系，发布《公司改革三年行动实施方案（2020—2022 年）》，明确公司改革三年行动的指导思想、基本原则等总体要求，全面完成 2020 年的 66 个节点，计划完成率 100％。二是推进混合所有制改革。中国商飞公司所属上飞公司启动上海翔运国际货运有限公司（以下简称翔运公司）混合所有制改革项目，根据国务院国资委《国企改革“双百行动”工作方案》《中国商用飞机有限责任公司关于报送上海航空工业（集团）有限公司和上海翔运国际货运有限公司“双百行动”综合改革实施方案备案的报告》有关要求，翔运公司被列入“双百企业”名单，推进混合所有制改革，实现股权多元化。三是人事、分配、考核、薪酬情况。中国商飞公司坚定实施万人精兵工程，调优配强干部队伍，开展年轻干部调研，识别千人骨干。健全技术人才发展机制，以人力共享推动管理服务提升。深化人才融合，推进拔尖人才培养和国产商用飞机校园巡展。推进激励约束机制建设，围绕调结构、奖骨干，深化人才吸引、稳定、活力专项改革。办好实事难事，开展退休人员社会化管理，做好技能队伍稳定和素质提升，人才竞争力持续稳步提升。公司人才识别研究获得央企政研会二等奖、公司党建政研会特等奖。老干部工作被授予"上海市最佳离退休干部集体"等称号，入编离退休干部先进事迹。

【重大项目】 ARJ21项目。围绕"建党百年、交付百架"阶段目标，全力推进"三好一降一能"工作，产品竞争能力显著提升，在世界上海拔最高的民用机场——稻城亚丁机场完成高高原机场试验试飞，扩展最大起降高度。ARJ21飞机系列化发展态势基本形成。

C919项目。坚持"稳中求进、安全发展、高质量发展"的工作基调，贯彻"确保试飞安全，狠攻技术难关，狠抓试飞效率，狠拼条款关闭"的工作要求，奋力向取证交付目标不断迈进。C919项目通过中国民航局评审，获签首个型号检查核准书(TIA)，开展首个审定试飞科目，正式进入局方审定试飞阶段。

CR929项目。按照"稳中求进、深化设计、夯实合作"的工作要求，细化门禁准入准出准则，推进"拉通四算"和"挣值管理"，完善"个十百千万"计划管理体系，项目管理效能不断提升。理清项目管控模式，下大力气做实合资公司，健全项目组织架构，完成合资公司董事会和监事会换届，合作基础进一步牢固。

【重大创新】 ARJ21飞机项目首次获得国家科技进步奖一等奖，3项成果获得上海市科技进步奖。标准可用总量超过15000项，型号标准贯彻执行率显著上升。成功举办第四届"国际科技创新周"，累计与69所高校落实1200余项项目。

全面推进COMAC管理体系，推动外规内化、管理体系融合、过程和制度文件建设；组织开展对标世界一流管理提升行动，优化完善公司组织机构设置，策划并推动完成公司市场营销组织机构调整，财务、人力共享中心设立等事项；组织开展公司项目组织机构调整评估；持续开展"效率改进"专项工作，推进管理者标准作业试点，研究统筹公司问题管理，组织开展20项年度管理类课题研究。

【党建工作】 中国商飞公司党委坚决抓好疫情防控和复工复产，周密部署建立疫情立体防控网，实现公司国内外8处驻地、14000多名员工"零确诊""零疑似"；研究提出中国商飞公司"十四五"发展规划和2035年远景目标，加快大飞机产业化进程；落实"一会一报""两抓一查"，加强督促指导，举办"七一"大会表彰先进、讲"四史"主题党课，统筹开展党建工作责任制考核和党组织书记述职评议考核；开发上线"商飞党建"信息化平台；开展2批内部巡视，一体推进"三不"机制，加强对"一把手"和领导班子监督，推动"五责协同"机制有效运行，坚持不懈打造"廉洁商飞"；召开中国商飞公司第一届职代会，持续开展群策群力活动，用心用情办好"五件实事"，评选表彰"十大青年英才"，持续培育弘扬"航空强国、四个长期、永不放弃"大飞机创业精神。

【信息化与数字化建设】 2020年，中国商飞公司统筹策划、充分论证，编制公司"十四五"信息化规划，提出"1＋9＋N"的IT总体布局。研究形成数字化转型工作思路，组织召开中国商飞公司数字化转型专题研讨会。组建中国商飞公司网信领域自主可控工作推进小组，研究形成中国商飞公司总体工作计划和试点实施方案。完成中国商飞公司核心业务数据资产梳理，统一数据语言、数据标准和数据源。管理信息安全过程架构与标准规范建设迈上新台阶，基本完成纵深防御安全架构建设，形成中国商飞公司网络安全"1＋2＋3＋4"技术防护体系。

【履行社会责任】 全力支持宁夏回族自治区西吉县攻下脱贫攻坚最后堡垒，圆满完成定点扶贫工作责任书目标任务。经县级自评、市级初审和自治区评估检查、自治区第三方专项评估检查，11月16日，西吉县正式退出贫困县序列，标志着宁夏全域实现脱贫"摘帽"。中国商飞公司在2020年中央单位定点扶贫工作成效考核中被评为最高等次"好"。

新冠肺炎疫情暴发后，中国商飞公司党委领导班子带头、全公司党员干部职工积极响应，为疫情重灾区捐款，并向合作伙伴提供力所能及的抗疫物资帮助，向武汉捐款500万元。中国商飞公司控股企业成都航空4架ARJ21飞机搭载四川省第九、第十批援鄂医疗队医护人员和医疗物资驰援湖北，并宣布将连续三年向全国4万余名支援湖北的医务人员每年赠送1张ARJ21飞机国内不限航程的往返免费机票，向抗疫英雄致敬。在全国疫情防控和推动复工复产关键阶段，成都航空充分考虑大批外出务工人员的返岗需求，及时推出定制包机业务，在抓好疫情防控的同时，做好运输服务保障工作。

（撰稿人：邬家鹏）

中国节能环保集团有限公司

【基本概况】 中国节能环保集团有限公司（以下简称中国节能）前身是原国家计划委员会节能计划局；1988年，整体转制成立国家能源投资公司节能公司；1994年，划归国家计划委员会直接管理，更名为中国节能投资公司；2003年，划归国务院国资委监管；2010年，联合重组并更名为中国节能环保集团公司；2017年，整体改制为中国节能环保集团有限公司。

中国节能形成节能、环保、清洁能源、健康和节能环保综合服务的“4+1”主业格局，业务范围涵盖工业节能、建筑节能、固废处理、水处理、烟气治理、环境监测、土壤修复、重金属治理、风力发电、太阳能发电、新材料、健康产业等多项细分业务领域，规模和实力处于行业前列。拥有集“规划咨询—研发设计—投资开发—工程建设—运营管理”于一体的综合服务体系和完整的产业链条，拥有各类相关资质，工程经验丰富，能够为国内和国际市场客户提供节能、环保、资源循环利用和清洁能源领域整体解决方案和一体化服务，充分发挥中央企业在节能环保领域的控制力、影响力和带动力。拥有各级子企业700余家，其中上市公司7家；业务涉及国内各省（自治区、直辖市）及境外110个国家和地区。

【主要指标】

表1　2020年中国节能环保集团有限公司主要经济指标

项　目	2019年	2020年	比上年增长（%）
资产总额（亿元）	1725.80	2231.00	29.27
营业收入（亿元）	452.30	438.97	−2.95
利润总额（亿元）	32.30	35.80	10.84
净利润（亿元）	20.00	22.03	10.15

【改革发展】 全方位深入推进各项改革工作，集团层面股权多元化工作稳妥推进；董事会职权试点不断探索向二级公司延伸；大力推进国家发展改革委第四批混合所有制改革、国务院国资委“双百行动”“科改示范行动”，积极支持改革专项工程。下属太阳能公司、风电公司股权激励计划获批，下属华尚健康公司项目跟投案例入选国务院国资委国企改革“双百行动”案例集。

【重大战略】 进一步发挥长江经济带污染治理主体平台作用，全面探索长江经济带生态环境系统治理模式，“两园一链”固体废弃物综合治理、“空天地”一体化生态环境监测网络等模式逐步定型并在其他城市逐步展开，首批加入长三角生态绿色一体化发展示范区开发者联盟，专门成立中节能生态产品发展研究中心，探索生态产品价值实现机制。创新污染治理投融资模式，出资3亿元参与设立国家绿色发展基金，牵头发起设立规模10亿元的中节能（湖北）环保产业股权投资基金。全面完成国家推动长江经济带发展领导小组办公室“3年累计签约投资500亿元”的目标任务，得到国家发展改革委高度肯定。持续加强与京津冀、长三角、珠三角等地区政府联系，签订战略协议8份、达成合作意向待签订战略合作协议10份；与中国中铁、广东广晟、通用技术、中国西电等多家兄弟单位签署战略合作协议或达成深化合作意向。围绕市场拓展进一步完善市场开发体制机制，建立适用于全集团的多层次、分类别的市场开发信息平台，对市场开发工作进行指导、规范和激励。

【重大创新】 制定《关于进一步促进科技创新工作的指导意见》，梳理10个方面重点任务，加快推进国家级技术平台建设。聚焦"卡脖子"问题，形成"38+2"重点攻关关键核心技术清单，持续推进重大科技创新项目，形成新产品、新工艺、新装置33个，新建生产线9条，获批国家级项目(课题)、省部级奖励11项。研发投入力度持续加大，连续两年突破9亿元。举办共抓长江大保护创新治理模式研讨会、长三角典型流域环境综合治理科技创新合肥峰会，与浙江大学、中南大学等国内知名院校达成战略合作协议。开展国家固废专项"长三角典型流域多源有机固废集约化处置集成示范项目"并获得成功，废电路板高值化利用相关国重课题顺利完成研发和中期检查，采用非开挖污水管网置换与修复技术，为新余市"两江"流域黑臭水体治理提供科技支撑，在毕节市试点示范项目中合力攻关生态型农村污水处理技术，自主开发的某型OLED材料获得国家授权专利证书，实现国产化突破。

【党建工作】 一是全体党员在抗击疫情的大战大考中交出合格答卷。面对突如其来的新冠疫情，中国节能党委迅速响应、周密部署，全系统98家相关企业1.4万余人全力投入疫情防控，确保医废危废、垃圾处理、制水供水、污水处理、供暖供热等安全稳定运营。特别是中节能生态紧急驰援建设武汉千子山医疗废弃物处置中心建设，受到党中央、国务院，以及国家发展改革委、国务院国资委、生态环境部、湖北省和武汉市领导的高度肯定，彰显中央企业担当。二是党的政治建设进一步加强，严格落实"第一议题"制度，高标准落实中心组年度理论学习计划。三是作风建设取得明显进步。中国节能党委专门组织召开"落实总部部门服务基层、转变工作作风推进会"，提出8个方面的要求和10种能力建设，"严深细实""马上就办、真抓实干"精神和"八办"作风更加深入人心。四是党风廉政建设和反腐败工作扎实推进。中国节能党委开展境外腐败、利益输送、设租寻租、化公为私等4项专项整治工作。持续深化国务院国资委党委巡视反馈意见整改，统筹谋划推进巡视全覆盖。

【履行社会责任】 2020年，中国节能对定点扶贫县投入帮扶资金1920万元，引进帮扶资金1323万元，培训基层干部597人，培训技术人员2162人，全面超额完成扶贫任务。中国节能扶贫案例入选国务院国资委新闻中心和人民政协报社联合编著的《脱贫攻坚　央企力量》一书，并作为宣传资料在"两会"期间向政协委员发放；中国节能抗疫案例被中国社科院责任云研究院评为"企业抗疫优秀案例"，入选《中国企业抗击新冠疫情研究报告》。

(撰稿人：汝昌晋)

中国国际工程咨询有限公司

【基本概况】 中国国际工程咨询有限公司(以下简称公司)是国内规模最大、涉及行业最多的综合性工程咨询机构之一，业务领域覆盖国民经济、社会发展以及国防建设的主要行业，形成以规划咨询、咨询评估、工程管理、投资策划、管理咨询为支撑的五大业务板块，为中央政府在国家重大建设项目的决策和实施方面发挥着重要作用，同时为社会各类用户提供咨询服务。公司注册资本12亿元，具有甲级工程咨询综合资信、工程咨询专业资信、工程咨询专项资信、工程造价等专业资质，通过ISO9000、ISO14000、OHSAS18000等体系认证。累计完成各类规划、咨询任务超过6万项，涉及总投资超过100万亿元。

2020年，面对新冠肺炎疫情带来的严峻挑战，公司在国务院国资委的坚强领导下，以习近平新时代中国特色社会主义思想为指导，全面贯彻党的十九大和十九届二中、三中、四中、五中全会精神，保持战略定力、准确判断形势、精心谋划部署、果断采取行动、克服诸多困难，扎扎实实推进"12445"战略，高端智库建设和工程咨询主业取得较大增长，重大改革稳步推进，管理提升取得实效，全面从严治党向纵深发展，改革发展各项工作取得成效。

【主要指标】 2020年，公司中央政府任务完成率76.14%，超出考核目标值1.28个百分点；服务中央领导决策咨询成果69篇，超出考核目标值24篇；成本费用总额占营业总收入比重86.74%，低于考核目标值1.94个百分点；净利润14530万元，超出考核目标值80万元；经济增加值8113.75万元，超出考核目标值627.75万元。全面超额完成国务院国资委核定的2020年度各项经营业绩考核指标。

表1　2020年中国国际工程咨询有限公司主要经济指标

项　目	2019年	2020年	比上年增长（%）
资产总额（亿元）	27.41	32.87	19.94
所有者权益（亿元）	19.84	23.75	19.68
营业收入（亿元）	17.38	18.67	7.44
利润总额（亿元）	2.04	2.17	6.58
净利润（亿元）	1.40	1.45	3.79
归属于母公司所有者的净利润（亿元）	1.38	1.38	0.12
技术开发投入（亿元）	0.27	0.38	40.74
利税总额（亿元）	3.63	3.90	7.44
应交税金总额（亿元）	1.69	1.86	10.06
全员劳动生产率［万元/（人·年）］	24.78	24.68	－0.40
净资产收益率（%）	7.30	6.67	减少0.63个百分点
总资产报酬率（%）	7.68	7.22	减少0.46个百分点
国有资本保值增值率（%）	107.66	109.69	增加2.03个百分点

【改革发展】 聚焦国家重大战略，承担大量咨询任务。一是完成一批国家重大工程项目的咨询论证，为国家基础设施建设提供重要技术支撑，承接的南水北调、引江济汉等重大项目咨询得到有关部门认可。二是为政府部门决策需求提供有力支撑和服务。公司推动业务模式从传统的咨询评估向咨询服务转变，支撑国家发展改革委有关司局完成大量规划制定及相关评估和研究工作。在国务院国资委开展大量咨询服务和课题研究，重点承担“央企对标世界一流管理提升指标体系研究”，牵头组织开展95家中央企业对标提升实施方案和工作清单评审工作。疫情期间，围绕国务院国资委中心工作，对十大领域34个行业进行分析，形成系列研究成果，为国务院国资委在特殊时期更好指导中央企业高质量发展提供决策支撑。

新兴业务快速发展，业务转型成效显著。一是抓住“十四五”机遇，规划业务实现突破。围绕“十四五”规划，积极谋划、提前介入，全面参与中央和地方政府以及大型国企“十四五”规划编制任务。二是管理咨询业务稳中有升。承接华能等企业能源项目管理咨询工作，深耕国企管理咨询业务，在石化、医药、纺织等领域大力开拓、成效显著；立足自身优势，与浪潮、京东方、大唐等企业签订战略合作与咨询顾问协议；支撑上海临港新片区管委会、青岛市相关政府部门开展管理咨询工作，并建立长期合作关系。三是投融资咨询业务多点突破。围绕“拓展渠道、建立生态、组建团队、探索机制”开展起步工作，广泛访问发展改革、国资系统以及地方大型国有投资平台、产业园区，遴选核心合作伙伴；与有关单位合作成立基金管理公司，探索向投资咨询领域转型发展。四是全过程咨询业务发展迅猛。与国电投佳木斯核能供热项目签订5年全过程咨询服务协议；开展的“黄河生态文明建设规划”全过程咨询服务得到兰州市领导充分认可。

积极创新工作思路，服务质量持续提升。一是探索独具特色的工作模式。发挥项目全生命周期服务能力，为“走出去”企业提供“2＋1”服务模式；为广西河池编制《金宜城市走廊经济带规划》以及15个分报告，创新探索“一揽子”规划模式；为苏州工业园区提供贴身高效服务，全年承担各类咨询服务和课题研究服务10余项，形成良好的口碑与形象。二是采用新方法新技术提升研究能力。探索利用知识图谱技术构建智慧咨询平台；深入开展区域发展水平量化分析研究，建立老工业城市更新改造综合决策支撑系统；为国务院国资委提供央企外资外贸数据方面的分析支持；协助国家发展改革委体改司建设的混合所有制改革线上工作平台正式启用；深入推进“纵向一体化、横向专业化、区域多元化”业务布局，以BIM为突破口提升全过程咨询信息化管理能力；持续开展工程咨询方法模型研究和应用工作，编写若干业务指南和应用书籍。

重大改革稳步推进、管理提升取得实效。一是积极推进公司改革三年行动。按照国企改革三年行动总体部署和国务院国资委有关工作要求，迅速行动、倒排工期，逐项分解任务，落实责任、明确目标，严格对照中央文件，对改革任务进行研究、分类和梳理，如期编制完成《公司改革三年行动实施方案》和工作台账。二是“双百行动”综合改革取得实质性进展。公司职能部门和管理公司、海外公司2家所属企业以市场化改革为目标，主动作为、积极配合，加强横向联动、强化纵向对接，协同推进混合所有制改革工作落地落实。相关单位共同研究制定深化改革配套制度，进一步健全完善现代企业治理机制；梳理完善授权放权事项清单，审核把关2家试点企业的公司章程、议事规则以及增资协议等关键核心制度和重要法律文件，顺利完成混合所有制和员工持股改革任务。三是顺利完成“总部机关化”整改工作。围绕明晰总部定位、规范法人治理、优化组织体系、完善运行机制、改进工作作风、增强发展活力等方面全力完成整改工作。四是做好对标一流企业管理提升。从加强战略管理、组织管理、运营管理、财务管理、科技管理、风险管理、信息化管理、人力资源管理和党的建设等9个方面制定《公司对标管理提升工作指引》，形成“1+9+N”的综合体系。公司制度体系不断健全，完成公司章程、保密管理制度、人力资源制度、管理体系7.0版、突发公共卫生事件应急预案等制度修订和编制工作。五是人力资源深化改革取得新进展。围绕建设高素质人才队伍和完善正向激励机制两条主线，加强顶层设计和战略统筹，加快推进三项制度改革，公司的组织架构和考核分配体系进一步优化，人才队伍的选、用、育、留机制不断完善，人才发展渠道和人才引进渠道大力拓展，博士后科研工作站成功设立。

紧紧围绕中央决策，智库建设再上台阶。围绕疫情防控、经济恢复、产业发展、重大工程、区域协调等领域，报送重要决策咨询成果69篇，数量创历史新高，为党中央、国务院科学决策作出重要贡献。主动加强调查研究，在智库建设中发挥带头作用，成为“三办”重要的参谋助手；各业务部门在考核分配机制的引导下，开展政策研究的积极性大大增强，大多数超额完成任务。在国务院国资委的大力支持下，公司高端智库试点申请工作取得积极进展。

【重大项目】 2020年，公司承担的较为重大的项目有：国家重大科技基础设施“十四五”重点项目遴选评审，基础设施领域不动产投资信托基金REITs试点项目评估，2020年国家新一代信息基础设施专项评审，国务院国资委技术产品推广目录评估，协鑫汇东江苏如东LNG接收站项目评估，田湾核电站7、8号机组项目申请报告评估，陕西省引汉济渭二期工程可研评估，老工业地区振兴发展专项重点林区经济转型生态综合补偿试点方案评估，绿色产业示范基地相关项目咨询评估，白鹤滩—江苏±800千伏特高压直流输电工程评估，中广核浙江三澳核电厂一期工程可研评估，对河北等12个省41个以工代赈巩固脱贫攻坚成果衔接乡村振兴战略试点项目实施方案评估，大小兴安岭林区生态保护与经济转型规划专项评估，退耕还林还草工程中央预算内投资专项的评估，南水北调东线二期工程规划评估，引江补汉工程规划评估、无锡市城市轨道交通第三期建设规划评估，新疆阿拉尔民用机场可研评估，国家工程研究中心组建方案评估等。

【重大创新】 一是研究制定工程咨询理论方法及行业标准规范。历时8年持续研究，完成《工程咨询专业分析评价方法及应用》丛书10本专著的编写工作，涵盖工程项目市场分析、财务评价、经济分析、社会评价、征地安置分析评价、环境影响评价、资源节约及综合利用分析评价、节能评价、融资分析评价、风险分析评价等十大专业领域，是我国首次出版的全面介绍工程咨询各类专业评价方法的专业丛书，全面解析公司项目评价理论方法应用的十大准则。积极开展工程咨询理论方法标准体系的专题研究工作，推动工程咨询行业的高质量发展和提升全球竞争力，增强国家智库建设的软实力。二是基础设施公募REITs政策研究及试点项目评审取得重要成果。承担我国首批基础设施领域不动产投资信托基金（REITs）试点项目的评估工作，经过反复论证和深入研讨，及时向政府部门提交我国首批基础设施公募REITs部分试点项目评估报告。积极发挥中国特色高端智库平台的纽带作用，凝聚各行业高层次专家的智慧，研究解决试点过程中存在的各种棘手问题，根据我国特殊的市场和法律环境提出切实可行的解决方案，有力推动我国基础设施领域不动产投资信托基金(REITs)事业健康发展。三是为建立和完善中央企业投资监管体系提供专业支撑。开展"十四五"时期全国国有资本布局和结构调整规划及"十四五"时期中央企业发展规划思路专题研究、中央企业发展规划评估管理办法研究、中央企业履行国家使命及社会责任绩效第三方评估体系建设专题研究、中央企业2020年度投资风险管理体系诊断及专项评估等工作,研究制定《中央企业投资风险管理体系建设指引》《中央企业投资监督管理办法实施细则》,为提升中央企业投资监管的质量和效率及完善投资监管制度体系提供高质量的支撑服务。

【党建工作】 一是党建融通思想,为建设中国特色新型高端智库提供坚强政治保证。牢固树立"政治学习就是业务学习"的理念,建立"第一议题"学习制度,确保党中央决策部署、国务院国资委指示要求在公司一贯到底。发挥理论武装"头雁"作用,通过党委理论学习中心组9次学习,班子成员43次党课,带动3家所属企业党委开展理论学习26次,82个基层党组织开展理论学习600余次。压实意识形态工作责任,加强舆情研判分析处置,出台落实意识形态工作责任制实施细则等制度,确保政治安全,站稳思想阵地。二是党建融汇力量,当好贯彻落实习近平总书记重要指示批示和党中央重大决策部署的"排头兵"。统筹疫情防控和经营发展,围绕疫情防控、复工复产向中央领导和"三办"提交咨询报告20多篇,实现营业收入和利润的逆势双增长。服务国家经济社会发展,全年完成咨询任务4016项,承揽中央和地方政府等规划编制业务550多项。被国务院国资委推荐进入国家高端智库培育单位名单。三是党建融入管理,实现党的领导融入公司治理制度化规范化程序化。全面加强党的领导,厘清权责边界,完善领导体制,落实前置程序,建立任务清单,确保党委"把方向、管大局、促落实"作用发挥。全面落实"抓党建就是抓发展"思路,成立党建领导小组,构建"12321"党建工作体系,编制"十四五"党建规划,党建与业务"五融五促"成效日显。全面推动改革发展,召开党委会24次,审议重大事项150余件,推动"双百行动"等改革部署落到实处。四是党建融入压力,持续推动全面从严治党向纵深发展。党建督导调研全覆盖,成立党建督导组,公司党委领导带队督导,与150余名员工代表交流并开展党建工作满意度测评。"三基"建设全方位,全面排查基层党建薄弱环节,消除党建"盲区",开办"中咨云端党校",培训党员干部850余人次,完成退休党员社会化转接党组织关系285人。完成国务院国资委党委巡视反馈问题、党建工作责任制考核反馈问题、"不忘初心、牢记使命"主题教育查找问题的整改。对所属单位开展政治巡视和专项审计,处理问题线索12件,把管党治党责任一贯到底。五是党建融聚队伍,凝聚起干事创业的强大动力。坚持以党管干部、党管人才聚人,完善评先树优机制,优化人才培养梯次,加大高端人才引进力度,建立公司优秀年轻干部库。坚持以模范带动、示范引领聚势,创建党员先锋岗,选树先进典型,激励党组织和党员干部在抗击疫情、项目攻关、扶贫攻坚等主阵地冲得上、打得赢。坚持以统一思想、强化共识聚心,召开不同层面的形势分析会、座谈交流会,组织主题宣传发稿600余篇,弘扬正能量,汇聚向心力。

【信息化与数字化建设】 一是防控疫情,攻坚克难,提供坚强技术保障。在视频会议系统布设、硬件设备更新、移动办公技术支持等方面取得进展,积极推动运用信息化技术支持防疫抗疫和管理、业务工作的正常开展。二是制定"十四五"信息化发展规划。规划中提出"四纵、五横、三朵云、六大场景"的未来信息化工作基本框架,从应用、数据、IT基础架构和服务保障体系四方面明确"十四五"重点任务,制定"三步走"实施路线图,系统梳理12项重大工程,形成公司信息化工作的路线图、作战图,为全面推进公司信息化建设奠定坚实基础。三是突出重点,明确目标,稳步推进重大系统建设。按照上级单位要求,大力推进国资监管平台(一期)建设,人力系统、业务系统、办公系统、数字档案系统、官网部门子站等持续优化完善,并增开保密教育考试、成品油产销数据填报、廉洁档案管理等系统。四是发挥特色,积极探索,着力支撑数字智库建设。加强对现有数据资产情况的分析研究,启动高质量数据集群建设计划,逐步建立包括数据库、方法库和知识库等在内的业务数据支撑体系,与中国知网、万得数据库开展合作,提供统计年鉴数据、行业协会数据、行业知识库、行业研究报告、全国地理信息数据集成，开展业务共创，探索数据分析模型体系建设的整体方案，开发数据分析模型，丰富数据源和分析方法。五是落实责任，严守防线，多措并举筑牢网安保障基石。组织开展网络安全隐患排查和安全加固工作，并向各单位发布信息安全通报，提高安全防范能力，并强化应急处置准备，制定10项网络安全相关管理制度和应急预案，构建坚实的网络安全保障壁垒。

【履行社会责任】 承担央企社会责任，先进事迹不断涌现。公司干部职工在承担社会责任方面始终冲锋在前、争作表率。面对疫情带来的困难和挑战，积极参加国办督查室、国家卫健委等单位组织的疫情防控研讨相关工作，为保障抗疫物资稳定供应作出贡献，获评"中央企业抗击新冠肺炎疫情先进集体"。管理公司湖北分公司紧急参加湖北党校方舱医院建设监理工作，陈雨石获评"中央企业抗击新冠肺炎疫情先进个人"。管理公司获得北京市扶贫协作社会责任奖，张稳军带领安徽省利辛县杨湾村顺利完成脱贫攻坚任务。

（撰稿人：赵　坤）

中国诚通控股集团有限公司

【基本概况】 2020年，中国诚通控股集团有限公司（以下简称中国诚通）在以习近平同志为核心的党中央坚强领导下，坚决贯彻落实党中央、国务院、国务院国资委决策部署，紧密围绕"国有资本市场化运作专业平台"定位，统筹疫情防控和改革发展各项工作取得新成效，生产经营指标再创新高。

【主要指标】

表1　2020年中国诚通控股集团有限公司主要经济指标

项　目	2019年	2020年	比上年增长（%）
资产总额（亿元）	2700.37	3963.66	46.78
所有者权益（亿元）	1701.59	2066.11	21.42
营业收入（亿元）	1053.37	1241.57	17.87
利润总额（亿元）	50.38	120.31	138.81
净利润（亿元）	33.22	90.63	172.82
归属于母公司所有者的净利润（亿元）	8.02	48.72	507.48
技术开发投入（亿元）	5.52	5.20	−5.80
利税总额（亿元）	86.25	153.57	78.05
应交税金总额（亿元）	53.32	56.10	5.21
全员劳动生产率［万元/（人·年）］	38.77	70.71	31.94
净资产收益率（%）	2.06	4.81	增加2.75个百分点
总资产报酬率（%）	3.00	4.81	增加1.81个百分点
国有资本保值增值率（%）	103.16	106.49	增加3.33个百分点

【改革发展】 坚决落实国企改革三年行动工作部署和《关于中国诚通控股集团有限公司2020年改革试点重点任务的通知》要求，高标准制定实施方案，建立八大类92项举措任务台账，挂图作战，加快探索可复制、可推广的改革试点经验。完成"十三五"规划评估，开展"十四五"规划编制，组织金融投资、仓储物流等战略执行研讨。着力解决"总部机关化"问题，坚持立行立改与建立长效机制相结合，明确总部"战略＋财务型"管控模式，优化总部部门设置、确定72项主要职能。中储股份、岳阳林纸和中特物流完成"双百企业"阶段性评估，中储股份获评A级。第四批国企混合所有制改革试点中储股份所属中储智运完成C轮融资，引入外部资本9200万元，年交易额突破200亿元并实现盈利。集团控股的各级子企业中混合所有制企业71户，2020年新增混合所有制企业4户，其中增资扩股1户、投资入股1户、新设2户，引入社会资本1.19亿元。冠豪高新入选"科改示范行动"，吸

收合并粤华包B的重组工作取得重大进展。持续推进厂办大集体改革。在职职工安置率92%，超过国务院国资委安置率目标。社会化移交重大改革成绩显著，退休人员社会化移交完成率99.08%，位于中央企业第一梯队。亏损企业治理成果显著。单户亏损子企业55户，亏损面14.8%，比上年减少9.4个百分点。

【经营管理】 一是扎实推进提质增效。深入开展全级次提质增效、对标提升，加强综合督导和重点企业跟踪研究，经营质效和管理能力明显改善。2020年，中国诚通全口径净资产收益率比上年增加2.94个百分点，营业收入利润率比上年增加4.72个百分点。二是融资体系建设及规模化低成本融资成效显著。持续拓展银行合作，授信规模超过3000亿元；建成跨市场、全渠道、多工具的融资体系，全年融资1000余亿元；创新完成中央企业首单超过300亿元银团并购贷款；抓住政策窗口期，低成本发债300余亿元；市场化发行百亿级中票，进入规模化融资"第一阵营"；储备债券发行额度800亿元，为融资奠定坚实基础。

【重大项目】 基金投资方面，2020年12月29日，经国务院批准、受国务院国资委委托，集团发起设立的第二支国家级基金中国国有企业混合所有制改革基金在上海揭牌成立，总规模2000亿元、一期注册资本707亿元，圆满完成国企改革三年行动确定的重大改革任务。截至2020年底，国调基金累计签约项目113个、签约金额1196亿元，交割项目107个、交割金额956亿元；重点投向芯片、工业互联网、新能源、大数据、生物医药等领域，参与中芯国际、海尔卡奥斯、明源云、诺诚健华等一批代表性项目；实现退出收益55亿元，退出项目的年化收益率22.4%。债转股基金完成9家中央企业及地方重点国企债转股项目，合计金额97.7亿元，带动社会资本374亿元，被投企业负债率平均降低6.6个百分点，并为中国诚通贡献稳定现金流。构建以"国调基金＋混合所有制改革基金"2只国家级基金为主，债转股基金、不良资产处置基金等专业基金为辅的基金投资格局。

股权运作方面，积极参与中央企业股权多元化改革，出资643.5亿元参与国家管网公司组建，成为并列第二大股东，有力支持我国能源结构调整和能源安全新战略；作为第一大股东深度参与设立中国绿发，支持打造聚焦绿色产业的一流中央企业。推进划入中央企业上市公司股权的委外管理和自营运作。扩大委外规模，控制委外风险，全年浮盈超过37亿元、综合收益率35%；诚旸投资加强自营能力建设，不断提升风控能力，自营投资浮盈28.5亿元。在香港特区发行首支国资国企改革主题的跨境、跨市场产品"开放共赢（A＋H）ETF"，优化央企结构调整指数、国企"一带一路"指数，提升指数投资属性，累计盘活央企存量股权超过400亿元，央企净资产增加超过200亿元。

资产经营方面，参与央企"两非"剥离政策研究，完善资产经营手段和能力，努力争取成为"两非"资产、"两资"专业化处置平台。中国诚通托管的中国铁物2020年实现营业收入653.9亿元、利润总额41.6亿元、净利润32.7亿元，在深交所挂牌上市，实现核心资产证券化，本质脱困和高质量发展取得标志性成果。培训疗养机构改革涉及的48家机构获批划转，接收海关总署、国务院国资委、民政部、工业和信息化部、新华社等9家所属机构，海关威海培训基地改建成为示范性项目。国海海工完成资产集中管理55个、金额532.5亿元；盘活资产30个、金额297亿元。诚通资产发布《资产经营2.0模式研究报告》，社会反响热烈。诚通东方主动探索多项资产经营市场化业务。中新房无序生长得到控制，华融湘江银行债务危机有效缓解。天津力神重组项目有序推进。中国石化国勘、化诚新、国源煤炭、中新能化改革发展稳步向前。

金融服务功能方面，持续推进阳光保险股权整合工作。成立商业保理公司，积极对接中央企业开展业务。保险经纪公司完成迁址落户，取得业务许可证。

【走向海外】 2020年，中国诚通积极参与构建新发展格局，促进畅通国内国际双循环，支持共建"一带一路"高质量发展，境外资本运营取得新突破。

金融投资方面，诚通香港在整合组建境外资本运营平台基础上，充分通过资本运作手段在国际资本市场开展服务中央企业业务，参与中交建、华侨城、光大控股、中国太保、邮储银行等中央企业的项目投资；国调基金积极开展跨境资本运作，累计向京东物流、七牛云等5个项目投资39.95亿元；资产经营稳中有进，诚通国际在大力支援国内国外抗击疫情的基础上，持续推进格林伍德二期建设，经营业绩稳步发展，利润首次突破1亿元大关。

持股运营方面，仓储物流企业加快全球经营网络布局，保障国家跨境物流安全畅通。中储运英国HB项目克服境外疫情冲击，保持平稳运营；华贸物流抓住机遇，扩大跨境物流业务，加强国际物流网络和服务能力建设。外贸企业"稳外贸"成绩显著，全年外贸总额25.5亿美元，比上年增长12.8%。中国诚通积极参与第三届进博会，中国纸业、诚通国贸、中商控股3家企业签署采购协议10.74亿美元。中国诚通境外子企业资产规模151.2亿元，净资产68.2亿元，累计实现营业收入52.54亿元，利润总额累计4.24亿元。

【重大创新】 技术创新方面，中国诚通及所属企业累计拥有有效专利1705件，其中发明专利278件；累计主持或参与制定标准164个，其中国际标准7个、国家标准89个、行业标准68个。全年申请专利220件，其中发明专利70件；获得专利授权192件，其中发明专利37件；主持或参与制定标准13个，其中国家标准7个、行业标准6个；获省部级科技奖励3项。拥有高新技术企业16家，研发机构11家，其中国家级企业技术中心2个、国家（工程）技术研究中心1个、国家级检测实验室2个。中国储运所属中储智运入选"2019—2020中国智慧物流领域10强企业"，获得中国物流与采购联合会2020年度物流技术创新奖。中国纸业所属岳阳林纸的"精品文化纸轻量化关键技术研发及应用"获得中国产学研合作创新成果二等奖、"非木纤维清洁制浆及配抄精品文化用纸关键技术研发与应用"获得湖南省科技进步奖和中国轻工业联合会科技进步三等奖。中国包装的"食品接触材料及制品中有害物质检测方法的研究"项目完成国家级食品接触材料及制品检测实验室建设，申请国家检测方法标准3项，完成国家行业标准1项、申报专利2件、发表论文3篇。天津力神消费类电池高电压高温浮充、Fully flag、Interval循环三大技术难题取得突破，达到业界领先水平。

管理创新方面，坚持与国企改革三年行动和"十四五"规划衔接，完善"管资本管人管党建"的领导机制，明确各治理主体在决策、执行、监督各环节的权责边界和工作方式，细化各治理主体权责清单，党委前置研究讨论重大事项清单，完善"三重一大"决策制度体系，加大授权放权力度，推进治理体系和治理能力有效提升。结合国有资本运营公司试点改革实际，对"三重一大"决策事项清单、前置研究事项清单进行梳理优化，形成分析报告，突出"党的建设、战略规划、体制机制、资本运营、经营管理"等重大决策事项内容，提高决策效率和决策质量。新修订"三重一大"决策事项清单69项，其中董事会决策事项28项、党委会决策事项23项、总经理办公会决策事项18项。党委前置研究把关事项37项。指导所出资企业党委（支部）建立完善"三重一大"决策制度和决策清单。

【党建工作】 坚决贯彻习近平总书记关于疫情防控、复工复产的重要指示精神，坚持和加强党的领导和党的建设，用高质量党建引领高质量发展，在国务院国资委党委党建工作责任制考核中连续三年被评为"优秀"。一是坚持政治统领，坚决践行"两个维护"。建立落实"第一议题"制度，及时跟进学习贯彻习近平总书记重要讲话和重要指示批示精神，提升政治站位，坚定改革方向。完善理论学习中心组学习机制，聚焦试点改革重点任务，组织集中学习和执行研讨9次。强化领导干部集中学习，组织开展四中、五中全会精神轮训，实现全覆盖。二是坚持"两个一以贯之"，完善公司治理机制。围绕"国有资本市场化运作专业平台"定位，进一步厘清党委会、董事会、经理层权责边界和工作程序。细化"三重一大"决策事项69项、党委前置研究事项37项，优化各治理主体议事规则和权责边界。将董事会调研与党委中心组调研相结合。加大董事会决议事项和董事会对审计整改、风险防控、重点工作等要求的落实督导。三是坚持融合发展，实施"三融一化"党建工程。组织系统上下联动、共同研究，成立党建创新基金，开展专项调研，推动创新试点，创建基层试点67个，推广案例72项，形成"三融一化"实操指引，着力解决基层党建痛点、难点问题，推动党建与改革发展深度融合。四是坚持党管干部，锻造高素质人才队伍。坚持党管干部党管人才与市场化选聘相结合，持续完善干部管理制度体系，修订领导人员管理、所出资企业负责人业绩考核与薪酬管理、中长期人才队伍建设等制度，出台职业经理人暂行办法。精心选拔忠诚干净担当的优秀干部，不断拓宽人才引进渠道，开展部分所出资企业领导班子社会公开招聘。加快推进干部交流，加大优秀年轻干部培养，规范派出董监事选拔管理，努力打造适应公司高质量发展运营的干部人才队伍。五是坚持强化监督，保持良好政治生态。落实巡视整改，针对国务院国资委党委反馈的47项问题，制定5个方面137条整改措施，举一反三、挂图作战，建立完善制度71项。对6家所出资企业开展巡视“回头看”，指出存在的问题49项，对所出资企业党委提出意见和建议24项，对集团党委提出意见和建议13项。成立监督委员会，深化派驻纪检组、片区纪检协作组和区域办案中心建设。组织“境外腐败、利益输送、设租寻租、化公为私”专项整治和作风建设整顿。强化执纪问责，严肃处理违规违纪问题，全系统运用四种形态处置87人，其中集团纪委先后处置问题线索210件（次），给予党纪处分16人、诫勉谈话8人。

【信息化与数字化建设】 以数字诚通为战略基础，全面向数字化转型。一是推进集团资产管理、法治合规、办公、投资、预算、资金、费用报销、法规、责任追究、内控、党建、巡视等资本运营在线监管系统集中建设。二是逐步推进集团直投交易系统、智能投研系统、量化策略开发系统等资本运营各平台核心业务系统建设。三是进一步强化网络安全保障能力，完成集团总部9个信息系统等级保护备案测评整改。建立网络安全态势感知和预警体系，完成全部信息资产统计和隐患排查并下发整改函。推进重点系统项目建设与运行保障，完成IPv6、VPN专网改造，全年日常监控检查1000余次。

【履行社会责任】 落实定点扶贫责任，超额完成定点扶贫任务。投入资金1005.9万元，推进实施扶贫项目28个，助力河南省宜阳县打赢脱贫攻坚战。

（撰稿人：丁若沙）

中国中煤能源集团有限公司

【基本概况】 中国中煤能源集团有限公司（以下简称中煤集团）是国务院国资委管理的国有重点骨干企业，是唯一具有全产业链的专业煤炭中央企业。主营煤炭生产贸易、煤化工、电力、煤矿建设、煤矿装备五大核心业务及相关工程技术服务。其中，煤炭产业资源储量660余亿吨，生产及在建矿井70座，总产能规模3亿吨级，煤炭年产量2亿吨以上、销量3亿吨以上；煤化工产业现有全资、控股及参股大型煤化工企业10个，主要生产聚烯烃、尿素、甲醇、硝铵、焦炭等化工产品，权益总产能1000万吨/年；电力产业控股及参股电厂40余座，总装机规模2700万千瓦，控股装机规模1300万千瓦；煤矿建设企业承担国内多数千万吨级矿区、千万吨级高产高效矿井和大型洗煤厂的设计建设任务，代表行业先进水平；煤矿装备制造企业集“研制、供给、维修、租赁、服务”五位一体，成套化智能化煤矿工作面输送、支护、采掘设备的技术水平及市场占有率国内领先。中煤集团资产总额4128亿元，职工11.66万人。

【主要指标】 以习近平新时代中国特色社会主义思想为指导，认真贯彻落实党的十九大和十九届二中、三中、四中、五中全会精神，按照党中央、国务院决策部署和国务院国资委“三稳四保一加强”工作要求，坚持稳中求进，强化责任担当，以保证国家能源安全为己任，认真履行保供保暖稳价责任，积极投身抗疫物资应急保供，统筹推进疫情防控和生产经营、改革发展各项工作，成功挺进“世界500强”，在国务院国资委中央企业业绩考核中被评为A级，超额完成国务院国资委经营业绩考核目标。强化产运销组织，煤炭产量2.23亿吨、销量3.3亿吨，煤炭产销量再创历史最高水平；持续加强煤化工和电力企业生产运行管理，化工品产量和发电量持续稳定增长；努力克服疫情影响，积极扩大市场份额，矿建施工和煤矿装备产值持续保持增长态势；经营业绩持续稳定增长，实现营业收入1870.24亿元，创历史新高，比上年增长

4.74%；利润总额150.1亿元，比上年增长6.96%；净利润101.33亿元，比上年增长14.33%。

表1 2020年中国中煤能源集团有限公司主要经济指标

项 目	2019年	2020年	比上年增长(%)
资产总额(亿元)	3959.35	4127.67	4.25
所有者权益(亿元)	1455.58	1561.95	7.31
营业收入(亿元)	1785.59	1870.24	4.74
利润总额(亿元)	140.34	150.10	6.96
净利润(亿元)	88.62	101.33	14.33
归属于母公司所有者的净利润(亿元)	21.26	33.43	57.25
技术开发投入(亿元)	20.77	26.04	25.36
利税总额(亿元)	329.25	335.53	1.91
应交税金总额(亿元)	188.91	185.43	-1.84
全员劳动生产率[万元/(人·年)]	46.84	47.34	1.07
净资产收益率(%)	6.36	6.72	增加0.36个百分点
总资产报酬率(%)	5.70	5.77	增加0.07个百分点
国有资本保值增值率(%)	104.00	105.30	增加1.30个百分点

【改革发展】 扎实推进国企改革三年行动，加强组织领导，强化统筹协调，狠抓各项工作落实，深化体制机制改革，不断强化内部改革调整，企业改革再出发再深化。研究制定中煤集团实施方案，加快推进改革措施落地见效，全面完成2020年各项改革任务。修订印发三项决策事项清单、党委前置研究讨论重大经营管理事项清单。加强所属企业董事会建设，完善治理结构，有序落实董事会职权。持续深化三项制度改革，改革试点企业率先实施市场化用工，大力推行员工公开招聘、管理人员竞争上岗、末等调整和不胜任退出等制度。推进工资总额决定机制改革，开展工资总额周期制和备案制管理试点。探索实施中长期激励，完成中煤西安设计公司岗位分红激励首期兑现，形成可复制、可推广、可借鉴的典型经验。"双百行动"扎实推进，中煤装备公司、中煤西安设计公司在公司治理、经营机制、激励政策和解决历史遗留问题等方面取得实质性进展。提前完成厂办大集体改革任务，全部完成"三供一业"分离移交，医疗机构改革主体任务基本完成，培训疗养机构改革工作稳步推进，退休人员社会化管理工作圆满收官。制定"两非"剥离方案，持续推进"两资"清理，积极盘活低效闲置资产，清收不良债权，实现收益近2亿元。亏损企业治理工作持续推进，亏损面控制在20%以内。扎实做好法人"压减"工作，圆满完成考核目标任务。

【重大项目】 聚焦主责主业，持续推进煤电化一体化发展，坚定不移做强做优做大煤炭核心主业，有序做大电力规模，稳步推动煤化工项目建设，积极转型发展新能源、能源综合服务建设，产业协同效应进一步显现。一是加快释放煤炭先进产能。水泉煤矿、吉郎德露天矿进入联合试运转；大海则等11座建设煤矿顺利推进，母杜柴登、纳林河二号井、芒来等煤矿办理取得采矿许可证并即将完成验收。二是电力板块稳步发展。平朔安太堡2×350MW电厂正式复工、上海能源2×350MW热电项目完成竣工验收、板集电厂二期工程各项前期手续取得积极进展。三是煤化工产业发展持续优化。8个大型煤化工项目建设及运营行业领先，装置运行水平稳定提升，项目自投产以来持续保持盈利；平安四期硝铵项目正式复工，图克100万吨甲醇项目有序建设，陕西榆林烯烃前期工作扎实推进。

【走向海外】 面对突如其来的新冠肺炎疫情，中煤集团坚持做好境外疫情防控相关工作，完善并科学实施防疫工作方案、应急处置预案，在疫情防控工作中亮出党徽、打造典型，坚实形成"万众一心、防控疫情"的抗疫氛围，着力夯实境外业务风险防范和常态化疫情防控的工作基础。鼓励所属企业抢抓"一带一路"发展机遇和疫情平稳时机，开展国际化经营。积极与其他国际业务优势中央企业开展合作，寻求联合出海机会。矿山建设及综合能源服务海外业务拓展到伊朗、印度、南非、土耳其、塔吉克斯坦、印度尼西亚、巴基斯坦、纳米比亚等国家，业务由矿山建设向矿山系统运维和采矿运营、技术服务及其他基本建设领域延伸。矿山装备产品远销美国、英国、俄罗斯、澳大利亚、印度、越南、土耳其等多个国家和地区。

【重大创新】 聚焦“安全、高效、绿色、智能”，明确主攻方向，抓重点、补短板、强弱项、重实效，加强关键技术研发，持续完善科技管理体制，构建开放合作创新模式，扎实推进“双创”基地建设，获得省级和行业科技进步奖40项，授权专利475件。科技创新工作取得积极进展，6个煤矿列入国家首批智能化示范建设煤矿名单，装备制造“双创”示范基地被工业和信息化部认定为首批能源装备制造平台，张煤机公司超大采高智能化综放开采成套输送系统在多个技术领域实现首创突破，山西地区建成的综采放顶煤智能化工作面实现智能化综放系统的常态化运行，鄂能化公司首创国内“煤化工废水零排放、矿井水深度处理回用、结晶盐资源化利用”一体化技术模式。

【党建工作】 始终把习近平新时代中国特色社会主义思想作为理论武装，深入学习宣传贯彻党的十九届五中全会精神，认真贯彻落实《中国共产党国有企业基层组织工作条例（试行）》《中国共产党支部工作条例（试行）》等，全面推进主题教育整改，坚决落实党中央各项决策部署。指导编制“十四五”发展规划，把党的领导、党的建设贯穿规划全过程。修订职权配置手册，规范召开党委常委会，前置研究讨论重大经营管理事项。持续开展“三项工程”建设，充分发挥各级党组织和党员的战斗堡垒作用和先锋模范作用。常态化制度化开展党建述评考用，用党建考核结果直接调节经营业绩考核。扎实开展党建巩固深化年专项行动，持续开展“四强五好六有”示范党支部建设。坚持党管干部原则，落实提高“七种能力”要求，强化干部选育管用。落实意识形态工作责任制，强化正面宣传，营造和谐氛围。加强统战群团工作，强化服务保障，助力企业和谐稳定健康发展。

【信息化与数字化建设】 中煤集团信息化建设围绕“稳中求进、改革创新”工作思路，强化顶层设计，推动信息化与业务深度融合，赋能集团公司高质量发展。落实国务院国资委国资国企在线监管“三年行动计划”，搭建完成数据采集平台和数据交换平台。开展智慧能源工业互联网平台、国企网络安全在线监管平台建设等工作。建立与常态化疫情防控机制相适应的办公新模式，远程办公、视频会议得到更好应用。大力推动集成共享，进一步挖掘信息化应用和数据价值，全面赋能各项业务。持续优化生产运营管理系统功能，扩大数据接入范围，强化数据分析能力，提升工业监控数据分析、价值挖掘、决策指挥能力。开展广域网升级改造，实现全部设备自主可控。采用虚拟化超融合技术，最大程度地整合利用现有服务器资源。完成IPv6网络安全设备部署，实现通过IPv6对互联网双向访问。开展网络安全宣传周活动，提升全员网络安全意识。

【履行社会责任】 坚决贯彻落实习近平总书记重要讲话精神和党中央决策部署，主动担当、积极作为，全力抗击疫情，有序复工复产，保障能源供应，助力脱贫攻坚，在大战大考中充分发挥中央企业“顶梁柱”作用。全力投入抗击疫情，全力保障煤炭供应，22座矿井春节期间正常生产，第一时间向湖北及武汉地区供应煤炭296万吨，为疫情期间煤炭保供作出积极贡献。陕西公司、蒙大公司紧急转产，加班生产聚丙烯纤维料2.7万吨，有力支持防疫物资供应。各企业先后选派37名医务人员支援湖北和所在地疫情防控工作，累计捐款捐物4000余万元，受到国务院国资委、国家能源局的充分肯定。蒙大公司获评“中央企业抗击新冠肺炎疫情先进集体”，大屯公司、华中公司各有1名员工获评“中央企业抗击新冠肺炎疫情先进个人”。带头执行煤炭中长期合同协定价机制，全力保供稳价，长协合同兑现率90%以上，累计让利16.6亿元。

坚持和谐共赢，支持地方经济社会发展。全年社会贡献总额581.7亿元，其中缴纳各种税费193亿元。坚决扛起脱贫攻坚政治责任，累计向定点扶贫县、地方政府安排的结对帮扶乡村投入帮扶资金（含物资折款）1.2亿元，累计选派79名挂职扶贫干部，实施扶贫项目200余个。中煤集团帮扶的3个定点扶贫县均提前实现脱贫“摘帽”。

（撰稿人：郝利鹏）

中国煤炭科工集团有限公司

【基本概况】 中国煤炭科工集团有限公司(以下简称中国煤炭科工)是国务院国资委监管的中央企业,是我国煤炭工业科技创新的"国家队"和"排头兵",拥有涵盖煤炭行业全专业领域的科技创新体系,致力于煤炭安全绿色智能开发和清洁高效低碳利用,肩负着引领煤炭科技进步的光荣使命。2020 年,中国煤炭科工坚持以习近平新时代中国特色社会主义思想为指导,紧紧围绕习近平总书记指示批示和党中央决策部署谋划工作,扎实做好"六稳"工作、全面落实"六保"任务,突出抓好"三稳四保一加强",深入推进"1245"总体发展思路,主动把握新阶段,贯彻新理念,融入新格局,抗疫情、抓创新、促改革、强党建、谋发展,各项工作取得显著成效。

【主要指标】 2020 年,中国煤炭科工营业收入 263.4 亿元,比上年增长 7.69%;利润总额 18 亿元,比上年增长 4.65%;经济增加值 13.95 亿元,超额完成考核目标值;科技收入 51.03 亿元,完成考核目标值;资产总额 480.6 亿元,比上年增长 2.15%;净资产 265.9 亿元,比上年增长 1.57%;资产负债率 44.7%。

表 1　2020 年中国煤炭科工集团有限公司主要经济指标

项　目	2019 年	2020 年	比上年增长(%)
资产总额(亿元)	470.5	480.6	2.15
所有者权益(亿元)	273.5	265.9	−2.78
营业收入(亿元)	244.6	263.4	7.69
利润总额(亿元)	17.2	18.0	4.65
净利润(亿元)	14.2	14.3	0.70
归属于母公司所有者的净利润(亿元)	8.5	6.9	−18.82
技术开发投入(亿元)	18.4	19.8	7.61
利税总额(亿元)	31.9	36.7	15.05
应交税金总额(亿元)	17.9	18.7	4.47
全员劳动生产率[(万元/(人·年)]	30.1	29.5	−1.99
净资产收益率(%)	5.3	5.5	增加 0.2 个百分点
总资产报酬率(%)	3.8	3.9	增加 0.1 个百分点
国有资本保值增值率(%)	109.2	104.9	减少 4.3 个百分点

【改革发展】 坚持"两个一以贯之",深入推进国企改革三年行动,全面完成 2020 年改革攻坚任务,取得积极成效。一是加快完善中国特色现代企业制度。"前置事项清单"进一步完善,所属二级企业均制定党委前置研究讨论重大经营管理事项清单。董事会建设更加规范,设立董事会的二级子企业全部引入外部董事。深入实施对标世界一流管理提升行动,围绕八大管理领域确立 34 个提升任务和 117 项提升措施,全面推进管理体系和管理能力现代化。二是持续优化资源配置和产业布局。自主创新能力持续提升,科技创新投入 19.1 亿元,比上年增长 3.7%,研发投入强度 7.51%,新获批煤炭行业工程研究中心 3 个,获得国家科学技术奖励 4 项。转型升级不断加快,加速推进完善生态治理产业业务整合,扎实推进抚顺西露天矿等综合治理示范工程,打造采煤沉陷区生态治理的"任城模式",加快布局智慧矿山产业和建设安标检测检验集团。"瘦身健体"不断推进,制定"两非"剥离工作方案。基本完成化解历史遗留问题主体任务。三是不断健全市场化经营机制。经理层成员任期制和契约化管理取得突破,4 户改革示范企业率先实施经理层任期制与契约化管理,并启动职业经理人选聘试点。全面推行市场化用工,大力推行管理人员竞争上岗、末等调整和不胜任退出机制,绩效考核实现全覆盖。激励约束机制逐步建立,制定印发《所属企业实

施中长期激励工作指引》，实施科技型企业岗位分红和项目收益分红激励试点。四是坚持好干部标准，构建干部管理"1＋N"制度体系，确立"556"干部管理工作法则，严格规范干部选任程序，健全市场化选拔任用机制，强化干部能力素质提升，加大干部调整交流力度，干部队伍年轻化水平不断提升，干部队伍活力进一步激发。集团公司党委管理的干部中，45 周岁以下的占比从 2018 年的 26％提升到 2020 年的 47％。五是三项制度改革不断深化，"三定"工作深入推进，市场化选人用人机制和劳动用工机制不断健全，初步实现干部能上能下、员工能进能出、收入能增能减。全年通过公开竞聘方式选拔领导干部占提拔总人数的 45％；探索多种分配制度改革，打造量化到人、按绩取酬的全员绩效管理体系。

【重大项目】 重点项目成果显著。北京中煤成功研制国内首台超大直径竖井掘进机金沙江 1 号并启动使用，打破国外技术垄断；武汉设计院承建的世界最长、中国首条长距离输煤项目陕西神渭输煤管道带浆试运行圆满成功，打破长期制约煤炭运输的"瓶颈"；首创的兰炭粉无助燃稳定燃烧技术成功实现兰炭粉无助燃高效、清洁、稳定燃烧，填补国内技术空白；济宁任城采煤沉陷区综合治理一期项目通过验收，为我国矿业城市生态建设和城市经济转型作出贡献；研发的煤矿动态地质建模技术为工作面智能开采提供高精度地质导航。

【走向海外】 一是积极践行"一带一路"倡议，坚定"走出去"步伐，重点开展乌兹别克斯坦、乌克兰、俄罗斯、土耳其、巴基斯坦、印度、越南、老挝等"一带一路"沿线国家项目。二是统筹境外疫情防控与项目建设。顺利完成巴西、俄罗斯、巴基斯坦、澳大利亚、乌兹别克斯坦等国项目，得到项目所在国高度认可。三是发挥海外研发中心"桥头堡"作用。澳洲研发中心依托中国煤炭科工全产业链优势，积极加强与澳联邦科学院、新南威尔士大学和卧龙岗大学、昆士兰大学等高校及科研机构的技术交流，加强在智能采矿、新能源材料应用、职业健康与安全、矿山生态恢复等方面合作对接，实现"走出去"与"引进来"双向发力。

【重大创新】 全面落实新发展理念和能源安全新战略，围绕煤炭智能开采、煤矿安全开采、矿区生态环境保护等方面积极布局科技资源，加大研发投入力度，攻克关键核心技术，补齐技术短板，为服务国家战略担当使命。中国煤炭科工成立关键核心技术攻关领导小组和实施工作组，全面推进关键核心技术攻关工作。积极开展国家科技计划项目申报组织及实施管理工作，获批国家重点研发计划项目（课题）7 项、国家自然科学基金项目 16 项。依托中国煤炭科工科技创新创业资金专项，加大自主科技投入，全年立项各类科技项目 93 项，立项金额 4.8 亿元。一批新的科技创新成果相继涌现，其中，西安研究院研发的煤矿动态地质建模技术为工作面智能开采提供高精度地质导航；常州研究院、煤科院等单位的 5G 产品相继取得煤矿安全标志，成为构建智能化矿山信息交互的高速通道。

【党建工作】 牢牢把握新时代党的建设总要求，以"中央企业党建巩固深化年"为抓手，切实发挥党委领导作用、支部战斗堡垒作用、党员先锋模范作用，加快推动党建工作提质、增效、升级。一是坚决用习近平总书记重要指示和党中央要求统一思想和行动，统筹落实和推进疫情防控、经济发展、生态治理、科技创新、能源革命、脱贫攻坚等重点任务，并作为践行"两个维护"的具体体现。二是胜利召开中国煤炭科工第二次党代会。大会全面总结第一次党代会以来集团公司党委的主要工作，部署集团公司党委下一步工作任务，选举产生集团公司第二届委员会和纪律检查委员会，为建设世界一流科技创新型企业集聚广泛智慧和奋进力量。三是强化"三基"建设。做好 2020 年基层党组织按期换届选举工作，持续深入整顿软弱涣散基层党组织，强化督导排查，确保整改落实到位。加大学习宣传贯彻党的十九届五中全会精神力度，持续加强党员教育培训，累计参训 439 人次。四是筑牢意识形态主阵地。开展集团媒体矩阵规范化建设，实现各级各类媒介资源、生产要素的有效整合，逐步构建起协同高效的全媒体传播矩阵。五是持续抓好党风廉政建设和反腐败工作。以党的政治建设为统领，探索构建适应中国特色现代企业制度的监督体系。

【信息化与数字化建设】 一是积极推进"三重一大"、国资监管数据共享交换平台等项目建设及应用，顺利通过国资监管信息化建设"三年行动计划"实施情况验收并评估为优秀。二是加强数据治理及平台化建设工作，为集团战略管控提供基础数据支撑。三是进一步加强业务系统建设。建立完善党建管理、协同办公、合同监管、安全监管、网络监管、财务管理、集成产品研发、固定资产管理等信息系统。四是坚决筑牢网络安全防线。加强网络安全信息共享和通报预警，圆满完成"两会"、"进博会"、疫情防控等特殊时期的网络安全重保任务。五是加快推进数字化转型。成立加快推进数字化转型工作领导小组，由企业主要负责人担任组长，系统谋划数字化转型发展路径。确立"核心业务向科技创新转型、科学研究向行业进步转型、产业发展向数字经济转型、装备制造向智能服务转型"转型目标。推进工业互联网、5G、大数据中心、人工智能等新基建产业布局，推动智能化技术与煤炭产业融合发展。

【履行社会责任】 一是高质量完成脱贫攻坚任务。始终将定点帮扶山西省武乡县和安徽省寿县作为一项重大政治任务抓紧抓实，在2019年圆满脱贫"摘帽"的基础上，继续抓好常态化帮扶工作。开展产业扶贫、消费扶贫等项目34个，延伸小米产业链条，推动产业深加工，加大产业扶贫力度。搭建多个电商平台，开展电商培训、加大消费扶贫力度。改善学校基础设施，开展教学能力培训、扶贫支教活动，设立教育扶贫资金，"三位一体"开展教育扶贫。二是落实"稳就业"政策，加大招聘力度，主动增加就业数量，高校应届毕业生招聘计划人数比上年增加1倍。同等条件下优先推荐录用抗疫一线医务人员子女，优先录用贫困地区特别是深度贫困地区的求职人员，优先推荐录用退役军人。全年招录大中专毕业生552人，定点扶贫县、"三州三区"深度贫困地区和湖北地区55人。三是积极履行环保责任，通过整合节能环保、煤炭清洁利用、矿区土地整治与生态修复等技术和业务，优化资源配置，加大投入力度，大力发展清洁能源利用和矿区土地整治与生态修复等环保产业，为国家在煤炭清洁高效利用、矿区土地整治与生态修复等领域提供强有力基础科技支撑，为生态文明建设贡献积极力量。

（撰稿人：姚雪亮）

机械科学研究总院集团有限公司

【基本概况】 2020年是机械科学研究总院集团有限公司（以下简称集团）"十三五"战略全面收官的关键之年。面对突如其来的新冠肺炎疫情，广大干部员工以习近平新时代中国特色社会主义思想为指导，全面贯彻落实党中央、国务院重大决策部署，落实国务院国资委"两个力争"要求，在集团党委的坚强领导下，坚守底线思维，发挥党建优势，深化战略引领，全体干部职工同心协力、攻坚克难，全面夺取疫情防控和经济发展"双胜利"，实现"十三五"战略圆满收官。一是统筹推进疫情防控、复工复产和经营发展。集团及员工获评"中央企业抗疫表彰先进集体"及"中央企业抗疫表彰先进个人"；经济发展实现预期目标，营业收入跃上70亿元新台阶，新增合同额突破100亿元。二是创新工作取得重大突破。怀柔基地破土动工，攻关项目取得重要阶段性进展，多项科研成果在"嫦娥五号""华龙一号"等重大工程项目中发挥关键支撑作用；"一院两制"体系顺利完成阶段评估验收。三是"十三五"圆满收官。集团第一家预上市企业哈焊华通IPO申请获受理；山西院成功并入总院集团。脱贫攻坚取得决定性胜利，老区新县贫困人口清零。

【主要指标】

表1 2020年机械科学研究总院集团有限公司主要经济指标

项　目	2019年	2020年	比上年增长(%)
资产总额(亿元)	110.45	132.60	20.05
所有者权益(亿元)	50.95	63.86	25.34
营业收入(亿元)	62.65	72.14	15.15
利润总额(亿元)	4.74	5.30	11.81

续表

项　目	2019年	2020年	比上年增长(%)
净利润(亿元)	4.14	4.47	7.97
归属于母公司所有者的净利润(亿元)	3.59	3.66	1.95
技术开发投入(亿元)	7.79	9.20	18.10
利税总额(亿元)	6.88	7.40	7.56
应交税金总额(亿元)	2.91	3.26	12.03
全员劳动生产率[万元/(人·年)]	33.07	32.84	−0.70
净资产收益率(%)	8.52	7.79	减少0.73个百分点
总资产报酬率(%)	4.62	4.43	减少0.19个百分点
国有资本保值增值率(%)	108.71	108.90	增加0.19个百分点

【改革发展】　一是强化顶层设计。集团上下深入贯彻落实党的十九届五中全会精神，深入研究国企改革三年行动方案，围绕主责主业，总结差距、对标一流，科学系统谋划“十四五”发展目标和举措，“1+1+10+N”战略体系日趋成熟。二是推进改革试点。改革试点企业发挥“尖兵”作用，加大市场化改革力度，积极制定完善混合所有制改革方案，明确骨干持股方式，推进落实职业经理人制度。轻量化院、机科股份成功获批国务院国资委“科改示范企业”，中机认检、北自科技公司完成混合所有制改革，哈焊华通公司按期提交上市申请。三是扎实推进改革专项任务。持续完善中国特色现代企业制度，市场化经营机制不断健全，三项制度改革进一步深化，混合所有制改革和股权多元化稳步推进，“三供一业”分离移交完成收尾，厂办大集体、退休人员社会化完成阶段性任务。

【重大项目】　一是加大投入，保障重大攻关项目有序开展。落实中央企业攻坚工程总体部署，采取签订军令状、纳入业绩考核、创新资金集中投入等方式，向9项“1025”攻关任务下达两轮支持经费；累计投入研发经费9.17亿元，比上年增长17.75%。二是积极策划，国家重大科技项目稳步推进。以航空航天、轨道交通、国防军工等领域需求为导向，积极申报承担国家重大科研项目185项，稳步推进重大科研项目、国防军工项目执行验收，有效保障探月工程、两机专项等一批重大型号任务攻关；“1025”专项攻关任务取得阶段性成果，纵向项目履约率90%。三是外引内扶，新设子企业加快融合。完成山西院移交接收，区域布局开新局；协调相关单位向云南院、山西院等新并入单位导入优势资源，拓展地方政府资源，挖掘产业化项目，助力地方装备制造业转型升级。四是优化增量，新兴业务领域加速布局。以疫情攻关项目为牵引，引导有条件的单位向大健康产业延伸，北自所常州基地升级熔喷无纺布生产线、转产防护服用无纺布、配套辐照灭菌示范线；江苏分院开发口罩产线配套超声波焊机，新增合同翻倍；依托央企工业互联网融通发展项目平台，统筹6家二级单位优势资源开拓石化行业智能装备新领域，助力大型企业数字化转型。

【重大创新】　一是打牢基础，创新管理体系不断完善。“一院两制”科技创新体系通过阶段性评估，累计组建科研团队44个，明晰技术研发方向43个，专职科研人员695人；深化拓展国际标准和军用标准业务，强化标委会秘书处管理；获省部级奖项36项，授权专利313件，软件著作权198项，发表SCI、EI论文73篇。二是前瞻布局，创新机构建设进程加快。国家轻量化创新中心通过中期考评，国家智能化系统集成应用体验验证中心建成，国家技术标准创新基地完成验收，国家工业基础研究院、高端机床装备创新中心、国家机械通用零部件创新中心、国防科技创新中心等多个国家级创新机构筹建方案不断完善。三是持续创新人资管理，人才规模和质量进一步提升。围绕产业链、资金链打造企业高管队伍和财务管理人才队伍，持续加大干部交流力度，推进多家子企业建立工程、营销、技能等专业人才序列；引进各类专家39人，招收博士后15人，接收硕士、博士研究生和重点院校毕业生占比大于75%，“一院两制”科研人员队伍增加131人，获得第二届全国创新争先奖2人，杰出工程师奖1人。

【党建工作】　一是持续巩固深化党建领航。引领各单位争做贯彻落实党中央重大决策部署、打好

“三大攻坚战”的表率先锋，落实疫情防控责任、落实各项改革任务；将审计整改、调研反馈、总部机关化、主题教育整改等内容有机结合，统筹推进，做实整改“后半篇文章”。二是落实全面从严治党责任。以组织建设为载体，以学习教育为抓手，以日常谈心谈话为基础，以常态化监督为手段，精准运用“四种形态”，纠错关爱并重，鼓励领导干部放下包袱，保持干事创业的积极性和主动性；深化廉洁教育效果，积极营造风清气正的良好氛围。

【信息化与数字化建设】 一是编制集团“十四五”网络安全与信息化规划。全面总结集团“十三五”网络安全与信息化工作实施成效，统筹国家战略和国资监管要求，确立集团“十四五”网络安全与信息化工作发展目标与重点任务，编制集团“十四五”信息化规划初稿。二是加强网信基础设施建设，开辟远程办公新路径。部署云视频会议系统，完成财务系统网络专线建设，提升问题与故障的应急处置能力和效率，大力提升集团网络安全和数据传输效率。全年累计保障各类视频会议300余次，保障集团年度调研、研究生复试、党员干部培训等各项重点工作及时克服疫情影响有序开展，同时为降本增效开辟路径。三是加强集团信息化管控，全面推动信息化建设。落实集团信息化两年行动计划，围绕集团综合办公管理平台完善集团管控信息化建设，进一步提升集团信息系统综合使用效率；落实国资监管要求，完成“三重一大”决策运行系统升级和试运行，完成网络安全监管系统、国企改革三年行动督办系统部署，完成集团国资监管信息化建设“三年行动计划”总体验收。四是发挥主业优势，助力央企数字化转型。依托央企工业互联网融通发展项目平台，统筹6家二级单位优势资源开拓石化行业智能装备新领域，助力大型企业数字化转型。

【履行社会责任】 一是发挥科技创新优势，勇担使命战疫情。率先转产扩能，提供防疫物资和关键装备技术支持。紧急启动新型口罩生产线、3D打印护目镜、智能化熔喷布生产线、无污染消毒剂等防疫应急攻关科研项目；北自所常州科技2月11日（农历腊月三十）转产熔喷布纺粘材料；材保所、中机一院助力地方应急病房建设；海西分院、云南院帮助地方企业建设口罩生产线；郑机所、沈铸所、轻量化院、江苏分院等6家单位组建攻关团队，开发消毒机器人、红外测温等设备。多措并举，率先复工复产。集团统筹调配防疫物资，提前启动技术、产业基金项目，出台延缓利润上缴、内部贷款降息等促进复工复产政策措施；材保所克服疫情封城困难，保障防疫急需和国防物资生产任务；中机认检改变传统审核方式与检测模式稳定客户；机电所、机科股份分区域出差拓展市场；各单位采取错峰上岗、远程办公等措施，实现4月底全面复工复产。二是坚持抓精准强帮扶，积极践行中央企业社会责任。集团党委坚决贯彻习近平总书记在决战决胜脱贫攻坚座谈会上的重要讲话精神，严格落实“四个不摘”，聚焦解决“两不愁、三保障”突出问题，努力克服疫情影响，与新县一同发起脱贫总攻，持续扩大帮扶力度，超额完成定点扶贫计划和责任书目标。通过捐赠抗疫资金，打造体育小镇，捐赠口罩生产设备、智能机器人等实用技术设备，继续设立“新科桃李教育奖学基金”、开展教师能力提升培训、打造特色职业教育、组织“双向夏令营”活动、开展科技专家行和第五届“双创”大赛，建设新县生产力促进中心、田铺大塆党员活动中心等，着力落实科技、产业、教育、医疗等扶贫要素，实施精准帮扶、志智双扶，多措并举、多力合聚，结出累累硕果。全年投入、引进帮扶资金1835.12万元，比上年增长39.9%，320户874人脱贫，帮扶地区贫困人口全部清零，顺利通过国家脱贫攻坚普查。

（撰稿人：戴黎黎）

中国中钢集团有限公司

【基本概况】 中国中钢集团有限公司（以下简称中钢集团）前身是成立于1993年2月的中国钢铁工贸集团公司，通过一系列并购重组整合，企业规模快速扩张，2009年进入“世界500强”。主要从事冶金矿产资源开发与加工，冶金原料、产品贸易与物流，相关工程技术服务与设备制造，是一家为冶金工业提供资源、科技、装备集成服务，集矿产资源、工程装备、科技新材、贸易物流、投资服务为一体的大型跨国企业集团。

2020年，中钢集团坚持聚焦四大优势产业，实施耐火材料、磁性材料、炭材料业务重组，促进产业结构调整，优势产业核心业务在细分行业的影响力、核心竞争力逐步显现，中钢国际、中钢天源、中钢洛耐、中钢邢机、中钢矿业、中钢海外、中钢国贸、中钢矿院、中钢投资、中钢热能院等一批支柱企业成为中钢集团稳增长的骨干力量。科技新材料产业突出业务重组，优化资源配置，不断延伸和完善产业链、价值链。中钢洛耐发挥产研结合优势，重点发展特种新型耐火材料产业。中钢天源促进磁性材料产业升级，大力发展检测业务。中钢矿院围绕矿产资源新技术研发和新材料产业发展积极布局。中钢热能院积极发展新能源负极材料。工程技术产业方面，不断提升自身在大型焦炉、带式焙烧、长材、节能减排、安全环保领域的专业优势，加快向高新技术企业转型升级；装备制造产业方面，不断提高生产过程的自动化、数字化水平，优化品种结构，提高产品质量，实现持续超越；矿产资源产业方面，拓展萤石资源，挖掘铁、铬资源价值，提升保障供应能力；贸易服务业务方面，聚焦核心商品，注重内涵发展，增值服务能力得到进一步增强。

【主要指标】 2020年，中钢集团实现营业收入591亿元；利润总额7.44亿元，净利润6.52亿元。资产总额662.31亿元。

【改革发展】 推动“总部机关化”整治，修订总部职责清单、管控界面清单，加大对子集团的授权放权力度。实施子集团机构改革。组织实施“双百行动”“科改示范行动”专项改革工程。大力推进中钢洛耐引战混合所有制改革，同步实行员工持股，科创板上市申报获得受理；中钢天源非公开发行股票筹资获证监会核准；中钢矿院入选国务院国资委改革案例，在“双百企业”专项评估中获评A级，科创板上市进入问询阶段；开展中钢热能院资产整理，加快改制上市进程。稳妥推进董事会应建尽建，完成中钢洛耐、中钢邢机、中钢矿业、中钢海外、热能院等企业董事会组建。研究制定任期制契约化及经营业绩考核方案。组织开展亏损企业治理专项行动，加强调度督导，完成27户企业治理任务，企业亏损面大幅下降。顺利完成参股企业自查整改阶段性工作，2户混合所有制改革企业实现盈利。

【重大创新】 2020年，中钢集团研发投入比上年增长67%，全集团研发投入比例1.1%，16家生产科技工程企业研发投入比例2.1%，创历年最好水平。积极承担国家重大攻关工程，在研国家、省部级重点科研项目46项。年度科技创新“清零”目标顺利实现。依托集团建设国家新材料知识产权运营中心事项正式获批。以知识产权带动新产品，全年全集团申请专利654件，其中发明专利298件；新增授权专利263件，其中发明专利105件；编制标准39项，其中新增国际标准3项，是中钢集团继2016年首次制定国际标准后的又一系列国标领域重要突破；获得科技成果奖54项，新增成果转化30余项。强化科技人才激励，对中钢集团首位中国工程院院士、首例国家科技进步一等奖获奖团队给予表彰，对核级石墨国产化攻关过程中作出重要贡献的技术人员给予奖励。

【党建工作】 认真贯彻新时代党建总要求，把党的领导落实到各方面各环节，推进党建与生产经营深度融合，不断把党建优势转化为发展优势。加强红色资源课题的研究工作，实现集团在国务院国资委年度重点课题成果评选一等奖“零的突破”。运用“中钢管理云平台”，加大宣传力度，举办“印记中钢”系列主题展，展现中钢人战疫情、稳增长的钢铁意志。认真落实国务院国资委党委巡视整改要求，整改完成率95%。加强优秀年轻干部培育工作，选拔104名优秀年轻干部。落实双向挂职干部管理办法，强化所属企业之间横向交流，完成28名领导人员交流任职。各级纪检机构认真开展政治监督和日常监督，把监督工作与经营工作贯通融合，为企业改革发展提供坚强保障。积极履行扶贫政治责任，集团及各企业定点扶贫和对口支援地区实现脱贫“摘帽”，为脱贫攻坚贡献中钢力量。

【履行社会责任】 坚持疫情防控与生产经营两手抓“两手都要硬、两战都要赢”，两级领导班子靠前指挥，总部及所属企业闻令而动，齐心协力统筹做好境内外疫情防控。国内疫情严重时，紧急组织所属海外企业从境外采购医用防护服1万件和医用口罩18万只驰援武汉重灾区，得到中央指导组物资保障组和湖北省政府的感谢和认可。境外疫情严重后，从国内组织防护物资支持驻外企业、所在社区防疫，维护中央企业在所在地的良好形象。境外企业和项目现场没有发生聚集性疫情，抗疫斗争取得阶段性成果，中钢安环院和中钢澳大利亚孙晓轩分别获评“中央企业抗击新冠肺炎疫情先进集体”和“中央企业抗击新冠肺炎疫情先进个人”。

中钢集团定点帮扶国家级贫困旗内蒙古自治区翁牛特旗，中钢集团充分发挥技术和资源优势，实施精准帮扶，在基础设施建设和产业扶贫、就业扶贫、科技扶贫、智力扶贫、教育扶贫、消费扶贫等方面持续发力，选派挂职干部 3 人，帮助当地老百姓脱贫致富。2020 年 3 月，翁牛特旗正式退出贫困旗县序列，全旗贫困人口由 2013 年底的 54616 人减少至 2019 年底的 2370 人，贫困发生率由 13.23% 下降至 0.57%，82 个重点贫困村全部退出。围绕价值产业链、绿色创新链、和谐共赢链“三重底线原则”，通过编写《2020 年可持续发展报告》、创新利益相关方沟通、积累典型案例等方式，不断提升企业社会责任管理工作水平。

（撰稿人：王卫东）

中国钢研科技集团有限公司

【基本概况】 中国钢研科技集团有限公司（以下简称中国钢研）是国务院国资委直接管理的中央企业，是我国冶金行业最大的综合性研究开发和高新技术产业化机构。2006 年 12 月，经国务院同意、国务院国资委批准、原钢铁研究总院（创建于 1952 年）更名为中国钢研科技集团公司，冶金自动化研究设计院（创建于 1973 年）作为全资子企业并入中国钢研科技集团公司。2009 年 5 月，经国务院国资委批准改制为国有独资公司，并进行董事会试点。

2020 年，中国钢研以习近平新时代中国特色社会主义思想为指引，认真贯彻党的十九大和十九届二中、三中、四中、五中全会以及中央经济工作会议精神，落实国务院国资委中央企业负责人会议工作部署，统筹推进疫情防控和企业发展各项工作，上下凝心聚力、奋勇拼搏，全面超额完成国务院国资委考核目标，圆满完成“两个力争”任务。科技创新能力明显提升，新的国家科技创新平台布局筹建取得重大进展，承担的科技攻关任务取得重大突破。全年实现稳中有进、进中向好的改革发展新局面，为“十四五”开局奠定扎实的基础。

【主要指标】

表 1　2020 年中国钢研科技集团有限公司主要经济指标

项　目	2019 年	2020 年	比上年增长(%)
资产总额(亿元)	202.34	216.60	7.05
所有者权益(亿元)	112.85	124.12	9.99
营业收入(亿元)	92.36	96.06	4.01
利润总额(亿元)	3.94	5.93	50.51
净利润(亿元)	2.82	5.11	81.21
归属于母公司所有者的净利润(亿元)	0.20	1.97	885.00
技术开发投入(亿元)	9.12	9.86	8.11
利税总额(亿元)	5.43	5.85	7.73
应交税金总额(亿元)	5.49	5.91	7.65
全员劳动生产率[万元/(人·年)]	25.39	30.73	21.03
净资产收益率(%)	2.54	4.31	增加 1.77 个百分点
总资产报酬率(%)	2.36	3.17	增加 0.81 个百分点
国有资本保值增值率(%)	102.82	104.99	增加 2.17 个百分点

【改革发展】 制定推进中国钢研中长期发展战略和“十四五”规划纲要。改革工作持续深化，管理基础持续夯实。

产业运营能力持续提升。一是结构调整推动转型升级。持续推进资产结构优化；“处僵治困”推动“瘦身健体”，在完成 12 户企业“处僵治困”基础上，持续清理低效无效资产，退出“两非”业务；业务整合夯实发展基础，2020年完成钢研投资公司的组建，整合重组设立钢研工程设计有限公司，钢研晟华重组进入工程事业部，组建氢冶金技术中心，深化物业服务体系改革。二是多措并举落实业绩保增长。市场开发逆势上扬，全集团全年新签合同额117亿元，比上年增长16%，创近五年新高；创新助推业绩改善，出台《集团公司新产品认定管理办法》，编制新产品目录，全年纳入新产品目录产品333项，实现新产品及技术性收入超过40亿元；强化运营管理，落实国务院国资委三项费用管控要求，实现比上年压控10%、5%、2%的目标。优化采购管理，全年实现物资线上采购43.36亿元，节约采购资金9566万元。“两金”增幅低于营业收入增幅。2020年实现净现金流10亿元，连续两年增长30%。

谋篇布局规划“十四五”。一是深度参与国家专项规划。充分发挥行业智库及专家系统的作用，为国家相关行业发展规划工作提供支撑，深度参与国家各相关部委的规划编制工作。凝练提出民口配套重点研发任务超过100项、研保条件和生产能力建设任务7项，组织征集、自主推荐上报“十四五”重大研发需求48项。二是推进中国钢研“十四五”规划编制。按照国务院国资委要求组建工作专班，高质量完成全集团国有资本布局调查专项工作。以集团公司“十四五”规划纲要为指引，聚焦主责主业，系统研究中国钢研愿景、使命、定位、目标、发展模式、运行机制、产业布局、关键举措、支撑体系、资源保障和重点任务，基本完成以中长期发展战略纲要为指引，集团规划、专项规划和职能规划为依托、各所属单位发展规划为落脚点的“十四五”规划发展体系。

基础管理能力持续夯实。一是不断完善管理体系。系统梳理现有制度体系，建立集团制度体系框架和规章制度三年制修订计划；出台投资管理办法，控股、参股公司“三会”议案管理办法等制度；不断完善法人治理结构，加强各级公司董事会建设；将全面预算作为“一把手”工程，重构集团全面预算管理组织体系；按照“一企一策”的原则出台实施新的经营业绩考核办法，强化企业负责人薪酬和业绩考核挂钩；拓展人才引进渠道，完善人才绩效评价和能力晋升体系；全面推进管控流程标准化、信息化规划制定等工作。二是推进全面风险管理。制定《合同管理规定》《三年(2020年—2022年)内部审计全覆盖实施方案》《年度内控体系自我评价工作方案》。三是落实安全和保密责任。推进安全生产“三年行动”计划，开展安全大检查和整改，安泰科技作为海淀区2家单位之一被推荐为“北京市安全生产示范单位”。认真落实保密措施和要求，提高保密人员的保密意识和素养，全年未发生失密泄密事件。

【重大项目】 2020年，钢研总院、钢研高纳、安泰科技为“嫦娥五号”配套研制4种金属功能材料和1种超高强度不锈钢，300多个关键零部件应用在惯导系统、着陆器、轨变器、上升器等推进系统以及77台轨道姿态控制发动机和传动机构上。为新一代长征系列火箭攻克提供12种高温合金、7种高强度不锈钢、4种金属功能材料和1种难熔合金，中国钢研研发并提供的材料和产品占整个火箭发动机总重量的80%以上，有力保障探月工程的成功完成。为新一代“人造太阳”装置建设、“华龙一号”全球首堆并网发电等重大工程独家提供多批次、多品种关键难熔材料产品。研制的G115钢在大唐郓城630℃超超临界国家电力示范项目中发挥决定性作用。

【重大创新】 2020年，中国钢研扎实推进攻关工程，一批重大关键核心技术实现突破，得到国务院国资委、国防科工局高度评价。科技创新平台建设取得实质性进展。一是突破一批重大关键核心技术。在中央企业系统和国防科工局民口配套系统率先建立统筹协同攻关机制，强化过程管理，奋力抢工保研，把疫情影响控制到最小。部分重点攻关项目取得突破，其中航空发动机用某合金在全面实现国产替代的基础上，2020年在众多型号中得到验证应用；在国际上首次采用新的工艺技术，研制出超大尺寸低压涡轮轴，为C929宽体客机发动机自主可控奠定基础；首次成功试制国际上规格最大的某型高温合金涡轮盘整体模锻件，使国内重型燃气轮机用特大型涡轮盘制备技术达到国际领先水平；首次突破直径超大锭型熔炼工艺技术，试制出合格的C929宽体飞机起落架用超大规格超高强度钢锻坯；特种低磁钢关键性能指标达到国际同类材料的先进水平，实现工业化生产，为确保某重点任务建设提供关键材料支撑。二是全面推进创新体系和平台建设。基本完成"十四五"集团科技创新规划的编制；积极申报筹建五大国家级创新平台；稳步推进前沿共性研发平台建设，"数字化研发中心""钢铁绿色化智能化技术中心"初步打好基础，基本明确方向；完成国家双创基地验收，完成4批成果份额型基金项目的结题和验收，形成一批具有潜力的研发成果。三是科技投入产出成效显著。获得省部级以上奖励27项。"大型转炉洁净钢高效绿色冶炼关键技术"获得冶金科学技术特等奖，该技术标志着我国大型转炉主要关键技术指标达到国际领先水平；"某材料结构功能一体化设计及应用"获得国防科学技术一等奖；"高端装备用双相不锈钢无缝钢管系列关键工艺技术开发及工程应用""长型材绿色化制备关键技术开发及应用""冶金材料成分定量检测与分布表征的ICP分析仪器开发与推广应用"等3项获得冶金科学技术一等奖。获授权专利281件，其中国际发明专利6件、国内发明专利187件。联合制定国际标准1项。

【党建工作】 全面履行管党治党主体责任。认真学习落实习近平总书记系列重要讲话精神以及党的十九大和十九届二中、三中、四中、五中全会精神。着力推进党的建设与科研生产经营深度融合，落实"一岗双责"，严格执行党风廉政建设有关规定，严格遵守中央八项规定精神，持续加强作风建设，力戒形式主义和官僚主义，为中国钢研中心工作的完成提供坚强的思想和组织保证。推进全面从严治党与全面从严治企深度融合，党风廉政建设成效显著。中国钢研党建考核升级升位，落实巡视整改和纪检体制改革工作得到国务院国资委党委和驻国务院国资委纪检组的高度认可。顺利召开中国钢研第二届党员代表大会，圆满完成党委、纪委换届工作。中国钢研政治生态发生根本转变，干部员工凝心聚力，干事创业积极性明显增强。

【履行社会责任】 一是取得疫情防控阻击战和复工复产攻坚战的胜利。坚决执行党中央、国务院、国务院国资委以及各级政府的防疫要求，快速行动，迅速建立全集团全级次的疫情防控组织体系，统筹部署、统一指挥，各级单位执行有力、应对有方，持续推进防疫工作不松懈，全集团实现"零感染、零疑似"。紧急向湖北省慈善总会捐赠100万元防疫善款。二是关注职工生活，做好"三供一业"分离后续工作和退休职工社会化后续工作。持续加强职工培训教育。大力推进制止餐饮浪费活动。认真落实国家环保排放标准，加强能耗和环保监测，履行环保监管的责任和义务。三是发布《中国钢研社会责任报告2019》，获得中国企业社会责任报告评级专家委员会五星级评价。把定点扶贫作为政治任务，得到社会各界的广泛认可，被中央电视台、人民网等主流媒体专题报道。

（撰稿人：薛向荣）

中国化工集团有限公司

【基本概况】 中国化工集团有限公司（以下简称中国化工）成立于2004年，主营业务为化工新材料及特种化学品、石油加工及炼化产品、农用化学品、橡胶轮胎、基础化工、化工装备。拥有全球排名第一的植保业务、高端轮胎业务和橡塑机械业务，全球排名第二的蛋氨酸业务、全球排名第三的有机硅单体业务和种子业务，下辖7家A股上市公司和2家海外上市公司。自2011年开始，中国化工连续10年进入"世界500强"，2020年居第164位，在化学品行业排名第二位，在中国化学原料及化学品制造业中排名第一位。

【主要指标】 面对新冠肺炎疫情暴发、全球经济大幅衰退等多种不利因素带来的严重冲击，中国化工以习近平新时代中国特色社会主义思想为指导，认真贯彻党中央、国务院决策部署，贯彻落实国务院国资委要求，迎难而上、应对挑战，统筹推进疫情防控和经营发展各项重点工作，实施"十大行动"，取得较好成绩。受原油价格下降影响，2020年中国化工实现营业收入4173.95亿元，比上年降低8.13%；税息折旧及摊销前利润465亿元，比上年降低8.1%；利润总额52.55亿元，比上年增长24.22%。

表 1　2020 年中国化工集团有限公司主要经济指标

项　目	2019 年	2020 年	比上年增长(%)
资产总额(亿元)	8439.62	8574.27	1.60
所有者权益(亿元)	1890.98	1807.49	－4.42
营业收入(亿元)	4543.46	4173.95	－8.13
利润总额(亿元)	42.30	52.55	24.22
净利润(亿元)	27.56	17.05	－38.13
归属于母公司所有者的净利润(亿元)	－86.42	－56.28	－34.88
技术开发投入(亿元)	146.87	150.85	2.71
利税总额(亿元)	298.70	239.82	－19.71
应交税金总额(亿元)	293.43	198.08	－11.69
全员劳动生产率[万元/(人·年)]	49.41	53.23	7.73
净资产收益率(%)	1.39	0.92	减少 0.47 个百分点
总资产报酬率(%)	2.91	2.80	减少 0.11 个百分点

【改革发展】 贯彻落实国企改革三年行动方案，围绕健全法人治理结构、优化国有经济布局、完善市场化经营机制、改革专项工程等工作加大推进力度。推进山东基地炼油产能整合集聚规模化，实现"降油增化"和高端化发展。昊华科技整合黎明院、光明院、西南院电子气体相关业务，成立气体公司，专注电子化学品研发生产和应用服务。风神与 PTG 业务整合，优化全球资源配置，市场、技术、产能、供应链优势互补。开展多元化正向激励，奖励中高层管理者、核心技术人员和管理骨干。上市公司开展股权激励，风神股份 2 期员工持股方案、昊华科技限制性股票激励方案落地。沧州大化限制性股票激励方案获批。落实国务院国资委科技型企业激励工资总额单列政策，推动中蓝晨光院、黎明院继续兑现分红激励方案。3 家专业公司、26 家三级企业推进超额利润分享激励，推动企业扭亏解困。

【重大项目】 2020 年，中国化工实施固定资产投资 73.8 亿元，6 个重点项目包括：18 万吨/年液体蛋氨酸项目、2 万吨/年生物蛋白项目、3 万吨/年聚苯醚项目、4600 吨/年电子气体项目、5 千吨/年 PTFE 悬浮树脂项目、30 万吨/年聚醚多元醇项目。股权投资 42.7 亿元，3 个重点项目包括：先正达投资 57.2 亿元收购意大利瓦拉格罗公司、埃肯投资 9.4 亿元收购广东聚合、安迪苏投资 5.95 亿元收购荷兰饲料添加剂生产商弗拉门尔戈集团。

【走向海外】 中国化工在全球 80 多个国家开展业务，从北美洲、南美洲、欧洲到亚太区市场，各个板块的主要业务都有比较均衡的布局。海外企业在集团公司主要经营指标中的权重不断增加，资产总额占比 77.40%，营业收入占比 73.56%，从业人数占比 62.26%。海外企业中国发展战略的制定从优化组织架构适应中国市场、优化全球产能和资源配置、加大适合中国市场的新产品研发、开拓中国市场提升销售份额等 5 个方面开展工作。农化板块国内国外供应链协同成效显著，橡胶板块 PTG 与风神整合顺利推进，埃肯公司与晨光院协同为电子行业龙头企业提供综合解决方案，KM 公司与天华院协同为下游龙头化工企业提供装备。

【重大创新】 以"科学至上"理念引领，加快关键核心技术攻关、加强自主创新能力提升。全年科技投入 144 亿元，占营业收入的 3.47%；新产品销售收入占相关企业产品销售收入比例 11.7%。全系统申请专利 1707 件，其中发明专利 1081 件；获授权专利 1813 件，其中发明专利 1384 件；累计拥有有效专利 22005 件，其中发明专利 18539 件。在 2020 年国务院国资委公布的中央企业专利质量评价结果中列 A 类第二名。集团公司评选技术发明奖 6 项，科技进步奖 34 项，专利奖 26 项。承担国家科技计划项目 63 项，信息中心、北橡院、西南院等单位联合主导制定国际标准 4 项并正式发布。海南航天、海化院、黎明院、光明院、西北院、株洲院助力"嫦娥五号"发射，黎明院、光明院、西北院为"北斗三号"和"天问一号"成功发射保驾护航，沈橡院产品成功应用万米载人潜水器"奋斗者号"。

【党建工作】 深入开展"中央企业党建巩固深化年"专项行动，加强党的领导、党的建设。面对抗疫大考，各级党组织、广大党员践行初心使命，经受住严峻考验，交出合格答卷。在大疫大考中充分体现党的领导、党建工作政治优势。一是闻令而动，以抗疫实际行动落实"两个维护"，加强政治建设。建立贯彻落实习近平总书记重要指示批示工作机制，习近平总书记和党中央作出部署后，中国化工党委第一时间研究落实，把打好疫情防控阻击战作为增强"四个意识"、做到"两个维护"的实践和检验，加强组织领导，构筑疫情防控的坚固防线。各级党组织全面动员，积极行动，统筹推进疫情防控和生产经营。各级党组织的坚强领导为战胜疫情提供坚强的政治保障。二是勇挑重担，充分发挥基层党组织战斗堡垒和先锋模范作用，促进党建与业务融合。在防控物资研发、生产、转产，以及复工复产工作中，基层党组织迎难而上，凝聚队伍，形成合力，攻坚克难。党员干部冲锋在前，让党旗在抗疫斗争第一线高高飘扬。沈阳院党委书记常敏身先士卒抢抓科研生产，带领3个党员突击队，5天研制生产出"隔离服"。地处疫区的安道麦荆州基地氯碱厂，在支部书记、厂长王伟带领下，组织生产消毒液，捐赠当地医院、社区支持抗疫。北化机迪拜项目临时党支部书记、经理赵国峰克服当地疫情蔓延、防疫物资紧张、医疗条件不足等困难，"一手抓防疫、一手抓进度"，获得海外业主的高度赞扬，体现中国力量和中国效率。各企业开展党员安全示范岗建设，50个车间、班组获得授牌表彰；黎明院苏丽丽获评"全国青年岗位能手"，连海院获评"全国青年文明号"。30名优秀党员、15名优秀党务工作者、15个先进基层党组织受到中国化工党委表彰。三是突出主线，学习贯彻习近平新时代中国特色社会主义思想，强化理论武装。各级党委把学习贯彻习近平新时代中国特色社会主义思想作为首要政治任务和主题主线。把思想和行动统一到党的十九届五中全会精神和各项重大决策部署上，推动学习贯彻走深走实，与中心工作相结合，应用理论解决问题。各级企业党委书记带头讲党课，宣讲党的十九届五中全会精神，结合国企改革三年行动要求，全面落实各项目标任务，推动企业高质量发展。全年企业党委理论中心组学习730次；企业负责人讲党课578次；支部书记讲党课1752次；培训党员干部13564人次。四是完善机制，进一步巩固深化党风廉政建设和反腐败工作。健全和完善不敢腐、不能腐、不想腐体制机制，完善制度81项；加强巡视反馈问题整改工作，整改率94.74%；深入开展"四个专项"整治；提高巡视监督质量，完善巡视巡察工作格局，实现11家二级单位巡视全覆盖。

【履行社会责任】 巩固脱贫攻坚成果，开展产业扶贫、教育扶贫、消费扶贫，在甘肃省古浪县、河北省平山县投入帮扶资金1184.31万元，引进帮扶资金129.21万元，购买农产品1742.34万元，培训干部、技术人员2045人。在2020年度国务院扶贫办和国务院国资委中央单位定点扶贫工作考核评价中获评"好"等级。

勇于担当，抗疫取得显著成效。一是健全防控体系，落实防控措施。建立覆盖海内外各级企业的疫情防控体系，启动全球应对机制，按照各国政府要求细化防控措施。二是发挥技术优势，生产转产抗疫物资。氯碱企业全力生产消毒液，沈阳院、曙光院紧急开发转产隔离服，中昊晨光院研发生产e－PTFE防护口罩，天华院开发出高性能熔喷料生产线，KM公司生产用于医疗、抗疫等物资生产的设备。生产次氯酸钠、乙醇等消杀用品19万吨，抗疫物资生产配套设备37台(套)，各型号民用口罩800万个，隔离服4.9万套。三是守望相助、海内外携手共克时艰。在中国抗击疫情最严峻的时刻，海外企业千方百计筹措口罩、红外线测温仪、手套等防疫物资，克服重重困难运往中国。海外疫情严重后，集团和各专业公司向海外企业调配各类防控物资，调配口罩300万只。

踊跃捐助抗疫，集团公司向湖北省捐款2000万元，海内外企业主动捐赠资金、物资。全系统捐款3438万元，职工捐款315万元；捐赠次氯酸钠、医用酒精819吨，口罩64万只，防护服6633套，救护车轮胎9000条。中国化工抗疫事迹获新华社、《人民日报》、央视《新闻联播》等主流媒体点赞。沈阳院常敏获评"全国抗击新冠肺炎疫情先进个人"；沈阳院姚秀超获得团中央"中国青年五四奖章"；安道麦荆州基地氯碱厂获评"中央企业抗击新冠肺炎疫情先进集体"，昊华公司胡冬晨等3人获评"中央企业抗击新冠肺炎疫情先进个人”。集团公司评选表彰抗疫先进集体5个、抗疫先进个人11人、抗疫先进团支部3个、抗疫先进青年8人。

紧密围绕生产经营目标和发展战略，持续深化HSE体系建设，将防范化解重大风险贯穿生产经营全过程，保障集团生产经营整体平稳。一是持续修订完善制度体系，发布《HSE责任制管理办法》等HSE管理制度58项，专业公司修订制度329项，企业修订制度3353项。二是开展安全隐患整改，结合国家安全整治三年行动，组织开展安全隐患排查治理，整改率98.8％。三是着力提升本质安全，对部分企业落后的装置和设备的安全问题进行提升，同时提升企业自动化水平。四是完善双重预防机制、HSE体系建设。五是狠抓中央环境保护督察整改，整改完成率93.3％。六是坚持绿色发展。先正达集团在全球发布“绿色增长计划”，5年投资20亿美元，减少碳足迹，保护生物多样性，实现增产增收。

（撰稿人：王大鹏）

中国化学工程集团有限公司

【基本概况】 中国化学工程集团有限公司（以下简称公司）是国务院国资委直接监管的大型工程建设企业集团，是我国工业工程领域资质最为齐全、功能最为完备、业务链最为完整、知识技术密集的工程公司，是我国石油和化学工业体系的缔造者，是我国工程建设体制机制改革的先行者，是我国共建“一带一路”的“排头兵”，是我国清洁能源工程领域的领军者，是先进工业综合解决方案的提供者，是建设美丽中国的实践者。

公司自1995年以来连续入选美国权威刊物《工程新闻记录》（ENR）“全球最大的250家国际承包商”，在全球油气工程建设领域排名第二位。公司累计获得中国建设工程鲁班奖38项，国家优质工程金奖19项，国家优质工程奖95项，省部级优质工程奖965项，国家优秀勘察、优秀设计、优秀总承包（金钥匙）奖826项，对国家基础工业发展壮大和工业文明持续进步贡献卓著。

公司拥有工程设计综合甲级资质6个，工程勘察综合类甲级资质3个，石油化工工程施工总承包特级资质3个，公路工程施工总承包特级资质1个。可提供从规划、可研、勘察、设计、采购、施工、开车及项目管理等项目全生命周期工程服务。业务覆盖化工、石油化工、新型煤化工、天然气及精细化工、新材料、电力、市政、建筑、路桥等建筑工程领域。主动服务雄安新区、长江经济带、粤港澳大湾区、军民融合等国家战略领域的基础设施业务，解决“化工围城”、“化工围江”、打赢污染防治攻坚战的环境治理业务，以化工新材料和特种化学品生产运营为重点的实业业务，以及支持公司主业发展的现代服务业业务。

公司是国家首批“创新型企业”之一，是“新一代煤（能源）化工产业技术创新战略联盟”理事长单位，拥有国家级企业技术中心12家、国家能源研发中心1家、省级企业技术中心5家、省级工程技术研究中心8家、国家级博士后工作站6家、高新技术企业19家，是实现科技创新成果工业化转化应用的先锋队和主力军。公司创新活力迸发、高端人才富集，拥有包括中国工程院院士、全国工程勘察设计大师、行业勘察设计大师等在内的一大批优秀管理和技术人才队伍，集中我国石油化工、煤化工、天然气化工和化学工业以及其他工程建设领域的主要力量。

公司是最早承接境外承包工程的中国企业，是实施“走出去”的先行者和“排头兵”。拥有境外机构140个，分布在俄罗斯、印度尼西亚、马来西亚、阿联酋、沙特、巴基斯坦、哈萨克斯坦、土耳其、埃及等60多个国家和地区，境外业务占比近30％，在“一带一路”沿线国家累计签订合同额超过4000亿元，为沿线国家经济整体水平的提高和人民福祉的提升作出重要贡献。

进入新时代，公司高举中国特色社会主义伟大旗帜，以习近平新时代中国特色社会主义思想为指导，深入贯彻习近平总书记关于国企改革发展和党的建设的重要论述精神，坚持稳中求进工作总基调，以推动高质量发展为主题，以深化供给侧结构性改革为主线，以改革创新为根本动力，以实现全体干部职工高品质生活为努力目标，按照“三年五年规划、十年三十年愿景目标”中长期发展战略，坚持走专业化、相关多元化、国际化发展道路，全面深化改革，强化创新驱动，优化经营布局，调整产业结构，加强风险防控，提升党建质量，坚定不移做强做优做大，进入“世界500强”行列，打造研发、投资、建造、运营一体化世界一流工程公司，为促进经济社会持续健康发展、全面建设社会主义现代化国家作出更大贡献。

【主要指标】

表1　2020年中国化学工程集团有限公司主要经济指标

项　目	2019年	2020年	比上年增长(%)
资产总额(亿元)	1295.98	1611.84	24.37
所有者权益(亿元)	488.00	603.17	23.60
营业收入(亿元)	1104.53	1209.50	9.50
利润总额(亿元)	38.59	50.84	31.74
净利润(亿元)	30.99	42.41	36.85
归属于母公司所有者的净利润(亿元)	15.38	22.15	44.02
技术开发投入(亿元)	35.31	41.44	17.36
利税总额(亿元)	59.91	74.56	24.45
应交税金总额(亿元)	31.17	33.45	7.31
全员劳动生产率[万元/(人·年)]	30.30	34.27	13.10
净资产收益率(%)	6.82	7.77	增加0.95个百分点
总资产报酬率(%)	3.59	3.95	增加0.36个百分点
国有资本保值增值率(%)	106.92	109.57	增加2.65个百分点

注:2019年资产总额指标采用决算口径,与上年口径不同。

【改革发展】　一是稳妥推进混合所有制改革。坚持先行先试、分步分层，“一企一策”推进混合所有制改革。审慎开展混合所有制改革评估，积极稳妥推进混合所有制改革，鼓励资本、技术、管理等要素参与分配，真正激发生产力；将混合所有制改革与生产经营组织模式变革同步谋划、统筹推进，推动混合所有制改革与三级综合公司的建设深度融合，培育具备经营开发和生产组织能力，具有持续发展力的综合性公司；支持组建“核心层”作业层实体企业，由作业队伍通过现金入股，打造股权多元化公司，承担集团公司急难险重的建设任务。

二是持续推进三项制度改革。创新干部选拔机制，通过内部公开选拔、外部公开招聘以及猎头推荐相结合方式，着力打造高素质专业化的干部人才队伍；理顺管理关系，精简干部队伍，加强干部交流，干部“能上能下”的通道基本打开。开展全员竞聘上岗，并确立竞聘常态化机制，集团两级机关竞聘上岗3782人，其中外部公开招聘1210人、落聘850余人，“上岗靠竞争”的机制逐步建立。通过对标中央建筑企业薪酬水平，优化集团总部员工薪酬管理，突出业绩考核导向，规范所属企业薪酬考核体系，公平合理地拉开收入差距。

三是积极推行任期制、契约化及职业经理人制度。建立对所属企业经理层成员任期制和契约化管理制度，重点推进纳入改革专项工程企业的任期制及契约化管理工作，3户“双百企业”、1户“科改示范企业”相关工作全部完成；推动混合所有制改革企业建立职业经理人制度，5家二级企业完成经理层市场化选聘工作；推动10余家三级企业职业经理人市场化选聘，选聘职业经理人65人。

四是健全多元化激励机制。研究制定涵盖工程项目、市场营销、股权投资、研发项目、超额利润分享等各方面、各层级的激励政策，鼓励资本、技术、劳动、管理等要素参与分配。稳慎开展员工持股，探索实施上市公司股权激励，实施科技型企业岗位分红激励试点，强化研发激励，开展项目跟投，建立“风险共担、利益共享”机制。

五是持续推进改革专项工程。“科改示范企业”天辰公司全面推行任期制契约化管理，总部全部经理层人员(含高管)10人和经营生产一体化机构8名负责人率先签约；强化创新奖励激励，设立多个专项奖励，研发速度明显加快，研究成果显著增加。天辰公司改革成效显著，入选工业和信息化部2020年国家技术创新示范企业名单。3户“双百企业”中，岩土公司实施混合所有制改革并开展职业经理人市场化选聘，在国务院国资委“双百企业”三项制度专项评估中被评为A级；九公司、重机公司作为国务院国资委挂牌督办的“特困企业”，通过加强领导班子建设，调整企业主要领导，实施业务转型，实现扭亏为盈，重机公司完成子公司层面混合所有制改革，实现当年混合所有制改革，当年项目落地，当年取得营业收入，其典型经验入选国务院国资委《改革样本：国企改革“双百行动”案例集》。

【重大项目】 受新冠肺炎疫情影响，全球经济和建筑行业市场的发展更加复杂多变，公司审时度势，及时调整经营思路，提升精细化管理力度，在科学应对新冠肺炎疫情的同时，抢抓机遇，经营和生产均取得较好成绩。

2020年，公司新签合同额3080亿元，比上年增长1.8%。其中，境内新签合同额2418.5亿元，占78.5%；境外新签合同额661.5亿元，占21.5%。公司在手合同额2892.95亿元。

境内重大工程项目：安徽省安庆市高新区山口片综合开发PPP项目（合同额133亿元）、赣州南康家具厂厂房项目F+EPC（合同额81.34亿元）、浙江石化年产4000万吨炼油化工一体化项目（二期）（合同额67.56亿元）、天津渤化“两化”搬迁改造项目（合同额56.61亿元）、内蒙古荣信项目（合同额53.45亿元）、神华榆林循环经济煤炭综合利用项目（合同额45.9亿元）、新疆广汇项目（合同额40.42亿元）、盛虹炼化一体化项目（合同额39.61亿元）。

境外重大工程项目：俄罗斯波罗的海化工综合体（GCC）项目（合同额942.48亿元）、哈萨克斯坦IPCI聚丙烯项目（合同额128.4亿元）、俄罗斯NFP甲醇项目（合同额99.1亿元）、俄罗斯硝基诺化肥工程总承包项目（合同额30.91亿元）、尼日利亚项目（合同额37.34亿元）、印度塔奇尔化肥项目煤气化净化装置（合同额54.95亿元）。

【走向海外】 积极响应国家“走出去”战略、“一带一路”倡议，切实贯彻关于“走出去”的重要领导讲话和指示批示精神，全面落实中央经济工作会议和《政府工作报告》关于“让各类市场主体在科技创新和国内国际市场竞争的第一线奋勇拼搏”的部署要求，持续推进海外业务高质量发展。海外坚持以化工为主、油气和基础设施协同发展的“一体两翼”战略，国际化经营成效显著。

面对境外新冠肺炎疫情的严重冲击，公司积极应变，主动求变，开启“互联网+”经营模式，推动“云沟通”“云合作”“云签约”。随着境外疫情长期化、常态化，世界多国“带疫解封”，公司抓住“窗口期”持续推动“面对面”经营，实现重点项目签约；经营人员勇于担当，逆行出征，“戴着口罩抓经营，全身武装飞现场”，推动重点项目进展。

截至2020年底，公司海外中标项目202个，新签（中标）合同额662亿元。其中，化工领域新签合同额365亿元，占55%；石化领域新签合同额155亿元，占23%；基础设施领域新签合同额131亿元，占20%；电力等其他领域新签合同额11亿元，占2%。

【重大创新】 按照“坚持创新、积聚力量、激发活力、驱动发展”思路，持续研发优化与主业相关的核心技术，不断拓展产业链上下游的关键核心技术，聚力优势产业强链补链延链，科技创新工作取得显著成绩。

一是创新管理体系不断完善。“1总院+多分院+N平台”体系进一步优化，科研院天津、武汉、桂林3个分院挂牌成立，北京房山实验基地和日本筑波实验室建设完成，产学研协同创新取得新进展；大力实施“一十百千”人才工程规划，着力加强科技人才队伍建设，制定“四个15%”“两个5年”等激励奖励政策，持续激发创新活力。

二是科技创新成效不断显现。始终坚持以科技创新为引领，形成一批技术成果、核心专利和工法标准。重点项目攻关加快推进，POE、尼龙12、炭黑循环利用、环保催化剂等一批小试项目取得预期成果；城市垃圾气化、PBS关键单体丁二酸、固废高温气化、MCH储氢运氢等中试项目稳步推进。

三是科技创新成果不断落地。全力推进重点研发项目转化为现实生产力，为企业带来新的利润增长点。己二腈项目在淄博开工建设，并获得国家发展改革委

"增强制造核心竞争力专项"补贴;超临界流体技术被应用于重庆投资建设气凝胶项目;借助大型低温储罐设计和建造技术的持续提升,签署多个EPC合同。

2020年,公司获得国家授权专利462件,其中发明专利115件,获得省部级专利奖3项,获得省部级科技进步奖13项,专有技术认定36项,省部级工法认定16项。积极参与国家标准、行业标准和团体标准的制定和修订工作,发布国家标准6项、行业标准10项,提升行业话语权。公司累计拥有授权专利3314件,累计拥有专有技术205件。

【党建工作】 认真落实习近平总书记关于国有企业改革发展和党的建设的重要论述,认真学习贯彻党的十九届五中全会精神,持续提升党建工作质量。

一是强化政治建设,深化理论武装。坚持把学习贯彻习近平新时代中国特色社会主义思想作为首要任务,建立健全"第一议题"制度,巩固深化"不忘初心、牢记使命"主题教育长效机制,持续推进"两学一做"学习教育常态化制度化。认真学习宣传贯彻党的十九届五中全会精神,邀请中央宣讲团成员施芝鸿作宣讲报告;组织100余名所属企业党委书记、专职党委副书记和纪委书记等党员干部开展全面从严治党集中培训;组织党支部书记培训班30余批次,培训党支部书记700人次;在党员教育基地南梁干部学院以及西柏坡、兰考、红旗渠等党性教育培训基地开展学习培训190余批次,培训党员干部6000余人次。

二是强化"三基"建设,提升党建质量。严格落实《中国共产党基层组织选举工作条例》,完成7家所属企业"两委"换届工作,主要负责人及班子成员均全票高票当选;认真开展"基层党组织建设巩固年"活动,层层压实党建责任,重点加强混合所有制改革企业、海外机构党组织建设;编制推广使用《党支部标准化工作手册》,严格规范"三会一课"、组织生活会、主题党日等组织生活,有效提高基层党建工作标准化水平;落实《关于实行兼职党务干部奖补贴的指导意见》,对2000余名基层兼职党务干部发放奖补贴600余万元,有效激发工作积极性主动性;推动党建工作与生产经营深度融合,形成东华公司"1+3+N"模式、七公司"七微"模式、十六公司"1356"模式等一批融合党建典型经验。

三是强化软实力建设,做好宣传思想群团工作。围绕疫情防控、复工复产和改革发展组织广泛宣传,成功举办全面深化改革新闻发布会暨媒体开放日活动,在人民网、央广网、国务院国资委网站等中央级媒体和微信、微博、百家号等自媒体发稿3500余篇,新闻宣传工作受到国务院国资委宣传局高度评价;企业文化建设取得新进展,公司入选新华社民族品牌工程,形象片获得"第七届最美企业之声"金奖;坚持党建带工建、带团建,充分发挥职工的主力军、青年的"生力军"和"突击队"作用,形成典型引路、比学赶超的良好氛围。

四是落实全面从严治党要求,党风廉政建设和反腐败工作取得新成效。强化政治监督,突出日常监督,紧盯"关键少数",做到融入中心工作,结合重点领域,跟进深化改革新形势,精准监督靶向发力,促进管理水平显著提高。锲而不舍纠治"四风",严肃查处顶风违纪问题,持续释放高压信号,震慑作用不断显现。始终坚持"严"的主基调,保持反腐败高压态势,加强"以案示警",做好"后半篇文章",一体推进不敢腐、不能腐、不想腐,治理效能持续提升。科学推动所属企业纪检监察体制改革,系统制定实施方案,建立健全工作机制,推动改革走深走实、落地落细。推动专项整治和巡视巡察,按照国务院国资委党委"四个专项整治"工作部署,深化开展境外腐败、利益输送、设租寻租和化公为私问题专项整治,深化拓展开展海外廉洁风险、落实精细化管理、选人用人突出问题、混合所有制改革廉洁风险、化公为私问题等8个方面专项整治。推进巡视巡察上下联动,压实所属企业党委整改责任,强力推动整改落实;持续加大执纪问责工作力度。统筹运用监督执纪"四种形态",规范开展问题线索处置和执纪审查工作,为企业改革发展营造良好环境。国务院国资委党委巡视办主任贾春曲带队开展专题调研,对公司党委落实巡视整改、深入推进内部巡视巡察工作取得的成绩给予高度评价,经验交流材料在《国资委巡视工作》刊登。

【信息化与数字化建设】 一是完善信息化基础设施建设。为保证疫情期间视频会议需求,公司紧急购置视频会议硬件,并统筹完成所属企业视频专线升级改造工作;完成指挥运营大屏现场视频监控项目实施工作；推进保密视频会议系统项目建设工作。二是稳步推进信息化管理系统建设。完成部署化学健康和化学海外疫情填报系统，确保疫情期间员工健康数据的全覆盖；通过升级化学云采网，携手京东健康，上线“防范阻击新型冠状病毒免费问诊”功能，为全集团员工提供免费咨询及其他健康保障服务；持续推进化学干部系统、资产清查系统、无纸化办公系统、化学安全等系统的建设工作。

【履行社会责任】 落实“四个不摘”要求，巩固脱贫攻坚成果，在疫情初期抗疫物资最紧缺的时候，助力扶贫县甘肃省环县和华池县疫情防控，捐赠口罩4万只；拓宽渠道促进消费扶贫，完成消费扶贫716万元；动员社会力量参与扶贫，引进资金1006万元，创历史新高。定点扶贫工作受到上级党委的充分肯定和当地党委政府及人民群众的一致好评，公司被评为“中国公益企业”，《学习时报》整版和中宣部“学习强国”学习平台对公司定点扶贫工作进行专门报道，国务院国资委党委书记、主任郝鹏在中央企业决战决胜脱贫攻坚视频会议上对公司扶贫工作给予表扬。

公司优秀挂职干部、华池县副县长邱军为扶贫事业献出年轻的生命；二公司被山西省委、省政府授予“‘送温暖、献爱心’捐助先进单位”称号；交建公司被山东省授予“爱心捐建企业”称号。

在项目现场施工过程中，从全面贯彻“绿色施工”，打造“环境友好型社会”理念入手，继续淘汰技术落后、能耗高、污染大的施工设备，选取技术先进、符合国家环保要求、能耗低的施工设备，并逐步推广使用各类新型节能设备。在施工技术及工法的创新方面获得突破，取得多项施工机具发明专利及实用新型专利，并充分运用于具体项目实施过程中。

（撰稿人：朱　军）

中国盐业集团有限公司

【基本概况】 中国盐业集团有限公司（以下简称中盐集团）创立于1950年，是国务院国资委监管的国有大型企业，我国盐行业龙头企业、唯一中央企业和唯一全国性企业，集盐资源勘探、工程设计、研发、生产、营销为一体并向下游盐化工延伸发展的全国性盐业公司和国内重要化工企业，职工2.5万人。盐的产销量世界第二、亚洲最大，其中食盐的产销量居世界第一，并初步形成无机化工、农业化工、精细化工、日用化工等系列产业布局，金属钠、纯碱、保险粉、PVC树脂、烧碱、复合肥、有机氯等盐化工产品产销量均居行业前列。

中盐集团长期以来一直致力于推动盐行业持续、稳定、健康发展，以服务民生为根本，保障全国食盐供应，依托全国盐业建立全国性食盐产销网络和质量监测网络，确保食盐质量安全和供应安全，特别是在应对食盐市场抢购风潮、突发自然灾害、新冠肺炎疫情等突发事件中全力保障食盐供应，维护社会稳定。中盐集团积极落实国家政策，为我国实现消除碘缺乏病目标作出重要贡献，被称为“世界的典范”“里程碑性的成就”，获得联合国“全球儿童事业贡献奖”。中盐集团高度重视社会责任工作和企业文化建设，获得中国儿童慈善奖突出贡献奖，被授予“中国五星品牌”，获评“全国企业文化建设特殊贡献单位”。在中国社科院发布的社会责任蓝皮书中，中国盐业社会责任发展指数多次位列食品饮料行业第一名。

【主要指标】

表1　2020年中国盐业集团有限公司主要经济指标

项　目	2019年	2020年	比上年增长（%）
资产总额（亿元）	513.96	503.76	−1.98
所有者权益（亿元）	145.42	174.56	20.04
营业收入（亿元）	261.65	251.75	−3.78
利润总额（亿元）	12.38	13.01	5.09
净利润（亿元）	6.98	8.84	26.65
归母净利润（亿元）	1.91	3.02	58.12
技术开发投入（亿元）	3.54	4.36	23.16

续表

项　目	2019年	2020年	比上年增长(%)
利税总额(亿元)	24.48	24.93	1.84
应交税金总额(亿元)	17.50	16.09	-8.06
全员劳动生产率[万元/(人·年)]	27.69	30.15	8.88
净资产收益率(%)	5.56	5.34	减少0.22个百分点
总资产报酬率(%)	5.47	4.96	减少0.51个百分点
国有资本保值增值率(%)	105.00	102.30	减少2.70个百分点

【改革发展】 一是盐业体制改革取得新进展。深度参与内蒙古额吉淖尔盐业公司增资混合所有制改革项目并顺利摘牌，获得国内唯一的草原湖盐资源。混合所有制改革工作持续发力，中盐股份《深化混合所有制改革　提升企业发展质量》改革案例入选国务院国资委《改革样本：国企改革“双百企业”案例集》。

二是盐化工板块经营质量不断提高。全面启动兰太实业与中盐吉兰泰、中盐昆山重大资产重组，兰太实业正式更名为中盐内蒙古化工公司。8月，与中国海油、潍坊市政府签署山东海化集团合作协议，无偿接收山东海化集团30%股权划转，中盐集团国内纯碱可控产能得到进一步提升。持续推进盐穴储能业务发展。10月，与清华大学联合举办“盐穴储能产业高峰论坛”，邀请科技部、国家能源局相关领导，中科院、清华大学等单位的6名院士、多名专家进行交流研讨，为进一步实践探索盐穴储能项目提供有力支撑。

【提质增效】 国务院国资委提质增效工作相关要求下发后，中盐集团第一时间成立以党委书记、董事长为组长，党委副书记、总经理为副组长，全体班子成员及总助级高管为成员的提质增效专项行动领导小组。编制提质增效专项行动方案，制定六大类22个方面89项具体措施，制定工作台账，确保各项工作落实到位。为做好疫情应对工作，研究制定《关于积极应对疫情影响进一步加强成本费用控制工作的通知》，明确成本费用控制目标和10条控制措施。认真落实国务院国资委风险管控要求，持续加强资金流动性管理，细化债券发行和银行融资安排，实行资金预算管理硬约束，总体财务风险进一步降低。截至2020年底，中盐集团资产负债率降至67.7%，超额完成国务院国资委下达的三年降杠杆减负债目标。2020年，在年初受疫情冲击的严峻形势下，中盐集团上下勠力同心，主要经济指标在第三季度开始由亏转盈，全年效益指标再创历史最好水平，全面完成国务院国资委“两个力争”目标。

【重大项目】 组织编制《探讨盐穴资源多种利用途径，构建中盐储能业务体系》报告并推进项目落地，启动中盐金坛盐穴压缩空气储能一期项目建设，持续深化盐穴综合利用，推动我国盐穴资源合理开发。积极开展农肥业务科技创新，扩大校企合作规模，与华中农业大学签订微生物菌剂技术开发协议，与安徽农业大学共建智慧农业研究院开展多领域合作，为推进智慧农业服务体系建设提供强有力的智力支撑。

【重大创新】 在第十三届全国石油和化工企业管理创新成果评选活动中，中盐集团组织申报7个项目，3个项目获得一等奖，分别为中盐吉兰泰的“创新自主孵化的化工人才培养机制”、中盐青海昆仑碱业的“基于混合所有制模式下企业经营管理创新的探索与实践”、中盐红四方的“基于协同制造模式的一体化经营管理云平台建设”；4个项目获得二等奖。

【党建工作】 深入学习贯彻习近平新时代中国特色社会主义思想，编制理论学习要点，组织基层党组织开展学习，完善党日活动机制。积极开展宣传教育培训，与人民大学和清华大学联合开展在线专家辅导82期，全级次参训8万余人次。党的十九届五中全会召开后，组织各级党组织第一时间收看中央首次新闻发布会和国资国企系统报告会，制定印发《集团公司学习宣传贯彻五中全会精神的实施意见》，邀请国务院发展研究中心原副主任王一鸣作五中全会精神专题辅导。组织各级党组织配备《习近平谈治国理政(第三卷)》《学习辅导百问》等读本，积极营造良好学习氛围。中盐新疆和丰宏达公司一分公司党支部被授予“国务院国资委第二批基层示范党支部”称号。

【信息化与数字化建设】 组建信息化管理部，开展数据集合平台填报专项工作，数据填报完成率和数据整合力度进一步加强。完成国务院国资委国资监管信息化建设三年行动计划总结验收，为建设中盐在线监管系统打下坚实基础。中盐集团的“中盐集团包装物采购管理新体系”在中国物流与采购联合会的“2020全国公共采购年度评选”活动中被评为“2020全国公共采购年度评选优秀采购案例”。

【安全生产】 严格贯彻落实国务院全国安全生产电视电话会议精神，以“安全生产三年集中整治”为抓手，切实加强安全生产管理，不断强化安全生产主体责任。紧盯关键环节和重点项目，对中盐红四方乙二醇项目生产流程进行重点督查，就安全工作提出明确要求，查实查深查细，不留盲区盲点，为企业安全平稳运行提供坚强保障。

【履行社会责任】 深入学习贯彻习近平总书记关于统筹推进新冠疫情防控和经济社会发展工作的重要论述，始终把疫情防控作为重大政治任务抓紧抓实，扎实做好“六稳”工作，认真落实“六保”任务。与国家发展改革委联系，积极落实国务院应对疫情联防联控机制生活物资保障组要求，协助处理潜在抢盐隐患，有效保证全国食盐供应整体稳定。在武汉前线，中盐集团克服重重困难，协调地方企业紧急调运食盐1000余吨，与当地政府协商开通食盐运输绿色通道，保障湖北地区食盐稳定供应。春节前，全面开展北京、上海、湖北等国内重点食盐市场储备调研工作，制定应急预案，保障国内食盐市场稳定供应。抗疫专用物资方面，中盐集团组织所属企业加班加点抓好生产，向火神山、雷神山医院指定的输液企业及相关单位应急配送医用氯化钠1400余吨。中盐红四方公司圆满完成合肥市次氯酸钠消毒液代产代储任务。中盐内蒙古化工公司针对附近地区疫情变化，分类管控返厂职工，及时调整生产系统作业制，制定联防联控举措，全力确保物资供应、产品发运和生产稳定运行。

在新冠肺炎疫情这场大战大考中，中盐集团广大干部职工积极响应号召，奋战在疫情防控阻击战前线，践行中盐人的担当使命，展现不屈不挠的精神风貌。中盐集团的工作得到社会各界的广泛关注和高度认可，国务院国资委党委书记、主任郝鹏赴中盐集团调研并给予高度评价，中央电视台《新闻联播》3次报道中盐集团抗疫保障工作。中盐云虹公司获评“中央企业抗击新冠肺炎疫情先进集体”，中盐舞阳公司朱向光、中盐红四方公司邹庭文获评“中央企业抗击新冠肺炎疫情先进个人”。

（撰稿人：翟　郸）

中国建材集团有限公司

【基本概况】 2020年，中国建材集团有限公司（以下简称中国建材集团）坚决贯彻党中央、国务院决策部署，围绕“六稳”“六保”，积极识变应变求变，统筹推进疫情防控和经营发展各项工作，付出艰辛努力，取得优异成绩，实现“十三五”圆满收官。

【主要指标】 2020年，中国建材集团营业收入利润率7.78%，比上年增加1.58个百分点；经营活动净现金流696亿元，比上年增长8%。净利润、薪酬、利息、税费合计社会贡献875亿元，比上年增长2%。

表1　2020年中国建材集团有限公司主要经济指标

项　目	2019年	2020年	比上年增长(%)
资产总额(亿元)	5962	6001	1
所有者权益(亿元)	1765	1890	7
营业收入(亿元)	3981	3941	−1
利润总额(亿元)	235	306	30
净利润(亿元)	149	201	35
技术开发投入(亿元)	159	183	15
利税总额(亿元)	444	499	12
应交税金总额(亿元)	300	304	1
全员劳动生产率[万元/(人·年)]	39	44	13

续表

项　目	2019 年	2020 年	比上年增长(%)
净资产收益率(%)	8.7	11.0	增加 2.3 个百分点
总资产报酬率(%)	6.3	7.2	增加 0.9 个百分点
国有资本保值增值率(%)	96.6	101.0	增加 4.4 个百分点

注:技术开发投入含研发费用和研发经费投入支出费用。

【改革发展】 改革试点不断深化,活力动能持续激发。一是投资公司试点深入开展。明确总部五大功能定位,完成 5 家二级企业主业、战略梳理,制定集团改革三年行动实施方案及台账。梳理"三会"决策事项清单,制定董事会规范运作指引,建立专职董监事制度,首批入库 70 人、选派专职董监事 6 人。推进实施激励约束、投资管理、综合监督闭环管理。二是资本布局结构调整优化。按照业务归核化原则,有序推进水泥、工程服务、新材料等业务整合。按照市场化原则设立国材基金并投资山东天岳,瑞泰科技实施重大资产重组,投资进入防水材料、检验检测、第三代半导体等领域。开展非主业、非优势业务剥离专项治理,有序退出 9 家非主业企业,缩减贸易额 110 亿元。完成"三供一业"分离移交、6 家医疗机构改革、14 户厂办大集体改制。退休人员社会化管理完成率 98.9%。三是市场化经营机制得到巩固。推行经理层任期制和契约化管理,经理层签订契约化协议,改革专项试点企业率先实现任期制和契约化。推进市场化用工,公开招聘 2 名党委管理干部、总部内部竞聘 3 名中层干部,管理人员年度调整退出 157 人,"下"的比例达到 1.2%。制定中长期激励约束指导意见,出台 7 个配套指引,建立五大类 8 种激励"工具箱"。

【经营管理】 "三精"管理稳扎稳打,发展质量不断提升。一是推进"经营精益化",盈利能力持续提升。全面深化供给侧结构性改革,坚持"价本利"理念,全力维护行业健康生态。紧跟市场变化,及时调整营销策略和产品结构。玻纤、风电叶片高端产品销量大幅增长,碳纤维产销两旺,玻璃新材料加快产品升级,锂膜份额增至行业前三,新型房屋、PC 业务毛利率稳步提升。加强内部协同,签订"水泥+"合同额 25 亿元,地勘合作项目比上年增长 34%,"1+N"共享资金系统覆盖率超过 60%。二是推进"管理精细化",管理效能大幅提升。聚焦五大产品指标、十大综合指标,狠抓降本增效。中国建材股份节约成本 21 亿元,天山水泥、中国巨石集采率 100%。强化质量品牌建设,获得全国质量奖卓越项目奖、优质工程金奖、工业博览会大奖。入选"全球最具价值品牌 500 强""全球最有价值的 50 大工程和建设品牌"。数字化转型提速,"两化"融合贯标位列中央企业第三,槐坎南方智能线建成投产,宁夏建材"我找车"平台入驻车辆从 3.5 万辆增至 37 万辆。三是推进"组织精健化",健体指数明显增强。"2422"10 个压减指标中 8 个下降。应收账款比上年下降 0.3%、存货比上年下降 7%、带息负债比上年下降 3%,货币资金、其他应收款、预付账款均比上年有不同幅度压降。压减企业 85 户,43 户"僵困企业"达到主体完成标准,34 户重点亏损企业减亏。全级次推进规章制度"废改立",深入开展 4 个专项整治,12 个重点领域专项审计,实现违规追责工作体系全覆盖。

【重大创新】 坚持创新驱动持续推进,发展动能显著提高。一是技术攻关实现重大突破。完成国务院国资委攻关任务年度目标 9 项,启动重大专项 2 个。攻克川藏工程特种水泥、航空发动机风扇叶片、国产碳纤维进口替代等关键核心技术,多项技术产品服务嫦娥五号等国家重大工程。制定发布国际标准 3 项。二是创新奖项成果突出。中材国际获得中国工业大奖、3 家企业获得表彰奖和提名奖,南京玻纤院获得中国专利金奖,合肥院入选"国家技术创新示范企业"。2 项参与成果通过国家科技进步一等奖和技术发明二等奖公示。三是协同创新形成一批重要平台。与中国商飞围绕 T800 级碳纤维等开展全方位合作,与中国石化、三峡集团、国家电投、百度、武汉理工大学等围绕新材料、新能源、环保治理、智能制造等联合攻关。与北汽集团共建国家新能源汽车技术创新中心。晶体院(山东)双创基地初显活力。

【转型升级】 不断优化产业结构,新旧动能加速转换。一是水泥业务加快转型。全面推进"水泥+"战略,审批项目 20 个,新增骨料产能 5420 万吨、商混产能1305万立方米、骨料矿山储备4.3亿吨。持续推进高端化,特种水泥产量574万吨,水泥去产能510万吨。年综合利废能力1.8亿吨,建成水泥窑协同处置生产线26条、年处置能力261万吨。二是新材料业务快速发展。利润总额超过100亿元、比上年增长79%,收入占比超过20%。石膏板产能新增近4亿平方米,防水涂料业务加快重组整合。成都25万吨玻纤智能制造基地投产,桐乡智能制造二期工程开工。西宁碳纤维基地首条生产线成功试产,T1000碳纤维实现百吨级工程化。低介电玻璃纤维、发电玻璃、显示模组等助力新基建。8.5代TFT玻璃基板导入大尺寸显示产业链。三是工程服务和国际化业务稳步提升。积极拓展多元业务,新签合同额569亿元。海外连锁超市增至18家,“智慧工业”新签生产线10条,玻纤、水泥、石膏板等海外制造顺利推进。参加第三届进博会,与14家境外企业签署合同17份,进博会组织工作受到国务院国资委表扬。

【党建工作】 牢牢把握新时代党的建设总要求,以政治建设为统领,全面加强党的领导党的建设。一是深入推进学习贯彻习近平新时代中国特色社会主义思想,“第一议题”传达学习18项,中心组开展学习14次。二是坚决扛起巡视整改政治责任,以“钉钉子”精神狠抓落实,年度整改任务完成率99%以上。扎实推进环保督察整改,配合完成对163家企业的下沉督察等任务,扎实开展边督边改,立行立改,严肃问责。三是党建质量持续提升,在2019年度国务院国资委党建工作责任制考核中获评A级,建立“1345”党建工作体系。四是强化正风肃纪反腐,召开2次全级次警示教育大会,稳步推进二级企业纪检监察体制改革,深化“三转”全覆盖。五是加强干部队伍建设和思想文化建设,设立“善用资源日”并开展公众开放活动,成立善用文化中心和文化长廊。

2020年,天津水泥院胡亚东、中材科技公司刘锦帆获评“全国劳动模范”,淮海中联公司陈元元获评“全国三八红旗手”,邓州中联公司获评“全国厂务公开民主管理先进单位”,中国复材公司罗皓宇一家获评“全国最美家庭”。中国建材总院、中国建材工程、南京玻纤院获评第六届“全国文明单位”。

【履行社会责任】 中国建材集团勇担使命,切实履责,社会责任发展指数位居中国企业第六位、国企第四位。一是疫情防控坚决有力。坚决落实党中央、国务院决策部署和国务院国资委要求,全力打赢抗疫和经营两场硬仗。国务委员王勇,国务院国资委党委书记、主任郝鹏书记给予充分表扬。疫情暴发后,第一时间成立工作机构,班子成员周密部署,境内外企业防疫形势整体平稳。以优质建材驰援全国100余家医院,10余种新材料用于抗疫一线和疫苗研制,累计捐赠4513万元。北新建材公司被评为“中央企业抗击新冠肺炎疫情先进集体”,苏州中材建设有限公司尼日利亚炼油厂项目经理乔秋峰和巨石埃及玻璃纤维股份有限公司总经理吴平被评为“中央企业抗击新冠肺炎疫情先进个人”,3个境外项目防疫工作获得国务院国资委肯定。助企纾困稳就业,减免缓收租金5133万元,稳岗扩就业招录1.6万人。二是扶贫攻坚成效显著。主动加大资金帮扶和干部帮扶力度,夯实筑牢脱贫基础,巩固脱贫质量。扶贫投入1亿元,实施帮扶项目60个。中央单位定点扶贫工作成效考核被评为“好”,入选“国务院扶贫办扶贫案例50佳”。三是绿色发展深入推进。全面推进污染防治攻坚,助力“碳达峰”“碳中和”,二氧化硫排放比上年降低36%,氮氧化物排放比上年下降11%,水泥余热发电装机容量2375兆瓦,年发电能力超过100亿千瓦·时,获评国家级“绿色工厂”“绿色矿山”28家。

(撰稿人:于海琴)

中国有色矿业集团有限公司

【基本概况】 中国有色矿业集团有限公司(以下简称中国有色集团)成立于1983年,是国务院国资委管理的大型中央企业,主业为有色金属矿产资源开发、建筑工程、新材料加工、相关贸易及服务,是我国有色金属工业最早实施“走出去”战略、国际化经营成果最丰硕的企业之一,业务遍布30多个国家和地区,涉及40多个有色金属品种,拥有境外重有色金属资源量2000多万吨。中国有色集团在境外投资建设并运营矿山8座、冶炼厂7座,包括我国境外第一座铜矿山、第一座火法炼铜厂、第一座湿法炼铜厂、非洲第一座数字化矿山等。2020 年，中国有色集团居“中国 100 大跨国公司”第 39 位、“中国制造业 500 强”第 62 位、“中国企业 500 强”第 157 位。所属中色十五冶公司承建的湖北华电江陵发电厂一期 2×660MW 超超临界燃煤机组工程获得 2020—2021 年度中国建设工程鲁班奖。

中国有色集团积极践行习近平总书记重要批示指示精神，通过工程换资源、产品分成、股权投资、矿山租赁经营、建立合作区等合作方式，在境外累计纳税超过 8 亿美元，提供捐助 5000 多万美元，提供就业岗位 2 万多个，形成“走出去”的先发优势、人才优势、品牌优势和带动优势。

【主要指标】 2020 年，中国有色集团实现营业收入 1361.6 亿元，比上年增长 5.82%；利润总额 31.7 亿元，比上年增长 83.73%；净利润 20.1 亿元，比上年增长 178.53%；资产负债率 64.46%，比年初减少 3.73 个百分点；经济增加值 1.02 亿元，实现 8 年来首次为正。发展质量和效益大幅提升，主要经济指标实现历史性突破，全面超额完成国务院国资委各项考核指标。

表 1　2020 年中国有色矿业集团有限公司主要经济指标

项　目	2019 年	2020 年	比上年增长(%)
资产总额(亿元)	1205.8	1094.1	－9.26
所有者权益(亿元)	383.2	388.8	1.47
营业收入(亿元)	1286.7	1361.6	5.82
利润总额(亿元)	17.3	31.7	83.73
净利润(亿元)	7.2	20.1	178.53
归属于母公司所有者的净利润(亿元)	6.9	10.9	57.97
技术开发投入(亿元)	4.1	4.3	4.88
利税总额(亿元)	67.6	78.1	15.53
应交税金总额(亿元)	50.3	46.4	－7.75

续表

项　目	2019 年	2020 年	比上年增长(%)
全员劳动生产率[万元/(人・年)]	27.16	25.99	－1.17
净资产收益率(%)	1.94	5.13	增加 3.19 个百分点
总资产报酬率(%)	3.07	4.28	增加 1.21 个百分点

【改革发展】 一是明确改革任务。制定《深化改革三年行动实施方案》及任务清单，明确 8 个方面 243 项改革任务。26 家出资企业延伸制定深化改革三年行动方案或清单。

二是解决历史遗留问题。实施“两非”剥离、参股企业清理等专项行动，清理退出 22 户参控股企业。全面完成 28 项“三供一业”分离移交和维修改造任务，7.5 万户完成分离移交，实际发生分离移交费用 5.6 亿元。完成 27 户厂办大集体改革，累计安置职工 978 人，安置比例 99.69%，发生安置费用 1.12 亿元。27 户集体企业全部完成注销或行政关闭，获得集体企业职工安置财政补助资金 4428 万元。如期实现 3.4 万名退休人员社会化管理，移交率 99.99%。

三是完善人才体系。优化人才强企规划重点措施，强化人力资源配置、开发、评价、激励等核心职能，全面提升基础管理。完成 14 个总部部门、23 家出资企业领导班子的调整补充，调整 101 人次。通过“国聘行动”签约 109 人，获批进京指标 24 人。新设海外人才处，搭建境外中方人员交流平台和“预备队”，推进职业教育“走出去”，参与国际学校建设及鲁班工坊建设联盟。

四是构建市场机制。完善总部和出资企业“三定”方案，6 家“双百企业”“科改示范企业”率先试点，推行经理层成员任期制和契约化管理。推进市场化薪酬及绩效考核，向国务院国资委申请工资总额备案制管理并获得批复，争取境外企业工资总额单列政策，动态管理工资总额及企业负责人年薪，与经营目标完成进度挂钩。总部及 27 家所属企业建立企业年金，收益率 7.53%。

【重大项目】 一是严格投资管理。完善“1＋N”

投资管理体系，制定投资项目负面清单，创新投资项目五维审核模式，坚持审备适度前移，应对投资类型多元化，严把投资审备推动产品或服务高端化，提升产业价值链。

二是强化过程管控。签署中色大冶40万吨、中色股份达瑞、刚波夫湿法炼铜、中色非矿东南矿体等重点项目"军令状"，全力打造"精品工程、放心工程、廉洁工程"。卢阿拉巴粗铜冶炼、中色非矿东南矿体、中色华鑫马本德改扩建、中色红透山深部技改项目建成投产。

三是增强资源后劲。所属中色卢安夏、中色香港控股等10家涉矿企业实施勘查找矿项目19个，累计钻探进尺4万余米，勘查投入5000万元，新增和升级铜金属资源量近82万吨。

【走向海外】 进一步发挥"走出去"和海外矿产资源开发的先发优势，创新资源开发模式，不断提升资源掌控力。中国有色集团所属境外出资企业国际资源开发板块实现营业收入36.8亿美元，比上年增长38.7%；利润总额5.2亿美元，比上年增长36.5%；净利润3.4亿美元，比上年增长25.8%；有色金属产品产量65.7万吨，比上年增长36.4%。

在建项目方面，刚波夫项目2020年1月开工建设，截至2020年底累计完成投资1.8亿美元，占投资控制价的78.85%。印度尼西亚达瑞项目总投资4.5亿美元，2019年10月开工建设，截至2020年底累计完成投资4562万美元，占批复总投资的10.1%。

主要完工项目方面，中色非矿东南矿体项目总投资8.3亿美元，2012年9月开工建设，2020年9月投入商业化生产。卢阿拉巴粗铜冶炼项目2020年5月投入商业化生产。迪兹瓦铜钴矿项目总投资8.6亿美元，2020年1月投入商业化生产。

【重大创新】 一是强化创新意识。科技支出总额19.66亿元，研发经费投入强度达到国务院国资委考核要求。成立专家技术委员会。针对重点资源开发项目和材料进口替代任务，与4家出资企业签订科技创新"军令状"，实施重点任务"挂图作战"。

二是加强技术攻关。承担5项"1025专项"，其中2项任务提前完成年度目标。首次参与中国—南非矿产资源可持续开发利用"一带一路"联合实验室相关国家重点研发计划；获批国防科工局军用关键材料和军民两用技术项目。所属中色东方牵头成立我国首个铍产业技术创新联盟，完成国防科工局专项行动攻关任务3项，获得中国工业大奖提名奖；所属中色非矿等5家出资企业申报国家科技项目和军工关键材料科研项目10项，获批立项7项；所属中色沈矿所属铁岭药剂跻身"国家专精特新小巨人企业"之列。

三是推进成果转化。加快海外实验室条件建设，启动CNAS认证，完成3个企业生产技术对标，承接对外技术服务5项。所属出资企业3项科技成果获评国际领先水平，牵头获得有色行业科技进步一等奖3项、二等奖2项、三等奖3项，获得国家技术发明二等奖1项。

【党建工作】 一是加强党的建设。结合习近平总书记三次重要指示批示精神编制《行动方案》，与学习《习近平谈治国理政》第三卷和党的十九届五中全会精神统筹联动。严格落实"第一议题"制度，深入学习中央最新精神。制定实施党建引领规划，建立党建月度例会机制。认真开展"四个专项整治"，梳理问题风险点42项，完成整改31项。党建课题获得2020全国国企管理(党建)创新成果一等奖、国务院国资委国企党建研究优秀课题成果三等奖。

二是提升监督实效。强化同级监督，推动党委抓好《监察建议书》整改落实，28项整改任务全部完成。强化上级"一把手"对下级"一把手"的监督，中国有色集团党委书记对23名企业"一把手"进行提醒谈话，中国有色集团纪委书记约谈17名企业负责人。强化对下级党组织的监督，对11家境外企业驻京代表处进行调研监督，针对发现的问题制发"监督建议书"，督促整改落实。做实日常监督，扎实开展"制度执行监督年"工作，紧盯权力运行、责任履行和制度执行强化监督检查。对"四风"问题"寸步不让、露头就打"，给予党纪处分22人。

三是狠抓标本兼治。强化"不敢腐"的震慑，精准运用监督执纪"四种形态"，严肃查办违纪案件，中国有色集团纪委立案9件，给予党政纪处分9人。扎牢"不能腐"的笼子，坚持"一案一总结"，制定下发3个重点项目廉洁风险防范监督清单，建立9项监督机制。筑牢"不想腐"的堤坝，组织开展党纪党规教育，编制《党员干部违纪违法案件警示录》,收录集团纪检系统查处的典型案例 29 个。

四是抓好巡视巡察。对 5 家出资企业党委开展常规巡视,对 1 家出资企业党委开展巡视“回头看”,实现内部巡视全覆盖。对 6 家出资企业党组织开展统筹疫情防控和复工复产专项巡视和督导检查。开展国务院国资委党委巡视反馈问题深化整改,聚焦重点问题,确保巡视整改走深走实。

【信息化与数字化建设】 完成国资监管采集交换平台建设及应用系统对接,通过国务院国资委“三年行动计划”验收。试点开展中南部非洲 2 户企业国际专线建设,配合完成公安部网络安全现场执法检查。推进智能制造新业务,组建工业智能处,召开数字化矿山推进会,与 4 家企业签订试点建设任务书。推进一体化办公平台建设,完成 ERP 系统优化,建成云视频会议系统,实现信息集成共享和远程办公。

【履行社会责任】 2020 年上半年,中国有色集团提前超额完成全年定点扶贫责任书指标,向云南省梁河县投入和引进帮扶资金、物资折合 936.22 万元,采购和帮助销售农特产品 179.91 万元,助力梁河县成功脱贫“摘帽”;中国有色集团《可持续发展报告》首获中国社科院五星级评价,所属中色十五冶公司、中赞友谊医院、中色白矿 3 个案例入选《中央企业社会责任蓝皮书》,所属中色迪兹瓦履行社会责任故事《马松村的变化》登上《人民日报》,所属中色红透山获评“全国文明单位”,所属中色股份获评“首都文明单位”。通过实施合理化建议,创造经济效益 1.3 亿元。举办班组长培训班,评选“有色工匠”6 名,举行劳模事迹报告会,所属中色大冶邵志村获评“全国劳动模范”。初步形成国资、社会和行业 3 个层次的宣传格局,在国家级媒体和国资媒体发布报道 110 余篇次。编制完成首份刚果(金)国别可持续发展报告,有序推进“满天星”计划,海外社交账号建设、与所在国媒体开展合作等成效显著。

自新冠肺炎疫情暴发以来,中国有色集团全面贯彻落实习近平总书记统筹疫情防控和经济社会发展的一系列重要指示批示精神,始终将职工群众的生命健康安全放在第一位,提出并全面落实“大封闭、小隔离、同规则、同防控,分类施策、注重细节”的疫情防控原则,国内外企业疫情防控总体稳定。一是严守防疫底线。坚持“防疫和生产同步”“国内和海外错峰”,成功组织 3 次海外包机和 1 次陆路绿色通道出境返岗复工,为打好生产经营攻坚战奠定基础。中国有色集团所属出资企业 2 人获评“中央企业抗击新冠肺炎疫情先进个人”,中色十五冶第一工程公司获评“中央企业抗击新冠肺炎疫情先进集体”。二是积极捐款捐物。中国有色集团总部及各级企业在国内捐款捐物用于疫情防控累计超过 1340 万元。湖北企业主动参与援建当地定点救治医院,协助处置医疗废弃物,对接山东省援鄂抗疫国家医疗队,组织党员下沉社区开展防疫支援。各海外企业在赞比亚、刚果(金)、缅甸、塔吉克斯坦、蒙古国和白俄罗斯等 7 个国家和地区向地方政府、所在社区累积捐赠款物超过 330 万元。所属中赞友谊医院于 2020 年 8 月 12 日被赞比亚政府批准为新冠肺炎定点收治机构。三是助力疫后重振。认真落实习近平总书记“搭把手、拉一把”重要指示,湖北企业出台“不减机构、不减人员、不降工资”措施,工程企业吸纳贫困地区劳动力超过 1500 人;国内企业为 334 户中小微企业和个体工商户减免租金 1500 万元。在湖北承接工程项目合同额 90 多亿元;投资的 40 万吨项目开工建设;签约黄石新港(物流)工业园区基础设施建设项目。

(撰稿人:李忻然)

有研科技集团有限公司

【基本概况】 有研科技集团有限公司(原北京有色金属研究总院,以下简称有研集团)成立于 1952 年,是中国有色金属行业综合实力雄厚的研究开发和高新技术产业培育机构,是国务院国资委直管的中央企业。拥有包括 4 名两院院士在内的从业人员 4700 余人。在有色金属新材料与制备加工、选矿冶金、分析检测等领域,拥有包括平台创新公司、高新技术产业公司、投资公司、出版及服务公司在内的成员单位 40 余家,在北京、河北、山东、上海、安徽、四川、重庆、福建等地及英国、加拿大等国建立研究开发、科技服务和高新技术产业基地。成员单位包括有研工研院、有研资环院、国合通测公司等研究开发与科技服务实体,有研新材、有研粉材、有研半导体、有研复材等高新技术企业,有研鼎盛、有科出版、有研兴友等投资、科技期刊出版和创新基地运营企业。

有研集团是国家有色金属行业技术开发基地、国家"大众创业、万众创新"示范基地、国家级国际联合研究中心、国家引才引智示范基地,拥有国家工程研究中心、国家工程技术研究中心、国家重点实验室、国家工程实验室、国家制造业创新中心、国家分析检测中心、国家认定企业技术中心等20余个国家科技创新平台。累计承担国家科技项目6000余项,获得国家和省部级科技成果奖励1100余项,拥有授权中国专利和国际专利2300余件,制定国家和行业标准700余项,向行业内外输出转移成果超过1300项次。先后为"两弹一星""核潜艇""高新工程""国产大飞机""集成电路""载人航天""探月计划""点火计划""新能源汽车""高速轨道交通"等国家重大工程提供一大批新材料、新技术,为中国有色金属工业的发展提供强有力的支撑。

【主要指标】 2020年,有研集团实现营业收入156.8亿元,比上年增长20.3%,利润总额4.5亿元,归属于母公司所有者的净利润2亿元,经济增加值2.4亿元,"两金"压控实现预定目标,国有资本保值增值率105.08%,全面超额完成国务院国资委下达的年度考核任务。资产总额116亿元,比上年增加5.9亿元,资产规模稳定增长。

表1　2020年有研科技集团有限公司主要经济指标

项　目	2019年	2020年	比上年增长(%)
资产总额(亿元)	110.1	116.0	5.4
所有者权益(亿元)	74.6	85.9	15.1
营业收入(亿元)	130.3	156.8	20.3
利润总额(亿元)	3.4	4.5	32.4
净利润(亿元)	3.2	3.9	21.9
归属于母公司所有者的净利润(亿元)	2.2	2.0	−9.1
技术开发投入(亿元)	5.5	7.3	32.7
利税总额(亿元)	5.2	6.7	28.8
应交税金总额(亿元)	1.8	2.2	22.2
全员劳动生产率[万元/(人·年)]	34.7	35.4	2.0
净资产收益率(%)	4.63	4.90	增加0.27个百分点
总资产报酬率(%)	3.80	4.40	增加0.60个百分点
国有资本保值增值率(%)	106.98	105.08	减少1.90个百分点

【改革发展】 认真贯彻落实党中央、国务院的决策部署,以改革转型和战略落地为中心,加强组织领导,落实目标责任,积极开展工作,改革发展各项工作取得明显成效。

积极推进全面深化改革工作。一是落实有研集团党委推进市场化改革的工作部署,制定并下发《有研集团深化改革三年行动实施方案》《有研集团对标世界一流管理提升实施意见和方案》,坚持目标导向和问题导向,围绕"取得三个明显成效",提出重点举措25项、具体任务75条,明确牵头负责部门,推动企业管理体系和管理能力上水平。二是按照国务院国资委"双百行动"和国家发展改革委混合所有制改革试点工作要求,稳步推进改革示范工程,有研新材公司首期限制性股票激励计划顺利行权,有研粉材公司实施骨干员工持股计划,科创板IPO审核过会,国合通测公司引入"双百基金"战略投资,完成骨干员工持股计划,有研工研院成功入选"科改示范行动",有研半导体公司启动上市筹备工作,有科出版公司成功引入战略投资。

深化整治形式主义、官僚主义问题。一是以"总部机关化"问题专项整改工作为契机,进一步明确有研集团授放权清单及对二级公司的战略管控模式,所属公司加强行权能力建设。务实推动财务、人力、科研、投资等方面管理信息化建设，研究探索部分业务管理共享中心的建设。推进经理层成员任期制、契约化管理，建立任期考核制度，科学制定合理的市场化目标，主要经营者逐步实现市场化的业绩考核、市场化的薪酬兑现。做好各项激励政策的统筹协调，坚持个人总体绩效与组织绩效、经营业绩协调，鼓励 KPI 增量激励，坚持激励与约束并重。二是有研集团职能部门按照学习型、研究型、价值型职能部门建设目标，形成职能部门全员学习的氛围。完善职能部门考核体系，增加所属公司对集团职能部门的考核，职能部门服务意识和履职能力明显提升。三是开展“总部机关化”问题整改“回头看”工作。对照“总部机关化”问题专项整改工作方案，认真查摆，举一反三，对剖析工作中存在的薄弱环节进行自查自纠。

【重大项目】 国家新材料检测评价平台主中心建设项目。项目围绕协同平台整体建设、互联网和数据体系建设、组织新材料测试评价联盟工作、测试评价条件能力建设、测试评价技术能力建设、方法/标准体系建设、公共技术服务能力建设等 7 个方面推进实施，支撑新材料产业发展，服务国家战略和国防军工建设需求。

有研粉材产业基地建设项目。完成合肥产业基地建设，生产线完成搬迁、安装调试和试生产，生产任务实现平稳过渡；新建有研重冶粉体材料基地建设项目顺利推进，项目总建筑面积 2.4 万平方米，年产能 1.2 万吨金属粉末；积极推进泰国产业基地建设项目，新建泰国春武里 WHA 工业园区产业基地，包括电解铜粉、雾化铜粉和铜合金粉、锡粉生产线，完成土地购置。

12 英寸集成电路用大硅片产业化项目。项目由有研集团、株式会社 RSTechnologies 以及山东政府基金共同投资，产业基地投资总额近 25 亿元，股东投资 20 亿元，完成合资公司注册，完成股东第一期缴资，产业建设工作有条不紊推进。

新材料创新及成果转化基地项目。有研新材公司在山东乐陵建设产业基地，建设超高纯稀有金属及化合物、稀土功能材料、高端晶体材料及器件三大领域等 7 条生产线。2020 年全部单体主体完工，土建工作持续推进。有研稀土公司发展高端稀土功能材料产业、保持和提高有研稀土的科技领先地位，在河北燕郊开发区建设产业化基地，项目已经完工。

有色金属新材料科技创新实验室建设项目。该新建项目由集团总部承担，建设地位于北京市西城区。项目旨在实现“用地规模减量、人口规模不增、建筑规模平衡、保证高度安全、保障生态红线、构建高精尖产业”的目标。

【走向海外】 2020 年，有研集团开展境外投资项目 2 项，其中股权投资项目 1 项，固定资产投资项目 1 项，完成投资 620 万元。境外投资分布于加拿大、泰国，覆盖新能源动力电池材料、有色金属粉末材料领域。拥有 2 家境外实体运营公司：有研粉末全资所属 Makin Metal Powders(UK) LIMITED(以下简称 Makin 公司)和国联研究院全资所属 GLABAT Solid-State Battery Inc(以下简称加拿大国联)，分别位于英国和加拿大。Makin 公司主要从事金属粉末的研制和生产，是欧洲最大的铜粉和铜合金粉末生产商之一。加拿大国联主要开展固态锂离子动力电池的研究开发、技术服务和产品销售等业务，成功开发出适用于 300Wh/kg 高镍/硅碳体系电池的、具有实用性和高安全性的不燃电解液及原位固化方案。

【重大创新】 深入贯彻“创新驱动高质量发展”战略，强化科技创新平台体系建设，全力推进科研争项和核心技术攻关，加大自主科技创新投入和对外交流。

科技创新平台和体系建设方面，有研粉材获工业和信息化部批准，组建金属粉体材料产业技术研究院；有研工研院牵头申报的雁栖湖特种有色金属材料科技创新中心顺利通过国防科工局组织的专家论证评审；有研稀土技术中心被国家发展改革委认定为第 27 批国家级企业技术中心。持续开展“三必”体系项目梳理，随着“十四五”科技发展规划研究工作的深入，初步提出一批重点项目方向；制定出台国家科技创新平台管理办法，创新平台支撑单位与创新平台负责人“守土有责”的责任得到进一步明确；制定出台所属公司自有资金科技投入管理办法，为全集团自主科技投入项目管理水平进一步提升、增加科技产出奠定基础；继续强化创新基金的投入力度，全年支持各类创新基金项目20余项。

科研争项和核心关键技术攻关方面，2020年，实现国家和地方各级政府科研经费到款4.2亿元，企业横向科技服务收入0.34亿元，分析检测服务收入1.46亿元，综合科技收入创历史新高。有研集团成立主要领导牵头挂帅的核心关键技术攻关领导小组，出台专项管理办法，签订责任状，层层压实责任；牵头承担18项国务院国资委“1025”专项任务，30余项国防军工核心关键材料攻关任务，以及其他多项重点攻关任务，包括我国12英寸集成电路制程用大尺寸半导体硅单晶和高纯金属靶材、5G通信器件制造用新型合金靶材、新型核反应堆燃料组件用中子阻隔涂层材料、汽车发动机用氮氧传感器、动力电池用新型固态电解质，以及一大批军用核心关键材料等，均严格按照计划节点开展工作，进展顺利。

科技服务和对外合作交流方面，国合通测公司实现分析检测服务收入比上年增长37.5%，服务企业数量大幅增长；有研稀土公司黄小卫院士领军开发的稀土清洁冶金新技术，得到国家发展改革委、工业和信息化部等部委支持，启动行业示范验证推广；有科出版公司大力强化科技期刊平台建设，科技期刊影响因子再创新高，行业影响力不断扩大；与航天科技、中核集团、航空工业集团、中船集团、中国电科、中车集团等单位开展对接交流30余次。举办军用有色金属新材料技术发展研讨会，吸引各军工集团140余位专家与会交流。

【党建工作】 深入学习贯彻习近平新时代中国特色社会主义思想，围绕“中央企业党建巩固深化年”工作部署，贯彻有研集团第十次党代会精神，深入推动党建和业务融合，持续强化党风廉政建设和反腐败工作，各项工作取得明显成效。

加强党的政治建设，坚决贯彻落实党中央决策部署。一是配合完成国务院国资委党委政治巡视。2020年10—12月，国务院国资委党委第六巡视组对有研集团进行巡视。有研集团党委站在政治和全局的高度，坚持高标准、严要求，积极配合巡视工作，开展全级次问题梳理，全面查摆问题并同步开展立行立改。二是全力推动解决“卡脖子”关键技术难题，深入梳理“三必”技术体系，强化创新平台和能力建设，推动制定实施《深化改革三年行动实施方案》，对标世界一流管理提升，加强精细化管理和提质降本增效。三是贯彻落实党中央、国务院疫情防控重要决策部署，严格按照国务院国资委有关要求精准施策，坚持常态化疫情防控，坚决打赢疫情防控阻击战，推动企业复工复产。

加强党的思想建设，广大党员的党性修养显著增强。严格落实“第一议题”制度，全年学习习近平总书记重要指示批示精神43次；召开宣讲会6次，学习贯彻党的十九届五中全会精神。制定“巩固深化‘不忘初心、牢记使命’主题教育成果任务清单”。强化理论学习中心组“领头雁”作用，围绕改革发展、科技创新等主题深入研讨，推进学习走深走实。持续强化正面宣传。开展系列宣传活动，展现有研集团“十三五”改革发展成就，大力宣传创新驱动发展取得的突出成绩，集中表彰“十三五”时期做出突出贡献的集体和个人。广大党员的理想信念不断升华，党性修养不断提高，改革发展精气神不断激发。

加强基层组织建设，党建与业务融合持续推进。一是夯实组织体系。全年新设、换届、增补、调整基层党组织23个。举办6次面向基层党组织书记、党务工作者等培训班，重点发展优秀骨干人才入党，基层党组织的战斗力明显提升。二是推进党建与业务融合。优化党建责任制考核指标体系，完善3个维度的评价机制，“述评考用”工作机制有效贯通，进一步激发强党建促业务的内生动力。围绕“卡脖子”项目攻关、提质增效、搬迁和布局调整、三项制度改革、总部去机关化、退休人员社会化管理移交等方面加强党的领导、开展党建工作、考验检验队伍，党建和业务融合持续推进。三是加强群团统战工作。评选示范型高技能人才创新工作室、红旗班组、标杆班组，举办有色金属行业职业技能竞赛，建好基层生产单元和产业工人队伍。组织党外人士建言献策工作室座谈会、统战人士调研并提出建议，凝聚发展合力。

落实“两个责任”。有研集团党委和纪委注重发挥协助职责和监督责任，综合运用重大事项请示报告、与主要负责人保持经常性沟通、提出监督建议等方式，一体推进全面从严治党政治责任。推动同级党委巡视机构对标对表中央巡视办领导要求和国务院国资委党委巡视工作方案，制定《有研集团党委对照巡视发现问题"举一反三"整改方案》，梳理问题，建立整改台账，逐项推进落实。强化"三项监督"，推动有研集团党委书记和领导班子加强对下级一把手和领导班子的监督；结合监督发现的问题，提出完善考核机制、高质量推进巡视全覆盖、强化制度执行、完善信息公开、加强中层干部选任和管理、完善履职待遇业务支出等监督建议。做实做细巡视监督，指导并督促被巡视党组织开好巡视整改专题民主生活会、组织生活会，筑牢巡视整改思想基础。

执行中央八项规定及实施细则精神，廉洁从业。有研集团纪委贯彻落实习近平总书记重要指示批示精神，响应国务院国资委党委倡议，向各级党组织发出"关于坚决制止餐饮浪费行为的提示函"，督促各级党组织统筹作风建设，结合反对"四风"，把工作抓实抓细抓到位。紧盯"关键少数"，与国家级创新平台负责人、所属二级领导班子和新任干部进行廉政谈话，压紧压实管党治党的政治责任。紧盯资金密集岗位，参加有研集团财务负责人会议和职能部门预算工作会议并开展提醒谈话，突出"过紧日子"思想和"一切成本皆可控"理念，强化财务审批和资金使用的责任意识，管住细节、管住流程、管住风险。紧盯权力集中环节，约谈提醒重要核心业务部门干部职工，并向其家属致信，督促其在工程建设中树牢廉洁从业意识，共筑廉洁幸福家园。注重完善运用干部廉洁资料库制度。

【信息化与数字化建设】 一是以信息技术驱动集团高质量发展为目标，全面梳理有研集团管控业务、核心业务流程及数据，深入研究云计算、大数据、物联网、5G、人工智能等新一代信息技术应用场景。二是持续推动一体化经营管控平台建设。启动统一应用集成平台建设工作，打通全集团横向、纵向信息沟通的通道；启动数据共享交换中心建设，实现对数据的集中统一管理、共享交换。推动经营管控业务应用建设，优化协同办公系统改版升级，推动所属各级公司协同管理一体化。三是积极贯彻落实国资国企在线监管平台建设。完成"三重一大"系统建设工作，实现集团全级次覆盖；根据国务院国资委要求，完成中央企业监督追责系统、党建管理系统、组织机构管理系统。

【履行社会责任】 2020 年是脱贫攻坚收官之年，有研集团克服疫情影响，强化央企担当，加强组织领导，创新帮扶方式，全力开展帮扶工作，助力贵州省思南县脱贫"摘帽"；贯彻落实"四个不摘"要求，投入帮扶资金 270 万元，实施各类帮扶项目 14 个，成效惠及贫困人口 1.7 万余人，以真金白银、真情实意和真抓实干的扶贫举措，助力思南县不断巩固脱贫成效。

（撰稿人：吴桂勇）

矿冶科技集团有限公司

【基本概况】 2020 年，面对突如其来的新冠肺炎疫情，矿冶科技集团有限公司（以下简称集团）党委第一时间响应，及时建立疫情防控领导机构，强化组织领导，各级领导干部勇于担当，积极投入疫情防控第一线，全体员工严格落实联防联控、群防群控各项要求，立足岗位、积极配合、共克时艰，集团境内外疫情防控实现"零感染"，经济效益实现逆势增长。以全面推进高质量发展为主线，积极落实各项年度重点工作任务，扎实推进国有企业改革三年行动，着力抓好关键核心技术攻关，全面启动对标世界一流管理提升行动，积极应对防范各类风险，在科技创新、工程业务、产业发展、国际化经营、人才队伍建设和履行社会责任等方面取得一批工作成果，企业综合实力、行业影响力和核心竞争力实现新的提升。

【主要指标】 2020 年，集团营业收入和净利润均创历史最好水平。实现经济增加值 3.57 亿元，科技收入 15.01 亿元，期间费用占营业收入 7.36%，在研（编）省部级以上科研和重要标准规范项目数 196 项，全面完成国务院国资委年度考核任务。

表 1　2020 年矿冶科技集团有限公司主要经济指标

项　目	2019 年	2020 年	比上年增长(%)
资产总额(亿元)	98.4	112.9	14.74
所有者权益(亿元)	66.5	72.0	8.27
营业收入(亿元)	40.9	52.4	28.12
利润总额(亿元)	5.4	5.8	7.41
净利润(亿元)	4.2	5.0	19.05
归属于母公司所有者的净利润(亿元)	5.4	1.7	−68.52
技术开发投入(亿元)	3.6	4.7	30.56
利税总额(亿元)	7.0	8.1	15.71
应交税金总额(亿元)	2.1	1.9	−9.52
全员劳动生产率[万元/(人·年)]	29.66	39.19	32.12
净资产收益率(%)	6.68	7.19	增加 0.51 个百分点
总资产报酬率(%)	5.68	5.49	减少 0.19 个百分点
国有资本保值增值率(%)	118.89	104.70	减少 14.19 个百分点

【改革发展】 认真贯彻落实党中央、国务院关于国有企业改革三年行动工作的决策部署，制定集团《改革三年行动实施方案(2020—2022 年)》，加强组织管理，抓实方案设计，落细工作部署，推进重点改革项目，不断激发企业发展活力。一是“双百行动”“科改示范行动”先行先试。围绕“五突破、一加强”目标任务，扎实推进 3 家“双百企业”综合性改革，在国务院国资委专项评估中，北矿检测被评为 A 级“双百企业”。北矿科技和当升科技成功入选“科改示范企业”，制定完成详细实施方案。在“双百企业”“科改示范企业”率先推行经理层任期制和契约化管理，深化改革有序推进。二是分类考核成效显著。22 家二级经营业绩考核单位全部完成年度考核目标，10 家单位实现营业收入、利润增长均超过 8%，6 家单位实现营业收入超过 1 亿元且利润总额超过 1000 万元。优化完善“一企一策”考核方案，安期生公司等 4 家单位实现扭亏，集团二级经营单位首次实现全面盈利，扭亏治困取得显著成效。三是稳妥有序推进退休人员社会化管理移交工作。完成移交 1663 人，移交率 95.68%，社会职能剥离基本完成。

【重大项目】 按期推进年度“压减”工作计划，完成洛克公司工商注销、力澜公司股权转让、金川国际经济技术合作公司减资撤股、中科永信股权投资公司注销等工作。加大力度推进产业基地建设，集团产业基地整体布局更加优化，基地综合管理效能更加凸显。常州当升新基地、北矿化学沧州基地、株洲公司有色冶金节能装备示范基地等项目投入运营并实现量产销售。亿博公司沧州化工基地项目完成固定资产投资，进入试生产阶段。

【走向海外】 2020 年，集团进出口总额 2.35 亿美元，比上年增长 87.55%，其中产品出口业务实现逆势大幅增长，出口总额 2.21 亿美元，比上年增长 108.34%，再创历史新高。积极组织参加第三届进博会，高标准、高质量完成现场签约和参会工作。大力推进国际科技合作走深走实，全年获批国际科技合作专项 7 项，获批国拨经费超过 2000 万元，立项数量和立项金额均创历史最好水平。分别与秘鲁、乌兹别克斯坦等国研究机构签署共建联合实验室合作协议，持续推动“一带一路”矿冶科技伙伴计划实施。

【重大创新】 深入贯彻新发展理念，持续强化科技创新战略引领，不断完善科技创新激励机制，加快成果转化，提高创新能力和水平，为集团高质量发展注入新动能。一是积极做好重大科研项目立项申报。全年申报各类纵向科研项目 194 项，新批准立项 77 项，合同总额 1.97 亿元，比上年增长 47.98%；纵向到款 1.52 亿元，比上年增长 9.97%，其中，“废铅膏短程转化与清洁再生技术”等 6 个项目成功获批国家重点研发计划项目，“新型高性能稀土及稀土置换型永磁材料产业化”项目等获批国家发展改革委专项投资项目，6 项中央企业“1025”专项攻关任务获得国务院国资委批复。二是更加注重成果凝练和知识产权管理。全年 30 个项目顺利通过科技成果评价，其中 14 项成果获评国际领先水平。获得各类科技奖励 55 项，比上年增长 22.22%。“大型浮选机关键技术与成套装备开发及产业化"项目获得中国工业大奖表彰奖。获批授权专利160件、获准软件著作权登记40项、负责或参与制(修)订标准正式发布72项,分别比上年增长28%、344.44%、71.43%。三是扎实开展对标世界一流管理提升行动。成立对标提升工作领导小组,制定实施方案和工作清单,加强组织落实,不断推进企业治理体系建设。修订完成集团《公司章程》,进一步巩固企业治理基础。将内部控制融入全面风险管理,管控体系组织架构更加优化。制定集团《重大经营风险事件报告工作管理办法》,健全风险管控长效机制,风险防范化解能力不断增强。制定集团合规管理办法及合规管理手册,强化对关键领域的合规管理。加强内部审计与纪检、巡视等相关部门信息共享和协调配合,全方位保障依法治企管控有力。严格全面预算管理,强化预算"硬"约束,建立动态监测机制。细化经营单位"两金"压控指标,进一步巩固压控工作成效。统一集团会计核算制度,加大管控力度,提升财务管理工作效率与质量。

【党建工作】 一是坚持以政治建设为统领,扎实开展"中央企业党建巩固深化年"专项行动。修订《矿冶集团党委落实全面从严治党主体责任清单》,制定《矿冶集团关于习近平总书记重要讲话指示批示精神贯彻落实督办的工作措施》,建立完善"第一议题"制度,持续健全政治建设体系。统筹推进整改整治,建立巡视整改措施动态更新机制,巡视整改措施完成199项,其中已关闭192项,整体完成率97%;主题教育专项整治完成49项,主题教育整改完成148项,其余措施均按期推进。

二是深化基层基础建设,强化宣传思想工作。深入推进"强支部、精业务、促发展"试点工作,涌现出"党建'五个一'工程""支部结对共建""党员积分制"等一批好经验好做法。积极开展理论研究,"增强国有企业基层党组织组织力途径研究"获得中央企业党建政研会优秀课题研究成果三等奖,"科技型党支部树'人'成'才'立'业'工作模式创新与探索"入选《国有企业党建蓝皮书:国有企业党建发展报告(2020)》,《"不知咋办找朴书记"——矿冶集团派驻定点扶贫县驻村第一书记朴永超工作纪实》故事作品获得"全面小康　央企担当"第三届中央企业优秀故事发布活动三等奖。北矿检测被授予第六届"全国文明单位"、"全国三八红旗集体"称号,新材公司顺利通过"全国文明单位"复评。以"深化改革守初心,科技创新担使命"为主题,举办首届企业开放日活动,收获广泛赞誉。

三是深化党风廉政建设。坚持以党的政治建设为统领,推动党中央重大决策部署落地实施。强化"五治",深化"五力",全面构建一体推进"三不"机制。运用"五化"思维,构建立体式网络化监督体系。深化运用廉(联)控工程全流程监督载体,精准高效推进廉洁风险防控体系运行。构建"互联网+纪检监督"信息系统,助力提升监督实效。开展"五个一"系列教育,筑牢拒腐防变的思想防线。坚持严格执纪、严肃问责,维护纪律的严肃性和权威性。持之以恒落实中央八项规定精神,驰而不息纠治"四风"。持续深化政治巡视,把巡视整改成果转化为推动高质量发展的动力。

【信息化与数字化建设】 进一步推进信息数据共享和集成,实现集团财务系统与管理驾驶舱、合同系统的数据对接,实现人员及组织机构信息与人力资源系统的统一,完成工程系统、科研系统和人力资源系统在OA平台的单点登陆和待办任务集成,实现会商会督办事项在线跟踪,信息数据在线获取,集团信息系统管理标准化、流程化、数据化更加协同高效。

【履行社会责任】 一是主动公开社会责任信息,连续九年发布企业社会责任报告,畅通与社会各界及利益相关方沟通的渠道。2020年,集团3篇案例分别入选《中央企业社会责任蓝皮书(2020)》《中央企业海外社会责任蓝皮书(2020)》《中央企业抗击新冠肺炎疫情案例集》。二是促进行业绿色发展,环境所自主研发的"树脂基纳米复合吸附剂处理痕量重金属废水技术"入选《2020年绿色"一带一路"技术储备库》,并为矿山生态修复提出新的治理思路;矿山所承担完成"陕西省秦岭生态保护区尾矿库安全风险源头治理顶层设计方案"项目,并获得陕西省应急管理厅致信致谢。三是持续巩固脱贫攻坚成果,助力定点扶贫县河南省平舆县实现首批脱贫"摘帽",继续贯彻落实习近平总书记"四个不摘"总体要求,全年累计投入各类扶贫经费1025万元,比上年增长6.78%,全面完成扶贫责任书考核任务。发挥集团咨询设计优势，完成平舆县多个产业项目规划咨询设计，以技术扶贫践行精准扶贫。

（撰稿人：朱亦珺）

中国国际技术智力合作集团有限公司

【基本概况】 2020年，中国国际技术智力合作集团有限公司（以下简称中智集团）在国务院国资委党委和中智集团党委、董事会的坚强领导下，聚焦“两个力争”，统筹推进疫情防控和经营发展各项工作，坚定不移推动高质量发展，在大战大考中经受住考验，以优异成绩实现“十三五”圆满收官。坚持以完善体系、优化布局、协同运营、提升品牌为着力点，全面聚焦主责主业，加快推进提质增效升级。强化运营体系建设，编制营业收入三年倍增计划；强化产品优化统筹，形成招聘、基础人事管理、薪酬财税服务、灵活用工服务四大在线产品族群；加快推进网点布局，完成新设网点21个；加大央企客户开发力度，通过发挥央企人才开发交流平台作用、访问央企推动签订战略合作协议、依托中央企业招聘客户积极推广产品服务等，与96家中央企业建立沟通协调机制；持续强化品牌建设，注重增强品牌溢价能力，策划开展中央企业“一把手”谈招聘系列活动，在“学习强国”学习平台等200余家主流媒体进行宣传推广。2020年，中智集团获评5A级人力资源服务机构，居2020年“中国企业500强”第175位、“中国服务业企业500强”第71位，分别较2019年提升40位、12位，连续15年领航中国人力资源服务行业。

【主要指标】 2020年，面对疫情下严峻经营形势，中智集团及时提出“两个确保”工作目标，作出“一保三抓六坚持”工作部署，抢先推进复工复产，扎实开展提质增效，在极端困难条件下全面完成国务院国资委下达的经营业绩考核指标。资产总额、营业收入、利润总额、净利润分别比上年增长13.82%、6.09%、17.68%、18.27%，优于既定目标值。

表1　2020年中国国际技术智力合作集团有限公司主要经济指标

项　目	2019年	2020年	比上年增长(%)
资产总额(亿元)	138.68	157.84	13.82
所有者权益(亿元)	50.28	59.30	17.94
营业收入(亿元)	263.68	279.73	6.09
利润总额(亿元)	9.67	11.38	17.68
净利润(亿元)	7.50	8.87	18.27
归属于母公司所有者的净利润(亿元)	7.41	8.53	15.11
技术开发投入(亿元)	2.00	2.06	3.00
利税总额(亿元)	31.60	36.07	14.15
应交税金总额(亿元)	24.56	27.63	12.50
全员劳动生产率[万元/(人·年)]	54.04	99.47	84.07
净资产收益率(%)	15.96	16.18	增加0.22个百分点
总资产报酬率(%)	7.43	7.68	增加0.25个百分点
国有资本保值增值率(%)	117.24	117.27	增加0.03个百分点

【改革发展】 充分发挥智库专业优势，深入开展国企改革、公司治理等重大课题研究，与各级国资委和国企合作开展课题研究，提供专题辅导、咨询服务和人力资源服务，助力国企改革三年行动、对标世界一流管理提升行动、“十四五”规划编制、退休人员社会化管理等党中央部署的重点工作在国资国企领域有效落地。认真贯彻落实党中央、国务院关于深化国企改革的决策部署，按照国企改革三年行动方案要求，研究制定《中智集团改革三年行动实施方案》及工作台账，形成6个方面24类84条具体措施，推动改革工作形成整体部署、全面启动，向纵深推进的格局。推动改革专项工程不断深入，制定《中智集团人力资

源业务重组改制上市方案》，以“双百行动”试点企业中智上海为主体重组人力资源业务，迈出深化改革关键一步。“双百行动”试点企业管理咨询公司尝试建立事业合伙人制度，形成共担共创共享的分工协同机制，激发企业治理活力；以混合所有制改革试点企业中智教育科技为主体重组技术贸易板块业务，聚焦教育科技服务和健康科技服务，积极推进专业化发展。推动关爱通入选“科改示范行动”改革企业，完成新一轮融资。分红权试点企业上海电气首次兑现员工分红，薪酬激励机制改革初见成效；加快市场化经营机制改革，出台分支机构经理层任期制和契约化管理办法，推进业绩刚性考核和薪酬刚性兑现，实施效益增工资增、效益降工资降同向联动机制。建立并实施企业年金制度。

【重大项目】 中智集团将外延式发展作为做强做优做大的重要方式，加快健全投资并购制度体系，制定《并购实务指引》《参股投资管理办法(试行)》等制度并开展宣传贯彻培训，加强外延式发展基础工作。围绕主营主业与产业链短板技术与业务，积极寻找投资标的，加强投资项目管理与审核，全年组织项目投评会12次，审核投资项目14个，为集团外延式发展实现新突破奠定坚实的基础。

【走向海外】 紧扣新时代国家外交工作主线，充分依托人力资源服务优势，主动服务国际交往和中央企业“走出去”大局。所属商务发展公司积极工作，尼泊尔签证服务中心在疫情期间正式开业；管理咨询公司承担的国资国企国际舆情研究得到国务院国资委党委书记、主任郝鹏的批示肯定，为中央企业借鉴国外改革管理经验、提升国际化管理水平提供有益参考。

【重大创新】 强化高附加值产品和服务的创新升级，BPO、项目外包、薪税服务等业务比上年增长7%。加大在线产品和服务的开发推广力度，积极推广“智享签”“eHR+”电子签产品；“赛码网”测评考试系统实现规模化运营；“智企加”人才测评管理平台实际使用客户激增；试点开展灵活用工服务新模式；培训中心与国务院国资委干教中心合作，积极开展“对标提升”系列在线课程培训。加快退休人员社会化管理等政策性产品孵化推广；恒康医疗公司加强产品和商业模式创新，积极研发“守术台”技术服务共享平台和医疗耗材“智能柜”。中智集团青创赛获奖项目加速新产品、新服务模式的孵化与转化。积极引导所属各单位申报高新技术企业，获得高新技术企业资格分支机构8家。

【党建工作】 坚持以政治建设为统领，认真落实“中央企业党建巩固深化年”专项行动要求，大力夯实“三基”建设，持续压实党建责任，基层党组织政治功能和组织力不断增强，党的建设与经营发展融合更加紧密，为在特殊形势下圆满完成各项目标任务提供坚强保障。持续健全完善党风廉政建设和反腐败工作机制，集中开展“四个专项整治”，对4家分支机构开展巡视并加强巡视整改，为企业改革发展提供坚强保证。

【信息化与数字化建设】 强化顶层设计，在基本澄清企业战略、全面梳理管理业务和IT现状的基础上，编制完成信息化规划(数字化转型)2.0版，进一步明确未来数字化转型的发展思路和方向。国资监管信息化评估年度得分大幅跃升，达到中央企业网信中等水平。全面强化业务支撑能力建设，优化推广分支机构外包和薪税业务系统，有效赋能业务发展。按照“快速集成、全集团推广”原则，上线决策支持系统，大幅提升管理支撑能力。开展存量信息系统等级测评及安全测试，网络安全保障水平稳步提升。

【履行社会责任】 中智集团以开展教育扶贫、就业扶贫、产业扶贫为抓手，积极深入定点扶贫县调研，持续加大扶贫投入，助力云南省大姚县、姚安县巩固脱贫成果，探索走出一条精准帮扶、志智结合、聚力攻坚的中智特色扶贫之路。扶贫成效在中央单位定点扶贫考核评价中获得“较好”等级，陈路获评“全国脱贫攻坚先进个人”，为全面建成小康社会贡献中智力量。

坚决落实党中央“六稳”“六保”决策部署和国务院国资委党委统一要求，将落实就业优先战略放在首位，快速整合“中智招聘”网络平台，优化服务功能，积极承办国务院国资委、人力资源社会保障部、教育部、团中央等部委主办的招聘活动，先后组织开展多场公益招聘会；积极为企事业单位、高校毕业生提供人才测评、就业培训、心理辅导、法律解读等公益服务；主办中央企业校园招聘创新发展高峰论坛，有效服务稳就业、保民生大局。中智集团服务稳岗扩就业工作成效得到国务院国资委党委书记、主任郝鹏的重要批示和人力资源和社会保障部部长张纪南的充分肯定。

高效服务国家重大区域发展战略。将市场布局与业务拓展融入京津冀协同发展、粤港澳大湾区建设、长三角区域一体化发展等国家重大战略中，加强重点区域网点建设和战略合作，先后与沈阳、贵阳等地方政府签署战略合作协议，积极支持北京、上海、深圳科创中心建设，有效服务地方经济发展。

（撰稿人：薛俊武）

中国建筑科学研究院有限公司

【基本概况】 中国建筑科学研究院有限公司（以下简称中国建研院）创建于1953年，前身为建筑工程部建筑技术研究所；1979年6月，经国家科委批准，正式命名为中国建筑科学研究院；2000年10月，由科研事业单位转制为科技型企业，隶属于国务院国有资产监督管理委员会；2017年12月，完成公司制改制，更名为中国建筑科学研究院有限公司，经济类型为国有独资，注册资本金增加到12亿元。

中国建研院是我国建设行业最大的综合性研究与开发机构，面向全国建设事业，以建筑工程为主要研究对象，以应用研究和开发研究为主，致力于解决我国工程建设中的关键技术问题；负责建筑行业标准规范的管理、主要工程建设技术标准规范的制（修）订以及标准规范的宣传贯彻与推广；承担国家建筑工程、建筑节能、空调设备、太阳能热水器、化学建材、电梯的质量监督检验以及建筑产品认证；开展行业所需的共性、基础性、公益性技术研究，科研及业务工作覆盖建筑结构、地基基础、工程抗震、空调设备、建筑物理、建筑防火、建筑材料、建筑机械以及建筑信息化等建筑工程所有研究领域。研发工作重点围绕建筑节能、绿色建筑、生态城市、智慧城市、海绵城市、建筑工业化、住宅产业化、既有建筑改造以及BIM等新技术领域。经营活动包括建筑工程勘察、设计、工程承包及专业设备与材料制造，涵盖勘察、规划、设计、施工、监理、检测、材料生产、机械设备制造和信息化等房屋建筑全产业链，为城市建设中复杂、超限和标志性工程项目提供成套解决方案。

【主要指标】 2020年，中国建研院新签合同额163.03亿元，比上年增长56.9%。实现营业收入68.1亿元，比上年增长5.05%；利润总额3.70亿元，比上年增长14.66%；净利润3.03亿元，比上年增长10.14%；归属于母公司所有者的净利润2.56亿元，比上年增长19.74%。实现经济增加值3.55亿元，科技收入8.63亿元，技术投入比率10.9%。

表1　2020年中国建筑科学研究院有限公司主要经济指标

项　目	2019年	2020年	比上年增长（%）
资产总额（亿元）	59.00	64.84	9.91
所有者权益（亿元）	24.66	29.96	21.52
营业收入（亿元）	64.83	68.10	5.05
利润总额（亿元）	3.23	3.70	14.66
净利润（亿元）	2.75	3.03	10.14
归属于母公司所有者的净利润（亿元）	2.14	2.56	19.74
技术开发投入（亿元）	7.45	7.40	−0.79
利税总额（亿元）	5.79	6.33	9.35
应交税金总额（亿元）	3.30	3.49	5.83
全院劳动生产率[万元/（人·年）]	19.45	23.13	18.95
净资产收益率（%）	10.03	10.69	增加0.66个百分点
总资产报酬率（%）	5.61	5.98	增加0.37个百分点
国有资本保值增值率（%）	110.58	110.34	减少0.24个百分点

注：利税总额＝税金及附加＋应交增值税＋利润总额；全员劳动生产率＝劳动生产总值÷全年平均从业人员人数。

【改革发展】 一是推进“科改示范行动”。瞄准打造行业细分领域冠军目标，重点推动环能科技、建研防火建立科技创新机制及配套措施；实施科技型企业股权激励，实现员工与企业利益共享风险共担；提高细分领域的专业引领能力，打造具有自主创新能力、可持续发展的高科技企业。

二是继续深化“双百行动”。完善北京建机院治理体系，发挥非公资本股东的积极作用，进一步提升资源配置效率和经营管理水平；转换经营机制，在优化市场化选人用人与薪酬考核机制、健全中长期激励机制、提升市场经营能力、打造业务发展新体系等方面见实效。

三是启动建研地基混合所有制改革。开展建研地基股权结构调整工作，按照国务院国资委《中央企业混合所有制改革操作指引》相关要求，制定混合所有制改革实施方案，履行决策审批程序，开展审计评估，有序推进各项工作。

四是推动成立检测业务法人公司。适应行业与市场发展需求，调整公司检测业务布局，制定详细工作方案，成立独立法人公司；按照科技型企业股权和分红激励工作要求，利用好政策红利，科学制定激励方案，探索建立合理激励、有序流转、动态调整的机制。

五是推进三项制度改革。实施公司人才发展规划，持续完善市场化选人用人、劳动用工和收入分配机制，进一步增强公司活力和竞争力；推进三项制度改革量化评估，建立健全评估体系，确保三项制度改革工作取得成效。

【重大项目】 咨询与服务项目方面，承担宝能乌鲁木齐高铁超高层综合体项目、招商银行全球总部大厦项目风工程和水箱式阻尼器专项设计顾问、北京城市副中心站综合交通枢纽基坑咨询、北京通州区运河核心区Ⅷ—13Ⅷ—14 地块项目抗拔桩技术咨询、北京大兴国际机场航站楼暖通系统精确调适、综合运行评估项目等。

设计与规划项目方面，承担首都博物馆东馆项目幕墙及屋面专项设计服务，2020 年第六届亚洲沙滩运动会场地设施项目，中国工艺美术馆，国家会展中心(天津)一期、二期，国药集团中国生物北京生物制品研究所有限责任公司新冠疫苗车间建设项目(一期和二期)，保定市、承德市、廊坊市、邢台市 4 个地级市和 37 个县(市、区)绿色建筑专项规划编制，贵州省毕节市九洞天田园综合体总体规划等。

施工与监理项目方面，中船重工涿州海洋装备科技产业园工业智能装备产业化建设项目钢结构工程、国航飞行员训练中心改造项目、国家文物局水下文化遗产保护中心南海基地项目、北京城市副中心剧院、首都博物馆东馆、北京城市副中心图书馆三大公共建筑配套设施项目、中国科学院武汉病毒研究所武汉国家生物安全实验室检测等。

检测与认证项目方面，承担人民大会堂万人大礼堂照明改造项目全过程技术服务、雄安商务服务中心项目幕墙系统检测、丽泽 SOHO 地铁穿越评估项目、小汤山医院箱式病房区墙体材料燃烧性能测试及彩钢板墙耐火性能测试、颁发国内首张集成箱式房屋产品认证证书等。

软件与产品方面，开发建筑云联盟企业学习系统，发布 PKPM 2010 新规范版本设计软件 V5 和施工图校审软件、装配式设计软件 KPM－PC V2.1 深化版等，在 BIM 施工图审查与报规、装配式建筑产业化等方面取得突破。

【走向海外】 积极开展国际技术交流与合作。组织召开第二届健康建筑大会，与建设 21 国际联盟(Construction 21)、联合国环境规划署(UNEP)、法国高质量环境认证(Cerway)等机构合作，开展健康建筑相关工作；参加第十六届国际绿色建筑与建筑节能大会，承办绿色健康养老建筑论坛等论坛 10 余个，组织国内外专家研讨绿色高质量发展新模式；承担政府间国际科技创新合作重点专项“‘一带一路’共建国家绿色建筑技术和标准研发与应用”“太阳能供热制冷系统能效提升与能源协同关键技术研究”等项目 4 项，提升公司国际合作水平。

【重大创新】 一是科技研发成果丰硕。在研科研课题 289 项，其中新立项科研课题 101 项、省部级以上课题 53 项、完成科研课题 75 项。取得授权专利 126 件，其中发明专利 31 件；发表论文 239 篇，其中 SCI 24 篇，EI 34 篇；获得软件著作权 68 项。评选出中国建研院科技进步奖 57 项。中国建研院 2 项成果获得北京市科学技术奖，12 项成果获得 2020 年度华夏建设科学技术奖，其中，“复杂高层建筑结构抗震性能评价方法研究”“绿色建筑标准体系构建和性能提升技术研究与应用”“北方地区热泵供暖关键技术研究与规模化应用”等 3 项成果获得一等奖，5 项成果获得二等奖。

二是标准化工作成效显著。在编标准规范项目 269 项，其中国际标准 4 项、国家标准 49 项、行业标准 17 项、地方标准 11 项、团体标准 164 项、企业标准 23 项；标准获准立项 166 项，完成报批 155 项，获准发布 122 项，年度立项、报批、发布标准数量创近十年新高。承担 11 项全文强制性工程建设规范编制任务，6 项通过首批审查，分别为《工程结构通用规范》《建筑与市政地基基础通用规范》《混凝土结构通用规范》《建筑与市政工程抗震通用规范》《建筑环境通用规范》《建筑节能与可再生能源利用通用规范》。主导制定的国际标准化组织（ISO）标准《光与照明—建筑照明系统调试》（ISO/TS 21274：2020）获批发布，3 项 ISO 标准提案获准立项；获准单独承担国际标准化组织建筑施工机械与设备技术委员会（ISO/TC 195）主席及秘书处工作；承担的国家标准化管理委员会“绿色建筑标准化服务全链条培育试点”工作顺利通过验收。

【党建工作】 一是全面加强党的领导。强化党的政治建设，修订中国建研院党委会议事规则，制定督查办法，建立“第一议题”制度，贯彻落实习近平总书记重要讲话和指示批示精神，开展学习 22 次。强化党的创新理论武装，落实中组部“党课开讲啦”活动要求，领导班子成员全部深入基层讲党课，召开中心组学习 8 次，深入学习习近平新时代中国特色社会主义思想和党的十九届四中、五中全会精神。强化党委领导作用，制定前置研究讨论重大经营管理事项清单，进一步厘清公司治理主体权责边界，召开党委会 29 次，审议议题 242 项。强化党委主体责任，中国建研院党建考核连续三年获评“良好”等级。

二是有序推进巡视整改。成立领导小组及 8 个专项小组，召开党委会、领导小组会议、专题民主生活会、推进会等会议 15 次，制定方案，建立台账，逐项推进整改工作。领导班子成员组成督导组，实现二级党组织调研督导全覆盖。完成巡视整改情况党内通报和社会公开工作，接受国务院国资委党委巡视督导，整改工作获督导组肯定。巡视整改方案明确的措施 106 条，落实完成 102 条，完成率 96%，巡视反馈问题有效解决。对 3 家二级单位开展内部巡视，各级党组织管党治党意识全面增强，改革发展党建工作有力推进。

三是持续提升党建质量。落实国务院国资委党委部署，开展“中央企业党建巩固深化年”专项行动，以“六个巩固深化”全面抓实各项工作。强化述职考核，召开党组织书记述职评议会，开展党建考核。加强制度建设，建立健全党建制度 12 项，印发指导文件 4 项，修订《党建工作体系手册》。加强组织建设，指导到届二级党组织完成换届，全年新建基层党组织 33 个，评选命名 5 个基层示范党支部，划拨专项经费，开展经验总结和成果宣传，环能科技第三党支部被国务院国资委党委命名为“中央企业第二批基层示范党支部”。加强队伍建设，举办基层党组织书记与党务干部集中培训班。

四是加强企业文化建设。完善工作制度，修订《公司企业文化建设管理办法》《公司新闻发布工作管理办法》。强化工作部署，召开宣传思想工作会议。加大品牌宣传，配合国务院国资委和环球网《外国小哥看央企》栏目，拍摄科技专题宣传片。聚焦主题主线，宣传疫情防控和复工复产、改革创新等成效。丰富文化活动，举办“建研院大讲堂”2 期、“科技大讲堂”4 期，组织员工参观纪念中国人民志愿军抗美援朝出国作战 70 周年主题展览。发挥群团作用，完成公司工会换届工作，指导深圳分公司、海南分院成立工会组织，实现二级单位工会组织全覆盖，组织“五四青年”评选表彰、主题团日等活动。

【信息化与数字化建设】 坚持深度融合、创新驱动、实用适用及发展与安全并重的原则，全面贯彻落实国资国企监管信息化建设“三年行动计划”，积极推进国资国企在线监管信息化系统建设工作。进一步建设完善网信工作机制，检查督促各二级单位全面落实网络安全责任制，推动网络安全工作目标、任务有效实施。在对中国建研院及下属单位门户网站安全检查的基础上，完成中国建研院及下属单位门户网站网络安全检查整改工作。完成中国建研院门户网站云防护工作，实现网站实时在线安全监测与防护，增强监测预警能力和防护水平。

【履行社会责任】 一是助力脱贫攻坚战。积极践行社会责任，加强组织领导，加大帮扶力度，年度投入帮扶资金550万元，技术服务投入157万元，完成《中央单位定点扶贫责任书》所承诺的各项指标。自定点扶贫以来，累计投入2000余万元。定点扶贫县山西省偏关县于2020年2月退出贫困序列，顺利实现脱贫"摘帽"。

二是打好污染防治攻坚战。持续服务"蓝天保卫战"国家战略，运用"互联网＋大数据"等技术，搭建冬季清洁取暖智慧监管平台，并成功在鹤壁市应用；开展技术攻关，形成严寒气候区超低能耗建筑解决方案，并持续开展超低能耗建筑设计咨询，推进建筑节能减排，积极攻坚污染防治。

三是发挥政府技术支撑作用。参与科技部城镇化与城市发展领域技术预测、"十四五"城镇化可持续发展领域规划、"十四五"住房和城乡建设科技发展规划、"十四五"建筑节能和绿色建筑发展规划等编制工作，配合科技部提供"十四五"社会事业领域、住房和城乡建设部"十四五"公共安全领域重大科技需求等相关材料；聚焦虎门大桥异常振动、我国绿色建筑高质量发展等主题，分析问题、研究对策，提供政策建议；选派专家参加福建省泉州市欣佳酒店"3·7"坍塌事故调查工作，收到应急管理部感谢信。

（撰稿人：赵　越）

中国中车集团有限公司

【基本概况】 2020年，中国中车集团有限公司（以下简称中国中车）坚决贯彻党中央、国务院决策部署，按照国务院国资委各项工作要求，积极应对错综复杂的内外部形势，紧扣"改革、创新、协同"三大主题，坚持价值创造，强化品质经营，咬定"两确保两力争"目标不放松，以抗疫和经营"两手都要硬、两战都要赢"的必胜信念，迎难而上，破浪前行。以疫情为令，构建"一本三化五不"常态化防疫体系，开发应用大数据监控云平台，为员工构筑起安全屏障，顺利实现防疫"三零"目标（在岗1万余名驻外售后服务人员"零感染"；复工复产后全员"零感染"；确诊人员"零死亡"）。采取超常规措施，克服生产组织、物资保障、订单交付等重重困难，全面落实党中央、国务院"六稳""六保"要求，统筹推进疫情防控和经营发展，全面加强战略规划、投资发展、运营管控、技术研发，深化各项改革与创新，推进提质增效，优化业绩考核，做到疫情防控、生产经营"两手抓、两不误"，确保营业收入、净利润"双增长"，超额完成国务院国资委下达的年度考核指标。连续九年获得国务院国资委中央企业负责人经营业绩考核A级，位列中央企业第20名。规模效益指标位居全球轨道交通装备制造业前列，连续入围"世界500强"。

【主要指标】 2020年，中国中车实现营业收入2399.7亿元，比上年增长0.09%；净利润129.66亿元，比上年增长22.77%；经济增加值129.68亿元，比上年增长25.98%；营业收入利润率6.22%，优于目标值0.97个百分点；研发经费投入强度6.91%，优于目标值0.98个百分点。

表1　2020年中国中车集团有限公司主要经济指标

项　目	2019年	2020年	比上年增长(%)
资产总额(亿元)	4305.0	4367.3	1.45
所有者权益(亿元)	1626.0	1733.5	6.61
营业收入(亿元)	2397.5	2399.7	0.09
利润总额(亿元)	133.5	156.1	16.93
净利润(亿元)	105.61	129.66	22.77
归属于母公司所有者的净利润(亿元)	36.1	56.1	55.40
技术开发投入(亿元)	145.5	165.9	14.02
利税总额(亿元)	281.5	283.9	0.85
应交税金总额(亿元)	133.0	130.2	−2.11

续表

项　目	2019 年	2020 年	比上年增长(%)
全员劳动生产率[万元/(人·年)]	32.90	34.98	6.32
净资产收益率(%)	5.22	6.92	增加 1.7 个百分点
总资产报酬率(%)	3.73	4.04	增加 0.31 个百分点
国有资本保值增值率(%)	106.8	107.66	增加 0.86 个百分点

【改革发展】 持续优化公司改革“1＋20”纲领性文件体系，从整体性、系统性、协同性、操作性上进一步深化改革顶层设计。按照《国企改革三年行动方案(2020—2022 年)》要求，深入学习贯彻习近平总书记关于国有企业改革发展和党的建设的重要论述，全面贯彻落实党的十九大以来中央对国有企业改革作出的新部署新要求，结合公司改革发展实际，按照“可衡量、可考核、可检验、要办事”总原则，研究制定《中国中车集团有限公司改革三年行动实施方案(2020—2022 年)》及工作台账，明确 2020—2022 年中车集团深化改革的总目标、总任务。加强对改革的组织领导，召开中国中车改革三年行动动员部署会，成立改革三年行动领导小组、工作推进组及改革工作办公室，明确改革办的 8 项具体工作职责，并配置工作团队。制定《关于深化混合所有制改革工作方案》，以入选国企改革专项工程的 3 家“重要领域混合所有制改革试点企业”、7 家“双百企业”和 2 家“科改示范企业”为着力点，按照国务院国资委、国家发展改革委深入推进改革专项工程的要求，按照“核心、支柱、培育、支撑、平台”五类业务分类及所属企业功能定位，坚持“一企一策”，在重要领域和关键环节大胆探索创新，积极稳妥推动相关企业实施混合所有制改革，重点推动支柱和培养业务深化混合所有制改革，并推动混合所有制改革企业深度转换经营机制，实现“点”与“面”同向发力，全力打造高质量的混合所有制改革典范。实施完成 5 个混合所有制改革项目，其中 2 个项目推行职业经理人制度，4 个项目实施核心员工持股，1 个项目探索实施科技成果转化股权奖励，实现基础研发技术人员跟投。

突出“市场化、高端化、数字化”方向，着力深化三项制度改革，深入实施人才强企战略，探索形成具有中车特色的“三层递进”市场化选人用人模式，重点加强精准化选拔和契约化管理；深化劳动用工制度改革，建立分类差异化管控的市场化用工机制；改革薪酬分配制度，株洲所、产投公司实现企业负责人薪酬差异化、个性化定制，各相关单位推进实施中长期激励机制，内容涵盖科技型企业岗位分红、股权出售、混合所有制改革企业员工持股、股权跟投、科技成果转化等多种方式，企业经营活力和人才发展活力明显增强；推行“大部门制”管理，再次优化调整集团总部组织机构，进一步精简总部机构与人员编制，形成管理目标明确、管理边界清晰、管理权责对等、管理机构精简的集团总部组织体系。被中国人力资源开发研究会评为“2020 年中国人力资源管理十大优秀企业”。

【重大项目】 中国中车围绕“创建世界一流示范企业”总体思路和目标，将“创一流工作”列为公司三大重大工程之一，扎实有效推进创建世界一流示范企业“八大工程”重点工作。根据各指标完成的难易程度等，对“创一流”指标实施分类管理，同时动态做好与标杆企业的对标、核标工作，梳理“创一流”各指标的影响因素和各指标间的内在联系，形成《中国中车与世界一流企业对标研究》，获得国务院国资委高度评价。围绕公司发展战略，聚焦价值创造主题，锁定“强基、赋能、攀高”提升路径，制定实施“1＋10＋N”纲领文件和管理提升实施方案，创建世界一流示范企业。

按计划开展企业、业务和资产重组工作。企业重组方面，组织完成株机公司和资阳公司增资、股权转让等重大事项的审批，督导株机公司完成对资阳公司重组；推动四方股份公司深度整合重组成都公司，促使成都公司按四方股份公司二级公司管理；推动永济公司采用“股权＋托管”方式深度重组大连电牵公司；推动完成两个二七公司重组，使两个二七公司实现“一套班子、一套机构、两个牌子”；调研论证四方股份公司与四方有限公司重组方案，下发《关于四方股份公司与四方有限公司重组的批复》。业务重组方面，完成 7 个核心系统和关键部件业务重组方案调研，对新材料、制动、钩缓、牵引变流与网络控制、储能、齿轮传动、信号等7项业务进行统筹规划、分步实施专业化重组整合，构建核心系统和关键部件业务引领平台，并积极推动已实施重组项目通过深度整合融合创造更多价值、提质增效。

投资及其管控方面，围绕中国中车打造支柱业务的宗旨，完成固定资产、长期股权投资和股权管理项目可行性研究批复54项，批复PPP项目9项。推进固定资产投资项目35项，完成固定资产投资85.09亿元；完成可研批复的长期股权项目、股权管理项目35项，推进境内长期股权投资项目12项，完成股权投资111.43亿元。办理增资及专项项目25项。

提质增效方面，制定《中国中车2020年持续开展以“品质第一、效益优先”为主题的提质增效工作方案》，明确“1＋6＋18”提质增效专项活动要求，即以落实全面预算管理、完成年度经营目标为“1”条主线，按照国务院国资委提质增效专项行动6项工作部署，大力推动18项重点专项工作，并细化47个提质增效专项目标，千方百计降成本、增效益，深化改革创新，补强能力短板，提升管理水平，确保公司经营效益保持合理增长和稳步提升，全力创建世界一流示范企业。

进一步加强精益管理，突出“强基、赋能、攀高”年度精益工作主线，持续构建富有中车特色的精益管理体系。围绕集团改革发展战略，锁定经营管理工作主线，组织开展中国中车第五届管理创新成果评审，其中一等奖成果11项、二等奖成果18项、三等奖成果22项。中车精益管理实践在国务院国资委于宁波召开的对标世界一流精益化管理提升现场推进会上作专题交流，并得到广泛认同和好评。

【重大创新】 进一步加强科研创新体系建设，主动承接国家科技体制改革先行先试任务，扎实推进国家高速列车技术创新中心、国家工程中心、国家重点实验室等国家级研发机构建设和协同。中国中车拥有国家级研发机构12个(其中国家级创新中心2个)、国家级企业技术中心21个、海外研发中心17家、中车专项技术研发中心11家。按照“驱动创新、系统推进、渐进突破、抓两头促中间”的基本原则，制定《科技体制改革工作指导意见》。组建青岛、长春、北京、雄安等10个“双创”园区。依托研究院青岛分院，围绕磁浮、新材料、新能源等前沿领域组建5个协同创新团队。成功举办第九届中国创新创业大赛大中小企业融通专业赛(中国中车专场)。

2020年，中国中车部署协同创新团队课题7个、全局性课题18个、基础前瞻及共性技术研究类课题76个。科技投入161.59亿元，占比6.91%，其中前瞻基础共性技术投入占比超过10%。一是重大专项有序推进。7个国家重点专项取得里程碑成果，时速600千米高速磁浮试验样车成功试跑，时速400千米跨国互联互通高速动车组成功下线。2个重大补短板项目进展超前，高速列车3300V、6500V芯片、转向架用轴承样品样件试制成功，开始装车考核。系列化中国标准地铁列车研制及试验项目稳步推进。8个中车补短板项目完成阶段性目标。中央企业创新联合体项目启动实施。GCT项目有序推进，复合硅橡胶等3种绝缘材料项目完成技术评审，紧固件项目完成方案设计。二是重大产品研发成果丰硕。京雄智能高速动车组上线运营，时速350千米货运动车组成功下线，30T轴重货运电力机车等完成样车研制，“复兴号”高原双动力集中动车组研制提速。“复兴号”高速列车中车创新团队被授予“央企楷模”称号，“复兴号”动车组研发创新团队获得全国创新争先奖牌；47个项目获得中国铁道学会科技奖，其中特等奖3项、一等奖9项；9个项目获得中国交通运输协会科学技术奖，其中特等奖1项、一等奖2项；188个项目获得中国中车科学技术奖，其中特等奖4项、一等奖26项、二等奖56项、三等奖102项。全年发布国际标准9项、国家标准24项、行业标准25项；申请专利6437件，其中发明专利4156件、海外专利580件；获得第21届中国专利奖金奖2项、银奖1项、优秀奖7项，专利质量排序位列中央企业A级。

【走向海外】 积极应对新冠肺炎疫情全球大流行及国际政治经济局势变化，克服全球轨道交通市场需求大幅下降、人员正常出国往来和物流受限等不利影响，加强疫情防控，调整市场策略与市场营销模式，稳健开拓海外市场。全面加强境外经营合规管理和风险防范：建立在美资产、人员、业务三级应急响应预案，做好动态监控；与中信保签订战略合作协议，推行中车整体打包式、一体化保险解决方案；加强境外应收账款和亏损企业治理，督导各相关子企业积极采取措施，加大应收账款回款力度，实现年度亏损企业治理目标；根据国务院国资委提级管理要求，全面梳理、完善境外项目佣金管理相关制度体系。积极参加第三届中国国际进口博览会、第一届中国国际服务贸易交易会等国际展览，展现中国中车国际化企业形象。成功获得新西兰、土耳其、印度、俄罗斯、韩国、智利、阿联酋等海外市场新订单。特别是成功签订中老铁路动车组合同，实现"复兴号"首次出海。中标墨西哥地铁1号线整体现代化项目，实现国际业务PPP项目"零的突破"。全年海外签约额突破60亿美元。

【信息化与数字化建设】 数字化发展扎实推进。全资组建中车信息公司，有序推进大数据中心建设。建成数字化车间4个，智能化产线9条。"两化"融合发展指数85，领先全国平均水平30%。中国中车被评为"中央企业网络与信息安全信息通报先进单位"；2个项目获工业和信息化部工业互联网创新工程项目批复；1个项目获工业和信息化部制造业与互联网融合发展试点示范；2家企业与1项产品获评工业和信息化部第五批制造业单项冠军；"两化"融合案例入选"国务院国资委数字化转型典型案例"；"工业智慧物流平台的构建与实施"被中企联合会评为"全国智慧企业建设最佳实践案例"；2支队伍在2020中央企业"新基建"网络安全技术大赛中分别获得团队第二名和第三名，"网络安全运营体系解决方案"被评为"优秀解决方案"。

【党建工作】 高举习近平新时代中国特色社会主义思想旗帜，紧紧围绕决胜全面建成小康社会、决战脱贫攻坚、中车第一次党代会召开、新中车成立五周年、疫情防控等重大事件，坚持和加强党的全面领导，以党建"金名片"建设为主线，以"深度融合"为主题，以"三基"建设为抓手，强化共建共享，不断增强基层党组织的政治功能和组织力，全力推进党建工作与生产经营深度融合，全面深化党建工作提质、增效、升级，为实现中国中车"双打造一培育"发展目标提供思想统领及政治、组织保障。

召开中车第一次党代会，回顾总结新中车成立五年来的辉煌成就，明确未来五年的发展思路和目标，并选举产生公司第一届党委会和纪律检查委员会。大力宣传贯彻《中国共产党国有企业基层组织工作条例》，认真落实"四同步、四对接"要求，指导基层党组织设置，做到"应设必设""应建必建"。通过设立党员责任区、党员示范岗、党员突击队、党员服务队等形式，深入开展"创岗建区""创先争优"等活动，组织党员围绕中心任务促进融合，精准着力攻坚克难。巩固"不忘初心、牢记使命"主题教育成果，推动各级党组织把学习教育、调查研究、检视问题、整改落实的有效做法形成长效机制，开展主题教育"回头看"，抓好专项整治和领导班子调查研究发现问题的整改。扎实推进宣传思想、企业文化、专题宣传、品牌经营和对外传播等各项工作，以高质量宣传促进企业高质量发展，为建成受人尊敬、世界一流的中国中车提供坚强的思想保证和文化力量。全面开展"十个一"（一个形象、一系列作品、一个论坛、一首歌、一套图书、一个展览、一个画册、一个宣传片、一个仪式、一部电视剧）系列主题活动，深入总结新中车成立五周年辉煌成就；联合国务院国资委宣传局、国铁集团宣传部，在株洲基地成功举办中车五周年论坛暨全球开放日活动，全面展示中车五年来的丰硕成果，并发布宣传片《我们的5年》，引起新闻媒体广泛关注，社会反响极佳，获得国务院国资委主要领导的高度评价。2020年中车品牌价值1105亿元，持续居机械类中央企业首位，获得2020年度中国品牌创新案例奖。认真贯彻习近平总书记关于巡视工作的重要论述和国务院国资委党委关于中央企业巡视工作部署要求，坚守政治巡视定位，聚焦"四个落实"，持续推动巡视巡察向纵深发展和有形有效覆盖。全年派出4个巡视组开展"常规＋专项＋专题"巡视，完成两轮对14家子企业党委的巡视，形成综合报告14份、专项专题报告20份，向被巡视子企业党委领导班子反馈问题342项。

各级纪检机构深入学习和领会党的十九届五中全会精神和中央纪委四次全会精神，认真贯彻落实党中央重大决策部署、中央企业党风廉政建设和反腐败工作会议精神及工作部署，聚焦落实"两个维护"，围绕中国中车改革发展和生产经营中心任务，一体推进"三不"机制，持续把纪律挺在前面、把监督放在首位，尤其加强作风建设和纪律监督，严把选人用人廉洁审查，开展设租寻租、化公为私问题等4个专项整治及安全生产领域形式主义、官僚主义专项整治。印发《中国中车党员干部纪律教育实施办法》，构建“四必谈、五确保、一测评”纪律教育常态化、长效化、规范化工作机制。新冠肺炎疫情发生后，迅速成立疫情防控监督问责组，实施“4118”工作措施方案，编发7期《中车纪检信息》反映各子企业疫情防控监督的推进情况，督导中国中车总部及全级次子公司做好外防输入、内防反弹和境外疫情防控常态化监督，保障疫情防控和企业经营发展“两手抓、两不误”。在党代会上纪委工作报告中，提出纪检工作“六个坚持”的工作思路和“九大监督”的工作布局，明确未来五年纪检“五个方面”的总体目标。

【履行社会责任】 坚守“连接世界、造福人类”的使命，秉持“守中致和、厚德载物”的社会责任观，积极践行中央企业的社会责任。健全社会责任组织机构，进一步明确社会责任管理体系中总部各部门、所属各企业等各层级工作职能。完善社会责任制度体系，编制完成《中车社会责任指导意见》(初稿)、《中国中车集团有限责任公司社会责任报告》、《中国中车股份有限公司A股社会责任报告》、《中国中车股份有限公司H股社会责任报告》(英文版、繁体版)、《2019澳大利亚可持续发展报告》。《中国中车股份有限公司2019社会责任报告》获评“金蜜蜂2020优秀企业社会责任报告·领袖型企业”。

全力做好广西壮族自治区靖西市、那坡县和甘肃省麦积区、甘谷县4个县(区、市)的定点扶贫任务，4个县(区、市)如期脱贫“摘帽”。在中央单位定点扶贫工作考核中获评最高等次“好”；分别获评甘肃省“全省脱贫攻坚先进集体”和广西壮族自治区“全区脱贫攻坚先进集体”“特别贡献单位”。中国中车9名班子成员和扶贫相关干部先后分15批194人次深入4个县(区、市)走访调研，履行脱贫攻坚重任。组织对4个县(区、市)直接投入帮扶资金1610万元、引进帮扶资金75万元、培训基层干部96人(含河北省平乡县9人)、培训技术人员539人、购买贫困地区农产品2328.16万元、帮助销售农产品476.96万元，高质量完成《中央企业定点扶贫责任书》计划指标。一是突出行业优势，牵头重工公司与河北陆星集团的合作项目；牵头大连所等与平乡县丰维公司加强合作，产品合作范围扩展到两大系列3个品类23种；组织中车大学培训平乡县乡镇基层干部9人。二是注重党建引领，组织株洲所公司党支部与靖西市村党支部、兰州公司与甘谷县党支部、永济电机公司党支部与麦积区村党支部签订党建结对共建协议，凝聚攻坚合力。三是加大消费扶贫力度，组织采购“扶贫车间”工服2.12万套，扶贫金额297万元；组织党员和职工参与“认养果树”1450棵；组织56个各层级企业购买贫困地区农产品2805.12万元。四是实施教育帮扶，组织定点帮扶地区的39名贫困家庭学生和扶贫一线优秀干部子女赴北京及中车下属企业游学，开阔视野，增长见识；举办第三期“天鹅计划”培训班，组织2个市4个县及平乡县96名乡镇干部和农民专业合作社负责人参加培训。有针对性地培训农村骨干539人；承办50名来自西藏自治区国资委、地市央企援藏干部在中车大学举行企业经营业绩考核及收入分配业务培训。中央电视台以《这就是中车！扶贫成绩单彰显央企担当》为题进行专门报道。

面对突如其来的疫情，中国中车坚决贯彻落实党中央、国务院决策部署，扎实开展境内外疫情防控工作。第一阶段以境内疫情防控为重点，突出快速响应。启动应急响应，在“五防”和“5511”总体要求下，稳步实施“七个防控工作重点”，全面推进“四个力度升级”，建立“1+13”联动机制，组建两级“1+57”个工会、团委关怀组织，制定“1个规则、2个标准、3个指南”，开发应用“5个信息化系统”，完成中国中车员工含相关方人员27万余人建档立卡，做到“八个到位”。第二阶段以境外疫情防控为重点，督导关怀并重。快速响应落实国务院国资委境外疫情防控要求，“四边”“四同时”“四共享”取得良好效果。中国中车主要领导带头开展“边检查、边交流、边解决、边慰问”督导和关怀，实现137个驻点844名员工全覆盖。参加国务院国资委视频巡检25次，向国务院国资委汇报11次，受到国务院国资委点名表扬；实施境外区域协同防疫，划分七大区域，实现物资共享、信息共享、资源共享、渠道共享；创新开展“海外云上运动会”等活动，实现稳住人心、稳在当地，在国务院国资委专刊推广中国中车经验。第三阶段统筹境内外疫情防控，突出防疫常态化。采取“一本三化五不”防疫策略。国内方面，针对各地暴发的局部疫情，坚持做到"5个及时"。境外方面，坚持"1234523"境外疫情防控模式，以保障员工生命安全健康为根本，发挥疫情防控信息化平台和区域协同共享平台作用，主抓"三品"保障，持续推进"海外员工云上运动会"等"四个一批"工程，力保"五稳"局面，做好接种疫苗和外派员工轮换"两个保障"，坚持不接种疫苗不外派、年龄超过50岁不外派、有基础病不外派"三不原则"。累计向疫情灾区捐款捐物5000万元，6万余名党员自愿捐款886.8万元，充分展现中车人的责任担当。特别是长江集团、长江公司身处武汉疫区，勇担战"疫"责任，全力投入武汉保卫战，获评"中央企业抗击新冠肺炎疫情先进集体"。

（撰稿人：冯　睿）

中国铁路通信信号集团有限公司

【基本概况】 中国铁路通信信号集团有限公司（以下简称中国通号）始建于1953年，是我国创建最早的铁路专业化公司之一；2000年9月，中国通号与铁道部政企分开，移交中央企业工委管理；2003年4月，成为国务院国资委监管的国有大型企业。中国通号是以轨道交通控制技术为特色的高科技产业集团，全球最大的轨道交通控制系统解决方案提供商和设备供应商，是中国轨道交通控制系统设备制式、技术标准及产品标准的归口单位。作为中国高速铁路通信信号系统技术引进消化吸收与自主创新主体承担单位，拥有具有世界先进水平的高速列车控制系统技术和主要装备，主要从事列车控制系统技术的研发设计、系统集成、装备制造、施工安装和运营维护等"一站式"服务，其核心技术在时速300千米以上的高速铁路中得到广泛应用，成功运用于武广、京沪、哈大等高速铁路和客运专线，创造的高铁技术案例库数以万计，为我国14.63万千米铁路、3.8万千米高速铁路提供安全保障。

中国通号大力拓展城市轨道交通市场，成功开发出具有完全自主知识产权的城市轨道列车运行控制系统（CBTC），先后承揽北京、天津、上海、重庆、广州、深圳、武汉、南京、昆明、成都等多个城市的地铁轻轨通信信号总承包项目。大力拓展海外业务，作为中国铁路走出去联合体成员之一，参与中国—印度尼西亚、中国—泰国、中国—俄罗斯、美国西部铁路等项目谈判与建设，部分产品和技术出口至亚洲、非洲、欧洲、拉丁美洲等地的10多个国家和地区，与俄罗斯、塞尔维亚、巴基斯坦、乌兹别克斯坦、埃塞俄比亚、安哥拉、肯尼亚、阿根廷等国家开展合作，提供产品技术和系统交付解决方案。

中国通号坚持"一业为主、相关多元"，不断完善产业产品结构，打造上下延伸、关联拓展、产业协同的通信信号、电力电气化、信息工程、工程总承包、新兴业务、资本运作和海外业务七大业务板块体系，推动中国通号可持续发展。具有通信工程施工总承包一级、机电工程施工总承包一级、铁路电务工程专业承包一级、电子与智能化工程专业承包一级资质，具有国家甲级工程勘察、工程设计、工程咨询、工程监理、通信信息网络系统集成等多项资质；具有对外进出口经营权和对外工程承包权，企业"AAA"级信用等级证书，"AAA"级银行信用等级；是北京市高新技术企业，北京市工商局认定的"重合同、守信用"单位。总部及各企业全部通过ISO 9000质量体系认证，13家涉及安全关键产品的企业全部通过IRIS认证。

截至2020年底，中国通号由1家二级控股公司、4家二级全资企业组成。集团公司控股的中国铁路通信信号股份有限公司（以下简称股份公司）由15家全资子公司、8家控股子公司组成。中国通号（全集团）在岗职工20751人，其中经营管理人才7095人、专业技术人才9065人、技能人才4591人。

【主要指标】 2020年，中国通号坚持新发展理念，围绕"一业为主，相关多元"的发展战略，加快转型升级，努力推动国有资本做强做优做大，加快培育具有全球竞争力的世界一流企业，全年盈利能力、债务风险管控以及资产质量状况处于同行业良好水平以上。实现利润总额52.24亿元，完成年度预算的104.48%，比上年增长8.15%；资产总额1132.38亿元,比上年增长8.74%;成本费用利润率14.78%,比上年增加1.66个百分点;年末国有资本权益总额317.05亿元;国有资本保值增值率107.99%。圆满完成稳增长任务,各项经济指标均创历史新高。

表1 2020年中国铁路通信信号集团有限公司国有资本变动情况

项　目	金　额(万元)
年初国有资本及权益总额	2946312.97
本年国有资本及权益增加	255425.43
国家、国有单位直接或追加投资	20000.00
经营积累	235425.43
本年国有资本及权益减少	−31280.93
企业按规定上缴红利	−31280.93
年末国有资本及权益总额	3170457.47

注:国有资本客观增减原因为国有资本经营预算资金(资本性预算)追加投资2亿元,上缴国有资本收益3.13亿元。

表2 2020年中国铁路通信信号集团有限公司主要经济指标

项　目	2019年	2020年	比上年增长(%)
资产总额(亿元)	1041.37	1132.38	8.74
所有者权益(亿元)	482.87	512.01	6.03
营业收入(亿元)	413.38	400.14	−3.20
利润总额(亿元)	48.31	52.24	8.15
净利润(亿元)	39.56	43.76	10.62
归属于母公司所有者的净利润(亿元)	23.17	23.99	3.51
技术开发投入(亿元)	19.25	19.60	1.86
利税总额(亿元)	78.52	79.22	0.90
应交税金总额(亿元)	30.21	26.98	−10.68
全员劳动生产率[万元/(人·年)]	57.10	57.05	−0.10
净资产收益率(%)	9.49	8.80	减少0.69个百分点
总资产报酬率(%)	5.19	4.85	减少0.34个百分点
国有资本保值增值率(%)	109.49	107.99	减少1.50个百分点

【改革发展】 中国通号通过参股投资方式积极稳妥发展混合所有制经济,批复参股设立混合所有制企业4家。其中,所属通号智慧城市研究设计院有限公司出资450万元(持股45%)与航天正通汇智(北京)科技股份有限公司设立合资公司通智数据科技(北京)有限公司;通号智慧城市研究设计院有限公司出资400万元(持股40%)与北京鼎兴达信息科技股份有限公司设立合资公司;所属中国铁路通信信号上海工程局集团有限公司出资2000万元(持股20%)参股设立中联投(上海)数据智能科技有限公司;所属北京全路通信信号研究设计院集团有限公司出资2000万元(持股20%)参股设立中关村芯海择优科技有限公司。

进一步深化国有企业改革,扎实推进改革顶层设计,编制完成《中国通号改革三年行动实施方案(2020—2022年)》,提出重点工作9项、改革任务33项、改革措施172项,确立改革目标和路径,明确时间进度和责任分工。2020年需制定完成的74项改革措施全部完成,国务院国资委明确要求的8项重点改革任务均提前完成。

制定《中国通号人才发展纲要》,将人才资源优先开发、人才结构优先调整、人才投资优先保证和人才制度优先创新的要求落到实处,为中国通号深入推进改革任务做好人力资源顶层设计;深化三项制度改革,出台工资总额备案制管理办法,将职工工资总额与利润总额紧密挂钩,实现“业绩增、收入增,业绩降、收入降”;完善市场化用人机制,指导子企业逐步全面推行经理层成员任期制和契约化管理,稳妥推进职业经理人选聘，畅通现有经营管理者与职业经理人身份转换通道；制定科技型企业分红激励管理暂行办法，审定研究设计院集团和上海工程局集团2户企业岗位分红激励方案，充分调动科研人员的创造性、积极性；稳步推进业务板块调整，完成内部重组整合6项。将股份公司持有的通号车辆公司股权调整至通号轨道公司，提高通号车辆公司的财务生存能力、投入产出效率和可持续发展能力。将通号创新浙江建设投资有限公司由通号创新投资有限公司整建制划入股份公司。将智慧城市整建制划入通信信息集团，优化信息工程业务资源配置。推进通号万全员工持股，顺利完成工商变更。所属通号国际控股有限公司作为参股股东配合控股股东中国铁路国际有限公司开展中国铁路国际（美国）有限公司解散与清算工作。所属通号万全信号设备有限公司作为参股股东配合控股股东台州市公共交通集团有限公司开展通号畅行（浙江）科技股份有限公司解散与清算工作。

严格落实“总部机关化”整改要求，制定出台“1＋7”整改方案体系，从明晰职能定位、精简审批事项、优化工作流程、改进文风会风、强化服务意识、打造高素质人才队伍、加强组织领导等方面制定整改措施25项，逐项明确责任部门和完成时限、完成标志。做好专项整改工作情况，明晰职能定位，优化组织体系；精简审批事项，加大授权放权力度；优化工作流程，提升决策效率；改进文风会风，规范检查调研；转变工作方式，强化服务意识；培育优秀企业文化，打造高素质人才队伍。成立风险控制中心，统筹整合资源，构建大风控大监督大合规的管控格局，全面提升防范化解重大风险能力。总部职能部门压减12％，人员编制压减6.3％；二级企业总部职能部门平均压减26％，人员编制平均压减27％，进一步优化组织体系。发布《管控权力清单》《总部管理权限手册》，压减审批备案事项12项，授权放权力度持续加大。

大力推进“双百行动”“科改示范行动”专项改革行动。2家“双百行动”试点企业和2家“科改示范行动”企业加快改革，转换机制，发布科技型企业分红激励管理暂行办法，制定分红激励实施方案，将分红激励工作纳入深化国有企业改革整体推进计划；以对标世界一流企业管理提升行动和改革三年行动的实施为目标。所属研究设计院集团强化董事会建设，在子企业层面开展职业经理人选聘，在合资企业共建员工持股平台，试点科研风险抵押、项目分红和业务跟投激励，在国务院国资委“双百企业”三项制度改革专项评估中获评A级。智慧城市公司建立优化员工职业发展通道，合资设立混合所有制企业。卡斯柯公司制定岗位分红、员工跟投方案，建立技术成果转化平台配套机制，推动成都子公司股权多元化改革。城交公司加快职业经理人相关制度建设，与清华大学开展科研合作。

优化考核指标体系，落实国务院国资委“两利三率”考核要求。一是与所属企业签订年度责任书，落实主体责任，确保集团整体经营管理目标有效落地。为有效发挥预算管理与绩效考核协同效应，对所属企业下达的部分预算指标与考核指标值保持一致，增强预算刚性约束，形成闭环管理，促进预算和绩效管理一体化。二是优化考核指标体系，提高管理效率，促进企业高质量发展。根据中国通号战略发展和生产经营需要，结合企业所处行业板块，将体现企业核心竞争力的关键短板指标纳入业绩考核体系，明确考核权重，并将“两金”压控、经营净现金流及核心技术攻关纳入权重指标。按照国务院国资委“两利三率”考核要求，用净利润替代利润总额，新增营收利润率、研发经费投入强度、资产负债率等考核指标，有效传递国务院国资委考核要求。三是按照“一企一策”原则，实施差异化考核。经营净现金流与净利润挂钩，资产负债率超警戒线和管控线的企业增加资产负债率考核，人员规模增长较快的增加人均利润指标考核，净资产收益率较低的企业增加净资产收益率考核，进一步发挥考核指挥棒作用，引导企业补短板、强弱项。

扎实推进中国通号所属各企业退休人员社会化管理工作，在北京地区完成16户企业退休人员社会化管理移交申请，并取得人力资源和社会保障部门的社会化移交批复。京外企业采取与属地政府签订移交协议的形式移交，所属西安工业集团、电缆集团等企业完成与地方政府移交协议签订，所属上海工程局集团完成退休人员人事档案移交，完成地方政府规定的移交任务。中国通号累计实行社会化管理退休人员数量12694人，完成率96.8％，基本完成退休人员社会化主体任务。

加大“三供一业”分离移交工作推进力度，顺利完成全部38个职工家属区“三供一业”项目分离移交及维修改造，基本完成厂办大集体改革工作，在职职工安置率94%。完成退休人员社会化管理主体工作，12974名退休人员实现社会化管理，总体任务完成率99.47%，基本解决历史遗留问题。

【重大项目】 2020年，中国通号新签外部合同额714.5亿元，比上年增长1.2%。其中，铁路领域262.6亿元，增长0.7%；城轨领域130.6亿元，增长13.5%；海外领域14.9亿元，下降38.1%；其他领域306.5亿元，增长0.1%。高铁领域中标中兰、赣深广东段、张吉怀等9个重点项目；普速领域承揽新建大瑞铁路、北黑铁路改造、石衡沧港城际三电迁改等重点项目；城轨领域承揽郑许市域、西安14号线、重庆江跳线、长春3号线改造等重点项目，信号系统中标里程占有率45.2%，创“十三五”期间最高水平；以“股权投资＋总承包”方式承揽鲁南二期弱电集成项目，以PPP方式承揽天水有轨电车二期站后工程及车辆总承包项目，投资拉动主业持续拓展；承揽天水有轨电车二期、凤凰磁浮项目，进一步拓展中低运量城市轨道交通市场。通号电气化局成功获取电务电气化“双壹级”资质，补齐“强电”资质短板，3家工程企业入库军事设施重点项目建设供应商名录，为后续扩大“强电”业务、拓展新的经济增长点打下良好基础。

【走向海外】 在海外疫情蔓延和国际市场投资放缓双重压力下，中国通号紧紧围绕“大海外”经营战略，扎实做好境外疫情防控工作，全力保障境外员工生命安全，在确保新冠肺炎零感染的同时，有序推进印度尼西亚雅万高铁、匈塞铁路贝旧段、泰国复线铁路改造等海外项目复工复产，全力推动信号产品在匈牙利认证工作，聚焦“一带一路”重点项目，成功承揽磨万铁路万象—万象南段、泰国复线铁路华富里—北榄坡段、孟加拉国帕德玛大桥铁路连接线等奥地利动车组车载、悉尼地铁城市及西南线ATS系统、埃及斋月十日城轻轨12年维保、巴基斯坦智慧教室等重点项目，全力保障巴基斯坦拉合尔橙线项目开通运营，持续完善在印度尼西亚、埃及、土耳其等国家的经营网络布局。

为进一步贯彻党中央、国务院关于新冠肺炎境外疫情防控工作总体要求，落实国家相关部委工作部署，加强公司境外疫情防控，保障境外员工生命安全，中国通号成立境外疫情防控专项工作组，设立专项工作组办公室，实行24小时值班制度，每日通过商务部境外企业和对外投资联络服务平台及国务院国资委境外项目监测系统汇总报送股份公司所有员工出入境计划、境外员工驻在国情况、数量、健康状况等信息，并编制中国通号境外人员情况日报，报送股份公司疫情防控领导小组和境外疫情防控专项工作组。完善境外防疫物资保供体系，为境外机构全部安排保供企业，实现点对点保障。在国内疫情物资紧缺和出口严格管控的情况下，做好物流筹划，最大程度压缩国内发运办理周期，全力保障各境外机构防疫物资需求。

加速推进国际产能和装备制造合作。推进匈塞铁路匈牙利段信号产品认证，2020年10月，应答器产品顺利获得匈牙利本地DEBO准入证书，其余产品的认证工作持续推进，产品认证团队克服欧洲疫情反弹的困难，分批次前往匈牙利，与当地有关机构对接认证工作。

2020年12月，由中国通号自主研制的400T车载(列车自动防护)产品通过欧盟基线3TSI认证，获得整系统安全SIL4级、DMI安全SIL2级、TSICB及CD全部4个证书，成为中国首个获得欧洲权威测试机构认可并通过欧盟基线2与基线3双基线TSI认证的列控车载产品。至此，中国通号列控系统各产品(ATP、RBC、LEU、应答器)全部通过欧盟基线2和基线3TSI认证。

【重大创新】 中国通号开展对标世界一流管理提升行动，加强现代化管理体系和管理能力建设。以对标世界一流为出发点和切入点，坚持结合实际，突出重点、统筹推进、因企施策，对照世界一流企业、行业先进企业找差距，有针对性地采取务实管用的工作措施，促进中国通号管理水平在现有基础上明显提升，以管理提升服务企业高质量发展。聚焦战略投资管理、安全质量管理、科技管理、运营管理、工程和工业管理、财务管理、风控管理、人力资源管理、信息化管理、组织管理、党的建设、反腐倡廉建设等12个提升重点领域，对标世界一流企业先进经验做法，分析当前管理各环节存在的问题，采取对应措施，提高管理质量，提升企业效益，切实补强企业管理能力的短板弱项，解决制约当前企业发展的突出矛盾问题。通过集中培训、工作交流、情况通报等机制和措施，加强对标提升行动的组织和推动。

巩固信号领域技术优势，基于车车通信的列车自主运行系统（启骥）实现业内首发，确保列车运行间隔更小、运能更大、灵活性更强；开展基于自组网的高密度群组控制技术的重载铁路列控系统研究，实现货运车站的高效接发车作业与自动驾驶；开展适用于普速铁路的新型C1级列控系统完成地面和车载设备样机研制工作，支撑高铁下普速进程；全自动无人驾驶CBTC系统、全电子城轨列控系统取得突破性进展；塞尔维亚列控系统实验室完成首期建设，具备保障匈塞铁路塞尔维亚段ETCS－0级列控系统应用条件；智能化电务检修测试系统平台成功应用于襄阳电务段、沈阳铁路局、西安铁路局等智能检修基地项目。

【党建工作】 坚持以政治建设为统领，以“中央企业党建巩固深化年”为抓手，充分发挥党组织的领导核心和政治核心作用，推动党建与业务深度融合，为企业改革发展提供坚强有力的政治保证。

一是全面加强党的政治建设。积极落实“第一议题”制度，深入学习党的十九届五中全会精神并开展全覆盖宣讲，把思想和行动高度统一到以习近平同志为核心的党中央决策部署上来。坚决落实党委会前置程序要求，充分发挥中国通号党委“把方向、管大局、保落实”领导作用，进一步完善“三重一大”决策事项清单，明晰党委会、董事会、经理层权责边界，“两个一以贯之”要求全面落实。

二是提升基层党建工作质量。推行“互联网＋”党建工作模式，实现组织、宣传、统战等工作在中国通号智慧党建工作平台办公，加强党建工作标准化。深入落实“三五七”工作法、《党支部工作标准化手册》和“十百千”示范工程要求，基层党建工作质量持续提升。加强科技、生产、工程一线基层党组织建设，持续推进党建工作与生产经营融合发展。

三是推进思想宣传文化再上新台阶。加快推进企业文化建设，牢牢把握正确舆论导向，内聚人心，外树品牌，生动展示中国通号在助力智能铁路、交通强国建设中的央企担当。大力弘扬劳模精神、工匠精神，柯晓宾获评“全国劳动模范”，4人获得“火车头奖章”，4个集体获得“火车头奖杯”，研究设计院集团陈志强被评为2020年“最美铁路人”，江明劳模创新工作室被命名为“火车头和工匠人才劳模创新工作室”。着力推广通号品牌，在主流媒体播放的《百年京张“升级路”》《大国重器》《工业传奇》《国际在线》，充分向社会公众展示中国通号的央企担当。

四是落实落细监督职责。开展疫情防控、巡视整改、化公为私、物资采购、供应商管理、科研创新等重点领域和环节专项监督检查，综合采用“专项”“常规”“回头看”等方式核查督促。推进国务院国资委巡视整改，165项整改措施阶段性完成125项，长期坚持36项，整体完成率98％。统筹系统内巡视巡察，完成2家企业巡视反馈、1家企业专项巡视、1家企业常规巡视、1家企业巡视“回头看”，确保巡视全覆盖。构建“不能腐”的防范机制，健全违纪违规惩处、风险防范、廉政谈话等机制，促进反腐倡廉要求与现代企业制度深度融合。全面压紧压实从严治党责任，深化政治监督，做实做细日常监督，组织开展疫情期间跟风表彰、突击提拔、搭车补助等专项监督检查，保障复工复产工作推进扎实有序；开展落实党中央创新引领决策部署情况专项调研及监督检查，积极探索科技研发资金投入、项目管理、薪酬兑现等关键环节的监督方法；督促落实国企改革重大部署，推动“双百行动”、“科改示范行动”、提质增效等改革任务稳步推进，全面助力国企改革三年行动落实落地；推进四个专项整治，摸排外逃风险，推动形成“党委全面领导、统一指挥，纪委统筹协调、监督检查，相关责任部门重点督导、审核把关”的工作机制；监督保障脱贫攻坚决战决胜，助力河南省社旗县位列河南省南阳市2019年度脱贫成效考核第一名。推动各级党组织履行主体责任，完善“两个责任”的贯通联动。修订《党委落实全面从严治党主体责任清单》，进一步明确责任、推动落实。逐级签订《党风廉政建设责任书》《“一岗双责”责任书》，层层压紧管党治党责任。对二级企业的党风廉政建设责任制落实情况进行现场监督检查，开展主体责任约谈，进一步强化“一把手”以上率下、严管厚爱的责任担当意识。开展国务院国资委党委巡视反馈问题整改落实情况的监督检查，加强对"关键少数"和关键岗位的监督，完善领导班子内部监督机制，严格执行党风廉政建设责任落实报告制度，组织开展领导干部述职述廉。组织领导干部申报经商办企业情况，严查隐瞒不报、报而不实、拒不纠正等行为。及时新建和更新领导干部廉政档案，全面掌握企业政治生态。紧盯企业"三重一大"事项决策和执行过程加强监督，规范决策行为。参与研究重要人事安排初始酝酿，对拟提拔干部进行廉政考察，出具廉政意见，严把选人用人关。推进关口前移，发现苗头性问题，及时谈话提醒。加强对重点领域的监督，联合工程管理中心开展物资采购管理监督检查。加强物资招标采购的监督，及时处理招标质疑、申诉、投诉，不断提升监督精准度、规范性和实效性。

五是完善内部监督体系。探索创新监督机制，总结推广上海工程局集团基层纪检委员履职清单试行工作经验，印发《关于进一步发挥基层党组织纪检委员作用的意见》，打通监督"最后一千米"。对所属企业落实纪检监察体制改革方案情况开展2次专项检查，持续深化改革。召开党风廉政建设和反腐败协调小组会议，认真办理巡视组以及审计部、工程管理中心等业务部门移交的问题线索，推进各类监督贯通融合。

六是严格规范执纪审查。始终保持惩治腐败高压态势，不断加大执纪审查力度，积极配合驻委纪检监察组和地方监委查办案件，针对重要违纪线索，加强思想政治工作，促使涉案人员主动向组织说明问题，收到良好的政治效果、纪法效果和社会效果。严格落实"三个区分开来"，"四种形态"的转化运用更加精准。深化以案为鉴以案促改，针对案件暴露出的问题，协同有关部门对涉案的供应商进行清理，分别给予列入黑名单、暂停采购、警告、约谈等处理；针对监督执纪中发现的问题，下达纪律检查建议书，扎实做好监督执纪"后半篇文章"。

七是巩固作风建设成果。对园区餐厅管理、职工用餐情况进行全面监督检查，指导各企业纪检机构开展制止餐饮浪费监督检查；印发《关于进一步严肃会风会纪的通知》，督促各级党组织、纪检机构紧盯会风会纪等作风顽疾，加大纠风力度；紧盯重要时间节点，向党员领导干部和重要岗位人员发送廉洁提醒信息，强化节前教育。重大节日期间，成立检查组进行突击检查、明察暗访，防止"四风"问题回潮反弹。加大违规收送礼品、违规公款吃喝等违反中央八项规定精神问题的查处力度，持续释放越往后执纪越严的强烈信号。编制《贯彻落实中央八项规定及其实施细则精神配套制度汇编》，逐步完善作风建设长效机制。

八是开展廉政宣传教育。召开全系统警示教育大会，组织观看廉政教育片，通报违纪违法典型案件，剖析案发原因，用身边事教育身边人，以案示警、议案促建、以案促治。组织中层以上领导干部、关键岗位人员签订《廉洁从业承诺书》，强化廉洁从业意识。利用公司官网、智慧党建等渠道，刊登反腐倡廉信息，开展"扬正气、颂廉洁，促执行、保发展"为主题的党风廉政建设教育月活动，持续推进廉洁文化宣传教育。

九是深化内部巡视巡察。采用常规、专项、"回头看"多种方式开展巡视全覆盖。首次探索开展安全质量专项巡视，从政治的高度看业务问题，以巡视的力度推动问题解决。常规巡视同步开展选人用人专项检查，发现和推动解决选人用人不规范、违规兼职取酬等问题。进一步健全整改机制，加强分类指导督办，及时通报巡视整改情况，开展专项检查，对于敷衍应付、整改不力者，在"曝光台"通报并严肃问责。

十是加强纪检队伍建设。开展2019年度二级企业纪委书记考核，对2家企业开展案件质量和执纪安全监督检查。建立周报和周例会机制，规范请示呈批等工作流程，提高纪检工作规范化水平。对党的十九大以来本级纪委自办案件审理情况进行自查自评，组织开展信访举报领域形式主义、官僚主义问题专项整治，印发《监督检查执纪审查安全工作暂行规定》，进一步加强和规范日常监督检查、线索排查核实、案件审查审理中的人身安全和信息保密管理工作。

【信息化与数字化建设】 以需求为导向，推动信息化业务应用成果落地，完成SIM卡管理系统V5.0、GSM－R网络数据管理系统V3.0等系统的研发升级，并成功部署在北京铁路通信中心维保等项目；智慧管廊综合管理系统完成多层级系统架构升级，实现多层级全覆盖，在云南省玉溪市、湖南省吉首市等综合管廊项目中成功应用;完成智慧党建、督办管理、定额管理等企业办公信息化关键系统搭建工作并部署使用。

【履行社会责任】 面对突如其来的新冠肺炎疫情,中国通号深入学习贯彻习近平总书记关于统筹做好疫情防控和经济社会发展的重要讲话和指示批示精神,全面落实国务院国资委党委各项工作部署,高效高速推进防控工作,实现全系统20000余名干部职工、18000余名劳务用工人员、100余家企业及分支机构“零感染、零疑似、零确诊”,为生产经营工作正常开展提供坚强保障。一是切实加强组织领导。疫情发生后,第一时间成立由公司主要领导任组长的疫情防控领导小组,就抓实抓好疫情防控工作作出明确部署。按照“坚定信心、同舟共济、科学防治、精准施策”的总要求,指导总部及各子企业有序开展疫情防控,健全工作机制,畅通信息渠道,层层压实责任。二是多措并举抓好疫情防控。投入防疫资金2000余万元,组织开展全员核酸检测和疫苗接种,总部园区2643人一天内完成核酸检测,各企业员工400余人次接种新冠疫苗;办公地点严格实施出入管控、体温检测、亮码通行、错峰分散用餐和环境消杀等防控措施。三是科学有序推进复工复产。在做好疫情防控前提下,全系统广泛开展“抗疫情保增长”活动,积极打通复工复产堵点难点,3月实现全面复工,4月底前全面达产。四是积极承担社会责任。通过国务院国资委专门账户向湖北省捐赠现金3000万元,全系统党员自愿捐款200.05万元特殊党费。研究设计院集团自主研发的红外体温筛查系统在北京市丰台区政府、北京空间技术研制试验中心等30余家政府、企事业单位部署应用。通号建设职工李敏辉积极投身疫情防控志愿服务,获评“中央企业抗击新冠肺炎疫情先进个人”。

(撰稿人:马立军)

中国铁路工程集团有限公司

【基本概况】 中国铁路工程集团有限公司是集勘察设计、施工安装、房地产开发、工业制造、科研咨询、工程监理、资本经营、金融信托、资源开发和外经外贸于一体的多功能、特大型企业集团,总部设在北京。前身是1950年3月原铁道部成立的工程总局和设计局,以及1952年9月成立基建总局,1958年3月合并为基本建设总局。1979年5月,基本建设总局对外称中国铁路工程总公司。1989年7月,原铁道部撤销基本建设总局,正式组建中国铁路工程总公司。2000年9月,经国务院批准,原铁道部与中国铁路工程总公司实行政企分开,中国铁路工程总公司整体移交中央企业工委管理。2003年国务院国资委成立后,中国铁路工程总公司隶属国务院国资委管理。2006年11月,国务院国资委在中国铁路工程总公司总部开展董事会试点。2007年9月12日,中国铁路工程总公司独家发起设立中国中铁股份有限公司(以下简称中国中铁),并于2007年12月3日和12月7日,分别在上海证券交易所和香港联合交易所挂牌上市。作为中国中铁的控股股东,中国铁路工程总公司于2017年12月28日完成公司制改制,工商变更登记为中国铁路工程集团有限公司。

中国中铁是中国铁路工程集团有限公司经营业务的运营主体,拥有50余家子分公司,主要有中铁一局等18家施工企业,中铁二院等8家勘察设计咨询科研企业;中铁工业、中铁装配2家工业制造企业,以及中铁国际等25家国际业务、金融、投资、房地产开发、矿产管理、物资贸易、信息化公司。中铁国资资产管理有限公司负责管理中国铁路工程集团有限公司有关学校、医院、主辅分离资产等未进入上市范围的机构和资产。中国铁路工程集团有限公司党校为中国铁路工程集团有限公司直属单位。

中国中铁具有住房和城乡建设部批准的铁路工程施工总承包特级资质、公路工程施工总承包特级资质、市政公用工程施工总承包一级资质以及桥梁工程、隧道工程、公路路面、公路路基工程专业承包一级资质。作为全球最大建筑工程承包商之一,自2006年起,连续15年入围“世界500强”,2020年首次进入“世界500强”前50名;在“中国企业500强”中居第六位,在2020年“ENR全球最大承包商250强”中排名第二位。连续七年获评中央企业业绩考核A类企业。

中国中铁业务范围涵盖基本建设各个领域，能够提供建筑业“纵向一体化”的一揽子交钥匙服务。先后参建京九铁路、青藏铁路、京沪高铁、京张高铁、港珠澳大桥、中老铁路、雅万高铁等一大批举世瞩目的重大工程，参与建设的铁路占中国铁路总里程的2/3以上；建成电气化铁路占中国电气化铁路的90%；参与建设的高速公路约占中国高速公路总里程的1/8；建设中国3/5的城市轨道工程。

作为科技部、国务院国资委和中华全国总工会授予的全国首批“创新型企业”，中国中铁拥有高速铁路建造技术国家工程实验室、盾构及掘进技术国家重点实验室和桥梁结构健康与安全国家重点实验室3个国家实验室及10个博士后工作站，1个国家地方联合研究中心（数字轨道交通技术研究与应用国家地方联合工程研究中心），36个省部级研发中心（实验室），19个国家认定的技术中心和107个省部认定的技术中心，先后组建20个专业研发中心，并参股建设川藏铁路国家技术创新中心。截至2020年底，中国中铁获得国家科技进步奖127项，其中特等奖5项、一等奖16项；获得中国建设工程鲁班奖212项，国家优质工程奖432项；中国土木工程詹天佑奖151项，省部级（含国家认可的社会力量设奖）科技进步奖3817项；国家级工法166项，省部级工法3979项；通过省部级科技鉴定的科技成果1973项；拥有有效专利授权18586件，其中发明专利3969件、海外专利63项。

截至2020年底，在册员工288968人。其中，干部208675人、工人80293人，管理人才138780人、各类专业技术人才195725人（含在管理岗位的125830人）、技能人才80293人。高级及以上职称36378人（含正高级2732人），其中正高级工程师2413人、高级工程师28817人、高级经济师3161人、高级会计师1914人；中级职称66529人。中国工程院院士1人、“百千万人才工程”国家级人选11人、全国工程勘察设计大师9人、享受国务院政府特殊津贴专家120人，全国杰出专业技术人才2人、中国中铁特级专家15人、中国中铁专家105人。

【主要指标】 2020年，新签合同额26056.6亿元，比上年增长20.4%；营业收入9755.49亿元，比上年增长14.5%；归属于母公司所有者的净利润113.08亿元，比上年增长6.61%。

表1　2020年中国铁路工程集团有限公司主要经济指标

项　目	2019年	2020年	比上年增长（%）
资产总额（亿元）	10656.30	12091.85	13.47
所有者权益（亿元）	2534.80	3226.35	27.28
负债总额（亿元）	8121.50	8865.50	9.16
营业收入（亿元）	8519.78	9755.49	14.50
利润总额（亿元）	311.73	333.67	7.04
净利润（亿元）	252.31	272.09	7.84
归属于母公司所有者的净利润（亿元）	106.06	113.08	6.61
技术开发投入（亿元）	165.11	218.38	32.26
利税总额（亿元）	486.92	578.77	18.86
应交税金总额（亿元）	234.61	306.68	30.72
全员劳动生产率［万元/（人·年）］	35.36	38.27	8.23
净资产收益率（%）	10.58	9.45	减少1.13个百分点
总资产报酬率（%）	3.65	3.50	减少0.15个百分点
国有资本保值增值率（%）	113.00	111.52	减少1.48个百分点

【改革发展】 全面加快对标世界一流管理提升行动和国企改革三年行动步伐。纵深推进中国中铁总部机构改革和制度压减。深入开展“科改示范行动”，中铁大桥院、中铁装备入选“科改示范企业”。通过央地股权合作增强公路、水利、水运规划设计业务竞争力，完成恒通科技、重庆交通院和江西水利院并购重组，补齐装配式建筑业务短板，通过内部重组整合优化水务环保、设计咨询、工业制造等业务专业化

布局，主动退出非主营和非优势业务，实现优质发展资源向主责主业的汇集。实施经理层任期制和契约化管理，推行全员绩效考核和岗位竞聘机制，试点推行职业经理人制度，积极探索混合所有制改革和员工持股。突出海外“双优”发展，增强海外板块企业布局，打造“一体两翼N驱”海外发展新阵型，构建“大区+国别+项目”的海外经营管理体系，加快国际化发展步伐。推动剥离企业办社会职能改革、“三供一业”分离移交、职教医疗机构改革、厂办大集体在职员工安置基本完成，退休人员社会化移交进度位居建筑类中央企业前列。

【重大项目】 2020年，中国中铁参与建设的川藏铁路先期开工段工程正式开工；设计施工的平潭海峡公铁大桥，参建的京雄城际铁路实现开通目标，双双入选“央企十大超级工程”；承建的“三场一村”东奥会场馆项目建设进展顺利，习近平总书记亲自视察并给予充分肯定；承建的“史上最难掘进隧道”大瑞铁路大柱山隧道成功贯通；双洮高速公路、商合杭高铁、沪苏通长江公铁大桥、西安地铁9号线等一大批重点项目按期建成通车。全年12项工程获得中国建设工程鲁班奖；51项工程获得国家优质工程奖；5座大桥获得国际桥梁大会（IBC）大奖；成贵高铁玉京山隧道获得2020ITA“攻坚克难”奖，摘得国际隧道行业最高殊荣。

【走向海外】 积极参与共建“一带一路”和“互联互通”工程，全力推动中国铁路“走出去”。国际业务新签合同额197.914亿美元，成功签订老挝新建铁路磨丁至万象南工程施工总承包Laos-China ZQSG标段、新加坡地铁裕廊区域线轨道工程J150项目、印度尼西亚KPC煤炭运输专线项目等一批项目合同。在“ENR全球最大250家国际承包商”中排名第13位。2020年是中国中铁海外经营体制机制改革元年。根据《中国中铁股份有限公司海外体制机制改革方案》的要求，按照“整体规划、分批设立、试点先行”的原则，挂牌设立孟加拉区域总部、东南亚区域总部、南部非洲区域总部、南太区域总部、南美北部区域总部、西非区域总部、南美南部区域总部。积极推进属地化管理，注重与当地民众融合，通过联合孔子学院和驻在国大学共同举办“中华文化大讲堂”等系列活动，充分发挥文化的桥梁、影响和引领作用，向世界讲好中国故事，促进优秀文化“走出去”，为“一带一路”民心相通贡献力量。积极履行企业社会责任，新冠肺炎疫情发生以来，境外累计捐赠各类防疫物资145.95万件，捐赠物资累计折合金额773.89万元。

【重大创新】 以川藏铁路建造技术、高速铁路建造技术、桥梁修建技术、隧道与地下工程修建技术、四电工程技术、施工装备及工业产品制造技术、房屋建筑技术、节能减排及其他新领域技术、智能制造及信息化技术等领域为课题研发重点，结合公司生产经营实际的需要，以滇中引水工程、成达万铁路、青岛地铁、广州地铁、常泰长江大桥、巢马铁路马鞍山公铁两用长江大桥、新疆引额供水二期输水工程、广深港大湾区高速磁悬浮等重难点工程为依托，重点开展贯通式同相供电装置研制、高速铁路无砟轨道一桥梁结构体系服役性能智能评定和性能提升关键技术研究、智能建造关键技术研究、滇中引水工程建造关键技术研究等课题。2020年，中国中铁获得国家科技进步奖6项、技术发明奖1项，中国土木工程詹天佑奖11项，获得省部级科技进步成果奖345项，新增授权专利4933件，其中发明专利676件，PCT等海外专利47件，“隧道联络通道用盾构机及其联络通道掘进方法”获得第二十一届中国专利奖金奖，“整体式无砟轨道”“具备防抬梁和防落梁功能的双曲面球型减隔震支座”“一种用于盾构机刀盘的可转动辐条”等3件专利获得中国专利优秀奖；获得省部级工法909项。

【党建工作】 围绕推动企业改革发展用劲用力，迈出坚实步伐。加强党的政治思想建设，建立并坚持“第一议题”制度，强化以习近平新时代中国特色社会主义思想武装头脑、指导工作，做到“两个维护”。立足发展需要选人用人，突出“六支人才队伍建设”，一批优秀中青年干部走上各级领导岗位，举办首期中青年干部培训班，增强干部人才队伍的生机活力和专业化能力。巩固打牢党建工作基础，加强“三基建设”，围绕提升能力素质举办6期党支部书记示范培训班，广泛开展创先争优，促进党建与业务工作深度融合，中铁大桥局党委被授予“中央企业先进基层党组织”；中铁建工北京分公司雄安站党支部被国务院国资委党委授予第二批基层示范党支部。纵深推进全面从严治党，国务院国资委党委巡视整改416条阶段性措施收尾，高质量完成10家二级企业巡视，得到国务院国资委充分肯定，"干部作风建设年"、"四个专项整治"、纠正形式主义官僚主义、审计发现问题警示教育取得实效，营造积极向上的干事氛围。扎实抓好宣传文化工作，在中央电视台《新闻联播》宣传企业改革发展、重大项目建设等成果88次，3次登上《人民日报》头版头条。重构企业文化体系，形成新时代企业新的精神高地。始终坚持党的依靠方针，群团组织广泛开展劳动竞赛、青年岗位建功活动，让员工在改革发展中"唱主角"，15人获评"全国劳动模范"，位居建筑类中央企业第一名。

【践行"三个转变"重要指示】 自2014年5月10日，习近平总书记在视察中铁装备提出中国制造向中国创造转变、中国速度向中国质量转变、中国产品向中国品牌转变以来，中国中铁始终以习近平总书记"三个转变"为目标，以引领中国建筑业创新发展为使命，以建设世界一流企业为己任，不忘初心、牢记使命，通过改革和创新激发企业活力，努力推动企业转型升级，在国有企业改革发展和技术创新方面走出一条独特的发展之路。

一是推动中国制造向中国创造转变。2020年，中国中铁制定发布《专业研发中心管理暂行办法》《科技成果转化管理办法》。针对科技创新平台建设，提出国家级、省部级和公司级研发平台建设的政策建议。对《中国中铁科技成果奖励管理办法》作出补充规定，对企业当年新获得认定国家级创新平台给予100万～300万元不等的奖励。中铁二院数字轨道交通技术研究与应用国家地方联合工程研究中心获批成立。推动国家级创新平台建设，组织召开高铁实验室第十二次理事会及第二次技术委员会会议、盾构及掘进技术国家重点实验室二届二次理事会，进一步明确高铁实验室发展方向和建设思路。围绕建筑行业关键核心技术，立足川藏铁路、滇中引水工程等重难点工程，重点开展关键技术研究等课题。制定《关于进一步贯彻落实习近平总书记"三个转变"重要指示精神 推动企业创新发展的意见》，以科技创新为突破，以管理创新为保障，以质量提升为根本，以品牌塑造为目标，全力推动质量变革、效率变革、动力变革，努力打造世界一流的中国创造、中国质量、中国品牌。组建中国中铁"三个转变"研究院，开展推动"三个转变"的路径和方法的理论研究和实践探索，加快企业在产业转型、技术创新、质量提升、品牌建设等方面的突破。《"十四五"时期我国建设制造强国的政策建议研究》获得中国管理科学院2020年会优秀论文一等奖，《新时代驱动中国制造业高质量发展的"四项变革"》获得2020中国企业改革发展优秀成果一等奖。积极开展管理创新成果评选，产生优秀成果85项，其中10项被评为第二十七届全国企业管理现代化管理创新成果。

二是推动中国速度向中国质量转变。加强质量精准化管理，分层次、分行业实施全面质量管理（TQM），积极推动企业ISO9001质量管理体系换版升级。积极引入卓越绩效管理等先进质量管理方式，开展标准化技术和工艺改造，建立工艺参数及质量在线监控系统。开展与国内外优质产品的质量比对，鼓励以用户为中心的微创新，改善用户体验，激发消费潜能，满足绿色环保、可持续发展、消费友好等需求。参建的北京冬奥会重要配套工程京张高铁等一大批重点项目开通运营或顺利竣工。

三是推动中国产品向中国品牌转变。优化企业品牌和产品品牌架构，探索形成以提升质量、科技创新、全球合作、精神传承和责任担当为核心内涵的中国品牌建设模式，积极创造、传播、维护中国品牌形象。

【信息化与数字化建设】 推进企业治理与数字化技术融合发展。改变信息孤岛、软件系统众多、基层表格重复填报、数据挖掘缺失的情况，以"横向贯通、纵向穿透、内外互联"为目标推进信息贯通工程，系统整合企业数据资产，构建基础"数据池"，优化数据抓取、调用、运算、发布流程，推动企业信息化建设和数字化转型，实现从企业运营管理到基层项目管理的手段和效率明显提升。

【履行社会责任】 中国中铁在3个定点扶贫县脱贫"摘帽"后，坚持"四个不摘"，继续保持资金投入力度，充分发挥企业优势，扎实推进定点扶贫各项工作，帮助定点扶贫县全面巩固脱贫攻坚成果，有效衔接乡村振兴。全年向定点帮扶县投入专项资金6390万元，为定点扶贫县引进帮扶资金7994万元，培训基层干部213人，为定点扶贫县和其他贫困地区培训专业技术人员7226人。中国中铁各所属企业积极开展扶贫领域工作，28 家单位参与扶贫开发工作。全公司投入扶贫资金 16950.35 万元，帮助建档立卡贫困人口 1326 人脱贫，资助贫困学生 4443 人；购买定点扶贫县农产品 1517.69 万元、其他贫困县农产品 112.87 万元、湖北地区农产品 505.54 万元，帮助销售农产品 164.89 万元。中国中铁扶贫工作受到习近平总书记点赞和关注。2020 年 4 月，习近平总书记到陕西省商洛市柞水县小岭镇金米村考察脱贫攻坚工作，实地视察中国中铁一局投资建设的金米村智能连栋木耳大棚产业项目时，点赞“小木耳，大产业”。

在抗击新冠肺炎疫情大战大考中，中国中铁积极响应党中央和习近平总书记号召，第一时间快速反应，第一时间作出部署，第一时间发出号令，中国中铁及 19 家二级单位积极参建武汉火神山医院、雷神山医院、方舱医院等 11 个省（市）45 家新冠肺炎救治医院，投资建设雄安新区 9 万平方米的“容东片区建设者之家”一号营地疫情防控应急工程，援建面积 38.7 万平方米、增加床位 3.4 万个，投入人力 1.4 万余人、机械设备 3000 台（套）。6000 余名医护人员参与全国各地的医疗救治工作，其中 5 名医护人员随地方援鄂医疗队参与武汉的救治工作，1 名医护人员支援地方专门医院的救治。所属中铁二局中心医院、中铁四局阜阳中心医院、中铁五局耒阳医院作为当地新冠肺炎隔离救治定点医院，累计接诊发热病人 1628 人次、确诊病人 13 例、疑似病例 61 例。中国中铁及所属单位以企业名义捐款 8704 万元；广大职工自发捐款 2428.81 万元。中国中铁及所属单位主动向地方政府及相关机构捐赠口罩 239.5 万个、84 消毒液 5.1 万升、75%酒精 2 万升、医用防护服 2.7 万套、橡胶手套 18.5 万双等防疫物资，以及疫情防控检测点办公物资和各种生活物资。

（撰稿人：王　琳）

中国铁建股份有限公司

【基本概况】 中国铁建股份有限公司（以下简称中国铁建）的前身是组建于 1948 年 7 月的中国人民解放军铁道兵，由中国铁道建筑总公司（改制更名为中国铁道建筑集团有限公司，下同）独家发起设立，于 2007 年 11 月 5 日在北京成立，为国务院国资委管理的特大型建筑企业。2008 年 3 月 10 日和 3 月 13 日，分别在上海证券交易所（A 股，代码 601186）和香港联合证券交易所（H 股，代码 1186）上市。

截至 2020 年底，中国铁建下辖中国土木工程集团有限公司，中铁十一、十二局集团有限公司，中国铁建大桥工程局集团有限公司、中铁十四至二十五局集团有限公司、中铁建设集团有限公司、中国铁建电气化局集团有限公司、中国铁建港航局集团有限公司、中国铁建房地产集团有限公司，中铁第一、第四、第五勘察设计院集团有限公司，中铁上海设计院集团有限公司、中铁物资集团有限公司、中国铁建重工集团股份有限公司、中国铁建国际集团有限公司、中铁城建集团有限公司、中国铁建投资集团有限公司、中铁建资本控股集团有限公司、中铁建商务管理有限公司、中铁磁浮交通投资建设有限公司、中铁建华南建设有限公司、中铁建网络信息科技有限公司、中铁建国际投资有限公司、中铁建发展集团有限公司、北京培训中心（党校）、中铁建锦鲤资产管理有限公司等 38 家二级子公司和单位；三级法人企业 648 家，其中工程公司 175 家；四级法人企业 386 家。在职员工 286242 人。其中，管理人才 60026 人，占 20.97%；专业技术人才 152199 人，占 53.17%；技能人才 74017 人，占 25.86%。拥有中国工程院院士 1 人、国家勘察设计大师 11 人、“百千万人才工程”国家级人选 12 人、享受国务院特殊津贴的专家 264 人。

截至 2020 年底，中国铁建资产总额 12427.93 亿元。机械动力设备 138940 台（套），原值 764 亿元、净值 297 亿元。业务涵盖工程承包、勘察设计咨询、工业制造、房地产开发、物资物流、投资、金融及其他新兴产业，具有科研、规划、勘察、设计、施工、监理、运营、维护和投融资完整的行业产业链，具备为业主提供一站式综合服务的能力。在高原铁路、高速铁路、高速公路、桥梁、隧道和城市轨道交通工程设计及建设领域，确立行业领导地位。自 20 世纪 80 年代以来，中国铁建在工程承包、勘察设计等领域获得国家级奖项 952 项。其中，国家科学技术奖 87 项、国家勘察设计“四优”奖161项、中国土木工程詹天佑奖112项、中国建设工程鲁班奖148项、国家优质工程奖444项。累计拥有有效专利19072件，获省部级工法3460项、中国专利奖31项。

中国铁建经营范围遍及包括台湾在内的全国32个省(自治区、直辖市)和香港、澳门特别行政区，以及世界130余个国家，是中国乃至全球最具实力、最具规模的特大型综合建设集团之一。连续16年入选《财富》杂志“世界500强”，2020年排名第54位；连续25年入选美国《工程新闻记录(ENR)》杂志“全球250家最大承包商”，2020年排名第三位；连续19年入选“中国企业500强”，2020年排名第14位。

【主要指标】 2020年，中国铁建实现营业收入9103.25亿元，比上年增长9.62%；利润总额314.91亿元，比上年增长12.36%；上缴税金262.15亿元，实现利税577.06亿元，比上年增长6.52%；实现净利润257.09亿元，比上年增长13.64%；基本每股收益1.50元。截至2020年底，资产总额12427.93亿元，负债总额9291.54亿元，资产负债率74.76%。所有者权益总额3136.39亿元，其中归属于上市公司股东权益2542.98亿元，归属于上市公司股东的每股净资产18.73元。

表1　2020年中国铁建股份有限公司主要经济指标

项　目	2019年	2020年	比上年增长(%)
资产总额(亿元)	10812.39	12427.93	14.94
所有者权益(亿元)	2620.22	3136.39	19.7
营业收入(亿元)	8304.52	9103.25	9.62
利润总额(亿元)	280.27	314.91	12.36
净利润(亿元)	226.24	257.09	13.64
归属于母公司所有者的净利润(亿元)	201.97	223.93	10.87
技术开发投入(亿元)	167.52	186.67	11.43
利税总额(亿元)	541.76	577.06	6.52
应交税金总额(亿元)	243.32	253.58	4.22
加权平均净资产收益率(%)	12.03	11.45	减少0.58个百分点
总资产报酬率(%)	3.46	3.19	减少0.27个百分点
集团公司国有资本保值增值率(%)	110.44	108.89	减少1.55个百分点

【公司治理】 一是持续加强公司治理规范运作。把加强党的领导融入公司治理，严格按照《公司章程》《股东大会议事规则》《董事会议事规则》《监事会议事规则》《总裁工作细则》和专门委员会工作细则等制度规定，持续完善各司其职、各负其责、协调运转、有效制衡的公司治理机制。按照监管机构的有关规定，结合企业实际，修订《公司章程》《股东大会议事规则》等制度，提高股东大会召开的时效性。严格按照证监会《关于开展上市公司治理专项行动的通知》要求，对照上市公司治理专项自查清单，认真梳理查找存在的问题，切实推动公司治理整体水平有效提升。二是不断加强信息披露管理。严格按照股票上市地上市规则的规定和要求，优质高效完成每年四次定期报告的编制和披露，真实、准确、完整、及时、公平地进行信息披露，不断提升信息披露水平。继续坚持法定信息披露与主动信息披露相结合，不断增强定期报告内容的针对性和有效性，高质量编制披露2020年年度报告、半年度报告和季度报告；修订《重大新中标项目与新签合同信息披露实施细则》，进一步提高信息披露的质量和效率。全年披露中英文文件429份，其中在上海证券交易所披露文件140份，在香港联合交易所披露中文文件171份、英文文件118份。三是扎实有效开展投资者关系管理。全年安排投资者和分析师见面会及电话会38场，接待来访567人。积极参加国内外投资机构举办的现场交流活动，参加投资者和分析师会议31次，接待投资者64场515人次。配合定期报告的披露，召开业绩发布会4次，接待机构及中小投资者409人次；组织路演2次，安排“一对一”及“一对多”会议33场，接待机构投资者153人次。通过多种

渠道和方式，保持与投资者的良好沟通，投资者关系管理工作获得资本市场高度认可，企业形象和社会影响力不断提升。四是2020年被授予"新浪财经最具社会责任上市公司""新财富最佳上市公司""最佳IR港股公司""百强高峰论坛中国百强企业""中国百强高成长企业""中国百强20年特别贡献企业""金紫荆最佳上市公司""天马奖最佳董事会""最佳投资者关系""港股综合实力100强""营业额10强"等称号。

【改革创新】 坚持改革创新双轮驱动，制定《改革三年行动实施方案》，明确六大方面23项改革任务，确定改革举措71条，统筹推进三项制度改革、"双百行动"、"科改示范行动"、交通强国建设试点、对标世界一流等专项任务。总部职能定位持续优化，管理效能和管控能力进一步提升，一级部门由31个调整为21个，编制定员由411人调整为349人；总部经营战略稳步落实，区域经营协同效果明显；海外"3+5+N"经营体系健全完善，海外市场持续发力。实施"放管服"改革，加大授权放权力度；稳步推进"瘦身健体"，建立"压减"工作长效机制，严格落实新设非项目法人单位"增一减一"的要求，实现国务院国资委"法人户数净增长幅度不超过上年度净利润增幅的50%"的目标。"处僵治困"改革主体任务基本完成；印发不具备竞争优势、缺乏发展潜力的非主业非优势业务剥离方案，有效推进"两非"剥离工作；加快推进剥离办社会职能和历史遗留问题的解决，稳妥开展退休人员社会化移交，厂办大集体在职职工安置率100%。

【重大创新】 2020年，中国铁建全力加强科技创新，积极组织关键核心技术攻关，解决"卡脖子"难题；持续推进"城市地下大空间开发利用"国家级系列课题研究，中国铁建专家委员会正式成立；首批12家工程实验室（研发中心）筹建工作进入验收阶段。全年获得省部级科学技术奖107项、中国施工企业管理协会工程建设科学技术奖44项、第17届中国土木工程詹天佑奖11项；新增省部级工法310项，11项BIM技术成果获中国建设工程BIM大赛奖。授权专利5099件；主持和参与4项国际标准、8项国家标准、15项行业标准、32项地方标准、36项团体标准的制定工作。

【经营承揽】 2020年，中国铁建新签合同额25542.89亿元，比上年增长27.28%。其中，境内业务新签合同额23214.81亿元，占新签合同总额的90.89%，比上年增长33.60%；境外业务新签合同额2328.08亿元，占新签合同总额的9.11%，比上年减少13.53%。工程承包板块新签合同额22207.45亿元，占新签合同总额的86.94%，比上年增长28.32%。其中，铁路工程新签合同额2892.10亿元，占工程承包板块新签合同额的13.02%，比上年增长10.67%；公路工程新签合同额2621.72亿元，占工程承包板块新签合同额的11.81%，比上年减少19.29%；房屋建筑工程新签合同额8585.51亿元，占工程承包板块新签合同额的38.66%，比上年增长58.31%；城市轨道工程新签合同额1966.36亿元，占工程承包板块新签合同额的8.85%，比上年增长10.03%；市政工程新签合同额4598.94亿元，占工程承包板块新签合同额的20.71%，比上年增长49.04%；水利电力工程新签合同额614.33亿元，占工程承包板块新签合同额的2.77%，比上年增长118.80%；机场码头及航道工程新签合同额300.39亿元，占工程承包板块新签合同额的1.35%，比上年减少20.20%。非工程承包板块新签合同额3335.44亿元，占新签合同总额的13.06%，比上年增长20.76%。其中，勘察设计咨询新签合同额225.54亿元，比上年增长51.08%；工业制造新签合同额345.12亿元，比上年增长33.78%；物资物流新签合同额1204.04亿元，比上年增长25.86%；房地产新签合同额1265.24亿元，比上年增长0.88%。

【施工生产】 2020年，中国铁建系统完成施工产值9029.50亿元，5000万元以上的在建项目4284项，其中铁路工程496项、公路工程724项、市政工程795项、城市轨道交通工程592项、水利水电工程176项、房屋建筑工程1392项、其他工程109项。国内在建重点工程34项。其中，铁路工程15项：京雄高速铁路、玉磨铁路、大瑞铁路、拉林铁路、郑万铁路客运专线、成兰铁路、成昆铁路复线、福厦高速铁路、贵南高速铁路、赣深高速铁路、渝黔高速铁路、杭绍台铁路、张吉怀铁路、南宁至崇左城际铁路、北京星火站。公路工程4项：渝黔高速公路扩能工程、成绵苍巴高速公路、岳黄高速公路、贵州省贵阳经金沙至古蔺（川黔界）高速公路。市政工程3项：明珠湾大桥、芜湖城南过江隧道、张家港高铁新城(西北片区)基础设施及公共建设配套项目。城市轨道交通 8 项:北京地铁 17 号线、广州轨道交通 18 线和 22 号线、深圳轨道交通 16 号线、杭州地铁 8 号线、成都地铁 6 号线、徐州轨道交通 2 号线一期、呼和浩特市轨道交通 2 号线一期、天津地铁 8 号线一期工程。水利、电力工程 3 项:新疆引额供水二期工程、引绰济辽水利工程、小清河复航工程。房建工程 1 项:乌鲁木齐宝能城。

2020 年,商合杭高速铁路合肥至湖州段(合湖段)、上海至苏州至南通铁路、连镇高速铁路、郑太高速铁路、银西高速铁路、盐通高速铁路、广(州)石(滩)铁路、衢(州)宁(德)铁路、阳大铁路阳泉北至阳泉东段、广东江门站、渝怀铁路增建二线、黄(骅南)大(家洼)铁路、格尔木至库尔勒铁路、焦柳铁路电气化改造工程、珠海市区至珠海机场城际铁路拱北至横琴段(珠机一期)开通运营,福平铁路开始联调联试,合(肥)安(庆)高速铁路建成试运营,宝兰铁路客运专线天水南站动车组存车线建成投入使用。万(宁)洋(浦)高速公路、建(始)恩(施)高速公路、山东枣菏高速公路、衢州市美丽沿江公路、南昌市昌南大道快速路迎宾大道互通立交工程、长沙湘府快速路主线工程、云南省腾冲至陇川高速公路、昆明绕城高速公路东南段建成通车。杭州地铁 5 号线后通段和 16 号线、宁波地铁 4 号线,深圳地铁 3 号线、6 号线、8 号线、10 号线,太原地铁 2 号线一期、广州有轨电车 1 号线开通运营;长沙地铁 3 号线、5 号线,西安地铁 5 号线、6 号线一期、9 号线,徐州市城市轨道交通 2 号线、呼和浩特市轨道交通 2 号线、济南市轨道交通 2 号线一期、成都地铁 6 号线开通试运营(行)。2022 年北京冬奥会配套项目涞源国家高山跳台滑雪训练科研基地一期工程投入使用,昆明雨污合流水转输通道全线通水投入使用,河北省保定市乐凯大街斜拉桥正式通车,厦门海沧海底隧道、小浪底引黄工程施工难度最大的盾构隧道、文登抽水蓄能电站高压管道上层排水廊道顺利贯通,宁远机场改扩建工程、邯郸机场改扩建工程建成通航,广东清远磁浮首列车正式下线。川藏铁路拉林段全线轨道铺通,中(国)老(挝)国际通道玉磨铁路重点控制性工程万和隧道、尚岗 1 号隧道、勐腊等隧道贯通,牡佳高速铁路麻山隧道、成昆铁路复线老鼻山隧道、井陉矿山南白花隧道、大(理)临(沧)铁路大保山隧道、赣深高速铁路银瓶山隧道、中(卫)兰(州)铁路客运专线盘岘山隧道贯通,西安地铁 14 号线全线隧道、杭州地铁 8 号线文桥区间风井至桥头堡站盾构隧道贯通。国内跨越铁路既有线路最多、高纬度高寒地区转体重量最大的转体斜拉桥——黑龙江省哈尔滨市哈西大街跨哈南场立交桥合龙,世界最大跨度串联式斜拉桥——珠海洪鹤大桥建成通车,建设规模世界第一的公路隧道——宝(鸡)坪(坎)高速公路秦岭天台山隧道贯通,世界最大跨度通水通航钢结构渡槽——引江济淮淠河总干渠钢渡槽合龙,南京长江五桥江心洲夹江隧道正式通车。

【安全监督】 坚持以习近平新时代中国特色社会主义思想为指导,牢固树立安全发展理念和安全生产红线意识,克服新冠肺炎疫情及经济下行等不利因素影响,围绕“从根本上消除事故隐患”核心工作,持续完善安全生产体制机制,深入开展安全生产专项整治三年行动,全面加强安全监督检查,狠抓各项安全生产措施落实,安全生产形势持续趋稳向好,年内未发生重大生产安全事故。一是安全生产体系逐步完善。进一步明确以体系保安全的工作思路,以制度建设为切入点,全面加强组织体系建设、风险防控、隐患排查治理、教育培训、安全投入、应急管理、考核奖惩及安全文化建设,综合施策,持续发力,安全生产体系进一步完善。二是安全生产全员责任制落实深入推进。按照“党政同责、一岗双责、齐抓共管、失职追责”和“三管三必须”原则要求,制定岗位安全生产责任清单,逐级签订安全包保责任书,严格包保兑现、考核奖惩,推进全员安全生产责任落实。三是风险隐患双控机制效果显现。把风险分级管控与隐患排查治理双预控工作作为安全生产的重要抓手,突出抓好风险源头治理及过程管控。所属各单位运用信息化手段,加强风险防控信息平台、隐患排查治理“一张网”建设,提升双预控信息化、流程化、规范化水平。四是专项整治三年行动取得积极进展。围绕三年行动阶段目标、任务,按照既定的路线图、时间表,深入开展安全生产专项整治。五是安全生产基层基础工作更加扎实。所属各单位从强化专职安全队伍建设、加强安全教育培训、开展安全标准化管理、提升分包队伍安全管理水平等方面，突出抓实抓细安全生产基层基础工作。六是应急管理综合能力水平稳步提升。不断加强应急管理体系与能力建设，优化现场应急处置方案，强化应急物资设备设施配备，组建专兼职救援队伍，采取多种形式开展应急培训和演练，进一步提升应急能力水平。

【质量控制】 高度重视质量发展，认真落实国家质量发展纲要精神，严格执行有关质量标准，推行项目终端质量责任制，推进工程质量创优活动，确保质量管理扎实推进，2020 年全系统未发生重大工程质量问题。一是加强质量管理。组织开展全员质量管理活动，对职工进行质量法律法规、质量管理知识等质量素质教育，加大宣传力度，充分动员职工参加质量管理活动，增强全员质量意识。组织职工开展岗位职业培训，提高各级人员的专业素质，切实履行法定质量管理义务。二是积极开展工程创优活动。按照《中国铁建股份有限公司创建优质工程管理规定》，持续落实过程精细化质量管理理念，推动质量管理水平全面提升，按规划控制创优活动，全面开展质量管理小组活动，搞好创优策划，落实过程创优，实现创优目标。三是加强铁路工程质量红线管理。按照中国国家铁路集团有限公司《铁路建设项目质量安全红线管理规定》，部署开展铁路工程红线管理工作，切实强化铁路项目质量安全意识和关键环节控制，确保项目质量安全全面受控，提升铁路建设项目质量安全水平。

【风险防范】 持续强化风险预警及过程管控，突出风险管理实效，推进重大风险识别与监控体系建设。一方面，完成年度风险评估工作，并对评估认定的重大风险进行二次评估，建立重大风险监控 KRI 指标体系，为各单位、各部门督促落实重大风险管控和监测工作提供细化的参考指标。另一方面，强化重大风险跟踪监测要求，建立重大风险监测报告机制，出台《重大风险事件报告工作制度》，对年初评估的重大风险进行持续监测，并对全系统重大风险信息进行及时收集和报送。为适应外部监管要求和内部管理需要，全面修订《内部控制与风险管理办法》，进一步规范相关工作要求，不断改进和完善风险内控体系建设。一是开展安全生产专项整治三年行动，在建项目工期、质量、进度有序可控，安全生产形势总体稳定。二是开展财务资金管理风险专项治理，摸清底数，明确目标，为进一步提升管理水平打下基础。三是开展提质增效专项活动，压“两金”、减负债、降成本、治亏损，经济运行质量进一步提高。四是“法治铁建”取得阶段性建设成果，建立完善合规管理制度，初步形成以法律合规为主导的风险防控体系和以审计监督为主的风险评估体系。

【工程创优】 2020 年，中国铁建获得中国建设工程鲁班奖 6 项，国家优质工程奖 50 项。其中，参建的南宁市轨道交通 3 号线一期工程（科园大道至平乐大道）、武汉市轨道交通 8 号线一期工程、长影海南生态文化产业园中国区工程、新建吉安西站站房及相关工程、北京新机场南航基地项目、广西大学君武文化艺术教育中心项目获得 2020 年度中国建设工程鲁班奖；参建的 500 米口径球面射电望远镜（FAST）项目主体工程、太古供热项目（古交兴能电厂至太原供热主管线及中继能源站工程）、新建云桂铁路引入昆明枢纽昆明南站站房工程、武汉市轨道交通 6 号线一期工程、广州市轨道交通 14 号线一期工程、深圳市城市轨道交通 9 号线 6 项工程获得国家优质工程金质奖；苏州港太仓港区华能煤炭码头工程、北京市通州运河核心区市政配套工程北环环隧工程、北京兴延高速公路石峡隧道工程、农业路快速通道工程（雄鹰东路至金源东街）、郑州机场至周口西华高速公路（一期）工程、武西高速公路桃花峪黄河大桥工程、京港澳高速公路驻马店至信阳（豫鄂界）段改扩建工程、广西贵港市青云大桥工程、柳州市官塘大桥工程、广东省龙川至怀集公路（龙川至连平段）工程、重庆市华岩（石板）隧道工程、达州金南大桥工程、成都元华路神仙树节点项目、新万福路桥梁 1 标段新建万福大桥工程、上海市虹梅南路至金海路通道越江段新建工程、黄陵至铜川高速公路工程、常青路（三环线至青年路）改造工程、湖南省永顺至吉首高速公路第三合同段猛洞河特大桥工程、新建北京至沈阳铁路客运专线河北段站前工程 JSJJSG—3 标段瀑河特大桥工程、石家庄市城市轨道交通 1 号线工程、郑州市轨道交通 1 号线二期工程、新建郑州至徐州铁路客运专线郑汴特大桥工程、新建郑州至徐州铁路客运专线民权特大桥工程、济南轨道交通 1 号线工程、新建济南至青岛高速铁路淄博特大桥工程、西安市地铁 4 号线工程、郑州至西安客运专线引入西安枢纽新建客运北环线西安动车段工程、新建铁路西安至成都客运专线西安至江油段四电系统集成工程、成都地铁 7 号线工程土建工程第 10 标段川师车辆段与综合基地工程、新建铁路宝鸡至兰州客运专线古城岭隧道工程、新建兰州至重庆铁路毛羽山隧道工程、厦门市轨道交通 1 号线一期工程、广州市城市轨道交通 13 号线首期工程、昆玉铁路宝峰隧道工程、北京新机场东航基地项目(1 号配餐楼等 12 项)、中节能(江西)总部基地工程(2 号、3 号、4 号及地下室)、港盛大厦项目、西城・西进时代中心三地块项目 1 标段工程、新建南京至安庆铁路芜湖站工程、广西东盟信息交流中心一期建设项目、贵定卷烟厂易地技术改造项目 1 标段工程(联合工房、动力中心及管道连廊)、荣华国际商务中心项目、乌鲁木齐轨道交通 1 号线工程百园路车辆基地综合楼工程、卡拉奇至拉合尔高速公路(KLM)Ⅲ标段工程获得国家优质工程奖。

【走向海外】 2020 年,面对复杂严峻的国际环境与市场形势以及新冠肺炎疫情的严重冲击,中国铁建积极投身“构建国内国际双循环相互促进的新发展格局”,大力实施“海外优先”战略,积极参与“一带一路”建设和国际产能合作,全年全系统境外未发生聚集性疫情,未发生因疫情死亡病例,疫情防控工作受到肯定。“十三五”末,中国铁建海外国别市场数量增至 130 余个,市场布局覆盖“一带一路”沿线大部分国家。其中,尼日利亚、沙特等传统市场优势持续巩固,俄罗斯、泰国、孟加拉国、卡塔尔、秘鲁等新兴市场开拓不断取得新成绩。拉伊铁路实现载客试运行,卢赛尔体育场实现屋面主体结构完工,莫斯科地铁项目进展顺利,中老铁路主要站房主体结构如期封顶,亚吉铁路安全运营超过 600 天。在打造精品工程,带动中国标准、装备、技术、服务“走出去”的同时,切实履行海外社会责任,助力当地经济发展,彰显大国责任担当,全球影响力不断攀升,党建引领更加突出。以“海外优先”战略为引领,构建的“3+5+N”海外经营发展体系和管理架构不断优化;通过投建营一体化、小比例投资带动 EPC 等模式,延伸产业链条,成功签约中国企业首个海外高铁投资类项目——泰国 EEC 高铁项目,完成西班牙阿尔德萨公司并购交割。重大境外工程:沙特内政部安全总部发展项目,尼日利亚铁路现代化项目拉各斯至伊巴丹段工程,阿联酋铁路二期 B、C、D 标段工程,阿尔及利亚 55 千米铁路项目,马来西亚金马士—新山双线电气化铁路设计、施工、供应、安装、竣工、测试、试运行及维护工程,卡塔尔卢赛尔体育场项目,鲁雷纳瓦克至里韦拉尔塔公路项目。全年海外新签合同额 340.91 亿美元,海外完成营业额 75.14 亿美元。

【党建工作】 以习近平新时代中国特色社会主义思想为指导,认真贯彻党的十九大和十九届二中、三中、四中、五中全会精神,紧紧围绕新时代党的建设总要求,坚持稳中求进工作总基调,全面坚持党的领导,加强党的建设,统筹推进疫情防控和企业改革发展。

政治建设全面加强。一是强化理论武装把方向。中国铁建党委引导广大党员干部职工深入学习领会习近平新时代中国特色社会主义思想,增强“四个意识”、坚定“四个自信”、做到“两个维护”。扎实开展党的十九届五中全会精神宣传贯彻工作,中国铁建作为 6 家典型单位之一,在中央企业党的十九届五中全会学习宣传暨党委(党组)理论学习中心组学习交流会上发言。二是强化党的领导管大局。进一步健全党委会把关定向、董事会科学决策、经理层高效执行的决策运行机制,印发《贯彻落实“三重一大”决策制度实施办法(试行)》《“三重一大”决策事项清单(试行)》,进一步明确国有企业党组织在公司法人治理结构中的法定地位。三是强化履职担当保落实。统一部署全系统疫情防控,先后 7 次下发新冠肺炎疫情防控专题通知,制定应急措施,组织捐钱捐物,组织人员参与“方舱医院”“两山医院”建设,充分展示中央企业形象与国企担当。

组织提升工程持续夯实。一是在组织建设上用实功。召开二级单位党委书记抓党建述职评议大会,持续优化和改进党建工作责任制工作。落实“四同步、四对接”原则,加强对所属单位的检查、指导、帮扶,确保基层党组织应建必建、应换尽换。二是在管理培训上见实效。组织召开领导班子专题民主生活会,抓好“三支队伍”建设,举办组工干部培训班、三级单位党委书记培训班，组织党支部书记在线网络培训。选树第二批中国铁建示范党支部，推进党建信息化建设，指导各单位完成发展党员计划，开展走访慰问生活困难党员和老党员活动。三是在制度建设上出实招。不断健全完善党建工作制度体系，印发《党员领导干部民主生活会实施细则》《领导人员管理规定》等制度文件。

干部人才队伍不断优化。一是选优配强建好领导班子。全方位、多角度、近距离识别优秀干部，做好二级单位和直属项目领导人员管理，推动形成能者上、庸者下、劣者汰的用人导向。二是管育结合培养领导干部。做好领导干部管理专项工作，开展优秀年轻干部调研，建立年轻干部数据库，做好领导干部培训和理论学习工作。三是多措并举厚植人才队伍。加强人才及专家队伍建设，多措并举大力吸纳优秀人才，推出"铁建雄鹰"线上招聘平台。

宣传思想工作迸发活力。一是新闻报道工作集中发力。全年在中央及地方媒体刊稿超过500篇，企业新闻连续8天登上《新闻联播》。仅用时15天完成抗美援朝主旋律电影《金刚川》协助拍摄任务，得到肯定和表扬。新媒体平台建设亮点频现，舆情管控工作机制持续创新，融媒体建设向纵深发展。二是企业文化建设全面强化。开展"国企开放日""道德讲堂"等实践活动，加强文明单位创建。启动企业文化与品牌提升，坚持开展各类文化活动，18件作品在第三届中央企业故事大赛获奖。三是形势任务教育深入人心。修订印发《意识形态工作责任制实施办法》，持续深化形势任务教育。《中国铁道建筑报》发挥新闻报道主平台、主阵地、主引擎作用。

党风廉政建设成效明显。一是全面加强监督执纪工作。制定《加强政治监督的指导意见》，开展对二级单位班子成员约谈提醒，加强对"四风"问题的监督检查，在全系统开展"四个"专项整治。深化职能部门监管，推动构建"大监督"格局。二是全面开展廉洁教育工作。"反腐倡廉宣传教育月"活动扎实开展，加大以案示警力度，在全系统进行点名道姓、通报曝光，用身边事教育身边人。三是全面做好巡视及整改工作。认真配合国务院国资委党委巡视，全力做好巡视反馈意见整改。开展对47家二级单位财务资金管理专项巡视。

和谐发展局面巩固深化。一是履行工会职能。规范召开各级职代会，弘扬劳模精神、劳动精神和工匠精神。打造职工创新创造平台，加强劳动关系协调，助力困难职工解困脱困，保障职工权益。二是增添团青活力。组织铁建青年投身各地抗疫一线，展现铁建青年良好形象。作为12家试点中央企业之一，启动中国铁建"青马工程"。组织开展系列活动，增强服务大局的凝聚力和战斗力。三是助力扶贫攻坚。中国铁建3个对口扶贫区县全部脱贫"摘帽"，脱贫攻坚取得阶段性成效。四是维护和谐稳定。全力做好统战、维稳、保密工作，强化国家安全意识，被国务院国资委授予"中央企业维稳工作先进集体"称号，为中国铁建和谐稳定提供坚强保障。

【履行社会责任】 持续健全社会责任管理体系，有序开展社会责任工作，切实推进社会责任管理与实践相融合，塑造负责任的品牌形象。一是响应国家号召。积极担当政治责任，主动对接雄安新区建设、粤港澳大湾区建设、长江三角洲区域一体化发展等重大国家战略，结合自身行业特点，促进地区发展。7月，长三角交通一体化研究中心区域铁路与轨道交通联合研究基地在中国铁建所属上海院揭牌，这是公司以实际行动抢抓长三角交通运输更高质量一体化发展机遇，全面推进"轨道上的长三角"建设的重要举措。12月27日，中国铁建参建的京雄城际铁路全线开通运营，雄安新区开工建设的第一个重大基础设施项目——雄安站投入使用；中国铁建江门人才岛项目是立足珠西、面向粤港澳大湾区的人才主题特色产业园区，公司全产业链服务助力人才战略实施。二是共建美好社区。坚持与社区共享发展成果，充分发挥企业优势，做优民生工程，支援抢险救灾，开展志愿服务，助力文物保护，以实际行动共建和谐社区。全年对外捐赠11796.18万元，投入资金4034万元，重点改善732个偏远艰苦项目工作生活环境；筹集送温暖资金8545万元，慰问因病、因灾或意外等致困员工家庭9443户，慰问劳模先进、生产一线员工、离退休人员以及农民工95730人。面对全国多地发生洪涝灾害，中国铁建各单位全力支援抗洪抢险，全年参与工程抢险救援和防汛抗洪救援1570次，出动29400人次，出动机械车辆设备4620台。鼓励员工广泛参与志愿服务活动、积极奉献爱心，组建1800余支“学雷锋”志愿服务队伍，采取定期服务、常态服务、结对服务等方式，有针对性地在全国各地开展扶贫济困、支教帮教、环境保护、社区服务、关爱孤老、政策宣讲等公益活动，全年参与社会公益活动2095次，参与活动志愿者3.9万人次。高度重视文物保护工作，在项目建设过程中积极采取措施，调整施工方略，制定保护预案，呵护遗珍华彩。三是建设绿色家园。始终践行“绿水青山就是金山银山”理念，加强环境管理，开展绿色施工，优化节能减排，实施绿色运营，致力于建设资源节约型和环境友好型企业，实现企业与自然的协调发展。不断完善环境保护顶层设计，加强环境管理体系建设，设置环保预警应急机制，严格贯彻绿色发展理念，全年环保总投入153219万元。四是社会责任管理。积极履行企业公民责任，以实际行动回报社会。被授予中国上市公司社会责任奖、“最具社会责任上市公司”等荣誉；获得国家优质工程奖50项、中国建设工程鲁班奖6项；获得省部级科学技术奖107项、中国土木工程詹天佑奖11项。持续加强社会责任管理，建立健全社会责任组织体系，修订完善社会责任管理制度，开展社会责任培训，全面提升员工责任意识和履责能力。

【疫情防控】 新冠肺炎疫情发生以来，中国铁建坚决扛起央企责任、发挥顶梁柱作用，坚决贯彻落实习近平总书记重要指示批示精神，坚持人民至上、生命至上，坚决服从大局、服务大局。各级党组织第一时间成立应对新冠肺炎疫情工作领导小组，建立健全工作体系，强化疫情防控措施，快速形成全面动员、全面部署、全面加强疫情防控的工作格局；在抓好自身疫情防控的同时，组织铁建突击队、铁建志愿者、铁建医疗队积极投身抗疫一线；不讲条件、不畏艰难，全力投入抗疫斗争，捐款捐物折合7700余万元。中国铁建房地产集团有限公司等单位主动减免租户和商家租金、物业费；中国土木工程集团有限公司、中铁十七局集团有限公司派出专家医疗队；中铁十一局、中铁十二局、中铁十四局集团有限公司，中铁建设集团有限公司，中铁第四勘察设计院集团有限公司等企业全力参与火神山、雷神山医院建设，建成武汉62%的方舱医院、90%的救治床位，为打赢湖北保卫战、武汉保卫战作出突出贡献。铁四院张浩获评“全国抗击新冠肺炎疫情先进个人”。中国铁建坚持把职工生命安全摆在首位，把疫情防控贯穿全年工作始终，做到思想不松懈、责任不松劲、措施不松动、员工关爱不减弱，全系统疫情防控取得较好成效，系统上下、境内境外未发生任何聚集性疫情，在中华民族用众志成城、坚忍不拔书写的抗疫史诗中贡献铁建力量。

【环境保护】 一是严格遵守《中华人民共和国环境保护法》《中华人民共和国大气污染防治法》等法律法规，注重源头控制，在施工生产过程中加强对施工现场和周边区域粉尘、水质、土壤等方面的监测和管理，优化施工方案和工艺，采用先进技术和设备，持续降低施工生产过程中污染物的产生和排放。二是高度重视资源的合理利用，着力控制能源消耗总量，合理调整能源使用结构，全面推进清洁生产战略，加速淘汰落后产能及工艺，优化施组方案，依靠科技进步节能；积极推广应用节能环保新技术、新设备、新材料、新工艺，调整能源使用结构，提高能源利用效率，控制能耗总量；加大对水资源的保护和管理力度，在设计施工中采取多种措施节约用水，打造节水型企业。2020年消耗水资源总量27934.26万立方米，耗水密度311吨/百万元营业收入；能耗总量594.13万吨标准煤，企业万元营业收入综合能耗（可比价）0.0781吨标准煤，比上年下降3.22%。三是强化绿色施工理念，努力做到“不碰红线，守住底线，创造亮点”，实现企业高质量可持续发展，修订《中国铁建股份有限公司能源节约与生态环境保护监督管理办法》，印发《节能减排与生态环境保护法律法规汇编》，组织培训学习，提高企业全员环境保护意识。所有在建工程项目严格遵守环境保护法律法规制度，严格控制施工现场扬尘污染、噪声污染、水污染、光污染、土壤污染、放射性物质污染及其他污染对生态环境的破坏，自觉保护野生动植物和生态植被，坚决打好“蓝天、碧水、净土”三大保卫战，为国家生态文明建设作出积极贡献。

【精准扶贫】 2020年，中国铁建系统派出定点扶贫干部42人，投入帮扶资金8303万元、物资折款219.6万元。其中，在3个定点扶贫区县直接投入帮扶资金2475万元，引进帮扶资金207.2万元，培训基层干部495人，培训技术人员332人。2月，对口定点帮扶的河北省张家口市尚义县脱贫“摘帽”；4月，青海省果洛州甘德县实现脱贫“摘帽”。一是坚持党的领导，不断强化定点扶贫工作组织保证。中国铁建党委充分发挥“把方向、管大局、保落实”的作用，公司及所属各级单位均成立扶贫工作领导机构，单位主要负责人担任领导小组组长推动工作落实；召开党委常委会及脱贫攻坚视频会，细化扶贫投入指标，总结分析全系统扶贫工作，部署重点扶贫任务。中国铁建主管领导、分管领导带队到扶贫一线走访调研，对贫困县脱贫攻坚工作落实情况进行监督检查，确保扶贫工作有序推进。二是坚持主业优势，不断扩充基建扶贫、就业扶贫的范围领域。充分发挥基础设施建设优势，在促进乡村振兴、建设社会主义新农村方面持续发力，帮助穷困百姓安居乐业。参建的贵南高铁穿过全国唯一的毛南族自治县——环江县，铁路建设助力毛南族脱贫攻坚、走向致富。坚持优先招用、尽量多用贫困地区劳务人员，加强贫困人口劳动技能培训，全面提高贫困人口转移就业专业化程度，全年招录国务院国资委和中央企业定点扶贫县各类人员33562人，其中“三区三州”深度贫困地区人员16946人。三是坚持因地制宜，不断丰富产业扶贫、消费扶贫的途径方式。在脱贫攻坚战中坚持结合贫困地区资源禀赋，深挖地区优势，真正做到在产业扶贫上解贫困地区所需，在消费扶贫上解贫困群众所急，把扶贫精准扶到点上、扶到根上。在青海省甘德县实施饲料厂牦牛全日量标准化养殖补饲试验示范项目，帮助建档立卡贫困养殖户提高养殖收益、舍饲养殖技术；在河北省张家口市尚义县、万全区分别实施兔肉循环项目、安全帽厂项目，帮助贫困户及村民实现就近就业增收。所属各级各单位着力加大消费扶贫支持力度，在贫困区县购买农产品、轻工业品4993.4万元，通过直播带货等方式帮助销售各类产品900余万元。四是坚持健体促智，不断强化医疗扶贫、教育扶贫的有效措施。瞄准“两不愁三保障”，对症下药、综合施策。在尚义县实施县医院120调度指挥中心建设与基层医疗机构建设项目，在甘德县、万全区、甘洛县实施“同舟共济”救急难工程；疫情期间，中国铁建捐赠220万元助力万全区、尚义县、甘德县等贫困区县疫情防控。在万全区着力打造“铁建阳光”系列教育品牌，开展“心系扶贫，情暖六一”关爱少年儿童主题活动。从贫困群众最关心、最急需的医疗、教育等问题入手，把温暖送到老百姓心坎上。五是坚持安居乐业，不断加大危房改造、水利扶贫的工作力度。坚持把贫困地区人民生命安全放在首位，大力推进住房安全、饮水安全巩固提升工程。开展对甘肃省岷县清水镇13个村1073个建档立卡贫困家庭易地扶贫搬迁、危房改造等方面深入排查，帮助修缮房屋，改善人居环境。引进帮扶资金建立2座饮水大口井，为尚义县南朝碾村民农耕提供配套灌溉水井、饮用水井支持。截至2020年底，全系统定点扶贫区县、乡村均实现脱贫“摘帽”，各项扶贫项目均按照既定程序履行和推进；中国铁建获评“最具社会责任公益先锋”，中铁十七局集团有限公司驻村第一书记刘印洲获评“全国脱贫攻坚先进个人”。

（撰稿人：杨启燕）

中国交通建设集团有限公司

【基本概况】 中国交通建设集团有限公司（以下简称中交集团）是国务院国资委监管的特大型综合建筑企业，是国有资本投资公司改革试点单位。2020年居《财富》“世界500强”第78位，较2019年跃升15位；连续第15年在国务院国资委经营业绩考核评价中获评A级。中交集团主要从事交通基础设施的投资建设运营、装备制造、房地产及城市综合开发等，为客户提供投资融资、咨询规划、设计建造、管理运营一揽子解决方案和综合一体化服务，是中国第一家成功实现境外整体上市的特大型国有基建企业，业务遍及全球150多个国家和地区，员工超过14万人。经过长期发展，中交集团成为世界最大的港口设计及建设公司、世界最大的公路与桥梁设计建设公司、世界最大的疏浚公司、世界最大的集装箱起重机制造公司、世界最大的海上石油钻井平台设计公司；亚洲最大的国际工程承包公司、中国最大的设计公司、中国最大的高速公路投资商；拥有中国最大的民用船队。

【主要指标】

表 1　2020 年中国交通建设集团有限公司主要经济指标

项　目	2019 年	2020 年	比上年增长(%)
资产总额(亿元)	16164	20003	23.75
所有者权益(亿元)	3820	5005	31.02
营业收入(亿元)	6570	7374	12.24
利润总额(亿元)	321	347	8.10
净利润(亿元)	236	257	8.90
归属于母公司所有者的净利润(亿元)	92	80	−13.04
技术开发投入(亿元)	146	214	46.58
利税总额(亿元)	634	721	13.72
应交税金总额(亿元)	367	413	12.53
全员劳动生产率[万元/(人·年)]	59	58	−1.69
净资产收益率(%)	6.79	5.83	减少 0.96 个百分点
总资产报酬率(%)	3.4	3.15	减少 0.25 个百分点
国有资本保值增值率(%)	113.2	106.22	减少 6.98 个百分点

【改革发展】　按照国务院国资委关于改革三年行动的总体部署，结合中交集团实际，编制《中交集团改革三年行动实施方案》，明确未来三年改革发展的重要任务、举措和预期成果，深入推进各项改革工作并取得积极成效。一是着力规范治理结构，逐步推进治理体系现代化建设。修订完善《公司章程》等相关治理规则和规章制度，优化调整和细化完善董事会下设的各专门委员会的职能职责，积极发挥外部董事作用，实现董事会与经理层决策权与执行权的分权制衡。二是优化总部机构改革，推进集约高效管理模式。坚持“大部制”方向，着力破除“职能墙”，实现总部大部分一级职能模块归口管理，总部机构从 27 个减少至 18 个；完成从专业事业部到功能事业部再到公司化事业部的升级设置。三是优化管控与授权体系，企业活力充分激发。按照“放得下、接得住、管得好、动态调”思路，构建以公司治理和权责定位为基础的管控与授权体系，对出资企业试行以实现战略目标和财务效益为主的清单式管控模式。四是聚力党的领导党的建设，全面融入公司治理各环节。落实党建工作进章程，推进所属企业单位法人治理试点，建立健全董事长、党委书记“一肩挑”“双向进入、交叉任职”的领导体制；二级单位全面制定“三重一大”议事清单；坚持把学习贯彻习近平总书记重要指示批示精神作为“第一议题”。

【重大项目】　积极践行国家战略，坚定不移贯彻落实党中央、国务院、国务院国资委的一系列战略部署，坚决扛起中央企业的政治责任，始终坚持目标导向、问题导向和结果导向，按照“三重两大两优”市场经营方针，在重大项目市场开发、建设方面成绩显著，硕果累累。

项目开发、建设方面，天津地铁 2 号、3 号线存量 PPP 项目成功中标，成为全国首例地铁存量 PPP 项目，也是中国交建在国内运营的第一条地铁线路；新疆乌尉公路包 PPP 项目 S254 线尉犁至且末公路沙基全线贯通，成为当前世界上在建的里程最长、流动沙丘分布最广、施工条件最恶劣、严寒酷暑沙尘暴频发、施工难度最大的沙漠公路。深圳地铁 8 号线一期、2 号线三期工程于深圳特区建立 40 周年之际开通，该项目地质条件复杂，施工技术涵盖所有地铁施工工法，被业内专家称为“地铁施工博物馆”“地铁百科全书”。成都轨道交通 17 号线一期工程正式开通运营，建设中攻克高富水、高砂卵石、高强度漂石的“三高”地质难题，盾构施工先后穿越特重大风险源 8 次，其中下穿成雅城际铁路成都西特大桥更是全国首例大直径盾构机在富水砂卵石地区穿越运营中的城际铁路。三亚有轨电车示范线是国内首个以 PPP 模式推进建设的有轨电车线路和国家发展改革委公布的 PPP 典型项目，2020 年运营开通，成为海南省首条城市轨道交通线路，是海南省城市轨道交通建设的里程碑工程。云南华（坪）丽（江）高速公路项目是国家高速公路网 G4216 成都至丽江高速公路的一段，为云南省首批 4 条高速公路 PPP 项目之一，中交集团负责承建的金安金沙江大桥为该项目控制性重点工程，2020年建成通车，是世界上最大跨径的山区悬索桥，世界上首座全桥采用U肋全熔透焊接工艺的桥梁，宽度与跨径比1/51，居世界第一，桥钢桁梁吊装系统跨径1386米，为世界桥梁领域最大跨径缆索吊。雄安新区雄安站枢纽片区3号地块项目成功中标，该项目是雄安新区推出的首批市场化项目之一，也是中交集团践行国家战略，发挥产业链优势，为雄安新区打造成为贯彻落实新发展理念、创新发展示范区建设的首个投资项目。成都彭州市濛阳新城片区综合开发项目成功中标，助力成渝地区双城经济圈建设，是德眉资同城化发展的重要载体，打造公园城市理念引领下的未来之城，推动彭州成为成都都市圈北部区域高质量发展的示范标杆。唐山市全域治水清水润城县区工程PPP项目中标，有利于促进唐山市水安全、水资源、水环境、水生态、水文化协同发展，进一步改善人居环境、提升城市品位，具有良好的社会效益、生态效益和经济效益。

并购重组项目方面，收购水处理行业领军企业北京碧水源科技股份有限公司，实现财务并表；收购北京国明建设工程有限公司、广州佳和建设工程有限公司、深圳市湘禹建筑工程有限公司等建筑、市政施工总承包一级资质企业，补齐资质短板；参与天津城建大学建筑设计研究院混合所有制改革，提升城市规划设计能力；增资扩股中国民航咨询有限公司，推动中国民航机场建设集团重组改革；参股三亚机场建设有限公司，有力支持三亚新机场建设。

【走向海外】 中交集团作为最早"走出去"的中国企业之一，深入践行海外优先战略，积极推进"五商中交"全球落地。一是海外布局持续优化，由传统的亚洲、非洲向欧洲、拉丁美洲和环加勒比市场不断拓展，在全球157个国家和地区开展实质性业务，设有境外机构278个；形成公路、港航、铁路、机场为龙头，市政、装备制造、疏浚吹填、房建、城市轨道交通的多元海外业务格局；积极探索商业模式创新，找准投、建、营、退出及多种组合最佳盈利模式；进一步加强"一带一路"互联互通项目对接，深化布局"六廊六路多国多港"，市场开发取得系列成果，连续14年居"ENR全球最大国际承包商"亚洲第一位、中国首位。二是重大项目保障有力，截至2020年底，境外各类对外承包工程项目949个，马来西亚东海岸铁路坚持疫情防控和复工复产双线作战，各项工作逆势而上；蒙内铁路全年客运货运安全无事故运行，内马铁路项目一期正式通车并投入运营，东非铁路网持续完善升级；斯里兰卡科伦坡港口城项目初具规模，土地全部完成吹填；克罗地亚佩列沙茨跨海大桥项目克服疫情带来的不利影响，各项工作稳步推进。三是风险应对沉着有力，加强海外大安全管理，对海外项目进行多轮远程综合督查，检查整改各类问题300余项，全年发布各类风险预警400余次，中交集团境外未发生安全生产责任事故，实现"零事故、零伤亡"的阶段性目标；推进法律合规体系建设，持续优化海外合规管理体系，积极稳妥开展专项风险应对工作。四是发展机制优化完善，建成中交集团总部、平台公司、专业子集团与专业公司、境外机构之间价值共享、融合发展的生态系统网络，保障中交集团40余家单位"走出去"协调有序。五是品牌美誉度持续提升，与属地社会结成最广泛的命运共同体，在不同国家和区域，因地制宜提供力所能及的社会公益服务，受到所在国政府、业主、驻外使领馆的普遍好评。

【重大创新】 坚持"围绕市场、支撑发展、统筹谋划、整合资源、重点突破、引领未来"的指导方针，加强关键核心技术攻关，不断完善科技创新体系，持续提升科技管理能力。推进"卡脖子"技术攻关，布局10个领域35个重大研发方向。成立中交集团主要领导挂帅的科技创新暨核心技术攻关领导小组、40名院士组成的高端科技智库和44名青年科技骨干组成的青年专家委员会，与中交集团专家委员会一起，形成完善的中交集团"1+3"科技创新决策咨询体系。获准认定4个交通运输行业野外观测研究基地，其中青海青藏高原公路冻土工程野外科学观测研究站入选国家级建设名单。制定的中交集团交通强国建设试点实施方案获得交通运输部正式批复，入选第二批交通强国建设试点单位。承担"高分综合交通遥感应用示范系统(二期)""'一带一路'重大建设工程北斗应用""疏浚船舶智能作业系统开发"等国家科技计划项目，启动"桥隧结构分析与设计软件""盾构机掘进同步拼装关键技术及装备"等关键核心技术研发项目。"海上大型绞吸疏浚装备的自主研发与产业化"获得国家科技进步奖特等奖，港珠澳大桥获评国际桥梁大会"超级工程奖"，2个项目获得ENR全球工程奖，34个项目获得国家优质工程奖，5个项目获得中国土木工程詹天佑奖。

【党建工作】 深入贯彻中央决策部署，落实国务院国资委"中央企业党建巩固深化年"工作要求，以打造"国企党建五个示范点"为目标，持续提升党建工作质量。一是牢记央企职责使命。始终把旗帜鲜明讲政治摆在首位，制定《深入贯彻落实习近平总书记重要指示批示实施办法(试行)》，落实落细"第一议题"制度，梳理落实事项309项，确保工作闭环；修订党委常委会审议事项目录清单，进一步明确各治理主体权责边界，保障党委领导作用的有力有效发挥；深入推进国企党建联系点建设，不断总结特色党建经验，区域化党建和政企共建等课题研究成果入选中央内刊《党建要报》；印发《关于激励各级党组织和党员干部在疫情防控复工复产一线积极发挥作用的若干措施》等文件制度，积极发挥党组织和党员在"抗疫复工"中的战斗堡垒作用和模范带头作用，助力各级单位交出双战双胜合格答卷。二是夯实基层基础工作。深入学习宣传贯彻《中国共产党国有企业基层组织工作条例(试行)》，督促各层级党组织制定问题清单和整改清单，持续开展软弱涣散党组织整治工作，全面提升基层党建工作的规范化水平；坚持组织开展基层党组织书记集中轮训，提升党务干部队伍能力水平；制定完善全面从严治党主体责任清单、党工委工作规则等基本制度，形成《中交集团党建制度汇编》，基层党建制度体系更加完备；通过联片培育方式深化基层党建标杆工作，交流创建经验，促进资源共享，项目党建、海外党建等7个领域标杆创建初显成效；统战群团工作成果丰硕，各级团组织获评省部级及以上"五四青年奖章"等荣誉35次，7人被授予"全国劳动模范"称号。三是强化纪律作风建设。开展境外腐败、利益输送、设租寻租、化公为私专项治理，完善境外派驻监督机制，有效打通监督堵点；完成11家直管项目和11家单位巡视及"回头看"，在"全覆盖"的基础上推动巡视工作向纵深发展、向基层延伸；大力推行《纪律检查建议书》制度，建立纪检监督员制度，建强党风廉政建设和反腐败工作协调小组，完善大监督格局；开展"总部机关化"问题专项整治，落实为基层减负重点工作24项，常态长效推进作风建设。

【信息化与数字化建设】 充分发挥"互联网+"创新驱动作用，深入实施数字化转型三年计划，按照"统一规划、统一标准、统筹建设、统一管理、统一投资、统一运营"的基本原则和"主干统一、末端灵活"的推进策略，落实应用架构、数据架构、基础设施架构、信息化管控架构"四大架构"的建设任务。推进重点信息系统平台建设及推广应用，综合信息共享服务平台在信息共享及协同管理方面大幅提升效率，为企业疫情防控和复工复产的工作提供强有力的支撑；供应链管理平台支撑公司大采购战略落地，各专区集采率60%；项目管理平台实现全集团在建施工项目的全面监控，并实现与BIM集成应用。推进重点专项系统建设，依托北斗"一带一路"重大专项推进海外信息化建设，依托1301专项推进涉密信息化体系和国产化自主可控。组建智慧研究院及中交BIM中心，编制发布《中交集团BIM工作顶层设计》。全面开展网络安全建设，强化闭环管控，在国家"护网"行动中取得央企组第九名、行业第一名的护网名次，得到公安部通报表彰。

【履行社会责任】 积极发挥企业优势，切实扛起央企使命与担当。一是做好疫情防控"加试题"。新冠肺炎疫情发生以来，中交集团党委坚决贯彻落实习近平总书记重要指示批示精神，坚持人民至上、生命至上，坚决服从大局、靠前站位，投入抗疫大战并取得疫情防控重大胜利。在武汉的单位临危不乱、冲锋在前，用最快速度、最高标准建成"火眼"实验室、火神山医院等抗击疫情主阵地；累计捐款超过7600万元，运营的2600余千米高速公路全部开通绿色通道，减免通行费约22亿元。二是交出脱贫攻坚"满意卷"。中交集团统筹36家子公司开展定点帮扶，形成高效务实、合力攻坚的中交扶贫大格局，助力云南省怒江州兰坪县、贡山县、福贡县、泸水市和新疆维吾尔自治区英吉沙县全部脱贫"摘帽"。2020年，中交集团对定点扶贫地区投入帮扶资金28833.11万元，引进帮扶资金217.65万元，培训基层干部1122人，培训技术人员1201人，购买贫困地区农产品944.06万元，帮助销售贫困地区农产品288.81万元。

（撰稿人：宋 莹）

中国信息通信科技集团有限公司

【基本概况】 中国信息通信科技集团有限公司（以下简称集团）由武汉邮电科学研究院有限公司和电信科学技术研究院有限公司于2018年7月20日联合重组而成。2020年，集团党委坚持以习近平新时代中国特色社会主义思想为指导，以习近平总书记视察集团重要讲话精神为遵循，增强“四个意识”，坚定“四个自信”，做到“两个维护”，坚决贯彻落实党中央各项决策部署和国务院国资委各项工作要求，坚定不移贯彻新发展理念，以融合创新发展突破为主线，以提质增效稳增长为抓手，统筹推进疫情防控和经营发展各项工作，着力打好“疫情防控、复工复产、风险应对”三大攻坚战，表现出极大韧劲，推动集团在逆境中实现向好发展。

【主要指标】

表1 2020年中国信息通信科技集团有限公司主要经济指标

项 目	2019年	2020年	比上年增长（%）
资产总额（亿元）	932.6	1035.6	11.0
所有者权益（亿元）	403.4	425.3	5.4
营业收入（亿元）	542.0	475.0	−12.4
利润总额（亿元）	8.4	4.0	−52.4
净利润（亿元）	6.2	1.2	−80.6
归属于母公司所有者利润（亿元）	3.5	8.9	154.3
技术开发投入（亿元）	66.0	69.6	5.5
利税总额（亿元）	32.6	21.8	−33.1
应交税金总额（亿元）	24.2	17.8	−26.4
全员劳动生产率[万元/（人·年）]	25.9	26.0	0.4
净资产收益率（%）	1.7	0.3	减少1.4个百分点
总资产报酬率（%）	2.0	1.5	减少0.5个百分点
国有资本保值增值率（%）	103.5	105.5	增加2.0个百分点

【改革发展】 一是集团董事会工作运转良好。全年组织召开董事会会议8次，审议项目及听取汇报32项；召开专门委员会会议9次，讨论议案和听取工作汇报22项。二是国企改革工作进一步深化。集团响应国企改革三年行动并完成实施方案制定。“双百行动”深入推动。对标世界一流管理提升行动扎实推进，集团总部提出问题49项、目标任务41项、措施111项，下属公司形成对标提升方案和工作清单21份。三是“十四五”规划编制工作取得阶段性成果。初步形成“1+6+N”规划成果，即1个集团发展规划，6个板块发展规划，N个下属公司发展规划，总目标与分解目标衔接、总布局与局部布局衔接、整体规划与具体规划衔接。四是无线移动通信业务重组工作稳步推进。加强顶层设计，制定总体方案，联合重组大唐移动和虹信通信成立中信科移动公司，并以此为平台完成A轮融资，加大产业投资，为打造集团5G核心竞争力提供有力支撑。

【重大项目】 一是资本运作产融结合取得实效。集团发挥股东作用，协调推进相关公司科创板上市并参与战略配售。成功设立5G产业投资基金，首期到位资金31亿元，有效助力集团5G产业重组与发展。二是产业配套工程建设有序推进。烽火通信锐拓光纤预制棒一期项目、理工光科产业园二期工程竣工并投入使用；烽火通信研发中心二期项目完成各项配套安装工程部分区域投入使用；大唐高鸿贵阳花溪慧谷物联网和大数据产业园进行结构和装修施工；信息安全科研楼项目局部出正负零，有序进行主体结构施工。

【走向海外】 集团国际市场攻坚克难逆势增长。2020 年，国际市场合同额完成 13.6 亿美元，与上年持平；销售额完成 12.8 亿美元，比上年增长 15.9%。无源产品实现俄罗斯、泰国等多个“大 T”突破；海缆产品在智利实现南美市场第一个上规模项目突破；较大份额中标菲律宾室外缆新网招标项目，是协助中国运营商海外布局的成功典范；中标乌克兰第一大运营商全国 DWDM 项目；突破北美知名数通设备商客户，取得多款主流数据类器件产品样品订单。菲律宾总包模式和综合代维服务模式实现量级增长，框架协议规模 10 亿美元。

【重大创新】 关键核心前瞻性技术取得集中突破。“三超”光传输在国内首次实现 80×200Gbit/s 万千米级系统实验。超 100G 波特率铌酸锂薄膜相干调制器芯片研制成功；研制出全球首款 200 Gb/s PAM4 硅光微环调制器芯片，打破同类芯片速率世界纪录(128Gb/s)。携手上海电信完成国内业界首次单波 800G+OXC 现网联合测试，实现超大容量系统技术研究重大突破。首创核电光缆顺利通过国家科技重大专项成果鉴定，填补国内空白，达到世界领先水平。

【党建工作】 一是持续加强党的政治建设。坚持把学习贯彻习近平新时代中国特色社会主义思想作为首要政治任务，开展集团党委中心组学习 18 次，狠抓二级单位党组织中心组学习情况督查，形成高质量中心组理论学习文章 23 篇；同步开展 2020 年度中央企业政研课题研究工作 3 个。二是持续巩固基层党组织建设。修订和发布《党委落实全面从严治党主体责任清单》《基层党建工作考核评价办法》，实地对 23 家二级单位和 9 家三级单位进行党建调研，进一步压实党建责任、巩固基层基础；印发《境外单位党建工作实施细则》，进一步规范境外党组织建设工作；全年发展新党员 180 余人。三是持续强化干部人才队伍建设。全年新选拔任用集团直管干部 15 人；组织开展干部兼职情况清查工作，均合乎规范；组织开展领导干部个人事项填报、对比审核及监督处理工作；有针对性地开展专业能力和知识培训，全年集团直管干部人均学时 48.2 小时，各级基层干部人均学时 53.7 小时，合格率均为 100%。四是持续深化纪律建设和巡视工作。从严监督执纪，依纪依规严肃处理子公司融资性贸易案件；结合案例组织开展有针对性的警示教育。集团纪委收到信访件比上年下降 58%，减存量、遏增量成效明显，强化政治监督和日常监督，集团风清气正氛围得到进一步巩固。开展两轮常规巡视，聚焦境外腐败问题开展专项巡视，对 1 家三级党总支开展提级巡视，各直属党组织累计完成巡察所属党组织 19 家，2020 年度第一轮巡视反馈问题整改完成率 86%。五是推动发展的精神力量更加凝聚。深入系统地开展党的十九届五中全会精神学习和宣传贯彻，推出“习近平总书记视察集团两周年”专栏学习，推进“不忘初心、牢记使命”主题教育整改“回头看”工作，抓好意识形态工作责任制落实，发布 2019 年度企业社会责任报告。加强群团工作，坚持开展劳动竞赛及技能培训，弘扬劳模精神和抗疫精神，凝聚职工思想合力，引领职工建功立业。

【信息化与数字化建设】 信息化支撑作用成效明显。集团总部协同办公系统在总部各部门全面应用；集团南区数据中心实现基础设施升级优化，北区数据中心完成新建；外事审批系统和投资管理系统在主要二级单位试运行。

【履行社会责任】 在新冠肺炎疫情大战大考中，集团牢固树立以人为本思想，千方百计保障供应、满足需求，为打赢疫情防控阻击战作出积极贡献。针对湖北、武汉抗疫主战场，集团紧急参与湖北武汉“两山医院”和“方舱医院”等通信网络抢建，完成华南海鲜市场、多家定点医院和隔离酒店等重点区域摄像头建设，保障武汉公益 WiFi 项目站点稳定运行；一周内打通湖北省首个四级防控指挥系统，依托“楚天云”紧急开发湖北省疫情防控大数据分析平台、湖北健康码等应用，帮助政府提升疫情防控效能。针对全国疫情防控大局，集团全力支撑运营商应急网络建设和疫区网络服务保障；承担工业和信息化部国家重点医疗物资保障调度平台、上海“一网统管”、杭州“城市大脑”等项目建设；自主开发的高清视频会议系统确保国务院、国务院国资委等 10 余个国家(省)部门的视频会议稳定运行。

2020年，集团无偿货币帮扶金额比上年提升50%，购买、帮助销售贫困县农副产品比上年提升超过10倍。集团创造的中央企业联合扶贫创新模式覆盖10余个国家级贫困县，得到国务院国资委扶贫办、中央企业扶贫基金的高度肯定和支持。集团疫后减免部分小微企业房租超过1100万元。在有序推进退休人员社会化管理工作基础上，坚持走访慰问生活困难员工、住院离退休人员，用实际行动关爱群众生活。

（撰稿人：张楚良）

中国农业发展集团有限公司

【基本概况】 2020年，中国农业发展集团有限公司(以下简称中国农发集团)坚决贯彻落实党中央、国务院国资委关于统筹疫情防控和经济社会发展的决策部署，奋力抗击新冠肺炎疫情，全力推进复工复产，创新工作方式，细化工作举措，组织开展一系列经营改革专项活动，圆满完成各项年度工作任务，保持企业稳定协调发展的局面。

【主要指标】 2020年，中国农发集团面对严峻复杂的内外部环境，一手抓疫情防控，一手抓复工复产，努力降低疫情影响，全年生产经营总体保持平稳有序运行。实现营业收入349.61亿元，比上年增长5.12%；利润总额8.34亿元，比上年增长3.60%；净利润5.63亿元，比上年增长0.90%。年末资产总额347.59亿元，比上年增长6.19%；资产负债率54.71%。全面完成各项年度经营业绩考核指标。

表1　2020年中国农业发展集团有限公司主要经济指标

项　目	2019年	2020年	比上年增长(%)
资产总额(亿元)	327.32	347.59	6.19
所有者权益(亿元)	152.38	157.44	3.02
营业收入(亿元)	332.57	349.61	5.12
利润总额(亿元)	8.07	8.34	3.60
净利润(亿元)	5.60	5.63	0.90
归属于母公司所有者的净利润(亿元)	3.91	4.02	2.81
技术开发投入(亿元)	4.28	4.55	6.31
利税总额(亿元)	11.94	12.04	0.84
应交税金总额(亿元)	6.91	6.51	-5.79
全员劳动生产率[万元/(人·年)]	16.98	21.17	24.69
净资产收益率(%)	3.73	3.64	减少0.09个百分点
总资产报酬率(%)	3.34	3.27	减少0.07个百分点
国有资本保值增值率(%)	104.24	103.30	减少0.94个百分点

【改革发展】 不断健全中国特色现代国有企业制度。制定集团权责事项清单，党委会、董事会、总经理办公会决策事项清单、授权放权事项清单等有关规章制度，提高决策效率，增强企业活力。加强二级企业董事会建设，完成农发种业、中牧股份董监事会换届工作，调整充实部分二级企业董监事人员。加快推进企业领导人员任期制和契约化管理。在总结集团推行企业经理层任期制和契约化管理经验的基础上，制定在所属企业推行任期制和契约化管理以及职业经理人制度的实施意见，提出市场化改革的主要目标、工作程序、管理体系、工作机制；启动农发种业、中垦公司等企业董事长市场化选聘工作，通过市场化选聘方式引进多个关键领导岗位人员。深化混合所有制改革和股权多元化改革。扎实推进“双百行动”，实施混合所有制改革及员工持股，公开征募战略投资者；推进上市公司股权激励，制定股权激励方案，为实现上市公司股权激励全覆盖打下基础。实施集团深化改革三年行动。开展动员部署培训，制定实施方案，明确总体要求、工作目标和重点任务，建立工作台

账，完善领导机构和工作机制，通过清单化推进落实。持续推进专项改革工作。全面完成集团总部“总部机关化”专项整改工作，二级企业专项整改工作有序推进；完成“三供一业”、市政社区管理职能分离移交和教育医疗机构深化改革；建立企业“压减”工作长效机制；加大力度推进南通淄柴“僵尸企业”处置；开展“两非”剥离专项工作。

【重大创新】 一是突出科技创新，强化体系建设，科技创新贡献进一步彰显。突出抓好科技创新顶层设计。围绕“一定、四建、四抓”工作思路，抓重点，补短板；完善科技创新管理组织机构建设，及时调整科技委成员，完成科技委专家库专家遴选聘任，专家库的专业结构进一步优化；组织研讨“十四五”科技创新规划，出台《关于加快集团关键核心技术攻关的指导意见》，修订《集团科技成果评审奖励办法》。突出抓好科技创新平台建设。持续推进企业研究院、重点实验室、企业技术中心等科研平台能力提升，积极组织申报国家、省级科研平台认定或相关资质认证。突出抓好关键核心技术和重大研发项目攻关。建立集团关键核心技术清单和重大研发项目清单，科技研发的重点任务更加明确。取得一批科技创新成果。2020 年，全集团获得授权专利 151 件，其中发明专利 26 件；受理专利 95 件，其中发明专利 31 件。获得新兽药证书 8 项，植物新品种权证书 2 项，省部级科技成果奖励 19 项。

二是努力防范化解风险，提升合规管理水平，保持安全稳定和谐局面。不断加强成本费用管控力度。开展“两金”压控专项行动，确定应收账款重点清收清单，大力压缩非生产性开支，努力实现营业成本增幅低于营业收入增幅。保障现金流平稳运行。集团上下积极争取银行授信储备和低利率的银行贷款，积极调剂内部借款，在带息负债规模没有增加、集团整体现金流平稳运行的同时，有效节省对外利息支出。不断完善投资管理。建立健全投资决策和监督管理机制，修订《投资管理规定》《投资并购实施细则》，制定《境外投资管理规定》，完善集团投资项目和境外投资项目负面清单。有效提高全面风险管理水平。制定《重大经营风险事项报告办法（试行）》，建立健全违规责任追究工作体系，制定违规经营投资责任追究实施办法和责任追究工作体系建设方案。认真开展合规体系建设。强化法治建设第一责任人职责，集团二、三级企业法定代表人均签署依法合规经营承诺书，分级开展合规风险排查；编制远洋渔业合规手册，成立远洋渔业法律中心，促进远洋渔业企业法律资源共享；开展《中华人民共和国民法典》培训，加快规章制度的废改立，加强境外法律风险防控，连续两年新发诉讼案件数量大幅下降。狠抓安全生产节能环保。进一步强化节能环保措施，认真开展安全生产大检查和节能环保考评活动，积极推进安全生产专项整治三年行动；持续加大安全生产投入，改造升级设施设备，本质安全水平不断提高；全年没有发生较大以上生产安全事故，没有发生生产安全责任事故，超额完成年度节能环保指标，整体安全生产和节能环保管理工作跨上新台阶。

【党建工作】 认真贯彻集团党委“中央企业党建巩固深化年”部署，落实党建工作责任制，党建工作成效进一步提升。一是认真学习贯彻习近平新时代中国特色社会主义思想。通过观看视频宣讲、中心组学习、开展培训等多种形式，认真学习贯彻习近平新时代中国特色社会主义思想和最新重要讲话、重要指示批示精神，落实“第一议题”制度，贯彻党中央重大决策部署。二是认真贯彻落实《中国共产党国有企业基层组织工作条例（试行）》，开展基层党支部标准化规范化建设和争创示范党支部活动。围绕企业改革发展和生产经营的重点难点问题，开展基层党支部“双达标一示范”典型经验交流，推动党建与生产经营深度融合；组织开展基层党支部书记、党务干部培训；健全“述评考用”有效贯通工作机制，开展二级企业党委书记党建工作述职评议；构建“不忘初心、牢记使命”长效机制，建立集团领导班子成员基层党建工作联系点及联系和分管企业工作制度，集团领导班子带头深入企业调研，到党建联系点讲党课。三是推进党风廉政建设和反腐败工作。集团党委召开年度党风廉政建设和反腐败工作会议，层层签订党风廉政建设责任书；对 10 家二级企业落实党风廉政建设责任进行检查考核；制定规范企业领导干部配偶、子女及其配偶经商办企业管理办法及对领导干部插手干预重大事项进行记录的规定，开展境外腐败、利益输送、设租寻租和化公为私等问题的专项整治工作，常态化查纠“四风”问题。四是持续推进巡视整改。完成整改任务95项，整改完成率87%。督促各企业将国务院国资委巡视和集团内部巡视发现问题一体整改，统筹推进。五是做好宣传、工会、共青团工作。集团宣传思想工作围绕贯彻落实习近平总书记视察山丹马场指示精神、抗疫复工等重点工作，加大宣传力度，发挥凝心聚力作用。集团工会和共青团积极组织全系统开展抗疫行动，举办职工读书、演讲比赛等职工文化活动，收到良好效果。

【履行社会责任】 作为中央农业企业，中国农发集团以服务“三农”为宗旨，发挥行业“排头兵”“主力军”作用，努力促进远洋渔业转型升级，维护国家海洋权益，服从和服务国家外交大局；提升研发水平，生产高品质疫苗和药物，在动物疫病防控和公共卫生安全保障方面发挥重要作用；加速培育和发展现代种业、农机制造业等，保障我国粮食安全、服务“三农”能力和水平进一步提升。在“走出去”发展过程中，遵守所在国法律，尊重当地文化和风俗习惯，促进当地就业和经济社会发展，受到广泛赞誉。

积极参与慈善救助、扶贫济困等社会公益事业。远洋渔业企业在开展海上作业期间，多次在南太平洋、几内亚比绍、毛里求斯、基里巴斯等国家及海域积极参与海上救助、国际援助、物资运输等。全力支持抗击新冠肺炎疫情工作，积极动员集团海外机构采购医用口罩、手套、防护服、护目镜等防疫物资，支援防疫一线；组织集团及所属企业捐赠自己生产的优质水产品、畜产品、农产品等。集团捐款捐物878.38万元。认真贯彻习近平总书记关于决战决胜脱贫攻坚的重要指示精神，按照国务院扶贫办和国务院国资委关于脱贫攻坚的部署要求，主动克服新冠肺炎疫情影响，加大帮扶力度，创新帮扶方式，提前3个月完成中央单位定点扶贫责任书的各项承诺，帮扶资金完成数395万元，比上年增长18.6%。培训基层干部295人，培训技术人员619人，购买农产品29.4万元，帮助销售农产品37.8万元。定点扶贫县安徽省萧县于2020年4月如期实现脱贫“摘帽”，实现收官之年的完美收官。

（撰稿人：李　尧）

中国林业集团有限公司

【基本概况】 2020年，中国林业集团有限公司（以下简称中林集团）以习近平新时代中国特色社会主义思想为指导，深入贯彻落实党的十九大和十九届二中、三中、四中、五中全会精神和党中央、国务院以及国务院国资委决策部署，牢牢把握“高质量发展年”的总要求，在做好新冠肺炎疫情防控的基础上，积极应对内外部环境深刻变化，全面提速深化改革，加快对标世界一流。广大干部职工锚定“做生态产业领袖创世界一流企业”愿景目标，切实践行“两山”理论，大力实施“森林＋”“园区＋”“湖泊＋”发展战略，稳步提升资产质量、经营质量、项目质量、改革质量、人才质量，较好地完成年度各项指标，以优异成绩收官“十三五”。

【主要指标】 2020年，中林集团实现营业收入2046.09亿元，利润总额12.78亿元，净利润9.68亿元。截至2020年底，资产总额1643.96亿元，所有者权益总额546.16亿元，在收入和利润大幅增加的同时，国有资本保值增值能力进一步增强。

表1　　2020年中国林业集团有限公司主要经济指标

项　目	2019年	2020年	比上年增长(%)
资产总额(亿元)	1261.09	1643.96	30.36
所有者权益(亿元)	329.42	546.16	65.79
营业收入(亿元)	1600.25	2046.09	27.86
利润总额(亿元)	7.76	12.78	64.69
净利润(亿元)	5.68	9.68	70.42
归属于母公司所有者的净利润(亿元)	0.96	3.94	310.42

续表

项　目	2019 年	2020 年	比上年增长(%)
技术开发投入(亿元)	0.29	0.36	24.14
利税总额(亿元)	11.11	23.35	110.17
应交税金总额(亿元)	3.87	12.52	223.51
全员劳动生产率[万元/(人·年)]	42.75	54.97	28.58
净资产收益率(%)	1.85	2.21	增加 0.36 个百分点
总资产报酬率(%)	3.43	3.11	减少 0.32 个百分点
国有资本保值增值率(%)	100.46	101.11	增加 0.65 个百分点

【改革发展】 2020 年，中林集团深化改革全面提速，在集团层面成立改革办，系统提升改革顶层设计和执行能力。国企改革三年行动实施后，牢牢把握国企改革“一个抓手、四个切口”正确方向，围绕 6 个方面重点改革任务，多措并举，突出工作重点，健全配套机制，强化组织保障，将改革工作落到实处。一是稳步推进国企改革三年行动。形成和动态优化《中林集团改革三年行动实施方案》和任务台账 8 个方面工作 36 项任务 114 条具体措施；在集团全面深化改革领导小组下成立改革三年行动专项工作组，建立工作规则、定期报告、专项督查等配套机制；抓实抓好首要任务，邀请中国企业改革与发展研究会会长，知名企业家宋志平做客“中林大讲堂”，分享国企改革典型案例与成功经验；系统各级公司全面建立“第一议题”制度，集团公司和 5 家重要子企业率先制定完成党委前置讨论重大经营管理事项清单。二是 1 户子企业入选“科改示范企业”。集团所属二级企业中国林木种子集团有限公司(以下简称种子公司)顺利完成混合所有制改革，并成功入选“科改示范企业”名单。为鼓励创新、激发活力，中林集团对种子公司充分授权放权，切实发挥混合所有制改革合作伙伴作为积极股东治理公司的作用。截至 2020 年底，种子公司全面解决制约企业发展的 4 个方面突出历史问题，率先启动经理层成员职业经理人制度，企业活力效率得到显著提升。三是强化 2 户“双百行动”企业改革样本作用。所属“双百行动”企业不断强化改革意识，落实专项改革工程要求，动态优化改革台账，率先推动改革重点任务，其中杭州千岛湖发展集团有限公司改革案例入选《改革样本：国企改革“双百行动”案例集》。四是开展对标世界一流管理提升行动。着眼全球林业发展格局，对标全球和国内企业管理最佳实践，重点提升战略管理、组织管理、运营管理、财务管理、科技管理、风险管理、人力资源管理、信息化管理八大基础管理能力，着力夯实世界一流生态企业管理基础。五是进一步深化三项制度改革。制定出台集团公司职业经理人管理办法，明确选聘程序、管理职权，建立鲜明的市场化选人用人导向；制定三项制度改革专项评估清单，客观评估集团公司改革进程和成效。在国务院国资委三项制度改革总体评估中综合得分 81 分，评估结果为“中上”。六是开展混合所有制改革评估工作。全面摸底集团所属混合所有制企业改革情况，科学评估成功经验和存在问题，注重引入资本和引进机制相结合，不断加强所属混合所有制改革企业的合规管理与党的建设工作。

【重大项目】 有效应对疫情冲击，有序、有力推进重大项目投资实施管理工作。一是推进永安林业收购项目。积极探索生态资本化路径，设立项目平台公司中林集团控股有限公司，完成收购方案内部决策和交易所、市场监督管理局材料审核，收购方案上报国务院国资委审批，稳步推进永安林业协议收购事宜。二是强化境内外林地收储项目。持续强化“森林+”战略，进一步扩大境内外林地占有量，引导和支持重庆、广西、黑龙江等地区林地建设项目，截至 2020 年底，新增境内林地 3544.07 平方千米、境外林地 785 平方千米。其中，重庆市国家储备林项目控制林地面积 700.07 平方千米，主要包括城口等 10 个区(县)入股国有林面积 196.53 平方千米；集体林地收储外业调查面积 666.67 平方千米，落实收储面积 503.53 平方千米。

【走向海外】 主动融入“一带一路”建设，坚持“走出去”合理配置开发森林资源，努力开拓海外市场，与国外众多木材生产企业及贸易商建立长期、稳定的合作关系。所属境外企业 18 户，主要分布在新加坡、中国香港、新西兰、开曼群岛、加拿大、美国、俄罗斯、缅甸等国家和地区。截至 2020 年底，中林集团所属境外企业资产总额 191.24 亿元，占集团公司资产总额的 11.63%；营业收入 177.62 亿元，占集团公司营业收入的 8.68%；利润总额 4.55 亿元，占集团公司利润总额的 35.60%。持续优化和完善境外管理制度体系，降低投资风险，不断提升境外合规经营水平持续。一是在新西兰拥有 343.33 平方千米林地的基础上，再出资 4000 万美元收购新西兰 RMS 公司 100%的股权，并获得周边 51.33 平方千米林地采伐权。二是与俄罗斯龙沃仕木材采伐有限公司签订收购协议。获得其拥有的 733.33 平方千米的林地采伐权。三是与缅甸自然资源部就中缅经济走廊林业产业建设、生态合作和森林旅游资源开发 3 个方面达成合作意向，共同商讨开发建设中缅林业产业项目，进一步开拓东南亚市场。四是积极履行海外社会责任。在新西兰和俄罗斯龙提供 155 个就业岗位，促进当地就业。积极传播践行习近平生态文明思想，在新西兰开展多项森林生态保护活动，对所属林地进行树林和生态健康评估，配合当地政府机构做好林地珍稀动物迁徙工作。尊重当地文化和习俗，与林地周边部族和社区学校沟通，定期举行联谊活动，为当地学生提供安全意识教育和培训等服务。修建林地周边道路，为地区居民和社会车辆提供便利，增进友谊，赢得新西兰当地部落民族的尊重。与缅方合作同时，弘扬人类命运共同体精神，向缅甸自然资源和环境保护部捐赠协助抗疫款项 5000 万缅甸元，进一步增进中缅胞波情谊。

【重大创新】 科技创新导向进一步凸显。一是北京森标科技有限公司（以下简称森标科技公司）并购项目顺利落地。森标科技公司是国家森林生态标志产品建设工程运营机构的控股公司，首次实现区块链技术在林业的应用，为加快实现“两山”转化，深度参与“国内大循环”提供新的平台。二是种子公司以科技创新转变发展方式。持续增投科研资金 2090 万元，致力于优质种子种苗的选育和引进。作为发起单位，与荷兰瓦赫宁根大学、平谷区政府、国内 10 家科研院所、20 家科创企业共同参与“北京 · 京瓦农业科技创新中心”建设，在现代林果业领域展开全面合作。三是研发打造“林信宝”木材产业互联网平台。集团所属产业互联网信息技术平台公司中林云信（上海）网络技术有限公司成功推动木材电商交易平台的开发、测试和上线，完成 1 件专利认证、9 项著作权申报，以大数据赋能木材产业转型升级。

【党建工作】 深入贯彻落实新时代党的建设总要求，坚持以党的政治建设为统领，按照国务院国资委党委“中央企业党建巩固深化年”工作要求，持续巩固深化全国国企党建工作会和“不忘初心、牢记使命”主题教育成果，以完善党建责任制考核评价体系、深化基层党组织“三基建设”为重点，推动全面从严治党主体责任落细落实，促进与生产经营深度融合，切实以高质量党建引领高质量发展。一是推动各级党组织把“第一议题”制度固化下来，形成长效机制。二是召开集团公司第二次党员代表大会，完成集团党委和纪委换届选举工作。三是所属江苏新民洲港务公司党支部被列为第二批中央企业基层示范党支部。四是组织召开“学习弘扬塞罕坝精神　把业绩写在美丽中国大地上”报告会，编写劳模宣传手册，激发干部职工坚守主责主业、强化使命担当的内生动力。五是强化国务院国资委党委巡视成果运用，提升内部巡视政治监督作用。

【信息化与数字化建设】 聚焦硬件环境重建、信息系统安全规划与智能辅助办公规划，着力夯实信息化建设基础。一是开展硬件资源整合改造。摸底整合集团服务器资源，重新制定集群的安全策略和访问机制策略，释放机房物理空间，为信息化应用及安全建设预留空间。二是做好信息化建设顶层设计。完成《信息化工作管理规定》《信息化项目管理办法》编制，建立五类信息化台账。三是启动信息化平台建设工作。开展集团公司 OA 系统和国资监管平台以及管理数据综合应用的调研规划。完成国务院国资委国资监管“三年行动计划”验收评估工作。四是强化信息安全建设。完成国务院国资委涉密视频会议系统接入建设及密码传输网分级保护测评及整改，落实国务院国资委部署的国资在线信息安全监管平台建设任务。

【履行社会责任】 2020年,中林集团在新冠肺炎疫情冲击下,积极履行社会责任。一是累计捐赠抗疫物资600余万元,加大对疫区的人才招聘力度,着力扶持中小企业,零利润供种保障春耕生产。二是继续开展对湖南省怀化市通道县的扶贫工作,帮助通道县超额完成销售额867.54万元;完成国务院扶贫办采购定点扶贫县滞销农产品工作任务和"湖北地区助农"任务。经湖南省脱贫攻坚实地考核验收和贫困县退出第三方专项评估检查,通道县实现76个村出列,11240户49316名贫困人口全部稳定脱贫,群众满意度95%,通道县实现整体脱贫"摘帽"。

(撰稿人:陈　晨)

中国医药集团有限公司

【基本概况】 中国医药集团有限公司(以下简称国药集团)是由国务院国资委直接管理的唯一一家以生命健康为主业的中央企业,是国家创新型企业、中央医药储备单位、中国和亚洲综合实力和规模领先的综合性医药健康产业集团,拥有集科技研发、工业制造、物流分销、零售连锁、医疗健康、工程技术、专业会展、国际经营、金融投资等为一体的大健康全产业链。旗下拥有1500余家子公司和国药控股、国药股份、国药一致、天坛生物、现代制药、中国中药6家上市公司,员工18万人。2020年,国药集团居《财富》"世界500强"第145位,连续七年被国务院国资委评为中央企业负责人经营业绩考核A级企业。

2020年是新中国历史上极不平凡的一年,百年不遇的新冠肺炎疫情突如其来,世界经济出现自二战以来最严重衰退。2020年也是国药集团发展史上形势最严峻、情况最复杂、任务最艰巨的一年。全体国药人坚持稳中求进工作总基调,坚持新发展理念,统筹疫情防控与经营发展工作,紧紧围绕国务院国资委"三稳四保一加强"工作部署,万众一心,众志成城,扎实推进各项工作,出色地完成抗疫保供急难险重任务,完成新冠病毒灭活疫苗研发这一具有里程碑意义的大事,坚决顶住新冠肺炎疫情带来的巨大冲击,经营业绩再创历史新高,为国务院国资委实现"两个力争"作出突出贡献。

【主要指标】

表1　2020年中国医药集团有限公司主要经济指标

项　目	2019年	2020年	比上年增长(%)
资产总额(亿元)	3936.06	4623.96	17.48
所有者权益(亿元)	1545.08	1851.84	19.85
营业收入(亿元)	4883.55	5332.21	9.19
利润总额(亿元)	213.06	256.02	20.17
净利润(亿元)	167.86	205.03	22.14
归属于母公司所有者的净利润(亿元)	63.02	86.85	37.82
技术开发投入(亿元)	29.45	43.80	48.71
利税总额(亿元)	319.10	372.26	16.66
应交税金总额(亿元)	156.32	172.97	10.65
全员劳动生产率[万元/(人·年)]	36.96	36.61	—0.95
净资产收益率(%)	11.74	12.07	增加0.33个百分点
总资产报酬率(%)	6.85	6.86	增加0.01个百分点
国有资本保值增值率(%)	120.5	119.48	减少0.12个百分点

【改革发展】

1. 国企改革三年行动。为深入贯彻落实国务院国资委《国企改革三年行动方案(2020—2022年)》精神,制定《中国医药集团有限公司改革三年行动实施方案》,就推进公司治理体系现代化、推进产业布局优化和结构调整、推进混合所有制改革纵深发展、推进市场化经营机制健全完善、推进国企改革专项工程落地见效、推进企业党的领导党的建设等六大任务进行细分,制定37条改革举措。2020年,集团层面进一步完善党的组织机构,分设党委工作部、党委组织部、党委宣传部,并开展总部机关化改革,对总部部门严格定岗定编；推进国企退休人员社会化工作，截至2020年底完成集团在全国各子公司3万余名退休人员的具体移交工作，整体完成率99.16%，完成党中央、国务院和国务院国资委要求的既定目标。

2. 国企改革“双百行动”。2020年，中国医药集团联合工程有限公司（以下简称国药工程）率先在中央企业中开展科技人员股权激励及股权奖励计划，建立健全“强激励、硬约束”的中长期激励机制，探索破题股权流转和退出难点，并在建立更为市场化的经营机制、提升组织运营效率，以及全面加强党的领导和党的建设等方面开展综合性的改革探索，打造集团内部的改革标杆。2020年，国药工程“双百行动”综合改革实施方案通过集团董事会批准，股权激励计划报国务院国资委备案。2019—2020年，国药工程的经营业绩和运营效率大幅提升，全员劳动生产率和人工成本利润率逐年递增，人事费用率逐年下降，业务资源配置和生产组织模式得到优化，科技创新能力和新业务拓展能力大幅增强，“双百行动”综合改革取得良好的成效。中国医药投资有限公司（以下简称国药投资）2020年3月进入“双百企业”名单。国药投资以健全激励约束机制为动力源泉，充分调动经营管理团队的积极性、主动性和创造性，根据国企改革“双百行动”“五突破一加强”目标任务的改革目标，研究制定并实施以完善激励约束机制、强化投资决策能力为重点的“双百行动”综合改革方案，按照风险共担、利益共享原则建立项目跟投机制，取得国务院国企改革领导小组关于员工跟投的政策突破。2020年，国药投资“双百行动”综合改革实施方案通过集团董事会批准，并获得国务院国企改革领导小组备案，改革工作基本完成。

3. 科改示范行动。2020年，上海益诺思生物技术股份有限公司（以下简称益诺思）被国务院国企改革领导小组选定为“科改示范行动”试点单位。集团研究制定益诺思改革原则方案，以增资扩股、在益诺思海门公司实施科技人员股权激励、推行职业经理人制度等内容为重点实施综合改革，积极引导企业提升组织运营效率、增强获取离岸订单能力、建立一体化的CRO产业平台，激发企业科技创新动能，提升企业的核心竞争力。2020年，益诺思取得国务院国企改革领导小组关于“上持下”、岗位分红实施条件、股权激励解锁条件等方面的政策突破，原则方案取得国务院国企改革领导小组的备案。

4. 混合所有制改革。国药集团积极稳妥推动具备条件的所属企业深化混合所有制改革，进一步放大国有资本功能、完善公司治理、激发改革动能。在改革工作中，严格按照有关规定，规范操作，严防国有资产流失。2020年，国药集团完成混合所有制改革项目153项，融资金额55.09亿元，其中，通过新设和并购方式实现混合所有制项目148项，引入非公资本51.45亿元，通过存量企业公开挂牌增资项目5项，融资金额3.64亿元。截至2020年底，国药集团有混合所有制企业1518户，占集团企业总户数的96.93%，主要二级企业、多数三级及以下企业均完成混合所有制改革。

5. 董事会职权试点和经理层契约化管理。完成集团层面经理层任期制和契约化管理工作并报国务院国资委备案，制定《国药集团工资总额备案制管理办法（试行）》并获国务院国资委批复，研究制定《中国医药集团有限公司经理层契约化薪酬管理办法》《中国医药集团有限公司经理层契约化绩效管理办法》，在探索经营层薪酬制度改革中迈出坚定一步。

【重大项目】 2020年，新冠肺炎疫情暴发，国药集团在疫情发生的第一时间积极应对，快速组织新冠病毒灭活疫苗研发及配套高等级生物安全实验室和生产车间的建设，分别于4月15日、8月30日、12月31日完成北京生物制品研究所有限责任公司新冠病毒灭活疫苗项目（一期）、武汉生物制品研究所有限责任公司生物实验室及生产车间建设项目、北京生物制品研究所有限责任公司新冠病毒灭活疫苗二期项目的建安施工工作，有效发挥中央企业和大型骨干企业的主导作用，为全国人民健康和我国的公共卫生事业作出应有的贡献。

2020年，国药集团实施对太极集团并购，百亿工业平台增加至4个，上市公司数量增加至7家，进一步完善中药、麻精、医药商业等领域布局。国药控股股份有限公司成功收购成大方圆、吉林天和等零售项目，完善零售终端网络建设，巩固在东北地区的优势战略布局。中国出国人员服务有限公司成功中标海南离岛免税经营牌照，首期 1.3 万平方米店面顺利开业，为免税板块快速可持续发展奠定坚实基础。国药医疗健康产业有限公司新增医疗机构 63 家（其中三甲医院 1 家、三级级医院 1 家），新增床位 4600 余张；截至 2020 年底，医疗机构总数 138 家，总床位数 1.6 万张，产业布局覆盖华北、华中、华东、东北、西南等地区的 10 个省（自治区、直辖市）。中国医药投资有限公司入股九强生物，并成为该公司第一大股东，探索多元化生物制药发展路径。

【走向海外】 着重围绕国内和国际疫情防控开展国际合作，包括协调组织抗疫物资进口支援国内抗疫；通过出口防疫物资、派遣医疗专家和医疗队等方式，积极支持全球各国抗击疫情；积极支持中国企业、海外华人境外疫情防控和复工复产，为达到“稳住人心、稳在当地”目标发挥重要作用。

为推进新冠病毒灭活疫苗早日上市，国药集团分别在阿联酋、巴林、埃及、约旦、摩洛哥、秘鲁和阿根廷开启全球最大规模的多中心新冠病毒灭活疫苗Ⅲ期临床试验，志愿者入组超过 60000 人，样本人群覆盖 125 个国籍，临床试验严格有序推进，疫苗安全性、有效性获得双认可。国药集团新冠病毒灭活疫苗先后在阿联酋、巴林注册上市，并为在国内附条件上市提供可靠的临床数据支持。组织协调 3 批 97 国驻华大使和高级使节参访国药集团新冠病毒灭活疫苗生产基地，各国使节高度认可国药集团对中国乃至全球抗疫作出的突出贡献，表达对国药集团疫苗的信任和加强疫苗使用、生产合作的意愿，为后续合作打通桥梁。

为进一步增强国际影响力，国药集团积极参加国际服务贸易交易会（以下简称服贸会）和第三届中国国际进口博览会（以下简称进博会）。服贸会期间，线下展台介绍国药集团在抗击疫情中取得的优异成绩，尤其重点介绍新冠病毒灭活疫苗全球领先情况，成为展会上最热“打卡地”。进博会期间，举办现场签约仪式，签约金额医药行业第一，合作外商实力强，出席嘉宾规格高，引进产品科技含量高。由于连续三届进博会上的突出表现，国药集团获得国务院国资委进博会“明星企业”推荐资格，并收到进博局发来的第三届进博会感谢信。

【重大创新】 2020 年，国药集团科技投入金额 43.80 亿元，占工业销售收入的 9.06%，比上年增长 48.71%。累计获得新药证书 4 个、药品注册证书 20 个、药品补充申请批准通知书 9 个、临床试验许可通知书 15 个，通过关联审评的原料药 3 个；申请专利 460 件，其中发明专利 275 件；授权专利 417 件，其中发明专利 123 件；主导制定国家、地方、行业等各类标准 41 项，参与制定各类标准 31 项；获得各级政府批准立项的科研项目 174 项，资助总额近 2.1 亿元；获得全国创新争先奖 1 项，省部级科技奖励 12 项。一是新冠肺炎疫情防控科技攻关获得突出成就。围绕“可诊、可治、可防”全面发力，系统性组织开展生物药（疫苗、血浆疗法、试剂盒等）、中药（肺炎一号及预防方）和化药（瑞德西韦等）科研攻关。在生物药领域取得新冠病毒灭活疫苗国内附条件上市等“十个率先”重大战略成果。在化药领域，积极制定瑞德西韦原料药及制剂的抢仿方案，完成瑞德西韦原料药中试研究。在中药领域，成功实现“肺炎一号”“化湿败毒颗粒”转产，“化湿败毒颗粒”获得阿联酋植物药紧急产品注册批件，并在临床上救治患者发挥中药的优势作用。二是化药一致性评价工作成效显著。进行一致性评价的品规 95 项，其中口服固体制剂 54 项、注射剂 41 项。持续加强化药一致性评价工作的统筹管理，并以重点产品为核心，督导计划落实。通过一致性评价品规 8 个，申报一致性评价品规 12 个。三是渗透泵控释片智能高效激光打孔检查装备成功试车。国药集团研制的智能高效激光打孔检查装备应用于集团重大品种硝苯地平控释片的规模化试生产，进行 3000 余万片试生产，打孔检查效率由原来的每小时 7.2 万片提升至每小时 18 万片，且激光打孔检查全过程实现智能控制，达到国际领先水平，进一步确保最终产品质量。

【党建工作】 国药集团全系统党委 113 个，党总支 65 个，党支部 1363 个，党员 24037 人。集团党委在 2019 年度国务院国资委党建责任制考核中取得“A”的优秀成绩。2020 年，围绕抗疫斗争这一重大任务，集团各级党组织和广大党员干部，全面落实新时代党的建设总要求，深入落实党中央和国务院国资委党委部署，切实在大战大考中巩固深化党的建设。一是巩固深化政治建设，以实际行动践行“两个维护”。坚持将习近平总书记重要讲话和指示批示作为党委会"第一议题"和中心组学习的首要任务，全年召开党委会52次，组织中心组学习6次，举办党员领导干部主题研修班，深入学习贯彻习近平总书记关于统筹疫情防控和经济社会发展的重要讲话和指示批示精神。以高度的政治敏锐性和责任感，第一时间成立应对疫情工作领导小组，党委书记带头，全年无休，持续奋战在抗疫第一线。各级党组织守土有责、守土尽责，有效领导抗疫工作，充分发挥战斗堡垒作用，党员骨干冲锋在前，在物资保供、医疗救治、科研生产、复工复产、支持国际抗疫等领域，全员动员、全线出击、全域作战、全力以赴，涌现许多感人事迹，谱写许多动人篇章，充分彰显新时代国药精神。二是巩固深化"三基"建设，进一步提高基层党的建设质量。深入学习贯彻《中国共产党国有企业基层组织工作条例(试行)》(以下简称《条例》)，把学习贯彻《条例》与落实"中央企业党建巩固深化年"各项要求和集团2020年党建工作各项部署结合起来，召开全系统党务专题视频会议进行宣传贯彻落实，集团领导班子成员赴基层联系点深入宣讲。组织集团总部和各子公司分步骤、分阶段、有计划地开展学习研讨，围绕"五看"清单全面开展自查，查摆问题119项，提出整改措施145项，均明确整改期限，扎实推动《条例》落到实处、见到实效。建强组织，发挥作用。各级党组织在抗疫斗争中充分发挥战斗堡垒作用，1200多个党组织闻令而动，300多场战前宣誓、9000多封请战书、170多个党员干部突击队、2万多名党员、370多万元捐款，在疫情阻击战中成立195个党员突击队，50余名一线人员"火线"入党。集团系统2个单位、6人次获得全国性表彰，27个单位、117人次获得省部级表彰，1人获评"央企楷模"，146个单位、392人获得集团表彰，以实际行动大力弘扬伟大抗疫精神和新时代国药精神。三是巩固深化统战群团，广泛凝聚强大合力。召开统战人士座谈会，成立党外代表人士建言献策工作室，鼓励党外干部广开言路、发挥作用，弘扬科学家、企业家精神。统战人士在集团各战线建功立业，抗疫斗争中，16人获得省部级表彰，1人获评"民主党派中央先进个人"。各级工会组织和职代会全心全意为职工服务，产业技术工人队伍建设成果斐然，6人被评为全国能源化学地质系统"大国工匠"。团员青年迅速成长、勇挑重担，在新冠病毒灭活疫苗国际临床Ⅲ期试验中，青年员工占60%以上。战"疫"中，1名女干部被评为"全国劳动模范"，2名女干部被评为"抗击新冠肺炎疫情全国三八红旗手"。

2020年，国药集团纪委把监督贯彻落实党中央关于疫情防控决策部署和疫苗研发使用作为最紧迫、最现实的重大政治任务，全面落实驻国务院国资委纪检监察组和国药集团党委相关工作要求，紧盯关键环节和重点领域，把监督嵌入工作流程、延伸到"神经末梢"。多次组织力量，采取"四不两直"方式，对新冠病毒灭活疫苗科研生产企业进行现场监督，核查工作进度，及时发现问题和困难，并督促整改落实。针对重点关注事项、需要推进解决和监督检查中发现的问题，整理汇总监督检查清单18项，完成一项、清除一项，确保过程受控。坚持严查处、建制度、强教育，推进不敢腐、不能腐、不想腐体制机制建设，持之以恒落实中央八项规定精神，驰而不息正风肃纪，对"四风"问题线索优先处置，对涉嫌违反中央八项规定精神的问题线索坚决予以查处，并进行点名道姓通报曝光，坚决防止反弹回潮。

【信息化与数字化建设】 2020年，国药集团受邀参加公安部网络攻防演习。作为第一次参加演习的防守方队伍，集团明确"突出重点抓示范、以点带面促提升"的总体思路，将集团防守的重心放在总部和重点企业，做好监测防守工作，以"全网流量分析，分级分域防御"为核心战术建立防线，力争第一时间发现攻击行为，第一时间阻断攻击路径，全面彻底消除安全风险。演习期间，集团总部拦截攻击70857次，人工应急处置安全威胁690次，发现并阻断大部分攻击行为。

为满足集团各级领导、员工在抗疫工作中对远程会议、远程办公的需求，集团紧急启动"云视频会议"建设，实现集团视频会议全系统、多终端覆盖，为保障动员、指挥调度等各项重要会议的顺利召开提供便利条件，高效完成视频会议优化、推广，满足集团日常工作需求。截至2020年底，集团视频会议体系具备全系统、全级次覆盖能力，支持转发国务院国资委会议、召开集团年度、半年工作会、党委会、总经理办公会及海外连线等场景。全年在平台上召开正式会议次数597次，比上年的67次增长近8倍，其中与海外视频会议连线21次；集团平台接入系统参会9325方次，全年节约差旅费958万元。

持续完善“协同互联”平台，不断优化完善协同平台系统功能，解决系统使用中的问题，向各部门推广跨系统、跨企业的协同应用。协同互联平台打通集团与二级公司在信息系统间的“沟壑”，提供比微信、电子邮件更为正式、可靠的交互方式。在此基础上，通过充分挖掘OA系统能力，继续形成以“三重一大”为蓝本的集团管控信息化建设模式，在集团向“战略管控+运营管控”转型过程中发挥作用，为基建、重大投资、科研等项目管理及其他需要基于流程进行的管控需求通过信息化手段予以落实。

【履行社会责任】 新冠肺炎疫情暴发后，国药集团作为以生命健康产业为主业的中央企业，首担其责，坚决贯彻党中央、国务院决策部署，急党之所急，急国家之所需，急人民之所盼，在疫情防控的人民战争总体战阻击战中，全员动员、全线出击、全域作战、全力以赴，以战时状态精心做好抗击疫情和经营发展各项工作，为统筹推进疫情防控和经济社会平稳运行奉献国药智慧和国药力量，彰显国药担当。科技研发方面，围绕诊断、治疗、预防三大领域，以战时状态组织科研攻关，取得“十个率先”重大成果。一是率先提供甄别病原种类的“指南针”——22重呼吸道检测试剂盒，为最终确定本次疫情为新冠病毒感染指明方向；二是率先研发出诊断病毒的“探照灯”，研制的新冠病毒核酸分子检测试剂盒首批通过国家认证和欧盟认证，又升级为可同时检测七种冠状病毒的“七联冠”试剂盒和30分钟内出结果的快捷核酸试剂；三是率先推出救治重症新冠肺炎患者的“压舱石”——康复者血浆治疗方法，获得国务院联防联控机制推荐使用，挽救703人的生命；四是率先研制出救治重症患者的“金钥匙”——以康复者血浆为原料制备出的特异性免疫球蛋白，作为治疗新冠肺炎特效药物，在国内新发疫情及海外中方人员确诊病例中使用，确保危重病人“零病亡”；五是率先研制出疫情防控决战决胜的“杀手锏”，获得全球首个新冠病毒灭活疫苗临床试验批件；六是率先启动新冠病毒灭活疫苗国际临床试验（Ⅲ期）；七是率先建成全球最大的新冠病毒灭活疫苗“兵工厂”——高等级生物安全生产设施，填补国内相关硬件基础设施的空白；八是率先于2020年6月获批新冠病毒灭活疫苗紧急使用，有力保障人民生命安全和身体健康；九是率先实现新冠病毒灭活疫苗国际注册上市，国药集团新冠病毒灭活疫苗于2020年在阿联酋、巴林获批注册上市；十是率先实现新冠病毒灭活疫苗国内附条件上市，12月30日获国家药监局批准。抗疫物资保障方面，发挥全国商业网络“点强网通”优势，通过海陆空多式联运，跨区域多方接力，累计向全国提供各类防护服、口罩及各类药品10多亿件，其中湖北省和武汉市70%以上应急物资都是由国药集团保障。医疗救治方面，集团覆盖全国的139家医疗机构、2万多名医护人员全部投入医疗救治和防疫工作。尤其是湖北地区4200余名医护人员始终战斗在一线，占在鄂央企医务人员总数的2/3。药品生产方面，克服物流运输不畅、生产线人员不足、上游产品供应不足等困难，加班加点生产抗疫急需药品。国家卫健委前七版《诊疗方案》推荐使用药物105个品种，国药集团全部能够保障供应，其中91个品种能自主生产。中医药抗疫方面，下属中药控股与中国中医科学院合作研发的化湿败毒颗粒获阿联酋上市注册，用于新冠肺炎轻症治疗。支持海外抗疫方面，积极响应构建人类卫生健康共同体的号召，发挥国际医疗物资援助和出口主渠道作用，克服交货期紧迫、国际标准不一等重重困难，以最快速度将抗疫物资迅速运往海外。圆满完成对150多个国家和地区的医疗物资供应和国际援助任务，累计供应防疫物资30多亿件。此外，在检测试剂、康复者血浆、高压氧舱治疗等方面对多个国家和地区进行援助，与世界分享抗疫成果和经验。

2020年是脱贫攻坚决战决胜之年，国药集团高度重视定点扶贫工作，全力以赴抓好脱贫攻坚工作。集团领导多次现场调研脱贫工作开展情况，并多次组织专题会议研究扶贫事项，并加大帮扶投入力度。全年向青海省治多县和吉林省靖宇县2个点定点扶贫县直接投入帮扶资金1029.8万元，引进帮扶资金30万元，直接购买两县农产品326.39万元，帮助销售321.6万元。在靖宇县探索“全产业链”扶贫模式。中药材种植方面，加强技术帮扶和基地建设；产品加工方面，购置药材饮片生产线，进行全方位技术培训；市场流通方面，对靖宇药材加大采购力度；品牌推广方面，在全国药交会专设靖宇展区。通过种植、生产、技术、市场、销售的全产业链帮扶，激发当地干部群众内生动力，推动其将资源优势转化为经济优势。助力靖宇群众解决“两不愁三保障”。以医疗帮扶为抓手，向县人民医院捐赠医疗设备，解决患病群众实际困难；向贫困患者捐赠照护设备，提升其慢病管理能力，在靖宇县落地民生保障专业药房，提升医药供给水平和群众用药质量。以精准投入为措施，连续四年助力靖宇县进行危房改造，增强贫困群众的幸福感、满意度。在治多县积极助力干部群众脱贫攻坚。为海拔 4800 米的索加乡捐建道路，助力藏区群众易地搬迁，解决“两不愁、三保障”上；捐赠 2000 余万元医疗设备以及高原救护车、NICU 等，创建青海藏区首个县乡村高原急救系统“全覆盖”。计划免疫和疾病预防方面，为空白人群接种乙肝疫苗，实现首个藏区县域乙肝免疫“全覆盖”；捐赠国内最先进筛查设备，实现首个藏区县域宫颈癌基因检测免费“全覆盖”。扶贫扶志和技术帮扶方面，基层干部培训实现乡镇和系统经济部门“全覆盖”，医疗技术人员培训实现县级医疗卫生机构“全覆盖”，并通过长期派驻医疗专家队，助力治多县妇幼保健院在青海藏区县级妇幼机构中首家通过二甲，医疗资源辐射整个玉树藏区，收到当地各族群众广泛赞誉。国药集团圆满完成帮扶任务，各项指标实际完成数远高于年初计划，两县均如期脱贫“摘帽”。

（撰稿人：王英伟）

中国保利集团有限公司

【基本概况】 中国保利集团有限公司（以下简称保利集团）是国务院国资委管理的大型中央企业，前身为 1984 年成立的保利科技有限公司。1993 年，在保利科技有限公司的基础上，经国务院、中央军委批准组建中国保利集团公司。1998 年军企脱钩，保利集团由军队划归中央企业工委领导。2003 年，成为由国务院国资委管理的大型中央企业。2010 年，中国新时代控股（集团）公司涉军业务并入保利集团。2016 年，保利集团被国务院国资委列入国有资本投资公司试点企业。2017 年 5 月，保利集团煤炭板块整体移交中煤集团。2017 年 8 月，经国务院批准，中国轻工集团、中国工艺集团整体并入保利集团。2017 年 12 月，保利集团由全民所有制企业改制为有限责任公司。2019 年 7 月，经国务院批准，华信邮电、中丝集团并入保利集团。2020 年 6 月，上海诺基亚贝尔不再列入国务院国资委履行出资人职责企业名单，按照股权关系由保利集团管理。通过不断的改革和创新，保利集团形成以国际贸易、房地产开发、轻工领域研发和工程服务、工艺原材料及产品经营服务、文化艺术经营、民用爆炸物品产销及服务、信息与通信技术、丝绸相关产业、金融业务为主业的发展格局，业务遍布全球 100 多个国家及国内 100 余个城市。

【主要指标】 2020 年，保利集团一手抓疫情防控，一手抓生产经营，科学统筹，精准施策，抢抓市场机遇，深化提质增效，做好“六稳”工作、落实“六保”任务，奋力完成“两个力争”，交出一份战疫情、促发展的优异答卷。截至 2020 年底，资产总额 15704.8 亿元，比上年增长 19.62%；负债总额 12408.9 亿元，比上年增长 20.9%；营业收入 4007 亿元，比上年增长 1.49%；利润总额 591.4 亿元，比上年增长 0.9%。保利集团连续六年入围《财富》“世界 500 强”，2020 年居第 191 位。

表 1　2020 年中国保利集团有限公司主要经济指标

指　标	2019 年	2020 年	比上年增长（%）
资产总额（亿元）	13128.9	15704.8	19.62
营业收入（亿元）	3948.0	4007.0	1.49
利润总额（亿元）	586.1	591.4	0.90
技术研发投入（亿元）	17.2	30.7	78.49

续表

指　标	2019 年	2020 年	比上年增长（%）
全员劳动生产率［万元/（人·年）］	102.0	114.4	12.16
净资产收益率（不含少数股东）（%）	17.23	14.23	减少 3.00 个百分点
总资产报酬率（%）	5.50	4.70	减少 0.80 个百分点
国有资本保值增值率（%）	121.00	113.70	减少 7.30 个百分点

【改革发展】 将加快融入新发展格局作为长期战略主动作为，推动更有深度的改革和更高水平的开放，打通堵点，补齐短板，谋划更高质量、更可持续、更具韧性的发展，育新机、开新局、谋新篇。一是聚焦改革三年行动，注入内生新动力。制定保利集团改革三年行动方案，明确八大类 36 项 52 条具体改革任务，召开保利集团改革三年行动部署会，要求以方案为纲领、以行动为抓手，一体推进、全面深化改革。各子公司成立工作小组，研究具体工作计划。国务院国资委规定的 2020 年重点任务全部完成，为今后两年持续深化改革奠定良好基础。二是抓好重点任务和专项工作，取得改革新成效。混合所有制改革方面，保利长大的混合所有制改革方案经过长时间探讨、研究，分别呈报集团和广东交通集团等股东单位审批。国企改革“双百行动”方面，经国务院国资委同意，将中丝集团和保利发展纳入“双百行动”名单，进一步修订完善改革方案和工作台账。“处僵治困”方面，保利矿业向法院递交破产申请；造纸装备公司成功挂牌转让，回收资金 5.5 亿元；中轻国泰无偿划转至造纸院，实现扭亏为盈。剥离国有企业办社会职能和解决历史遗留问题方面，完成职工家属区“三供一业”分离移交和财政补助资金清算工作，厂办大集体改革基本完成；扎实推进退休人员社会化管理工作，完成率 99.94%。降杠杆减负债方面，年底合并资产负债率降至任务目标水平，圆满完成收官年压降任务。“两金”压控方面，从严制定未来三年“两金”管控方案，有针对性地压控“非正常类”两金，着力提升“两金”运营质量。民企账款和农民工工资清欠方面，确保农民工工资、无分歧欠款零新增，全年预计清偿有分歧欠款 0.7 亿元。三是深化三项制度改革，激发员工新活力。5 家“双百企业”和 2 家“科改示范行动”试点企业率先推行经理层成员任期制和契约化管理。保利置业、保利工艺等企业进一步扩大干部竞争上岗、公开竞聘范围。制定《中长期激励工作指引》，保利物业等 3 家企业制定上市公司股权激励方案，华信邮电信辉科技制定科技型企业岗位分红激励方案，保利发展进一步扩大项目跟投规模，保利长大制定员工持股方案。保利置业、保利久联等平稳有序分流安置 3400 人，畅通市场化退出通道。通过改革，保利集团员工价值创造能力不断增强，人工效能持续提升。四是积极培育发展新业务和新业态，释放发展新空间。各子公司主动应对疫情冲击，多渠道探索业务创新。保利发展拓展健身、潮玩等新展会方向，落地高尔夫模拟器项目，黄河楼景点项目开业亮相；养老机构首次实现会籍销售，签约额超过 1 亿元。保利中轻培育工业互联网业务，白酒工业互联网平台获评贵州省大数据优秀应用解决方案。保利工艺深耕工艺美术零售业务，启动线上零售平台。保利文化开发云服务、云业务，加紧探索文旅融合型剧场、旅游驻场演出等新兴业务。保利久联加速完善和推广“绿色矿山综合恢复治理”，保利生态开发模式成为河北省生态治理样板工程。

【重大项目】 继续强化供给侧结构性改革，进一步实施中央企业重组整合，优化产业结构和布局，提高国有资本流动性，提升抗风险和持续发展能力。按照国务院国资委对上海诺基亚贝尔中方股权管理关系的调整部署，进一步理顺对华信邮电和上海诺基亚贝尔的管理关系。

保利长大成功中标总投资额 361 亿元的中山东环高速公路项目；保利文化第十一次入选“全国文化企业 30 强”。剧院业务加强内容制作，完成 10 部原创剧目。艺术品拍卖业务创新开展网络拍卖和联营拍卖，保持行业领先地位。影业与院线业务联合出品年度重点影片《金刚川》，新设保利视讯科技公司，积极探索影视科技业务。保利久联积极推广矿山一体化模式，获得新疆维吾尔自治区最大规模露天矿的工程业务和河北雄安最大的爆破工程项目。

【走向海外】 出席达沃斯世界经济论坛 2020 年

会等重要国际会议。履行中国国际商会副主席单位等职责，参与中德、中法、中西、中英企业家委员会活动。

积极开展国际抗疫合作。筹措防疫物资支援国内抗疫。仅用10天从德国采购回16台、价值3200万元的人工肺，驰援武汉，在中央企业负责人年中会议上得到国务院国资委领导的高度肯定。援助海外合作伙伴抗击疫情，累计向缅甸、孟加拉国、巴基斯坦、毛里塔尼亚、贝宁、俄罗斯、乌兹别克斯坦等12个国家的相关部门捐赠一次性医用口罩1174.9万只，体温枪、防护服、护目镜等防疫物资1.85万件，缓解外方的燃眉之急，与外方共抗疫情、共渡难关。保利集团做好海外疫情防控工作，累计召开境外疫情防控会议50余次，传达最新精神和内部信息40余件次，配合国务院国资委开展驻外机构疫情防控巡检70余次，集团境外子机构中方员工保持无确诊、无疑似病例的良好记录。国际业务方面，境外项目一手抓疫情防控，一手抓有序生产，实现重大项目复工复产，其中包括保利国际毛里塔尼亚M201项目、刚果(金)高架桥建设工程项目，华信邮电菲律宾DITO项目、埃及“斋月十日城”铁路项目，中轻集团马里新老糖联项目等。

【重大创新】 科技创新多点发力，增添发展新动能。全年新申请专利数量和新增授权专利数量均超过500件，科技研发活动支出超过30亿元，新增有效专利数量比上年增加300余件。保利发展下属重工院、富利公司、和品公司获取发明、专利和软件著作权77件(项)，国家级及省级技术成果12项，其中3项科技成果鉴定达到国际先进水平。保利中轻顺利验收2项国家重点研发计划科技合作专项，申请专利223件，授权专利110件，获得省部级以上奖励105项。保利久联获专利授权24件，软件著作权35项，多项研究获得行业或省、市奖项。华信邮电投资企业新增授权专利523件、申请专利518件，新增注册商标10项，新增软件著作权61件，完成3项国家重大专项牵头课题验收工作。

【党建工作】 加强政治建设，践行“两个维护”。深入学习习近平新时代中国特色社会主义思想，坚决落实国务院国资委党委和集团公司党委各项决策部署。一是加强理论武装。以习近平新时代中国特色社会主义思想为指导，推进学习贯彻党的十九届五中全会精神走深走实，切实将思想和行动统一到党中央的决策部署上来。二是提升党建质量。充分发挥党委把方向、管大局、保落实的领导作用，夯实党建工作基层基础，深入推进党建与改革发展工作融合，切实发挥党建优势。三是抓好队伍建设。领导班子团结一致讲大局，党员干部作风优良勇担当，广大员工恪尽职守肯作为，为做强做优做大贡献力量。四是加强党风廉政建设。把政治监督摆在首位，强化日常监督，构建“大监督”格局。开展境外腐败、利益输送、设租寻租、化公为私问题专项整治，纠治“靠企吃企”问题。严格执纪问责，持续保持反腐败高压态势，一体推进“三不腐”建设。

【信息化与数字化建设】 加强信息化建设，提升集团整体信息化运维能力。稳妥推动集团总部和各子公司之间安全互联互通，为相关信息化系统提供基础设施支撑。搭建国资国企在线监管平台，推进投资、财务、风控等管理条线的信息化建设，逐步统一数据治理标准。上线中央企业党建信息化系统，实现集团党员业务管理和学习教育线上化；完成人力资源管理中心设立的五类人员人才库。通过视频会议、协同办公等方式，提高日常工作效率，节约管理成本，全年召开视频会议150余次，保证各项工作正常开展。

【履行社会责任】 践行“保国”初心，抗击疫情，守护千家万户。面对严峻的新冠肺炎疫情，保利集团迅速构建疫情防控体系，推动防疫工作落实落细，助力打赢疫情防控阻击战。第一时间向湖北捐赠2000万元及大量医用生活物资。向武汉市政府捐赠价值3600万元物资，支援并参加“方舱医院”建设。16台人工肺星夜驰援武汉，提高危重患者抢救成功率。为武昌抗疫指挥场所和内蒙古医疗队提供驻地，保障4家援鄂医疗队食品供应。截至2020年底，累计捐赠资金、物资超过1亿元。地产板块累计减免租金2.75亿元，惠及中小微企业和个体工商户2982户。数万名物业工作人员在1200多个社区为120万户400余万名业主筑起疫情防控的铜墙铁壁。坚守武汉的800多名物业员工连续作战100多个日夜，守护武汉43个社区9.3万户30余万名业主的生命安全和健康，社区的感染率1‰，业主、社区、地方政府给予高度赞扬和评价，为武汉战“疫”贡献保利力量。

精准帮扶，助力乡村振兴。保利集团深入贯彻习近平总书记关于扶贫工作重要论述，认真落实国务院扶贫办和国务院国资委定点扶贫工作部署，精准实施产业扶贫、就业扶贫、教育扶贫、消费扶贫、基础设施援建、文化扶贫等帮扶措施，积极帮扶山西、内蒙古、云南、广西4个省(自治区)7个县的定点扶贫工作以及贵州省册亨县和广东、广西、陕西、海南、上海、湖北等地8个村的对口帮扶任务，覆盖贫困面积超过1.6万平方千米，涉及贫困人口245余万人。累计选派挂职干部31名，实施各类扶贫项目57个，累计投入各类帮扶资金超过10亿元，引进各类项目资金10亿元，实现4个省(自治区)7个县全面脱贫“摘帽”。

推进节能减排，增强绿色发展。保利集团积极制定制度规范，详细考核方案，确保工作落实；利用新技术、新工艺，最大程度减少资源浪费和环境污染；推进绿色建筑，践行绿色施工，实现绿色可持续发展。保利国际长大公司推广砼搅拌站标准化建设并实施绿色生产管理技术，核查淘汰高耗能低效率设备；在沥青砼生产过程中，逐步使用天然气替代柴油或采用煤粉气化炉设备加热骨料，实现节约能源、减少污染物排放的目标；在云茂、茂湛、阳茂等沥青路面项目推广煤粉气化炉设备，碳转化率99%。保利发展长期致力绿色建筑技术的创新与研发，深入研究被动房等做法，更好地解决建筑物能耗高、碳排放量大等问题，并积极将其应用于各类新建住宅产品，推动绿建技术落地。截至2020年底，保利集团在石家庄保利堂悦、天津保利梧桐大道项目的部分楼栋进行绿色生态居住小区和被动房技术试点落地。

（撰稿人：张　旻）

中国建设科技有限公司

【基本概况】 2020年，中国建设科技有限公司(以下简称建设科技集团)以习近平新时代中国特色社会主义思想为指导，增强“四个意识”，坚定“四个自信”，做到“两个维护”，深入学习贯彻落实习近平总书记重要讲话和重要指示批示精神，坚定贯彻落实党中央、国务院、国务院国资委决策部署，在“六个者”战略定位指引下，上下同心、众志成城，全面完成国务院国资委下达的各项目标任务，企业改革发展党建取得新成就，为中央企业胜利实现“两个力争”作出应有贡献。

【主要指标】 2020年，建设科技集团统筹疫情防控和企业发展取得积极成效，经济效益强劲逆势增长。新签合同额169亿元，比上年增长8.4%；实际到账收入115.03亿元，比上年增长17.9%；利润总额7.03亿元，比上年增长8.11%；净利润5.6亿元，比上年增长12.27%，均创历史新高。

表1　2020年中国建设科技有限公司主要经济指标

项　目	2019年	2020年	比上年增长(%)
资产总额(亿元)	158.83	164.65	3.66
所有者权益(亿元)	71.90	75.73	5.32
营业收入(亿元)	102.06	107.92	5.74
利润总额(亿元)	6.50	7.03	8.11
净利润(亿元)	4.99	5.60	12.27
归属于母公司所有者的净利润(亿元)	4.17	4.70	12.61
技术开发投入(亿元)	5.12	5.73	11.82
利税总额(亿元)	12.21	12.26	0.38
应交税金总额(亿元)	6.75	7.25	7.37
全员劳动生产率[万元/(人·年)]	39.10	38.95	−0.39
净资产收益率(%)	7.18	7.59	增加0.41个百分点
总资产报酬率(%)	4.59	4.67	增加0.08个百分点
国有资本保值增值率(%)	107.27	105.72	减少1.55个百分点

【改革发展】 贯彻落实习近平总书记关于"以增强企业活力、提高效率为中心，提高国企核心竞争力"的指示要求，积极推进深化改革，努力"在危机中育新机、于变局中开新局"。一是加强改革谋划，深入开展改革专项行动。围绕完善中国特色现代企业制度、抓好改革专项工程、加强党的领导和党的建设等核心任务，抓重点、补短板、强弱项，制定具体措施 84 项，出台集团《改革三年行动实施方案》。"双百企业"都市高科完成人员转入、资质分立、增资及员工持股方案设计等，并与 4 家战略投资单位明确意向；国标公司积极寻找合适投资者，推进混合所有制改革。"科改示范企业"华北院初步完成本级经理层成员任期制和契约化管理，完善员工市场化选人用人及激励约束机制，初步制定混合所有制改革方案；国住人居健全市场化选人用人机制、容错纠错机制。二是优化战略结构布局。重新整合规划专业板块，打造产业链前端"中国"字头高端业务平台，做强国家级规划品牌，重组打造"中国城市发展规划设计咨询有限公司"。CPG 成立"新工（中国）工程咨询有限公司"，做大中国市场，更好地发挥集团国际化的战略支点作用。华北院获得工程勘察专业类资质、工程造价咨询资质，强化一体化服务支撑。标准院获得国家级检验检测机构资质认定（CMA），获批全国首批"绿色产品认证"机构资质，为开展基于标准引领的检验检测认证业务奠定基础。三是重点领域改革扎实推进。退休职工社会化管理移交完成 1455 人，完成比例 99.45％，完成度位居中央企业前列。"三供一业"圆满完成分离移交改造和补助资金清算工作。四是提质增效全面升级。核减总部非必要预算支出 26％，管理费用比上年下降 13.8％；资产负债率 54.65％，带息负债比上年减少 1.77 亿元；加强"两金"管控，"两金"净额增长率 6.76％，低于营业收入增长率 0.03 个百分点；14 户亏损子企业实现扭亏，亏损额减少 5276.37 万元。

【重大项目】 一是服务雄安新区建设。设计的亚洲最大高铁站雄安站是雄安新区最重要交通枢纽和首个重大基础设施项目；雄安起步区水资源再生中心工程和生活垃圾资源化处理、生态公园规划等多个典型项目为雄安新区建设绿色低碳之城、数字智能之城奠定坚实基础。二是服务冬奥会冬残奥会场馆建设。"冰坛"项目竣工；延庆赛区雪车雪橇中心赛道通过国际认证，获得国际单项协会主席高度评价，迎来冬奥会"相约北京"首场测试赛暨国际雪联高山滑雪男子世界杯赛；国家残疾人冰上运动比赛训练馆被评为全国首批"无障碍设施设计十大精品案例"。三是服务北京城市副中心建设。建设的副中心综合交通枢纽工程是副中心拉开城市框架、推进京津冀协同发展的标志性工程；副中心行政办公区能源系统工程为全球单批次最大规模地热"两能"利用系统、全国首个"近零碳排放区"示范工程。四是服务一批意义重大、影响深远的项目建设，分别是二一工程、二二工程、西安咸阳国际机场、济南遥墙国际机场、福州长乐国际机场、孟加拉国希莱特国际机场、兀兰关卡。五是服务生态文明建设。玉溪海绵城市建设项目、开封"一渠六河"治理工程被中央电视台《新闻联播》进行报道。开封"宋都御河"项目被住房和城乡建设部推荐申报"联合国人居环境范例奖"。六是服务历史文化传承与保护。新签文化遗产保护规划 2 项、世界文化遗产申报 1 项、遗址公园规划及保护展示工程 9 项。

【走向海外】 服务共建"一带一路"。城建院援埃塞俄比亚河岸绿色发展项目圆满完成一期工作，顺利承接后续项目，并收到埃塞阿比总理发来的感谢信以及参与新总理府设计的邀请，一期工程中的谢格尔公园友谊广场被制成"中埃建交 50 周年"邮票；在马来西亚、越南、印度承揽危废处理及垃圾发电厂项目。华森公司在吉布提承接东非特别商务区展示中心项目。中国院在疫情严峻的形势下赴塞内加尔、孟加拉国确保援外项目建设进度，得到受援国高度肯定。咨询公司中标"马来西亚大马城产业策划、城市设计及可行性研究项目"，在规划策划领域实现突破。

【重大创新】 贯彻落实习近平总书记"坚持四个面向、努力实现关键核心技术自主可控"的重要论述精神，以更强决心、更大力度、更实举措推进科技创新。一是服务国家行业科技发展创造新高度。按照既定研究方向，有序推进关键核心技术攻关工作，填补基础短板、增强产业链供应链自主可控和安全稳定，体现中央企业责任担当，为解决"卡脖子"技术贡献力量。新立项国家重点研发计划"科技助力经济 2020"重点专项 2 项、"固废资源化"重点项目 1 项。抓住国家重大科技基础设施首次推向民生领域的机遇，集中优势力量推动“城乡生态环境建设研究设施”申请列入中长期规划备选项目。成功立项国际标准4项，推动标准国际化迈出新步伐。获得全国最高标准奖项中国标准创新贡献奖二等奖；以集团名义主编的第一本国家标准《海绵城市建设评价标准》获得行业标准科技创新一等奖。完成“一带一路工程建设标准国际化政策研究”，参与科技部及住房城乡建设系统“十四五”科技规划编制，参与第六次国家技术预测。二是成立中央研究院探索新机制。制定《中央研究院运行管理办法》，设研究中心26个，由集团各领域领军人才担任主任，配置研究人员433名，探索集团科技创新集中力量办大事的新机制。三是支撑“绿色化、工业化、数字化”发展取得新成就。推动“建筑、市政、国土空间规划、生态环境建设”四大业务板块全面绿色化，受邀出版《新时代高质量绿色城乡建设技术》丛书，纳入“十四五国家重点出版物”，为城乡建设领域全面落实新发展理念、实现绿色发展提供有力支撑。华北院自主研发国内第一款排水系统实时控制仿真模拟软件，达到国际领先水平。提升数字化生产能力，全年完成BIM项目30余项，涵盖全业务版块。中国院、咨询公司通过重庆广阳岛生态修复项目实践，对习近平总书记的“山水林田湖草是生命共同体”这一重要论述从技术实现角度进行解读，以此为依托形成“理念体系—技术体系—技术措施—项目实践”的科技创新体系。标准院自主研发的摩擦摆隔震技术，在甘肃陇南宕昌县3.9级地震中表现出良好的性能。研发装配式内装部品设计至生产的数据转换平台，推动装配式建筑标准化、工业化发展。城建院自主研发的餐厨垃圾预处理设备，在石家庄、霍州、龙港等地的餐厨垃圾处理项目中应用；地沟油处理技术在佛山等地的项目中成功应用。建科运营自主研发的公共设施智慧运营管理系统初步完成三大主模块设计，数字化运维管理转型取得阶段性突破。2020年，建设科技集团获得国家科技进步一等奖1项，实现“零的突破”；国家科技进步二等奖3项；华夏建设科技进步一等奖7项、二等奖9项、三等奖13项；中国土木工程詹天佑奖1项。获批住房城乡领域唯一“国家技术标准创新基地”，国家级创新平台建设取得新突破。张瑞龙获评“全国工程勘察设计大师”。

【党建工作】 贯彻落实习近平总书记关于“在国有企业全面加强党的领导党的建设”的指示要求。一是坚持党的全面领导。集团领导班子坚持将政治建设摆在首位，树牢“四个意识”，坚定“四个自信”，做到“两个维护”，推动党的领导与公司治理深度融合。坚持“把方向、管大局、促落实”，保证党旗在抗疫一线高高飘扬，引领企业生产经营逆势快速增长，改革发展开新局。二是加强党的创新理论武装。集团领导班子带头学原著悟原理，深化学思践悟、学以致用，聚焦重点、加强研讨、突出实效开展党委中心组理论学习，指导集团改革发展。完善“第一议题”制度，坚持月学习机制，创新工作方式，搭建“守正学习讲堂”“青年学习小组”等学习平台，打通学习领会到贯彻落地全流程。三是坚持党建引领企业发展。落实“中央企业党建巩固深化年”要求，加强党建工作的统筹整合，形成上下联动、统筹推进、深度融合的党建工作格局。在基层党支部开展“三个一”“支部携手、互学共进”活动，推动党建工作助力生产经营、科技研发和人才成长，基层党组织建设持续向基础发力、向纵深推进。四是坚持全面从严治党。细化责任清单，强化管党治党意识，一体推进党委全面从严治党主体责任、党委书记“第一责任人”责任、纪委监督责任贯通落实。五是一体推进不敢腐、不能腐、不想腐。集团纪委与党委同向发力，积极主动协助党委深化全面从严治党，突出政治监督，强化对权力运行的制约和监督，完善企业内部监督体系，严肃执纪问责，持续保持高压态势，贯穿严的总基调，一体推进不敢腐、不能腐、不想腐，不断深化政治巡视，从严从实加强纪检队伍建设，充分发挥监督保障执行、促进完善发展作用。

【信息化与数字化建设】 积极推进信息化建设，集团化管控、数字化转型取得阶段性成果。机房改造圆满完成、“建设科技云”主数据中心初验通过，标志着集团化管控的“智慧底座”初步建成。集团数字化转型的核心平台，包括项目管理系统和数字设计平台两部分，其中设计咨询项目管理平台以及数字设计平台的开发取得初步成果进入试用，为集团数字化转型提供基础支撑。

【履行社会责任】 服务保障社会民生。标准院承接北京住建委“北京住房专项规划指标体系”研究课题，构建面向未来的首都高质量绿色宜居住房顶层设计与指标体系，助力北京建设国际一流和谐宜居之都。中国院、城建院、标准院、华森公司、中森公司聚焦城市更新，承接历史文化街区以及建筑的更新传承，老旧小区提质改造，老旧管网改造等大量民生工程。集团各企业设计的保障性安居工程、医疗康养、教育项目遍地开花，有力支撑“住有所居”“病有所医”“老有所养”“幼有所教”。

服务国家乡村振兴战略。中国院、标准院、城建院为自然资源部、科技部、住房和城乡建设部、农业农村部等部委在村镇领域的政策、中长期及“十四五”规划研究提供技术支撑；“十三五”国家重点研发计划“乡村住宅设计与建造关键技术研究与示范”项目成果在上海、浙江、江苏等地转化落地；相继在北京、海南、福建、河南、山西等地开展60余项美丽乡村规划、建设、治理任务。

贯彻落实习近平总书记关于统筹推进新冠肺炎疫情防控和经济社会发展工作的重要指示精神，坚持统筹抓好疫情防控和复工复产，企业发展谱新篇。一是抓好疫情防控，集团党委统一领导、统一指挥，严格落实重大事项请示报告制度，有序有力开展疫情防控各项工作。二是积极推动复工复产，分级分批、科学有序组织复工复产，全力稳定生产经营。保“国家重大工程、抗疫工程、业主关心工程”三类重点项目进度节点；保国家重点援外项目、“一带一路”沿线重大民生项目有序推进；保二级企业正常运营，通过注资、协助推进项目回款等多种举措，确保二级企业现金流充裕。三是在科技抗疫方面发挥作用。驰援一线参与武汉重大应急防疫保障工程的2所“方舱医院”建设，连夜完成污水处理技术方案编制，获得专家组高度认可，并在全市推广经验。抢在复工复产前，主编完成《办公建筑应对“新型冠状病毒”运行管理应急措施指南》，对大规模复工复产发挥重要作用，编写组获评“中央企业抗击新冠肺炎疫情先进集体”，刘平波、王喆获评“中央企业抗击新冠肺炎疫情先进个人”。全球抗疫关键时刻成功立项建筑领域疫情防控第一部国际标准技术报告——《与突发公共卫生事件相关的建筑弹性策略——相关信息汇编》，为在国际上树立我国负责任大国形象作出贡献。编制、撰写城乡建设领域疫情防控技术指南及导则建议等16项、传染病医院标准20项，承担重要应急防疫工程9项，在抗击疫情中展现集团的科技担当。

（撰稿人：付　睿）

中国冶金地质总局

【基本概况】 2020年，中国冶金地质总局（以下简称总局）面对新冠肺炎疫情重大冲击、国际环境重大变化，坚决贯彻落实习近平总书记关于统筹推进疫情防控和经济社会发展重要讲话和重要指示批示精神，贯彻落实党中央、国务院和国务院国资委党委决策部署，全力以赴战疫情，多措并举谋发展，扎实推进改革发展党建各项工作，取得积极成效。

【主要指标】 2020年，总局实现营业收入165.94亿元，比上年下降5.22%；利润总额6.77亿元，比上年增长10.26%；年末资产总额247.04亿元，比上年增长3.16%；国有资本保值增值率107.1%；2020年度国家地质调查项目设计质量平均得分88.02分，完成年度考核目标值。

表1　2020年中国冶金地质总局主要经济指标

项　目	2019年	2020年	比上年增长(%)
资产总额(亿元)	239.48	247.04	3.16
所有者权益(亿元)	90.13	96.34	6.89
营业收入(亿元)	175.07	165.94	−5.22
利润总额(亿元)	6.14	6.77	10.26
净利润(亿元)	4.46	5.19	16.37
归属于母公司所有者的净利润(亿元)	4.10	4.79	16.83
技术开发投入(亿元)	3.24	3.80	17.28
应交税金总额(亿元)	7.75	8.02	3.48

续表

项　目	2019年	2020年	比上年增长(%)
全员劳动生产率[万元/(人·年)]	19.49	21.77	11.70
净资产收益率(%)	5.45	5.56	增加0.11个百分点
总资产报酬率(%)	3.41	3.33	减少0.08个百分点
国有资本保值增值率(%)	106.28	107.10	增加0.82个百分点

【改革发展】 精心编制"十四五"规划，将改革改制贯穿始终。完善总局全面深化改革工作机制，组织国有资本布局摸底调查，开展行业发展环境分析，制定总局改革三年行动实施方案及配套台账，按照节点推进工作。高质量完成国务院国资委重大课题"中央企业事业单位改革问题研究"。开展事转企改革试点。组织三项制度改革评估，深入推进三项制度改革。总部进一步深化机构改革，优化岗位设置，落实人员定岗，修订薪酬分配及考核办法，完善岗位绩效工资和考核体系。截至2020年底，全系统退休人员社会化管理移交基本完成工作进度。完成"总部机关化"立行立改事项。有序开展"三供一业"分离移交和维修改造相关工作。推动"双百行动""科改示范行动"改革和混合所有制改革。

【重大项目】 支撑国家战略矿产资源安全保障，高质量完成自然资源部《我国矿产资源规划(2021—2025年)》中的"中国锰业现状及资源安全保障研究"课题，编制提交《我国黑色金属资源安全保障部署建议》。"上扬子东南缘锰矿调查评价"取得积极进展，新增锰矿资源量1440万吨。"湘西—滇东地区矿产地质调查"获得中国地质学会十大地质科技进展奖。完成"津冀矿产资源集中区重要资源开发利用调查评价"项目。"新安江—衢江综合地质调查"为国土空间规划、资源环境保护及经济发展提供支撑服务。"内蒙古达茂旗乌苏新乌珠铅锌多金属矿"累计提交查明标准金属资源量99万吨，"新疆乌兰赛尔金矿详查"累计探获金资源量10吨，山西代峪沟铁矿探获铁矿石2.09亿吨，广西贺州碳酸钙资源勘查探获一处超大型石灰岩矿床，资源量7.85亿吨。

【走向海外】 坚决贯彻落实国务院国资委"双稳"要求，统筹做好境外疫情防控和复工复产有关工作，境外生产企业实现正常生产。山东局在蒙古国建设的蒙古国战略性矿产资源调查基地建设项目稳步推进。黑旋风股份在泰国公司形成初具规模的金刚石工具上下游产业群，东南亚市场占有率不断扩大。

【重大创新】 编制"十四五"科技创新专项规划，修订完善科技创新管理制度，加速推动落实落地。执行国家重点研发计划"深地资源勘查开采"等多个专题，在华南地区找矿理论研究上取得进展。实施科技部第二次青藏高原综合科学考察项目，对科考沿线稀有金属矿开展远景调查与评估。城市管网污泥处理技术研发列入国务院国资委首批关键核心技术推广名录。"我国富铁矿成矿理论创新与实践成果"获得国土资源科学技术一等奖，"中蒙跨境成矿带成矿规律与找矿突破"项目获得国土资源科学技术奖二等奖。1人获得"黄汲青青年地质科技奖"，3人得获得"金罗盘奖"。全年获得专利43件，著作权107项，发表各类文章263篇，其中SCI和EI文章9篇。

【党建工作】 2020年，总局党委扎实推进"中央企业党建巩固深化年"各项工作，制定实施年度党建工作要点，以高质量党建引领高质量发展。一是强化政治引领。深入学习贯彻习近平新时代中国特色社会主义思想，结合实际贯彻落实"两个一以贯之"。制定《关于深入贯彻落实习近平总书记重要指示批示的实施细则》，动态编制《习近平总书记与冶金地质有关的重要论述和重要讲话摘编》，建立落实习近平总书记重要指示批示精神台账。制定党委会议事清单，坚持党委会前置研究重大事项，认真落实请示报告制度。二是加强理论武装。巩固拓展主题教育成果，落实党委会"第一议题"制度，扎实开展党委理论学习中心组学习，认真制定实施年度学习计划，按月细化学习方案，定期通报学习情况。在"用"上下功夫，结合实际研讨改革发展举措和"十四五"工作思路。三是推进干部人才队伍建设。树立干事创业鲜明用人导向，紧抓领导班子和干部队伍建设。制定实施关于加强经营管理人才、科技人才、技能人才队伍建设的3个若干意见。建立地矿专家、技术骨干人才库。四是抓实基层党建。开展二级单位党委书记抓党建述职评议考核，持续开展党建责任制考核评价工作。组织开展基层示范党支部评选推荐表彰，命名冶金地质第一批基层示范党支部。1个党支部被国务院国资委党委命名为“中央企业第二批基层示范党支部”。五是加强党风廉政建设和反腐败工作。召开总局党委2020年党风廉政建设和反腐败工作会议暨警示教育大会，安排部署全年工作，制定落实年度党风廉政建设和反腐败工作要点。推动完善总局监督体系，强化以案促改、以案促治、以案促建。健全完善总局巡视工作制度体系，探索实践巡视工作机制。实现党的中央委员会十九届任期内冶金地质巡视巡察全覆盖。部署开展专项整治7个、“回头看”1个。扎实抓好巡视整改、主题教育专项整治和检视问题整改。六是加强宣传群团工作。制定实施年度宣传思想工作要点，聚焦疫情防控和复工复产达产抓好宣传舆论工作，讲好抗疫典型故事。组织举办第二届“最美冶金地质人”评选宣传活动，扎实开展学习贯彻全国“两会”精神、打赢脱贫攻坚战、“最美工作照”等专题宣传，评选表彰优秀思想政治研究成果。制定群团工作要点，加强统一战线工作，完成总局工会第三届会员代表大会换届工作。做好信访稳定工作，职工队伍保持总体稳定。

【信息化与数字化建设】 着重加强国资监管和集团管控信息化建设，完成“三重一大”决策运行系统建设推广，实现监督追责系统和中央企业组织机构基本信息系统数据填报。基本完成总局网信工作“十四五”规划编制工作。开展总局在线管控系统建设、网络信息安全在线监管平台总局侧建设、总部机房改造项目。推动部署信息系统等级保护工作，推动全系统IPv6规模部署，升级数据中心安全设备。开展总局总部机房停电应急保障、网络设备改造、软件正版化等工作。通过安全信息通报、网络信息安全培训、安全自查等措施加强信息保护，提升总局网络安全风险预警和处置能力。

【履行社会责任】 坚决贯彻落实习近平总书记“四个不摘”指示精神，努力克服疫情影响，明确目标任务，层层压实责任，大力推进定点扶贫工作。2020年10月提前全面超额完成扶贫责任书任务指标，连续三年在中央单位定点扶贫考核中获评“较好”等级。组织开展“工装援疆”行动，2020—2022年在新疆维吾尔自治区生产加工的工装订单7500余套，用实际行动支持南疆纺织产业发展和新疆维吾尔自治区脱贫攻坚。

（撰稿人：朱奕璇）

中国煤炭地质总局

【基本概况】 2020年，面对突如其来的新冠肺炎疫情影响，中国煤炭地质总局（以下简称总局）在习近平新时代中国特色社会主义思想引领下，在国务院国资委的正确领导下，扎实做好“六稳”工作，全力落实“六保”任务，全面完成年度各项目标，实现“十三五”规划的圆满收官，为未来持续高质量发展奠定坚实的基础。总局作为煤炭行业唯一一家企业成功摘得“中国工业大奖”。聚焦主责主业，发挥重点产业优势，着力推动转型升级。全年实施各类地质勘查类项目13481项，编制地质技术报告2132份。提交煤炭资源储量61亿吨，提交磷矿资源储量1.96亿吨，有力保障我国能源及粮食矿产安全。承担国家能源局“国家大型煤炭基地开发潜力研究”课题。开展绿色清洁能源开发业务，以煤系气、地热能等为重点突破方向，广泛应用于京津冀、长江经济带沿线地区，承担多项大型民生工程。

【主要指标】 2020年，总局实现营业收入269.92亿元，比上年增长11.5%；实现利润总额6.9亿元，比上年增长17.75%；利税总额15.38亿元，比上年增长19.6%；国有资本保值增值率106.43%，净资产收益率5.62%；在岗职工人均工资比上年增长7.36%，完成国务院国资委下达的主要指标考核目标任务。

表 1 2020 年中国煤炭地质总局主要经济指标

项　目	2019 年	2020 年	比上年增长(%)
资产总额(亿元)	247.21	316.81	28.15
所有者权益(亿元)	98.86	114.16	15.48
营业收入(亿元)	242.07	269.92	11.50
利润总额(亿元)	5.86	6.90	17.75
净利润(亿元)	4.55	5.98	31.43
归属于母公司所有者的净利润(亿元)	4.34	5.92	36.41
技术开发投入(亿元)	5.36	6.75	25.93
利税总额(亿元)	12.86	15.38	19.60
应交税金总额(亿元)	7.97	8.66	8.66
全员劳动生产率[万元/(人·年)]	23.28	23.99	3.05
净资产收益率(%)	5.08	5.62	增加 0.54 个百分点
总资产报酬率(%)	3.18	3.22	增加 0.04 个百分点
国有资本保值增值率(%)	105.94	106.43	增加 0.49 个百分点

【改革发展】 一是强化战略引领。围绕总局投身“三个地球”建设战略愿景开展研究,明确“三个地球”建设发展方向,初步建立相关评价体系,为总局发展提供根本遵循。有序推动总局“十四五”规划编制工作,制定“十四五”规划编制工作方案和编制提纲,进一步明确总局规划体系和“十四五”发展方向、路径。二是深化企业改革。完成 40 家企业的公司制改革和工商注册登记,实现董事会建设全覆盖,三项制度改革取得新成绩。根据国企改革三年行动和国务院国资委统一部署,制定《总局改革三年行动实施方案》;强化分类、分级、差异化授权放权,进一步扩大所属企业经营自主权。深入推进“双百行动”“科改示范行动”,所属中煤长江集团获得国务院国资委“双百企业”三项制度改革专项评估“A 级”。三是夯实管理基础。加强投资负面清单管理,优化投资方向。强化风险管控,健全重大事项监测和报告制度,推动责任追究工作体系全覆盖,妥善处理历史遗留法律纠纷案件。深化法治央企建设,依法依规治企能力持续提升。四是加强财务管理。建立以价值创造为导向的新型税务管理体系,以提质增效为目标,狠抓成本控制,销售费用、管理费用比上年下降。持续完善资金集中管理,非受限资金集中度保持在 95%以上。内外部融资能力进一步增强,产融结合快速推进。五是提升市场营销水平。坚持推动高层营销,新产品销售收入实现比上年增长。抢抓重大发展机遇,在京津冀、粤港澳大湾区等加大市场开拓力度,承揽大批工程项目。

【重大项目】 生态文明建设产业及现代农业地质服务迅速发展,参与多项国家重点生态文明建设工程项目,在环境治理工程中展示出强劲的技术实力,开展青海木里矿区采坑、渣山一体化治理工作,助力青藏高原生态文明高地建设,工作成果得到中央督导检查组、国务院国资委党委和青海省各级领导的高度评价。承担实施赤壁市农村生活污水处理项目,总服务人口 5.8 万余人。成功收购新疆金川集团 49%股权,日产原煤上万吨,探采一体化取得实质性进展。

【走向海外】 进一步扩大国际交流合作,整合内部资源,积极寻找海外投资商机,新签涉外合同额 11 亿元,并积极做好境外疫情防控工作,执行的全部项目均未因疫情停产。

【重大创新】 重研发,求突破,科技创新不断加强。全年投入技术开发费用 6.75 亿元,比上年增长 25.9%。出台多项科技创新激励与管理办法,新获批“博士后科研工作站”1 个、省级科技创新平台 2 个,遴选出总局“十大科技创新团队”,在矿井水减排、采动空间注浆、煤基固废处置等核心技术领域开展攻关。全年专利授权 487 件,比上年增长 20%;各类科技奖励 137 项,比上年增长 21%,其中,8 项成果分别入选“中央企业关键技术产品”和“煤炭科技成果转化与先进技术”推广项目目录。“1025 专项”研究深入推进,并取得阶段性突破。参与制(修)订标准(规范)37 项。

【党建工作】 着力强政治,固根基,党的建设得到全面增强。坚持和完善“第一议题”制度,持续强化理论武装。坚决履行“两个维护”重大政治责任，确保习近平总书记重要指示批示精神和党中央决策部署一贯到底，落实见效。积极做好习近平总书记重要讲话及指示批示精神、党的十九大和十九届四中、五中全会精神学习宣传贯彻工作，总局广大党员的理论水平、思想认识、政治素质进一步提升。进一步制定完善党建工作制度，实现管党治党常态化、长效化。制定方案，专题研究部署，着力巩固深化主题教育成果。制定《党建工作深度融合年重点工作任务分解》，推动党建工作与中心工作深度融合。全面推进从严治党，推动“两个责任”一体贯通。开展监督工作大起底，强化日常监督，加强重点事项监督，进一步防范化解经营风险，提升单位发展质量。严格执纪审查，坚持抓早抓小，加强分析调度能力，规范问题线索管理，不断提高审查质量。聚焦关键领域，扎实开展四个专项整治。坚持不懈纠正“四风”，推动作风建设抓细抓小、走深走实。加强干部队伍建设，严格标准，树立正确选人用人导向，制定完善“1+N”干部人事管理制度体系。建立健全与现代企业制度相适应的选人用人新机制，提拔任用一批有担当、敢作为的优秀干部，其中“70后”27人、“80后”2人，年轻干部占比23%，班子结构进一步优化。

根据国务院国资委巡视反馈意见，总局党委建立动态管理台账，明确提出整改措施207项，整改完成186条，整改完成率90%，其余拟定措施，长期推进整改。针对经营、党建、办公用房、公车使用、公务接待等问题开展自查自纠，发现各类问题86项，并研究制定相应整改措施，确保聚焦问题系统整改、全面整改、彻底整改。加强内部巡视，建立督促整改工作台账，积极推进问题整改。

【信息化与数字化建设】 积极参与“数字地球”建设，独立开发“智慧矿山系统”，实现全网络平台、生产自动化、安全监控、信息处理等各方面的一体式综合管理；建成我国测绘行业规模最大、处理能力最强的大数据中心，为生态环境监测、“智慧城市”建设、地质灾害监测预警等提供有力的数据和技术支撑。

【履行社会责任】 高度重视脱贫攻坚工作，被甘肃省授予“脱贫攻坚帮扶先进集体”称号。对定点扶贫县投入帮扶资金355万元；积极开展消费扶贫，购买贫困地区农产品491万元；积极开展产业扶贫，扶持当地龙头企业和合作社各1个。发挥专业技术优势，参与抢险救援工作4项，特别是在山东笏山金矿抢险救援工作中，打通救援生命通道，创下中国救援难度最大、速度最快、救人最多等多项纪录。高度重视安全生产管理，全年未发生重特大事故，未发生重大交通及火灾事故。大力推动设备的更新改造和节能减排新工艺的运用，节能减排取得新成效。

2020年新冠肺炎疫情发生伊始，总局党委按照党中央、国务院及国务院国资委党委工作部署，闻令而动、统筹协调、周密组织、压实责任，确保总局广大职工生命健康安全。深入贯彻落实习近平总书记关于统筹推进新冠肺炎疫情防控和经济社会发展重要指示批示精神，实现“两手抓，两不误”，建立全系统常态化工作机制，全力保障在建项目稳定生产施工，有序推动复工复产，实现全局疫情防控和生产经营“两手抓、两不误”。落实国务院国资委有关要求，减免中小微企业和个体工商户租金，在疫情防控阻击战中贡献央企力量。

（撰稿人：赵彦雄　刘银海）

新兴际华集团有限公司

【基本概况】 新兴际华集团有限公司（以下简称集团公司）于2000年由解放军和武警部队78户军需企事业单位以原总后勤部生产部（军级）为机关、以新兴铸管公司为核心企业整编重组而成，2001年正式从军队进入中央企业序列，2010年由新兴铸管集团更为现名，2012年成为军队走出的第一家“世界500强”企业。

作为水务管道、现代军需、应急产业领域的国有资本投资公司试点中央企业，集团公司涉足冶金铸造、轻工纺织、专用装备、医药健康、应急产业和商贸物流服务等六大业务。天然具备着军民融合“先天优势”、转型发展成铸管市场“顶端优势”、延伸培育出应急产业“先发优势”，现为全球第一球墨铸管研发制造商、全国第一后勤军需和职业置装供应服务商，中国应急产业协会会长单位。也是中央军委首长专用服装和航天宇航鞋靴的指定服务商。在南水北调、西气东输等多项国家工程，在军队换装、阅兵保障等历次专项任务，在抗震救灾、抗洪抢险等历次灾害救援中都发挥突出作用。“新兴”“际华”2个主品牌跻身“亚洲品牌500强”，10个子品牌获评“中国驰名商标”。

集团公司成员企业200余家，遍布全国26个省（自治区、直辖市），以及意大利、印度尼西亚、印度、赞比亚等国家，整合为九大二级公司板块化管理，其中，新兴铸管股份、际华集团股份和海南海药股份等3个上市公司覆盖全集团60%以上人员和资产。

2020年，集团公司坚决贯彻习近平总书记关于统筹推进疫情防控和经济社会发展的重要讲话精神，贯彻落实党中央、国务院决策部署，在国务院国资委的正确领导下，全力以赴抗击疫情，多措并举、千方百计推进经营发展。特别是面对疫情初期医用防护服严重短缺的局面，集团公司以战时状态全力转产扩产防护服，仅用9天时间就可以生产供应当时全国1/3的医用防护服，有力保障抗疫医护人员的生命安全，彰显中央企业担当和使命。

【主要指标】

表1　　2020年新兴际华集团有限公司主要经济指标

项　目	2019年	2020年	比上年增长（%）
资产总额（亿元）	1291.63	1426.45	10.44
所有者权益（亿元）	521.98	579.53	11.03
营业收入（亿元）	1402.67	1187.04	－15.37
利润总额（亿元）	34.31	21.56	－37.17
净利润（亿元）	22.57	11.23	－50.22
归属于母公司所有者的净利润（亿元）	13.70	6.96	－49.21
研发经费投入（亿元）	13.47	17.83	32.34
应交税金总额（亿元）	19.31	18.17	－5.91
全员劳动生产率［万元/（人·年）］	17.97	24.56	36.66
净资产收益率（%）	4.21	2.04	减少2.17个百分点
总资产报酬率（%）	4.02	3.21	减少0.81个百分点
国有资本保值增值率（%）	104.33	102.13	减少2.20个百分点

【改革发展】　大力推进企业深化改革。一是认真落实国企改革三年行动方案系列文件精神，结合实际制定实施方案，建立任务台账，加强督导调度，完成改革三年行动全部任务16项，以开局即决战、起步即冲刺的精神状态，确保改革在重要领域、关键环节取得实质性突破和进展。二是开展对标一流管理提升行动。制定工作方案、研究建立指标体系，优化完善工作清单，为后续全面推动集团管理能力提升奠定扎实基础。三是扎实推进专项改革，铸管股份、际华三五二一环保科技作为“双百行动”试点工作取得新成效，铸管股份股权激励方案有力激发广大员工干事创业热情。四是实施新兴际华“小巨人实业振兴专项行动”。进一步聚焦集团主责主业发展实体经济，夯实发展基础，第一批10户企业纳入“小巨人”行动计划。五是中央企业“总部机关化”问题专项整改圆满收官，集团公司剥离国有企业办社会职能和解决历史遗留问题工作提前全面完成。六是强化考核激励，年初构建集团公司“三利四率”考核指标体系，强化扣非净利润、实体收入比重等关键指标考核，修订完善集团公司经理层和二级公司主要负责人的考核办法，探索建立“经营绩效＋重点工作＋专项任务”的差异化考核任务清单，突出实业为本、主营为重，统筹量的合理增长和质的稳步提升，第三季度研究出台《2020年企业提质增效稳增长特别奖励办法》，对超额完成净利润指标的企业给予业绩考核特别奖励和工资总额特别奖励。

【重大项目】　大力夯实发展基础。一是强化项目督导。定期召开季度经济运行会，不定期召开督导会，持续加大重大项目、重大工程等风险易发多发领域和环节的管控，逐户进行摸底调研，逐户面对面督导推进。二是强化投资管理。健全集团投资管理制度体系，研究出台对外参股企业投资管理办法，形成固定资产投资、股权投资等六类投资项目操作指引；加大投资项目的管控力度，在进一步厘清决策权限、规范决策流程的基础上，加强投资项目可行性研究与后评价，抓实过程管理，推动集团公司投资管理精细化、规范化。三是加大关键核心技术攻关力度。加强组织保障，成立两级专项工作领导小组，并由主要领导担任组长；加强责任制落实，组织完成集团公司与二级公司责任状签订、二级公司与任务实施单位责任状签订工作；加强资金保障，申报国有资本经营预算4218万元，集团配套4218万元资金支持项目实施。四是严格落实国务院国资委关于风险防范要求，做好重点领域风险防控，针对重大投资项目、海外资产管理、大宗商品贸易开展管理审计，防范重大风险于未然。

【走向海外】 认真贯彻落实国家"走出去"战略、积极参与"一带一路"建设，积极开拓国际市场，用好国际国内两种资源、两个市场。一是扎实推进"一带一路"重点项目履约。在海外疫情大流行的背景下，新兴铸管投资印度尼西亚MSP公司，建设年产19万吨镍铁的冶炼厂，在孟加拉国、斯里兰卡等区域性销售实现历史性增长。二是积极开拓国际市场。新兴重工克服新冠疫情影响，积极推动国际化市场开拓步伐，产品种类向多元化发展，在埃塞俄比亚、塞内加尔、智利、阿根廷、缅甸、格鲁吉亚等地区出口实现增长。新兴重工所属境外企业新印度钢铁有限公司2020年实现球团销量39.50万吨，实现逆市上扬。三是不断优化海外业务结构。际华股份、海南海药针对疫情影响，逐步调整业务结构，合理规避风险。

【重大创新】 大力实施创新驱动发展战略，提高创新能力和水平，增强发展新动能。一是研究出台科改措施。研究制定关于提升集团公司技术创新能力的若干改革措施，就提升企业科技创新能力、激发科研人员活力动力、完善科技创新体制机制三方面形成细化措施，进一步激发创新动能。二是强化科技创新体系建设。研究形成科技创新体系建设的指导意见，统筹布局重点方向，并启动科技创新"十四五"规划编制。三是加大科技支出。建立稳定的研发投入增长机制，加大研发投入带动产业转型升级，全年科技支出比上年增长26.36%。四是积极开展重大课题研究。承担国家部委、地方政府项目41项，比上年新增26项，领域涵盖国家应急管理规划、应急标准体系建设、应急物资储备等方面，行业引领能力不断增强。

【党建工作】 以习近平新时代中国特色社会主义思想为行动指南，全面贯彻党的十九大和十九届二中、三中、四中、五中全会精神，贯彻落实新时代党的建设总要求和新时代党的组织路线，以党的政治建设为统领，以"中央企业党建巩固深化年"专项行动为抓手，以推动党建工作与中心工作深入融合为重点，建设诚信文化，培育先进典型，树立企业良好形象，发挥各级党工团组织和党员团员作用，统筹推进疫情防控和高质量发展工作，稳步实现党建工作全面提质增效升级，党建在与生产经营融合中彰显价值，为打赢疫情防控阻击战、完成年度目标任务、建设一流的国有资本投资公司提供坚强保证。际华三五零二公司党委获评"全国抗击新冠肺炎疫情先进集体""全国先进基层党组织"，阚晓兰、冉红侠等获评"全国抗击新冠肺炎疫情先进个人"；5名"先进个人"、1个"先进集体"以及1名"优秀共产党员"、1个"先进基层党组织"获得国务院国资委党委表彰。

【信息化与数字化建设】 围绕企业核心资源的配置管理，充分利用现代化信息手段，努力推进管理信息化、数字化，积极探索新的组织形式、运营方式。推动互联网、大数据、人工智能等同各板块产业加快融合，推进冶金铸管、轻工板块、机械装备等传统产业的数字化、智能化转型，推动产业数字化与数字产业化的大交叉、大融合和大协同，积极谋划、探索和寻找适合自身发展的新业态、新的增长点。

【履行社会责任】 2020年，面对新冠肺炎疫情初期防疫物资缺乏的情况，集团公司迅速转产扩产医用防护服和口罩等防护用品，并第一时间为武汉火神山、雷神山医院建设捐赠急需的铸管及配件；第一时间研制开发疫情防控综合保障方舱；第一时间全力推进疫情相关药物研发和药品注册工作；第一时间为疫区和驻地疫情防控捐款捐物。

集团公司深入贯彻落实习近平总书记关于扶贫开发的重要论述和对中央单位定点扶贫工作的一系列重要指示，严格落实国务院国资委工作要求，把定点扶贫工作作为重大政治任务，加强组织领导、强化帮扶责任、坚持精准帮扶，自2014年开展定点扶贫工作以来，累计投入资金8608万元，扶贫工作取得积极成效，帮扶对象甘肃省定西市安定区、内蒙古自治区乌兰察布市四子王旗在2020年初均实现脱贫"摘帽"，为确保决战脱贫攻坚、决胜全面建成小康社会圆满收官作出积极贡献。

（撰稿人：李晓玢）

中国民航信息集团有限公司

【基本概况】 中国民航信息集团有限公司（以下简称中国航信）是唯一的全集团以信息服务为主业的中央企业，是行业信息化建设的主力军、信息服务的国家队。中国航信的发展历程起步于1979年，前身是民航计算机信息中心。2001年，联合国内19家航空公司成立中国民航信息网络股份有限公司，在香港联交所H股上市。2002年，在民航体制改革过程中，民航计算机信息中心和中国航空结算中心组成中国民航信息集团公司，行政隶属关系与中国民航局脱钩。2008年，主营业务整体上市。2017年，完成公司制改制。

中国航信为国内外航空公司、机场、机票销售代理提供旅客信息、商务信息、机票分销和代理清结算服务，是世界第三大的航空旅游业全球分销系统。作为民航业的神经中枢，中国航信运营的民航商务信息系统是国内航空公司、运输机场服务旅客的基础信息平台。2007年，在中国航信的推动下，中国成为全球第一个实现100%电子机票的国家。中国航信不断探索前沿信息技术在民航业的实施应用，先后推出自助服务、移动值机、人脸识别、智慧安检、无纸通关、行李追踪等便捷服务，极大地提升民航旅客出行体验。

【主要指标】

表1　2020年中国民航信息集团有限公司主要经济指标

项　目	2019年	2020年	比上年增长（%）
资产总额（亿元）	257.96	251.81	-2.4
所有者权益（亿元）	212.82	210.74	-1.0
营业收入（亿元）	81.76	55.49	-32.2
利润总额（亿元）	28.08	4.17	-85.1
净利润（亿元）	25.80	5.04	-80.5
归属于母公司所有者的净利润（亿元）	7.35	1.98	-72.9
技术开发投入（亿元）	15.25	10.27	-32.4
利税总额（亿元）	31.71	7.44	-76.6
应交税金总额（亿元）	7.78	5.73	-26.5
全员劳动生产率[万元/（人·年）]	75.63	44.51	-41.1
净资产收益率（%）	12.70	2.38	减少10.32个百分点
总资产报酬率（%）	11.23	1.65	减少9.58个百分点
国有资本保值增值率（%）	110.70	103.04	减少7.66个百分点

【改革发展】 按照党中央、国务院部署和国务院国资委要求，中国航信深入学习习近平总书记关于国企改革相关指示批示精神，集中学习国企改革三年行动方案，研究制定中国航信改革三年行动实施方案，确定58项重点任务，明确责任单位和完成时间节点，为全力推进中国航信改革三年行动打下基础。一是体制机制改革有序推进。修订"三重一大"集体决策制度，明确"三重一大"决策事项清单，规范治理主体权责边界和决策行为；启动实施区域市场体系、客服体系、研发体系改革；推进业务板块改革，整合新兴业务成立信息服务部；修订干部职级制度，印发总部职位职级管理办法、薪酬管理办法；公开遴选配备经营管理干部，优秀青年干部占比1/3；制定子企业经理层

成员任期制和契约化管理操作指导办法，5家试点企业完成聘任协议和经营业绩责任书签订；印发监督委员会工作制度，初步形成纪检大监督格局。二是重点改革工作取得进展。混合所有制改革试点企业移动科技公司完成首轮增资，“科改示范行动”子企业完成改革实施方案和工作台账报备，“双百行动”子企业完成综合改革方案和改革工作台账修订；完成“总部机关化”问题专项整改工作，落实具体整改措施；开展对标世界一流管理提升活动，确定整改任务。

【重大项目】 以助力航空公司数字化转型为出发点，以提升核心系统自主可控力为落脚点，与国际先进对标，加快科技创新步伐，全面推进关键核心技术攻关，优化产品布局，加快助力智慧民航建设。核心系统技术升级方面，夯实基础技术平台，完成云计算应用平台、基础架构云平台、大数据技术平台的一期建设，核心系统开发和交付正式迈入云平台时代；升级核心应用平台，开放化旅客服务系统、智能化离港旅客服务平台完成一期建设，为核心系统全面去主机化奠定技术基础。关键核心技术攻关方面，依托关键核心技术攻关工程建设，全面推进核心技术攻关行动，加快实现核心系统自主掌控、安全可靠的目标，为行业数字化转型和智慧民航建设提供有力支撑。优化产品布局方面，航易行平台成为民航局认证的中国民航行李全流程跟踪系统公共信息平台；航信通业务发布“中国民航隔离区内智慧改签方案”，OneID旅客服务平台在多家大型机场成功试点，助力旅客便捷出行；A-CDM机场运营指挥平台在更多大中型机场成功推广；中转通平台实现国内主要航空公司和机场的中转旅客跨航司行李直挂服务，聚焦精细化旅客服务。

【走向海外】 持续推进海外业务整合和统筹调控，促进海外业务协同联动发展。与国航达成韩国等6个国家的海外销售合作；在法国、意大利等14个国家和地区加入中性化结算体系；与菲律宾皇家航空、柬埔寨航空签署结算服务协议；与冰岛PLAY航空签署服务协议；参与尼泊尔加德满都三机场离港系统投标。

【重大创新】 2020年，中国航信“高性能民航国际运价搜索系统”“超大型复杂机场旅客服务智能化研究及应用”“基于PNR等多源海量民航旅客服务数据的收益提升系统”“民航数据中心基础设施绿色智能运维项目”等成果分别获得中国航协民航科学技术一等奖、三等奖。其中，“高性能民航国际运价搜索系统”在业务处理流程、数据组织和系统架构上采用最新的运价搜索系统设计理念，整体达到国际先进水平，填补国内高性能民航国际运价搜索领域的空白，有效推动航空公司电子商务解决方案优化升级和国内航旅分销市场发展。全年申请专利149件，新获得授权发明专利17件，申请PCT国际专利5件。成功取得北京市知识产权示范单位资质，加入国家技术标准创新基地。参与国家标准制定2项，行业标准1项，团体标准30余项。

【党建工作】 巩固深化“不忘初心、牢记使命”主题教育成果，印发《中国航信贯彻落实〈关于巩固深化“不忘初心、牢记使命”主题教育成果意见〉的具体措施》。领导班子成员全年深入基层党组织调研14次，讲党课15次，宣讲党的十九届五中全会精神13场。全年开展理论中心组学习17次，学习理论文章65篇。认真落实习近平总书记重要指示批示、党中央重大决策部署以及国务院国资委党委工作要求，印发“第一议题”议事规则，全年32次把学习贯彻习近平总书记重要讲话和重要指示批示精神列为“第一议题”，跟踪解决重要部署要求8项。坚决落实党委前置研究企业重大经营管理事项，切实发挥党委把方向、管大局、促落实作用。落实“中央企业党建巩固深化年”要求，持续强化“三基”建设，充分发挥党组织政治功能。健全基本组织，落实“四个同步”要求，结合总部职能部门调整和公司业务板块改革，同步调整27个党组织设置，实现基层党组织和党的工作全面及时有效覆盖。建强基本队伍，开展“三定四力”党务工作人员培训，全年举办培训12期，累计3000余人次参加培训。完善基本制度，研究制定25条贯彻落实《中国共产党国有企业基层组织工作条例》的具体措施，编制党支部工作标准化规范化手册。

中国航信党委切实履行主体责任，深入推进党风廉政建设和反腐败工作。全年开展5次专题会议研究全面从严治党、党风廉政建设和反腐败工作有关事宜，研究制定《中国航信2020年党风廉政建设和反腐败工作任务安排》。落实国务院国资委党委巡视反馈意见,抓好问题整改。深化内部巡视,对二级党组织政治巡视覆盖率77.2%。组建督查组,对巡视整改工作进行督促检查。

【信息化与数字化建设】 加快构建信息化与数字化基础建设,持续加强企业内部信息化建设,按照国资监管建设要求,解决基本信息多源、数据不统一问题,完成企业组织机构基本信息管理系统、国有资产监督追责工作系统,大额资金动态监测系统的建设工作,实现企业基本信息更新维护的长效机制,做到统一标准、统一来源、统一共享。组织构建中国航信"三重一大"决策和运行监管系统,并与国务院国资委"中央企业'三重一大'决策运行系统"对接,完成决策事项、治理主体和决策程序清单化、标准化、规范化管理。在此基础上,升级内部信息化办公系统,促进系统整合、信息共享和业务协同。

【履行社会责任】 2020年,新型冠状病毒肺炎疫情蔓延,世界经济深度衰退,全球民航业遭遇重创。中国航信面对前所未有的困难,迎难而上、凝心聚力,及时回应和落实国家统筹疫情防控和经济社会发展工作的部署,把握公司发展的新形势、新特征、新任务。一方面,统筹推进疫情防控和复工复产,实现员工"零感染",开发上线多个民航疫情防控平台,有力支持联防联控任务落实,全力保障民航旅客信息系统安全运行;另一方面,加强科技创新与降本增效,加紧产品建设与市场开拓,加大改革与管理力度,维护民航市场产业链的稳定。在民航旅客量大幅下降、行业举步维艰的情况下,中国航信上下齐心,努力实现年度经营业绩正盈利,并获评"中央企业抗击新冠肺炎疫情先进集体"、国际航协"20周年战略合作伙伴"等。

中国航信积极响应国家脱贫攻坚号召,结合自身产业特点和行业优势,认真履行帮扶责任,创新扶贫方式,推动定点扶贫地区脱贫攻坚。发挥自身优势,开展对神池县医疗集团信息系统开发和网络升级改造,完成数字神池工程——神池县医疗信息化平台上线运行,实现对神池县人民医院、乡镇卫生院、社区卫生服务中心等多套系统的集中安全访问,为广大贫困群众提供更便捷的医疗服务,解决贫困山区群众"看病远、看病难"的问题;通过提供技能培训及稳定就业的费用资助,实现神池地区10人进京就业及143人就近就业,托底安置贫困人口就业9人,使农村剩余劳动力"凭本事吃饭,靠劳动致富";深耕产业扶贫项目,建立特色扶贫种植业、养殖业;设立专项教育基金,开展基层干部、骨干教师、乡村医生培训,创办安心公益超市及文化活动室、丰富村民精神文化生活;举办年货大集,帮助小农户对接大市场,助推神池县农产品线上销售;建立党建服务中心,以农村基层党建工作为引领,精准扶贫困难群众。

中国航信秉承绿色发展理念,在保证安全生产的基础上,通过科技研发,应用高效节能技术、开展用能精细化管理,减少温室气体、污水、有害及无害废弃物的排放。持续推动绿色办公,在公共区域张贴节能降耗标识,提升员工绿色环保意识;严格执行公务用车管理制度,通过建立班车需求统计机制,确保数据翔实,降低资源损耗。通过推动信息化建设,减少资源消耗,助力行业节能减排,为"碳达峰""碳中和"目标的实现贡献民航力量。

(撰稿人:卫　旻)

中国航空油料集团有限公司

【基本概况】 中国航空油料集团有限公司(以下简称中国航油)成立于2002年10月11日,是国有大型航空运输服务保障企业,是国务院授权的投资机构和国家控股公司试点企业,是国际航空运输协会、国际航煤联合检查集团、美国试验和材料协会、英国石油协会、美国石油协会等国际组织成员。

经过多年的不懈努力,中国航油构建遍布全国的航油保障体系,控股、参股20多个海内外企业,构建遍布全国的航油、成品油销售网络和完备的油品物流配送体系,在全球270多个机场为560多家航空客户提供航油服务,在20多个省级行政单位为民航及社会车辆提供汽柴油及石化产品的批发、零售、仓储及配送服务,在长三角、朱三角、环渤海湾和西南地区布局大型成品油及石化产品的物流储运基地,为保障国家航油供应安全奠定坚实基础。中国航油连续十年跻身“世界500强”，连续四年获得国务院国资委经营业绩考核A级，党建考核、规范董事会建设考核A级。

【主要指标】 2020年，中国航油资产总额624.9亿元，比上年减少7.6%；所有者权益401.6亿元，比上年减少3.8%。完成业务量5040万吨，受全球新冠肺炎疫情影响，销量与价格齐跌，营业收入1513.2亿元，比上年减少45.9%；利润总额45.7亿元，比上年减少48.2%。

表1　2020年中国航空油料集团有限公司主要经济指标

项　目	2019年	2020年	比上年增长(%)
资产总额(亿元)	676.4	624.9	－7.6
所有者权益(亿元)	417.6	401.6	－3.8
营业收入(亿元)	2797.1	1513.2	－45.9
利润总额(亿元)	88.3	45.7	－48.2
净利润(亿元)	68.2	35.3	－48.2
归属于母公司所有者的净利润(亿元)	39.2	25.5	－34.9
技术开发投入(亿元)	0.1	0.4	300.0
利税总额(亿元)	97.3	48.2	－50.5
应交税金总额(亿元)	29.1	12.9	－55.7
全员劳动生产率[万元/(人·年)]	86.4	66.3	－23.3
净资产收益率(%)	18.1	8.6	减少9.5个百分点
总资产报酬率(%)	14.6	7.3	减少7.3个百分点
国有资本保值增值率(%)	126.1	102.5	减少23.6个百分点

【改革发展】 高度重视企业深化改革工作。一是顶层设计工作取得新成绩。发布《改革三年行动实施方案》及任务清单，为深化改革标注路线图和时间表。二是法人治理机制取得新发展。持续开展“压减”工作，管理层级保持4级，下发《授权放权清单》，压减审批备案事项21项、压缩4项，制定《参股企业管理办法》。三是混合所有制改革取得新突破。发布《混合所有制改革操作指引》，“科改示范企业”承飞公司积极研究推动引入非公资本整合特种装备制造资源，与东风等2家企业达成战略合作协议．四是供给侧结构性改革持续推进。“三供一业”移交集团公司正式签订协议率100%，清算并确认补助资金685万元，重点亏损子企业治理工作成功申请国务院国资委补助资金156万元，退休人员社会化主体工作协议签订移交率99%。

【重大项目】 投资方面，推进各项涉及国家重大基础设施建设、保障机场发展的项目，全年完成投资60.39亿元。重大项目方面，成都天府新机场、柬埔寨暹粒吴哥国际机场供油项目、湖北国际物流核心枢纽项目、鄂州机场供油项目、南宁机场供油扩建工程、中国航油西南战略储运基地项目、金虹航油管道工程、成彭管道天府机场支线项目等重大项目按进度实施，青岛新机场项目配套航油输油管道工程按期完工。

【走向海外】 中国航信拥有海外航空客户30余个，供油机场41个，其中16个为“一带一路”沿线机场。航油市场拓展方面，中标阿姆斯特丹机场美国洛杉矶机场及俄罗斯谢列梅捷沃、圣彼得堡、伊尔库茨克等机场的部分供应合同，与壳牌航空就共同拓展巴基斯坦新市场签署合作意向书，与维多公司签订海外机场供油合作协议，与蒙古航油公司开展乌兰巴托机场供油业务国际合作，与泰国石油建立国际机场供油合作机制。海外基础设施投资建设方面，以“中国航油海外一号样板工程”为目标建设柬埔寨暹粒新机场供油项目，以国际化标准参与金边新机场供油项目，在亚洲樟宜、澳洲墨尔本和欧洲阿姆斯特丹3个机场实业投资均取得实质性进展。

【重大创新】 管理创新方面，面对疫情冲击，果断开展“强降促保”“创收增效”“迎双庆、保双增”“百日攻坚”专项行动；全面优化库存管理，深入挖掘闲置土地价值，加强亏损企业治理，取得创收198亿元、增效57亿元的积极成果；搭建采购管理信息化系统，物资设备及服务类采购节省预算资4524万元；下属中国航油集团财务有限公司资金集中度稳居中央企业第一名，确保公司资金链稳定。科技创新方面，下属物流承飞公司2020年入选百户科技型企业；编撰《加油车 360 度全景视频监控系统》，在民航局被列为 2020 年度四型机场示范项目的标杆。

【党建工作】 党的建设方面。一是政治建设持续巩固，中国航油以政治建设为统领，实现疫情防控“零感染、零疑似”和安全生产“零事故、零伤害、零污染”目标。二是党建责任落地落实。压实向上级党组织报告党建工作、党建工作责任制考核、党组织书记抓党建现场述职评议考核、民主生活会和组织生活会 4 项制度。三是组织建设不断提升。中国航油党委采用多种方式确保党组织和党建工作实现全覆盖，完成退休党员组织关系转移；下发《政工人员职务评聘工作管理规定》《党支部工作手册》等规范文件。“高原红柳”“东方第一站”等一批基层党建品牌引领 144 个先锋队突击队、2272 名党员扎根一线示范引领。四是人才队伍建设持续强化。加大提任年轻、高学历干部的力度，积极参加国务院国资委“春暖花开、国聘行动”等专项招聘活动，招聘高校毕业生 221 人。

反腐倡廉方面。一是深入落实党委主体责任。逐级签订党风廉政建设主体责任书，严格落实中央八项规定精神，深入推进“阳光党建”，夯实作风建设。二是推进纪检体制改革。组织成立党风廉政建设和反腐败工作协调小组，修订完成监督执纪工作实施办法等制度。三是做好日常监督。全年回复党风廉政意见 94 人次，出具廉政审查意见 258 人次，点对点向新任职干部及到任单位主要领导、纪委书记发送书面纪律提示函 62 份。四是持之以恒纠治“四风”。下发《集团公司 2020 年整治形式主义突出问题为基层减负的工作意见》等通知，开展党风教育月活动。五是开展内部巡视。印发实施《集团公司纪委巡视巡察整改日常监督实施办法》，完成所属 4 家成员企业党组织常规巡视，发出 34 份《即查即改通知单》，均整改完毕。

【信息化与数字化建设】 提高安全生产管理和应急指挥水平，建立涵盖采购、运输、库存、销售于一体的运营管理体系；加大信息基础设施建设投入，建立智慧加油云平台，提升现场作业保障效率、加油安全保障能力和客户服务质量；基于大数据分析的“航煤指数”常态化发布；以建设工业强基国家级重大专项为契机，联合研制七类 18 台套具有中国航油自主产权的工控安全产品，率先完成集成密码技术的安全可编程控制器（PLC）研发，实现首台（套）全自主可控的 PLC 以及相应的软硬件投产运行，填补国内相关领域空白。2020 年，中国航油获得公安部 2020 年中央企业“新基建”网络安全优秀综合解决方案征集“优秀方案”奖，获评国务院国资委 2020 年国有企业数字化转型典型案例数字化营销服务类典型案例“优秀案例”，获得中国信息协会 2020 中国能源企业信息化管理创新奖。

【履行社会责任】 中国航油满怀回报社会之情，履行航油保障责任、积极开展帮扶工作。基础设施建设方面，不计经济效益，积极推进援疆、援藏、援青工作，通过加大航油基础设施建设助推民航发展，为当地的经济发展、社会进步、民族团结、生态改善等作出应有的贡献。疫情期间，为包括湖北省武汉市在内的全国 233 个机场，1.5 万架次抗疫航班加油 43.3 万吨，保障全国运送医疗队、国内外运送医疗物资、国内外实施撤侨等各类军机、民航飞机以及新冠肺炎确诊重症病例急救运输航班正常运行，确保疫情防控“空中生命线”的绝对畅通。物流、石油、西南和华北地区的航油各单位团结协作，确保长江特大洪水、内蒙古边境草原火灾救援期间的航油供应链畅通。扶贫工作方面，多年来助力宁夏回族自治区盐池县脱贫攻坚，2020 年被列入“中国精准扶贫优秀案例”。为盐池县捐赠救护车，实现各乡镇医疗救护车的全覆盖，捐赠的负压救护车在新冠肺炎疫情防控中发挥重要作用。

（撰稿人：唐照寓）

中国航空器材集团有限公司

【基本概况】 中国航空器材集团有限公司（以下简称中国航材）是国内民航业最大的、中立的第三方航空器材保障综合性服务提供商。以新型民航保障服务为核心，以航空器整机保障服务、航空器材保障服务、技术装备及机场业务保障服务、通用航空发展及保障服务为四大业务发展方向，集约化经营，将中国航材打造成为国内规模最大、最具优势、最具影响力的以民航保障为主业的综合服务提供商。

2020年，面对前所未有的困难，中国航材在以习近平同志为核心的党中央坚强领导下，坚决贯彻落实党中央、国务院国资委的决策部署，始终坚持“建设一流的民航服务提供商”的职责使命，统筹推进疫情防控和改革发展，各项工作取得积极成效。

【主要指标】 2020年，面对复杂严峻的国内外风险挑战、新冠肺炎疫情对民航业的严重冲击，以及B737 MAX事件持续影响，中国航材推动“一优四强”战略落地，加快业务结构优化布局，实现营业收入42.78亿元，利润总额2.09亿元，净利润1.58亿元，扎实完成国务院国资委“两个力争”稳增长任务目标。“十三五”期间，中国航材大力推进转型发展，收入利润从主要靠整机保障（航空租赁、飞机批采）的“一强三弱”逐渐向整机保障、共享平台、机场及创新业务“三强”方向发展，由单一贸易商向民航综合保障实体企业转型的态势基本形成。

【改革发展】 2020年是国企改革关键之年。根据中央印发《国企改革三年行动方案》的整体部署，中国航材本轮改革以完善中国特色现代企业制度、深化混合所有制改革、健全市场化经营机制等6项重点任务为核心，不断激发内生活力。一是制定方案引领改革行动。认真对照《中国航材集团改革三年行动实施方案（2020—2022年》要求，在不折不扣、全面落实的基础上，按照“分类分层推进、抓好专项工作、全面对表落实”原则突出抓好6个方面的重点任务、28条改革举措、66项具体工作，以上率下明确责任单位、细化分解任务。2020年的13项改革任务全部完成。二是重点示范工程有序推进。中国航材所属中国民航技术装备有限责任公司持续深化“双百行动”，下属中航材导航技术（北京）有限公司入选“科改示范行动”，以深化市场化改革、提升自主创新能力为目标，制定改革工作计划台账，完成员工持股、工资总额单列管理2项重点工作，“科改示范行动”有效推进。中国航材以推动下属中航材利顿航空科技有限公司（以下简称中航材利顿公司）上市为契机，探索国企改革深化之路，与国内一流保荐机构通力协作，制定上市方案和员工股权激励方案，中航材利顿公司改革历程成功入选国务院国资委《改革样本：国企改革“双百行动”案例集》，其三项制度改革思路和实践入选国务院国企改革领导小组办公室主办的“双百企业”三项制度改革专项评估A级企业名单。

【重大项目】 中国航材始终牢记作为民航央企的职责与使命，在新发展阶段奋发有为，努力实现新的作为。一是航材共享平台建设进入新征程。深入贯彻落实国务院国资委对航材共享“在确保稳妥安全的前提下，加快构建国产民机保障体系，大力推进航材数据共享互援平台建设，建立健全富余航材常态化处置机制，稳步提高航材共享水平和质量”的建设思路要求，围绕“构建一个国产民机与现在役主流机型航材保障有机融合的体系，搭建一个全流程航材保障信息化平台”的总体建设目标，与中国商用飞机有限责任公司合作，以周转件保障为切入点加快共建国产民机航材保障体系，并在中航材利顿公司原有航材紧急保障互援系统的基础上，扩展升级航材模块，整合航材保障相关数据，不断优化资源供给，完成信息化共享平台（e—航材）基本建设。通过内提能力、外拓市场，逐步成长为拥有重要影响力的航材综合服务保障提供商。二是航空应急救援体系建设取得新进展。牢记习近平总书记“人民至上、生命至上”发展理念，积极投入建设国家应急救援关键力量、搭建航空救援体系平台。所属中国通用航空有限责任公司在国内先期引进新型高原型米—171直升机，主动靠前布局，于2020年10月完成1架米—171直升机调机西藏林芝，成功实现国内通航首次在世界海拔第二的昌都邦达机场4334米高度开关车及起降，成为首家执飞民用大型直升机进藏的通航企业。所属中航材航空救援公司牵头开发的航空救援信息资源整合平台完成上线测试，逐步成为航空救援专业领域供需双方可依赖的第三方综合平台。

【党建工作】 以习近平新时代中国特色社会主义思想为指引，深入学习贯彻党的十九大和十九届二中、三中、四中、五中全会精神，始终把政治建设摆在首位，坚持“两个一以贯之”，坚持以一流党建引领一流企业建设，推动党的领导和公司治理有机融合，通过“五年三步走”，以“1234”总体工作思路构建起党建引领改革发展一体化格局，打开企业党建和改革发展“六个融合”新局面。

坚持和加强政治思想建设与战略引领相融合。将"大学习"与改革发展相结合，把习近平新时代中国特色社会主义思想和习近平总书记重要指示批示作为各级党组织学习的"第一议题"，结合企业中心工作认真研讨交流，将学习习近平总书记新思想成果转化为发展成果，体现到贯彻落实"一优四强"战略落地和攻坚克难的实践中，体现到落实"四个不摘"助力脱贫攻坚的行动中，切实增强"四个意识"、坚定"四个自信"、做到"两个维护"。

坚持和加强党的领导和完善公司治理相融合。积极探索建立将党的领导融入公司治理新机制，中国特色现代企业制度体系基本形成，党建经营各项制度不断完善、相互融合，"两会一层"相互协调、职能管理相互协同、集团管控清晰有效的机制不断健全，以党建政治优势为引领的"四大支持体系"基本确立，更好地促进航材转型发展，为持续增强行业战略地位和作用、应对风险挑战、完成重大任务提供有力保障。

坚持和加强干部人才队伍建设与改革创新相融合。落实新时代党的组织路线，倾力打造干部人才支持体系，企业内生动力和发展活力得到进一步激发。强化工效挂钩导向，选准配强干部队伍，突出考核加强班子建设，重点推进三项制度改革并向基层延伸，制定《总部岗位设置和编制方案》和二级企业负责人职务任期管理、薪酬管理制度。扎实开展疫情常态化下的培养培训，拓展线上学习覆盖面，加强线下培训针对性，基本形成人员梯次、时间节点、能力体系"三个全覆盖"培训培养体系。

坚持和加强"三基"建设与管理提升相融合。坚决落实"中央企业党建巩固深化年"专项行动，全面夯实"三基建设"，大力提升基层党建质量，充分发挥基层的战斗堡垒作用，为高质量发展提供坚强保障。一是推动基层党建与经营深度融合。制定《贯彻落实国有企业基层组织工作条例方案》，聚焦重大任务、项目，将脱贫攻坚、疫情防控、国产飞机保障、航空应急救援国家任务等工作作为考评重点，结合党建责任制考核监督跟踪落实，以党建提升促提质增效。二是巩固加强标准化示范化工程。编制发布《示范党支部工作手册》，加大对示范党支部建设的指导力度，培育党建标杆，开展"基层示范党支部"评选，在招标公司同步建设示范团支部，在凯兰建设示范青年文明号，首次召开二级团组织书记述职评议及"一团一品"评选大会，推动党建标准化示范化工程向团建延伸。三是做好党员发展教育工作。打造过硬队伍，接受抗疫一线战士"火线"入党，注重尚没有党员的混合所有制企业的党员培养，组织广大党员和入党积极分子深入学习党的创新理论知识，传承和发扬党的光荣传统，将精气神凝聚到统筹推进疫情防控和企业改革发展上来，积极建言献策、主动担当作为。

坚持和加强党内监督与内控体系建设相融合。中国航材党委围绕统筹推进疫情防控和企业改革发展强化"三个监督"，推动全面从严治党向纵深发展。一是全面强化从严治党主体责任，持续深化纪检监察体制改革。二是坚持一体推进"三不"机制，扎实抓好专项整治。三是构建综合监督体系，强化对"关键少数"、重点岗位的监督，营造风清气正的改革发展氛围。

坚持和加强群团工作与企业文化建设相融合。"十三五"期间，坚持党建带工建、带团建，强化思想政治教育，围绕"幸福航材"建设，广泛开展宣传文化工作，将群团工作与企业文化建设有机融合，凝聚广大职工群众的智慧力量。一是强化企业文化引领。以庆祝中国航材成立40周年为契机，重塑新时代航材文化，重新建立企业识别系统，明确新时代"航材精神"，确立"建设新型航材、助力两翼齐飞"的新使命，进一步增强企业向心力和凝聚力。二是着力提升宣传思想工作水平。召开宣传思想工作会议，持续增强自建媒体平台联动效应，加强对外宣传力度，短视频《明天会更好》获得第二届全球华人生活短视频大赛"同心抗疫"优秀作品奖，进一步提升中国航材的品牌形象力。三是加大先进选树力度。组织开展集团"先进集体""先进个人""抗疫青年先锋""模范职工之家""巾帼风采""两红两优"等评选，推荐参加全国、省部级先进评选，中国通航曹少林被授予"全国劳动模范"称号。模范带头、青年突击作用充分发挥，进一步激发促改革谋发展的精神力量。四是关心职工生活健康。建设职工"满意之家"、聚焦研究能力提升打造"青年之家·学习社"、开展多项专题调研，解员工燃眉之急和成长之困，共青团"对标先进、强身健体"阶段工作顺利开展。

【信息化与数字化建设】 按照信息化总体规划思路，落实基础设计建设。一是推进OA系统、数据中心和移动办公3个平台建设重点项目，完成OA系统开发和测试。二是进一步推进集团本部及所属二级企业IPv6全覆盖工作。三是调整基础网络及安全设备管理模式。四是积极推进国资国企网络安全在线监管平台在集团总部的实施工作。高度重视网络信息安全，下大力气推动网络安全防护，重点在系统排查、宣传引导、重大活动保障三方面做大量工作，确保集团网络信息安全防线严密牢固。

【履行社会责任】 2020年是脱贫攻坚决战决胜之年，中国航材党委深入贯彻党中央决策部署，以习近平总书记重要讲话和批示指示为指导，克服新冠疫情带来的不利影响，凝聚集团内外力量，全力以赴、尽锐出战，高质量完成全年定点扶贫各项目标任务，全年向陕西省白水县投入定点扶贫资金556万元，因地制宜，围绕“保障产业增收、剩余贫困户脱贫、促进民生改善”的工作思路，坚持“精准、长效、创新”原则，建立长效扶贫机制，不断提升扶贫质量和成效。继续以产业扶贫为主导，注重农业科技和现代化管理的带动引领，促进农村产业发展，巩固持续造血机能；资助贫困学生58人，继续开展留守儿童关爱活动，助力防止贫困代际循环；实施医疗扶贫，继续开展“救急难”、残疾人救助等社会救助工作，对因病残、因灾及突发事件导致生活急难贫困群众414人实施救助，有效防止返贫发生；持续开展扶志扶智工作，培训全县县镇村三级基层干部425人、技术人员41人，进一步增强内生动力，促进思想与行动同步脱贫。

自2013年以来，中国航材积极响应国务院国资委号召，坚持逐年加大帮扶力度，累计向陕西省白水县投入扶贫资金1726.73万元，实施定点扶贫项目30余个，累计选派扶贫干部7人。集团上下凝心聚力，千方百计、用心用情为定点县和贫困群众出实招、办实事、办好事，共同助力白水县于2020年2月退出全国贫困县序列，实现脱贫“摘帽”。中国航材的扶贫工作得到当地干部群众的一致认可与好评，中国航材扶贫工作队被评为“陕西省脱贫攻坚先进集体”，集团公司获得白水县委、县政府颁发的“2020年度中省驻白单位脱贫攻坚突出贡献奖”。中国航材在完成定点扶贫任务的同时，投入资金100万元积极支持新疆维吾尔自治区于田县发展黑木耳种植产业，带动帮扶200户建档立卡贫困户实现增收脱贫。

（撰稿人：孔小可）

中国电力建设集团有限公司

【基本概况】 中国电力建设集团有限公司（以下简称中国电建）成立于2011年9月，是经国务院批准，按照《电网企业主辅分离改革及电力设计、施工企业一体化重组方案》，在中国水利水电建设集团公司、中国水电工程顾问集团公司和国家电网公司、南方电网公司所属14个省（自治区、直辖市）的电力勘测设计、施工、装备制造企业基础上组建而成。注册资本金319亿元，职工18.6万人；直接管理二级子企业75家，分布在全国大部分省（自治区、直辖市）及部分海外地区；在海外设有东南非区域总部、中西非区域总部、中东北非区域总部、欧亚区域总部、亚太区域总部、美洲区域总部六大区域总部，主要业务覆盖全球132个国家。主营业务集中在能源电力、基础设施、生态环境三大领域，横跨水电、火电、风电、太阳能，水利、水务、水资源与环境治理，公路、桥梁、机场、轨道交通，房屋、市政、城市综合体开发等相关多元行业。受国家能源局委托承担国家水电、风电、太阳能等清洁能源和新能源的规划、审查等服务。逐步形成“懂水熟电、擅规划设计、长施工建造、能投资运营”的核心能力，具备为全球客户提供行业整体解决方案、全产业链一体化集成服务的独特优势，为中国和世界奉献一系列令人瞩目的代表性项目和精品工程，成为全球清洁低碳能源、水资源与环境、基础设施建设领域和参与服务“一带一路”建设的重要力量。

2020年，中国电建完成营业收入5415.58亿元，实现净利润139亿元，新签合同额8560亿元。2020年居《财富》“世界500强”第157位，ENR“全球工程设计公司150强”第一位，“全球工程承包商250强”第五位。在全球电力建设行业市场（规划、设计、施工等),中国电建的能力和业绩始终居首位。

【主要指标】

表1　2020年中国电力建设集团有限公司主要经济指标

项　目	2019年	2020年	比上年增长(%)
资产总额(亿元)	9636.17	10569.80	9.69
所有者权益(亿元)	2311.58	2712.28	17.33
营业收入(亿元)	4654.30	5415.58	16.36
利润总额(亿元)	157.94	178.01	12.71
净利润(亿元)	122.02	139.00	13.92
归属于母公司所有者的净利润(亿元)	53.39	47.51	-11.01
技术开发投入(亿元)	150.51	191.00	26.90
利税总额(亿元)	284.17	300.85	5.87
应交税金总额(亿元)	162.15	161.85	-0.19
全员劳动生产率[万元/(人·年)]	39.04	41.16	5.43
净资产收益率(%)	5.92	5.53	减少0.39个百分点
总资产报酬率(%)	3.04	2.92	减少0.12个百分点
国有资本保值增值率(%)	107.45	109.28	增加1.83个百分点

【改革发展】　一是市场布局优化完善取得重要进展。高端营销精准发力。与四川、湖北、重庆、天津、西藏、贵州、福建等省(自治区、直辖市)政府以及航天科工、华侨城、安徽引江济淮集团等知名企业签订具有实质性合作项目的战略合作协议20余项。区域营销渐成体系。完善市场营销顶层设计,制定分批成立西部、南方、北方、华东、华中五大国内区域总部方案,先期成立西部、南方、北方投资公司,织密国内重点区域、重要城市群和都市圈的营销网络,区域经营统筹能力、撬动重大项目能力有力增强,与政府沟通、对接、合作的渠道进一步顺畅。海外营销走深走实。中国电建母子品牌全部被列入中国对外承包商会59个重点国别布局,调整40余家子企业在100个国家的市场布局,引导各主体以相对固定的资源深耕国别市场;按照"做实国别、一国一策"的原则稳步推进属地试点,增资泰国子公司,成立印尼PMA合资子公司,设立阿尔及利亚公司,在肯尼亚、安哥拉等国探索实现机构、资源、决策属地化,国际营销能力水平有力提升,在全球疫情冲击下依然取得较好成绩。

二是产业结构调整取得积极成效。水利电力领域,全力做好国家150项重大水利工程专项策划,中标110亿元渝西水资源配置工程;接连签约陕西斗门水库、滇中引水石鼓水源工程、琼西北供水工程等重点水利项目;中标125亿元江苏如东海上风电场项目、55亿元三峡新能源牟平30MW海上风电等新能源项目。水环境领域,全年新签长江大保护、深圳龙岗河/深圳河/观澜河流域水环境治理等项目330亿元;开辟"水生态+"新模式,中标100亿元长沙大泽湖生态智慧城综合开发建设项目。基础设施领域,中标川藏铁路雅林段先期开工最大标段;签约深圳地铁12号线、郑州轨道交通8号线一期、西安地铁1号线三期、穗莞深城际铁路、山东潍烟及莱荣高速铁路、甬台温高速公路等重点交通项目;摘牌雄安容东片区1号地块,首次试水城市片区综合开发业务。新业务领域,积极进军绿色建材市场,中标93亿元南水北调中线雄安调蓄库骨料加工工程,获得河南、陕西2个砂石料采矿权,砂石年产能突破1亿吨;地热公司正式挂牌成立,战略新兴业务加快培育。

三是深化改革按下"快进键"。"十三五"规划顺利收官,"12358"战略得到较好贯彻;加强改革顶层设计,制定印发公司全面深化改革三年行动实施方案;"十四五"发展规划支撑性课题研究进展顺利,规划编制取得初步成果。提前完成全民所有制企业公司制改制、厂办大集体改革等重点任务,按时完成混合所有制改革评估、"总部机关化"专项治理,退休人员社会化管理完成率98.77%,超额完成国务院国资委确定的主体移交目标。其中,29家试点子企业高质量、快节奏推进"科改示范行动""双百行动"等专项改革工作方案落实落地;水电六局成功引入建信投资实现增资扩股，迈出二级企业层面公开挂牌引入战略投资者第一步；7家子企业兑现岗位分红激励，科技型企业股权激励政策在江西院率先落地，首批145名员工正式成为企业股东。

四是管控体系精简优化。总部层面对备案管理类和审批管控类事项进行全面清理，其中，备案管理类事项减少47项、审批管控类事项减少145项，压减幅度分别为37.3%、52.9%，子企业发展活力有效释放；累计压减法人企业243户，回收资金27.3亿元，压缩管理费用2.5亿元，企业运行效率明显改善；392家三级以上企业全部完成党建进章程，党委把方向、管大局、促落实作用充分发挥。

五是提质增效专项行动取得显著成效。围绕"五升两降"和"现金为王"策略建立健全价值创造型财务管理体系，研究制定提质增效专项行动方案、成本费用管控实施方案，从疫情防控、降本节支、"瘦身健体"、科技创新、深化改革、政策支持等6个方面提出可行措施23项，全面支撑公司经营业绩企稳回升、好于预期。公司营业成本增幅低于营业收入增幅0.13个百分点，销售费用比上年下降4.2%，管理费用比上年下降1.3%，利息支出比上年下降1.8%，研发经费投入及经营活动现金净流量创历史新高。

六是"降减防"攻坚扎实推进。发布资产经营指导意见，与子企业签订年度资产经营考核责任书，推动资产经营工作取得突破，全年完成投资项目资产经营17项，盘活资产405亿元，电建路桥公司渝蓉高速、电建水电开发公司毛尔盖水电站等重大项目顺利实现转让盘活。按照"四好四优"的"两金"管理总体目标，从源头上防"两金"、过程中控"两金"、确权后降"两金"，"两金"压降完成年度目标的96.8%。通过综合施策，公司年度"降减防"各主要指标基本如期完成，年末资产负债率较国务院国资委下达的指标降低0.65个百分点。

七是项目管理持续改进。加大国家重点项目履约督导力度，开展疫情影响专项评估，做好疫情索赔指导，实现项目履约总体受控。深化全面质量管理，27项工程获评国家优质工程、中国建设工程鲁班奖。强化项目分包管理，及时发布不合格分包商黑名单，组织分包专项检查，切实提升项目成本控制能力。统筹做好资质管理和新旧资质政策过渡，新增水利水电特级资质2项，水电工程局实现水利水电特级资质全覆盖。

八是法治建设持续加强。法律风险防范体制机制不断完善，重大经营风险项目管控处置、运用法律手段催收应收账款、妥善处置重大法律纠纷案件等工作扎实有效开展。全年通过采取法律手段维护企业权益、避免或挽回经济损失36.94亿元，在国务院国资委法治央企建设总结中获得较高评价。

【重大项目】 2020年4月26日，中国电建集团水电七局承建的世界第一高坝双江口水电站全面启动大坝填筑，标志着这座大渡河控制性高坝大库的龙头水电工程，全面进入主体工程建设新阶段。

2020年4月30日，中国电建集团水电八局承建的广西大藤峡水利枢纽工程首台8号机组通过72小时试运行，正式投入商业运行。

2020年5月26日，中国电建集团水电七局、水电五局承建的世界第二、国内在建最大的灯泡贯流式机组群岷江犍为航电枢纽工程首台机组并网发电。12月，第7台机组(1号机组)并网发电，实现"1年7投"的目标。

2020年6月22日，中国电建昆明院设计，水电基础局、十四局、七局参建的世界首座堰塞坝综合水利枢纽工程云南鲁甸红石岩水电站首台机组正式投产发电。

2020年6月29日，中国电建集团承建的装机规模中国第四、世界第七的"巨无霸"工程乌东德水电站首批机组正式投产发电。

2020年7月14日，中国电建集团所属北京院勘测设计，水电一局、水电二局、水电四局、水电十四局、水电十六局等子企业承担施工任务的山东省鲁南地区第一座抽水蓄能电站沂蒙抽水蓄能电站下水库通过蓄水验收，正式开始蓄水。截至2020年底，下水库蓄水至194.2米。

2020年11月，中国电建所属成都院勘测设计、水电十二局与水电五局承建的两河口水电站工程择机进行1号、2号初期导流洞下闸封堵、第一阶段水库蓄水。12月17日，两河口水电站大坝心墙填筑至高程2826米，提前14天完成年度填筑目标。

2020年12月8日，中国电建集团所属中南院勘测设计，水电七局、水电十二局、水电十四局、水电十五局等企业承担施工任务的全国第一座海岛抽水蓄能电站海南琼中抽水蓄能电站通过工程竣工验收。

2020年12月17日,中国电建集团水电七局、华东院承建的国内首个采用EPC建设模式的百万千瓦级大型水电工程四川杨房沟水电站大坝全线浇筑到顶,为首台机组发电奠定基础。

【走向海外】 国际经营保持平稳发展。多元拓展态势明显。水电业务签约并开工巴基斯坦巴沙大坝及唐吉尔水电项目,合同额27.52亿美元。新能源业务方面,签约并开工世界第三大单体光伏项目,新能源新签合同额329.66亿元。交通房建业务方面,签约中资企业首条欧盟资金铁路项目,深度融入非洲"三网一化"航空网建设,接续中标沙特保障房四期项目。海水淡化业务方面,签订5.3亿美元沙特海水淡化项目EPC合同,中国电建成为中东北非地区最大的电站和海水淡化EPC总承包商。采矿业务方面,新签项目额9.3亿美元。融资创新助力项目落地,基于中信保融资性担保,签约5.85亿美元尼日利亚燃气电站EPC总承包合同;顺利实现孟加拉国达卡机场快速高架项目融资关闭并获得实际控制权;通过"建设期控股+COD后回购""日本出口信保+买方信贷"等模式解决柬埔寨菩萨水电站项目融资。第三方市场合作加速推进,与GE共同推动赞比亚、津巴布韦巴图凯水电站开发前期工作,完成终版可研并报送业主;与印度公司合作中标阿联酋阿提哈德铁路二期货运设施标段;与埃及和意大利公司合作承建布隆迪水电项目;与丸红、道达尔等产业投资人在中东、拉丁美洲等市场开展新能源合作;与沙特、法国等多个国家的大型开发商继续深化全球电力、港口、路桥等领域项目合作。

2020年,中国电建对外承包工程业务完成营业收入比上年下降14.67%,占营业额的17.63%;新签合同额比上年增长0.59%,占境内外新签合同额的29.57%;利润比上年下降74.07%,占境内外利润总额的8.56%。在132个国家执行工程总承包或施工承包类项目合同3307项,在建项目合同总金额比上年增长4.42%。国际业务从业人员130559人,其中,中方人员37957人、雇佣项目所在国员工75134人、雇佣项目第三国人员17468人。海外业务布局持续优化,中国电建母子品牌全部列入承包商会59个重点国别布局。承建的海外工程受到普遍认可,品牌美誉度和影响力进一步提升。援安提瓜和巴布达2个社区中心项目被商务部评为"优良"援建项目。摩洛哥努奥三期项目获得国家优质工程金奖,阿尔及利亚粮仓项目、巴基斯坦卡西姆港电站2个项目获得国家优质工程奖。中国电建海外项目累计获得中国建设工程鲁班奖22个,国家优质工程金奖7个,国家优质工程奖9个。沙特国王港项目获得杰出营地奖,伊拉克鲁迈拉联合循环电站等3个项目获得优秀营地奖;赞比亚下凯富峡水电站等3个项目获得国际工程绿色供应链管理领先项目奖;马来西亚凯德隆项目连续三年获得砂捞越能源公司年度承包商环境影响评估(EIA)合规金奖;斐济瑞瓦河供水工程作为唯一中资企业获评斐济环保部金卡会员企业。

截至2020年底,中国电建在13个国家实施投资项目27个,计划口径总投资741.06亿元。其中,投产运营项目14个,总投资331.07亿元,正式进入建设项目13个,总投资409.98亿元。行业分布上来看,电力项目17个,轨道交通项目3个,矿产资源项目2个,建材项目1个,并购项目4个。境外运营及正式在建投资项目完成投资总额49.89亿元,累计完成投资559.46亿元。投产运营项目完成投资4.08亿元,累计完成投资324.07亿元。正式在建项目完成投资45.81亿元,累计完成投资235.39亿元。

【重大创新】 一是重点攻关统筹推进。加大核心技术和产品的攻关力度,承担4项国家级核心攻关任务;主动超前开展川藏铁路建设重大科技专项研究,助力公司作为路外企业首个中标川藏铁路先期开工最大标段并顺利开局;强化战略引领和资源整合,新业务和数字技术应用研究类项目立项数占年度立项总数50%以上。二是支撑体系加速搭建。成功举办科技创新工作会议暨院士论坛,成立由33位行业知名院士领衔的科学技术高级顾问委员会,为公司科技创新汇聚智力支撑;设立水环境、太阳能发电和智慧城市轨道3家集团级研发平台,为相关领域资源整合、专项技术持续攻关和专业人才队伍培养提供平台支撑。拥有国家级研发平台9家、省级研发平台100家、集团级研发平台6家。三是科技成果不断涌现。2020年,新增授权专利3552件、发明专利236件,位居中央建筑企业前列;截至2020年底,累计授权专利数量18393件，发明专利2425件。累计主持或参与制（修）订国家、行业标准832项，获得行业和省级工法982项；新增国家级重大技术攻关项目12项，完成国家级科技课题2项。获得省部级科技进步奖470项。新基建拓展成果丰硕，4个项目入选工业和信息化部年度物联网示范项目，入选数量位列中央企业第一。

【党建工作】 以“中央企业党建巩固深化年”专项行动为契机，加快推动党建工作提质、增效、升级，党组织的功能作用、党员的党性本色在抗疫大考中得到检验和展现。政治建设方面，不断提高政治站位，严格执行“第一议题”制度，把落实习近平总书记重要指示批示和党中央决策部署作为“两个维护”最直接、最重要、最具体的检验。思想建设方面，采取多种形式及时深入宣传伟大抗疫精神，宣传贯彻党的十九届五中全会精神，推动主旋律和正能量进工地、车间、班组，形成学习领会、推动落实、实现目标的基层实践。组织建设方面，着力推动实施党支部标准化建设三年行动，基层基础工作逐步夯实。认真贯彻新时代党的组织路线，持续深化干部人事制度改革，不断加大公开遴选、统筹交流、年轻干部选用力度，打造一支忠诚干净担当的高素质专业化干部队伍。作风建设方面，抓牢责任体系、抓细工作体系、抓实制度体系，抓早抓小抓好“关键少数”，对顶风违反中央八项规定精神坚持零容忍，久久为功根治“四风”顽疾。扎实开展“四个专项”整治，有力解决“靠企吃企”问题。纪律建设方面，认真履行监督执纪问责，精准监督、常规巡视，建立健全党内监督体系，持之以恒正风肃纪，着力抓好疫情防控和复工复产中的纪律建设。召开中国电建党风廉政建设和反腐败工作会议暨警示教育大会，分析形势，指出问题，部署任务。在疫情防控形势下，通过网上查阅资料和同城互评等方式推进对子企业党委党风廉政建设考核工作。完成年度中国电建党风廉政建设和反腐败工作责任制考核评价体系修订工作，更加突出政治监督。将2020年确定为巡视工作“标准建设年”，形成巡视巡察工作和巡视整改的基础制度，完成巡视流程、标准和核查三大体系，对保障巡视工作高质量发挥重要作用。63家子企业完成应巡察党组织总数的60%以上，其中26家完成巡察全覆盖任务。制度建设方面，认真贯彻“两个一以贯之”，完善中国电建党委和所有二级企业党委议事规则，充分发挥党委领导作用，落实党委“把方向、管大局、保落实”作用发挥，持续深化纪检监察体制改革，一体推进不敢腐、不能腐、不想腐体制机制构建，支持其他治理主体依法依规开展工作。

【信息化与数字化建设】 2020年，中国电建完成信息化投入8.18亿元，占营业收入的0.15%。新签合同604个，新上线系统484个，在运系统993个。一是运用信息技术，服务疫情防控和复工复产。全面运用信息化数字化技术有效支持公司实时在线沟通，为公司科学决策、精准防疫、快速复工、抢抓市场、有效达产等提供有力支撑。二是数据驱动，管控监管体系建设不断完善。完成国资监管信息化建设“三年行动计划”实施，在验收评估中，成绩居建筑类中央企业首位，中央企业前列。稳步推进国资监管，实现公司集团层、企业层、项目层数据贯通。持续完善集团管控，持续推进集团层面总部一体化管控数据体系建设。企业监管逐步建立。稳步推进各企业人、财、物业务间的数据共享。持续深化项目监管。电力工程企业重点项目监测系统监测范围由重点项目扩展至在建项目。完善海外监管项目营销履约管控体系。持续深化能源监管。形成国务院国资委能源智慧信息平台与电建能源集中监管平台融合方案，完成系统间“生产、清洁、低碳、安全、高效”数据的对接和实时报送。三是推进项目管理PRP系统应用成效逐步显现。推进施工企业PRP系统深化应用，新开工项目覆盖率99.05%。开展施工企业项目管理PRP系统应用情况问卷调研，梳理解决共性问题。发布《PRP“最后一公里”现场应用专项方案》，推动项目现场一线人员应用，确保系统在业务一线扎根。完成西北院，中南院项目管理系统的上线验收。结合施工企业PRP系统建设和应用情况，配合国务院国资委编制《中央企业数字化转型工作指南》。四是提升办公系统应用，综合业务服务水平不断提高。持续完善协同办公平台，优化流程，有效规范公司决策事项的办理速度和跟踪效率。进一步完善党团工纪检巡视综合管理系统，推进党建系统升级改造设计，党建管理系统覆盖中国电建300多家基层党委3500多个党支部，为9万多名党员提供服务；党风廉政建设和反腐败工作系统覆盖72

家二级纪委，为3000多名纪检干部提供服务。逐步建立统一的新闻宣传与舆情管理系统；完成公司新闻宣传与舆情管理系统建设方案。开展总部国家级电子文件单套归档和电子档案单套管理试点项目建设。推广“电建通”移动办公平台，涵盖17个集团级应用69个子企业级应用。五是提升网络安全屏障的防护能力。完成公安部“护网2020”攻防实战演习行动，抵御各类攻击4.3万次。建成“电建眼”“电建云堤”等网络安全纵深防御设施，完成42家子企业“电建眼”建设。圆满完成两会、服贸会、进博会期间网络安全保卫任务。加强安全教育、宣传、培训与演练，开展安全月活动，组织各子企业开展网络安全宣传活动。加快推进信息化领域自主可控应用，研究制定工作方案并逐步开展试点，编制《自主可控应用总体工作计划和试点实施方案》。六是信息化管理治理体制机制持续完善。组织召开公司2020年网络安全和信息化工作会，总结“十三五”网信工作成绩及2019年网信工作。迭代完善预算管理体系，组织对全集团的746个信息化项目进行分类评审。进一步优化考核、评优体系，完成10家子企业管理评价工作。七是探索新技术，创新创效取得新成果。4个信息化、数字化项目入选工业和信息化部2019—2020年度物联网关键技术与平台创新类、集成创新与融合应用类示范项目，项目数量全国第一。“中国电建供应链‘金融+科技’管理创新探索”入选中国管理科学学会管理科学奖实践类大奖。6个信息化、数字化项目获得中电联2020年电力创新奖。连续两年承担工业和信息化部工业互联网创新发展工程，中标2020年工业企业网络安全综合防护平台项目。“电建云”安全体系入选公安部2020中央企业“新基建”网络安全优秀案例。入选中施企协2020年工程建设行业互联网发展最佳实践案例4项、优秀实践案例6项，11项BIM技术在“首届工程建设行业BIM大赛”中获奖。

【履行社会责任】 2020年，中国电建凭借在经济责任、环境责任、社会责任等方面的综合表现，获得卓越责任企业奖。所属电建地产公司《不忘初心“WE客有你”公益行动》、江西电建公司《微电网绿色能源点亮苏里南河》、电建海投公司《抗疫情保经济促民生 履责任展担当助发展》3篇案例分别入选《中央企业社会责任蓝皮书(2020)》《中央企业海外社会责任蓝皮书(2020)》《中央企业抗击新冠疫情案例集》。将“在电力及其他建设工程领域绿色施工理论探索与实践应用”研究成果转化为管理措施，发布绿色施工管理规程和指导手册，着力提升绿色施工管理水平，不断推动绿色施工技术进步，严防“两高”项目露头。牢固树立“绿水青山就是金山银山”的理念，打造以深圳茅洲河、广州车陂涌为典型的水环境治理精品样板示范工程，为我国黑臭水体治理提供可借鉴、可复制的样板。

新冠肺炎疫情暴发后，中国电建海外六大区域总部立即开展国内紧缺防疫物资的全球采购，抢购561.3万元防疫物资捐赠给湖北武汉；水电四局驰援武汉江岸区长江新城“方舱医院”施工；水电十一局调动50余名员工和10余台(套)机械设备进驻郑州市“小汤山”医院建设项目，用速度和技术展示央企责任和担当。中国电建各级党组织和广大共产党员不忘初心、牢记使命，充分发挥先锋模范作用，18名抗疫人员“火线”入党，31名党员医护队员逆行出征武汉保卫战，16名党员医护队员千里驰援海外项目，20支党员突击队奋战抗疫一线，67055名党员自愿捐款883万元。中国电建疫情防控专项累计捐赠4605.12万元。其中，境内捐赠3997.54万元、境外捐赠607.58万元。

高质量完成定点扶贫攻坚任务，决战脱贫攻坚取得决定性胜利。定点扶贫的云南省剑川县于2020年5月16日实现高质量脱贫出列，脱贫成效考核评价为“稳定可持续”，建档立卡贫困人口全部“清零”。所属31家成员企业承担的53个县、镇、村[6个市(县)、1个镇、46个村]均如期实现脱贫“摘帽”。全年捐赠扶贫资金7523.56万元(含物资折款87万元)，针对集团公司定点扶贫的剑川县和民丰县捐赠扶贫资金3850万元，实施产业扶贫、教育扶贫、卫生健康扶贫等10个项目，为定点县引进帮扶资金20万元，全面购买和帮助销售扶贫农产品超过2627万元，比上年增长104.4%。派出挂职扶贫干部6人(含驻村第一书记3人)，挂职干部牛珣、陈贵标被评为“大理州2020年度扶贫先进工作者”；驻村干部李宗建被评为“大理州2020年度优秀驻村工作队员”；派驻新疆维吾尔自治区民丰县驻村第一书记崔远鹏被评为“全国脱贫攻坚先进个人”；中国电建被云南省大理州评为“2020年扶贫先进单位”。全年培训或出资培训定点县干部358人次，培训技术人员944人次，干部人才培训比上年增长121%。持续推动云南省剑川县总投资5.5亿元的万头奶牛产业扶贫项目，首批3000头新西兰进口荷斯坦奶牛顺利进驻剑川县羊岑乡云端牧场“安家落户”，项目带动效益明显。加快推进总投资15.53亿元的剑川县剑湖流域水环境综合治理PPP扶贫投资项目，水环境综合治理效果显现。捐赠扶贫资金1550万元设立新疆维吾尔自治区民丰县特色产业发展基金，采取“公司＋养殖合作社＋贫困户”的运营模式，支持民丰县以特色养殖产业基地为中心，逐步建立“饲草种植—种羊繁育—肉羊养殖—肉羊屠宰加工—高端羊肉销售”的完整产业链，辐射带动周边贫困户发展肉羊产业，项目进入运营阶段。2020年，中国电建编制并印发《中国电建定点扶贫白皮书》；集团公司扶贫办被中共中央、国务院授予“全国脱贫攻坚先进集体”称号；精准扶贫典型案例“真金白银投入扶贫攻坚打胜仗真心真意助力地方脱贫奔小康”入选国务院扶贫办“2020年企业精准扶贫综合50佳案例”。

积极履行安全环保社会责任，强力推进“安全生产专项整治三年行动”，在疫情防控、安全生产、自然灾害风险“三叠加三碰头”的复杂严峻形势下，全年未发生较大及以上生产安全事故，事故起数、事故死亡人数、自然灾害死亡人数实现“三下降”，生产安全事故死亡人数创下公司重组成立以来新低，未发生重大违规的职业健康、突发环境事件，全面完成国务院国资委下达的节能减排目标。

（撰稿人：邴颂东）

中国能源建设集团有限公司

【基本概况】 2020年，中国能源建设集团有限公司（以下简称中国能建）在以习近平同志为核心的党中央坚强领导下，认真贯彻落实党中央、国务院决策部署和国务院国资委工作要求，全面落实“六稳”“六保”任务，突出抓好“三稳四保一加强”“两个力争”要求，统筹推进疫情防控、经营发展、系统改革和科学管理，全面加强党的领导，取得积极成效。一是疫情防控取得重大胜利。积极投身疫情防控阻击战，构建全面动员、全面部署、全面防控的战“疫”格局，累计组织13万余人次下沉助防，累计捐款超过3700万元，助力打赢武汉保卫战、湖北保卫战和海外项目疫情防控战。二是经营发展取得突出成效。克服新冠肺炎疫情不利影响，2020年新签合同额、营业收入、利润总额、净利润比上年均保持稳定增长，奋力完成稳增长目标任务。有序推进重点工程重大项目建设，乌东德水电站、阿里与藏中电网联网工程等一批超级工程、“大国重器”陆续投产。三是脱贫攻坚取得瞩目成就。开展产业扶贫、就业扶贫、消费扶贫、党建扶贫，累计投入帮扶资金1355万元、消费扶贫2579万元，助力定点帮扶的陕西省镇巴县、广西壮族自治区西林县11.4万名贫困人口全部脱贫。四是深化改革取得更大突破。稳步推进混合所有制改革试点、“双百行动”和“科改示范行动”等国企改革专项工程。深化供给侧结构性改革，关闭注销企业35户，关闭、转让“僵尸企业”3户，32户“僵尸特困企业”总体扭亏。深入实施三项制度改革，清理长期不在岗员工2740人，平稳移交退休人员12余万人。五是企业管理取得积极进展。开展对标世界一流管理提升行动，一体化推进“总部机关化”问题专项整改，持续深化提质增效，开展重大科研攻关，防范化解重大风险，狠抓安质环管理，公司保持良好发展态势。六是综合实力实现稳步提升。2020年居《财富》“世界500强”第353位，ENR“全球工程设计公司150强”第五位、“全球承包商250强”第12位、“国际工程设计公司225强”第24位、“国际承包商250强”第15位，在国务院国资委中央企业负责人年度经营业绩考核中获评A级。

【主要指标】

表1　2020年中国能源建设集团有限公司主要经济指标

项　目	2019年	2020年	比上年增长(%)
资产总额（亿元）	4252.82	4764.23	12.0

续表

项 目	2019 年	2020 年	比上年增长(%)
所有者权益(亿元)	1159.55	1430.53	23.4
营业收入(亿元)	2494.68	2721.30	9.1
利润总额(亿元)	124.40	126.55	1.7
净利润(亿元)	92.50	92.81	0.3
归属于母公司所有者的净利润(亿元)	27.31	35.02	28.2
技术开发投入(亿元)	71.41	74.94	4.9
利税总额(亿元)	235.39	228.30	—3.0
应交税金总额(亿元)	86.78	107.74	24.2
全员劳动生产率[万元/(人·年)]	34.17	39.29	15.0
净资产收益率(%)	8.60	7.17	减少 1.43 个百分点
总资产报酬率(%)	4.06	3.55	减少 0.51 个百分点
国有资本保值增值率(%)	108.27	108.70	增加 0.43 个百分点

【改革发展】 2020 年，中国能建深入贯彻落实党中央、国务院国资委关于深化改革的决策部署，大力推动重点改革任务落实。持续推进混合所有制改革和国企改革专项工程，积极部署和落实国企改革三年行动。一是持续推进混合所有制改革试点和“双百行动”“科改示范行动”等国企改革专项工程，在对所属企业混合所有制改革进行评估的基础上，遴选 12 户具备条件的子企业重点推动混合所有制改革，相关工作取得阶段性成效。湖南院改革工作走在国务院国资委系统前列，完成战投方的引进和员工持股，正式成为国有控股混合所有制企业，洛斯达公司完成股权多元化改革，所属 7 家混合所有制改革试点和改革专项工程企业全面实现经理层成员任期制契约化管理和推行市场化用工制度。二是深入推进国企改革三年行动，积极组织学习党中央、国务院印发的《国企改革三年行动方案(2020—2022 年)》，编制《公司改革三年行动方案(2020—2022 年)》并推进实施。三是优化国有资本运营配置，积极利用引进战略投资者、债转股、发行公司债等方式，创新融资方式，优化财务资本结构。北京洛斯达科技发展有限公司成功引入国网经济技术研究院有限公司和南方电网数字电网研究院有限公司作为战略投资者，完成广西弘源电力有限公司债转股工作，2020 年度发行 45 亿元可续期公司债，顺利完成山西能建保温材料有限公司、葫芦岛电力设备有限公司等项目的资产处置工作，加强资产盘活，提高资产利用效益。四是组织编写人力资源“十四五”发展规划，组织开展适应性组织建设，着力构建支撑公司高质量发展需要的组织机构和体系建设。五是持续优化薪酬分配体系。完善工资总额分配机制，突出效益与工资总额同向联动，实行增量利润提成增量工资总额，引导所属企业树立工资总额是“赚出来而不是要出来”的思想。完善企业负责人薪酬管理，强化业绩薪酬双对标机制，企业负责人薪酬水平与企业效益、考核结果“双挂钩”，拉开差距，打破“高水平大锅饭”；健全差异化薪酬分配机制，按照“市场化选聘、契约化管理、差异化薪酬、市场化退出”的要求，建立与经理层岗位责任相适应、职业风险相匹配、量化业绩相挂钩的市场化激励机制。六是充分发挥经营业绩考核的导向性和“指挥棒”作用，按照国务院国资委有关会议精神和提质增效稳增长特别奖励导向，印发《中国能源建设股份有限公司直属企业 2020 年度保增长激励方案》，引导推动所属企业千方百计夺回疫情造成的损失，努力实现年度考核目标。

【重大项目】 2020 年，中国能建完成投资 791.90 亿元，克服疫情影响，圆满完成稳投资目标。其中，重大投资项目(投资总额超过公司净资产 10% 的项目)11 项，完成投资 299.46 亿元，占总投资完成的 37.82%，完成其年度投资计划的 87.22%，山东省济南至泰安高速公路、四川省巴中至万源高速公路建成通车，越南海阳 2×600MW 燃煤电厂、巴基斯坦 SK 水电站等重点投资项目总体进展顺利。2020 年，决策通过并完成并购的项目 3 项，涉及工程施工及民爆等领域，为提升公司工程主业能力、优化民爆产品结构提供有力支撑。

中国能建承担主要建设任务的乌东德水电站工程首批 6 号、7 号机组正式投产发电，习近平总书记作出重要指示。公司承建的广州南沙国际金融论坛(IFF)永久会址工程、武汉至阳新高速公路黄石段、玉龙喀什水利枢纽工程、肇庆至高明高速公路项目、柬埔寨西哈努克港2×350MW燃煤电站等一批重点工程项目顺利开工建设;安徽绩溪抽水蓄能电站、陕西国华锦界电厂三期扩建项目、神华神东电力准东五彩湾电厂二期工程、孟加拉国帕亚拉2×660MW燃煤电厂一期工程、越南海阳2×600MW燃煤电厂工程、珠海金湾海上风电工程等一批重大工程项目竣工投产。

2020年,中国能建在清洁燃煤发电、新能源、智能电网、绿色建筑、灾害防治等领域承担国家自然科学基金项目2项、国家重点研发计划项目的相关课题研究工作18项。其中,国家重点研发计划项目"工业园区多元用户互动的配用电系统关键技术研究与示范项目"通过工业和信息化部组织的综合绩效评价验收;国家重点研发计划项目"太阳能光热发电及热利用关键技术标准研究"取得阶段成果,完成2项国家标准报批,5项国家标准送审;国家重点研发计划项目子课题"配电网广域测量控制系统研制与集成示范""柔性直流灵活接入和多类型直流馈入系统稳定特性研究""二次再热机组调频技术研究"完成研究工作,并在示范工程中应用验证。中国能建《2019—2020年科技创新行动方案》28项主要任务均以重大科技专项形式落地实施,13项主要任务取得阶段成果,开展应用示范,取得经济效益2.36亿元。

【走向海外】 主动服务"走出去"的政治外交大局,积极克服疫情不利影响,大力推进国际化战略,积极参与"一带一路"建设以及国际产能合作,国际化经营工作继续保持平稳发展态势。国际新签合同额1785亿元,比上年增长15.9%,再创历史新高,其中在"一带一路"传统沿线国家新签合同额1210亿元。所属电力规划总院积极支持国家能源局做好疫情对能源国际合作影响的分析和对策制定,协助国家能源局启动中欧能源技术创新合作工作,务实推动中芬、中德等双边合作,积极推动"一带一路"能源合作伙伴关系、国际能源署中国联络办公室、中东欧"17+1"平台、中芬能源合作平台、中德能源转型合作平台等国际交流合作平台建设。越南海阳燃煤电厂、巴基斯坦SK水电站分别累计完成投资120.26亿元、77.45亿元,分别完成总投资的98.50%、58.37%。收购西班牙EA和GHESA设计工程公司股权项目完成交割,将通过内部协同经营、合作承揽与执行项目等方式完善市场版图,提升国际化经营能力。

【重大创新】 坚持"创新是引领发展的第一动力"理念,大力实施创新驱动发展战略,持续加大研发投入,加强关键核心技术和"卡脖子"技术攻关,全年支出研发费用74.83亿元,比上年增长17.63%,研发投入比2.75%。全年获得省部级科技奖14项,行业级科技奖176项。获得专利授权1482件,其中发明专利185件;截至2020年底,拥有有效专利10082件,其中发明专利1854件。获得软件著作权229项,编制并发布国际标准1项、国家标准13项、行业标准27项、团体标准30项。其中主要参编完成的国际标准"工业阀门电动装置一般要求"经国际标准化组织(ISO)批准正式发布,是全球工业阀门电动装置领域首个ISO国际标准,是我国在阀门行业国际标准领域的重大突破,对推动我国阀门电动装置"走出去"具有重要意义。

【党建工作】 紧密围绕抗疫复工和促进企业高质量发展两大中心任务开展,追求价值创造,各项工作再上新台阶。一是聚焦人文关怀,抓好抗疫复工。组织"六个一"行动,开展人文关怀,发挥先进典型引领作用。二是聚焦优势转化,推进党建价值创造。强化党建顶层设计,强化党建责任落实,强化重点领域聚焦用力,强化党员教育管理,强基础抓标准促规范。三是聚焦引导塑造,促进宣传创新。发力舆论引导,筑牢理论宣传主阵地,推进文化、文明建设,打好重点宣传舆论战。四是聚焦桥梁纽带,推进群团创效。组织价值创造能力提升专项行动,推进民主管理与组织建设,加强职工队伍建设,做实服务保障工作,创新团青工作。

【信息化与数字化建设】 强化信息化建设对转型升级和提质增效的支撑作用,聚焦财务管理与项目管理,加快管理信息化建设与集成共享,深化主营业务与信息技术融合应用,建立健全公司数据治理体系,增强基础设施建设和网络安全整体防护,公司信息化数字化水平稳步提升。一是编制"十四五"信息化规划,规划围绕公司全面数字化转型描绘"一张网、一朵云、一个大平台"的蓝图。二是加强信息化管理,部署编制信息化规划、落实国务院国资委国资在线监管要求等6个方面14项重点工作任务，形成协同推进的有序格局。三是推进管理信息化建设，加快推动系统集成与数据贯通，开展流程优化改造，不断提高企业管理效率效益。四是统筹主营业务与新技术的融合应用，不断增强“云大物移智链”等信息技术与生产经营融合，提升规划咨询、勘测设计、工程建造、装备制造业务数字化能力。五是加快网络安全建设，完成网络与信息安全在线监管平台企业侧建设，推进软件正版化工作。

【履行社会责任】 全面贯彻落实党中央、国务院及国务院国资委决策部署，持续加大帮扶资金投入，在定点帮扶地区发展特色产业，提升“造血”功能；推进田林—西林高速公路建设，招募当地农民工促进就业，助推精准扶贫；完善基础设施，提升公共服务保障能力；加大消费扶贫，依托电商平台拓展品牌效应；选派优秀干部，带领群众脱贫致富；扎实开展公益扶贫、教育扶贫，深化党建扶贫，全面超额完成定点扶贫责任书的各项指标，助力脱贫攻坚取得全面胜利，为与乡村振兴有效衔接奠定坚实基础。定点帮扶的陕西省镇巴县和广西壮族自治区西林县均脱贫“摘帽”，定点帮扶的镇巴县泾洋街道办蒿坪子村、西林县足别乡央龙村全部实现脱贫出列。

（撰稿人：侯雁初）

中国安能建设集团有限公司

【基本概况】 中国安能建设集团有限公司（以下简称中国安能）是根据党中央跨军地改革重大战略部署，由武警水电部队转隶组建的国有企业，2019年5月28日正式挂牌成立。注册资本金50亿元，拥有水利水电工程施工总承包特级资质，以及市政工程、建筑工程、机场道路、输变电、起重设备安装等14项一级资质，具备长大隧洞施工、高面板堆石坝施工、RCC筑坝、超大型船闸施工、高边坡治理等多项施工技术优势，屡获国家有关部委颁发的科技进步奖和专利技术奖项。

中国安能的主业范围为建筑工程、相关工程技术研究、勘察、设计及服务，水环境治理；应急救援服务。工程建设方面，先后参建三峡水利枢纽、西电东送、西气东输、青藏铁路、南水北调五大跨世纪工程。参与承建糯扎渡、向家坝、溪洛渡、乌东德、锦屏水电站、黄岛地下油库等国家重点建设项目200余个。先后获得中国建设工程鲁班奖、中国土木工程詹天佑奖、火车头奖及国家、行业科技进步奖等各种国家最高奖项。应急救援方面，先后参与1976年河北唐山抗震救灾、1998年长江抗洪抢险、2008年南方抗击雨雪冰冻灾害和“5·12”汶川抗震救灾等应急救援任务350余次。其中，2009年纳入国家应急救援体系后，圆满完成青海玉树、云南鲁甸、四川芦山抗震救灾，江西抚州唱凯堤决口封堵，甘肃舟曲特大泥石流抢险，青岛“11·22”输油管道爆炸、“东方之星”沉船事故、深圳“12·20”特大山体滑坡救援等重特大抢险救援任务230余次；2018年转隶以来，先后列入国家防汛抗旱总指挥部成员单位，挂牌成立应急管理部自然灾害工程应急救援中心。中国安能坚持改革不忘初心、转隶不转责任，先后圆满完成金沙江白格堰塞湖排险、江西鹰潭白塔河溃口封堵、贵州水城特大山体滑坡救援、江西鄱阳决口封堵、湖北黄梅考田河漫溢险情处置等应急救援任务70余起，社会影响力不断扩大，品牌价值不断提升，履行中央企业社会责任，发挥应急救援“主力军”和“国家队”作用。

【主要指标】 2020年，中国安能新签合同额200.52亿元，完成年计划的111.4%，比上年增长187.69%；营业收入34.33亿元，净利润0.41亿元，经营性净现金1.47亿元，完成国务院国资委下达的财务考核指标。截至2020年底，资产总额130.09亿元，其中货币资金49.55亿元；负债总额90.58亿元，无外部借款，资产负债率69.63%。

表1　2020年中国安能建设集团有限公司主要经济指标

项　目	2019年	2020年	比上年增长(%)
资产总额(亿元)	113.03	130.09	15.09

续表

项目	2019 年	2020 年	比上年增长(%)
所有者权益(亿元)	29.09	39.51	35.82
营业收入(亿元)	7.80	34.33	340.13
利润总额(亿元)	0.03	0.54	1700.00
净利润(亿元)	0.03	0.41	1266.67
归属于母公司所有者的净利润(亿元)	0.03	0.41	1266.67
技术开发投入(亿元)	0.02	0.89	4350.00
利税总额(亿元)	0.30	1.45	383.33
应交税金总额(亿元)	0.27	0.91	237.04
全员劳动生产率[万元/(人·年)]	28.32	34.06	20.27
净资产收益率(%)	0.12	1.19	增加 1.07 个百分点
总资产报酬率(%)	0.03	0.45	增加 0.42 个百分点
国有资本保值增值率(%)	100.15	101.40	增加 1.25 个百分点

【改革发展】 按照现代企业要求，聚焦重点领域和关键环节，坚定不移推进改革，不断激发动力活力。一是现代企业制度不断完善。严格落实“两个一以贯之”，出台“三重一大”决策制度实施办法、党委会和董事会议事规则、总经理工作细则、法人治理定期会议机制等重要制度 130 余项。坚持分类分级授权与个性化管控相结合，积极推行“决策事项、权责事项、授权放权”清单式管理，筹划部署国企改革三年行动和对标世界一流管理提升行动，按照“放管结合、优化服务、提升效能”，进一步厘清各治理主体权责边界。二是市场化经营机制初步构建。结合转企实际，积极推进三项制度改革，与 4770 名转企人员签订劳动合同。薪酬福利体系基本搭建，企业薪酬全面落地兑现，社保、公积金正常接续，各项津补贴及福利规范工作有序推进，广大干部职工的认同感、获得感进一步增强。按照“一模型”“两维度”“三应用点”框架结构，研究建立业绩考核体系，初步形成市场化激励约束导向，有效调动干部职工干事创业的积极性、主动性、创造性。三是企业发展研究不断深入。不断优化发展布局，筹备设立海南、重庆、西藏、质检公司和粤港澳大湾区、云南、新疆区域总部，加快筹建华东区域总部和投资开发公司，中国安能集团科工有限公司正式挂牌成立。深入研究企业改革发展重大问题，以国务院国资委党委名义形成专题报告《中国安能转企改革情况报告》《中国安能深化改革转型发展、提升应急救援能力有关情况报告》上报中央，研究形成中国安能“十四五”规划建议稿，企业发展蓝图逐渐清晰。四是转企改革工作基本收官。根据企业定位、任务职责和岗位需求，重建内设机构，优化职能配置，建立垂直五级组织框架和内部职位职级体系，人员全部落编定岗。实施“团聚工程”，666 名两地分居干部职工实现团聚。足额发放留企人员相关转业补贴，持续推进转改人员落户工作，转隶官兵相关待遇衔接工作基本完成。

【重大项目】 充分利用转企政策支持，中国安能与多家中央企业建立合作关系，达到水利 AAA 信用等级，获准进入军事设施建设及能源类企业承包商名录，以独立投标、联合经营、指定赋予等方式，积极开展经营工作。全年中标项目 71 个，中标金额突破 200 亿元，超额完成国务院国资委下达的年度任务指标。完成投资 2400 余万元，带动获取任务 19.14 亿元。积极采取针对性措施，克服疫情影响，及时组织复工复产，全年完成产值 40.35 亿元，54 项承建工程全面受控，16 项应急项目按期推进。其中，株洲污水治理、藏中联网线路、叶巴滩水电站等多个工程项目受到业主表彰和好评，巴塘项目圆满实现转企以来首个大江截流。在推进项目建设同时，始终将安全生产管理作为企业管理的重中之重，建制度，立标准，制定项目管理、安全生产、成本管控等制度办法 66 项。逐级签订安全生产目标责任书，各级安委会定期会议得到落实，三体系外审全面通过。深入开展安全生产专项检查，高标准完成国务院国资委和能源局的安全迎检工作，工程安全度汛扎实有效，花桥项目成功紧急避险超标洪水。深入推进安全生产专项整治三年行动、标准化达标创建和科技创安兴安，有力提升本质安全。全年未发生质量安全事故，项目履约整体受控。

【重大创新】 聚力科技工作由管理向创新转变，

废止《科技工作管理办法》，印发《科技创新管理办法》，建立科技委员会工作规则。推动集团立项科研项目研究 11 项，初步具备科研条件，获评水利行业工法 26 项，取得发明专利 7 件和实用新型专利 26 件；完成集团公司和各工程局企业技术中心维护，为资质维护提供支撑。施工管理和质量技术等创新工作不断开展，部署安排的“架子队”试点、应急力量嵌入工程建设试点向纵深推进，QC 小组成果在中央企业评比中获得一等奖 1 项、二等奖 2 项实现新的突破。与行业对话交流进一步加强，组织专家参与应急管理部、水利部等单位材料起草和研讨，与 18 家协会学会保持良好信息沟通；“大型地下水封石油洞库工程施工技术”在水利水电四届四次施工专委会年会上交流取得较好反响；牵头组稿的《从救援实战看应急装备发展》受到应急管理杂志社肯定；中国水利学会施工专业委员会和碾压混凝土筑坝专业委员会划归集团公司开展工作，搭建与行业交流新平台，推动中国安能在行业地位的提升。

【党建工作】 以“中央企业党建巩固深化年”专项行动为抓手，围绕转型抓党建、抓好党建促发展，加快推动党建工作提质、增效、升级。一是政治引领守初心。始终把学习贯彻习近平总书记最新指示精神作为“首要责任”“第一议题”，严格落实国务院国资委党委《关于推动中央企业深入贯彻落实习近平总书记重要指示批示的督查办法》，及时用习近平总书记重要指示批示精神统一思想和行动，对标对表抓好贯彻落实。认真落实党委中心组学习制度，学懂弄通做实习近平总书记讲话“党建篇”“国企篇”，有效增强改革发展信心决心。制定下发并督导落实巩固深化“不忘初心、牢记使命”主题教育成果措施和任务清单，各级党组织理想信念更加坚定，坚守初心使命、敢于担当作为的氛围更加浓厚。二是特色党建创品牌。成立中国安能党委党建工作领导小组，明确主要职责。下发 2020 年党建工作要点，细化分解年度党建重点任务清单，层层压紧压实责任链条。深入推进“三基建设”，结合转企改革实际，及时建立完善党组织设置、建设、工作和党员发展等基本制度规范，确保各级党组织建有规范、管有抓手。坚持队伍部署到哪，党组织就跟进设立到哪，及时调整成立党委 64 个、党总支 8 个、党支部 173 个（含临时党组织 63 个）。分级组织党支部书记集中培训和党员学习培训，着力发挥各级党组织战斗堡垒作用和党员先锋模范作用，不断在任务一线擦亮中国安能党建工作名片。南宁分公司第六工程队党支部获评“中央企业基层示范党支部”。三是从严治党树廉政。聚焦贯彻落实习近平总书记指示批示及党中央重大决策部署、国务院国资委党委决策部署，强化政治监督，践行“两个维护”更加坚定；严格选人用人监督，建成中国安能党委管理干部廉政档案，成立党风廉政建设和反腐败工作协调小组，推广实施党风廉政监督员制度，日常监督更加规范精准；灵活运用监督执纪“四种形态”，震慑效应更加凸显；狠抓中央八项规定精神贯彻落实，紧盯重点节日和重点环节，多渠道多形式开展廉洁从业宣传教育，组织常态化明查暗访，开展狠刹违规喝酒专项整治，推动落实利益输送、设租寻租和化公为私等问题专项整治，企业风气更加纯正。

【信息化与数字化建设】 信息化与数字化建设稳步推进。按照现代企业信息化治理体系要求，结合中国安能实际，制定《集团公司网络安全与信息化建设“十四五”规划》，形成“一套标准、两层系统、三个平台、五大业务应用”的总体技术架构。严格遵循国务院国资委统一建设标准和技术要求，完成国务院国资委涉密视频会议室建设，成功搭建非涉密公文传输系统、监管数据采集和报送系统，完成与国务院国资委信息报送数据专网对接，顺利打通国务院国资委对集团实施监管的信息化渠道。对标同类中央企业建设标准，全面改造基础网络，去除冗余备份链路，建设安全防护系统，有效降低运营成本。启动 OA 办公系统上线运行，实现无纸化办公和移动办公，进一步提高公文流转效率，信息化建设效能逐步体现。

【履行社会责任】 坚决听从党中央、习近平总书记号令，义无反顾投入各类大战大考，充分彰显中国安能责任担当。一是疫情防控展现铁肩担当。面对突如其来的新冠肺炎疫情，中国安能坚决贯彻党中央、习近平总书记重要指示，严格执行上级各项防疫部署要求，在实现内部“零感染”目标同时，勇挑重担、冲锋在前、全力战“疫”，先后出动人员 885 人次、装备 356 台次，在湖北武汉、四川成都、重庆等地积极协助驻地有关部门开展疫情防控工作，累计完成物资转运522吨，消杀面积192万平方米，参与防控执勤31天。武汉分公司被国务院国资委授予“中央企业抗击新冠肺炎疫情先进集体”称号。二是抢险救援彰显铁军风采。坚持“建在平时、用在关键”，6个自然灾害工程救援基地挂牌成立。与国家防总、应急管理部以及七大流域、15个省级防汛机构建立完善联席会议、信息共享、灾情预警、联演联训、应急联动等协调机制。先后投入1.8万人次、装备9000余台次，转战9个省32个地方，出色完成江西鄱阳、安徽怀宁堤防决口封堵，重庆市九龙坡山体滑坡抢险等抢险救援任务54场。三是脱贫攻坚贡献安能力量。坚决履行定点扶贫政治责任，全面开展产业、就业、消费和教育扶贫。先后向四川省喜德县洛乌村捐赠养殖发展资金50万元，开设喜德县招聘会专场，与喜德县签订劳务使用协议。帮助湖北省和四川省喜德县销售农产品156.6万元，向西部贫困地区学校捐款现金以及图书、电脑等折合300余万元，有力助推当地群众脱贫发展。

（撰稿人：刘轶伟　谭　锐）

中国黄金集团有限公司

【基本概况】 中国黄金集团有限公司（以下简称中国黄金）是我国黄金行业唯一一家中央企业，是中国黄金协会会长单位、世界黄金协会在中国的首家董事会成员单位，组建于2003年，前身为国家黄金管理局、中国黄金总公司。2017年11月，经国务院国资委批准，中国黄金集团公司由全民所有制企业改制为国有独资公司，名称变更为中国黄金集团有限公司。

2020年，面对突如其来的新冠肺炎疫情和更加复杂严峻的内外部形势，中国黄金党委坚持以习近平新时代中国特色社会主义思想为指导，全面贯彻党的十九大和十九届二中、三中、四中、五中全会精神，深入贯彻落实习近平总书记关于国资国企改革发展和党的建设的重要论述精神，按照党中央、国务院决策部署和国务院国资委党委工作要求，全面加强党的领导和党的建设，着力深化国企改革，大力推进科技创新，深入抓好提质增效，坚定不移做强做优做大中国黄金，加快建设具有全球竞争力的世界一流黄金产业集团。

【主要指标】 截至2020年底，中国黄金累计生产矿产金37.92吨，矿山铜17.27万吨。2020年，利润总额30.14亿元，比上年增长353.23%；净利润19.87亿元，比上年增长7542.31%；归属于母公司所有者的净利润5.07亿元，比上年增加10.70亿元，全面完成国务院国资委考核指标，主要生产经营指标完成率达到近年最好水平。

表1　2020年中国黄金集团有限公司主要经济指标

项　目	2019年	2020年	比上年增长(%)
资产总额(亿元)	1147.10	1126.64	−1.78
所有者权益(亿元)	390.83	443.78	13.55
营业收入(亿元)	1095.87	1086.09	−0.89
利润总额(亿元)	6.65	30.14	353.23
净利润(亿元)	0.26	19.87	7542.31
归属于母公司所有者的净利润(亿元)	−5.58	5.07	
技术开发投入(亿元)	16.63	19.73	18.64
利税总额(亿元)	26.82	49.31	83.86
应交税金(亿元)	26.56	29.44	10.84
全员劳动生产率[万元/(人·年)]	25.27	31.50	24.65
净资产收益率(%)	0.07	4.77	增加4.70个百分点
总资产报酬率(%)	2.47	4.42	增加1.95个百分点
国有资本保值增值率(%)	95.60	115.70	增加20.10个百分点

【改革发展】 坚持系统观念，抓紧抓牢高质量发展主动权。中国黄金积极围绕构建新发展格局，统筹谋划、主动发力、率先行动，充分发挥自身优势，有力

彰显中央企业经济社会发展的"主力军"、高质量发展的"排头兵"作用。一是深化思想认识，明确高质量发展新方向。2020年11月，中国黄金在上海组织召开为期3天的学习贯彻党的十九届五中全会精神专题研讨班，深刻学习领会党的十九届五中全会精神，深入研究集团"十四五"规划和改革三年行动实施方案，明确改革方向，擘画宏伟蓝图，为扎实推动高质量发展奠定坚实的思想基础，形成推动中国黄金高质量发展的理论成果、思想共识和行动自觉。二是优化产业布局，厚植高质量发展新优势。主动对接服务京津冀协同发展、长江经济带、粤港澳大湾区建设、长三角一体化发展等国家重大战略和区域协调发展；坚持扩大内需战略基点，加快推行"藏金于民"战略。通过优化调整，搭建中国黄金高质量发展的广阔舞台。

树立鲜明导向，持续完善选人用人体制机制。中国黄金党委认真贯彻落实新时代党的组织路线，努力打造政治强、专业精、作风优、纪律严的干部人才队伍。一是着力开展三项制度改革。严格按照新时期好干部标准和国有企业领导人员"二十字"要求，畅通渠道，完善机制，切实把忠诚干净担当的干部选出来、用起来。在干部"能上能下"上，以实绩看担当、以能力定去留，建立干部量化评价体系，努力使德才兼备者上、平庸不为者下。累计选拔调整领导人员50人，其中，提拔干部12人("70后"9人、"80后"3人)、交流调整17人、降职2人、免职4人。在员工"能进能出"上，在新技术、新业务和能力短板领域加大人力资源进入力度，清退集团总部和中金黄金本部借调、返聘人员55人。在收入"能增能减"上，坚持质量第一、效益优先的考核导向，以业绩定薪酬，采取利润分成、阶梯薪酬、任期激励等多种激励方式，切实做到效益增则薪酬增，效益降则薪酬降。2020年，职工人均工资比上年增加0.9万元，增长12%。二是改革选人用人新方略。坚持党管干部、党管人才原则，加大年轻干部选拔培养力度。组织开展总部部室副总经理以上人员的内部公开竞聘和社会化招聘，现总部中层管理人员均为"70后"年轻干部，硕士研究生以上学历占83%，平均年龄39岁。切实打造一支高素质、专业化的优秀年轻干部队伍，为集团注入新鲜血液，点亮"领航灯塔"。

全面深化改革，切实增强发展的竞争力和创造力。组织制定《中国黄金改革三年行动实施方案》，立下"军令状"，层层压实责任，狠抓落实落地，努力实现以改革打通关节、疏通堵点、激活全盘。一是积极调整优化结构。以战略导向、管理聚焦、精简高效为目标，大力推动"战略偏运营型"管控模式的构建。全面调整总部部门职责和机构设置，总部部门人员编制压缩25%。中金贸易整合提升，为金、铜集中营销管控打造千亿市场的广阔舞台；中金建设回归主业，积极承揽集团建设项目，构建百亿内部市场，进一步增强服务主业的能力。二是供给侧结构性改革再深入。市场化债转股开创业界先河。2020年7月，中国黄金市场化债转股项目圆满完成配套资金20亿元的募集，全集团资产负债率降低2个百分点，标志着资本市场第一单债转股创新优化方案实施成功，开创市场化债转股+优质资产注入并配套融资的先例，得到各监管部门的高度评价。"处僵治困""压减"和历史遗留问题处置稳步推进。通过关停处置、重组整合、破产重整、管理提升等多种方式，国务院国资委批复30户所属企业达到国务院国资委"处僵治困"完成标准；管理层级控制在五级，完成国务院国资委"压减"工作目标；基本完成"三供一业"分离移交，全面完成退休人员社会化管理，实现企业办社会职能"清零销账"。三是混合所有制改革孕育新机遇。中金珠宝挂牌上市，成为国家发展改革委混合所有制改革试点和"双百企业"首家主板上市公司。中金辐照IPO获批，成为中央企业科技型企业实施股权激励的首家过会企业。多个项目创造行业首发、市场先例，加速"转机制""扩规模""快升级"，进一步拓宽融资渠道，提升公司治理水平。

推进提质增效，加快国有资本布局优化和产业结构调整。中国黄金多措并举，切实增强提质增效措施的精准性、有效性，不断提升发展的质量和效益。一是着力突出实业主业。按照《关于新时代推进国有经济布局优化和结构调整的意见》要求，实施更为科学的主业管理，严控非主业投资比例和投向。二是大力推动低效无效资产盘活。在推进"两非"剥离、"两资"清理的基础上，积极推动机场产业园、上海公司大楼等20余万平方米低效无效资产的盘活。三是扭亏控亏取得积极成效。全面系统梳理低效无效资产情况，“一企一策”把脉问诊，逐步分类进行处置。亏损企业户数累计减少10户，亏损额下降6.59亿元，亏损面下降5.76个百分点。四是积极推动降本增效。狠抓重点生产企业成本分析，通过采购创效、技术降本、管理创收，深挖内部创效空间，多措并举打出一套降本增效“组合拳”，实现向市场升级要效益、向管理升级要效益、向质量升级要效益。2020年成本费用1040.43万元，比上年减少3.34%。牢固树立“过紧日子”思想，总部带头，以上率下，2020年总部管理费用比上年下降6300万元，减少26%。

【重大项目】 截至2020年底，中国黄金完成投资24.29亿元，其中，固定资产投资20.99亿元，股权(产权)投资3.30亿元。重点项目进展顺利，全年累计完成投资10.85亿元。山东纱岭取得采矿证，打通前置手续办理的关键环节，现场施工进展顺利，施工总进尺5253米，完成进度目标的90%。内蒙古矿业深部开拓工程进展顺利。刚果(布)索瑞米二期顺利投产，产出该国第一块锌板。辽宁新都整体搬迁改造项目主体工程完工。

【走向海外】 坚决贯彻中央“走出去”的方针政策，积极实施“一带一路”、“周边国家互联互通”、非洲“三网一化”等倡议和海外战略。中国黄金境外子企业25户，其中“一带一路”沿线国家和地区子企业7户，分布在北美洲、亚洲、非洲、大洋洲等地。其中，在加拿大多伦多及中国香港两地主板上市的中金国际，年末市值44.2亿港元。非洲刚果(布)索瑞米铜铅锌矿是该国第一个采、选、冶一体的现代化矿山，年产阴极铜2吨、电解锌1万吨、锌锭5000吨。吉尔吉斯库鲁捷盖列特铜金矿投产，布丘克金矿基建中，俄罗斯后贝加尔克鲁奇金矿开展建设项目可行性研究。

【重大创新】 不断强化创新主体意识，大力实施创新驱动发展战略，持续加大研发投入力度，不断推动科技创新取得突破性、标志性成果。一是完善科技创新激励机制。落实“军令状”制度和攻关任务“揭榜挂帅”机制，健全以创新能力、质量、实效、贡献为导向的科技人才评价体系，赋予科研人员在成果转化中更大的自主权，大胆给年轻人压担子，使更多青年优秀人才脱颖而出、发挥才干。加强与高校及科研院所、各类所有制企业的合作，不断提高联合研发的能力和水平。二是抓好关键核心技术攻关。积极加强对地、测、采、选、冶等主专业以及黄金新材料功能用途研发等矿业行业“卡脖子”难题的科技攻关力度，有效解决一批当前制约行业高质量发展的技术难题。内蒙古乌山成功实现高寒地区铜钼分离的技术新突破，年可增产钼6000余吨。中国黄金中原冶炼厂采用世界先进水平的“富氧底吹、造硫捕金”技术，建成世界上首条特大型黄金冶炼生产线，替代传统氰化提金工艺，开创年产36吨黄金的“富氧底吹+悬浮吹炼”的自动化绿色环保新工艺，是黄金冶炼行业的重大技术变革，为金、铜冶炼的产业技术升级提供新途径。三是科研项目成效显著。新增省部级科技奖励34项、授权专利197件，累计拥有高新技术企业40家，数量位居行业之首，累计实现税收减免7.52亿元。通过科技创新，打造中国黄金高质量发展的强劲引擎。

【党建工作】 坚持以习近平新时代中国特色社会主义思想为指导，全面贯彻党的十九大和十九届二中、三中、四中、五中全会精神，紧紧围绕新时代党的建设总要求，坚决落实国务院国资委党委“中央企业党建巩固深化年”要求，按照党建工作“五个巩固深化”部署安排，统筹推进各项重点工作，为实现中国黄金高质量发展提供坚强的政治保障。一是突出政治引领，以习近平新时代中国特色社会主义思想武装头脑、指导实践、推动工作，思想政治建设得到新提升。二是突出职责使命，在抓好疫情防控和企业生产经营方面取得双胜利。三是突出精神落实，在贯彻全国国有企业党的建设工作会议重点任务上取得新的成果。四是突出基层基础，在狠抓“三基”建设工作方面取得新实效。五是突出责任落实，扎实抓好系列整改这篇“大文章”。

2020年，召开党委会44次、研究讨论议题168项，主要内容包括党的建设、生产经营、安全环保、改革创新、提质增效、重点项目建设、风险防范等，并把学习贯彻习近平总书记最新重要讲话和重要指示批示精神作为“第一议题”。中国黄金《以高质量党建引领国企混合所有制改革》的经验材料于2020年1月8日在《中国组织人事报》刊发；《以“1234”工作法为抓手 提升党支部标准化规范化水平》经验材料在国务院国资委举办的中央企业党群(组织)部长培训班上作交流发言。

【信息化与数字化建设】 一是有序落实国务院国资委国资监管平台建设要求。按照中国黄金战略发展规划,编制中国黄金数据共享平台建设方案。着力规范"三重一大"决策事项信息化建设,实现集团公司总部以及子公司的"三重一大"决策和运行监管系统全覆盖。健全完善财务、审计信息化系统,在财务信息系统中嵌入审计模块,建立审计、内控、风险台账在线报送平台,加强审计项目全过程管理,提高审计工作效率。二是稳步推进数字化转型、智能矿山建设,实现业务与信息化深度融合。2020年,完成"两地三中心"信息化基础架构,为业务系统安全、稳定运行提供根本保障。所属11家企业被评定为国家级"两化"融合贯标企业;所属8家试点企业按照"机械化换人、自动化减人"科技强安专项行动要求实现井下矿山无人值守;所属湖北三鑫公司和内蒙古矿业公司2家公司入选工业和信息化部"工业控制系统安全建设测评试点单位",并在中国黄金层面进一步推进工控安全试点示范工作。

【履行社会责任】 在抗疫大战中有力发挥中央企业中流砥柱的关键作用。中国黄金各级领导班子和干部职工坚决服从大局,不讲条件、不计代价、不畏艰难,全力投入抗疫斗争。在鄂企业组织志愿者、成立突击队,赶赴一线协助当地开展抗疫工作;中金辐照关键时刻挺身而出,免费提供"全天候、不间断"辐照灭菌服务。湖北省和黄石市向中国黄金及所属在鄂企业发来抗疫贡献的感谢信,湖北三鑫党委和中金辐照武汉公司郑彬获得国务院国资委中央企业抗疫先进表彰。中国黄金在疫情防控和复工复产中的突出表现得到中宣部《党建》杂志、人民网、新华网、国务院国资委官网等中央媒体的集中宣传报道,赢得社会各界广泛赞誉。索瑞米公司积极履行社会责任,获得刚果(布)总统及政府高度赞赏,中国驻刚果(布)使馆撰文呈报商务部、外交部,对索瑞米项目给予高度肯定。凯奇公司在处置吉尔吉斯共和国政局动荡引发的突发事件中,临危不乱、稳妥快速,有效维护国有资产和职工人身安全,得到国务院国资委党委书记、主任郝鹏的充分肯定。坚决做好定点扶贫工作,助力决战决胜脱贫攻坚。认真推进落实对河南省新蔡县、贵州省贞丰县的定点帮扶工作,圆满完成定点扶贫责任书承诺指标和事项,2020年投入定点扶贫资金4051万元,帮助引进扶贫资金1173万元,培训基层干部2484人,培训技术人员1015人,购买贫困地区农产品749.87万元,帮助销售贫困地区农产品2180万元,全日制(包分配)免费培养贫困学生60人,开展残疾儿童教育资源送上门项目和贫困家庭学生资助项目,惠及特殊儿童601人、贫困学生428人。贞丰县于2020年3月脱贫"摘帽"。中国黄金在国务院扶贫办、国务院国资委的定点扶贫考核中被评定为第一等次"好"。开展对口帮扶工作,帮扶范围涉及28个县56个村,帮扶措施涵盖"两不愁三保障"、产业扶贫、教育和培训扶贫、公共事业、扶贫帮困等多方面,均较好完成帮扶任务。

(撰稿人:刘　骏)

中国广核集团有限公司

【基本概况】 1994年9月,中国广东核电集团有限公司正式注册成立,注册资本金102亿元。2013年4月,中国广东核电集团更名为中国广核集团,中国广东核电集团有限公司同步更名为中国广核集团有限公司。中国广核集团(以下简称中广核)总部位于广东省深圳市,是国务院国资委控股的中央企业,以"发展清洁能源,造福人类社会"为使命,构建"6+1"产业布局,业务覆盖核电、核燃料、新能源、金融服务、核技术等,拥有3家香港上市公司及2家内地上市公司。截至2020年底,职工42464人,控股在运清洁电力装机容量超过6300万千瓦,其中核电2714万千瓦,新能源超过3600万千瓦;主要经营业绩连续十年实现两位数增长,保持在中央企业前列,连续七年获得国务院国资委A级评价。

【主要指标】 2020年,中广核实现营业收入1108.74亿元,比上年增长0.93%;利润总额220.15亿元,比上年增长18.28%;国有资本保值增值率105.8%,较好地实现国有资本保值增值;资产负债率

69.2%，比上年减少1.2个百分点，较好地落实国务院国资委关于降杠杆、减负债、防范经营风险的有关要求。

表1　2020年中国广核集团有限公司主要经济指标

项　目	2019年	2020年	比上年增长(%)
资产总额(亿元)	7466.32	7871.56	5.43
所有者权益(亿元)	2211.72	2426.88	9.73
营业收入(亿元)	1098.51	1108.74	0.93
利润总额(亿元)	186.12	220.15	18.28
净利润(亿元)	155.76	181.47	16.51
归属于母公司所有者的净利润(亿元)	67.20	83.95	24.93
技术开发投入(亿元)	37.67	37.92	0.66
利税总额(亿元)	260.41	290.38	11.51
应交税金总额(亿元)	112.82	113.93	0.98
全员劳动生产率[万元/(人·年)]	135.31	151.23	11.77
净资产收益率(%)	7.60	7.80	增加0.20个百分点
总资产报酬率(%)	4.90	5.00	增加0.10个百分点
国有资本保值增值率(%)	107.20	105.80	减少1.40个百分点

【改革发展】　产权管理方面。加速推进产权理顺，开展产权管理信息系统建设，强化系统跟踪与支撑，完善资产评估备案制度、理顺业务流程，推进混合所有制改革专项梳理，并着力组织对非主业企业、壳公司、亏损企业等企业进行压减，取得实效。

国企改革“双百行动”、国企改革三年行动方面。积极深化改革，承接多项改革试点示范任务。中广核入选国有资本投资公司试点、落实董事会职权试点、创建世界一流示范企业，多家成员公司入选混合所有制改革试点、“双百行动”、“科改示范行动”等。贯彻落实国企改革三年行动要求，结合中广核实际，制定实施《集团深化国企改革三年行动实施方案》《集团深化现代企业制度改革实施方案》《集团干部人才建设专项方案》等专项方案，研究提出十大领域66项改革任务，系统谋划“1+4+X”改革顶层设计。各项改革任务有序推进，13项年度重点改革任务全部完成，干部梯队建设，成员公司董事长、党委书记、法定代表人“一肩挑”等重点任务取得突破进展，集团公司率先实现任期制与契约化管理，全面完成退休人员社会化移交工作。成员公司改革取得实效，3家“双百企业”在国务院国资委“双百行动”专项评估中获评A级，设计院、广利核成功入选“科改示范行动”。

选人用人方面。中广核以推进董事长、党委书记、法定代表人“一肩挑”为核心，优化成员公司治理结构，选优配强董事长、党委书记，加强专职董事、监事队伍建设，在3家公司完成试点。大力选拔优秀年轻干部，组织开展集团公司党委管理干部公开选拔工作，12名“75后”和7名“80后”优秀年轻干部提拔为党委管理干部。制定发布《集团深化干部人才队伍建设改革实施方案》，全面落实国企改革三年行动部署要求，以打造一支听党话、跟党走、本领强、能战斗、作风硬、能担当的干部人才队伍为目标，建立健全干部人才队伍选育用留机制，充分激发干部人才队伍干事创业的积极性与主动性。

收入与分配方面。进一步深化董事会职权试点改革，成为首批落实“经理层成员任期制和契约化管理”的中央企业，发布《集团公司经理层成员业绩考核办法》《集团公司经理层成员薪酬管理办法》，集团公司董事会与经理层成员签订岗位聘任协议和经营业绩责任书。发挥“关键少数”的示范带头作用，推进集团市场化经营机制建设，有效激发活力，强化考核刚性兑现，提高运作效率。

【重大项目】　重大项目进展方面。三澳核电项目一期工程于2020年9月2日通过国务院常务会议核准，1号机组主体工程于2020年12月31日正式开工。陆丰5号、6号项目于2020年5月26日由国家能源局组织召开前期工作专家座谈会并印发会议纪要。陆丰1号、2号具备核准“热备用”状态。防城港5号、6号可行性研究报告审查会于5月27—29日召开，顺利通过专家评审。招远项目可研及两评阶段专题论证工作按计划开展，有序推进环境相容性、取排水方案、总平面布置等重大技术方案论证工作，组建成立项目公司并实体化运作。宁德二期项目取得全部支持性文件，具备向国家申请项目核准条件。岭澳三期"两评"、可研等方面工作取得阶段性进展，积极推动大亚湾水产资源省级自然保护区调整等事宜。玉屏低温供热堆项目由国家能源局组织召开前期工作专家座谈会并印发会议纪要，同意项目开展前期工作。

对外投资与经营方面。中广核境外非核清洁能源项目控股装机容量1383万千瓦，其中控股在运项目48个、在建项目3个。EDRA公司是东南亚地区最大的独立发电商、马来西亚最大的外国直接投资者和第一大独立发电商、埃及第一大独立发电商、孟加拉国第二大独立发电商；欧能公司是欧洲非核新能源市场的积极参与者。中广核控股开发纳米比亚湖山铀矿、参股投资哈萨克斯坦谢米兹拜伊矿山及伊尔科利矿山等多个铀矿企业，为集团天然铀供应保障提供有力支撑。中广核牵头联合国内多个投资方，共同投资英国核电项目群，其中，欣克利角C项目处于建设过程中，其他项目处于前期开发阶段。

并购重组方面。加大力度清理处置低效无效资产，始终坚持聚焦主责主业，以优化集团资产结构为目标，研究制定"两非""两资"标准，全面梳理盘点资产，以科学严谨的态度，合理编制资产处置三年计划(2020—2022年)，确定三年内退出煤电、城市燃气等不符合集团战略发展方向的业务。全年完成14个处置项目，累计回收资金超过10亿元，实现处置收益约4亿元。其中包括上海金桥综合能源项目60%股权出售、法国3万千瓦光伏绿地Greenberry项目100%股权出售，澳大利亚1.95万千瓦在运风电莫顿项目100%股权出售。

科技研发方面。按照战略专项、自主化专项、尖峰计划"三位一体"的总体布局，统筹推进集团科技创新工作。以打造支撑集团可持续发展的先进生产力为目标，布局实施华龙一号、铅铋快堆、小型压水堆、燃料、智能核电五大战略专项，总体进展符合预期。以实现核电领域关键核心设备全面自主可控为目标，解决关键技术设备"卡脖子"问题，统筹部署自主化专项，取得阶段性成果。坚持需求牵引和应用导向，以解决工程生产中的共性、关键问题为目标，设立多个尖峰计划重点方向，取得一系列科研成果。

【走向海外】 海外核电开发方面。参股的英国欣克利角C(HPC)项目2号机于2020年5月29日提前完成核岛筏基浇筑；参与开发的英国塞兹维尔C(SZC)项目于2020年5月27日向英国规划监察署提交项目开发许可(DCO)申请，6月30日向英国核监管办公室(ONR)提交核电厂址许可(NSL)申请，同时，EDF与英国政府开展投融资谈判；控股开发，拟使用中国自主华龙一号技术主导开发的英国布拉德韦尔B(BRB)项目可行性研究按计划有序开展；华龙一号通用设计审查(GDA)进入第四阶段进展顺利。

核燃料保障方面。纳米比亚湖山铀矿逐步进入有序生产状态，中哈组件厂项目建设工作按计划推进，将为中广核的燃料供应提供有力保障。

海外非核清洁能源开发方面。自主开发建设的马六甲燃气联合循环项目，规划装机容量224万千瓦，2017年底开工建设，2020年中广核海外经营团队克服当地疫情影响，全力推进项目建设，预计项目将按计划在2021年如期全部投产。巴西公司克服疫情影响，实现并购后首个绿地项目8.28万千瓦LDB扩建项目开工，积极践行"并购进入＋滚动发展"的模式。

海外收购、并购方面。2020年，中广核完成收购比利时IBA公司质子治疗相关技术专利，质子医疗项目的落地加快补齐我国高端医疗设备短板，加快关键核心技术攻关，突破技术装备"瓶颈"，打破国际垄断，解决相关技术"卡脖子"问题。

【重大创新】 技术创新方面。申请专利1499件，其中发明专利874件；获得授权专利1012件，其中发明专利395件。获得省部级以上科技奖励65项，"核电高可靠性数字化仪控系统关键技术及应用""核电站高效安全换料大修机器人关键技术与智能装备研发及应用"获得2020年度深圳市科学技术奖一等奖，"百万千瓦级商运核电站乏燃料水池密集贮存技术的研发及应用"获得中国核能行业协会科学技术奖一等奖。

管理创新方面。认真落实国企改革三年行动部署要求，以全面推行董事长、党委书记、法定代表人“一肩挑”为切入点，深化现代企业制度改革，全年完成大亚湾公司、防城港公司、运营公司3家公司改革，同步配齐建强成员公司董事会，全面推行外部董事、监事专职化，完善“三重一大”决策机制。持续完善内控建设，推动守法合规经营，将各业务的内控、合规和风险等管理目标融入各制度文件。强化规矩意识，树立制度权威，建设运行制度执行“偏差”管理机制，维护制度的严肃性。

【党建工作】 坚决贯彻落实习近平总书记重要指示批示和党中央决策部署，党的领导和党的建设在大战大考中得到切实增强。一是加强理论武装，通过开展“第一议题”集中学习29次（涉及议题174个）、党委理论中心组学习6次、“不忘初心、牢记使命”主题教育整改748项、制定6个方面21项主题教育长效机制举措等，深入学习宣传贯彻党的十九届五中全会精神，持续推动习近平新时代中国特色社会主义思想大学习大普及大落实。二是强化政治担当，坚持疫情防控与复工复产两不误，向党和人民交上合格答卷；推动脱贫攻坚出成效，定点扶贫点正式脱贫“摘帽”；筑牢核安全防线，大力推进科技创新。三是落实“两个一以贯之”，稳步推进董事长、党委书记、法定代表人“一肩挑”模式，深入推进董事会职权试点改革，坚持党的领导与公司治理深度融合取得新进展。四是始终践行“举旗帜、聚民心、育新人、兴文化、展形象”使命任务，压紧压实意识形态工作责任制，坚持培育和践行社会主义核心价值观，全年开展系列主题活动488场，累计报送集团疫情防控和复工复产典型事迹简报18期。

扎实开展党建工作提质增效升级专项行动，推动基层党组织在“三基”建设上强起来。一是对照国有企业基层组织工作条例找差距抓整改促提升，针对问题精准施策，梳理重点整改任务18项，制定并落实整改措施231项，持续提升党建工作质量。二是党员教育培养富有特色亮点，构建形成“破壳、助跑、展翅、翱翔”四大阶段九类培训班次的“红鹭计划”培训体系，进一步增强党员、党务干部队伍建设。三是以党员攻坚行动、示范党支部创建等为抓手，大力推动党建与生产经营深度融合，有效激发创先争优、达标投标的热情，推动经营发展。

强化党管干部、党管人才原则，积极建设一支高素质的干部人才队伍。一是认真履行选人用人主体责任，突出政治标准，强化正确的选人用人导向，大力选拔“75后”“80后”优秀年轻干部，稳妥推进三项制度改革，持续深化干部队伍建设。二是实施科技人才创新激励机制，建立首席专家配套管理机制，明确选聘和考核激励办法，评选出集团各类技术领域首席专家40人，不断完善人才配套管理机制。

坚定不移推进党风廉政建设和反腐败，全面从严治党开创新局面。一是突出强化政治监督，修订完善“三个责任”清单，层层落实管党治党责任，深化“三转”“三为主”纪检监察体制改革，不断完善具有中广核特色的监督体系。二是坚持有案必查、违纪必究，深化以案促改，组织办理问责案件12起、责任追究41人，一体推进不敢腐、不能腐、不想腐取得新成效。三是严肃查处顶风违纪问题，驰而不息纠治“四风”，全年查处相关问题6起，处理15人，发文和会议数量分别压减10.1%和3.8%，完善长效机制，作风建设成果更加巩固拓展。四是突出政治巡视定位，抓好823个自查问题的整改落实，并突出强化上下联动。巡视巡察利剑作用更加彰显。

强化统战群团工作的政治性、先进性、群众性，凝聚推动集团高质量发展的磅礴力量。一是召开党外代表人士座谈会，开展集团党外代表人士培训班，23名党外人士代表围绕高质量发展建言献策49条，更好助力集团改革发展。二是持续开展“办实事、解难事”专项活动，推动解决318项职工关注问题，激发员工爱岗敬业干劲和热情。三是开展集团青年创新创效专项调研，组织中广核“青年创新奖”评选，举办中广核“青力青为”青年创新论坛，分层分级举办技能竞赛600余项，推动青年创新驱动企业发展。

【信息化与数字化建设】 深入学习习近平总书记关于“网络安全”“数字中国”的重要讲话和指示批示精神，以高度的政治责任感，圆满完成公安部组织的2020年网络安全实战演练工作，实现零系统被攻陷和零失分，在中央企业名列前茅，“基于网络安全威胁情报的主动防御技战法”被国家公安部评为优秀技战法。

为持续提升核心竞争力，中广核在科技创新方面不断探索和实践，2020年研制设计的物理断开激光信息单向导入系统通过总参与公安部安全性与功能符合性检测，并在红沿河核电站，防城港核电站完成示范应用，具备大规模应用推广，该产品的应用实现在保证安全的前提下，数据单向、可靠、可信的导入；"宽带通信与新型网络应用示范"课题获批国家重点研发计划科研课题，该课题成果对加快推进我国网络信息技术自主创新和技术演进具有重要意义。

面对外部环境变化，中广核积极应对，对各领域充分调研、技术论证、准确研判"卡脖子"问题，完成集团BCM自主可控整体解决方案并通过评审，按照方案推动21个项目包括基础实验平台、软件试点迁移、视频申报更换、办公软件套件等逐步开展建设。

践行数字化转型方面，中广核积极探索，运用数字化智能化工具赋能业务发展，取得丰富成果。集团国资监管系统平台完成五大主题20个主题域领域27762项监管业务指标的梳理工作，实现集团管控信息系统数据整合共享，以完善的功能、显著的应用效果通过国务院国资委专家组评审。采购管理平台打通全供应链，简化集采流程，订单处理时间缩短到3天以内，全年完成集采合同交易额2.8亿元。核心业务系统的投产使用提升财务公司在信贷融资、外汇管理、电子票据交易的资金业务处理和服务的能力。

【履行社会责任】 发展清洁能源方面。中广核致力于零碳排放的清洁能源生产与供应，以规模化、高质效与可持续的清洁能源产品和服务，为应对全球气候变化、实现中国"3060""碳达峰""碳中和"目标作贡献。2020年，中广核清洁能源上网电量2631.12亿千瓦·时，等效于减少消耗标准煤8038.07万吨，减排二氧化碳2.1亿吨，相当于种植森林超过5900平方千米。大亚湾核电基地全国核电海域首个珊瑚保育站成立。2020年8月7日，中广核第八届"'8·7'公众开放体验日"首开行业先河，通过抖音、新浪微博、哔哩哔哩3个平台，同时吸引中央电视台、深圳卫视等在央视频、央视新闻、人民网、新浪等多个平台同步关注活动，创新开展核电基地云游直播，在大亚湾核电基地建立全国首个核电基地珊瑚保育区并完成首批断枝珊瑚苗圃培育。中广核六大核电基地线上联动，天上无人机俯瞰全景，水下种珊瑚深度体验，全方位展示核电基地美景，创新的公众沟通立意视角，引起嘉宾、媒体及公众的热烈反响。各平台吸引370余万名网友观看直播，活动总体曝光传播量超过9000万人次。

精准扶贫方面。作为中央企业，中广核坚决贯彻落实党中央、国务院关于打赢脱贫攻坚战的部署要求，充分发挥自身技术和产业优势，探索形成具有企业特色的"一四六"精准扶贫模式，将扶贫工作与企业经营管理同谋划、同部署、同考核、同落实，实现外部多元帮扶与内部自我脱贫的互动共振，为决胜脱贫攻坚，实现第一个百年奋斗目标贡献硬"核"力量。中广核在广西、广东、四川、内蒙古、新疆、湖北、福建等省（自治区）开展扶贫工作，累计投入帮扶资金4.2亿元，派出挂职干部68人，牵头设立清洁能源扶贫基金平台超过300亿元，在7个省（自治区）13个县实施16个产业扶贫项目。经过持续努力，中广核重点对口帮扶的广西壮族自治区凌云县、乐业县和其他地区，大幅提升扶贫责任承诺指标，全部实现脱贫出列，累计实现脱贫11000余人。其中，2种特色扶贫模式入选中央企业优秀案例，"白鹭班""彩虹计划"成为中广核教育扶贫的金字招牌，为打赢脱贫攻坚战贡献力量。中广核在2020年中央单位定点扶贫考核中获评为最高等次"好"。

疫情防控方面。中广核坚决贯彻习近平总书记重要指示精神，按照党中央、国务院决策部署，第一时间紧急驰援，全力保障湖北地区风电场正常发电和能源稳定供应，在保障全员安全的前提下全力推进复工复产，同时做好境外疫情防控，积极为全球抗击新冠肺炎疫情提供帮助，与各方风雨同行、共克时艰。除防疫物资、款项捐赠外，中广核根据自身业务特点积极支援抗疫，中广核技旗下各大电子束辐照灭菌中心火线复工，开辟绿色通道，累计为4200万件医疗防护物资免费提供消毒灭菌服务，在湖北十堰建设我国首个电子束辐照处理医疗污水示范项目等。中广核叶晓军、赵云峰获评"中央企业抗击新冠肺炎疫情先进个人"，台山核电党委获评"中央企业抗击新冠肺炎疫情先进集体"，方建军获评"广东省抗击新冠肺炎疫情先进个人”。围绕自身国际化业务，结合海外疫情防控实际情况，2020 年 12 月 31 日，中广核欧能公司举办法国夏尔蒙风电场云开放日发布活动。活动以“风中圆舞曲”为主题，通过视频全面展现法国夏尔蒙风电场的风采，讲述中广核欧洲风电场生产运营、助力节能减排、保护当地生态环境、积极履行社会责任的故事。活动以汉语、法语、英语形式在世界各国媒体和社交平台及国务院新闻办英文网站、CGTN、中国新闻社等网站和海外社交媒体发布，并通过 Facebook、Twitter、Instagram、Youtube 等海外社交账号联动宣传，展现中国企业在国际疫情大环境下的履责风采。

【核安全管理提升】 面对疫情影响，中广核以习近平总书记关于核安全的相关重要讲话精神及指示批示为指导，牢记“没有核安全就没有中广核”，坚持“安全第一、质量第一”，积极践行严慎细实的工作作风，持续夯实安全管理基础。通过一年一度的长湾论坛聚焦核安全、宣贯核安全、承诺核安全，以“钉钉子”的精神推进核安全管理，筑牢中广核发展之基。组织由集团党委班子成员带队的核电安全专项检查组赴六大核电基地，围绕冷源、应急电源、消防、防台等重点方面，开展核安全专项检查及“回头看”，督促改进安全生产薄弱环节。部署实施安全生产专项整治三年行动，扎实推进隐患排查治理，大力推动“要我安全”向“我要安全”转变，安全生产业绩持续提升。2020 年，衡量核电安全运营业绩的 WANO 指标 72.6%，进入世界前 1/4 的先进水平，机组平均能力因子继续达到 92%以上，连续三年达到 WANO 先进水平。岭澳 1 号机组无非计划停堆运行天数超过 5291 天，继续刷新并保持国际同类型机组纪录。

（撰稿人：王　爽）

中国华录集团有限公司

【基本概况】 2020 年，中国华录集团有限公司（以下简称华录集团）党委坚持以习近平新时代中国特色社会主义思想为指导，坚定贯彻落实党中央关于疫情防控和恢复经济社会发展重大决策，在国务院国资委党委正确领导和部署下团结带领全体干部员工有条不紊推动疫情防控和复工复产“两手抓两手硬”，取得全集团疫情感染“零”发生的胜利成果。

【主要指标】 2020 年，华录集团经受住疫情困境考验，保持较好的发展韧性。尽管受疫情严重冲击导致全年营业收入比上年下降 23.63%，但通过防疫与经营两手抓，扎实全面实施提质增效管理，实现利润总额 11.42 亿元，比上年增长 24.4%；净利润 9.47 亿元，比上年增长 31.89%，逆势双双实现两位数增长。全年实现经济增加值（EVA）7.78 亿元，国有资本保值增值率 106.1%。“两利三率”实现营业收入利润率 17.24%，创五年来新高，研发经费投入强度 10.86%，优于中央企业平均水平，均完成国务院国资委考核指标。

表 1　2020 年中国华录集团有限公司主要经济指标

项　目	2019 年	2020 年	比上年增长（%）
资产总额（亿元）	207.15	229.08	10.59
所有者权益（亿元）	95.58	102.43	7.17
营业收入（亿元）	78.43	59.90	−23.63
利润总额（亿元）	9.18	11.42	24.40
净利润（亿元）	7.18	9.47	31.89
归属母公司所有者净利润（亿元）	2.99	3.87	29.53
技术开发投入（亿元）	5.97	6.50	8.96
利税总额（亿元）	12.55	15.70	25.08
应缴税金总额（亿元）	3.52	4.50	27.84
全员劳动生产率[万元/（人·年）]	36.17	46.55	28.70
净资产收益率（%）	7.56	9.58	增加 2.02 个百分点
总资产报酬率（%）	5.84	6.61	增加 0.77 个百分点
国有资本保值增值率（%）	105.01	106.10	增加 1.09 个百分点

【改革发展】 积极稳妥探索国有企业体制机制改革发展的新思路、新举措，在产权体制上发展混合所有制。通过设置多元化的股权结构，充分释放经营层的创造力，发挥国有企业技术、人才、管理等优势，发挥市场机制，逐步提升企业的市场竞争力，持续放大国有资本的控制力，实现国有资本的保值增值。华录集团纳入合并报表范围的控股子企业 52 户，其中按产权管理"穿透式"口径进行计算的混合所有制企业 39 户，混合所有制企业占全部控股子公司的 75%。

认真贯彻落实《国企改革三年行动方案(2020—2022 年)》，结合企业改革实际制定集团公司改革三年行动实施方案，落实任务清单，制定任务台账，开展定期督查。推动公司章程修订，落实对重大经营管理事项须经党委前置研究讨论，明确加强党的领导作用体现，对党委与各治理主体之间的职权进行界定。在法人治理结构上，华录集团下属各级子公司均按照《中华人民共和国公司法》、公司章程的规定设立股东(大)会、董事会(执行董事)、经理层、监事(会)等规范的公司法人治理架构，制定《中国华录集团有限公司出资人管理暂行办法》，科学界定国有股东与混合所有制企业权责边界，明确集团公司作为出资人的职责，出资企业监管事项和履行程序。在完善内部管理机制上，建立《中国华录集团有限公司子公司"三会"议案管理暂行办法》，理顺"三会"议事规则，完善"三会"议案管理制度流程，推进业务管理规范化、流程化、高效化。

【重大项目】 2020 年，华录集团完成投资 175301.17 万元，比上年增长 3.3%。其中，固定资产投资 15280.88 万元，占总投资额的 8.71%，比上年下降 38.9%；股权投资 160020.29 万元，占总投资额的 91.3%，比上年增长 10.62%。全部为境内投资。从投资总量来看，受疫情影响，全年投资规模有小幅上升，投资分布与集团公司的战略规划目标基本相符。旨在深入贯彻新发展理念推动实体产业向高质量发展。

【重大创新】 落实国务院国资委加大科技创新要求，显著提升研发投入，构建高水平技术研发体系，全年研发经费投入强度 10.86%，比上年增加 3.25 个百分点，较"十三五"初提升 5.67 个百分点，达到五年来最高水平，远高于国务院国资委要求目标。截至 2020 年底，华录集团建成国家级企业技术中心 2 个、院士工作站 3 个、博士后科研工作站 1 个、双创平台 3 个、工程研究中心和工程技术研究中心 5 个、行业研发中心 2 个、创新中心 1 个、设计中心 3 个、工程实验室、重点实验室和联合实验室 7 个、国家 CNAS 产品检测中心 1 个、国际科技合作基地 1 个。累计申请专利 1373 件，其中发明专利 482 件；获得授权专利 1037 件，其中发明专利 187 件。2020 年，申请发明 88 件，比上年增长 120%；获得授权发明 10 件，比上年增长 42.9%。登记著作权 1492 项。设立科技协同创新项目专项资金重点支持符合集团产业方向，特别是围绕华录集团"1+N"数据经济产业发展战略，推进大容量蓝光存储、数据湖操作系统、光磁电混合存储管理软件平台等核心产品、核心技术协同创新。完成"华录城市数据湖'1+N'协同创新与应用示范"(包含 8 个子项目)等 4 个项目立项工作，搭建的"1+N"协同创新系统应用演示平台通过阶段验证。"超高清 4K/8K 视频应用平台"获得中国超高清视频产业联盟优秀创新产品与解决方案奖。

【走向海外】 积极推进国际化经营工作，加快"走出去"，积极践行国家"一带一路"倡议。中巴经济走廊巴基斯坦白沙瓦项目实现顺利通车运行，该项目是第一条覆盖整个白沙瓦的现代化交通系统，受到当地政府的高度关注，公司员工克服海外航班被切断、疫情防控压力大、安全把控因素复杂等困难，与当地工作人员同舟共济、持续奋战，历经 2 个多月的时间完成建设。塔吉克智能交通系统升级改造项目顺利交付完成。新冠肺炎疫情对公司海外项目产生较大的影响，华录集团采用远程办公的方式，积极与客户协调沟通，商定项目推进事宜，全力提供消费者满意的产品和服务。

【党建工作】 建立完善党委理论中心组学习制度和"第一议题"制度等常态化工作机制，进一步增强"四个意识"，做到"两个维护"。深入学习实践《中国共产党国有企业基层组织工作条例(试行)》(以下简称《条例》)，强化"三基"建设，落实"四同步四对接"要求，实现党组织应建尽建，形成全覆盖，应换尽换，形成机制。部署开展整顿软弱涣散基层党组织工作，对照《条例》对标自查、查摆问题、整改到位、检验成果循序推进，基层组织质量明显加强。疫情以来基层党组织纷纷成立党员先锋突击队，在“两手抓”实践中筑牢战斗堡垒勇当一线先锋发挥重要作用。围绕政治建设持续开展对习近平新时代中国特色社会主义思想、党的十九届五中全会精神学习贯彻实践，积极开展向党员先锋模范学习活动，巩固社会主义核心价值观宣传贯彻成果。强化党建考核，实施党建成效与薪酬绩效挂钩，对集团12个直属党组织进行书记述职评议和党建工作现场考核，实现述职评议和考核全覆盖。考核结果以发函形式向各党组织反馈并通过议案形式提交集团党委会进行审议，知会组织人事部按照考核办法进行薪酬调整对接，实现党建绩效考核落实。

坚决贯彻落实中纪委四次全会精神以及国务院国资委党风廉政建设和反腐败工作会议暨警示教育大会重要部署，夯实管党治党制度基础，修订华录集团党委会议事规则、加强作风建设的意见、加强党的建设的指导意见等6项制度办法。出台落实全面从严治党主体责任清单，从华录集团党委、华录集团党委班子成员2个层面细化全面从严治党责任和任务。强化党风廉政建设和反腐败工作，纳入党组织书记述职和党建考核，召开2020年党风廉政建设暨反腐败工作会议，全年研究党风廉政议题16项。组织开展境外腐败、利益输送、设租寻租和化公为私问题专项整治工作，华录集团党委坚持从源头把关，对整治范围、整治内容、工作步骤、时间安排明确部署提出具体要求。加强对履行党建主体责任监督，把政治监督摆在首位，华录集团纪委开展统筹做好疫情防控和企业复工复产监督检查工作，逐级开展“四个专项”中主体责任履行情况监督检查。对照国有企业基层组织工作条例，对所属各级单位党建进章程情况进行监督检查。完善监督机制，推动“大监督”体系有效磨合、运转。

【履行社会责任】 坚定履行党中央和国务院国资委党委关于中央企业定点扶贫重大决策部署，定期召开党委会研究扶贫资金、预算、人员安排、项目计划等事项。每季度召开扶贫工作专题会，持续推动扶贫工作，解决工作中存在问题，加快项目落地。2020年，华录集团召开扶贫工作专题会4次，集团主要领导及班子成员4人先后到扶贫地区开展调研，看望贫困群众，谋划扶贫项目、检查帮扶效果，慰问扶贫干部。审计部、工会等部门负责人及华松党支部等11人前往定点扶贫地区检查核实工作开展情况。全年开展扶贫项目10个，对定点扶贫县直接投入帮扶资金367万元，引进帮扶资金13万元，疫情期间向扶贫地区拨付33万元专款用于防疫和物资采购。2020年2月，华录集团定点扶贫县河南省上蔡县成功脱贫“摘帽”。

（撰稿人：杨　威）

华侨城集团有限公司

【基本概况】 华侨城集团有限公司(以下简称华侨城集团)是国务院国资委直接管理的大型中央企业，1985年诞生于改革开放的前沿深圳。控股华侨城A、康佳集团、华侨城(亚洲)、华侨城文旅科技、云南旅游5家上市公司，是国家首批文化产业示范基地、“全国文化企业30强”企业。

2020年，面对疫情下的国内外经济发展形势，华侨城集团坚持稳中求进工作基调，科学统筹疫情防控和经营发展各项工作，2020年入选“中国旅游集团20强”“全国文化企业30强”，并首次跻身全球主题公园集团三强。首次获得中央企业党建责任制考核A级评价，连续十年获得国务院国资委年度业绩考核A级评价，高质量发展的成果得到国务院国资委和社会各界的肯定。

【主要指标】

表1　2020年华侨城集团有限公司主要经济指标

项　目	2019年	2020年	比上年增长(%)
资产总额(亿元)	5525.45	6710.40	21.45
所有者权益(亿元)	1665.53	1891.25	13.55
营业收入(亿元)	1309.82	1470.80	12.29

续表

项　目	2019 年	2020 年	比上年增长（%）
利润总额（亿元）	239.20	253.19	5.85
净利润（亿元）	182.11	186.00	2.14
归属于母公司所有者的净利润（亿元）	92.33	79.15	－14.27
技术开发投入（亿元）	5.38	10.45	94.24
利税总额（亿元）	382.55	409.33	7.00
应交税金总额（亿元）	231.52	301.84	30.37
净资产收益率（%）	11.91	10.46	减少 1.45 个百分点
总资产报酬率（%）	6.05	5.41	减少 0.64 个百分点
国有资本保值增值率（%）	123.20	114.38	减少 8.82 个百分点

【改革发展】 制定改革三年行动实施方案，并取得改革攻坚新成效。一是重点领域改革扎实推进。持续推进混合所有制改革，战略重组江苏国信地产，参与设立央企混改基金，放大国有资本功能。持续优化“战兵”合作机制，完善二级企业组织架构，完成深西集团、酒店集团整合。二是三项制度改革持续深化。进一步健全市场化经营机制，建立年度考核和任期考核相结合、党建考核与经营业绩考核相联动的机制，充分激发组织活力。三是改革专项工作取得实效，超额完成“瘦身健体”任务。制定并实施三年“压减”工作方案，积极推进“双百行动”，2 家“双百企业”三项制度改革专项评估均获得国务院国资委 A 级评价，其中易平方公司改革案例成功入选《改革样本：国资委“双百行动”案例集》。

为完成国务院国资委下达的“两个力争”目标，集团在抓好疫情防控的前提下，抓紧恢复正常生产秩序，因时因势作出“保 A”“保绿”“强去化、促回款”等专项工作部署，较好地完成稳增长目标。在文化旅游业务上半年几近停摆的情况下，通过科学研判、提前部署，在全国复工复产的关键时刻推出“2020 华侨城文化旅游节”，以 400 项主题活动、500 项文旅产品助力文化旅游行业复苏与振兴。旅游线上平台取得重大突破，花橙网站会员数量和营业收入水平成倍增长。2020 年下半年，景区游客接待量超过 2019 年同期水平，旅游板块整体恢复情况远超同行业平均水平。各战区、各企业抓住下半年行业窗口期机遇，抢工期、盯进度、保任务，创新多元合作开发模式，突破常规抢抓回款。其中，深圳本部、杭州钱江世纪城、深圳宝安会展、深西滨海、南京威丰位列项目回款前五名。康佳集团白电业务在“康佳＋新飞”双品牌运作下，营业收入逆势增长；彩电业务改革营销模式，费用效率大幅优化；互联网业务创新变现模式，收益稳步增长；半导体业务打通全产业链，落地封测生产基地；科技园区业务创新开拓模式、招商运营实现实质性突破。集团资本运作平台积极撬动外部资金，拓展融资渠道，优化集团整体资本结构，充分利用基金的市场化研判机制对项目进行二次审视和判断，有力助推主业高质量发展，为集团主业发展及产业链布局发挥重要支撑作用。

【重大创新】 以国家战略为引领，推动主业做强做优做大。一是以综合开发优势积极服务区域协调发展战略。集中优质资源，积极响应京津冀、粤港澳大湾区、长三角区域一体化、长江经济带等国家区域协同发展战略，落子布局大型文化旅游城镇化综合项目。二是以文旅发展优势积极发挥国资央企领军作用。持续深化文旅融合实践，全年推出南京玛雅海滩水公园、襄阳奇梦海滩水乐园、深圳欢乐港湾、南京欢乐谷、腾冲秘境森林乐园等新产品，卓有成效地推进文旅休闲消费扩容提质；总结提炼“华侨城美丽乡村实践”“华侨城全域旅游的云南实践”，以及顺德欢乐海岸 PLUS 经验模式，为复制推广创新产品提供经验范本；高质量完成国家重点课题，其中，受文化和旅游部委托完成“打造中国的世界级水准旅游景区的策略研究”，相关成果被纳入国家“十四五”规划。三是以康佳科技优势积极攻关“卡脖子”技术。坚定推进落实“振兴康佳”战略，助力康佳在创新研发领域实现首创性改革和引领性突破。在存储领域，构建以“设计＋封测＋渠道”为模式的存储产业链条，自主开发的内嵌式存储器芯片实现技术验证和生产销售，助力国产芯片替代化；在光电领域，成立康佳半导体研究院，建设康佳半导体光电产业园，成功开发出全球领先的7英寸柔性Micro LED显示屏，以科技创新的实际成效，为集团高质量发展提供新动能。

【党建工作】 坚持以党的政治建设为统领，以“中央企业党建巩固深化年”为抓手，完善践行“两个维护”的制度和机制，党委“把方向、管大局、保落实”的领导作用充分发挥。一是党的创新理论武装进一步巩固深化。深入贯彻落实习近平总书记重要指示批示精神，第一时间做好“第一议题”学习，切实开展“走基层、促发展”专题调研，班子成员带头深入基层宣讲党的十九届五中全会精神，推动理论学习全面覆盖、落地见效。建立“不忘初心、牢记使命”长效机制，开展专项整治工作，巩固深化主题教育成果。二是基层组织建设进一步巩固深化。压紧压实党建工作责任，深入开展“党建工作与生产经营深度融合工程”专项行动，使党建成为推动集团跨越发展的“红色引擎”和“看得见的生产力”。三是宣传思想工作进一步巩固深化。严格落实意识形态工作责任制，有力开展全面小康、疫情防控、脱贫攻坚等重大主题宣传，传递央企好声音。四是党风廉政建设和反腐败工作进一步巩固深化。全面落实“两个责任”，持续深化“三转”，完善“三不腐”体制机制，推动党风企风持续向好，并深化巡视巡察和纪检体制改革，提升监督执纪问责工作效能。

【信息化与数字化建设】 以夯实信息化建设基础、打通数字化转型瓶颈、建立网络化智能平台三大任务为目标。通过数字技术推动运营效率和管理效能提升、加速战兵协同、资源整合，推动转型创新。一是加强数字化转型顶层设计，积极推动“十四五”及数字化转型战略规划，全方位打造“数字华侨城”。二是以数字技术为基石，积极应对疫情防控、推动复工复产，形成办公“远程办”、疫情“掌上填”会议“线上开”、业务“云端办”的办公新趋势。三是管理信息化不断提升企业运营效率。持续提升协同办公、人力、财务、投资、法务风控等各业务平台信息化管理水平，提高管理、决策、研发、办公效率，不断为华侨城数字化管理添砖加瓦。四是业务数字化持续赋能各业态创新。积极推动旅游、地产两大板块数字化转型建设，持续赋能相关业务，推动创新发展。五是大力推进数字产业化，以客户为中心、数据为牵引、平台为支撑，积极做强消费互联网运营，加快产业互联网破题。六是筑牢信息安全底线，持续为业务发展保驾护航。通过搭建灾备体系、推进商密保护建设、实施网络安全整体保障以及搭建私有云平台等措施，为各项业务发展构筑信息安全保护屏障。

【履行社会责任】 认真履行脱贫攻坚政治责任，文旅扶贫模式受到中央领导和国家部委的高度认可。在提前超额完成定点帮扶责任书各项指标任务，助力定点帮扶县贵州省三穗县、天柱县实现脱贫“摘帽”的基础上，进一步与贵州省以及黔东南州签署战略合作协议，并先后在西藏、四川、甘肃、内蒙古等地区实施文旅扶贫项目，助力全面脱贫与乡村振兴有效衔接。

动员部署一切资源与力量投入疫情防控战中。在第一时间关闭旗下所有景区景点，阻断疫情传播，牵头行业协会发起旅游景区、主题公园行业振兴计划，制定景区应对疫情防控的团体标准，减免、缓收小微企业和个体工商户租金，带动各类市场主体共渡难关；积极投身抗疫一线，华侨城医院、物业集团、武汉玛雅嘉途酒店、康佳集团等单位全力支援地方防疫，其中，武汉玛雅嘉途酒店等一批单位和个人获评“中央企业抗击新冠肺炎疫情先进集体”和“中央企业抗击新冠肺炎疫情先进个人”；第一时间向湖北省捐款，向疫情防控一线划拨专项党费，捐赠防疫和生活物资，组织党团员捐款，为打赢疫情防控阻击战和武汉、湖北保卫战积极贡献力量。华侨城集团的政治责任、社会责任担当得到地方政府、广大游客、社区居民、合作伙伴等社会各界的广泛赞誉。

（撰稿人：薛　晔）

南光(集团)有限公司

【基本概况】 南光(集团)有限公司(以下简称南光集团)是唯一一家总部设在澳门特区的国务院国资委直属中央企业，前身南光贸易公司成立于1949年8月，是澳门特区最早的中资机构。南光集团主营业务分为原油及成品油、日用消费品贸易，酒店旅游，地产经营开发和综合物流服务业务板块。

2020年，南光集团坚决贯彻习近平总书记系列重要讲话精神，全面落实“六稳”“六保”工作部署，按照国务院国资委“三稳四保一加强”“两个力争”工作要求，紧密结合南光集团实际，抢抓机遇改革发展，取得疫情防控、复工复产、改革发展和国有资本保值增值的较好成果。

【主要指标】 2020年，南光集团实现营业收入39.94亿元，比上年减少41.06%；利润总额10.85亿元，比上年减少33.52%。受新冠肺炎疫情影响，旅游酒店板块、贸易板块经营效益均大幅下降。

表1　　2020年南光(集团)有限公司主要经济指标

项　目	2019年	2020年	比上年增长(%)
资产总额(亿元)	237.35	241.44	1.72
所有者权益(亿元)	172.31	172.41	0.06
营业收入(亿元)	67.76	39.94	-41.06
净利润(亿元)	14.57	10.14	-30.40
归属于母公司所有者的净利润(亿元)	14.48	9.90	-31.63
利税总额(亿元)	17.06	12.02	-29.54
应交税金总额(亿元)	2.37	2.35	-0.84
全员劳动生产率[万元/(人·年)]	48.50	49.71	2.49
净资产收益率(%)	8.55	5.95	减少2.6个百分点
总资产报酬率(%)	7.31	4.58	减少2.73个百分点
国有资本保值增值率(%)	110.08	100.63	减少9.45个百分点

【改革发展】 持续加大改革攻坚力度，发展动力活力显著增强。一是开展深化改革三年行动。贯彻全国国有企业改革三年行动动员部署会精神，制定深化改革三年行动实施方案，明确7个方面重点任务，深化细化改革任务措施，建立完善改革工作机制，层层落实改革工作责任，有效利用在线督办系统推动改革任务落实。二是大力推进国有资本投资公司试点改革。出台国有资本投资公司改组实施方案，启动两级法人治理结构优化项目，积极推进集团层面规范公司治理工作；召开南光集团一届十七次股东会，进一步推进集团股权结构优化工作。大力推动二级公司规范董事会建设，明确“三会一层”的法人治理框架，清晰各治理机构议事规则，确定规范董事会试点，建立完善授权放权事项清单，探索推动房地产项目管理事项放权，进一步激发二级公司活力。三是全面深化三项制度改革。着眼战略型管控总部建设需要，加快总部机构改革调整，推动总部人员全部重新选聘，建立以职务管理为主、以岗位管理为补充、以培养综合性管理人才为导向的总部人才管理机制，建立以职定薪、以绩定酬的薪酬管理体系，总部人员“干部能上能下、薪酬能增能减”制度基础初步建立。调整当前任期时间点，进一步强化经理层成员任期制和契约化管理，“一合同、两合约”的目标管理和经营责任体系进一步完善。四是大力开展内部资源重组整合。整合旅游和酒店餐饮等业务，组建旅游酒店板块；将巴士业务剥离分立，提级作为集团二级公司管理。在本次重组整合基础上，着力打造集团旅游酒店、公共交通等实体产业板块，为南光集团“十四五”时期高质量发展提供有力支撑。五是积极解决历史遗留问题。落实驻京办清理收尾工作，完成商业登记注销；组建北京分公司。集团退休人员社会化管理工作完成主体任务，积极推进剥离国有企业办社会职能和解决历史遗留问题，加快推进“三供一业”分离移交。

打好提质增效稳增长“组合拳”。一是开展提质增效专项行动。坚持把应对疫情冲击、稳定经济增长作为集团中心任务，先后召开复工复产稳经营、业务转型升级、参与横琴发展和国际化业务系列专题会，逐家分析研究二级公司改革发展与经营问题，提出应对措施。加大考核政策支持力度，对承担疫情防控重点保障任务的企业，对效益增长较快、超额完成核定考核目标任务的企业予以特殊考核分配政策；加强企业自身努力程度的考核，建立损失分摊考核机制。二是千方百计拓市场。积极拓展工业柴油地盘工程业务和海上加油业务，工业柴油市场占有率比上年同期增加14个百分点，并获得特区政府公共行政部门2021年度的燃油标；打造南光通线上商城，累计注册会员超过4.6万人，实现交易超过8万笔，线上收入2041万澳门元。在澳酒店推出外雇保障住房和防疫工作餐，酒店入住率高于市场33.7个百分点。顺利推动巴士合同续约，在澳公交线路市场占有率64.53%；抓住政府鼓励“澳门人游澳门”机遇，推出“心出发游澳门”15条精品线路。以港珠澳大桥澳门口岸管理区项目为依托，拓展获判大桥澳门边检大楼、车辆检查区域、澳门海关站弱电设施采购及维修保养服务项目，积极增持在澳优质物业资产；成功竞得江门滨江总部基地、珠海斗门、金湾等项目，为地产业务的可持续发展增加土地储备。参与澳门政府口罩采购及运输，抓住疫情期间在线消费市场机遇，线上销售快速增长；推进珠海活畜过驳站、中珠牧业项目建设，稳定澳门活猪市场占有率，业务规模实现逆市正增长，并且创造历史新高。在常态化疫情防控条件下举办陆海空三展，参与投资首部澳门特区出品电视连续剧《湾区儿女》，举办澳门特区首个在线展会濠江盛“惠”开心购物节，在线浏览人数38.5万人次；联合珠海企业举办首个珠澳合作大型会展项目——2020珠澳国际汽车博览会；成功主办“中国风　濠江情　美好生活小娇‘澳’”系列直播带货活动，澳门特区政府和社会各界积极参与。积极协助对接参加第三届中国国际进口博览会工作，以“与澳门同行”为主题首次以特装展台参展，取得良好的社会效应。努力满足客户需求，有效稳定租赁业务。

【重大项目】 结合南光集团“十四五”发展规划编制，重点贯彻落实上级有关精神，部署推进15个重点工作项目。抓住澳门新基建产业机遇，谋划部署关系澳门基础民生和长远发展的重点领域，有效推进澳门轻轨延伸横琴线、澳门天然气一体化、澳门综合地下管沟、存量物业酒店改造等项目，其中澳门轻轨延伸横琴线由南光置业与相关中资企业组成联合体负责实施，进入合同商谈、准备施工阶段。抓住横琴粤澳深度合作区建设机遇，部署推进澳门经济适度多元发展的有关领域，有效推进澳门中药（横琴）产业园、横琴综合物流中心、横琴油气电综合站建设等项目，其中澳门中药（横琴）产业园项目是南光集团与国药集团合作项目，该项目与横琴综合物流中心项目均通过评审，进入土地招拍挂流程。横琴油气电综合站建设进入实质性启动阶段。结合集团改革发展重点工作，部署推进参股金融企业增资扩股和业务拓展，获得澳门金融管理局批准，成为首个境外国有资产交易平台；积极开展软课题研究，完成评审。

【履行社会责任】 坚决落实疫情防控和复工复产各项举措，充分发挥民生类中央企业的重要基础作用，助力打赢疫情防控阻击战，彰显驻澳央企担当。第一时间成立应对疫情组织体系，明确“以澳门的疫情防控、民生保障以及城市运转为重点”的工作思路，全力以赴支持特区政府防疫情、保民生、保运转、保稳定。全力保障防疫物资充足供应，协调各方资源，开足马力抢运，在澳门疫情防控最为紧张与关键时期，南光集团采购并运抵澳门特区的医用口罩占澳门特区政府采购总量的95%以上，抢运医用清洁用品、医用氮气、氧气等占澳门特区总量的100%，成为协助特区政府抗击疫情的“主力军”。全力保障民生供给充足供应，疫情爆发后，南光集团供应的民生商品备货量比上年增长13%以上，输运活牛、冻品分别占澳门特区市场的40%、10%以上。结合“南光通”App开发市民线上鲜活食品购买配送渠道。主动下调冻猪肉、冻牛肉、冻鸡肉等产品价格，单品最高降幅10%。多次在澳门特区主流媒体发声，让澳门特区市民安心放心，为防疫抗疫营造稳定的舆论环境。全力保障澳门城市运转，坚持特殊时期城市功能不能断、城市服务不能停，组织下属企业全力保障澳门特区电、油、气、公共交通等城市“生命线”。全力保障澳门社会稳定，在澳酒店用心做好包括一线医务工作者在内的跨境劳务人员临时住所保障，协调解决近2000名劳务人员在澳短期住宿问题；其中1间酒店成为澳门特区第5间海外返回人员医学观察指定酒店。协助特区政府从四大口岸接载旅客到医学检查站、到香港机场接载海外居民回澳。南光集团敢为人先，成为首个承担隔离酒店布草洗涤任务的公司，高峰时期承担澳门特区1/4洗涤工作。9次下调石油产品价格，累计让利6800万港元，推动整个行业为澳门特区降低社会成本2亿港元；减免本地商户租金8857万港元。南光集团及各子企业踊跃捐款捐物，定向捐助湖北1000万元，捐助澳门特区政府消毒酒精4000升和口罩16万只。

以“南光+”带动澳门特区社会深度参与，在助力决战决胜脱贫攻坚中推动澳门特区融入国家发展大局。南光集团把打赢脱贫攻坚战作为全集团重大政治任务，持续投入扶贫资金1150万港元，为脱贫攻坚提供有力资金支持；统筹地方所需、南光所能，着眼长远长效开展产业扶贫、不断夯实稳固脱贫持续增收基础，立足民生民意开展基础设施扶贫、补齐当地群众生产生活和乡村振兴短板，坚持扶智扶志开展教育扶贫、用知识斩断贫困代际传递，统筹赋能赋岗开展就业扶贫、推动“输澳一人、全家脱贫”，聚焦救急救难开展“同舟工程”、构筑因病致贫因病返贫防线，取得显著成效。结合丰富澳门特区民生供应所需，支持甘肃省临夏州禄劝县到澳门特区推介特色产品，打造“直供澳门”高端品牌；协助澳门中联办组织开展澳门帮扶贵州省从江县消费扶贫行动，帮助解决产品滞销难卖问题；积极帮助贫困地区劳动力到澳门就业；积极发动港澳力量参与教育扶贫；积极推动澳门企业与贫困地区龙头企业开展合作；积极组织澳门同胞到定点扶贫县开展扶贫调研、帮扶对接和国情考察。临夏县于2020年如期退出贫困县系列，为从江县脱贫攻坚作出积极贡献。南光集团获评“甘肃省脱贫攻坚帮扶先进集体”“云南省昆明市脱贫攻坚先进集体”，扶贫干部陈登获评“全国脱贫攻坚先进个人”。

坚持立足澳门、深耕澳门，不断提升对澳门繁荣稳定的影响力。一是全面打造南光历史文化馆这一境外红色教育基地，在积极传承和弘扬南光优秀历史传统和企业文化的同时以南光历史文化馆为平台加深与爱国爱澳社团以及澳门特区社会各界的联系，持续提升南光集团社会影响力。二是继续与澳门特区各高院等校合作，开展“南光奖学金”计划，截至2020年底南光集团与澳门大学等7所学校与签署长期性捐赠协议，基本涵盖澳门特区各大主流院校。三是南光义工队积极参与澳门义工服务及义务献血，得到澳门社会各界广泛好评，南光集团被义务工作者协会连续两年评为“国际义工优秀企业”，企业品牌效应不断提升。

（撰稿人：尹诗岚）

中国西电集团有限公司

【基本概况】 中国西电集团有限公司（以下简称中国西电集团）是国务院国资委直接监管的输配电成套设备研发制造企业，1959年7月成立，是我国输变电领域装备制造研发能力最强、产业链条最完整、技术水平最先进的国家级核心骨干企业集团，也是唯一一家能够成套提供完全自主知识产权的一次输变电设备的企业集团。截至2020年底，中国西电集团拥有全资和控股子公司（单位）50余家，其中，控股上市公司2家、国家行业检测中心4个、国家（行业）级研发平台6个，从业人员15000余人。

2020年，中国西电集团面对复杂严峻的国内外形势和突如其来的新冠肺炎疫情严重冲击，深入贯彻落实党中央、国务院各项决策部署，按照“六稳”“六保”工作要求，瞄准“世界一流智慧电气系统解决方案服务商”战略目标，按照“主业突出、相关多元”的发展思路，坚持全年目标不变、任务不减、标准不降，攻坚克难、奋力拼搏，全面完成国务院国资委提出的“两个力争”任务目标，在大战大考中交出高质量答卷。

【主要指标】

表1　2020年中国西电集团有限公司主要经济指标

项　目	2019年	2020年	比上年增长（%）
资产总额（亿元）	408.20	420.53	3.02
所有者权益（亿元）	247.20	254.21	2.84
营业收入（亿元）	185.17	191.59	3.46
利润总额（亿元）	7.20	7.68	6.59
净利润（亿元）	5.26	6.36	21.04
归属于母公司所有者的净利润（亿元）	3.67	4.57	24.33

续表

项　目	2019 年	2020 年	比上年增长(%)
技术开发投入(亿元)	10.67	8.26	−22.59
利税总额(亿元)	16.65	17.99	8.04
应交税金总额(亿元)	9.45	10.31	9.05
全员劳动生产率[万元/(人·年)]	23.16	27.15	17.23
净资产收益率(%)	2.14	2.54	增加 0.40 个百分点
总资产报酬率(%)	1.85	1.99	增加 0.14 个百分点
国有资本保值增值率(%)	102.77	103.39	增加 0.62 个百分点

【改革发展】 抓改革、增活力，发展动力明显增强。以《2019—2020 年全面深化改革整体方案》为统领，有序推进各项改革工作落地见效。一是贯彻落实国企改革三年行动方案，完成中国西电集团改革方案制定，明确改革任务、细化具体举措。二是"总部机关化"问题穿透式整改纵深推进，子公司职能部门总数比上年减少 19%，中层干部和一般管理人员编制分别比上年减少 24% 和 30%，受到国务院国资委的充分肯定。三是三项制度改革持续深化，"双百企业""科改示范企业"全部实现经理层任期制和契约化管理，1 家企业推行产品线总监负责制使产品毛利率大幅提升，3 家企业试水科研项目分红，2 家企业建立科研项目跟投机制并取得初步成效，6 家企业开展超额利润分享试点。四是剥离企业办社会职能和解决历史遗留问题取得重大进展，厂办大集体改革、退休人员社会化管理移交等工作完成阶段性任务。

【重大项目】 提能力、稳市场，围绕重大项目和重要客户促经营。系统开展高层拜访等活动，针对年度重大项目、重点客户及新业务客户开展高层访问活动 23 次，并与中国电建、中国节能、中国钢研、新兴际华等中央企业和陕西地电、陕投集团、陕煤化集团、陕有色等陕西企业签订战略合作协议，迈开全方位、宽领域、多层次的开放合作步伐。在全力确保特高压直流、海外电站总承包等重大项目保供履约，巩固和拓展既有常规电网市场、传统电源市场和海外市场的同时，积极统筹内外资源，创新业务模式，拓展新的业务领域，在以国内新能源市场为代表的新领域取得突破，相继中标首个投资入股、合作开发的光伏项目咸阳淳化 100MW 农光互补项目，首个海上风电升压站一次设备集成总包项目——华电阳江青州三海上风电项目，首个储能系统项目——西藏阿里离网型微电网光柴储能系统等一批新能源成套项目，"主业突出、相关多元"的发展思路开始落地见效。

【走向海外】 化危为机，对冲疫情影响，实现海外市场新突破。西电国际相继获得首个海外生物质发电项目——印度尼西亚苏门答腊岛亚奇省 12MW 生物质电厂项目、首个海外风力发电项目——越南咸强风电项目、首个海外储能项目——美国 BESS 集装箱式电池储能仓项目、首个海外咨询项目——荷兰海上柔直技术咨询项目，并首次在柬埔寨中标光伏园输电线路与变电站成套项目，在巴基斯坦中标 220kV 架空线和地埋电缆成套 EPC 项目。变压器事业部签订首个毛里塔尼亚、刚果变压器合同；西电避雷器签订韩国首个避雷器合同；西电西容签订首个墨西哥、西班牙电容器合同；西电光电缆签订首个老挝、塞尔维亚、喀麦隆电线电缆合同。首次参与欧洲海上平台及高压柔性直流输电、陆上柔性直流输电项目投标，不断扩大在欧洲等发达区域及直流领域的行业知名度和品牌影响力，完善运营大项目的 EPC 能力，为海外业务持续稳定增长奠定良好基础。

【重大创新】 抓重点、攻难点，科技创新硕果累累。一是践行央企使命，圆满完成服务国家战略项目。自主研制的乌东德水电站工程用 500kV 竖井管道母线和电气制动开关成功投运。二是签订"军令状"，"卡脖子"重点关键核心技术攻关取得重大突破。自主研制出国内首支±800kV 阀侧套管和穿墙套管，并成功应用于青海—河南特高压直流输电工程；发电机保护断路器、光控阀基电子设备等战略性产品相继实现技术突破。三是 2 个无人值守、智能监控智慧变电站示范工程建成投运；海上风电集成项目取得重要进展；多能互补智慧能源系统解决方案入选工业和信息化部年度集成创新与融合应用示范项目。四是研发体系日臻完善。开关事业部产业研究院挂牌运行，西高院新成立行业级技术中心，并与多家企业合作开展新技术研究。五是行业主导权话语权不断增强。主导制定的3项绝缘子领域IEC标准正式发布，70位技术专家参与多个IEC工作组。新增专利授权258件，其中发明专利54件，新增国外专利授权4件，累计拥有国外专利13件。六是加大科技专项支持和科技奖励力度。全年安排5000万元专项资金，对重大关键核心技术研发给予专项支持，提高奖励额度，强化正向激励，推动科技创新。

【党建工作】 抓党建、强队伍，党建引领作用充分发挥。围绕强化"两个责任"，认真履行好党委"把方向、管大局、保落实"职责，推动党建与业务工作深度融合。一是以政治建设为统领，建立"第一议题"制度和贯彻落实重大决策部署工作机制，制定重大事项请示报告实施办法。二是着力打造"抗疫情、保增长、勇担当"年度党建品牌，构建"1＋N＋X"党建工作架构，助力党建与生产经营深度融合。西开电气技术二支部被国务院国资委党委命名为中央企业示范党支部。三是干部选拔视野拓宽，年龄结构优化。完成6名子公司高管的市场化选聘，新提任干部26名，集团中层年轻干部占比升至36%。四是干部培训持续强化，通过网络学习、专题培训、"党建工作大讲堂"等多种形式，开展干部党性和业务素质提升培训。五是宣传思想和精神文明建设工作有声有色。印发《政研课题实施方案》《形势任务教育读本》，开展思想动态专项调研；强化宣传工作，外部媒体报道总量翻番，8篇信息被国务院国资委采用。1家企业被授予"全国文明单位"称号。六是全面从严治党责任进一步压实。修订《落实全面从严治党主体责任清单》，创造性地施行《关于深化全面从严治党"四自"规定》，完成党委对子公司党组织的巡视全覆盖，开展境外腐败、利益输送、设租寻租、化公为私问题专项整治。七是各类先进典型不断涌现。1人被评为"全国劳动模范"，1人当选全国青联委员，20余人被授予"陕西省五一劳动奖章"以及"陕西省技术能手""三秦工匠""西安市劳动模范""西安工匠"等称号。

【信息化与数字化建设】 强规划、抓统筹，推进信息化与业务管理深入融合。一是完成《数字西电——信息化建设三年规划》编制，形成横向与纵向集成协同的信息化支撑架构体系，指导公司未来信息化建设方向。二是构建物资采购与库存管理动态监管决策分析平台，完成物资采购与库存数字化透明化管控系统建设，实现多维度、全级次穿透查询。三是完成智慧通行平台的门禁系统建设，实现对人员、车辆、访客的智能化管理，30家单位接入系统。四是完成视频会议系统建设，形成覆盖全集团的视频会议组会模式。五是持续推进"三重一大"决策和运行监管系统建设，实现对集团内"三重一大"事项决策制度、规则、清单、程序的在线监管，覆盖35家企业。六是推进数据资源管理及共享交换平台建设，形成"数据湖"，建立数据资产目录，构建国资监管业务数据汇聚和集中管理模式，实现与国务院国资委国资监管数据平台对接。

【履行社会责任】 牢记使命担当，认真履行中央企业社会责任。一是连续九年面向社会公开发布社会责任报告，3个案例入选国务院国资委、社科院发布的《中央企业社会责任蓝皮书(2020)》《中央企业海外社会责任蓝皮书(2020)》《中央企业抗击新冠肺炎疫情案例集》。二是认真落实国家稳岗扩就业要求。加大校园招聘力度，重点向抗疫一线医务人员子女、湖北地区高校及湖北籍毕业生、贫困地区高校毕业生倾斜，全年校招人数比上年增长26%。三是坚决落实助企纾困政策。全年减免房租1257万元，惠及370户中小微企业和个体工商户。四是助力全国打赢三大攻坚战。定点扶贫队伍不撤、力度不减，以产业帮扶为抓手，全年累计投入550万元；为陕西省洛南县灾后重建捐款60万元；全面加强生态环境保护，子公司全部达标排放。

抗疫情、保增长，抗疫经营取得"双胜利"。坚决落实党中央决策部署，以战时思维果断决策、快速反应、精心部署、统筹协调，集团上下服从号令、听从指挥、科学防控、守土有责。一是实现全体员工"零感染"，为夺取双胜利提供根本保障。圆满完成西安市公共卫生服务中心供电保障工程建设和国电霍州电厂、国网西安纺织城变电站、山西榆次电厂等设备抢修任务，彰显中央企业责任与担当。二是有效发挥中央企业"稳定器""压舱石"作用，克服供应链、运输链困难，率先复产复工，全力保供履约，有力保障“乌东德”柔性直流及“青海—河南”“陕北—武汉”特高压直流等国家重点工程建设。三是多措并举强力对冲疫情和特高压项目大幅减少的不利影响，稳新增订货基本盘。紧抓春节过后海外疫情爆发前的有利时机，抢抓海外订单，与上年相比基本持平；深挖传统市场，常规电网和电源点市场分别比上年增长 29.2%和 65%；发力增值服务和新能源市场，分别比上年增长 36%和 68.7%；紧盯陕西省内市场，主设备中标率 61.2%，中标量比上年增长 63%，全年新增订货量实现稳中有增。

（撰稿人：刘列兴）

中国铁路物资集团有限公司

【基本概况】 2020 年，中国铁路物资集团有限公司（以下简称中国铁物）认真学习贯彻习近平总书记系列重要讲话和重要指示批示精神，坚决贯彻党中央、国务院关于统筹抓好疫情防控和经济社会发展总体部署，深入落实国务院国资委关于疫情防控与复工复产系列要求，紧紧围绕年度工作目标任务，狠抓疫情防控与复工复产、达产达效工作，经济效益实现“五连盈、五连增”，2020 年利润水平创历史新高，负债率降至 2004 年以来的新低，铁路核心业务重组上市取得成功，企业改革发展翻开崭新一页。

【主要指标】

表 1　2020 年中国铁路物资集团有限公司主要经济指标

项　目	2019 年	2020 年	比上年增长(%)
资产总额(亿元)	557.37	607.72	9.03
所有者权益(亿元)	121.09	158.28	30.71
营业收入(亿元)	651.79	657.74	0.91
利润总额(亿元)	14.21	43.81	208.28
净利润(亿元)	8.78	34.84	296.80
归属于母公司所有者的净利润(亿元)	2.12	28.19	1227.00
技术开发投入(亿元)	0.53	0.69	30.00
利税总额(亿元)	19.54	45.61	133.46
应交税金总额(亿元)	10.76	10.77	0.15
全员劳动生产率[万元/(人·年)]	50.81	83.77	64.87
净资产收益率(%)	7.28	24.94	增加 17.66 个百分点
总资产报酬率(%)	3.31	8.38	增加 5.07 个百分点
国有资本保值增值率(%)	101.50	150.70	增加 49.20 个百分点

【改革发展】 启动“十四五”规划编制，制定推进改革三年行动实施方案，进一步明确“再出发”方向，促进体制机制进一步完善。一是完成“十四五”战略规划初稿编制。中国铁物深入学习贯彻党的十九届五中全会精神，认真领会国务院国资委战略意图和中央企业布局结构调整要求，认真谋划“十四五”发展布局。按照“总—分—子”三级架构，初步完成“十四五”总体规划，以及人力资源、财务、数字化、科技专项等职能规划，铁路轨道交通、工业、物流、国际化、循环经济等业务规划，直管公司规划编制有序推进。二是制定改革三年行动实施方案。根据中央印发的国企改革三年行动方案，制定中国铁物改革三年行动实施方案和改革任务台账。实施方案以深耕铁路轨道交通供应链集成业务为基础，以打造中央企业综合物流平台为主线，突出抓好中国特色现代企业制度建设、资源布局优化和结构调整、深化混合所有制改革、健全市场化经营机制、加强对所出资企业监管、国企改革专项工程、党的领导和党的建设等 7 个方面的改革内容，并细化改革任务台账。三是进一步深化内部改革。以所属轨道集团和中铁伊通公司 2 户“双百企

业”和国统股份、资源科技2户“科改示范企业”为抓手，进一步深化集团公司内部改革。制定《中国铁物企业领导人员管理办法》《中国铁物直管公司经理层成员任期制与契约化管理暂行办法》及实施方案，并在“双百企业”“科改示范企业”率先实施。进一步完善直管公司年度考核办法，优化“岗位工资＋绩效工资＋专项奖励”等分配激励机制，实行“增量提成”奖励办法，进一步激发创新创效活力。四是基本解决企业办社会问题。全面完成“三供一业”分离移交任务，移交率100％。退休人员移交社会化管理改革基本完成，移交率99.9％。大集体改革完成主体任务。

【重大项目】 攻坚克难，积极推进重组上市，优化资本结构。2020年12月完成与一汽夏利的重大资产重组与股权注入，标志着企业实现本质脱困。“中国铁物综合施策成功脱困”案例成果获得2020中国企业改革发展优秀成果(第四届)一等奖。面对新冠肺炎疫情带来的经济冲击及影响，狠抓疫情防控与复工复产、达产达效工作，深耕市场，挖掘潜能，全年累计对外新签销售合同额再创新高。集中资源保障国家铁路燃油、钢轨等专项物资供应，与国铁集团签订2020—2021年度钢轨采购供应委托服务协议，成功中标川藏铁路雅林段全线甲供物资代理服务机构，汽车配送柴油加注业务覆盖多个铁路局，从源头打造保障国家铁路安全运行的“钢铁防线”。强化市场开发和业务多样性，成功中标引江济淮河南段项目PCCP、JPCCP及配件供应业务，新疆阿热勒产业园建设项目，雅叶高速拉日段柴油项目，云南建投集团镇果公路柴油供应业务，顺利中标青岛特锐德电气股份有限公司箱变运输项目，实现物资运输品种的新突破。积极联系客户，密切战略合作，先后与广西壮族自治区政府、海南省政府、青藏铁路公司、万科集团、建龙重工等签署战略合作协议；与建龙重工合作的哈尔滨商贸物流基地项目、与包钢集团合作生产异型轨项目取得重大进展；与中国宝武合作的马鞍山铁路废旧物资循环利用项目具备生产条件；所属工业集团日产4000吨水泥熟料项目开工建设；青白江铁路专用线具备开通条件。

【走向海外】 克服疫情影响，全力推进海外铁路市场保供和市场开发。保障中老铁路物资供应。首列防疫物资运往塞尔维亚，并首次实现中欧班列双向满载运行。成功中标印度尼西亚雅万高铁道岔项目，成为以直接供应商身份参与“一带一路”建设工程的又一标志性项目。成功中标中国路桥肯尼亚新建米轨连接线物资供应项目。所属国际集团相继在马来西亚、巴西获得钢轨订单，全力保证中老铁路钢材供应并新签订钢材供应补充协议，刚果金电铜和巴西粗铜业务获得多笔年度长协，铁路车辆、矿山设备等国际租赁业务正常进行，铬、锰矿资源进口业务成功转型。

【重大创新】 2020年，中国铁物坚持自主创新，申请专利74件，其中发明专利27件；获得授权专利31件，其中发明专利2件。广泛开展合作共建，大力深化产学研合作，与西南交通大学成立润滑油脂联合实验室，共同开发、研究先进润滑技术、表面工程技术和新材料技术；先后与西南交通大学、北京交通大学、石家庄铁道大学建立研究生联合培养基地，并与同济大学、铁科院建立良好稳定的合作关系；在马鞍山基地建成报废货车拆解装备生产线、废旧钢轨检测修复装备生产线、智能立体货架装备，同步完成生产管理系统和仓库管理系统建设，完成初步成果转化。主编的铁路标准性技术文件《高速铁路道岔制造技术条件—钢轨件无损检测》，首次从行业层面规范高速铁路道岔钢轨件制造阶段厂内无损检测，填补业内空白。主持起草的《普速铁路钢轨打磨验收标准》顺利通过评审，是第一个专门针对普速铁路钢轨打磨的标准性技术文件，对钢轨打磨技术的发展具有里程碑式意义。管理创新方面，制定中国铁物对标世界一流管理提升三年行动实施方案，对集团公司战略管理、组织管理、运营管理、财务管理、科技管理、风险管理、人力资源管理、信息化管理等8个方面深入开展对标工作，中国铁物管理体系和管理能力建设得到进一步加强。

【党建工作】 坚持将党的政治建设放在首位，将学习贯彻习近平总书记重要讲话和重要指示批示精神，特别是关于国有企业改革发展和党的建设重要论述，作为党委常委会“第一议题”和党委理论学习中心组重要学习内容。组织开展“改革发展党旗红，担当作为争先锋”党建主题实践活动。成立攻坚小组，设立"党员示范岗",签订党员承诺书,组建重点任务党员突击队,推动党建工作与生产经营深度融合。强化党建考核,落实党建责任,严格考核兑现。举办2020年党务干部业务培训班,提升党务干部素质。所属中铁油料集团有限公司沈阳分公司党支部被命名为中央企业第二批基层示范党支部,安徽铁鹏水泥有限公司获得第六届"全国文明单位"称号。

扎实推进党风廉政建设和反腐败工作,有力践行"两个维护",分层逐级签订党风廉政建设责任书555份,对16家直管公司党委落实党风廉政建设责任制情况开展现场检查,强化对疫情防控、生产经营和改革发展等重点工作的监督检查,组织开展常态化疫情防控监督检查242次。不断加强作风建设,开展"改进作风、提高效率"教育整改活动,坚决制止餐饮浪费,制定商务招待、操办婚丧喜庆等办法,引导形成勤俭节约、健康文明的良好风气。扎实推进专项整治,组织全系统2584人开展化公为私问题自查自纠,制定整改措施23项;建立"禁止交易企业名单",对364家企业作禁止交易限制。夯实筑牢廉洁防线,开展第七届"廉洁文化月"主题教育活动,健全"不能腐"制度体系,深化廉洁风险防控机制建设。采取常专结合、提级延伸的方式开展巡视工作,对所属4家公司开展巡视"回头看",督促巡视问题整改,形成震慑效应。利用各大主流媒体、国务院国资委网站、集团公司内外网站群、微信公众号,加大新闻宣传力度,加强舆情监测管理,营造良好发展环境。

【信息化与数字化建设】 持续推进"数字铁物"建设,加强系统集成,深化系统应用。推进ERP系统建设,优化系统功能,实现公司全系统、境内外全覆盖。推进资产及投资项目管理系统建设,实现公司投资项目和资产的全生命周期管理,产权信息共享。推进公司生产经营调度平台建设。上线试运行成本费用控制系统、党建云平台。按照国资监管要求,开发数据共享交换平台,优化"三重一大"决策和运行监管系统。铁路燃油配送系统以物联网、大数据、人工智能等技术为依托,进行库存调拨、二次装运等场景扩展,优化与SAP系统接口,提升专业系统与ERP系统的集成度,促进财务业务一体化。加油卡系统在上海局、南宁局上线推广。汽配安全管理平台完成广州、沈阳区域的车辆装配,实现车辆定位、铅封状态预警以及全程视频监控功能。钢轨全寿命管理平台实现与五大钢厂协同对接,完成钢轨供应数据可视化实施,道岔廓形打磨、断轨集成分析、探伤人员资质管理功能扩展,及钢厂质监、焊厂质监、电子标签终端软件开发,现场焊接标准版软件建成应用,进一步加强钢轨全寿命周期管理。铁路物资招标代理服务平台完成集采模块的升级改造及与国铁集团物资管理系统的对接,对提高铁路采购透明度、节约资源和交易成本、规范招标投标市场等起到重要作用。"数字油料""钢轨全寿命大数据管理平台"入选2020年国有企业数字化转型典型案例。注重加强网络安全管理,坚持网络运行和安全状况定期检查,开展全系统网络安全检查,完成缺陷整改;推进网安应急保障体系建设,组织完成邮件系统、网站群、OA系统、编码系统等系统故障恢复应急演练;完成公司二级、三级互联网地址的IPv6改造。

【履行社会责任】 落实中央关于统筹推进新冠肺炎疫情防控和复工复产要求,积极履职尽责,为支持湖北、武汉抗疫捐款捐物超过1100万元,所属物流公司及中铁伊通等单位多次参与湖北防护物资运输,所属油料集团、轨道集团等单位努力保障抗疫期间铁路专项物资供应,得到有关方面充分肯定。《中国铁物强化"四个联动" 阻击新冠肺炎 巩固脱贫成果》案例入选国务院国资委、中国社科院联合发布的《中央企业社会责任蓝皮书(2020)》《中央企业抗击新冠肺炎疫情案例集》。1个集体获评"中央企业抗击新冠肺炎疫情先进集体"、2名个人获评"中央企业抗击新冠肺炎疫情先进个人",中国铁物获评"全国物流行业抗疫先进企业"。服务国家重大战略,积极响应国家海南自贸港建设规划,完成将国际业务总部迁址海南的决策程序;积极落实中央关于房租减免政策,累计减免租户租金1267万元;积极服务京津冀一体化战略,参与打造轨道上的京津冀;积极参加第三届进口博览会,签约金额稳中有升。助力决战决胜脱贫攻坚,统筹全系统力量,加大扶贫投入力度,推进产业扶贫、教育扶贫、消费扶贫,助力湖北省孝昌县脱贫"摘帽"和天山建材"访惠聚"工作,全年累计投入帮扶资金超过1000万元,派驻对口帮扶孝昌驻村第一书记获评“全国脱贫攻坚先进个人”，充分体现中国铁物的责任担当。

（撰稿人：马　禹）

中国国新控股有限责任公司

【基本概况】 中国国新控股有限责任公司（以下简称中国国新）于2010年12月22日经国务院批准成立，由国务院国资委代表国务院履行出资人职责，2016年初被国务院国有企业改革领导小组确定为国有资本运营公司试点的2家中央企业之一，是在国家授权范围内履行国有资本出资人职责的国有独资公司，是国有资本市场化运作的专业平台。

试点以来，中国国新认真贯彻落实党中央、国务院决策部署，按照国务院国资委有关工作要求，聚焦试点目标和功能定位，充分发挥国有资本市场化运作专业平台作用，积极探索“资本＋人才＋技术”轻资产运营模式，逐步形成五大业务板块和1个服务保障平台的“5＋1”业务格局。基金投资板块以中国国有资本风险投资基金为核心，设立运营包括国新国同基金、央企运营基金、国新建信基金、双百基金、国改科技基金、科创基金、央企信用保障基金、综改基金等在内的国新基金系，总规模超过8000亿元，着力支持中央企业深化改革、创新发展和优化布局，培育孵化前瞻性战略性产业；金融服务板块拥有商业保理、融资租赁、财务公司、保险经纪、金服公司、大公国际等7家主要金融、类金融机构，通过向中央企业提供创新金融产品和服务，助力中央企业深化供给侧结构性改革、防范化解重大风险，增强资本流动性和提高回报；资产管理板块通过参与推动有关中央企业专业化重组整合、股权多元化改革、“两非两资”业务、化解过剩产能、市场化债转股等，助力中央企业落实重点领域改革任务和提质增效；股权运作板块通过稳妥开展持有上市公司股份的专业化运作，促进国有资本合理流动、保值增值；境外投资板块围绕服务“一带一路”建设，大力推动中国企业境外优质项目落地，支持企业“走出去”。中央企业专职外部董事服务保障平台，截至2020年底，服务专职外部董事51人，分别在70余户中央企业任职。此外，成功推动划入的中国华星集团有限公司（原中国华星集团公司）、中国文化产业发展集团有限公司（原中国印刷集团公司）2户原中央企业结构调整，实现转型发展。

【主要指标】 坚决贯彻党中央“六稳”“六保”工作部署，落实国务院国资委“三稳四保一加强”和“两个力争”具体要求，始终保持战时状态，超额完成全年任务目标。截至2020年底，中国国新资产总额5634.37亿元。2020年，实现净利润161.23亿元，比上年增长57.71%。首次进入中央企业负责人经营业绩考核A级阵营。

表1　2020年中国国新控股有限责任公司主要经济指标

项　目	2019年	2020年	比上年增长(%)
资产总额(亿元)	4227.03	5634.37	33.29
所有者权益(亿元)	2439.32	2849.94	16.83
营业总收入(亿元)	49.65	52.29	5.32
利润总额(亿元)	104.04	180.32	73.32
净利润(亿元)	102.23	161.23	57.71
归属于母公司所有者的净利润(亿元)	22.76	82.09	260.68
技术开发投入(亿元)	0.95	1.44	51.58
利税总额(亿元)	106.84	184.00	72.22
应交税金总额(亿元)	6.90	8.18	18.55
全员劳动生产率[万元/(人·年)]	534.06	826.10	54.68
净资产收益率(%)	5.11	7.13	增加2.02个百分点
总资产报酬率(%)	3.96	4.99	增加1.03个百分点
国有资本保值增值率(%)	102.88	103.21	增加0.33个百分点

【改革发展】 聚焦打造国有资本运营升级版，深入推动改革试点各项工作。贯彻落实国企改革三年

行动方案。及时部署、制定印发中国国新改革三年行动实施方案，提出工作举措108项，明确具体施工图，重点领域改革取得明显成效。坚持“两个一以贯之”。完善公司治理中加强党的领导，修订完善“1＋5＋N”公司治理制度体系，加快构建权责法定、权责透明、协调运转、有效制衡的公司治理机制，扎实推动中国特色现代企业制度落地生根。深化内部三项制度改革。坚持“党管干部、党管人才”，持续优化市场化选人用人机制，大力推行员工公开招聘、管理人员竞争上岗、末等调整和不胜任退出等制度，探索实施人才“活水计划”，积极推进总部与所出资企业干部人才交流任职和挂职锻炼，打造合理人才发展梯队。重构契合运营公司特点的市场化考核体系，构建“跳一跳才能够得着”的目标值分档申报和降落伞保护机制。推动所属企业开展综合性改革和混合所有制改革。推动所属3家“双百企业”制定综合改革方案，完善改革举措；以三级及以下企业和新设企业为突破口，以完善公司治理和转换经营机制为支撑，分层分类推进所属企业混合所有制改革。扎实完成专项改革任务。“三供一业”分离移交和退休人员社会化管理主体工作全面完成。认真做好专职外部董事日常服务和党支部建设等各项工作，不断优化完善服务保障体系。截至2020年底，51名专职外部董事(含2020年退休)分别在70余户中央企业任职。完成专职外部董事参加任职企业董事会、专门委员会、企业工作会及各类汇报会等会议1023人次的服务工作，为有关中央企业的改革发展发挥重要作用。

【重大项目】 紧扣运营公司试点定位，聚焦进入实体产业的国有资本，有效发挥市场化专业化运营平台公司对推动国有经济布局结构优化调整和国有资本做强做优做大的重要作用。

基金投资方面。围绕落实创新驱动发展战略，聚焦战略性新兴产业等领域和关键核心技术“卡脖子”环节，有序开展项目开发、储备和投资，培育孵化新技术、新产业、新业态；加强国新系基金统筹管理，持续完善基金“募投管退”全生命周期专业管理体系，扎实开展运营管理提升；持续高效推进投后赋能，有序推动项目退出，初步探索出具有国新特色的基金投资运作模式，并在业内形成强大的品牌影响力。基金投资成为中国国新资本运营的一大亮点。

金融服务方面。坚持以服务中央企业为本，通过国新资本设立运营保理、租赁公司，支持中央企业压“两金”、去杠杆。大公国际成功复业并填补中央企业信用评级领域空白，协助中央企业提升融资能力、管理信用风险。设立中央企业信用保障基金，建立中央企业债券风险应急机制，预防中央企业突发流动性危机、助力化解债券违约风险、降低中央企业发行债券成本。拓展“企票通”平台应用，设立覆盖67家中央企业的商业票据互认联盟，降低中央企业产业链上下游资金占用。加快构建金融服务平台2.0，积极应用金融科技推动“产融结合”。

资产管理方面。市场化参与央企、国企股权多元化改革、混合所有制改革、战略性重组和专业化整合，稳步开展市场化债转股，特色资产管理业务不断走深走实。加速开拓“两非两资”项目，助力“两非”专项行动实施，深挖盘活中央企业存量资产。推进有关中央企业项目开发，持续开展存量参股股权运作和盘活。

股权运作方面。高效开展划入上市公司股份专业化运作，进一步盘活存量资本、优化资本配置。定制央企创新驱动指数，组织公募基金发起中央企业创新驱动ETF，树立中央企业创新驱动“风向标”。加快探索股权运作新模式，聚焦新型基础设施项目和部分基础设施补短板项目，助力中央企业开展REITs业务，协同中央企业盘活资产，帮助中央企业资产加快实现资本形态转换和布局优化。

【走向海外】 依托境外投资平台国新国际投资有限公司，积极支持中国企业“走出去”，参与共建“一带一路”。截至2020年底，累计投资项目83个，其中“一带一路”项目金额占比65%，涉及20多个沿线国家和地区。

【重大创新】 在国有资本运营试点工作探索实践中，中国国新聚焦战略性新兴产业和“卡脖子”环节，充分发挥基金投资对新产业、新业态的培育孵化功能，投资项目涉及高端装备制造、生物医药、新能源与新材料、节能环保、新一代信息技术等方面。在战略性新兴产业投资项目超过160个，实现战略性新兴产业9个子领域全覆盖。

【党建工作】 以习近平新时代中国特色社会主

义思想为指导，全面贯彻党的十九届五中全会精神，以高质量党建引领企业高质量发展。落实党委“第一议题”制度，深入学习贯彻习近平新时代中国特色社会主义思想，不断提高政治站位，增强“四个意识”、坚定“四个自信”、做到“两个维护”。健全完善中国特色现代企业制度，加强党的领导与完善公司治理有机结合，发挥公司党委把方向、管大局、促落实的领导作用。按照“中央企业党建巩固深化年”部署，以基层党组织建设为重点，落实“四同步、四对接”，层层压实党建工作责任；制定基金管理人党建工作指引，探索构建运营公司党建工作新模式，确保“国有资本投到哪里，党的建设就跟进到哪里、党组织的作用就发挥到哪里”；成立中国国新党校、组织培训学习，在全系统开展基层示范党支部创建和“共产党员先锋岗”选树等活动，夯实党建工作阵地。落实全面从严治党责任，制定公司党委落实全面从严治党责任清单，推进全面从严治党向基层延伸。不断加强党风廉政建设和反腐败工作，加强内部巡视、纪检、审计工作力度，构建“大监督”体系，一体推进不敢腐、不想腐、不能腐，持之以恒正风肃纪，旗帜鲜明反对四风，营造风清气正的良好政治生态。

【信息化与数字化建设】 深入学习领会习近平总书记关于推动数字经济和实体经济融合发展的重要指示精神，将数字化转型作为打造国有资本运营升级版的重要内容，扎实推进“数字国新”建设。强化组织领导，公司党委书记高度重视、亲自部署，公司分管领导专人负责，设立数字国新建设办公室专司全系统数字化建设工作。加强顶层设计，印发《2020—2022年“数字国新”建设行动方案》，明确数字化转型规划和路线图。落实国务院国资委监管要求，统筹推进中国国新在线监管系统和数据共享交换平台建设，切实强化集团数据治理和数据汇聚，实现国资监管指标和五大板块业务指标的实时监测分析，在国务院国资委组织的“三年行动计划”实施情况验收评估中被评为“优秀”。升级中国国新私有云平台，上云率超过90%。深入落实网络安全主体责任，持续提升网络安全防护水平，搭建形成多层立体的网络安全防御体系。

【履行社会责任】 面对抗疫大战，中国国新挺身而上，充分展现央企责任担当。公司领导带头春节期间值班值守，迅速成立应对疫情工作领导小组，组织构建“五到位”严密防线，确保全系统未发生确诊和疑似病例。公司上下全力支持地方政府和兄弟央企抗击疫情，向武汉市捐款1500万元，在物资捐赠、设备供应、在线教学等方面全力驰援定点扶贫的湖北省利川市。

深入学习贯彻习近平总书记扶贫重要论述，强化组织领导，充分发挥国有资本运营公司优势，克服新冠肺炎疫情影响，累计开展教育、医疗、产业、生态、培训、消费、党建、就业等一系列扶贫工作，助力湖北省利川市如期实现脱贫“摘帽”。党委书记、董事长周渝波带队赴定点扶贫县湖北省利川市调研指导工作，公司其他领导多次到扶贫点考察，全年召开6次专题会议研究部署扶贫工作。一是加强产业帮扶。建设当地生物医药产业园，壮大利川市循环经济产业园，改造利川毛坝镇茶叶基地，设立利川民族文化产品和特色农副产品展示中心。二是坚持“志”“智”双扶。开展基层干部和技术人员培训1000余人次，提升基层干部综合素质、推动当地劳动力就业。设立扶贫援助金，资助贫困学子、开展结对帮扶、网络支教、捐赠图书。三是落实“两不愁三保障”。帮助维修利川贫困户和残疾人住房，改造升级团合村国新卫生室，改善医疗条件。四是携手共抗新冠肺炎疫情。在新冠肺炎疫情防控关键期，紧急向利川市划拨捐赠抗击新冠肺炎疫情专项资金，全系统员工自愿向利川市捐款96万余元，支持利川市前线疫情抗击工作，并积极协调各方力量向利川市捐赠防疫物资，履行定点扶贫单位在疫情防控和脱贫攻坚中的责任担当。

（撰稿人：陈　娇）

中国检验认证(集团)有限公司

【基本概况】 中国检验认证(集团)有限公司(以下简称中国中检)是以“检验、检测、认证、标准”为主业的综合质量服务机构，创建于1980年。拥有CCIC和CQC两大品牌，设有中国检验认证集团检验有限公司、中国质量认证中心、中国检验认证集团测试技术有限公司三大业务平台，国内机构网络完备，在30多个国家和地区的主要口岸和货物集散地设有机构，近2万名员工和数百个实验室，为10万余家国内外客户提供“一揽子”解决方案和“一站式”“本地化”综合质量服务。

2020年是全面建成小康社会和“十三五”规划收官之年，也是中国中检逆势前行、跑步前进的重要一年。中国中检以习近平新时代中国特色社会主义思想为指导，深入贯彻党中央国务院战略部署，认真落实国务院国资委各项指示要求，紧紧围绕2020年7月3日国务院国资委党委书记、主任郝鹏视察时作出的“以中检集团为基础，打造一家真正在世界上有影响力、在国内绝对领先的一流检验检测认证企业”重要指示，全面推进党的建设、国企改革、“十四五”规划编制等各项重点工作，深挖业务潜力，总体完成“两个力争”年度目标。

【主要指标】 有序推进经营工作，扎实做好“降本节支”，持续深化提质增效，克服新冠肺炎疫情等不利影响，经营业绩自6月起稳定回升，总体经营规模稳中有升，盈利水平稳中有进，顺利实现全年效益正增长目标任务，发展质量持续向好。

表1　2020年中国检验认证(集团)有限公司主要经济指标

项　目	2019年	2020年	比上年增长(%)
资产总额(亿元)	188.41	201.85	7.13
所有者权益(亿元)	161.74	173.91	7.52
营业收入(亿元)	83.60	83.79	0.22
利润总额(亿元)	17.37	19.50	12.25
净利润(亿元)	13.72	16.27	18.52
归属于母公司所有者的净利润(亿元)	10.69	12.33	15.33
技术开发投入(亿元)	1.60	2.71	70.10
利税总额(亿元)	21.70	22.93	5.63
应交税金总额(亿元)	7.92	6.49	-17.95
全员劳动生产率[万元/(人·年)]	30.65	34.40	12.23
净资产收益率(%)	8.81	9.69	增加0.88个百分点
总资产报酬率(%)	9.62	10.02	增加0.40个百分点
国有资本保值增值率(%)	108.87	108.52	减少0.35个百分点

【改革发展】 落实国企改革三年行动。以习近平新时代中国特色社会主义思想为指导，全面贯彻党的十九大和十九届二中、三中、四中、五中全会精神以及中央经济工作会议精神，持续推进国企改革，制定三年改革行动实施方案，明确路线图、时间表。通过修订公司章程，规范组织行为，落实党组织在公司治理结构中的法定地位，完善法人治理结构，维护中国中检、出资人和债权人的合法权益。按照党中央、国务院关于事业单位转企改制的总体部署要求，积极协调中央编办、市场监管总局，力争解决2007年以来长期遗留的中国质量认证中心事业单位转企事项，稳步推进转企改制。进一步完善收入分配制度改革工作，制定《中国中检工资总额管理办法》《中国中检工资总额管理办法实施细则》。

对标世界一流管理提升行动。中国中检以对标世界一流管理提升行动为抓手，建立长效机制，制定12个方面52个大类详细指标体系。扎实推进与国务院国资委主业认定、绩效考核、财务管理、风险管控、党组织关系等管理对接工作。

“科改示范行动”“双百行动”。中国中检组织推动中国中检溯源技术服务有限公司、深圳华通威国际检验有限公司申报“科改示范行动”试点，同时内部选定中国质量认证中心、中检西部检测有限公司作为“双百行动”备选单位。

产权整合方面。2020年，中国中检正式转隶国务院国资委，启动国有资产产权登记工作，严格执行资产评估、进场交易等制度要求，完成产权转移。完成与中国检验（香港）有限公司整合，明确作为中国中检二级单位进行管理。

业绩考核方面。建立“1+6”业绩管理体系，构建“4+1”指标体系。对业绩考核的基本问题作出框架性政策规定，对操作层面的问题作出具体规定；分类建立《业绩考核指标库》，强化对标考核，完善短板考核，实施“一企一策”。突出业绩考核的战略引领作用，促进高质量发展。

薪酬管理方面。开展二级单位负责人薪酬管理制度改革，起草《中国中检国内二级单位负责人薪酬管理办法》《中国中检国内二级单位负责人薪酬管理办法实施细则》，综合调控和确定负责人薪酬水平。

队伍建设方面。着力加强所属单位领导班子建设，对33家单位班子实施调整，占二级单位总数的43%。调整65名企业领导人员，其中选拔任用50人、交流任职5人、退出领导岗位5人、退休5人。大力推动后备领导人员队伍建设，印发《中国中检青年领军人才计划之选拔培养后备领导人员工作实施方案》，部署开展后备领导人员推荐选拔工作，推荐正职后备领导人员人选中45岁以下的14人，45岁以上11人，推荐副职后备领导人员人选中40岁以下的60人，40岁以上35人。完善人力资源管理信息化系统建设，e-HR系统、干部管理系统、招聘管理系统于2020年11月同时上线。建立中国中检组织人事信息领导桌面实时数据，实现二级单位全部报送薪酬发放数据、选拔任用干部材料线上备查、统一搭建全系统员工招聘平台。

【重大项目】 重大决策。启动“十四五”规划编制工作，出台战略规划管理办法，构建“总分结合、长短结合”的战略规划体系；多次召开“十四五”规划调研会、座谈会，实施“我为中检‘十四五’发展建言”活动，组织开展主业界定工作，完成全系统国资布局摸底调查，扎实推进各项基础工作；形成《中国中检“十四五”规划核心思路》《质量服务产业分析报告》等阶段性成果并呈报国务院国资委。

重大项目。聚焦主责主业，扎实推进专业能力建设。在广东省中山市建设电子电器产品检测基地，提升检测服务能力，满足客户需求，服务当地及华南区域家电、电子等企业。增资上海机动车检测认证技术研究中心有限公司，打造汽车检测认证一站式服务体系，实现认证、检测协同发展。

对外投资。参与设立国改科技基金，基金规模100亿元，首期50亿元，进一步推动科技型企业加大创新力度，支持“科改示范行动”。中国中检与国家电网、南方电网、华能集团组建国内首家从事国际标准政策战略研究与咨询的专业机构——北京创拓国际标准技术研究院，推动国际标准引领能源、电力和电子等行业高质量发展。

重大科研开发。2020年，中国中检作为第一承担单位承担国家或省部级的科技计划项目（课题）11项，其中国家重点研发计划6项、省部级科技计划5项；作为非第一承担单位参与国家重点研发计划项目19项。组织开展的“面向中小微企业的综合质量服务技术研发与应用”和“基于检测机构适用的实验室‘一站式’服务平台的开发与应用推广”2个项目在2020年分别获得国家重点研发计划和国家“经济助力科技2020”专项新立项。

【走向海外】 “走出去”战略实施情况。截至2020年底，中国中检在全球36个国家和地区设立53家境外机构，境外员工1500余人，为全球客户提供全面质量服务。中国中检成为19个国际组织成员，与60多个国家的180余个政府机构、质量服务机构签署200余份合作协议，在50多个国家和地区颁发54000余张IECEE-CB证书，32个国家和地区颁发28000余张IQNet证书。获得沙特阿拉伯、日本等多国政府和联合国气候变化框架公约组织下清洁发展机制执行理事会（CDM-EB）等国际组织授权，与多个国家和地区的认证和检验机构建立合作关系，成为其指定合作的中国质量服务机构。自“一带一路”倡议提出以来，中国中检与“一带一路”沿线国家的政府机构或国际同行签署39份合作文件，积极促进国际合作与业务相互融通，为“一带一路”产能输出服务。

海外投资方面。2020年，中国中检坚持完善海外网络布局，践行“一带一路”倡议，推动国家战略落地，在东南亚、非洲围绕主责主业进行投资建设，完成投资项目4个。在菲律宾建设石化产品实验室，在非洲几内亚、刚果（金）、赞比亚分别设立3家公司，建设矿产品实验室，提升服务能力和品牌影响力。

【重大创新】 技术创新。2020年，中国中检统筹推进基础研究和应用基础研究，积极与高校、科研院所等开展基础研究，主持和参与制定国家或行业技术标准66个，其中国家标准47个、行业标准19个，积极推进技术创新体系建设，布局新能源、节能环保等国家战略新兴产业，为新兴产业技术的规范发展和质量服务奠定标准基础。

管理创新。中国中检以“产品线管理”为业务运营的主要模式，以“区域化管理”为提高集团化效能的重要手段，整合系统资源，调整运营架构，理顺管理体制。2020年，加速推进产品线建设，明确“统一规划、分步实施、一线一策、动态管理”的产品线建设原则，制定并发布19条产品线建设运营方案。深化区域一体化改革，给予区域公司更多授权和支持。各区域公司发挥“领头羊”作用，加强区域资源共享、构建区域决策机制，带动区域盈利能力和市场竞争力进一步提升。截至2020年底，中国中检基本建立符合行业发展规律、满足客户需求的运营管控模式。

合规创新。中国中检与国际先进的合规理念和规则充分对接，建成符合国务院国资委、国家发展改革委和全球检测认证理事会（TIC Council，以下简称TIC理事会）多重要求的合规体系，并通过TIC理事会入籍审核。

【党建工作】 党的建设。深入学习贯彻习近平新时代中国特色社会主义思想，坚定做到“两个维护”，切实履行党建工作责任，切实强化理论武装，切实推进习近平新时代中国特色社会主义思想大学习大普及大落实。面对新冠肺炎疫情，中国中检党委靠前指挥、提前部署，号召系统基层党组织和广大党员充分发挥战斗堡垒作用和先锋模范作用，在伟大抗疫斗争中彰显中检担当。深入贯彻党中央、国务院战略部署，认真落实国务院国资委各项指示要求，以“中央企业党建巩固深化年”为重要抓手，强化“三基”建设，巩固深化党建工作成效，进一步明确中国中检党建领导体制，进一步加强党建队伍建设，进一步完善党建制度，坚持以高质量党建引领高质量发展。保质保量完成“不忘初心、牢记使命”主题教育专题民主生活会整改任务。

反腐倡廉。始终坚持以政治建设为统领，坚定不移全面从严治党，把学习贯彻落实习近平总书记新时代中国特色社会主义思想、增强“四个意识”、坚定“四个自信”、做到“两个维护”作为监督的首要任务，围绕党中央和上级主管机关的重大决策部署，开展政治监督。用好监督执纪“四种形态”，抓好日常监督。对接驻国务院国资委纪检监察组领导及相关部室，与30多家委管央企纪检部门建立沟通联系，调研了解学习纪检工作经验做法，研究制定中国中检纪检机构改革方案。制（修）订《中国中检关于落实〈中国共产党监督执纪工作规则〉实施细则》《关于严肃查处诬告陷害为党员干部澄清正名工作办法（试行）》《关于贯彻“三个区分开来”建立容错纠错机制的实施办法（试行）》。开展党规党纪专项教育学习，持之以恒正风肃纪，严肃查处各类违纪违规行为，一体推进不敢腐、不能腐、不想腐。

【信息化与数字化建设】 以中检信息平台2.0建设为牵引，以“大数据”为核心，充分发挥数据要素驱动作用，实现内外部资源、能力和业务的网络化、智能化，推动信息化向数字中检转型升级。中检信息平台2.0于2020年1月上线运行，覆盖中国中检境内外400余家分支机构，全年处理业务单据86.76万单，实现全业务、全流程、全信息的线上应用，业务收入与财务收入基本一致，基本达到“所有业务有系统，所有业务走系统，所有人员用系统，所有系统互联互通”的总体目标，迎来“中检数字元年”。基于中检信息平台申请的6项计算机软件著作权均通过国家版权局审查，被授予计算机软件著作权登记证书。

【履行社会责任】 深入贯彻落实国务院国资委关于扶贫工作的重要指示精神，利用业务优势全方位扎实推进，全力以赴做好贫困地区的帮扶工作。采取“互联网＋生态建设＋精准扶贫”方式，举办“推动单株碳汇·助力脱贫攻坚”活动，累计交易单株碳汇140382株，累计购碳42万元，直接兑付给贵州省深度贫困地区的建档立卡贫困户，精准助力贵州省扶贫工作。致力于服务新疆地区商超企业，与政府、种养殖基地、农户密切合作，开展产品认证及溯源体系建设服务，形成“超市＋农民专业合作社＋农户”“超市＋种养殖基地＋农户”农超合作模式。通过举办援疆扶贫农超对接推介会，实施认证扶贫等相关措施，为优质农产品质量保驾护航，为大型商超和优质农产品企业搭建合作平台，助力新疆优质农产品“走出去”。

在抗疫斗争中，中国中检组建25支党员突击队，在机场、港口、码头、医院等防控一线开展消毒防疫，累计消毒面积超过1900万平方米，洗消国内外航班4000余架次、车辆2万余辆、船舶300余艘、邮件280余万件。对发往42个国家的援外物资开展符合性检验和监装。通过国务院国资委专用渠道捐款1000万元。中国中检所属各单位通过各种方式全力服务打好疫情阻击战，中国质量认证中心为火神山、雷神山医院负压救护车等设备提供产品检测，中国检验认证集团上海有限公司成为国内首批第三方新冠肺炎核酸检测认可实验室，中国检验认证集团澳门有限公司作为澳门特区政府指定实验室，向政府部门和全社会提供核酸检测，中国检验认证集团深圳有限公司为企业出口的防疫产品提供欧盟CE认证、美国FDA注册等一站式服务。中国中检系统1个集体、2名个人获得中央企业抗疫先进表彰，3个集体、7名个人获得地方政府表彰。

（撰稿人：王毅明）

中国汽车技术研究中心有限公司

【基本概况】 中国汽车技术研究中心有限公司（以下简称汽研中心）成立于1985年，总部位于天津，是隶属于国务院国资委的中央企业，是在国内外汽车行业具有广泛影响力的综合性科技企业集团。汽研中心始终以推动中国汽车产业健康持续发展为使命，坚持“独立、公正、第三方”的行业定位，艰苦奋斗、干事创业，为推动我国汽车产业发展和实现国有资本保值增值作出贡献。

汽研中心拥有职能部门9个、直属机构5个、全资子公司35家、控股公司10家，员工4953人，形成以行业智库服务、汽车产品检测认证、共性及前瞻性技术研发为核心的覆盖汽车全产业链和全生命周期的技术服务能力，业务涵盖行业服务、标准业务、政策研究、检测试验、工程技术研发、认证业务、大数据、工程设计与总包、咨询业务、新能源、产业化和战略新兴业务等十二大领域。除天津总部外，在北京、上海、广州、武汉、昆明、常州、宁波、盐城、呼伦贝尔等地打造多个区域基地，构建覆盖我国大部分地区的服务网络。积极推动企业国际化发展，在德国慕尼黑、日本东京设立子公司及常驻办事处。

【主要指标】 2020年，汽研中心实现营业收入57.9亿元，比上年增长0.2%；利润总额17.1亿元，比上年增长12.2%；净利润14.1亿元，比上年增长10.9%。营业收入利润率29.8%，比上年增加3.4个百分点；资产负债率26.8%，维持在较低水平，研发经费投入强度11.5%。全面完成国务院国资委下达的各项经营目标，为中央企业“两个力争”目标任务的全面达成，为实现“六稳”“六保”贡献力量。

表1 2020年中国汽车技术研究中心有限公司主要经济指标

项　目	2019年	2020年	比上年增长（%）
资产总额（亿元）	115.0	135.2	17.5
所有者权益（亿元）	86.7	99.1	14.3
营业收入（亿元）	57.8	57.9	0.2
利润总额（亿元）	15.3	17.1	12.2
净利润（亿元）	12.8	14.1	10.9
归属于母公司所有者的净利润（亿元）	11.7	13.0	11.0
技术开发投入（亿元）	7.4	6.7	－9.5
利税总额（亿元）	19.6	21.9	11.7

续表

项　目	2019年	2020年	比上年增长(%)
应交税金总额(亿元)	4.3	4.8	11.6
全员劳动生产率[万元/(人·年)]	102.4	106.2	3.7
净资产收益率(%)	15.8	15.2	减少0.6个百分点
总资产报酬率(%)	14.3	13.8	减少0.5个百分点
国有资本保值增值率(%)	117.5	116.1	减少1.4个百分点

【改革发展】 持续深化改革，聚焦主责主业，优化资源配置，培育核心竞争力，赋能优秀团队，激发组织活力，增强发展动能，现代企业治理体系不断完善，改革工作取得重要进展。一是落实国企改革三年行动方案。制定《汽研中心改革三年行动实施方案(2020—2022年)》，明确三大部分48项重点任务，落实责任单位、责任人、推进方案，形成“可衡量、可考核、可检验、要办事”的改革行动施工图。二是完善机构改革顶层设计。制定《组织机构设置、定级及管理人员职数设置管理办法》，明确各职能部门、检测认证事业部、直属机构、直管企业的“三定”方案，进一步优化各单位的机构及岗位人员配置。三是推进考核分配体系和激励机制改革。改进考核分配体系，建立综合绩效考核体系和考核联动机制，发挥考核引领作用，推动企业管理者树立综合全面的业绩观、加快提升治企本领；颁布实施《科技型企业股权和分红激励暂行办法》，并在武汉检验中心实现“岗位分红”破冰，激发员工干事创业热情。四是加强内部资源整合与协同。成立政研中心、测评中心，完成北京卡达克科技、工程院业务改革调整，成立后勤服务保障部，进一步明确各单位的功能定位，厘清业务边界，整合内部资源，强化协同合作，提升汽研中心的整体竞争力和行业影响力。五是稳步推进混合所有制改革。中汽试验场完成上市前的全部准备并向深交所提交上市申请，计划于2021年6月前完成发行上市，成为中国汽车试验场第一股。六是开展“两非”剥离和参股经营投资整改。启动对9家企业的“两非”剥离工作，完成对天杭迪斯凯瑞、中汽世纪旅行社2家非主业企业和酒店餐饮业务、奇瑞汽车销售业务的剥离，完成对瑷睿投资等3家非优势企业的股权退出；启动13家企业的参股经营投资整改工作，完成对天津大创、瑷睿赛福2家企业的股权退出，实现对主责主业的进一步聚焦。七是进一步做实二级法人。加大集团放权力度，将M级干部选拔任用、生产经营管理、科研管理等管理权限下放给二级法人单位，与二级法人单位签订资产租赁合同，发布《国有法人资本收益收取管理办法》并收取资本收益，在责权利层面进一步推动做实二级法人。

【重大项目】 一是“十四五”规划编制顺利推进。“十四五”规划编制工作意义重大，汽研中心一直将其作为2020年重点工作推进，先后成立规划编制领导小组、工作小组和规划咨询组，组织包括各级领导干部、首席专家、业务骨干等进行研讨，开门编制规划，以规划凝聚最大发展共识。完成12个业务单元的三年滚动规划的编制工作，并在此基础上，针对前瞻性重点议题同步部署中长期发展战略、外部环境、国际化、To C端业务等13项专题研究。先后召开专题研讨会20余次，充分听取各方意见建议，广泛调研、深入论证，确保业务单元规划和职能部门专项规划协同编制。形成“十四五”规划审议稿，初步明确中长期战略蓝图、“十四五”发展纲领、重点任务和重点举措，为开启新发展征程提供行动指南。汽研中心集团化战略规划管理体系初步构建完成，将切实发挥战略规划引领发展的重要作用。二是行业工作成果丰硕。圆满完成汽标委换届和“十四五”标准体系建设方案起草以及标准复核、上报、意见征询工作；牵头或参与起草的《电动汽车安全要求》等4项强制性国家标准、《道路车辆先进驾驶辅助系统(ADAS)术语及定义》等30项推荐性国家标准和汽车行业标准发布，《乘用车燃料消耗量限值》等51项国家标准及行业标准完成报批，《汽车对行人的碰撞保护》等54项国家标准及行业标准完成立项。中国汽车标准国际化中心(日内瓦)和国家汽车技术标准创新基地建设取得实质性进展。汽研中心支撑国务院和中央部委制定出台《关于稳定和扩大汽车消费若干措施的通知》《新能源汽车产业发展规划(2021—2035年)》等11项重大政策，开展产业链与疫情研究工作。首次系统、深度梳理产业链“卡脖子”短板，协助工业和信息化部等部委编制短板清单，研提并起草“强链补链”政策。创新会议模式，成功举办中国汽车产业发展(泰达)国际论坛、中国汽车技术发展(昆明)国际论坛。汽研中心在政府、行业和消费者中的影响力显著提升。三是科研工作成绩显著。2020年，汽研中心在研国拨项目71项，新增8项，自立科研课题63项，自立项目总经费1.56亿元。自立科研课题“自动驾驶及智能网联汽车系统开发研究与示范运行项目”顺利完成验收，实现汽研中心主院区内自动驾驶及智能网联示范运营，打造汽研中心智能网联核心技术展示平台，为自动驾驶及智能网联车的测试评价、标准体系建设及关键技术产业化提供技术支撑。全年获得天津市发明专利金奖等省部级奖励19项，科研成果受到广泛认可。成功举办第二届科技周，展出重大科研成果136项。建立两级科研管理体系，进一步推动科研管理体系建设的科学化、合理化，助推主业能力提升。

【走向海外】 “走出去”战略实施情况。一是全面推进汽车标准国际化战略，扩大中国汽车标准国际影响力。深入参与联合国WP.29重点领域法规协调，支撑工业和信息化部连任自动驾驶与网联车辆工作组副主席并持续参加WP.29/AC.2(管理委员会)，实质参与联合国汽车法规体系规划等相关重大战略决策工作。承担自动驾驶功能要求、氢燃料电池汽车、电动汽车安全、电动车辆与环境、多工况噪声等5个非正式工作组联席主席或副主席职责，并作为牵头国之一，与欧、美、日等国家和地区共同制定相关领域重点工作规划，开展具体法规制(修)订协调工作。二是积极践行“一带一路”倡议，推动中国标准“走出去”。在东盟国家，有序深化与印度尼西亚、马来等东盟国家的专业化技术交流和具体项目合作，组织召开多个多双边交流研讨会，重点拓展与印度尼西亚汽车研究院、马来西亚智能网联汽车研究院等政府部门直属技术研究机构间的交流与合作，持续参与印度尼西亚相关政策法规制(修)订进程。在中亚国家，结合乌兹别克斯坦发展电动汽车工业和标准化建设需要，重点推进电动汽车标准化交流合作示范工程。与乌兹别克斯坦标准化计量认证署、汽车工业部共同召开中国—乌兹别克斯坦电动汽车标准认证交流会(视频)，成立中国—乌兹别克斯坦电动汽车标准化专家组。在北非国家，继续推进与摩洛哥的电动汽车标准化交流合作。举办中国—摩洛哥电动汽车标准化交流会。政策支撑方面，汽研中心组织行业开展关键共性技术研究，为汽车产品与标准结合“走出去”提供技术支撑，完成全球汽车市场标准法规参照体系图、体系表(覆盖55个国家)，形成20个重点出口目的国的汽车产品认证法规清单;完成智利、韩国2个分国别汽车产品准入制度与技术法规体系研究报告，完成56项中欧汽车标准法规比对分析文件的审核修订;完成21项电动汽车标准、23项GSO法规的条款比对分析文件;完成29项印度尼西亚重点法规的框架性比对分析。

对外投资与经营情况。一是拓展合作主体，丰富合作形式。顺应自主品牌海外布局加快的大趋势，与马来西亚宝腾汽车公司、马来西亚汽车机器人与物联网研究所签署合作谅解备忘录，在汽车产业政策分析、测试技术与人才交流、检测认证业务等领域的全方位国际合作;与俄罗斯R-TEL认证公司及俄罗斯无线电通讯研究院签订合作协议，填补国内在俄罗斯GLONASS车载紧急呼叫系统零部件本地化检测认证领域的空白;南德认证检测(中国)有限公司、汽研中心检测认证事业部、中汽数据有限公司(后两家为汽研中心下属单位)于线上签署三方合作协议，推动在线业务合作模式向前发展，集三方之长，实现互利共赢、共同发展。二是扩充检测资质，增强业务能力。与俄罗斯无线电通讯研究院合作，获得GLONASS零部件测试资质;与巴西SGS合作，获得儿童座椅巴西标准认证测试资质;在视频目击前提下，获得印度标准零部件测试能力;与马来西亚交通部陆运司就E52认证能力进行磋商并平稳推进;推动澳大利亚VSS实验室认可、韩国KC-Mark实验室认可以及南非NRCS实验室认可。三是境外机构与境外项目运营平稳。德国代表处采用线上交流、视频会议等形式开展业务，全年参加视频、电话会议超过100场，为汽研中心总部提供联络对接协助80余次。把握住疫情期间欧洲同类公司测试能力、人员不足的机会，获得ED-AG德国公司研发、测试、咨询业务订单超过2000万元，成为汽研中心同欧洲机构直接签订的最大订单。欧洲检测公司调整经营策略应对疫情冲击，积极拓展新业务。建设完成首个境外试验室，完成灯光检测试验室所有设备的安装调试以及质量体系的建设，完成CNAS评审相关文件的准备工作并进一步推进认可进程；承接灯具、制动衬片、座椅等零部件CCC检测认证业务，相继开拓麦肯锡竞品车分析项目、戴姆勒国六PEMS研发项目、整车认证咨询、ADAS咨询等研发和咨询业务。日本代表处完成办公地点更换相关工作以及升级为法人公司的材料准备工作，后期将按照总体布局需要，进一步扩展业务职能，拓展日本市场。

【重大创新】 一是在完善投资管理体系方面进一步创新。调整投委会运作模式，采用“评审组+决策组”的投资评审模式，提高投资决策的科学性和效率。针对性地提出投资效果评价的重点及范围，形成投资效果评价初步方案。选取高原试验室项目（一期）开展后评价工作，对项目实施过程、结果及影响进行调查研究和全面系统分析，形成项目事后反馈机制。二是在提升财务管理水平方面进一步创新。建立“垂直管理、分级负责”的一体化财务管控体系，实现二级企业财务管理人员委派，强化集团对二级企业的财务管控；开展“两金”压控专项行动，“两金”金额比上年下降12.26%，夯实经营质量；实施资金集中管理，资金集中度89.3%，全年创造理财收益1200余万元，提升资金使用效率，节约财务成本；推行全面预算、滚动预算，增强预算引领作用。三是在规范采购管理方面进一步创新。着重加强采购管理制度体系建设，细化采购业务实施程序，建立“制度明确、流程清晰、审核到位、责任到人”的采购管理工作机制和采购业务全流程监督机制，加强供应商管理，完善供应商评价体系，优化采购资源，强化采购事项线上审批，提高采购审批效率，推进集中采购，规范采购行为，降低采购风险，提升采购管理水平。四是在资产和品牌管理方面进一步创新。开展资产清查，完成7万余项固定资产盘点，启动无形资产盘点，建立集团范围的实物资产管理及盘点信息系统，提高资产管理效率。完成品牌评估及诊断，梳理品牌构架及规划，建立三级品牌构架，明确“着力将品牌公信力向上集中”的原则，品牌管理更加科学、合理、规范。五是在风险管控方面进一步创新。按照国务院国资委相关要求，持续推动内控体系完善，强化风险管理，建立重大风险监测机制，识别出18个方面101项单项风险点，制定应对措施，建立重大风险监测及重大风险事件上报工作机制，对重大风险进行持续跟踪及状态更新，通过“识风险，强内控、抓整改”形成工作闭环，推动汽研中心由“要我管”向“我要管、我会管”转变。六是在提升员工幸福感获得感方面进一步创新。开通总经理线上信箱，畅通职工合理化建议的渠道。设立内部诊疗所，加强职工健康管理，保障职工健康权益。落地实施带薪高温假制度，合理优化用餐补贴形式，增加职工的获得感。创新后勤服务方式，为职工工作、生活创造便利条件。

【党建工作】 坚持以习近平新时代中国特色社会主义思想为指导，增强“四个意识”，坚定“四个自信”，做到“两个维护”，坚决贯彻党的十九大和十九届二中、三中、四中、五中全会精神，落实党中央各项决策部署，坚定不移推进高质量发展，认真贯彻新时代党的建设总要求和新时代党的组织路线，扎实推进“中央企业党建巩固深化年”，推动党建工作提质、增效、升级。一是旗帜鲜明加强党的政治建设。把坚决做到“两个维护”作为根本政治要求，坚决贯彻习近平总书记就国有企业改革发展作出的重要指示批示，着力加强顶层设计，坚持战略引领，切实发挥党委领导作用，把党和国家赋予的使命任务转化为汽研中心“十四五”改革发展的行动纲领。在疫情防控、复工复产、机构改革和业务调整过程中，各级党组织充分发挥总揽全局、协调各方的作用，以党的政治优势、组织优势引领和推进各项工作。结合汽研中心成立35周年，巩固政治宣传阵地，强化舆论引导，通过定期召开统战工作会议，加大与民主党派和统战团体对习近平总书记系列重要讲话精神和对本行业本企业重要指示批示精神“同宣贯、同讲解、同学习”的力度。扩大形式召开党委理论学习中心组学习，在理论学习、传达落实、意识形态方面，把提高理论素养、增强党性修养、提升工作本领充分结合起来。利用党建工作月度例会制度，做实各级党组织沟通汇报与宣传贯彻落实的动态机制，为各级党组织把稳航向奠定基础。二是坚强有力地完善党的组织建设。以整顿软弱涣散基层党组织为抓手，通过开展“形式主义、官僚主义”整改落实、专项巡视等工作，层层压实责任，持续做好“三基”建设，夯实改革发展基石。完成22个基层党组织的换届选举工作，形成由4个二级党委、1个三级党委、4个党总支、69个党支部、1372名党员构成的党组织全覆盖体系。通过对照国务院国资委党委下发的《薄弱基层党组织集中整顿工作汇总表》中列出的“存在主要问题表现”，各级党组织积极自查整改，查摆问题35个，有针对性地制定整改措施45项。其中，33项措施立行立改，形成立竿见影效果；剩余12项需要持续整改的问题制定时间表、路线图，继续推进。三是探索创新党建和业务双融双促新模式。坚持把提高企业效益、增强企业竞争力、实现国有资本保值增值作为各级党组织工作的出发点和落脚点，制定《2020年中汽中心党委直属党组织党建工作责任制考核评价方法》，做实党建工作与生产经营“同规划、同部署、同落实、同考核”的双融双促模式。各级党组织通过不断推动完善治理体系，梳理各治理主体的权责关系，把党的领导更加有效地嵌入公司治理，确保党组织意图在经营管理重大决策中得到体现。各级党组织突出政治赋能，深刻认识和把握党中央重大决策部署带来的发展机遇，主动服务国家战略，多层次开展联学共建，深化企业党建与生产经营有机融合，把党的政治优势、组织优势转化为改革发展的新动能。四是从严从实抓好干部队伍建设。坚持“二十字”好干部标准，在制度建设、干部选拔、干部培养、干部考核、干部监督等工作中不断创新，着力完善领导人员管理体制机制建设，推动建设高素质专业化的领导人员队伍，形成一支由74位高级经理级、227位经理级人员组成的高素质领导人员队伍。大力选拔和培养优秀年轻干部，新选拔任用35岁及以下年轻干部21人，优化干部队伍的年龄结构，为干部队伍注入新的生机与活力。加大干部交流培养力度，建立并完善巡视、审计人才库。深入推进干部监督制度化常态化长效化，完成2家单位的选人用人专项巡视，严把干部的政治关、品行关、能力关、作风关和廉洁关，涵养干部纪律自觉。五是坚定不移地推进全面从严治党。坚决落实全面从严治党主体责任，抓住“作风建设”突破口，把严格落实中央八项规定精神情况作为推动常态化作风建设的重要抓手，通过开展中央八项规定精神自查自纠，内部管理制度体系进一步完善，领导干部的规矩意识进一步增强，风清气正的干事氛围进一步形成。坚决擎起“巡视利剑”，大幅提升巡视力度、巡视广度和巡视深度，有序开展两轮常规巡视和两轮专项巡视，巡视10家党组织，发现各类问题375项，向被巡视单位提出整改建议50项，向职能部门提出建议34项，移交问题线索32件，及时通报巡视共性问题、突出问题，紧盯巡视整改，切实推动整改成果转化成企业发展效能。坚决下好“案件查办”先手棋，全年受理问题线索31件，立案结案8件，党纪处分7人，组织处理1人，形成强力震慑氛围。坚决打好“联合监督”组合拳，初步构建“三道防线”“一把剑”“一张网”和纪检“专责监督”为整体框架的联合监督体系，形成相互贯通、互相合作的协同监督效应。

【信息化与数字化建设】 汽研中心通过对信息资源的深度开发及广泛利用，围绕管理能力和管理水平提升，开发上线决策支持系统、智慧办公平台、云计算平台等多个系统，并同步提升集团网络的安全性和可靠性，为集团总部和所属单位提供有力的信息化支持。一是科学规划，立足于打造科学合理的信息化蓝图设计。编制汽研中心“十四五”信息化规划，努力探索适合汽研中心发展的信息化建设之路，为“十四五”期间信息化工作的扎实开展奠定坚实基础。完成前期调研访谈、现状分析、蓝图设计、规划纲要等一系列工作，专项规划编制中。二是多头并进，着眼于进行标准规范的信息系统建设。新建协同办公平台、决策支持系统、运营一体化平台、统一身份认证平台、智慧办公平台及云计算平台等多项办公系统，弥补汽研中心基础办公类信息系统不足的短板，开启科学、严谨、精细、高效、全方位、覆盖式办公模式，为汽研中心整体工作效能的稳步提升提供有力的信息化支撑。三是安全高效，致力于提供优质的IT服务保障。紧密跟踪最新的信息技术发展与应用，加强网络设备配置，在提高网络安全性和可靠性的前提下，先后开展视频会议诊断、网络安全与保密管理自查以及IT桌面运维服务等工作，加强信息系统账号安全管理，优化IT办公设备租赁服务，并为汽研中心广大干部职工提供办公软件使用高级培训服务。

【履行社会责任】 稳妥做好疫情防控，树立"国家队"形象。在自身做好疫情防控的基础上，汽研中心积极履行社会责任，向湖北省捐赠500万元用于疫情防控，减免中小工商业企业房租121万元。检测认证事业部主动为防疫专用车生产企业减负分压，为34家车企的60余辆防疫专用车辆提供免费的产品检测、认证及技术咨询服务，为其节省成本150余万元；宁波检验中心争分夺秒搭建出负压性能测试模块，圆满完成负压救护车产品专项检查；极限检验中心排除一切困难，为客户解决检测难题，实现疫情期间服务不间断。境外疫情爆发后，汽研中心迅速开展境外机构疫情防控风险大排查，做好防疫物资驰援，指导境外机构制定完善应急处置预案。汽研中心全体境外员工情绪稳定，利用与当地客户通信交流的机会，传播正能量，讲好大疫面前不言退的"中国故事"，积极为海外战"疫"注入"中国精神"，为营造良好的海外舆情环境贡献自己的力量。向IDIADA公司、全球NCAP组织、卢森康卓、德国汽车工业协会和日本汽车工业协会5家深入合作的行业机构捐助一次性防护口罩，为国际合作伙伴提供力所能及的帮助。

践行社会公益，彰显央企责任。一是精细打磨现有测评项目，优势整合，提升民族汽车品牌安全水平不断提升。中国新车评价规程(C—NCAP)实施以来，国内车型整体安全技术水平及评价成绩大幅提高，车辆安全装置的配置率显著提升，中国消费者使用到更加安全的汽车产品，获得更为安全的驾乘体验。汽车消费者满意度测评(CCRT)测评内容包括驾驶性能、舒适性、安全性能、经济性、造型与品质、故障率。两大测评项目在不断提升中国汽车安全水平的同时，也向公众普及和推广汽车安全知识，引导大众关注道路交通安全。通过形式多样的社会公益活动，践行推广公益安全的责任使命。为积极响应行业与消费者对新车测评体系更全面、更权威、更公正的实际需求，推进现有测评规程协同高效开展。2020年3月初成立汽车测评管理中心，在测评车型选取、车辆采购、测试评价、结果发布、规程协同及更新研究等各方面进行统筹管理，完成3个批次正式测评与发布工作，全年完成27车型的C—NCAP和CCRT测试评价试验，评价结果向全社会公布，引导消费者更加了解汽车安全的评价指标，为消费者提供科学、权威的选车购车参考；C—NCAP不断创新汽车评价方法和规程，推动汽车从"零死亡"向"零伤亡"再向"零事故"的终极目标不断迈进。二是扩展道路安全宣教的广度深度，引导消费者关注用车安全。走访公安部交管局、中宣部、国家新闻出版署等机构，结合春运专题及"美丽乡村安全行"活动，挖掘"交通事故背后的秘密"，输出危险驾驶行为画像，解答交通事故真正的危险因素。汽研中心以独家技术支持单位身份参与由中央广播电视总台主办，财经节目中心承办的"2020中国汽车风云盛典"，以消费者选车关注点切入专业测试现场，纵深拉近专业测评与消费者距离。分级、分类维护媒体关系并积极互动，与新浪、搜狐、太平洋汽车达成战略合作；与新华网、人民网、中新社等头部媒体建立合作，打通与消费者之间的对话通道；与行业"大咖"建立深入联系，以"大咖"专业化解读不断加强网络舆论的正面引导；与中央广播电视总台中国交通广播合作，7期以C—NCAP、CCRT为主题的广播节目在全国24个省(自治区、直辖市)FM同步播出，将专业汽车测试结果和科学测试评价理念传递给广大消费者。

(撰稿人：刘　宁)

中国铁塔股份有限公司

【基本概况】 中国铁塔股份有限公司(以下简称公司)是通信基础设施建设运营的"国家队""主力军"，自2014年7月成立起就担负着深化资源共享、助力"网络强国""数字中国"战略落地的使命，探索形成"共享竞合、集约高效"的"铁塔模式"；从100亿元资本金起步发展成总资产3300余亿元的大型骨干企业；2018年8月在香港特区上市，融资75亿美元，成为历年来最大的非金融国企香港IPO；入选2019年《财富》"全球未来50强"。2020年，中国铁塔全面贯彻党中央决策部署，发挥集约建设、资源共享的优势，克服疫情带来的冲击，大幅加快网络建设速度，累计建成通信基站317万个，相比行业过去30多年的建设总量增长1.3倍；共享水平由14.3%大幅提升到80%，相当于少建铁塔84万座，节省行业投资1505亿元，完成5G建设超过84万个，为我国建成全球规模最大、质量最好的移动宽带网络提供有效支撑。

【主要指标】

表1　2020年中国铁塔股份有限公司主要经济指标

项　目	2019年	2020年	比上年增长(%)
资产总额(亿元)	3380.67	3373.80	－0.2
所有者权益(亿元)	1825.61	1862.42	2.0
营业收入(亿元)	764.28	810.99	6.1
利润总额(亿元)	68.37	84.07	23.0
净利润(亿元)	52.21	64.27	23.1
归属于母公司的净利润(亿元)	52.22	64.28	23.1

【改革发展】 制定《中国铁塔改革三年行动实施方案(2020—2022年)》，新设立全面深化改革领导小组办公室，逐项细化分解任务、逐级压实责任。进一步修订完善《党委决策“三重一大”事项实施办法(试行)》，梳理形成14个方面61个具体事项清单，将党的领导贯穿决策、执行、监督各环节。进一步修订完善公司章程，修订股东大会议事规则、董事会议事规则，形成较为完善的权责法定、权责透明、协调运转、有效制衡的法人治理体系。深化三项制度改革，在新员工100%公开招聘、全员100%纳入绩效考核的基础上，面向转型所需关键人才开展精准引进。持续完善薪酬激励分配机制，加大工效挂钩力度，加强人工成本二次分配指导，强化以岗定薪、按绩取酬，完善员工保障体系和福利体系，不断激发全员创业干事活力。

【重大项目】 一是贯彻网络强国战略，高效支撑5G规模建设。增强落实网络强国战略、加快5G发展的使命感责任感，千方百计克服疫情造成的选址进场、资源调度、上站维系等困难，全力支撑5G网络规模建设。围绕客户需求和5G建设新特点，持续深化资源统筹共享，充分利用已有站址和社会资源，强化技术和产品创新，推动建设和服务模式转型，加速移动网络覆盖综合解决方案落地，经济、集约、高效满足客户网络覆盖需求。2020年，承建5G基站项目51.4万个，97%为利用已有站址资源改造实现。二是做大社会共享，发展两翼业务服务国计民生。深入推进“一体两翼”战略落地，即以面向通信行业内的塔类与室分业务为“一体”，以跨行业站址应用与信息服务、面向社会的能源服务为“两翼”。跨行业业务聚焦环保、林草、国土、水利、农业等国计民生重点行业客户，提升综合信息服务能力和平台运营能力，为30多个行业提供基于铁塔站址的信息化应用服务，2020年实现收入30.04亿元，比上年增长59.2%。能源经营业务聚焦轻型电动车换电、备发电等核心业务，持续优化产品平台，树立品牌优势，2020年实现收入9.35亿元。累计发展换电业务付费用户30.1万户，成为全国规模最大的轻型电动车换电服务运营商。

【走向海外】 响应“一带一路”倡议，东南亚铁塔公司承接老挝电信企业通信建设及相关信息化项目，获得琅勃拉邦省独家通信设施规划权，与老挝中资企业、经济特区签订多项合作协议，2020年新冠肺炎疫情暴发以来，与当地中资企业共同做好海外防疫工作，获得老挝邮电部部长发来的感谢信。

【重大创新】 一是管理创新集约高效。建设管理上通过全国一体化的工程项目管理系统，做到建设流程统一化、生产作业标准化和工程质量可控。物资采购方面，推行电商化采购模式，搭建铁塔在线商务平台，实现铁塔主要物资价格透明、公开竞争、线上采购，2020年总部完成产品集采22个大类，节资率29%。资产管理方面，通过自主研发的智能动力环境监控终端，建成集中统一的维护监控平台，做到对所有站址、设备可视可管可控，人均管理铁塔总数远高于国际同行；构建以单站核算为特征的管理会计体系，实现“一个站址一张损益表、一个经营责任人一张损益表、一个经营主体一张损益表”，损益责任明确，由此进行决策、评价、考核，支撑各级公司精细化管理。经过铁塔改革、专业化运营，通信铁塔资产价值极大提升，国有资本保值增值成效明显。二是技术创新持续强化。研发推出13/8+5/4混合四缆、分布式MIMO的低成本4T4R 5G无源室分共享解决方案，助力电信运营商打造高性价比 5G 室内网络覆盖；在业界首次提出开关电源模块化设计方案，实现灵活快速扩容、硬件成本降低约 4%、安装空间节约 36%。全年申请专利 48 件。

【党建工作】 坚持党建统领，认真学习贯彻习近平总书记系列重要讲话精神和党的十九届五中全会等精神，发挥战略支撑作用、推进检视问题整改落实、巩固主题教育成果。2020 年，连续第 6 年开展省级分公司班子综合考评，连续第 3 年开展省级分公司党委书记抓党建工作述职，党建和党风廉政建设责任层层压实。选优配强干部队伍，提任 16 人次，交流调整 24 人次，充实各级班子力量。以党建带创建，1 个单位获评“全国文明单位”，1 人获评“全国劳动模范”。推动各级分公司召开职工代表大会，督促办理职工代表提案，征求合理化建议。纵深推进党风廉政建设，遏制违纪违规问题增量；不断完善重点领域管理制度，持续强化业务监督与防控廉洁风险；持续加大监督执纪和巡视巡察力度，推动政治生态不断改善。

【信息化与数字化建设】 通过“物联网＋互联网”探索将 210 万座通信塔打造成具有数字化能力的“数字塔”，成为国家的战略性资源，面向全社会提供数字化解决方案。依托数字塔，对外赋能数字经济发展和业务拓展，提供数据采集、中高点视频监控等服务，广泛服务环保、农业、水利、国土、林草、应急、地震、卫星导航等领域，进一步放大铁塔的共享效益，发展形成全国最大的铁塔共享平台。对内提升数字化生产、数字化运营及数字化管理能力，赋能经营管理和效率效益提升。依托自主研发的 IT 支撑系统，通过一点支撑全国、分权分域管理，实现全过程、端到端可视可管可控，提高企业发展和运营质量。推动业财高效协同，通过资产单元标识码管理，实现 210 万座通信塔“一塔一个身份证”、2500 万个设备“一物一个资产码”，建成全国最大的实用物联网平台，实现生产管理的数字化。

【履行社会责任】 发挥统筹共享优势，协同 3 家电信运营商加强普遍服务，成立 6 年多来，新建成的铁塔基站 50%以上分布在农村，贫困村 4G 信号覆盖率 98%以上。统筹做好疫情防控和建设发展工作，组建党员突击队，高效完成各项应急通信建设任务，为疫情防控重点区域 2.4 万个基站提供应急保障；积极帮助偏远山区教职工、学生解决信号覆盖不佳、无法网上授课听课等困难。武汉分公司被国务院国资委评为“抗疫先进集体”、1 人被国务院国资委评为“抗疫先进个人”。公司完善应急和重要通信保障体系，紧密协同运营商抗击洪水、台风、冰雪凝冻等自然灾害，圆满完成全国“两会”、进博会等重保任务。在 3 个定点扶贫县脱贫“摘帽”的基础上，继续做好脱贫攻坚与乡村振兴的有效衔接。

（撰稿人：吴浚卯）

中国绿发投资集团有限公司

【基本概况】 中国绿发投资集团有限公司（以下简称中国绿发）是根据中央深化国资国企改革部署，经国务院国资委党委研究同意，以原国家电网所属鲁能集团为主体，于 2020 年 12 月整建制重组成立的由国务院国资委直接监管的股权多元化中央企业。根据国务院国资委战略部署，中国绿发深入贯彻中央新发展理念，以“推进绿色发展、建设美丽中国”为使命，以战略性新兴产业投资、新型城镇化、绿色能源、现代服务等为主责主业，致力于建设具有全球竞争力的世界一流绿色产业集团，在全面建设社会主义现代化国家新征程中发挥中央企业“主力军”“排头兵”作用。在册员工 10305 人，投资企业 140 家，其中全资 68 家、控股 57 家、参股 15 家，控股上市公司广宇发展。

【主要指标】 2020 年，面对新冠肺炎疫情严重冲击、改革发展稳定任务异常繁重的形势，中国绿发坚决贯彻落实党中央决策部署，在国务院国资委党委的亲切关怀和股东方关心支持下，统筹推进疫情防控和复工复产等各项工作，大力开展提质增效专项行动，全力对冲疫情影响，确保年度目标达成。绿色地产完成开工面积 80.7 万平方米、竣工 318 万平方米，合同销售额 272.5 亿元、网签销售额 217 亿元、回款 233.8 亿元，新增建筑面积 313 万平方米；幸福产业新投运面积6.6万平方米，实现经营收入40.5亿元、利润2.1亿元；绿色能源完成发电量54.2亿千瓦·时，实现收入23.3亿元、利润4.8亿元。中国绿发全年实现营业收入319.34亿元，净利润17.24亿元，创造利税总额65.79亿元，净资产收益率2.08%。截至2020年底，中国绿发资产总额1939.48亿元，所有者权益816.83亿元，资产负债率57.88%，国有资本保值增值率101.32%，财务状况总体稳健。

表1　2020年中国绿发投资集团有限公司主要经济指标

项　目	2019年	2020年	比上年增长(%)
资产总额(亿元)	1866.96	1939.48	3.88
所有者权益(亿元)	837.65	816.83	-2.49
营业收入(亿元)	385.58	319.34	-17.18
利润总额(亿元)	73.89	30.12	-59.24
净利润(亿元)	58.19	17.24	-70.37
归属于母公司所有者的净利润(亿元)	51.01	13.34	-73.85
技术开发投入(亿元)	0.19	0.16	-15.79
利税总额(亿元)	126.51	65.79	-48.00
应交税金总额(亿元)	70.55	48.28	-31.57
全员劳动生产率[万元/(人·年)]	136.19	99.94	-26.62
净资产收益率(%)	7.18	2.08	减少5.10个百分点
总资产报酬率(%)	4.83	2.66	减少2.17个百分点
国有资本保值增值率(%)	106.99	101.32	减少5.67个百分点

【改革发展】 根据国务院国资委党委决策部署，按照市场化规范运作要求，结合中国绿发发展实际，起草编制公司章程。坚持将党的领导融入公司治理各环节，充分发挥党委把方向、管大局、促落实作用，厘清党委、董事会、经理层职责界限及决策事项权责清单，成立4个董事会专门委员会并明确工作规则，中国特色现代企业治理体系逐步建立，有力保障依法规范高效运作。深入贯彻落实国企改革三年行动方案工作要求，围绕三项制度改革，充分借鉴标杆中央企业先进经验，积极开展市场化经营机制研究，充分激发项目运营团队积极性和创造性。落实国务院国资委指标考核要求，强化效益效率导向，优化企业负责人考核评价指标体系，增加合约净利润、营收利润率、人均净利润、劳动生产率等效益效率类考核指标，引导实现减员增效、降本节支。坚持平稳过渡、精简高效、规范管理原则，优化完善公司组织架构，进一步加强党组织管理，强化纪律检查和巡视工作机构设置，实现机构设置扁平化。根据“人随资产、业务走”原则，平稳完成深圳商贸等10个持有型项目资产划转工作，及时做好划转人员劳动关系、薪酬社保、档案资料的审核和转移，确保员工队伍稳定。

【重大项目】 聚焦战略核心任务，开展中国绿发“十四五”发展规划研究。服务国家区域协调发展，成功进入粤港澳大湾区，在福州、天津、重庆、厦门、青岛、宜宾等城市实现深耕。创新拓展模式，与中国诚通签署战略合作协议，积极推进国资央企土地资源整合开发。坚持“房住不炒”和租购并举，张家口下花园区保障性住房按期竣工，建成北京市规模最大的集体租赁住房项目，得到北京市委、市政府高度评价。部署实施“绿色营销行动”，全年累计交付房屋1.5万余套、164万平方米。酒店、商场等现代服务企业全力对冲疫情影响，创新推出“幸福计划”，总营业收入实现正增长，行业排名进一步前移。持续推进绿色认证，新增绿建工程13项106万平方米，18家酒店获评“绿色饭店”。截至2020年底，中国绿发运营酒店27家、客房7400余间，为广大人民群众提供高品质旅居服务。积极响应“碳达峰”“碳中和”号召，建成投运江苏如东20万千瓦数字化智慧海上风电场，汕头海上风电绿色能源产业基地开工，全年累计实现新能源装机规模347万千瓦。发行三亚大东海酒店群、上海艾迪逊酒店CMBS，获得中国不动产证券化合作发展峰会“前沿奖”。完成30亿元绿色债券注册，募集绿色保险债权计划25亿元。河北、甘肃、青海等地的绿色能源项目实现16.9亿元绿色融资租赁、电费补贴保理。

【重大创新】 进一步优化公司管理创新办法及操作指引，明晰创新项目申报及评选标准，形成以项目创新带动管理创新工作的激励机制。全年形成管理创新成果53项，覆盖新型城镇化、绿色能源、现代服务业、战略保障支持四大类别，其中，《清洁能源发电企业高质量发展的四大转变》《基于能源互联网的智慧新能源精益化运营管理模式》获得2020年度电力企业管理创新论文大赛二等奖。部署实施绿色发展课题研究100项，其中成果投入试点应用16项。组织开展科技项目课题研究13个，申请软件著作权1项、专利10件，发表论文16篇，累计获得软件著作权14项、专利82件，发表论文34篇。全面提升绿色能源产业规范化、标准化、精益化管理水平，形成"一线、两表、两手册、三点、四则、四流程"①管理体系。结合产业结构及生产需求，探索构建"数据中台""业务中台"等新型IT架构模式，开展绿色能源"源"端数据采集应用，建成绿色能源数字化架构平台，实时动态监测监控各类信息，实现资源优化调配，提高资产生存利用空间。依托"端、网、云、用"架构理念，建成国内首个全生命周期数字化智慧型海上风电场——江苏如东海上风电场，打造海上风电行业国内首个"超视距"微波通信系统、国内第一个基于北斗定位的人员跟踪和落水辅助救援系统、国内第一个以信息融通为特征的数字化移交系统、国内第一个基于BIM技术的数字孪生海上风电场，创树海上风电智慧发展的新标杆。

【党建工作】 部署开展"解放思想、改革创新、勇担使命、砥砺奋进"大讨论，全员参加集中学习研讨，举办学习研讨会1362场，征集意见建议3881条，梳理重大研究课题10项，归类形成重点工作任务70项，中国绿发领导班子成员主动认领任务、组织推动落实。对照国务院国资委党建工作考核评价指标，深入开展自查整改工作，着力夯实党建基础。完成"红色传承·绿色发展——迎接中国共产党成立100周年"35项重点任务，推动党建与生产经营工作相融互促更加紧密。聚焦主责主业，开展纪检监察体制改革和组织体系优化，配齐配强所属单位纪委书记并全部实现专职化。强化巡视巡察组织领导及职能建设，成立巡视工作领导小组及工作机构，设立巡视工作办公室，完成首轮36家党组织巡察全覆盖，有序开展"回头看"工作，推动巡察向班组延伸。优化提升高校毕业生招聘流程和工作机制，创新推出管培生"青松计划"和实习生招聘计划，搭建"智慧招聘管理平台"，优秀人才集聚能力显著提升。精心开展技能竞赛、卓越文化故事汇等职工文化活动，举办绿色发展青年论坛，开展党外人士建言献策，鼓励干部员工投身改革发展、贡献智慧力量。上线中国绿发官网、官微，积极传播企业新理念、塑造企业新形象，得到社会各界好评。深化精神文明创建，鲁能集团、三亚JW万豪酒店连续三届获评"全国文明单位"，吉林公司、海口公司获评"第六届全国文明单位"。

【信息化与数字化建设】 严格落实国务院国资委监管要求，实现与国务院国资委数据互联互通，完成数据交换平台建设，部署上线国务院国资委视频会议系统、公文传输系统、信息交换系统等，进一步提高工作效率。完成公司ERP、经法、协同办公等业务系统独立部署和数据迁移，实现人财物等重要业务平稳过渡，保障公司数据资产安全。开展公司网络结构和安全架构调整，提升安全防护能力。

【履行社会责任】 全面落实党中央统筹疫情防控和经济社会发展工作部署，精心周密组织在建工程、酒店商场率先复工复产，努力克服自身经营压力，减免商户租金和物业费用7600余万元，集中资金优先保障工程建设、产业运营、疫区救援等重点领域支出，为促进经济恢复增长、维护社会和谐稳定作出积极贡献。开展生态修复及环境治理，携手联合国开发计划署以及生态环保组织，开展宝翎河湿地生态复育，对濒危红树林资源进行抢救性保护，累计种植红树林幼苗5000余株。开展淇水湾海岸带环境治理工程，引入大叶榄仁、琼崖海棠、台湾相思、小叶榕等热带植物90余种，打造海南滨海热带植物科普教研基

① "一线、两表、两手册、三点、四则、四流程"："一线"指陆上项目综合楼典型设计产品线，"两表"指生产技术标准体系表、财务指标动态分析管控体系表，"两手册"指效益测算、工程造价手册，"三点"指可研审查、初设审查、铝合金电缆采购及施工管控要点，"四则"指陆上风电及光伏工程典型设计导则、风电机组在线监测系统应用导则、陆上项目启动验收规则，"四流程"指项目开发、工程建设管控流程、风电场及光伏电站通用运行规程、通用检修规程。

地。按照“重点攻坚、精准发力、确保实效”原则，围绕教育、产业、基础设施、体育和消费等领域，开展园丁工程、青苗暖冬工程、新农人工程、“产业＋”农业工程、光明工程、活力工程和连心桥工程等7项帮扶工程，发挥产业和资源优势，助力乡村振兴。全年累计开展对外帮扶活动29次，投入294万元。重庆江津落位美丽乡村农业产业12平方千米，带动周边村民500余人就业，技能培训2000余人次，家庭年均增收2万余元。陕西宜君项目采用“农光互补”模式，以“农户＋党参种植”产业合作模式为当地脱贫攻坚作出贡献。

（撰稿人：陈　芮）

2021

CHINA' S STATE-OWNED ASSETS SUPERVISION AND ADMINISTRATION YEARBOOK

中 国 国 有 资 产 监 督 管 理 年 鉴

国有资产统计资料

第五篇

2020年国资系统监管企业户数、从业人数、国有资产总量综合分析表

项　目	户　数(户)	年末从业人员人数(万人)	年末国有资产总量(亿元)
国资系统监管合并	186029	3152.4	571593.5
国资系统监管合计	186029	3155.2	1263317.8
一、按企业规模分类			
(一)大型企业	7896	1855.0	335458.3
(二)中型企业	29035	780.5	310433.2
(三)小型企业	61317	433.3	357284.2
(四)微型企业	87781	86.5	260142.1
二、按组织形式分类			
(一)公司制企业	179945	2993.4	1221503.0
其中:国有独资企业	13981	199.7	354386.4
(二)非公司制企业	6084	161.8	41814.8
三、按盈利或亏损分类			
(一)盈利	118759	2347.5	1017785.3
(二)亏损	67270	807.7	245532.6
四、按监管关系分类			
(一)国务院国资委监管企业	49731	1320.4	142873.6
(二)地方国资委监管企业	136298	1832.0	428719.9
五、按经济带分类			
(一)东部沿海地区	95479	1506.0	735662.9
(二)中部内陆地区	32804	766.2	190971.2
(三)西部边远地区	46548	804.3	260045.2
六、按产业作用分类			
(一)基础性行业	50051	1528.9	492783.5
(二)一般生产加工行业	27241	796.6	137768.6
(三)商贸服务及其他行业	108737	829.7	632765.7

注:①本篇数据汇编范围为国务院国资委监管企业和全国37个省(自治区、直辖市、计划单列市、新疆生产建设兵团)所属的国资委系统监管企业18.6万户,以下简称国资系统监管企业;

②本篇数据按照综合及行业划分的分析数据基于单户企业报表数据直接进行汇总(不含合并抵消)。

2020年国资系统监管企业户数、从业人数、国有资产总量行业分析表

行　业	户　数(户)	年末从业人员人数(万人)	年末国有资产总量(亿元)
国资系统监管企业合并	186029	3152.4	571593.5
国资系统监管企业合计	186029	3155.2	1263317.8
一、农林牧渔业	4859	73.8	21001.9
其中:农业	2346	34.6	16622.2
林业	585	23.3	1195.1
二、工业	43599	1423.5	340643.1
其中:煤炭工业	2145	210.2	25094.5
石油和石化工业	824	132.9	72275.0
冶金工业	2347	132.2	31211.9
建材工业	3308	48.7	8171.7
化学工业	2816	87.6	14931.9
森林工业	98	1.0	76.5
食品工业	1376	25.1	1945.7
烟草工业	10	0.1	8.5
纺织工业	388	9.8	539.7
医药工业	887	23.4	3524.9
机械工业	6852	251.0	32392.4
其中:汽车工业	1279	95.4	14474.5
电子工业	1824	76.9	10611.1
电力工业	9701	199.6	95374.2
市政公用工业	7062	84.5	21921.1
其他工业	2674	64.7	7158.9
三、建筑业	15263	389.2	98156.4
四、交通运输业	9802	309.9	116239.2
其中:铁路运输业	343	6.3	8886.4
道路运输业	5485	215.5	74278.0
水上运输业	1863	26.9	15419.6
航空运输业	662	48.0	10508.5
五、仓储业	4153	24.7	8972.1

续表

行　业	户　数(户)	年末从业人员人数(万人)	年末国有资产总量(亿元)
六、商贸业	21939	167.3	37713.1
七、房地产业	25781	115.9	131018.6
八、信息传输、软件和信息技术服务业	4437	145.1	51637.0
其中:电信业	683	112.8	47520.5
九、社会服务业	37014	272.0	368786.6
十、教育文化广播业	3292	16.3	2910.2
十一、科学研究和技术服务业	10125	113.6	14652.2
十二、金融业	4201	82.0	67724.8
十三、其他	1564	21.9	3862.6

2020年国资系统监管企业户数、从业人数、国有资产总量地区分析表

地　区	户　数(户)	年末从业人员人数(万人)	年末国有资产总量(亿元)
国资系统监管企业合并	186029	3152.4	571593.5
一、国务院国资委监管企业	49731	1320.4	142873.6
二、地方国资委监管企业	136298	1832.0	428719.9
北京市	9720	126.4	16387.2
天津市	3305	25.2	13056.3
河北省	2377	49.3	4425.8
山西省	4751	119.8	6019.7
内蒙古自治区	1404	29.4	6902.7
辽宁省	2954	46.1	7352.9
其中:大连市	531	8.6	1221.6
吉林省	1251	17.8	4488.6
黑龙江省	1723	45.8	6172.7
上海市	12698	166.6	32278.5
江苏省	7718	82.9	45680.7
浙江省	9826	96.7	33591.6
其中:宁波市	1094	8.3	5421.5

续表

地　区	户　数(户)	年末从业人员人数(万人)	年末国有资产总量(亿元)
安徽省	3470	68.8	20546.4
福建省	6071	55.2	9776.9
其中:厦门市	2362	16.8	2289.8
江西省	3130	51.2	15062.0
山东省	10364	152.2	24653.5
其中:青岛市	1299	25.8	2964.7
河南省	1730	48.2	3575.2
湖北省	4246	40.1	16556.1
湖南省	2341	35.1	13412.5
广东省	12046	156.5	33124.8
其中:深圳市	2170	48.5	11720.0
广西壮族自治区	3264	38.4	10757.9
海南省	1171	10.1	2321.6
重庆市	3356	48.1	20025.4
四川省	7199	75.0	26725.0
贵州省	2048	25.4	9361.2
云南省	5193	43.6	15093.1
西藏自治区	579	3.2	868.2
陕西省	4300	73.3	10497.5
甘肃省	2855	39.5	8097.1
青海省	552	7.7	1378.7
宁夏回族自治区	660	5.6	1818.3
新疆维吾尔自治区	2713	33.6	7465.7
新疆生产建设兵团	1283	14.9	1246.4

2020 年国资系统监管企业资产负债综合分析表

项　目	资产总计(亿元)	负债合计(亿元)	所有者权益(净资产)(亿元)	资产负债率(%)
国资系统监管企业合并	2346777.5	1563254.6	783522.9	66.6
国资系统监管企业合计	3592134.3	2209498.3	1382636.0	61.5

续表

项　目	资产总计（亿元）	负债合计（亿元）	所有者权益(净资产)（亿元）	资产负债率（%）
一、按企业规模分类				
（一）大型企业	1144359.2	752493.5	391865.8	65.8
（二）中型企业	949500.3	613311.7	336188.6	64.6
（三）小型企业	865138.1	493898.8	371239.3	57.1
（四）微型企业	633136.7	349794.2	283342.4	55.2
二、按组织形式分类				
（一）公司制企业	3511725.6	2172097.9	1339627.7	61.9
其中：国有独资企业	717710.8	357907.3	359803.4	49.9
（二）非公司制企业	80408.7	37400.4	43008.3	46.5
三、按盈利或亏损分类				
（一）盈利	2812418.8	1685148.6	1127270.2	59.9
（二）亏损	779715.5	524349.6	255365.8	67.2
四、按监管关系分类				
（一）国务院国资委监管企业	688050.5	442381.9	245668.6	64.3
（二）地方国资委监管企业	1658727.0	1120872.7	537854.3	67.6
五、按经济带分类				
（一）东部沿海地区	2119339.7	1298183.7	821156.0	61.3
（二）中部内陆地区	537580.3	333728.6	203851.6	62.1
（三）西部边远地区	723316.6	452192.3	271124.3	62.5
六、按产业作用分类				
（一）基础性行业	1199467.9	658137.0	541330.9	54.9
（二）一般生产加工行业	379669.1	221592.9	158076.1	58.4
（三）商贸服务及其他行业	2012997.4	1329768.3	683229.1	66.1

2020 年国资系统监管企业资产负债行业分析表

行　业	资产总计（亿元）	负债合计（亿元）	所有者权益(净资产)（亿元）	资产负债率（%）
国资系统监管企业合并	2346777.5	1563254.6	783522.9	66.6

续表

行业	资产总计（亿元）	负债合计（亿元）	所有者权益(净资产)（亿元）	资产负债率（%）
国资系统监管企业合计	3592134.3	2209498.3	1382636.0	61.5
一、农林牧渔业	35221.1	13778.3	21442.8	39.1
其中：农业	24716.2	7930.0	16786.2	32.1
林业	2375.0	1193.3	1181.7	50.2
二、工业	837504.7	450112.0	387392.6	53.7
其中：煤炭工业	80384.1	52106.3	28277.8	64.8
石油和石化工业	129544.6	51656.9	77887.8	39.9
冶金工业	85510.4	48520.6	36989.8	56.7
建材工业	22993.1	12468.8	10524.2	54.2
化学工业	47547.2	29994.2	17553.0	63.1
森林工业	336.2	222.2	114.0	66.1
食品工业	5347.7	2822.1	2525.6	52.8
烟草工业	37.1	28.6	8.5	77.1
纺织工业	1815.1	1126.4	688.7	62.1
医药工业	8335.0	3567.2	4767.8	42.8
机械工业	95125.3	53861.4	41263.9	56.6
其中：汽车工业	40340.2	21584.4	18755.7	53.5
电子工业	28487.1	14757.7	13729.4	51.8
电力工业	224270.0	120324.8	103945.2	53.7
市政公用工业	54537.9	30840.7	23697.2	56.5
其他工业	17393.2	8603.4	8789.8	49.5
三、建筑业	330558.5	224855.2	105703.3	68.0
四、交通运输业	275127.3	147569.3	127558.0	53.6
其中：铁路运输业	15371.1	6417.1	8954.0	41.7
道路运输业	182951.9	106877.8	76074.1	58.4
水上运输业	33181.8	15781.3	17400.5	47.6
航空运输业	24340.9	12438.5	11902.3	51.1
五、仓储业	30775.2	21251.2	9524.0	69.1
六、商贸业	139424.4	95891.7	43532.7	68.8
七、房地产业	471535.9	331417.7	140118.2	70.3
八、信息传输、软件和信息技术服务业	86159.4	31466.0	54693.5	36.5

续表

行　业	资产总计 (亿元)	负债合计 (亿元)	所有者权益(净资产) (亿元)	资产负债率 (%)
其中:电信业	75508.4	25572.2	49936.2	33.9
九、社会服务业	772159.8	394034.9	378124.9	51.0
十、教育文化广播业	6183.9	3117.9	3066.0	50.4
十一、科学研究和技术服务业	33973.2	18894.1	15079.1	55.6
十二、金融业	563397.0	471134.9	92262.0	83.6
十三、其他	10114.1	5975.1	4139.0	59.1

2020年国资系统监管企业资产负债地区分析表

地　区	资产总计 (亿元)	负债合计 (亿元)	所有者权益(净资产) (亿元)	资产负债率 (%)
国资系统监管企业合并	2346777.5	1563254.6	783522.9	66.6
一、国务院国资委监管企业	688050.5	442381.9	245668.6	64.3
二、地方国资委监管企业	1658727.0	1120872.7	537854.3	67.6
北京市	79407.5	52969.8	26437.6	66.7
天津市	68969.3	53616.8	15352.4	77.7
河北省	19260.6	12833.9	6426.7	66.6
山西省	36583.6	26906.2	9677.5	73.5
内蒙古自治区	18118.6	10584.1	7534.5	58.4
辽宁省	18435.3	10266.2	8169.1	55.7
其中:大连市	3126.0	1585.7	1540.3	50.7
吉林省	13135.1	8115.0	5020.2	61.8
黑龙江省	13793.7	7259.9	6533.8	52.6
上海市	242299.5	192434.5	49864.9	79.4
江苏省	150243.5	96885.0	53358.5	64.5
浙江省	117388.6	78596.0	38792.6	67.0
其中:宁波市	17336.8	11495.9	5840.9	66.3
安徽省	55640.9	30889.2	24751.7	55.5

续表

地　区	资产总计（亿元）	负债合计（亿元）	所有者权益(净资产)（亿元）	资产负债率（%）
福建省	47243.6	32933.2	14310.4	69.7
其中：厦门市	13166.0	8974.1	4191.8	68.2
江西省	43135.2	26318.2	16817.0	61.0
山东省	102864.9	68468.8	34396.0	66.6
其中：青岛市	11672.8	7505.3	4167.5	64.3
河南省	21438.8	16489.5	4949.3	76.9
湖北省	55880.9	36695.5	19185.4	65.7
湖南省	37524.6	22408.0	15116.5	59.7
广东省	121023.0	74543.7	46479.3	61.6
其中：深圳市	44744.8	27299.2	17445.5	61.0
广西壮族自治区	36675.5	24405.8	12269.7	66.5
海南省	6211.6	3802.1	2409.5	61.2
重庆市	69631.0	47107.8	22523.2	67.7
四川省	102399.6	70619.4	31780.3	69.0
贵州省	25380.4	14861.1	10519.3	58.6
云南省	54840.6	35821.7	19018.9	65.3
西藏自治区	2662.2	1746.0	916.2	65.6
陕西省	39393.6	26144.6	13249.0	66.4
甘肃省	23537.4	14527.7	9009.7	61.7
青海省	4894.3	3318.8	1575.5	67.8
宁夏回族自治区	4182.1	2136.2	2045.9	51.1
新疆维吾尔自治区	20988.6	13182.7	7805.9	62.8
新疆生产建设兵团	5543.0	3985.2	1557.8	71.9

2020 年国资系统监管工业企业户数、从业人数、国有资产总量地区分析表

地　区	户　数(户)	年末从业人员人数(万人)	年末国有资产总量(亿元)
工业企业合计	43599	1423.5	340643.1
一、国务院国资委监管企业	18053	703.9	237218.0

续表

地　区	户　数(户)	年末从业人员人数(万人)	年末国有资产总量(亿元)
二、地方国资委监管企业	25546	719.6	103425.2
北京市	2258	50.2	12432.6
天津市	617	7.2	1607.7
河北省	676	31.2	3702.1
山西省	1605	86.2	8302.3
内蒙古自治区	329	11.8	2432.1
辽宁省	567	22.8	2236.5
其中:大连市	143	3.4	335.0
吉林省	272	7.4	492.5
黑龙江省	332	14.2	758.1
上海市	1555	39.5	7758.0
江苏省	952	23.5	4317.1
浙江省	1174	13.9	4412.7
其中:宁波市	105	0.9	362.1
安徽省	515	38.4	3517.0
福建省	814	18.2	2871.7
其中:厦门市	132	3.2	328.0
江西省	725	15.6	2599.5
山东省	2271	84.2	9339.5
其中:青岛市	340	14.4	710.1
河南省	679	35.2	2676.0
湖北省	519	9.1	777.2
湖南省	488	14.4	2140.8
广东省	2098	39.5	6265.3
其中:深圳市	366	5.2	1107.3
广西壮族自治区	686	12.8	1795.2
海南省	137	1.2	283.7
重庆市	641	13.4	1911.8
四川省	1179	24.9	2935.5

续表

地　区	户　数(户)	年末从业人员人数(万人)	年末国有资产总量(亿元)
贵州省	339	14.2	2072.6
云南省	1031	14.0	2343.1
西藏自治区	92	0.6	157.1
陕西省	1355	40.9	7921.5
甘肃省	600	17.4	2558.4
青海省	184	5.0	791.9
宁夏回族自治区	82	0.8	148.0
新疆维吾尔自治区	482	7.2	1180.3
新疆生产建设兵团	292	4.8	687.5

2020 年国资系统监管工业企业资产负债地区分析表

地　区	资产总计(亿元)	负债合计(亿元)	所有者权益(净资产)(亿元)	资产负债率(%)
工业企业合计	837504.7	450112.0	387392.6	53.7
一、国务院国资委监管企业	521192.6	257668.7	263523.9	49.4
二、地方国资委监管企业	316312.0	192443.3	123868.7	60.8
北京市	33951.3	18937.5	15013.9	55.8
天津市	4862.3	2980.6	1881.6	61.3
河北省	14198.9	9846.3	4352.5	69.3
山西省	35384.0	25978.3	9405.8	73.4
内蒙古自治区	6175.7	3414.5	2761.1	55.3
辽宁省	7146.6	4612.9	2533.7	64.5
其中:大连市	1067.8	610.5	457.2	57.2
吉林省	1785.4	1134.9	650.4	63.6
黑龙江省	2404.1	1528.3	875.7	63.6
上海市	20517.4	11129.5	9387.9	54.2

续表

地　区	资产总计（亿元）	负债合计（亿元）	所有者权益（净资产）（亿元）	资产负债率（%）
江苏省	12148.6	7004.8	5143.9	57.7
浙江省	10223.5	5200.2	5023.3	50.9
其中：宁波市	853.6	450.3	403.2	52.8
安徽省	10250.4	4999.6	5250.7	48.8
福建省	7648.7	4269.5	3379.2	55.8
其中：厦门市	1125.2	754.2	371.0	67.0
江西省	7015.9	3806.0	3209.9	54.2
山东省	34547.7	21816.6	12731.1	63.1
其中：青岛市	3179.8	1862.2	1317.6	58.6
河南省	11993.2	8965.4	3027.8	74.8
湖北省	2956.1	2033.5	922.6	68.8
湖南省	6485.8	3825.5	2660.3	59.0
广东省	16847.1	8834.8	8012.3	52.4
其中：深圳市	3070.3	1611.6	1458.7	52.5
广西壮族自治区	5137.2	3132.1	2005.0	61.0
海南省	426.4	139.0	287.4	32.6
重庆市	5171.7	3061.3	2110.4	59.2
四川省	8959.4	5513.9	3445.5	61.5
贵州省	5605.6	2955.1	2650.5	52.7
云南省	7391.1	4700.4	2690.6	63.6
西藏自治区	349.8	186.0	163.7	53.2
陕西省	20847.0	12406.3	8440.7	59.5
甘肃省	6732.4	3868.6	2863.8	57.5
青海省	3553.2	2723.3	829.9	76.6
宁夏回族自治区	447.2	283.0	164.2	63.3
新疆维吾尔自治区	2978.7	1754.5	1224.2	58.9
新疆生产建设兵团	2169.7	1401.1	768.7	64.6

2020年国资系统监管商业企业户数、从业人数、国有资产总量地区分析表

地　区	户　数(户)	年末从业人员人数(万人)	年末国有资产总量(亿元)
商业企业合计	21939	167.3	37713.1
一、国务院国资委监管企业	5618	78.2	22968.0
二、地方国资委监管企业	16321	89.1	14745.1
北京市	1309	9.3	833.6
天津市	459	1.5	172.6
河北省	334	2.7	406.3
山西省	900	4.9	635.9
内蒙古自治区	90	0.4	56.6
辽宁省	293	0.7	194.3
其中:大连市	35	0.1	4.1
吉林省	135	1.2	212.8
黑龙江省	249	0.8	0.2
上海市	1924	15.4	1896.2
江苏省	915	3.5	832.7
浙江省	1353	5.0	1368.1
其中:宁波市	82	0.2	41.3
安徽省	418	2.7	374.2
福建省	1061	3.2	976.0
其中:厦门市	549	2.2	633.0
江西省	284	0.8	100.1
山东省	960	7.5	706.7
其中:青岛市	95	2.4	37.5
河南省	171	0.6	122.5
湖北省	287	5.5	349.9
湖南省	204	0.9	171.8
广东省	1329	7.0	1030.8

续表

地　区	户　数(户)	年末从业人员人数(万人)	年末国有资产总量(亿元)
其中:深圳市	121	0.7	206.9
广西壮族自治区	450	1.6	534.8
海南省	84	0.4	28.7
重庆市	368	2.3	607.8
四川省	682	3.7	1000.0
贵州省	347	1.1	887.2
云南省	391	1.0	328.8
西藏自治区	63	0.1	20.2
陕西省	499	3.2	524.3
甘肃省	253	0.7	80.2
青海省	58	0.1	−2.8
宁夏回族自治区	39	0.1	3.6
新疆维吾尔自治区	266	0.6	164.6
新疆生产建设兵团	146	0.7	126.2

2020年国资系统监管商业企业资产负债地区分析表

地　区	资产总计(亿元)	负债合计(亿元)	所有者权益(净资产)(亿元)	资产负债率(%)
商业企业合计	139424.4	95891.7	43532.7	68.8
一、国务院国资委监管企业	75833.7	49712.7	26121.0	65.6
二、地方国资委监管企业	63590.7	46179.0	17411.7	72.6
北京市	4185.7	3078.9	1106.8	73.6
天津市	1142.3	949.7	192.5	83.1
河北省	2226.9	1770.3	456.6	79.5
山西省	4678.2	3946.6	731.5	84.4
内蒙古自治区	205.3	147.1	58.2	71.7

续表

地　区	资产总计(亿元)	负债合计(亿元)	所有者权益(净资产)(亿元)	资产负债率(%)
辽宁省	539.0	340.8	198.3	63.2
其中:大连市	48.2	43.1	5.1	89.5
吉林省	858.2	519.8	338.4	60.6
黑龙江省	364.8	358.2	6.6	98.2
上海市	8366.3	6038.3	2328.0	72.2
江苏省	3959.8	3007.8	952.0	76.0
浙江省	4818.7	3307.8	1510.9	68.6
其中:宁波市	222.0	177.4	44.6	79.9
安徽省	1195.1	744.8	450.3	62.3
福建省	4637.8	3247.3	1390.5	70.0
其中:厦门市	3641.5	2616.7	1024.8	71.9
江西省	890.8	781.6	109.2	87.7
山东省	4576.2	3783.8	792.4	82.7
其中:青岛市	980.5	896.6	83.9	91.4
河南省	491.1	349.9	141.2	71.2
湖北省	1025.1	648.0	377.2	63.2
湖南省	625.3	426.2	199.1	68.2
广东省	3368.8	2164.9	1203.9	64.3
其中:深圳市	497.8	244.6	253.1	49.1
广西壮族自治区	1754.0	1202.9	551.1	68.6
海南省	118.7	89.3	29.4	75.2
重庆市	2354.9	1703.3	651.6	72.3
四川省	2968.1	1780.1	1188.0	60.0
贵州省	1938.2	1036.4	901.8	53.5
云南省	1768.6	1384.6	384.0	78.3
西藏自治区	65.5	44.4	21.0	67.9
陕西省	2166.0	1545.1	620.9	71.3
甘肃省	540.1	458.5	81.6	84.9
青海省	125.3	127.6	−2.4	101.9
宁夏回族自治区	15.9	12.0	3.9	75.6
新疆维吾尔自治区	994.6	686.1	308.6	69.0
新疆生产建设兵团	625.4	496.9	128.5	79.4

2020 年北京市监管企业主要指标表

行　业	户　数（户）	年末国有资产总量（万元）	资产总额（万元）	职工人均利润（元/人）	职工人均税费（元/人）
合并	9720	163871676.8	794074568.4	91976.0	126224.8
合计	9720	458884326.7	1328086137.1	184688.5	124831.3
一、农林牧渔业	171	3695562.8	10163060.1	264038.9	33718.7
其中：农业	49	158842.4	569326.1	4669.7	31464.2
林业	7	41007.9	199188.8	14660.3	11784.2
畜牧业	67	2744708.0	7908946.4	399177.2	4324.8
渔业	2	33842.5	49387.7	294954.4	182092.6
二、工业	2258	124326001.6	339513447.6	232543.0	156267.0
其中：煤炭工业	22	975393.1	3750830.0	93978.1	126502.6
石油和石化工业	4	292105.6	2009616.4	—127391.5	13908.6
冶金工业	58	17858917.7	61976870.9	89699.6	72130.9
建材工业	232	7602428.8	17834147.2	359352.0	144454.4
化学工业	72	1018947.5	3115582.3	31833.1	88731.9
森林工业	2	21227.7	58366.9	—326155.8	31674.7
食品工业	118	2283624.0	8996365.6	71737.6	114068.8
烟草工业					
纺织工业	25	265658.2	713582.0	—29953.0	36297.2
医药工业	37	1455126.7	3381369.8	270609.5	111223.7
机械工业	325	17378677.4	58910049.9	349218.9	338452.2
电子工业	110	30479839.2	73396457.1	58444.5	124213.1
电力工业	252	14934594.5	36294859.0	760051.5	253573.5
市政公用工业	827	26247415.5	60923413.6	579018.0	91818.1
其他工业	174	3512045.7	8151936.8	59254.1	66551.8
三、建筑业	406	9880336.0	47518888.3	128502.1	91562.4
四、交通运输业	150	31721004.2	76124978.2	11543.8	10280.4
其中：铁路运输业	5	5650.7	146835.2	—158501.5	119190.2
道路运输业	129	31698606.9	75709160.1	10966.1	10134.4
水上运输业	1	57623.8	109114.6	1073.0	67280.5
航空运输业	3	20169.4	72340.6	—15728.1	2303.4

续表

行　业	户　数（户）	年末国有资产总量（万元）	资产总额（万元）	职工人均利润（元/人）	职工人均税费（元/人）
五、仓储业	103	497537.9	1693694.9	88453.7	96380.1
六、商贸业	1309	8336063.8	41856918.7	59127.2	76178.6
七、房地产业	2046	100670310.3	405689155.1	498221.4	479082.8
八、信息传输、软件和信息技术服务业	173	1746630.2	4454879.7	−57402.0	46177.0
其中：电信业	5	101791.8	220615.7	333852.7	100681.2
九、社会服务业	2267	158580822.4	342777519.1	147121.8	40070.8
十、教育文化广播业	240	1423549.7	2017771.6	−43888.2	14609.5
十一、科学研究和技术服务业	371	4869001.6	15524321.9	102692.7	55527.4
十二、金融业	102	12506042.6	38582225.8	1680620.3	475315.8
十三、其他	124	631463.5	2169276.0	−147255.2	6267.0

注：人均利润＝利润总额/全年平均职工人数；人均税费＝已交税费总额/全年平均职工人数。

2020年天津市监管企业主要指标表

行　业	户　数（户）	年末国有资产总量（万元）	资产总额（万元）	职工人均利润（元/人）	职工人均税费（元/人）
合并	3305	130562792.4	689692555.8	72546.9	119336.0
合计	3305	254620361.0	917995643.6	68738.3	117084.5
一、农林牧渔业	72	784491.5	1769285.5	7811.2	9927.2
其中：农业	31	473690.3	1043278.8	−26964.9	14079.9
林业	5	39289.2	161213.3	762294.0	151671.8
畜牧业	24	252694.8	513221.1	−687.5	2623.6
渔业	8	17944.3	43015.1	−34772.2	12677.6
二、工业	617	16077052.9	48622623.6	83653.3	69110.1
其中：煤炭工业					
石油和石化工业					
冶金工业	16	147047.7	1612101.0	−333770.9	14539.7
建材工业	16	85260.2	375321.3	−43391.2	87598.6

续表

行业	户数(户)	年末国有资产总量(万元)	资产总额(万元)	职工人均利润(元/人)	职工人均税费(元/人)
化学工业	70	4805587.2	12806993.1	75339.5	46347.4
森林工业					
食品工业	44	263059.6	799026.8	21154.6	33680.4
烟草工业					
纺织工业	32	641961.3	2198604.2	126041.9	40243.9
医药工业	34	1408603.9	3335513.6	129561.1	99114.9
机械工业	108	305593.5	1679862.4	—2147.1	33942.6
电子工业	28	225047.3	1113366.0	46414.1	22157.3
电力工业	72	1608338.7	6318851.3	198857.3	186930.5
市政公用工业	148	3965326.0	13940745.3	175126.2	108005.3
其他工业	49	2621227.6	4442238.6	—42815.9	36294.6
三、建筑业	296	15898713.6	57843596.6	—106558.6	73074.2
四、交通运输业	158	36721999.5	80165149.0	44073.8	18256.9
其中:铁路运输业	3	25583.6	48045.3	660358.4	237793.6
道路运输业	102	30947447.8	64943846.4	3841.6	10320.7
水上运输业	18	3981394.9	12084585.3	242243.3	84402.4
航空运输业	1	1239.6	1924.8	—62456.1	29845.3
五、仓储业	119	2224182.9	5359893.8	138185.7	73672.9
六、商贸业	459	1726165.6	11422693.9	—122690.1	70636.2
七、房地产业	580	25451561.1	127102168.8	—1073951.7	245714.4
八、信息传输、软件和信息技术服务业	60	451893.3	1246717.7	—46430.0	67296.6
其中:电信业					
九、社会服务业	638	137468955.6	302974788.9	216694.8	96455.5
十、教育文化广播业	54	78067.3	394663.9	—74704.4	20490.2
十一、科学研究和技术服务业	179	1433138.8	2631185.3	8778.4	32595.2
十二、金融业	52	16634443.7	278012572.1	807173.8	468977.4
十三、其他	21	—330304.9	450304.7	—769298.1	5014.5

2020年河北省监管企业主要指标表

行　业	户　数 (户)	年末国有资产总量 (万元)	资产总额 (万元)	职工人均利润 (元/人)	职工人均税费 (元/人)
合并	2377	44257654.1	192605806.1	40208.2	69733.4
合计	2377	100399913.7	321967032.9	70907.9	69725.3
一、农林牧渔业	41	112099.5	978077.6	—8643.0	6921.2
其中:农业	22	68737.2	205103.0	—14141.1	4056.4
林业	10	21605.3	44419.9	238658.4	51511.9
畜牧业	4	4585.8	22765.6	—241595.9	7964.9
渔业	1	680.2	1822.1	7256.0	1748.6
二、工业	676	37021260.6	141988753.8	65466.8	63664.1
其中:煤炭工业	108	9809648.0	42311809.8	54494.2	74473.3
石油和石化工业	1	3835.0	15902.3	2147.6	109880.8
冶金工业	64	17470091.4	67592800.9	64340.8	57227.3
建材工业	56	258088.2	1581567.6	81363.4	15451.3
化学工业	50	2370338.4	5861595.6	42319.5	36350.2
森林工业					
食品工业	5	—803.2	30694.6	—4818.3	17411.3
烟草工业					
纺织工业	23	335371.7	1567427.0	—43962.1	16052.6
医药工业	23	744501.0	3651941.8	35868.4	49638.4
机械工业	72	906314.6	2875764.9	794.7	21274.4
电子工业	1	5617.4	26460.4	114746.0	75252.4
电力工业	98	2986722.5	9014263.0	601039.0	216864.3
市政公用工业	130	1837380.1	6424472.7	95485.6	72661.1
其他工业	45	294155.6	1034053.5	56902.0	137849.3
三、建筑业	173	3145350.2	11829472.9	17341.0	62494.9
四、交通运输业	167	7761997.1	18679756.8	—8474.5	18799.6
其中:铁路运输业	11	1427928.0	3702379.0	17909.7	64801.7
道路运输业	118	2877956.7	8219644.5	—11872.5	7081.9
水上运输业	14	2530303.7	5127487.4	—21343.3	25060.7
航空运输业	7	539628.6	904528.1	—165393.6	22140.1

续表

行　业	户　数 (户)	年末国有资产总量 (万元)	资产总额 (万元)	职工人均利润 (元/人)	职工人均税费 (元/人)
五、仓储业	59	3322640.2	6756342.1	177404.5	92508.1
六、商贸业	334	4063143.6	22269285.9	72572.2	57105.1
七、房地产业	160	6615913.7	15843266.9	93648.6	146618.5
八、信息传输、软件和信息技术服务业	48	306430.4	836703.5	59598.1	41727.7
其中:电信业					
九、社会服务业	524	33621021.8	74656089.2	120374.5	140929.6
十、教育文化广播业	17	229836.6	446612.7	-209056.4	17036.2
十一、科学研究和技术服务业	115	450549.5	671901.9	26773.1	28521.1
十二、金融业	36	3250104.1	25485005.4	828282.3	361016.0
十三、其他	27	499566.8	1525764.3	-21671.6	11572.1

2020年山西省监管企业主要指标表

行　业	户　数 (户)	年末国有资产总量 (万元)	资产总额 (万元)	职工人均利润 (元/人)	职工人均税费 (元/人)
合并	4751	60197082.8	365836396.8	16983.4	70899.0
合计	4751	199190647.1	659648777.9	33321.9	70868.6
一、农林牧渔业	86	352848.9	1021598.6	-33911.8	14422.9
其中:农业	58	296189.7	913134.3	-60876.6	18166.0
林业	5	5888.1	8710.5	-10003.2	4509.8
畜牧业	11	27398.3	63306.1	70634.5	6240.0
渔业	2	1117.4	1963.7	10543.3	2403.7
二、工业	1605	83022717.8	353840437.9	34024.7	80353.5
其中:煤炭工业	580	61505130.0	256845913.3	45955.6	92844.3
石油和石化工业	18	1604517.9	4074981.9	-106248.7	81251.7
冶金工业	40	717781.4	3202148.8	23717.0	41859.5
建材工业	65	488195.7	2292985.1	-40861.5	15564.4

续表

行　业	户　数（户）	年末国有资产总量（万元）	资产总额（万元）	职工人均利润（元/人）	职工人均税费（元/人）
化学工业	158	3549207.7	28986215.4	－57848.5	18703.9
森林工业	2	61.9	1473.5	233896.2	107587.0
食品工业	38	16124.2	198052.7	－1069.6	11565.2
烟草工业					
纺织工业	6	－14158.6	133134.3	－1264.9	1713.1
医药工业	14	32836.2	325175.6	－98473.6	69481.9
机械工业	222	3863177.2	14648941.0	15461.3	30255.1
电子工业	9	32878.7	205524.8	－301.7	3374.3
电力工业	194	5746856.3	24389044.5	74446.2	96393.1
市政公用工业	196	4282257.5	15729531.4	－22521.2	28207.8
其他工业	63	1197851.7	2807315.5	334273.6	296074.7
三、建筑业	371	10906251.7	40301567.9	54284.8	56907.6
四、交通运输业	290	18489282.3	61896357.5	－69062.9	18207.4
其中：铁路运输业	36	1033618.7	2807318.2	43797.7	57291.9
道路运输业	221	16804242.8	57865410.6	－76145.3	15172.1
水上运输业	2	－6103.5	136093.3	－2340197.5	182115.0
航空运输业	17	581515.4	890932.0	－77669.9	8920.5
五、仓储业	65	189232.4	950604.3	－53622.7	9834.4
六、商贸业	900	6359346.4	46781662.5	41483.4	56936.8
七、房地产业	322	3001399.1	19634141.6	74359.3	123918.7
八、信息传输、软件和信息技术服务业	80	512346.0	953835.2	31804.0	23479.1
其中：电信业	2	6674.3	17656.3	3274.8	8885.1
九、社会服务业	672	70867100.9	115302231.9	67566.7	26066.2
十、教育文化广播业	40	111769.1	340513.3	－34867.2	2556.7
十一、科学研究和技术服务业	234	896492.8	2077357.7	53547.5	28091.7
十二、金融业	64	4345532.4	16216421.9	2930800.0	1032233.9
十三、其他	22	136327.5	332047.4	－104898.1	11229.1

2020年内蒙古自治区监管企业主要指标表

行　业	户　数（户）	年末国有资产总量（万元）	资产总额（万元）	职工人均利润（元/人）	职工人均税费（元/人）
合并	1404	69026901.0	181186344.5	219.8	49336.7
合计	1404	105207679.5	233875095.9	6322.1	49114.2
一、农林牧渔业	96	3093693.2	6280266.0	5938.4	3486.2
其中：农业	39	1658912.8	2592552.9	10739.8	1096.5
林业	27	916882.4	2524861.8	4772.3	4570.0
畜牧业	8	10555.7	41184.7	−244471.3	202.9
渔业	1	−123.4	10612.3	5615.5	1168.6
二、工业	329	24320987.1	61756708.6	29031.3	75320.5
其中：煤炭工业	21	887874.5	1942579.4	194467.9	1001307.6
石油和石化工业	2	2971.9	5752.5	−83605.4	991.3
冶金工业	53	9964663.7	28520833.3	43881.7	76252.9
建材工业	17	226601.3	1142868.6	−90676.9	45926.0
化学工业	3	70723.7	116819.2	−22145.4	28593.2
森林工业	2	−2877.7	17501.6	−1333896.6	300.9
食品工业	8	−57929.8	58893.3	−219724.9	10621.2
烟草工业					
纺织工业					
医药工业					
机械工业	19	69263.3	209777.1	−100701.7	80117.1
电子工业	3	67824.2	128047.6	−159115.7	70661.6
电力工业	73	7730123.9	17892830.1	54618.1	77422.7
市政公用工业	110	5199115.3	11267272.1	−36144.7	55732.0
其他工业	18	162632.9	453533.5	119338.3	49626.1
三、建筑业	147	13242532.2	24892519.1	23294.7	86591.0
四、交通运输业	91	6304483.1	19712367.2	−96653.6	34849.4
其中：铁路运输业	6	721060.3	876976.2	292231.3	94428.7
道路运输业	48	4422185.9	16334515.3	−114757.8	27282.5
水上运输业	2	−915.5	550.0	−127454.6	−1334.4
航空运输业	18	910083.6	1856554.2	−168894.1	35274.4

续表

行　业	户　数（户）	年末国有资产总量（万元）	资产总额（万元）	职工人均利润（元/人）	职工人均税费（元/人）
五、仓储业	16	50855.8	203842.9	－23403.3	5053.1
六、商贸业	90	565853.6	2053240.2	－7416.9	67071.8
七、房地产业	68	2522492.9	9321770.6	23453.7	74056.4
八、信息传输、软件和信息技术服务业	29	117213.2	184882.3	68425.6	34801.8
其中：电信业	3	7888.2	13283.4	4868.8	18513.3
九、社会服务业	372	50946197.2	102326505.0	8098.2	20230.9
十、教育文化广播业	43	1754695.1	2363443.9	－23743.7	2526.2
十一、科学研究和技术服务业	94	602182.1	1110299.9	32824.0	79287.3
十二、金融业	19	1223981.3	3191920.4	454825.9	469245.1
十三、其他	10	462512.6	477329.9	54734.5	64373.3

2020年辽宁省监管企业主要指标表

行　业	户　数（户）	年末国有资产总量（万元）	资产总额（万元）	职工人均利润（元/人）	职工人均税费（元/人）
合并	2954	73528720.5	184353416.8	－9251.1	34395.3
合计	2954	130189054.6	276214862.2	－3901.8	33127.2
一、农林牧渔业	74	1783858.4	3046160.1	－7566.0	1158.0
其中：农业	48	1618251.9	2502149.8	－170.1	238.6
林业					
畜牧业	4	767.9	3860.6	23409.9	22734.5
渔业	12	59334.6	112663.3	－95787.0	10069.7
二、工业	567	22364824.1	71466024.9	8187.7	41431.3
其中：煤炭工业	51	5073383.9	12127592.4	9965.2	42964.0
石油和石化工业	7	－69346.2	391715.3	－391503.6	23389.8
冶金工业	54	8672274.4	31662675.5	25671.4	49456.4
建材工业	26	52183.2	450043.1	－58652.2	49629.2

续表

行　业	户　数（户）	年末国有资产总量（万元）	资产总额（万元）	职工人均利润（元/人）	职工人均税费（元/人）
化学工业	22	−40335.8	181297.7	−11617.6	9460.3
森林工业	1	−22029.0	18047.8	−52389.0	0.0
食品工业	21	20058.4	109143.1	−28458.5	18346.3
烟草工业					
纺织工业	4	−58305.9	40211.0	−37595.9	271.7
医药工业	2	63703.3	112254.7	3117821.6	78282.2
机械工业	153	2115951.2	10334714.2	38572.4	46429.6
电子工业	12	59411.6	168660.9	5680.8	22260.2
电力工业	56	747268.9	3595087.6	−46322.1	23104.4
市政公用工业	102	5262702.6	10972796.4	−21086.5	27764.9
其他工业	56	487903.3	1301785.4	−89977.9	19792.1
三、建筑业	254	9608594.5	20463044.1	24837.6	41889.0
四、交通运输业	145	6503856.5	14364469.3	−29819.3	5968.2
其中:铁路运输业	1	7411.7	7874.4	26196.3	12202.3
道路运输业	111	4908102.6	11317980.1	−19779.0	1943.8
水上运输业	10	444816.8	1231228.1	10598.4	48850.9
航空运输业	10	1106108.7	1577581.2	−162866.7	21714.4
五、仓储业	82	452447.9	2052104.6	27716.1	21498.3
六、商贸业	293	1942700.9	5390388.2	−67105.8	55360.8
七、房地产业	286	7336080.0	19860952.7	−276257.7	77696.3
八、信息传输、软件和信息技术服务业	44	71036.1	239622.3	−6660.3	26022.4
其中:电信业	1	25.8	99.8	10305.5	13453.6
九、社会服务业	799	77235076.9	133118079.6	−12044.2	25631.3
十、教育文化广播业	60	103858.2	302701.2	−59647.3	5642.2
十一、科学研究和技术服务业	270	1330604.6	2562841.9	36611.5	34784.0
十二、金融业	39	1110756.6	2892908.3	350500.0	208408.3
十三、其他	41	345359.9	455565.1	−45306.8	7447.2

2020年大连市监管企业主要指标表

行　业	户　数 (户)	年末国有资产总量 (万元)	资产总额 (万元)	职工人均利润 (元/人)	职工人均税费 (元/人)
合并	531	12216492.0	31259578.2	—42426.3	26790.3
合计	531	21688906.9	46737738.3	—29746.1	26790.3
一、农林牧渔业	15	3885.9	40887.4	—40025.8	7949.2
其中:农业	11	8626.2	29912.0	—38224.0	8002.4
林业					
畜牧业	2	—122.0	1323.1	58597.8	59110.7
渔业	2	—4618.3	9652.3	—59146.7	612.8
二、工业	143	3349831.3	10677639.6	31550.6	43055.0
其中:煤炭工业					
石油和石化工业	1	—3335.6	4584.9	—100119.7	340.3
冶金工业	1	60625.8	164840.2	155020.8	87532.3
建材工业	3	48866.1	180215.4	—1791.7	76251.6
化学工业	15	6910.6	153758.0	22922.3	18788.0
森林工业					
食品工业	5	11948.4	36925.0	—55063.6	12626.7
烟草工业					
纺织工业	1	—30025.4	905.2	—407632.3	30424.4
医药工业					
机械工业	81	1595237.9	6396682.3	49107.4	51756.8
电子工业	4	22399.2	87071.8	43361.3	28568.3
电力工业	9	65051.6	778131.4	7380.9	10402.3
市政公用工业	13	1180950.7	2247322.2	—46513.9	14919.1
其他工业	10	391201.9	627203.2	—32186.3	20674.9
三、建筑业	34	3072143.6	4670933.0	8523.4	52265.6
四、交通运输业	52	2297887.0	3440351.1	—43696.9	2945.3
其中:铁路运输业					
道路运输业	45	1801877.9	2780247.7	—28829.5	1654.1
水上运输业	2	818.7	1102.3	9102.9	1944.3
航空运输业	2	475275.7	558729.5	—156459.0	11141.1

续表

行　业	户　数（户）	年末国有资产总量（万元）	资产总额（万元）	职工人均利润（元/人）	职工人均税费（元/人）
五、仓储业	2	285.6	11272.7	29039.3	1405.9
六、商贸业	35	41376.1	481515.0	13407.5	80720.5
七、房地产业	42	118837.4	5943019.2	－1175124.5	117170.7
八、信息传输、软件和信息技术服务业	14	14614.9	70891.4	29087.2	23098.9
其中：电信业	1	25.8	99.8	10305.5	13453.6
九、社会服务业	141	12618081.8	21080831.1	－84313.8	12037.3
十、教育文化广播业	3	211.6	2336.2	86371.0	2846.8
十一、科学研究和技术服务业	37	130493.2	178663.2	93253.0	51661.7
十二、金融业	6	45156.9	107103.5	553142.3	174809.2
十三、其他	7	－3898.2	32294.9	－68548.9	8769.1

2020 年吉林省监管企业主要指标表

行　业	户　数（户）	年末国有资产总量（万元）	资产总额（万元）	职工人均利润（元/人）	职工人均税费（元/人）
合并	1251	44886480.1	131351362.7	11077.1	29880.2
合计	1251	81005944.5	188657658.1	23982.5	29314.2
一、农林牧渔业	94	1264504.5	2792704.7	－872.3	826.0
其中：农业	44	645583.0	1110454.2	－212763.3	10214.2
林业	25	549105.9	1378090.1	4542.9	533.1
畜牧业	4	2183.9	8915.9	－66956.7	6834.3
渔业	2	－224.7	276.9	56722.2	0.0
二、工业	272	4924882.9	17853540.6	61684.1	33359.4
其中：煤炭工业	26	1141260.5	4535104.9	－34974.9	8905.3
石油和石化工业	1	341.5	844.3	－26586.5	0.0
冶金工业	2	－3546.5	11411.4	－55940.9	164.3
建材工业	18	101608.8	313354.0	5321.7	153256.4

续表

行　业	户　数 (户)	年末国有资产总量 (万元)	资产总额 (万元)	职工人均利润 (元/人)	职工人均税费 (元/人)
化学工业	20	151124.8	2126798.1	−28253.2	12647.0
森林工业	6	11867.4	62124.2	1438.2	2848.1
食品工业	9	10080.8	187284.8	−437962.8	7631.0
烟草工业					
纺织工业					
医药工业	10	507404.4	923162.7	1056938.1	235262.8
机械工业	52	1116454.2	4137448.9	112134.5	51689.6
电子工业	3	31008.7	111872.9	61746.7	13550.0
电力工业	36	223116.9	1233843.7	−1834.1	26286.2
市政公用工业	88	1634787.6	4205817.8	3015.5	17374.2
其他工业	1	−626.2	4473.0	−148144.7	232.3
三、建筑业	152	18152496.7	46434015.9	117750.2	44265.5
四、交通运输业	38	4881721.7	13449269.0	−193893.8	5675.6
其中:铁路运输业	1	−34497.9	54318.5	−535481.2	7732.3
道路运输业	34	4754360.3	13143195.5	−195706.9	4965.5
水上运输业					
航空运输业	1	196.0	1248.9	1961118.1	2122.6
五、仓储业	55	519093.4	1366855.0	−79865.9	28077.5
六、商贸业	135	2128008.6	8581570.3	199662.5	47857.8
七、房地产业	93	1196434.5	7984884.7	151795.8	242972.3
八、信息传输、软件和信息技术服务业	20	156987.9	369898.5	−6835.9	42522.0
其中:电信业					
九、社会服务业	258	40483602.4	76705753.8	4378.5	34660.6
十、教育文化广播业	13	14404.4	112248.1	−336182.5	8584.1
十一、科学研究和技术服务业	53	1323835.7	4508224.2	−207066.4	13311.0
十二、金融业	57	5927062.7	8423553.9	29434.0	60513.6
十三、其他	11	32909.1	75139.5	−283131.3	19765.1

2020年黑龙江省监管企业主要指标表

行 业	户 数(户)	年末国有资产总量(万元)	资产总额(万元)	职工人均利润(元/人)	职工人均税费(元/人)
合并	1723	61727121.6	137937333.6	4130.2	17312.5
合计	1723	81358738.2	172844745.7	12336.8	19375.5
一、农林牧渔业	162	2033532.1	3999775.1	6294.0	247.8
其中:农业	28	35117.1	116566.6	17187.0	328.7
林业	52	1689721.1	2948605.7	8693.9	165.0
畜牧业	5	553.7	89451.7	408796.1	15095.1
渔业	2	6412.8	21053.5	38568.7	38522.2
二、工业	332	7580706.4	24040737.5	1624.0	20779.3
其中:煤炭工业	32	3745583.1	10793899.7	7556.4	21367.3
石油和石化工业	3	18041.4	56408.7	131533.0	30080.9
冶金工业	1	-3654.4	3831.3	-257549.3	0.0
建材工业	19	20435.0	263021.4	-58889.0	27007.0
化学工业	27	-102178.3	192096.1	18975.7	10345.7
森林工业	13	-73054.6	121477.3	7007.8	3367.5
食品工业	13	39290.4	68168.3	-172732.1	5733.6
烟草工业					
纺织工业					
医药工业	9	623372.0	1886115.0	-93998.2	30415.0
机械工业	72	-44020.6	1115614.1	15614.8	16765.8
电子工业	7	38592.5	146947.1	394.6	13780.8
电力工业	34	357816.1	1037252.5	47075.0	43120.2
市政公用工业	50	2787148.9	7794315.1	5084.8	9589.8
其他工业	52	173334.9	561591.0	23423.7	33947.8
三、建筑业	221	5939607.4	17920902.2	35246.3	114706.7
四、交通运输业	99	13778686.0	28616663.2	-17236.3	11081.9
其中:铁路运输业	8	226887.2	458592.3	39025.8	12880.6
道路运输业	57	12919769.2	27001034.0	-7198.5	10734.3
水上运输业	20	78444.9	167910.7	-12887.3	14966.5
航空运输业	4	543863.8	897038.4	-140794.1	11791.1

续表

行　业	户　数 （户）	年末国有资产总量 （万元）	资产总额 （万元）	职工人均利润 （元/人）	职工人均税费 （元/人）
五、仓储业	45	190345.3	435760.5	34514.4	13204.7
六、商贸业	249	2047.2	3647779.4	35054.0	61342.5
七、房地产业	139	14185258.2	28791744.1	415419.0	208725.7
八、信息传输、软件和信息技术服务业	31	31370.6	203848.6	107004.0	84743.8
其中：电信业	2	314.5	352.0	0.0	0.0
九、社会服务业	282	35788641.8	60474676.3	139988.8	42567.4
十、教育文化广播业	29	60124.1	191247.6	－13312.5	1543.0
十一、科学研究和技术服务业	97	269653.5	812673.6	－23927.2	13952.1
十二、金融业	24	1454883.6	3608254.0	86393.4	79991.0
十三、其他	13	43881.8	100683.6	－22778.0	1080.5

2020 年上海市监管企业主要指标表

行　业	户　数 （户）	年末国有资产总量 （万元）	资产总额 （万元）	职工人均利润 （元/人）	职工人均税费 （元/人）
合并	12698	322784819.8	2422994833.5	270240.0	200802.7
合计	12698	747285846.4	3241050832.2	387161.8	196143.7
一、农林牧渔业	207	2660617.3	5336916.7	73214.1	23263.1
其中：农业	83	907501.0	1731692.1	－2547.1	14289.2
林业	15	586064.8	816984.7	49678.6	12239.6
畜牧业	67	627046.6	1183051.2	124388.3	5470.1
渔业	19	484757.5	1216723.9	99262.7	55835.6
二、工业	1555	77580057.6	205174473.4	140990.2	95882.5
其中：煤炭工业	3	28759.1	119311.5	594044.2	1015541.7
石油和石化工业	3	302198.8	437978.9	－69741.3	675965.3
冶金工业	9	621504.3	2423089.9	－60493.0	24980.9
建材工业	141	1347430.6	6879098.5	130902.3	142182.8

续表

行　业	户　数 (户)	年末国有资产总量 (万元)	资产总额 (万元)	职工人均利润 (元/人)	职工人均税费 (元/人)
化学工业	113	3792085.7	7569251.2	99630.5	57768.4
森林工业	2	8770.1	13141.6	−67029.0	13875.6
食品工业	127	2506755.4	7017909.4	128364.8	46237.1
烟草工业	3	72037.0	328135.4	761843.5	0.0
纺织工业	26	182123.8	433636.1	28947.2	29565.9
医药工业	102	5543079.9	11251757.2	333647.3	105819.1
机械工业	451	37028142.2	108602341.1	165807.1	129071.2
电子工业	42	7307628.4	14032820.5	−210270.3	54589.3
电力工业	120	4276142.1	13437471.6	816091.4	289725.0
市政公用工业	216	13127535.3	28180572.8	180929.5	101586.3
其他工业	196	1434878.0	4445972.0	84899.0	22972.1
三、建筑业	873	26194614.6	125677906.0	179766.1	95082.9
四、交通运输业	436	77347398.4	121090394.3	35188.3	41804.3
其中:铁路运输业	2	20275.7	71724.6	402001.1	215350.9
道路运输业	277	59880696.9	87575676.8	−81828.3	14382.1
水上运输业	61	8682978.1	17085435.1	803599.3	164887.5
航空运输业	18	6831373.5	10657852.4	59234.8	208821.7
五、仓储业	180	1846688.8	4007554.9	160485.4	70596.1
六、商贸业	1924	18961916.3	83663234.1	185957.8	167448.6
七、房地产业	3712	158595840.0	636627451.0	1254793.4	842767.2
八、信息传输、软件和信息技术服务业	172	1328592.5	5326653.3	−28477.9	58459.1
其中:电信业	3	189682.8	359163.1	845096.6	444111.9
九、社会服务业	2758	258339207.3	447801797.0	500458.5	78347.2
十、教育文化广播业	125	437268.4	1594366.5	177358.9	107855.4
十一、科学研究和技术服务业	372	4876804.4	12747772.3	108310.4	73087.2
十二、金融业	255	116840408.6	1585979431.6	983188.4	422460.7
十三、其他	129	2276432.5	6022881.1	−278096.8	16790.3

2020年江苏省监管企业主要指标表

行　业	户　数（户）	年末国有资产总量（万元）	资产总额（万元）	职工人均利润（元/人）	职工人均税费（元/人）
合并	7718	456807014.9	1502435212.1	173722.1	109257.4
合计	7718	678233375.8	1852236529.3	216217.3	109257.4
一、农林牧渔业	278	6582599.5	17594120.1	59159.6	11792.6
其中：农业	159	5280070.6	13071731.3	59757.7	9854.8
林业	32	177298.6	1092396.4	67549.7	26381.0
畜牧业	11	41223.2	121816.1	81807.4	5651.3
渔业	29	345531.6	726521.6	60238.5	12905.6
二、工业	952	43171072.3	121486333.6	200995.9	109675.1
其中：煤炭工业	29	2802204.9	6292437.3	179712.6	61633.3
石油和石化工业	3	－43064.4	218111.0	－5953.4	30998.7
冶金工业	15	85691.8	440924.3	5300.4	31688.3
建材工业	34	197433.8	637880.9	11284.5	79031.1
化学工业	56	2756375.7	6988272.0	157327.5	71858.2
森林工业	4	87847.3	805544.0	－216703.6	62967.1
食品工业	57	610630.9	1966685.8	91284.2	48449.4
烟草工业	1	617.6	926.6	118227.2	51772.1
纺织工业	35	755486.7	2155692.1	35655.4	20040.3
医药工业	11	316551.0	1443495.3	94040.3	83166.3
机械工业	174	11263908.7	37048217.2	212149.0	101693.3
电子工业	32	589459.2	2185560.0	55085.5	32092.7
电力工业	164	7991357.3	19663225.0	651651.8	198849.8
市政公用工业	205	9127999.4	27194372.7	150030.8	88303.4
其他工业	132	6628572.5	14444989.4	253959.8	205738.5
三、建筑业	685	72266518.0	232681590.0	186288.1	163198.6
四、交通运输业	463	83562993.4	184005573.4	73206.6	26023.8
其中：铁路运输业	20	24666905.3	37321136.1	12947595.5	109515.9
道路运输业	256	51647096.4	130730569.2	42007.7	26526.5
水上运输业	95	856557.2	2419619.2	69358.6	20913.2
航空运输业	40	3147862.8	4910588.4	－62614.3	15503.4

续表

行　业	户　数（户）	年末国有资产总量（万元）	资产总额（万元）	职工人均利润（元/人）	职工人均税费（元/人）
五、仓储业	191	6621777.4	13898363.5	41201.8	76795.9
六、商贸业	915	8326916.6	39597574.8	156682.1	115365.2
七、房地产业	958	80928890.8	271653636.5	349288.2	399049.5
八、信息传输、软件和信息技术服务业	120	551744.7	2586609.5	90465.8	70666.6
其中：电信业					
九、社会服务业	2356	339180798.9	815270178.0	282575.1	90193.9
十、教育文化广播业	118	1362619.1	3907399.2	—226519.1	30702.7
十一、科学研究和技术服务业	273	4560764.9	10357482.1	84709.5	50163.6
十二、金融业	295	28103328.5	132855029.5	1377456.0	484063.6
十三、其他	114	3013351.9	6342639.0	6247.5	18344.1

2020年浙江省监管企业主要指标表

行　业	户　数（户）	年末国有资产总量（万元）	资产总额（万元）	职工人均利润（元/人）	职工人均税费（元/人）
合并	9826	335915739.0	1173886178.1	121164.8	65358.2
合计	9826	585794437.4	1599043471.1	183618.8	65358.2
一、农林牧渔业	200	4214665.8	8966485.8	—126883.0	15499.6
其中：农业	92	1993210.4	4196056.7	23798.6	17142.9
林业	31	1022575.1	2120628.7	—301493.3	22089.1
畜牧业	14	75214.7	152191.0	—288062.6	4883.2
渔业	8	275591.1	514261.9	—291183.0	2857.6
二、工业	1174	44126500.6	102235266.9	207163.7	75253.5
其中：煤炭工业	2	133919.5	159275.3	345272.8	17720.0
石油和石化工业	1	40733.3	106505.2	0.0	383282.3
冶金工业	27	2179908.3	3916696.5	379650.2	84750.2
建材工业	80	1166202.5	3559794.4	245974.3	128939.5

续表

行　业	户　数 (户)	年末国有资产总量 (万元)	资产总额 (万元)	职工人均利润 (元/人)	职工人均税费 (元/人)
化学工业	115	4358059.7	9289156.0	144679.5	65335.7
森林工业	2	182785.3	421171.3	541927.2	99182.8
食品工业	55	252801.3	709011.2	39272.8	20988.3
烟草工业					
纺织工业	5	50029.5	125242.3	—44553.9	34489.5
医药工业	39	1109547.2	1876165.5	104293.7	55753.9
机械工业	134	3308059.0	11125486.8	137447.0	48925.9
电子工业	13	334613.7	947156.4	560354.2	18528.1
电力工业	221	15079022.4	30687530.0	718948.4	184444.9
市政公用工业	387	14690904.2	36576242.6	94716.7	56876.7
其他工业	93	1239914.8	2735833.4	108876.1	76479.6
三、建筑业	570	28222431.1	91278643.5	140782.2	95809.1
四、交通运输业	632	67176615.7	155349710.0	64147.5	23754.8
其中:铁路运输业	20	2433992.8	5505184.3	—45779.3	4952.2
道路运输业	409	52320943.0	127060199.1	40929.2	17226.2
水上运输业	145	9503845.0	15519304.5	332134.1	71321.0
航空运输业	29	2764842.9	6976584.0	—113028.2	16523.4
五、仓储业	151	1950879.4	6090617.0	—9884.0	35676.3
六、商贸业	1353	13681363.5	48186709.0	401556.0	173764.0
七、房地产业	1106	68300759.4	230731828.7	369533.1	222112.7
八、信息传输、软件和信息技术服务业	175	819905.5	2579992.7	12058.6	31569.3
其中:电信业					
九、社会服务业	3461	336819170.4	760570697.2	174387.1	35521.9
十、教育文化广播业	301	3329371.6	6176320.8	—3732.3	11802.2
十一、科学研究和技术服务业	445	3400103.9	8283664.1	100423.9	33066.2
十二、金融业	133	12356239.4	174155659.8	757818.9	207583.1
十三、其他	125	1396431.0	4437875.8	—56294.4	5704.6

2020年宁波市监管企业主要指标表

行　业	户　数（户）	年末国有资产总量（万元）	资产总额（万元）	职工人均利润（元/人）	职工人均税费（元/人）
合并	1094	54215130.6	173367559.2	59473.8	44742.5
合计	1094	80358869.2	210548686.2	100618.1	44742.5
一、农林牧渔业	24	1119349.8	2120483.6	-598108.6	18398.6
其中：农业	7	379409.0	511800.4	-44412.5	23762.3
林业	2	-8783.4	183154.4	-9249655.2	36931.1
畜牧业	1	2099.3	2103.0	0.0	0.0
渔业	3	174067.7	381987.2	-4198621.8	30644.9
二、工业	105	3620999.4	8535568.7	211093.3	97157.3
其中：煤炭工业					
石油和石化工业					
冶金工业					
建材工业	23	286419.3	892139.1	219502.4	102876.6
化学工业	3	27928.0	492443.3	66082.0	36441.6
森林工业					
食品工业					
烟草工业					
纺织工业					
医药工业	1	40463.4	76797.4	-6987165.1	0.0
机械工业	6	110250.6	207410.8	-684331.7	108040.8
电子工业	2	3113.6	3167.9	4481.5	11037.7
电力工业	13	154488.7	292726.8	145395.5	82980.6
市政公用工业	49	2921879.9	6437190.3	260335.5	104933.9
其他工业	8	76455.9	133693.1	-40721.7	52391.8
三、建筑业	64	3093156.2	12792631.4	60443.7	63595.3
四、交通运输业	44	5029055.8	15465180.2	23430.9	10603.3
其中：铁路运输业	2	113364.6	278317.9	-50508.9	2812.2
道路运输业	37	4895303.0	14756603.3	24374.8	10688.4
水上运输业	4	19736.2	104738.2	2977.4	9724.6
航空运输业	1	651.9	325520.9	-49177.7	0.0

续表

行　业	户　数（户）	年末国有资产总量（万元）	资产总额（万元）	职工人均利润（元/人）	职工人均税费（元/人）
五、仓储业	9	118696.9	532759.3	－19118.2	11767.7
六、商贸业	82	412836.2	2219698.4	143881.3	37776.6
七、房地产业	176	14118053.9	53376307.2	352286.6	172107.2
八、信息传输、软件和信息技术服务业	19	50524.1	156988.3	－41782.9	25550.4
其中：电信业					
九、社会服务业	427	50797246.9	111715299.8	123717.1	32467.7
十、教育文化广播业	62	685139.4	1333509.6	－26403.7	26043.0
十一、科学研究和技术服务业	55	306554.2	802884.1	20543.1	14456.0
十二、金融业	18	567997.3	760789.2	88909.5	110039.2
十三、其他	9	439259.1	736586.3	－455227.1	47470.0

2020 年安徽省监管企业主要指标表

行　业	户　数（户）	年末国有资产总量（万元）	资产总额（万元）	职工人均利润（元/人）	职工人均税费（元/人）
合并	3470	205464040.0	556408699.6	183826.0	105461.3
合计	3470	313799789.9	703826096.0	220447.6	105619.2
一、农林牧渔业	110	3312909.1	5200205.3	10049.0	4059.6
其中：农业	75	2968364.9	4254769.1	9627.3	4053.2
林业	10	239068.6	637841.6	－50114.4	7320.6
畜牧业	1	869.0	3888.5	－66022.9	0.0
渔业	6	－945.8	4868.6	－22034.0	798.0
二、工业	515	35170063.9	102503536.7	201537.7	116253.8
其中：煤炭工业	39	11284189.2	32886856.4	43227.3	52025.2
石油和石化工业	4	51670.8	73935.2	－77752.5	－3347.3
冶金工业	30	2082567.6	11241121.1	44392.2	81966.7
建材工业	38	7311524.5	22266435.3	904996.3	385160.4

续表

行　业	户　数（户）	年末国有资产总量（万元）	资产总额（万元）	职工人均利润（元/人）	职工人均税费（元/人）
化学工业	25	1373327.6	3762052.6	108621.6	71880.2
森林工业	3	6759.8	17163.2	－219600.0	144.6
食品工业	20	22380.0	108036.0	10767.6	16626.8
烟草工业					
纺织工业	5	219914.1	742596.1	58563.1	36296.0
医药工业					
机械工业	93	2367989.3	8101515.1	38721.1	42017.2
电子工业	10	988760.5	5052126.6	－59479.4	40965.1
电力工业	78	5950162.2	10719357.6	286865.0	120834.4
市政公用工业	105	2114370.7	4668271.5	68260.8	56809.8
其他工业	65	1396447.5	2864069.9	149569.7	156837.2
三、建筑业	367	15032080.1	48024707.8	79913.2	86975.0
四、交通运输业	225	20753432.3	49323654.6	28536.9	32920.7
其中：铁路运输业	7	156023.2	346452.9	113887.0	87462.0
道路运输业	132	14964540.1	42012642.1	16930.5	32897.5
水上运输业	66	3875538.1	4572944.3	57049.8	30277.2
航空运输业	9	1052899.6	1284500.6	27776.1	26483.4
五、仓储业	95	240004.9	742990.1	21982.8	11934.0
六、商贸业	418	3742464.3	11951187.4	117155.3	119680.9
七、房地产业	458	16330359.3	48492019.6	304514.9	302934.2
八、信息传输、软件和信息技术服务业	34	134991.5	500823.2	106223.5	33982.6
其中：电信业					
九、社会服务业	746	184654066.7	354198421.1	649767.4	84013.0
十、教育文化广播业	59	721576.7	1390293.1	－17209.2	16139.7
十一、科学研究和技术服务业	161	1914538.7	3861573.8	198261.9	73442.6
十二、金融业	250	28757546.9	70917041.6	866873.9	271026.7
十三、其他	32	3035755.6	6719641.9	272707.0	27173.8

2020 年福建省监管企业主要指标表

行　业	户　数 (户)	年末国有资产总量 (万元)	资产总额 (万元)	职工人均利润 (元/人)	职工人均税费 (元/人)
合并	6071	97769186.6	472435507.9	109132.3	142222.8
合计	6071	230794901.9	689150763.2	180702.0	142817.0
一、农林牧渔业	114	698722.2	1172776.1	27468.2	10530.5
其中:农业	28	163318.0	333322.3	-28358.4	2274.6
林业	18	60200.2	85986.7	195212.6	33826.4
畜牧业	14	21288.1	47985.1	-419.2	533.0
渔业	7	1812.1	9604.5	-250397.1	11991.2
二、工业	814	28716904.8	76487321.9	64179.6	61464.9
其中:煤炭工业	16	781517.7	1271785.4	38273.6	32629.6
石油和石化工业					
冶金工业	79	5861661.7	13808268.0	193613.5	90246.9
建材工业	70	719061.1	1930274.5	166344.8	138131.7
化学工业	47	3337966.5	12045547.1	82414.3	166109.2
森林工业	9	201706.3	395700.6	-21072.1	40516.6
食品工业	46	789417.2	3200354.9	-182.5	13123.5
烟草工业					
纺织工业	4	105555.8	160439.9	17411.1	19865.3
医药工业	20	875682.7	1092132.4	1246969.5	289428.5
机械工业	112	1828923.0	5414865.7	-27717.7	21566.6
电子工业	93	4785453.2	16444269.7	-54126.9	35927.9
电力工业	78	3854301.7	7647725.9	819802.6	187876.2
市政公用工业	170	4543921.4	9524267.4	72089.7	42366.7
其他工业	70	1031736.4	3551690.4	-204222.8	36640.9
三、建筑业	363	22798126.5	64253425.4	99861.9	86799.6
四、交通运输业	524	36548736.4	87287227.3	17857.5	27059.2
其中:铁路运输业	13	647004.0	1564492.7	550.9	29038.7
道路运输业	324	32501598.1	78274881.3	-6228.1	14681.7
水上运输业	83	1669797.4	3616704.6	124988.3	40215.5
航空运输业	20	1107994.5	2029165.6	85880.3	37384.5

续表

行　业	户　数（户）	年末国有资产总量（万元）	资产总额（万元）	职工人均利润（元/人）	职工人均税费（元/人）
五、仓储业	149	2536623.8	5939525.4	188043.1	97933.0
六、商贸业	1061	9759951.6	46378202.4	424935.7	668936.9
七、房地产业	1061	51094958.2	151698105.5	619710.0	480869.9
八、信息传输、软件和信息技术服务业	139	829693.2	2281262.4	—53048.2	35944.9
其中：电信业					
九、社会服务业	1362	68554318.2	145770240.4	351815.9	118002.3
十、教育文化广播业	102	1035064.1	1405636.9	—115335.6	19268.8
十一、科学研究和技术服务业	235	993985.0	2019735.4	65144.2	33295.6
十二、金融业	116	7055849.6	104161401.2	1089148.5	562027.7
十三、其他	31	171968.6	295902.7	—1554.0	2478.8

2020年厦门市监管企业主要指标表

行　业	户　数（户）	年末国有资产总量（万元）	资产总额（万元）	职工人均利润（元/人）	职工人均税费（元/人）
合并	2362	22898157.6	131659625.8	213103.5	282046.3
合计	2362	66699884.7	227634090.9	339442.2	283440.8
一、农林牧渔业	36	108756.9	315408.9	43279.9	9148.0
其中：农业	5	24702.4	110273.2	—8756.0	—9808.0
林业	6	18668.2	38421.8	235976.2	52049.7
畜牧业	9	14464.8	36066.1	5476.8	545.8
渔业	2	585.5	4179.4	—284743.8	7763.2
二、工业	132	3280106.8	11252164.9	112778.8	38308.7
其中：煤炭工业					
石油和石化工业					
冶金工业	8	451477.1	2681399.9	42055.0	6367.6
建材工业	17	238215.3	476054.0	209956.7	138000.4

续表

行　业	户　数（户）	年末国有资产总量（万元）	资产总额（万元）	职工人均利润（元/人）	职工人均税费（元/人）
化学工业	11	218631.3	498182.7	802168.6	118906.9
森林工业	2	177.5	4742.3	0.0	0.0
食品工业	23	354124.7	2551057.1	-15607.7	12259.6
烟草工业					
纺织工业	2	4299.4	12597.9	11217.0	10458.3
医药工业	2	39830.2	92020.7	783227.4	122540.5
机械工业	19	341318.9	840169.1	28033.2	28697.6
电子工业	8	242629.4	454610.0	-70252.3	11140.6
电力工业	4	41378.2	92733.4	16575.5	23682.1
市政公用工业	24	1342513.2	3248801.7	59276.5	49931.6
其他工业	12	5511.6	299796.2	-392705.0	19644.6
三、建筑业	50	3229978.2	10932071.5	100204.9	48383.2
四、交通运输业	166	8881730.5	17120284.2	76862.0	38571.0
其中：铁路运输业	11	271683.2	860232.9	36185.8	23983.1
道路运输业	43	6091952.4	10886665.9	33313.5	3291.4
水上运输业	47	1428169.0	2864391.9	231821.8	57916.4
航空运输业	10	864006.3	1475640.5	106478.0	46772.7
五、仓储业	60	901815.3	2244086.3	148260.8	78318.4
六、商贸业	549	6330414.3	36415307.8	576143.7	923446.2
七、房地产业	680	24131464.2	93886777.0	702135.1	560633.3
八、信息传输、软件和信息技术服务业	48	384540.3	1146454.1	3794.4	50263.3
其中：电信业					
九、社会服务业	501	17049577.5	49141100.5	491129.4	236857.3
十、教育文化广播业	40	123660.8	148467.0	-121215.3	7999.8
十一、科学研究和技术服务业	38	321466.7	638444.2	59159.5	36145.7
十二、金融业	50	1910832.8	4331676.8	1511167.0	403550.6
十三、其他	12	45540.3	61847.5	-69239.6	5190.5

2020年江西省监管企业主要指标表

行　业	户　数（户）	年末国有资产总量（万元）	资产总额（万元）	职工人均利润（元/人）	职工人均税费（元/人）
合并	3130	150619778.1	431352067.2	113957.9	92571.2
合计	3130	203824189.8	535842440.7	135563.0	92571.2
一、农林牧渔业	107	8473034.2	10909872.6	919.2	14411.6
其中：农业	52	8033854.5	9554244.1	－5656.4	16022.0
林业	33	386200.7	567698.6	12739.8	16092.8
畜牧业	3	－11675.6	1806.0	－11646.3	0.0
渔业	9	23050.0	56744.6	39551.3	2989.1
二、工业	725	25995310.6	70158787.3	106703.2	82166.2
其中：煤炭工业	38	1955240.1	5883539.7	－21062.4	10510.7
石油和石化工业					
冶金工业	128	12096515.1	32358530.9	116166.7	98389.5
建材工业	95	1521602.5	3471872.9	507817.7	255457.8
化学工业	46	653838.0	1753292.2	50968.1	56741.9
森林工业					
食品工业	13	2448.7	48338.5	－94422.8	9865.0
烟草工业					
纺织工业	2	304704.7	500945.9	171304.5	1966.0
医药工业	4	－15780.2	77409.0	－39670.7	12810.4
机械工业	78	3102626.2	9616009.4	48714.6	85312.4
电子工业	11	20541.8	100035.0	48262.3	22171.9
电力工业	64	1186525.5	4002164.5	120002.7	51347.7
市政公用工业	150	4382498.2	10442200.2	103713.8	35290.4
其他工业	96	784550.0	1904449.1	143182.8	75103.8
三、建筑业	386	32104998.6	96012603.4	200296.4	167269.6
四、交通运输业	218	24730541.4	58702971.3	9951.8	30826.2
其中：铁路运输业	7	1834407.2	3102204.9	－967016.4	45619.1
道路运输业	186	21917459.0	53492974.9	15116.9	30166.0
水上运输业	15	745078.2	1672114.6	151828.4	67517.8
航空运输业	6	131978.4	181269.0	－363240.8	33563.1

续表

行　业	户　数 （户）	年末国有资产总量 （万元）	资产总额 （万元）	职工人均利润 （元/人）	职工人均税费 （元/人）
五、仓储业	60	321576.0	1099660.8	252768.7	13089.7
六、商贸业	284	1001203.6	8907936.1	22471.0	127115.1
七、房地产业	301	33416179.0	81760663.0	457832.6	262797.2
八、信息传输、软件和信息技术服务业	61	181396.2	320593.2	76913.9	13048.9
其中：电信业	1	65.3	123.0	440.5	0.0
九、社会服务业	702	60692015.0	128506537.7	186249.2	80653.9
十、教育文化广播业	85	1850832.9	5173418.4	202802.9	29203.5
十一、科学研究和技术服务业	117	4108518.4	8307489.6	189481.4	52688.6
十二、金融业	56	6220141.3	57394938.3	722712.4	509290.3
十三、其他	28	4728442.7	8586969.1	385859.3	20805.9

2020 年山东省监管企业主要指标表

行　业	户　数 （户）	年末国有资产总量 （万元）	资产总额 （万元）	职工人均利润 （元/人）	职工人均税费 （元/人）
合并	10364	246534774.6	1028648501.3	87702.4	88041.1
合计	10364	464136807.3	1443330290.0	144054.0	88332.3
一、农林牧渔业	281	2637380.2	6648478.9	－26138.9	47033.9
其中：农业	161	1775968.9	3976007.2	－22073.3	74549.1
林业	14	28849.4	122379.5	－213495.3	4922.3
畜牧业	15	51535.5	140300.8	57578.2	1965.1
渔业	34	235756.9	547997.2	－25395.3	11826.9
二、工业	2271	93394697.8	345477078.1	146922.9	81210.0
其中：煤炭工业	199	29198823.5	100169710.1	129762.2	103457.8
石油和石化工业	18	1658621.5	6269676.1	333555.7	379565.3
冶金工业	169	15712913.3	60206962.3	180844.0	83894.5
建材工业	150	1244157.3	4527203.3	151357.1	127278.6

续表

行　业	户　数（户）	年末国有资产总量（万元）	资产总额（万元）	职工人均利润（元/人）	职工人均税费（元/人）
化学工业	161	9842684.7	32538921.4	288288.2	72624.7
森林工业	8	31003.8	176091.2	－64090.2	14446.0
食品工业	59	467180.5	1717373.7	29278.9	19768.8
烟草工业	1	－0.3	0.0	0.0	0.0
纺织工业	24	311241.6	1121978.8	7341.5	13136.9
医药工业	39	664344.9	2289216.7	95505.5	48105.4
机械工业	389	12939635.6	65475409.1	121677.0	57526.3
电子工业	129	3377223.4	14768911.1	365503.3	55414.6
电力工业	240	2670786.8	10553200.8	51963.5	48587.2
市政公用工业	507	11923830.1	34500422.0	38072.4	46015.8
其他工业	178	3352251.1	11162001.5	96121.4	133551.1
三、建筑业	936	39087915.9	128698284.9	95187.3	103923.4
四、交通运输业	631	65265382.9	160359087.0	62824.5	37976.7
其中：铁路运输业	21	9960996.1	17085031.9	46558.1	112228.6
道路运输业	375	37210636.9	102363360.6	39849.6	27182.8
水上运输业	112	9675724.2	20776928.1	128039.8	69396.3
航空运输业	39	4125686.0	9011845.9	－247515.0	32477.9
五、仓储业	200	3971781.6	7594925.0	112157.3	61925.3
六、商贸业	960	7066948.5	45761889.8	84653.8	133755.5
七、房地产业	1106	48196215.9	168950775.7	417997.7	336696.3
八、信息传输、软件和信息技术服务业	394	2820363.2	8682710.7	91263.2	52119.2
其中：电信业	1	99.8	155.6	115.0	6415.6
九、社会服务业	2290	169833995.5	370741046.1	180776.5	73765.4
十、教育文化广播业	259	2122107.0	4722472.7	－42984.6	10088.7
十一、科学研究和技术服务业	651	2408876.9	5842041.0	8313.5	46271.6
十二、金融业	302	25794320.1	185062817.9	606054.5	291437.3
十三、其他	83	1536821.7	4788682.2	－54491.9	14398.4

2020 年青岛市监管企业主要指标表

行　业	户　数（户）	年末国有资产总量（万元）	资产总额（万元）	职工人均利润（元/人）	职工人均税费（元/人）
合并	1299	29647300.1	116728103.9	90942.7	83432.1
合计	1299	57573723.0	175629760.3	166428.7	84058.3
一、农林牧渔业	22	140309.7	280278.6	—362226.6	10759.2
其中：农业	9	8635.0	23676.6	—26022.1	833.4
林业					
畜牧业	3	4182.0	4818.4	29171.9	2.7
渔业	8	127480.9	248788.6	—856049.4	24833.2
二、工业	340	7101189.4	31798085.2	161154.5	74298.6
其中：煤炭工业					
石油和石化工业	1	—89.5	37.5	0.0	0.0
冶金工业	7	2939.2	20392.0	—97006.3	8966.8
建材工业	9	29369.8	107317.0	146276.5	187307.1
化学工业	46	2096687.8	7645809.6	97323.3	40188.7
森林工业	1	2667.8	8223.9	—3590320.1	108606.3
食品工业	11	77794.7	377308.2	60610.8	24911.6
烟草工业	1	—0.3	0.0	0.0	0.0
纺织工业					
医药工业					
机械工业	51	359711.2	5521435.8	89181.1	53329.7
电子工业	19	1882883.7	6540323.1	718327.0	42551.4
电力工业	101	652267.8	2678922.8	476596.0	141354.3
市政公用工业	64	810364.4	3783806.9	26693.1	36476.9
其他工业	29	1186592.7	5114508.4	82724.8	141077.8
三、建筑业	68	3312387.2	9447255.5	354858.7	73482.9
四、交通运输业	94	9800966.3	25598133.0	—40255.6	7289.9
其中：铁路运输业					
道路运输业	77	8250068.7	20403008.4	—1415.2	1556.7
水上运输业	5	1335.2	47060.1	—125803.5	4578.5
航空运输业	10	1548479.4	5146048.3	—371249.9	56707.9

续表

行　业	户　数（户）	年末国有资产总量（万元）	资产总额（万元）	职工人均利润（元/人）	职工人均税费（元/人）
五、仓储业	10	92387.2	220716.1	－19629.3	78175.5
六、商贸业	95	374650.7	9805255.9	82730.7	154626.0
七、房地产业	184	6191278.3	20675705.4	1982630.2	566981.5
八、信息传输、软件和信息技术服务业	30	383204.8	1474358.2	269794.0	97745.5
其中：电信业					
九、社会服务业	291	23458544.4	54741015.5	419051.9	167154.4
十、教育文化广播业	49	945037.3	1902066.0	－466775.0	85310.5
十一、科学研究和技术服务业	52	299664.6	991678.3	30911.7	21290.2
十二、金融业	53	5321013.5	18323703.4	2445448.4	679201.2
十三、其他	11	153089.6	371509.2	－592241.3	67299.6

2020 年河南省监管企业主要指标表

行　业	户　数（户）	年末国有资产总量（万元）	资产总额（万元）	职工人均利润（元/人）	职工人均税费（元/人）
合并	1730	35751792.2	214387697.1	7535.4	44514.3
合计	1730	76048067.0	294610486.6	34097.3	41559.3
一、农林牧渔业	29	186590.4	569533.3	－17017.8	10805.2
其中：农业	16	17556.9	82064.0	－24728.0	7174.3
林业	6	141624.8	442711.1	0.0	0.0
畜牧业	5	27111.4	31169.4	－11521.6	13061.0
渔业					
二、工业	679	26760481.5	119931654.6	22248.0	37591.2
其中：煤炭工业	252	14018396.3	75870267.1	18627.1	35070.9
石油和石化工业	5	－199068.7	530238.6	41375.8	52613.6
冶金工业	41	3579668.7	9615493.2	25269.3	44598.8
建材工业	47	1186767.1	2531371.0	111524.2	94795.8

续表

行　业	户　数 （户）	年末国有资产总量 （万元）	资产总额 （万元）	职工人均利润 （元/人）	职工人均税费 （元/人）
化学工业	85	2570390.4	13545539.0	－75338.6	23455.4
森林工业	2	3360.9	4799.5	7635.0	16450.2
食品工业	12	19414.7	93619.5	19637.9	22484.3
烟草工业					
纺织工业	3	83321.5	222767.0	9074.8	25362.2
医药工业	1	－2546.9	1301.6	52381.7	93965.5
机械工业	75	2315025.1	8787124.0	98591.2	47066.5
电子工业	5	261751.2	455602.4	126771.9	34559.4
电力工业	57	23931.2	1310695.0	－86284.3	25612.2
市政公用工业	63	2620451.8	6254318.0	138038.1	79314.7
其他工业	30	279850.0	704036.9	－32978.5	44420.4
三、建筑业	130	6996402.6	19480700.0	55135.0	45970.5
四、交通运输业	61	7819893.9	23458948.2	－5508.4	4969.1
其中：铁路运输业	6	59795.2	143423.0	29130.9	33678.5
道路运输业	44	7725279.5	23228251.8	－7219.9	3878.1
水上运输业	1	782.3	14029.9	91241.0	63978.3
航空运输业	3	22634.3	58070.8	－280929.0	174772.4
五、仓储业	26	88413.3	277390.0	－5017.7	13401.8
六、商贸业	171	1225380.6	4910966.4	98576.6	84468.4
七、房地产业	160	6729352.8	19747877.7	316333.3	255563.9
八、信息传输、软件和信息技术服务业	40	177104.1	396372.8	52323.2	27924.0
其中：电信业					
九、社会服务业	274	21712111.1	43989689.9	8477.3	18476.4
十、教育文化广播业	35	352764.2	917687.5	－238961.7	9216.2
十一、科学研究和技术服务业	72	194049.2	732114.5	8894.6	26018.1
十二、金融业	33	3758826.1	60011722.9	936214.7	481081.7
十三、其他	20	46697.3	185828.9	－34538.2	691.4

2020年湖北省监管企业主要指标表

行　业	户　数（户）	年末国有资产总量（万元）	资产总额（万元）	职工人均利润（元/人）	职工人均税费（元/人）
合并	4246	165560972.9	558809042.9	84227.2	64523.0
合计	4246	257512445.6	731527561.5	87919.9	64523.0
一、农林牧渔业	171	2581553.9	5438192.3	16223.6	9427.5
其中：农业	65	680569.5	1860909.1	2276.0	5246.3
林业	13	122888.0	189573.2	110465.4	84932.4
畜牧业	34	92276.0	278610.3	207454.9	4257.9
渔业	27	737334.0	968716.3	3033.1	2616.6
二、工业	519	7771878.2	29561169.4	40656.8	30406.0
其中：煤炭工业	17	125.5	156481.5	—33787.7	361.7
石油和石化工业	5	46769.5	112184.0	511666.3	355059.2
冶金工业	6	—107784.3	182778.5	4690.5	2091.6
建材工业	31	337814.2	801648.0	—159916.1	119636.0
化学工业	57	2615491.2	12677603.1	30183.3	23889.7
森林工业	3	147995.4	391415.9	195310.8	14820.4
食品工业	51	510500.8	1820973.2	166650.1	51557.3
烟草工业	2	2168.0	6647.0	—89240.3	12603.5
纺织工业	18	184075.9	704508.6	31551.4	16857.9
医药工业	13	61214.3	320285.8	138808.6	25612.0
机械工业	63	325863.9	1182233.5	11717.2	11206.1
电子工业	21	165133.4	382204.0	—12270.5	17465.0
电力工业	41	211355.0	727700.7	35830.5	23463.7
市政公用工业	122	2826271.3	8236585.1	18608.7	25932.3
其他工业	68	444773.5	1857846.7	19443.6	47547.1
三、建筑业	455	43438079.9	123795116.2	271711.5	116990.8
四、交通运输业	296	23634728.4	66913804.8	—30998.4	11067.1
其中：铁路运输业	13	4347434.9	9940119.9	—4021721.9	19859.9
道路运输业	204	16729244.3	51812004.3	23665.8	9365.4
水上运输业	39	344999.2	925708.1	82235.0	19117.8
航空运输业	15	2039061.2	3460677.7	—230632.0	23588.3

续表

行　业	户　数（户）	年末国有资产总量（万元）	资产总额（万元）	职工人均利润（元/人）	职工人均税费（元/人）
五、仓储业	182	1537999.9	4398158.9	97405.5	53407.6
六、商贸业	287	3499486.3	10251463.8	−136940.9	38774.5
七、房地产业	799	38436946.9	147037193.8	559132.8	401083.9
八、信息传输、软件和信息技术服务业	65	329871.8	559431.9	128353.9	22821.8
其中：电信业					
九、社会服务业	1019	122641792.2	303046359.0	326774.3	74793.0
十、教育文化广播业	72	240791.1	675126.3	−78872.4	5003.5
十一、科学研究和技术服务业	202	2571463.4	5968671.9	141844.5	60662.8
十二、金融业	126	8082062.7	26014063.7	991237.8	647908.3
十三、其他	53	2745790.8	7868809.4	−50223.0	17054.8

2020年湖南省监管企业主要指标表

行　业	户　数（户）	年末国有资产总量（万元）	资产总额（万元）	职工人均利润（元/人）	职工人均税费（元/人）
合并	2341	134124520.7	375245586.3	97279.6	77929.0
合计	2341	204206912.4	499618688.1	121012.2	77917.0
一、农林牧渔业	65	503419.1	1326450.3	156044.3	13920.5
其中：农业	22	283144.7	535664.3	−518933.0	25735.9
林业	9	15589.0	62152.4	−3359.8	5384.8
畜牧业	20	146922.3	394390.8	496398.0	6758.9
渔业	1	471.3	757.3	14049488.4	0.0
二、工业	488	21408215.3	64857960.3	135520.6	71483.9
其中：煤炭工业	18	858687.2	1784373.7	6168.4	19626.8
石油和石化工业	3	71934.8	413043.5	−159118.2	78782.0
冶金工业	71	9840252.8	19838202.4	327278.1	105810.8
建材工业	14	133977.8	432642.3	38662.2	54189.8

续表

行 业	户 数（户）	年末国有资产总量（万元）	资产总额（万元）	职工人均利润（元/人）	职工人均税费（元/人）
化学工业	27	596906.7	1349100.7	177164.4	34746.1
森林工业	3	—4708.0	62293.7	—1230448.3	33981.3
食品工业	18	79192.3	255663.6	—58139.5	14079.6
烟草工业					
纺织工业	10	48473.8	159639.8	13928.7	6441.6
医药工业	12	175335.5	522404.8	156606.6	96328.0
机械工业	114	5221763.6	28291157.7	83654.8	87372.8
电子工业	21	218611.0	358415.2	61683.9	25461.3
电力工业	65	1525171.9	4379850.6	190275.4	96016.9
市政公用工业	52	2059744.0	5657873.4	74650.0	42593.0
其他工业	60	582871.8	1353299.0	15050.3	45462.7
三、建筑业	237	53483091.7	142105455.5	156454.2	106187.4
四、交通运输业	141	10364296.8	34733294.1	—28150.1	18109.2
其中：铁路运输业	3	2593.1	44299.9	—106079.6	6431.5
道路运输业	101	6507951.2	28778708.5	—30574.5	17144.2
水上运输业	20	1473960.8	1799620.8	122268.0	60834.3
航空运输业	8	2243647.8	3710448.5	—31398.0	17746.3
五、仓储业	56	770566.3	2816038.0	—18641.5	18226.5
六、商贸业	204	1718176.7	6253200.1	172222.9	177542.5
七、房地产业	375	38770805.2	82903221.0	341257.1	234816.7
八、信息传输、软件和信息技术服务业	44	677823.1	1385039.3	410543.2	100018.2
其中：电信业					
九、社会服务业	464	70011602.2	145532490.1	98529.7	68107.1
十、教育文化广播业	48	797307.9	1933057.4	27302.0	19814.4
十一、科学研究和技术服务业	103	485845.8	967138.8	43515.6	34009.8
十二、金融业	98	4916223.9	13407016.7	648981.5	301946.4
十三、其他	18	299538.4	1398326.4	—21264.3	7518.8

2020年广东省监管企业主要指标表

行　业	户　数 (户)	年末国有资产总量 (万元)	资产总额 (万元)	职工人均利润 (元/人)	职工人均税费 (元/人)
合并	12046	331247831.9	1210229576.1	179462.2	152037.5
合计	12046	656682133.3	1702135534.0	284816.4	153224.1
一、农林牧渔业	237	1265952.1	4600141.7	171230.6	49037.3
其中:农业	101	494351.6	1600311.6	143337.1	43602.4
林业	16	51504.3	71334.3	-17227.6	1880.1
畜牧业	33	115213.0	390681.3	100116.1	7756.7
渔业	11	-28332.6	32952.1	34157.2	5251.3
二、工业	2098	62652542.1	168470814.4	185061.3	137366.3
其中:煤炭工业	5	-1059726.7	68221.4	-21324981.8	1747193.5
石油和石化工业	5	39164.7	82761.1	109991.1	105426.3
冶金工业	108	3611517.3	10040749.9	141246.5	71514.1
建材工业	61	417110.4	1497694.6	62641.6	63939.1
化学工业	143	1749698.3	5176572.8	-183599.2	44628.5
森林工业	2	1498.6	3227.9	-39235.7	13744.6
食品工业	81	955383.3	2234333.9	96502.1	36422.5
烟草工业					
纺织工业	40	128406.7	723986.2	-11694.3	5911.1
医药工业	51	1788440.3	4692221.5	237045.8	105724.4
机械工业	273	9579116.8	35583263.7	203442.7	230381.9
电子工业	95	1373692.9	6750504.8	49978.2	39503.3
电力工业	418	23074506.2	52620997.9	680941.3	255912.6
市政公用工业	584	17042302.1	39538224.4	170102.3	75842.6
其他工业	232	3951431.1	9458054.3	193900.1	83197.7
三、建筑业	667	29279652.8	76656192.3	155484.4	145210.5
四、交通运输业	811	143817739.1	289505004.1	78666.4	27459.7
其中:铁路运输业	16	14104037.9	24848097.9	-1143547.0	10629.3
道路运输业	524	113873710.6	237265400.3	88781.5	24300.4
水上运输业	191	7491788.5	13343703.3	236443.4	63846.6
航空运输业	32	8018631.8	12998616.0	23632.0	29972.4

续表

行　业	户　数 (户)	年末国有资产总量 (万元)	资产总额 (万元)	职工人均利润 (元/人)	职工人均税费 (元/人)
五、仓储业	253	4359670.9	9656830.3	549685.7	221985.0
六、商贸业	1329	10307897.1	33687597.7	181354.2	125261.6
七、房地产业	2159	88954866.2	263661390.8	514573.6	366863.4
八、信息传输、软件和信息技术服务业	228	5288125.3	11852749.4	28543.7	36677.5
其中:电信业	4	82773.8	115287.1	-93699.7	7434.2
九、社会服务业	3084	255131073.5	458313294.5	403794.3	100943.4
十、教育文化广播业	245	1530105.3	2463223.7	30187.4	16310.3
十一、科学研究和技术服务业	547	3624529.8	12527634.0	50075.6	36614.1
十二、金融业	329	50099293.4	369891165.3	832438.4	491463.0
十三、其他	59	370685.8	849495.8	2601.9	21442.9

2020年深圳市监管企业主要指标表

行　业	户　数 (户)	年末国有资产总量 (万元)	资产总额 (万元)	职工人均利润 (元/人)	职工人均税费 (元/人)
合并	2170	117199955.1	447447647.7	332943.7	218531.5
合计	2170	191546705.4	547012241.3	432574.7	221726.2
一、农林牧渔业	49	580443.7	2497838.4	228709.2	106740.2
其中:农业	23	105811.7	436481.5	135871.1	56281.6
林业					
畜牧业					
渔业					
二、工业	366	11073070.9	30703089.9	204225.3	90205.5
其中:煤炭工业					
石油和石化工业					
冶金工业	1	-647.9	661.2	-335888.4	14192.6
建材工业	4	15725.4	97387.2	-19766.0	36116.7

续表

行　业	户　数 (户)	年末国有资产总量 (万元)	资产总额 (万元)	职工人均利润 (元/人)	职工人均税费 (元/人)
化学工业	23	563209.4	940628.8	64913.3	21785.4
森林工业					
食品工业	8	63435.6	187403.1	242166.9	29633.2
烟草工业					
纺织工业	1	1752.6	3855.9	12465.9	3203.2
医药工业	1	104647.2	183614.4	301709.3	106293.4
机械工业	28	449608.2	1832969.4	92639.8	21967.7
电子工业	14	326847.3	1257796.8	−39280.5	21872.7
电力工业	113	6064462.7	17500740.8	817189.0	335196.9
市政公用工业	160	3443260.6	8551086.2	202053.1	93652.0
其他工业	13	40769.8	146946.2	−27670.9	57968.1
三、建筑业	64	1524127.3	7938046.1	206518.1	81879.7
四、交通运输业	118	41896154.5	70615334.0	212590.5	26479.3
其中:铁路运输业	1	2129.8	66178.2	−98212.8	3841.5
道路运输业	88	35128943.7	60616284.4	211678.2	24443.1
水上运输业	15	2873552.4	3607889.1	1813525.0	124311.6
航空运输业	7	3727186.6	5910157.0	59248.0	36418.9
五、仓储业	81	2141377.8	4363315.7	2188807.0	877262.6
六、商贸业	121	2068538.8	4977516.5	307863.5	111551.8
七、房地产业	547	50665884.4	89727356.3	505757.2	304918.9
八、信息传输、软件和信息技术服务业	71	3736972.4	8182920.8	567161.6	67128.7
其中:电信业	2	31187.7	43775.0	−689520.3	0.0
九、社会服务业	497	49933259.9	84402032.1	278530.5	59845.2
十、教育文化广播业	43	136048.1	176273.4	82863.9	48690.4
十一、科学研究和技术服务业	124	1071058.4	2782366.5	94851.3	43451.3
十二、金融业	70	26595066.0	240438851.3	772387.9	511560.6
十三、其他	19	124703.1	207300.4	17357.6	28029.0

2020年广西壮族自治区监管企业主要指标表

行　业	户　数（户）	年末国有资产总量（万元）	资产总额（万元）	职工人均利润（元/人）	职工人均税费（元/人）
合并	3264	107578577.6	366754918.1	82563.8	89617.4
合计	3264	202459115.4	537711204.0	124065.8	89727.3
一、农林牧渔业	95	4072235.0	7679580.5	95626.6	52884.8
其中：农业	58	3472319.8	5936664.1	971.7	52407.7
林业	18	563039.5	1568622.1	537523.4	58697.9
畜牧业	5	7816.9	44089.4	132463.0	25250.3
渔业	2	－77.8	495.6	0.0	0.0
二、工业	686	17952483.8	51371720.5	104108.5	71778.6
其中：煤炭工业	23	－23683.0	721835.7	－219139.2	11522.2
石油和石化工业	9	139565.4	673469.6	－10989.4	568482.3
冶金工业	64	6717146.0	17618205.1	175584.4	68305.4
建材工业	82	957019.3	1934814.7	174773.0	99365.3
化学工业	37	135661.9	1197083.1	－157391.8	80944.4
森林工业	5	44268.7	165388.4	54750.0	18262.9
食品工业	30	213513.7	1386125.1	46723.5	75624.8
烟草工业					
纺织工业	5	47576.7	151691.1	1743.7	12539.6
医药工业	16	518484.8	957460.6	5757.8	150870.2
机械工业	113	2221608.2	7757678.0	75967.0	44455.6
电子工业	1	－5709.3	3040.9	16135.9	9200.0
电力工业	109	4261050.4	10994342.9	77776.9	81956.9
市政公用工业	112	2049978.7	5874500.1	67884.3	35029.1
其他工业	80	676002.5	1936085.2	56560.1	93538.3
三、建筑业	222	34412700.6	87110540.3	187915.9	118838.6
四、交通运输业	225	14794398.2	45897887.9	－38991.3	28532.2
其中：铁路运输业	4	50899.5	78937.8	－595787.5	13768.8
道路运输业	126	12094893.5	40148765.9	－15439.0	29196.6
水上运输业	45	602476.3	1994931.3	－132212.1	35316.4
航空运输业	23	1919474.2	3127386.5	－157593.7	20772.4

续表

行　业	户　数 （户）	年末国有资产总量 （万元）	资产总额 （万元）	职工人均利润 （元/人）	职工人均税费 （元/人）
五、仓储业	97	5057851.2	11791368.5	221864.9	56816.4
六、商贸业	450	5348457.3	17540047.0	−5723.5	132018.1
七、房地产业	380	16907932.4	50058144.1	220241.5	251586.6
八、信息传输、软件和信息技术服务业	57	269723.7	448212.1	119302.9	55099.4
其中：电信业	1	1234.4	1796.5	112172.0	0.0
九、社会服务业	676	81851866.5	170943875.0	244781.1	72957.5
十、教育文化广播业	52	476183.8	1210332.3	−12273.4	20383.4
十一、科学研究和技术服务业	112	507234.6	1116899.8	70961.4	43625.0
十二、金融业	187	20643781.0	91856513.1	426022.7	281879.8
十三、其他	25	164267.3	686083.0	−131573.7	7435.0

2020 年海南省监管企业主要指标表

行　业	户　数 （户）	年末国有资产总量 （万元）	资产总额 （万元）	职工人均利润 （元/人）	职工人均税费 （元/人）
合并	1171	23216161.0	62115703.1	32511.9	42002.0
合计	1171	31272815.2	74006617.8	42933.6	42002.0
一、农林牧渔业	193	5119134.9	9358255.1	46822.4	10899.8
其中：农业	137	4746752.7	8706528.4	42875.1	11147.1
林业	11	84427.1	107944.3	119906.4	1313.9
畜牧业	17	161217.1	261052.5	151033.3	1941.1
渔业	7	3074.7	18907.4	44062.0	4061.1
二、工业	137	2836655.0	4263643.2	55915.7	31421.9
其中：煤炭工业					
石油和石化工业	1	1212.0	4950.0	105945.2	101365.4
冶金工业	4	491146.8	576540.0	1268165.7	217324.8
建材工业	13	90664.9	219300.7	92888.1	64290.4

续表

行　业	户　数 (户)	年末国有资产总量 (万元)	资产总额 (万元)	职工人均利润 (元/人)	职工人均税费 (元/人)
化学工业	15	63830.8	214703.8	－10897.5	73577.1
森林工业	1	722.3	1275.7	－25385.3	3042.5
食品工业	9	3236.2	13738.9	－6941.1	1223.2
烟草工业					
纺织工业	1	2697.0	5953.7	6899.8	2721.8
医药工业					
机械工业	5	9861.5	18731.1	53246.4	16233.7
电子工业					
电力工业	26	142017.3	408397.3	27558.5	19611.0
市政公用工业	42	843269.0	1416732.2	46673.2	29409.4
其他工业	20	1187997.2	1383319.7	18173.8	18626.9
三、建筑业	125	3476233.1	9427661.9	130704.4	278084.0
四、交通运输业	77	267562.2	959918.8	－10774.0	5630.6
其中:铁路运输业					
道路运输业	69	143409.3	731196.4	－4822.2	5661.2
水上运输业	1	5115.0	5245.5	－140139.2	2618.9
航空运输业	4	110780.2	212835.7	－1138100.0	466.8
五、仓储业	34	64966.8	281118.2	29644.5	6333.4
六、商贸业	84	286702.5	1186969.6	－1549.7	7768.5
七、房地产业	197	11053942.6	33189592.0	－77411.4	161225.0
八、信息传输、软件和信息技术服务业	20	27159.3	47885.7	－59932.9	82774.2
其中:电信业					
九、社会服务业	180	7100413.5	12752307.3	87443.7	30201.5
十、教育文化广播业	22	147481.7	261878.2	74078.8	6700.2
十一、科学研究和技术服务业	56	139585.5	575323.8	38000.7	34100.6
十二、金融业	27	560722.7	1433946.0	768346.7	323151.2
十三、其他	19	192255.5	268118.0	－76013.3	427.9

2020年重庆市监管企业主要指标表

行　业	户　数（户）	年末国有资产总量（万元）	资产总额（万元）	职工人均利润（元/人）	职工人均税费（元/人）
合并	3356	200254237.4	696310098.9	113075.7	81126.6
合计	3356	292684298.0	840952111.7	130562.4	81653.6
一、农林牧渔业	128	4097770.9	7320080.5	72964.4	20806.6
其中：农业	56	2331276.8	4240433.1	－186627.5	16766.6
林业	19	613053.6	1144433.7	－137150.5	156259.5
畜牧业	18	187711.8	363626.2	55197.7	3882.4
渔业	7	93336.3	128708.8	－4235.4	2197.3
二、工业	641	19117713.7	51716699.6	48172.9	53997.7
其中：煤炭工业	27	1843014.7	5662135.7	－54936.4	15678.8
石油和石化工业					
冶金工业	21	428395.7	3283247.4	48254.0	61213.1
建材工业	20	190565.0	693940.8	150712.3	94973.5
化学工业	53	1381550.8	5441108.7	－21933.8	59090.2
森林工业	3	15446.7	23511.7	99318.4	26759.2
食品工业	22	607806.0	1130184.8	113407.1	52333.9
烟草工业	3	10062.5	34960.9	36103.2	58417.6
纺织工业	5	22721.9	61756.9	－1148257.4	54663.9
医药工业	29	408677.8	1945379.7	17314.4	103163.1
机械工业	102	3774372.2	9614699.2	60192.4	33968.1
电子工业	12	191225.6	551409.2	－14222.5	15084.2
电力工业	124	3443551.9	9043838.6	159323.6	79154.4
市政公用工业	191	6565193.9	13357568.8	168489.1	92119.9
其他工业	29	235129.0	872957.3	89532.5	43370.3
三、建筑业	380	67698034.5	175397836.1	303153.4	173888.1
四、交通运输业	261	39283694.6	75718996.8	－10996.8	16435.2
其中：铁路运输业	5	904899.5	1035338.8	－33520.1	10444.5
道路运输业	176	35190574.2	67696384.1	10779.7	14806.9
水上运输业	29	934163.1	1690462.1	－127.0	21227.2
航空运输业	17	2131869.9	4983893.2	－219688.7	29800.2

续表

行　业	户　数（户）	年末国有资产总量（万元）	资产总额（万元）	职工人均利润（元/人）	职工人均税费（元/人）
五、仓储业	83	2105663.1	4603925.9	22777.0	25652.0
六、商贸业	368	6078093.9	23548896.6	29972.0	102548.2
七、房地产业	297	34092844.2	84696831.7	388483.5	181853.7
八、信息传输、软件和信息技术服务业	60	427477.1	1196545.0	70665.0	41310.9
其中：电信业					
九、社会服务业	728	102908808.7	196745399.4	159536.6	54758.0
十、教育文化广播业	77	2152386.6	3268310.4	72193.1	11552.5
十一、科学研究和技术服务业	153	569610.3	1450457.2	49664.4	28325.9
十二、金融业	142	11794039.1	211276628.0	742413.9	389600.2
十三、其他	38	2358161.1	4011504.3	−136421.7	21761.8

2020年四川省监管企业主要指标表

行　业	户　数（户）	年末国有资产总量（万元）	资产总额（万元）	职工人均利润（元/人）	职工人均税费（元/人）
合并	7199	267250310.6	1023996386.0	140233.0	112588.3
合计	7199	450726992.2	1319031519.7	210396.8	116359.5
一、农林牧渔业	204	3984551.4	9824863.1	47616.6	25643.6
其中：农业	121	1535631.3	4401512.0	7454.6	29282.0
林业	28	843871.9	1120542.8	−7048.0	3542.8
畜牧业	18	25936.3	52899.1	−608.7	2143.5
渔业	5	2475.2	5565.0	26150.2	879.1
二、工业	1179	29354827.8	89593539.0	60895.6	87135.6
其中：煤炭工业	40	−82644.8	4390421.0	−68777.5	21375.1
石油和石化工业	1	2326.0	6831.9	95234.2	5191.4
冶金工业	52	826843.4	1992995.3	92450.4	61058.7
建材工业	128	1871493.2	4507302.1	69864.9	77820.1

续表

行　业	户　数 (户)	年末国有资产总量 (万元)	资产总额 (万元)	职工人均利润 (元/人)	职工人均税费 (元/人)
化学工业	77	2048708.3	7398971.6	53066.0	46640.8
森林工业	3	30659.9	106366.9	106310.9	81317.6
食品工业	32	98000.0	279344.7	16305.5	28020.3
烟草工业					
纺织工业	26	530486.3	2493346.8	13406.3	13987.8
医药工业	32	505936.6	1347793.4	299501.2	76608.7
机械工业	107	2203692.5	9441950.0	—9389.6	28680.7
电子工业	71	1112115.9	7760611.8	71969.5	28771.7
电力工业	206	10250853.2	24715951.7	306808.5	73704.3
市政公用工业	287	7725835.8	17353222.1	119077.2	61339.5
其他工业	117	2230521.5	7798429.6	67966.8	376614.6
三、建筑业	677	51673617.5	152701374.1	144270.1	130705.8
四、交通运输业	429	61926338.6	152237208.4	—4693.2	22013.8
其中:铁路运输业	21	4912374.0	9161561.1	91850.2	37593.1
道路运输业	315	46714562.9	125907630.0	17285.5	19794.6
水上运输业	28	1938863.7	3351834.6	—284166.4	43706.4
航空运输业	41	8053993.0	13182203.6	—228493.1	37166.5
五、仓储业	230	1428206.5	3527740.5	—17816.4	26288.9
六、商贸业	682	9999919.5	29681217.9	1338131.5	590196.6
七、房地产业	759	48396637.5	159710042.4	313784.1	263723.2
八、信息传输、软件和信息技术服务业	186	568283.2	1775477.8	108882.2	30765.3
其中:电信业	1	313.6	339.8	1693.8	11489.2
九、社会服务业	1936	217563093.4	503796059.0	361387.9	75456.1
十、教育文化广播业	251	2161459.5	4349272.4	57080.1	17583.8
十一、科学研究和技术服务业	279	2189650.4	4993254.2	52103.1	52301.0
十二、金融业	291	20425487.0	204271594.6	694328.0	322220.0
十三、其他	96	1054920.0	2569876.5	—59500.4	14365.5

2020 年贵州省监管企业主要指标表

行　业	户　数（户）	年末国有资产总量（万元）	资产总额（万元）	职工人均利润（元/人）	职工人均税费（元/人）
合并	2048	93612025.5	253804157.9	352000.2	254181.0
合计	2048	143874013.5	348934997.8	595675.5	254252.7
一、农林牧渔业	115	1372151.2	2586287.9	3359.0	9451.7
其中：农业	56	751729.4	1494641.0	—30791.6	18729.1
林业	20	187055.4	456994.5	12237.7	5685.2
畜牧业	19	13347.9	87122.5	34109.9	811.5
渔业	1	22.0	173.6	0.0	0.0
二、工业	339	20725670.8	56056332.8	443783.7	184808.9
其中：煤炭工业	40	3700624.1	9524963.4	27751.8	36320.6
石油和石化工业	21	362370.8	538416.9	—1840413.8	65498.0
冶金工业	16	383617.8	1158246.3	—10992.3	39937.2
建材工业	30	87997.8	465415.5	—25809.5	43090.9
化学工业	44	3264692.9	13999329.8	65882.6	81672.5
森林工业	2	7241.4	105082.2	—253562.5	363.5
食品工业	16	80703.5	435287.0	79659.0	36459.9
烟草工业					
纺织工业	1	200.5	242.4	0.0	0.0
医药工业	4	2347.9	4647.5	—36599.6	1313.3
机械工业	34	370552.0	1456120.0	16523.7	20710.0
电子工业	2	2446.4	16815.9	68679.5	24513.1
电力工业	38	961165.9	4423069.8	—176708.6	101096.7
市政公用工业	49	934016.2	3620185.9	—150906.8	38224.1
其他工业	42	10567693.6	20308510.1	1586831.5	547367.9
三、建筑业	136	21359799.4	53057036.5	—156610.9	79684.0
四、交通运输业	153	21232657.5	59222147.4	—21985.5	30665.2
其中：铁路运输业	5	20632.0	151546.0	—99982.2	20185.0
道路运输业	116	18482139.1	54475247.2	—13242.6	27964.9
水上运输业	2	2028.5	2393.0	—94994.0	0.0
航空运输业	20	2240805.6	3460083.8	—64558.5	49508.1

续表

行　业	户　数（户）	年末国有资产总量（万元）	资产总额（万元）	职工人均利润（元/人）	职工人均税费（元/人）
五、仓储业	50	747240.8	2004090.3	41285.1	23168.6
六、商贸业	347	8871519.9	19382115.4	7424612.9	2936460.1
七、房地产业	192	5440350.9	18440130.9	71629.3	184475.0
八、信息传输、软件和信息技术服务业	41	357248.1	1212095.8	240772.6	147105.9
其中：电信业	1	1814.2	4510.1	55545.9	30272.7
九、社会服务业	467	59633282.6	117511148.1	225806.7	50541.8
十、教育文化广播业	51	313983.7	876393.5	－41263.4	6275.4
十一、科学研究和技术服务业	70	168724.7	380212.6	11107.2	26128.1
十二、金融业	69	3525940.1	17697037.1	1449688.8	535700.0
十三、其他	18	125443.9	509969.5	－45087.4	3614.5

2020年云南省监管企业主要指标表

行　业	户　数（户）	年末国有资产总量（万元）	资产总额（万元）	职工人均利润（元/人）	职工人均税费（元/人）
合并	5193	150930713.2	548405861.7	44864.2	76964.2
合计	5193	287480047.6	751468643.5	84174.2	79184.3
一、农林牧渔业	250	3028789.6	6677731.1	9627.2	10835.1
其中：农业	129	1251290.7	3273211.6	－18699.6	12228.0
林业	69	1495185.3	2269673.6	－13535.5	6993.5
畜牧业	4	281.2	9626.8	－13273.2	8180.2
渔业					
二、工业	1031	23430940.3	73910736.7	87810.8	68952.8
其中：煤炭工业	87	3946059.2	9070307.5	62847.4	59701.2
石油和石化工业	1	14285.9	161429.1	12249.2	0.0
冶金工业	71	5020020.9	18197393.8	170260.9	90309.8
建材工业	105	1250176.7	5368095.3	168988.5	139101.1

续表

行　业	户　数（户）	年末国有资产总量（万元）	资产总额（万元）	职工人均利润（元/人）	职工人均税费（元/人）
化学工业	71	3304042.8	11392289.1	21811.3	62196.8
森林工业	3	2358.4	24807.3	—22764.1	8922.8
食品工业	34	459241.0	1158753.9	—42671.1	37938.5
烟草工业					
纺织工业					
医药工业	7	95596.8	241166.7	9391.3	29899.8
机械工业	83	1297685.6	4521898.7	94982.1	34960.6
电子工业	22	135010.7	273032.9	69652.7	36935.2
电力工业	82	1626306.7	5695610.6	940.2	88847.6
市政公用工业	358	5295865.7	15588894.6	117478.0	53041.4
其他工业	107	984289.8	2217057.3	40168.5	34458.4
三、建筑业	404	26451857.9	71999646.0	262166.7	173276.5
四、交通运输业	212	43469868.4	109841601.8	—68359.5	29312.7
其中：铁路运输业	10	302483.2	1334794.3	63199.6	67238.2
道路运输业	163	30858580.5	93778418.9	—74596.7	28433.7
水上运输业	6	14521.0	35985.1	—14958.8	25313.7
航空运输业	23	12182091.3	14354226.9	—89183.1	22327.5
五、仓储业	125	1074051.3	4325641.2	—162309.6	32912.4
六、商贸业	391	3288454.5	17686163.7	135244.1	188173.1
七、房地产业	518	18170068.1	69876017.4	—289658.4	174035.7
八、信息传输、软件和信息技术服务业	84	535264.0	1454762.2	43946.8	29521.5
其中：电信业					
九、社会服务业	1664	157691481.0	337676893.1	184818.3	63704.7
十、教育文化广播业	165	616570.6	1579795.6	—5051.1	8672.7
十一、科学研究和技术服务业	209	840109.1	4839957.5	118292.0	46918.0
十二、金融业	95	8248591.6	48026543.3	517091.5	322683.3
十三、其他	45	634001.1	3573153.8	—82796.5	5983.5

2020 年西藏自治区监管企业主要指标表

行业	户数（户）	年末国有资产总量（万元）	资产总额（万元）	职工人均利润（元/人）	职工人均税费（元/人）
合并	579	8681505.8	26622228.3	97491.4	71772.8
合计	579	11954276.8	32157018.1	121707.7	83661.4
一、农林牧渔业	28	663975.1	1343191.7	8544.7	25198.2
其中：农业	10	139052.2	399840.7	17168.0	3775.3
林业	6	247415.0	424289.7	25839.3	21327.3
畜牧业	5	6963.0	30913.2	58135.9	2253.3
渔业					
二、工业	92	1571194.6	3497723.7	232317.8	115311.9
其中：煤炭工业					
石油和石化工业					
冶金工业	3	53064.7	76129.3	6141.0	33985.0
建材工业	41	1237167.4	2214395.5	517032.1	214322.8
化学工业					
森林工业					
食品工业	8	5746.1	208871.9	—190102.1	21863.2
烟草工业					
纺织工业	3	9702.3	27142.6	—36702.2	26374.7
医药工业	4	55952.8	74707.2	83429.4	59386.6
机械工业	2	54.3	403.8	—8196.4	0.0
电子工业					
电力工业	1	0.0	1221.1	1570645.3	20077.7
市政公用工业	11	78428.3	603997.3	60886.4	21186.7
其他工业	19	131078.7	290854.9	34652.9	58077.4
三、建筑业	81	1078506.1	5283218.1	278121.6	145739.2
四、交通运输业	40	412318.2	2515234.0	—35676.1	56453.6
其中：铁路运输业					
道路运输业	38	332935.7	793204.1	—93930.2	18443.0
水上运输业					
航空运输业	2	79382.5	1722029.8	5319.9	83203.3

续表

行　业	户　数（户）	年末国有资产总量（万元）	资产总额（万元）	职工人均利润（元/人）	职工人均税费（元/人）
五、仓储业	2	21208.0	22465.4	10517.3	7426.8
六、商贸业	63	201652.2	654507.7	46709.5	81891.0
七、房地产业	61	4017248.2	10454495.5	480901.9	247489.6
八、信息传输、软件和信息技术服务业	11	51736.8	99862.2	111844.2	178927.9
其中：电信业					
九、社会服务业	131	3386534.6	6553536.8	63693.2	28557.4
十、教育文化广播业	20	242408.0	839993.5	－403098.1	14520.4
十一、科学研究和技术服务业	25	71237.1	540447.0	125817.7	44755.4
十二、金融业	15	172723.9	217748.8	661107.2	89675.5
十三、其他	10	63533.9	134593.7	－232302.4	2348.2

2020 年陕西省监管企业主要指标表

行　业	户　数（户）	年末国有资产总量（万元）	资产总额（万元）	职工人均利润（元/人）	职工人均税费（元/人）
合并	4300	104975400.8	393936099.7	59838.7	122519.5
合计	4300	201927448.0	580229726.9	111148.8	122642.3
一、农林牧渔业	183	611878.7	2291020.2	－2773.7	2919.7
其中：农业	141	302511.3	1441533.3	－501.0	3054.5
林业	19	33419.0	92829.6	－56664.3	3448.6
畜牧业	3	562.4	3624.7	－99575.6	566.4
渔业	1	257.9	433.3	－21668.2	0.0
二、工业	1355	79215122.6	208470413.6	151501.0	175766.9
其中：煤炭工业	123	23314526.5	49589884.7	545304.1	266395.6
石油和石化工业	59	18423678.7	48589278.0	－111190.8	545552.5
冶金工业	107	6559220.8	26285889.0	157933.9	63899.1
建材工业	67	2196951.6	6972350.8	－45078.9	46961.7

续表

行　业	户　数（户）	年末国有资产总量（万元）	资产总额（万元）	职工人均利润（元/人）	职工人均税费（元/人）
化学工业	108	12177992.4	27356016.6	44209.9	73295.0
森林工业	3	2371.0	16937.0	14869.6	7118.4
食品工业	36	105174.3	430169.5	30891.7	17777.0
烟草工业					
纺织工业	21	488184.8	1071471.1	－17366.6	5214.3
医药工业	19	192713.1	1050390.9	151999.9	300208.8
机械工业	248	4471036.3	13986642.6	107836.8	39556.8
电子工业	76	435147.6	2004826.3	26003.6	17687.7
电力工业	182	5538403.1	16970818.1	98744.1	80820.5
市政公用工业	230	4210425.8	10713772.1	14046.1	61646.8
其他工业	75	1097370.7	3422316.2	76548.9	107111.3
三、建筑业	442	12981848.4	62199409.3	110210.2	71116.2
四、交通运输业	144	31356754.8	81863583.3	－45889.9	13932.0
其中：铁路运输业	26	4600483.8	7944810.8	－115938.9	84220.2
道路运输业	88	23357203.2	66961742.8	－28352.6	8277.7
水上运输业	1	115.8	682.7	－523471.6	35470.7
航空运输业	24	2824282.3	4874241.5	－122174.6	12713.5
五、仓储业	75	630686.1	1885858.0	11391.0	21117.1
六、商贸业	499	5243249.4	21659646.3	127913.6	113123.2
七、房地产业	384	10396353.0	49742905.6	165102.4	111389.1
八、信息传输、软件和信息技术服务业	61	343907.6	693348.3	89964.6	34693.1
其中：电信业					
九、社会服务业	706	50737876.0	119286872.8	87308.1	36067.9
十、教育文化广播业	55	368639.8	1087158.8	－66135.5	15689.6
十一、科学研究和技术服务业	280	2541411.5	5898737.0	32214.2	23381.5
十二、金融业	84	7053910.5	23303448.9	271071.0	190604.0
十三、其他	32	445809.5	1847324.7	－108690.2	1793.9

2020 年甘肃省监管企业主要指标表

行　业	户　数（户）	年末国有资产总量（万元）	资产总额（万元）	职工人均利润（元/人）	职工人均税费（元/人）
合并	2855	80970740.2	235373507.8	28453.4	64181.6
合计	2855	126469738.8	314417496.3	47451.7	64140.6
一、农林牧渔业	138	2223715.1	5288709.3	—46772.5	8305.5
其中：农业	98	2076059.7	4953414.1	—65119.3	8549.7
林业	8	15017.8	19431.4	59328.0	8375.0
畜牧业	16	108935.9	254493.5	211100.1	5869.4
渔业					
二、工业	600	25583769.5	67324481.4	48689.0	61637.4
其中：煤炭工业	39	3596245.6	7257713.1	19803.1	46476.1
石油和石化工业	4	58865.7	156355.5	652413.0	74426.0
冶金工业	72	12901327.0	34158044.3	80959.1	89355.6
建材工业	69	565532.8	1734394.8	22445.0	43573.0
化学工业	35	433233.4	1477006.3	—28047.3	30440.8
森林工业	1	1330.1	1680.5	—60898.2	145.1
食品工业	14	75130.8	189431.6	—191562.8	33319.6
烟草工业					
纺织工业	2	52597.9	97712.3	—25565.3	15108.2
医药工业	11	350644.0	988150.1	91452.6	60330.0
机械工业	113	2361792.4	7874360.6	—18350.9	29920.6
电子工业	3	4849.5	9084.2	6540.1	10948.1
电力工业	77	2568057.0	6881065.8	281341.5	104446.0
市政公用工业	115	1887185.3	4848147.2	10207.3	18586.4
其他工业	45	726977.8	1651335.0	—28218.7	36426.5
三、建筑业	398	17482837.4	48112406.7	53318.7	86420.3
四、交通运输业	151	27360212.9	71677208.6	—42440.6	43324.4
其中：铁路运输业	7	4432603.9	6055037.9	—61581.4	24621.0
道路运输业	120	21967082.3	62358931.6	—41158.9	48737.4
水上运输业	5	8756.0	14304.4	8516.9	6088.4
航空运输业	14	882831.6	3144052.3	—45952.2	13250.3

续表

行　业	户　数（户）	年末国有资产总量（万元）	资产总额（万元）	职工人均利润（元/人）	职工人均税费（元/人）
五、仓储业	92	859802.2	1686427.7	31426.3	19854.1
六、商贸业	253	801712.7	5401101.5	10260.3	83542.3
七、房地产业	252	12185100.6	40391605.6	102093.9	177059.6
八、信息传输、软件和信息技术服务业	36	148348.4	426751.5	－4671.0	25395.7
其中：电信业	1	263.0	312.4	－101420.1	0.0
九、社会服务业	579	25834507.1	47765896.7	9429.1	22070.2
十、教育文化广播业	65	608143.9	1318184.1	29088.0	20347.9
十一、科学研究和技术服务业	183	1004679.5	2216555.8	74921.5	44753.4
十二、金融业	96	12328219.7	22706646.8	1106657.4	339736.9
十三、其他	12	48689.6	101520.6	－30043.0	2183.9

2020 年青海省监管企业主要指标表

行　业	户　数（户）	年末国有资产总量（万元）	资产总额（万元）	职工人均利润（元/人）	职工人均税费（元/人）
合并	552	13787288.4	48942907.6	33852.9	84356.4
合计	552	15890897.2	68363045.0	37675.4	84043.9
一、农林牧渔业	24	189007.5	378595.7	9143.1	863.6
其中：农业	13	163337.2	305588.6	4016.2	1346.0
林业	2	1571.7	1774.2	15507.4	0.0
畜牧业	6	5736.3	22932.3	16456.3	720.5
渔业					
二、工业	184	7919065.0	35531911.9	52233.6	109456.5
其中：煤炭工业	18	6104419.8	7968055.4	－125180.0	26347.2
石油和石化工业					
冶金工业	46	－391264.7	16679160.6	－30072.7	66731.9
建材工业	10	51068.4	231782.8	－25799.9	20340.7

续表

行业	户数（户）	年末国有资产总量（万元）	资产总额（万元）	职工人均利润（元/人）	职工人均税费（元/人）
化学工业	31	1284063.4	5186871.9	386225.6	246940.0
森林工业					
食品工业	8	41235.7	65720.8	—55407.8	34592.6
烟草工业					
纺织工业					
医药工业					
机械工业	7	—80819.2	186004.3	—121105.1	15176.4
电子工业					
电力工业	45	673758.6	4170030.7	—333328.5	95391.6
市政公用工业	11	251835.8	787559.8	—29844.0	13988.1
其他工业	8	—15232.9	256725.7	—813271.5	109466.1
三、建筑业	23	1303167.7	3728979.3	238855.9	25799.0
四、交通运输业	37	167946.8	934558.3	19007.7	12392.5
其中：铁路运输业	3	343.5	30902.1	—12520.8	1242231.3
道路运输业	32	166484.7	902537.5	19178.9	6918.0
水上运输业					
航空运输业					
五、仓储业	10	118098.2	295302.6	215785.5	93150.5
六、商贸业	58	—28479.6	1252718.1	172125.3	117712.7
七、房地产业	46	615218.9	2205305.9	141322.3	72917.3
八、信息传输、软件和信息技术服务业	7	12873.0	23403.7	—7561.9	15120.5
其中：电信业					
九、社会服务业	105	4473777.8	21462698.8	—415590.1	39682.7
十、教育文化广播业	8	18232.7	88767.3	—10106.9	6619.1
十一、科学研究和技术服务业	20	74802.2	172896.4	73541.1	48866.2
十二、金融业	27	975950.5	2227346.6	1265858.1	446261.6
十三、其他	3	51236.6	60560.4	34196.0	776.3

2020年宁夏回族自治区监管企业主要指标表

行　业	户　数（户）	年末国有资产总量（万元）	资产总额（万元）	职工人均利润（元/人）	职工人均税费（元/人）
合并	660	18182723.7	41821152.0	-23310.7	32412.3
合计	660	29380200.3	54442964.5	-4640.7	32689.4
一、农林牧渔业	71	1358922.3	2572261.8	30655.6	5429.2
其中:农业	40	1051193.8	1797089.2	15493.9	4714.7
林业	8	50433.6	81081.8	16677.8	15501.7
畜牧业	12	175929.6	564344.3	95157.8	5815.9
渔业	3	6888.8	13126.4	5077.3	10425.5
二、工业	82	1480036.9	4472050.6	75453.4	56127.0
其中:煤炭工业	5	31450.8	99626.3	3502132.3	303012.5
石油和石化工业					
冶金工业					
建材工业	4	9246.2	36453.0	532798.3	22970.8
化学工业	4	3062.3	11740.7	95833.5	74249.1
森林工业					
食品工业	4	1078.2	12539.4	-170781.3	28093.4
烟草工业					
纺织工业					
医药工业					
机械工业	3	3477.7	21199.3	-1001765.0	14156.1
电子工业					
电力工业	5	146860.3	684574.9	40108.7	40986.1
市政公用工业	51	1281588.4	3467146.4	66111.2	57862.7
其他工业	6	3273.1	138770.6	44195.0	39913.3
三、建筑业	54	307810.7	1413027.0	29980.3	85184.7
四、交通运输业	56	7424953.4	14095504.6	59981.4	15339.8
其中:铁路运输业	6	3186470.3	4303244.8	487455.5	88103.3
道路运输业	37	4166605.5	9575787.8	19139.9	7632.3
水上运输业	3	44035.7	176653.5	-103379.8	9348.1
航空运输业	7	21858.9	28961.3	-832716.1	7283.5

续表

行业	户数(户)	年末国有资产总量(万元)	资产总额(万元)	职工人均利润(元/人)	职工人均税费(元/人)
五、仓储业	7	5559.8	22839.4	11332.1	4228.7
六、商贸业	39	36295.6	159328.6	−23333.9	18874.1
七、房地产业	40	653930.6	2664431.3	44900.8	76805.9
八、信息传输、软件和信息技术服务业	19	53052.7	132162.3	−499382.6	31335.3
其中：电信业					
九、社会服务业	201	16654206.0	26863462.1	−176191.7	29033.2
十、教育文化广播业	21	107233.0	238223.0	−133590.1	1681.1
十一、科学研究和技术服务业	38	59925.4	92622.8	18100.8	17823.1
十二、金融业	28	1160503.0	1624207.2	660339.6	128189.2
十三、其他	4	77770.8	92844.0	−91721.0	1732.0

2020年新疆维吾尔自治区监管企业主要指标表

行业	户数(户)	年末国有资产总量(万元)	资产总额(万元)	职工人均利润(元/人)	职工人均税费(元/人)
合并	2713	74657164.7	209886272.4	21177.1	43172.3
合计	2713	99049294.2	247573057.3	38189.4	43056.8
一、农林牧渔业	236	5128502.6	8979467.0	45456.8	3860.7
其中：农业	114	2806374.8	4145898.8	28496.5	3511.9
林业	10	23663.6	76719.3	6795.9	893.0
畜牧业	56	1648098.5	1890102.2	2724.0	903.9
渔业	4	376.3	1425.7	−69514.4	55.1
二、工业	482	11803113.2	29786846.8	16987.0	39374.7
其中：煤炭工业	15	702283.2	2404716.7	42235.4	45429.8
石油和石化工业	11	103626.3	273477.9	27397.7	60220.6
冶金工业	42	1581551.0	4274537.7	120772.0	73080.8
建材工业	37	53194.0	267780.8	−457.7	63029.1

续表

行　业	户　数（户）	年末国有资产总量（万元）	资产总额（万元）	职工人均利润（元/人）	职工人均税费（元/人）
化学工业	48	3732074.1	10774934.5	－7319.3	43405.5
森林工业					
食品工业	26	102466.6	384153.4	12879.8	21695.9
烟草工业					
纺织工业	11	347123.0	1078698.6	－1274.5	13192.0
医药工业	3	7876.1	16140.6	150970.6	37414.4
机械工业	13	64590.0	240603.7	－119288.5	45350.5
电子工业	2	14262.5	51574.9	－9750.2	4813.7
电力工业	43	876166.6	1780017.6	635807.8	302583.6
市政公用工业	180	3993776.7	7610999.4	－5622.9	17455.0
其他工业	51	224123.1	629210.9	7326.2	24997.4
三、建筑业	224	5491832.1	17498457.2	98886.7	96399.7
四、交通运输业	120	10128462.4	22355930.5	－24495.7	12093.2
其中：铁路运输业	5	192380.3	485522.1	－576683.0	76663.2
道路运输业	97	8220337.0	19514719.9	－589.9	11789.4
水上运输业	1	－586.0	9447.9	7349.5	31172.0
航空运输业	6	1519814.2	1990162.4	－123854.2	11354.2
五、仓储业	94	224405.3	1207291.8	7671.3	10671.1
六、商贸业	266	1645908.9	9946321.1	381820.0	150879.3
七、房地产业	245	7281620.0	27417260.9	52627.3	163240.6
八、信息传输、软件和信息技术服务业	55	245203.8	517443.6	72511.3	21116.3
其中：电信业					
九、社会服务业	719	53240227.8	103735002.9	17946.8	29777.6
十、教育文化广播业	47	326610.4	844633.3	75694.4	32402.8
十一、科学研究和技术服务业	140	563942.6	924300.9	22896.7	22600.7
十二、金融业	65	2817403.1	24027763.6	707111.2	334522.1
十三、其他	20	152061.9	332337.8	－81156.0	13341.1

2020 年新疆生产建设兵团监管企业主要指标表

行业	户数（户）	年末国有资产总量（万元）	资产总额（万元）	职工人均利润（元/人）	职工人均税费（元/人）
合并	1283	12463612.5	55429822.6	49475.3	82579.0
合计	1283	22759561.4	78480855.4	99060.4	82579.0
一、农林牧渔业	192	1886646.9	5814400.5	224968.7	25300.7
其中：农业	44	468454.5	1612717.0	71526.5	44237.6
林业	4	60691.0	201236.2	110908.7	21973.1
畜牧业	59	927951.4	1839824.8	447933.6	29.8
渔业					
二、工业	292	6874795.1	21697376.0	59373.9	69897.2
其中：煤炭工业	14	328658.0	733394.2	33162.0	59799.8
石油和石化工业	2	5602.3	26933.0	40238.5	2619.4
冶金工业	7	45015.4	149710.0	68817.4	95943.9
建材工业	55	1270721.4	2616774.9	182822.2	141516.5
化学工业	37	2202921.3	7798890.8	61937.9	71388.6
森林工业	1	658.6	6342.4	0.0	0.0
食品工业	65	381467.4	1576777.9	92957.8	30180.3
烟草工业					
纺织工业	7	41583.6	73937.9	28983.3	14593.6
医药工业	3	94456.0	744612.6	159458.4	79768.5
机械工业	4	6853.0	82579.6	—188635.2	24999.0
电子工业	3	50317.4	196554.1	46882.4	54942.3
电力工业	41	1753294.1	6283378.2	—22607.8	30572.9
市政公用工业	29	347498.2	909629.3	45947.6	30237.8
其他工业	24	345748.5	497861.1	37083.1	210738.3
三、建筑业	137	1980561.9	11395667.2	46149.4	122097.5
四、交通运输业	51	907223.6	3445374.3	38700.7	54954.6
其中：铁路运输业	4	89576.0	129098.1	84382.3	7741.1
道路运输业	38	701198.0	2987036.6	40436.2	64057.9
水上运输业					
航空运输业	4	96673.9	272305.5	29491.4	5027.1

续表

行　业	户　数 (户)	年末国有资产总量 (万元)	资产总额 (万元)	职工人均利润 (元/人)	职工人均税费 (元/人)
五、仓储业	16	121788.3	801577.9	311462.9	66769.5
六、商贸业	146	1262488.5	6254125.1	192238.6	177615.8
七、房地产业	77	840652.5	3134394.4	218796.6	295226.3
八、信息传输、软件和信息技术服务业	8	8169.4	23606.6	124176.2	48095.4
其中:电信业					
九、社会服务业	273	8002014.8	23838992.5	157819.0	50631.3
十、教育文化广播业	5	-17046.6	56301.0	-343471.7	11502.3
十一、科学研究和技术服务业	41	184452.0	682914.7	64561.7	31425.5
十二、金融业	44	708058.6	1335305.3	588918.3	87648.6
十三、其他	1	-243.5	819.7	-249404.6	0.0

2021

CHINA'S STATE-OWNED ASSETS SUPERVISION AND ADMINISTRATION YEARBOOK

中 国 国 有 资 产 监 督 管 理 年 鉴

国有资产监督管理政策法规选编

第六篇

关于印发《有限合伙企业国有权益登记暂行规定》的通知

（国资发产权规〔2020〕2 号）

各中央企业，各省、自治区、直辖市及计划单列市和新疆生产建设兵团国资委：

《有限合伙企业国有权益登记暂行规定》已经国资委第 20 次委务会议审议通过，现印发给你们，请遵照执行。

有限合伙企业国有权益登记暂行规定

第一条　为加强有限合伙企业国有权益登记管理，及时、准确、全面反映有限合伙企业国有权益状况，根据《中华人民共和国企业国有资产法》《中华人民共和国合伙企业法》《企业国有资产监督管理暂行条例》（国务院令第 378 号）等有关法律法规，制定本规定。

第二条　本规定所称有限合伙企业国有权益登记，是指国有资产监督管理机构对本级人民政府授权履行出资人职责的国家出资企业（不含国有资本参股公司，下同）及其拥有实际控制权的各级子企业（以下统称出资企业）对有限合伙企业出资所形成的权益及其分布状况进行登记的行为。

前款所称拥有实际控制权，是指国家出资企业直接或间接合计持股比例超过 50%，或者持股比例虽然未超过 50%，但为第一大股东，并通过股东协议、公司章程、董事会决议或者其他协议安排能够实际支配企业行为的情形。

第三条　有限合伙企业国有权益登记分为占有登记、变动登记和注销登记。

第四条　出资企业通过出资入伙、受让等方式首次取得有限合伙企业财产份额的，应当办理占有登记。

第五条　占有登记包括下列内容：

（一）企业名称；

（二）成立日期、合伙期限（如有）、主要经营场所；

（三）执行事务合伙人；

（四）经营范围；

（五）认缴出资额与实缴出资额；

（六）合伙人名称、类型、类别、出资方式、认缴出资额、认缴出资比例、实缴出资额、缴付期限；

（七）对外投资情况（如有），包括投资标的名称、统一信用编码、所属行业、投资额、投资比例等；

（八）合伙协议；

（九）其他需登记的内容。

第六条　有限合伙企业有下列情形之一的，应当办理变动登记：

（一）企业名称改变的；

（二）主要经营场所改变的；

（三）执行事务合伙人改变的；

（四）经营范围改变的；

（五）认缴出资额改变的；

（六）合伙人的名称、类型、类别、出资方式、认缴出资额、认缴出资比例改变的；

（七）其他应当办理变动登记的情形。

第七条　有限合伙企业有下列情形之一的，应当办理注销登记：

（一）解散、清算并注销的；

（二）因出资企业转让财产份额、退伙或出资企业性质改变等导致有限合伙企业不再符合第二条登记要求的。

第八条　出资企业负责填报其对有限合伙企业出资所形成权益的相关情况，并按照出资关系逐级报送国家出资企业；国家出资企业对相关信息进行审核确认后完成登记，并向国有资产监督管理机构报送相关信息。多个出资企业共同出资的有限合伙企业，由各出资企业分别进行登记。

第九条　有限合伙企业国有权益登记应当在相关情形发生后 30 个工作日内办理。出资企业应当于每年 1 月 31 日前更新上一年度所出资有限合伙企业的实缴出资情况及对外投资情况等信息。

第十条　国家出资企业应当建立有限合伙企业国有权益登记工作流程，落实登记管理责任，做好档案管理、登记数据汇总等工作。

第十一条　国有资产监督管理机构定期对有限合伙企业国有权益登记情况进行核对，发现企业未按照本规定进行登记或登记信息与实际情形严重不符的，责令改正。

第十二条　各地方国有资产监督管理机构可以依据本规定制定本地区的具体规定。

第十三条　本规定自印发之日起施行。

关于印发《国资监管提示函工作规则》和《国资监管通报工作规则》的通知

（国资发监督规〔2020〕4号）

各中央企业，委内各厅局：

《国资监管提示函工作规则》和《国资监管通报工作规则》已经国资委第18次委务会议审议通过，现印发给你们，请遵照执行。制定提示函和通报工作规则是贯彻以管资本为主加强国有资产监管要求，形成以管资本为主的国有资产监管体制的具体举措。各中央企业要高度重视，强化主体责任，认真做好提示函和通报事项整改落实工作，进一步提升集团管控水平和抗风险能力，促进实现高质量发展。

国资监管提示函工作规则

第一条　为加快形成以管资本为主的国有资产监管体制，加大对中央企业存在风险和问题警示力度，指导和督促中央企业提高防范化解重大风险能力，切实做好相关整改落实工作，推动企业实现高质量发展，制定本规则。

第二条　本规则所称提示函是指国资委在国资监管工作中提示特定中央企业有效应对、整改存在风险和问题的公文。

第三条　提示函主要适用于中央企业发生以下情形：

（一）贯彻党中央、国务院重大决策部署力度不够，进度缓慢或成效欠佳的；

（二）执行党章和党内其他法规以及国资委党委规范性文件不到位的；

（三）执行国家法律法规、国资监管规章和规范性文件以及国资监管工作要求不到位或推动改革不力，可能造成资产损失或其他不良后果的；

（四）企业改革发展、党的建设、董事会运行中存在苗头性、倾向性问题或较大风险隐患的；

（五）企业未按规定执行重大事项请示报告制度或报告情况不准确、不及时，可能对国资监管工作造成不良影响的；

（六）落实出资人监管和审计、纪检监察、巡视监督等整改要求可能逾期或不达标的；

（七）在国际化经营、国际交流合作、外事管理等工作中行为不当，可能造成较大负面影响的；

（八）其他需要提示的事项。

第四条　国资委在国资监管工作中发现中央企业存在上述第三条所列情形的，按照相关工作程序，拟制提示函，报经分管委领导审签后，统一编号，以国资委办公厅函件形式向有关中央企业印发提示函。

第五条　有关中央企业收到提示函后，认真组织落实，明确相关企业领导人员和职能部门的工作责任，对提示函事项进行分析研判，制定工作方案，采取有效措施，做好风险防控或整改落实工作。

第六条　对于提出的风险事项，有关中央企业应当开展全面排查，准确评估风险涉及的范围、影响程度等，积极应对风险，做好企业间风险隔离。

第七条　对于需要整改落实的事项，有关中央企业要严格对照相关整改要求，细化整改措施，明确整改时限，切实整改落实到位。

第八条　有关中央企业应当在收到提示函10个工作日内将风险防控或整改落实工作方案报送国资委；对提示函事项持有异议的，应当正式向国资委作出书面解释说明。

第九条　有关中央企业要按照确定的工作方案，积极采取措施防控风险，落实整改要求，完善关键环节和重点领域的管控制度，优化管理流程，强化内控体系有效执行，并通过企业内部审计监督检查、巡视巡察等工作，确保风险可控在控，整改工作落实落地。

第十条　对于需要长期整改落实的事项，有关中央企业应当定期向国资委报告工作进展情况；对于可能造成较大、重大资产损失或其他严重不良后果的，应当及时报告国资委。

第十一条　有关中央企业在提示函事项办结后，要将相关工作开展情况、具体举措、整改成效等形成专项工作报告，正式报送国资委。

第十二条　国资委将加强对中央企业提示函事项的监督检查工作，跟踪评估整改成效，切实消除风险隐患，提升国资监管效能。

第十三条　国资委将定期汇总分析提示函反映中央企业存在的风险隐患和问题，有针对性地完善国资监管政策制度，并将典型性、普遍性、多发性和系统性问题纳入年度综合检查或专项检查范围进行抽查复核。

第十四条　国资委对提示函事项整改不及时、不彻底或敷衍整改的中央企业，进行约谈、通报；对违规经营投资造成资产损失或其他严重不良后果的，严肃追究责任；对涉嫌违纪违法的，及时移交有关纪检监察机构。

第十五条　本规则由国资委负责解释。

第十六条　本规则自印发之日起施行。

国资监管通报工作规则

第一条　为加快形成以管资本为主的国有资产监管体制，有效开展对中央企业重大违规问题和资产损失事件的通报工作，发挥警示教育和惩戒震慑作用，强化整改落实工作，推动企业实现高质量发展，制定本规则。

第二条　本规则所称通报是指国资委在国资监管工作中，对中央企业存在的典型性、普遍性或重大违规问题和资产损失事件，在中央企业范围内予以批评、教育和警示的公文。

第三条　通报主要适用于中央企业发生以下情形：

（一）贯彻落实习近平总书记重要指示批示以及党中央、国务院决策部署存在重大问题或产生其他严重不良后果的；

（二）严重违反党章和党内其他法规以及国资委党委规范性文件的；

（三）严重违反国家法律法规和国有资产监管规章、规范性文件及政策规定的；

（四）企业改革发展、党的建设、董事会运行中存在突出问题，造成重大资产损失、重大风险或其他严重不良后果的；

（五）企业未按规定执行重大事项请示报告制度，或恶意瞒报漏报谎报，对国资监管工作造成严重不良影响的；

（六）对出资人监管和审计、纪检监察、巡视监督等工作中发现的问题拒绝整改、敷衍整改或反复整改不到位的；

（七）在国际化经营、国际交流合作、外事管理等工作中行为不当，造成重大负面影响或其他严重不良后果的；

（八）其他需要通报的事项。

第四条　国资委在国资监管工作中发现中央企业存在上述第三条所列情形的，按照有关工作程序，拟制通报稿，报经委主要领导审签后，统一编号，以国资委函件的形式向各中央企业印发通报。

第五条　有关中央企业收到通报后，及时传达部署，企业主要领导人员、领导班子成员及有关职能部门认真分析通报事项产生的根源，研究制定整改工作方案，明确整改措施、责任主体和时间进度，认真落实整改要求。

第六条　有关中央企业在收到通报 20 个工作日内将相关工作情况及整改工作方案报送国资委。

第七条　有关中央企业相关职能部门应当积极采取措施，立即纠正违规行为，消除不良影响，减少或挽回资产损失，有效防范类似事件发生。

第八条　有关中央企业内控（风险）管理部门对照通报事项反映的重大缺陷和管理漏洞，完善关键环节和重点领域的管控制度，优化管理流程，强化内控体系有效执行，切实提升内控体系管控水平。

第九条　有关中央企业审计部门、企业内部巡视巡察应当将通报事项纳入年度工作重点，强化对企业重大风险和问题整改工作跟踪检查力度，检验整改工作成效，确保整改工作落实落地。

第十条　对于通报事项涉及违反党规党纪、违规经营投资造成资产损失或其他严重不良后果的，有关中央企业要严格按照规定对相关责任人严肃问责。

第十一条　对于需要长期整改落实的通报事项，有关中央企业应当定期向国资委报告整改工作进展情况。

第十二条　有关中央企业对通报事项整改落实后，要将整改工作开展情况、具体举措、整改成效及人员处理情况等形成专项工作报告，正式报送国资委。

第十三条　各中央企业要从通报事项中汲取教训，引以为戒，举一反三，主动开展对照检查，发现类似问题应当按照通报相关要求做好整改落实工作。

第十四条　国资委将加强对中央企业通报事项整改落实工作的监督检查，评估整改成效，推动企业不断完善内部管控机制。

第十五条　国资委将定期汇总分析通报反映中央企业存在的重大风险事件和突出问题，有针对性地完善国资监管政策制度，并纳入年度综合检查或专项检查范围进行抽查复核。

第十六条　国资委对整改不到位或拒绝整改、拖延整改的中央企业，要严肃追究责任；对涉嫌违纪违法的，及时移交有关纪检监察机构。

第十七条　本规则由国资委负责解释。

第十八条　本规则自印发之日起施行。

关于切实加强金融衍生业务管理有关事项的通知

（国资发财评规〔2020〕8 号）

各中央企业：

近年来，中央企业按照监管要求，审慎开展金融衍生业务，强化业务监督管理，有效利用金融衍生工具的套期保值功能，对冲大宗商品价格和利率汇率波动风险，对稳定生产经营发挥了积极作用。但监管中也发现，部分企业存在集团管控不到位、业务审批不严格、操作程序不规范、激励趋向投机以及业务报告不及时、不准确、不全面等问题。为督促中央企业切实加强金融衍生业务管理，建立"严格管控、规范操作、风险可控"的金融衍生业务监管体系，现将有关事项通知如下：

一、落实监管责任

本通知所指金融衍生业务，主要包括中央企业在境内外从事的商品类衍生业务（指以商品为标的资产的金融衍生业务，包括大宗商品期货、期权等）和货币类衍生业务（指以货币或利率为标的资产的金融衍生业务，包括远期合约、期货、期权、掉期等）。金融衍生业务具有杠杆性、复杂性和风险性。各中央企业要切实增强风险意识，强化集团管控，建立健全统一管理体系，严格业务审批，落实监管责任。

（一）坚持专业化集中管理原则，集团内部同类金融衍生业务原则上由统一平台进行集中操作。集团董事会负责核准具体开展金融衍生业务的子企业（以下简称操作主体）业务资质，集团负责审批年度业务计划。资产负债率高于国资委管控线、连续 3 年经营亏损且资金紧张的子企业，不得开展金融衍生业务。

（二）集团董事会核准业务资质时，要充分论证业务开展的客观需求和必要性，严格审核评估业务管理制度、风险管理机制的健全性和有效性，以及机构设置的合理性、人员专业胜任能力，核准事项应当明确交易场所、品种、工具等内容。核准事项变更时，应当由集团董事会重新审批。董事会下设的风险管理委员会或承担风险管理职责的专业委员会应当对业务资质核准提出明确的审核意见，作为提交董事会决策的必备要件。集团董事会核准的业务资质，应当及时报国资委备案。

（三）集团审批年度业务计划时，要认真审核实货规模、保值规模、套保策略、资金占用规模、止损限额（或亏损预警线）等内容，对场外业务要进行严格审核和风险评估。

（四）集团应当明确金融衍生业务的分管负责人，指定归口管理部门，落实有关部门监管责任。风险管理部门负责业务风险监控；财务部门负责资金特别是保证金的监测；法律部门负责合同文本的法律风险评估；审计部门负责定期开展审计监督。

二、严守套保原则

开展金融衍生业务要严守套期保值原则，以降低实货风险敞口为目的，与实货的品种、规模、方向、期限相匹配，与企业资金实力、交易处理能力相适应，不得开展任何形式的投机交易。

（一）交易品种应当与主业经营密切相关，不得超越规定的经营范围。交易工具应当结构简单、流动性强、风险可认知。持仓时间一般不得超过12个月或实货合同规定的时间，不得盲目从事长期业务或展期。

（二）商品类衍生业务年度保值规模不超过年度实货经营规模的90%，其中针对商品贸易开展的金融衍生业务年度保值规模不超过年度实货经营规模的80%。时点净持仓规模不得超过对应实货风险敞口。要实行品种分类管理，不同子企业、不同交易品种的规模指标不得相互借用、串用。套期保值对应关系的建立、调整和撤销应当符合生产经营的实际需要，避免频繁短线交易。

（三）货币类衍生业务的规模、期限等应当在资金需求合同范围内，原则上应当与资金需求合同一一对应。

（四）新开展业务或以前年度因违规操作等产生重大损失的企业应当谨慎设定业务规模，进行适当压缩和控制。

（五）建立科学合理的激励约束机制，将金融衍生业务盈亏与实货盈亏进行综合评判，客观评估业务套保效果，不得将绩效考核、薪酬激励与金融衍生业务单边盈亏简单挂钩，防止片面强调金融衍生业务单边盈利导致投机行为。

三、有效管控风险

建立有效的金融衍生业务风险管理体系，健全内控机制，完善信息系统，强化风险预警，覆盖事前防范、事中监控和事后处理的各个环节。

（一）集团应当制定金融衍生业务管理制度，明确相关部门职责、业务审批程序、风险管理要求、止损限额（或亏损预警线）、应急处理、监督检查与责任追究等内容。操作主体应当制定专门的业务操作手册或合规手册。

（二）集团应当建立金融衍生业务风险管理垂直体系，操作主体风险管理部门应当独立向集团上报风险或违规事项。

（三）集团应当通过风险管理信息系统等信息化手段监控业务风险，实现全面覆盖、在线监测。商品类衍生业务的操作主体要建立健全业务信息系统，准确记录、传递各类交易信息，固化制度要求，规范操作流程，阻断违规操作。

（四）集团及操作主体应当建立风险预警和处置机制，采用定量及定性的方法，及时识别市场风险、信用风险、操作风险和流动性风险等，针对不同类型、不同程度的风险事项，明确处置权限及程序。

（五）出现重大风险时，要及时启动风险应急处理机制，成立专门工作组织，制定详细的处置方案，妥善做好仓位止损、法律纠纷案件处置、舆情应对等工作，建立日报或周报制度，防止风险扩大和蔓延。

四、规范业务操作

操作主体要强化内控执行，严格合规管理，规范开展授权审批、交易操作、资金使用、定期报告。

（一）设置独立的风险管理部门、交易部门、财务部门，严格执行前中后台岗位、人员分离原则。建立定期轮岗和培训制度。仅开展货币类衍生业务、且开展频次较低、业务规模较小的企业，可不单独设置风险管理部门、交易部门，但必须严格执行不相容岗位及人员分离原则。

（二）本企业董事会或类似决策机构负责交易授权审批。授权应当明确有交易权限的人员名单、交易品种和额度。人员职责发生变更时应当及时中止授权或重新授权。严禁企业负责人直接操盘。

（三）交易部门应当根据经批准的业务计划制定具体操作方案，按规定程序审批后操作。对于未经批准的操作方案，财务部门不得拨付资金，不得进行交易结算。

（四）开展场外业务时，应当对交易工具、对手信用、合同文本等进行单独的风险评估，审慎选择交易对手，慎重开展业务。

（五）对保证金等资金账户实行专门管理，规范资金划拨和使用程序，加强日常监控，动态开展资金风险评估和压力测试。严格履行保证金追加审批程序。不得以个人账户（或个人名义）开展金融衍生业务。

（六）风险管理部门要建立每日报告制度；风险管理部门、交易部门与财务部门要进行每月核对；风险管理部门、交易部门每季度要向经营管理层报告业务开展情况。

五、强化监督检查

各中央企业应当建立健全金融衍生业务审计监督体系，完善监督机制，加强监督检查，提高监督质量，充分发挥审计监督功能作用。

（一）集团归口管理部门应当每季度抽取部分企业或业务开展专项监督检查，重点关注业务合规性，是否存在超品种、超规模、超期限、超授权等违规操作，是否存在重大损失风险。

（二）集团内审部门应当每年对所有操作主体进行审计，重点关注业务制度的健全性和执行有效性，会计核算的真实性等。

（三）对于审计检查中发现的问题，要及时向集团报告并督促整改到位。对于开展投机业务或产生重大损失风险、重大法律纠纷、造成严重影响的，要及时处置应对，并暂停该操作主体开展金融衍生业务，进行整改问责。恢复开展业务的，需报集团董事会批准。

（四）应当根据《中央企业违规经营投资责任追究实施办法（试行）》（国资委令第37号）等有关规定，制定责任追究制度，对违规事项进行追责。涉嫌违纪或职务违法的问题和线索，移送纪检监察机构。涉嫌犯罪的问题和线索，移送国家监察机关或司法机关。对于发生重大损失风险、造成严重影响等问题的，国资委将在业绩考核中予以扣分或降级处理，并根据干部管理权限开展责任追究。

六、建立报告制度

各中央企业应当定期向国资委报告金融衍生业务开展情况，及时报告重大事项，确保报送信息准确、完整。

（一）对于业务日常开展情况，应当于每季度末随财务快报一并报送金融衍生业务报表。未开展金融衍生业务的企业要进行“零申报”。集团要加强对上报数据的检查和核实，避免瞒报、漏报、错报。

（二）对于业务年度经营情况，集团应当向国资委报送专项报告，报告内容包括年度业务开展情况（如业务品种、保值规模、盈亏情况、年末持仓风险评估等）、套期保值效果评估、审计检查中发现的问题及整改情况、其他重大事项等，并将中介机构出具的专项审计意见，与年度财务决算报告一并报送国资委。

（三）对于开展投机业务或产生重大损失风险、重大法律纠纷、造成严重影响的，应当于24小时内向国资委专项报告，并对采取的处理措施及处理情况建立周报制度。对于有特殊业务需求，期限、规模等超过本通知的，要提前向国资委报告。

（四）对于瞒报、漏报、错报以及未按要求及时报告的，国资委将予以通报、约谈。对于上报信息严重失实、隐瞒资产损失以及不配合监管工作的，国资委将严肃问责。

国资委将与发展改革委、财政部、商务部、人民银行、银保监会、证监会、外汇局等有关部门，通过定期会商、信息共享、联合检查等方式，形成监管合力，强化监管力度。企业开展境外金融衍生业务所需外汇额度按相关规定及程序办理。

银行、期货、保险、证券等持牌类金融机构开展金融衍生业务，应当严格遵循监管机构的有关规定。各省、自治区、直辖市及计划单列市和新疆生产建设兵团国资委可参照本通知开展本地区金融衍生业务监管工作。

《关于进一步加强中央企业金融衍生业务监管的通知》（国资发评价〔2009〕19号）、《关于建立中央企业金融衍生业务临时监管机制的通知》（国资发评价〔2010〕187号）和《关于取消中央企业境外商品衍生业务核准事项的通知》（国资发评价〔2015〕42号）自本通知印发之日起废止。

关于印发《中央企业控股上市公司实施股权激励工作指引》的通知

（国资考分〔2020〕178号）

各中央企业：

为深入贯彻落实习近平新时代中国特色社会主义思想，建立健全生产要素由市场评价贡献、按贡献决定报酬的机制，推动中央企业实施中长期激励，国资委在总结中央企业控股上市公司股权激励工作的基础上，制定了《中央企业控股上市公司实施股权激励工作指引》，现印发给你们，供参考。

中央企业控股上市公司实施股权激励工作指引

第一章 总 则

第一条 为进一步推动中央企业控股上市公司建立健全长效激励约束机制，完善股权激励计划的制定和实施工作，充分调动上市公司核心骨干人才的积极性，促进国有资产保值增值，推动国有资本做强做优做大，根据《中华人民共和国公司法》、《中华人民共和国企业国有资产法》、《关于修改〈上市公司股权激励管理办法〉的决定》（证监会令第148号）和国有控股上市公司实施股权激励的有关政策规定，制定本指引，供企业在工作中参考使用。

第二条 本指引适用于国务院国有资产监督管理委员会（以下简称国资委）履行出资人职责的中央企业及其各级出资企业控股或实际控制的上市公司（以下简称上市公司）。

第三条 本指引所称股权激励，是指上市公司以本公司股票或者其衍生权益为标的，对其董事、高级管理人员及管理、技术和业务骨干实施的长期激励。

第四条 本指引用于指导中央企业、上市公司国有控股股东依法履行出资人职责，按照本指引及相关规定指导上市公司科学制定股权激励计划、规范履行决策程序，做好股权激励计划的实施管理工作。

第五条 上市公司实施股权激励应当遵循以下原则：

（一）坚持依法规范，公开透明，遵循法律法规和公司章程规定，完善现代企业制度，健全公司治理机制。

（二）坚持维护股东利益、公司利益和激励对象利益，促进上市公司持续发展，促进国有资本保值增值。

（三）坚持激励与约束相结合，风险与收益相匹配，强化股权激励水平与业绩考核双对标，充分调动上市公司核心骨干人才的积极性。

（四）坚持分类分级管理，从企业改革发展和资本市场实际出发，充分发挥市场机制，规范起步，循序渐进，积极探索，不断完善。

第六条 上市公司实施股权激励应当具备以下条件：

（一）公司治理规范，股东大会、董事会、监事会、经理层组织健全，职责明确。股东大会选举和更换董事的制度健全，董事会选聘、考核、激励高级管理人员的职权到位。

（二）外部董事（包括独立董事）人数应当达到董事会成员的半数以上。薪酬与考核委员会全部由外部董事组成，薪酬与考核委员会制度健全，议事规则完善，运行规范。

（三）基础管理制度规范，内部控制制度健全，三项制度改革到位，建立了符合市场竞争要求的管理人员能上能下、员工能进能出、收入能增能减的劳动用工、业绩考核、薪酬福利制度体系。

（四）发展战略明确，资产质量和财务状况良好，经营业绩稳健。近三年无财务会计、收入分配和薪酬管理等方面的违法违规行为。

（五）健全与激励机制对称的经济责任审计、信息披露、延期支付、追索扣回等约束机制。

（六）证券监督管理机构规定的其他条件。

第七条 国有控股股东应当增强法治观念和诚信意识，遵守法律法规，执行国家政策，维护出资人利益。上市公司董事、监事和高级管理人员在实施股权激励计划过程中应当诚实守信、恪尽职守、勤勉尽责，维护上市公司和股东的利益。

第二章 股权激励计划的制定

第一节 一般规定

第八条 上市公司股权激励计划应当依据法律法规和股票交易上市地监管规定科学制定，对上市公司、激励对象具有约束力，股权激励计划应当包括下列事项：

（一）股权激励的目的。

（二）激励对象的确定依据和范围。

（三）激励方式、标的股票种类和来源。

（四）拟授出的权益数量，拟授出权益涉及标的股票数量及占上市公司股本总额的百分比；分期授出的，本计划拟授予期数，每期拟授出的权益数量、涉及标的股票数量及占股权激励计划涉及标的股票总额的百分比、占上市公司股本总额的百分比；设置预留权益的，拟预留权益的数量、涉及标的股票数量及占股权激励计划涉及标的股票总额的百分比。

（五）激励对象为董事、高级管理人员的，其各自可获授的权益数量、权益授予价值占授予时薪酬总水平的比例；其他各类激励对象可获授的权益数量、占股权激励计划拟授出权益总量的百分比。

（六）股票期权（股票增值权）的行权价格及其确定方法，限制性股票的授予价格及其确定方法。

（七）股权激励计划的有效期，股票期权（股票增值权）的授予日、生效日（可行权日）、行权有效期和行权安排，限制性股票的授予日、限售期和解除限售安排。

（八）激励对象获授权益、行使权益的条件，包括公司业绩考核条件及激励对象个人绩效考核条件，上市公司据此制定股权激励业绩考核办法。

（九）上市公司授出权益、激励对象行使权益的程序，上市公司据此制定股权激励管理办法。

（十）调整权益数量、标的股票数量、授予价格或者行权价格的方法和程序。

（十一）股权激励会计处理方法、限制性股票或股票期权公允价值的确定方法、涉及估值模型重要参数取值合理性、实施股权激励应当计提费用及对上市公司经营业绩的影响。

（十二）股权激励计划的变更、终止。

（十三）上市公司发生控制权变更、合并、分立以及激励对象发生职务变更、离职、死亡等事项时股权激励计划的执行。

（十四）上市公司与激励对象之间相关纠纷或争端解决机制。

（十五）上市公司与激励对象其他的权利义务，以及其他需要说明的事项。

第九条　上市公司应当与激励对象签订权益授予协议，确认股权激励计划、股权激励管理办法、业绩考核办法等有关约定的内容，并依照有关法律法规和公司章程约定双方的其他权利义务。

上市公司应当承诺，股权激励计划相关信息披露文件不存在虚假记载、误导性陈述或者重大遗漏。

所有激励对象应当承诺，上市公司因信息披露文件中有虚假记载、误导性陈述或者重大遗漏，导致不符合授予权益或行使权益安排的，激励对象应当自相关信息披露文件被确认存在虚假记载、误导性陈述或者重大遗漏后，将由股权激励计划所获得的全部利益返还公司。

第二节　激励方式和标的股票来源

第十条　上市公司股权激励方式包括股票期权、股票增值权、限制性股票，以及法律法规允许的其他方式。

（一）股票期权，是指上市公司授予激励对象在未来一定期限内以预先确定的价格和条件购买本公司一定数量股票的权利。激励对象有权行使或者放弃这种权利。股票期权不得转让、用于担保或偿还债务。

（二）股票增值权，是指上市公司授予激励对象在一定的时期和条件下，获得规定数量的股票价格上升所带来的收益的权利。股权激励对象不拥有这些股票的所有权，也不拥有股东表决权、配股权。股票增值权不得转让、用于担保或偿还债务。

（三）限制性股票，是指上市公司按照股权激励计划规定的条件授予激励对象转让等权利受到限制的本公司股票。激励对象自授予日起享有限制性股票的所有权，但在解除限售前不得转让、用于担保或偿还债务。

第十一条　上市公司应当根据实施股权激励的目的，按照股票交易上市地监管规定，结合所处行业经营规律、企业改革发展实际、股权激励市场实践等因素科学确定激励方式。

第十二条　股票增值权原则上适用于境内注册、发行中国香港上市外资股的上市公司（H股公司）。

股票增值权应当由公司统一管理，达到可行权条件后原则上由公司统一组织行权，并根据激励对象个人业绩完成情况兑现收益。

第十三条　上市公司确定实施股权激励所需标的股票来源，应当符合法律法规、股票交易上市地监管规定和上市规则。应当根据企业实际情况，采取向激励对象发行股份（增量）、回购本公司股份（存量）及其他合规方式确定标的股票来源，不得仅由国有股东等部分股东支付股份或其衍生权益。对于股票市场价格低于每股净资产或股票首次公开发行价格的，鼓励通过回购本公司股份的方式确定标的股票来源。

第三节　股权激励对象

第十四条　股权激励对象应当聚焦核心骨干人才队伍，一般为上市公司董事、高级管理人员以及对上市公司经营业绩和持续发展有直接影响的管理、技术和业务骨干。

第十五条　上市公司确定激励对象，应当根据企业高质量发展需要、行业竞争特点、关键岗位职责、绩效考核评价等因素综合考虑，并说明其与公司业务、业绩的关联程度，以及其作为激励对象的合理性。

第十六条　上市公司国有控股股东或中央企业的管理人员在上市公司担任除监事以外职务的，可以参加上市公司股权激励计划，但只能参加一家任职上市公司的股权激励计划，应当根据所任职上市公司对控股股东公司的影响程度、在上市公司担任职务的关键程度决定优先参加其中一家所任职上市公司的股权激励计划。

中央和国资委党委管理的中央企业负责人不参加上市公司股权激励。市场化选聘的职业经理人可以参加任职企业的股权激励。

第十七条　激励对象不得以“代持股份”或者“名义持股”等不规范方式参加上市公司股权激励计划。

第十八条　下列人员不得参加上市公司股权激励计划：

(一)未在上市公司或其控股子公司任职、不属于上市公司或其控股子公司的人员。

(二)上市公司独立董事、监事。

(三)单独或合计持有上市公司5%以上股份的股东或者实际控制人及其配偶、父母、子女。

(四)国有资产监督管理机构、证券监督管理机构规定的不得成为激励对象的人员。

第十九条　上市公司公告董事会审议通过的股权激励计划草案和实施方案(亦称授予方案，下同)后，应当将股权激励对象姓名、职务等信息在公司内部进行公示，履行民主监督程序。监事会应当对股权激励名单进行审核，充分听取公示意见。

上市公司应当按照股票交易上市地监管规定和上市规则履行激励对象的信息披露程序。

第四节　权益授予数量

第二十条　在股权激励计划有效期内，上市公司授予的权益总量应当结合公司股本规模大小、激励对象范围和股权激励水平等因素合理确定。上市公司全部在有效期内的股权激励计划所涉及标的股票总数累计不得超过公司股本总额的10%(科创板上市公司累计不超过股本总额的20%)。不得因实施股权激励导致国有控股股东失去实际控制权。

第二十一条　上市公司首次实施股权激励计划授予的权益所涉及标的股票数量原则上应当控制在公司股本总额的1%以内。

中小市值上市公司及科技创新型上市公司可以适当上浮首次实施股权激励计划授予的权益数量占股本总额的比例，原则上应当控制在3%以内。

第二十二条　非经股东大会特别决议批准，任何一名激励对象通过全部在有效期内的股权激励计划获授权益(包括已行使和未行使的)所涉及标的股票数量，累计不得超过公司股本总额的1%。

第二十三条　鼓励上市公司根据企业发展规划，采取分期授予方式实施股权激励，充分体现激励的长期效应。

每期授予权益数量应当与公司股本规模、激励对象人数，以及激励对象同期薪酬水平和权益授予价值等因素相匹配。有关权益授予价值确定等具体要求，按照本章第七节规定执行。

上市公司连续两个完整年度内累计授予的权益数量一般在公司股本总额的3%以内，公司重大战略转型等特殊需要的可以适当放宽至股本总额的5%以内。

第二十四条　上市公司需为拟市场化选聘人员设置预留权益的，预留权益数量不得超过该期股权激励计划拟授予权益数量的20%，并在计划中就预留原因及预留权益管理规定予以说明。预留权益应当在股权激励计划经股东大会审议通过后12个月内明确授予对象，原则上不重复授予本期计划已获授的激励对象。超过12个月未明确授予对象的，预留权益失效。

第五节　行权价格和授予价格

第二十五条　上市公司拟授予的股票期权、股票增值权的行权价格，或者限制性股票的授予价格，应当根据公平市场价格原则确定。公平市场价格一般按如下方法确定：

（一）境内上市公司定价基准日为股权激励计划草案公布日。公平市场价格不得低于下列价格较高者：股权激励计划草案公布前 1 个交易日公司标的股票交易均价，股权激励计划草案公布前 20 个交易日、60 个交易日或者 120 个交易日的公司标的股票交易均价之一。

（二）境外上市公司定价基准日为权益授予日。公平市场价格不得低于下列价格较高者：授予日公司标的股票收盘价、授予日前 5 个交易日公司标的股票平均收盘价。

（三）股票交易上市地监管规定和上市规则另有规定的，从其规定。

第二十六条　股票期权、股票增值权的行权价格不低于按上条所列方法确定的公平市场价格，以及公司标的股票的单位面值。限制性股票的授予价格不得低于公平市场价格的 50%，以及公司标的股票的单位面值。

（一）股票公平市场价格低于每股净资产的，限制性股票授予价格不应低于公平市场价格的 60%。

（二）中央企业集团公司应当依据限制性股票解锁时的业绩目标水平，指导上市公司合理确定限制性股票的授予价格折扣比例与解锁时间安排。

第二十七条　上市公司首次公开发行股票（IPO）时拟实施的股权激励计划，应当在股票发行上市满 30 个交易日以后，依据本指引第二十五条、第二十六条规定确定其拟授权益的行权价格或者授予价格。

第六节　计划有效期和时间安排

第二十八条　股权激励计划的有效期自股东大会通过之日起计算，一般不超过 10 年。股权激励计划有效期满，上市公司不得依据该计划授予任何权益。

第二十九条　在股权激励计划有效期内，采取分期实施方式授予权益的，每期权益的授予间隔期应当在 1 年（12 个月）以上，一般为两年，即权益授予日 2 年（24 个月）间隔期满后方可再次授予权益。

第三十条　上市公司每期授予权益的有效期，应当自授予日起计算，一般不超过 10 年。超过有效期的，权益自动失效，并不可追溯行使。每期授予的权益在有效期内，区分不同激励方式，按照以下规定行使：

（一）股票期权、股票增值权激励方式：应当设置行权限制期和行权有效期，行权限制期自权益授予日至权益生效日止，原则上不得少于 2 年（24 个月），在限制期内不可以行使权益；行权有效期自权益生效日至权益失效日止，由上市公司根据实际确定，但不得少于 3 年，在行权有效期内原则上采取匀速分批生效的办法。

（二）限制性股票激励方式：应当设置限售期和解锁期，限售期自股票授予日起计算，原则上不得少于 2 年（24 个月），在限售期内不得出售股票；限售期满可以在不少于 3 年的解锁期内匀速分批解除限售。

第三十一条　在董事会讨论审批或者公告公司定期业绩报告等影响股票价格的敏感事项发生时，以及相关法律法规、监管规定对上市公司董事、高级管理人员买卖本公司股票的期间有限制的，上市公司不得在相关限制期间内向激励对象授予权益，激励对象也不得行使权益。具体办法按照证券监督管理机构的有关规定执行。

第三十二条　上市公司董事、高级管理人员转让、出售其通过股权激励计划所得的股票，应当符合有关法律法规及证券监督管理机构的有关规定。

第七节　权益的公允价值、授予数量和收益水平

第三十三条　上市公司实行股票期权（股票增值权）激励方式的，应当根据企业会计准则选取适当的期权定价模型，对拟授予的单位股票期权（股票增值权）的公允价值进行科学合理的估算。在计算单位权益的公允价值时，应当参照本指引附件 1 的有关参数选择、计算原则。

上市公司实行限制性股票激励方式的，在计算单位权益公允价值时，不应低于限制性股票授予时公平市场价格与授予价格的差额。

第三十四条　上市公司应当根据授予激励对象权益的公允价值占其薪酬总水平的比重，合理确定授予激励对象的权益数量，科学设置激励对象薪酬结构。

（一）董事、高级管理人员的权益授予价值，根据业绩目标确定情况，不高于授予时薪酬总水平的40%。

（二）管理、技术和业务骨干等其他激励对象的权益授予价值，比照本条上款办法，由上市公司董事会合理确定。

第三十五条　激励对象授予时薪酬总水平是确定股权激励收益、授予数量的重要依据，计算时应当符合以下原则：

（一）上市公司董事、高级管理人员薪酬水平原则上与上市公司年度报告披露的薪酬水平（同口径）一致。

（二）在上市公司任职的中央企业管理人员，其薪酬总水平按照中央企业核定水平确定。

（三）薪酬总水平偏低或偏高的，可以依据本公司业绩考核与薪酬管理办法，结合公司经营效益情况，并参考市场同类人员薪酬水平、本公司岗位薪酬体系等因素合理确定权益授予水平。

第三十六条　股权激励对象实际获得的收益，属于投资性收益，不再设置调控上限。

第三十七条　对于短期市场大幅波动导致实际收益过高的，上市公司应当引导激励对象延长持有期限，维护市场对公司长期发展的信心和股权激励机制的良好形象。

第三章　股权激励的业绩考核

第一节　公司业绩考核

第三十八条　上市公司实施股权激励，应当建立完善的公司业绩考核体系，结合企业经营特点、发展阶段、所处行业等情况，科学设置考核指标，体现股东对公司经营发展的业绩要求和考核导向，原则上应当包含以下三类考核指标：

（一）反映股东回报和公司价值创造等综合性指标，如净资产收益率、总资产报酬率、净资产现金回报率（EOE）、投资资本回报率（ROIC）等。

（二）反映企业持续成长能力的指标，如净利润增长率、营业利润增长率、营业收入增长率、创新业务收入增长率、经济增加值增长率等。

（三）反映企业运营质量的指标，如经济增加值改善值（ΔEVA）、资产负债率、成本费用占收入比重、应收账款周转率、营业利润率、总资产周转率、现金营运指数等。

中央企业主营业务上市公司，一般应当选择经济增加值（EVA）或经济增加值改善值作为考核指标。债务风险较高的企业（资产负债率超过80%），一般应当选择资产负债率作为考核指标。

净利润的计算口径一般为扣除非经常性损益后归属于母公司所有者的净利润，或根据对标企业情况选择相同的口径。

第三十九条　上市公司应当同时采取与自身历史业绩水平纵向比较和与境内外同行业优秀企业业绩水平横向对标方式确定业绩目标水平。

（一）选取的同行业企业或者对标企业，均应当在股权激励计划或者考核办法中载明所属行业范围、选择的原则与依据及对标企业名单。

（二）对标企业在权益授予后的考核期内原则上不调整，如因对标企业退市、主营业务发生重大变化、重大资产重组导致经营业绩发生重大变化等特殊原因需要调整的，应当由董事会审议确定，并在公告中予以披露及说明。

第四十条　在权益授予和生效环节，应当与公司业绩考核指标完成情况进行挂钩。业绩目标水平的设定应当结合公司经营趋势、发展战略综合确定，并经股东大会审议通过。

（一）权益授予环节的业绩目标，是股权激励计划设定的分期授予权益的业绩条件，体现股东对公司持续发展的绩效考核基本要求。目标水平根据公司发展战略规划，结合计划制定时公司近三年平均业绩水平、上一年度实际业绩水平、同行业平均业绩（或者对标企业50分位值）水平合理确定。股权激励计划无分期实施安排的，可以不设置权益授予环节的业绩考核条件。

（二）权益生效（解锁）环节的业绩目标，是各期授予权益在生效（解锁）时的考核要求，由分期实施方案具体确定，体现股东对公司高质量发展的绩效挑战目标。目标水平应在授予时业绩目标水平的基础上有所提高，根据分期实施方案制定时公司近三年平均业绩水平、上一年度实际业绩水平、同行业平均业绩（或者对标企业75分位值）水平，结合公司经营趋势、所处行业特点及发展规律科学设置，体现前瞻性、挑战性。行业发展波动较大，难以确定业绩目标绝对值水平的，可以通过与境内外同行业优秀企业业绩水平横向对标的方式确定。

（三）分期实施股权激励计划的，各期实施方案设置的公司业绩指标和目标值原则上应当保持一致性、可比性，后期实施方案的公司业绩目标低于前期方案的，上市公司应当充分说明其原因与合理性。

第四十一条　上市公司应当在公告股权激励计划草案、实施方案的同时披露所设定指标的科学性和合理性。

对政府调控市场价格、依法实行专营专卖的行业，相关企业的业绩指标，应当事先约定剔除价格调整、政府政策调整等不可抗力因素对业绩影响的方法或原则。

第四十二条　上市公司业绩指标的考核，应当采用公司年度报告披露的财务数据，并且应当在对外披露中就股权激励业绩考核指标完成情况予以说明。

第四十三条　上市公司未满足股权激励计划设定的权益授予业绩目标的，当年不得授予权益。未满足设定的权益生效（解锁）业绩目标的，由公司按照以下办法处理：

（一）当年计划生效的股票期权、股票增值权不得生效，予以注销。

（二）当年计划解锁的限制性股票不得解除限售，由上市公司回购，回购价不高于授予价格与股票市价的较低者。

第二节　激励对象绩效考核评价

第四十四条　上市公司应当建立健全股权激励对象绩效考核评价机制，切实将权益的授予、生效（解锁）与激励对象个人绩效考核评价结果挂钩，根据考核评价结果决定其参与股权激励计划的资格，并分档确定权益生效（解锁）比例。激励对象绩效考核评价不合格的，由公司按照本指引第四十三条办法处理。

第四十五条　授予上市公司董事、高级管理人员的权益，应当根据任期考核结果行权或者兑现。

境外上市公司授予的股票期权，应当将不低于获授量的20％留至限制期满后的任期（或者任职）期满考核合格后行权，或在激励对象行权后，持有不低于获授量20％的公司股票，至限制期满后的任期（或者任职）期满考核合格后方可出售；授予的股票增值权，其行权所获得的现金收益需进入上市公司为股权激励对象开设的账户，账户中现金收益应当有不低于20％的部分至任期（或者任职）期满考核合格后方可提取；授予的限制性股票，应当将不低于获授量的20％锁定至任期（或者任职）期满考核合格后解锁。

如果任期考核不合格或者经济责任审计中发现经营业绩不实、国有资产流失、经营管理失职以及存在重大违法违纪的行为，对于相关责任人任期内已经行权的权益应当建立退回机制，由此获得的股权激励收益应当上交上市公司。

第三节　科创板上市公司实施股权激励的考核

第四十六条　中央企业控股科创板上市公司，根据国有控股上市公司实施股权激励的有关要求，按照《上海证券交易所科创板股票上市规则》等相关规定，规范实施股权激励。

第四十七条　科创板上市公司以限制性股票方式实施股权激励的，若授予价格低于公平市场价格的50％，上市公司应当适当延长限制性股票的限售期及解锁期，并设置不低于公司近三年平均业绩水平或同行业对标企业75分位值水平的解锁业绩目标条件。

第四十八条　尚未盈利的科创板上市公司实施股权激励的，限制性股票授予价格按照不低于公平市场价格的60％确定。

在上市公司实现盈利前，可生效的权益比例原则上不超过授予额度的40％，对于属于国家重点战略行业、且因行业特性需要较长时间才可实现盈利的，应当在股权激励计划中明确提出调整权益生效安排的申请。

第四章　股权激励计划的管理

第一节　股权激励管理办法

第四十九条　国有控股股东应当依法行使股东权利，要求和督促上市公司制定规范的股权激励管理办法，并建立与之相适应的业绩考核评价制度，以业绩考核指标完成情况为基础对股权激励计划实施动态管理。

第五十条　上市公司股权激励管理办法，应当主要包括股权激励计划的管理机构及其职责权限、股权激励计划的实施程序、特殊情形处理、信息披露、财务会计与税收处理、监督管理等内容条款。

(一)治理机构及管理职责，一般包括公司股东大会、董事会、董事会薪酬与考核委员会及公司内部相关职能部门等涉及股权激励各实施环节的机构，及其承担的股权激励管理职责。

(二)股权激励计划实施程序，应当包括计划拟订、权益授予、权益生效(解锁)、激励对象权益行使与收益管理等工作。

(三)责任追究和特殊情形处理，一般包括公司及激励对象资格取消情形、激励对象离职处理、权益数量和行权价格的调整等内容。

第五十一条　上市公司按照股权激励管理办法和业绩考核办法，建立健全公司业绩考核及激励对象绩效考核评价体系，以业绩考核完成情况决定对激励对象全体或个人权益的授予和生效(解锁)。

(一)权益授予时，应当根据计划设定的公司业绩考核及激励对象绩效考核评价完成情况，决定对激励对象全体或个人是否授予权益，以及权益授予数量。

(二)已经授予的权益在生效(解锁)时，应当按照计划及实施方案约定，根据公司业绩考核和激励对象绩效考核评价完成情况，决定激励对象全体所获授权益在当期可以生效部分是否生效(解锁)，以及激励对象个人获授权益的生效(解锁)比例。

第二节　责任追究和特殊情形处理

第五十二条　上市公司有下列情形之一的，国有控股股东应当依法行使股东权利，提出取消当年度可行使权益，同时终止实施股权激励计划，经股东大会或董事会审议通过，一年内不得向激励对象授予新的权益，激励对象也不得根据股权激励计划行使权益或者获得激励收益：

(一)未按照规定程序和要求聘请会计师事务所开展审计的。

(二)年度财务报告、内部控制评价报告被注册会计师出具否定意见或者无法表示意见的审计报告。

(三)国有资产监督管理机构、监事会或者审计部门对上市公司业绩或者年度财务报告提出重大异议。

(四)发生重大违规行为，受到证券监督管理机构及其他有关部门处罚。

第五十三条　股权激励对象有下列情形之一的，上市公司国有控股股东应当依法行使股东权利，提出终止授予其新的权益、取消其尚未行使权益的行使资格、追回已获得的相关股权激励收益，并依据法律及有关规定追究其相应责任：

(一)经济责任审计等结果表明未有效履职或者严重失职、渎职的。

(二)违反国家有关法律法规、上市公司章程规定的。

(三)激励对象在任职期间，有受贿索贿、贪污盗窃、泄露上市公司商业和技术秘密、实施关联交易损害上市公司利益、声誉和对上市公司形象有重大负面影响等违法违纪行为，并受到处分的。

(四)激励对象未履行或者未正确履行职责，给上市公司造成较大资产损失以及其他严重不良后果的。

第五十四条　股权激励计划实施过程中，上市公司的财务会计文件或信息披露文件有虚假记载、误导性陈述或者重大遗漏，导致不符合授予权益或行使权益安排的，激励对象尚未行使的权益不再行使，上市公司应当收回激励对象由相关股权激励计划所获得的全部利益，不得再向负有责任的对象授予新的权益。

第五十五条　股权激励对象因调动、免职、退休、死亡、丧失民事行为能力等客观原因与企业解除或者终止劳动关系时，授予的权益当年达到可行使时间限制和业绩考核条件的，可行使部分可以在离职(或可行使)之日起半年内行使，半年后权益失效；当年未达到可行使时间限制和业绩考核条件的，原则上不再行使。尚未解锁的限制性股票，可以按授予价格由上市公司进行回购(可以按照约定考虑银行同期存款利息)。

股权激励对象辞职、因个人原因被解除劳动关系的，尚未行使的权益不再行使。尚未解锁的限制性股票按授予价格与市场价格孰低原则进行回购，已获取的股权激励收益按授予协议或股权激励管理办法规定协商解决。

第五十六条　股权激励管理办法对上市公司回购限制性股票的具体情形及回购后股票的处理作出规定，应当符合《中华人民共和国公司法》规定，回购价格根据回购原因分类管理。

（一）股权激励对象因调动、免职、退休、死亡、丧失民事行为能力等客观原因而导致的回购，按授予价格由上市公司进行回购（可以按照约定考虑银行同期存款利息）。

（二）上市公司未满足设定的权益生效（解锁）业绩目标，股权激励对象绩效考核评价未达标、辞职、个人原因被解除劳动关系，激励对象出现本指引第五十三条、第五十四条规定情形等其他原因而导致的回购，以及公司终止实施股权激励计划的，回购价格不得高于授予价格与股票市价的较低者。

（三）上市公司董事会应当公告回购股份方案，方案应当包括：回购股份的原因，回购价格及定价依据，回购股份的种类、数量及占股权激励计划所涉及标的股票的比例，拟用于回购的资金总额及来源，回购后公司股本结构的变动情况及对公司业绩的影响。

第五十七条　上市公司发生控制权变更、合并、分立等情形时，对激励对象未生效（解锁）权益不得做出加速生效或者提前解锁的安排。

第五十八条　上市公司股权激励管理办法就权益授出后标的股票除权、除息等原因调整授予数量及行权价格的原则、方式和程序等进行规定，应符合股票交易上市地监管规定和上市规则。

第五十九条　对于其他原因调整股票期权（或者股票增值权）授予数量、行权价格或者其他条款的，应当由上市公司董事会审议后，国有控股股东报中央企业集团公司审核同意，经股东大会通过后实施。

第三节　财务处理和税收规定

第六十条　国有控股股东应当要求和督促上市公司在实施股权激励计划的财务会计及税收处理等方面，严格执行境内外有关法律法规、财务制度、会计准则、税务制度和上市规则。

第六十一条　上市公司应当在股权激励计划中明确说明股权激励会计处理方法，测算并列明实施股权激励计划对公司各期业绩的影响；同时根据股权激励计划设定的条件，业绩指标完成情况以及实际行使权益情况等后续修正信息，按照会计准则有关规定确认对公司各期财务报告的影响，规范报表列报和信息披露。

第六十二条　股权激励对象应当承担行使权益或者购买股票时所发生的费用。上市公司不得直接或通过关联方间接为激励对象依股权激励计划获取有关权益提供贷款以及其他任何形式的财务资助，包括为其贷款提供担保。

第六十三条　股权激励对象应当就取得的股权激励收益依法缴纳个人所得税。具体计税规定按照国家有关规定执行。

境外上市公司股权激励对象，应当同时遵守境外有关税收规定。

第五章　股权激励计划的实施程序

第一节　各级国有股东的职责

第六十四条　中央企业负责所出资控股上市公司股权激励计划及分期实施方案的审核职责。中央企业集团公司根据国家有关政策规定，结合本企业改革发展进程及战略规划，制定本企业实施股权激励的总体计划和管理办法。

第六十五条　上市公司国有股东应当切实履行出资人职责，根据国有控股上市公司实施股权激励的有关政策规定，通过规范的公司治理程序，按照中央企业的有关意见，认真指导上市公司规范实施股权激励，充分调动核心骨干人才创新创业的积极性，共享企业改革发展成果。

第六十六条　国资委加强对中央企业控股上市公司规范实施股权激励进行指导和监督。中央企业控股上市公司股权激励计划，经中央企业集团公司审核同意，报国资委批准。国资委不再审核上市公司（不含主营业务整体上市公司）依据股权激励计划制定的分期实施方案。上市公司国有控股股东关于实施股权激励的相关政策，中央企业可以向国资委进行咨询。

第二节　计划审议程序

第六十七条　上市公司董事会薪酬与考核委员会负责拟订股权激励计划草案并提交董事会审议。董事会应当依法对股权激励计划草案作出决议，履行法定程序后，提交上市公司股东大会审议。

第六十八条　上市公司应当按照相关法律法规和公司章程的规定，规范履行股权激励内部审议程序。

（一）独立董事及监事会应当就股权激励计划草案是否有利于上市公司的持续发展，是否存在明显损害上市公司及全体股东利益的情形发表独立意见。

（二）董事会审议股权激励计划草案时，拟为激励对象的董事或者与激励对象存在关联关系的董事，应当回避表决。

（三）股东大会审议股权激励计划时，拟为激励对象的股东或者与激励对象存在关联关系的股东，应当回避表决。

第六十九条　上市公司应当在董事会审议通过股权激励计划草案后，根据股票上市地证券监管规定，及时公告董事会决议、股权激励计划草案、股权激励管理办法、独立董事意见、监事会意见、法律意见书等相关材料。

第三节　计划申报程序

第七十条　董事会审议通过股权激励计划草案后，上市公司国有控股股东应当在股东大会审议之前，将股权激励计划草案及相关申请文件按照公司治理和股权关系，报经中央企业集团公司审核同意、国资委批复后，提交上市公司股东大会审议。

第七十一条　上市公司股东大会召开前，股权激励计划草案未获得中央企业集团公司、国资委同意的，国有控股股东应当按照有关法律法规及相关规定，提议上市公司股东大会延期审议股权激励计划草案。

国有控股股东在上市公司召开股东大会时，应当按照中央企业集团公司的意见，对上市公司股权激励计划草案进行表决。

第七十二条　国有控股股东关于上市公司实施股权激励的申请文件应当包括以下内容：

（一）上市公司简要情况，包括历史沿革、上市时间、经营范围、主营业务及所处市场地位等情况；股本结构、公司治理结构、组织架构、员工人数及构成、薪酬管理制度等情况。

（二）上市公司实施股权激励条件的合规性说明。

（三）股权激励计划草案内容要点，包括股权激励计划和股权激励管理办法等应当由股东大会审议的事项及其相关说明，以及本期实施方案的内容概要。

（四）权益授予数量和授予价值的说明，应当就上市公司选择的期权定价模型及权益公允价值的测算，激励对象获授权益的价值及占授予时薪酬总水平的比例等情况进行说明。

（五）业绩考核条件说明，包括上市公司业绩考核评价制度及业绩目标水平的确定过程，公司历史业绩水平、同行业企业或对标企业业绩水平的数据比较和分析情况。

（六）各级国有控股股东对上市公司股权激励计划及其实施方案等内容的审核意见。

（七）有关监管规定要求的其他材料。

第七十三条　中央企业集团公司应当从实施条件、实施程序以及实施方案的合法性和合理性等方面对上市公司股权激励计划草案、分期实施方案进行评审。具体评审细则参考附件2。

第四节　计划的实施

第七十四条　股权激励计划及首期实施方案经股东大会通过后，上市公司董事会根据股东大会决议，负责股权激励的实施工作。以后年度实施的股权激励分期实施方案，应当依据股权激励计划制定，确定本期拟授予的激励对象名单、授予权益的数量、权益的行权（授予）价格、行使权益的时间安排及业绩考核条件等内容。

第七十五条　股权激励分期实施方案，应当根据股票上市地证券监管规定，履行相应的法律程序。在董事会审议决定前，国有控股股东应当报中央企业集团公司审核同意。中央企业主营业务整体上市公司的分期实施方案，报国资委审核同意后实施。

第七十六条　上市公司董事会应当根据股东大会决议，负责实施限制性股票的授予、解除限售和回购以及股票期权的授权、行权和注销。

上市公司监事会应当对股权激励对象名单进行审核，充分听取公示意见。

第七十七条　上市公司按照股权激励计划和实施方案向激励对象授出权益前，应当召开董事会就设定的公司授予权益的条件、激励对象获授权益的条件是否成就进行审议，独立董事及监事会应当同时发表明确意见。条件未成就时，上市公司不得向激励对象授予权益，未授予的权益也不得递延下期授予。

第七十八条　激励对象在行使权益前，董事会应当就股权激励计划和实施方案设定的激励对象行使权益的条件是否成就进行审议，独立董事及监事会应当同时发表明确意见。

第七十九条　因标的股票除权、除息或者其他原因需要调整权益价格或者数量的，上市公司董事会应当按照股权激励计划及其管理办法规定的原则、方式和程序进行调整。调整后，在年度报告中予以披露及说明。

第八十条　上市公司在股东大会审议通过股权激励计划草案或实施方案之前可对其进行变更。变更需经董事会审议通过，并报中央企业集团公司审核同意。

第八十一条　上市公司董事会对已通过股东大会审议的股权激励计划或实施方案进行变更的，应当及时公告，报中央企业集团公司审核同意，并根据上市地监管规定和股权激励计划要求提交股东大会审议。变更事项不得包括导致加速行权或提前解除限售、降低行权价格或授予价格的情形。

独立董事、监事会应当就变更后的计划或实施方案是否有利于上市公司的持续发展，是否存在明显损害上市公司及全体股东利益的情形发表独立意见。

第五节　计划的撤销、终止和重新申报

第八十二条　上市公司董事会在股东大会审议前撤销股权激励计划或者股东大会审议未通过股权激励计划的，上市公司国有控股股东应当在决议公告后5个工作日内，向中央企业集团公司报告撤销原股权激励计划审核。自决议公告之日起3个月内，上市公司不得再次审议股权激励计划。

第八十三条　上市公司终止已实施的股权激励计划，应当由股东大会或者股东大会授权董事会审议决定，说明终止理由、对公司业绩的影响并公告。上市公司国有控股股东应当在决议公告后5个工作日内，向中央企业集团公司报告终止原股权激励计划。自决议公告之日起3个月内，上市公司不得再次审议股权激励计划。

第八十四条　上市公司出现下列情况的，国有控股股东应当按照相关规定重新履行申报审核程序：

（一）上市公司终止股权激励计划、实施新计划、变更股权激励计划相关重要事项的。

（二）上市公司需要调整股权激励方式、激励对象范围、权益授予数量等股权激励计划主要内容的。

第六节　监督管理

第八十五条　上市公司董事会审议通过股权激励计划草案或分期实施方案后，按照证券监督管理机构的要求予以公告，国资委将关注社会公众等有关方面的评价意见，并作为审核股权激励计划、监督股权激励实施的重要参考。

第八十六条　境内上市公司股权激励的实施程序和信息披露应当符合中国证监会《上市公司股权激励管理办法》的有关规定。

境外上市公司股权激励的实施程序应当符合股票上市地证券监督管理的有关规定。

第八十七条　上市公司未按照法律法规及相关规定实施股权激励计划的，中央企业集团公司应当责令国有控股股东督促上市公司立即进行整改，并对公司及相关责任人依法依规追究责任；在整改期间，中央企业集团公司应当停止受理该公司实施股权激励的申请。

第八十八条　为上市公司股权激励计划出具专业意见的机构和人员，应当保证所出具的文件真实、准确、完整，未履行诚实守信、勤勉尽责义务，所发表的专业意见存在虚假记载、误导性陈述或者重大遗漏的，国资委、中央企业予以通报。

第七节　信息披露和报告

第八十九条　上市公司实行股权激励，应当真实、准确、完整、及时、公平地公开披露或者提供信息，不得有虚假记载、误导性陈述或者重大遗漏。

国有控股股东应当要求和督促上市公司按照有关规定严格履行信息披露义务，及时披露股权激励计划及其实施情况等相关信息。

第九十条　上市公司分期实施股权激励的，实施方案经董事会审议通过后，上市公司应当及时披露董事会决议公告，对拟授出的权益价格、行使权益安排、是否符合股权激励计划的安排等内容进行说明。

第九十一条　因标的股票除权、除息或者其他原因调整权益价格或者数量的，调整议案经董事会审议通过后，上市公司应当及时披露董事会决议公告。

第九十二条　上市公司董事会应当在授予权益

及股票期权行权登记完成后、限制性股票解除限售前，及时披露相关实施情况的公告。

第九十三条　上市公司向激励对象授出权益时，应当按照规定履行信息披露义务，并再次披露股权激励会计处理方法、公允价值确定方法、涉及估值模型重要参数取值的合理性、实施股权激励应当计提的费用及对上市公司业绩的影响。

第九十四条　上市公司董事会对激励对象获授权益、行使权益的条件是否成就进行审议的，上市公司应当及时披露董事会决议公告，同时公告独立董事、监事会等方面的意见。

第九十五条　上市公司应当按照有关监管规定和上市规则要求，在年度报告中披露报告期内股权激励的实施情况和业绩考核情况，包含以下内容：

（一）各期次股权激励的授予时间和有效期、激励方式、激励对象范围和人数、权益授予价格和授予数量。

（二）各期次股权激励所涉权益的授予价格、权益数量历次调整的情况，以及经调整后的最新权益价格和权益数量。

（三）报告期初各期次权益累计已行使、失效情况和尚未行使的权益数量。

（四）报告期内全部激励对象各期次权益的授予、行使和失效总体情况，以及所引起的股本变动情况，至报告期末累计已授出但尚未行使的权益总额。

（五）公司董事、高级管理人员各自的姓名、职务以及各期次权益的获授价格、获授数量、有效期限，在报告期内历次获授权益行使价格、行使数量和失效的情况，至报告期末其所持权益数量。

（六）公司实施股权激励业绩考核情况，以及对各期次权益的解锁和生效的影响。

（七）股权激励的会计处理方法，以及股权激励费用对公司业绩的影响等。

（八）报告期内激励对象获授权益、行使权益的条件是否成就的说明。

（九）报告期内终止实施股权激励的情况及原因。

（十）有关监管规定要求披露的其他内容。

第九十六条　国有控股股东应当在上市公司年度报告披露之日起10个工作日内将上述情况报告中央企业集团公司。中央企业集团公司应当汇总所控股上市公司股权激励年度实施情况，报告国资委。

第六章　附　则

第九十七条　本指引下列用语的含义：

（一）高级管理人员，是指公司的经理、副经理、财务负责人、上市公司董事会秘书和公司章程规定的其他人员。

（二）外部董事，是指由非上市公司员工等外部人员担任的董事。外部董事不在公司担任除董事和董事会专门委员会有关职务外的其他职务，不负责执行层的事务，与其担任董事的公司不存在可能影响其公正履行外部董事职务的关系。控股股东公司员工担任的外部董事，参与上市公司股权激励的，在本指引第六条第二款中不视同为外部董事。

独立董事是指与所受聘的公司及其主要股东没有任何经济上的利益关系且不在上市公司担任除董事外的其他任何职务的人员。

（三）标的股票，是指根据股权激励计划，激励对象有权获授或者购买的上市公司股票。

（四）权益，是指激励对象根据股权激励计划获得的上市公司股票、股票期权或者股票增值权。

（五）股本总额，本指引第二十条、第二十一条和第二十二条所称股本总额是指股东大会批准最近一次股权激励计划时公司已发行的股本总额。

（六）授予日，是指上市公司向激励对象授予权益的日期，须确定在股权激励计划规定的授予条件满足之后。授予日必须为交易日。

（七）行使，是指激励对象根据股权激励计划，对获授的股票期权或者股票增值权进行行权，对限制性股票进行解除限售的行为。

（八）生效日，又称可行权日，是指激励对象获授的股票期权或者股票增值权可以开始行权的日期。生效日必须为可交易日。

（九）解锁日，又称解除限售日，是指激励对象获授的限制性股票可以开始出售的日期。解锁日必须为可交易日。

（十）行权价格，是指上市公司向激励对象授予股票期权或者股票增值权时所确定的、激励对象购买上市公司股票（或者计算增值收益）的价格。

（十一）授予价格，是上市公司向激励对象授予限制性股票的价格。

（十二）权益授予价值，是指激励对象获授权益的预期价值，按照单位权益公允价值与授予数量的乘积计算确定。单位股票期权或者股票增值权的公允价值，参照国际通行的期权定价模型进行测算；单位限制性股票的公允收益，为公司赠与部分当期价值，即授予价格与公平市场价格的差额。

（十三）授予时薪酬总水平，是指激励对象获授权益时距离下一期股权激励授予的间隔期内薪酬总水平（含股权激励收益），统计年限应当与股权激励计划的授予间隔期匹配。该年限应当在1年以上，但最高不超过3年。

（十四）股权激励实际收益，是指激励对象行使权益时实际兑现的税前账面收益，区分不同激励方式按照以下原则确定：

1. 股票期权、股票增值权：实际收益＝行权数量×（行权日公司标的股票收盘价－行权价格）。

2. 限制性股票：实际收益＝解锁数量×（解锁日公司标的股票收盘价－授予价格）。

3. 标的股票除权、除息的，按行权（解锁）时的调整情况，计算行权（解锁）数量和行权（授予）价格。

（十五）本指引所称的“以上”含本数，“超过”“低于”“少于”不含本数。

附件：1. 股票期权、股票增值权价值估算中相关参数的选择与计算原则（略）

2. 中央企业控股上市公司股权激励计划草案评审细则（略）

关于加快推进国有企业数字化转型工作的通知

各中央企业，各省、自治区、直辖市及计划单列市和新疆生产建设兵团国资委：

为贯彻落实习近平总书记关于推动数字经济和实体经济融合发展的重要指示精神，落实党中央、国务院关于推动新一代信息技术与制造业深度融合，打造数字经济新优势等决策部署，促进国有企业数字化、网络化、智能化发展，增强竞争力、创新力、控制力、影响力、抗风险能力，提升产业基础能力和产业链现代化水平，现就加快推进国有企业数字化转型工作的有关事项通知如下：

一、提高认识，深刻理解数字化转型的重要意义

深入学习领会习近平总书记关于推动数字经济和实体经济融合发展的重要指示精神，研究落实党中央、国务院有关政策，将数字化转型作为改造提升传统动能、培育发展新动能的重要手段，不断深化对数字化转型艰巨性、长期性和系统性的认识。发挥国有企业在新一轮科技革命和产业变革浪潮中的引领作用，进一步强化数据驱动、集成创新、合作共赢等数字化转型理念，系统组织数字化转型理论、方法和实践的集中学习，积极开展创新大赛、成果推广、树标立范、交流培训等多种形式的活动，激发基层活力，营造勇于、乐于、善于数字化转型的氛围。

二、加强对标，着力夯实数字化转型基础

（一）建设基础数字技术平台。

运用5G、云计算、区块链、人工智能、数字孪生、北斗通信等新一代信息技术，探索构建适应企业业务特点和发展需求的“数据中台”“业务中台”等新型IT架构模式，建设敏捷高效可复用的新一代数字技术基础设施，加快形成集团级数字技术赋能平台，提升核心架构自主研发水平，为业务数字化创新提供高效数据及一体化服务支撑。加快企业内网建设，稳妥推动内网与互联网的互联互通。优化数据中心布局，提升服务能力，加快企业上云步伐。

（二）建立系统化管理体系。

应用两化融合管理体系标准（GB/T 23000系列），加快建立数字化转型闭环管理机制，以两化融合管理体系促进企业形成并完善数字化转型战略架构。积极推进数字化转型管理工作与质量管理、信息安全、职业健康管理等体系的融合应用。建立数字化转型诊断对标工作机制，定期开展诊断对标，持续提升新一代信息技术与企业业务融合发展水平。

（三）构建数据治理体系。

加快集团数据治理体系建设，明确数据治理归口管理部门，加强数据标准化、元数据和主数据管理工作，定期评估数据治理能力成熟度。加强生产现场、服务过程等数据动态采集，建立覆盖全业务链条的数据采集、传输和汇聚体系。加快大数据平台建设，创新数据融合分析与共享交换机制。强化业务场景数据建模，深入挖掘数据价值，提升数据洞察能力。

（四）提升安全防护水平。

建设态势感知平台，加强平台、系统、数据等安全管理。使用安全可靠的设备设施、工具软件、信息系统和服务平台，提升本质安全。建设漏洞库、病毒库、威胁信息库等网络安全基础资源库，加强安全资源储备。搭建测试验证环境，强化安全检测评估，开展攻防演练，加快培养专业人才队伍。

三、把握方向，加快推进产业数字化创新

（一）推进产品创新数字化。

推动产品和服务的数字化改造，提升产品与服务策划、实施和优化过程的数字化水平，打造差异化、场景化、智能化的数字产品和服务。开发具备感知、交互、自学习、辅助决策等功能的智能产品与服务，更好地满足和引导用户需求。

（二）推进生产运营智能化。

推进智慧办公、智慧园区等建设，加快建设推广共享服务中心，推动跨企业、跨区域、跨行业集成互联与智能运营。按照场景驱动、快速示范的原则，加强智能现场建设，推进5G、物联网、大数据、人工智能、数字孪生等技术规模化集成应用，实现作业现场全要素、全过程自动感知、实时分析和自适应优化决策，提高生产质量、效率和资产运营水平，赋能企业提质增效。

（三）推进用户服务敏捷化。

加快建设数字营销网络，实现用户需求的实时感知、分析和预测。整合服务渠道，建设敏捷响应的用户服务体系，实现从订单到交付全流程的按需、精准服务，提升用户全生命周期响应能力。动态采集产品使用和服务过程数据，提供在线监控、远程诊断、预测性维护等延伸服务，丰富完善服务产品和业务模式，探索平台化、集成化、场景化增值服务。

（四）推进产业体系生态化。

依托产业优势，加快建设能源、电信、制造、医疗、旅游等领域产业链数字化生态协同平台，推动供应链、产业链上下游企业间数据贯通、资源共享和业务协同，提升产业链资源优化配置和动态协调水平。加强跨界合作创新，与内外部生态合作伙伴共同探索形成融合、共生、互补、互利的合作模式和商业模式，培育供应链金融、网络化协同、个性化定制、服务化延伸等新模式，打造互利共赢的价值网络，加快构建跨界融合的数字化产业生态。

四、技术赋能，全面推进数字产业化发展

（一）加快新型基础设施建设。

充分发挥国有企业新基建主力军优势，积极开展5G、工业互联网、人工智能等新型基础设施投资和建设，形成经济增长新动力。带动产业链上下游及各行业开展新型基础设施的应用投资，丰富应用场景，拓展应用效能，加快形成赋能数字化转型、助力数字经济发展的基础设施体系。

（二）加快关键核心技术攻关。

通过联合攻关、产业合作、并购重组等方式，加快攻克核心电子元器件、高端芯片、基础软件、核心工业软件等关键短板，围绕企业实际应用场景，加速突破先进传感、新型网络、大数据分析等数字化共性技术及5G、人工智能、区块链、数字孪生等前沿技术，打造形成国际先进、安全可控的数字化转型技术体系。

（三）加快发展数字产业。

结合企业实际，合理布局数字产业，聚焦能源互联网、车联网等新领域，着力推动电子商务、数据资产运营、共享服务、平台服务、新零售等数字业务发展，打造规模化数字创新体，培育新业务增长点。面向企业数字化转型需要，加强资源整合优化，创新体制机制，培育行业领先的数字化服务龙头企业，研发和输出数字化转型产品和系统解决方案。

五、突出重点，打造行业数字化转型示范样板

（一）打造制造类企业数字化转型示范。

以智能制造为主攻方向，加快建设推广智能工厂、数字化车间、智能炼厂、智能钢厂等智能现场，推动装备、生产线和工厂的数字化、网络化、智能化改造，着力提高生产设备数字化率和联网率，提升关键工序数控化率，增强基于数字孪生的设计制造水平，加快形成动态感知、预测预警、自主决策和精准执行能力，全面提升企业研发、设计和生产的智能化水平。积极打造工业互联网平台，推动知识能力的模块化、软件化和平台化，加快产业链供应链资源共享和业务协同。

（二）打造能源类企业数字化转型示范。

加快建设推广智慧电网、智慧管网、智能电站、智能油田、智能矿山等智能现场，着力提高集成调度、远程操作、智能运维水平，强化能源资产资源规划、建设和运营全周期运营管控能力，实现能源企业全业务链的协同创新、高效运营和价值提升。

（三）打造建筑类企业数字化转型示范。

重点开展建筑信息模型、三维数字化协同设计、人工智能等技术的集成应用，提升施工项目数字化集成管理水平，推动数字化与建造全业务链的深度融合，助力智慧城市建设，着力提高 BIM 技术覆盖率，创新管理模式和手段，强化现场环境监测、智慧调度、物资监管、数字交付等能力，有效提高人均劳动效能。

（四）打造服务类企业数字化转型示范。

着力推进智慧营销、智慧物流、智慧金融、智慧旅游、智慧供应链等建设，推动实体服务网点向虚拟智慧网点转变，打造智慧服务中心，发展基于互联网平台的用户服务，打造在线的数字服务产品，积极创新服务模式和商业模式，提升客户体验，提高客户黏性，拓展数字服务能力，扩展数字业务规模。

六、统筹部署，多措并举确保转型工作顺利实施

（一）制定数字化转型规划和路线图。

结合企业实际，制定企业数字化转型专项规划，明确转型方向、目标和重点，勾画商业模式、经营模式和产业生态蓝图愿景。以构建企业数字时代核心竞争能力为主线，制定数字化转型方案，纳入企业年度工作计划，明确相关部门和岗位工作要求，加强动态跟踪和闭环管控。加快企业数字化治理模式、手段、方法升级，以企业架构为核心构建现代化 IT 治理体系，促进 IT 投资与业务变革发展持续适配。运用数字化转型服务平台（http://gq.dlttx.com），开展诊断对标。

（二）协同推进数字化转型工作。

建立跨部门联合实施团队，探索建设数字化创新中心、创新实验室、智能调度中心、大数据中心等平台化、敏捷化的新型数字化组织，推动面向数字化转型的企业组织与管理变革，统筹构建数字化新型能力，以钉钉子的精神切实推动数字化转型工作，一张蓝图干到底。对接考核体系，以价值效益为导向，跟踪、评价、考核、对标和改进数字化转型工作。

（三）做好数字化转型资源保障。

要实行数字化转型一把手负责制，企业主要负责同志应高度重视、亲自研究、统筹部署，领导班子中明确专人分管，统筹规划、科技、信息化、流程等管控条线，优化体制机制、管控模式和组织方式，协调解决重大问题。建立与企业营业收入、经营成本、员工数量、行业特点、数字化水平等相匹配的数字化转型专项资金投入机制。加快培育高水平、创新型、复合型数字化人才队伍，健全薪酬等激励措施，完善配套政策。

国务院国资委将加强对国有企业数字化转型工作的指导，组织数字化转型线上诊断，开展“一把手谈数字化转型”工作，遴选推广数字化转型典型案例和解决方案，推进数字化转型协同创新平台建设，组织数字化转型相关交流研讨，切实推动国有企业数字化转型工作。

关于印发《关于深化中央企业内部审计监督工作的实施意见》的通知

（国资发监督规〔2020〕60 号）

各中央企业：

《关于深化中央企业内部审计监督工作的实施意见》已经国资委第 325 次党委会议、第 40 次委务会议审议通过，现印发给你们，请遵照执行。

关于深化中央企业内部审计监督工作的实施意见

为有效推动中央企业构建集中统一、全面覆盖、权威高效的审计监督体系，贯彻落实党中央、国务院关于深化国有企业和国有资本审计监督的工作部署，根据《中华人民共和国企业国有资产法》《中华人民共和国审计法》，按照《中共中央　国务院关于深化国有企业改革的指导意见》（中发〔2015〕22 号）、《国务院办公厅关于加强和改进企业国有资产监督防止国有资产流失的意见》(国办发〔2015〕79 号)、《审计署关于内部审计工作的规定》(审计署令第 11 号)等有关要求，制定本意见。

一、总体要求

深入贯彻落实党中央、国务院关于加快建立健全国有企业、国有资本审计监督体系和制度的工作部署，围绕形成以管资本为主的国有资产监管体制，推动中央企业建立符合中国特色现代企业制度要求的内部审计领导和管理体制机制，做到应审尽审、凡审必严，促进中央企业落实党和国家方针政策以及国有资产监管各项政策制度。深化企业改革，服务企业发展战略，提升公司治理水平和风险防范能力，助力中央企业加快实现转型升级、高质量发展和做强做优做大。

二、强化统一管控能力，进一步完善内部审计领导和管理体制机制

(一)建立健全内部审计领导体制。建立健全党委(党组)、董事会(或主要负责人)直接领导下的内部审计领导体制。党委(党组)要加强对内部审计工作的领导，不断健全和完善党委(党组)领导内部审计工作的制度和工作机制，强化对内部审计重大工作的顶层设计、统筹协调和督促落实。董事会负责审议内部审计基本制度、审计计划、重要审计报告，决定内部审计机构设置及其负责人，加强对内部审计重要事项的管理。董事长具体分管内部审计，是内部审计工作第一责任人。加快建立总审计师制度，协助党组织、董事会(或主要负责人)管理内部审计工作。经理层接受并积极配合内部审计监督，落实对内部审计发现问题的整改。内部审计机构向党委(党组)、董事会(或主要负责人)负责并报告工作。

(二)切实发挥董事会审计委员会管理和指导作用。落实董事会审计委员会作为董事会专门工作机构的职责，审计委员会要定期或不定期召开有关会议并形成会议记录、纪要，加强对审计计划、重点任务、整改落实等重要事项的管理和指导，督促年度审计计划及任务组织实施，研究重大审计结论和整改落实工作，评价内部审计机构工作成效，及时将有关情况报告董事会或提请董事会审议。

(三)不断完善集团统一管控的内部审计管理体制。强化集团总部对内部审计工作统一管控，统一制定审计计划、确定审计标准、调配审计资源，加快形成“上审下”的内部审计管理体制。推动所属二级子企业及二级以下重要子企业设置内部审计机构，未设置内部审计机构的子企业内部审计工作由上一级审计机构负责。所属子企业户数多、分布广或人员力量薄弱的企业，需设立审计中心或区域审计中心，规范开展集中审计或区域集中审计。各级内部审计机构审计计划、审计报告、审计发现问题、整改落实情况以及违规违纪违法问题线索移送等事项，在向本级党委(党组)及董事会报告的同时，应向上一级内部审计机构报告，审计发现的重大损失、重要事件和重大风险应及时向集团总部报告。

(四)健全内部审计制度体系。在不断完善内部审计各项制度规定基础上，对落实党和国家方针政策、国企改革重点任务、国有资产监管政策以及境外国有资产监管、内控体系建设等重要事项、重点领域和关键环节，补短板、填空白，持续构建符合国有资产监管要求和公司治理需要的企业内部审计制度体系。

(五)强化激励约束机制。落实审计工作结果签字背书责任制度，明确审计项目负责人及相关审计人员对审计结论和审计程序分别承担相应的审计责任。研究制定本企业审计质量考评标准，推动审计人员绩效考核结果与薪酬兑现、职业晋升、任职交流等挂钩，探索建立与其他业务部门差异化的内部审计考核体系，作为被审计对象的同级业务部门不参与对内部审计机构及其负责人的绩效测评。对审计工作中存在失职、渎职的要严肃追责问责，涉嫌违纪违法的，按程序移送纪检监察机构处理。下一级内部审计机构负责人任免和年度绩效考核结果需报上一级内部审计机构备案。

三、有效履行工作职责，全面提升内部审计监督效能

(六)积极推动内部审计监督无死角、全覆盖。坚持应审尽审、凡审必严，在贯彻执行党和国家重大方针政策、国资监管工作要求、完成国企改革重点任务、领导人员履行经济责任以及管理、使用和运营国有资本情况等方面全面规范开展各类审计监督，重点关注深化国有企业改革进程中的苗头性、倾向性、典型性问题。对所属子企业确保每5年至少轮审1次;对重大投资项目、重大风险领域和重要子企业实施重点审计,确保每年至少1次。企业可以根据审计工作需要,规范购买社会审计服务开展相关工作。

(七)加快推动内部审计信息化建设与应用。按照国有资产监管信息化建设要求,落实经费和技术保障措施,构建与"三重一大"决策、投资、财务、资金、运营、内控等业务信息系统相融合的"业审一体"信息化平台。及时准确提供审计所需电子数据,并根据审计人员层级赋予相应的数据查询权限。信息化基础较好的企业要积极运用大数据、云计算、人工智能等方式,探索建立审计实时监督平台,对重要子企业实施联网审计,提高审计监督时效性和审计质量。

(八)加强企业内部监督协同配合。加强与企业监事会、纪检监察、巡视以及法律、财务、违规责任追究等部门的沟通协调,将各方面集中反映的问题领域作为重点关注事项。通过联席会议、联合检查等方式,加强信息通报与交流、问题线索移送与协查等工作协同,对内部监督发现的共性问题或警示性问题在一定范围内进行通报,提高企业内部监督透明度和影响力。

(九)提升审计队伍专业化、职业化水平。选拔政治过硬、德才兼备、具备专业技能和业务知识的复合型人才充实审计队伍,鼓励审计人员参加相关执业资格考试。加大与财务、内控、运营、采购、销售、企业管理等业务部门之间的人员交流力度,拓宽内部审计人员职业发展通道,将内部审计岗位打造成企业内部人才培养和选拔任用的重要平台。落实审计专项经费预算,配备与企业规模、审计业务量等相适应的审计人员,打造专业化、职业化的内部审计工作队伍。

四、聚焦经济责任,促进权力规范运行和责任有效落实

(十)深化和改善经济责任审计工作。贯彻落实党中央、国务院关于深化和改善经济责任审计工作要求,围绕权力运行和责任落实,坚持以对领导人员任职期间审计为主,对所属二级子企业主要领导人员履行经济责任情况任期内至少审计1次,对掌握重要资金决策权、分配权、管理权、执行权和监督权等关键岗位的主要领导人员加大审计力度。完善定性评价与定量评价相结合的审计评价体系,落实"三个区分开来"要求,审慎作出评价和结论,鼓励探索创新,激励担当作为,保护企业领导人员干事创业的积极性、主动性、创造性。

(十一)规范有效开展经济责任审计。聚焦经济责任,突出对党和国家重大方针政策、国资监管工作要求、企业改革发展目标任务等落实情况,企业法人治理结构的健全完善、投资经营、风险管控、内控体系建设与运行、整改落实等方面以及领导人员廉洁从业和贯彻落实中央八项规定精神情况的监督检查。研究确定经济责任审计中长期规划,制定年度审计计划,强化审计计划刚性约束,不断完善企业内部经济责任审计组织协调、审计程序、审计评价、审计结果运用等工作机制。建立健全经济责任审计情况通报、责任追究、整改落实、结果公告等制度,有效落实企业领导人员经济责任。

五、突出关键环节,强化对重点领域的监督力度

(十二)围绕提质增效稳增长开展全面监督。适应常态化疫情防控和国际形势变化,结合经营业绩考核指标,重点关注会计政策和会计估计变更、合并报表范围调整、期初数大额调整、收入确认、减值计提等会计核算事项,保障会计信息真实性。加大对成本费用管控目标实现情况、应收账款和存货"两金"管控目标完成情况、资金集中管控情况、人工成本管控情况以及降杠杆减负债等工作的审计力度。

(十三)突出主责主业专项监督。围绕持续推动国有资本布局优化,聚焦主责主业发展实体经济等工作要求,加大对非主业、非优势业务的"两非"剥离和无效资产、低效资产的"两资"处置情况的审计力度。将打通供应链、稳住产业链等工作落实情况以及投资项目负面清单执行、长期不分红甚至亏损的参股股权清理、通过股权代持或虚假合资等方式被民营企业挂靠等情况纳入内部审计重要任务。对国有资产监管机构政策措施和监管要求落实情况进行跟踪审计,推动各项工作要求落实到位。

(十四)对混合所有制改革全过程进行审计监督。将混合所有制改革过程中的决策审批、资产评估、交易定价、职工安置等环节纳入内部审计重点工作任务,及时纠正混合所有制改革过程中出现的问题和偏差。规范开展混合所有制改革中参股企业的审计,通过公司章程、参股协议等保障国有股东审计监督权限，对参股企业财务信息和经营情况进行审计监督，坚决杜绝“只投不管”现象。

（十五）强化大额资金管控监督。针对近年来电子支付、网络交易等新兴资金结算手段的普遍使用等资金管理新形态，重点关注关键岗位授权、不相容岗位分离等内控环节的健全完善及执行情况，深入揭示资金审批、结算、对账等各日常业务环节的薄弱点。对资金中心等资金管理机构每年至少应当审计1次，对负责资金审批和具体操作的关键岗位和重要环节应进行常态化监督。

（十六）加强对赌模式并购投资监督。将使用对赌模式开展的并购投资项目纳入内部审计重点工作任务，对对赌期内的被并购企业开展跟踪审计，对赌期结束后开展专项审计。重点关注对赌指标完成情况的真实性、完整性以及作为分期支付投资款或限售股份解禁、收取对赌补偿等程序重要依据的合规性，及时揭示问题，防止国有资产流失。

（十七）加大对高风险金融业务的监督力度。加大对金融业务领域贯彻中央重大决策部署、执行国家宏观调控和经济金融政策等方面审计力度，重点关注脱离主业盲目发展金融业务、脱实向虚、风险隐患较大业务清理整顿，以及投机开展金融衍生业务、“一把手”越权操作、超授权交易等内容。对重点金融子企业和信托、债券、金融衍生品等高风险金融业务每年至少开展1次专项审计，切实防止风险交叉传导。

（十八）落实对“三重一大”事项的跟踪审计。对重大决策、重要项目安排和大额资金使用情况进行全过程跟踪审计。加强对可行性研究论证、尽职调查、资产评估、风险评估等对重大决策、重要项目具有重要影响环节的监督力度，强化对决策规范性、科学性的监督，促进企业提高投资经营决策水平。

六、强化境外内部审计，有力保障境外国有资产安全完整

（十九）加大境外企业内部审计监督力度。结合境外企业所在国家或地区的法律法规及政治、经济、文化特点，研究制定境外内部审计制度规定，在与外方签订的投资协议（合同）或公司章程等法定文件中推动落实中方审计权限。切实推进境外审计全覆盖、常态化，对重点境外经营投资项目（投资额1亿美元以上）或重要境外企业（机构），每年至少应审计1次。完善审计方式方法，配备具备外语能力、熟悉国际法律的复合型审计人员，探索开展向重要境外企业（机构）和重大境外项目派驻审计人员，根据工作需要可聘请境内外中介机构提供服务支持。

（二十）突出境外内部审计重点关注领域。聚焦境外经营投资立项、决策、签约、风险管理等关键环节，围绕境外经营投资重点领域以及境外大额资金使用、大额采购等重要事项，对重大决策机制、重要管控制度和内控体系有效性进行监督，保障境外国有资产安全，提升国际化经营水平。

七、加强内控体系审计，促进提升企业内控体系有效性

（二十一）规范有效开展内控审计。将企业内控体系审计纳入内部审计重点工作任务，围绕企业内部权力运行和责任落实、制度制定和执行、授权审批控制和不相容职务分离控制等开展监督，倒查企业内控体系设计和运行缺陷。突出重大风险防控审计，重点检查企业重大风险评估、监测、预警和重大风险事件及时报告和应急处置等工作开展情况，以及企业合规建设、合规审查、合规事件应对等情况。规范开展对投资决策、资金管理、招投标、物资采购、担保、委托贷款、高风险贸易业务、金融衍生业务、PPP业务等重点环节、重要事项以及行业监管机构发现的风险和问题的专项内控审计，切实促进提升内控体系有效性。

八、压实整改落实责任，促进审计整改与结果运用

（二十二）压实整改落实责任。内部审计机构对审计发现问题整改落实负有监督检查责任，被审计单位对问题整改落实负有主体责任，单位主要负责人是整改第一责任人，相关业务职能部门对业务领域内相关问题负有整改落实责任。加快建立完善审计整改工作制度，完善整改落实工作规范和流程，强化内部审计机构监督检查职责，积极构建各司其职、各负其责的整改工作机制，促进整改落实工作有效落地。

（二十三）强化整改跟踪审计及审计结果运用。密切结合国家审计、巡视巡察、国资监管等各类监督发现问题的整改落实，建立和完善问题整改台账管理及“销号”制度，由内部审计机构制定统一标准并对已整改问题进行审核认定、验收销号。对长期未完成整改、屡审屡犯的问题开展跟踪审计和整改“回头看”等，细化普遍共性问题举一反三整改机制，确保真抓实改、落实到位。建立审计通报制度，将审计发现问题及整改成效依法依规在企业一定范围内进行通报。将内部审计结果及整改情况作为干部考核、任免、奖惩的重要依据之一，对审计发现的违规违纪违法问题线索，按程序及时移送相关部门或纪检监察机构处理。

九、加强出资人对内部审计工作的监管，组织开展检查评价和责任追究

（二十四）强化对内部审计工作的监管。国资委指导中央企业按照国家审计机关对内部审计工作有关要求，围绕国资监管重点任务研究制订本企业年度内部审计工作计划，有效开展内部审计各项工作。加强对内部审计工作的统筹谋划和资源整合，充分发挥内部审计力量在国资监管工作中的专业优势。各中央企业要定期向国资委报送年度审计计划、年度工作报告等情况，及时报送审计发现的重大资产损失、重要事件和重大风险等情况。认真做好对企业报送的年度内部审计工作报告审核工作，持续加强企业内部审计工作情况的汇总、分析和评价。

（二十五）建立健全出资人检查评估工作机制。国资委探索研究制定内部审计工作效能评估指标体系，对企业内部审计体系建设、审计监督、整改落实等工作开展抽查，对审计计划执行、审计质量控制、审计结果运用等工作效能进行评估，每5年全部评估1次。对内部审计工作开展不力和存在重大问题的企业印发提示函或通报，压紧压实内部审计监督责任。

（二十六）加大内部审计责任追究力度。中央企业内部审计机构对重大事项应列入审计计划而不列入，或发现重大问题后拖延不查、敷衍不追、隐匿不报等失职渎职行为，要严肃追究直接责任人员的责任及企业相应领导人员的分管或协管责任；对重大问题应当发现而未发现、查办不力或审计程序不到位的，要逐级落实责任，坚决追责问责。

各省、自治区、直辖市及计划单列市和新疆生产建设兵团国资委可以参照本意见，制定本地区所出资企业内部审计工作监督管理相关工作规范。

关于印发《中央企业违规经营投资问题线索查处工作指引》的通知

（国资发监责〔2020〕62号）

各中央企业：

为深入贯彻落实党中央、国务院关于强化国有资产监督和严格责任追究的决策部署，建立健全中央企业违规经营投资责任追究工作体系，在总结中央企业违规经营投资责任追究工作的基础上，我委制定了《中央企业违规经营投资问题线索查处工作指引》，现印发给你们，供工作中参考使用。

中央企业违规经营投资问题线索查处工作指引

第一章 总 则

第一条 为进一步规范中央企业违规经营投资问题线索查处工作，形成职责明确、流程清晰、规范有序的责任追究工作机制，完善国有资产监督管理制度，有效防止国有资产流失，促进企业合规经营和高质量发展，根据《国务院办公厅关于建立国有企业违规经营投资责任追究制度的意见》（国办发〔2016〕63号）、《中央企业违规经营投资责任追究实施办法（试行）》（国资委令第37号，以下简称《实施办法》）等文件精神和有关规定，制定本指引。

第二条 国务院国有资产监督管理委员会（以下简称国资委）履行出资人职责的中央企业，按照《实施办法》和本企业责任追究工作制度等规定开展违规经营投资问题线索（以下简称问题线索）查处工作，适用本指引。

第三条 中央企业查处问题线索，应当坚持以事实为依据，以法律法规及规章制度为准绳，落实“三个区分开来”要求，做到事实清楚、证据确凿、依据正确、定性准确、程序合规、处理适当。

第四条 中央企业查处问题线索，应当遵循受理、初步核实、分类处置、核查、处理和整改等程序。

第五条　本指引所指的中央企业有关违规责任追究机构及职责如下：

（一）违规责任追究工作领导机构（以下简称领导机构），负责批准问题线索的分类处置建议，审议问题线索的核查结果及处理建议，报经企业党委（党组）会议审议形成处理决定。

（二）主管违规责任追究工作的企业负责人（以下简称主管负责人），负责批准问题线索的初步核实报告和核查方案等。

（三）违规责任追究工作职能部门或机构（以下简称专责机构），负责按照问题线索查处程序具体组织实施。

（四）问题线索核查工作组（以下简称核查组），由中央企业组建的以专责机构为主，相关部门、子企业以及有关中介机构人员等参加的专项工作小组，负责具体实施核查工作，形成相关核查工作报告等。

第六条　问题线索查处工作应当严格执行保密制度，从严控制问题线索及查处工作信息知悉范围。相关人员不准私自留存、隐匿、查阅、摘抄、复制问题线索和资料，严禁泄露查处工作情况。

第七条　问题线索查处工作应当严格执行回避制度。查处工作人员是问题线索涉及人员近亲属、利害关系人，或者存在其他可能影响公正查处情形的，不得参与查处工作，应当主动申请回避，问题线索涉及人员也有权要求其回避。

第二章　受　理

第八条　受理的问题线索主要包括：

（一）国资委在国资监管工作中发现移交的问题线索。

（二）外部审计、巡视、纪检监察等工作中发现移交的问题线索。

（三）企业法律、财务、投资、运营及内部审计、巡视、纪检监察等部门发现移交的问题线索。

（四）子企业发现报告的问题线索。

（五）其他有关问题线索。

第九条　中央企业应当建立问题线索管理台账（以下简称管理台账），对受理的问题线索统一编号，登记入账，全流程跟踪记录办理情况，办结后予以对账销号。

第十条　管理台账记录以下内容：移交、报告主体，时间，方式，以及问题线索发生时间，涉及企业名称及级次，问题线索概述，问题类别，资产损失程度或不良后果情况，涉及责任人员，办理情况等。

第三章　初步核实

第十一条　中央企业根据问题线索的复杂程度和工作需要，制定初步核实方案。初步核实方案包括核实内容，范围，方式，工作组织，时间步骤，其他工作安排及内容。

第十二条　中央企业应当安排 2 人以上参加初步核实，通过与移交、报告主体沟通，听取涉及企业情况介绍，与相关人员谈话，查阅文件资料，要求作出书面说明等方式开展工作。

第十三条　初步核实工作主要包括以下内容：

（一）问题线索的基本事实情况。

（二）涉及企业的管理层级情况。

（三）涉及责任人员及相应干部管理权限情况。

（四）资产损失程度及其他不良后果初步情况。

（五）是否属于违规经营投资责任追究范围。

（六）移交、报告主体等有关方面的办理建议意见等。

（七）其他需要初步核实的内容。

第十四条　初步核实工作一般应当于 30 个工作日内完成。根据工作需要，可以延长一次，延长时间不得超过 30 个工作日。

第十五条　初步核实工作结束后，应当形成初步核实报告，说明工作开展情况及初步核实结果等，并提出工作建议。

第十六条　根据初步核实情况，对未发现因违规经营投资应当追究责任的，报经主管负责人批准后予以了结。予以了结建议呈批前，应当听取移交、报告主体意见。

第四章　分类处置

第十七条　根据初步核实情况，对确有违规事实或涉嫌违纪违法的，按照规定的职责权限和程序提出分类处置建议，报经领导机构批准后实施。

第十八条　分类处置工作主要包括以下内容：

（一）属于国资委责任追究职责范围的，向国资委作出报告。

（二）属于中央企业责任追究职责范围的，由专责机构组织开展核查工作。

（三）属于子企业责任追究职责范围的，可以移交和督促相关企业进行核查及责任追究。

（四）对发生生产安全、环境污染责任事故和不稳定事件的，移送企业有关部门。

（五）涉嫌违纪或职务违法的问题线索，按照干部管理权限移送有关纪检监察机构。

（六）涉嫌犯罪的问题线索，向相关国家监察机关或司法机关报案。

（七）其他处置方式。

第十九条　分类处置建议报经领导机构批准后，对第十八条第（一）（三）（四）（五）项相关问题线索，以报告、通知或移送（交）函等形式办理。

第五章　核　查

第二十条　中央企业开展问题线索核查前，应当制定核查工作方案，报经主管负责人批准后实施。

第二十一条　核查工作方案主要包括以下内容：

（一）被核查企业情况。

（二）需要查清的主要问题线索。

（三）需要认定的资产损失及责任人。

（四）核查组组成、分工和工作纪律要求。

（五）核查步骤及方法、时间安排、经费预算。

（六）其他核查工作内容及安排。

第二十二条　国资委移交中央企业核查的问题线索，中央企业应当将相关核查工作方案报送国资委。

第二十三条　根据工作需要，可以聘请会计师事务所、资产评估事务所、律师事务所等中介机构参与核查工作，提供审计、评估、鉴证和法律意见等服务。

第二十四条　核查工作主要包括以下内容：

（一）核实问题线索对应的违规责任追究情形。

（二）确定造成的资产损失金额或其他严重不良后果。

（三）倒查在决策、实施、监督等环节的制度制定及执行情况，查清资产损失原因。

（四）对涉及的责任人员进行责任划分，认定相应责任，提出责任追究处理建议。

（五）其他需要核实的内容。

第二十五条　开展核查工作可以采取以下措施核查取证：

（一）听取被核查企业汇报，要求企业作出说明。

（二）查阅复制文件、账目、档案等相关资料。

（三）查核资产情况和有关信息，进行鉴定勘验。

（四）与相关人员谈话了解情况，必要时可以请被谈话人作出书面说明。

（五）其他必要措施。

第二十六条　核查措施应当有 2 名以上核查组工作人员参加，并形成谈话记录、工作底稿等，记录核查工作过程、核查结论及相应的证明材料。谈话记录应当由被谈话人核对并签字确认，被谈话人无故拒绝签字的，核查组工作人员应当予以注明。工作底稿应当履行复核程序。证明材料应当由被核查企业盖章确认。

第二十七条　对有可能影响核查工作顺利开展的相关责任人员，有证据证明违规问题明显的，报经主管负责人批准后，按规定程序可以采取以下限制措施：

（一）对未支付或兑现的绩效年薪、任期激励收入、中长期激励收益等暂停支付或兑现。

（二）视情况采取停职、调离工作岗位等措施。

（三）其他限制措施。

第二十八条　在问题线索核查工作中，对确有工作需要的，报经主管负责人批准，可以商请有关纪检监察机构提供必要支持。

第二十九条　核查工作一般应当自核查工作方案批准之日起 6 个月内完成。对违规情形复杂、发生时间久远、损失金额巨大、涉及人员众多等情况的，报经主管负责人批准后可以延长一次，延长时间不得超过 3 个月。

第三十条　核查组应当就相关违规事实及责任认定听取被核查企业和相关责任人员意见，相关企业或人员对认定结果有异议的，应当在规定时间内提供补充说明等材料，到期未反馈意见或提供补充材料的，视同无意见。

第三十一条　核查工作结束后形成资产损失情况核查报告和责任认定报告。

（一）资产损失情况核查报告的内容包括：问题线

索反映的经营投资情况、核查工作开展情况、核查发现的主要问题及定性依据、问题原因分析、资产损失认定情况，听取意见情况，以及企业已开展的整改及责任追究情况等。

（二）责任认定报告的内容包括：涉及的责任人员及承担的责任情况、责任认定依据、责任追究处理建议等。

第六章 处 理

第三十二条 责任追究处理建议应当征求人事、薪酬管理等有关部门意见，报经主管负责人批准后，按规定提请领导机构审议。

第三十三条 中央企业召开领导机构会议，审议资产损失情况核查报告和责任认定报告，形成审议意见后，按照有关规定提请企业党委（党组）会议审议，作出处理决定。

第三十四条 中央企业应当印发处理决定，送达有关企业及被处理人。处理决定内容包括被处理人基本情况、主要违规事实、处理依据、处理意见等。

第三十五条 中央企业应当安排相关部门根据处理决定，按规定程序做好责任追究处理落实工作。

（一）对给予批评教育、责令书面检查、通报批评、诫勉等组织处理的，由专责机构配合人事部门共同做好组织处理的宣布执行，并形成相应处理记录。

（二）对给予停职、调离工作岗位、降职、改任非领导职务、责令辞职、免职等组织处理的，在人事部门办理相关文件后，由专责机构配合人事部门做好宣布执行等事项。

（三）对给予扣减薪酬处理的，由薪酬管理部门组织落实。

（四）对给予禁入限制处理的，由专责机构、人事部门按分工组织落实，按照中央企业禁入限制人员信息管理有关规定做好相关工作。

第三十六条 国资委移交中央企业核查的问题线索，中央企业应当在查处工作完成后，将资产损失情况核查报告、责任认定报告以及处理决定等材料报送国资委。

第三十七条 被处理人对处理决定有异议的，可以在处理决定送达之日起15个工作日内，提出书面申诉，并提供相关证明材料。申诉期间不停止原处理决定的执行。

第三十八条 中央企业作出处理决定的，被处理人向中央企业申诉；子企业作出处理决定的，被处理人向上一级企业申诉。

第三十九条 中央企业自收到申诉之日起30个工作日内组织复核，提出复核意见，按程序作出维持、撤销或变更原处理决定的复核决定。复核决定应当书面告知申诉人及相关企业。复核工作不得由原核查组人员承担。

第七章 整 改

第四十条 中央企业应当向相关企业印发整改通知，指出存在的问题、明确整改意见和工作要求等。

第四十一条 中央企业应当督促相关企业制定整改工作方案，并要求相关企业报送整改报告及相关材料等。

第四十二条 整改报告及相关材料主要包括以下内容：

（一）整改工作组织开展情况。

（二）已采取的整改措施和完成情况。

（三）降低损失或损失风险、修订完善制度等整改成效情况。

（四）按照干部管理权限，对相关人员责任追究处理情况。

（五）证明整改结果的文件资料等。

第四十三条 中央企业应当对相关企业报送的整改报告和相关材料开展评估。根据评估结果，可以对问题线索作销号处理，或采取约谈、通报和责任追究等方式督促落实整改要求。对国资委移交中央企业核查的问题线索，中央企业应当在审核评估后，将整改报告及相关材料报送国资委。

第四十四条 中央企业应当逐步公开责任追究查处及整改情况，公开内容及范围应当符合保密规定。

第四十五条 中央企业应当明确专责机构牵头负责违规责任追究相关数据信息的报送、归集、共享和综合利用，建立有关信息系统，利用信息化手段做好日常监督、专项核查、责任追究等工作。

第八章　附　则

第四十六条　中央企业根据对问题线索的追损工作需要，报经主管负责人批准，可以中止查处工作。中止查处的原因消除后，应当及时恢复查处工作。国资委移交中央企业核查的问题线索，中止查处建议呈批前，应当征求国资委意见。

第四十七条　中央企业问题线索查处工作应当按照相关规定纳入向国资委报送的违规经营投资责任追究工作报告。

第四十八条　本指引由国资委负责解释。

第四十九条　本指引自印发之日起施行。

关于印发《“双百企业”推行经理层成员任期制和契约化管理操作指引》和《“双百企业”推行职业经理人制度操作指引》的通知

各中央企业，各省、自治区、直辖市及计划单列市和新疆生产建设兵团国资委：

为深入贯彻落实党中央、国务院关于推行国有企业经理层成员任期制和契约化管理、建立职业经理人制度的决策部署，指导“双百企业”率先全面推进相关工作，国务院国有企业改革领导小组办公室制定了《“双百企业”推行经理层成员任期制和契约化管理操作指引》《“双百企业”推行职业经理人制度操作指引》，现印发给你们，供工作参考。

“双百企业”推行经理层成员任期制和契约化管理操作指引

为贯彻落实党中央、国务院关于建立健全市场化经营机制、激发企业活力的决策部署，完善国有企业领导人员分类分层管理制度，更好解决三项制度改革中的突出矛盾和问题，有效激发微观主体活力，按照《中共中央　国务院关于深化国有企业改革的指导意见》（中发〔2015〕22 号）、《关于印发〈国企改革“双百行动”工作方案〉的通知》（国资发研究〔2018〕70 号）、《国务院国有企业改革领导小组办公室关于支持鼓励“双百企业”进一步加大改革创新力度有关事项的通知》（国资改办〔2019〕302 号）等文件精神和有关政策规定，结合中央企业和地方国有企业相关工作实践，制定本操作指引。

“双百企业”（含所属各级子企业，下同）在推行经理层成员任期制和契约化管理时，相关工作参考本操作指引。鼓励未纳入国企改革“双百行动”的中央企业所属各级子企业和地方国有企业（含所属各级子企业，下同），参考本操作指引积极推进相关工作。本操作指引印发前，已根据党中央、国务院有关文件精神和政策规定，在本企业或本地区推行经理层成员任期制和契约化管理的，可以按照“孰优”原则参考本操作指引完善相关工作。

一、基本概念、范围和职责

（一）基本概念。

本操作指引所称的经理层成员任期制和契约化管理，是指对企业经理层成员实行的，以固定任期和契约关系为基础，根据合同或协议约定开展年度和任期考核，并根据考核结果兑现薪酬和实施聘任（或解聘）的管理方式。

（二）范围。

一般包括“双百企业”的总经理（总裁、行长等）、副总经理（副总裁、副行长等）、财务负责人和公司章程规定的其他高级管理人员。

（三）职责。

“双百企业”的控股股东及其党组织对“双百企业”推行经理层成员任期制和契约化管理工作发挥领导和把关作用。已建立董事会的“双百企业”，其控股股东及其党组织负责对相关工作方案进行审核把关；未建立董事会的“双百企业”，其控股股东及其党组织负责组织制定相关工作方案并进行审核把关，指导“双百企业”具体实施。

“双百企业”党组织负责研究讨论相关工作方案和考核结果应用等重大事项。

“双百企业”董事会负责组织制定相关工作方案、履行决策审批程序、与经理层成员签订契约、开展考核、兑现薪酬、聘任（或解聘）等。

二、基本操作流程

“双百企业”推行经理层成员任期制和契约化管

理，一般应履行以下基本操作流程：

（一）制定方案。

“双百企业”应结合实际制定工作方案，方案一般包括以下内容：企业基本情况、背景和目的、任期制管理的主要举措、契约化管理的主要举措、监督管理的主要举措、组织保障和进度安排等。

（二）履行决策审批程序。

方案制定后，“双百企业”应按照“三重一大”决策机制，根据公司章程或控股股东及其党组织有关要求，履行相关决策审批程序。

（三）签订契约。

根据“双百企业”董事会建设情况实际，由“双百企业”董事会（或控股股东）与经理层成员签订岗位聘任协议和经营业绩责任书（年度和任期），依法依规建立契约关系，明确任期期限、岗位职责、权利义务、业绩目标、薪酬待遇、退出规定、责任追究等内容。

（四）开展考核。

严格按照契约约定开展年度和任期经营业绩考核，强化刚性考核。

（五）结果应用。

依据年度和任期经营业绩考核结果，结合综合评价结果等确定薪酬、决定聘任（或解聘），强化刚性兑现。

三、任期制管理相关环节操作要点

（一）任期管理。

1. 任期期限。经理层成员的任期期限由董事会（或控股股东）确定，一般为两到三年，可以根据实际情况适当延长。

2. 到期重聘。经理层成员任期期满后，应重新履行聘任程序并签订岗位聘任协议。未能续聘的，自然免职（解聘），如有党组织职务，原则上应一并免去。

（二）明确权责。

“双百企业”应明确经理层成员的岗位职责及工作分工，合理划分权责界面。

1. 岗位说明书。可以采用岗位说明书等方式，明确经理层成员的岗位职责和任职资格。

2. 权责清单。可以采用制定权责清单等方式，规范董事会（或控股股东）与经理层、总经理与其他经理层成员之间的权责关系。

四、契约化管理相关环节操作要点

（一）契约签订。

1. 经营业绩责任书。根据岗位聘任协议，签订年度和任期经营业绩责任书。经营业绩责任书一般包括以下内容：

（1）双方基本信息；

（2）考核内容及指标；

（3）考核指标的目标值、确定方法及计分规则；

（4）考核实施与奖惩；

（5）其他需要约定的事项。

2. 考核内容及指标。根据岗位职责和工作分工，按照定量与定性相结合、以定量为主的导向，确定每位经理层成员的考核内容及指标。年度和任期经营业绩考核内容及指标应适当区分、有效衔接。

3. 考核指标的目标值。目标值应科学合理、具有一定挑战性，一般根据企业发展战略、经营预算、历史数据、行业对标情况等设置。

4. 签约程序。一般由“双百企业”董事会授权董事长与总经理签订年度和任期经营业绩责任书。董事会可以授权总经理与其他经理层成员签订年度和任期经营业绩责任书。未建立董事会的“双百企业”，由其控股股东确定相关签约程序并组织实施。

（二）考核实施。

年度经营业绩考核以年度为周期进行考核，一般在当年年末或次年年初进行。任期经营业绩考核一般结合任期届满当年年度考核一并进行。

考核期末，董事会（或控股股东）依据经审计的财务决算数据等，对经理层成员考核内容及指标的完成情况进行考核，形成考核与奖惩意见，并反馈给经理层成员。经理层成员对考核与奖惩意见有异议的，可及时向董事会（或控股股东）反映。最终确认的考核结果可以在一定范围内公开。

（三）薪酬管理。

1. 薪酬结构。经理层成员薪酬结构一般包括基本年薪、绩效年薪、任期激励等。

（1）基本年薪是年度基本收入，按月固定发放。

（2）绩效年薪是与年度经营业绩考核结果挂钩的浮动收入，原则上占年度薪酬（基本年薪与绩效年薪之和）的比例不低于60%。

(3)任期激励是与任期经营业绩考核结果挂钩的收入。

鼓励"双百企业"综合运用国有控股上市公司股权激励、国有科技型企业股权和分红激励、国有控股混合所有制企业员工持股等中长期激励政策,探索超额利润分享、虚拟股权、跟投等中长期激励方式,不断丰富完善经理层成员的薪酬结构。

2. 薪酬兑现。"双百企业"应根据经营业绩考核结果,

合理拉开经理层成员薪酬差距。年度考核不合格的,扣减全部绩效年薪。

"双百企业"应根据有关规定建立薪酬追索扣回制度,在岗位聘任协议中予以明确并严格执行。

(四)退出管理。

1. 退出条件。"双百企业"应加强对经理层成员任期内的考核和管理,经考核认定不适宜继续任职的,应当中止任期、免去现职。一般包括以下情形:

(1)年度经营业绩考核结果未达到完成底线(如百分制低于70分),或年度经营业绩考核主要指标未达到完成底线(如完成率低于70%)的。

(2)连续两年年度经营业绩考核结果为不合格或任期经营业绩考核结果为不合格的。

(3)任期综合考核评价不称职,或者在年度综合考核评价中总经理得分连续两年靠后、其他经理层成员连续两年排名末位,经分析研判确属不胜任或者不适宜担任现职的。

(4)对违规经营投资造成国有资产损失负有责任的。

(5)因其他原因,董事会(或控股股东及其党组织)认为不适合在该岗位继续工作的。

2. 退出方式。对不胜任或不适宜担任现职的经理层成员,不得以任期未满为由继续留任,应当及时解聘。

五、监督管理相关环节操作要点

(一)严格任期。

任期期限、最多连任届数和期限等一经确定,不得随意延长。

(二)履职监督。

"双百企业"应建立健全对推行任期制和契约化管理的经理层成员的监督体系,党组织、董事会、监事会等治理主体,以及纪检监察、巡视、审计等部门根据职能分工,做好履职监督工作。坚持以预防和事前监督为主,建立健全提醒、诫勉、函询等制度办法,及早发现和纠正其不良行为倾向。

(三)责任追究。

经理层成员在聘任期间应当维护企业国有资产安全、防止国有资产流失,不得侵吞、贪污、输送、挥霍国有资产。经理层成员违反规定,未履行或未正确履行职责,在经营投资中造成国有资产损失或其他严重不良后果的,严肃追究责任。

按照"三个区分开来"要求,支持鼓励"双百企业"按照公私分明、尽职合规免责原则,建立健全并细化相关工作机制的主体、标准、适用情形和工作流程,形成可落实可操作的制度安排。

"双百企业"推行职业经理人制度操作指引

为贯彻落实党中央、国务院关于建立健全市场化经营机制、激发企业活力的决策部署,完善国有企业领导人员分类分层管理制度,更好解决三项制度改革中的突出矛盾和问题,有效激发微观主体活力,按照《中共中央国务院关于深化国有企业改革的指导意见》(中发〔2015〕22号)、《关于印发〈国企改革"双百行动"工作方案〉的通知》(国资发研究〔2018〕70号)、《国务院国有企业改革领导小组办公室关于支持鼓励"双百企业"进一步加大改革创新力度有关事项的通知》(国资改办〔2019〕302号)等文件精神和有关政策规定,结合中央企业和地方国有企业相关工作实践,制定本操作指引。

"双百企业"(含所属各级子企业,下同)在推行职业经理人制度时,相关工作可以参考本操作指引。鼓励未纳入国企改革"双百行动"的中央企业所属各级子企业和地方国有企业(含所属各级子企业,下同),参考本操作指引积极推进相关工作。本操作指引印发前,已根据党中央、国务院有关文件精神和政策规定,在本企业或本地区推行职业经理人制度的,可以按照"孰优"原则参考本操作指引完善相关工作。

一、基本概念、范围和职责

（一）基本概念。

本操作指引所称职业经理人是指按照“市场化选聘、契约化管理、差异化薪酬、市场化退出”原则选聘和管理的，在充分授权范围内依靠专业的管理知识、技能和经验，实现企业经营目标的高级管理人员。

（二）范围。

一般包括“双百企业”的总经理（总裁、行长等）、副总经理（副总裁、副行长等）、财务负责人和按照公司章程规定的高级管理人员。对于确定推行职业经理人制度的“双百企业”，原则上应当在高级管理人员中全面推行。

（三）职责。

“双百企业”的控股股东及其党组织对“双百企业”推行职业经理人制度工作发挥领导和把关作用，负责对相关工作方案，特别是在确定标准、规范程序、参与考察、推荐人选等方面把关。

“双百企业”董事会依法选聘和管理职业经理人，负责组织制定相关工作方案和管理制度、履行决策审批程序、组织开展选聘、参与考察、决定聘任或解聘、开展考核、兑现薪酬等。

“双百企业”党组织会同董事会制定相关工作方案和管理制度并组织人选推荐、测试、考察等工作，集体研究后向董事会提出意见建议。

二、基本操作流程

（一）企业条件。

支持鼓励同时具备以下条件的“双百企业”，加快推行职业经理人制度。

1. 主业处于充分竞争行业和领域，或者主要从事新产业、新业态、新商业模式；

2. 人力资源市场化程度较高；

3. 建立了权责对等、运转协调、有效制衡的决策执行监督机制；

4. 董事会重大决策、选人用人、薪酬分配等权利依法得到有效落实。

（二）操作流程。

“双百企业”推行职业经理人制度，一般应履行以下基本操作流程：

1. 制定方案。“双百企业”应结合实际制定工作方案，方案一般包括以下内容：企业基本情况、背景和目的、岗位职责、任职条件、选聘方式、选聘程序、薪酬标准、业绩目标、考核规定、退出规定、组织保障和进度安排等。

2. 履行决策审批程序。方案制定后，“双百企业”应按照“三重一大”决策机制，根据公司章程或控股股东及其党组织有关要求，履行相关决策审批程序。

3. 市场化选聘。一般包括制定招聘方案、发布招聘公告、报名及资格审查、实施综合考评（测评、面试评估等）、组织考察或背景调查、作出聘任决定等。

4. 签订契约。“双百企业”与职业经理人签订劳动合同、聘任合同、经营业绩责任书等，以契约方式明确聘任岗位、聘任期限、任务目标、权利义务、考核评价、薪酬标准、履职待遇及福利、奖惩措施、续聘和解聘条件、保密要求、违约责任等内容。

5. 开展考核。严格按照契约约定开展年度和任期经营业绩考核，强化刚性考核。

6. 结果应用。依据年度和任期经营业绩考核结果等确定薪酬、决定聘任（或解聘），强化刚性兑现。

三、市场化选聘相关环节操作要点

“双百企业”职业经理人可以采取竞聘上岗、公开招聘、委托推荐等方式产生。

（一）选聘标准。

坚持业绩导向、市场导向。人选应具有良好的职业道德、职业操守、职业信用，具有过硬的专业素质和治企能力，熟悉企业经营管理工作，以往经营业绩突出，在所处行业或相关专业领域有一定影响力和认可度。

（二）人选来源。

坚持五湖四海、任人唯贤。一般包括本企业内部人员、股东推荐人员、社会参与人员、人才中介机构推荐人员等，不受企业内外、级别高低、资历深浅限制。

（三）选聘程序。

坚持公平公正、竞争择优。一般包括制定招聘方案、发布招聘公告、报名及资格审查、实施综合考评（测评、面试评估等）、组织考察或背景调查、作出聘任决定。

本企业内部人员参与竞聘职业经理人的，个人应当先行提出申请，承诺竞聘成功后放弃原有身份、解除（终止）聘任关系后不得要求恢复原有身份，并遵守职业经理人管理的相关规定。

符合条件的职业经理人，可以按照有关规定进入“双百企业”党组织领导班子。

四、契约化管理相关环节操作要点

（一）契约签订。

1. 职业经理人实行聘任制。职业经理人聘任期限由董事会决定，原则上不超过三年，可以根据实际情况适当延长。董事会可以依法对职业经理人设置试用期。

2. 契约实现形式。“双百企业”应与职业经理人签订劳动合同、聘任合同和经营业绩责任书（年度和任期）。

“双百企业”与职业经理人依法签订劳动合同。本企业内部人员选聘为职业经理人的，一般应重新签订劳动合同。

董事会授权董事长与职业经理人签订聘任合同，聘任期限原则上应与劳动合同期限保持一致。根据聘任合同，董事会授权董事长与总经理签订年度和任期经营业绩责任书，董事会可以授权总经理与其他职业经理人签订年度和任期经营业绩责任书。经营业绩责任书一般包括以下内容：双方基本信息，考核内容及指标，考核指标的目标值、确定方法及计分规则，考核实施与奖惩及其他需要约定的事项。

3. 考核内容及指标。董事会对职业经理人实施年度和任期考核，考核以经营业绩考核指标为主，根据岗位职责和工作分工，确定每位职业经理人的考核内容及指标，年度和任期经营业绩考核内容及指标应适当区分、有效衔接。

董事会可以结合实际对职业经理人进行试用期考核和任期考核。

4. 考核指标的目标值。考核指标目标值设定应当具有较强的挑战性，力争跑赢市场、优于同行。考核指标目标值应当结合本企业历史业绩、同行业可比企业业绩情况等综合确定。

（二）考核实施。

年度经营业绩考核以年度为周期进行考核，一般在当年年末或次年年初进行。任期经营业绩考核一般结合聘任期限届满当年年度考核一并进行。

考核期末，董事会依据经审计的企业财务决算数据等，对职业经理人考核内容及指标的完成情况进行考核，形成考核与奖惩意见，并反馈给职业经理人。职业经理人对考核与奖惩意见有异议的，可及时向董事会反映。

五、差异化薪酬相关环节操作要点

（一）薪酬结构。

职业经理人薪酬结构可以包括基本年薪、绩效年薪、任期激励，也可以实施各种方式的中长期激励，具体由董事会与职业经理人协商确定。

1. 基本年薪是职业经理人的年度基本收入。

2. 绩效年薪是与职业经理人年度经营业绩考核结果相挂钩的浮动收入，原则上占年度薪酬（基本年薪与绩效年薪之和）的比例不低于60%。

3. 任期激励是与职业经理人任期经营业绩考核结果挂钩的收入。

鼓励“双百企业”综合运用国有控股上市公司股权激励、国有科技型企业股权和分红激励、国有控股混合所有制企业员工持股等中长期激励政策，探索超额利润分享、虚拟股权、跟投等中长期激励方式，不断丰富完善职业经理人的薪酬结构。

职业经理人履职待遇及福利，由董事会与职业经理人协商确定。

（二）薪酬水平。

职业经理人薪酬总水平应当按照“业绩与薪酬双对标”原则，根据行业特点、企业发展战略目标、经营业绩、市场同类可比人员薪酬水平等因素，由董事会与职业经理人协商确定。

（三）薪酬支付。

1. 规范薪酬支付。基本年薪按月支付。绩效年薪、任期激励先考核后兑现，可结合企业实际情况延期支付。中长期激励收入在董事会与职业经理人签订的聘任合同约定的锁定期到期后支付或行权。

解除（终止）聘用和劳动关系后（聘期届满考核合格但不再续聘的除外），原则上不得兑现当年绩效年薪、任期激励和其他中长期激励收入。

2. 实行薪酬追索扣回制度。“双百企业”应根据有关规定建立薪酬追索扣回制度，并在聘任合同中予以明确。

六、市场化退出相关环节操作要点

（一）退出条件。

建立职业经理人市场化退出机制，依据职业经理人聘任合同约定和经营业绩考核结果等，出现以下情形的，应解除（终止）聘任关系。

1. 考核不达标的，如：年度经营业绩考核结果未达到完成底线（如百分制低于 70 分）；年度经营业绩考核主要指标未达到完成底线（如完成率低于 70%）；聘任期限内累计两个年度经营业绩考核结果为不合格；任期经营业绩考核结果为不合格。

2. 对于开展任期综合考核评价的，评价结果为不称职的。

3. 因严重违纪违法、严重违反企业管理制度被追究相关责任的。

4. 聘任期间对企业重大决策失误、重大资产损失、重大安全事故等负有重要领导责任的，或对违规经营投资造成国有资产损失负有责任的。

5. 因健康原因无法正常履行工作职责的。

6. 聘期未满但双方协商一致解除聘任合同或者聘期届满不再续聘的。

7. 试用期内或试用期满，经试用发现或试用考核结果不适宜聘任的情形。

8. 董事会认定不适宜继续聘任的其他情形。

（二）辞职规定。

职业经理人因个人原因辞职的，应依据《中华人民共和国劳动合同法》和签订的聘任合同有关条款，提前 30 日提出辞职申请。未经批准擅自离职、给企业造成损失的，依法依规追究其相应责任。

（三）退出规定。

“双百企业”在职业经理人解除（终止）聘任关系的同时，如有党组织职务应当一并免去，并依法解除（终止）劳动关系。

七、监督管理相关环节操作要点

（一）组织人事关系管理。

职业经理人是中共党员的，其党组织关系由“双百企业”党组织进行管理，其中来自于外部的，其党组织关系应当及时转入“双百企业”党组织进行管理。“双百企业”可以根据有关要求自行明确职业经理人个人有关事项报告的管理规定。职业经理人的人事档案原则上应委托人才服务机构管理。职业经理人退休相关事宜按照国家有关规定执行。

（二）出国（境）管理。

职业经理人因私出国（境）证件由“双百企业”党组织集中保管，职业经理人因私出国（境）时应当根据有关规定履行请假等手续。

（三）培养发展。

“双百企业”应加强对职业经理人的思想政治教育，提高职业经理人的政治素质。建立健全符合职业经理人特点的培养体系，提升职业经理人的专业能力和职业素养。

（四）保密管理。

聘任期间以及退出后，职业经理人应当按照国家和企业有关规定以及聘任合同有关约定，严格履行保密责任和义务。

（五）履职监督。

“双百企业”应建立健全对职业经理人的监督体系，党组织、董事会、监事会等治理主体，以及纪检监察、巡视、审计等部门根据职能分工，做好履职监督工作。坚持以预防和事前监督为主，建立健全提醒、诫勉、函询等制度办法，及早发现和纠正其不良行为倾向。

（六）责任追究。

职业经理人在聘任期间应当维护企业国有资产安全、防止国有资产流失，不得侵吞、贪污、输送、挥霍国有资产。职业经理人违反规定，未履行或未正确履行职责，在经营投资中造成国有资产损失或其他严重不良后果的，严肃追究责任。

按照“三个区分开来”要求，支持鼓励“双百企业”按照公私分明、尽职合规免责原则，建立健全并细化相关工作机制的主体、标准、适用情形和工作流程，形成可落实可操作的制度安排。

关于印发《关于推进中央企业知识产权工作高质量发展的指导意见》的通知

（国资发科创规〔2020〕15 号）

各中央企业：

为全面贯彻党的十九大和十九届二中、三中、四中全会精神，深入实施创新驱动发展战略，全面提升中央企业知识产权工作水平，进一步增强中央企业自主创新能力，国资委、国家知识产权局制定了《关于推进中央企业知识产权工作高质量发展的指导意见》，现印发给你们，请认真贯彻落实。

请各地方国资委、知识产权局（知识产权管理部门）参照执行本意见，积极推进地方国有企业知识产权工作高质量发展。

关于推进中央企业知识产权工作高质量发展的指导意见

为全面贯彻党的十九大和十九届二中、三中、四中全会精神，落实《关于强化知识产权保护的意见》（中办发〔2019〕56 号），深入实施创新驱动发展战略，全面推进中央企业知识产权工作高质量发展，推动中央企业自主创新能力持续提升，加快培育具有全球竞争力的世界一流企业，增强国有经济竞争力、创新力、控制力、影响力和抗风险能力，提出以下意见。

一、总体要求

（一）指导思想。

以习近平新时代中国特色社会主义思想为指导，坚定不移贯彻新发展理念，以高质量发展为主线，以提升自主创新能力为根本，以保护企业合法权益为基础，以促进科技成果转化为重点，以激发企业家和科研人员创新创造活力为导向，巩固和增强中央企业知识产权创造、运用、管理能力，不断完善知识产权保护体系，健全体制机制，更好发挥知识产权对中央企业创新发展的支撑作用，为建设知识产权强国作出积极贡献。

（二）基本原则。

——坚持战略引领。贯彻知识产权强国战略纲要，主动对接高质量发展重大需求，紧密结合企业自身发展需要，总体谋划、统筹实施企业知识产权工作。

——聚焦核心技术。在关系国家安全和国民经济命脉的重要行业和关键领域、战略性新兴产业，围绕中央企业主责主业，加快关键核心技术知识产权培育，增强企业竞争力。

——遵循市场规律。在知识产权创造、布局、定价、运用、风险防范、国际合作等方面，按照市场规则，依法合规组织开展，充分发挥市场在资源配置中的决定性作用。

——突出问题导向。找准知识产权工作薄弱环节，克服体制机制障碍，夯实工作基础，着重解决专利质量不高、运用不足等问题，强化专业化人才队伍建设。

——加强统筹兼顾。根据企业所处行业和知识产权工作发展阶段，组织协调各类资源，突出重点、上下结合、内外联动，分类分领域推进知识产权能力建设，促进知识产权工作与企业高质量发展深度融合。

（三）总体目标。

到 2025 年，基本建立适应高质量发展需要的中央企业知识产权工作体系，中央企业知识产权创造、运用、保护、管理能力显著增强，有效专利拥有量持续增长，在关键核心技术领域实现重点专利布局，工作模式更加成熟，体制机制更加完善，打造一支规模合理、结构优化的高水平人才队伍，对中央企业创新发展的引领支撑作用进一步提升，中央企业有效发明专利拥有量占有效专利拥有量的比重达到 50%以上，中国专利奖获奖数量占全部奖项数量 20%以上。与 2019 年初相比，中央企业美日欧有效专利拥有量翻一番，专利质量评价优秀企业数量翻一番，马德里商标国际注册量增长 50%以上，中央企业集团层面国家知识产权示范企业数量增长 50%以上。

二、加强知识产权高质量创造

（四）坚持知识产权战略引领。针对有关重点领域、重要产业的知识产权特点和发展趋势，加强专利分析与产业运行决策深度融合，建立专利导航工作机制，制定本企业知识产权战略，进一步明确知识产权工作的目标、方向和重点任务。着眼企业长远发展需要，对标世界一流，制定和完善企业知识产权工作相关意见和办法，编制重大关键核心技术专项知识产权规划。

（五）培育一批高价值专利。聚焦重要行业和关键领域，依托重大科研项目和企业研发平台，培育一批创新程度高、市场竞争力强的原创型、基础型高价值专利。在项目立项、研发过程、试验验证、推广应用等技术全生命周期，挖掘和培育高价值专利。积极参与标准制定，将自身先进专利技术纳入行业、国家或国际标准，形成标准必要专利。

（六）加强海外知识产权布局。综合企业发展需求、国际维权能力、竞争对手布局等因素，制定海外知识产权策略，绘制专利导航图。优先在符合技术发展趋势、具有领先水平和市场应用前景的领域申请海外专利，加强海外布局，提升国际竞争能力。

（七）提升知识产权创造能力。加强国际商标注册，培育知名品牌，对科技创新成果、核心竞争优势、商业模式等进行商标品牌化建设。针对新业态新领域发展趋势，加强版权、植物新品种、集成电路布图设计等方面知识产权工作，提升知识产权综合实力。

三、促进知识产权高效运用

（八）加大知识产权实施力度。鼓励建立内部技术市场和知识产权有偿使用机制，提高知识产权实施率。制定企业对外知识产权许可、转让相关程序和技术推广目录，开展分级管理，盘活现有资源。加强与其他企业之间的知识产权合作，提升运用效益。建立健全科技成果转化机制，充分利用工资总额、股权激励、分红权激励等分配激励政策，促进知识产权实施。

（九）加强知识产权合规使用。在知识产权许可、转让、收购时，通过评估、协议、挂牌交易、拍卖等市场化方式确定价格。在新技术、新工艺、新材料、新产品等投放市场前，开展知识产权法律风险分析，有效防范法律风险。尊重他人知识产权，严格按照约定的范围使用。

（十）拓宽知识产权价值实现渠道。通过质押融资、作价入股、证券化、构建专利池等市场化方式，挖掘和提升企业知识产权价值。鼓励企业运用知识产权开展海外股权投资，支撑国际业务拓展。积极发展知识产权金融，提升资本化运作水平。

（十一）建立知识产权运营平台。建立服务于科技成果转移转化的知识产权运营服务平台，为企业知识产权提供咨询、评估、经纪、交易、信息、代理等服务。制定技术转移服务制度，建立信用与评价机制。在中央企业“双创”工作中探索知识产权运营新模式。

四、提升知识产权保护能力

（十二）强化知识产权风险防范。将知识产权风险防范意识贯穿科研生产经营活动全过程，防范知识产权流失和侵权。涉及国家安全和国计民生的关键核心技术，在对外转让、许可时要加强知识产权风险审议。在高端人才引进、技术合作、企业并购等重大经营活动中全面开展知识产权尽职调查。

（十三）加强技术秘密保护。实施技术秘密与专利的组合保护策略。重视技术秘密的登记与认定，加强对涉密人员、载体、场所等全方位管理。加强人才交流和技术合作中的技术秘密保护，强化对掌握关键技术秘密离职人员的竞业限制。规范涉及技术秘密的合同管理，防范不当使用或泄密。

（十四）加大知识产权保护力度。加强在线监测和市场巡视，及时发现知识产权侵权行为。完善知识产权快速维权机制，有效运用行政、刑事、民事、仲裁、调解等多种形式维护企业合法权益。积极应对国内外知识产权滥用和滥诉行为，切实维护自身权益。

（十五）提升海外知识产权保护能力。完善海外知识产权纠纷预警防范机制，加强重大案件跟踪研究。建立海外知识产权法律修改变化动态跟踪机制，及时进行风险提示。建立信息沟通机制，加大工作协调力度，提高知识产权纠纷应对处理能力。

五、完善知识产权管理体系

（十六）强化知识产权机构和制度建设。中央企业集团要明确负责知识产权管理工作的部门。中央企业所属科研单位和重要生产制造企业要明确知识产权管理归口部门，配备与知识产权业务规模相适应、满足工作实际需要的专职管理人员。完善知识产权管理制度，夯实工作基础，推动专利、技术秘密等集中管理。在关键核心技术研发、重要成果转移转化过程中，配备知识产权专员。鼓励有条件的企业贯彻实施《企业知识产权管理规范》(GB/T 29490－2013)，优化知识产权管理体系。

（十七）实施知识产权分级管理。综合技术、法律、市场等因素，制定符合本行业特点的知识产权质量评价办法。根据对主营业务影响程度，对专利、技术秘密进行分级管理并动态调整。定期梳理存量专利，及时合规处置低价值专利和闲置商标。

（十八）加强知识产权服务机构管理。中央企业集团公司要加强对知识产权服务机构的准入、考核、淘汰等方面管理，完善服务机构评级体系，优化资源配置和使用。具备条件的中央企业可在内部组建知识产权服务机构，实行市场化薪酬，提高服务质量和效率。

（十九）提高知识产权管理信息化水平。搭建信息化管理平台，实现知识产权业务流程化和规范化。建立专业化数据库，加大信息集成力度，提高综合研判能力。建立竞争情报分析和信息共享机制，支撑经营决策、技术研发和市场开拓。

六、组织实施和措施保障

（二十）加强组织领导。进一步强化对知识产权工作的重视，企业主要负责同志要亲自研究部署，领导班子中明确专人分管。科技、规划、财务、人力资源、法律等部门要加强协同联动，按照本意见目标任务要求，制定实施方案及配套措施，不断完善工作机制，保障知识产权各项工作的落实。

（二十一）加大投入力度。不断提高企业知识产权投入，设立专项资金预算，组织开展高价值专利培育、专利导航、知识产权尽职调查、管理信息系统建设、专利数据库建设、知识产权保护与维权、风险评估等重点工作。探索设立企业知识产权相关基金，拓宽资金投入渠道。

（二十二）加强人才队伍建设。健全知识产权人才工作体系，建设一支数量充足、结构合理、素质优良的人才队伍，培养和引进知识产权领军人才、国际化专业人才。鼓励申报知识产权专业职称，设置高层级专家职（岗）位。加强对研发人员、知识产权管理人员、运营人员、专员的多层次、精准化系统培训。建立企业知识产权专家库。具备条件的企业研究组建专业化检索分析团队。

（二十三）加强考核激励。将知识产权工作纳入所属企业绩效考核评价体系，作为各级领导班子综合考评的重要内容。对在知识产权工作中作出重要贡献的单位和人员给予表彰和奖励。

（二十四）进一步加强对中央企业知识产权工作的指导。国资委加强对中央企业知识产权工作的总体统筹和顶层设计，指导企业编制实施知识产权战略。推动中央企业提升对于知识产权密集型产业发展的贡献度。对中央企业知识产权实施科技成果转化所涉及工资总额，结合工资总额特殊事项清单相关规定予以单列管理，加大中长期激励范围及力度。持续开展中央企业专利质量评价工作，进一步强化专利质量导向，组织中央企业高质量专利申报中国专利奖。鼓励中央企业牵头推动知识产权联盟建设，研究建设中央企业知识产权运营平台，指导企业加强对所属知识产权中介服务机构的管理。建立中央企业知识产权专家库，促进中央企业知识产权工作交流，宣传推广先进经验和典型模式，定期组织开展多层次知识产权培训。

（二十五）进一步加强对中央企业知识产权工作的政策支持。增强与中央企业联系互动，建立定期沟通交流机制，帮助解决知识产权痛点、难点问题。指导中央企业开展知识产权贯标和申报国家知识产权优势企业、示范企业。指导支持中央企业开展专利导航、建立产业知识产权运营中心、技术与创新支持中心等。支持中央企业申报中国专利奖。支持中央企业将战略性高价值专利组合纳入国家知识产权运营公共服务平台项目库，开展高价值专利运营。支持中央企业在相关知识产权保护中心备案，提升中央企业知识产权创造和保护效率。

关于推进会计师事务所函证数字化相关工作的指导意见

（财会〔2020〕13 号）

各省、自治区、直辖市、计划单列市财政厅（局）、国资委、市场监管局（厅、委）、银保监局、证监局、档案局，新疆生产建设兵团财政局、国资委、市场监管局、档案局，人民银行上海总部，各分行、营业管理部，各省会（首府）城市中心支行，各副省级城市中心支行，各政策性银行、大型银行、股份制银行，各中央企业，各有关会计师事务所：

为稳步推进会计师事务所函证数字化，切实提高会计师事务所审计质量，根据《国家信息化发展战略纲要》和党中央、国务院关于实施国家大数据战略的决策部署，以及《中华人民共和国注册会计师法》、《中华人民共和国银行业监督管理法》有关要求，制定本指导意见。

一、重要意义

银行函证程序和银行回函对于注册会计师审计工作至关重要。而函证纸质打印、交换、保存的传统方式，已明显滞后于当前信息化发展水平，也难以满足注册会计师审计工作的需要。近年出现的一些会计审计失败案例，暴露了当前函证不实的问题，已成为制约审计质量提升和造成会计信息失真的突出问题。前期，部分会计师事务所、银行积极开展函证数字化试点工作，改进函证工作方式方法，取得了一定成效，积累了宝贵经验。

当前，推进函证数字化是促进提升会计审计工作信息化水平，加快实施国家信息化发展战略的基本内容；是有效保障会计师事务所函证及时准确，推动注册会计师行业高质量发展的重要举措；是方便市场主体操作、防范控制银行风险，实现企业、银行、事务所多方共赢，强化财会监督的重要保障。

二、总体要求

（一）指导思想。

以习近平新时代中国特色社会主义思想为指导，深入贯彻党的十九大和十九届二中、三中、四中全会精神，落实十九届中央纪委四次会议关于加强财会监督的部署安排，积极采取政策措施，事务所、银行、企业同向发力，加快会计师事务所函证数字化，扎实提高会计师事务所审计质量，推进国家治理体系和治理能力现代化。

（二）基本原则。

一是循序渐进，有序推动。率先推动银行函证的数字化，再逐步在其他类型函证中推广。争取在大型会计师事务所与信息化水平程度较高的银行逐步得到有效应用。

二是坚持准则，优化手段。推进函证数字化主要是运用信息化技术手段，集中统一地处理函证业务，进一步提升函证程序的质量与效率，推动函证方式方法与实现路径的变化，不改变函证程序的有关要求和目的。

三是确保安全，试点先行。推动函证数字化应当坚持先行开展试点，制订周密的方案，确保函证数字化遵守网络安全、数据安全、系统运行保密等相关要求。待总结试点经验后，全面推广。

四是标准统一，技术多元。数字函证底层数据应当运用标准化结构化数据，使得数据可交换、可识别与可授权查询。在标准统一的基础上，对技术软件和实现方式不作统一规定，降低交易成本，防止不当牟利，充分发挥市场的作用，促进会计审计信息化水平的提升。

三、具体工作措施

（一）推动会计师事务所函证集中化数字化工作。会计师事务所应当切实提升一体化管理水平，积极推进建立函证中心或采用集中函证的模式，推行由统一的部门集中处理函证业务，加强函证的请求、接收、保存、统计、分析等过程控制。采用数字函证的会计师事务所应当运用财政部统一规定的数字函证标准和格式，向银行发出标准化结构化的函证数据请求。会计师事务所的数字函证系统应当与其审计系统相衔接。

（二）推动银行采用函证集中化数字化工作方式。会计师事务所与银行之间应加强沟通，暂不具备函证数字化条件的可仍采用纸质函证方式，但银行应加快推进函证业务集中统一；可以采用数字函证的银行，应当集中受理会计师事务所数字函证请求，根据银行自身信息系统情况，形成符合函证数据标准的数字函证回函并统一集中回复。鼓励银行有效加强数据治理，破除信息孤岛，融合主机系统、单证系统、信贷管理系统等业务数据，自动提取生成函证相关数据，提高从收到函证请求到发出回函之间阶段的自动化程度，切实提升函证信息搜集整理的质量和效率。

（三）函证数字化应当实现函证流程和数据标准的统一。财政部门、档案部门、国家标准化管理部门将对函证请求和回函的数据格式进行指导，促进数据充分共享运用。对采用数字函证的会计师事务所提出的标准化结构化函证数据请求，应当在函证的后续环节中得到统一执行，从而贯穿在函证的请求、确认、查询、生成、反馈、接收使用与归档的全过程，实现标准化数据不落地，有效提升函证运行效率。

（四）相关企业应当支持采用数字函证。相关被审计单位，尤其是上市公司、新三板挂牌公司、公司信用类债券发行人、国有企业、金融企业等关系公共利益的市场主体，应当积极配合函证数字化转型工作。

对会计师事务所、银行已达成一致采用数字函证的，被审计单位无正当理由不得拒绝运用，被审计单位应对会计师事务所发出的数字函证请求及时予以配合、确认。

（五）发挥可信安全体系在函证工作流程中的支撑作用。会计师事务所、被审计单位与银行之间的数字函证联系，可以通过银企直连、银行发放身份认证证书或者第三方函证平台等方式实现。以上方式应当在可信安全环境下运行，满足可追溯、不可篡改的要求，确保函证的可靠性和安全性，促进成本降低与效率提升。全程处于可信安全环境下的符合函证数据标准的数字函证回函，视同《中国注册会计师审计准则第1312号——函证》外部函证原件，不需打印纸质回函并加盖银行印鉴。

（六）积极推进数字函证的归档工作。探索数字函证归档方法，将归档要求纳入数字函证有关标准。开展函证数字化工作的会计师事务所、银行和被审计企业，要将数字函证纳入归档范围及本单位电子档案管理流程，加强规范化建设，确保数字函证及其元数据的真实、完整和安全。

四、保障政策措施

（一）加强政策引导。财政部鼓励会计师事务所采用函证集中化数字化处理方式，在开展会计师事务所质量评估等工作中予以倾斜。相关部门鼓励上市公司、新三板挂牌公司、公司信用类债券发行人、国有企业、金融企业等配合运用数字函证。

（二）加强标准能力建设。财政部会同人民银行、银保监会、国家档案局将推动制订函证数字化相关标准，国家标准委将协调指导函证数字化标准体系建设，财政部、国家档案局、国家标准委将适时推出函证数据国家标准，及时以高质量的公开标准满足函证业务的多样化需求，推动培育新业态发育。

（三）支持相关基础设施数字化改造。国家加大对数据中心等新一代信息基础设施的投入。对于符合条件的函证数字化改造相关的研发费用，按规定落实所得税加计扣除政策。中国注册会计师协会制定相关政策，在会费减免、评价指标等方面对会计师事务所函证数字化工作中的投入予以支持和倾斜。

（四）加快新技术推广应用。推动会计师事务所函证数字化向更高阶段发展，要充分发挥科研技术平台的支撑作用，充分运用会计信息化标准化工作成果。要发挥全国会计信息化标准化技术委员会和全国金融标准化技术委员会咨询专家的作用，为函证数字化提供理论支撑和智力咨询。

五、加强组织实施

财政部、人民银行、国务院国资委、银保监会、证监会、国家档案局、国家标准委按各自职责分工推动审计函证数字化工作。财政部将牵头制订函证数据标准，加强对会计师事务所的指导督促和行业自律管理引导，并会同相关部门对函证数字化进行监督管理；国务院国资委、证监会推动相关企业配合数字函证的运用；国家档案局会同国家标准委加强对数字函证电子档案相关国家标准的指导。

开展函证数字化工作，推动在函证过程中运用现代信息技术，有利于切实提高函证的真实性准确性，有利于提高会计信息质量。此项工作技术性强、工作要求高，需要多方共同参与，是一项系统工程。要将试点先行落到实处，抓紧制定试点方案，确保安全可靠，积累形成经验后，稳步扩大实施范围。有关会计师事务所、金融企业及相关企业应当切实提高认识，加强数字化能力建设，促进会计师事务所函证数字化取得积极进展，为推进国家治理体系和治理能力现代化作出新的贡献。

关于加强会计师事务所执业管理切实提高审计质量的实施意见

（财会〔2020〕14号）

各省、自治区、直辖市财政厅（局）、国资委，深圳市财政局、国资委，各银保监局：

会计师事务所在促进提高会计信息质量，维护市场经济秩序等方面发挥重要作用。根据国务院有关决定精神，为加强会计师事务所执业管理，切实促进提高会计师事务所审计质量，现提出以下实施意见。

一、重要意义

根据《中华人民共和国注册会计师法》、《会计师事务所执业许可和监督管理办法》（财政部令第97

号)等有关规定,近年来,财政部会同有关部门落实会计师事务所执业许可制度,针对不同类型企事业单位审计业务实施会计师事务所资格资质管理,促进了注册会计师行业有序发展。同时,新时代推动经济高质量发展,提高国家治理体系与治理能力现代化,对提高会计师事务所审计质量提出了新的要求。

当前,调整会计师事务所执业管理政策,并切实加强事中事后监管,是新形势下深化“放管服”改革,营造更加公平、有序、高效的市场环境,促进注册会计师行业高质量发展的迫切要求;是聚焦实现“坚持准则,不作假账”,提高上市公司、国有企业及金融企业会计信息披露质量的有效保障;是更好地发挥会计师事务所第三方审计作用,健全“三位一体”会计监督体系,切实加强财会监督的重要举措。

二、总体要求

(一)指导思想。以习近平新时代中国特色社会主义思想为指导,全面贯彻党的十九大和十九届二中、三中、四中全会精神,深化会计审计领域“放管服”改革,取消从事证券服务业务等专项业务资格审批,综合采取一揽子政策措施,强化市场约束、增强企业责任与加大监管力度,加强会计师事务所执业管理,促进注册会计师行业在公平竞争中、在严格监管中提供更高质量的审计鉴证服务。

(二)主要原则。

1. 有序推动,平稳实施。在调整会计师事务所执业管理政策的同时,加快形成接续性管理措施,引导会计师事务所根据自身规模、能力和专长承接业务,推动改革平稳有序实施。

2. 质量优先,做强做优。树立质量优先导向,加快推动形成市场择优的体制机制,引导要素资源等向优质会计师事务所聚集,促进注册会计师行业发展壮大。

3. 突出重点,统一规则。以上市公司、国有企业及金融企业等公众利益实体审计作为监管重点,完善执业标准体系,维护国家统一审计准则的严肃性,促进形成规范统一的审计市场。

4. 综合施策,协同配合。突出行业监管的系统性协同性,综合运用行政监管、市场约束、行业自律、信用建设等多种方式手段,加强部门间的协同配合,共同促进提高会计师事务所审计质量。

三、具体政策措施

(一)完善会计师事务所执业管理政策。财政部联合有关部门制定会计师事务所从事证券服务业务备案管理办法。备案管理充分运用现有规章制度,突出服务能力和执业质量,促进形成科学有序的管理格局。简化备案流程、推进网上办理,提高办事效率和服务水平。突出自主择优的市场导向,调整完善相关会计师事务所执业管理办法。从事国有企业、金融企业审计服务的会计师事务所应当具备相应执业能力和风险承担能力。

(二)逐步推动开展会计师事务所质量评估。鲜明树立质量优先发展导向,进一步推动大型会计师事务所做强做优,促进中小型会计师事务所做精做专,形成大中小型会计师事务所协同发展的格局。财政部、国资委、银保监会等部门共同推动会计师事务所质量评估结果的运用,为市场主体自主选择提供参考。根据国有企业、金融企业业务特点,推动开展会计师事务所从事国有企业及金融企业审计业务专项评估工作,体现专项性与针对性。

(三)深化会计师事务所符合执业许可条件监督。财政部门依据会计师事务所执业许可规定,结合从事证券服务业务、国有企业、金融企业等审计业务特点,根据需要组织开展对会计师事务所执业能力等情况的核查。根据核查结果,采取出具管理建议书、责令整改、警示函等措施。同相关部门及时共享核查信息,并及时披露核查结果。

(四)加强会计师事务所执业监测和管理。财政部通过财政会计行业管理系统,加强对从事证券服务业务、国有企业及金融企业审计业务的会计师事务所重大事项变更的信息监测,并给予必要的关注、评估等,及时同国资委、银保监会共享有关信息,并视情况向市场公开提示。加强会计师事务所合伙人管理,对首席合伙人、质量控制主管合伙人和其他执行合伙事务合伙人的任职资格、诚信要求等作出细化规定并督促落实。

(五)加大会计师事务所信息披露力度。在现有财政会计行业管理系统基础上,充分运用会计师事务所执业许可审批、重大事项变更备案、从事证券服务业务备案，以及有关部门监督检查中取得的信息，建立完善会计师事务所及注册会计师信息披露平台。及时披露会计师事务所组织形式、人员构成、主要业务、质量评估情况、表彰荣誉、处罚处理等信息，满足企业选聘会计师事务所信息需求，自觉接受社会公众监督。披露信息涉及相关国有企业、金融企业的，财政部门及时与相关监管部门进行沟通。增强会计师事务所透明度，加强注册会计师行业诚信体系建设，研究推动对执业失信行为的联合惩戒。

（六）强化企业在选聘会计师事务所中的责任。企业应当进一步健全公司治理结构，加强内部控制，落实会计师事务所对股东负责的要求，有效发挥股东大会、董事会及审计委员会、监事会在选聘会计师事务所中的作用。财政、国资、银保监等部门实行分类指导，督促相关企业合理选聘会计师事务所，充分考虑拟聘事务所同企业资产规模、业务特征等情况的匹配程度。

（七）加强注册会计师行业自律。中国注册会计师协会和地方注册会计师协会切实加强行业风险教育，引导会计师事务所增强风险意识并根据自身执业胜任能力承接业务，对超出能力范围承接业务的及时劝诫。加大自律监管力度，完善自律规则，加大与行政监管的协同力度。及时完善注册会计师职业道德守则。密切关注会计师事务所低价竞争等行为，对违反自律规范的严格惩戒。

（八）加大对会计师事务所监督检查力度。财政部门依法加大对会计师事务所执业质量检查力度，继续推动“双随机一公开”抽查，进一步加大对上市公司、国有企业、金融企业等公众利益实体审计的监督检查力度。加强监督检查工作的协同和信息共享，国资委、银保监会等部门发现的有关会计师事务所的问题线索移送财政部办理，财政部及时通报相关监督检查结果，切实提高监督检查的针对性、有效性与权威性。

（九）严格对负有责任的会计师事务所及相关责任人的处罚措施。严格落实注册会计师法、证券法关于会计师事务所和注册会计师执业违法处罚规定。对出具审计报告存在故意或重大过失的会计师事务所依法暂停执业或吊销执业许可，对负有直接责任的注册会计师视情况依法暂停或吊销其注册会计师执业证书。

（十）加强行业主管部门与其他监管部门的协同。进一步理顺财政部门作为注册会计师行业主管部门同国资、银保监等部门的关系，形成协调协同工作格局。行业主管部门应及时完善审计准则等执业规则，督促会计师事务所提高审计质量，有效满足其他监管部门对审计质量的需求，并共同维护审计准则规则的统一性、完整性。

四、组织实施

各地财政、国资等部门和银保监会派出机构应当提高对加强会计师事务所执业管理与提高审计质量的认识，按照职责分工，加强协同配合，抓好工作落实。应当密切关注实施过程中的问题，及时研究解决方案，积极稳妥地推进相关工作。要及时制定相关配套政策，促进各项重点工作的有序开展，努力增强会计师事务所的自律性、公正性与专业化水平，促进注册会计师行业在强化财会监督、提升国家治理体系与治理能力现代化方面发挥应有作用。

2021

CHINA'S STATE-OWNED ASSETS SUPERVISION AND ADMINISTRATION YEARBOOK

中 国 国 有 资 产 监 督 管 理 年 鉴

国有企业党的建设成果概览

第七篇

2020年，中国石化坚持以习近平新时代中国特色社会主义思想为指导，在党中央、国务院和国务院国资委的坚强领导下，认真贯彻集团公司党组和董事会决策部署，坚持稳中求进工作总基调，抓主要矛盾、抓系统优化、抓底线防控、抓化危为机，勇夺疫情防控、生产经营双胜利，取得跑赢大市、好于预期的经营业绩。

聚焦市场攻坚创效，经营发展质量实现新提升

坚持以市场为中心、以效益为导向，精心组织生产经营，接续部署攻坚创效行动，全力提升产业链整体效益，圆满完成全年目标任务。2020年，中国石化实现营业收入2.14万亿元，利润总额726.22亿元，净利润620.5亿元，上缴税费2993亿元，盈利水平位居中央企业前列。

聚焦产业格局调整，企业转型升级迈出新步伐

坚持以推进供给侧结构性改革为主线，聚焦“一基两翼三新”产业格局，持续优化投资结构、产业布局，着力提升全产业链竞争力。重点油气产建项目稳步推进，“4+2”世界级炼化基地建设迈步跃进；新兴产业快速发展，累计投营加氢站8座、充电站281座，风能、光伏、地热等新能源业务积极推进。国际化布局取得新进展，天然气LNG长约合同接连签署，阿穆尔天然气化工项目实现交割，西布尔合资项目取得积极成效。

聚焦强化支撑引领，科技创新驱动获得新成果

大力实施创新驱动发展战略，持续加大科技投入力度，牵头推进国家战略科技任务攻关，快速攻克熔喷料（布）等医卫原料生产技术，特深层油气勘探开发、功能性膜材料等关键核心技术取得新突破，超高温随钻测量、智能化节点地震仪等关键技术与装备研发获得新进展，高效催化裂解技术实现工业转化，48K大丝束碳纤维实现工业化试生产，氢燃料电池高品质氢生产示范装置成功投产。全年申请专利7972件，获得授权专利5140件，获得中国专利金奖1项、银奖3项、优秀奖6项，牵头获得国家科技进步一等奖1项、二等奖3项，获得国家技术发明二等奖1项，专利综合优势继续居中央企业首位。

聚焦释放发展活力，深化改革管理见到新成效

深入实施国企改革三年行动，加快推进公司推动总部机构改革和“总部机关化”问题整改，内设机构、编制、定员实现大幅压减。完成国家管网改革资产人员划转移交、中科炼化与湛江东兴资产重组、巴陵石化上市与非上市一体化整合等重点改革事项。“双百行动”、三项制度改革不断深化，深入实施对标提升行动，强化全员成本目标管理，精细化管理水平不断提升。深入实施安全生产专项整治三年行动，全力打赢污染防治攻坚战，开展重大经营风险管控体系诊断提升，守住不发生系统性风险的底线。

新阶段面临新挑战，新起点承载新希望。2021年，中国石化将认真贯彻党中央、国务院和国务院国资委决策部署，在集团公司党组和董事会的领导下，大力实施世界领先发展方略，全方位推进高质量发展，全面完成各项目标任务，努力创造更好经营业绩，以优异成绩实现“十四五”良好开局、庆祝建党100周年！

中国石化董事长、党组书记张玉卓为王延光（右）、缪长喜（左）颁发2020年度中国石化科技创新功勋奖

布楞沟流域的孩子们在家门口就能上小学和中学

中国石化茂名石化乙烯污水处理装置

东乡妇女实现“家门口”就业

践行新思想

2019年12月9日，国家石油天然气管网集团有限公司（以下简称国家管网集团）正式挂牌成立，标志着我国深化油气体制改革迈出关键一步。国家管网集团以习近平新时代中国特色社会主义思想为指导，深入贯彻落实习近平总书记“四个革命、一个合作”能源安全新战略和重要指示批示精神，旗帜鲜明坚持党的领导，理直气壮加强党的建设，毫不动摇促进国有资本保值增值，积极推动形成“全国一张网”，构建上游油气资源多主体多渠道供应、中间统一管网高效集输、下游销售市场充分竞争的“X+1+X”油气市场体系，提高油气资源配置效率，保障油气安全稳定供应，坚决做党和国家最可信赖的依靠力量。

2019年12月9日，国家石油天然气管网集团有限公司成立大会在北京举行。中共中央政治局常委、国务院副总理韩正出席成立大会并讲话

2020年9月30日，国家管网集团举行油气管网资产交割暨运营交接签字仪式。2020年10月1日零时，国家管网集团全面接管原分属于三大石油公司的相关油气管道基础设施资产（业务）及人员，正式并网运营，标志着我国油气管网运营机制市场化改革取得重大成果。

2020年9月30日，国家管网集团举行油气管网资产交割暨运营交接签字仪式

改革重组后，国家管网集团进入全面实质性运营阶段，第一次扛起2020年冬季天然气保供调度协调主体责任，做实保供方案，落实管输资源，全面完成冬季天然气保供任务。加快推进构建“X+1+X”油气市场体系，初步建立托运商制度，基础设施实现向社会公平开放。

国家管网集团全面完成2020年冬季天然气保供任务

追逐新梦想

国家管网集团坚持新发展理念，服务国家战略、服务人民需要、服务行业发展，大力实施市场化、平台化、科技数字化和管理创新“四大战略”，着力打造智慧互联大管网、构建公平开放大平台、培育创新成长新生态，践行“结果导向、团结协作、科技创新”的核心价值观和“安全绿色、卓越运营、开放透明、诚信服务、合作共赢”的经营理念，为建设成为中国特色世界一流能源基础设施运营商努力奋斗。

愿景：建成中国特色世界一流能源基础设施运营商

宗旨：服务国家战略、服务人民需要、服务行业发展

目标：打造智慧互联大管网、构建公平开放大平台、培育创新成长新生态

战略：市场化、平台化、科技数字化、管理创新

经营理念：安全绿色、卓越运营、开放透明、诚信服务、合作共赢

核心价值观：结果导向、团结协作、科技创新

打造新企业

国家管网集团坚决贯彻落实习近平总书记关于国有企业党的建设的重要论述精神，坚持党在公司治理结构中的领导地位，一体构建大业务、大党建、大监督和数字化“四位一体”的现代国有企业治理体系，建立系统完备、科学规范、运行高效的职能体系和制度体系，探索灵活高效的市场化运营机制，把党的领导党的建设优势、国有企业制度优势和数字化转型优势转化为公司治理效能。

国家管网集团在改革重组过程中，坚持党建先行，先后探索形成“三个第一”“三个指引”“三个融合”的党建先行经验体系和以“坚持党的全面领导、全面加强党的建设”为主线，以“4+5”为核心内容的大党建体系（“4”即主体全面履责、工作全面规范、任务全面融合、作用全面发挥“四个全面”，“5”即“学思践悟验”党建工作五步法），创新运用“融合矩阵”工具，将党建工作内嵌业务流程，实现党建与业务深度融合，不仅保障管网改革重组的顺利完成，也为国资央企改革重组提供有益借鉴。

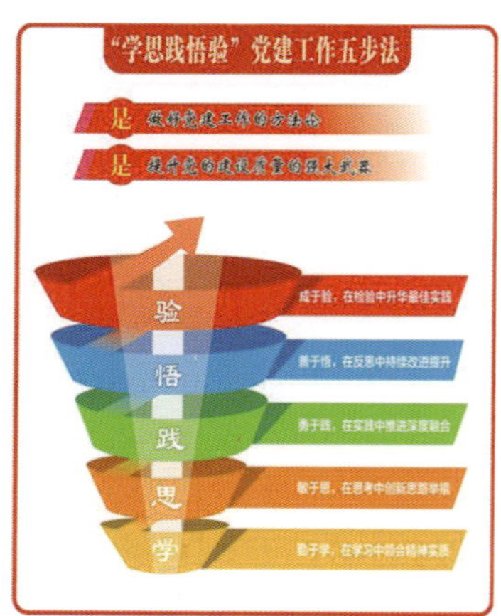

以“4+5”为核心内容的大党建体系

展现新担当

国家管网集团全体干部员工牢固树立“四个意识”，坚定“四个自信”，坚决做到“两个维护”，各级党组织认真落实管党治党、全面从严治党主体责任，以党的政治建设为统领，全面推进党的思想建设、组织建设、作风建设、纪律建设、制度建设和反腐败工作，为集团公司改革发展提供坚强保障。

抓政治作表率。国家管网集团党组牢记政治嘱托、强化政治担当，严格落实“第一议题”制度，践行“学思践悟验”党建工作五步法，切实把党的创新理论武装成果转化为改革发展的思路和举措。

抓队伍提素质。坚持党管干部、党管人才，持续深化三项制度改革，注重加强关键岗位人员队伍建设，牢固树立讲政治、勇担当、重实干、看实绩的选人用人导向，让有为者有位、能干者能上、优秀者优先。2020年度集团公司选人用人工作好评率98.3%。加强党员队伍建设，党员占员工总量近一半。

国家管网集团党组理论学习中心组学习现场

抓组织强功能。落实“四同步”“四对接”要求，加强“三基建设”，做到管网延伸到哪里，党组织就建设到哪里，党支部战斗堡垒作用和党员先锋模范作用就发挥到哪里，全面从严治党就纵深推进到哪里。创新央企办党校新模式，本着“优势互补、资源共享、协同创新、共同发展”的原则，与中国人民大学合作建立国家管网集团党校，在干部教育培训、党建课题研究等方面开展全方位合作，开启央企与高校合作党校办学、联合党建研究的创新实践。

国家管网集团董事长、党组书记张伟在天津LNG接收站调研

国家管网集团党校在中国人民大学马克思主义学院挂牌

中卫压气站和维抢修队党员开展主题党日活动

腾格里沙漠中的一抹“管网橙”

抓思想促融合。构建“管网之道”企业文化体系，建立“1+2+N”大宣传工作机制，以“一网一微、一厅一校、一本一册”为载体，以文化融合引领队伍融合。

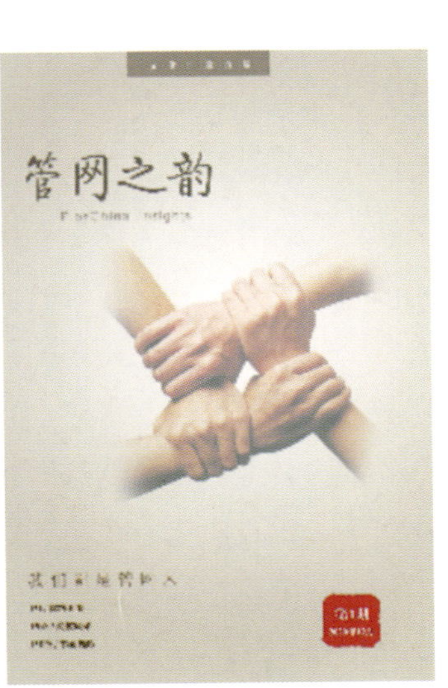

企业文化产品

北京2022年冬奥会官方合作伙伴
Official Partner of the Olympic Winter Games Beijing 2022

中国三峡集团：大力构建“1234N”党建工作体系助推世界一流企业建设

中国长江三峡集团有限公司（以下简称三峡集团）坚持以习近平新时代中国特色社会主义思想为指引，深入学习贯彻习近平总书记在全国国企党建会上的重要讲话精神，认真贯彻落实新时代党的建设总要求和新时代党的组织路线，坚持党的领导、加强党的建设，聚焦三峡集团新时期战略发展定位强“根”固“魂”，着力构建上下贯通、执行有力的组织体系，形成围绕“一个目标”、坚持“两个一以贯之”、打造“三支过硬队伍”、建立“四个体系”、打造N项党建工作品牌的“1234N”党建工作格局，努力推动清洁能源和长江生态环保“两翼齐飞”，为建设世界一流企业提供坚强保证。

三峡集团党组认真开展理论中心组学习

“1”即围绕“一个目标”，坚决贯彻落实习近平总书记对三峡集团9次重要讲话和指示批示精神，持之以恒以建设世界一流企业为目标，紧抓“党建为中心工作赋能”，以高质量党建引领企业高质量发展。

“2”即坚持“两个一以贯之”，三峡集团坚持党的领导统揽全局，党建入章应进必进，党的组织应建必建，党组（党委）把方向管大局促落实；坚持以现代企业制度激发活力，董事会应建尽建定战略作决策防风险，经理层契约管理谋经营抓落实强管理，形成权责法定、权责透明、协调运转、有效制衡的公司治理机制。

“3”即打造“三支过硬队伍”。三峡集团认真践行新时代党的组织路线，突出正向激励的引领作用，为党的事业和企业发展打造坚强的干部队伍、党员队伍和职工队伍。充分发挥干部队伍示范表率作用。按照“对党忠诚、勇于创新、治企有方、兴企有为、清正廉洁”的“二十字”标准，培养造就一支政治素养、精神状态、眼界视野、能力水平争先领先的高素质专业化干部队伍；充分发挥党员队伍先锋模范作用，通过严格的理论锻炼和实践磨炼，打造一支听党指挥、作风过硬、能打胜仗的基本队伍，严肃党内政治生活，坚定做到平常时候看得出来、关键时刻站得出来，危急关头豁得出来；充分发挥职工队伍“主力军”作用，大力弘扬以“为我中华、志建三峡”为核心的三峡精神，选树宣传一批矢志爱国奉献、勇于创新创造的先进典型，打造一支忠党报国、爱岗敬业、技能精湛的职工队伍，让主人翁在干事创业中担当“主力军”。

“4”即建立“四个体系”。三峡集团按照全面从严治党的要求，全面加强对党建工作的组织领导，着力构建党组、党委、党支部主体明确、权责清晰、运转有序的管党治党责任体系，党建工作制度、标准、流程贯通衔接、覆盖全面的管党治党制度体系，年初制定要点计划、每季度推进布置、定期检查交流、年底考核评价的管党治党任务落实体系和党务干部配齐配强，党建经费充足到位、党建平台有效运转（集团党校、党建信息系统）的管党治党保障体系，推动全面从严治党向基层延伸、向纵深推进。

“N”即打造N项党建工作品牌。三峡集团充分结合生产经营和改革发展实际，不断创新党建工作的方式、载体和内容，探索打造多项具有三峡特色的党建工作品牌，让党建工作真正找准定位、充满活力、凸显价值。

三峡建工集团“施工区大党建（联创联建）”。在乌东德、白鹤滩施工区联合各参建方党纪工团组织，以打造新时代水电“大国重器”为目标，建立组织共建、资源共享、事务共商、活动共办、发展共赢的工作机制，搭建六个平台、创新六个载体，构建形成“15566”的大党建工作格局，得到中央组织部和国务院国资委党委充分肯定。

三峡建工集团“施工区大党建（联创联建）”

湖北能源“党员领先指数”。推行以“过程管理、量化考核”为特色的党员领先指数管理，将党员主动承担急难险重任务根据实际量化为工作积分，作为评价党员作用的重要依据，激发党员时时刻刻亮身份、创业绩、作表率，用一张领先指数表激活党员精气神，被中央组织部作为创新案例选入《基层党组织书记案例选编》（国企版）。

湖北能源“党员领先指数”

长江电力检修厂“四亮四比”。在检修工作中推行以“亮党员身份比政治意识，亮创新成果比技术水平，亮作风形象比担当作为，亮责任承诺比检修质量”为主要内容的实践活动，推动党建与检修工作深度融合，攻克掌握GIL检修、检修机器人等多项核心关键技术。

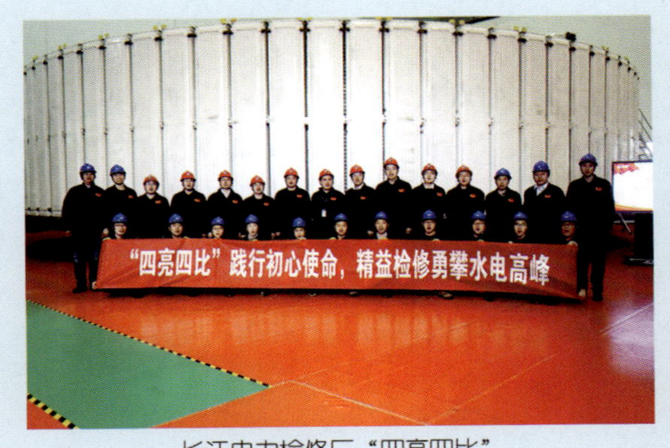

长江电力检修厂“四亮四比”

三峡能源“堡垒工程”。根据项目遍布全国、小而分散、偏远艰苦的实际，通过创建“星级党支部”，加强“六基”（基本组织、基本队伍、基本制度、基本保障、基本台账、基本作用）建设，做到“四强三有”（政治引领力强、推动发展力强、改革创新力强、凝聚保障力强，有特色、有成效、有影响），推动改革发展“满天星”。

三峡能源“堡垒工程”

北京2022年冬奥会官方合作伙伴

中国联合网络通信集团有限公司（以下简称中国联通）于2009年1月6日由原中国网通和原中国联通合并重组而成，是服务党政军系统、各行各业、广大人民群众的基础通信企业。在以习近平同志为核心的党中央坚强领导下，中国联通始终坚决扛起管党治党主体责任，紧密围绕企业主业主责，旗帜鲜明坚持党的领导、加强党的建设，积极以“客户信赖的智慧生活创造者”为愿景，以“联通世界创享美好智慧生活”为使命，不断深化实施“聚焦、创新、合作”战略，纵深推进以新治理、新基因、新运营、新动能、新生态为主要内涵的“五新”联通建设，收入利润增幅均超行业平均水平，实现以高质量党建引领高质量发展。

红色“传承人”。作为中央企业，姓党始终是中国联通的政治本色。从红军的“半部电台”，到长征时期的第一个无线电队，到香山电话局，再到今天的各种重大通信保障，红色基因早已融入企业血脉，并引领中国联通不断战胜各种困难和挑战，一路发展壮大。在此过程中，中国联通认真贯彻新时代党的建设总要求和新时代党的组织路线，持续落实全国国企党建会议精神，围绕中心抓党建，不断筑牢企业的“根”和“魂”，党的领导融入公司治理机制更加健全，党的领导不断强化；“基层党组织组织力提升专项工程”等一系列措施扎实落地，《关于进一步加强基层党建工作的指导意见》等一批制度相继出台，党建质量显著提升；全面从严治党责任层层落实，政治生态持续向好，为企业高质量发展提供坚强的政治保证和组织保证。

中国联通连续三年在中央单位定点扶贫考核中获得最高等次，获评“全国脱贫攻坚先进集体”

中国联通执行纪念中国人民抗战暨世界反法西斯战争胜利70周年阅兵活动的通信保障任务

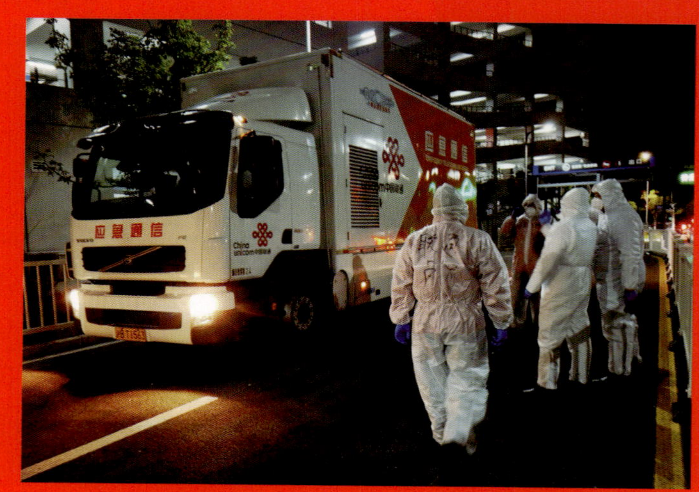

中国联通应急通信全力保障新冠肺炎疫情防控

中国联通大力推动5G基站建设

中国联通发布全新5G品牌标识

大国“顶梁柱”。作为基础通信领域的骨干企业，中国联通始终坚持把政治建设摆在首位，不断增强“四个意识”，坚定“四个自信”，做到“两个维护”，在思想上政治上行动上同以习近平同志为核心的党中央保持高度一致，在全面建设社会主义现代化国家中当好“顶梁柱”“压舱石”。特别是近年来面对前所未有的国内外异常复杂局面，中国联通始终立足“两个大局”，心怀“国之大者”，坚持提高政治站位、把准政治方向，坚决贯彻落实习近平总书记重要指示批示精神和党中央决策部署，在统筹抓好疫情防控、“六稳”“六保”、脱贫攻坚以及网络强国、数字中国建设等方面充分彰显政治担当，“云外交”等重大通信保障任务高质量完成，5G共建共享得到中央领导肯定，定点扶贫工作连续在国务院扶贫办考核中获得最高评级“好”，大数据技术服务团队被党中央、国务院、中央军委授予“全国抗击新冠肺炎疫情先进集体”。

改革“排头兵”。作为首批集团层面整体混改的中央企业，中国联通始终围绕落实“两个一以贯之”，以党的政治建设统领混改全局，积极改体制、转机制、激活力，不断把改革向纵深推进，着力增强企业治理能力，放大国有资本效能。自2016年10月正式启动混改以来，中国联通坚持“混”与“改”并重，在资本层面实现“混”的同时，进一步把重点放在纵深推动“改”的攻坚上，从混改1.0版本到2.0版本，取得了一系列重要成果，完成机构“瘦身健体”，推进大市场线、政企、网络、IT、科技创新和投资运营六条线运营体系变革，转变要素配置方式和运营模式，建立市场化选人用人机制，打造“扁平化、短流程、宽层级”机制，推进全生产场景划小改革，激活组织动力，提升运营效率，为国企改革探索出一套“联通模式”。

发展“新引擎”。作为数字信息基础设施运营服务的国家队、网络强国数字中国智慧社会建设的主力军、数字技术融合创新的排头兵，中国联通深入践行新发展理念，认真落实高质量发展要求，在自身加快全面数字化转型的同时，充分发挥信息通信对产业链和经济社会发展的带动、拉动、融通作用，着力打造以5G为基础，以物联网、云计算、大数据、人工智能、区块链、信息安全为核心的数字化能力体系，形成了云网融合、数据治理、数据服务、数据安全等方面的优势，积极服务千行百业转型升级，推进国家治理能力现代化、社会治理体系数字化、经济运行数字化、公众消费线上化，为创造人民美好信息生活、推动经济社会高质量发展赋能助力。

中国联通5G智慧生活馆

中国联通5G远程驾驶平台

习近平总书记积极评价和充分肯定中国一汽发展：风景这边独好！

2020年7月23日下午，中共中央总书记习近平视察中国一汽，走进研发总院实验室了解企业技术研发情况，并察看了“红旗”等自主品牌的最新款式整车产品和新技术。站在中国一汽一线工人和技术人员中间，习近平总书记指出：“整个制造业的竞争很激烈，有危更有机，在一汽我们就看到了这样的一个前景。你们今年的发展，风景这边独好。”

中国一汽迅速传达学习习近平总书记视察中国一汽的重要讲话精神

中国一汽党委学习传达习近平总书记视察中国一汽重要讲话精神

7月27日，中国一汽在中国一汽总部召开领导干部会议，专题部署落实学习贯彻习近平总书记视察中国一汽的重要讲话、重要指示精神工作

中国一汽各单位传达学习习近平总书记视察中国一汽的重要讲话精神

一汽研发总院传达学习习近平总书记视察中国一汽的重要讲话精神

一汽解放传达学习习近平总书记视察中国一汽的重要讲话精神

一汽奔腾传达学习习近平总书记视察中国一汽的重要讲话精神

一汽-大众传达学习习近平总书记视察中国一汽的重要讲话精神

战疫情，保生产，中国一汽在行动

在疫情发生第一时间，中国一汽启动紧急措施，携一汽-大众、一汽丰田捐资8100万元，设立中国一汽抗击新冠肺炎疫情防控专项基金，在全国21个重点地市和中国一汽帮扶的5个国家级贫困县开展医疗物资采购、医院后援基金、应急防疫车辆捐赠、医护关爱等项目，全力以赴支援武汉抗击疫情。被国务院国资委授予“抗击新冠肺炎疫情先进集体”称号。

一汽-大众500辆摩捷驰援长春疫情防控

一汽奔腾向长春市捐赠奔腾智能防疫车

一汽丰田为全国各地经销店提供63万只一次性医用口罩

邱现东总经理代表中国一汽为吉林省援鄂医疗队送上代表红旗H9使用权的车钥匙

中国一汽坚决贯彻习近平总书记重要指示精神，贯彻落实党中央、国务院决策部署，在全力以赴做好疫情防控的同时，有序有力推动复工复产。

红旗工厂H总装车间复工复产生产现场

一汽解放有序复工复产

一汽-大众成都分公司复产稳步推进

脱贫攻坚

中国一汽始终立足县域发展实际，探索中国一汽“五位一体”精准扶贫模式，截至2020年5月，中国一汽帮扶的5个国家级贫困县全部提前实现脱贫“摘帽”，圆满完成脱贫攻坚任务。被党中央、国务院授予“全国脱贫攻坚先进集体”称号。

中国一汽党委书记、董事长徐留平带队看望广西壮族自治区凤山县建档立卡贫困户

中国一汽在吉林省和龙市柳洞村建设的一汽小镇综合体

中国一汽在广西壮族自治区凤山县文里村开展高山蔬菜种植项目

中国一汽在西藏自治区昌都左贡县田妥村援建的一汽希望小学

牢记嘱托，砥砺前行，开启国企改革新征程

中国一汽召开深化“四能”改革工作推进会

中国一汽召开改革三年行动推进会

中国一汽党委召开党的十九届五中全会精神落实部署会

中国一汽党委召开“不忘初心、牢记使命”主题教育总结大会

中国一汽党委召开党史学习教育动员部署会

中国一汽党委召开纪念中国共产党成立99周年暨“攻坚克难、党员带头、全员建功”主题实践活动推进会

中国一汽

中国第一汽车集团有限公司（以下简称中国一汽）前身为第一汽车制造厂，1953年动工兴建。现有员工12.8万人，资产总额4889.4亿元。已构建从东北到华北、华东，再到西南、华南的产业布局，业务覆盖红旗、解放、奔腾、合资合作、新兴业务、海外业务和生态业务等七大业务板块。总部直接运营“红旗”，对其他业务进行战略或财务管控，形成面向市场、直达客户的全新运营和管控模式。构建以长春为总部的“三国九地”全球研发布局。“红旗”、“解放”品牌价值在国内自主轿车和自主商用车中保持第一。红旗L系列是国家重大活动指定用车，H系列轿车在细分市场增长迅速。解放中重型卡车是国内商用车领域的领航者。新能源汽车已经量产，红旗E-HS3、红旗E-HS9等纯电动车型已投放市场。2020年，中国一汽实现整车销售370.6万辆，实现营业收入6974.2亿元，居《财富》“世界500强”第66位。

中国一汽历经工厂建设、换型改造、上轻轿等三次创业，基本构建完成适应市场经济要求的发展布局、管理体制、经营机制和人才队伍。2011年6月，中国第一汽车股份有限公司成立，企业90%以上资产进入股份公司；2013年4月，在股份公司开展建设规范董事会试点工作；2017年11月，完成集团公司制改制，更名为中国第一汽车集团有限公司；2018年1月，中国一汽发布新红旗品牌战略，要把新红旗打造成为“中国第一、世界著名”的“新高尚品牌”；2018年12月，正式发布《中国一汽2025战略愿景规划》，到2025年基本完成世界一流移动出行服务公司建设的主体工程，实现再创一个中国一汽的目标。

红旗品牌跃迁发展，年度产销实现20万辆

2020年1月8日，“中国一汽红旗品牌盛典暨H9全球首秀”在人民大会堂举行

2020年6月19日，中国一汽“历9弥新 创领时代 红旗H9旗·致·新时代”长测活动会师现场

2020年7月28日，中国一汽智能化全场景数字展馆——红旗创新大厦正式开放

2020年8月23日，红旗品牌新时代C+级旗舰豪华轿车红旗H9在央视、新华社、人民日报三大媒体共同加持下上市

2020年7月10日，全新红旗H5车型重磅上市

2020年8月29日，C级豪华SUV 红旗HS7 2021款上市

2020年9月26日，红旗H9+、红旗HS7+两款新高尚至尊定制产品首次亮相

2020年11月15日，无人驾驶E-HS9自动驶出生产线

2020年12月25日，红旗品牌提前一周达成年度20万辆销量目标，同比增长100%

东风汽车集团有限公司
DONGFENG MOTOR CORPORATION

4月12日，湖北省委书记应勇（左三）在东风公司技术中心调研

3月28日，湖北省委常委、武汉市委书记王忠林（前排左二）在东风本田第二工厂调研

4月21日，湖北省委常委、武汉市委书记王忠林（前排左三）参观东风产品

东风汽车集团有限公司（以下简称东风公司）2020年销售汽车345.8万辆，销售收入5993亿元，同比增长3.2%。“两金”占用同比下降4.4%，达成国务院国资委管控目标；“非正常两金”同比降幅超过50%。截至2020年底，东风公司资产总额4353亿元，从业人员13.7万余人。

2020年，东风公司增强战略定力，推动自主事业可持续发展，开展自主新能源车高端品牌建设，加速打造高端新能源汽车品牌“东风岚图”。东风商用车持续打造领先新优势，深入推动商用车“二次转型”，加快推进“骁龙”和大马力发动机项目，“东风”品牌商用车中、重卡商品进一步优化；轻型车销量跑赢大市，战略商品实现升级；“乘龙”品牌销量跑赢大市，重点区域和渠道能力实现突破；“华神”品牌发布全新商品平台，经营总体向好。打造全价值链、强矩阵式商品项目管理体系，强化项目责任制，构建可持续发展的自主乘用车事业体制机制。全力做好G35等车型上市工作。加大第四代东风猛士开发和军民融合工作力度。加强零部件与整车的协同，提升供应链自主可控能力。自主乘用车品牌焕新，各子品牌的定位进一步清晰，平台技术进一步增强。军品事业快速发展，第三代东风猛士300马力车型批量列装，第四代军车课题通过阶段性验收，军民融合项目加快推进。

围绕“五化+N”关键核心技术，加速推进国务院国资委“1025专项”、东风公司“928工程”和“八大类12项”等技术项目，加大技术攻关力度，相关工作全部按计划完成。加快突破一批“卡脖子”技术难题，统筹推进共性技术协同研发，“五化一车四网”产业化应用见效，累计实现110余项新技术搭载和应用。L2+级自主乘用车量产上市，L4级自动驾驶车型Robotaxi示范运行，完成EEA3.0电子架构研发，支持5G及L3级自动驾驶，5G港口无人驾驶集卡投入运营，为智能化行业领先奠定良好基础。

以实施《国企改革三年行动实施方案》为契机，制定发布《东风汽车集团有限公司改革三年行动实施方案》；稳步开展“双百行动”“科改示范行动”和国家发展改革委试点的混合所有制改革工作，发布混合所有制改革工作推进指南，持续推进混合所有制改革。“处僵治困”第一阶段收官，6户重点亏损子企业扭亏，达成“压减”工作目标。剥离“两非”业务，主业进一步聚焦。

面对新冠肺炎疫情，东风公司携旗下21个单位向湖北省及7个地（市）捐赠款物1.05亿元，33482名党员为抗疫捐款371.83万元，81227名员工捐款524.15万元。其中，东风车城物流股份有限公司、风神物流有限公司、武汉东本储运有限公司紧急配送医用物资、救援物资，累计出动集装箱车辆570趟次、运输救援物资14.1万箱，竭力保障武汉及湖北抗疫战场“物资生命线”畅通。东风畅行科技股份公司迅速组建千车千人规模的抗疫志愿车队，累计行驶424万千米，服务35万余人次。东风公司疫情防控青年党员服务队在一线转运患者、守护养老院、卡点值守和配送物资，从34家疫情定点医院、“方舱医院”转运601名患者，向养老机构配送物资26.45吨，获评2020年“湖北青年五四奖章集体”。在中国汽车企业社会责任暨中国汽车战“疫”英雄谱颁奖典礼上，东风公司被授予“优秀战‘疫’担当企业”和“战‘疫’特别贡献企业”称号。

新冠肺炎疫情防控

3月18日，东风公司董事长、党委书记竺延风（前排中）在十堰基地检查疫情防控和复工复产

3月18日，东风公司董事长、党委书记竺延风（左二）在襄阳检查疫情防控和复工复产

4月16日，东风柳汽快速交付防疫救护车

9月8日，东风公司被授予“优秀战‘疫’担当企业”和“战‘疫’特别贡献企业”称号

11月11日，东风公司旗下的神龙公司向“人民英雄”张定宇团队捐赠车辆

扶贫攻坚

东风公司推进实施社会责任“润”计划3.0，持续打造“东风梦想车”大赛和“东风润苗行动”等重点履责项目；助力打赢脱贫攻坚战，东风公司帮扶的四省八县（市）全部脱贫“摘帽”。公司2020社会责任发展指数综合评分85.2分，位居“中国企业300强”指数排名第十名，“国有企业100强”指数排名第八名，中国汽车制造行业第三名，获得央企2020“精准扶贫奖”。

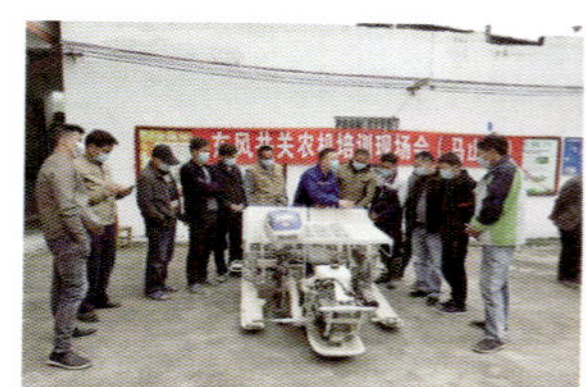
4月3日，东风公司对口马山县，助力春耕不误农时

5月22日，东风日产关爱抗疫医护人员出行

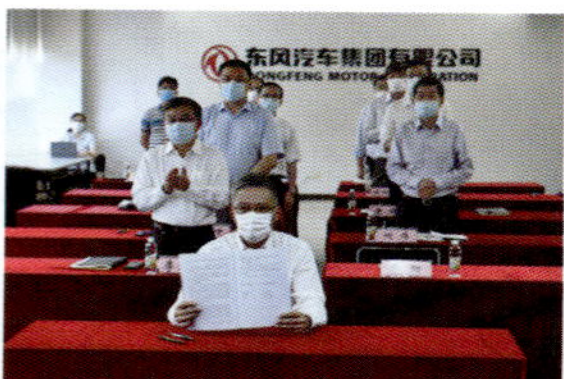

6月3日，东风公司签订项目助湖北疫后重振

12月25日，东风公司与中科院、中星责任云战略合作签约

2020年，东风公司在新疆柯坪县实施“东风杏花谷”项目

新车下线

5月13日，东风日产迎来第1200万辆整车正式下线

10月8日，风神襄阳汽车有限公司第200万辆整车下线

10月16日，东风日产大连工厂第100万辆整车下线

11月6日，岚图汽车H97首台白车身下线仪式举行

11月25日，岚图汽车首款高端智能电动SUV预生产下线

东风汽车 DONGFENG MOTOR | 东风智 向未来

新品上市

1月6日，东风商用车新疆有限公司发布东风天龙KX燃气版牵引车

4月20日，东风标致全新一代2008燃油版和电动版同步上市

4月21日，东风日产举行轩逸·纯电大客户2020年首批交车仪式

4月23日，启辰星以线下发布和线上直播相结合的方式全国上市

9月7日，东风悦达起亚凯酷（ALL NEW K5）正式上市

9月7日，郑州日产锐骐6越野版正式上市

9月10日，东风股份举行轻型车“一剑双星”发布会

9月20日，东风本田享域锐·混动正式上市

新事业发展

1月4日，东风公司与中国汽车技术研究中心有限公司签订战略合作协议

4月23日，东风公司与重庆市人民政府签订战略合作框架协议

6月29日，竺延风、李绍烛在公司总部以视频连线形式参加启动仪式

9月14日，东风公司与中国宝武集团签署2020年战略合作框架协议

9月24日，即联即用（武汉）科技创新有限公司正式成立

9月26日，第十六届北京国际车展东风馆盛大开馆

11月3日，东风物流集团股份有限公司成立

11月26日，东风公司与国家电网签订战略合作协议

党建引领促发展 国资运营开新局

中国诚通控股集团有限公司党委

中国诚通控股集团有限公司（以下简称诚通）随着改革开放和国有企业改革的进程而发展蜕变，1992年由原国家物资部直属物资流通企业合并组建以来，始终坚持党的领导、加强党的建设，积极顺应内外部环境变化，适应国民经济和市场需要，经受住市场经济大潮冲击和数次生死考验，实现从传统物资流通企业到国有资产经营公司，再到国有资本运营公司的“三级跳”。

一、积极顺应改革开放大潮，在自我革新中寻找生机出路

党的十八大以来，诚通党委坚持把习近平总书记重要批示指示作为攻坚克难的“金钥匙”，把深化落实习近平总书记对诚通重要批示精神同持续深入学习习近平新时代中国特色社会主义思想贯通起来、一体推进，学思践悟、知行合一，在推进企业改革发展中“勇挑千斤担、敢啃硬骨头”，把党组织的独特优势转化为企业发展的核心竞争力，为服务国家战略、优化国有资本布局、实现国有资本保值增值作出重要贡献。先后顺利接收托管中国铁路物资集团等中央和地方国有企业13家，重组整合困难企业356家，处置债务661亿元，妥善安置职工2.3万人，让一个个“僵尸企业”、困难企业脱胎换骨、涅槃重生。诚通自身也实现了跨越式发展，从一个传统商贸企业成长为引领国资国企改革的国有资本运营公司，实现资本运营与持股经营“双轮驱动”，企业资产总额、营业收入和利润总额年均增速超过两位数。

2016年9月，诚通发起设立的中国国有企业结构调整基金股份有限公司成立大会暨揭牌仪式在北京隆重举行

2018年10月，诚通举办首届职工运动会

2019年6月，诚通开展活学活用习近平总书记重要批示专题学习活动

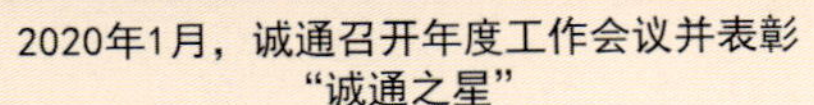
2020年1月，诚通召开年度工作会议并表彰“诚通之星”

2020年12月，诚通发起设立的中国国有企业混合所有制改革基金有限公司在上海揭牌成立

2021年1月，诚通托管企业中国铁物重组上市

二、紧紧抓住党内教育契机，在政治引领中明确战略方向

党的十八大以来，诚通党委紧紧抓住党的群众路线教育实践活动、“三严三实”专题教育、“两学一做”学习教育、“不忘初心、牢记使命”主题教育等党内集中教育的重大契机，坚持用党的创新理论武装头脑、指导实践、推动工作，用习近平总书记重要批示指示提振改革创新的精气神，既提出推进企业改革发展的创新举措和战略目标，又凝聚广大党员干部职工攻坚克难的智慧和力量。党员干部的思想在一次次党性教育中升华，诚通“处僵治困”能力在一次次磨砺淬炼中提高。接连啃下中冶纸业14200名职工安置、中国包装165家企业清退、诚通金属50%以上冗员裁汰等一个个“硬骨头”。特别是2016年4月推动中国铁物平稳化解债务风险，一举扭亏为盈。2021年1月中国铁物在深交所挂牌上市，本质脱困和高质量发展取得标志性成果。

三、持续紧跟深化改革步伐，在国资运营中彰显价值担当

自2016年2月诚通被国务院国资委确定为中央企业国有资本运营公司试点企业以来，诚通党委毫不动摇坚持党的全面领导，不折不扣践行国家战略，以国企改革“1+N”文件为指引，围绕国有资本市场化运作专业平台的定位，聚焦资本运营主责主业，不断试体制、试机制、试模式，探索以资本为纽带、以干部管理为链条、“管资本管人管党建”相统一的党建模式，打造实施“三融一化”党建工程，构建“强总部、大运营”格局，充分发挥“基金投资、股权管理、资产经营、金融服务”四项核心功能，当好资本运营“主力军”，在服务国有资本布局结构优化调整、服务实体经济振兴发展、服务中央企业提质增效的“三服务”中彰显“诚通价值”。诚通先后在全国国有企业改革座谈会、中央企业党的建设工作会、中央企业地方国资委负责人培训班、习近平总书记全国国有企业党的建设工作会议重要讲话发表四周年学习研讨会等会议上作经验交流，相关做法先后在中央党建领导小组《党建要报》《国资委信息》等刊发，党建案例入选全党主题教育案例、党校教学案例和教学手册，在国务院国资委党建工作责任制考核中连续四年被评为“优秀”。

百年华章铸辉煌，崭新伟业已开启。作为国有资本运营公司，诚通党委将以党史学习教育为重大契机，旗帜鲜明坚持和加强党的全面领导，大力弘扬“勇挑千斤担、敢啃硬骨头”诚通精神，紧紧围绕“形成资本、管控资本、运作资本”三大任务，不断促进“资金、资产、资本”三态转化，充分发挥“基金投资、股权管理、资产经营、金融服务”四项功能，努力实现“资产配置优化、盈利表现良好、现金流充沛”三大目标，在全面建设社会主义现代化国家的新征程上，不忘初心担使命、乘势而上开新局，奋力谱写“十四五”国有资本运营高质量发展新篇章，以优异成绩庆祝中国共产党成立100周年！

在急难险重任务中发挥党员的先锋模范作用 推动党建工作与中心工作深度融合

防护服生产党员示范岗

防护服生产现场

新兴际华集团有限公司（以下简称新兴际华集团）强化基层党建品牌建设，用好党员突击队、责任区、示范岗等载体。广大党员在决战决胜脱贫攻坚、疫情防控、抗洪救灾、安全生产等中心任务中发挥先锋模范作用。在抗击新冠肺炎疫情过程中，新兴际华集团坚决贯彻落实习近平总书记关于“坚定信心、同舟共济、科学防治、精准施策”的总要求，在国务院国资委的指导下迅速转产医用防护服，际华股份广大党员面对紧急任务，纷纷请战，发扬军需人“特别讲政治、特别能吃苦、特别能奉献、特别能战斗”的“四特”精神，让党旗飘扬在防护服生产和疫情防控的最前线，从“零”起步，峰值日产能15.28万套，占疫情最严峻时期全国日产量的40%~50%，彰显了军需企业的优良传统，在党和人民最需要的时候挺身而出、不辱使命。三五零二公司获评“全国抗疫先进单位（全国先进基层党组织）”，冉红侠、阚晓兰获评“全国抗疫先进个人”；三五二一公司获评“中央企业抗疫先进集体（中央企业先进基层党组织）”，朱国林、青军、曹赛宁、张霞、廖新华获评“中央企业抗疫先进个人”。新兴铸管武安本级通过“党建+高炉煤气精脱硫”项目，党员干部身先士卒、夜以继日奋战在施工最前线，项目仅用40余天投入使用，成为全国首个所有高炉全部实现煤气精脱硫的企业，新兴铸管被评为“环保绩效A级企业”；2020年汛期，新兴铸管所属芜湖新兴、新兴发展所属芜湖发展成立以党员骨干为主体的防汛值守队对临江段大堤实行24小时拉网式巡查抢险，以央企的铁肩担当守护当地人民的生命财产安全。2021年7月下旬，河南遭受严重洪涝灾害，集团公司党委第一时间启动II级应急响应机制，紧急抽调62名骨干组成应急救援队，成立前线临时党支部，携带自行研制的远程供排水车、7000升越野加油车等10多台（套）装备赴郑州、新乡、卫辉、滑县、浚县等地开展抗洪救灾，救援过程中充分发挥党组织的战斗堡垒作用和党员的先锋模范作用，在灾情最严重的司湾泵站坚守10天9夜，累计排水超过100万吨，成为新乡地区进驻最早、工作时间最长、排水量最大的救援队，受到国家安全生产应急救援中心的表彰。

防汛值守突击队

“党建+高炉煤气精脱硫”项目誓师大会

救援队“战地”组织生活会

新兴铸管武安本级厂区全景

中国西电集团有限公司
CHINA XD GROUP CO., LTD.

中国西电集团有限公司（以下简称中国西电集团）成立于1959年7月，是以我国“一五”期间156项重点建设工程的4个项目为基础形成的，集科研、开发、制造、贸易、金融为一体的大型企业集团。历经一个甲子的拼搏与发展，中国西电集团已经成为我国最具规模、成套能力最强的中压、高压、超高压、特高压交直流输配电设备和其他电工产品的研发制造、实验检测和服务基地。是首批国家级知识产权示范企业，获得全国“五一劳动奖状”，先后获得国家科技进步奖23项，其中特等奖3项、一等奖4项。

中国西电集团拥有全资和控股子公司（单位）60余家，其中包括上市公司2家（中国西电，股票代码：601179；宝光股份，股票代码：600379），国家级企业技术中心和工程实验室4个，国家级质量检测中心4个，海外合资合作公司4家，驻外营销服务机构40余个。职工15500余人。

作为我国输配电装备制造业中最具代表性的企业和“走出去”的重要力量，中国西电集团曾先后为我国多个第一条交直流输电工程以及“三峡工程”、“西电东送”、超特高压交直流等国家重点工程项目提供成套输配电设备和服务，并为80多个国家和地区提供可靠的产品和优质的服务，在全球市场建立“XD”品牌良好的声誉和形象。

中国西电集团将继续坚持服务国家战略，紧盯建设新型电力系统和“3060”双碳目标，坚持“主业突出、相关多元”发展战略，推动数字化、网络化、智能化发展，做好国有企业“六个力量”，争当原创技术的策源地和现代产业链的链长，推动企业升级转型高质量发展，奋力打造世界一流智慧电气系统解决方案服务商。

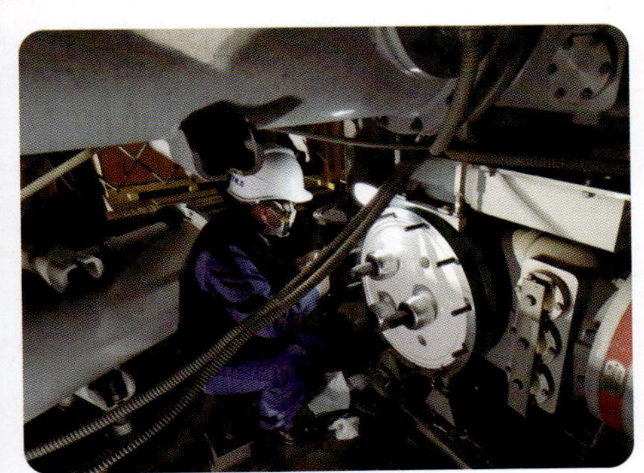

“抗疫情、保增长、勇担当”，顺利完成西安公共卫生服务中心电力保障任务

成功研制大容量发电机断路器成套装置系列产品

为国家“西电东送”重大工程乌东德电站送电广东广西特高压多端直流示范工程成功研制的换流阀装备

为青海—河南±800千伏特高压直流工程成功研制的国内首支±800千伏穿墙套管

为青海—河南±800千伏特高压直流工程成功研制的国内首支±800千伏阀侧套管

为乌东德水电站成功研制的550千伏GIS（气体绝缘金属封闭开关设备）

中铝山东

10万吨功能新材料生产线外景

山东铝业有限公司厂前区

「高质量发展新征程上的一面旗帜」

——记山东铝业有限公司党委

山东铝业有限公司、中铝山东有限公司统称中铝山东企业，隶属于中国铝业集团有限公司（以下简称中铝集团），两公司实施一体化管理，同属一个党委，即山东铝业有限公司党委（以下简称公司党委）。中铝山东企业1949年2月13日开工建设，依靠2500万千克小米起家、800名老兵工创业，1954年7月1日建成投产，是我国“一五”期间156个重点建设项目之一，是新中国第一个氧化铝生产基地，被誉为“中国铝工业的摇篮”。中铝山东企业曾独立承担全国氧化铝供应12年，先后为全国上百家单位输送专业技术和管理人才1.3万余人，累计上缴利税300余亿元，为国家现代化建设和地方经济发展作出突出贡献。

发布实施《大党建工作基本法》

开展党史学习教育专题讲座

安排部署党建工作

开展党员培训

近年来，中铝山东企业在国务院国资委、中铝集团的坚强领导下，深入学习贯彻习近平新时代中国特色社会主义思想，贯彻新发展理念，弘扬“笃学、善战、协调、奉献”的老兵工精神和“困难面前有山铝人，山铝人面前无困难”的新时代“501”精神，不吃老本，再立新功，以打造“世界一流铝基新材料产业集群”为己任，加快实施“1+2+N”发展战略，大力实施改革创新转型升级，成为中国精细氧化铝的“龙头”企业、全球最大的精细氧化铝生产研发基地。

在70余年的发展历程中，公司党委始终把坚持党的领导、加强党的建设作为首要任务，先后被授予“全国创先争优先进基层党组织”“中央企业思想政治工作先进单位”“全国企业文化建设工作先进单位”“全国模范职工小家”等称号。特别是全国国有企业党的建设工作会议、全国组织工作会议以及习近平总书记对中铝集团党建工作作出重要批示后，公司党委把贯彻会议和指示批示精神落实到创新党建引领的实际工作中，扎实开展党史学习教育、“两带两创”、“党员攀登双提升”、党员“双报到”等工作，结合企业实际，创新性地构建起“三横六纵”大党建工作体系，编写实施《大党建工作基本法》，向党建工作制度化、体系化、规范化建设迈出重要步伐。不断强化教育培训，启动党建“熔炉”、中层“雁翎”、青年人才“启明星”、团员青年“奋进”培训，成立中铝山东企业网络学院，使用“山铝E企学”App组织党员应知应会考试。坚持问题导向，开展党建工作质量专项整改提升行动，持续提升党组织的组织力、战斗力。公司党委在中铝集团党建考核中名列前茅。

艰难方显勇毅，磨砺始得玉成。面向未来，公司党委坚持以高质量党建引领高质量发展，把握新发展阶段，践行新发展理念，融入新发展格局，致力于建设世界一流铝基新材料产业集群，展现共和国铝工业长子应有的责任和担当！

落实“学史力行”要求，开展
“党旗引领——绿化赤泥堆场”专项行动

开展团员青年培训，
为青年员工搭建成长平台

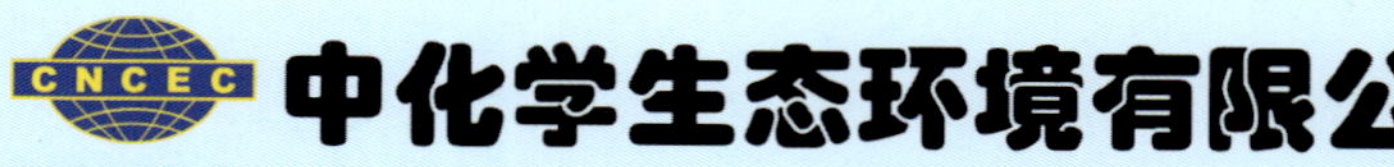

为绿水青山而努力奋斗

中化学生态环境有限公司（以下简称生态环境公司）是由中国化学工程集团有限公司发起，为践行“推进绿色发展”“建设美丽中国”，第一批实施混合所有制改革，从事生态环保事业的专业二级公司。作为中国化学在生态环保领域的投资平台和管理平台，生态环境公司根植于水环境综合治理、水利工程、长江大保护、黄河流域生态保护、工业污水、景观生态、固废危废处理、国土空间生态修复等领域，致力于成为国内一流、国际领先的生态环保综合服务商。

生态环境公司坚持以习近平新时代中国特色社会主义思想为指导，立足新时代、贯彻新理念、融入新格局，深入探索混合所有制企业党建工作新模式，切实把党中央各项决策部署落实到企业改革发展全过程，持续发挥党建引领作用。公司将“绿水青山就是金山银山”理论转化为企业发展使命，主动服务国家生态环保战略，助力生态文明建设，践行央企责任担当；以国有企业改革三年行动方案为引领，科学设计股权结构，积极推行职业经理人制度，建立市场化选聘、契约化管理、差异化考核、制度化退出的选人用人机制，构建各司其职、各负其责、协调运转、有效制衡的现代企业法人治理结构。

庆祝中国共产党成立100周年

参观中国共产党历史展览馆

赴甘肃省华池县开展对口帮扶

邢台市疫情应急医废处置

西安市长安区污泥处理处置

西安市高陵区污泥焚烧处置

黄冈市蕲春县蕲水灌区新建扩建工程

重庆市广阳岛茶园大道

玉林市流域治理

和田地区墨玉县美丽乡村污水处理

济南市市中区石房峪隧道山体修复

重庆市广阳岛苦竹溪河生态修复

生态环境公司以“生态环境治理”和“环保产业”双轮驱动为战略定位，以市场为导向，以客户为中心，以精细化管理为重点，在组织机构建设、人才队伍建设、市场区域布局、项目经营开发等方面，实现从零到一，从无到有的突破。成立一年来，先后取得环保工程专业承包一级、水利水电施工总承包一级、市政公用工程总承包一级等资质；中标邢台市疫情应急医废处置、西安市长安区污泥处置、西安市高陵区污泥焚烧、黄冈市蕲春县蕲水灌区新建扩建工程、重庆市广阳岛茶园大道、玉林市流域治理、和田地区墨玉县美丽乡村污水处理、济南市市中区石房峪隧道山体修复、重庆广阳岛苦竹溪河生态修复等多个生态环保项目，充分展现“央企品牌+市场机制”的强大活力。

生态环境公司将坚持以习近平新时代中国特色社会主义思想为指导，以习近平生态文明思想为指引，以“十四五”规划为引领，牢牢扎根于生态环保领域，为书写建设美丽中国的绿色答卷，更好地满足人民群众对美好生活的向往而努力奋斗。

学习党的路线、方针、政策

中铁十八局集团有限公司

中铁十八局集团有限公司（以下简称中铁十八局）系中国铁建股份有限公司旗下的骨干企业，前身是中国人民解放军铁道兵第八师，组建于1958年，1983年参建引滦入津工程后将总部设在天津，系国家高新技术企业、全国唯一一家“五特六甲”建筑法人企业，具有铁路、建筑、水利水电、市政、公路工程等5项施工总承包特级资质及对应勘察或设计甲级资质，拥有房地产开发一级资质、对外承包工程资质及国家援外成套项目实施A级资质，以及近100项施工总承包资质和专业资质，具备为政府和业主提供咨询规划、投资融资、设计建造、运营管理一揽子解决方案和一体化服务能力，年新签合同额1600亿元以上，施工能力800亿元以上。

中铁十八局注册资本金30亿元、资产总额458亿元，下辖12个子公司、3个专业分公司、10个境外公司，职工2万余人，拥有全断面隧道掘进机（TBM）、盾构机等专业装备1.1万多台（套）。在国内最早引入TBM施工技术，参与国内60%以上海底隧道、50%以上特长隧道建设，在特异型桥梁施工领域创造数10项世界纪录。60多年来，先后参建引滦入津、青藏铁路、京沪高铁、港珠澳大桥等一大批世界级工程项目，积累TMB施工、长大隧道、水工隧洞、海底隧道、特异型结构桥梁领域等专项施工优势和品牌优势。实施城市更新、片区开发、基础设施等投融资项目60多个，投资额1500多亿元，开发房地产600多万平方米。海外项目涉及沙特、阿联酋、尼日利亚、几内亚、卡塔尔等15个国家和地区。累计获得国家级工程质量奖150多项，其中国家优质工程奖81项、中国建设工程鲁班奖24项、中国土木工程詹天佑奖24项。

发挥组织优势，坚持海外优先，
落实“一带一路”建设任务。
集团公司党委书记、董事长、
总经理闫广天给海外项目党员先锋队授旗

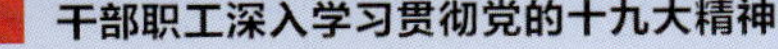
干部职工深入学习贯彻党的十九大精神

推进党建工作与施工生产深度融合，深入开展“两强一促”活动

中铁十八局党委高举习近平新时代中国特色社会主义思想伟大旗帜，坚持党的领导，加强党的建设，充分发挥党委领导作用，以高质量党建引领企业高质量发展。始终把政治建设摆在首位，严格落实“第一议题”制度，不断增强“四个意识”、坚定“四个自信”、做到“两个维护”。赓续铁道兵精神血脉，参与缔造引滦入津精神、成昆精神、青藏精神、“两路”精神，以红色精神奉献国家发展建设、助力人民美好生活。坚持党的建设与生产经营深度融合，在生产经营一线、在抢险救灾和抗击疫情前线等急难险重任务面前，有力发挥基层党组织的战斗堡垒作用和共产党员的先锋模范作用。中铁十八局党委获评“中央企业先进基层党组织”，集团所属五公司党委荣评“全国先进基层党组织”。中铁十八局先后被授予“全国文明单位”“全国五一劳动奖状”“全国优秀施工企业”“全国守合同重信用企业”“新中国成立70周年功勋企业”等荣誉。

走进新时代，中铁十八局积极践行新发展理念，坚定实施“1664”发展战略，深化京津冀、长三角、粤港澳大湾区、成渝双城地区经济圈、长江经济带、沿黄经济带六大核心区域市场+N个其他重点省市的“6+N”市场布局，打造工程承包、投资运营、房地产、海外四大板块为支柱+N个其他板块为补充的“4+N”经济格局，构建工程承包、投资运营、房地产、工程咨询、物贸与工业、新兴业务六大板块协同发展的产业新局，为建设实力强劲、铁建一流的新时代质量效益型现代化产业集团接续奋斗。

加强党员教育管理，基层党支部组织党员重温入党誓词

扎实开展“不忘初心、牢记使命”主题教育，得到中央督导组高度评价

传祺M8

深圳联合产权交易所
SHENZHEN UNITED PROPERTY AND EQUITY EXCHANGE

2009年，深圳市人民政府整合深圳市产权交易中心（1992年设立）和深圳国际高新技术产权交易所（2000年成立）资源，组建深圳联合产权交易所（以下简称深圳联交所）。深圳联交所为深圳交易集团旗下核心重要成员，是深圳市唯一的综合性产权交易机构，是国内最早成立的产权交易所之一。

深圳联交所坚持创新驱动发展，在全国最早开展国有资产交易、非上市股份公司登记托管交易、民营企业股权转让见证、企业增资、集体企业“三资交易”等业务。“产权交易+投行服务”模式为国企增资扩股进场交易提供了“深圳模式”。创新型企业成长路线图计划。为企业提供“股改+托管+私募+融资 ⇒ 辅导上市”的集成综合服务。国有、集体用地合作开发,城市更新项目合作方遴选等业务为全国同行业独创。累计完成各类交易宗数超过60万宗，交易总额近2万亿元。

2020年，“支持深圳联交所开展央企资产交易，支持深圳打造集境内外物权、债权、股权、知识产权等交易服务为一体的全国性产权交易市场”被写入国务院国资委《关于支持深圳建设中国特色社会主义先行示范区深化国资国企改革的若干政策举措》。2021年，深圳联交所获批中央企业实物资产转让和权益类业务（产权转让、企业增资）交易机构资质和中央管理金融企业国有产权交易机构资质。

深圳联交所将围绕深圳交易集团“城市新名片，行业新标杆”的发展愿景，坚持“廉洁从业、服务质量”的双生命线，为服务国资国企改革发展、各类产权交易、实体经济发展贡献“深圳智慧”和“深圳方案”。

深圳联交所专业服务团队

深圳联交所与中国民生银行建立战略合作

深圳交易集团专业服务团队

2021

CHINA' S STATE-OWNED ASSETS SUPERVISION AND ADMINISTRATION YEARBOOK

中国国有资产监督管理年鉴

大事记

第八篇

2020年国务院国有资产监督管理委员会大事记

1月

3日，国务院国资委印发《关于印发〈有限合伙企业国有权益登记暂行规定〉的通知》（国资发产权规〔2020〕2号）。

7日，国务院国资委印发《关于印发〈国资监管提示函工作规则〉和〈国资监管通报工作规则〉的通知》（国资发监督规〔2020〕4号）。

7日，中央纪委国家监委驻国资委纪检监察组组长、国务院国资委党委委员陈超英赴中国兵器装备集团有限公司下属兵器装备研究所调研。

7—8日，国务院国资委党委委员、副主任任洪斌赴吉林省靖宇县调研中国医药集团有限公司定点扶贫工作情况，深入走访一线调研，召开扶贫工作座谈会。

9日，国务院国资委召开2019年预算执行等情况审计进点会议，国务院国资委党委委员、副主任任洪斌出席会议并讲话。

11—12日，国务院国资委在北京市召开地方国资委负责人会议。国务院国资委党委书记、主任郝鹏出席会议并讲话。中央纪委国家监委驻国资委纪检监察组组长、国务院国资委党委委员陈超英主持会议。国务院国资委党委委员、副主任翁杰明主持交流研讨并作小结。国务院国资委党委委员、副主任孟建民、赵爱明、任洪斌，党委委员、副部长级干部周国平，党委委员、秘书长彭华岗出席会议。

13日，国务院国资委印发《关于切实加强金融衍生业务管理有关事项的通知》（国资发财评规〔2020〕8号）。

13日，国务院国资委党委召开委管中央企业第二批"不忘初心、牢记使命"主题教育总结会议。国务院国资委党委委员、副主任任洪斌出席会议并讲话。

14日，国务院国资委举办老部长春节团拜会暨离退休干部"双先"（先进集体和先进个人）表彰大会。国务院国资委党委书记、主任郝鹏出席会议并讲话。

14日，国务院国资委举行机关离退休干部经济形势通报暨2020年新春团拜会。国务院国资委党委书记、主任郝鹏代表国务院国资委党委向机关离退休干部通报2019年国资国企工作情况、2020年工作思路安排。

14—15日，国务院国资委在北京市召开2020年度中央企业考核分配工作会议。国务院国资委党委委员、副主任孟建民出席会议并讲话。

15日，国务院国资委在国务院新闻办举行新闻发布会，国务院国资委党委委员、秘书长、新闻发言人彭华岗介绍2019年中央企业经济运行情况。

15日，国务院国资委党委书记、主任郝鹏在国务院国资委会见力拓集团首席执行官夏杰思一行。

17日，国务院国资委直属机关召开2020年党的工作暨党组织书记述职评议会。国务院国资委党委委员、副主任、机关党委书记赵爱明出席会议并讲话。

17日，国务院国资委党委委员、副主任赵爱明在国务院国资委会见即将离任的白俄罗斯驻华大使鲁德。

21日，国务院国资委党委委员、秘书长彭华岗赴瑞士达沃斯出席世界经济论坛2020年年会期间，与世界经济论坛创始人兼执行主席施瓦布举行会谈。

22日，国务院国有企业改革领导小组印发《关于印发〈"双百企业"推行经理层成员任期制和契约化管理操作指引〉和〈"双百企业"推行职业经理人制度操作指引〉的通知》（国企改办发〔2020〕2号）。

26日，国务院国资委党委召开专题会议，认真传达学习习近平总书记重要讲话和中央政治局常委会会议精神，对国务院国资委和中央企业扎实做好新型冠状病毒感染的肺炎疫情防控工作作出具体部署。国务院国资委党委书记、主任郝鹏主持会议并讲话。

29日，国务院国资委党委书记、主任、应对新型冠状病毒感染肺炎疫情工作领导小组组长郝鹏赴中国建筑集团有限公司、中国电子科技集团有限公司、中国医药集团有限公司等企业开展专题调研。

31 日，国务院国资委党委书记、主任、应对新型冠状病毒感染肺炎疫情工作领导小组组长郝鹏赴国家电网有限公司、国家电力投资集团有限公司、中国电信集团有限公司、中国联合网络通信集团有限公司、中国移动通信集团有限公司等企业开展专题调研。

2 月

2 日，国务院国资委党委书记、主任、应对新型冠状病毒感染肺炎疫情工作领导小组组长郝鹏调研指导为疫情防控提供支撑保障的中国石油天然气集团有限公司、中国石油化工集团有限公司、中国海洋石油集团有限公司、中粮集团有限公司、中国储备粮管理集团有限公司。

5 日，国务院国资委党委召开中央企业加强新型冠状病毒感染肺炎疫情防控工作视频会议，对中央企业做好疫情防控工作进一步作部署安排。国务院国资委党委书记、主任、应对新型冠状病毒感染肺炎疫情工作领导小组组长郝鹏出席会议并讲话。

7 日，国务院国资委党委书记、主任、应对新型冠状病毒感染肺炎疫情工作领导小组组长郝鹏赴中国机械工业集团有限公司、中国通用技术（集团）控股有限责任公司、新兴际华集团有限公司等为疫情防控供应保障重点医疗防控物资的中央企业开展专题调研。

11 日，国资委党委书记、主任、应对新型冠状病毒感染肺炎疫情工作领导小组组长郝鹏赴中国医药集团有限公司中国生物研究院、中国盐业集团有限公司等为疫情防控生产供应重点医药防控物资的中央企业实地调研防治药物科研攻关进展情况。

15 日，国务院国资委召开建筑施工类中央企业复工复产工作视频会议。国务院国资委党委书记、主任郝鹏主持会议并讲话。

18 日，国务院国资委参加国务院应对新型冠状病毒感染肺炎疫情联防联控机制新闻发布会，国务院国资委党委委员、副主任任洪斌介绍中央企业支援保障新冠肺炎疫情防控情况，并回答中外记者提问。

26 日，国务院国资委、国家知识产权局联合印发《关于推进中央企业知识产权工作高质量发展的指导意见》（国资发科创规〔2020〕15 号）。

27 日，国务院国资委党委书记、主任郝鹏赴中国航天科技集团有限公司、中国铁建股份有限公司调研指导疫情防控和复工复产工作。

3 月

2 日，国务院国资委召开中央企业支持配合北京疫情防控工作视频会议。国务院国资委党委书记、主任郝鹏主持会议并讲话。会上，中央纪委国家监委驻国资委纪检监察组组长、国务院国资委党委委员陈超英就加大对相关工作的纪检监察力度提出要求。国务院国资委党委委员、副主任任洪斌通报有关情况并作具体工作安排。

9 日，中央纪委国家监委驻国资委纪检监察组组长、国务院国资委党委委员陈超英赴中国船舶集团有限公司所属工业系统研究院调研指导统筹推进疫情防控和复工复产工作。

10 日，国务院国资委党委书记、主任郝鹏赴国家开发投资集团有限公司调研指导统筹推进疫情防控和复工复产等改革发展工作，并主持召开座谈会。

10 日，中央纪委国家监委驻国资委纪检监察组组长、国务院国资委党委委员陈超英赴中国移动通信集团有限公司创新大楼调研指导统筹推进疫情防控和复工复产工作。

13 日，国务院国资委党委召开中央企业决战决胜脱贫攻坚视频会议，总结分析中央企业扶贫工作，研究部署 2020 年任务。国务院国资委党委书记、主任郝鹏出席会议并讲话。

16 日，中央纪委国家监委驻国资委纪检监察组组长、国务院国资委党委委员陈超英赴中国诚通控股集团有限公司调研指导统筹推进疫情防控和复工复产工作。

21 日，国务院国资委党委在北京市召开国务院国资委党风廉政建设和反腐败工作会议暨警示教育大会，深入学习习近平总书记重要讲话精神，总结 2019 年工作，开展警示教育，部署 2020 年重点任务。国务院国资委党委书记、主任郝鹏出席会议并讲话。中央纪委国家监委驻国资委纪检监察组组长、国务院国资委党委委员陈超英通报查处的典型案件并提出具体工作要求。

26 日，国务院国资委印发《关于做好 2020 年中央企业违规经营投资责任追究工作体系建设有关事项的通知》(国资厅发监责〔2020〕10 号)。

27 日,国务院国资委党委召开 2019 年度中央企业党委(党组)书记党建工作述职会议。国务院国资委党委书记、主任郝鹏主持会议并讲话。

31 日,国务院国资委发布《关于将中国融通资产管理集团有限公司列入国务院国有资产监督管理委员会履行出资人职责企业名单的公告》(国务院国有资产监督管理委员会公告 2020 年第 1 号)。

4 月

1 日,国务院国资委党委书记、主任郝鹏通过中央企业境外项目信息监测系统,视频连线中国建筑集团有限公司埃及新首都项目、中国交通建设集团有限公司肯尼亚蒙内铁路项目和中国电力建设集团有限公司卡西姆港燃煤电站项目,通过视频系统认真地查看企业项目部隔离区、物资储备点等区域,详细了解企业集团境外疫情防控工作、境外项目疫情防控措施等。

2 日,中央企业宣传思想工作视频会议在北京召开。国务院国资委党委委员、副主任翁杰明出席会议并讲话。

2 日,由国务院国资委干部教育培训中心、中国企业联合会主办,中国航天科工集团有限公司、海尔集团、阿里巴巴集团协办的企业家高端对话网络活动成功举办。

3 日,国务院国资委印发《关于支持中小微企业和个体工商户发展积极减免经营用房租金的通知》(国资厅财评〔2020〕42 号)。

8 日,国务院国有企业改革领导小组办公室召开"科改示范行动"动员部署视频会议,对开展百户科技型企业深化市场化改革提升自主创新能力专项行动进行动员部署。国务院国有企业改革领导小组办公室副主任,国务院国资委党委委员、副主任翁杰明出席会议并讲话。

9 日,国务院国资委召开部分重点行业中央企业经济运行工作座谈会。国务院国资委党委书记、主任郝鹏主持会议并讲话。

14 日,国务院国资委党委书记、主任郝鹏主持召开部分重点行业中央企业经济运行工作座谈会。

15 日,国务院国资委与应急管理部联合召开中央企业安全生产工作视频会议。国务院国资委党委委员、副主任任洪斌出席会议并讲话。

17 日,国务院国资委召开中央企业第一季度经济运行情况通报暨 2020 年度经营业绩责任书签订视频会议。国务院国资委党委书记、主任郝鹏出席会议并讲话。国务院国资委党委委员、副主任孟建民通报中央企业第一季度经济运行情况及 2020 年度业绩考核工作安排。

20 日,国务院国资委在国务院新闻办举行新闻发布会,国务院国资委党委委员、秘书长、新闻发言人彭华岗介绍 2020 年第一季度中央企业经济运行情况,并回答记者提问。

20 日,国务院国资委党委委员、副主任任洪斌与英国驻华大使吴百纳通电话。

22 日,国务院国资委党委委员、秘书长彭华岗赴中国五矿集团有限公司所属中冶京诚工程技术有限公司调研,参观企业研发中心、远程诊断中心和实验室。

23 日,国务院国资委印发《关于印发〈中央企业控股上市公司实施股权激励工作指引〉的通知》(国资考分〔2020〕178 号)。

24 日,国务院国资委召开部分地方国资委负责人视频会。国务院国资委党委书记、主任郝鹏主持会议并讲话。

29 日,国务院国资委印发《关于加强重大经营风险事件报告工作有关事项的通知》(国资厅发监督〔2020〕17 号)。

30 日,国务院国资委党委委员、副主任翁杰明赴国家电力投资集团有限公司调研能源工业互联网平台建设情况。

5 月

8 日,国务院国资委党委委员、秘书长彭华岗赴中国航天科技集团有限公司所属北京神舟航天软件技术有限公司调研。

9 日,国家发展改革委、住房城乡建设部、财政部、商务部、人民银行、国务院国资委、税务总局、市场监管总局联合印发《关于应对新冠肺炎疫情进一步帮扶服务业小微企业和个体工商户缓解房屋租金压力的指导意见》(发改投资规〔2020〕734 号)。

10 日,国务院国资委党委委员、副主任翁杰明出席"三个转变"与高质量发展研讨会暨第三届中国品牌战略发展论坛并讲话。

11 日,国务院国资委党委委员、副主任翁杰明赴中国检验认证(集团)有限公司调研。

12 日,国务院国资委举办中央企业消费扶贫工作推进会暨央企消费扶贫电商平台上线仪式。国务院国资委党委委员、副主任任洪斌出席活动并讲话。

12 日,剥离国有企业办社会职能和解决历史遗留问题工作视频会召开。国务院国资委党委书记、主任、剥离国有企业办社会职能和解决历史遗留问题专项小组组长郝鹏出席会议并讲话。国务院国资委党委委员、副主任、专项小组副组长孟建民通报有关情况。

14 日,中央企业北斗产业协同发展平台揭牌暨线上开通仪式在北京市举行。国务院国资委党委委员、副主任任洪斌出席活动并致辞。

20 日,国务院国资委印发《关于进一步做好服务业小微企业和个体工商户房租减免工作的通知》(国资厅财评〔2020〕158 号)。

21 日,国务院国资委党委委员、秘书长彭华岗赴中国普天信息产业集团有限公司调研。

27 日,国务院国资委党委书记、主任郝鹏赴中国国新控股有限责任公司调研企业经营发展、深化改革和党的建设等情况。

29 日,国务院国资委党委召开(扩大)会议,认真传达学习习近平总书记全国两会期间重要讲话精神和全国两会精神,研究部署贯彻落实举措。国务院国资委党委书记、主任郝鹏主持会议并讲话。

6 月

1 日,医疗医药应急保障体系互联网平台建设推进会暨中资医疗医药应急保障体系互联网有限公司揭牌仪式在北京市举行。国务院国资委党委委员、副主任翁杰明出席会议并讲话。

2 日,国务院国资委发布《关于上海诺基亚贝尔股份有限公司不再列入国务院国有资产监督管理委员会履行出资人职责企业名单的公告》(国务院国有资产监督管理委员会公告 2020 年第 2 号)。

3 日,国务院国资委与湖北省委、省政府共同举办中央企业助力湖北疫后重振发展视频会议。国务院国资委党委书记、主任郝鹏出席会议并讲话。

4 日,国务院国资委党委召开巡视工作会议暨 2020 年第一轮巡视工作动员部署会。国务院国资委党委书记、主任、巡视工作领导小组组长郝鹏出席会议并讲话。

5 日,国务院国资委发布《关于将中国检验认证(集团)有限公司列入国务院国有资产监督管理委员会履行出资人职责企业名单的公告》(国务院国有资产监督管理委员会公告 2020 年第 3 号)。

12 日,国务院国资委党委委员、副主任任洪斌出席中国日报社"新时代大讲堂"活动并致辞。此次活动主题为"抗击新冠肺炎疫情——企业责任与担当"。

12 日,国务院国资委党委书记、主任郝鹏赴中国华能集团有限公司调研并与企业干部职工座谈。

14—16 日,国务院国资委党委委员、副主任翁杰明赴陕西省调研,先后前往中国航空工业集团有限公司中航西飞工业集团股份有限公司、陕西汽车控股集团有限公司等国有企业,深入了解企业改革发展、落实疫情防控和"六稳""六保"等情况,并与陕西省国资委及有关地方国有企业进行座谈。

15 日,国务院国资委党委委员、副主任任洪斌出席 2020 世界工业互联网大会并致辞。此次会议主题为"新时代、新基建,工业互联网赋能 · 融通 · 生态",以云端大会形式举办。

16 日,国务院国资委党委委员、副主任任洪斌作为联合国全球契约组织(UNGC)理事,出席联合国全球契约领导人峰会(线上)暨 UNGC 成立二十周年庆典并作主旨演讲。

16 日,国务院国资委党委委员、副主任赵爱明赴中国民航信息集团有限公司调研。

18 日,国务院国资委党委委员、副主任赵爱明赴中粮集团有限公司调研。

19 日,国务院国资委党委书记、主任郝鹏赴中国医药集团有限公司中国生物所属北京生物制品研究所有限责任公司调研。

23日，国务院国资委党委委员、秘书长彭华岗赴国家开发投资集团有限公司所属神州高铁技术股份有限公司调研。

7月

1日，国务院国资委党委书记、主任郝鹏以“强化政治机关意识、坚定走好第一方阵”为主题为国务院国资委机关全体党员干部讲专题党课。

3日，国务院国资委党委书记、主任郝鹏赴中国检验认证（集团）有限公司调研。

7日，国务院国资委党委召开中管企业持续深化巡视整改暨中央企业专项整治工作会，深入学习贯彻习近平总书记关于巡视整改和专项整治工作的重要指示精神，贯彻落实中央巡视工作领导小组部署要求，总结工作、交流经验、明确任务，对巡视整改和专项整治工作进行再推动、再落实。

6日，中央纪委国家监委驻国资委纪检监察组组长、国务院国资委党委委员陈超英赴中国民航信息集团有限公司调研。

12—14日，国务院国资委党委委员、副主任袁野赴广东省调研，先后前往中国南方航空集团有限公司、中国南方电网有限责任公司、中国广核集团有限公司3家中央企业和广东省能源集团有限公司、广州汽车集团股份有限公司2家地方企业，深入了解企业改革发展党建工作情况，并与深圳市国资委及有关市属企业进行座谈，听取深圳市国资国企综合改革试验、“六平台一中心”建设等情况汇报。

14日，国务院国资委党委委员、副主任任洪斌赴中国普天信息产业集团有限公司、中国中钢集团有限公司调研。

16日，国务院国资委召开中央企业安全生产工作视频会议。国务院国资委党委委员、副主任任洪斌出席会议并讲话。

17日，国务院国资委在北京市召开中央企业负责人年中视频会议。国务院国资委党委书记、主任郝鹏出席会议并讲话。

21日，国务院国资委党委委员、副主任袁野赴中国国新控股有限责任公司调研。

22日，国务院国资委召开地方国资委负责人年中视频座谈会。国务院国资委党委书记、主任郝鹏主持会议并讲话。

24日，国务院国资委党委书记、主任郝鹏赴中国航空发动机集团有限公司调研。

27—28日，国务院国资委党委委员、秘书长彭华岗带队赴山西省就深化国有企业市场化改革和科技创新发展情况开展调研。

29日，国务院国资委党委召开理论学习中心组集体学习（扩大）会，深入学习贯彻《中华人民共和国民法典》，紧密结合国资国企实际，研究部署推进依法监管、依法治企工作。

29日，国务院国资委召开对标世界一流管理提升行动启动会议。国务院国资委党委委员、副主任翁杰明出席会议并讲话。

30日，国务院国资委与韩国SK集团合作项目“中韩企业社会价值研究”结题仪式通过视频连线形式举行，国务院国资委党委委员、秘书长彭华岗出席仪式并致辞。

8月

2—3日，国务院国资委党委书记、主任郝鹏赴国务院国资委定点帮扶的河北省邢台市平乡县、邯郸市魏县调研脱贫攻坚工作。

7日，国务院国资委党委委员、副主任袁野赴中国诚通控股集团有限公司调研。

7—10日，国务院国资委党委书记、主任郝鹏赴甘肃省调研国资国企发展改革监管和党的建设工作情况。

13日，国务院国资委党委书记、主任郝鹏在国务院国资委会见湖北省委常委、武汉市委书记王忠林，武汉市委副书记、市长周先旺一行，双方就深化国资国企改革，积极推动国资央企助力武汉疫后重振、经济社会高质量发展等进行深入交流。

16日，国务院国资委党委书记、主任郝鹏在国务院国资委会见澳门特别行政区行政长官贺一诚一行，双方就进一步支持推动中央企业参与粤澳（横琴）深度合作区建设，促进澳门经济适度多元发展等进行深入交流。

26日，国务院国资委党委委员、副主任翁杰明赴中国国际工程咨询有限公司调研。

28日，国务院国资委党委召开理论学习中心组集体学习（扩大）会。国务院国资委党委书记、主任郝鹏主持会议并讲话。

9月

4日，国务院国资委党委委员、副主任翁杰明赴中国交通建设集团有限公司调研。

7日，财政部、人民银行、国务院国资委、银保监会、证监会、国家档案局、国家标准化管理委员会联合印发《关于推进会计师事务所函证数字化相关工作的指导意见》（财会〔2020〕13号）。

8日，国务院国资委党委召开学习贯彻全国抗击新冠肺炎疫情表彰大会精神座谈会。

9日，国务院国资委党委委员、副主任袁野赴中国移动通信集团有限公司调研。

11日，联合国全球契约组织（UNGC）理事会会议在线上举行。国务院国资委党委委员、副主任任洪斌作为中国唯一一位联合国全球契约组织理事出席会议并积极建言献策。

14日，国务院国资委召开媒体通气会，通报对标世界一流管理提升行动和中央企业“总部机关化”问题专项整改工作有关情况。国务院国资委党委委员、副主任翁杰明出席会议并介绍有关情况。

17—18日，国务院国资委在浙江省杭州市举办2020年国有企业质量提升培训班。国务院国资委党委委员、副主任任洪斌出席培训班开班仪式并讲话。

18日，国务院国资委在中国商飞（上海）举办国有企业数字化转型工作现场推进活动。国务院国资委党委委员、副主任任洪斌出席活动并讲话。

18日，国务院国资委党委委员、副主任袁野赴中国东方航空集团有限公司调研。

21日，联合国全球契约组织举办“建设可持续及弹性医疗健康基础设施，加速实现联合国可持续发展目标”高级别会议（线上）。国务院国资委党委委员、副主任任洪斌应邀出席会议，并就中央企业在抗击新冠肺炎疫情中所做工作及参与全球抗疫合作发表主旨演讲。

22日，国务院国有企业改革领导小组办公室在浙江省杭州市召开“科改示范行动”现场推进会。国务院国有企业改革领导小组办公室副主任，国务院国资委党委委员、副主任翁杰明出席会议并讲话。

22日，国务院国资委党委召开中央企业系统第十三届全国青联委员座谈会。国务院国资委党委书记、主任郝鹏出席会议并讲话。

22—24日，国务院国资委党委委员、副主任翁杰明赴浙江省调研，先后前往中国电子科技集团有限公司所属海康威视、中国中化集团有限公司所属舟山国家石油储备基地、中国石油化工集团有限公司所属镇海炼化和浙江石化舟山绿色石化基地等深入了解企业改革发展和科技创新等情况。

23日，国务院国资委党委委员、秘书长彭华岗赴中国宝武钢铁集团有限公司调研。

23日，国务院国资委党委委员、秘书长彭华岗赴上海医药集团股份有限公司信谊药厂调研。

24日，国务院国资委党委委员、秘书长彭华岗赴湖南省株洲市调研中国中车集团有限公司所属3家“双百企业”，参观考察中车株洲所陈列室、功率半导体生产线及智轨电车项目，深入了解中车株洲所、中车株机、中车株洲电机深化改革情况。

25日，以“走进新国企探秘火车头”为主题的中国中车全球开放日活动在中车株机公司启动。国务院国资委党委委员、秘书长彭华岗出席活动并致辞。

25日，财政部、国务院国资委、银保监会联合印发《关于加强会计师事务所执业管理切实提高审计质量的实施意见》（财会〔2020〕14号）。

28日，国务院国资委党委委员、副主任翁杰明赴中国船舶集团有限公司调研重组整合情况。

28日，国务院国资委印发《关于印发〈关于深化中央企业内部审计监督工作的实施意见〉的通知》（国资发监督规〔2020〕60号）。

29日，国务院国资委印发《关于印发〈中央企业违规经营投资问题线索查处工作指引〉的通知》（国资发监责〔2020〕62号）。

29日，国务院国资委党委委员、副主任赵爱明在北京钓鱼台国宾馆出席中国东北地区和俄罗斯远东及贝加尔地区政府间合作委员会第三次会议。

29 日，国务院国资委召开视频会议，对中央企业改革三年行动工作进行动员部署。国务院国资委党委书记、主任郝鹏出席会议并讲话。

30 日，国务院国有企业改革领导小组办公室在国务院国资委召开地方国企改革领导小组办公室主任视频会议。国务院国有企业改革领导小组办公室主任，国务院国资委党委书记、主任郝鹏对会议作出批示，领导小组办公室副主任，国务院国资委党委委员、副主任翁杰明出席会议并讲话。

10 月

10 日，国务院国资委党委召开学习研讨会，组织中央企业重温习近平总书记重要讲话精神，交流学习实践体会，总结经验，持续巩固深化中央企业党的建设工作成果，以高质量党建引领高质量发展。国务院国资委党委书记、主任郝鹏出席会议并讲话。

12 日，国务院国资委党委委员、副主任翁杰明，党委委员、秘书长彭华岗出席国务院政策例行吹风会，介绍实施国企改革三年行动、推动国有企业改革发展有关情况，并回答记者提问。

13 日，由国务院国资委主办，中国社会责任百人论坛、国家开发投资集团有限公司承办的中央企业社会责任报告集中发布(2020)活动在北京举办，国务院国资委党委委员、秘书长彭华岗出席发布活动并致辞。

15 日，国务院国资委全面深化改革领导小组办公室在上海市召开地方国企改革工作座谈会，研究讨论国企改革三年行动各项改革任务，交流地方起草编制三年行动实施方案的经验做法。

16 日，由国务院国资委指导，上海联合产权交易所和北京产权交易所联合举办的中央企业混合所有制改革暨中央企业民营企业协同发展项目推介会在上海成功举办。

16 日，国务院国资委举办央企扶贫论坛。

16 日，国务院国资委党委委员、副主任袁野赴中国电子科技集团有限公司调研。

20 日，国务院新闻办举行新闻发布会，国务院国资委党委委员、秘书长彭华岗介绍中央企业 2020 年前三季度经济运行情况。

20 日，国务院国资委召开中央企业经济运行情况通报会，研究分析当前形势，进一步部署年底收官阶段提质增效稳增长工作。

20—21 日，国务院国资委在辽宁省大连市召开深化东北地区国资国企改革现场推进会。国务院国资委党委委员、副主任翁杰明出席会议并讲话。

21 日，国务院国资委党委召开 2020 年第二轮巡视工作动员部署会。中央纪委国家监委驻国资委纪检监察组组长，国务院国资委党委委员、党委巡视工作领导小组副组长陈超英出席会议并讲话。

21 日，国务院国资委党委委员、秘书长彭华岗赴中国第一汽车集团有限公司调研。

21 日，国务院国资委全面深化改革领导小组办公室在吉林省长春市召开地方国企改革工作座谈会，研究讨论国企改革三年行动各项改革任务，交流地方起草编制三年行动实施方案的经验做法。

21 日，国务院国资委党委委员、副主任袁野赴上海市调研，先后听取上海市国资委和中国宝武钢铁集团有限公司、上海汽车集团股份有限公司和上海电气集团股份有限公司工作汇报，并前往宝山钢铁股份有限公司、上海汽车集团股份有限公司技术研发中心实地调研。

22 日，国务院国资委党委在北京市召开中央企业抗击新冠肺炎疫情表彰大会暨先进事迹报告会。国务院国资委党委书记、主任郝鹏出席会议并讲话。

23 日，国务院国资委党委委员、副主任翁杰明主持召开国企改革三年行动专家学者座谈会，通报国企改革三年行动的有关情况。国务院国资委党委委员、秘书长彭华岗出席座谈会，并介绍有关情况。

27 日，国务院国有企业改革领导小组办公室在广州市召开“双百行动”现场推进会。国务院国有企业改革领导小组办公室副主任，国务院国资委党委委员、副主任翁杰明出席会议并讲话。

27 日，国务院国资委党委委员、秘书长彭华岗赴广州医药集团有限公司调研。

29 日，建筑业农民工工资支付监管推进会暨中资建筑信息平台科技有限公司成立大会在北京市举行。国务院国资委党委委员、副主任翁杰明、袁野出席会议并讲话。

30日，国务院国资委党委召开（扩大）会议，认真传达学习贯彻党的十九届五中全会特别是习近平总书记重要讲话精神，研究贯彻落实措施。国务院国资委党委书记、主任郝鹏主持会议。

11月

3日，国务院国资委党委召开中央企业负责人视频会。国务院国资委党委书记、主任郝鹏传达宣讲党的十九届五中全会精神并讲话。

3日，由中央宣传部、国务院国资委、全国工商联共同指导，中国外文局主办的“2020·中国企业海外形象高峰论坛”在北京市召开。国务院国资委党委委员、秘书长彭华岗出席并致辞。

4日，国务院国资委党委书记、主任郝鹏赴中国铁建股份有限公司宣讲党的十九届五中全会和习近平总书记重要讲话精神，对企业抓好全会精神学习宣传贯彻落实工作进行调研指导。

4—5日，国务院国资委党委委员、副主任，中央企业交易团团长任洪斌赴上海市参加第三届中国国际进口博览会。

6日，中央企业采购工作推进会暨中资阳光采购交易平台成立大会在北京市举行。国务院国资委党委委员、副主任翁杰明出席会议并讲话。

9日，学习贯彻党的十九届五中全会精神中央宣讲团国资国企系统报告会在北京市举行。中央宣讲团成员，国务院国资委党委书记、主任郝鹏作宣讲报告，并赴中国航天科技集团有限公司中国空间技术研究院（五院）主持召开座谈交流会，进车间、下班组，与企业一线干部职工深入座谈。

10日，由国务院国资委作为支持单位，世界经济论坛和国家电网有限公司共同主办的2020能源转型国际论坛在北京市举行。国务院国资委党委委员、副主任赵爱明出席论坛并发表主题演讲。

10日，国务院国资委党委委员、副主任袁野赴中国南方电网有限责任公司调研。

11日，中国社会科学院和国务院国资委签署战略合作框架协议，联合组建中国社会科学院国有经济研究智库，并举办首届国有经济研究峰会。国务院国资委党委书记、主任郝鹏出席会议并讲话。

11日，国务院国资委党委委员、副主任袁野赴中国机械工业集团有限公司中国电器科学研究院股份有限公司调研。

17日，国务院国资委党委书记、主任郝鹏赴四川省成都市深入中国核工业集团有限公司中国核动力研究设计院宣讲党的十九届五中全会精神，对企业抓好全会精神学习宣传贯彻工作进行调研指导。

19日，国务院国资委党委委员、副主任任洪斌在北京市主持召开中央企业贫困地区产业投资基金第二届战略指导委员会第一次会议，听取基金工作情况汇报，梳理总结成绩经验，研究讨论重要事项，谋划指导下一阶段工作。

23—25日，国务院国企改革第一督查组组长，国务院国资委党委委员、副主任翁杰明带队对上海市和中国远洋海运集团有限公司国企改革重点任务落实情况进行实地督查。

26—27日，国务院国资委党委书记、主任郝鹏赴广西壮族自治区深入驻桂中央企业和地方国有企业调研。

27日，国务院国有企业改革领导小组办公室召开媒体通气会，国务院国有企业改革领导小组办公室副主任，国务院国资委党委委员、副主任翁杰明出席会议通报国有企业公司制改革情况。

27日，国务院国资委组织召开视频会议，就建设运行国企改革三年行动在线督办系统进行动员部署、提出工作要求。国务院国资委党委委员、秘书长彭华岗出席会议并讲话。

29日至12月1日，国务院国资委党委举办理论学习中心组集体学习暨厅局级干部研修班。

30日，香港特别行政区政府和香港贸发局共同主办香港第五届“一带一路”高峰论坛，国务院国资委党委委员、副主任任洪斌在论坛开幕式发表视频特别致辞。

12月

1日，海关总署、国务院国资委联合举办“关‘艾’有我、关企同行”2020年“世界艾滋病日”主题活动。

3日，国务院国资委党委书记、主任郝鹏主持召开部分中央企业负责人座谈会。

3 日，国务院国资委召开中央企业、地方国资委内部审计监督和责任追究工作视频会议。国务院国资委党委书记、主任、审计工作领导小组组长郝鹏对会议作出批示，国务院国资委党委委员、副主任、审计工作领导小组副组长袁野出席并讲话。

4 日，国务院国资委举行法律顾问聘任仪式。国务院国资委党委委员、副主任翁杰明出席仪式为法律顾问颁发聘书并讲话。

5 日，国务院国资委党委书记、主任郝鹏应邀为中央党校(国家行政学院)2020 年秋季学期中青班学员作专题报告。

8 日，由人民日报社主办的“2020 中国品牌论坛”在北京召开，国务院国资委党委委员、副主任任洪斌出席开幕式并致辞。

9 日，《改革样本：国企改革“双百行动”案例集》新书发布会在北京市召开，国务院国资委党委委员、秘书长彭华岗出席发布会并致辞。

10 日，全国国资委系统构建国资监管大格局研讨培训班在北京市举行，国务院国资委党委书记、主任郝鹏对培训班作出批示，国务院国资委党委委员、副主任翁杰明出席开班式并讲话。

12 日，国务院国资委党委委员、秘书长彭华岗出席“2020 央视财经论坛”并致辞。

14 日，大湾区中央企业数字化协同创新联盟成立大会在广东省深圳市举行。会上，揭牌成立中央企业数字化发展研究院，举办 2020 红数麟数字化发展论坛。国务院国资委党委委员、副主任任洪斌出席会议并讲话。

14 日，国务院国资委党委书记、主任郝鹏主持召开部分中央企业负责人座谈会。

17 日，国务院国资委召开 2020 年预算执行等情况审计进点会议，国务院国资委党委委员、副主任任洪斌出席会议并讲话。

18 日，国务院国资委党委召开(扩大)会议，认真传达学习中央经济工作会议精神。国务院国资委党委书记、主任郝鹏主持会议并讲话。

21 日，国务院国资委党委委员、秘书长彭华岗出席中央企业智库联盟第三届理事会工作会议暨智库建设研讨会并讲话。

22 日，第八届中国企业新媒体年会在北京市召开。国务院国资委党委委员、秘书长彭华岗出席会议并发表题为《构建融媒发展新格局　讲好中国企业故事》的主旨演讲。

22 日，中国国新控股有限责任公司举办成立十周年成果汇报会暨国有资本运营高峰论坛。国务院国资委党委委员、副主任袁野出席会议并致辞。

23 日，国务院国资委党委在北京市发布第五届“央企楷模”，授予中国航天科技集团有限公司谢军、中国石油天然气集团有限公司梁楠郁、中国机械工业集团有限公司黄锡璆、中国中化集团有限公司覃衡德、中国交通建设集团有限公司张晓强、中国医药集团有限公司杨晓明、中国安能建设集团有限公司王维伟等 7 名个人，奋斗者号万米载人潜水器中船研发团队、中国建筑集团有限公司火神山雷神山医院建设团队、复兴号高速列车中车创新团队等 3 个集体“央企楷模”称号。国务院国资委党委委员、副主任翁杰明出席发布仪式并会见第五届“央企楷模”代表。

23 日，由国务院国资委宣传局、人民网联合主办，中国共产党新闻网、中国央企新闻网承办的“全面小康央企担当”第三届中央企业优秀故事发布活动在北京市举办，国务院国资委党委委员、副主任翁杰明出席活动并为获奖代表颁奖。

23 日，“国改科技基金”在北京市举行签约仪式。国务院国资委党委委员、副主任翁杰明，国务院国资委党委委员、秘书长彭华岗出席仪式，见证基金协议签约。

24—25 日，国务院国资委在北京市召开中央企业负责人会议。国务院国资委党委书记、主任郝鹏出席会议并讲话。

27 日，国务院国资委印发《关于调整从事中央企业国有资产交易业务产权交易机构的通知》(国资厅产权〔2020〕333 号)。

27—28 日，国务院国资委党委委员、秘书长彭华岗赴云南省调研“双百企业”并主持召开“双百企业”“科改示范企业”工作座谈会。

28 日，国务院国资委组织召开全国国资国企在线监管系统试点建设经验总结暨下一步工作推进会，国务院国资委党委委员、副主任翁杰明出席会议并讲话。

29 日，经国务院批准，国务院国资委委托中国诚通控股集团有限公司发起设立的中国国有企业混合所有制改革基金有限公司在上海揭牌成立。国务院国资委党委书记、主任郝鹏出席成立大会并讲话。

29 日，国务院国资委召开媒体通气会，通报中央企业深化供给侧结构性改革、提高企业发展质量有关情况。国务院国资委党委委员、副主任翁杰明出席会议并介绍情况。

31 日，国务院国资委党委书记、主任郝鹏赴国家电网有限公司、国家能源投资集团有限责任公司就“两节”期间企业电力与煤炭供应保障及安全生产工作进行调研。

附录

第九篇

国务院关于进一步提高上市公司质量的意见

（国发〔2020〕14 号）

各省、自治区、直辖市人民政府，国务院各部委、各直属机构：

资本市场在金融运行中具有牵一发而动全身的作用，上市公司是资本市场的基石。提高上市公司质量是推动资本市场健康发展的内在要求，是新时代加快完善社会主义市场经济体制的重要内容。《国务院批转证监会关于提高上市公司质量意见的通知》（国发〔2005〕34 号）印发以来，我国上市公司数量显著增长、质量持续提升，在促进国民经济发展中的作用日益凸显。但也要看到，上市公司经营和治理不规范、发展质量不高等问题仍较突出，与建设现代化经济体系、推动经济高质量发展的要求还存在差距。同时，面对新冠肺炎疫情影响，上市公司生产经营和高质量发展面临新的考验。为进一步提高上市公司质量，现提出如下意见。

一、总体要求

以习近平新时代中国特色社会主义思想为指导，全面贯彻党的十九大和十九届二中、三中、四中全会精神，认真落实党中央、国务院决策部署，贯彻新发展理念，坚持市场化、法治化方向，按照深化金融供给侧结构性改革要求，加强资本市场基础制度建设，大力提高上市公司质量。坚持存量与增量并重、治标与治本结合，发挥各方合力，强化持续监管，优化上市公司结构和发展环境，使上市公司运作规范性明显提升，信息披露质量不断改善，突出问题得到有效解决，可持续发展能力和整体质量显著提高，为建设规范、透明、开放、有活力、有韧性的资本市场，促进经济高质量发展提供有力支撑。

二、提高上市公司治理水平

（一）规范公司治理和内部控制。完善公司治理制度规则，明确控股股东、实际控制人、董事、监事和高级管理人员的职责界限和法律责任。控股股东、实际控制人要履行诚信义务，维护上市公司独立性，切实保障上市公司和投资者的合法权益。股东大会、董事会、监事会、经理层要依法合规运作，董事、监事和高级管理人员要忠实勤勉履职，充分发挥独立董事、监事会作用。建立董事会与投资者的良好沟通机制，健全机构投资者参与公司治理的渠道和方式。科学界定国有控股上市公司治理相关方的权责，健全具有中国特色的国有控股上市公司治理机制。严格执行上市公司内控制度，加快推行内控规范体系，提升内控有效性。强化上市公司治理底线要求，倡导最佳实践，加强治理状况信息披露，促进提升决策管理的科学性。开展公司治理专项行动，通过公司自查、现场检查、督促整改，切实提高公司治理水平。（证监会、国务院国资委、财政部、银保监会等单位负责）

（二）提升信息披露质量。以提升透明度为目标，优化规则体系，督促上市公司、股东及相关信息披露义务人真实、准确、完整、及时、公平披露信息。以投资者需求为导向，完善分行业信息披露标准，优化披露内容，增强信息披露针对性和有效性。严格执行企业会计准则，优化信息披露编报规则，提升财务信息质量。上市公司及其他信息披露义务人要充分披露投资者作出价值判断和投资决策所必需的信息，并做到简明清晰、通俗易懂。相关部门和机构要按照资本市场规则，支持、配合上市公司依法依规履行信息披露义务。（证监会、国务院国资委、工业和信息化部、财政部等单位负责）

三、推动上市公司做优做强

（三）支持优质企业上市。全面推行、分步实施证券发行注册制。优化发行上市标准，增强包容性。加强对拟上市企业的培育和辅导，提升拟上市企业规范化水平。鼓励和支持混合所有制改革试点企业上市。发挥股权投资机构在促进公司优化治理、创新创业、产业升级等方面的积极作用。大力发展创业投资，培育科技型、创新型企业，支持制造业单项冠军、专精特新“小巨人”等企业发展壮大。发挥全国中小企业股份转让系统、区域性股权市场和产权交易市场在培育企业上市中的积极作用。（证监会、国务院国资委、国家发展改革委、财政部、工业和信息化部等单位与各省级人民政府负责）

(四)促进市场化并购重组。充分发挥资本市场的并购重组主渠道作用,鼓励上市公司盘活存量、提质增效、转型发展。完善上市公司资产重组、收购和分拆上市等制度,丰富支付及融资工具,激发市场活力。发挥证券市场价格、估值、资产评估结果在国有资产交易定价中的作用,支持国有企业依托资本市场开展混合所有制改革。支持境内上市公司发行股份购买境外优质资产,允许更多符合条件的外国投资者对境内上市公司进行战略投资,提升上市公司国际竞争力。研究拓宽社会资本等多方参与上市公司并购重组的渠道。(证监会、工业和信息化部、国务院国资委、国家发展改革委、财政部、人民银行、商务部、市场监管总局、国家外汇局等单位与各省级人民政府负责)

(五)完善上市公司融资制度。加强资本市场融资端和投资端的协调平衡,引导上市公司兼顾发展需要和市场状况优化融资安排。完善上市公司再融资发行条件,研究推出更加便捷的融资方式。支持上市公司通过发行债券等方式开展长期限债务融资。稳步发展优先股、股债结合产品。大力发展权益类基金。丰富风险管理工具。探索建立对机构投资者的长周期考核机制,吸引更多中长期资金入市。(证监会、财政部、人民银行、国家发展改革委、银保监会等单位负责)

(六)健全激励约束机制。完善上市公司股权激励和员工持股制度,在对象、方式、定价等方面作出更加灵活的安排。优化政策环境,支持各类上市公司建立健全长效激励机制,强化劳动者和所有者利益共享,更好吸引和留住人才,充分调动上市公司员工积极性。(证监会、国务院国资委、财政部等单位负责)

四、健全上市公司退出机制

(七)严格退市监管。完善退市标准,简化退市程序,加大退市监管力度。严厉打击通过财务造假、利益输送、操纵市场等方式恶意规避退市行为,将缺乏持续经营能力、严重违法违规扰乱市场秩序的公司及时清出市场。加大对违法违规主体的责任追究力度。支持投资者依法维权,保护投资者合法权益。(证监会、最高人民法院、公安部、国务院国资委等单位与各省级人民政府负责)

(八)拓宽多元化退出渠道。完善并购重组和破产重整等制度,优化流程、提高效率,畅通主动退市、并购重组、破产重整等上市公司多元化退出渠道。有关地区和部门要综合施策,支持上市公司通过并购重组、破产重整等方式出清风险。(证监会、最高人民法院、司法部、国务院国资委等单位与各省级人民政府负责)

五、解决上市公司突出问题

(九)积极稳妥化解上市公司股票质押风险。坚持控制增量、化解存量,建立多部门共同参与的上市公司股票质押风险处置机制,强化场内外一致性监管,加强质押信息共享。强化对金融机构、上市公司大股东及实际控制人的风险约束机制。严格执行分层次、差异化的股票质押信息披露制度。严格控制限售股质押。支持银行、证券、保险、私募股权基金等机构参与上市公司股票质押风险化解。(证监会、最高人民法院、人民银行、银保监会、国务院国资委等单位与各省级人民政府负责)

(十)严肃处置资金占用、违规担保问题。控股股东、实际控制人及相关方不得以任何方式侵占上市公司利益。坚持依法监管、分类处置,对已形成的资金占用、违规担保问题,要限期予以清偿或化解;对限期未整改或新发生的资金占用、违规担保问题,要严厉查处,构成犯罪的依法追究刑事责任。依法依规认定上市公司对违规担保合同不承担担保责任。上市公司实施破产重整的,应当提出解决资金占用、违规担保问题的切实可行方案。(证监会、最高人民法院、公安部等单位与各省级人民政府负责)

(十一)强化应对重大突发事件政策支持。发生自然灾害、公共卫生等重大突发事件,对上市公司正常生产经营造成严重影响的,证券监管部门要在依法合规前提下,作出灵活安排;有关部门要依托宏观政策、金融稳定等协调机制,加强协作联动,落实好产业、金融、财税等方面政策;各级政府要及时采取措施,维护劳务用工、生产资料、公用事业品供应和物流运输渠道,支持上市公司尽快恢复正常生产经营。(国家发展改革委、财政部、工业和信息化部、商务部、税务总局、人民银行、银保监会、证监会等单位与各省

级人民政府负责）

六、提高上市公司及相关主体违法违规成本

（十二）加大执法力度。严格落实证券法等法律规定，加大对欺诈发行、信息披露违法、操纵市场、内幕交易等违法违规行为的处罚力度。加强行政机关与司法机关协作，实现涉刑案件快速移送、快速查办，严厉查处违法犯罪行为。完善违法违规行为认定规则，办理上市公司违法违规案件时注意区分上市公司责任、股东责任与董事、监事、高级管理人员等个人责任；对涉案证券公司、证券服务机构等中介机构及从业人员一并查处，情节严重、性质恶劣的，依法采取暂停、撤销、吊销业务或从业资格等措施。（证监会、公安部、最高人民法院、财政部、司法部等单位与各省级人民政府负责）

（十三）推动增加法制供给。推动修订相关法律法规，加重财务造假、资金占用等违法违规行为的行政、刑事法律责任，完善证券民事诉讼和赔偿制度，大幅提高相关责任主体违法违规成本。支持投资者保护机构依法作为代表人参加诉讼。推广证券期货纠纷示范判决机制。（证监会、最高人民法院、司法部、公安部、财政部等单位负责）

七、形成提高上市公司质量的工作合力

（十四）持续提升监管效能。坚持服务实体经济和保护投资者合法权益方向，把提高上市公司质量作为上市公司监管的重要目标。加强全程审慎监管，推进科学监管、分类监管、专业监管、持续监管，提高上市公司监管有效性。充分发挥证券交易所一线监督及自律管理职责、上市公司协会自律管理作用。（证监会负责）

（十五）强化上市公司主体责任。上市公司要诚实守信、规范运作，专注主业、稳健经营，不断提高经营水平和发展质量。上市公司控股股东、实际控制人、董事、监事和高级管理人员要各尽其责，公平对待所有股东。对损害上市公司利益的行为，上市公司要依法维权。鼓励上市公司通过现金分红、股份回购等方式回报投资者，切实履行社会责任。（证监会、国务院国资委、财政部、全国工商联等单位负责）

（十六）督促中介机构归位尽责。健全中介机构执业规则体系，明确上市公司与各类中介机构的职责边界，压实中介机构责任。相关中介机构要严格履行核查验证、专业把关等法定职责，为上市公司提供高质量服务。相关部门和机构要配合中介机构依法依规履职，及时、准确、完整地提供相关信息。（证监会、财政部、司法部、银保监会等单位与各省级人民政府负责）

（十七）凝聚各方合力。完善上市公司综合监管体系，推进上市公司监管大数据平台建设，建立健全财政、税务、海关、金融、市场监管、行业监管、地方政府、司法机关等单位的信息共享机制。增加制度供给，优化政策环境，加强监管执法协作，协同处置上市公司风险。充分发挥新闻媒体的舆论引导和监督作用，共同营造支持上市公司高质量发展的良好环境。（各相关单位与各省级人民政府负责）

国务院办公厅关于进一步优化营商环境更好服务市场主体的实施意见

（国办发〔2020〕24 号）

各省、自治区、直辖市人民政府，国务院各部委、各直属机构：

党中央、国务院高度重视深化“放管服”改革优化营商环境工作。近年来，我国营商环境明显改善，但仍存在一些短板和薄弱环节，特别是受新冠肺炎疫情等影响，企业困难凸显，亟需进一步聚焦市场主体关切，对标国际先进水平，既立足当前又着眼长远，更多采取改革的办法破解企业生产经营中的堵点痛点，强化为市场主体服务，加快打造市场化法治化国际化营商环境，这是做好“六稳”工作、落实“六保”任务的重要抓手。为持续深化“放管服”改革优化营商环境，更大激发市场活力，增强发展内生动力，经国务院同意，现提出以下意见。

一、持续提升投资建设便利度

（一）优化再造投资项目前期审批流程。从办成项目前期“一件事”出发，健全部门协同工作机制，加强项目立项与用地、规划等建设条件衔接，推动有条件的地方对项目可行性研究、用地预审、选址、环境影响评价、安全评价、水土保持评价、压覆重要矿产资源评估等事项，实行项目单位编报一套材料，政府部门统一受理、同步评估、同步审批、统一反馈，加快项目落地。优化全国投资项目在线审批监管平台审批流程，实现批复文件等在线打印。（国家发展改革委牵头，国务院相关部门及各地区按职责分工负责）

（二）进一步提升工程建设项目审批效率。全面推行工程建设项目分级分类管理，在确保安全前提下，对社会投资的小型低风险新建、改扩建项目，由政府部门发布统一的企业开工条件，企业取得用地、满足开工条件后作出相关承诺，政府部门直接发放相关证书，项目即可开工。加快推动工程建设项目全流程在线审批，推进工程建设项目审批管理系统与投资审批、规划、消防等管理系统数据实时共享，实现信息一次填报、材料一次上传、相关评审意见和审批结果即时推送。2020年底前将工程建设项目审批涉及的行政许可、备案、评估评审、中介服务、市政公用服务等纳入线上平台，公开办理标准和费用。（住房城乡建设部牵头，国务院相关部门及各地区按职责分工负责）

（三）深入推进“多规合一”。抓紧统筹各类空间性规划，积极推进各类相关规划数据衔接或整合，推动尽快消除规划冲突和“矛盾图斑”。统一测绘技术标准和规则，在用地、规划、施工、验收、不动产登记等各阶段，实现测绘成果共享互认，避免重复测绘。（自然资源部牵头，住房城乡建设部等国务院相关部门及各地区按职责分工负责）

二、进一步简化企业生产经营审批和条件

（四）进一步降低市场准入门槛。围绕工程建设、教育、医疗、体育等领域，集中清理有关部门和地方在市场准入方面对企业资质、资金、股比、人员、场所等设置的不合理条件，列出台账并逐项明确解决措施、责任主体和完成时限。研究对诊所设置、诊所执业实行备案管理，扩大医疗服务供给。对于海事劳工证书，推动由政府部门直接受理申请、开展检查和签发，不再要求企业为此接受船检机构检查，且不收取企业办证费用。通过在线审批等方式简化跨地区巡回演出审批程序。（国家发展改革委、教育部、住房城乡建设部、交通运输部、商务部、文化和旅游部、国家卫生健康委、体育总局等国务院相关部门及各地区按职责分工负责）

（五）精简优化工业产品生产流通等环节管理措施。2020年底前将保留的重要工业产品生产许可证管理权限全部下放给省级人民政府市场监督管理部门。加强机动车生产、销售、登记、维修、保险、报废等信息的共享和应用，提升机动车流通透明度。督促地方取消对二手车经销企业登记注册地设置的不合理规定，简化二手车经销企业购入机动车交易登记手续。2020年底前优化新能源汽车免征车辆购置税的车型目录和享受车船税减免优惠的车型目录发布程序，实现与道路机动车辆生产企业及产品公告“一次申报、一并审查、一批发布”，企业依据产品公告即可享受相关税收减免政策。（工业和信息化部、公安部、财政部、交通运输部、商务部、税务总局、市场监管总局、银保监会等国务院相关部门按职责分工负责）

（六）降低小微企业等经营成本。支持地方开展“一照多址”改革，简化企业设立分支机构的登记手续。在确保食品安全前提下，鼓励有条件的地方合理放宽对连锁便利店制售食品在食品处理区面积等方面的审批要求，探索将食品经营许可（仅销售预包装食品）改为备案，合理制定并公布商户牌匾、照明设施等标准。鼓励引导平台企业适当降低向小微商户收取的平台佣金等服务费用和条码支付、互联网支付等手续费，严禁平台企业滥用市场支配地位收取不公平的高价服务费。在保障劳动者职业健康前提下，对职业病危害一般的用人单位适当降低职业病危害因素检测频次。在工程建设、政府采购等领域，推行以保险、保函等替代现金缴纳涉企保证金，减轻企业现金流压力。（市场监管总局、中央网信办、工业和信息化部、财政部、住房城乡建设部、交通运输部、水利部、国家卫生健康委、人民银行、银保监会等相关部门及各地区按职责分工负责）

三、优化外贸外资企业经营环境

（七）进一步提高进出口通关效率。推行进出口货物“提前申报”，企业提前办理申报手续，海关在货物运抵海关监管作业场所后即办理货物查验、放行手续。优化进口“两步申报”通关模式，企业进行“概要申报”且海关完成风险排查处置后，即允许企业将货物提离。在符合条件的监管作业场所开展进口货物

"船边直提"和出口货物"抵港直装"试点。推行查验作业全程监控和留痕,允许有条件的地方实行企业自主选择是否陪同查验,减轻企业负担。严禁口岸为压缩通关时间简单采取单日限流、控制报关等不合理措施。(海关总署牵头,国务院相关部门及各地区按职责分工负责)

(八)拓展国际贸易"单一窗口"功能。加快"单一窗口"功能由口岸通关执法向口岸物流、贸易服务等全链条拓展,实现港口、船代、理货等收费标准线上公开、在线查询。除涉密等特殊情况外,进出口环节涉及的监管证件原则上都应通过"单一窗口"一口受理,由相关部门在后台分别办理并实施监管,推动实现企业在线缴费、自主打印证件。(海关总署牵头,生态环境部、交通运输部、农业农村部、商务部、市场监管总局、国家药监局等国务院相关部门及各地区按职责分工负责)

(九)进一步减少外资外贸企业投资经营限制。支持外贸企业出口产品转内销,推行以外贸企业自我声明等方式替代相关国内认证,对已经取得相关国际认证且认证标准不低于国内标准的产品,允许外贸企业作出符合国内标准的书面承诺后直接上市销售,并加强事中事后监管。授权全国所有地级及以上城市开展外商投资企业注册登记。(商务部、市场监管总局等国务院相关部门及各地区按职责分工负责)

四、进一步降低就业创业门槛

(十)优化部分行业从业条件。推动取消除道路危险货物运输以外的道路货物运输驾驶员从业资格考试,并将相关考试培训内容纳入相应等级机动车驾驶证培训,驾驶员凭培训结业证书和机动车驾驶证申领道路货物运输驾驶员从业资格证。改革执业兽医资格考试制度,便利兽医相关专业高校在校生报名参加考试。加快推动劳动者入职体检结果互认,减轻求职者负担。(人力资源社会保障部、交通运输部、农业农村部等国务院相关部门及各地区按职责分工负责)

(十一)促进人才流动和灵活就业。2021年6月底前实现专业技术人才职称信息跨地区在线核验,鼓励地区间职称互认。引导有需求的企业开展"共享用工",通过用工余缺调剂提高人力资源配置效率。统一失业保险转移办理流程,简化失业保险申领程序。各地要落实属地管理责任,在保障安全卫生、不损害公共利益等条件下,坚持放管结合,合理设定流动摊贩经营场所。(人力资源社会保障部、市场监管总局、住房城乡建设部等国务院相关部门及各地区按职责分工负责)

(十二)完善对新业态的包容审慎监管。加快评估已出台的新业态准入和监管政策,坚决清理各类不合理管理措施。在保证医疗安全和质量前提下,进一步放宽互联网诊疗范围,将符合条件的互联网医疗服务纳入医保报销范围,制定公布全国统一的互联网医疗审批标准,加快创新型医疗器械审评审批并推进临床应用。统一智能网联汽车自动驾驶功能测试标准,推动实现封闭场地测试结果全国通用互认,督促封闭场地向社会公开测试服务项目及收费标准,简化测试通知书申领及异地换发手续,对测试通知书到期但车辆状态未改变的无需重复测试、直接延长期限。降低导航电子地图制作测绘资质申请条件,压减资质延续和信息变更的办理时间。(工业和信息化部、公安部、自然资源部、交通运输部、国家卫生健康委、国家医保局、国家药监局等国务院相关部门及各地区按职责分工负责)

(十三)增加新业态应用场景等供给。围绕城市治理、公共服务、政务服务等领域,鼓励地方通过搭建供需对接平台等为新技术、新产品提供更多应用场景。在条件成熟的特定路段及有需求的机场、港口、园区等区域探索开展智能网联汽车示范应用。建立健全政府及公共服务机构数据开放共享规则,推动公共交通、路政管理、医疗卫生、养老等公共服务领域和政府部门数据有序开放。(国家发展改革委牵头,中央网信办、工业和信息化部、公安部、民政部、住房城乡建设部、交通运输部、国家卫生健康委等相关部门及各地区按职责分工负责)

五、提升涉企服务质量和效率

(十四)推进企业开办经营便利化。全面推行企业开办全程网上办,提升企业名称自主申报系统核名智能化水平,在税务、人力资源社会保障、公积金、商业银行等服务领域加快实现电子营业执照、电子印章应用。放宽小微企业、个体工商户登记经营场所限制。探索推进"一业一证"改革,将一个行业准入涉及的多张许可证整合为一张许可证，实现“一证准营”、跨地互认通用。梳理各类强制登报公告事项，研究推动予以取消或调整为网上免费公告。加快推进政务服务事项跨省通办。（市场监管总局、国务院办公厅、司法部、人力资源社会保障部、住房城乡建设部、人民银行、税务总局、银保监会、证监会等国务院相关部门及各地区按职责分工负责）

（十五）持续提升纳税服务水平。2020 年底前基本实现增值税专用发票电子化，主要涉税服务事项基本实现网上办理。简化增值税等税收优惠政策申报程序，原则上不再设置审批环节。强化税务、海关、人民银行等部门数据共享，加快出口退税进度，推行无纸化单证备案。（税务总局牵头，人民银行、海关总署等国务院相关部门按职责分工负责）

（十六）进一步提高商标注册效率。提高商标网上服务系统数据更新频率，提升系统智能检索功能，推动实现商标图形在线自动比对。进一步压缩商标异议、驳回复审的审查审理周期，及时反馈审查审理结果。2020 年底前将商标注册平均审查周期压缩至 4 个月以内。（国家知识产权局负责）

（十七）优化动产担保融资服务。鼓励引导商业银行支持中小企业以应收账款、生产设备、产品、车辆、船舶、知识产权等动产和权利进行担保融资。推动建立以担保人名称为索引的电子数据库，实现对担保品登记状态信息的在线查询、修改或撤销。（人民银行牵头，国家发展改革委、公安部、交通运输部、市场监管总局、银保监会、国家知识产权局等国务院相关部门按职责分工负责）

六、完善优化营商环境长效机制

（十八）建立健全政策评估制度。研究制定建立健全政策评估制度的指导意见，以政策效果评估为重点，建立对重大政策开展事前、事后评估的长效机制，推进政策评估工作制度化、规范化，使政策更加科学精准、务实管用。（国务院办公厅牵头，各地区、各部门负责）

（十九）建立常态化政企沟通联系机制。加强与企业和行业协会商会的常态化联系，完善企业服务体系，加快建立营商环境诉求受理和分级办理“一张网”，更多采取“企业点菜”方式推进“放管服”改革。加快推进政务服务热线整合，进一步规范政务服务热线受理、转办、督办、反馈、评价流程，及时回应企业和群众诉求。（国务院办公厅牵头，国务院相关部门和单位及各地区按职责分工负责）

（二十）抓好惠企政策兑现。各地要梳理公布惠企政策清单，根据企业所属行业、规模等主动精准推送政策，县级政府出台惠企措施时要公布相关负责人及联系方式，实行政策兑现“落实到人”。鼓励推行惠企政策“免申即享”，通过政府部门信息共享等方式，实现符合条件的企业免予申报、直接享受政策。对确需企业提出申请的惠企政策，要合理设置并公开申请条件，简化申报手续，加快实现一次申报、全程网办、快速兑现。（各地区、各部门负责）

各地区、各部门要认真贯彻落实本意见提出的各项任务和要求，围绕市场主体需求，研究推出更多务实管用的改革举措，相关落实情况年底前报国务院。有关改革事项涉及法律法规调整的，要按照重大改革于法有据的要求，抓紧推动相关法律法规的立改废释。国务院办公厅要加强对深化“放管服”改革和优化营商环境工作的业务指导，强化统筹协调和督促落实，确保改革措施落地见效。

国务院办公厅关于深化商事制度改革进一步为企业松绑减负激发企业活力的通知

（国办发〔2020〕29 号）

各省、自治区、直辖市人民政府，国务院各部委、各直属机构：

党中央、国务院高度重视商事制度改革。近年来，商事制度改革取得显著成效，市场准入更加便捷，市场监管机制不断完善，市场主体繁荣发展，营商环境大幅改善。但从全国范围看，“准入不准营”现象依然存在，宽进严管、协同共治能力仍需强化。为更好统筹推进新冠肺炎疫情防控和经济社会发展，加快打造市场化、法治化、国际化营商环境，充分释放社会创业创新潜力、激发企业活力，经国务院同意，现将有关事项通知如下：

一、推进企业开办全程网上办理

（一）全面推广企业开办“一网通办”。2020年年底前，各省、自治区、直辖市和新疆生产建设兵团全部开通企业开办“一网通办”平台，做到企业开办全程网上办理，进一步压减企业开办时间至4个工作日内或更少。在此基础上，探索推动企业开办标准化、规范化试点。

（二）持续提升企业开办服务能力。依托“一网通办”平台，推行企业登记、公章刻制、申领发票和税控设备、员工参保登记、住房公积金企业缴存登记线上“一表填报”申请办理。具备条件的地方实现办齐的材料线下“一个窗口”一次领取，或者通过寄递、自助打印等实现不见面办理。在加强监管、保障安全前提下，大力推进电子营业执照、电子发票、电子印章在更广领域运用。

二、推进注册登记制度改革取得新突破

（三）加大住所与经营场所登记改革力度。支持各省级人民政府统筹开展住所与经营场所分离登记试点。市场主体可以登记一个住所和多个经营场所。对住所作为通信地址和司法文书（含行政执法文书）送达地登记，实行自主申报承诺制。对经营场所，各地可结合实际制定有关管理措施。对于市场主体在住所以外开展经营活动、属于同一县级登记机关管辖的，免于设立分支机构，申请增加经营场所登记即可，方便企业扩大经营规模。

（四）提升企业名称自主申报系统核名智能化水平。依法规范企业名称登记管理工作，运用大数据、人工智能等技术手段，加强禁限用字词库实时维护，提升对不适宜字词的分析和识别能力。推进与商标等商业标识数据库的互联共享，丰富对企业的告知提示内容。探索“企业承诺＋事中事后监管”，减少“近似名称”人工干预。加强知名企业名称字号保护，建立名称争议处理机制。

三、简化相关涉企生产经营和审批条件

（五）推动工业产品生产许可证制度改革。将建筑用钢筋、水泥、广播电视传输设备、人民币鉴别仪、预应力混凝土铁路桥简支梁5类产品审批下放至省级市场监管部门。健全严格的质量安全监管措施，加强监督指导，守住质量安全底线。进一步扩大告知承诺实施范围，推动化肥产品由目前的后置现场审查调整为告知承诺。开展工业产品生产许可证有关政策、标准和技术规范宣传解读，加强对企业申办许可证的指导，帮助企业便利取证。

（六）完善强制性产品认证制度。扩大指定认证实施机构范围，提升实施机构的认证检测一站式服务能力，便利企业申请认证检测。防爆电气、燃气器具和大容积冰箱转为强制性产品认证费用由财政负担。简化出口转内销产品认证程序。督促指导强制性产品指定认证实施机构通过开辟绿色通道、接受已有合格评定结果、拓展在线服务等措施，缩短认证证书办理时间，降低认证成本。做好认证服务及技术支持，为出口转内销企业提供政策和技术培训，精简优化认证方案，安排专门人员对认证流程进行跟踪，合理减免出口转内销产品强制性产品认证费用。

（七）深化检验检测机构资质认定改革。将疫情防控期间远程评审等应急措施长效化。2021年在全国范围内推行检验检测机构资质认定告知承诺制。全面推行检验检测机构资质认定网上审批，完善机构信息查询功能。

（八）加快培育企业标准“领跑者”。优化企业标准“领跑者”制度机制，完善评估方案，推动第三方评价机构发布一批企业标准排行榜，形成2020年度企业标准“领跑者”名单，引导更多企业声明公开更高质量的标准。

四、加强事中事后监管

（九）加强企业信息公示。以统一社会信用代码为标识，整合形成更加完善的企业信用记录，并通过国家企业信用信息公示系统、“信用中国”网站或中国政府网及相关部门门户网站等渠道，依法依规向社会公开公示。

（十）健全失信惩戒机制。落实企业年报“多报合一”政策，进一步优化工作机制，大力推行信用承诺制度，健全完善信用修复、强制退出等制度机制。依法依规运用各领域严重失信名单等信用管理手段，提高协同监管水平，加强失信惩戒。

（十一）推进实施智慧监管。在市场监管领域，进一步完善以“双随机、一公开”监管为基本手段、以重点监管为补充、以信用监管为基础的新型监管机制。健全完善缺陷产品召回制度，督促企业履行缺陷召回法定义务，消除产品安全隐患。推进双随机抽查与信用风险分类监管相结合，充分运用大数据等技术，针对不同风险等级、信用水平的检查对象采取差异化分类监管措施，逐步做到对企业信用风险状况以及主要风险点精准识别和预测预警。

（十二）规范平台经济监管行为。坚持审慎包容、鼓励创新原则，充分发挥平台经济行业自律和企业自治作用，引导平台经济有序竞争，反对不正当竞争，规范发展线上经济。依法查处电子商务违法行为，维护公平有序的市场秩序，为平台经济发展营造良好营商环境。

各地区、各部门要认真贯彻落实本通知提出的各项任务和要求，聚焦企业生产经营的堵点痛点，加强政策统筹协调，切实落实工作责任，认真组织实施，形成工作合力。市场监管总局要会同有关部门加强工作指导，及时总结推广深化商事制度改革典型经验做法，协调解决实施中存在的问题，确保各项改革措施落地见效。

国务院办公厅关于建设第三批大众创业万众创新示范基地的通知

（国办发〔2020〕51号）

各省、自治区、直辖市人民政府，国务院各部委、各直属机构：

为贯彻落实《政府工作报告》部署，更好发挥大众创业万众创新示范基地对促改革、稳就业、强动能的带动作用，进一步推动大众创业万众创新向纵深发展，更大程度激发市场活力和社会创造力，以新动能支撑保就业保市场主体，经国务院同意，决定在部分地区、企业、高校和科研院所建设第三批双创示范基地。现将有关事项通知如下：

一、总体要求

双创示范基地建设要以习近平新时代中国特色社会主义思想为指导，深入贯彻党的十九大和十九届二中、三中、四中、五中全会精神，认真落实党中央、国务院决策部署，坚持问题导向、目标导向，围绕做好“六稳”工作、落实“六保”任务，深入实施创新驱动发展战略，支持创新创业主体积极应对疫情影响，强化功能定位，更好发挥示范带动作用，助力经济高质量发展。

二、推动双创示范基地特色化、功能化、专业化发展

第三批双创示范基地要按照创业就业、融通创新、精益创业、全球化创业等差异化功能定位，强化区域覆盖、功能布局、协同发展，增强示范功能和带动效应。

一是聚焦稳就业和激发市场主体活力，着力打造创业就业的重要载体。深化“放管服”改革，推动在社会服务领域运用“互联网平台＋创业单元”新模式促进创新，有效支撑科研人员、大学生、返乡农民工、退役军人、下岗失业人员以及其他各类社会群体开展创新创业，促进创业带动就业、多渠道灵活就业，每年带动形成一定规模的创业就业。

二是聚焦保障产业链供应链安全，着力打造融通创新的引领标杆。加快推进科技与经济深度融合、创新链与产业链协同布局、科技成果转化与应用体系建设紧密结合，推动产业链上下游、大中小企业融通创新，形成体系化融通创新格局。

三是聚焦支持创新型中小微企业成长为创新重要发源地，着力打造精益创业的集聚平台。大力弘扬科学家精神、劳动精神和工匠精神，倡导敬业、精益、专注、宽容失败的创新创业文化，构建专业化、全链条的创新创业服务体系，增强持续创新创业能力，加快培育成长型初创企业、“隐形冠军”企业和“专精特新”中小企业。

四是聚焦深化开放创新合作，着力打造全球化创业的重要节点。探索搭建创新创业国际化平台，深度参与全球创新创业合作，创新国际合作模式，培育创新创业国际化品牌，不断拓展创新创业国际合作空间。

三、加强组织领导

各有关部门要加强对双创示范基地的协调指导和日常管理，充分发挥推进大众创业万众创新部际联席会议制度统筹作用，加大对双创示范基地建设的支持力度。双创示范基地所在地人民政府要加强领导，把双创示范基地建设作为做好"六稳"工作、落实"六保"任务的重要抓手和载体，及时出台有针对性的支持政策，及时跟踪协调解决问题困难，切实抓实抓好、抓出成效。第三批双创示范基地要围绕建设重点制定具体方案，健全组织管理机构、统筹协调机制、运行监测体系，加强专职人员队伍建设，在创新创业体制机制等方面大胆探索，营造良好的创新创业生态。

四、开展监测评估

国家发展改革委要会同有关方面进一步健全双创示范基地长效管理运行机制，加强对双创示范基地的运行监测和绩效评估，根据功能定位分类适时开展第三方评估，形成一批可复制推广的改革经验并推动在更大范围实施。要建立健全双创示范基地动态调整机制，对示范成效明显、带动能力强的给予适当表彰激励，对工作推动效果差、示范作用不明显的及时调整退出。

附件

第三批双创示范基地名单(92个)

一、创业就业方向(25个)

山西省晋城经济技术开发区
吉林省辽源经济开发区
黑龙江省牡丹江经济技术开发区
同济大学国家大学科技园
江苏省南京市江北新区
安徽省马鞍山慈湖高新技术产业开发区
江西省景德镇市珠山区(陶溪川)
山东省莱西市
河南省郑州市金水区
湖北省武汉市硚口区
湖南省株洲高新技术产业开发区
广西壮族自治区南宁市横县
重庆市大渡口区
四川省自贡高新技术产业开发区
云南省大理白族自治州宾川县
西藏自治区昌都市昌都经济开发区
西北工业大学国家大学科技园
甘肃省张掖市甘州区
新疆维吾尔自治区喀什经济开发区
新疆生产建设兵团石河子经济技术开发区
西安交通大学
重庆大学
厦门大学
北京航空航天大学
北京理工大学

二、融通创新方向(27个)

北京市中关村国家自主创新示范区丰台园
天津市天津港保税区
辽宁省大连经济技术开发区
吉林省长春汽车经济技术开发区
黑龙江省大庆高新技术产业开发区
江苏省盐城高新技术产业开发区
浙江省湖州莫干山高新技术产业开发区
浙江省宁波市北仑区
安徽省合肥经济技术开发区
福建省泉州市晋江市
福建省海峡两岸青年就业创业基地
河南省郑州高新技术产业开发区
湖北省宜昌高新技术产业开发区
湖南省衡阳高新技术产业开发区
广东省惠州仲恺高新技术产业开发区
广西壮族自治区柳州高新技术产业开发区
重庆市重庆经济技术开发区
四川省宜宾临港经济技术开发区
陕西省宝鸡高新技术产业开发区
宁夏回族自治区石嘴山市大武口区
新疆维吾尔自治区昌吉国家农业科技园区
广东省农垦集团公司
重庆市涪陵榨菜集团股份有限公司
山东四君子集团有限公司
中国华润有限公司
中国石油天然气集团有限公司
中国一重集团有限公司

三、精益创业方向(32 个)

北京经济技术开发区

天津市东丽区

河北省石家庄高新技术产业开发区

内蒙古自治区呼和浩特市新城区

辽宁省抚顺高新技术产业开发区

辽宁省大连市甘井子区

吉林省吉林高新技术产业开发区

黑龙江省哈尔滨市南岗区

上海市长宁区虹桥智谷

浙江省杭州高新技术产业开发区

浙江省宁波高新技术产业开发区

安徽省蚌埠高新技术产业开发区

福建省福州软件园

福建省厦门生物医药港

山东省济南高新技术产业开发区

山东省青岛蓝谷高新技术产业开发区

河南省洛阳高新技术产业开发区

湖北省襄阳高新技术产业开发区

湖南省岳阳市城陵矶新港区

广东省珠海高新技术产业开发区

广东省深圳市龙岗区

广西壮族自治区桂林高新技术产业开发区

重庆市重庆高新技术产业开发区

四川省成都高新技术产业开发区

贵州省贵阳市南明区

陕西省西安高新技术产业开发区

青海省西宁市城北区

新疆维吾尔自治区乌鲁木齐经济技术开发区

工业和信息化部电子第五研究所

中国科学院自动化研究所

中国科学院苏州生物医学工程技术研究所

中国科学院微电子研究所

四、全球化创业方向(8 个)

北京市中关村国家自主创新示范区朝阳园

上海市静安国际创新走廊

江苏省苏州工业园区

浙江省嘉兴市嘉善县

福建省东侨经济技术开发区

广东省东莞松山湖高新技术产业开发区

海南自由贸易港博鳌乐城国际医疗旅游先行区

南方科技大学科技园区

2020 年度中央企业负责人经营业绩考核 A 级企业名单

根据《中央企业负责人经营业绩考核办法》,2020 年度中央企业负责人经营业绩考核结果已经国资委党委会议审议通过,现将 A 级企业名单通报如下:

1. 中国航天科技集团有限公司
2. 招商局集团有限公司
3. 中国移动通信集团有限公司
4. 中国建筑集团有限公司
5. 中国长江三峡集团有限公司
6. 中国第一汽车集团有限公司
7. 中国宝武钢铁集团有限公司
8. 华润(集团)有限公司
9. 中国铁道建筑集团有限公司
10. 中国广核集团有限公司
11. 中国电子科技集团有限公司
12. 中国船舶集团有限公司
13. 国家能源投资集团有限责任公司
14. 中国航天科工集团有限公司
15. 中国保利集团有限公司
16. 中国核工业集团有限公司
17. 中国航空工业集团有限公司
18. 中国铁路工程集团有限公司
19. 中国海洋石油集团有限公司
20. 中国石油化工集团有限公司
21. 中国医药集团有限公司
22. 中国中车集团有限公司
23. 中国兵器工业集团有限公司
24. 中国远洋海运集团有限公司
25. 中国五矿集团有限公司
26. 中国电信集团有限公司
27. 中国华电集团有限公司
28. 中国建材集团有限公司

29. 国家开发投资集团有限公司
30. 中国华能集团有限公司
31. 华侨城集团有限公司
32. 国家电力投资集团有限公司
33. 中国国新控股有限责任公司
34. 国家电网有限公司
35. 中国中化集团有限公司
36. 中国交通建设集团有限公司
37. 中粮集团有限公司
38. 中国电力建设集团有限公司
39. 中国石油天然气集团有限公司
40. 中国中煤能源集团有限公司
41. 东风汽车集团有限公司
42. 中国航空发动机集团有限公司
43. 中国南方电网有限责任公司
44. 中国诚通控股集团有限公司
45. 中国旅游集团有限公司
46. 中国能源建设集团有限公司
47. 中国通用技术(集团)控股有限责任公司

2020年《财富》"世界500强"中国企业上榜情况

排名	上年排名	公司名称	营业收入(百万美元)	总部所在城市
2	3	国家电网有限公司	386617.7	北京
4	4	中国石油天然气集团有限公司	283957.6	北京
5	2	中国石油化工集团有限公司	283727.6	北京
13	18	中国建筑集团有限公司	234425.0	北京
16	21	中国平安保险(集团)股份有限公司	191509.4	深圳
20	24	中国工商银行股份有限公司	182794.4	北京
22	26	鸿海精密工业股份有限公司	181945.4	新北
25	30	中国建设银行股份有限公司	172000.2	北京
29	35	中国农业银行股份有限公司	153884.6	北京
32	45	中国人寿保险(集团)公司	144589.1	北京
35	50	中国铁路工程集团有限公司	141383.6	北京
39	43	中国银行股份有限公司	134045.6	北京
42	54	中国铁道建筑集团有限公司	131992.3	北京
44	49	华为投资控股有限公司	129183.5	深圳
56	65	中国移动通信集团有限公司	111825.5	北京
59	102	京东集团股份有限公司	108087.0	北京
60	52	上海汽车集团股份有限公司	107555.2	上海
61	78	中国交通建设集团有限公司	106867.7	北京
63	132	阿里巴巴集团控股有限公司	105865.7	杭州
65	92	中国五矿集团有限公司	102014.8	北京
66	89	中国第一汽车集团有限公司	101075.8	长春
67	107	恒力集团有限公司	100773.1	苏州

续表

排名	上年排名	公司名称	营业收入（百万美元）	总部所在城市
68	91	正威国际集团有限公司	100280.5	深圳
69	79	中国华润有限公司	99437.6	香港
70	295	山东能源集团有限公司	97860.6	济南
72	111	中国宝武钢铁集团有限公司	97643.1	上海
74	90	中国邮政集团有限公司	96304.1	北京
85	100	东风汽车公司集团有限公司	86856.3	武汉
90	112	中国人民保险集团股份有限公司	84290.4	北京
91	105	中国南方电网有限责任公司	83699.0	广州
92	64	中国海洋石油集团有限公司	83296.3	北京
101	108	国家能源投资集团有限责任公司	80716.2	北京
107	157	中国电力建设集团有限公司	78486.5	北京
109	145	中国医药集团有限公司	77278.2	北京
112	136	中粮集团有限公司	76855.6	北京
115	126	中国中信集团有限公司	74689.2	北京
122	152	中国恒大集团	73514.0	深圳
124	134	北京汽车集团有限公司	72147.3	北京
126	158	中国电信集团有限公司	71400.9	北京
127	154	中国兵器工业集团有限公司	71017.5	北京
132	197	腾讯控股有限公司	69864.2	深圳
137	162	交通银行股份有限公司	67605.5	上海
138	463	晋能控股集团有限公司	67534.8	大同
139	147	碧桂园控股有限公司	67080.4	佛山
140	163	中国航空工业集团有限公司	66964.1	北京
142	176	绿地控股集团股份有限公司	66095.8	上海
148	234	厦门建发集团有限公司	64111.8	厦门
149	75	太平洋建设集团有限公司	64037.7	乌鲁木齐
151	109	中国中化集团有限公司	63544.0	北京
158	193	中国太平洋保险(集团)股份有限公司	61185.7	上海
159	224	联想集团有限公司	60742.3	香港
160	208	万科企业股份有限公司	60740.7	深圳
161	164	中国化工集团有限公司	60491.9	北京
162	189	招商银行股份有限公司	60433.2	深圳
163	235	招商局集团有限公司	60280.7	香港
170	210	物产中大集团股份有限公司	58545.7	杭州
171	284	厦门国贸控股集团有限公司	58279.0	厦门

续表

排名	上年排名	公司名称	营业收入（百万美元）	总部所在城市
174	191	中国保利集团有限公司	58072.3	北京
176	206	广州汽车工业集团有限公司	57723.9	广州
177	187	中国建材集团有限公司	57115.3	北京
189	298	厦门象屿集团有限公司	54323.9	厦门
194	253	中国光大集团股份公司	53429.0	北京
196	222	兴业银行股份有限公司	53313.9	福州
198	217	中国铝业集团有限公司	53191.2	北京
200	218	河钢集团有限公司	52760.7	石家庄
201	220	上海浦东发展银行股份有限公司	52628.3	上海
213	250	友邦保险集团有限公司	50359.0	香港
220	273	陕西煤业化工集团有限责任公司	49314.3	西安
224	239	中国民生银行股份有限公司	49076.0	北京
225	343	江西铜业集团有限公司	48820.1	贵溪
231	264	中国远洋海运集团有限公司	47998.3	上海
234	265	陕西延长石油(集团)有限责任公司	47529.1	西安
235	269	和硕	47517.9	台北
239	243	浙江吉利控股集团有限公司	47191.0	杭州
240	—	中国船舶集团有限公司	46844.6	北京
248	266	中国华能集团有限公司	45750.4	北京
251	362	台积公司	45477.8	新竹
255	—	浙江荣盛控股集团有限公司	44725.9	杭州
260	290	中国联合网络通信股份有限公司	44034.4	北京
279	329	青山控股集团有限公司	42448.1	温州
282	308	山东魏桥创业集团有限公司	41878.8	滨州
284	281	中国机械工业集团有限公司	41712.0	北京
288	307	美的集团股份有限公司	41407.1	佛山
293	316	国家电力投资集团有限公司	40322.8	北京
301	353	中国能源建设集团有限公司	39439.0	北京
307	352	中国航天科技集团有限公司	38741.9	北京
308	351	江苏沙钢集团有限公司	38664.5	张家港
309	—	浙江恒逸集团有限公司	38561.7	杭州
311	455	盛虹控股集团有限公司	38440.0	苏州
315	367	安徽海螺集团有限责任公司	37929.8	芜湖
320	332	中国航天科工集团有限公司	37697.0	北京
324	377	广达电脑公司	37042.9	桃园

续表

排名	上年排名	公司名称	营业收入（百万美元）	总部所在城市
328	324	苏宁易购集团股份有限公司	36564.5	南京
332	354	阳光龙净集团有限公司	36263.9	福州
334	386	中国电子信息产业集团有限公司	35930.9	北京
336	369	金川集团股份有限公司	35907.1	金昌
338	422	小米集团	35632.6	北京
339	396	仁宝电脑	35619.1	台北
343	424	泰康保险集团股份有限公司	35475.6	北京
344	392	中国太平保险集团有限责任公司	35460.5	香港
346	374	国泰金融控股股份有限公司	35123.5	台北
349	361	中国中车集团有限公司	34778.2	北京
351	434	中国兵器装备集团有限公司	34454.6	北京
352	370	中国华电集团有限公司	34440.0	北京
353	328	长江和记实业有限公司	34347.1	香港
354	381	中国电子科技集团有限公司	34311.4	北京
359	296	雪松控股集团有限公司	33837.0	广州
363	423	上海建工集团股份有限公司	33525.6	上海
364	—	融创中国控股有限公司	33418.4	北京
371	493	中国核工业集团有限公司	32662.8	北京
372	301	怡和集团	32647.0	香港
375	—	敬业集团有限公司	32528.2	石家庄
384	459	山东钢铁集团有限公司	31990.3	济南
388	403	富邦金融控股股份有限公司	31837.8	台北
390	—	新希望控股集团有限公司	31605.7	成都
396	442	深圳市投资控股有限公司	31143.6	深圳
400	401	鞍钢集团有限公司	30885.6	鞍山
403	485	山西焦煤集团有限责任公司	30453.7	太原
405	435	海尔智家股份有限公司	30395.0	青岛
407	456	铜陵有色金属集团控股有限公司	30301.1	铜陵
411	429	首钢集团有限公司	30053.7	北京
415	—	新华人寿保险股份有限公司	29544.6	北京
421	452	纬创集团	28694.5	台北
425	—	潍柴动力股份有限公司	28621.8	潍坊
428	468	海亮集团有限公司	28466.7	杭州
430	477	中国通用技术(集团)控股有限责任公司	28379.3	北京
431	—	北京建龙重工集团有限公司	28361.5	北京

续表

排名	上年排名	公司名称	营业收入（百万美元）	总部所在城市
433	—	浙江省交通投资集团有限公司	28168.2	杭州
435	465	中国大唐集团有限公司	27928.3	北京
437	473	上海医药集团股份有限公司	27812.9	上海
439	490	广西投资集团有限公司	27707.9	南宁
444	443	新疆广汇实业投资(集团)有限责任公司	27448.3	乌鲁木齐
451	496	中国中煤能源集团有限公司	27104.9	北京
456	—	龙湖集团控股有限公司	26745.9	北京
460	—	广州市建筑集团有限公司	26682.4	广州
468	—	广州医药集团有限公司	26070.1	广州
470	—	华润置地有限公司	26027.1	香港
471	—	云南省投资控股集团有限公司	25886.9	昆明
474	—	万洲国际有限公司	25589.0	香港
481	499	华阳新材料科技集团有限公司	25187.9	阳泉
486	—	紫金矿业集团股份有限公司	24855.2	龙岩
488	436	珠海格力电器股份有限公司	24709.7	珠海
497	—	中国再保险(集团)股份有限公司	24376.0	北京

注：该排行榜于2021年8月2日发布于《财富》。

2021

CHINA' S STATE-OWNED ASSETS SUPERVISION AND ADMINISTRATION YEARBOOK

中国国有资产监督管理年鉴

索引

索 引

使用说明

1. 本索引采用内容分析索引法编制。除大事记外，年鉴中有实质检索意义的内容均予以标引，以便检索使用。

2. 本索引基本上按汉语拼音音序排列。具体排列方法如下：以数字开头的，排在最前面；汉字标目则按首字的音序、音调依次排列，首字相同时则以第二个字排序，并依此类推。

3. 索引标目后的数字，表示检索内容所在的年鉴正文页码；数字后面的字母 *a*、*b*，表示年鉴正文中的栏别，合在一起即指该页码及左、右两个版面区域。年鉴中用图表反映的内容，则在索引标目后面用括号注明（图）（表）字，以区别于文字标目。

4. 为反映索引款目间的隶属关系，对于二级标目，采取在上一级标目下缩二格的形式编排，之下再按汉语拼音音序、音调排列。

0～9（数字）

A

B

C

D

F

G

H

J

K

L

M～N

P～Q

R～S

T

W

X

Y

Z

（王彦祥　张若舒　毋　栋　编制）